谨以此书献给

内蒙古自治区文物考古研究院成立 70 周年

元上都遗址文物勘探报告

上

内蒙古自治区文物考古研究院
内 蒙 古 博 物 院
锡 林 郭 勒 博 物 馆 编
正 蓝 旗 文 物 保 护 中 心
洛 阳 市 古 韵 钻 探 有 限 公 司

文物出版社

图书在版编目（CIP）数据

元上都遗址文物勘探报告 / 内蒙古自治区文物考古研究院等编. -- 北京：文物出版社，2023.8

ISBN 978-7-5010-8161-5

Ⅰ.①元… Ⅱ.①内… Ⅲ.①都城（遗址）—文物—考古发掘—发掘报告—中国—元代 Ⅳ.①K928.647

中国国家版本馆CIP数据核字（2023）第160688号

元上都遗址文物勘探报告

编　　　者：内蒙古自治区文物考古研究院
　　　　　　内蒙古博物院
　　　　　　锡林郭勒博物馆
　　　　　　正蓝旗文物保护中心
　　　　　　洛阳市古韵钻探有限公司

责任编辑：谷　雨　李　飔
封面设计：王文娴
责任印制：张　丽
责任校对：李　薇

出版发行：文物出版社
社　　址：北京市东城区东直门内北小街 2 号楼
邮　　编：100007
网　　址：http://www.wenwu.com
经　　销：新华书店
印　　刷：北京荣宝艺品印刷有限公司
开　　本：889mm×1194mm　1/16
印　　张：61.5
版　　次：2023 年 8 月第 1 版
印　　次：2023 年 8 月第 1 次印刷
书　　号：ISBN 978-7-5010-8161-5
定　　价：828.00 元（全二册）

主　编

塔　拉　岳够明　李丽雅　李　倩

目　录

上　册

图表目录

图版目录

前　言

一　元上都遗址历史背景

元上都遗址，位于内蒙古自治区锡林郭勒盟正蓝旗上都河镇东北 20 千米处，地处滦河上游闪电河（上都河）北岸水草丰美的金莲川草原上。地理坐标为东经 116°09′50″～116°11′40″，北纬 42°20′52″～42°22′13″，海拔高度 1262～1281 米。元上都北依龙岗，南临滦河，史籍赞其城曰："龙岗蟠其阴，滦水经其阳，四山拱卫，佳气葱郁……山有木，水有鱼盐，百货狼籍，畜牧蕃息。"[1] 其地"北控沙漠，南屏燕蓟，山川雄固，回环千里"[2]。每当夏秋季节，闪电河水蜿蜒曲折，金莲花遍野盛开，牛羊布野，气候宜人，自然景色十分优美。元代诗人就有"牛羊散漫落日下，野草生香乳酪甜"[3] 的生动描写。

元上都城址由宫城、皇城、外城和关厢四大部分组成。宫城位于皇城正中偏北处，与皇城呈"回"字形。宫城为长方形，东西宽 570 米，南北长 620 米，现存城墙高约 5 米。墙两侧均用青砖包砌，四角建有角楼。宫城内的主要建筑大安阁、穆清阁、水晶殿、香殿、宣文阁、仁春阁等建筑遗迹清晰可辨。皇城位于外城的东南部，大致呈方形，每边长 1400 余米，墙体两侧用自然石块包砌，四角建有高大的角楼，内侧建有斜坡状登城的踏道。乾元寺、大龙光华严寺、孔庙和道观等宗教建筑分布其中。外城在皇城的西、北两面，由皇城的东、南两墙延伸修筑而成，平面呈正方形，每边长 2200 余米，从皇城城墙延筑部分全部用黄土夯筑，现存高约 5 米。外城北部是皇家园林，称为"北苑"，当时这里有"高榆矮柳，金莲紫菊"，是皇家豢养珍禽异兽、培植奇花异草和举行小型射猎活动的场所，著名的"棕毛殿"就建在这里，也是举行大型宴会"诈马宴"的所在。西部是"西苑"，或称"南苑"，内有忽必烈汗所建的行宫，是皇帝的避暑地区。

元上都现存 13 个城门。其中宫城分别为东、西、南"丁"字三街相对的东华门、西华门和御天门，元诗"东华西华南御天，三门相对凤池连"[4]，即指的是这三个城门。皇城南门为明德门，北门为复仁门，皇城六座城门均建有瓮城；在皇城和宫城墙体外侧，建有护城河环绕。

元上都城外的东、西、南、北都设有关厢区。关厢内建筑分为粮仓、大型院落、小型民居和临

---

[1]〔元〕王恽：《秋涧集》卷八十《中堂事记（上）·八日己亥》，《元人文集珍本丛刊》（第2册），新文丰出版公司（台北），1985年，第369页。

[2]〔清〕顾祖禹：《读史方舆纪要》，中华书局，1957年刊本。

[3]〔元〕萨都剌：《雁门集》卷六《上京即事五首》，《元诗选》（初集），中华书局，1987年，第1252页。

[4]〔元〕周伯琦：《近光集》卷一《是年五月，扈从上京宫学，纪事绝句二十首》，影印文渊阁《四库全书》（第1214册），台湾商务印书馆，1986年，第518页。

街店铺等几大类，建筑布局整齐划一。在西关发现的东西向主干街道两侧，有成排的临街店铺遗迹，此类建筑均连有后院及成排的住房，应是元上都的商业区。东关因靠近皇城，地势空旷，遗迹较少，为王公贵族觐见皇帝之处，也是帐幕云集之所。元代有"西关轮舆多似雨，东关帐房乱如云"[1]的诗句，指的就是元上都东关、西关当时的场景。南关遗址为酒肆、客栈一类的建筑遗存，因靠近滦河，故元诗有"滦水桥边御道西，酒旗闲挂暮檐低"[2]的描述，也有"滦河美酒斗十斤，下马饮酒不计钱"[3]的感叹。北关为屯兵之所。在北关，发现了建筑规模较大的并列的两处整齐划一的建筑遗迹，应是驻军的院落遗址。

在元上都城址西北外侧还保存一处完整的防洪设施，这就是著名的铁幡竿渠，由郭守敬于元大德二年（1298年）实地勘察设计。目前堤身与沟渠仍然保存完好，全长6千米，堤身用褐色黏土夯筑，外用石砌，至今每当雨季来临，洪水暴发，铁幡竿渠仍在发挥着作用。

在元上都城东南的砧子山墓地、城北的卧牛石和一棵树墓地，分别发现了成片的元代汉人家族墓地和蒙古人的墓葬，说明当时的汉人和蒙古人是分开埋葬。

元上都西北约35千米处是羊群庙祭祀遗址，曾发掘出土四尊比真人略大的汉白玉石雕人像，人像身着龙纹团花半袖长袍，端坐于带扶手的圈椅之上，气度非凡，神态威严。而这一区域正是《元史》所载，元代帝王祭天祭祖的场所，元代诗人就有"祭天马酒洒平野，沙际风来草亦香"[4]的诗句。

元上都遗址所在地金莲川草原一带，历史上曾经是中国古代游牧民族频繁活动的地区。1251年，蒙哥汗在漠北即位，命其弟忽必烈总领"漠南汉地军国庶事"[5]。忽必烈南下驻帐于滦河上游的金莲川地区，广征天下名士，建立了著名的金莲川幕府。1256年，忽必烈命刘秉忠选择桓州东、滦水北建城郭。1259年，新城建成，其背靠山峦，南临滦河，放眼一望无垠的草原，气势恢宏，遂命名为"开平"。1260年，忽必烈在此召开忽里勒台大会，登上汗位，并依中原王朝制度，建元"中统"，将开平升为府，置中书省，总理全国政务，这里遂成为临时都城。1263年（中统四年）"升开平府为上都"[6]，亦称上京或滦京，元上都正式成为元朝都城。1264年（中统五年），改燕京为中都，1267年（至元四年），在中都东北建新城，1272年（至元九年）改中都为大都（今北京），至此，以大都为正都，上都为夏都，两都制正式确立。有元一代，元上都一直是和元大都并列的草原都城。以大都为正都，是加强蒙古政权在中原的统治，确立正统中原王朝地位，进而统一全国的政治需要；以上都为夏都，则可以北控大漠，南屏燕蓟，通过定期的巡守以联系漠北的蒙古宗王和贵族，稳定内部，保持蒙古旧俗，对蒙古民族的发展具有极重要的意义。元上都是北方游牧的蒙古族掌握政权后，在草原上建立的第一座真正意义上的都城。

由于上都的地理位置"控引西北，东际辽海，南面而临制天下，形势尤重于大都"。所以，元世祖、元成宗、武宗、天顺帝、文宗、顺帝等六位皇帝都在上都继位登基，显示了上都举足轻重的政治、

[1] 宋本《上京杂诗》，《全元诗》（第31册），中华书局，2013年，第97页。

[2] 〔元〕曹元用：《超然集》卷一《京都次马伯庸尚书韵二首》，《元诗选》（三集），中华书局，1987年，第167页。

[3] 〔元〕马祖常：《石田先生文集》卷五《乐府歌行·车簇簇行》，《元诗选》（初集），中华书局，1987年，第718页。

[4] 〔元〕萨都剌：《雁门集》卷六《上京即事五首》，《元诗选》（初集），中华书局，1987年，第1252页。

[5] 〔明〕宋濂：《元史》卷四《世祖本纪一》，中华书局，1976年，第57页。

[6] 〔明〕宋濂：《元史》卷四《世祖本纪一》，中华书局，1976年，第57页。

军事地位。作为元朝的夏都，每年农历四月至九月皇帝驻夏时，前来朝觐的各国使节、王公贵族、百官及护卫将士云集上都，毡车如雨，牛马如云。商人、传教士、旅行家纷至沓来，这其中又以马可·波罗最为后世所熟知。在元上都城内居住有蒙古人、汉人、契丹人、回鹘人、高丽人、尼泊尔人等，元上都成为当时蒙古草原地区最为辉煌的都市，国际性的大都会。

1358 年十二月，红巾军关先生、破头潘部攻陷上都，掠走玉玺、仪仗、珠宝等，元上都衰落。1369 年八月，明将常遇春、徐达率领的中路大军攻克上都城，元上都逐渐废弃。1396 年，明朝在上都正式设开平卫指挥司，并修缮城垣。1430 年，开平卫移到长城以内的独石口堡（今河北赤城县独石口），改隶万全都指挥使司，元上都彻底废弃。16 世纪初期，蒙古答言罕重新统一蒙古各部，元上都地区属于应绍不万户的封地，为"云需府"管辖。清初，蒙古右翼诸部在此驻牧，并在元上都遗址上修建了庙宇，故元上都遗址又被称为"兆奈曼苏默"（一百〇八庙之意）。

自元朝始，就有几位欧洲著名的旅行家对元上都有过生动的描述；近代，国外的许多旅行家和历史学者都曾实地踏查元上都，并有旅行记和研究报告发表；进入 20 世纪，中国、日本等国的历史和考古学家对元上都进行了较为全面的历史考据和考古调查，并有部分论著和考古调查报告发表[1]。20 世纪 90 年代至今，内蒙古自治区文物考古研究所（现内蒙古自治区文物考古研究院）对元上都遗址进行数次系统的考古发掘和勘探测绘工作。1990 年 8—9 月，李逸友先生主持清理发掘了元上都砧子山南区墓地，发掘墓葬 96 座[2]；1992 年开始，魏坚先生主持发掘了砧子山墓地、羊群庙祭祀遗址和墓地、一棵树墓地、卧牛石墓地，清理宫城中央一号宫殿基址（大安阁）、南关的一处客栈遗址和一处民居遗址、皇城南门门址和瓮城等，对部分城墙外侧积土及基址进行试掘。此外，当年的考古发掘工作，重新做了大量的科学测绘，参照航拍照片，对元上都地面可见的遗存作详尽、准确的记录。1998—2000 年，清理发掘墓葬 102 座。2003 年对皇城正南门明德门部分发掘[3]。2008—2011 年，内蒙古自治区文物考古研究所完整地测绘了元上都城址及相关建筑遗迹，并结合测绘进行大规模的考古勘探工作，同时考古发掘了穆清阁、明德门、御天门、大安阁等重要建筑基址。2016 年，为了配合元上都遗址的展示工作，发掘西关厢遗址[4]。通过这些科学的发掘、测绘和勘探工作，较为全面地掌握了元上都遗址的遗迹分布全貌和建筑构筑方式，为明确和认知元上都遗址的价值、意义起到重要的支撑作用。这些基础考古工作也为元上都遗址考古学研究与文化遗产研究提供了丰富的实物资料，亦为建筑学研究提供实物例证。

元上都遗址是蒙古高原南部、中国北方草原地带保存最为完整、规模最大、地下埋藏文物最为丰富的草原都城遗址，具有重要的科学艺术价值。元上都遗址作为珍贵的人类文化遗产，于 1964 年被列为内蒙古自治区第一批重点文物保护单位，1988 年被国务院公布为第三批全国重点文物保护单位。2012 年 6 月 29 日，第 36 届世界遗产大会将元上都遗址列入《世界遗产名录》，这座具有游牧

---

[1] 东亚考古学会编《上都——蒙古多伦诺尔元代都城址调查》，东亚考古学会，1941 年；内蒙古文物工作队编《内蒙古文物资料选辑》第九编，内蒙古人民出版社，1964 年，第 181 页；贾洲杰：《元上都调查报告》，《文物》1977 年第 5 期。

[2] 内蒙古文物考古研究所、正蓝旗文物管理所：《正蓝旗羊群庙元代祭祀遗址及墓葬》，《内蒙古文物考古文集》第一辑，中国大百科全书出版社，1994 年。

[3] 魏坚：《元上都》，中国大百科全书出版社，2008 年 4 月。

[4] 2008—2016 年考古发掘和勘探资料，见内蒙古自治区文物考古研究院当年年报。

生活特色的草原都城，为世界所瞩目。2021年中国现代考古学诞生百年之际，元上都入选"中国百年百大考古发现"。

二　本次勘探基本情况

为了申报世界文化遗产，全面掌握元上都遗址内文物遗迹分布和保存现状，内蒙古自治区文物考古研究所联合洛阳古韵文物勘探队，于2008—2010年分三阶段对元上都遗址进行文物勘探和调查测绘工作。第一阶段，于2008年8月28日进入元上都，9月4日正式展开工作，勘探工作着重放在铁幡竿渠拦洪坝及铁幡竿渠西侧遗迹的勘探上，9月13日进入外城南苑勘探。截至2008年11月1日，第一阶段勘探工作历时64天，勘探面积1755000平方米，重点勘探面积245694平方米。勘探出遗迹单位达100余处。第二阶段，于2009年4月25日正式展开工作，勘探范围接续第一阶段外城南苑剩余部分，外城北苑、皇城东及北部着重了解勘探范围内的路网结构、水系、房址台基等情况。截至2009年10月23日，勘探面积2568200平方米，重点勘探面积1295171平方米。第三阶段于2010年6月25日正式展开工作，承接2009年度未完成皇城西南部和宫城范围内勘探工作。此次勘探工作因时间紧、任务重，并因天气持续高温、干旱、土质干燥，给勘探工作增加很大难度。但是，仍于2010年8月23日完成皇城西南部和宫城全部勘探，并对明德门外遗址保护区内的御道遗迹的保存现状进行了勘探。第三阶段勘探面积1127725平方米，重点勘探面积850318平方米。勘探出遗迹20种类别，单体编号遗迹达1400个（处）以上。现就以上三个阶段勘探工作的基本情况及其成果报告如下。

1. 元上都的平面布局及探区的划分

此次勘探范围为元上都遗址全城，包括外城、皇城和宫城。勘探到的遗迹包括城内建筑基址、城墙墙体、角楼、瓮城、城门、排水沟、城内道路、城外拦洪坝遗迹等。进一步明确了城墙的砌筑方式和附属设施位置等，外城城墙用黄土版筑，表层以石块砌成，墙体宽12米，残高约2.6米。皇城四角有高大的角楼台基，南、北各有一门，东、西各有两门，城外分别筑有方形或马蹄形瓮城。宫城城墙外表包砖，夯筑而成。四角有角楼，东、西、南三面开有城门，南为御天门，东为东华门，西为西华门（图0-1）。

2. 工作方法

根据内蒙古自治区文物考古研究所（现内蒙古自治区文物考古研究院）、正蓝旗元上都申遗办公室的工作指导意见和要求，结合遗址区实际情况，洛阳市古韵钻探有限公司进行勘探，制定以下工作方法：

第一，首先采用普探方法勘探，即间距2米平行布孔或错位布孔，对需要勘探的地域进行大面积排查，先查找出遗迹单位的怀疑点探孔，并在地表标明。普探深度至自然生土堆积层。

第二，采用重点勘探方法，即在普探的基础上，对已标明的遗迹单位怀疑点探孔，经技术确定，二次加密探孔进行卡边、定形，探查遗迹的性质、结构、范围、面积、深度，并在地面标明地下遗

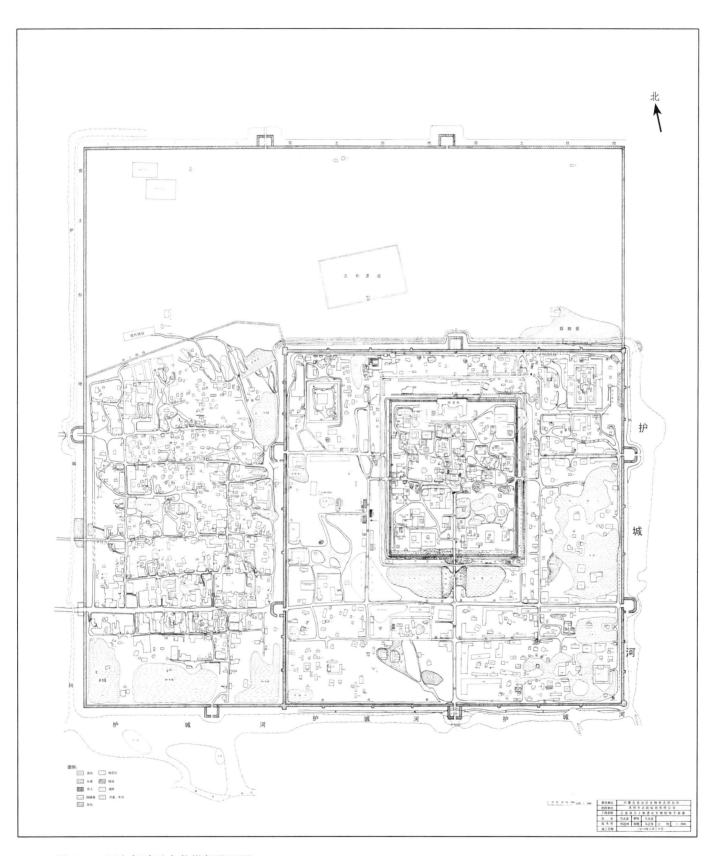

图 0-1　元上都遗址文物勘探平面图

迹的位置、形状等情况。

第三，普探后经重点勘探所确定的遗迹单位，均在地表用白灰线撒出遗迹的平面范围，结合遗迹单位的特征定性，分类编号，逐个记录地层堆积情况。

第四，对于淤土沟、道路、护城河遗迹，在遗迹单位范围内外侧均要求探测地层堆积情况，通过对比，客观地记录遗迹单位内外的不同之处。

第五，在对遗迹单位的认识上，存在偏差或认识不足的，后期采用单体遗迹参照周边遗迹，并结合遗址区的整体布局情况，有所保留地进行选弃，并在田野勘探日记本上标明选弃原因。

第六，勘探中的重要新发现，及时向内蒙古自治区文物考古研究所等相关部门汇报，听取新的指导建议和意见。

另外，结合元上都城址地下遗迹的丰富性和勘探任务的重要性，因时间紧任务重，洛阳市古韵钻探有限公司特别提出以下工作要求：

（1）探工在作业过程中，应做到一铲一看土，下铲后不回铲不敦铲。

（2）对所发现的怀疑点探孔，按要求在地表做出标记。

（3）收孔人员对"标记"探孔逐一排查，对单迹探孔有一个初步认识，做到心中有数，并形成合理性意见。

（4）技术员汇总收孔人员意见，对单迹探孔遗迹单位做出确定性的结论，并在地表标明遗迹单位代号。

（5）记录人员必须做到以下记录要点：

① 对路土的勘探与记录

路土的勘探尤其重要，探工在作业中发现土质变硬，分小薄层，或与其他探孔在硬度上存在差异的，应及时在地表标明"路土"标记。记录人员需明确记录的内容：路土的所在方位、走向、与其他街道（路土）的关系、开口层位、距地表深度以及土质、土色与包含物等。

② 对水系的勘探与记录

对水系的勘探，与对路土的勘探有着同样的重要性。探工在作业中，发现有水浸（水津）、水锈斑土、淤土的，应及时在地表标明"淤土"标记。记录人员需明确记录的内容：淤土的所在方位、走向、与其他已查明水系之间可能存在的关系、和其他遗迹叠压或打破情况、开口层位、距地表深度以及土质、土色与包含物等。

③ 对房址的勘探与记录

首先，以发现房址的墙基和房内活动面来确定。其次，若遇到砖石不过，无法对房址做出准确分析和判断的，根据地面堆积形状和地表遗留物来确定，探测出基台的大致范围、地面方位、形状及地层。记录人员需对房址台基在城池的方位、临街方位、周边遗迹的相对位置、台基的地面下特征、台基内地层堆积、台基外地层堆积等情况进行记录。

④ 对灰坑的勘探与记录

灰坑是人类生活遗弃物集中堆放并遗存下来的考古学遗迹单位名称。对此类遗迹的勘探，多以坑内遗物的多寡程度定性。记录人员需明确记录的内容：灰坑的开口层位、距地表深度、打破或叠压情况、平面形状、坑壁情况以及坑内包含物情况等。

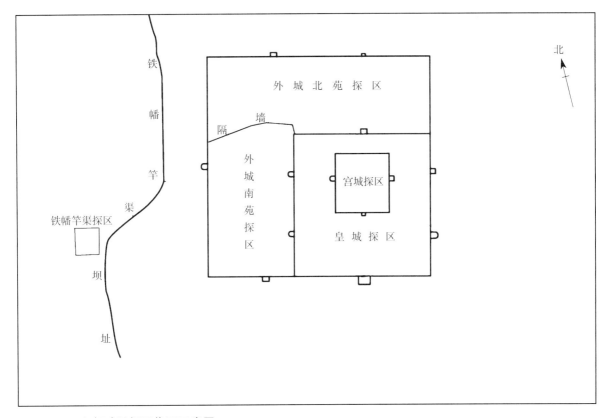

图 0-2　元上都遗址探区位置示意图

3. 工作步骤

勘探工作第一步着重了解铁幡竿渠及西侧遗迹的分布情况，第二步着重了解外城南苑西墙及护城河遗迹以及外城南苑内路网、水系、建筑台基遗迹的分布情况等，第三步着重了解外城北苑、皇城、宫城等路网结构，建筑台基分布情况等（图 0-2）。

三　本次勘探成果

元上都遗址规模宏大，地下文化遗存丰富，通过历时三年的勘探，取得了丰硕成果。本次调查勘探和测绘，共勘探面积 5450925 平方米，重点勘探面积 2391183 平方米，辨别出遗迹种类 20 余项。本报告的上册即是对勘探工作的全面总结和梳理，包括铁幡竿渠及西侧遗迹、外城南苑、外城北苑、皇城、宫城、御道等大遗迹，探明的遗迹现象包括道路、水域、房址、灰坑、排水沟、瓮城、马面等，第八章为遗迹单位统计表，表内结构、排序与正文完全一致，仅列有遗迹单位长、宽、高数据，简洁明了，便于查询。

下册"元上都遗址申报区内考古遗迹名录"，是对元上都遗址内目前已勘探或已发掘的遗迹单位的汇总，按遗迹单位性质罗列成目，每条下有简单的遗迹介绍和数据交代，信息更为全面。其中前三部分及最后一部分是依据本次勘探成果数据，形成的关于元上都城墙、城内道路、城内建筑基址、铁幡竿渠遗址的专项采集表，可与上册正文相互对照。中间四部分，"元上都遗址关厢区域建筑基址""元上都遗址砧子山墓葬群""元上都遗址一棵树墓葬群""元上都遗址敖包遗址"是历年对元上都周边遗迹调查、勘探、发掘的资料汇总，是对本次勘探成果的补充。可以说，本报告既是对本次勘探工作的总结，更是对元上都遗址区域内截至目前各项考古工作数据的全面且详细记录，是各项考古成果的汇总，为今后的研究提供基础数据。

第一章　铁幡竿渠及西侧遗迹的勘探

第一节　铁幡竿渠

铁幡竿渠拦洪坝，位于上都遗址全城的西、北部，起点在上都全城的北部山腰下，终点至闪电河一带，由北向南延伸蜿蜒数十千米。经调查勘探，铁幡竿渠拦洪坝坝址遗迹，现存高约 1.5 ~ 2.8 米，宽 8 米左右（以坝址凸出地面部分两侧斜坡的中间值为准）。现调查勘探部分南北长 765 米，勘探过程中没有发现基槽部分，拦洪坝应直接建筑在当时地面上。在已调查勘探的 765 米拦洪坝的西侧，发现有河道淤土堆积，沿坝址的走向分布，现已探明部分南北长 700 余米，东西宽 25 ~ 50 米不等。在已探明的铁幡竿渠的中部偏北一点，河道淤土向西、向北、向南依生活区堆土高台环绕状分布，形成以生活区为岛屿四周水面的湖泊区。以拦洪坝由西北至东南拐角处为起点，向南 380 ~ 678 米段，没有勘探到河道淤土堆积，该间距处可能有一条东西向河道与拦洪坝处的南北向河道交会。

1. 河道淤土地层堆积情况

第①层，浅灰黄色土，深厚 0.5 ~ 1.3 米。土质松散，含沙量稍大，稍干燥，内含较多植物根茎。第②层，灰黑色淤土，深 0.5 ~ 2.5 米，厚 1.5 ~ 2 米。土质湿软，细腻，较黏，有时含沙量稍大，有时不含沙，内含少量植物根茎类腐朽物、白釉瓷片、白釉铁锈纹瓷片、酱釉瓷片、铜钱残件等。2.5 米深见水。停探。在第②层下，个别探孔内见第③层浅黄色沙质土堆积，土质稍硬，密实，内含较多铁锈斑水锈纹。

2. 河道外地层堆积情况

第①层，浅灰黄色土，深厚 1.2 米左右。土质松散，含沙量稍大，稍干燥，内含较多植物根茎。第②层，深灰褐色土（俗称草铁土），深 1.2 ~ 1.6 米，厚 0.3 ~ 0.4 米。土质较硬，有颗粒状层次感，内含铁锈斑水锈纹和微量黑炭渣点。第③层，灰黑色土，深 1.2 ~ 2.5 米，厚 1.3 米左右。土质松软，较净。第④层，浅黄色青沙层，深 2.5 米左右。土质稍硬，密实，内含较多铁锈斑水锈纹。

第二节　铁幡竿渠西侧生活区遗迹

生活区台基，位于铁幡竿渠河道淤土西拐角的东北部，依其生活区的地层堆积不同划分，其生活区台基东西长 97 米，南北宽 45 米左右。

生活区台基地层：第①层，浅灰黄色沙质土，深厚 0.5 米左右。土质松散，稍净，内含少量植物根茎。第②层，灰褐色土，深 0.5～1.3 米，厚 0.8 米。土质松散，时而稍硬，内含较多黑炭渣点、动物骨骼和零星砖渣点。第③层，灰褐色土，深 1.3～1.8 米，厚 0.5 米。土质稍硬，内含少量浅黄色土颗粒和零星黑炭渣颗粒。该层下见深褐色踩踏面堆积，土质密实，较硬，个别孔踩踏面分层不太明显，多数孔踩踏面分小薄层明显。厚约 1.5 厘米。在生活区台基范围内发现有砌石房基、灰坑和矩形堆石区。

1. 建筑砌石房基

位于生活区台基的中部，呈东西向，距地表深 0.1～1.4 米。勘探情况表明，房基现存情况较好，平面呈方形，大部分裸露于地表，东西 12 米，南北 13.3 米，单条砌石房基宽 0.7 米。该房基内部的隔墙呈"┳"或"一"状置于房内。生活区东、西部房基现存较差，所发现砌石零乱，大部分无规律可循。

房基内地层：第①层，灰褐色土，深厚 0.8 米。土质松散，内含较多陶渣颗粒、动物骨骼、白灰颗粒、少量黑炭渣点、红烧土颗粒。第②层，深灰褐色土，深 0.8～1.1 米，厚 0.3 米。土质松散，内含大量黑炭渣点和少量红烧土块、白灰点、白釉瓷片、酱釉瓷片、白釉瓷碗圈足底残件。在 2 米时发现踩踏面，土质较硬，分小薄层稍明显，至 2.4 米底，厚 0.4 米。

2. 灰坑

位于生活区的中北部，平面呈椭圆形，东西长 7 米，南北宽 5 米。开口层位于①层下，距地表深 0.6 米左右。

灰坑内地层：第①层，浅灰黄色沙质土，深厚 0.6 米左右。土质松散，稍净，内含少量植物根茎。第②层，灰褐色土，深 0.6～1.3 米，厚 0.7 米。土质松散，杂乱，内含较多黑炭渣点、浅灰色草木灰、焦煤琉璃渣、动物骨骼和少量红烧土颗粒。该层下见灰褐色草铁土。

3. 矩形堆石区

在铁幡竿渠西侧遗迹的勘探中共发现三处，依次编号说明：
（1）Ⅰ号矩形堆石区
位于铁幡竿渠探区拦洪坝的中西部，东北至西南走向，长 149 米，宽 14～31 米。开口层位距地表深 0.4 米见，部分堆石裸露在地表，勘探过程大部分探孔见石不过。堆石区的西侧边沿相对规整，有三处外凸；东侧边沿很不规则，多凸凹。根据勘探情况，该堆石区的周边没有发现河道淤土。北部可能继续向北延伸。

Ⅰ号矩形堆石区西侧地层：第①层，浅灰黄色土，深厚 0.2～0.5 米。土质稍松散，内含较多植物根茎。第②层，灰褐色杂土堆积，深 0.2～1.5 米，厚 1～1.3 米。土质松散，内含较多草木灰、黑炭渣点、钧瓷片、白釉瓷片、动物骨骼和零星红烧土颗粒。第③层，浅黄色沙质土，深 1.5 米，土质松散，内含铁锈斑水锈，应为自然土。周边没有发现河道淤土。

（2）Ⅱ号矩形堆石区

位于生活区西南部，东北至西南走向，长 130 米，宽 12～17 米。开口层位距地表深 0.2 米，部分堆石裸露在地表，勘探过程大部分探孔见石不过。堆石区的东西两侧边沿相当规整，没有凸凹情况。从Ⅱ号堆石区的走向看，与Ⅰ号矩形堆石区基本成一直线，均为东北至西南向，不同之处在于宽度和外凸情况略有差别。另外，在该堆石区东西两侧均发现河道淤土。

Ⅱ号矩形堆石区周边地层：第①层，浅黄色沙质土，深厚 0.6 米。土质松软，稍净，内含有微量植物根茎。第②层，灰黑色土，深 0.6～1.2 米，厚 0.6 米。土质较硬，稍净，内含铁锈斑水锈点，有颗粒状层次感。第③层，深灰黑色沙质淤土，深 1.2～1.7 米不底，厚 0.5 米。土质松软，稍净，内含微量植物根茎类腐烂物。

（3）Ⅲ号矩形堆石区

位于Ⅱ号矩形堆石区的西北部，东西向，长 53 米，宽 7 米左右。开口层位距地表深 0.3 米，部分堆石裸露在地表，勘探过程中大部分探孔见石不过。西部向南有拐角出现，其宽度略大于其他部位。平面与Ⅱ号矩形堆石区呈倒"八"字形，东窄西宽。在堆石区东西两侧均发现河道淤土。

Ⅲ号矩形堆石区周边地层：第①层，浅黄色土，深厚 1.2 米。土质松散，较净，内含微量植物根茎。第②层，灰褐色土，深 1.2～1.5 米，厚 0.3 米。土质松软，较净，内含少量铁锈斑水锈纹。该层下见河道内灰黑色淤土，土质松软，较净。

第三节　道路路土

位于铁幡竿渠探区的中北部，铁幡竿渠东北至西南拐弯的南侧 110 米处，东西走向，现勘探出东西长 323 米，宽 9 米左右。开口层位于①层下，距地表深 0.8 米左右，厚约 0.4 米，路土为灰褐色杂土，含沙量稍大，稍硬，分小薄层较明显，并含有铁锈斑水锈纹。

道路内地层：第①层，黄褐色土，深厚 0.5 米左右。土质松散，稍净，内含微量黑炭渣点和植物根茎。第②层，浅灰褐色和浅黄褐色路土堆积层，可细分为两层，②A 层，浅灰褐色土，深 0.8～0.95 米，厚 0.15 米左右。土质较硬，分层明显，内含动物骨骼、黑炭渣点、白釉瓷片碎渣点。②B 层，浅黄褐色土，深 0.95～1.5 米，厚 0.55 米。土质稍松散，含沙量稍大，分层不明显，内含动物骨骼、黑炭渣点和酱釉瓷片。该层下见青沙层不带。停探。

第四节　存在的问题

在铁幡竿渠及西侧遗迹勘探中，当地居民对勘探工作进行阻拦，导致铁幡竿渠及西侧遗迹现象怀疑点不能筛选，不能确定遗迹单位及地层堆积情况等。诸多生活区台基没能排查，初步确定的湖泊区淤土是否在诸多生活区台基的周边都存在等不能确定。建筑台基的周边有较多乱石堆积，有相当一部分探孔打不过，对勘探成果的准确性可能有一定影响。

第二章　外城南苑篇

第一节　外城南苑及周边遗迹的勘探

1. 外城南苑西墙

外城南苑西墙大部坍塌，南北长 2200 米，隆起地面部分现存东西宽度在 18 米左右，个别保存较好的地段，可辨认出外城南苑西墙的原始宽度为 12 米。由于某种原因，外城西墙已有被破坏的大豁口。为了解外城西墙有无夯土基槽，我们对外城南苑西墙进行了勘探，共分三处进行。第一处位于外城南苑西墙北侧瓮城南部 300 米左右，第二处位于外城南苑西墙北侧瓮城南部 600 米处，第三处位于外城南苑西墙北侧瓮城北部 250 米左右。每处勘探地点均东西向横跨外城南苑西墙布孔，每孔间距 2 米，勘探长度在 40 米左右。经勘探，外城南苑西墙城垣底部没有夯土基槽，距地表深 1.4 米以下地层没被扰动过。通过对外城南苑内外侧大面积采点布孔，这种情况与整体遗址区地层相符。因此可推断，外城南苑西墙城垣直接在元代地面上夯打而成。

外城南苑西墙处地层：第①层，浅灰褐色土，深厚 0.5 米。土质稍硬，内含微量植物根茎和黑炭渣点。第②层，深灰褐色土，深 0.5 ~ 1.4 米，厚 0.9 米。土质较硬，密实，较净，内含微量黑炭渣点。第③层，浅黄色土，深 1.4 ~ 2.9 米，厚约 1.5 米。土质稍硬，较净，内含较多铁锈斑水锈纹。第④层，浅黄色青沙层，深 2.9 ~ 3.8 米不底，厚 0.9 米。土质松软，沙粒均匀，纯净。在 3.8 米左右处见水不带，停探。

2. 外城南苑西墙西侧护城河

截至第二阶段，外城西墙西侧护城河勘探地域共有三处，南北承揽长度约 1800 米。勘探情况表明，护城河的总体走向与外城西墙走向一致，在城门出口或与道路的贯通处，出现多曲状，宽度在 4.3 ~ 25 米，深 4.2 米左右。

第一处护城河勘探地域，位于外城西墙现存瓮城的西侧，东距外城西墙 38 米，距瓮城西墙 9 米。护城河现勘探出部分，平面多曲，南北长 260 米，东西宽 4.3 ~ 25 米，深 4.1 米左右（此深度以护城河两侧地表计算，护城河中心部位比两侧低约 2.3 米；地层叙述以护城河中心部位现有地表为准计算深度）。如图 2-1 所示：

护城河在瓮城西侧出口处突然变窄，宽 4.3 米，并在该范围处，护城河的西侧岸边，东凸出部分处发现砌石，距地表深 0.4 ~ 1.5 米。呈南北向，较有规律。据此推断，该处可能有吊桥存在。

第一处勘探地点护城河内地层情况：第①层，灰黑色土，深厚 0.4 米，土质稍硬，密实，稍净，

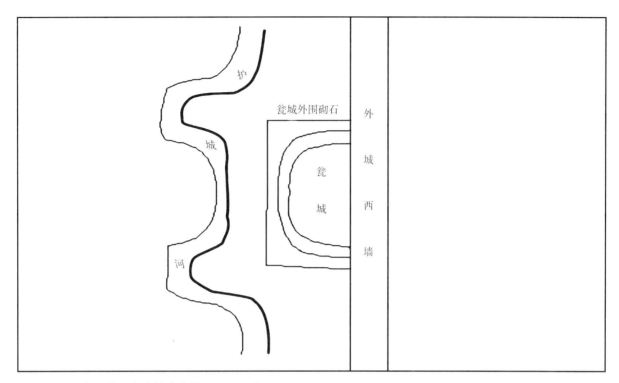

图 2-1　外城南苑西墙瓮城处护城河平面示意图

内含少量植物根茎。第②层，灰褐色土，深 0.4 ~ 0.8 米，厚 0.4 米。土质松散，内含浅灰色沙土颗粒。第③层，深黑色河道淤土，深 0.9 ~ 1.6 米不底，厚 0.7 米。土质湿软，细腻，较黏，内含少量植物根茎类腐朽物。在 1.6 米以下见水不带，停探（该段河床内比岸上低 2.3 米，护城河深度相加约 4.1 米）。

第二处勘探地点，位于外城西墙现存瓮城的南部，北距外城西墙上瓮城南墙 130 ~ 280 米处。护城河现勘探出部分，平面较规则，南北长 150 米，东西宽 8 ~ 13 米，深 3.8 米不底。河道的东侧边沿东距外城西墙 30 ~ 34 米。

第二处勘探地点护城河内地层：第①层，浅灰褐色土，深厚 0.5 米，土质稍硬，稍净，内含较多植物根茎。第②层，浅黄色土和灰褐色沙质杂土，深 0.5 ~ 0.9 米，厚 0.4 米。土质松散，内含稍多黑炭渣点。第③层，灰黑色河道淤土，深 0.9 ~ 1.8 米，厚 0.9 米。土质湿软，细腻，较黏，偶尔有青灰色沙层（厚 2 ~ 5 厘米），内含微量植物类腐朽物。至 1.8 米时见水不带，停探。

第三处勘探地点，位于外城西墙现存瓮城的南部，北距外城西墙上瓮城南墙 540 ~ 700 米处。护城河现勘探出部分，平面弯曲，南北长 160 米，东西宽 4.3 ~ 12 米，深 3.8 米不底。护城河在与东西向道路贯通处突然变窄，宽 4.3 米，并在该范围内，护城河的东西两侧岸边发现砌石和夯土，距地表深 0.8 米左右，较有规律。据此推断，该处可能有吊桥存在。河道的东侧边沿东距外城西墙 30 ~ 34 米。

第三处勘探地点护城河内地层：第①层，浅黄褐色土，深厚 0.7 米，土质稍硬，稍净，内含较多植物根茎。第②层，浅灰褐色沙质杂土，深 0.7 ~ 1.3 米，厚 0.5 米。土质松散，内含稍多黑炭渣点。第③层，灰黑色河道淤土，深 1.3 ~ 2.4 米，厚 1.1 米。土质湿软，细腻，较黏，偶尔有青灰色沙层。

内含微量植物类腐朽物和白釉碎瓷片。至 2.4 米时见水不带。停探。

3. 外城南苑西墙北侧瓮城周边砌石基础

通过勘探，沿瓮城的北、西、南三面发现砌石基础，三面合围瓮城，形成一个相对规整的平台区。砌石南北 95 米，东西 37 米，宽 1.8 米，距地表深 0.1 ～ 0.8 米见，个别地方砌石裸露在地表。

4. 外城南苑西墙瓮城内道路路土

在外城内排查路网结构时，为确保对路土有一个统一认识，在不同地段分别采集路土堆积情况。

首先在瓮城内勘探，瓮城内路土分布于整个瓮城内，中间部位保存较好，周边保存稍差，路土总厚度为 0.5 米。土质较硬，分小薄层，分层明显。根据土质和包含物，瓮城内路土可细分为两小层。

瓮城内地层：第①层，浅黄灰色土，深厚 0.5 米左右。土质松软，较净，内含少量植物根茎。第②层，可细分为② A 和② B 两层，② A 层，灰褐色土，深 0.5 ～ 0.8 米，厚 0.3 米，上半部分有厚 8 厘米的灰黑色土，土质较硬，分小薄层，分层明显，内含较多黑炭渣点，下半部分为浅灰色土，土质较硬，密实，内含微量黑炭渣点。② B 层，浅黄色沙土，深 0.8 ～ 1 米，厚约 0.2 米。土质稍硬，较净，内含少量灰褐色土颗粒。应为元代早期路土。该层下为浅黄色大青沙堆积，土质较硬，纯净，可能被夯打过。城内其他地段该土层松软，纯净，应为生土层。

5. 外城南苑东西第三街西端砌石基础

位于外城南苑西墙外侧，东西第三街与城垣夯土的交会处。通过勘探，砌石基础的北、西、南三面合围第三街路土与城垣夯土交会处的平台区。砌石南北 56 米，东西 24 米，宽 2.1 米，距地表深 0.5 米。

6. 外城南苑南墙外护城河

通过勘探，外城南苑南墙外护城河，平面呈多曲状。现勘探出东西长 870 米左右，南北宽 120 ～ 205 米。有三个支流，西侧支流呈东北至西南向，长 40 米左右，宽 35 米左右，并继续向西南方向延伸；南侧有两个支流，其中，东侧支流较宽，呈西北至东南向与闪电河交会，现勘探出南北长约 280 米，东西宽 60 米左右；西侧支流相对稍窄，呈西北至西南环状与闪电河交会，现勘探出长约 140 米，宽 25 ～ 38 米。

护城河内地层堆积情况：第①层，浅灰色土，深厚 0.5 米。土质湿软，内含稍多植物根茎及沙土层。第②层，深黑色土，深 0.5 ～ 1.3 米，厚 0.8 米。土质湿软，内含灰黑色淤沙土。第③层，深黑色淤积土，深 1.3 ～ 1.9 米，厚 0.6 米。土质湿软，内含植物根茎类腐朽物。该层下见青沙层，出水，停探。

第二节　外城南苑内路网结构

元上都遗址外城南苑内所勘探出的路土，依其规模大小、所在位置和路土的保存情况，大致可分为两类，第一类属外城内道路的框架路土，路路交会，相互贯通，形成路网格局；另一类属房内或房与房之间路土，它们在房内或多个房址台基之间相互贯通。根据道路的这些情况，规模较大的，并结合其所在位置，我们在编号时称之为街道路土；规模相对较小，并在房内或房与房之间相互贯通的，称之为房址路土。

1. 街道路土

共十六条。依其走向，可分为东西向街和南北向街两种。

（1）东西向街

共九条。由南向北，依次编号为东西第一街至东西第九街。

东西第一街

位于外城南部，南距外城南墙 190 米。现勘探出路土东西长 260 米左右，南北宽 12 米左右。较直。路土的东端与南北第五街交会，西端在 F14 与 F19 房址台基间消失。该街的南北两侧各有一条支线路土，其中，北侧的支线路土，南北长约 100 米，宽 8 米左右，与东西第二街贯通。南侧支线路土，现勘探出南北长 20 米左右，宽 17 米左右，在 9 号水域北沿外消失。

东西第一街路土，开口于①层下，距地表深 0.7 米。

东西第一街地层：第①层，浅灰色土，深厚 0.7 米。土质松散，内含稍多植物根茎。第②层，深灰色路土层，深 0.7 ~ 1.6 米，厚 0.9 米。土质较硬，密实，有明显的路土踩踏层，内含黑炭渣点、草木灰和少量陶瓷片。第③层，深黑色土，深 1.6 ~ 2 米，厚 0.4 米。土质湿软，内含深黑色淤积土层。该层下出水，停探。

东西第一街外部地层：第①层，浅灰色土，深厚 0.7 米。土质松散，内含稍多植物根茎。第②层，深灰色土，深 0.7 ~ 1.6 米，厚 0.9 米。土质松软，内含深灰色土颗粒及沙土层。第③层，深黑色土，深 1.6 ~ 2.3 米，厚 0.7 米。土质松软，内含深黑色土颗粒及黑色淤沙层。该层下见水，停探。

东西第二街

位于外城南部，南距外城南苑墙、东西第一街分别为 300 米和 100 米。现勘探出路土东西长 720 米，南北宽 6 ~ 12 米。较直。路土的东端分别与南北第五街、第六街呈"十"字和"丁"字交会贯通；西端在距外城南苑西墙 10 米处北拐，并与东西第三街路土西端交会；西端北侧有一支线路土，与东西第三街路土交会贯通。

东西第二街路土，开口于②层下，距地表深 1 米。

东西第二街地层：第①层，浅灰色土，深厚 0.4 米。土质松散，内含稍多植物根茎。第②层，深灰色土，深 0.4 ~ 1 米，厚 0.6 米。土质松散，内含深灰色土颗粒及浅灰色沙土层。第③层，深灰色路土层，深 1 ~ 1.5 米，厚 0.5 米。土质较硬，有明显的路土踩踏层，内含外素内布纹瓦片、草木灰。第④层，深灰色土，深 1.5 ~ 2 米，厚 0.5 米。土质松软，内含深灰色土颗粒及淤积沙层。该层下见出水，停探。

东西第三街

位于外城南部，南距外城南苑南墙、东西第二街分别为 390 米和 80 米，东西贯通外城南苑及外城南苑西墙外护城河。现勘探出路土东西长 820 米，南北宽 19 米左右。较直，规模较大。路土的东端与皇城西墙南瓮城对应，并与南侧的南北第五街、六街交会贯通。在路土的北侧有三个支线路口，其中一个与东西第四街贯通；南侧有五个支线路口，其中有两个与东西第二街路土贯通。

东西第三街路土，开口于①层下，距地表深0.3～0.5米。

东西第三街地层，南北向共探测三处断面地层。

第一处，西距外城南苑西墙150米。第①层，黄褐色土，深厚0.3米。土质松散，内含较多植物根茎。第②层，浅灰色路土层，深0.3～1.2米，厚0.9米。土质较硬，干燥，有明显的踩踏层，内含大量草木灰和少量动物骨骼、砖瓦渣点，偶尔有红烧土颗粒出现。第③层，黄褐色夯土，深1.2～2.3米，厚1.1米左右。土质坚硬，较净，夯土分层明显，每层厚约15厘米，内含微量黑炭渣点。该层下见浅黄色生土层。

第二处，西距外城南苑西墙210米。第①层，浅灰色土，深厚0.5米。土质松散，干燥，内含稍多植物根茎。第②层，深灰色路土层，深0.5～1.1米，厚0.6米。土质密实，有明显踩踏层，内含少量草木灰。第③层，深灰色夯土，深1.1～2.3米，厚1.2米。土质密实、坚硬，夯土分层明显，该层下见浅黄色沙质生土层，停探。

第三处，东距皇城西墙南瓮城143米。第①层，浅灰色土，深厚0.5米。土质松散，内含稍多植物根茎。第②层，深灰色路土层，深0.5～1.8米，厚1.3米。土质较硬，密实，有明显踩踏层，内含少量草木灰。第③层，深黑色夯土，深1.8～2.7米，厚0.9米。土质坚硬，密实，较净，该层下为深黑色土，土质较松。停探。

根据勘探时东西第三街路土下发现的夯土以及东西第三街与外城南苑西墙的特殊关系，我们初步提出两点分析，其一，东西第三街路土层下发现的夯土，可能与道路的修建有关。元上都遗址，外城南苑的总体地势属北高南低状，修建该街道时，这里可能是一个斜坡，用夯土夯打起来后再修建道路。其二，东西第三街东西横穿外城南苑西墙，并且在墙体下也勘探到路土，宽17米，不同于其他瓮城处路土入门道内时变窄的布局。据此分析，该条道路使用的时期，西墙上没有城门洞，应是一个大豁口。另外，已勘探出的东西第三街路土与铁幡竿渠西侧东西向道路路土在一条直线上。

东西第四街

位于外城中南部，南距东西第三街120米左右。现勘探出东西长580米左右，南北宽12～15米。中、西部较直，且西端与南北第三街呈"丁"字形交会；东部路土在F168、F169房址处北拐80米左右后，由西北至东南向与南北第七街呈"丁"字形交会贯通。路土的北侧有8个支线路口，其中有一条支线路与东西第五街交会贯通，其他支线分别与房址或水坑贯通；南侧有4个支线路口，同样有一条支线路与东西第三街交会贯通，其他支线路分别与房址贯通。

另外，在东西第四街路土的西端，与南北第三街交会处向东140米范围内，分别距地表深0.3、1、1.6米发现铺石，铺石深浅不等，有的在路土层之上，有的在路土层堆积内。

东西第四街路土，开口于①层下，距地表深0.6米左右。

东西第四街地层：第①层，浅灰色土，深厚0.6米。土质松散，干燥，内含稍多植物根茎。第②层，深灰色路土层，深0.6～1.6米，厚1米。土质坚硬，密实，干燥，有明显路土踩踏层，内含稍多草木灰，少量黑炭渣点、碎砖瓦渣点，偶有白釉瓷片出现。第③层，深灰色土，深1.6～3.3米，厚1.7米。土质一般，较净，内含深灰色和浅黄色淤积土。该层下见浅黄色沙质生土层，停探。

东西第四街外部地层：第①层，浅灰色土，深厚0.6米。土质松散，干燥，内含稍多植物根茎。

第②层，浅黄色土，深 0.6 ~ 2.2 米，厚 1.6 米。土质松软，内含浅黄色土颗粒、草木灰、黑炭渣点。第③层，浅灰色土，深 1.6 ~ 3.1 米，厚 1.5 米。土质松软，内含浅灰色淤积土。该层下见浅黄色沙质生土层，停探。

东西第五街

位于外城中部，南距东西第四街 140 米左右。现勘探出路土东西长 590 米左右，南北宽 8 ~ 12 米。平面微曲。西端与南北第三街呈"丁"字形交会；东端与南北第四街、第七街分别呈"十"字形和"丁"字形交会贯通。路土的北侧有 3 个支线路口，其中有一条支线路呈多曲状与东西第六街交会贯通，其他支线分别与房址或水坑贯通；南侧有 6 个支线路口，或与房址贯通或逐渐消失。

东西第五街路土，开口于①层下，距地表深 0.45 米左右。

东西第五街地层：第①层，黄褐色土，深厚 0.45 米。土质松散，内含较多植物根茎。第②层，浅灰色路土层，深 0.45 ~ 0.7 米，厚 0.25 米。土质较硬，干燥，有明显踩踏层，内含大量草木灰和少量动物骨骼、砖瓦渣点。第③层，灰、黄褐色土，深 0.7 ~ 1.9 米，厚 1.2 米左右。土质松散，内含微量黑炭渣点。该层下见浅黄色生土层。

东西第五街外部地层：第①层，浅灰色土，深厚 0.4 米。土质松散，内含稍多植物根茎。第②层，浅黄色土，深 0.4 ~ 1 米，厚 0.6 米。土质松软，内含浅黄色土颗粒和深灰色土颗粒。该层下见浅黄色沙质生土层，停探。

东西第六街

位于外城中部，南距东西第五街 150 米左右。现勘探出路土东西长 570 米左右，南北宽 6 ~ 15 米。路土的西半部较直，西端与南北第三街呈"十"字形贯通，在 F557、F559 台基处分支，并与东西第七街路土贯通；东半部支线路较多，零乱，多曲，且相互贯通。总体上，东西第六街能与南北第四街、第七街交会贯通。

东西第六街路土，开口于①层下，距地表深 0.55 米。

东西第六街地层：第①层，浅灰色土，深厚 0.55 米。土质松散，干燥，内含稍多植物根茎。第②层，浅灰褐色路土层，深 0.55 ~ 1 米，厚 0.45 米。土质密实，有明显踩踏层，内含浅黄色土颗粒和深黑色土。该层下见浅黄色沙质生土层，停探。

东西第六街外部地层：第①层，浅灰色土，深厚 0.4 米。土质松散，内含稍多植物根茎。第②层，浅黄色土，深 0.4 ~ 1.1 米，厚 0.7 米。土质松软，内含浅黄色土颗粒和深灰色土。该层下见浅黄色沙质生土层，停探。

东西第七街

位于外城中北部，南距东西第六街 120 米。现勘探出路土东西长 540 米左右，南北宽 9 ~ 11 米。路土较直。西端与南北第二、第三街呈"丁"字和"十"字形贯通，东端与南北第四、第七街呈"丁"字形交会贯通。在路土的北侧有 8 个支线路口，分别通向房址台基，并与房址间路土呈网状相互交会贯通；路土的南侧有 5 个支线路口，有的与东西第六街北侧的支线路交会，有的通向房址台基处。

东西第七街路土，开口于①层下，距地表深 0.5 米。

东西第七街地层：第①层，浅灰色土，深厚 0.5 米。土质松散，稍净，内含较多植物根茎和微量黑炭渣点。第②层，深灰褐色路土层，深 0.5 ~ 1.5 米，厚 1 米。土质较硬，密实，分别在 0.8 米、1.1

米和 1.4 米处踩踏层明显,内含动物骨骼和较多黑炭渣点、浅黄色土颗粒等。该层下见大黄沙堆积层。停探。

东西第七街外部地层:第①层,深灰色土,深厚 0.6 米。土质稍松,内含植物根茎。第②层,浅灰色土,深 0.6 ~ 1.2 米,厚 0.6 米。土质较硬,内含微量黑炭渣点。该层下见深黄色沙质生土层。

东西第八街

位于外城北部,南距东西第七街 130 米。现勘探出路土东西长 800 米左右,南北宽 8 ~ 15 米。路土较直。西端与南北第一、第二街呈"丁"字形交会,与南北第三街呈"十"字形贯通,东西横穿外城南苑西墙北瓮城及瓮城处护城河;东端在 F416 房址处,向南北两侧分支,其中,南支线路土呈东北至西南向,与皇城西墙北瓮城处大面积踩踏面及南北第七街贯通。

另外,在东西第八街路土的东、西部发现砌(堆)石区。其中,东侧砌(堆)石区,介于 F417 与 F448 之间,勘探出东西长约 120 米,宽约 8.6 米。在砌石的东西两侧,发现东西长约 30 米、南北宽 1.8 米、深 0.6 米的排水沟,沟内填深黑色淤泥土,内含朽草根和黑炭渣点。西侧砌石区,位于 F525 房址台的南沿与路土的结合部处,勘探出东西长 13 米,宽 0.7 ~ 1.5 米。距地表深 1 ~ 1.4 米。疑为道路北侧的排水沟砌石。

东西第八街路土,开口于①层下,距地表深 0.5 米。

东西第八街地层,分砌石区段地层、F525 南侧段地层和东西第八街外部地层三处说明。

砌石区段地层:第①层,黄褐色土,深厚 0.25 米。土质松散,内含较多植物根茎。第②层,浅灰黑色路土层,深 0.25 ~ 0.6 米,厚 0.35 米。土质较硬,踩踏层明显,内含微量黑炭渣点和铁锈纹斑。第③层,浅灰色沙质土,深 0.6 ~ 0.9 米,厚 0.3 米。土质一般,稍净,内含稍多植物根茎。该层下见石,大多数探孔距地表深 1 米左右见朽草类腐烂物,厚 2 厘米左右。第④层,灰黑色土,深 1 ~ 1.4 米,厚 0.4 米。土质湿软,内含植物根茎类和黑炭渣点。以下出水,停探。

F525 南侧段地层:第①层,浅灰色土,深厚 0.5 米。土质松散,稍净,内含较多植物根茎和微量黑炭渣点。第②层,深灰褐色路土层,深 0.5 ~ 1.5 米,厚 1 米。土质较硬,密实,分别在 0.8 米、1.1 米和 1.4 米处踩踏层明显,内含动物骨骼和较多黑炭渣点、浅黄色土颗粒等。该层下见大黄沙堆积层。停探。

东西第八街外部地层:第①层,浅黄色土,深厚 0.5 米左右。土质松散,稍干燥,内含较多植物根茎。第②层,浅灰色路土堆积层,深 0.5 ~ 1.5 米,厚 1 米左右。土质松散,时而较硬,分层明显,内含黑炭渣点、红烧土颗粒、浅黄色土颗粒、陶渣点。出土白釉瓷片、黑釉瓷片、青釉瓷片、钧瓷残片。第③层,深灰色沙质土,深 1.5 ~ 1.9 米,厚 0.4 米。土质较硬,较净,内含微量小白点颗粒物。该层下见大黄沙堆积层,应为生土层。

东西第九街

位于外城北侧,南距东西第八街 360 米左右。叠压在外城南苑北侧的东西向隔墙上。呈西北至东南走向。现勘探出东西长 370 米,南北宽 4 ~ 8 米。路土的西端在现代房址处消失,且被现代房址所叠压;东端穿过隔墙后路土分支,形成两条分支道路,并与外城南苑东北角的大面积踩踏面和房址间路土贯通。

东西第九街路土,开口于①层下,距地表深 0.4 米。

东西第九街地层：第①层，黄褐色土，深厚 0.4 米。土质松散，内含较多植物根茎。第②层，浅灰色路土堆积层，深 0.4～0.6 米，厚 0.2 米。土质较硬，较净，踩踏层明显，内含微量黑炭渣点。第③层，灰、黄色土，深 0.6～0.8 米，厚 0.2 米。土质松散，内含微量黑炭渣点。该层下见浅黄色沙质土。

（2）南北向街

共七条。由西向东，依次编号为南北第一街至南北第七街。

南北第一街

位于外城西部，西距外城西墙 6～11 米。现勘探出南北长 874 米，东西宽 6～8 米。路土的北端在距隔墙 20 米处东拐，并与南北第三街贯通；中间段至城西墙北瓮城处与东西第八街贯通；南端与东西第三街呈"十"字形贯通。应说明的是，南北第一街的中部偏南部位，现存情况不好，勘探过程中没有发现路土踩踏层，是否能与东西第五街路土呈"十"字形交会，尚无法查明。

南北第一街路土，开口于①层下，距地表深 0.4～0.9 米。

南北第一街北端地层：第①层，黄褐色土，深厚 0.4 米。土质松散，内含较多植物根茎。第②层，浅黄灰色路土层，深 0.4～0.6 米，厚 0.2 米。土质较硬，内含较多青灰色碎石渣。该层下见浅黄色沙质生土层。

南北第一街南端地层：第①层，黄褐色土，深厚 0.5 米。土质松散，干燥，内含植物根茎和少量黑炭渣点。第②层，深灰色土，深 0.5～0.9 米，厚 0.4 米。土质松散，干燥，内含大量草木灰、少量动物骨骼、黑炭渣点、白釉瓷片。第③层，浅灰色路土层，深 0.9～1.1 米，厚 0.2 米。土质较硬，踩踏层明显。内含草木灰、浅黄色土颗粒、黑炭渣点。第④层，深褐色土，深 1.1～2.4 米，厚 1.3 米。土质稍硬，内含微量黑炭渣点、浅黄色土颗粒。

南北第二街

位于外城西部，西距外城西墙 70 米处，距南北第一街 50 米。现勘探出南北长 220 米，东西宽 4～10 米。平面微曲。路土的北端东拐，并与南北第三街贯通；中部与东西第八街交会；南端与东西第七街贯通。

南北第二街路土，开口于①层下，路地表深 0.4 米。

南北第二街地层：第①层，黄褐色土，深厚 0.4 米。土质松散，内含较多植物根茎。第②层，浅黄灰色路土层，深 0.4～0.6 米，厚 0.2 米。土质较硬，较纯净，内含较多青灰色碎石渣。该层下见浅黄色沙质生土层。

南北第三街

位于外城西部，西距外城南苑西墙 140 米，距南北第二街 60 米。现勘探出南北长 950 米，东西宽 8～11 米。路土的北端与南北第一、第二街交会；南端和中间部分别与东西第三街、东西第四街、东西第五街、东西第六街、东西第七街呈"丁"字形或"十"字形交会。

南北第三街路土，开口于①层下，距地表深 0.4 米。

南北第三街地层：第①层，黄褐色土，深厚 0.4 米，土质稍硬，稍净，内含较多植物根茎。第②层，浅灰色路土堆积层，深 0.4～1.2 米，厚 0.8 米。土质稍硬，内含较多黑炭渣点和浅灰色草木灰土、动物骨骼、白釉瓷片残渣。在 1～1.2 米处见路土层，厚 0.2 米，土质较硬，分层稍明显，偶有细沙和黑炭灰薄层出现，厚约 0.3 厘米。第③层，浅灰色路土层，深 1.2 ~ 2.1 米，厚 1.1 米。土质稍硬，含沙量稍大，内含动物骨骼、黑炭渣点、白釉瓷片碎渣。在 1.8 ~ 2 米时较硬，分薄层。第④层，浅黄色土，深 2.1 ~ 2.2 米，厚 0.1 米。土质较硬，较净，踩踏层明显，内含少量黑炭渣点和深黄色土颗粒。

南北第四街

位于外城西部，西距南北第三街 400 米，东距皇城西墙 220 米。现勘探出南北长 420 米，东西宽 6 ~ 11 米。路土的北端和南端分别与东西第七街、东西第四街呈"丁"字形贯通；中部与东西第五街、东西第六街呈"十"字形交会。

南北第四街路土，开口于①层下，距地表深 0.85 米。

南北第四街地层：第①层，浅灰色土，深厚 0.85 米。土质松散，内含植物根茎。第②层，深灰色路土层，深 0.85 ~ 1.3 米，厚 0.45 米。土质稍硬，有稍明显踩踏层，较净，无包含物。第③层，浅灰色淤沙层，深 1.3 ~ 1.8 米，厚 0.5 米。土质一般，较净，无包含物。该层下见灰白色沙质土，出水，停探。

南北第四街外部地层：第①层，浅灰色土，深厚 0.85 米。土质一般，内含植物根茎。第②层，深灰色土，深 0.85 ~ 1.3 米，厚 0.45 米。土质湿软，较净，无包含物。第③层，浅黄色土，深 1.3 ~ 1.7 米，厚 0.4 米。土质一般，较净，无包含物。该层下见浅黄色沙质生土层，停探。

南北第五街

位于外城西部，东距皇城西墙 216 米。现勘探出南北长 375 米，东西宽 5 ~ 8 米。路土的北端与东西第三街呈"丁"字形贯通；中间部分与东西第一街、东西第二街呈"丁"字形和"十"字形贯通。

南北第五街路土，开口于①层下，距地表深 0.5 米。

南北第五街地层：第①层，浅灰色土，深厚 0.5 米。土质松散，内含稍多植物根茎。第②层，深灰色路土层，深 0.5 ~ 1.8 米，厚 1.3 米。土质密实，踩踏层明显，内含动物骨骼、碎砖渣。第③层，深黑色土，深 1.8 ~ 2.3 米，厚 0.5 米。土质松散，内含深灰色淤泥土。该层下见浅灰色淤积沙土层，停探。

南北第五街外部地层：第①层，浅灰色土，深厚 0.5 米。土质松散，内含稍多植物根茎。第②层，深灰色土，深 0.5 ~ 1.6 米，厚 1.1 米。土质一般，内含深灰色土及碎砖瓦渣。第③层，深灰色土，深 1.6 ~ 2.3 米，厚 0.7 米。土质松软，内含深灰色淤积土及沙层。该层下见浅灰色淤积沙层，停探。

南北第六街

位于外城西南部，东距皇城西墙 77 米，西距南北第五街 137 米。现勘探出南北长 174 米，东西宽 6 米左右。路土的北端与东西第三街呈"丁"字形贯通；中部与东西第二街呈"丁"字形贯通；南端在 10 号水坑的北沿处消失。

南北第六街路土，开口于①层下，距地表深 0.7 米。

南北第六街地层：第①层，深灰色土，深厚 0.7 米。土质松散，内含稍多植物根茎。第②层，深灰色路土层，深 0.7 ~ 1.8 米，厚 1.1 米。土质密实，踩踏层明显，内含较多草木灰，微量动物骨骼和黑炭渣点。第③层，深灰色土，深 1.8 ~ 2.5 米，厚 0.7 米。土质松软，内含深灰色土颗粒。第

④层，深黑色土，深 2.5 ~ 2.8 米，厚 0.3 米。土质湿软，内含深黑色淤积土及沙土层。

南北第六街外部地层：第①层，浅灰色土，深厚 0.8 米。土质松散，内含稍多植物根茎。第②层，深灰色土，深 0.8 ~ 2 米，厚 1.2 米。土质较软，内含深灰色土颗粒并夹有浅黄色沙土颗粒。第③层，深黑色土，深 2 ~ 2.4 米，厚 0.4 米。土质较软，内含深黑色淤积土及沙土层。该层下见浅灰色沙质土，出水，停探。

南北第七街

位于外城西部，东距皇城西墙 20 ~ 40 米。现勘探出南北长 970 米，东西宽 5 ~ 8 米。路土的北端与外城南苑东北部的大面积踩踏面交会；南端在皇城西墙南瓮城北侧消失。路土的中间段分别与东西第四、第五、第六、第七街呈"丁"字形贯通。

南北第七街路土开口于①层下，距地表深 0.6 ~ 1 米。

南北第七街北端地层：第①层，浅灰色土，深厚 0.6 米。土质松散，内含较多植物根茎。第②层，深灰色路土层，深 0.6 ~ 1.3 米，厚 0.7 米。土质较硬，踩踏层明显，内含少量草木灰和黑炭渣点。该层下见浅黄色沙质生土层。

南北第七街北端外部地层：第①层，浅灰色土，深厚 0.5 米。土质较松，内含稍多植物根茎。第②层，浅灰土，深 0.5 ~ 1.1 米，厚 0.6 米。土质松软，内含黑淤泥及浅黄色淤沙层。该层下见浅黄色沙质生土层，停探。

2. 房址路土

外城南苑内路土，路网的框架部分相对规整，房址间路土规模稍小，多曲，稍零乱。第一阶段勘探时，由于外城南苑所发现的路土数量不多，本报告对房址路土进行编号说明；第二阶段外城南苑勘探结束时，勘探成果显示，外城南苑内房址间路土错综复杂，多曲，零乱，没有规律。在此，仅就第一阶段所发现的十三条房址间道路进行说明。

第一阶段的房址间路土，分布于房址内或房与房之间。由南向北，依次编号为 L1 ~ L13，说明如下：

L1

位于 F32、F37 和 F38 房址处，属 F37 和 F38 两房之间道路。平面弯曲，长 40 米左右，宽 2 ~ 5 米。路土开口于①层下，距地表深 0.7 米左右，浅灰褐色土，土质稍硬，分层明显，内含黑炭渣点、动物骨骼和白釉碎瓷片。

L2

位于 F44、F45 和 F46 房址处，属 F44、F45 和 F46 通向南北第三街的房址间道路。平面多曲，依其建筑布局形成，长 30 米左右，宽 3.8 米左右。路土的西部被 H9 打破，东南部被 H10 打破。路土开口于①层下，距地表深 0.5 米左右，浅灰褐色土，土质稍硬，分层明显，内含草木灰、黑炭渣点、动物骨骼和红烧土颗粒。

L3

位于 F48、F49、F51 和 F52 房址处，属 F48、F49、F51 和 F52 贯通南北第三街和东西第三街的房址间道路。平面多曲，直线长度约 80 米，宽 3 ~ 6 米。不太规则。在路土的南北两侧发现约 1 平方米的砌石区，较规整。路土开口于①层下，距地表深约 0.8 米，浅灰褐色土，土质稍硬，分层明显，内含草木灰、黑炭渣点和红烧土颗粒。

L4

位于 F55 和 F57 房址处，属 F55、F57 贯通东西第三街的房址间道路。长约 34 米，宽约 6 米。路土开口于①层下，距地表深约 0.7 米，浅灰褐色土，土质稍硬，分层稍明显，内含较多草木灰，少量红烧土颗粒。

L5

位于 F58 和 F59 房址处，属 F58、F59 贯通东西第三街的房址间道路。长约 31 米，宽约 3 米。路土开口于①层下，距地表深约 0.7 米，浅灰褐色土，土质稍硬，松散，分层不太明显，内含较多草木灰，少量红烧土颗粒和动物骨骼。

L6

位于 F65 和 F66 房址处，属 F65、F66 贯通东西第三街的房址内和房址间道路。长约 48 米，宽约 2 米。路土开口于①层下，距地表深约 0.5 米，浅灰褐色土，土质稍硬，分层不太明显，内含较多草木灰，少量红烧土颗粒和动物骨骼。

L7

位于 F13 房址内，属 F13 房址内道路。南北长约 7 米，宽约 3.2 米。路土开口于②层下，距地表深约 0.9 米，灰褐色土，土质稍硬，分层明显，厚 15 厘米，内含黑炭渣点和铁锈斑水锈土。

L8

位于 F12、F16 房址处，属 F12、F16 贯通南北第三街的房址间道路。东西长约 34 米，宽 2 ~ 6.2 米。路土开口于①层下，距地表深约 0.7 米，浅灰黄色土，土质稍硬，分层不明显，厚 10 厘米，内含稍多黑炭渣点。路土下见石，探不过。

L9

位于 F88 房址建筑群的南部，属 F88 贯通东西第五街的房址内道路或踩踏面。东西长约 80 米，宽 7 ~ 10 米。路土的北部有两个分支路，分别通往 F88 房址建筑群的两个院落内，南北进深约 59 米，宽约 8 米。路土开口于①层下，距地表深约 0.45 米，灰褐色土，土质稍硬，分层明显，厚约 10 厘米，内含微量黑炭渣点。路土下至地表深 0.5 米见浅黄色生土层。

L10

位于 F88 房址建筑群的东北部，路土的西、北部被房址建筑群隔断，南部四至还没有进行勘探。现勘探出路土（或踩踏面），南北约 42 米，东西约 23 米。路土开口于①层下，距地表深 0.4 米，浅灰色土，土质稍硬，分层不太明显，厚 0.2 米，内含微量黑炭渣点。

L11

位于 L10 的东部 9 米处。路土的北部被房址建筑群隔断，南部四至还没有进行勘探。现勘探出路土（或踩踏面），南北约 51 米，东西约 22 米。路土开口于①层下，距地表深 0.4 米，浅灰色土，土质稍硬，分层不太明显，厚 0.25 米，内含微量黑炭渣点。

L12

位于 F88、F87 建筑群的东北部，属建筑群内房址间道路，分别贯通 F86、F89、F90、F91、F92、F93 房址建筑。平面呈网状布局，不太规则。周边被一条宽约 3 米的隔墙包围。路土开口于①层下，距地表深约 0.5 米，灰褐色土，土质稍硬，分层不太明显，厚 10 厘米，内含微量草木灰和黑炭渣点。

L13

位于 L12 所构成的建筑群的东部。属房址间道路，分别贯通 F94、F95、F96、F97、F98、F99、F100、F101、F102、F103、F104 房址建筑。平面呈网状布局，不太规则。其中有一条分支路土向东南延伸，可能与 F105、F106、F107 房址贯通。路土开口于①层下，距地表深约 0.5 米，灰褐色土，土质稍硬，分层不太明显，厚 10 厘米，内含微量草木灰、黑炭渣点和稍多砖瓦片碎渣。另外一层路土距地表深约 1 米，同样为灰褐色土，土质较硬，分层明显，厚约 7 厘米。

第三节　外城南苑内建筑遗迹

1. 房址台基

在外城南苑内，勘探出房址建筑台基 529 座（处）。根据相关要求，就房址台基的大致范围、地面方位、形状及地层加以确定和记录。在对房址的勘探过程中，有相当一部分探孔探至文化层时，遇砖石不过，无法对房址做出准确分析和判断，只能根据地面堆积形状和地表遗留物来确定。另外，关于房址的分期问题，在勘探作业当中组织精干技术人员，一方面通过地层的打破或叠压关系划分早晚，另一方面，逐个记录房址台基的地层堆积情况，通过分析不同地层内包含物以及遗物的时代早晚关系等方法来划分早晚期，但收效很不显著，准确性也不强。究其原因，主要有两个，第一，探孔深度一进入文化层时大多数遇砖石不过；第二，探孔内出土遗物数量少，且遗物的时代特征跨度不大，能用来划分早晚关系的遗物比较单一。因此，房址的分期问题无法通过勘探手段很好地解决，勘探成果的准确性受到一定的影响。综合上述情况，对房址的勘探一般根据房址的砌石基础、地表散落的建筑构件及台基内外的地层对比来确定。

外城南苑内房址台基共勘探出 529 座（处），由南向北依次编号为 F1 ~ F529。说明如下：

F1 台基

位于外城南部，东西第二街西端南侧，8 号水坑的东南部。平面呈方形，边长 15 米左右，土石结构，墙基依稀可见，宽约 0.5 米，高 0.2 米。

台基内地层：第①层，浅灰色土，深厚 0.4 米。土质稍松，内含碎砖石块、植物根茎。第②层，灰褐色土，深 0.4 ~ 2 米，厚 1.6 米。土质松软，内含草木灰、碎石块、灰褐色沙土颗粒。该层下见浅黄色水锈土，出水，停探。

台基外地层：第①层，浅灰色土，深厚 0.4 米。土质稍松，内含碎砖石块、植物根茎。第②层，灰褐色土，深 0.4 ~ 1.7 米，厚 1.3 米。土质松软，内含草木灰、动物骨骼、碎石块、白灰颗粒。该层下见浅黄色水锈土，出水，停探。

F2 台基

位于外城南部，东西第二街西端南侧，8 号水坑的东南部，东距 F1 台基 2.4 米。平面呈方形，边长 25 米左右，高 0.4 米。

台基内地层：第①层，浅灰色土，深厚 0.5 米。土质稍松，内含植物根茎、外素内布纹瓦片、碎石子。

第②层，灰褐色土，深 0.5 ~ 1.5 米，厚 1 米。土质稍硬，较净，内含少量草木灰。第③层，灰褐色土，深 1.5 ~ 2.5 米，厚 1 米。土质松软，较净，底部有灰黑色淤泥层。该层下见水，停探。

台基外地层：第①层，浅灰色土，深厚 0.4 米。土质稍松，内含植物根茎、外素内布纹瓦片、碎砖块。第②层，灰褐色土，深 0.4 ~ 1.5 米，厚 1.1 米。土质稍松，内含少量草木灰、碎石块、动物骨骼。第③层，灰褐色土，深 1.5 ~ 2 米，厚 0.5 米。土质湿软，较净，内含水锈纹斑点，底部有浅灰色淤泥层。该层下见水，停探。

F3 台基

位于外城南部，东西第二街西端南侧，8 号水坑的东南部，东距 F2 台基 10 米。平面呈长方形，东西 11 米，南北 7.3 米，高 0.6 米。

台基内地层：第①层，深灰色土，深厚 0.5 米。土质稍松，内含植物根茎。第②层，灰褐色土，深 0.5 ~ 1.1 米，厚 0.6 米。土质稍硬，内含较多碎砖石块、外素内布纹瓦片等。该层见水，停探。

台基外地层：第①层，深灰色土，深厚 0.5 米。土质稍松，内含植物根茎。第②层，灰褐色土，深 0.5 ~ 1.8 米，厚 1.3 米。土质稍松，纯净，内含铁锈纹斑点。该层见水，停探。

F4 台基

位于外城南部，东西第二街西端南侧，8 号水坑的中北部。平面呈长方形，东西 19 米，南北 9 米，高 0.3 米。

台基内地层：第①层，浅灰色土，深厚 0.3 米。土质松散，内含砖瓦片碎渣点和植物根茎。第②层，灰褐色土，深 0.3 ~ 0.8 米，厚 0.5 米。土质松散，干燥，内含微量黑炭渣点、砖瓦渣。第③层，浅黄灰色土，深 0.8 ~ 1.3 米，厚 0.5 米。土质较硬，密实，内含稍多黑炭渣点和微量陶渣颗粒。第④层，浅灰色土，深 1.3 ~ 2.2 米，厚 0.9 米。土质稍硬，内含黑炭渣点、红烧土颗粒、浅黄色土颗粒。该层下见浅黄色沙质土，停探。

F5 台基

位于外城南部，东西第二街西端南侧，8 号水坑的中北部。平面呈长方形，东西 11 米，南北 4 米，高 0.4 米。

台基内地层：第①层，浅灰色土，深厚 0.4 米。土质松散，干燥，内含植物根茎，少量白灰颗粒。第②层，浅黄色土，深 0.4 ~ 1 米，厚 0.6 米。土质稍松，内含黑炭渣点、淤泥和水锈纹斑。该层下见灰白色沙质生土层，停探。

台基外地层：第①层，浅灰色土，深厚 0.5 米。土质松散，干燥，内含植物根茎。第②层，浅黄色土，深 0.5 ~ 0.9 米，厚 0.4 米。土质稍松，内含淤泥和水锈纹斑。该层下见灰白色沙质生土层，停探。

F6 台基

位于外城南部，东西第二街西端南侧，8 号水坑的东北角处，北距东西第二街 16 米。平面呈长方形，东西 16.3 米，南北 5 米，高 0.6 米。

台基内地层：第①层，浅灰色土，深厚 0.5 米。土质较松，内含植物根茎。第②层，深灰褐色土，深 0.5 ~ 1.4 米，厚 0.9 米。土质一般，内含微量黑炭渣点，底部有厚 0.2 米黑淤泥土。该层下见灰白色沙质生土层，停探。

台基外地层：第①层，浅灰色土，深厚 0.4 米。土质较松，内含植物根茎。第②层，深灰褐色土，深 0.4 ~ 1.3 米，厚 0.9。土质一般，内含微量黑炭渣点，底部有厚 0.3 米黑淤泥土。该层下见灰白色沙质生土层，停探。

F7 台基

位于外城南部，东西第二街西端南侧，9 号水坑的西北部。平面呈不规则方形，东西 20 米，南北 18.8 米，高 0.4 米。

台基内地层：第①层，深灰色土，深厚 0.4 米。土质稍松，内含植物根茎。第②层，灰褐色土，深 0.4 ~ 1.4 米，厚 1 米。土质稍硬，内含草木灰、碎石块等。第③层，浅黄色土，深 1.4 ~ 2.1 米，厚 0.7 米。土质湿软，内含微量黑炭渣点。该层下见浅黄色沙质生土层，停探。

台基外地层：第①层，深灰色土，深厚 0.4 米。土质稍松，内含植物根茎。第②层，灰褐色土，深 0.4 ~ 1.5 米，厚 1.1 米。土质稍硬，内含草木灰、黑炭渣点。第③层，浅黄色土，深 1.5 ~ 1.9 米，厚 0.4 米。土质湿软，纯净，内含微量黑炭渣点。该层下见浅黄色沙质生土层，停探。

F8 台基

位于外城南部，东西第二街西端南侧，9 号水坑的西北部。平面呈长方形，东西 12 米，南北 10 米，高 0.8 米。

台基内地层：第①层，浅灰色土，深厚 0.5 米。土质稍松，内含植物根茎。第②层，灰褐色土，深 0.5 ~ 1.5 米，厚 1 米。土质稍硬，内含动物骨骼、碎砖块、草木灰。第③层，深灰褐色土，深 1.5 ~ 2.2 米，厚 0.7 米。土质松软，内含微量黑炭渣点，在距地表深 2 米处发现踩踏面土，厚 5 厘米，土质较硬，分小薄层，分层稍明显。该层下见浅黄色沙质生土层，停探。

台基外地层：第①层，浅灰色土，深厚 0.5 米。土质稍松，内含植物根茎。第②层，灰褐色土，深 0.5 ~ 1.5 米，厚 1 米。土质稍硬，较净，内含浅黄色土颗粒。第③层，深灰褐色土，深 1.5 ~ 2.3 米，厚 0.8 米。土质松软，内含微量黑炭渣点。该层下见浅黄色沙质生土层，停探。

F9 台基

位于外城南部，东西第二街西端南侧，9 号水坑的西北部。平面呈长方形，东西 23 米，南北 14 米，高 0.5 米。

台基内地层：第①层，浅灰色土，深厚 0.6 米。土质稍松，较净，内含植物根茎。第②层，灰褐色土，深 0.6 ~ 1.9 米，厚 1.3 米。土质稍硬，内含烟熏土、红烧土颗粒、浅灰色泥沙等。第③层，深灰色土，深 1.9 ~ 2.8 米，厚 0.9 米。土质湿软，较净，该层下见浅黄色沙质生土层，停探。

台基外地层：第①层，浅灰色土，深厚 0.5 米。土质稍松，较净，内含植物根茎。第②层，灰褐色土，深 0.5 ~ 1.9 米，厚 1.4 米。土质稍硬，内含动物骨骼、草木灰等。该层距地表深 0.8 ~ 1.1 米处见踩踏面土，土质较硬，分小薄层，分层明显。第③层，深灰色土，深 1.9 ~ 2.5 米，厚 0.6 米。土质湿软，较净，该层下见水不带，停探。

F10 台基

位于外城南部，东西第二街西端南侧，房址的北沿与东西第二街相邻。平面呈不规则方形，东西 68 米，南北 67 米，高 0.6 米。

台基内地层：第①层，深灰色土，深厚 0.5 米。土质稍松，内含植物根茎、白灰颗粒、外素内布纹瓦片等。第②层，灰褐色土，深 0.5 ~ 1.7 米，厚 1.2 米。土质稍硬，内含骨渣、草木灰、浅黄色土颗粒、黑炭渣颗粒等。第③层，深灰色土，深 1.7 ~ 2.4 米，厚 0.7 米。土质湿软，内含粗沙石颗粒和黑淤泥细薄层。该层下见浅黄色沙质生土层，停探。

台基外地层：第①层，深灰色土，深厚 0.5 米。土质稍松，内含植物根茎、白灰颗粒、外素内布纹瓦片等。第②层，灰褐色土，深 0.5 ~ 1.7 米，厚 1.2 米。土质稍硬，内含骨渣、草木灰、浅黄色土颗粒、黑炭渣颗粒等。第③层，深灰色土，深 1.7 ~ 2.4 米，厚 0.7 米。土质湿软，内含粗沙石颗粒和黑淤泥细薄层。该层下见浅黄色沙质生土层，停探。

F11 台基

位于外城南部，东西第二街西端南侧，西距 F10 台基 9 米。平面呈长方形，东西 7 米，南北 14 米，高 0.8 米。

台基内地层：第①层，深灰色土，深厚 0.6 米。土质稍松，内含植物根茎。第②层，灰褐色土，深 0.6 ~ 1.4 米，厚 0.8 米。土质一般，内含白灰点、浅黄色土颗粒、碎砖块、白灰点、外素内布纹瓦片。第③层，灰褐色土，深 1.4 ~ 2 米，厚 0.6 米。土质稍松，内含铁锈纹斑。该层下见灰黑色淤泥，出水，停探。

台基外地层：第①层，深灰色土，深厚 0.6 米。土质稍松，内含植物根茎。第②层，灰褐色土，深 0.6 ~ 1.7 米，厚 1.1 米。土质较松，内含白灰点、碎砖块、外素内布纹瓦片、红砖块。该层下见灰黑色淤泥，出水，停探。

F12 台基

位于外城南部，东西第二街中部南侧。平面呈长方形，东西 14.4 米，南北 9 米，高 0.6 米。

台基内地层：第①层，深灰色土，深厚 0.5 米。土质稍松，内含植物根茎。第②层，灰褐色土，深 0.5 ~ 1.5 米，厚 1 米。土质稍硬，内含灰陶砖瓦片、碎石片、浅黄色土颗粒、白灰块、草木灰等。该层下见卵石层，不过，停探。

台基外地层：第①层，深灰色土，深厚 0.6 米。土质稍松，内含植物根茎。第②层，灰褐色土，深 0.6 ~ 1.5 米，厚 0.9 米。土质稍松，内含砖瓦片、碎石片、浅黄色土颗粒、白灰块、草木灰等。该层下见灰黑色淤泥，出水，停探。

F13 台基

位于外城南部，东西第二街中部南侧。平面呈长方形，东西 9 米，南北 14 米，高 0.5 米。

台基内地层：第①层，深灰色土，深厚 0.5 米。土质稍松，内含植物根茎。第②层，灰褐色土，深 0.5 ~ 1.5 米，厚 1 米。土质稍硬，内含红砖块、泥质灰陶砖瓦片、黑烟熏土颗粒、白灰颗粒、白釉瓷片、动物骨骼等。第③层，灰褐色土，深 1.5 ~ 2.2 米，厚 0.7 米。土质湿软，较净，该层底部见污泥并出水，停探。

台基外地层：第①层，深灰色土，深厚 0.5 米。土质稍松，内含植物根茎。第②层，灰褐色土，深 0.5 ~ 1.5 米，厚 1 米。土质湿软，较净，含沙量较大。该层底部见污泥并出水，停探。

F14 台基

位于外城南部，东西第二街中部南侧，房址的东沿与东西第一街路土相连。平面呈方形，东西 10 米，南北 9 米，高 0.8 米。

台基内地层：第①层，浅灰色土，深厚 0.4 米。土质稍松，内含植物根茎。第②层，灰褐色土，深 0.4 ～ 1.2 米，厚 0.8 米。土质稍硬，内含外素内布纹瓦片、白釉瓷片、动物骨骼等。第③层，深灰褐色土，深 1.2 ～ 1.9 米，厚 0.7 米。土质稍松软，内含水锈纹斑点。该层下见浅黄色沙质生土层，停探。

台基外地层：第①层，浅灰色土，深厚 0.4 米。土质稍松，内含植物根茎。第②层，灰褐色土，深 0.4 ～ 1.3 米，厚 0.9 米。土质稍松，内含草木灰、白釉瓷片、浅黄色沙土颗粒、泥质灰陶片、黑炭渣点。第③层，深灰褐色土，深 1.3 ～ 1.8 米，厚 0.5 米。土质稍松软，内含水锈纹斑点。该层下见浅黄色沙质生土层，停探。

F15 台基

位于外城南部，东西第一街西端南侧，9 号水坑的北部边沿处，地势低凹。平面呈长方形，东西 4 米，南北 6 米，高 0.7 米。

台基内地层：第①层，浅灰色土，深厚 0.3 米。土质稍松，内含植物根茎。第②层，灰褐色土，深 0.3 ～ 1.5 米，厚 1.2 米。土质稍松，内含砖块、白灰点和水锈纹斑点。该层下见浅黄色沙质生土层，停探。

台基外地层：第①层，浅灰色土，深厚 0.4 米。土质稍松，内含植物根茎。第②层，灰褐色土，深 0.4 ～ 1.1 米，厚 0.7 米。土质稍松，内含砖块、白灰点、草木灰、白釉瓷片。该层下见浅黄色沙质生土层，停探。

F16 台基

位于外城南部，东西第一街西端南侧，9 号水坑的北部边沿处，地势低洼。平面呈长方形，东西 9 米，南北 6 米，高 0.4 米。

台基内地层：第①层，深灰色土，深厚 0.4 米。土质稍松，内含植物根茎。第②层，灰褐色土，深 0.4 ～ 0.8 米，厚 0.4 米。土质一般，内含微量黑炭渣点。该层下见浅黄色沙质生土层，停探。

台基外地层：第①层，深灰色土，深厚 0.4 米。土质稍松，内含植物根茎。第②层，灰褐色土，深 0.4 ～ 1 米，厚 0.6 米。土质一般，内含碎块、草木灰、白灰颗粒、碎石块。该层下见浅黄色沙质生土层，停探。

F17 台基

位于外城南部，东西第一街西端南侧，地势较低。平面呈长方形，东西 20 米，南北 10 米，高 1 米。

台基内地层：第①层，浅灰色土，深厚 0.4 米。土质稍松，内含植物根茎。第②层，灰褐色土，深 0.4 ～ 1.4 米，厚 1 米。土质一般，内含白灰点、红烧土颗粒。该层下见浅黄色沙质生土层，停探。

台基外地层：第①层，浅灰色土，深厚 0.4 米。土质稍松，内含植物根茎。第②层，灰褐色土，深 0.4 ～ 0.9 米，厚 0.5 米。土质一般，内含动物骨骼、草木灰、白灰点。该层下见浅黄色沙质生土层，停探。

F18 台基

位于外城南部，东西第一街西端北侧，房址的南沿与东西第一街路土的北沿相邻。平面呈不规则长方形，东西 42 米，南北 40 米，高 0.9 米。房址的西南角现存有较明显砌石房基础。

台基内地层：第①层，深灰色土，深厚 0.4 米。土质稍松，内含植物根茎、碎砖渣块、白灰点等。第②层，黄褐色土，深 0.4 ～ 1.3 米，厚 0.9 米。土质稍松，较净，内含砖块和微量黑炭渣点。第③

层，深灰色土，深 1.3 ~ 2.5 米，厚 1.2 米。土质湿软，内含白灰点、黄沙颗粒、草木灰、红烧土颗粒。该层下见浅黄色沙质生土层，停探。

台基外地层：第①层，深灰色土，深厚 0.3 米。土质稍松，内含植物根茎、白灰点等。第②层，灰褐色土，深 0.3 ~ 1.3 米，厚 1 米。土质稍松，较净，内含砖石块和黑炭渣点。第③层，深灰色土，深 1.3 ~ 2.3 米，厚 1 米。土质湿软，较净，内含水锈纹斑点。该层下见浅黄色沙质生土层，停探。

F19 台基

位于外城南部，东西第一街西端北侧。平面呈长方形，东西 27 米，南北 45 米，高 0.5 米。

台基内地层：第①层，深灰色土，深厚 0.5 米。土质稍松，内含植物根茎。第②层，灰褐色土，深 0.5 ~ 1.5 米，厚 1 米。土质一般，内含少量砖瓦片和浅黄色沙土颗粒。第③层，深灰褐色土，深 1.5 ~ 2.5 米，厚 1 米。土质湿软，纯净，内含微量黑炭渣点。该层下见水，停探。

台基外地层：第①层，深灰色土，深厚 0.4 米。土质稍松，内含植物根茎。第②层，灰褐色土，深 0.4 ~ 1.4 米，厚 1 米。土质一般，内含少量砖瓦片碎石块。第③层，深灰褐色土，深 1.4 ~ 1.8 米，厚 0.4 米。土质湿软，纯净，底部见灰黑色淤泥，内含微量黑炭渣点。该层下见水，停探。

F20 台基

位于外城南部，东西第二街中部南侧，北距东西第二街 7 米。平面呈长方形，东西 14 米，南北 5 米，高 0.3 米。

F21 台基

位于外城南部，东西第二街中部南侧，房址的北沿与东西第二街路土的南沿相邻。平面呈长方形，东西 29 米，南北 5 米，高 0.8 米。

台基内地层：第①层，深灰色土，深厚 1 米。土质松散，干燥，内含植物根茎、碎瓦片、白灰颗粒、碎石子颗粒。第②层，浅黄色土，深 1 ~ 2.3 米，厚 1.3 米。土质较硬，内含黑淤泥、水锈纹斑、碎石子。该层下见黑淤泥土，湿软不带，停探。

台基外地层：第①层，浅灰色土，深厚 0.9 米。土质一般，内含植物根茎、碎瓦片、黑炭渣点、碎石子颗粒。第②层，浅黄色土，深 0.9 ~ 1.8 米，厚 0.9 米。土质稍松，内含黑炭渣点、红烧土颗粒。该层下见浅黄色土，湿软不带，停探。

F22 台基

位于外城南部，东西第二街中部南侧，房址的北沿与东西第二街路土的南沿相邻。平面呈不规则长方形，东西 62 米，南北 5 ~ 25 米，高 1.2 米。

台基内地层：第①层，深灰色土，深厚 1.2 米。土质松散，干燥，内含植物根茎、碎砖块、动物骨骼、黑炭渣点。第②层，浅黄色土，深 1.2 ~ 2.5 米，厚 1.3 米。土质松散，内含碎石子、陶片、黑淤泥土。2.5 米以下见黑淤泥土，湿软不带，停探。

台基外地层：第①层，深黑色土，深厚 1.8 米。土质松散，干燥，内含植物根茎、碎砖块、动物骨骼、黑炭渣点、黑淤泥土。1.8 米以下见黑淤泥土，湿软不带，停探。

F23 台基

位于外城南部，东西第二街中部南侧，房址的北沿与东西第二街路土的南沿相邻。平面呈不规则长方形，东西 56 米，南北 14 ~ 26 米，高 1.1 米。

台基内地层：第①层，浅灰色土，深厚0.4米。土质松散，内含植物根茎。第②层，深灰色土，深0.4～1.5米，厚1.1米。土质稍硬，内含白灰点、草木灰、黑炭渣点、黄沙土颗粒。第③层，灰褐色土，深1.5～2.1米，厚0.6米。土质松散，较净，内含微量黑炭渣点。该层下见浅黄色沙质生土层，停探。

台基外地层：第①层，浅灰色土，深厚0.4米。土质松散，内含植物根茎、碎砖石块。第②层，深灰色土，深0.4～1.3米，厚0.9米。土质稍硬，内含白灰点、砖瓦碎渣、动物骨骼等。第③层，灰褐色土，深1.3～1.7米，厚0.4米。土质松散，内含草木灰、黑炭渣点、沙石颗粒、黄沙土颗粒等。该层下见浅黄色沙质生土层，停探。

F24台基

位于外城南部，东西第二街中部南侧，房址的北沿与东西第二街路土的南沿相邻。平面呈长方形，东西6米，南北19米，高1.1米。

台基内地层：第①层，浅灰色土，深厚0.5米。土质松散，内含植物根茎。第②层，深灰褐色土，深0.5～1.6米，厚1.1米。土质松散，较杂乱，内含白釉瓷片、白灰颗粒、草木灰、红烧土颗粒、黑炭渣点等。第③层，深灰褐色土，深1.6～2.9米，厚1.3米。土质一般，内含砖瓦片、黄沙土颗粒、踩踏面土等。该层下见浅黄色沙质生土层，停探。

台基外地层：第①层，浅灰色土，深厚0.6米。土质松散，内含植物根茎。第②层，灰褐色土，深0.6～1.6米，厚1米。土质松散，内含外素内布纹瓦片、草木灰、黑炭渣点等。第③层，深灰褐色土，深1.6～3.4米，厚1.8米。土质一般，内含大块黄沙土颗粒、瓷片、草木灰等。底部见灰黑色淤泥层，出水，停探。

F25台基

位于外城南部，东西第二街中部南侧，房址的北沿与东西第二街路土的南沿相邻，东沿与东西第二街中部南侧支线路土相邻。平面呈不规则形，东西23米，南北16米，高0.8米。

台基内地层：第①层，浅灰色土，深厚0.5米。土质松散，内含植物根茎。第②层，灰褐色土，深0.5～1.8米，厚1.3米。土质松散，内含较多草木灰、白灰点、碎石颗粒等。第③层，深灰褐色土，深1.8～3.5米，厚1.7米。土质一般，内含红烧土颗粒、黑炭渣点、草木灰、碎沙石颗粒等。该层下见浅黄色沙质生土层，停探。

F26台基

位于外城南部，东西第一街中部北侧。平面呈长方形，东西14米，南北8米，高0.4米。

台基内地层：第①层，浅灰色土，深厚0.4米。土质稍松散，内含植物根茎。第②层，深灰褐色土，深0.4～1.5米，厚1.1米。土质稍硬，内含白灰点、黑炭渣点、草木灰。第③层，灰黑色淤泥层，深1.5～2.4米，厚0.9米。土质湿软，内含微量黑炭渣点。该层下见浅黄色沙质生土层，停探。

台基外地层：第①层，浅灰色土，深厚0.4米。土质稍松散，内含植物根茎。第②层，深灰褐色土，深0.4～1.6米，厚1.2米。土质一般，内含浅黄色土颗粒、碎砖块、外素内布纹瓦片、白灰点、黑炭渣点、草木灰等。第③层，灰褐色土，深1.6～2.3米，厚0.7米。土质松软，较净，内含微量黑炭渣点。该层下见浅黄色沙质生土层，停探。

F27台基

位于外城南部，东西第一街中部北侧，房址的南沿与东西第一街路土的北沿相邻。平面呈长方形，东西 14 米，南北 12 米，高 1 米。

台基内地层：第①层，浅灰色土，深厚 0.4 米。土质稍松，内含植物根茎。第②层，灰褐色土，深 0.4～1.4 米，厚 1 米。土质稍松，内含黑炭渣点、草木灰、陶片等。第③层，深灰褐色土，深 1.4～2.3 米，厚 0.9 米。土质湿软，较净，内含黄沙土颗粒，微量黑炭渣点。该层下见浅黄色沙质生土层，停探。

台基外地层：第①层，浅灰色土，深厚 0.4 米。土质稍松，内含植物根茎。第②层，灰褐色土，深 0.4～1.4 米，厚 1 米。土质稍松，内含砖块、白瓷片、黑炭渣点等。第③层，深灰褐色土，深 1.4～2.3 米，厚 0.9 米。土质湿软，较净，内含黄沙土颗粒，微量黑炭渣点。该层下见浅黄色沙质生土层，停探。

F28 台基

位于外城南部，东西第一街中部北侧，房址的南沿与东西第一街路土的北沿相邻。平面呈长方形，东西 13 米，南北 10 米，高 0.8 米。

台基内地层：第①层，浅灰色土，深厚 0.4 米。土质稍松，内含植物根茎。第②层，灰褐色土，深 0.4～1.5 米，厚 1.1 米。土质稍硬，内含微量黑炭渣点。第③层，深灰褐色土，深 1.5～2.3 米，厚 0.8 米。土质松散，较净，内含浅黄色土颗粒。该层下见浅黄色沙质生土层，停探。

台基外地层：第①层，浅灰色土，深厚 0.4 米。土质稍松，内含植物根茎。第②层，灰褐色土，深 0.4～1.6 米，厚 1.2 米。土质稍硬，内含微量黑炭渣点。第③层，深灰褐色土，深 1.6～2.3 米，厚 0.7 米。土质松散，较净，内含浅黄色土颗粒。该层下见浅黄色沙质生土层，停探。

F29 台基

位于外城南部，东西第一街中部北侧，房址的南沿与东西第一街路土的北沿相邻。平面呈长方形，东西 23 米，南北 8 米，高 0.4 米。

台基内地层：第①层，浅灰色土，深厚 0.4 米。土质松散，内含植物根茎、碎砖石块。第②层，灰褐色土，深 0.4～1.4 米，厚 1 米。土质稍硬，内含黑炭渣点、浅黄色土颗粒。第③层，深灰褐色土，深 1.4～2.4 米，厚 1 米。土质松散，内含浅黄色土颗粒和微量黑炭渣点。该层下见浅黄色沙质生土层，停探。

台基外地层：第①层，浅灰色土，深厚 0.4 米。土质松散，内含植物根茎、碎砖石块。第②层，灰褐色土，深 0.4～1.5 米，厚 1.1 米。土质稍硬，内含黑炭渣点、浅黄色土颗粒、白灰点。第③层，深灰褐色土，深 1.5～2.2 米，厚 0.7 米。土质松软，较净，内含微量黑炭渣点。该层下见浅黄色沙质生土层，停探。

F30 台基

位于外城南部，东西第一街中部南侧，房址的北沿与东西第一街路土的南沿相邻。平面呈长方形，东西 7 米，南北 14 米，高 1 米。

台基内地层：第①层，浅灰色土，深厚 0.4 米。土质稍松，内含植物根茎。第②层，灰褐色土，深 0.4～1.5 米，厚 1.1 米。土质稍硬，内含浅黄色沙土颗粒、红烧土颗粒、草木灰等。第③层，深褐色土，深 1.5～2.3 米，厚 0.8 米。土质松软，较净，内含微量黑炭渣点。该层下见浅黄色沙质生土层，停探。

台基外地层：第①层，浅灰色土，深厚 0.4 米。土质稍松，内含植物根茎。第②层，灰褐色土，深 0.4～1.3 米，厚 0.9 米。土质一般，内含白釉瓷片、草木灰等。第③层，深褐色土，深 1.3～1.9

米，厚 0.6 米。土质松软，较净，内含微量浅黄色土颗粒。该层下见浅黄色沙质生土层，停探。

F31 台基

位于外城南部，南北第五街南端西侧，房址的东沿与南北第五街路土的西沿相邻。平面呈不规则长方形，东西 24 米，南北 2 ～ 8 米，高 0.4 米。

台基内地层：第①层，浅灰色土，深厚 0.4 米。土质稍松，内含植物根茎。第②层，灰褐色土，深 0.4 ～ 1.9 米，厚 1.5 米。土质稍硬，内含白釉瓷片、酱釉瓷片、灰白色沙团等。第③层，深褐色土，深 1.9 ～ 2.6 米，厚 0.7 米。土质松软，较净，内含微量黑炭渣点。该层下见浅黄色沙质生土层，停探。

台基外地层：第①层，浅灰色土，深厚 0.4 米。土质稍松，内含植物根茎。第②层，灰褐色土，深 0.4 ～ 1.8 米，厚 1.4 米。土质一般，内含白釉瓷片、草木灰、黑炭渣点等。第③层，深褐色土，深 1.8 ～ 2.7 米，厚 0.9 米。土质松软，较净，内含微量水锈土。该层下见浅黄色沙质生土层，停探。

F32 台基

位于外城南部，南北第五街南端西侧，房址的东沿与南北第五街路土的西沿相邻。平面呈不规则长方形，东西 5 ～ 16 米，南北 6 ～ 18 米，高 0.5 米。

台基内地层：第①层，浅灰色土，深厚 0.4 米。土质松散，干燥，内含植物根茎。第②层，灰褐色土，深 0.4 ～ 1.9 米，厚 1.5 米。土质稍硬，内含碎石块、红烧土颗粒、黑炭渣颗粒。第③层，深灰褐色土，深 1.9 ～ 3.2 米，厚 1.3 米。土质稍松，内含动物骨骼、黑炭渣点、浅黄色水锈沙团、外素内布纹瓦片。该层下见深黄色沙质生土层，停探。

台基外地层：第①层，浅灰色土，深厚 0.5 米。土质松散，干燥，内含植物根茎。第②层，灰褐色土，深 0.5 ～ 2 米，厚 1.5 米。土质稍松，内含碎砖块、白灰颗粒、红烧土颗粒、黑炭渣点、白釉瓷片。第③层，深灰褐色土，深 2 ～ 3.2 米，厚 1.2 米。土质湿软，内含动物骨骼、泥质灰陶片。该层下见黑淤泥土，出水，停探。

F33 台基

位于外城南部，东西第一街东端南侧，房址的北沿与东西第一街路土的南沿相邻。平面呈"┐"形横折状，用青石堆砌而成。东西 42 米，南北 46 米，宽 2.4 米，高 1.5 米。台基内地层遇石不过，无法钻探。

F34 台基

位于外城南部，东西第一街东端北侧，房址的南沿与东西第一街路土的北沿相邻。平面呈长方形，东西 53 米，南北 22 ～ 29 米，高 1.3 米。在房址的西南角，现存地表砌石基础南北 44 米，东西 40 米，宽 1 米。

台基内地层：第①层，浅灰色土，深厚 0.5 米。土质松散，干燥，内含植物根茎。第②层，灰褐色土，深 0.5 ～ 1.8 米，厚 1.3 米。土质稍硬，内含陶片、白灰点、草木灰、红烧土颗粒。第③层，深灰褐色土，深 1.8 ～ 2.6 米，厚 0.8 米。土质稍松，内含微量黑炭渣点。该层下见灰白色沙质生土层，停探。

台基外地层：第①层，浅灰色土，深厚 0.5 米。土质松散，干燥，内含植物根茎。第②层，灰褐色土，深 0.5 ～ 1.7 米，厚 1.2 米。土质稍松，内含黑炭渣点、白灰颗粒、草木灰、白釉瓷片、水锈斑、白灰颗粒。第③层，深灰褐色土，深 1.7 ～ 2.6 米，厚 0.9 米。土质湿软，内含微量黑炭渣点。该层下见灰白色沙质生土层，停探。

F35 台基

位于外城南部，东西第一街与东西第二街东端南北支线路的东侧，房址的西沿与支线路的东沿相邻。平面呈长方形，东西 6 米，南北 13 米，高 0.5 米。

台基内地层：第①层，浅灰色土，深厚 0.5 米。土质松散，干燥，内含植物根茎。第②层，灰褐色土，深 0.5～2 米，厚 1.5 米。土质稍硬，内含动物骨骼、白灰点、草木灰、酱釉瓷片。第③层，深灰褐色土，深 2～3.2 米，厚 1.2 米。土质稍松，内含碎砖瓦片、灰白色沙土、草木灰、踩踏面土。该层下见水，停探。

台基外地层：第①层，浅灰色土，深厚 0.5 米。土质松散，干燥，内含植物根茎。第②层，灰褐色土，深 0.5～2.1 米，厚 1.6 米。土质稍松，内含黑炭渣点、动物骨骼、草木灰、水锈土斑、白灰颗粒。第③层，深灰褐色土，深 2.1～3.1 米，厚 1 米。土质稍松，内含微量黑炭渣点。该层下见水，停探。

F36 台基

位于外城南部，东西第一街与东西第二街东端南北支线路的东侧，房址的西沿西距支线路的东沿 8 米。平面呈长方形，东西 6 米，南北 18 米，高 1.2 米。

台基内地层：第①层，浅灰色土，深厚 0.4 米。土质松散，干燥，内含植物根茎。第②层，灰褐色土，深 0.4～2 米，厚 1.6 米。土质稍硬，内含红烧土颗粒、白灰点、草木灰、黑炭渣点。第③层，深灰褐色土，深 2～3.1 米，厚 1.1 米。土质稍松，内含碎砖瓦片、灰白色沙土、草木灰、黑炭渣点。该层下见灰白色沙质生土层，停探。

台基外地层：第①层，浅灰色土，深厚 0.5 米。土质松散，干燥，内含植物根茎。第②层，灰褐色土，深 0.5～1.9 米，厚 1.4 米。土质稍松，内含黑炭渣点、红烧土颗粒、草木灰。该层底部有厚 10 厘米灰褐色沙层。第③层，深灰褐色土，深 1.9～3.3 米，厚 1.4 米。土质稍松，内含动物骨骼。底部有厚 0.4 米黑泥沙层，出水，停探。

F37 台基

位于外城南部，东西第一街东端南侧，房址的北沿北路东西第一街路土的南沿 6 米。平面呈长方形，东西 7 米，南北 10 米，高 1.3 米。

台基内地层：第①层，浅灰色土，深厚 0.5 米。土质松散，干燥，内含植物根茎。第②层，灰褐色土，深 0.5～1.9 米，厚 1.4 米。土质稍硬，内含碎砖块、白灰点、草木灰、黑炭渣点、水锈斑。第③层，深灰褐色土，深 1.9～3.2 米，厚 1.3 米。土质稍松，内含泥质灰陶片、草木灰、红烧土颗粒、水锈纹斑点、黑炭渣点。该层下见灰白色沙质生土层，停探。

台基外地层：第①层，浅灰色土，深厚 0.5 米。土质松散，干燥，内含植物根茎。第②层，灰褐色土，深 0.5～2.1 米，厚 1.6 米。土质稍松，内含白釉瓷片、黑炭渣点、草木灰、碎砖块。第③层，深灰褐色土，深 2.1～3.2 米，厚 1.1 米。土质稍松，内含红烧土颗粒、草木灰、黑炭渣点。该层下见灰白色沙质生土层，停探。

F38 台基

位于外城南部，东西第一街与南北第五街"十"字交会处的西南部，房址的东沿与南北第五街路土的西沿相邻。平面呈长方形，东西 10 米，南北 5 米，高 0.5 米。

台基内地层：第①层，浅灰色土，深厚 0.5 米。土质松散，干燥，内含植物根茎。第②层，灰褐色土，深 0.5 ~ 2.1 米，厚 1.6 米。土质稍硬，内含碎砖块、白灰点、草木灰、黑炭渣点。第③层，深灰褐色土，深 2.1 ~ 3.2 米，厚 1.1 米。土质稍松，内含少量草木灰、红烧土颗粒、水锈纹斑点、黑炭渣点。该层下见灰白色沙质生土层，停探。

台基外地层：第①层，浅灰色土，深厚 0.4 米。土质松散，干燥，内含植物根茎。第②层，灰褐色土，深 0.4 ~ 2 米，厚 1.6 米。土质稍松，内含红烧土颗粒、黑炭渣点、草木灰、碎砖块。第③层，深灰褐色土，深 2 ~ 3.2 米，厚 1.2 米。土质稍松散，内含少量红烧土颗粒、黑炭渣点。该层下见灰白色沙质生土层，停探。

F39 台基

位于外城南部，南北第五街中部西侧，房址的东沿与南北第五街路土的西沿相邻。平面呈长方形，东西 10 米，南北 13 米，高 0.5 米。

台基内地层：第①层，浅灰色土，深厚 0.5 米。土质松散，干燥，内含植物根茎。第②层，灰褐色土，深 0.5 ~ 2.1 米，厚 1.6 米。土质稍硬，内含碎砖块、白灰点、草木灰、黑炭渣点。第③层，深灰褐色土，深 2.1 ~ 3.5 米，厚 1.4 米。土质稍松，内含少量草木灰、黑炭渣点。该层下见灰白色沙质生土层，停探。

台基外地层：第①层，浅灰色土，深厚 0.5 米。土质松散，干燥，内含植物根茎。第②层，灰褐色土，深 0.5 ~ 2.1 米，厚 1.6 米。土质稍松，内含黑炭渣点、草木灰、碎砖块。第③层，深灰褐色土，深 2.1 ~ 3.4 米，厚 1.3 米。土质稍松散，内含黑炭渣颗粒、灰白色沙土团及水锈纹。该层下见黑淤泥土，出水，停探。

F40 台基

位于外城南部，南北第五街中部西侧，东距南北第五街路土西沿 7 米。平面呈长方形，东西 8 米，南北 6 米，高 0.3 米。

台基内地层：第①层，浅灰色土，深厚 0.5 米。土质松散，干燥，内含植物根茎。第②层，灰褐色土，深 0.5 ~ 2 米，厚 1.5 米。土质稍硬，内含碎砖块、白灰点、草木灰、动物骨骼、黄沙团水锈土、黑炭渣点。第③层，深灰褐色土，深 2 ~ 3.3 米，厚 1.3 米。土质稍松，内含少量草木灰、碎砖瓦片。该层下见深黄色沙质生土层，停探。

台基外地层：第①层，浅灰色土，深厚 0.5 米。土质松散，干燥，内含植物根茎。第②层，灰褐色土，深 0.5 ~ 2.1 米，厚 1.6 米。土质稍松，内含红烧土颗粒、动物骨骼、草木灰、碎砖块。第③层，深灰褐色土，深 2.1 ~ 3.1 米，厚 1 米。土质稍松散，较净，内含水锈纹斑。该层下见黑淤泥土，出水，停探。

F41 台基

位于外城南部，东西第一街东端南侧。平面呈方形，边长 9 米，高 0.5 米。

台基内地层：第①层，浅灰色土，深厚 0.5 米。土质松散，干燥，内含植物根茎。第②层，灰褐色土，深 0.5 ~ 2.1 米，厚 1.6 米。土质稍硬，内含碎砖块、白灰点、水锈纹黄沙块、草木灰、黑炭渣点。第③层，深灰褐色土，深 2.1 ~ 3.3 米，厚 1.2 米。土质稍松散，内含少量草木灰、黑炭渣点。该层下见灰黑色淤泥土，出水，停探。

台基外地层：第①层，浅灰色土，深厚0.4米。土质松散，干燥，内含植物根茎。第②层，灰褐色土，深0.4～2米，厚1.6米。土质稍松，内含动物骨骼、白釉瓷片、碎砖块。第③层，深灰褐色土，深2～3.3米，厚1.3米。土质稍松散，较净，内含少量砖瓦片。该层下见灰黑色淤泥土，出水，停探。

F42台基

位于外城南部，东西第一街与南北第五街交会处的东南部。平面呈不规则方形，东西39.5米，南北20～38米，高1.2米。

台基内地层：第①层，浅灰色土，深厚0.5米。土质松散，干燥，内含植物根茎。第②层，灰褐色土，深0.5～2.1米，厚1.6米。土质稍硬，内含碎砖块、白灰点、草木灰、黑炭渣点。第③层，深灰褐色土，深2.1～3.3米，厚1.2米。土质稍松散，内含少量草木灰、黑炭渣点，在3.1米时发现毛发及碎布块。该层下见深黄色沙质生土，出水，停探。

台基外地层：第①层，浅灰色土，深厚0.5米。土质松散，干燥，内含植物根茎。第②层，灰褐色土，深0.5～2米，厚1.5米。土质稍松，内含动物骨骼、黑炭渣点、碎砖块。第③层，深灰褐色土，深2～3.1米，厚1.1米。土质稍松，内含红烧土颗粒、草木灰、黑炭渣点。该层下见沙石层，探不过，停探。

F43台基

位于外城南部，南北第六街南端西侧。平面呈长方形，东西22米，南北12米，高0.4米。

台基内地层：第①层，浅灰色土，深厚0.4米。土质松散，干燥，内含植物根茎。第②层，灰褐色土，深0.4～1.8米，厚1.4米。土质稍硬，内含碎砖块、白灰点、草木灰。第③层，深灰褐色土，深1.8～2.9米，厚1.1米。土质稍松散，内含少量草木灰、黑炭渣点。该层下见黑污泥土，出水，停探。

台基外地层：第①层，浅灰色土，深厚0.4米。土质松散，干燥，内含植物根茎。第②层，灰褐色土，深0.4～1.8米，厚1.4米。土质稍松，内含白灰点、泥质灰陶片、碎砖块。第③层，深灰褐色土，深1.8～3米，厚1.2米。土质稍松，内含微量黑炭渣点。该层下见黑污泥土，出水，停探。

F44台基

位于外城南部，南北第六街南端西侧。平面呈方形，边长13米，高0.6米。

台基内地层：第①层，浅灰色土，深厚0.4米。土质松散，干燥，内含植物根茎。第②层，灰褐色土，深0.4～1.8米，厚1.4米。土质稍硬，内含碎砖块、白灰点、草木灰。第③层，深灰褐色土，深1.8～3.2米，厚1.4米。土质稍松散，内含微量黑炭渣点。该层下见黑污泥土，出水，停探。

台基外地层：第①层，浅灰色土，深厚0.5米。土质松散，干燥，内含植物根茎。第②层，灰褐色土，深0.5～1.9米，厚1.4米。土质稍松，内含白灰点、白釉瓷片、碎砖块。第③层，深灰褐色土，深1.9～3.3米，厚1.4米。土质稍松，较净，内含微量黑炭渣点。该层下见黑污泥土，出水，停探。

F45台基

位于外城南部，南北第五街中部东侧。平面呈不规则方形，东西16～20米，南北16米，高0.5米。

台基内地层：第①层，浅灰色土，深厚0.5米。土质松散，干燥，内含植物根茎。第②层，灰褐色土，深0.5～2.1米，厚1.6米。土质稍硬，内含碎砖块、白灰点、草木灰、黑炭渣点。第③层，深灰褐色土，深2.1～3.6米，厚1.5米。土质稍松，内含少量草木灰、水锈纹斑点、黑炭渣点。该层下见灰白色沙质生土层，停探。

台基外地层：第①层，浅灰色土，深厚0.4米。土质松散，干燥，内含植物根茎。第②层，灰褐色土，深0.4～2.1米，厚1.7米。土质稍松，内含红烧土颗粒、黑炭渣点、草木灰、白灰点。第③层，深灰褐色土，深2.1～3.5米，厚1.4米。土质稍松散，内含动物骨骼、朽木块、黑炭渣点。该层下见黑淤泥土，出水，停探。

F46台基

位于外城南部，南北第五街中部东侧。房址的西沿与南北第五街路土的东沿相邻。平面呈长方形，东西8米，南北14米，高0.8米。

台基内地层：第①层，深灰色土，深厚0.5米。土质松散，干燥，内含植物根茎。第②层，灰褐色土，深0.5～1.8米，厚1.3米。土质稍硬，内含碎砖块、红烧土颗粒、黄沙团、白灰点、草木灰、黑炭渣点。第③层，深灰褐色土，深1.8～3.1米，厚1.3米。土质稍松，内含外素内布纹瓦片、草木灰、白灰点、铁钉残件。该层下见黑淤泥土，出水，停探。

台基外地层：第①层，浅灰色土，深厚0.5米。土质松散，干燥，内含植物根茎。第②层，灰褐色土，深0.5～1.9米，厚1.4米。土质稍松，内含红烧土颗粒、黑炭渣点、草木灰、白釉瓷片。第③层，深灰褐色土，深1.9～3.2米，厚1.3米。土质稍松散，内含水锈沙团、白釉瓷片、泥质灰陶片、黑炭渣点、红烧土颗粒。该层下见黑淤泥土，出水，停探。

F47台基

位于外城南部，南北第五街中部东侧。房址的西沿与南北第五街路土的东沿相邻。平面呈不规则长方形，东西38米，南北16米，高0.6米。

台基内地层：第①层，深灰色土，深厚0.5米。土质松散，干燥，内含植物根茎。第②层，灰褐色土，深0.5～1.1米，厚0.6米。土质稍硬，内含泥质灰陶片、碎石子、白灰颗粒、草木灰、黑炭渣点等。第③层，深灰褐色土，深1.1～1.7米，厚0.6米。土质稍松，内含动物骨骼、黑炭渣点。该层下见黑淤泥土，出水，停探。

台基外地层：第①层，浅灰色土，深厚0.4米。土质松散，干燥，内含植物根茎。第②层，灰褐色土，深0.4～1.1米，厚0.7米。土质稍松，内含黑炭渣点、泥质灰陶片、碎石块、动物骨骼、草木灰。第③层，深灰褐色土，深1.1～1.8米，厚0.7米。土质较软，内含水锈沙团、黑炭渣点、红烧土颗粒。该层下见黑淤泥土，出水，停探。

F48台基

位于外城南部，南北第五街南端东侧。房址的西沿与南北第五街路土的东沿相邻。平面呈不规则长方形，东西8～28米，南北6～16米，高0.6米。

台基内地层：第①层，深灰色土，深厚0.4米。土质松散，干燥，内含植物根茎。第②层，灰褐色土，深0.4～1.7米，厚1.3米。土质稍硬，内含水锈土团、白灰颗粒、草木灰、黑炭渣点等。第③层，深灰褐色土，深1.7～3米，厚1.3米。土质稍松，内含较多铁锈斑土和微量黑炭渣点。该层下见黑淤泥土，出水，停探。

台基外地层：第①层，浅灰色土，深厚0.4米。土质松散，干燥，内含植物根茎。第②层，灰褐色土，深0.4～1.8米，厚1.4米。土质稍松，内含黑炭渣点、白釉瓷片、动物骨骼、草木灰。第③层，深灰褐色土，深1.8～3.1米，厚1.3米。土质较软，内含水锈沙团、黑炭渣点。该层下见黑淤泥土，出水，停探。

F49 台基

位于外城南部，南北第五街南端东侧。房址的西沿与南北第五街路土的东沿相邻。平面呈长方形，东西 10 米，南北 22 米，高 0.8 米。

台基内地层：第①层，深灰色土，深厚 0.4 米。土质松散，干燥，内含植物根茎。第②层，灰褐色土，深 0.4～1.6 米，厚 1.2 米。土质稍硬，内含灰白色沙土团、白釉瓷片、蓝釉瓷片、动物骨骼。第③层，深灰褐色土，深 1.6～2.2 米，厚 0.6 米。土质稍松，内含微量黑炭渣点。该层下见浅黄色沙质生土层，停探。

台基外地层：第①层，浅灰色土，深厚 0.4 米。土质松散，干燥，内含植物根茎。第②层，灰褐色土，深 0.4～1.5 米，厚 1.1 米。土质稍松，内含泥质灰陶片、白釉瓷片、外素内布纹瓦片、草木灰。第③层，深灰褐色土，深 1.5～2.1 米，厚 0.6 米。土质较软，内含微量黑炭渣点。该层下见浅黄色沙质生土层，停探。

F50 台基

位于外城南部，南北第五街南端西侧。房址的东沿与南北第五街路土的西沿相邻。平面呈椭圆形，东西 12 米，南北 18 米，高 1.1 米。

台基内地层：第①层，深灰色土，深厚 0.3 米。土质松散，干燥，内含植物根茎。第②层，浅灰色土，深 0.3～0.9 米，厚 0.6 米。土质松散，干燥，内含少量黑炭渣点。第③层，浅黄色土，深 0.9～2 米，厚 1.1 米。土质湿软，内含稍多黑炭渣点、草木灰、红烧土颗粒、碎瓷片。该层下见深黄色沙质生土层，停探。

台基外地层：第①层，深灰色土，深厚 0.5 米。土质松散，干燥，内含稍多碎砖块。第②层，浅灰色土，深 0.5～1 米，厚 0.5 米。土质松散，干燥，内含微量黑炭渣点和草木灰。第③层，浅黄色土，深 1～1.9 米，厚 0.9 米。土质湿软，内含稍多草木灰、瓷片、动物骨骼。该层下见深黄色沙质生土层，停探。

F51 台基

位于外城南部，南北第五街南端东侧，9 号水坑的西沿处。平面呈椭圆形，东西 16 米，南北 34 米，高 0.8 米。

台基内地层：第①层，深灰色土，深厚 0.3 米。土质松散，干燥，内含植物根茎和少量碎砖块。第②层，浅黄色土，深 0.3～1.9 米，厚 1.6 米。土质松散，内含少量草木灰、黑炭渣点、红烧土颗粒。该层下见深黄色沙质生土层，停探。

台基外地层：第①层，深灰色土，深厚 0.4 米。内含植物根茎。第②层，浅灰色土，深 0.4～0.9 米，厚 0.5 米。土质松散，内含植物根茎和少量碎砖块。该层下见深黄色沙质生土层，停探。

F52 台基

位于外城南部，南北第六街南端东侧。房址的西沿与南北第六街路土的东沿相邻。平面呈方形，边长 9 米，高 0.9 米。

台基内地层：第①层，浅灰色土，深厚 0.4 米。土质稍松，内含植物根茎、黑炭渣点。第②层，灰褐色土，深 0.4～1.6 米，厚 1.2 米。土质一般，内含碎石块。第③层，深灰褐色土，深 1.6～

2.5 米，厚 0.9 米。土质一般，较净，底部有厚 0.4 米黑淤泥土。该层下见灰白色沙质生土层，停探。

台基外地层：第①层，浅灰色土，深厚 0.4 米。土质稍松，内含植物根茎、黑炭渣点。第②层，灰褐色土，深 0.4 ~ 1.7 米，厚 1.3 米。土质一般，内含白釉瓷片、红烧土颗粒。第③层，深灰褐色土，深 1.7 ~ 2.6 米，厚 0.9 米。土质一般，较净，底部有厚 0.4 米黑淤泥土。该层下见灰白色沙质生土层，停探。

F53 台基

位于外城南部，南北第六街南端东侧。房址的西沿与南北第六街路土的东沿相邻。平面呈长方形，东西 6 米，南北 4 米，高 0.9 米。

台基内地层：第①层，深灰色土，深厚 1.6 米。土质稍松，内含植物根茎、黑炭渣点、红烧土颗粒。第②层，灰褐色土，深 1.6 ~ 2.5 米，厚 0.9 米。土质较湿软，内含淤泥和水锈纹。该层下见水不带，停探。

台基外地层：第①层，深灰色土，深厚 0.5 米。土质稍松，内含植物根茎。第②层，灰褐色土，深 0.5 ~ 2.6 米，厚 2.1 米。土质较湿软，内含白釉瓷片，少量黑炭渣点、淤泥。该层下见灰白色沙质生土层，停探。

F54 台基

位于外城南部，南北第六街中部东侧。房址的西沿与南北第六街路土的东沿相邻。平面呈长方形，东西 12 米，南北 25 米，高 0.4 米。

台基内地层：第①层，浅灰色土，深厚 0.4 米。土质松散，干燥，内含植物根茎。第②层，灰褐色土，深 0.4 ~ 1.9 米，厚 1.5 米。土质稍硬，内含白釉瓷片、草木灰、黑炭渣点、白灰点。第③层，深灰褐色土，深 1.9 ~ 3.4 米，厚 1.5 米。土质稍松软，内含微量黑炭渣点。该层下见灰黑色淤泥土，出水，停探。

台基外地层：第①层，浅灰色土，深厚 0.5 米。土质松散，干燥，内含植物根茎。第②层，灰褐色土，深 0.5 ~ 1.8 米，厚 1.3 米。土质稍松，内含草木灰、红烧土颗粒、碎砖瓦片。第③层，深灰褐色土，深 1.8 ~ 3.4 米，厚 1.6 米。土质稍软，内含微量黑炭渣点。该层下见灰黑色淤泥土，出水，停探。

F55 台基

位于外城南部，南北第六街中部东侧。房址的西沿距南北第六街路土的东沿 40 米。平面呈长方形，东西 10 米，南北 14 米，高 0.4 米。

台基内地层：第①层，浅灰色土，深厚 0.4 米。土质松散，干燥，内含植物根茎。第②层，灰褐色土，深 0.4 ~ 1.9 米，厚 1.5 米。土质稍硬，内含红烧土颗粒、白釉瓷片、草木灰、黑炭渣点、白灰点。第③层，深灰褐色土，深 1.9 ~ 3.4 米，厚 1.5 米。土质稍松软，内含微量黑炭渣点。该层下见灰黑色淤泥土，出水，停探。

台基外地层：第①层，浅灰色土，深厚 0.5 米。土质松散，干燥，内含植物根茎。第②层，灰褐色土，深 0.5 ~ 1.9 米，厚 1.4 米。土质稍松，内含草木灰、红烧土颗粒、碎砖瓦片。第③层，深灰褐色土，深 1.9 ~ 3.3 米，厚 1.4 米。土质稍软，内含微量黑炭渣点。该层下见灰黑色淤泥土，出水，停探。

F56 台基

位于外城南部，东西第三街东端与南北第六街交会处的西南角处，房址的东沿与南北第六街路土的西沿相邻。平面呈不规则长方形，东西 14 米，南北 23 米，高 0.6 米。

台基内地层：第①层，浅灰色土，深厚 0.6 米。土质松散，干燥，内含植物根茎。第②层，灰褐色土，深 0.6 ~ 2.1 米，厚 1.5 米。土质稍硬，内含白釉瓷片、草木灰、黑炭渣点、白灰点、红烧土颗粒。第③层，深灰褐色土，深 2.1 ~ 3.6 米，厚 1.5 米。土质稍松，内含微量黑炭渣点。该层下见灰黑色淤泥土，出水，停探。

台基外地层：第①层，浅灰色土，深厚 0.6 米。土质松散，干燥，内含植物根茎。第②层，灰褐色土，深 0.6 ~ 2 米，厚 1.4 米。土质稍松，内含草木灰、红烧土颗粒、白灰颗粒、碎砖瓦片。第③层，深灰褐色土，深 2 ~ 3.5 米，厚 1.5 米。土质稍软，内含泥质灰陶片、黑炭渣点。该层下见灰黑色淤泥土，出水，停探。

F57 台基

位于外城南部，东西第三街东端与南北第六街交会处的西南角处，东距 F56 房址 8 米。平面呈方形，边长 6 米，高 1.2 米。

台基内地层：第①层，浅灰色土，深厚 0.5 米。土质松散，干燥，内含植物根茎。第②层，灰褐色土，深 0.5 ~ 2.1 米，厚 1.6 米。土质稍硬，内含白釉瓷片、草木灰、黑炭渣点、白灰点。第③层，深灰褐色土，深 2.1 ~ 3.6 米，厚 1.5 米。土质稍松，内含微量黑炭渣点。该层下见灰黑色淤泥土，出水，停探。

台基外地层：第①层，浅灰色土，深厚 0.6 米。土质松散，干燥，内含植物根茎。第②层，灰褐色土，深 0.6 ~ 2.1 米，厚 1.5 米。土质稍松，内含黄沙团、碎砖块、草木灰、白灰颗粒、白釉瓷片。第③层，深灰褐色土，深 2.1 ~ 3.6 米，厚 1.5 米。土质稍软，内含泥质灰陶片、黑炭渣点。该层下见灰黑色淤泥土，出水，停探。

F58 台基

位于外城南部，东西第三街东端与南北第六街交会处的西南角处，房址的北沿与东西第三街路土的南沿相邻。平面呈不规则正方形，东西 5 ~ 15 米，南北 6 ~ 15 米，高 0.4 米。

台基内地层：第①层，浅灰色土，深厚 0.4 米。土质松散，干燥，内含植物根茎。第②层，灰褐色土，深 0.4 ~ 1.6 米，厚 1.2 米。土质稍硬，干燥，内含碎砖块、碎石块。第③层，深灰褐色土，深 1.6 ~ 3.4 米，厚 1.8 米。土质一般，内含草木灰、红烧土颗粒。该层下见灰白色沙质生土层，停探。

台基外地层：第①层，浅灰色土，深厚 1.5 米。土质松散，干燥，内含植物根茎。第②层，灰褐色土，深 1.5 ~ 3.2 米，厚 1.7 米。土质稍干燥，内含白灰颗粒、碎砖块。该层下见灰白色沙质生土层，停探。

F59 台基

位于外城南部，东西第二街东端北侧，房址的南沿与东西第二街路土的北沿相邻。平面呈长方形，东西 8 米，南北 31.5 米，高 0.5 米。

台基内地层：第①层，浅灰色土，深厚 0.5 米。土质松散，干燥，内含植物根茎。第②层，灰褐色土，深 0.5 ~ 2.1 米，厚 1.6 米。土质稍硬，内含碎砖块、白灰点、水锈纹黄沙块、草木灰、黑炭渣点。该层底部发现有踩踏面。第③层，深灰褐色土，深 2.1 ~ 3.1 米，厚 1 米。土质稍松散，内含少量黑炭渣点，在 2.7 米时发现朽木块。该层下见灰黑色淤泥土，出水，停探。

台基外地层：第①层，浅灰色土，深厚 0.5 米。土质松散，干燥，内含植物根茎。第②层，灰褐色土，深 0.5 ~ 2.1 米，厚 1.6 米。土质稍松，内含动物骨骼、碎砖块。第③层，深灰褐色土，深 2.1 ~ 3.2 米，厚 1.1 米。土质稍松散，内含少量砖瓦片。该层下见灰黑色淤泥土，出水，停探。

F60 台基

位于外城南部，东西第二街东端北侧，房址的南沿与东西第二街路土的北沿相邻。平面呈长方形，东西 12 米，南北 5 米，高 0.6 米。

台基内地层：第①层，浅灰色土，深厚 0.5 米。土质松散，干燥，内含植物根茎。第②层，灰褐色土，深 0.5 ~ 2.1 米，厚 1.6 米。土质稍硬，内含动物骨骼、碎砖块、白灰点、草木灰、黑炭渣点。第③层，深灰褐色土，深 2.1 ~ 3.4 米，厚 1.3 米。土质稍松散，内含少量黑炭渣点。该层下见灰黑色淤泥土，出水，停探。

台基外地层：第①层，浅灰色土，深厚 0.6 米。土质松散，干燥，内含植物根茎。第②层，灰褐色土，深 0.6 ~ 2.3 米，厚 1.7 米。土质稍松，内含动物骨骼、碎砖块、白灰点、草木灰、黄沙土块、黑炭渣点。第③层，深灰褐色土，深 2.3 ~ 3.4 米，厚 1.1 米。土质稍松散，内含少量黑炭渣点。该层下见灰黑色淤泥土，出水，停探。

F61 台基

位于外城南部，东西第二街东端北侧，房址的北沿与东西第三街路土的南沿相邻。平面呈不规则长方形，东西 14 ~ 24 米，南北 51 米，高 0.9 米。台基的北部地表现存较明显砌石基础。

台基内地层：第①层，浅灰色土，深厚 0.5 米。土质松散，干燥，内含植物根茎。第②层，灰褐色土，深 0.5 ~ 1.9 米，厚 1.4 米。土质稍硬，内含白瓷片、红烧土颗粒、白灰颗粒、黑炭渣点、碎砖块等。第③层，深灰褐色土，深 1.9 ~ 2.1 米，厚 0.2 米。土质稍松，内含黑炭渣点。该层下见石不过，停探。

台基外地层：第①层，浅灰色土，深厚 0.6 米。土质松散，干燥，内含植物根茎。第②层，灰褐色土，深 0.6 ~ 2.4 米，厚 1.8 米。土质稍硬，内含白瓷片、红烧土颗粒、白灰颗粒、黑炭渣点、碎砖块等。该层下见石不过，停探。

F62 台基

位于外城南部，东西第二街与南北第五街交会处的东北部，房址的南沿与东西第二街路土的北沿相邻。平面呈长方形，东西 45 米，南北 26 米，高 1.1 米。面积较大，地面散落较多石块；房址西北角有明显的砌石基础。

台基内地层：第①层，浅灰色土，深厚 0.6 米。土质松散，干燥，内含植物根茎。第②层，灰褐色土，深 0.6 ~ 1.9 米，厚 1.3 米。土质稍硬，内含碎砖瓦片、动物骨骼、白灰点颗粒。第③层，灰褐色土，深 1.9 ~ 3.3 米，厚 1.4 米。土质干燥，内含微量黑炭渣点，底部有厚 0.3 米黑淤泥土。该层下见深黄色沙质生土层，停探。

台基外地层：第①层，浅灰色土，深厚 0.6 米。土质松散，干燥，内含植物根茎。第②层，灰褐色土，深 0.6 ~ 1.9 米，厚 1.3 米。土质稍松，内含碎砖瓦片、动物骨骼、白灰点颗粒、草木灰等。第③层，灰褐色土，深 1.9 ~ 3.3 米，厚 1.4 米。土质干燥，内含微量黑炭渣点，底部有厚 0.3 米黑淤泥土。该层下见深黄色沙质生土层，停探。

F63 台基

位于外城南部，东西第二街与南北第五街交会处的东部，房址的北沿、南沿，分别与东西第二街路土的南沿和南北第五街路土的西沿相邻。平面呈长方形，东西45米，南北36米，高0.6米。

台基内地层：第①层，浅灰色土，深厚0.6米。土质松散，干燥，内含植物根茎。第②层，浅灰褐色土，深0.6～2.1米，厚1.5米。土质稍硬，干燥，内含白灰点、外素内布纹瓦片、碎砖块、草木灰等。第③层，灰褐色土，深2.1～3.4米，厚1.3米。土质稍松，内含浅黄色沙土块，底部有灰黑色淤泥土。该层下见深黄色沙质生土层，停探。

台基外地层：第①层，浅灰色土，深厚0.6米。土质松散，干燥，内含植物根茎。第②层，浅灰褐色土，深0.6～2米，厚1.4米。土质稍硬，干燥，内含砖瓦块、白釉瓷片、黑炭渣点、草木灰等。第③层，灰褐色土，深2～3.5米，厚1.5米。土质稍湿软，较净，内含微量黑炭渣点。该层下见深黄色沙质生土层，停探。

F64台基

位于外城南部，东西第二街与南北第五街交会处的西北部，房址的东沿、南沿，分别与东西第二街路土的北沿和南北第五街路土的西沿相邻。平面呈不规则长方形，东西8～27米，南北52米，高0.6米。

台基内地层：第①层，浅灰色土，深厚0.6米。土质稍松，内含植物根茎。第②层，浅灰褐色土，深0.6～2.4米，厚1.8米。土质稍硬，干燥，内含白釉瓷片、白灰点、草木灰、红烧土颗粒。第③层，深灰褐色土，深2.4～3.6米，厚1.2米。土质较松，内含微量黑炭渣点。该层下见水，停探。

台基外地层：第①层，浅灰色土，深厚0.5米。土质稍松，内含植物根茎。第②层，浅灰褐色土，深0.5～2.2米，厚1.7米。土质稍松，内含草木灰、动物骨骼、外素内布纹瓦片。第③层，深灰褐色土，深2.2～3.6米，厚1.4米。土质较松，内含草木灰、黑炭渣点、木块、毛发、碎块毛毡类物、白釉瓷片、动物骨骼，底部有踩踏土。该层下见水，停探。

F65台基

位于外城南部，东西第三街东端南侧，房址的东沿与南北第五街路土的西沿相邻。平面呈长方形，东西26米，南北4～13米，高0.7米。

台基内地层：第①层，浅灰色土，深厚0.5米。土质较松，内含植物根茎。第②层，灰褐色土，深0.5～1.7米，厚1.2米。土质一般，内含碎石块、碎砖块、外素内布纹瓦片。第③层，深褐色土，深1.7～3.3米，厚1.6米。土质一般，较净，内含微量黑炭渣点，底部有厚0.3米黑淤泥土。该层下见灰白色沙质生土层，停探。

台基外地层：第①层，浅灰色土，深厚0.5米。土质较松，内含植物根茎。第②层，灰褐色土，深0.5～1.8米，厚1.3米。土质一般，内含草木灰、动物骨骼、白釉瓷片。第③层，深褐色土，深1.8～3.3米，厚1.5米。土质一般，较净，内含微量黑炭渣点，底部有厚0.3米黑淤泥土。该层下见灰白色沙质生土层，停探。

F66台基

位于外城南部，东西第三街东端南侧，房址的北沿与东西第三路土的南沿相邻。平面呈长方形，东西16米，南北14米，高0.9米。

台基内地层：第①层，浅灰色土，深厚1米。土质松散，干燥，内含植物根茎、较多碎砖块、外素内布纹瓦片、黑炭渣点、动物骨骼。第②层，深灰色土，深 1 ～ 3.2 米，厚 2.2 米。土质稍松，内含碎砖块、外素内布纹瓦片、红烧土颗粒、动物骨骼、黑炭渣点、钧瓷片。该层下见深黄色沙质土，湿软，不带，停探。

台基外地层：第①层，深灰色土，深厚 0.9 米。土质松散，干燥，内含植物根茎、碎砖块、外素内布纹瓦片、黑炭渣点、动物骨骼、铁钉。第②层，深灰色土，深 0.9 ～ 3.5 米，厚 2.6 米。土质松散，干燥，内含碎砖块、外素内布纹瓦片、动物骨骼、黑炭渣点。该层下见深黄色沙质土，湿软，不带，停探。

F67 台基

位于外城南部，东西第三街东端南侧。平面呈长方形，东西 12 米，南北 10 米，高 0.8 米。

台基内地层：第①层，深灰色土，深厚 0.9 米。土质松散，干燥，内含植物根茎、碎砖块、外素内布纹瓦片、白灰颗粒。第②层，浅黄色土，深 0.9 ～ 2 米，厚 1.1 米。土质松散，干燥，内含碎砖块、外素内布纹瓦片、红烧土颗粒、黑炭渣点。该房址内多数探孔在 2 米见石不过。

台基外地层：第①层，浅灰色土，深厚 1.1 米。土质松散，干燥，内含植物根茎、碎砖块、外素内布纹瓦片、黑炭渣点、动物骨骼、白灰颗粒。第②层，深灰色土，深 1.1 ～ 3.3 米，厚 2.2 米。土质稍软，内含碎砖块、外素内布纹瓦片、动物骨骼、黑炭渣点。该层下见深黄色沙质生土层，停探。

F68 台基

位于外城南部，东西第三街东端南侧。平面呈不规则长方形，多曲折，东西 39 米，南北 45 米，高 0.8 米。台基内北半部有明显砌石基础，南半部较少。

台基内地层：第①层，浅灰色土，深厚 0.5 米。土质松散，干燥，内含植物根茎。第②层，灰褐色土，深 0.5 ～ 2 米，厚 1.5 米。土质稍松，内含草木灰、白釉瓷片、红烧土颗粒、动物骨骼等。第③层，深灰褐色土，深 2 ～ 3.5 米，厚 1.5 米。土质湿软，较净，内含微量黑炭渣点，底部有厚 0.4 米灰黑色淤泥层，出水，停探。

台基外地层：第①层，浅灰色土，深厚 0.5 米。土质松散，干燥，内含植物根茎。第②层，灰褐色土，深 0.5 ～ 2 米，厚 1.5 米。土质稍松，内含草木灰、白灰点、红烧土颗粒、动物骨骼等。第③层，深灰褐色土，深 2 ～ 3.5 米，厚 1.5 米。土质松软，较净，内含微量黑炭渣点，底部有厚 0.4 米灰黑色淤泥层，出水，停探。

F69 台基

位于外城南部，东西第二街东端北侧。房址的南沿与东西第二街路土的北沿相邻。平面呈长方形，东西 6 米，南北 10 米，高 0.6 米。

台基内地层：第①层，浅灰色土，深厚 0.5 米。土质松散，干燥，内含植物根茎。第②层，灰褐色土，深 0.5 ～ 2.3 米，厚 1.8 米。土质稍松，内含草木灰、白灰点、红烧土颗粒、碎砖块等。第③层，深灰褐色土，深 2.3 ～ 3.6 米，厚 1.3 米。土质湿软，较净，内含黄沙土颗粒、草木灰。该层下见浅黄色沙质生土层，停探。

台基外地层：第①层，浅灰色土，深厚 0.5 米。土质松散，干燥，内含植物根茎。第②层，灰褐色土，深 0.5 ～ 2.3 米，厚 1.8 米。土质稍松，内含草木灰、白灰点、黑釉瓷片、碎砖块等。第③层，深灰褐色土，深 2.3 ～ 3.6 米，厚 1.3 米。土质湿软，较净，内含蓝釉瓷碗残片、黑炭渣点、红烧土颗粒、草木灰、碎骨渣片、水锈纹斑点等。该层下见浅黄色沙质生土层，停探。

F70 台基

位于外城南部，东西第二街中端北侧。房址的南沿与东西第二街路土的北沿相邻。平面呈长方形，东西 66 米，南北 4 ~ 34 米，高 0.4 米。

台基内地层：第①层，浅灰色土，深厚 0.4 米。土质松散，稍干燥，内含植物根茎。第②层，灰褐色土，深 0.4 ~ 1.6 米，厚 1.2 米。土质稍硬，内含白灰块、红烧土颗粒、黑炭渣点、砖瓦渣点。第③层，深灰褐色土，深 1.6 ~ 3.6 米，厚 2 米。土质稍松，较净，内含浅黄色沙土颗粒、微量黑炭渣点，底部有厚 0.4 米灰黑色淤泥土。该层下见水，停探。

台基外地层：第①层，浅灰色土，深厚 0.4 米。土质松散，稍干燥，内含植物根茎。第②层，灰褐色土，深 0.4 ~ 1.7 米，厚 1.3 米。土质稍松，内含白灰块、红烧土颗粒、黑炭渣点、砖瓦渣点。第③层，深灰褐色土，深 1.7 ~ 3.5 米，厚 1.8 米。土质稍松，较净，内含微量草木灰、黑炭渣点，底部有厚 0.3 米灰黑色淤泥土。该层下见水，停探。

F71 台基

位于外城南部，东西第二街中端北侧。平面呈长方形，东西 6 米，南北 5 米，高 0.5 米。

台基内地层：第①层，浅灰色土，深厚 0.4 米。土质稍松，干燥，内含植物根茎。第②层，灰褐色土，深 0.4 ~ 1.9 米，厚 1.5 米。土质稍硬，内含草木灰、红烧土颗粒、白灰点、黑炭渣点等。第③层，深灰褐色土，深 1.9 ~ 3.4 米，厚 1.5 米。土质稍松，内含红烧土颗粒、碎砖块、动物骨骼、黑炭渣点。底部有灰黑色淤泥层，出水，不带，停探。

台基外地层：第①层，浅灰色土，深厚 0.4 米。土质稍松，干燥，内含植物根茎。第②层，灰褐色土，深 0.4 ~ 1.8 米，厚 1.4 米。土质稍松，内含白灰点、碎砖块、微量黑炭渣点等。第③层，深灰褐色土，深 1.8 ~ 3.5 米，厚 1.7 米。土质稍松，内含碎砖块、外素内布纹瓦片。底部有厚 0.3 米的灰黑色淤泥层，出水不带，停探。

F72 台基

位于外城南部，东西第二街中端北侧。平面呈长方形，东西 9 米，南北 12 米，高 1.1 米。

台基内地层：第①层，浅灰色土，深厚 1.1 米。土质稍硬，内含植物根茎、碎砖块、外素内布纹瓦片、动物骨骼、黑炭渣点、白灰颗粒。第②层，深灰色土，深 1.1 ~ 3.5 米，厚 2.4 米。土质稍松，内含红烧土颗粒、动物骨骼、黑釉瓷片、黑淤泥土。3.5 米以下见黑淤泥土，湿软不带，停探。

台基外地层：第①层，浅灰色土，深厚 1.1 米。土质稍硬，内含植物根茎、碎砖块、外素内布纹瓦片、动物骨骼、白灰颗粒。第②层，深灰色土，深 1.1 ~ 3.5 米，厚 2.4 米。土质稍松，内含碎瓦片、动物骨骼、黑炭渣点、黑淤泥土。3.5 米以下见黑淤泥土，湿软，停探。

F73 台基

位于外城南部，东西第二街中端北侧。房址的北沿北距东西第三街路土的南沿 7 米。平面呈不规则长方形，东西 24 米，南北 12 ~ 24 米，高 0.5 米。

台基内地层：第①层，深灰色土，深厚 1 米。土质松散，干燥，内含植物根茎、碎砖块、黑炭渣点、白灰颗粒。第②层，浅黄色土，深 1 ~ 3.6 米，厚 2.6 米。土质松散，干燥，内含黑炭渣点、红烧土颗粒、动物骨骼、水锈纹斑。3.6 米以下见深黄色沙质生土层，停探。

台基外地层：第①层，浅灰色土，深厚 0.9 米。土质松散，干燥，内含植物根茎，较多碎砖块、红烧土颗粒、黑炭渣点、白灰颗粒。第②层，深灰色土，深 0.9～3.3 米，厚 2.4 米。土质稍软，内含黑炭渣点、红烧土颗粒、动物骨骼、碎瓦片。3.3 米以下见黑淤泥土，湿软，停探。

F74 台基

位于外城南部，东西第二街中端北侧。平面呈长方形，东西 7 米，南北 6 米，高 0.8 米。

台基内地层：第①层，深灰色土，深厚 1.1 米。土质松散，干燥，内含植物根茎、碎瓦片、黑炭渣、白灰颗粒、红烧土颗粒。第②层，浅黄色土，深 1.1～3.9 米，厚 2.8 米。土质稍硬，密实，内含动物骨骼、碎砖块、碎瓦片、黑炭渣点、白灰颗粒、黑淤泥土。3.9 米以下见黑淤泥土，湿软不带，停探。

台基外地层：第①层，浅黄色土，深厚 1 米。土质松散，干燥，内含植物根茎、碎瓦片、少量动物骨渣、黑炭渣点。第②层，深灰色土，深 1～3.4 米，厚 2.4 米。土质稍软，内含动物骨骼、黑炭渣点、黑淤泥土。3.4 米以下见黑淤泥土。湿软不带，停探。

F75 台基

位于外城南部，东西第二街中端北侧。平面呈长方形，东西 8～12 米，南北 12 米，高 0.9 米。

台基内地层：第①层，深灰色土，深厚 0.9 米。土质松散，干燥，内含植物根茎、碎砖块、外素内布纹瓦片、白灰颗粒。第②层，浅黄色土，深 0.9～3.3 米，厚 2.4 米。土质稍硬，密实，内含碎石块、白釉瓷片、黑釉瓷片、黑炭渣点、动物骨骼。3.3 米以下见灰白色沙质生土层，停探。

台基外地层：第①层，深灰色土，深厚 1.2 米。土质松散，干燥，内含植物根茎、碎砖块、白灰颗粒。第②层，浅黄色土，深 1.2～2.4 米，厚 1.2 米。土质稍松，内含红烧土颗粒、碎石块、白灰颗粒、动物骨骼。2.4 米以下见石不过，停探。

F76 台基

位于外城南部，东西第二街中端北侧。平面呈不规则长方形，东西 12 米，南北 4～8 米，高 1 米。

台基内地层：第①层，浅灰色土，深厚 1 米。土质松散，干燥，内含植物根茎、碎石块、外素内布纹瓦片、黑炭渣点、白灰颗粒。第②层，浅黄色土，深 1～2.8 米，厚 1.8 米。土质松散，内含动物骨骼、白釉瓷片、黑炭渣点、红烧土颗粒。2.8 米以下见石不过，停探。

台基外地层：第①层，深灰色土，深厚 1.1 米。土质松散，干燥，内含植物根茎、动物骨骼、碎砖瓦片、黑炭渣点。第②层，浅黄色土，深 1.1～2.9 米，厚 1.8 米。土质稍软，内含碎瓦片、红烧土颗粒、黑淤泥土。2.9 米以下见黑淤泥土，湿软不带，停探。

F77 台基

位于外城南部，东西第二街中端北侧。平面呈长方形，东西 5 米，南北 6 米，高 1.3 米。面积较小。房址的南侧有明显砌石基础。

台基内地层：第①层，浅灰色土，深厚 0.4 米。土质松散，内含植物根茎。第②层，灰褐色土，深 0.4～1.8 米，厚 1.4 米。土质稍硬，干燥，内含草木灰、白瓷片、黑炭渣点。第③层，深灰褐色土，深 1.8～3.4 米，厚 1.6 米。土质松散，较净，内含微量黑炭渣点。该层下见浅黄色沙质生土层，停探。

台基外地层：第①层，浅灰色土，深厚 0.4 米。土质松散，内含植物根茎。第②层，灰褐色土，深 0.4～1.7 米，厚 1.3 米。土质稍松，干燥，内含草木灰、黑炭渣点。第③层，深灰褐色土，深 1.7～3.4 米，厚 1.7 米。土质松软，较净，内含微量黑炭渣点，底部有厚 0.3 米灰黑色淤泥层。该层下见浅黄色沙质生土层，停探。

F78 台基

位于外城南部，东西第二街中端北侧。房址的南沿与东西第二街路土的北沿相邻。平面多曲，呈不规则长方形，东西 4～16 米，南北 46 米，高 0.6 米。

台基内地层：第①层，浅灰色土，深厚 0.6 米。土质松散，内含植物根茎。第②层，灰褐色土，深 0.6～1.8 米，厚 1.2 米。土质稍硬，内含白灰点、外素内布纹瓦片、草木灰等。第③层，深灰色土，深 1.8～3.3 米，厚 1.5 米。土质一般，内含青釉瓷盆口沿、白瓷片、砖瓦片、草木灰、黄沙土等。该层下出水，停探。

台基外地层：第①层，浅灰色土，深厚 0.4 米。土质松散，内含植物根茎。第②层，灰褐色土，深 0.4～1.9 米，厚 1.5 米。土质稍松，内含草木灰、红烧土颗粒、黄沙土、黑炭渣点。第③层，深灰色土，深 1.9～3.3 米，厚 1.4 米。土质松软，较净，内含微量黑炭渣点。该层下出水，停探。

F79 台基

位于外城南部，东西第二街中端北侧。房址的南沿与东西第二街路土的北沿相邻，北沿与东西第三街路土的南沿相邻。平面多曲，呈不规则长方形，东西 15～26 米，南北 76 米，高 1 米。

台基内地层：第①层，深灰色土，深厚 1 米。土质干燥，内含植物根茎、碎石块、黑炭灰。第②层，浅黄色土，深 1～3.1 米，厚 2.1 米。土质稍硬，密实，内含黑炭渣点、黑淤泥土。3.1 米以下见黑淤泥土，湿软不带，停探。

台基外地层：第①层，深灰色土，深厚 1.2 米。土质松散，内含植物根茎、碎砖瓦片、红烧土颗粒。第②层，浅灰色土，深 1.2～3 米，厚 1.8 米。土质稍软，内含青釉瓷片、碎砖瓦块、红烧土颗粒、黑淤泥土。3 米以下见黑淤泥土，湿软不带，停探。

F80 台基

位于外城南部，东西第二街中端北侧，F79 东部 3 米处。平面呈长方形，东西 12 米，南北 22 米，高 0.6 米。

台基内地层：第①层，浅灰色土，深厚 1.1 米。土质松散，内含植物根茎、碎砖瓦块、黑釉瓷片、白灰颗粒。第②层，深灰色土，深 1.1～2.9 米，厚 1.8 米。土质稍散，内含黑炭灰、碎砖块、黑淤泥土。2.9 米以下见黑淤泥土，湿软不带，停探。

台基外地层：第①层，深灰色土，深厚 1.2 米。土质干燥，松散，内含植物根茎、碎砖瓦块、黑炭灰渣点、白灰颗粒。第②层，浅黄色土，深 1.2～3 米，厚 1.8 米。土质稍散，内含动物骨骼、碎砖块、黑淤泥土。3 米以下见白色沙质生土层，停探。

F81 台基

位于外城南部，东西第三街中端南侧。房址的北沿与东西第三街路土的南沿相邻。平面呈长方形，东西 4～16 米，南北 8～19 米，高 0.7 米。

台基内地层：第①层，深灰色土，深厚 0.7 米。土质干燥，松散，内含植物根茎、碎砖瓦块、白灰颗粒、黑炭渣点。1.4 米以下见石不过，停探。

台基外地层：第①层，浅灰色土，深厚 0.7 米。土质松散，干燥，内含植物根茎、动物骨骼、白灰颗粒。第②层，浅黄色土，深 0.7～3 米，厚 2.3 米。土质湿软，内含动物骨骼、碎瓦片、黑炭渣点、碎砖块。3 米以下见浅黄色沙质生土层，停探。

F82 台基

位于外城南部，东西第二街中端北侧。房址的南沿与东西第二街路土的北沿相邻，北沿与东西第三街路土的南沿相邻。平面多曲，呈不规则长方形，东西 10 ~ 24 米，南北 78.5 米，高 0.8 米。

台基内地层：第①层，深灰色土，深厚 1.1 米。土质松散，干燥，内含植物根茎、碎砖块、黑炭渣点、红烧土颗粒。第②层，浅灰色土，深 1.1 ~ 3 米，厚 1.9 米。土质稍湿软，内含碎砖块、外素内布纹瓦片、黑炭渣点、黑淤泥土。3 米以下见白沙层，湿软不带，停探。

台基外地层：第①层，深灰色土，深厚 1 米。土质松散，干燥，内含植物根茎、白釉瓷片、动物骨骼、黑炭渣点。第②层，深灰色土，深 1 ~ 2.9 米，厚 1.9 米。土质稍湿软，内含碎砖块、白釉瓷片、外素内布纹瓦片、白灰颗粒、黑炭渣点、黑淤泥土。2.9 米以下见白沙层，湿软不带，停探。

F83 台基

位于外城南部，东西第三街中端南侧。房址的北沿与东西第三街路土的南沿相邻。平面多曲，呈不规则长方形，东西 8 ~ 26 米，南北 25 ~ 50 米，高 1.1 米。

台基内地层：第①层，深灰色土，深厚 1.1 米。土质稍硬，内含植物根茎、动物骨骼、黑炭渣点。第②层，浅黄色土，深 1.1 ~ 3.4 米，厚 2.3 米。土质稍软，内含动物骨骼、黑炭渣点、碎砖块、黑淤泥土、水锈纹斑。3.4 米以下见深黄色沙质生土层，湿软不带，停探。

台基外地层：第①层，深灰色土，深厚 1 米。土质稍硬，内含植物根茎、动物骨骼、黑炭渣点。第②层，浅黄色土，深 1 ~ 3.3 米，厚 2.3 米。土质稍软，内含动物骨骼、黑炭渣点、黑淤泥土、水锈纹斑。3.3 米以下见深黄色沙质生土层，湿软不带，停探。

F84 台基

位于外城南部，东西第二街中端北侧。房址的南沿与东西第二街路土的北沿相邻。平面多曲，呈不规则长方形，东西 5 ~ 25 米，南北 78 米，高 1.1 米。

台基内地层：第①层，深灰色土，深厚 1.1 米。土质松散，干燥，内含植物根茎、碎砖块、黑炭渣点、白灰颗粒。第②层，浅黄色土，深 1.1 ~ 3 米，厚 1.9 米。土质松散，干燥，内含白灰颗粒、黑炭渣点、动物骨骼。3 米以下见深黄色沙质生土层，停探。

台基外地层：第①层，深灰色土，深厚 0.8 米。土质松散，内含植物根茎、碎石块、白灰颗粒、外素内布纹瓦片、黑炭渣点。第②层，浅黄色土，深 0.8 ~ 2.8 米，厚 2 米。土质稍硬，密实，内含碎瓦片、黑淤泥土。2.8 米以下见黑淤泥层，湿软不带，停探。

F85 台基

位于外城南部，东西第二街中端北侧。平面呈长方形，东西 9 米，南北 8 米，高 1 米。

台基内地层：第①层，浅灰色土，深厚 1 米。土质松散，干燥，内含植物根茎、碎砖块、动物骨骼、白灰颗粒、黑炭渣点。第②层，深灰色土，深 1 ~ 3.1 米，厚 2.1 米。土质稍硬，内含碎砖块、外素内布纹瓦片、黑炭渣点、水锈纹斑、黑淤泥土。该层下见浅黄色沙质生土层，停探。

台基外地层：第①层，深灰色土，深厚 0.9 米。土质稍干，内含植物根茎、黑炭渣点、动物骨骼。第②层，浅黄色土，深 0.9 ~ 3 米，厚 2.1 米。土质稍硬，密实，内含少量碎砖块、黑淤泥土。3 米以下见浅黄色土，湿软不带，停探。

F86 台基

位于外城南部，东西第二街中端北侧。平面呈长方形，东西 6 米，南北 9 米，高 0.8 米。

台基内地层：第①层，浅灰色土，深厚 0.8 米。土质松散，干燥，内含植物根茎、碎砖块、外素内布纹瓦片、碎石块、白灰颗粒。第②层，浅黄色土，深 0.8～3 米，厚 2.2 米。土质松散，内含黑炭渣点、白灰颗粒、黑淤泥土。3 米以下见灰白色沙质生土层，停探。

台基外地层：第①层，浅灰色土，深厚 0.9 米。土质松散，干燥，内含植物根茎、碎砖块、外素内布纹瓦片、碎石块、黑炭渣点、白灰颗粒。第②层，浅黄色土，深 0.9～3 米，厚 2.1 米。土质松散，内含黑炭渣点、动物骨骼、黑淤泥土。3 米以下见灰白色沙质生土层，停探。

F87 台基

位于外城南部，东西第二街中端北侧。平面呈长方形，东西 6 米，南北 8 米，高 0.7 米。

台基内地层：第①层，深灰色土，深厚 0.7 米。土质松散，干燥，内含植物根茎、碎石块、白灰颗粒、黑炭渣点。第②层，深灰色土，深 0.7～3 米，厚 2.3 米。土质稍松，内含黑炭渣点、动物骨骼、白釉瓷片。3 米以下见黑淤泥土，湿软不带，停探。

台基外地层：第①层，深灰色土，深厚 1 米。土质稍松，内含植物根茎、碎瓦片、黑炭渣点、白灰颗粒。第②层，深灰色土，深 1～2.9 米，厚 1.9 米。土质稍湿，内含动物骨骼、黑炭渣点。2.9 米以下见黑淤泥土，湿软不带，停探。

F88 台基

位于外城南部，东西第三街中端南侧。平面呈方形，边长 5 米，高 0.8 米。

台基内地层：第①层，深灰色土，深厚 1.3 米。土质稍松，内含植物根茎、白釉瓷片碎渣、外素内布纹瓦片、动物骨骼。第②层，黑灰色土，深 1.3～2.9 米，厚 1.6 米。土质稍软，内含草木灰、黑炭渣点、红烧土颗粒。2.9 米以下见黑淤泥土，湿软不带，停探。

台基外地层：第①层，深灰色土，深厚 1 米。土质松散，干燥，内含植物根茎、碎砖块、动物骨骼、黑炭渣点。第②层，浅灰色土，深 1～2.9 米，厚 1.9 米。土质稍湿软，内含动物骨骼、黑炭渣点。2.9 米以下见黑灰色土，湿软不带，停探。

F89 台基

位于外城南部，东西第三街中端北侧。平面呈长方形，东西 6 米，南北 10 米，高 0.3 米。

台基内地层：第①层，浅灰色土，深厚 0.4 米。土质松散，干燥，内含植物根茎和少量碎砖石块。第②层，浅黄色土，深 0.4～1.6 米，厚 1.2 米。土质稍硬，密实，内含少量红烧土颗粒、黑炭渣点、水锈斑点、淤泥。该层下见浅黄色沙质生土层，停探。

台基外地层：第①层，浅灰色土，深厚 0.4 米。土质松散，干燥，内含植物根茎和少量碎砖石块。第②层，灰褐色土，深 0.4～0.9 米，厚 0.5 米。土质一般，内含少量黑炭渣点。第③层，浅黄色土，深 0.9～1.4 米，厚 0.5 米。土质稍硬，密实，内含少量水锈斑点和淤泥。该层下见深黄色沙质生土层，停探。

F90 台基

位于外城南部，东西第三街中端北侧。房址的北沿与东西第三街路土的南沿相邻，南沿与东西第二街路土的北沿相邻。平面多曲，呈不规则长方形，东西 16～37 米，南北 80 米，高 1 米。

　　台基内地层：第①层，深灰色土，深厚1米。土质稍散，内含植物根茎、碎砖瓦块、白釉瓷片、动物骨骼、白灰颗粒。第②层，浅黄色土，深1～3.1米，厚2.1米。土质稍硬，密实，内含碎瓦片、动物骨骼、红烧土颗粒、黑炭灰、黑淤泥土。3.1米以下见灰白色粗沙，湿软不带，停探。

　　台基外地层：第①层，深灰色土，深厚1.1米。土质松散，干燥，内含植物根茎、碎砖瓦块、动物骨骼。第②层，灰黑色土，深1.1～3.1米，厚2米。土质松散，内含碎砖块、红烧土颗粒、草木灰、黑炭灰。3.1米以下见黑淤泥土和灰白色沙质土，湿软不带，停探。

F91台基

　　位于外城南部，东西第三街中端北侧。房址的北沿与东西第三街路土的南沿相邻，南沿与东西第二街路土的北沿相邻。平面多曲，呈不规则长方形，东西12～27米，南北79米，高0.8米。

　　台基内地层：第①层，深灰色土，深厚0.8米。土质稍松散，内含植物根茎、动物骨骼、黑炭渣点、红烧土颗粒、草木灰。第②层，浅黄色土，深0.8～3米，厚2.2米。土质稍硬，密实，内含黑炭灰渣点、少量碎瓦片。3米以下见粗沙碎石子，不带，停探。

　　台基外地层：第①层，深灰色土，深厚0.9米。土质干燥，内含植物根茎、碎砖块、瓦片、动物骨骼。第②层，浅灰色土，深0.9～3.4米，厚2.5米。土质一般，内含红烧土颗粒、黑炭灰渣点、黑淤泥土、水锈纹斑。3.4米以下黄色沙质生土层，停探。

F92台基

　　位于外城南部，东西第二街中端北侧。房址的南沿与东西第二街路土的北沿相邻。平面多曲，呈不规则长方形，东西18～40米，南北80米，高1.2米。

　　台基内地层：第①层，深灰色土，深厚0.4米。土质稍散，内含植物根茎、白灰颗粒。第②层，浅黄色土，深0.4～1.6米，厚1.2米。土质较湿，内含黑炭灰、红烧土颗粒、动物骨骼。第③层，深黄色土，深1.6～3.2米，厚1.6米。土质稍硬，密实，内含水锈纹斑、黑淤泥土。3.2米以下见黑淤泥土，湿软不带，停探。

　　台基外地层：第①层，深灰色土，深厚0.5米。土质稍散，内含植物根茎、白灰颗粒。第②层，浅黄色土，深0.5～1.7米，厚1.2米。土质松散，内含黑炭灰、白灰颗粒、动物骨骼。第③层，深黄色土，深1.7～3.2米，厚1.5米。土质稍硬，密实，内含水锈纹斑、黑淤泥土。3.2米以下见白色粗沙碎石子，不带，停探。

F93台基

　　位于外城南部，东西第三街中端北侧，房址的北沿与东西第三路土的南沿相邻。平面呈长方形，东西11米，南北54米，高0.8米。

　　台基内地层：第①层，深灰色土，深厚0.4米。土质松散，内含植物根茎、动物骨骼。第②层，灰褐色土，深0.4～1.2米，厚0.8米。土质较松，内含动物骨骼、泥质灰陶片、少量粗砂颗粒。第③层，灰褐色杂土层，深1.2～2.7米，厚1.5米。土质一般，内含泥质灰陶片、外素内布纹瓦片、碎砖块、白釉瓷片、黑炭灰颗粒、白灰颗粒、草木灰等。该层下见浅黄色沙质生土层，停探。

　　台基外地层：第①层，深灰色土，深厚0.4米。土质松散，内含植物根茎、白灰颗粒、红砖块等。第②层，灰褐色土，深0.4～1.7米，厚1.3米。土质较松，内含动物骨骼、碎砖块、黑炭渣点。第③层，灰褐色杂土层，深1.7～2.2米，厚0.5米。土质一般，内含青釉瓷片、黑炭渣点、草木灰。该层下见浅黄色沙质生土层，停探。

F94 台基

位于外城南部，东西第二街中端北侧，房址的南沿与东西第二街路土的北沿相邻。平面呈长方形，东西 11 米，南北 20 米，高 0.7 米。

台基内地层：第①层，深灰色土，深厚 0.6 米。土质稍松，内含植物根茎和泥质灰陶片。第②层，浅灰色杂土，深 0.6 ~ 1.3 米，厚 0.7 米。土质一般，内含骨渣、草木灰、铁锈纹斑点、浅黄色沙土颗粒等。第③层，深灰色土，深 1.3 ~ 2.7 米，厚 1.4 米。土质稍松，内含泥质灰陶片、草木灰、黑炭渣点等。该层下见浅黄色沙质生土层，停探。

台基外地层：第①层，深灰色土，深厚 0.6 米。土质稍松，内含植物根茎和泥质灰陶片。第②层，浅灰色杂土，深 0.6 ~ 1.2 米，厚 0.6 米。土质稍松，内含红烧土颗粒、铁锈纹斑点、浅黄色沙土颗粒等。第③层，深灰色土，深 1.2 ~ 2.8 米，厚 1.6 米。土质较湿软，内含草木灰、白釉瓷片、动物骨骼、白灰颗粒、黑炭渣点等。该层下见浅黄色沙质生土层，停探。

F95 台基

位于外城南部，东西第二街中端北侧，房址的南沿与东西第二路土的北沿相邻。平面呈长方形，东西 8 米，南北 10 米，高 0.3 米。台基内多数探孔在距地表深 1 米左右见石不过。

台基内地层：第①层，浅灰色土，深厚 0.3 米左右。土质松散，内含较多植物根茎。第②层，灰黑色土，深 0.3 ~ 1.8 米，厚 1.5 米。土质湿软，稍净，内含微量黑炭渣点、动物骨骼和白釉瓷片碎渣。该层下见青、黑色沙质生土层。

F96 台基

位于外城南部，东西第二街中端北侧，房址的南沿与东西第二路土的北沿相邻。平面呈长方形，东西 9.8 米，南北 5.5 米，高 0.3 米。台基内多数探孔在距地表深 0.9 ~ 1.1 米处见石不过。

台基内地层：第①层，浅灰色土，深厚 0.3 米。土质松散，内含稍多植物根茎。第②层，浅灰黑色土，深 0.3 ~ 1.7 米，厚 1.4 米。土质松散，内含少量炉渣颗粒、黑炭渣点和泥质灰陶渣。该层下见浅黄色沙质生土层。

F97 台基

位于外城南部，东西第三街西端南侧。长方形建筑群。东西 176 米，南北 26 ~ 80 米，高 1.2 米。台基内个别墙基保存较好，直接裸露在地面上，单条石砌墙基宽 0.8 米，有的地方有明显的墙基凹槽。地表散落有较多石块、少量白釉瓷片、外素内布纹瓦片、瓷缸残片。勘探过程中，台基内多数探孔距地表深 0.4 米见石不过。

台基内地层：第①层，浅灰色土，深厚 0.4 米。土质松散，内含稍多植物根茎。第②层，浅灰黑色土，深 0.4 ~ 1.9 米，厚 1.5 米。土质松散，内含少量黑炭渣点和泥质灰陶渣。该层下见浅黄色沙质生土层。

F98 台基

位于外城南部，东西第二街西端北侧，F97 的西南部。平面呈长方形，东西 25 米，南北 6 ~ 13 米，高 0.5 米。台基内多数探孔在距地表深 0.5 米处见石不过。

台基内地层：第①层，浅灰色土，深厚 0.5 米。土质松散，内含稍多植物根茎。第②层，浅灰黑色土，深 0.5 ~ 2.1 米，厚 1.6 米。土质松散，内含少量炉渣颗粒、黑炭渣点和泥质灰陶渣。该层下见浅黄色沙质生土层。

F99 台基

位于外城南部，南北第二街西端南侧。平面呈长方形，东西 16 米，南北 8.2 米，高 0.8 米。台基内大多数探孔在距地表深 0.4 米处见砖石不过。

台基内地层：第①层，浅灰褐色土，深厚 0.4 米左右。土质稍硬，内含较多植物根茎。第②层，浅灰色土，深 0.4～1.2 米，厚 0.8 米。土质稍硬，密实，较净，内含微量黑炭渣点。第③层，灰黑色淤沙土，深 1.2～2.1 米，厚 0.9 米。土质松软，稍净，内含外素内布纹瓦片、白釉瓷片、黑釉瓷片和微量红烧土颗粒。该层下见浅灰黄色生土层。

F100 台基

位于外城南部，东西第二街西端南侧，房址南距 8 号水坑北沿 9 米。平面呈长方形，东西 7 米，南北 8.4 米，高 0.3 米。台基内大多数探孔在距地表深 0.4 米处见砖石不过。

台基内地层：第①层，浅灰褐色土，深厚 0.3 米左右。土质稍硬，内含较多植物根茎。第②层，浅灰色土，深 0.3～1.2 米，厚 0.9 米。土质稍硬，密实，较净，内含微量黑炭渣点。第③层，灰黑色淤沙土，深 1.2～1.8 米，厚 0.6 米。土质松软，稍净，内含外素内布纹瓦片、白釉瓷片。该层下见浅灰黄色生土层。

F101 台基

位于外城南部，东西第二街西端南侧，房址南距 F100 的北沿 2.3 米。平面呈方形，边长 6.4 米，高 0.4 米。台基内大多数探孔距地表深 0.4 米处见砖石不过。

台基内地层：第①层，浅灰褐色土，深厚 0.3 米左右。土质稍硬，内含较多植物根茎。第②层，浅灰色土，深 0.4～1.1 米，厚 0.7 米。土质稍硬，密实，较净，内含微量黑炭渣点。第③层，灰黑色淤沙土，深 1.1～1.9 米，厚 0.8 米。土质松软，稍净，内含外素内布纹瓦片、白釉瓷片。该层下见浅灰黄色生土层。

F102 台基

位于外城南部，东西第三街西端北侧，房址的南沿南距东西第三街路土的北沿 4 米。平面呈长方形，东西 16 米，南北 17 米，高 0.8 米。台基内地表散落有稍多石块，少量白釉、黑釉、青釉瓷片和钧瓷残片。

台基内地层：第①层，浅灰褐色土，深厚 0.3 米。土质松散，内含稍多植物根茎。第②层，浅灰色沙质土，深 0.3～1.1 米，厚 0.8 米。土质较硬，密实，干燥，较净，内含微量黑炭渣点。第③层，浅黄色沙质土，深 1.1～1.8 米，厚 0.7 米。土质稍硬，稍干燥，较净，内含微量黑炭渣点。第④层，深灰色土，深 1.8～2.2 米，厚 0.4 米。土质稍硬，内含大量黑炭渣点和少量浅黄色土颗粒。该层下见浅灰黄色沙质土。

F103 台基

位于外城南部，东西第三街西端北侧，房址的南沿南距东西第三街路土的北沿 2 米。平面呈不规则长方形，东西 4～10 米，南北 13 米，高 0.5 米。

台基内地层：第①层，浅灰褐色土，深厚 0.3 米。土质松散，内含稍多植物根茎。第②层，浅灰色土，深 0.3～1.3 米，厚 1 米。土质松散，稍净，内含微量黑炭渣点和少量外素内布纹瓦片。第③层，深灰色土，深 1.3 ~ 1.8 米，厚 0.5 米。土质松散，稍杂乱，内含较多黑炭渣点，少量浅黄色土块，微量白釉瓷片、外素内布纹瓦片。该层下见浅黄色沙质生土层。

F104 台基

位于外城南部，东西第三街西端北侧，房址的南沿与东西第三街路土的北沿相邻。不规则长方形建筑群，东西 100 米，南北 62 米，高 1.1 米。台基内地表裸露有多条砌石墙基，单条宽 0.8 米。现存布局相对明显的墙基，进深 10 米，间宽 6 米。

台基内地层：第①层，浅灰褐色土，深厚 0.4 米。土质松散，内含稍多植物根茎。第②层，浅灰色土，深 0.4 ~ 1.5 米，厚 1.1 米。土质松散，稍净，内含微量黑炭渣点。第③层，深灰色土，深 1.5 ~ 1.9 米，厚 0.4 米。土质松散，稍杂乱，内含较多黑炭渣点，少量浅黄色土块，微量白釉瓷片、外素内布纹瓦片。该层下见浅黄色沙质生土层。

F105 台基

位于外城南部，东西第三街与南北第三街交会的西北部，房址的东、南沿分别与东西第三街北沿南北第三街东沿相邻。长方形建筑群，东西 110 米，南北 14 ~ 20 米，高 1 米。地表散落有较多石块。

台基内地层：第①层，浅灰褐色土，深厚 0.3 米。土质松散，内含稍多植物根茎。第②层，浅灰色土，深 0.3 ~ 1.3 米，厚 1 米。土质松散，稍净，内含微量黑炭渣点。第③层，深灰色土，深 1.3 ~ 2 米，厚 0.7 米。土质松散，稍杂乱，内含较多黑炭渣点，少量浅黄色土块。该层下见浅黄色沙质生土层。

F106 台基

位于外城南部，东西第三街西端北侧，南北第三街南端西侧。平面呈不规则长方形，东西 6 ~ 9 米，南北 14 米，高 0.4 米。

台基内地层：第①层，浅灰褐色土，深厚 0.4 米。土质松散，内含较多植物根茎。第②层，浅灰色土，深 0.4 ~ 1.2 米，厚 0.8 米。土质干燥，密实，内含微量黑炭渣点和陶渣点。第③层，浅灰、浅黄色杂土，深 1.2 ~ 1.9 米，厚 0.7 米。土质松散，稍干燥，内含红烧土颗粒、陶渣点和黑炭渣点。该层下见浅色生土层。

F107 台基

位于外城南部，东西第三街西端北侧，南北第三街南端西侧。平面呈长方形，东西 12 米，南北 6 米，高 0.4 米。

台基内地层：第①层，浅灰褐色土，深厚 0.4 米。土质松散，内含较多植物根茎。第②层，浅灰、浅黄色土，深 0.4 ~ 2 米，厚 1.6 米。土质松散，稍净，内含少量黑渣点和微量红烧土颗粒。房层下见浅黄色沙质生土。

F108 台基

位于外城南部，东西第三街西端北侧，南北第三街南端西侧。平面呈圆形，直径 6.2 米，高 0.8 米。

台基内地层：第①层，浅灰褐色土，深厚 0.3 米。土质松散，内含微量白灰点和稍多植物根茎。第②层，浅灰色土，深 0.3 ~ 1.1 米，厚 0.8 米。土质松散，干燥，内含微量白灰点和炭渣点。该层下见浅黄色沙层。

F109 台基

位于外城南部，东西第三街西端北侧，南北第三街南端西侧。平面呈圆形，直径4.8米，高0.5米。

台基内地层：第①层，浅灰色土，深厚0.5米。土质松散，稍干燥，内含少量植物根茎。第②层，浅灰黄色土，深0.5～0.9米，厚0.4米。土质较硬，密实，较净，内含微量黑炭渣点。该层下见浅黄色沙质生土层。

F110 台基

位于外城南部，东西第三街西端北侧，南北第三街南端西侧。平面呈长方形，东西13.4米，南北8米，高0.4米。

台基内地层：第①层，浅灰色土，深厚0.4米。土质松散，稍干燥，内含少量植物根茎。第②层，浅灰黄色土，深0.4～0.9米，厚0.5米。土质较硬，密实，较净，内含微量黑炭渣点。该层下见浅黄色沙质生土层。

F111 台基

位于外城南部，东西第三街西端北侧，南北第三街南端西侧。平面呈长方形，东西13.5米，南北8.6米，高0.4米。在台基内地表散落有大量外素内布纹瓦片和素面灰陶砖块。

台基内地层：第①层，浅灰色土，深厚0.4米。土质松散，稍干燥，内含少量植物根茎。第②层，浅灰黄色土，深0.4～1.4米，厚1米。土质较硬，密实，较净，内含微量黑炭渣点。该层下见浅黄色沙质生土层。

F112 台基

位于外城南部，东西第三街西端北侧，南北第三街南端西侧。平面呈长方形，东西11.9米，南北8.8米，高0.3米。

台基内地层：第①层，浅灰色土，深厚0.4米。土质松散，稍干燥，内含少量植物根茎和微量黑炭渣点。第②层，浅灰黄色土，深0.4～1.5米，厚1.1米。土质松散，内含稍多黑炭渣点。该层下见浅黄色沙质生土层。

F113 台基

位于外城南部，东西第三街西端北侧，南北第三街南端西侧。长方形建筑，东西52米，南北8～33米，高0.8米。地表散落有大量石块，零乱中稍有规律感，在房址的中间部位，地势稍高，地表散落石块最为集中。

台基内地层：第①层，浅灰褐色土，深厚0.4米。土质松散，内含稍多植物根茎。第②层，浅灰色土，深0.4～1.2米，厚0.8米。土质松散，干燥，内含微量黑炭渣点。第③层，浅灰色土，深1.2～2.2米，厚1米。土质松散，稍干燥，内含稍多黑炭渣点和浅黄色土颗粒。该层下见浅黄色沙质生土层。

F114 台基

位于外城南部，东西第三街西端北侧，南北第三街南端西侧。呈不规则长方形，东西12米，南北6米，高0.7米。

台基内地层：第①层，深灰色土，深厚0.4米。土质松散，稍干燥，内含植物根茎和少量黑炭渣点。第②层，浅灰色土，深0.4～1.1米，厚0.7米。土质稍硬，干燥，内含微量白灰点和黑炭渣点。该层下见浅黄色沙质生土层。

台基外地层：第①层，深灰色土，深厚0.5米。土质松散，干燥，内含植物根茎。第②层，浅灰色土，深0.5~1.1米，厚0.6米。土质稍松，内含少量碎砖块、白釉瓷片、黑炭渣点。第③层，浅黄色土，深1.1~2米，厚0.9米。土质一般，内含少量动物骨骼，微量黑炭渣点、白灰点。该层下见深黄色沙质生土层。

F115台基

位于外城南部，东西第三街西端北侧，南北第三街南端西侧。平面呈长方形，东西6米，南北12米，高0.4米。

台基内地层：第①层，浅灰色土，深厚0.4米。土质松散，稍干燥，内含少量植物根茎和微量黑炭渣点。第②层，浅灰色土，深0.4~1米，厚0.6米。土质稍硬，干燥，内含微量白灰点和黑炭渣点。该层下浅黄色沙质生土层。

F116台基

位于外城南部，南北第三街南端西侧。平面呈长方形，东西19米，南北16米，高1.1米。

台基内地层：第①层，深灰色土，深厚0.5米。土质松散，干燥，内含植物根茎和少量碎砖块。第②层，浅黄色土，深0.5~3.1米，厚2.6米。土质稍松，内含少量碎砖块和微量黑炭渣点、红烧土颗粒、白灰点。该层下见深黄色沙质生土层。

台基外地层：第①层，深灰色土，深厚0.5米。土质松散，干燥，内含植物根茎。第②层，浅灰色土，深0.5~1.1米，厚0.6米。土质稍松，内含少量碎砖块和微量黑炭渣点。第③层，浅黄色土，深1.1~2.8米，厚1.7米。内含少量动物骨骼和微量黑炭渣点、白灰点。该层下见深黄色沙质生土层。

F117台基

位于外城南部，东西第五街西端南侧，南北第三街南端西侧。平面呈长方形，东西7米，南北2.4米，高0.8米。

台基内地层：第①层，深灰色土，深厚0.8米。土质松散，干燥，内含植物根茎、碎砖瓦片、黑炭渣点、白灰颗粒。第②层，浅黄色土，深0.8~2.3米，厚1.5米。土质稍硬，密实，内含动物骨骼、白灰颗粒、水锈纹斑。该层下见深黄色沙质生土层。

台基外地层：第①层，深灰色土，深厚0.6米。土质松散，干燥，内含植物根茎、碎砖瓦片、白灰颗粒。第②层，浅黄色土，深0.6~1.7米，厚1.1米。土质稍硬，内含黑炭渣点、红烧土颗粒、碎砖瓦片。该层下见深黄色沙质生土层。

F118台基

位于外城南部，东西第五街西端南侧，南北第三街南端西侧。平面呈长方形，东西10米，南北6米，高0.3米。在房址内，距地表深0.3米见夯土。

台基内地层：第①层，浅黄色土，深厚0.3米。土质松散，内含较多植物根茎。第②层，黄、灰色花土，深0.3~0.6米，厚0.3米。土质较硬，内含少量黑炭渣点。第③层，浅黄色沙土，深0.6~1.8米不底，厚1.2米。土质松散，较净，该层下见深黄色沙质生土层。

F119台基

位于外城南部，东西第五街西端南侧，南北第三街南端西侧。平面呈长方形，东西18.3米，南北5.8米，高0.5米。

台基内地层：第①层，深灰色土，深厚0.5米。土质稍松，内含植物根茎。第②层，浅灰色土，深0.5～1米，厚0.5米。土质松散，干燥，内含碎砖块、瓦片、白灰颗粒。第③层，浅黄色土，深1～2.8米，厚1.8米。土质稍松散，内含红烧土颗粒和微量黑炭渣点。

台基外地层：第①层，深灰色土，深厚0.5米。土质松散，干燥，内含植物根茎和少量碎砖块颗粒。第②层，浅灰色土，深0.5～1米，厚0.5米。土质松散，干燥，内含动物骨骼、少量白灰颗粒、黑炭渣点。第②层，浅黄色土，深1～2.8米，厚1.8米。土质稍硬，密实，内含微量黑炭渣点。该层下见深黄色沙质生土层，停探。

F120台基

位于外城南部，东西第五街西端南侧，南北第三街南端西侧。平面呈长方形，东西58米，南北8～33米，高0.5米。

台基内地层：第①层，深灰色土，深厚0.5米。土质松散，干燥，内含植物根茎和少碎砖块。第②层，浅灰色土，深0.5～1.5米，厚1米。土质稍松，内含少量白灰颗粒和微量黑炭渣点、碎砖渣颗粒。第③层，浅黄色土，深1.5～4米，厚2.5米。土质稍硬，内含微量黑炭渣点、白灰点和水锈斑淤泥。该层下见深黄色沙质生土层。

台基外地层：第①层，浅黄色土，深厚0.5米。土质松散，干燥，内含植物根茎和微量白灰点。第②层，浅灰色土，深0.5～2米，厚1.5米。土质松散，干燥，内含少量动物骨骼、草木灰、碎砖渣颗粒和微量黑炭渣点、白灰点。第③层，浅黄色土，深2～3.4米，厚1.4米。内含微量黑渣点、白灰点和水锈斑淤泥。该层下见深黄色沙质生土层。

F121台基

位于外城南部，东西第五街与南北第三街交会处的西南角。房址的北沿与东西第五街路土的南沿相邻。平面呈长方形，东西8米，南北6米，高0.8米。台基内0.5米深左右见夯土。

台基内地层：第①层，浅黄色土，深厚0.5米。土质松散，内含较多植物根茎。第②层，灰黄色夯花土，深0.5～0.8米，厚0.3米。土质较硬，内含少量黑炭渣点。第③层，浅黄色沙土，深0.8～1.4米，厚0.6米。土质松散，较净。第④层，浅灰色沙土，深1.4～2.4米，厚1米。土质松散，较净。该层下见浅黄色生土层。

F122台基

位于外城南部，东西第五街西端南侧。平面呈长方形，东西5米，南北8米，高0.9米。

台基内地层：第①层，浅灰色土，深厚1米。土质松散，干燥，内含植物根茎和较多砖瓦片。第②层，浅黄色土，深1～3.2米，厚2.2米。土质稍硬，密实，内含黑炭渣点、黑淤泥土、水锈纹斑。该层下3.2米见石不过，停探。

台基外地层：第①层，浅灰色土，深厚0.9米。土质松散，干燥，内含植物根茎、黑炭渣点、砖瓦片。第②层，浅黄色土，深0.9～2.8米，厚1.9米。土质稍硬，密实，内含黑炭渣点、白灰颗粒、动物骨骼。该层下见深黄色沙质生土层，停探。

F123台基

位于外城南部，东西第五街西端北侧。平面呈长方形，东西10米，南北8米，高0.5米。

台基内地层：第①层，浅黄色土，深厚0.5米左右。土质稍硬，较净，内含微量黑炭渣点和灰褐色土颗粒。第②层，青灰色土，深 0.5 ~ 0.9 米，厚 0.4 米。土质松散，干燥，内含稍多黑炭渣点和碎砖瓦片、动物骨骼。第③层，浅黄色土，深 0.9 ~ 3.6 米，厚 2.7 米。土质松散，干燥，内含黑炭灰渣点、动物骨骼、白灰颗粒、红烧土颗粒、水锈纹斑。该层下见深黄色沙质生土层，停探。

台基外地层：第①层，深灰色土，深厚 0.6 米。土质稍散，干燥，内含植物根茎。第②层，浅黄色土，深 0.6 ~ 3.4 米，厚 2.8 米。土质松散，干燥，内含黑炭灰渣点、白灰颗粒，微量红烧土颗粒、白釉瓷片。该层下见深黄色沙质生土层，停探。

F124 台基

位于外城南部，东西第五街与南北第三街交会的东北部。长方形建筑群，东西 52 米，南北 50 米，高 1.1 米。在房址的中西部，有一条南北向砌石墙基，南北长 38 米左右，东西宽 0.9 米；另在台基的东、南、北地表散落有较多石块，勘探过程中，多数探孔距地表深 0.3 ~ 1.1 米处见石不过。

台基内地层：第①层，浅灰褐色土，深厚 0.3 米。土质松散，内含稍多植物根茎。第②层，浅灰色沙质土，深 0.3 ~ 1.1 米，厚 0.8 米。土质松散，干燥，内含微量黑炭渣点。第③层，浅灰、浅黄色杂土，深 1.1 ~ 2.1 米，厚 1 米。土质松散，内含外素内布纹瓦片、黑釉瓷片和浅黄色土颗粒。第④层，浅黄色土，深 2.1 ~ 2.5 米，厚 0.4 米。土质松散，内含少量浅灰色土颗粒。该层下见浅黄色沙质生土层。

F125 台基

位于外城南部，南北第三街的南端东侧。长方形建筑群，东西 48 米，南北 9 ~ 30 米，高 1.2 米。房址的东、南、北三面现存较明显的石砌墙基，其中，东侧墙基南北长 49 米，南、北两侧东西长 32 米。其他地方也有稍多零散房基凹槽。

台基内地层：第①层，浅灰褐色土，深厚 0.3 米。土质松散，内含稍多植物根茎。第②层，浅灰色土，深 0.3 ~ 1.2 米，厚 0.9 米。土质松散，干燥，内含微量黑炭渣点。第③层，浅灰色土，深 1.2 ~ 2.4 米，厚 1.2 米。土质松散，稍干燥，内含稍多黑炭渣点和浅黄色土颗粒。该层下见浅黄色沙质生土层。

F126 台基

位于外城南部，南北第三街的南端东侧。不规则长方形建筑群，东西 75 米，南北 9 ~ 30 米，高 0.8 米。

台基内地层：第①层，浅灰褐色土，深厚 0.5 米。土质松散，内含稍多植物根茎。第②层，浅灰色土，深 0.5 ~ 1.3 米，厚 0.8 米。土质松散，干燥，内含微量黑炭渣点。第③层，浅灰色土，深 1.3 ~ 2.4 米，厚 1.1 米。土质松散，稍干燥，内含稍多黑炭渣点和浅黄色土颗粒。该层下见浅黄色沙质生土层。

F127 台基

位于外城南部，南北第三街的南端东侧。长方形建筑群，东西 54 米，南北 5 ~ 16 米，高 0.7 米。

台基内地层：第①层，深灰色土，深厚 0.6 米。土质松软，内含植物根茎、碎砖块、瓦片、白灰颗粒。第②层，浅黄色土，深 0.6 ~ 3 米，厚 2.4 米。土质稍硬，密实，内含碎砖块、黑炭灰、红烧土颗粒。该层下见深黄色沙质土，停探。

台基外地层：第①层，深灰色土，深厚 0.7 米。土质干燥，松散，内含植物根茎和少量白灰颗粒。

第②层，浅黄色土，深 0.7 ~ 2.7 米，厚 2 米。土质稍硬，内含动物骨骼、黑炭灰、白灰颗粒。该层下见深黄色沙质生土层，停探。

F128 台基

位于外城南部，东西第三街西端北侧。房址的南沿与东西第三街路土的北沿相邻，西沿与东西第三街北侧支线路土相邻。长方形建筑群，东西 27 米，南北 64 米，高 0.8 米。

台基内地层：第①层，深褐色土，深厚 0.4 米。土质稍松，内含植物根茎。第②层，浅灰色土，深 0.4 ~ 0.8 米，厚 0.4 米。土质松散，干燥，内含碎砖块、白灰颗粒、黑炭渣点。第③层，浅黄色土，深 0.8 ~ 3.9 米，厚 3.1 米。土质松散，干燥，内含动物骨骼、植物根茎类腐朽物、黑淤泥土、水锈纹斑。3.9 米以下见黑淤泥土，出水，停探。

台基外地层：第①层，浅灰色土，深厚 2 米。土质稍干，内含植物根茎、碎砖块、外素内布纹瓦片、黑炭渣点、白灰颗粒、黑釉瓷片等。第②层，浅黄色土，深 2 ~ 3.8 米，厚 1.8 米。土质湿软，内含黑炭渣点、黑淤泥土、灰白色沙土。3.8 米以下见黑淤泥土，出水，停探。

F129 台基

位于外城南部，东西第三街西端北侧。房址的南沿与东西第三街路土的北沿相邻。平面呈长方形，东西 16 米，南北 30 米，高 0.8 米。

台基内地层：第①层，深灰色土，深厚 0.4 米。土质一般，内含植物根茎。第②层，浅灰色土，深 0.4 ~ 0.8 米，厚 0.4 米。土质松散，内含白釉瓷片、红烧土颗粒。第③层，浅黄色土，深 0.8 ~ 3.8 米，厚 3 米。土质松软，内含动物骨骼、黑炭渣点、碎砖块。3.8 米以下见黑淤泥土，湿软，出水，停探。

台基外地层：第①层，深灰色土，深厚 1.5 米。土质松软，内含植物根茎、碎砖块、外素内布纹瓦片、泥质灰陶片、黑炭渣点。第②层，浅灰色土，深 1.5 ~ 2.7 米，厚 1.2 米。土质湿软，内含黑炭渣点、动物骨骼、红烧土颗粒、白灰颗粒。2.7 米以下见黑淤泥层，出水，停探。

F130 台基

位于外城南部，东西第四街西端南侧，南距 F128 房址台基 6 米。平面呈长方形，东西 6 米，南北 18 米，高 0.7 米。

台基内地层：第①层，深灰色土，深厚 0.7 米。土质松散，干燥，内含植物根茎、青釉瓷片。第②层，浅黄色土，深 0.7 ~ 1.4 米，厚 0.7 米。土质稍干，内含黑炭渣点、红烧土颗粒。第③层，灰黑色土，深 1.4 ~ 2.7 米，厚 1.3 米。土质稍散，内含碎沙石块、黑淤泥土、水锈纹淤泥。该层下见灰白色沙质土，湿软不带，停探。

台基外地层：第①层，深灰色土，深厚 0.6 米。土质松散，内含植物根茎、黑炭渣点。第②层，深黑色土，深 0.6 ~ 2 米，厚 1.4 米。土质松软，内含黑炭渣点、红烧土颗粒、白灰颗粒、动物骨骼。2 米以下见黑淤泥土，湿软不带，停探。

F131 台基

位于外城南部，东西第四街西端南侧，南距 F129 房址台基 37 米。平面呈长方形，东西 6 米，南北 18 米，高 0.7 米。

台基内地层：第①层，深灰色土，深厚 0.7 米。土质松散，干燥，内含植物根茎、碎砖块、白灰颗粒、动物骨骼等。第②层，浅灰色土，深 0.7 ~ 3 米，厚 2.3 米。土质稍干，密实，内含白灰颗粒、黑炭渣点、黑淤泥土、水锈纹斑点。3米以下见深黄色沙质生土层，停探。

台基外地层：第①层，深灰色土，深厚0.4米。土质稍软，内含植物根茎、黑炭渣点。第②层，浅黄色土，深0.4～1.6米，厚1.2米。土质稍硬，密实，内含白灰颗粒、黑炭渣点。第③层，深灰色土，深1.6～2.4米，厚0.8米。土质稍湿软，内含黑炭渣点、黑淤泥土。2.4米以下见黑淤泥土，湿软，不带，停探。

F132 台基

位于外城南部，东西第三街西端北侧与东西第四街西端南侧，房址的南沿与东西第三街路土的北沿相邻，北沿与东西第四街路土的南沿相邻。长方形建筑群，东西17～26米，南北107米，高0.6米。

台基内地层：第①层，深灰色土，深厚0.6米。土质松散，干燥，内含植物根茎、微量白灰点、黑炭渣点。第②层，灰褐色土，深0.6～1.9米，厚1.3米。土质稍松，内含白釉瓷片、微量白灰点、黑炭渣点。第③层，浅黄色土，深1.9～3.2米，厚1.3米。土质松软，内含淤泥块、微量黑炭渣点、白灰点。该层下见水不带，停探。

台基外地层：第①层，深灰色土，深厚0.5米。土质松散，干燥，内含植物根茎、少量碎砖块、黑炭渣点。第②层，灰褐色土，深0.5～1.6米，厚1.1米。土质稍松，内含碎砖石块、微量白灰点、黑炭渣点。第③层，浅黄色土，深1.6～2.9米，厚1.3米。土质松软，内含淤泥块、微量白灰点。该层下见水不带，停探。

F133 台基

位于外城南部，东西第三街中部北侧，房址的南沿与东西第三街路土北沿相邻。长方形建筑群，东西62米，南北3.5～41米，高0.8米。

台基内地层：第①层，深灰色土，深厚0.5米。土质松散，干燥，内含植物根茎、微量白灰点、黑炭渣点。第②层，灰褐色土，深0.5～1.8米，厚1.3米。土质稍松，内含少量动物骨骼、白釉瓷片、草木灰、碎石块、微量白灰点、黑炭渣点。第③层，浅黄色土，深1.8～3.2米，厚1.4米。土质松软，内含水锈纹淤泥、微量黑炭渣点、白灰点、骨渣。该层下见水不带，停探。

台基外地层：第①层，深灰色土，深厚0.9米。土质松散，干燥，内含植物根茎、少量动物骨骼、白釉瓷片、黑炭渣点。第②层，灰褐色土，深0.9～2.1米，厚1.2米。土质稍硬，密实，内含微量黑炭渣点、淤泥块。该层下见水，不带，停探。

F134 台基

位于外城南部，东西第三街中部北侧，北距7号水坑南沿17米左右。长方形建筑群，东西3.5～17米，南北78米，高0.8米。

台基内地层：第①层，深灰色土，深厚0.8米。土质稍硬，密实，内含植物根茎、碎砖块、黑炭渣点。第②层，灰褐色土，深0.8～2.5米，厚1.7米。土质松软，内含黑炭渣点、红烧土颗粒、黑淤泥土。2.5米以下见灰白色粗沙层，出水不带，停探。

台基外地层：第①层，深灰色土，深厚0.8米。土质稍硬，密实，内含植物根茎、碎砖块、红烧土颗粒、黑炭渣点。第②层，浅褐色土，深0.8～2.5米，厚1.7米。土质松软，内含黑炭渣点、动物骨骼、黑淤泥土。2.5米以下见灰白色粗沙层，出水不带，停探。

F135 台基

位于外城南部，东西第三街中部北侧，南距 F133 台基 4 米。平面呈长方形，东西 6 米，南北 13 米，高 0.6 米。

台基内地层：第①层，深灰色土，深厚 0.6 米。土质松散，干燥，内含植物根茎、碎砖块、泥质灰陶片、黑炭渣点、动物骨骼等。第②层，灰褐色土，深 0.6 ~ 2.8 米，厚 2.2 米。土质松软，内含白釉瓷片、黑炭渣点。2.8 米以下见灰白色粗沙层，出水不带，停探。

台基外地层：第①层，深灰色土，深厚 0.6 米。土质松散，干燥，内含植物根茎、红烧土颗粒、黑炭渣点、少量碎砖块等。第②层，浅灰色土，深 0.6 ~ 2.6 米。厚 2 米。土质松软，内含红烧土颗粒、黑炭渣点、白灰颗粒。2.6 米以下见灰白色粗沙层，出水不带，停探。

F136 台基

位于外城南部，东西第四街中部南侧。平面呈长方形，东西 6.2 米，南北 7.7 米，高 1 米。

台基内地层：第①层，浅灰色土，深厚 1 米。土质松散，干燥，内含植物根茎。第②层，浅黄色土，深 1 ~ 2.3 米，厚 1.3 米。土质松散，内含少量白灰颗粒、黑炭渣点和水锈纹斑。该层下见灰白色沙质生土层，停探。

台基外地层：第①层，浅灰色土，深厚 0.6 米。土质松散，干燥，内含植物根茎。第②层，浅黄色土，深 0.6 ~ 1.8 米，厚 1.2 米。土质松散，内含淤泥和水锈纹斑。该层下见灰白色沙质生土层，停探。

F137 台基

位于外城南部，东西第四街中部南侧，房址的北沿与东西第四街路土的南沿相邻。长方形建筑群，东西 38 米，南北 4 ~ 23 米，高 0.8 米。

台基内地层：第①层，深灰色土，深厚 0.3 米。土质稍松，内含植物根茎和少量碎砖块。第②层，灰褐色土，深 0.3 ~ 1.8 米，厚 1.5 米。土质松散，干燥，内含少量青釉瓷片、白釉瓷片、动物骨骼、微量白灰点、黑炭渣点。第③层，浅黄色土，深 1.8 ~ 3.5 米，厚 1.7 米。土质松软，内含少量淤泥块、草木灰、黑炭渣点。

台基外地层：第①层，深灰色土，深厚 0.3 米。土质稍松，内含植物根茎和少量碎砖块。第②层，灰褐色土，深 0.3 ~ 1.8 米，厚 1.5 米。土质松散，干燥，内含少量青釉瓷片、白釉瓷片、动物骨骼、微量白灰点、黑炭渣点。第③层，浅黄色土，深 1.8 ~ 3.5 米，厚 1.7 米。土质松软，内含少量淤泥块、草木灰、黑炭渣点。

F138 台基

位于外城南部，东西第三街中部北侧，房址的南沿与东西第三街路土的北沿相邻。长方形建筑群，东西 88 米，南北 18 ~ 66 米，高 1.3 米。

台基内地层：第①层，深灰色土，深厚 0.4 米。土质松散，干燥，内含植物根茎和少量碎砖石块。第②层，灰褐色土，深 0.4 ~ 1.7 米，厚 1.3 米。土质稍松，内含少量白釉瓷片和微量黑炭渣点。第③层，浅黄色土，深 1.7 ~ 3.5 米，厚 1.8 米。土质松软，内含水锈纹淤泥，微量黑炭渣、骨渣。该层下见灰白色沙质生土层，停探。

台基外地层：第①层，深灰色土，深厚 0.8 米。土质松散，干燥，内含植物根茎和少量动物骨骼，微量白灰颗粒、黑炭渣点。第②层，灰褐色土，深 0.8 ~ 2.1 米，厚 1.3 米。土质稍松，内含少量白釉瓷片、草木灰、白灰颗粒，微量黑炭渣点。第③层，浅黄色土，深2.1～2.9米，厚0.8米。土质松软，内含水锈纹淤泥，少量红烧土颗粒、白灰颗粒。该层下见灰白色沙质生土层，停探。

F139台基

位于外城南部，东西第三街中部北侧，房址的南沿与东西第三街路土北沿相邻。不规则长方形建筑群，东西37米，南北14～34米，高0.6米。

台基内地层：第①层，浅灰色土，深厚0.6米。土质松散，干燥，内含植物根茎、碎砖石块，微量白灰颗粒。第②层，灰褐色土，深0.6～1.4米，厚0.8米。土质稍松，内含少量白釉瓷片、青釉瓷片、白灰颗粒、碎骨渣，微量黑炭渣点。第③层，浅黄色土，深1.4～4米，厚2.6米。土质松软，内含少量黑釉瓷片、碎陶片、红烧土颗粒，微量黑炭渣点。4米以下见水不带，停探。

台基外地层：第①层，浅灰色土，深厚0.5米。土质松散，干燥，内含植物根茎，少量碎砖石块，微量白灰颗粒、黑炭渣点。第②层，灰褐色土，深0.5～1.8米，厚1.3米。土质稍松，内含少量动物骨骼、白釉瓷片、青釉瓷片、白灰颗粒、碎陶片。第③层，浅黄色土，深1.8～3.5米，厚1.7米。土质松软，内含淤泥，少量黑炭渣点、朽树皮、碎石块，微量黑炭渣点。3.5米以下见水不带，停探。

F140台基

位于外城南部，东西第三街中部北侧，南距F139房址6米。平面呈长方形，东西12米，南北34米，高1.2米。

台基内地层：第①层，深灰色土，深厚0.5米，土质松散，干燥，内含植物根茎和少量碎砖块、动物骨骼。第②层，灰褐色土，深0.5～1.3米，厚0.8米。土质松散，内含少量白灰颗粒、草木灰、红烧土颗粒，微量黑炭渣点。第③层，浅黄色土，深1.3～3.2米，厚1.9米。土质松软，内含少量白釉瓷片、碎砖块，微量黑炭渣点。该层下见深黄色沙质生土层，停探。

台基外地层：第①层，深灰色土，深厚0.6米，土质松散，干燥，内含植物根茎。第②层，灰褐色土，深0.6～1.5米，厚0.9米。土质稍松，内含少量动物骨骼、碎砖块，微量白灰颗粒、黑炭渣点。第③层，浅黄色土，深1.5～3.1米，厚1.6米。土质松软，内含水锈纹淤泥和少量白灰颗粒、黑炭渣点。该层下见深黄色沙质生土层，停探。

F141台基

位于外城南部，东西第三街中部北侧，房址的东沿与东西第三街北侧支线路的西沿相邻。平面呈不规则长方形，东西7～18米，南北18～22米，高1.1米。

台基内地层：第①层，浅灰色土，深厚1.1米。土质松散，干燥，内含植物根茎，少量碎砖块、白灰颗粒、黑炭渣点。第②层，浅黄色土，深1.1～3.8米，厚2.7米。土质松散，内含少量白釉瓷片、碎石块、草木灰、白灰颗粒、动物骨骼。该层下见灰白色沙质生土层，停探。

台基外地层：第①层，浅灰色土，深厚0.9米。土质松散，干燥，内含植物根茎，少量碎砖块、白灰颗粒、黑炭渣点。第②层，浅黄色土，深0.9～3.7米，厚2.8米。土质松散，内含少量动物骨骼、青釉瓷片，微量黑炭渣点。该层下见灰白色沙质生土层，停探。

F142台基

位于外城南部，东西第四街东端南侧。平面呈长方形，东西10米，南北8米，高0.4米。

台基内地层：第①层，深灰色土，深厚0.4米。土质稍干燥，内含植物根茎、白灰颗粒。第②层，浅灰色土，深 0.4～1.1 米，厚 0.7 米。土质松散，干燥，内含碎瓦片、黑炭渣点。第③层，浅黄色土，深 1.1～3.1 米，厚 2 米。土质一般，内含黑炭渣点、白灰颗粒、黑淤泥土、水锈纹斑等。该层下见深黄色沙质生土层，停探。

台基外地层：第①层，深灰色土，深厚 0.5 米。土质稍软，内含植物根茎、白灰颗粒。第②层，浅灰色土，深 0.5～3.1 米，厚 2.6 米。土质稍硬，密实，内含青釉瓷片、黑炭渣点、动物骨骼、白灰颗粒、水锈纹斑、黑淤泥土等。该层下见灰白色沙土层，湿软，停探。

F143 台基

位于外城南部，东西第四街东端南侧。平面呈长方形，东西 10 米，南北 35 米，高 0.8 米。

台基内地层：第①层，深灰色土，深厚 1.2 米。土质松散，干燥，内含植物根茎、碎砖块、青釉瓷片、黑炭渣点。第②层，浅黄色土，深 1.2～3.8 米，厚 2.6 米。土质稍硬，密实，内含动物骨骼、植物根茎类腐朽物、黑炭渣点。3.8 米以下见黑淤泥及大黄沙堆积，出水，停探。

台基外地层：第①层，灰褐色土，深厚 0.8 米。土质稍软，内含植物根茎、碎砖块、黑炭渣点、红烧土颗粒。第②层，深灰色土，深 0.8～3.6 米，厚 2.8 米。土质湿软，内含动物骨骼、红烧土颗粒、黑炭渣点。3.6 米以下见黑淤泥土，湿软，出水，停探。

F144 台基

位于外城南部，东西第四街中部南侧。平面呈长方形，东西 5.8 米，南北 14 米，高 1.2 米。台基内距地表深 0.3～0.6 米见较多砖石，不过。

台基内地层：第①层，浅灰色土，深厚 0.4 米。土质松散，稍干燥，内含少量植物根茎和微量黑炭渣点。第②层，浅灰色土，深 0.4～1.6 米，厚 1.2 米。土质稍硬，干燥，稍净，内含微量黑炭渣点。该层下见浅黄色沙质生土层。

F145 台基

位于外城南部，东西第四街中部南侧。长方形建筑群，东西 6～39 米，南北 52 米，高 0.6 米。

台基内地层：第①层，浅灰色土，深厚 0.6 米。土质松散，干燥，内含植物根茎和少量碎砖石块。第②层，灰褐色土，深 0.6～1.7 米，厚 1.1 米。土质稍松，内含少量动物骨骼、碎砖块、黑炭渣点、白灰颗粒。第③层，浅黄色土，深 1.7～3.2 米，厚 1.5 米。土质松软，内含淤泥块和微量白灰点。该层下见大黄沙堆积层，停探。

台基外地层：第①层，浅灰色土，深厚 0.7 米。土质松散，干燥，内含植物根茎和少量碎砖石块。第②层，灰褐色土，深 0.7～2.8 米，厚 2.1 米。土质松软，内含淤泥块和微量白灰点。该层下见大黄沙堆积层，停探。

F146 台基

位于外城南部，东西第四街东端南侧。平面呈方形，边长 5.4 米，高 0.6 米。

台基内地层：第①层，深灰色土，深厚 0.4 米。土质较松，内含植物根茎。第②层，灰褐色土，深 0.4～1 米，厚 0.6 米。土质较松，内含碎砖石块、少量白灰颗粒、红烧土颗粒。第③层，深灰色土，深 1～1.5 米，厚 0.5 米。土质稍松，内含少量红烧土颗粒、白灰颗粒、碎骨渣等。第④层，浅黄色土，深 1.5～2.2 米，厚 0.7 米。土质湿软，内含微量黑炭渣点。

F147 台基

位于外城南部，东西第四街东端南侧。平面呈长方形，东西 9 米，南北 5 米，高 0.6 米。

台基内地层：第①层，深灰色土，深厚 0.6 米。土质松散，干燥，内含植物根茎、碎砖块、外素内布纹瓦片、白灰颗粒、黑炭渣点。第②层，灰褐色土，深 0.6～3.6 米，厚 3 米。土质松软，内含白釉瓷片、碎砖块、红烧土颗粒、黑炭渣点、动物骨骼、黑淤泥土、水锈纹斑点。

台基外地层：第①层，深灰色土，深厚 0.7 米。土质松散，干燥，内含植物根茎、碎砖块、白灰颗粒、黑炭渣点。第②层，浅灰色土，深 0.7～3.1 米，厚 2.4 米。土质松软，内含碎砖块、动物骨骼、黑淤泥土、水锈纹斑点。3.1 米以下见黑淤泥土，湿软不带，停探。

F148 台基

位于外城南部，东西第四街东端南侧。平面呈长方形，东西 20 米，南北 12 米，高 0.7 米。

台基内地层：第①层，深灰色土，深厚 0.7 米。土质松散，干燥，内含植物根茎、较多碎石块、陶片、动物骨骼、黑炭渣点。第②层，浅灰色土，深 0.7～3 米，厚 2.3 米。土质松散，干燥，内含砖石块、动物骨骼、白灰点、陶片。3 米以下见石不过，停探。

台基外地层：第①层，深灰色土，深厚 0.8 米。土质松散，干燥，内含植物根茎、较多碎石块、陶片、动物骨骼、黑炭渣点、红烧土颗粒。第②层，浅灰色土，深 0.8～3.3 米，厚 2.5 米。土质稍软，内含砖石块、动物骨骼、黑淤泥土、水锈纹斑点。该层下见浅黄色沙质生土层，停探。

F149 台基

位于外城南部，东西第四街东端南侧。平面呈长方形，东西 14 米，南北 4 米，高 1.1 米。

台基内地层：第①层，深灰色土，深厚 1.1 米。土质松散，干燥，内含植物根茎、较多碎砖块、外素内布纹瓦片、动物骨骼、黑炭渣点。第②层，浅黄色土，深 1.1～3 米，厚 1.9 米。土质松散，干燥，内含动物骨骼、碎砖瓦片、白灰颗粒。3 米以下见黑淤泥土，湿软不带，停探。

台基外地层：第①层，深灰色土，深厚 1 米。土质松散，干燥，内含植物根茎、碎砖块、动物骨骼、白灰颗粒。第②层，浅黄色土，深 1～3.7 米，厚 2.7 米。土质松散，干燥，内含碎砖瓦片、黑炭渣点、白灰颗粒、黑淤泥土、水锈纹斑点。该层下见深黄色沙质生土层，停探。

F150 台基

位于外城南部，东西第三街东端北侧。房址的南沿与东西第三街路土的北沿相邻。平面呈不规则长方形，东西 44 米，南北 7～30 米，高 0.9 米。

台基内地层：第①层，浅灰色土，深厚 0.9 米。土质松散，干燥，内含植物根茎、碎石块、黑炭渣点、草木灰、红烧土颗粒。第②层，灰褐色土，深 0.9～3.3 米，厚 2.4 米。土质松散，内含碎砖块、外素内布纹瓦片、白瓷片、黑淤泥、水锈纹斑点。3.3 米以下见灰白色粗沙层，湿软不带，停探。

台基外地层：第①层，浅灰色土，深厚 1 米。土质松散，干燥，内含植物根茎、碎石块、动物骨骼、白灰颗粒。第②层，灰褐色土，深 1～3.1 米，厚 2.1 米。土质松散，内含碎砖块、白釉瓷片、黑釉瓷片、黑炭渣点。3.1 米以下见灰白色粗沙和黑淤泥，湿软不带，停探。

F151 台基

位于外城南部，东西第三街东端北侧。平面呈不规则长方形，东西 5～17 米，南北 35 米，高 0.8 米。

台基内地层：第①层，深灰色土，深厚 1.2 米。土质松散，干燥，内含植物根茎、碎砖块、少量黑炭渣点。第②层，浅黄色土，深 1.2 ~ 3 米，厚 1.8 米。土质松散，内含碎石块、白釉瓷片、黑炭渣点。该层下见灰白色沙质生土层，停探。

台基外地层：第①层，深灰色土，深厚 0.8 米。土质松散，干燥，内含植物根茎、黑炭渣点、红烧土颗粒。第②层，浅灰色土，深 0.8 ~ 3.5 米，厚 2.7 米。土质稍散，内含少量白灰颗粒、黑炭渣点、水锈纹斑。该层下见灰白色沙质生土层，停探。

F152 台基

位于外城南部，东西第三街东端北侧，房址的南沿与东西第三街路土的北沿相邻。不规则长方形建筑群，东西 16 ~ 42 米，南北 54 米，高 1.1 米。

台基内地层：第①层，深灰色土，深厚 0.4 米。土质松散，内含植物根茎和少量碎砖块。第②层，灰褐色土，深 0.4 ~ 1.5 米，厚 1.1 米。土质稍松，内含少量动物骨骼、碎木块、黑炭渣点、白灰点、微量红烧土颗粒。第③层，浅黄色土，深 1.5 ~ 3.8 米，厚 2.3 米。土质松软，内含少量动物骨骼、碎石块、微量白灰点、黑炭渣点。该层下见深黄色沙质生土层，停探。

台基外地层：第①层，深灰色土，深厚 0.7 米。土质松散，干燥，内含植物根茎和少量碎砖块、动物骨骼、白灰点、黑炭渣点。第②层，灰褐色土，深 0.7 ~ 1.6 米，厚 0.9 米。土质稍松，内含少量动物骨骼、草木灰、微量白灰点、黑炭渣点。第③层，浅黄色土，深 1.6 ~ 3.7 米，厚 2.1 米。土质松软，内含水锈纹淤泥，微量红烧土颗粒、白灰点、黑炭渣点。该层下见水不带，停探。

F153 台基

位于外城南部，东西第三街东端北侧。平面呈不规则长方形，东西 5 ~ 20 米，南北 16 米，高 1.2 米。

台基内地层：第①层，浅灰色土，深厚 0.5 米。土质松散，干燥，内含植物根茎、碎砖石块。第②层，灰褐色土，深 0.5 ~ 1.7 米，厚 1.2 米。土质较松，内含碎石块、动物骨骼。第③层，深褐色土，深 1.7 ~ 3.5 米，厚 1.8 米。土质一般，较净，内含微量黑炭渣点，底部有厚 0.3 米黑淤泥土。该层下见灰白色沙质生土层，停探。

台基外地层：第①层，浅灰色土，深厚 0.5 米。土质松散，干燥，内含植物根茎、碎砖石块。第②层，灰褐色土，深 0.5 ~ 1.6 米，厚 1.1 米。土质干燥，内含草木灰、黑炭渣点、动物骨骼。第③层，深褐色土，深 1.6 ~ 3.4 米，厚 1.8 米。土质一般，较净，内含微量黑炭渣点，底部有厚 0.3 米黑淤泥土。该层下见灰白色沙质生土层，停探。

F154 台基

位于外城南部，东西第三街东端北侧。平面呈长方形，东西 6 ~ 11 米，南北 31 米，高 0.7 米。

台基内地层：第①层，浅灰色土，深厚 0.4 米。土质稍松，内含植物根茎和少量碎砖块。第②层，灰褐色土，深 0.4 ~ 1.1 米，厚 0.7 米。土质松散，干燥，内含少量碎砖石块、微量白灰点、黑炭渣点。第③层，浅黄色土，深 1.1 ~ 3.6 米，厚 2.5 米。土质一般，内含少量碎砖块、红烧土颗粒、白灰颗粒、微量黑炭渣点、动物骨骼、植物根茎类腐朽物。该层下见水不带，停探。

台基外地层：第①层，浅灰色土，深厚 0.4 米。土质稍松，内含植物根茎和少量碎砖块。第②层，灰褐色土，深 0.4 ~ 1.1 米，厚 0.7 米。土质松散，干燥，内含少量碎砖石块、微量白灰点、黑炭渣点。

第③层，浅黄色土，深 1.1 ~ 3.6 米，厚 2.5 米。土质一般，内含少量碎砖块、红烧土颗粒、白灰颗粒、微量黑炭渣点、动物骨骼、植物根茎类腐朽物。该层下见水不带，停探。

F155 台基

位于外城南部，东西第三街东端北侧。平面呈长方形，东西 9 米，南北 30 米，高 1.1 米。

台基内地层：第①层，深灰色土，深厚 1.1 米。土质松散，干燥，内含植物根茎、黑炭渣点、红烧土颗粒、碎砖块。第②层，浅黄色土，深 1.1 ~ 3.1 米，厚 2 米。土质湿软，内含碎砖块、黑淤泥土、水锈纹斑点。3.1 米以下见黑淤泥土，湿软不带，停探。

台基外地层：第①层，深灰色土，深厚 1 米。土质松散，干燥，内含植物根茎、黑炭渣点、红烧土颗粒、碎砖块。第②层，浅黄色土，深 1 ~ 3.7 米，厚 2.7 米。土质松散，干燥，内含黑淤泥土、水锈纹斑点。3.7 米以下见黑淤泥土，湿软不带，停探。

F156 台基

位于外城南部，东西第三街东端北侧。平面呈长方形，东西 27 米，南北 29 米，高 0.6 米。

台基内地层：第①层，浅灰色土，深厚 0.3 米。土质松散，干燥，内含植物根茎和少量碎砖块。第②层，深 0.3 ~ 0.9 米，厚 0.6 米。土质稍松，内含少量黑炭渣点、碎砖块、白灰颗粒。第③层，浅黄色土，深 0.9 ~ 2.4 米，厚 1.5 米。土质松软，内含水锈纹淤泥和微量白灰点、黑炭渣点。该层下见大黄沙堆积层，停探。

台基外地层：第①层，浅灰色土，深厚 0.4 米。土质稍松，内含植物根茎和少量碎砖块。第②层，深 0.4 ~ 1 米，厚 0.6 米。土质松散，干燥，内含少量碎砖块、白灰颗粒。第③层，浅黄色土，深 1 ~ 2.5 米，厚 1.5 米。土质松软，内含水锈纹淤泥和微量白灰点、黑炭渣点。该层下见大黄沙堆积层，停探。

F157 台基

位于外城南部，东西第三街东端路土上。平面呈长方形，东西 29 米，南北 10 米，高 0.8 米。

台基内地层：第①层，浅灰色土，深厚 0.8 米。土质松散，干燥，内含植物根茎及少量黑炭渣颗粒。第②层，浅黄色土，深 0.8 ~ 3.4 米，厚 2.6 米。土质稍湿，内含碎砖块、植物根茎类腐朽物及少量黑炭渣点。该层下见灰白色沙质生土层，停探。

台基外地层：第①层，浅灰色土，深厚 1 米。土质松散，干燥，内含植物根茎及少量黑炭渣颗粒。第②层，浅灰色土，深 1 ~ 3 米，厚 2 米。土质稍湿，内含少量黑炭渣点。该层下见灰白色沙质生土层，停探。

F158 台基

位于外城南部，东西第三街东端与南北第七街南端的结合部。呈不规则长方形，东西 12 ~ 21 米，南北 30 米，高 0.9 米。

台基内地层：第①层，深灰色土，深厚 0.9 米。土质松散，干燥，内含植物根茎、碎砖块、红烧土颗粒、黑炭渣点、白灰颗粒。第②层，浅黄色土，深 0.9 ~ 3.2 米，厚 2.3 米。土质稍硬，密实，内含碎砖块、黑炭渣点、黑淤泥土、水锈纹斑点。该层下见深黄色沙质生土层，停探。

台基外地层：第①层，深灰色土，深厚 0.8 米。土质松散，干燥，内含植物根茎、碎砖块、红烧土颗粒。第②层，浅黄色土，深 0.8 ~ 1.2 米，厚 0.4 米。土质稍硬，内含碎砖块、红烧土颗粒。第③层，浅黄色土，深 1.2 ~ 3.5 米，厚 2.3 米。土质松散，内含黑炭渣点。该层下见黑淤泥土，湿软不带，停探。

F159 台基

位于外城南部，东西第三街东端与南北第七街南端的结合部。平面呈方形，边长 6 米，高 1.1 米。

台基内地层：第①层，深灰色土，深厚 1 米。土质松散，干燥，内含植物根茎、碎砖块、外素内布纹瓦片、泥质灰陶片等。第②层，浅黄色土，深 1 ~ 2.5 米，厚 1.5 米。土质松散，干燥，内含碎砖石块、黑炭渣点、动物骨骼、黑淤泥土、水锈纹斑点。该层下见深黄色沙质生土层，停探。

台基外地层：第①层，深灰色土，深厚 1.1 米。土质松散，干燥，内含植物根茎、碎砖块、外素内布纹瓦片、白釉瓷片。第②层，浅黄色土，深 1.1 ~ 2.7 米，厚 1.6 米。土质稍硬，密实，内含黑炭渣点、黑淤泥土、水锈纹斑点。该层下见深黄色沙质生土层，停探。

F160 台基

位于外城南部，东西第三街东端北侧，南距 F156 房址 7 米。平面呈长方形，东西 12 米，南北 7 米，高 0.8 米。

台基内地层：第①层，浅灰色土，深厚 0.4 米。土质稍松，内含植物根茎和少量碎砖块。第②层，灰褐色土，深 0.4 ~ 1.6 米，厚 1.2 米。土质一般，内含较多黑炭渣点、少量动物骨骼、碎陶片、白灰点。第③层，浅黄色土，深 1.6 ~ 3.2 米，厚 1.6 米。土质松软，内含少量白釉瓷片、红烧土颗粒，微量白灰点和黑炭渣点。该层下见大黄沙堆积层，停探。

台基外地层：第①层，浅灰色土，深厚 0.3 米。土质松散，内含植物根茎和少量碎砖块。第②层，浅灰色土，深 0.3 ~ 1.7 米，厚 1.4 米。土质稍松，内含少量黑炭渣点、红烧土颗粒，微量白灰点。第③层，浅黄色土，深 1.7 ~ 3.2 米，厚 1.5 米。土质湿软，内含少量砖石块、草木灰，微量白灰点和黑炭渣点。该层下见大黄沙堆积层，停探。

F161 台基

位于外城南部，东西第三街东端北侧，西距 F153 台基 6 米。平面呈长方形，东西 8 ~ 13 米，南北 15 米，高 0.4 米。

台基内地层：第①层，浅灰色土，深厚 0.4 米。土质稍松，内含植物根茎和少量碎砖块。第②层，灰褐色土，深 0.4 ~ 1 米，厚 0.6 米。土质松散，干燥，内含少量白灰颗粒、碎砖块、黑炭渣点。第③层，浅黄色土，深 1 ~ 3.4 米，厚 2.4 米。土质松软，内含少量动物骨骼、红烧土块、草木灰，微量白灰点。该层下见深黄色沙质生土层，停探。

台基外地层：第①层，浅灰色土，深厚 0.3 米。土质稍松，内含植物根茎和少量白釉瓷片、碎砖块。第②层，灰褐色土，深 0.3 ~ 1.2 米，厚 0.9 米。土质松散，干燥，内含少量白灰颗粒、碎砖块、黑炭渣点、红烧土颗粒、动物骨骼。第③层，浅黄色土，深 1.2 ~ 3.2 米，厚 2 米。土质松软，内含少量黑炭渣点，微量白灰颗粒。该层下见深黄色沙质生土层，停探。

F162 台基

位于外城南部，南北第七街南端西侧，西距东西第七街路土西沿 45 米。平面呈长方形，东西 10 米，南北 24 米，高 1 米。

台基内地层：第①层，深灰色土，深厚 1 米。土质松散，干燥，内含植物根茎、碎砖块、外素内布纹瓦片、黑炭渣点。第②层，浅黄色土，深 1 ~ 3.1 米，厚 2.1 米。土质一般，内含黑炭渣点、黑淤泥土、水锈纹斑点。该层下见深黄色沙质生土层，停探。

台基外地层：第①层，深灰色土，深厚 0.4 米。土质松散，干燥，内含植物根茎、碎砖块、外素内布纹瓦片、黑炭渣点。第②层，深灰色土，深 0.4 ~ 1 米，厚 0.6 米。土质松散，干燥，内含少量外素内布纹瓦片。第③层，浅黄色土，深 1 ~ 2.9 米，厚 1.9 米。土质稍硬，内含黑炭渣点、动物骨骼、黑淤泥土、水锈纹斑点。2.9 米以下见灰白色粗沙层，出水不带，停探。

F163 台基

位于外城南部，南北第七街南端西侧，西距东西第七街路土西沿 12 米。平面呈长方形，东西 5 米，南北 6.5 米，高 0.4 米。

台基内地层：第①层，灰褐色土，深厚 0.4 米。土质稍松，内含植物根茎和少量碎砖块。第②层，浅灰色土，深 0.4 ~ 1.1 米，厚 0.7 米。土质松散，干燥，内含少量碎砖块，微量黑炭渣点、白灰点。第③层，浅黄色土，深 1.1 ~ 3 米，厚 1.9 米。土质松软，内含水锈纹淤泥，微量黑炭渣点、白灰颗粒。该层下见大黄沙堆积层，停探。

台基外地层：第①层，灰褐色土，深厚 0.3 米。土质松散，干燥，内含植物根茎和少量碎砖块。第②层，浅灰色土，深 0.3 ~ 0.9 米，厚 0.6 米。土质稍松，干燥，内含少量碎砖块，微量黑炭渣点、白灰点。第③层，浅黄色土，深 0.9 ~ 2.5 米，厚 1.6 米。土质稍硬，内含水锈纹淤泥和少量碎砖块、黑炭渣点、白灰颗粒。该层下见大黄沙堆积层，停探。

F164 台基

位于外城南部，南北第七街南端西侧，西距东西第七街路土西沿 11 米。平面呈长方形，东西 9 米，南北 12 米，高 0.6 米。

台基内地层：第①层，深灰色土，深厚 0.3 米。土质一般，内含植物根茎和少量碎砖块。第②层，浅灰色土，深 0.3 ~ 0.9 米，厚 0.6 米。土质松散，干燥，内含少量碎石块和微量白灰点、黑炭渣点。第③层，浅黄色土，深 0.9 ~ 3.2 米，厚 2.3 米。土质湿软，内含水锈纹淤泥和微量碎砖渣、白灰点、黑炭渣点。该层下见深黄色沙质生土层，停探。

台基外地层：第①层，深灰色土，深厚 0.4 米。土质稍松，内含植物根茎和少量碎砖块。第②层，浅灰色土，深 0.4 ~ 1 米，厚 0.6 米。土质松散，干燥，内含少量碎石块、白釉瓷片，微量白灰点、黑炭渣点。第③层，浅黄色土，深 1 ~ 3.2 米，厚 2.2 米。土质湿软，内含水锈纹淤泥和微量碎砖渣、白灰点、黑炭渣点。该层下见深黄色沙质生土层，停探。

F165 台基

位于外城南部，南北第七街南端西侧，西距东西第七街路土西沿 38 米。平面呈长方形，东西 6 米，南北 8 米，高 0.8 米。

台基内地层：第①层，浅灰色土，深厚 0.8 米。土质松散，干燥，内含植物根茎、碎砖块、动物骨骼。第②层，浅黄色土，深 0.8 ~ 2.8 米，厚 2 米。土质松散，干燥，内含动物骨骼、黑炭渣点、碎砖块。2.8 米以下见灰白色粗沙层，出水不带，停探。

台基外地层：第①层，浅灰色土，深厚 0.9 米。土质松散，干燥，内含植物根茎、碎砖块、外素内布纹瓦片、白灰颗粒。第②层，浅黄色土，深 0.9 ~ 3 米，厚 2.1 米。土质稍硬，内含黑炭渣点、黑淤泥块、水锈纹斑。该层下见灰白色粗沙层，出水不带，停探。

F166 台基

位于外城南部，南北第七街南端西侧，西距东西第七街路土西沿62米，房址的北沿与东西第四街路土的南沿相邻。平面呈长方形，东西4～7米，南北92米，高0.7米。

台基内地层：第①层，深灰色土，深厚0.4米。土质一般，内含植物根茎、黑炭渣点。第②层，浅灰色土，深0.4～1.1米，厚0.7米。土质松散，干燥，内含碎砖块、外素内布纹瓦片、红烧土颗粒。第③层，浅黄色土，深1.1～3.2米，厚2.1米。土质稍硬，密实，内含动物骨骼、黑淤泥土。该层下见深黄色沙质生土层，停探。

台基外地层：第①层，深灰色土，深厚0.5米。土质松散，干燥，内含植物根茎、碎砖块、黑炭渣点。第②层，浅灰色土，深0.5～1米，厚0.6米。土质松散，干燥，内含碎砖块、红烧土颗粒、黑炭渣点。第③层，浅黄色土，深1～3.2米，厚2.2米。土质湿软，内含黑淤泥土、水锈纹斑。该层下见深黄色沙质生土层，停探。

F167 台基

位于外城南部，南北第四街东端南部，房址的西沿与东西第四街南侧支线路土的东沿相邻。平面呈不规则长方形，东西16～22米，南北18～38米，高0.8米。

台基内地层：第①层，深灰色土，深厚0.5米。土质松散，干燥，内含植物根茎、碎砖块、动物骨骼、黑炭渣点。第②层，浅灰色土，深0.5～1.5米，厚1米。土质稍松，干燥，内含动物骨骼、白灰颗粒、黑釉瓷片。第③层，浅黄色土，深1.5～3.2米，厚1.7米。土质稍硬，密实，内含黑炭渣点、黑淤泥土、水锈纹斑。该层下见深黄色沙质土，湿软不带，停探。

台基外地层：第①层，深灰色土，深厚0.6米。土质松散，内含植物根茎、碎砖块、白灰颗粒。第②层，浅灰色土，深0.6～1.5米，厚0.9米。土质稍松，干燥，内含动物骨骼、黑炭渣点、白灰颗粒。第③层，浅黄色土，深1.5～3.4米，厚1.9米。土质稍硬，内含白灰颗粒、黑炭渣点。该层下见深黄色沙质土，湿软不带，停探。

F168 台基

位于外城南部，东西第四街东端。大型建筑群遗址。平面呈不规则长方形，东西12～90米，南北140～150米，高1米。房址的北半部把东西第四街路土隔断，由此，东西第四街路土从房址的西北部处北拐，绕过房址并与南北第七街交会。

台基内地层：第①层，深灰色土，深厚1米。土质松散，干燥，内含植物根茎，较多碎砖块、石块、外素内布纹瓦片、动物骨骼。第②层，浅灰色土，深1～2.2米，厚1.2米。土质松散，内含草木灰、黑炭渣点、动物骨骼、碎砖块。第③层，浅黄色土，深2.2～4.5米，厚2.3米。土质松散，内含草木灰、黑炭渣点、碎瓦片、动物骨骼、黑淤泥土。该层下见黑淤泥土，湿软不带，停探。

台基外地层：第①层，深灰色土，深厚0.8米。土质松散，干燥，内含植物根茎、碎砖块、外素内布纹瓦片、动物骨骼、黑炭渣点。第②层，浅灰色土，深0.8～2米，厚1.2米。土质松散，内含动物骨骼、碎砖块、外素内布纹瓦片。第③层，灰褐色土，深2～4.3米，厚2.3米。土质松软，内含草木灰、黑炭渣点、碎瓦片、动物骨骼、黑淤泥土。该层下见黑淤泥土，湿软不带，停探。

F169 台基

位于外城南部，东西第四街东端，西距F168房址13米。平面呈长方形，东西9米，南北10米，高 0.8 米。

台基内地层：第①层，深灰色土，深厚 0.8 米。土质松散，内含动物骨骼、碎沙石块、白釉瓷片。第②层，浅灰色土，深 0.8 ~ 2.6 米，厚 1.8 米。土质松散，内含较多碎砖瓦片、动物骨骼、黑釉瓷片、青釉瓷片、白釉瓷片、碎石块。该层下见石不过，停探。

台基外地层：第①层，深灰色土，深厚 0.7 米。土质松散，干燥，内含植物根茎、动物骨骼、碎沙石块、白釉瓷片、黑炭渣点。第②层，浅灰色土，深 0.7 ~ 2.3 米，厚 1.6 米。土质松散，内含较多碎砖瓦片、动物骨骼、白灰颗粒。该层下见石不过，停探。

F170 台基

位于外城南部，东西第四街东端北侧。平面呈不规则长方形，东西 12 ~ 17 米，南北 12 ~ 18 米，高 0.5 米。

台基内地层：第①层，深灰色土，深厚 0.5 米。土质松散，干燥，内含植物根茎、白釉瓷片、青釉瓷片。第②层，浅灰色土，深 0.5 ~ 1.7 米，厚 1.2 米。土质松散，干燥，内含碎砖块、黑炭渣点、白灰颗粒。第③层，浅黄色土，深 1.7 ~ 4.4 米，厚 2.7 米。土质稍软，内含黑炭渣点、黑淤泥土、水锈纹斑。该层下见深黄色沙质生土层，停探。

台基外地层：第①层，深灰色土，深厚 0.6 米。土质松散，干燥，内含植物根茎、碎砖块、外素内布纹瓦片、动物骨骼。第②层，浅灰色土，深 0.6 ~ 1.6 米，厚 1 米。土质稍干，内含黑炭渣点、白灰颗粒。第③层，浅黄色土，深 1.6 ~ 4.1 米，厚 2.5 米。土质稍湿软，内含黑淤泥土、水锈纹斑。该层下见深黄色沙质生土层，停探。

F171 台基

位于外城南部，东西第四街东端北侧。平面呈长方形，东西 6 米，南北 10 米，高 0.4 米。

台基内地层：第①层，深灰色土，深厚 0.4 米。土质松散，干燥，内含植物根茎、碎砖瓦片。第②层，浅灰色土，深 0.4 ~ 1.1 米，厚 0.7 米。土质松散，干燥，内含动物骨骼、黑釉瓷片、青釉瓷片、钧瓷片、碎砖块。第③层，浅黄色土，深 1.1 ~ 4 米，厚 2.9 米。土质松散，内含黑淤泥土、水锈纹斑点。该层下见深黄色沙质生土层，停探。

台基外地层：第①层，深灰色土，深厚 0.7 米。土质松散，干燥，内含植物根茎、碎砖瓦片、黑炭渣点。第②层，浅黄色土，深 0.7 ~ 3.5 米，厚 2.8 米。土质一般，较净，内含黑淤泥土、水锈纹斑点。该层下见深黄色沙质生土层，停探。

F172 台基

位于外城南部，东西第四街东端北侧，房址的南沿与东西第四街路土的北沿相邻。平面呈长方形，东西 14 米，南北 22 米，高 0.9 米。

台基内地层：第①层，浅灰色土，深厚 0.9 米。土质松散，干燥，内含植物根茎、外素内布纹瓦片、陶片、黑炭渣点、白灰颗粒。第②层，浅黄色土，深 0.9 ~ 3.2 米，厚 2.3 米。土质松散，干燥，内含动物骨骼、红烧土颗粒、黑淤泥土、水锈纹斑点。3.2 米以下见灰白色粗沙层，出水不带，停探。

台基外地层：第①层，浅灰色土，深厚 0.4 米。土质松散，干燥，内含植物根茎、外素内布纹瓦片、黑炭渣点、白灰颗粒。第②层，浅黄色土，深 0.4 ~ 1.2 米，厚 0.8 米。土质松散，干燥，内含碎砖块、白釉瓷片、黑炭渣点。第③层，浅黄色土，深 1.2 ~ 2.6 米，厚 1.4 米。土质稍软，内含黑淤泥土、水锈纹斑点。2.6 米以下见水不带，停探。

F173 台基

位于外城南部，东西第四街东端北侧，房址的南沿与东西第四街路土的北沿相邻。平面呈长方形，东西 19 米，南北 17 米，高 0.6 米。

台基内地层：第①层，深灰色土，深厚 0.3 米。土质稍松，内含植物根茎。第②层，深 0.3 ~ 0.9 米，厚 0.6 米。土质松散，干燥，内含微量白灰点和黑炭渣点。第③层，浅黄色土，深 0.9 ~ 3 米，厚 2.1 米。土质一般，内含少量碎石块、微量白灰点、黑炭渣点、水锈纹淤泥。该层下见深黄色沙质生土层，停探。

台基外地层：第①层，深灰色土，深厚 0.3 米。土质稍松，内含植物根茎。第②层，深 0.3 ~ 0.9 米，厚 0.6 米。土质稍松，内含少量碎砖块，微量白灰点和黑炭渣点。第③层，浅黄色土，深 0.9 ~ 2.5 米，厚 1.6 米。土质一般，内含少量白釉瓷片、微量白灰点、黑炭渣点、水锈纹淤泥。该层下见深黄色沙质生土层，停探。

F174 台基

位于外城南部，南北第七街南端西侧，东距南北第七街路土西沿 26 米。平面呈长方形，东西 22 米，南北 15 米，高 0.5 米。

台基内地层：第①层，灰褐色土，深厚 0.5 米。土质稍松，干燥，内含植物根茎和少量碎砖块。第②层，浅黄色土，深 0.5 ~ 2 米，厚 1.5 米。土质稍硬，内含淤泥和微量白灰点。该层下见水不带，停探。

台基外地层：第①层，灰褐色土，深厚 0.3 米。土质稍松，干燥，内含植物根茎。第②层，浅黄色土，深 0.3 ~ 2.5 米，厚 2.2 米。土质稍硬，内含淤泥和微量白灰点、黑炭渣点。该层下见深黄色沙质生土层，停探。

F175 台基

位于外城南部，南北第七街南端西侧，东距南北第七街路土西沿 30 米。平面呈长方形，东西 11 米，南北 12 米，高 0.5 米。

台基内地层：第①层，深灰色土，深厚 0.4 米。土质稍松，内含植物根茎和少量碎砖块。第②层，浅灰色土，深 0.4 ~ 0.9 米，厚 0.5 米。土质松散，干燥，内含少量白釉瓷片、碎砖块、草木灰、微量白灰点、黑炭渣点、酱釉瓷碎片。第③层，浅黄色土，深 0.9 ~ 3.3 米，厚 2.4 米。土质松软，内含少量碎石块和微量白灰点、黑炭渣点、水锈纹淤泥。该层下见灰白色沙质生土层，停探。

台基外地层：第①层，深灰色土，深厚 0.4 米。土质稍散，干燥，内含植物根茎和少量碎砖块。第②层，浅灰色土，深 0.4 ~ 1.5 米，厚 1.1 米。土质稍松，内含少量碎砖块，微量白灰点。该层下见灰白色沙质生土层，停探。

F176 台基

位于外城南部，南北第七街南端西侧，房址的东沿与南北第七街路土的西沿相邻。平面呈不规则长方形，东西 18 ~ 34 米，南北 52 米，高 0.7 米。

台基内地层：第①层，深灰色土，深厚 0.4 米。土质松散，干燥，内含植物根茎、碎砖块、外素内布纹瓦片、白灰颗粒。第②层，浅灰色土，深 0.4 ~ 0.7 米，厚 0.3 米。土质松散，干燥，内含黑炭渣点、白灰颗粒。第③层，浅黄色土，深 0.7 ～ 2.5 米，厚 1.8 米。土质较硬，密实，内含黑淤泥土。该层下见灰白色粗沙层，出水不带，停探。

台基外地层：第①层，深灰色土，深厚 0.8 米。土质松散，干燥，内含植物根茎。第②层，浅黄色土，深 0.8 ～ 2.5 米，厚 1.7 米。土质稍硬，密实，内含动物骨骼、黑淤泥土、水锈纹斑点。2.5 米以下见灰白色粗沙层，出水不带，停探。

F177 台基

位于外城南部，南北第七街与东西第五街交会处的西南角，房址的东沿东距南北第七街路土的西沿 18 米，北沿与东西第五街路土的南沿相邻。平面呈长方形，东西 0.8 米，南北 0.4 米，高 1.2 米。

台基内地层：第①层，深灰色土，深厚 0.4 米。土质稍松，干燥，内含植物根茎。第②层，浅黄色土，深 0.4 ～ 2.5 米，厚 2.1 米。土质松散，内含少量动物骨骼、白釉瓷片，微量碎砖块、黑炭渣点、碎石渣、水锈纹淤泥。该层下见大黄沙生土层，停探。

台基外地层：第①层，深灰色土，深厚 0.3 米。土质稍松，干燥，内含植物根茎和碎砖块。第②层，浅黄色土，深 0.3 ～ 1.4 米，厚 1.1 米。土质一般，内含少量动物骨骼、碎砖块，微量白灰颗粒。该层下见大黄沙生土层，停探。

F178 台基

位于外城南部，东西第五街东端南侧，房址的北沿与东西第五街路土的南沿相邻。平面呈不规则长方形，东西 9.6 ～ 13 米，南北 21 米，高 0.8 米。

台基内地层：第①层，深灰色土，深厚 0.8 米。土质松散，干燥，内含植物根茎、碎砖块、外素内布纹瓦片、白灰颗粒。第②层，浅黄色土，深 0.8 ～ 3.2 米，厚 2.4 米。土质稍散，干燥，内含碎砖块、动物骨骼、黑炭渣点、红烧土颗粒、黑淤泥土、黄褐色水锈纹斑点。3.2 米以下见深黄色沙质生土层，停探。

台基外地层：第①层，深灰色土，深厚 0.9 米。土质松散，干燥，内含植物根茎、碎砖块、动物骨骼等。第②层，浅黄色土，深 0.9 ～ 3 米，厚 2.1 米。土质稍干，密实，内含碎砖块、动物骨骼、黑炭渣点、外素内布纹瓦片、黑淤泥土。3 米以下见深黄色沙质生土层，停探。

F179 台基

位于外城南部，东西第五街东端南侧，北距东西第五街路土南沿 32 米。平面呈不规则长方形，东西 17 ～ 20 米，南北 20 米，高 0.7 米。

台基内地层：第①层，深灰色土，深厚 0.4 米。土质松散，干燥，内含植物根茎、动物骨骼。第②层，浅灰色土，深 0.4 ～ 1.1 米，厚 0.7 米。土质稍硬，内含黑炭渣点、动物骨骼。第③层，深褐色土，深 1.1 ～ 3.1 米，厚 2 米。土质松软，内含动物骨骼、黑淤泥土、水锈纹斑点。该层下见灰白色粗沙层，出水不带，停探。

台基外地层：第①层，深灰色土，深厚 0.8 米。土质松散，干燥，内含植物根茎、碎砖块、白灰颗粒。第②层，浅黄色土，深 0.8 ～ 3.1 米，厚 2.3 米。土质稍硬，内含碎砖块、陶片、动物骨骼、黑淤泥土、水锈纹斑点。该层下见灰白色粗沙层，出水不带，停探。

F180 台基

位于外城南部，东西第五街东端南侧，北距东西第五街路土南沿 24 米。平面呈长方形，东西 8 米，南北 4.3 米，高 0.7 米。

台基内地层：第①层，深褐色土，深厚 0.4 米。土质松散，干燥，内含植物根茎，少量碎砖块。第②层，浅灰色土，深 0.4 ~ 1.1 米，厚 0.7 米。土质松散，干燥，内含动物骨骼、碎砖块、白灰颗粒、黑炭渣点。第③层，浅黄色土，深 1.1 ~ 3 米，厚 1.9 米。土质松散，干燥，内含动物骨骼、碎砖块、黑炭渣点、黑淤泥土。3 米以下见黑淤泥土，湿软不带，停探。

台基外地层：第①层，深褐色土，深厚 0.4 米。土质松散，干燥，内含植物根茎、黑炭渣点。第②层，浅灰色土，深 0.4 ~ 1 米，厚 0.6 米。土质松散，干燥，内含动物骨骼、碎砖块、白灰颗粒。第③层，浅黄色土，深 1 ~ 3 米，厚 2 米。土质松软，内含动物骨骼、黑淤泥土、水锈纹斑点。3 米以下见黑淤泥土和深黄色沙质土，湿软不带，停探。

F181 台基

位于外城南部，东西第五街东端南侧，房址的北沿与东西长五街路土的南沿相邻。平面呈长方形，东西 15 米，南北 5 米，高 0.8 米。

台基内地层：第①层，深灰色土，深厚 0.8 米。土质松散，干燥，内含植物根茎、碎砖块、外素内布纹瓦片、动物骨骼等。第②层，浅黄色土，深 0.8 ~ 3 米，厚 2.2 米。土质稍硬，干燥，密实，内含动物骨骼、碎石块、白釉瓷片、黑炭渣点、黑淤泥等。3 米以下见灰白色粗沙层，不带，停探。

台基外地层：第①层，深灰色土，深厚 0.9 米。土质松散，干燥，内含植物根茎、碎砖块、外素内布纹瓦片、白灰颗粒等。第②层，浅黄色土，深 0.9 ~ 3.2 米，厚 2.3 米。土质稍硬，干燥，内含黑炭渣点、黑淤泥、黄褐色水锈纹等。3.2 米以下见黄白色沙质生土层，停探。

F182 台基

位于外城南部，东西第四街东端北侧，北距 H37 灰坑 3 米。平面呈长方形，东西 10 米，南北 12 米，高 0.8 米。

台基内地层：第①层，深灰色土，深厚 0.8 米。土质松散，干燥，内含植物根茎、白釉瓷片、动物骨骼、碎砖块等。第②层，浅灰色土，深 0.8 ~ 3.2 米，厚 2.4 米。土质稍硬，内含黑炭渣点、黑淤泥土、水锈纹斑。该层下见深黄色沙质生土层，停探。

台基外地层：第①层，深灰色土，深厚 0.7 米。土质松散，干燥，内含植物根茎、动物骨骼、黑炭渣点、碎砖块等。第②层，浅黄色土，深 0.7 ~ 2.8 米，厚 2.1 米。土质稍硬，较净，内含黑淤泥土、水锈纹斑。该层下见深黄色沙质生土层，停探。

F183 台基

位于外城南部，东西第四街东端北侧。平面呈"┐"形，东西部分长 86 米，南北 92 米，高 1.2 米。

台基内地层：第①层，深灰色土，深厚 0.7 米。土质松散，干燥，内含植物根茎、黄釉瓷片、白釉瓷片、动物骨骼、碎砖瓦片等。第②层，浅黄色土，深 0.7 ~ 2.6 米，厚 1.9 米。土质稍硬，密实，内含黑淤泥土、水锈纹斑等。该层下见水不带，停探。

台基外地层：第①层，深灰色土，深厚 0.7 米。土质松散，干燥，内含植物根茎、动物骨骼、碎砖瓦片等。第②层，浅黄色土，深 0.7 ~ 2.4 米，厚 1.7 米。土质稍硬，密实，内含动物骨骼、黑淤泥土、水锈纹斑等。该层下见水不带，停探。

F184 台基

位于外城南部，东西第五街东端北侧，北距东西第五街路土南沿 16 米。平面呈不规则长方形，东西 54 米，南北 42 米，高 0.5 米。

台基内地层：第①层，浅灰色土，深厚 0.5 米。土质松散，干燥，内含植物根茎和较多碎砖块，微量黑炭渣点。第②层，灰褐色土，深 0.5～1.6 米，厚 1.1 米。土质稍松，内含少量黑炭渣点、白灰颗粒、碎石块。第③层，浅黄色土，深 1.6～3.2 米，厚 1.6 米。土质松软，内含水锈纹、黑炭渣点。该层下见深黄色沙质生土层，停探。

台基外地层：第①层，浅灰色土，深厚 0.4 米。土质松散，干燥，内含植物根茎和少量黑炭渣点。第②层，灰褐色土，深 0.4～1.7 米，厚 1.3 米。土质稍松，内含少量绿釉瓷片，微量黑炭渣点、白灰颗粒。第③层，浅黄色土，深 1.7～2.5 米，厚 0.8 米。土质松软，内含水锈纹、黑炭渣点。该层下见深黄色沙质生土层，停探。

F185 台基

位于外城南部，东西第五街东端南侧，房址的北沿与东西第五街路土南沿相邻。平面呈长方形，东西 12.4 米，南北 4.1 米，高 0.6 米。

台基内地层：第①层，深灰色土，深厚 0.3 米。土质稍松，内含植物根茎，少量红烧土颗粒。第②层，浅灰色土，深 0.3～0.9 米，厚 0.6 米。土质松散，干燥，内含少量动物骨骼、碎石块，微量黑炭渣点、白灰颗粒。第③层，浅黄色土，深 0.9～2.9 米，厚 2 米。土质稍硬，内含少量碎石块，微量白灰点。

台基外地层：第①层，深灰色土，深厚 0.4 米。土质稍松，内含植物根茎，少量砖块、白灰点。第②层，浅灰色土，深 0.4～2 米，厚 1.6 米。土质松散，干燥，内含少量外素内布纹瓦片、白灰颗粒，微量黑炭渣点。第③层，浅黄色土，深 2～2.9 米，厚 0.9 米。土质稍硬，密实，内含微量白灰点、黑炭渣点。

F186 台基

位于外城南部，东西第五街与南北第四街交会处的西南角。平面呈长方形，东西 30.5 米，南北 12.4 米，高 0.9 米。

台基内地层：第①层，深灰色土，深厚 0.9 米。土质松散，干燥，内含植物根茎、碎砖块、外素内布纹瓦片、黑炭渣点。第②层，浅灰色土，深 0.9～1.3 米，厚 0.4 米。土质稍硬，干燥，内含动物骨骼、碎砖瓦片、白灰颗粒。第③层，浅黄色土，深 1.3～3.9 米，厚 2.6 米。土质稍松，内含动物骨骼、红烧土颗粒、黑炭渣点、水锈纹斑。3.9 米以下见水不带，停探。

台基外地层：第①层，深灰色土，深厚 0.5 米。土质松散，干燥，内含植物根茎、碎砖块、黑炭渣点。第②层，浅黄色土，深 0.5～1.1 米，厚 0.6 米。土质稍松，干燥，内含黑炭渣点、白灰颗粒。第③层，浅灰色土，深 1.1～2.3 米，厚 1.2 米。土质松散，干燥，内含动物骨骼、黑炭渣点。第④层，浅黄色土，深 2.3～3.7 米，厚 1.4 米。土质稍硬，内含黑淤泥土、水锈纹斑。该层下见深黄色沙质生土层，停探。

F187 台基

位于外城南部，南北第四街南端西侧，房址东沿与南北第四街路土的西沿相邻，南沿与东西第四街路土的北沿相邻。长方形建筑群遗址，东西 50 米，南北 6～105 米，高 0.6 米。

台基内地层：第①层，深灰色土，深厚 0.6 米。土质松散，干燥，内含植物根茎、黑炭渣点。第②层，浅灰色土，深 0.6 ~ 1.8 米，厚 1.2 米。土质稍松散，内含黑炭渣点、白灰颗粒。第③层，浅黄色土，深 1.8 ~ 4 米，厚 2.2 米。土质稍硬，密实，内含黑炭渣点、黑淤泥土、水锈纹斑等。该层下见深黄色沙质生土层，停探。

台基外地层：第①层，深灰色土，深厚 0.7 米。土质松散，干燥，内含植物根茎、黑炭渣点。第②层，浅灰色土，深 0.7 ~ 1.8 米，厚 1.1 米。土质稍松散，内含动物骨骼、青釉瓷片、白釉瓷片、黑炭渣点。第③层，浅黄色土，深 1.8 ~ 4.3 米，厚 2.5 米。土质一般，稍净，内含黑淤泥土、水锈纹斑等。该层下见深黄色沙质生土层，停探。

F188 台基

位于外城南部，南北第四街南端西侧，房址东沿与南北第四街路土的西沿相邻。平面呈长方形，东西 6 ~ 11 米，南北 36 米，高 0.7 米。

台基内地层：第①层，深灰色土，深厚 0.7 米。土质稍硬，内含植物根茎、白灰渣点，少量碎砖块。第②层，浅黄色土，深 0.7 ~ 4 米，厚 3.3 米。土质稍松，内含动物骨骼、碎瓦片、青釉瓷片、红烧土颗粒、黑炭渣点、水锈纹斑点。该层下见深黄色沙质生土层，停探。

台基外地层：第①层，深灰色土，深厚 0.6 米。土质稍硬，内含植物根茎、碎砖块。第②层，深灰色土，深 0.6 ~ 2.4 米，厚 1.8 米。土质稍松，内含白釉瓷片、青釉瓷片、红烧土颗粒、黑炭渣点。第③层，浅黄色土，深 2.4 ~ 3.6 米，厚 1.2 米。土质稍软，内含红烧土颗粒、黑炭渣点、水锈纹斑。该层下见深黄色沙质生土层，停探。

F189 台基

位于外城南部，南北第四街南端西侧，房址东沿与南北第四街路土的西沿相邻，南沿与东西第四街路土的北沿相邻。平面呈长方形，东西 18 米，南北 9 米，高 1 米。

台基内地层：第①层，深灰色土，深厚 2.2 米。土质松散，内含植物根茎，较多黑炭渣点、草木灰、动物骨骼、碎瓦片。第②层，灰褐色土，深 2.2 ~ 4.4 米，厚 2.2 米。土质稍散，内含动物骨骼、碎砖瓦片、黑炭渣点。该层下见黑灰色土，湿软不带，停探。

台基外地层：第①层，深灰色土，深厚 1 米。土质松散，干燥，内含植物根茎、碎砖块、黑炭渣点、白釉瓷片、动物骨骼、碎瓦片。第②层，浅黄色土，深 1 ~ 3.5 米，厚 2.5 米。土质稍硬，内含动物骨骼、碎砖瓦片、黑炭渣点、草木灰。该层下见黑灰色土，湿软不带，停探。

F190 台基

位于外城南部，东西第四街东端北侧，房址南沿与东西第四街路土的北沿相邻。平面呈长方形，东西 18 米，南北 9 米，高 0.4 米。

台基内地层：第①层，深灰色土，深厚 0.4 米。土质松散，干燥，内含植物根茎和少量黑炭渣点、碎砖块。第②层，浅灰色土，深 0.4 ~ 2.2 米，厚 1.8 米。土质稍松，内含少量碎砖块、动物骨骼、黑炭渣点、白灰颗粒。第③层，浅黄色土，深 2.2 ~ 3.6 米，厚 1.4 米。土质松软，内含较多黑炭渣点，少量白釉瓷片。该层下见深黄色沙质生土层，停探。

台基外地层：第①层，深灰色土，深厚 0.4 米。土质松散，干燥，内含植物根茎。第②层，灰褐色土，深 0.4 ~ 1.6 米，厚 1.2 米。土质稍松，内含少量钧瓷片、碎砖块，微量黑炭渣点、白灰颗粒。第③层，浅黄色土，深 1.6 ~ 3.2 米，厚 1.6 米。土质松软，内含少量红绿彩瓷片、白灰点、黑炭渣点。该层下见深黄色沙质生土层，停探。

F191 台基

位于外城南部，东西第四街中端北侧，房址南沿与东西第四街路土的北沿相邻。平面呈不规则长方形，东西 23 ~ 36 米，南北 36 米，高 1 米。

台基内地层：第①层，深灰色土，深厚 1 米。土质松散，干燥，内含植物根茎、碎砖块、白灰颗粒、黑炭渣点。第②层，浅黄色土，深 1 ~ 4.3 米，厚 3.3 米。土质较硬，密实，内含白釉瓷片、黑炭渣点、红烧土颗粒、黑淤泥土、水锈纹斑等。该层下见深黄色沙质生土层，停探。

台基外地层：第①层，深灰色土，深厚 1.1 米。土质松散，干燥，内含植物根茎、碎砖块、外素内布纹瓦片。第②层，浅黄色土，深 1.1 ~ 3.4 米，厚 2.3 米。土质较硬，密实，内含黑淤泥土、水锈纹斑等。该层下见深黄色沙质生土层，停探。

F192 台基

位于外城南部，东西第四街中端北侧。平面呈不规则长方形，东西 2 ~ 6 米，南北 7 ~ 16 米，高 0.6 米。

台基内地层：第①层，浅灰色土，深厚 0.6 米。土质松散，稍干燥，内含植物根茎和微量黑炭渣点。第②层，浅黄色土，深 0.6 ~ 3.1 米，厚 2.5 米。土质一般，内含少量动物骨骼、碎陶片、白釉瓷片，微量黑炭渣点。该层下见深黄色沙质生土层，停探。

台基外地层：第①层，浅灰色土，深厚 1 米。土质松散，干燥，内含植物根茎和少量白釉瓷片，微量白灰颗粒、黑炭渣颗粒。第②层，浅黄色土，深 1 ~ 3.1 米，厚 2.1 米。土质一般，内含微量白灰颗粒、黑炭渣颗粒。该层下见深黄色沙质生土层，停探。

F193 台基

位于外城南部，东西第四街中端北侧。平面呈长方形，东西 11 米，南北 18 米，高 1.1 米。

台基内地层：第①层，浅灰色土，深厚 1.1 米。土质松散，干燥，内含植物根茎和少量碎砖块，微量白灰颗粒、黑炭渣点。该层下见深黄色沙质生土层，停探。

台基外地层：第①层，浅灰色土，深厚 1.3 米。土质松散，干燥，内含植物根茎和少量碎砖块、动物骨骼，微量白灰颗粒、黑炭渣颗粒。第②层，浅黄色土，深 1.3 ~ 2.7 米，厚 1.4 米。内含少量动物骨骼和微量碎砖渣颗粒、白灰点、黑炭渣点。该层下见深黄色沙质生土层，停探。

F194 台基

位于外城南部，东西第五街中端南侧。平面呈不规则长方形，东西 83 米，南北 8 ~ 44 米，高 0.7 米。

台基内地层：第①层，深灰色土，深厚 0.4 米。土质松散，干燥，内含植物根茎和少量碎陶渣颗粒、动物骨骼。第②层，浅灰色土，深 0.4 ~ 1.1 米，厚 0.7 米。土质松散，干燥，内含少量动物骨骼、白釉瓷片，微量白灰颗粒、黑炭渣点。第③层，浅黄色土，深 1.1 ~ 3.7 米，厚 2.6 米。土质一般，内含少量碎砖石块、水锈纹淤泥，微量白灰颗粒。该层下见水不带，停探。

台基外地层：第①层，深灰色土，深厚 0.5 米。土质松散，干燥，内含植物根茎、碎砖块、陶片、动物骨骼，少量白灰颗粒。第②层，浅灰色土，深 0.5 ~ 1.2 米，厚 0.7 米。土质松散，干燥，内含碎砖块、外素内布纹瓦片、动物骨骼、黑炭渣点。第③层，浅黄色土，深 1.2 ~ 3.5 米，厚 2.3 米。

土质一般，内含黑淤泥土、水锈纹斑。3.5 米以下见水不带，停探。

F195 台基

位于外城南部，东西第五街中端南侧。平面呈长方形，东西 4 米，南北 5.5 米，高 0.5 米。

台基内地层：第①层，浅灰色土，深厚 0.5 米。土质较松散，干燥，内含植物根茎。第②层，灰褐色土，深 0.5 ~ 1.6 米，厚 1.1 米。土质一般，内含草木灰、红烧土颗粒。第③层，浅灰褐色土，深 1.6 ~ 2.8 米，厚 1.2 米。土质一般，较净，内含铁锈斑水锈土。该层下见灰白色沙质生土层，停探。

台基外地层：第①层，浅灰色土，深厚 0.4 米。土质松散，干燥，内含植物根茎。第②层，灰褐色土，深 0.4 ~ 1.7 米，厚 1.3 米。土质干燥，内含草木灰、碎砖石块。第③层，浅灰褐色土，深 1.7 ~ 2.8 米，厚 1.1 米。土质一般，较净，内含铁锈斑水锈土。该层下见灰白色沙质生土层，停探。

F196 台基

位于外城南部，东西第五街中端南侧。平面呈长方形，东西 21 米，南北 9.5 米，高 0.5 米。

台基内地层：第①层，浅灰色土，深厚 0.5 米。土质较松散，干燥，内含植物根茎。第②层，灰褐色土，深 0.5 ~ 2 米，厚 1.5 米。土质干燥，内含草木灰、碎砖石块。第③层，浅灰褐色土，深 2 ~ 3 米，厚 1 米。土质一般，较净，内含铁锈斑水锈土。该层下见灰白色沙质生土层，停探。

台基外地层：第①层，浅灰色土，深厚 0.4 米。土质松散，干燥，内含植物根茎。第②层，灰褐色土，深 0.4 ~ 2.1 米，厚 1.7 米。土质干燥，内含草木灰、动物骨骼、碎砖石块。第③层，浅灰褐色土，深 2.1 ~ 3 米，厚 0.9 米。土质一般，较净，内含铁锈斑水锈土。该层下见灰白色沙质生土层，停探。

F197 台基

位于外城南部，东西第四街中端北侧。平面呈长方形，东西 12 米，南北 5.3 米，高 1.1 米。

台基内地层：第①层，浅灰色土，深厚 0.5 米。土质较干燥，内含植物根茎。第②层，灰褐色土，深 0.5 ~ 1.6 米，厚 1.1 米。土质稍硬，干燥，内含草木灰、白瓷片。第③层，浅灰褐色土，深 1.6 ~ 2.8 米，厚 1.2 米。土质一般，较净，内含铁锈斑水锈土。该层下见灰白色沙质生土层，停探。

台基外地层：第①层，浅灰色土，深厚 0.4 米。土质松散，干燥，内含植物根茎。第②层，灰褐色土，深 0.4 ~ 1.6 米，厚 1.2 米。土质干燥，内含草木灰、红烧土颗粒。第③层，浅灰褐色土，深 1.6 ~ 2.8 米，厚 1.2 米。土质一般，较净，内含铁锈斑水锈土。该层下见灰白色沙质生土层，停探。

F198 台基

位于外城南部，东西第四街中端北侧，房址南沿与东西第四街路土的北沿相邻。平面呈长方形，东西 4 米，南北 5.5 米，高 1 米。

台基内地层：第①层，浅灰色土，深厚 1 米。土质松散，干燥，内含植物根茎和少量白灰颗粒、砖石块片等。第②层，浅黄色土，深 1 ~ 4 米，厚 3 米。土质一般，内含大量红烧土颗粒、草木灰、陶片、动物骨骼和水锈纹淤泥。该层下见水不带，停探。

台基外地层：第①层，浅灰色土，深厚 1 米。土质松散，干燥，内含植物根茎和少量白灰颗粒、砖石块片等。第②层，浅黄色土，深 1 ~ 3.7 米，厚 2.7 米。土质一般，内含少量陶片和水锈纹淤泥。该层下见水不带，停探。

F199 台基

位于外城南部，东西第四街中端北侧。平面呈长方形，东西 10 米，南北 25 米，高 0.9 米。

台基内地层：第①层，浅灰色土，深厚0.9米。土质松散，干燥，内含植物根茎。第②层，深灰色土，深0.9～3.1，厚2.2米。土质较湿软，内含动物骨骼、外素内布纹瓦片、水锈斑淤泥块。该层下见灰白色沙质生土层，停探。

台基外地层：第①层，浅灰色土，深厚1米。土质松散，干燥，内含植物根茎。第②层，深灰色土，深1～2.8米，厚1.8米。土质较湿软，内含动物骨骼、水锈斑淤泥块。该层下见灰白色沙质生土层，停探。

F200 台基

位于外城南部，东西第四街中端北侧。平面呈长方形，东西20米，南北14米，高0.8米。

台基内地层：第①层，浅灰色土，深厚0.8米。土质松散，干燥，内含植物根茎和少量外素内布纹瓦片、瓷片。该层下见灰白色沙质生土层，停探。

台基外地层：第①层，浅灰色土，深厚0.8米。土质松散，干燥，内含植物根茎和少量砖块、草木灰。第②层，灰褐色土，深0.8～3.1米，厚2.3米。土质松散，内含少量砖石块和黑炭渣点。该层下见灰白色沙质生土层，停探。

F201 台基

位于外城南部，东西第四街中端北侧，房址的南沿与东西第四街路土北沿相邻。平面呈长方形，东西10米，南北12米，高1米。

台基内地层：第①层，浅灰色土，深厚1米。土质松散，干燥，内含植物根茎，少量砖瓦片和黑炭渣点。第②层，浅黄色土，深1～3.8，厚2.8米。土质湿软，内含少量动物骨骼和白灰颗粒。该层下见灰白色沙质生土层，停探。

台基外地层：第①层，浅灰色土，深厚1米。土质松散，干燥，内含植物根茎，少量陶瓷片，微量白灰颗粒。第②层，浅黄色土，深1～3.1米，厚2.1米。土质湿软，较净，内含淤土。该层下见灰白色沙质生土层，停探。

F202 台基

位于外城南部，东西第四街中端北侧，房址南沿与东西第四街路土的北沿相邻。平面呈"∟"形，东西6～23米，南北11～60米，高0.9米。

台基内地层：第①层，浅灰色土，深厚0.9米。土质松散，干燥，内含植物根茎、碎砖块、外素内布纹瓦片、红烧土颗粒。第②层，浅黄色土，深0.9～2.7米，厚1.8米。土质松散，内含较多红烧土颗粒、砖瓦渣、黑炭渣点等。该层下见深黄色沙质生土层，停探。

台基外地层：第①层，浅灰色土，深厚0.7米。土质松散，内含植物根茎。第②层，深灰色土，深0.7～2.3米，厚1.6米。土质较湿，内含大量红烧土颗粒、砖瓦渣、黑炭渣点。该层下见深黄色沙质生土层，停探。

F203 台基

位于外城南部，东西第四街中端北侧。平面呈长方形，东西13米，南北15米，高0.8米。

台基内地层：第①层，浅灰色土，深厚0.8米。土质松散，干燥，内含植物根茎，少量砖瓦片。第②层，浅黄色土，深0.8～3米，厚2.2米。土质稍松散，较净，内含微量陶渣点。该层下见深黄色沙质生土层，停探。

台基外地层：第①层，浅灰色土，深厚0.7米。土质松散，内含植物根茎及微量白灰颗粒。第②层，浅黄色土，深 0.7 ~ 2.5 米，厚 1.8 米。土质湿软，遇水不带，停探。

F204 台基

位于外城南部，东西第五街中端北侧。平面呈长方形，东西 9 米，南北 30.5 米，高 0.7 米。

台基内地层：第①层，深灰色土，深厚 0.7 米。土质松散，干燥，内含植物根茎，少量碎砖块和白灰颗粒。第②层，浅黄色土，深 0.7 ~ 2.7 米，厚 2 米。土质稍硬，内含少量动物骨骼、碎砖块、水锈纹淤泥块。该层下见灰白色沙质生土层，停探。

台基外地层：第①层，深灰色土，深厚 0.5 米。土质松散，干燥，内含植物根茎。第②层，浅黄色土，深 0.5 ~ 2.4 米，厚 1.9 米。内含少量碎砖块和白灰颗粒。该层下见深黄色沙质生土层，停探。

F205 台基

位于外城南部，东西第五街中端北侧。平面呈长方形，东西 8 米，南北 9.5 米，高 0.7 米。

台基内地层：第①层，深灰色土，深厚 0.6 米。土质松散，干燥，内含植物根茎和少量碎砖块。第②层，浅黄色土，深 0.6 ~ 2.7 米，厚 2.1 米。土质稍硬，内含少量动物骨骼、红烧土颗粒和微量黑炭渣点。该层下见灰白色沙质生土层，停探。

台基外地层：第①层，深灰色土，深厚 0.8 米。土质松散，干燥，内含植物根茎，少量碎砖块，微量白灰颗粒。第②层，浅黄色土，深 0.8 ~ 2.1 米，厚 1.3 米。土质一般，内含微量黑炭渣点、红烧土颗粒。该层下见灰白色沙质生土层，停探。

F206 台基

位于外城南部，东西第五街中端南侧。平面呈长方形，东西 30 米，南北 9 米，高 0.7 米。

台基内地层：第①层，深灰色土，深厚 0.7 米。土质稍松，干燥，内含植物根茎和少量碎砖块、白灰点。第②层，浅黄色土，深 0.7 ~ 3.1 米，厚 2.4 米。土质稍硬，内含少量黑炭渣点、白灰颗粒、碎砖块和水锈纹淤泥块。该层下见灰白色沙质生土层，停探。

台基外地层：第①层，深灰色土，深厚 0.6 米。土质稍松，干燥，内含植物根茎和少量碎砖块。第②层，浅黄色土，深 0.6 ~ 3 米，厚 2.4 米。土质一般，内含少量动物骨骼、碎砖块、黑炭渣点、白灰颗粒、水锈纹淤泥块。3 米以下见水不带，停探。

F207 台基

位于外城南部，东西第五街西端南侧。平面呈长方形，东西 8 米，南北 30 米，高 0.3 米。

台基内地层：第①层，深灰色土，深厚 0.3 米。土质松散，内含植物根茎和少量碎石块。第②层，浅黄色土，深 0.3 ~ 2 米，厚 1.7 米。土质稍硬，内含少量黑釉瓷片、白灰颗粒、黑炭渣点和水锈纹淤泥块。该层下见深黄色沙质生土层，停探。

台基外地层：第①层，深灰色土，深厚 0.6 米。土质稍松，干燥，内含植物根茎。第②层，浅黄色土，深 0.6 ~ 2 米，厚 1.4 米。土质一般，内含稍多草木灰和少量红烧土颗粒、白灰点、水锈纹淤泥块。该层下见深黄色沙质生土层，停探。

F208 台基

位于外城南部，东西第五街西端南侧。平面呈方形，边长 5 米，高 0.5 米。

台基内地层：第①层，深灰色土，深厚 0.5 米。土质松散，干燥，内含植物根茎和少量白灰颗粒。第②层，浅黄色土，深 0.5 ~ 2 米，厚 1.5 米。土质稍硬，内含水锈纹淤泥块。该层下见深黄色沙质生土层，停探。

台基外地层：第①层，深灰色土，深厚0.6米。土质松散，干燥，内含植物根茎。第②层，浅黄色土，深0.6~2米，厚1.4米。土质一般，内含少量红烧土块和碎砖块。该层下见深黄色沙质生土层，停探。

F209 台基

位于外城南部，东西第五街西端南侧。平面呈长方形，东西5米，南北7米，高1.3米。台基内保存有南北长4.5米，单体宽0.7米的砌石基础。

台基内地层：第①层，浅灰色土，深厚0.5米。土质松散，干燥，内含植物根茎、碎砖石块、少量白灰颗粒。第②层，浅黄色土，深0.5~1.8米，厚1.3米。土质松散，较净，内含水锈纹斑。该层下见深黄色沙质生土层，停探。

台基外地层：第①层，浅灰色土，深厚0.7米。土质松散，干燥，内含植物根茎、碎砖石块。第②层，浅黄色土，深0.7~1.7米，厚1米。土质湿软，内含大量水锈纹斑。该层下见深黄色沙质生土层，停探。

F210 台基

位于外城南部，东西第四街西端北侧。平面呈方形，边长11米，高0.6米。

台基内地层：第①层，浅灰色土，深厚0.6米。土质松散，干燥，内含植物根茎、少量碎石块、白灰颗粒。第②层，浅黄色土，深0.6~2.4米，厚1.8米。土质松散，内含少量动物骨骼、水锈纹淤泥块。该层下见深黄色沙质生土层，停探。

台基外地层：第①层，浅灰色土，深厚1米。土质松散，内含植物根茎、少量白灰颗粒、红烧土颗粒。第②层，浅黄色土，深1~2.3米，厚1.3米。土质稍硬，密实，内含草木灰和较多黑炭渣点。该层下见深黄色沙质生土层，停探。

F211 台基

位于外城南部，东西第四街西端北侧。平面呈方形，边长4米，高0.8米。

台基内地层：第①层，浅灰色土，深厚0.8米。土质稍松散，内含植物根茎、外素内布纹瓦片、白灰颗粒。第②层，浅黄色土，深0.8~1.8米，厚1米。土质湿软，内含少量水锈纹斑。该层下见深黄色沙质生土层。

台基外地层：第①层，浅灰色土，深厚0.8米。土质稍散，内含植物根茎、外素内布纹瓦片、动物骨骼。第②层，浅黄色土，深0.8~1.7米，厚0.9米。土质湿软，较净，内含少量水锈纹斑。该层下见深黄色沙质生土层，停探。

F212 台基

位于外城南部，东西第四街西端北侧。平面呈长方形，东西16米，南北5米，高0.8米。

台基内地层：第①层，浅灰色土，深厚0.8米。土质松散，干燥，内含植物根茎和砖瓦渣。第②层，浅黄色土，深0.8~2.5米，厚1.7米。土质松散，内含大量草木灰、黑炭渣颗粒。该层下见深黄色沙质生土层，停探。

台基外地层：第①层，浅灰色土，深厚0.7米。土质松散，干燥，内含植物根茎和砖石块。第②层，浅黄色土，深0.7~2.8米，厚2.1米。土质湿软，内含外素内布纹瓦片、动物骨骼。该层下遇水不带，停探。

F213 台基

位于外城南部, 东西第四街西端北侧。平面呈不规则长方形, 东西 25 ~ 28 米, 南北 6 ~ 13 米, 高 1 米。

台基内地层: 第①层, 浅灰色土, 深厚 1 米。土质稍松散, 内含植物根茎和较多黑炭渣点。第②层, 浅黄色土, 深 1 ~ 3.3 米, 厚 2.3 米。土质松散, 内含红烧土颗粒、白灰颗粒、黑炭渣点。该层下遇水不带, 停探。

台基外地层: 第①层, 浅灰色土, 深厚 0.6 米。土质松散, 干燥, 内含植物根茎和少量白灰颗粒。第②层, 深灰色土, 深 0.6 ~ 3 米, 厚 2.4 米。土质一般, 内含草木灰, 少量白灰颗粒和淤泥。3 米以下见水不带, 停探。

F214 台基

位于外城南部, 东西第四街西端北侧。平面呈不规则长方形, 东西 10 ~ 24 米, 南北 12 ~ 35 米, 高 0.6 米。

台基内地层: 第①层, 浅灰色土, 深厚 0.6 米。土质松散, 干燥, 内含植物根茎, 少量草木灰、白釉碎瓷片等。第②层, 浅黄色土, 深 0.6 ~ 2.8 米, 厚 2.2 米。土质松散, 较净, 内含少量碎骨渣。该层下见深黄色沙质生土层, 停探。

台基外地层: 第①层, 浅灰色土, 深厚 1 米。土质松散, 干燥, 内含植物根茎, 少量黑炭渣点、黑釉碎瓷片等。第②层, 灰黑色淤土层, 深 1 ~ 2.6 米, 厚 1.6 米。土质湿软, 内含草木灰、动物骨骼、白釉瓷片、黑釉瓷片等。该层下见深黄色沙质生土层, 停探。

F215 台基

位于外城南部, 东西第四街西端北侧。平面呈长方形, 东西 12 米, 南北 8 米, 高 0.7 米。

台基内地层: 第①层, 浅灰色土, 深厚 0.7 米。土质松散, 干燥, 内含植物根茎、陶片、白灰颗粒。第②层, 浅黄色土, 深 0.7 ~ 2.5 米, 厚 1.8 米。土质稍硬, 密实, 较净, 内含水锈纹淤泥。该层下见深黄色沙质生土层, 停探。

台基外地层: 第①层, 深灰色土, 深厚 0.7 米。土质松散, 干燥, 内含植物根茎, 少量白灰颗粒。第②层, 浅黄色土, 深 0.7 ~ 2.3 米, 厚 1.6 米。土质稍硬, 内含草木灰、白灰颗粒、红烧土颗粒等。该层下见深黄色沙质生土层, 停探。

F216 台基

位于外城南部, 东西第四街西端北侧, 房址的南沿与东西第四街路土北沿相邻。平面呈不规则长方形, 东西 27 ~ 34 米, 南北 36 ~ 42 米, 高 1 米。

台基内地层: 第①层, 深灰色土, 深厚 1 米。土质松散, 干燥, 内含植物根茎、黑炭渣点、红烧土颗粒。第②层, 浅黄色土, 深 1 ~ 3 米, 厚 2 米。土质稍净, 密实, 内含水锈纹、黑淤泥土。3 米以下见深黄色沙质土, 出水, 停探。

台基外地层: 第①层, 深灰色土, 深厚 1.1 米。土质松散, 干燥, 内含植物根茎、黑炭渣点、动物骨骼。第②层, 浅黄色土, 深 1.1 ~ 3 米, 厚 1.9 米。土质稍净, 湿软, 内含水锈纹、黑淤泥土。3 米以下见灰白色沙质土, 出水, 停探。

F217 台基

位于外城南部，东西第四街西端北侧。平面呈不规则长方形，东西 25 ~ 28 米，南北 6 ~ 13 米，高 0.6 米。

台基内地层：第①层，深灰色土，深厚 0.6 米。土质松散，干燥，内含植物根茎，少量砖瓦块、草木灰等。第②层，浅黄色土，深 0.6 ~ 2.3 米，厚 1.7 米。土质稍硬，较净，内含微量黑炭渣颗粒。该层下见深黄色沙质生土层，停探。

台基外地层：第①层，深灰色土，深厚 0.9 米。土质松散，干燥，内含植物根茎，少量黑炭渣点、草木灰等。第②层，浅黄色土，深 0.9 ~ 2.4 米，厚 1.5 米。土质稍硬，密实，较净，内含少量黑炭渣颗粒。该层下见深黄色沙质生土层，停探。

F218 台基

位于外城南部，东西第四街西端北侧。平面呈长方形，东西 22 米，南北 15 米，高 0.8 米。

台基内地层：第①层，深灰色土，深厚 0.8 米。土质松散，干燥，内含植物根茎，少量白灰颗粒。第②层，浅黄色土，深 0.8 ~ 1.8 米，厚 1 米。土质稍硬，密实，较净，内含微量白灰颗粒。该层下见深黄色沙质生土层，停探。

台基外地层：第①层，深灰色土，深厚 1.2 米。土质松散，内含植物根茎，少量砖瓦渣颗粒、动物骨骼。第②层，浅黄色土，深 1.2 ~ 1.9 米，厚 0.7 米。土质稍硬，密实，内含少量黑炭渣和水锈纹淤泥。该层下见深黄色沙质生土层，停探。

F219 台基

位于外城南部，东西第五街西端南侧。平面呈不规则长方形，东西 6 ~ 24 米，南北 8 ~ 18 米，高 0.4 米。

台基内地层：第①层，深灰色土，深厚 0.4 米。土质松散，干燥，内含植物根茎和微量白灰颗粒。第②层，浅黄色土，深 0.4 ~ 2.4 米，厚 2 米。土质稍硬，内含少量动物骨骼和微量铁器残片、白灰点、黑炭渣点等。该层下见深黄色沙质生土层，停探。

台基外地层：第①层，深灰色土，深厚 0.6 米。土质松散，干燥，内含植物根茎，少量碎砖瓦片、白灰颗粒、白釉瓷片。第②层，浅黄色土，深 0.6 ~ 2.5 米，厚 1.9 米。土质稍硬，密实，内含微量黑炭渣点、白灰颗粒等。该层下见深黄色沙质生土层，停探。

F220 台基

位于外城南部，东西第五街西端南侧。平面呈不规则长方形，东西 36 米，南北 8 米，高 0.6 米。

台基内地层：第①层，深灰色土，深厚 0.6 米。土质松散，干燥，内含植物根茎和微量砖渣点。第②层，浅黄色土，深 0.6 ~ 2.4 米，厚 1.8 米。土质一般，内含少量碎砖块、黑炭渣点，微量红烧土颗粒、白灰点、白釉瓷片。该层下见深黄色沙质生土层，停探。

台基外地层：第①层，深灰色土，深厚 0.5 米。土质稍松，干燥，内含植物根茎。第②层，浅黄色土，深 0.5 ~ 2.3 米，厚 1.8 米。土质一般，内含少量动物骨骼和微量黑炭渣点。该层下见深黄色沙质生土层，停探。

F221 台基

位于外城南部，东西第五街西端南侧，房址的北沿与东西第五街路土的南沿相邻。平面呈长方形，东西 10 米，南北 26 米，高 0.4 米。

台基内地层：第①层，深灰色土，深厚 0.4 米。土质松散，干燥，内含植物根茎和微量白灰颗粒。第②层，浅黄色土，深 0.4～2.4 米，厚 2 米。土质稍硬，内含少量动物骨骼和微量铁器残片、白灰点、黑炭渣点等。该层下见深黄色沙质生土层，停探。

台基外地层：第①层，深灰色土，深厚 0.5 米。土质松散，干燥，内含植物根茎。第②层，浅黄色土，深 0.5～2.2 米，厚 1.7 米。土质稍松散，内含少量草木灰、白灰点、黑炭渣点等。该层下见深黄色沙质生土层，停探。

F222 台基

位于外城南部，东西第五街西端南侧。平面呈长方形，东西 8.3 米，南北 10 米，高 0.8 米。

台基内地层：第①层，深灰色土，深厚 0.8 米。土质干燥，内含植物根茎、碎砖渣颗粒、白灰颗粒、黑炭渣颗粒。第②层，浅灰色土，深 0.8～1.8 米，厚 1 米。土质稍硬，密实，内含微量白灰颗粒。该层下见深黄色沙质生土层，停探。

台基外地层：第①层，深灰色土，深厚 0.6 米。土质干燥，内含植物根茎，少量碎砖渣颗粒、白灰颗粒。第②层，浅灰色土，深 0.6～2 米，厚 1.4 米。土质稍硬，密实，内含少量白灰颗粒、黑炭渣点。该层下见深黄色沙质生土层，停探。

F223 台基

位于外城南部，东西第五街西端北侧，房址东沿与 L4 相邻。平面呈长方形，东西 4.4 米，南北 4 米，高 0.6 米。

台基内地层：第①层，深灰色土，深厚 0.5 米。土质松散，干燥，内含植物根茎。第②层，浅灰色土，深 0.5～1.1 米，厚 0.6 米。土质松散，干燥，内含黑炭渣点、红烧土颗粒。第③层，浅黄色土，深 1.1～3.1 米，厚 2 米。土质稍硬，密实，内含碎砖块、动物骨骼、黑淤泥、水锈纹。该层下见深黄色沙质生土层，停探。

台基外地层：第①层，深灰色土，深厚 0.5 米。土质松散，干燥，内含植物根茎。第②层，浅灰色土，深 0.5～1.2 米，厚 0.7 米。土质松散，干燥，内含少量黑炭渣点。第③层，浅黄色土，深 1.2～2.8 米，厚 1.6 米。土质稍硬，密实，内含黑炭渣点、水锈纹。该层下见深黄色沙质生土层，停探。

F224 台基

位于外城南部，东西第五街西端北侧，南距 F223 房址 2 米，房址的东沿与 L4 路土的西沿相邻。平面呈长方形，东西 6 米，南北 4.5 米，高 0.8 米。

台基内地层：第①层，深灰色土，深厚 0.4 米。土质稍散，内含植物根茎、碎瓦片。第②层，浅灰色土，深 0.4～1.2 米，厚 0.8 米。土质松散，干燥，内含碎砖块、黑炭渣点、白灰颗粒。第③层，浅黄色土，深 1.2～3.1 为米，厚 1.9 米。土质松散，干燥，内含碎砖块、外素内布纹瓦片、黑炭渣点、白灰颗粒、黑淤泥土、水锈纹斑等。该层下见深黄色沙质生土层，停探。

台基外地层：第①层，深灰色土，深厚 0.5 米。土质松散，干燥，内含植物根茎、碎砖块、白灰颗粒、黑炭渣点。第②层，浅黄色土，深 0.5～2.8 米，厚 2.3 米。土质松散，干燥，内含草木灰、黑炭渣点、外素内布纹瓦片。该层下见深黄色沙质生土层。

F225 台基

位于外城南部，东西第五街西端北侧，房址的南沿南距东西第五街路土北沿 7 米。平面呈"⌐"形，东西 11 ~ 24 米，南北 45 米，高 0.4 米。

台基内地层：第①层，深灰色土，深厚 0.4 米。土质松散，干燥，内含植物根茎、黑炭渣点。第②层，浅灰色土，深 0.4 ~ 1.8 米，厚 1.4 米。土质松散，干燥，内含黑炭渣点、白灰颗粒、动物骨骼。第③层，浅黄色土，深 1.8 ~ 2.4 米，厚 0.6 米。土质松散，干燥，内含红烧土颗粒、黑炭渣点。该层下见深黄色沙质生土层，停探。

台基外地层：第①层，深灰色土，深厚 0.5 米。土质松散，干燥，内含植物根茎、黑炭渣点。第②层，浅灰色土，深 0.5 ~ 1.7 米，厚 1.2 米。土质松散，干燥，内含黑炭渣点、碎石块、铁钉、黑炭渣颗粒。第③层，浅黄色土，深 1.7 ~ 2.3 米，厚 0.6 米。土质稍硬，内含黑淤泥土、水锈纹。该层下见深黄色沙质生土层，停探。

F226 台基

位于外城南部，南北第三街与东西第五街交会处的西北角。平面呈长方形，东西 11 米，南北 7 米，高 0.7 米。

台基内地层：第①层，深灰色土，深厚 0.4 米。土质松散，内含植物根茎和微量白灰点。第②层，浅灰色土，深 0.4 ~ 1.1 米，厚 0.7 米。土质松散，干燥，内含微量白灰点和黑炭渣点。第③层，浅黄色土，深 1.1 ~ 3.4 米，厚 2.3 米。内含少量动物骨骼和微量黑炭渣点、炭灰、水锈纹淤泥。

台基外地层：第①层，深灰色土，深厚 0.5 米。土质松散，干燥，内含植物根茎。第②层，浅黄色土，深 0.5 ~ 3.7 米。厚 3.2 米。土质松散，内含稍多炭灰、少量动物骨骼、碎砖块、微量黑炭渣点、红烧土颗粒、白灰点、青釉瓷残片。该层下见白色沙质生土，停探。

F227 台基

位于外城南部，南北第三街中端的西侧。平面呈长方形，东西 22 米，南北 13 米，高 0.5 米。

台基内地层：第①层，深灰色土，深厚 0.5 米，土质松散，干燥，内含植物根茎和少量碎砖块。第②层，浅灰黄色土，深 0.5 ~ 2.5 米，厚 2 米。土质松散，干燥，内含少量碎砖块和微量黑炭渣点、白灰点。第③层，浅黄色土，深 2.5 ~ 4 米，厚 1.5 米。土质稍硬，内含少量白釉瓷片、酱釉瓷片、陶片、动物骨骼、黑炭渣点。该层下见深黄色沙质生土，停探。

台基外地层：第①层，深灰色土，深厚 0.4 米。土质松散，干燥，内含植物根茎和微量白灰点。第②层，浅黄色土，深 0.4 ~ 3 米，厚 2.6 米。土质松散，干燥，内含少量碎砖块和微量白灰点、黑炭渣点、水锈纹淤泥。该层下见深黄色沙质生土，停探。

F228 台基

位于外城中西部，南北第三街的西侧，房址的东沿与南北第三街路土的西沿相邻。平面呈长方形，东西 12 米，南北 8 米，高 0.3 米。

台基内地层：第①层，深灰色土，深厚 0.3 米。土质松散，干燥，内含植物根茎和微量白灰点、动物骨骼。第②层，灰褐色土，深 0.3 ~ 1.1 米，厚 0.8 米。土质松软，内含微量白灰点、黑炭渣点、水锈斑点。该层下见深黄色沙质土，停探。

台基外地层：第①层，深灰色土，深厚 0.4 米。土质松散，干燥，内含植物根茎和微量白灰点。

第②层，灰褐色土，深 0.4 ~ 1.3 米，厚 0.9 米。土质较硬，干燥，内含微量白灰点和黑炭渣点。第③层，浅黄色土，深 1.3 ~ 1.9 米，厚 0.6 米。土质稍硬，内含微量黑炭渣点、白灰点和水锈纹。该层下见深黄色沙质土，停探。

F229 台基

位于外城中西部，南北第三街的西侧。平面呈长方形，东西 3 米，南北 4 米，高 0.4 米。

台基内地层：第①层，深灰色土，深厚 0.4 米。土质松散，干燥，内含少量碎砖石块和微量黑炭渣点。第②层，浅黄色土，深 0.4 ~ 1.8 米，厚 1.4 米。土质稍硬，内含少量红烧土和微量黑炭渣点、白灰点。该层下见深黄色沙质土，停探。

台基外地层：第①层，深灰色土，深厚 0.4 米。土质松散，干燥，内含植物根茎和少量碎砖块。第②层，浅灰色土，深 0.4 ~ 1.2 米，厚 0.8 米。土质松散，内含少量碎砖块和微量黑炭渣点。第③层，浅黄色土，深 1.2 ~ 1.8 米，厚 0.6 米。土质稍硬，内含微量黑炭渣点和白灰点。该层下见深黄色沙质土，停探。

F230 台基

位于外城中西部，南北第三街的西侧，房址的东沿与南北第三街路土的西沿相邻。平面呈不规则长方形，东西 38 米，南北 8 ~ 36 米，高 0.8 米。

台基内地层：第①层，深灰色土，深厚 0.4 米。土质稍松，内含植物根茎和微量黑炭渣点。第②层，浅灰色土，深 0.4 ~ 1.2 米，厚 0.8 米。土质稍硬，内含少量青釉瓷片和微量黑炭渣点。第③层，浅黄色土，深 1.2 ~ 1.8 米，厚 0.6 米。土质较硬，内含少量黑釉瓷片和微量白灰点。该层下见深黄色沙质土，停探。

台基外地层：第①层，深灰色土，深厚 0.3 米。土质松散，干燥，内含植物根茎和少量碎砖块。第②层，浅黄色土，深 0.3 ~ 1.7 米，厚 1.4 米。土质松散，内含少量碎砖块和微量白灰点、黑炭渣点。

F231 台基

位于外城中西部，南北第三街的西侧，房址的南沿与南北第三街西侧支线路土的北沿相邻。平面呈不规则长方形，东西 35 米，南北 16 ~ 36 米，高 1.5 米。

台基内地层：第①层，深灰色土，深厚 0.3 米。土质松散，干燥，内含有植物根茎和微量白灰点。第②层，浅黄色土，深 0.3 ~ 1.8 米，厚 1.5 米。土质松散，内含少量碎砖块和微量白灰点、黑炭渣点。该层下见深黄色沙质生土层，停探。

台基外地层：第①层，深灰色土，深厚 0.6 米。土质松散，干燥，内含植物根茎和微量白灰点、黑炭渣点。第②层，浅黄色土，深 0.6 ~ 1.5 米，厚 0.9 米。土质稍硬，内含少量碎砖块和微量草木灰、红烧土颗粒、白灰点、黑炭渣点。该层下见深黄色沙质生土层，停探。

F232 台基

位于外城中西部，南北第三街与东西第六街交会处的东南角，房址的西沿与南北第三街路土的东沿相邻。平面呈不规则长方形，东西 26 ~ 36 米，南北 44 米，高 0.8 米。

台基内地层：第①层，深灰色土，深厚 0.8 米。土质松散，干燥，内含植物根茎，少量白灰颗粒。第②层，浅黄色土，深 0.8 ~ 3 米，厚 2.2 米。土质松散，干燥，内含黑炭灰、白灰颗粒、动物骨骼、黑淤泥、水锈纹。该层下见黄白色沙质土，见水不带，停探。

台基外地层：第①层，深灰色土，深厚 0.5 米。土质松散，干燥，内含植物根茎、白灰颗粒、碎陶片。第②层，浅黄色土，深 0.5 ～ 1 米，厚 0.5 米。土质松散，干燥，内含黑炭灰。第③层，浅黄色土，深 1 ～ 2.8 米，厚 1.8 米。土质稍硬，内含黑炭渣点、白灰颗粒。该层下见黑淤泥层，湿软不带，停探。

F233 台基

位于外城中西部，南北第三街东侧。平面呈长方形，东西 10 米，南北 8 米，高 0.8 米。

台基内地层：第①层，深灰色土，深厚 0.8 米。土质松散，干燥，内含植物根茎，较多碎砖瓦片、白灰点、黑炭渣点。第②层，浅黄色土，深 0.8 ～ 3.2 米，厚 2.4 米。土质松散，干燥，内含碎砖块、白灰颗粒、黑炭渣点、动物骨骼、黑淤泥土。该层下见黑色淤泥层，湿软不带，停探。

台基外地层：第①层，深灰色土，深厚 0.6 米。土质松散，干燥，内含植物根茎、碎砖瓦片、白灰颗粒。第②层，浅黄色土，深 0.6 ～ 1.3 米，厚 0.7 米。土质松散，干燥，内含白灰颗粒、黑炭渣点。第③层，浅黄色土，深 1.3 ～ 2.8 米，厚 1.5 米。土质稍散，干燥，内含动物骨骼、白灰颗粒、黑炭渣点、黑淤泥土。该层下见深黄色沙质生土层，停探。

F234 台基

位于外城中西部，南北第三街的中南部东侧。平面呈长方形，东西 13 米，南北 11.4 米，高 0.3 米。

台基内地层：第①层，深灰色土，深厚 0.3 米。土质松散，干燥，内含植物根茎和少量碎砖渣点。第②层，浅黄色土，深 0.3 ～ 2.9 米，厚 2.6 米。土质稍硬，内含少量动物骨骼和微量白灰颗粒、黑炭渣点、碎砖渣。该层下见深黄色沙质生土层，停探。

台基外地层：第①层，深灰色土，深厚 0.4 米。土质松散，干燥，内含植物根茎，少量碎砖块。第②层，浅黄色土，深 0.4 ～ 2.6 米，厚 2.2 米。土质松散，内含少量碎石块、草木灰和微量白灰点、黑炭渣点。该层下见深黄色沙质生土层，停探。

F235 台基

位于外城中西部，南北第三街与东西第五街交会处的东南角。平面呈长方形，东西 23 米，南北 14 米，高 0.8 米。

台基内地层：第①层，深灰色土，深厚 0.8 米。土质松散，干燥，内含植物根茎和少量碎砖石。第②层，浅黄色土，深 0.8 ～ 2.8 米，厚 2 米。内含少量草木灰和微量黑炭渣点、白灰点、动物骨骼。该层下见深黄色沙质生土层，停探。

台基外地层：第①层，浅黄色土，深厚 0.7 米。土质松散，干燥，内含少量骨渣和微量白灰点。第②层，浅灰色土，深 0.7 ～ 1.1 米，厚 0.4 米。土质松软，内含少量动物骨骼和微量白灰颗粒、黑炭渣点。第③层，深灰色土，深 1.1 ～ 2.6 米，厚 1.5 米。土质稍硬，内含少量陶片、动物骨骼、白釉瓷片和微量黑炭渣点。该层下见深黄色沙质生土层，停探。

F236 台基

位于外城中西部，南北第五街西端北侧。平面呈长方形，东西 5 ～ 14 米，南北 36 米，高 0.6 米。

台基内地层：第①层，深灰色土，深厚 0.6 米。土质松散，干燥，内含植物根茎，少量碎砖块，微量白灰颗粒、黑炭渣点。第②层，浅黄色土，深 0.6 ～ 2.3 米，厚 1.7 米。土质稍硬，内含水锈纹淤泥和微量黑炭渣点、白灰点。该层下见深黄色沙质生土层，停探。

台基外地层：第①层，深灰色土，深厚 0.3 米。土质稍松，干燥，内含植物根茎和少量碎砖块。第②层，浅黄色土，深 0.3 ~ 2.2 米，厚 1.9 米。土质一般，内含稍多碎砖块和微量白灰颗粒、黑炭渣点、红烧土颗粒。该层下见深黄色沙质生土层，停探。

F237 台基

位于外城中西部，东西第五街西端北侧，房址的南沿与东西第五街路土北沿相邻。平面呈长方形，东西 9 米，南北 12 米，高 0.4 米。

台基内地层：第①层，深灰色土，深厚 0.4 米。土质松散，内含植物根茎和少量碎砖块。第②层，浅黄色土，深 0.4 ~ 2.8 米，厚 1.4 米。土质稍硬，内含少量白灰颗粒、黑炭渣点和水锈纹淤泥土。该层下见深黄色沙质生土层，停探。

台基外地层：第①层，深灰色土，深厚 0.8 米。土质稍松，干燥，内含植物根茎和少量动物骨骼。第②层，浅黄色土，深 0.8 ~ 2.4 米，厚 1.6 米。土质一般，内含少量动物骨骼、黑炭渣点、白灰颗粒和水锈纹淤泥块。该层下见深黄色沙质生土层，停探。

F238 台基

位于外城中西部，东西第五街西端北侧，房址的南沿与东西第五街路土北沿相邻。平面呈不规则长方形，东西 9 ~ 14 米，南北 6 ~ 18 米，高 0.7 米。

台基内地层：第①层，深灰色土，深厚 0.7 米。土质松散，干燥，内含植物根茎和少量碎砖块、动物骨骼。第②层，浅黄色土，深 0.7 ~ 2.3 米，厚 1.6 米。土质稍硬，内含少量碎砖渣点、黑炭渣点、白灰点和水锈纹淤泥块。该层下见深黄色沙质生土层，停探。

台基外地层：第①层，深灰色土，深厚 0.8 米。土质稍松软，内含植物根茎和少量碎块、动物骨骼。第②层，浅黄色土，深 0.8 ~ 2.7 米，厚 1.9 米。土质松软，内含少量动物骨骼、黑炭渣点、白灰点、红烧土颗粒和水锈纹淤泥块。该层下见深黄色沙质生土层，停探。

F239 台基

位于外城中西部，东西第五街西端北侧，房址的南沿与东西第五街北支线路土的北沿相邻。平面呈长方形，东西 8 米，南北 10 米，高 0.3 米。

台基内地层：第①层，深灰色土，深厚 0.3 米，土质稍松，干燥，内含植物根茎和少量碎砖块、白灰点。第②层，浅黄色土，深 0.3 ~ 2.7 米，厚 2.4 米。土质稍硬，内含少量动物骨骼、酱釉瓷片、白灰颗粒、碎砖渣颗粒、黑炭渣颗粒和水锈纹淤泥块。该层下见水不带，停探。

F240 台基

位于外城中西部，东西第五街中端北侧。平面呈方形，边长 12 米，高 1.2 米。

台基内地层：第①层，深灰色土，深厚 0.4 米。土质松散，干燥，内含少量碎砖块、陶片。第②层，浅黄色土，深 0.4 ~ 2.2 米，厚 1.8 米。土质一般，内含少量动物骨骼、白灰颗粒、黑炭渣点、碎砖块和水锈纹淤泥块。该层下见深黄色沙质生土层，停探。

台基外地层：第①层，深灰色土，深厚 0.3 米。土质一般，内含植物根茎和少量碎砖块。第②层，浅黄色土，深 0.3 ~ 2.2 米，厚 1.9 米。土质稍松，内含少量碎砖块、白灰颗粒、黑炭渣点和水锈纹淤泥块。该层下见深黄色沙质生土层，停探。

F241 台基

位于外城中西部，东西第五街中端北侧，北距 3 号水坑 8 米。平面呈长方形，东西 47 米，南北 6 米，高 1.8 米。

台基内地层：第①层，深灰色土，深厚 0.4 米。土质松散，干燥，内含植物根茎和少量碎砖块。第②层，浅黄色土，深 0.4 ~ 2.2 米，厚 1.8 米。土质稍硬，内含少量动物骨骼和微量黑炭渣点。第③层，黑淤泥土，深 2.2 ~ 2.3 米，厚 0.1 米。土质密实，该层下见水不带，停探。

台基外地层：第①层，深灰色土，深厚 0.5 米。土质松散，干燥，内含植物根茎和微量白灰颗粒。第②层，浅黄色土，深 0.5 ~ 2 米，厚 1.5 米。土质一般，内含微量黑炭渣点。第③层，黑淤泥土，深 2 ~ 2.4 米，厚 0.4 米。土质松软，较净。2.4 米以下见水不带，停探。

F242 台基

位于外城中西部，东西第五街中端北侧。平面呈长方形，东西 6.5 ~ 8 米，南北 31 米，高 0.4 米。

台基内地层：第①层，深灰色土，深厚 0.4 米。土质稍松，内含植物根茎和少量碎砖块。第②层，浅黄色土，深 0.4 ~ 2.1 米，厚 1.7 米。土质一般，内含水锈纹淤泥和少量碎砖渣点、白灰点。该层下见灰白色沙质生土层，停探。

台基外地层：第①层，深灰色土，深厚 0.8 米。土质松散，干燥，内含植物根茎和少量碎砖块、白灰点。第②层，浅黄色土，深 0.8 ~ 1.6 米，厚 0.8 米。土质稍松，内含水锈纹淤泥土。该层下见灰白色沙质生土层，停探。

F243 台基

位于外城中西部，东西第六街中端南侧。平面呈长方形，东西 7 米，南北 12.3 米，高 0.8 米。

台基内地层：第①层，深灰色土，深厚 0.5 米。土质松散，干燥，内含少量碎砖石块和白灰颗粒。第②层，浅黄色土，深 0.5 ~ 1.3 米，厚 0.8 米。土质稍硬，内含水锈纹淤泥和少量黑炭渣点、白灰颗粒。该层下见深黄色生土层，停探。

台基外地层：第①层，深灰色土，深厚 0.4 米。土质稍松，干燥，内含植物根茎和少量碎砖块、白灰点。第②层，浅黄色土，深 0.4 ~ 1.2 米，厚 0.8 米。土质松散，内含少量白灰点和黑炭渣点。该层下见深黄色沙质生土层，停探。

F244 台基

位于外城中西部，东西第六街中端南侧。平面呈长方形，东西 6 米，南北 9 米，高 0.9 米。

台基内地层：第①层，深灰色土，深厚 0.5 米。土质一般，内含植物根茎和少量白灰点。第②层，浅黄色土，深 0.5 ~ 1.4 米，厚 0.9 米。土质稍硬，内含少量黑炭点、白灰点和水锈纹淤泥块。该层下见深黄色沙质生土层，停探。

台基外地层：第①层，深灰色土，深厚 0.4 米。土质稍松，干燥，内含植物根茎和少量碎砖块、白灰颗粒。第②层，浅黄色土，深 0.4 ~ 1.3 米，厚 0.9 米。土质一般，内含少量黑炭渣点和白灰点。该层下见深黄色沙质生土层，停探。

F245 台基

位于外城中西部，东西第六街中端南侧。平面呈长方形，东西 12 米，南北 15 米，高 1.5 米。

台基内地层：第①层，深灰色土，深厚 0.5 米。土质稍松，内含植物根茎和少量碎砖块、白灰点。

第②层，浅黄色土，深 0.5～2.5 米，厚 2 米。土质稍硬，内含少量碎砖渣点和白灰点。该层下见深黄色沙质生土层，停探。

台基外地层：第①层，深灰色土，深厚 0.9 米。土质稍松，干燥，内含植物根茎和少量碎砖块、白灰颗粒。第②层，浅黄色土，深 0.9～1.4 米，厚 0.5 米。土质一般，内含水锈纹淤泥块。该层下见深黄色沙质生土层，停探。

F246 台基

位于外城中西部，东西第五街中端北侧。平面呈长方形，东西 6 米，南北 14 米，高 0.6 米。

台基内地层：第①层，深灰色土，深厚 0.6 米。土质松散，干燥，内含植物根茎和少量碎砖块、白灰点。第②层，浅黄色土，深 0.6～2.2 米，厚 1.6 米。土质稍硬，内含少量碎砖瓦渣点和水锈纹淤泥。该层下见深黄色沙质生土层，停探。

台基外地层：第①层，深灰色土，深厚 0.5 米。土质稍松，干燥，内含少量碎砖瓦片和白灰颗粒。第②层，浅黄色土，深 0.5～2.5 米，厚 2 米。土质一般，内含水锈纹淤泥。该层下见深黄色沙质生土层，停探。

F247 台基

位于外城中西部，东西第五街中端北侧。平面呈长方形，东西 12 米，南北 6 米，高 0.8 米。

台基内地层：第①层，深灰色土，深厚 0.8 米。土质松散，干燥，内含植物根茎和少量碎砖块、白灰颗粒。第②层，浅黄色土，深 0.8～1.7 米，厚 0.9 米。土质稍硬，内含少量动物骨骼、黑炭渣和水锈纹淤泥。该层下见深黄色沙质生土层，停探。

F248 台基

位于外城中西部，东西第五街中端北侧。平面呈长方形，东西 8 米，南北 16 米，高 1.3 米。

台基内地层：第①层，深灰色土，深厚 0.3 米。土质松散，干燥，内含植物根茎。第②层，浅黄色土，深 0.3～2.3 米，厚 2 米。土质松软，内含较多红烧土颗粒、白灰点和水锈纹淤泥。该层下见深黄色沙质生土层，停探。

台基外地层：第①层，深灰色土，深厚 0.4 米。土质松散，干燥，内含植物根茎。第②层，浅灰色土，深 0.4～0.9 米，厚 0.5 米。土质一般，内含少量白灰点。第③层，浅黄色土，深 0.9～1.9 米，厚 1 米。土质一般，内含少量黑炭渣点、白灰点和水锈纹淤泥。该层下见灰白色沙质生土层，停探。

F249 台基

位于外城中西部，东西第五街中端北侧。平面呈不规则长方形，东西 5～11 米，南北 12～16 米，高 1.2 米。

台基内地层：第①层，深灰色土，深厚 0.4 米。土质松散，干燥，内含少量碎砖块和白灰点。第②层，浅黄色土，深 0.4～1.6 米，厚 1.2 米。土质松散，干燥，内含少量黑炭渣点、白灰点、碎陶片和铁器残片。第③层，深黄色土，深 1.6～2.6 米，厚 1 米。土质一般，内含少量黑炭渣点和水锈纹淤泥。该层下见黄色生土层，停探。

台基外地层：第①层，深灰色土，深厚 0.9 米。土质松散，干燥，内含植物根茎和少量黑炭渣点、白灰点。第②层，浅黄色土，深 0.9～2 米，厚 1.1 米。土质一般，内含少量黑炭渣点和水锈纹淤泥。该层下见黄色生土层，停探。

F250 台基

位于外城中西部，东西第五街中端北侧。平面呈长方形，东西 16 米，南北 8 米，高 0.8 米。

台基内地层：第①层，深灰色土，深厚 0.8 米。土质松散，干燥，内含植物根茎和少量碎砖块、白灰颗粒。第②层，浅黄色土，深 0.8 ~ 2.8 米，厚 2 米。土质松软，内含黑炭渣点、白灰点和水锈纹淤泥块。该层下见灰白色沙质生土层，停探。

台基外地层：第①层，深灰色土，深厚 0.8 米。土质松散，干燥，内含植物根茎和少量碎砖块。第②层，浅黄色土，深 0.8 ~ 2.7 米，厚 1.9 米。土质一般，内含少量动物骨骼、青瓷片、黑炭渣点和水锈纹淤泥块。该层下见灰白色沙质生土层，停探。

F251 台基

位于外城中西部，东西第五街中端北侧。平面呈长方形，东西 20 米，南北 10 米，高 1.6 米。

台基内地层：第①层，深灰色土，深厚 0.5 米。土质松散，干燥，内含植物根茎。第②层，浅灰色土，深 0.5 ~ 2.1 米，厚 1.6 米。土质松散，干燥，内含草木灰和红烧土颗粒。第③层，浅黄色土，深 2.1 ~ 3.1 米，厚 1 米。土质稍软，较净，内含水锈纹淤泥。该层下见灰白色沙质生土层，停探。

台基外地层：第①层，深灰色土，深厚 0.4 米。土质稍松，干燥，内含植物根茎。第②层，浅黄色土，深 0.4 ~ 2.1 米，厚 1.7 米。土质松软，较净，内含微量黑炭渣点。该层下见灰白色沙质生土层，停探。

F252 台基

位于外城中西部，东西第五街中端北侧。平面呈不规则长方形，东西 11 ~ 15 米，南北 8 ~ 24 米，高 0.7 米。

台基内地层：第①层，深灰色土，深厚 0.3 米。土质松散，干燥，内含植物根茎。第②层，浅灰色土，深 0.3 ~ 1 米，厚 0.7 米。土质松散，干燥，内含少量动物骨骼和碎砖块。第③层，浅黄色土，深 1 ~ 2.6 米，厚 1.6 米。土质稍松，内含少量黑炭渣点、白灰点和水锈纹淤泥。该层下见深黄色沙质生土层，停探。

台基外地层：第①层，深灰色土，深厚 0.7 米。土质稍松，干燥，内含少量碎砖块和白灰颗粒。第②层，浅黄色土，深 0.7 ~ 2.2 米，厚 1.5 米。土质一般，内含少量黑炭渣点和水锈纹淤泥。该层下见深黄色沙质生土层，停探。

F253 台基

位于外城中西部，东西第五街中端北侧。平面呈长方形，东西 14 米，南北 12 米，高 1.2 米。

台基内地层：第①层，深灰色土，深厚 0.5 米。土质稍松，干燥，内含植物根茎和少量白灰颗粒。第②层，浅黄色土，深 0.5 ~ 2.4 米，厚 1.9 米。土质稍硬，密实，内含少量碎砖块、白灰点和水锈纹淤泥。该层下见深黄色沙质生土层，停探。

台基外地层：第①层，深灰色土，深厚 0.6 米。土质松散，内含植物根茎和少量白灰颗粒。第②层，浅黄色土，深 0.6 ~ 2.3 米，厚 1.7 米。土质稍硬，内含少量碎砖块、红烧土颗粒、白灰点颗粒、白釉瓷片和水锈纹淤泥。该层下见深黄色沙质生土层，停探。

F254 台基

位于外城中西部，东西第五街中端北侧。平面呈不规则长方形，东西 16 ~ 30 米，南北 9 ~ 23 米，高 1.5 米。

　　台基内地层：第①层，深灰色土，深厚 0.4 米。土质松散，干燥，内含植物根茎和少量碎砖块。第②层，浅黄色土，深 0.4 ~ 3.4 米，厚 3 米。土质稍硬，密实，内含少量黑炭渣点和水锈纹淤泥。该层下见深黄色沙质生土层，停探。

　　台基外地层：第①层，深灰色土，深厚 0.5 米。土质稍松，干燥，内含植物根茎和少量碎砖块。第②层，浅黄色土，深 0.5 ~ 2.7 米，厚 2.2 米。土质松软，内含少量黑炭渣点和白灰点。该层下见深黄色沙质生土层，停探。

F255 台基

　　位于外城中西部，东西第五街中端北侧，房址东沿与南北第四街路土的西沿相邻，南沿与东西第五街路土的北沿相邻。不规则长方形建筑群，东西 113 米，南北 94 米，高 1.7 米。

　　台基内地层：第①层，深灰色土，深厚 0.4 米。土质松散，干燥，内含植物根茎和少量碎砖块、白灰颗粒。第②层，浅灰色土，深 0.4 ~ 1 米，厚 0.6 米。土质稍松，内含少量碎砖块和白灰颗粒。第③层，浅黄色土，深 1 ~ 3.8 米，厚 2.8 米。土质稍松，内含少量白灰颗粒、白釉瓷片、水锈纹淤泥。该层下见深黄色沙质生土层，停探。

　　台基外地层：第①层，深灰色土，深厚 0.4 米。土质松散，内含植物根茎和少量碎砖块。第②层，浅黄色土，深 0.4 ~ 1.1 米，厚 0.7 米。土质松散，干燥，内含少量黑炭渣点和碎砖块。第③层，浅黄色土，深 1.1 ~ 3.3 米，厚 2.2 米。土质松散，内含少量黑炭渣点、白灰点、碎陶片、水锈纹淤泥、动物骨骼。该层下见深黄色沙质生土层，停探。

F256 台基

　　位于外城中西部，南北第七街南端西侧。平面呈长方形，东西 6 米，南北 3 米，高 0.5 米。

　　台基内地层：第①层，深灰色土，深厚 0.5 米。土质松散，干燥，内含植物根茎，较多碎砖块瓦片、黑炭渣点、白灰颗粒。第②层，浅灰色土，深 0.5 ~ 1.1 米，厚 0.6 米。土质稍硬，内含较多砖块、外素内布纹瓦片、红烧土颗粒。第③层，浅黄色土，深 1.1 ~ 2.8 米，厚 1.7 米。土质稍硬，内含动物骨骼和较多砖瓦片、黑炭渣点、红烧土颗粒。该层下见砖瓦渣堆积，停探。

　　台基外地层：第①层，深灰色土，深厚 0.8 米。土质松散，干燥，内含植物根茎、碎砖块、青釉瓷片、白灰颗粒。第②层，浅黄色土，深 0.8 ~ 2.7 米，厚 1.9 米。土质稍硬，干燥，内含碎砖块、外素内布纹瓦片、黑炭渣点、黑淤泥土、水锈斑。该层下见黑淤泥堆积层，湿软不带，停探。

F257 台基

　　位于外城中部，东西第五街与南北第四街交会处的西北角处。平面呈长方形，东西 28 米，南北 7 ~ 12 米，高 0.6 米。

　　台基内地层：第①层，深灰色土，深厚 0.5 米。土质松散，干燥，内含植物根茎，少量碎砖块、外素内布纹瓦片、白灰颗粒。第②层，浅灰色土，深 0.5 ~ 1.1 米，厚 0.6 米。土质松散，干燥，内含碎砖块、黑炭渣点。第③层，浅黄色土，深 1.1 ~ 3.7 米，厚 2.6 米。土质松散，干燥，内含黑炭渣点、白灰颗粒、黑淤泥、水锈纹斑。该层下见水不带，停探。

　　台基外地层：第①层，深灰色土，深厚 0.4 米。土质松散，干燥，内含植物根茎、碎砖块、白灰颗粒。第②层，浅灰色土，深 0.4 ~ 1 米，厚 0.6 米。土质松散，干燥，内含白灰颗粒和少量青釉瓷片碎渣。第③层，浅黄色土，深 1 ~ 3.7 米，厚 2.7 米。土质较硬，密实，内含黑炭渣点、黑淤泥块、水锈纹斑。该层下见水不带，停探。

F258 台基

位于外城中部，东西第五街中端北侧。平面呈长方形，东西 12 米，南北 10 米，高 0.4 米。

台基内地层：第①层，深灰色土，深厚 0.4 米。土质松散，干燥，内含植物根茎和少量碎砖块、白灰颗粒。 第②层，浅黄色土，深 0.4 ~ 2.3 米，厚 1.9 米。土质稍硬，内含少量白灰点。该层下见深黄色沙质生土层，停探。

台基外地层：第①层，深黄色土，深厚 0.4 米。土质松软，内含植物根茎和少量白灰点。第②层，浅黄色土，深 0.4 ~ 2.4 米，厚 2 米。土质松散，干燥，内含少量白灰点、水锈纹淤泥。该层下见深黄色沙质生土层，停探。

F259 台基

位于外城中部，东西第五街中端北侧。平面呈长方形，东西 10 米，南北 17 米，高 0.6 米。

台基内地层：第①层，深灰色土，深厚 0.6 米。土质稍松，干燥，内含植物根茎和少量碎砖块、动物骨骼、白灰颗粒。第②层，浅黄色土，深 0.6 米 ~ 3 米，厚 2.4 米。土质稍硬，内含少量黑炭渣点和水锈纹淤泥。该层下见灰白色沙质生土层，停探。

台基外地层：第①层，深灰色土，深厚 0.5 米。土质稍松，干燥，内含植物根茎和少量碎砖块、白灰点。第②层，浅黄色土，深 0.5 ~ 2.6 米，厚 2.1 米。土质一般，内含少量白灰点和水锈纹淤泥。该层下见深黄色沙质生土层，停探。

F260 台基

位于外城中部，东西第五街中端北侧。平面呈长方形，东西 9 米，南北 16 米，高 0.4 米。

台基内地层：第①层，深灰色土，深厚 0.4 米。土质稍松，干燥，内含植物根茎和少量碎砖块。第②层，浅黄色土，深 0.4 ~ 2.8 米，厚 2.4 米。土质稍硬，密实，内含少量动物骨骼、黑炭渣点、白灰点、水锈纹淤泥。该层下见深黄色沙质生土层，停探。

台基外地层：第①层，深灰色土，深厚 0.4 米。土质松散，干燥，内含植物根茎。第②层，浅黄色土，深 0.4 ~ 2.1 米，厚 1.7 米。土质一般，内含少量黑炭渣点和白灰点。该层下见深黄色沙质生土层，停探。

F261 台基

位于外城中部，东西第五街中端北侧。平面呈长方形，东西 12 米，南北 7 米，高 0.8 米。

台基内地层：第①层，深灰色土，深厚 0.4 米，土质松散，干燥，内含少量碎砖块和水锈纹淤泥。第②层，浅黄色土，深 0.4 ~ 1.9 米，厚 1.5 米。土质稍硬，内含少量碎砖块和水锈纹淤泥。该层下见深黄色沙质生土层，停探。

台基外地层：第①层，深灰色土，深厚 0.4 米，土质松散，干燥，内含植物根茎和少量碎砖块、白灰点。第②层，浅黄色土，深 0.4 ~ 1.7 米，厚 1.3 米。土质松软，内含少量白灰点、水锈纹淤泥。该层下见深黄色沙质生土层，停探。

F262 台基

位于外城中部，东西第六街中端南侧。平面呈长方形，东西 10 米，南北 11 米，高 0.6 米。

台基内地层：第①层，深灰色土，深厚 0.4 米。土质稍松，内含植物根茎和少量黑炭渣点。第②层，浅灰色土，深 0.4 ~ 1 米，厚 0.6 米。土质松散，干燥，内含少量动物骨骼、黑炭渣点和白灰颗粒。

第③层，浅黄色土，深 1 ~ 1.6 米，厚 0.6 米。土质稍硬，密实，内含少量黑炭渣点、动物骨骼和水锈斑点。该层下见深黄色沙质生土层，停探。

台基外地层：第①层，深灰色土，深厚 0.4 米。土质松散，内含植物根茎和少量碎砖块。第②层，浅灰色土，深 0.4 ~ 1 米，厚 0.6 米。土质稍松，内含少量动物骨骼、黑灰块、白灰块。第③层，浅黄色土，深 1 ~ 2.5 米，厚 1.5 米。土质稍硬，密实，内含少量黑炭渣点、水锈斑点和淤泥。该层下见深黄色沙质生土层，停探。

F263 台基

位于外城中部，东西第六街中端南侧。平面呈长方形，东西 14 米，南北 7 米，高 1.5 米。

台基内地层：第①层，浅灰色土，深厚 0.6 米。土质松散，干燥，内含植物根茎和少量碎砖块、白灰颗粒、黑炭渣点。第②层，浅黄色土，深 0.6 ~ 2.1 米，厚 1.5 米。土质稍硬，密实，内含碎石块、红烧土颗粒、黑炭渣点、水锈斑点。该层下见深黄色沙质生土层，停探。

台基外地层：第①层，深灰色土，深厚 0.7 米。土质松散，干燥，内含植物根茎和少量碎砖块、陶片。第②层，浅黄色土，深 0.7 ~ 1.9 米，厚 1.2 米。土质稍硬，内含少量碎沙石块、黑炭渣点。该层下见深黄色沙质生土层，停探。

F264 台基

位于外城中部，东西第六街中端南侧。平面呈长方形，东西 7 米，南北 5 米，高 1 米。

台基内地层：第①层，浅灰色土，深厚 0.8 米。土质松散，干燥，内含植物根茎和少量碎砖块。第②层，浅黄色土，深 0.8 ~ 1.8 米，厚 1 米。土质稍硬，密实，内含少量黑炭渣点和水锈斑点。该层下见深黄色沙质生土层，停探。

台基外地层：第①层，浅灰色土，深厚 0.5 米。土质稍松，内含植物根茎。第②层，浅黄色土，深 0.5 ~ 2 米，厚 1.5 米。土质稍硬，密实，内含少量陶片、黑炭渣点和水锈斑点。该层下见深黄色沙质生土层，停探。

F265 台基

位于外城中部，东西第六街中端南侧。平面呈长方形，东西 5 米，南北 8 米，高 1.2 米。

台基内地层：第①层，浅灰色土，深厚 0.4 米。土质稍松，干燥，内含植物根茎和少量碎砖石块。第②层，浅黄色土，深 0.4 ~ 1.8 米，厚 1.4 米。土质稍硬，密实，内含少量黑炭渣点和水锈斑点。该层下见深黄色沙质生土层，停探。

台基外地层：第①层，深灰色土，深厚 0.5 米。土质较松，干燥，内含植物根茎。第②层，灰褐色土，深 0.5 ~ 1.1 米，厚 0.6 米。土质稍松，内含少量动物骨骼、碎瓷片和黑炭渣点。第③层，浅黄色土，深 1.1 ~ 1.7 米，厚 0.6 米。土质稍硬，内含少量黑炭渣点和水锈斑点。该层下见深黄色沙质生土层，停探。

F266 台基

位于外城中部，东西第六街中端南侧。平面呈长方形，东西 6 米，南北 13 米，高 1.1. 米。

台基内地层：第①层，浅灰色土，深厚 0.7 米。土质松散，干燥，内含少量碎砖块。第②层，浅黄色土，深 0.7 ~ 1.8 米，厚 1.1 米。土质稍硬，密实，内含少量飘浮炭渣点和碎砖颗粒。该层下见深黄色沙质生土层，停探。

台基外地层：第①层，浅灰色土，深厚0.5米。土质稍松，干燥，内含植物根茎和少量陶片、碎砖块。第②层，浅黄色土，深0.5～2米，厚1.5米。土质稍硬，密实，内含少量黑炭渣点、水锈斑点和淤泥。该层下见深黄色沙质生土层，停探。

F267 台基

位于外城中部，东西第六街中端南侧。平面呈长方形，东西8米，南北10米，高0.9米。

台基内地层：第①层，浅灰色土，深厚0.7米。土质松软，内含少量炭灰和植物根茎。第②层，浅黄色土，深0.7～1.6米，厚0.9米。土质稍硬，内含少量黑炭渣颗粒。该层下见深黄色沙质生土层，停探。

台基外地层：第①层，浅灰色土，深厚0.7米。土质松软，内含少量植物根茎。第②层，浅黄色土，深0.7～1.4米，厚0.7米。土质稍松，内含少量黑炭渣颗粒和植物根茎。该层下见深黄色沙质生土层，停探。

F268 台基

位于外城中部，东西第六街中端南侧。平面呈长方形，东西14米，南北11米，高1米。

台基内地层：第①层，浅灰色土，深厚0.6米。土质松散，内含少量白灰颗粒、碎砖瓦颗粒。第②层，浅黄色土，深0.6～1.6米，厚1米。土质密实，内含少量黑炭渣点。该层下见深黄色沙质生土层，停探。

台基外地层：第①层，浅灰色土，深厚0.3米。土质松散，内含少量白灰颗粒、黑炭渣颗粒。第②层，浅灰色土，深0.3～1.5米，厚1.2米。土质较硬，密实，内含少量白灰和植物根茎。该层下见深黄色沙质生土层，停探。

F269 台基

位于外城中部，东西第六街中端南侧。平面呈长方形，东西8米，南北10米，高0.4米。

台基内地层：第①层，深灰色土，深厚0.4米。土质一般，内含植物根茎和少量碎砖石块、铁器碎片。第②层，浅黄色土，深0.4～0.6米，厚0.2米。土质稍硬，内含少量黑炭渣点。第③层，浅黄色土，深0.6～1.9米，厚1.3米。土质稍硬，密实，内含少量黑炭渣点和水锈斑点。该层下见深黄色沙质生土层，停探。

台基外地层：第①层，浅灰色土，深厚0.7米。土质松散，干燥，内含植物根茎和少量黑炭渣点。第②层，浅黄色土，深0.7～1.5米，厚0.8米。土质稍硬，密实，内含少量黑炭渣点和水锈斑点。该层下见深黄色沙质生土层，停探。

F270 台基

位于外城中部，东西第六街中端南侧。平面呈长方形，东西12米，南北8米，高1.1米。

台基内地层：第①层，浅灰色土，深厚0.5米。土质稍松，内含植物根茎。第②层，浅黄色土，深0.5～1.1米，厚0.6米。土质一般，内含少量碎砖块和水锈斑点。第③层，灰褐色土，深1.1～1.7米，厚0.6米。土质稍硬，密实，内含少量水锈斑点和淤泥。该层下见深黄色沙质生土层，停探。

台基外地层：第①层，浅灰色土，深厚0.5米。土质稍松，内含植物根茎。第②层，浅黄色土，深0.5～1.8米，厚1.3米。土质稍松，内含少量黑炭渣点和水锈斑点。该层下见深黄色沙质生土层，停探。

F271 台基

位于外城中部，东西第六街中端南侧。平面呈长方形，东西 12 米，南北 13 米，高 0.5 米。

台基内地层：第①层，深灰色土，深厚 0.3 米。土质稍松，内含植物根茎。第②层，浅灰色土，深 0.3 ~ 0.8 米，厚 0.5 米。土质稍松，干燥，内含少量碎砖块和白灰颗粒。第③层，浅黄色土，深 0.8 ~ 2.1 米，厚 1.3 米。土质稍硬，密实，内含少量碎砖块、动物骨骼、黑炭渣点和水锈斑点。该层下见深黄色沙质生土层，停探。

台基外地层：第①层，浅灰色土，深厚 0.4 米。土质稍松，干燥，内含少量砖块和白灰颗粒。第②层，浅黄色土，深 0.4 ~ 2 米，厚 1.6 米。土质稍硬，密实，内含少量黑炭渣点、动物骨骼、水锈斑点。该层下见深黄色沙质生土层，停探。

F272 台基

位于外城中部，东西第六街中端南侧。平面呈长方形，东西 22 米，南北 7 米，高 0.9 米。

台基内地层：第①层，浅灰色土，深厚 0.6 米。土质松散，干燥，内含较多碎砖块、陶片和少量白灰颗粒。第②层，浅黄色土，深 0.6 ~ 1.5 米，厚 0.9 米。土质稍松，内含较多红烧土颗粒和少量黑炭灰颗粒。第③层，深灰色土，深 1.5 ~ 2.3 米，厚 0.8 米。土质稍硬，密实，内含水锈斑点。该层下见深黄色沙质生土层，停探。

台基外地层：第①层，浅灰色土，深厚 0.6 米。土质松散，干燥，内含少量动物骨骼。第②层，浅黄色土，深 0.6 ~ 2.3 米，厚 1.7 米。土质稍硬，密实，内含少量黑炭渣点和水锈斑点。该层下见深黄色沙质生土层，停探。

F273 台基

位于外城中部，东西第六街中端南侧。平面呈长方形，东西 7 米，南北 8 米，高 1.4 米。

台基内地层：第①层，深灰色土，深厚 0.4 米。土质稍松，内含植物根茎和少量碎砖块。第②层，浅黄色土，深 0.4 ~ 1.8 米，厚 1.4 米。土质稍硬，内含少量动物骨骼、黑炭渣点和水锈斑点。该层下见深黄色沙质生土层。

台基外地层：第①层，浅灰色土，深厚 0.4 米。土质稍松，内含植物根茎和少量碎砖块、陶片、动物骨骼。第②层，灰褐色土，深 0.4 ~ 0.9 米，厚 0.5 米。土质一般，内含少量黑炭渣点和白灰颗粒。第③层，浅黄色土，深 0.9 ~ 1.7 米，厚 0.8 米。土质稍硬，密实，内含少量黑炭渣点和水锈斑点。该层下见深黄色沙质生土层，停探。

F274 台基

位于外城中部，东西第六街中端南侧。平面呈长方形，东西 15 米，南北 5 米，高 1.3 米。

台基内地层：第①层，浅灰色土，深厚 0.4 米。土质稍松，干燥，内含植物根茎和少量动物骨骼、碎砖块。第②层，浅黄色土，深 0.4 ~ 2.3 米，厚 1.9 米。土质稍硬，密实，内含少量草木灰、黑炭渣点和红烧土颗粒。该层下见深黄色沙质生土层，停探。

台基外地层：第①层，浅灰色土，深厚 0.5 米。土质松散，干燥，内含少量白灰、植物根茎。第②层，浅黄色土，深 0.5 ~ 1.9 米，厚 1.4 米。土质稍硬，内含少量黑炭灰颗粒、水锈斑点、黑淤泥。该层下见黄色沙质生土层，停探。

F275 台基

位于外城中部，东西第六街中端南侧。平面呈长方形，东西 16 米，南北 9 米，高 0.5 米。

台基内地层：第①层，深灰色土，深厚 0.5 米。土质松散，干燥，内含植物根茎和少量碎砖块、白灰颗粒。第②层，浅黄色土，深 0.5 ~ 2.4 米，厚 1.9 米。土质一般，内含少量黑炭渣点和水锈纹淤泥。该层下见黄色沙土层，停探。

台基外地层：第①层，深灰色土，深厚 0.5 米。土质松散，干燥，内含植物根茎。第②层，深灰色土，深 0.5 ~ 2.3 米，厚 1.8 米。土质一般，内含少量动物骨骼、黑炭渣点、白灰颗粒、碎陶片和水锈纹淤泥。该层下见黄色沙土层，停探。

F276 台基

位于外城中部，南北第四街中端西侧。平面呈长方形，东西 10 米，南北 25 米，高 0.9 米。

台基内地层：第①层，浅灰色土，深厚 0.5 米。土质较松，干燥，内含少量碎砖石块、红烧土颗粒、黑炭渣点等。第②层，浅黄色土，深 0.5 ~ 2.6 米，厚 2.1 米。土质稍硬，密实，内含少量动物骨骼、红烧土块、白灰颗粒、黑炭渣点。该层下见灰白色沙质生土层，停探。

台基外地层：第①层，浅灰色土，深厚 0.4 米。土质松散，干燥，内含植物根茎和少量碎砖块。第②层，浅黄色土，深 0.4 ~ 2.9 米，厚 2.5 米。土质一般，内含少量碎砖块、黑釉瓷片、黑炭渣点和水锈斑淤泥。该层下见深黄色沙质生土层，停探。

F277 台基

位于外城中部，南北第四街中端西侧。平面呈长方形，东西 15 米，南北 6 米，高 0.7 米。

台基内地层：第①层，浅灰色土，深厚 0.4 米。土质稍松，干燥，内含植物根茎。第②层，深灰色土，深 0.4 ~ 1.1 米，厚 0.7 米。土质稍硬，内含少量碎砖块、红烧土块和白灰点。第③层，浅黄色土，深 1.1 ~ 2.6 米，厚 1.5 米。土质一般，内含少量动物骨骼、白釉瓷片、黑炭渣点、水锈纹淤泥。该层下见灰白色沙质生土层，停探。

台基外地层：第①层，深灰色土，深厚 0.4 米。土质稍松，干燥，内含植物根茎。第②层，浅黄色土，深 0.4 ~ 2.6 米，厚 2.2 米。土质稍松，内含少量黑炭渣点、水锈纹淤泥。该层下见黄色沙质生土层，停探。

F278 台基

位于外城中部，南北第四街中端与东西第四街交会处的西南角。平面呈长方形，东西 24 米，南北 10 ~ 16 米，高 0.8 米。

台基内地层：第①层，浅灰色土，深厚 0.4 米。土质稍松，干燥，内含植物根茎和少量碎砖块。第②层，深灰色土，深 0.4 ~ 1.2 米，厚 0.8 米。土质稍硬，内含少量白灰颗粒、黑炭渣点、红烧土颗粒、动物骨骼等。第③层，浅黄色土，深 1.2 ~ 2.6 米，厚 1.4 米。土质一般，内含水锈纹淤泥。该层下见深黄色沙质生土层，停探。

台基外地层：第①层，浅灰色土，深厚 0.5 米。土质稍松，干燥，内含植物根茎和少量白灰点。第②层，深灰色土，深 0.5 ~ 1.5 米，厚 1 米。土质一般，内含少量黑炭渣点、红烧土块、动物骨骼和白灰块。该层下见深黄色沙质生土层，停探。

F279 台基

位于外城中部，东西第六街中端南侧。平面呈长方形，东西 6 米，南北 8 米，高 1.2 米。

台基内地层：第①层，浅灰色土，深厚 0.4 米。土质松散，干燥，内含植物根茎和少量碎砖块。第②层，浅黄色土，深 0.4 ~ 2 米，厚 1.6 米。土质一般，内含水锈淤泥、微量黑炭渣点、白灰点。该层下见深黄色沙质生土层，停探。

台基外地层：第①层，浅灰色土，深厚 0.4 米。土质松散，干燥，内含植物根茎。第②层，浅黄色土，深 0.4 ~ 1.6 米，厚 1.2 米。土质稍硬，内含少量动物骨骼、碎砖块、微量黑炭渣点、白灰点等。该层下见深黄色沙质生土层，停探。

F280 台基

位于外城中部，东西第六街中端南侧。平面呈长方形，东西 7 ~ 11 米，南北 12 米，高 1 米。

台基内地层：第①层，深灰色土，深厚 0.4 米。土质松散，干燥，内含植物根茎和微量黑炭渣点。第②层，浅黄色土，深 0.4 ~ 1.4 米，厚 1 米。土质稍硬，内含微量白灰点、黑炭渣点。该层下见深黄色沙质生土层，停探。

台基外地层：第①层，深灰色土，深厚 0.4 米。土质松散，干燥，内含植物根茎和少量碎砖块。第②层，浅黄色土，深 0.4 ~ 1.4 米，厚 1 米。土质稍硬，内含少量动物骨骼，微量白灰点、黑炭渣点。该层下见深黄色沙质生土层，停探

F281 台基

位于外城中部，东西第六街中端南侧。平面呈长方形，东西 11 米，南北 5 米，高 0.9 米。

台基内地层：第①层，浅灰色土，深厚 0.6 米。土质松散，干燥，内含稍多碎砖石块。第②层，浅黄色土，深 0.6 ~ 2.6 米，厚 2 米。土质稍硬，密实，内含少量红烧土颗粒、动物骨骼、碎瓷片、黑炭渣点、水锈斑点。该层下见深黄色沙质生土层，停探。

台基外地层：第①层，浅灰色土，深厚 0.3 米。土质稍松，内含植物根茎。第②层，深灰色土，深厚 0.3 ~ 1 米，厚 0.7 米。内含少量动物骨骼、黑炭渣点和红烧土颗粒。第③层，浅黄色土，深 1 ~ 1.9 米，厚 0.9 米。土质稍硬，内含少量碎陶片、瓷片、黑炭渣点。该层下见深黄色沙质生土层，停探。

F282 台基

位于外城中东部，南北第四街与东西第六街交会处的东南角处。台基内有两条较明显的砌石基础。平面呈不规则长方形，东西 8 ~ 58 米，南北 8 ~ 26 米，高 1.1 米。

台基内地层：第①层，浅灰色土，深厚 0.4 米。土质一般，内含少量植物根茎。第②层，浅黄色土，深 0.4 ~ 2.9 米，厚 2.5 米。土质稍硬，内含少量红烧土颗粒、白灰颗粒、黑炭渣点和水锈斑淤泥。该层下见深黄色沙质生土层，停探。

台基外地层：第①层，深灰色土，深厚 0.3 米。内含植物根茎和白灰颗粒。第②层，浅灰色土，深 0.3 ~ 1.4 米，厚 1.1 米。土质一般，内含少量动物骨骼、红烧土块、白灰颗粒、黑炭渣点。第③层，浅黄色土，深 1.4 ~ 2.6 米，厚 1.2 米。土质稍硬，密实，内含少量白灰点、黑炭渣点和水锈斑淤泥。该层下见深黄色沙质生土层，停探。

F283 台基

位于外城中东部，南北第四街中部东侧。平面呈长方形，东西 19 米，南北 6 米，高 1.2 米。

台基内地层：第①层，深灰色土，深厚 0.3 米。土质松散，内含植物根茎和少量碎砖块。第②层，灰褐色土，深 0.3～1.2 米，厚 0.9 米。土质松散，干燥，内含少量碎砖块、动物骨骼、微量白灰点、黑炭渣点。第③层，浅黄色土，深 1.2～2.4 米，厚 1.2 米。土质一般，内含少量碎砖块和微量黑炭渣点。该层下见深黄色沙质生土层，停探。

台基外地层：第①层，深灰色土，深厚 0.3 米。土质松散，内含植物根茎和少量碎砖块。第②层，灰褐色土，深 0.3～1.3 米，厚 1 米。土质松散，干燥，内含少量碎砖块、动物骨骼。第③层，浅黄色土，深 1.3～1.8 米，厚 0.5 米。土质一般，内含水锈纹淤泥和微量黑炭渣点。该层下见深黄色沙质生土层，停探。

F284 台基

位于外城中东部，南北第四街中部东侧。平面呈长方形，东西 32 米，南北 6 米，高 0.7 米。

台基内地层：第①层，深灰色土，深厚 0.7 米。土质稍松，干燥，内含植物根茎和少量碎砖块、黑炭渣点、红烧土颗粒、青釉瓷片。第②层，浅黄色土，深 0.7～2.3 米，厚 1.6 米。土质稍硬，内含少量黑炭渣点、水锈斑点和淤泥。该层下见深黄色沙质生土层，停探。

台基外地层：第①层，深灰色土，深厚 0.6 米。土质较松，干燥，内含植物根茎和少量碎砖石块。第②层，浅黄色土，深 0.6～2.4 米，厚 1.8 米。土质稍硬，密实，内含少量动物骨骼、黑炭渣点、水锈斑点、淤泥。该层下见深黄色沙质生土层，停探。

F285 台基

位于外城中东部，南北第四街中部东侧。平面呈方形，边长 10 米，高 1.1 米。

台基内地层：第①层，浅灰色土，深厚 0.6 米。土质稍松，干燥，内含植物根茎和少量碎砖石块、白灰颗粒、黑炭渣点。第②层，浅黄色土，深 0.6～2.3 米，厚 1.7 米。土质稍硬，内含少量动物骨骼、碎砖石块、红烧土颗粒、黑炭渣点和草木灰。该层下见深黄色沙质生土层，停探。

台基外地层：第①层，浅灰色土，深厚 0.6 米。土质松散，干燥，内含少量碎砖石块、白灰颗粒。第②层，浅黄色土，深 0.6～2.5 米，厚 1.9 米。土质松软，内含少量碎砖块、红烧土颗粒、白灰点、黑炭渣点。该层下见深黄色沙质生土层，停探。

F286 台基

位于外城中东部，南北第四街中部东侧。平面呈长方形，东西 11 米，南北 17 米，高 1.3 米。

台基内地层：第①层，浅灰色土，深厚 1 米。土质松散，干燥，内含少量碎砖石块、黑炭渣点。第②层，浅黄色土，深 1～3.4 米，厚 2.4 米。土质松软，内含少量碎陶片、黑釉瓷片、红烧土颗粒、白灰渣点、水锈斑淤泥。该层下见深黄色沙质生土层，停探。

台基外地层：第①层，深灰色土，深厚 0.4 米。土质松散，干燥，内含植物根茎和碎砖块。第②层，浅灰色土，深 0.4～1.6 米，厚 1.2 米。土质稍松，内含少量红烧土颗粒、碎砖渣、白灰点等。第③层，浅黄色土，深 1.6～3.9 米，厚 2.3 米。土质稍硬，内含少量碎砖块、陶片、白釉刻花瓷片、红烧土颗粒、黑炭渣点、白灰点。该层下见灰白色沙质生土层，停探。

F287 台基

位于外城中东部，南北第四街中部东侧。平面呈长方形，东西 34 米，南北 8 米，高 1.2 米。

台基内地层：第①层，深灰色土，深厚 0.4 米。土质松散，干燥，内含植物根茎和少量白灰颗粒。

第②层，浅灰色土，深 0.4 ~ 2.4 米，厚 2 米。土质稍硬，密实，内含少量动物骨骼、草木灰、白灰颗粒、红烧土颗粒、黑炭渣点和白釉瓷片。第③层，灰黑色淤泥层，深 2.4 ~ 3.6 米，厚 1.2 米。土质一般，内含少量酱釉瓷片。该层下见浅灰白色沙质生土层，停探。

台基外地层：第①层，深灰色土，深厚 0.4 米。土质稍松，干燥，内含植物根茎和少量碎砖块、陶片。第②层，浅灰色土，深 0.4 ~ 2.4 米，厚 2 米。土质稍硬，密实，内含少量碎砖块、动物骨骼、酱釉黑花瓷片、红烧土颗粒等。第③层，浅黄色土，深 2.4 ~ 3.4 米，厚 1 米。土质一般，内含水锈斑淤泥。该层下见灰白色沙质生土层，停探。

F288 台基

位于外城中东部，南北第四街中部东侧。平面呈不规则长方形，东西 7 ~ 31 米，南北 6 ~ 12 米，高 0.9 米。

台基内地层：第①层，深灰色土，深厚 0.3 米。土质松散，内含植物根茎和少量碎砖块。第②层，浅灰色土，深 0.3 ~ 1.2 米，厚 0.9 米。土质松散，干燥，内含少量碎砖块和微量白灰点、黑炭渣点。第③层，浅灰色土，深 1.2 ~ 3.5 米，厚 2.3 米。土质一般，内含少量碎砖、动物骨骼、白釉瓷片和微量黑炭渣点。该层下见深黄色沙质生土层，停探。

台基外地层：第①层，灰褐色土，深厚 0.9 米。土质松散，干燥，内含植物根茎，少量碎砖块、微量白灰点、黑炭渣点。第③层，浅黄色土，深 0.9 ~ 2.8 米，厚 1.9 米。土质一般，内含水锈纹淤泥，少量青釉瓷片、碎石渣，微量黑炭渣点。该层下见深黄色沙质生土层，停探。

F289 台基

位于外城中东部，南北第四街中部东侧。平面呈长方形，东西 16 米，南北 21 米，高 1.3 米。

台基内地层：第①层，深灰色土，深厚 0.3 米。土质松散，内含植物根茎和少量碎砖块。第②层，浅灰色土，深 0.3 ~ 1 米，厚 0.7 米。土质松散，干燥，内含少量碎砖石块和微量白灰点、黑炭渣点。第③层，浅黄色土，深 1 ~ 3.8 米，厚 2.8 米。土质一般，内含水锈纹淤泥和微量黑炭渣点。该层下见深黄色沙质生土层，停探。

台基外地层：第①层，深灰色土，深厚 0.4 米。土质松散，干燥，内含植物根茎。第②层，浅灰色土，深 0.4 ~ 1.1 米，厚 0.7 米。土质稍松，内含少量碎砖石块和微量白灰点、黑炭渣点等。第③层，浅黄色土，深 1.1 ~ 3.3 米，厚 2.2 米。土质稍硬，内含水锈纹淤泥和微量黑炭渣点。该层下见灰白色沙质生土层，停探。

F290 台基

位于外城中东部，南北第四街中部东侧，房址的西沿与南北第四街路土的东沿相邻。平面呈不规则长方形，东西 7 ~ 20 米，南北 12 ~ 36 米，高 1 米。

台基内地层：第①层，浅灰色土，深厚 0.7 米。土质松散，干燥，内含植物根茎，少量碎砖块和白灰颗粒。第②层，浅黄色土，深 0.7 ~ 2.8 米，厚 2.1 米。土质较净，内含少量草木灰。该层下见深黄色沙质生土层，停探。

台基外地层：第①层，浅灰色土，深厚 1 米。土质松散，干燥，内含植物根茎、碎砖块，少量白灰颗粒。第②层，浅黄色土，深 1 ~ 2.5 米，厚 1.5 米。土质较净，内含少量白灰点。该层下见深黄色沙质生土层，停探。

F291 台基

位于外城中东部，南北第四街中部东侧。平面呈长方形，东西 12 米，南北 10 米，高 1.2 米。

台基内地层：第①层，深灰色土，深厚 0.3 米。土质松散，干燥，内含植物根茎。第②层，浅灰色土，深 0.3 ~ 1.2 米，厚 0.9 米。土质稍硬，干燥，内含少量碎砖块、土灰颗粒，微量黑炭渣点。第③层，浅黄色土，深 1.2 ~ 3.5 米，厚 2.3 米。土质稍硬，内含水锈纹淤泥和微量白灰点。该层下见深黄色沙质生土层，停探。

台基外地层：第①层，深灰色土，深厚 0.4 米。土质松散，干燥，内含植物根茎和少量碎砖块。第②层，浅灰色土，深 0.4 ~ 1.1 米，厚 0.7 米。土质稍松，干燥，内含少量碎砖块、白灰颗粒。第③层，浅黄色土，深 1.1 ~ 3.2 米，厚 2.1 米。土质稍硬，内含水锈纹淤泥和少量黑炭渣点。该层下见深黄色沙质生土层，停探。

F292 台基

位于外城中东部，南北第四街中部东侧。平面呈不规则长方形，东西 5 ~ 12 米，南北 5 ~ 11 米，高 0.5 米。

台基内地层：第①层，深灰色土，深厚 0.5 米。土质松散，干燥，内含植物根茎、碎砖块、外素内布纹瓦片、白釉瓷片、动物骨骼、白灰颗粒等。第②层，浅灰色土，深 0.5 ~ 1 米，厚 0.5 米。土质稍硬，干燥，内含动物骨骼、碎砖块、白灰颗粒、黑炭渣点。第③层，浅黄色土，深 1 ~ 3.8 米，厚 2.8 米。土质稍硬，内含动物骨骼、黑炭渣点和水锈纹斑。该层下见深黄色沙质生土层，停探。

台基外地层：第①层，浅灰色土，深厚 0.5 米。土质松散，干燥，内含植物根茎、碎砖块、外素内布纹瓦片、动物骨骼、白灰颗粒。第②层，深灰色土，深 0.5 ~ 1.2 米，厚 0.7 米。土质松散，干燥，内含黑炭渣点、白灰颗粒。第③层，浅黄色土，深 1.2 ~ 3.8 米，厚 2.6 米。土质稍硬，密实，内含黑淤泥块、水锈纹斑。该层下见水，停探。

F293 台基

位于外城中东部，南北第四街中部东侧。平面呈长方形，东西 9 米，南北 8 米，高 1.1 米。

台基内地层：第①层，深灰色土，深厚 0.4 米。土质松散，干燥，内含植物根茎、碎砖块、碎石块、黑炭渣点。第②层，浅灰色土，深 0.4 ~ 1.1 米，厚 0.7 米。土质松散，干燥，内含动物骨骼、白釉瓷片、黑炭渣点。第③层，浅黄色土，深 1.1 ~ 3.5 米，厚 2.4 米。土质稍硬，内含黑淤泥块、水锈纹斑。3.5 米以下见水不带，停探。

台基外地层：第①层，深灰色土，深厚 0.8 米。土质松散，干燥，内含植物根茎、动物骨骼、黑炭渣点，少量白灰颗粒。第②层，浅黄色土，深 0.8 ~ 3.3 米，厚 2.5 米。土质稍硬，密实，内含白灰颗粒、黑淤泥块、水锈纹斑。该层下见深黄色沙质生土层，停探。

F294 台基

位于外城中东部，东西第五街东端北侧，房址的南沿与东西第五街路土的北沿相邻。平面呈长方形，东西 20 米，南北 6 米，高 1.1 米。

台基内地层：第①层，浅灰色土，深厚 1 米。土质松散，干燥，内含植物根茎、碎砖块、瓷片。第②层，灰褐色土，深 1 ~ 1.8 米，厚 0.8 米。土质稍硬，内含大量草木灰、白灰颗粒、砖石、瓦片。该层下见石不过，停探。

台基外地层：第①层，浅灰色土，深厚 0.8 米。土质松散，干燥，内含植物根茎、碎砖瓦片。第②层，灰褐色土，深 0.8 ~ 2.2 米，厚 1.4 米。土质稍软，内含白灰颗粒、黑炭渣点。该层下见浅黄色沙质生土层，停探。

F295 台基

位于外城中东部，东西第五街东端北侧。平面呈不规则长方形，东西 1.6 ~ 4.2 米，南北 8 ~ 37 米，高 1.9 米。

台基内地层：第①层，深灰色土，深厚 0.3 米。土质松散，干燥，内含植物根茎和少量碎砖块。第②层，浅灰色土，深 0.3 ~ 1.2 米，厚 0.9 米。土质稍硬，内含少量动物骨骼、白釉瓷片、白灰颗粒、碎砖块等。第③层，浅黄色土，深 1.2 ~ 3.1 米，厚 1.9 米。土质稍硬，内含少量动物骨骼和微量白灰颗粒。该层下见深黄色沙质生土层，停探。

台基外地层：第①层，深灰色土，深厚 0.3 米。土质松散，干燥，内含少量碎砖块。第②层，浅灰色土，深 0.3 ~ 1.4 米，厚 1.1 米。土质一般，内含少量碎砖石块和微量白灰颗粒、黑炭渣颗粒等。第③层，浅黄色土，深 1.4 ~ 3.5 米，厚 2.1 米。土质湿软，内含水锈纹斑和淤泥块。3.5 米以下见水不带，停探。

F296 台基

位于外城中东部，东西第五街东端北侧，房址的南沿与东西第五街路土的北沿相邻。平面呈长方形，东西 11 米，南北 12 米，高 0.8 米。

台基内地层：第①层，深灰色土，深厚 0.8 米。土质松散，干燥，内含植物根茎、碎砖块、陶片、黑釉瓷片、黑炭渣点。第②层，浅黄色土，深 0.8 ~ 3.4 米，厚 2.6 米。土质干燥，较硬，内含黑炭渣点、黑淤泥土、水锈纹斑点、碎石块。3.4 米以下见黑淤泥及灰白色沙土，湿软不带，停探。

台基外地层：第①层，深灰色土，深厚 0.8 米。土质松散，干燥，内含植物根茎、碎砖块、陶片、白釉瓷片、白灰颗粒。第②层，浅黄色土，深 0.8 ~ 3.1 米，厚 2.3 米。土质稍硬，密实，内含黑炭渣点、黑淤泥土、黄色水锈纹斑点、碎石块。3.1 米以下见黑淤泥及灰白色沙土，湿软不带，停探。

F297 台基

位于外城中东部，东西第五街东端北侧，房址的南沿与东西第五街路土的北沿相邻。平面呈长方形，东西 6 ~ 9 米，南北 4 ~ 12 米，高 0.7 米。

台基内地层：第①层，深灰色土，深厚 0.7 米。土质松散，干燥，内含植物根茎、碎砖块、外素内布纹瓦片、白灰颗粒。第②层，浅黄色土，深 0.7 ~ 3 米，厚 2.3 米。土质松散，干燥，内含动物骨骼、碎砖块、黑炭渣点。该层下见灰白色沙土层，停探。

台基外地层：第①层，深灰色土，深厚 0.8 米。土质松散，干燥，内含植物根茎、碎砖块、外素内布纹瓦片。第②层，浅黄色土，深 0.8 ~ 3.1 米，厚 2.3 米。土质松散，干燥，内含动物骨骼、红烧土颗粒、黑淤泥土、黑炭渣点。该层下见灰白色沙土层，停探。

F298 台基

位于外城中东部，东西第五街东端与南北第七街交会处的西北角，房址的南沿与东西第五街路土的北沿相邻。平面呈不规则长方形，东西 8 ~ 18 米，南北 7 ~ 14 米，高 1 米。

台基内地层：第①层，深灰色土，深厚 0.4 米。土质松散，干燥，内含植物根茎、碎砖块、白灰颗粒。第②层，浅灰色土，深0.4～1米，厚0.6米。土质松散，干燥，内含黑炭渣点、碎砖块。第③层，浅黄色土，深1～3.1米，厚2.1米。土质一般，内含黑炭渣点、黑淤泥土。3.1米以下出水不带，停探。

台基外地层：第①层，深灰色土，深厚0.7米。土质稍干，内含植物根茎、碎砖块、白灰颗粒。第②层，深褐色土，深0.7～2.8米，厚2.1米。土质稍硬，密实，内含较多黑淤泥土、水锈纹斑点。该层下见黑淤泥土，湿软不带，停探。

F299 台基

位于外城中东部，东西第五街东端北侧，房址的南沿与东西第五街路土的北沿相邻。平面呈不规则长方形，东西5～15米，南北28～40米，高1.8米。

台基内地层：第①层，深灰色土，深厚0.4米。土质稍松，内含植物根茎和少量碎砖块、黑炭渣点。第②层，灰褐色土，深0.4～1.1米，厚0.7米。土质稍硬，内含少量绿釉瓷片和微量黑炭渣点、白灰点、红烧土颗粒。第③层，浅黄色土，深1.1～2.9米，厚1.8米。土质一般，内含微量黑炭渣点、水锈纹淤泥。第④层，灰黑色淤泥土，深2.9～3.4米，厚0.5米。土质湿软，内含微量植物根茎类腐朽物。该层下见水不带，停探。

台基外地层：第①层，深灰色土，深厚0.4米。土质稍松，内含植物根茎和少量碎砖块。第②层，浅灰色土，深0.4～0.9米，厚0.5米。土质松散，干燥，内含较多碎砖瓦渣。第③层，浅黄色土，深0.9～2.9米，厚2米。土质一般，内含微量黑炭渣点、水锈纹淤泥。该层下见水不带，停探。

F300 台基

位于外城中东部，东西第五街东端北侧。平面呈长方形，东西17米，南北26米，高0.8米。

台基内地层：第①层，深灰色土，深厚0.3米。土质松散，内含植物根茎和少量碎砖块。第②层，浅灰色土，深0.3～1.1米，厚0.8米。土质松散，干燥，内含少量动物骨骼、碎砖块和微量白灰点。第③层，浅黄色土，深1.1～3.5米，厚2.4米。土质一般，内含少量碎石块、青釉瓷碎片，微量白灰点、黑炭渣点。该层下见深黄色沙质生土层，停探。

台基外地层：第①层，深灰色土，深厚0.3米。土质松散，内含植物根茎和少量碎砖块。第②层，浅灰色土，深0.3～0.9米，厚0.6米。土质松散，干燥，内含少量碎砖块和微量黑炭点。第③层，浅黄色土，深0.9～3.2米，厚2.3米。土质一般，内含水锈纹淤泥，微量动物骨骼、白灰点、黑炭渣点。该层下见深黄色沙质生土层，停探。

F301 台基

位于外城中东部，东西第五街东端北侧。平面呈不规则长方形，东西2.1～18.3米，南北10～34米，高1.8米。

台基内地层：第①层，深灰色土，深厚0.3米。土质松散，内含植物根茎和少量碎砖块。第②层，浅灰色土，深0.3～1.2米，厚0.9米。土质松散，干燥，内含少量碎砖块和微量白灰点、黑炭渣点。第③层，浅黄色土，深1.2～3米，厚1.8米。土质一般，内含少量碎石块，微量白灰点、黑炭渣点、青釉瓷片碎渣。第④层，黑色淤泥土，深3～3.5米，厚0.5米。土质湿软，内含少量植物根茎类腐朽物。3.5米以下见水不带，停探。

台基外地层：第①层，深灰色土，深厚0.4米。土质稍松，内含植物根茎和少量碎砖块。第②层，浅灰色土，深 0.4 ～ 1.2 米，厚 0.8 米。土质松散，干燥，内含少量碎砖和微量白灰点、黑炭渣点。第③层，浅黄色土，深 1.2 ～ 3 米，厚 1.8 米。土质一般，内含少量碎石块、微量白灰点、黑炭渣点、水锈纹淤泥。该层下见水不带，停探。

F302 台基

位于外城中东部，东西第五街东端北侧。平面呈长方形，东西 6 米，南北 3 米，高 0.7 米。

台基内地层：第①层，深灰色土，深厚 0.3 米。土质稍松散，干燥，内含植物根茎和少量碎砖石渣。第②层，浅灰色土，深 0.3 ～ 1 米，厚 0.7 米。土质松散，干燥，内含较多碎砖瓦片、草木灰和微量白灰点。第③层，浅黄色土，深 1 ～ 3.2 米，厚 2.2 米。土质稍硬，内含水锈纹淤泥、少量碎砖石块、青釉瓷片，微量白灰点和黑炭渣点。该层下见深黄色沙质生土层，停探。

台基外地层：第①层，深灰色土，深厚 0.4 米。土质稍松，内含植物根茎。第②层，浅灰色土，深 0.4 ～ 1.1 米，厚 0.7 米。土质稍硬，密实，内含少量碎砖块和微量白灰点。第③层，浅黄色土，深 1.1 ～ 2.8 米，厚 1.7 米。土质一般，内含水锈纹淤泥和微量黑炭渣点。该层下见深黄色沙质生土层，停探。

F303 台基

位于外城中东部，东西第五街东端北侧。平面呈长方形，东西 8 米，南北 6 米，高 0.8 米。

台基内地层：第①层，深灰色土，深厚 0.6 米。土质松散，干燥，内含植物根茎、碎瓦片。第②层，浅黄色土，深 0.6 ～ 3.1 米，厚 2.5 米。土质稍硬，密实，内含黑炭渣点、白灰颗粒、黑淤泥土。该层下见灰黑色淤泥土，出水，停探。

台基外地层：第①层，深灰色土，深厚 0.8 米。土质松散，干燥，内含植物根茎、碎砖片。第②层，浅黄色土，深 0.8 ～ 2.4 米，厚 1.6 米。土质稍硬，密实，内含黑炭渣点、黑淤泥土。2.4 米以下黑淤泥土湿软不带，停探。

F304 台基

位于外城中东部，东西第五街东端北侧，5 号水坑的西南部，房址的西沿与 5 号水坑周边路土的东沿相邻。平面呈长方形，东西 10 米，南北 8 米，高 1.2 米。

台基内地层：第①层，深灰色土，深厚 0.3 米。土质松散，内含植物根茎和少量碎砖块。第②层，灰褐色土，深 0.3 ～ 1.5 米，厚 1.2 米。土质一般，内含微量黑炭渣点。第③层，浅黄色土，深 1.5 ～ 2.7 米，厚 1.2 米。土质稍硬，密实，内含水锈纹淤泥和黑炭渣点。该层下见水不带，停探。

台基外地层：第①层，深灰色土，深厚 0.4 米。土质松散，内含植物根茎和少量碎砖块。第②层，灰褐色土，深 0.4 ～ 1.1 米，厚 0.7 米。土质一般，内含微量黑炭渣点、白灰点。第③层，浅黄色土，深 1.1 ～ 2.2 米，厚 1.1 米。土质湿软，内含水锈纹淤泥。该层下见水不带，停探。

F305 台基

位于外城中东部，东西第五街东端北侧，5 号水域的西南部，房址的北沿与 5 号水域周边路土的南沿相邻。平面呈方形，边长 5 米，高 1.3 米。

台基内地层：第①层，深灰色土，深厚 0.4 米。土质松散，内含植物根茎和少量碎砖块。第②层，灰褐色土，深 0.4 ～ 1 米，厚 0.6 米。土质一般，内含微量黑炭渣点。第③层，浅黄色土，深 1 ～ 2.3 米，厚 1.3 米。土质松软，内含水锈纹淤泥和微量黑炭渣点。该层下见深黄色沙质生土层，停探。

台基外地层：第①层，深灰色土，深厚 0.3 米。土质松散，内含植物根茎。第②层，灰褐色土，深 0.3 ~ 0.8 米，厚 0.5 米。土质一般，内含微量黑炭渣点、白灰点。第③层，浅黄色土，深 0.8 ~ 1.8 米，厚 1 米。土质松软，内含水锈纹淤泥和微量黑炭渣点。该层下见深黄色沙质生土层，停探。

F306 台基

位于外城中东部，南北第七街中部西侧，5 号水域的西北部，房址的南沿与 5 号水域周边路土的北沿相邻。平面呈长方形，东西 18 米，南北 5 米，高 0.5 米。

台基内地层：第①层，浅灰色土，深厚 0.5 米。土质稍松，内含植物根茎和少量碎砖块。第②层，浅黄色土，深 0.5 ~ 2.3 米，厚 1.8 米。土质湿软，内含水锈纹淤泥和微量黑炭渣点。该层下见灰白色沙质生土层，停探。

台基外地层：第①层，浅灰色土，深厚 0.4 米。土质稍松，内含植物根茎和少量碎砖块。第②层，浅黄色土，深 0.4 ~ 1.8 米，厚 1.4 米。土质湿软，内含水锈纹淤泥和微量黑炭渣点、白灰点。该层下见灰白色沙质生土层，停探。

F307 台基

位于外城中东部，南北第七街中部西侧，5 号水域北侧 3 米处。不规则长方形建筑群，东西 62 米，南北 8 ~ 70 米，高 1.2 米。

台基内地层：第①层，浅灰色土，深厚 0.6 米。土质松散，干燥，内含植物根茎和少量碎砖块、白灰颗粒、黑釉瓷片。第②层，浅黄色土，深 0.6 ~ 1.8 米，厚 1.2 米。土质稍硬，密实，内含少量碎砖渣点、动物骨骼、白灰颗粒、草木灰、黑炭渣点、黑釉瓷片。该层下见深黄色沙质生土层，停探。

台基外地层：第①层，浅灰色土，深厚 0.7 米。土质松散，干燥，内含植物根茎和少量碎砖块、白灰颗粒等。第②层，浅黄色土，深 0.7 ~ 1.5 米，厚 0.8 米。土质稍硬，密实，内含少量炭灰渣点。该层下见深黄色沙质生土层，停探。

F308 台基

位于外城中东部，南北第七街中部西侧，5 号水域的西北部，房址的东沿与 5 号水域周边路土的西沿相邻。平面呈长方形，东西 9.5 米，南北 17 米，高 1.1 米。

台基内地层：第①层，深灰色土，深厚 0.6 米。土质稍松，内含植物根茎和少量碎砖块、陶片、黑炭渣点、白灰颗粒等。第②层，浅黄色土，深 0.6 ~ 1.7 米，厚 1.1 米。土质稍松，内含黑炭渣点、黑淤泥。该层下见深黄色沙质生土层，停探。

台基外地层：第①层，深灰色土，深厚 0.6 米。土质稍松，内含植物根茎和微量黑炭渣点。第②层，浅黄色土，深 0.6 ~ 1.5 米，厚 0.9 米。土质稍松，内含黑炭渣点、陶片。该层下见深黄色沙质生土层，停探。

F309 台基

位于外城中东部，南北第七街中部西侧，5 号水域的西北部。平面呈长方形，东西 9 米，南北 13 米，高 1.3 米。

台基内地层：第①层，浅灰色土，深厚 0.5 米。土质松散，干燥，内含植物根茎和少量碎砖块、白灰颗粒。第②层，浅黄色土，深 0.5 ~ 1.8 米，厚 1.3 米。土质稍硬，密实，内含少量黑炭渣点。该层下见深黄色沙质生土层，停探。

台基外地层：第①层，浅灰色土，深厚 0.7 米。土质稍松，内含植物根茎和少量碎砖块。第②层，浅黄色土，深 0.7～1.7 米，厚 1 米。土质稍硬，密实，内含少量黑炭渣点、水锈斑点。该层下见深黄色沙质生土层，停探。

F310 台基

位于外城中东部，南北第七街中部西侧，5 号水域的西北部。平面呈长方形，东西 21 米，南北 11 米，高 1.4 米。

台基内地层：第①层，深灰色土，深厚 0.5 米。土质松散，干燥，内含植物根茎和少量陶片、黑炭渣点。第②层，浅黄色土，深 0.5～1.9 米，厚 1.4 米。土质稍硬，内含少量黑炭渣点、动物骨骼、水锈斑点。该层下见深黄色沙质生土层，停探。

台基外地层：第①层，浅灰色土，深厚 0.6 米。土质松散，干燥，内含植物根茎和少量白灰颗粒。第②层，浅黄色土，深 0.6～1.6 米，厚 1 米。土质稍硬，密实，内含少量黑炭渣点、水锈斑点。该层下见深黄色沙质生土层，停探。

F311 台基

位于外城中东部，南北第七街中部西侧，5 号水域的北部。平面呈长方形，东西 6 米，南北 14 米，高 1.2 米。

台基内地层：第①层，浅灰色土，深厚 0.4 米。土质稍松散，内含植物根茎和少量碎砖块、白灰颗粒、黑炭渣点。第②层，浅黄色土，深 0.4～1.6 米，厚 1.2 米。土质稍硬，密实，内含水锈纹淤泥和少量碎砖块、黑炭渣点。该层下见深黄色沙质生土层，停探。

台基外地层：第①层，浅灰色土，深厚 0.5 米。土质稍松，干燥，内含植物根茎和少量碎砖块。第②层，浅黄色土，深 0.5～1.6 米，厚 1.1 米。土质稍松，内含少量碎砖块、动物骨骼、红烧土颗粒。该层下见深黄色沙质生土层，停探。

F312 台基

位于外城中东部，东西第六街东端南侧，房址的北沿与东西第六街路土的南沿相邻。平面呈长方形，东西 11 米，南北 8 米，高 1.2 米。

台基内地层：第①层，深灰色土，深厚 0.6 米。土质稍硬，内含植物根茎和少量黑炭渣点。第②层，浅黄色土，深 0.6～1.8 米，厚 1.2 米。内含水锈纹淤泥和少量黑炭渣点。该层下见深黄色沙质生土层，停探。

台基外地层：第①层，深灰色土，深厚 0.6 米。土质稍软，内含植物根茎和少量碎砖块、黑炭渣点。第②层，浅黄色土，深 0.6～1.9 米，厚 1.3 米。土质稍软，内含少量白灰点、黑炭渣点和水锈纹淤泥。该层下见深黄色沙质生土层，停探。

F313 台基

位于外城中东部，东西第六街东端南侧，房址的北沿与东西第六街路土的南沿相邻。不规则长方形建筑群，东西 8～56 米，南北 7～37 米，高 2.2 米。

台基内地层：第①层，浅灰色土，深厚 0.6 米。土质稍松，内含少量碎砖石块、红烧土颗粒、动物骨骼、黑炭渣点和酱釉瓷片。第②层，浅黄色土，深 0.6～2.2 米，厚 1.6 米。土质稍松，内含少量碎砖块、白灰点、红烧土颗粒、黑炭渣点、水锈斑点、淤泥。2.2 米以下见粗沙不带，停探。

台基外地层：第①层，浅灰色土，深厚0.5米。土质稍松，内含植物根茎和少量碎砖块、红烧土颗粒、白灰颗粒和动物骨骼。第②层，浅黄色土，深0.5～1.7米，厚1.2米。土质稍松，内含少量碎砖块、白灰点、红烧土颗粒、黑炭渣点、水锈斑点、淤泥。该层下见深黄色沙质生土层，停探。

F314台基

位于外城中东部，南北第七街中部西侧。平面呈长方形，东西6米，南北5米，高0.6米。

台基内地层：第①层，浅灰色土，深厚0.6米。土质松散，内含植物根茎和少量碎砖块、白灰点、红烧土颗粒。第②层，浅黄色土，深0.6～2米，厚1.4米。土质稍硬，内含水锈斑点、黑淤泥和黑炭渣点。该层下见深黄色沙质生土层，停探。

台基外地层：第①层，浅灰色土，深厚0.5米。土质松软，内含植物根茎和少量碎砖块。第②层，浅黄色土，深0.5～1.9米，深厚1.4米。土质松软，内含少量炭灰、黑炭渣点和水锈纹淤泥。该层下见深黄色沙质生土层，停探。

F315台基

位于外城中东部，南北第七街中部东侧。平面呈长方形，东西4米，南北9米，高1米。

台基内地层：第①层，深灰色土，深厚0.5米。土质稍松，内含植物根茎和少量碎砖块。第②层，灰褐色土，深0.5～1米，厚0.5米。土质稍松，内含少量碎砖石块和微量黑炭渣点。第③层，浅黄色土，深1～1.7米，厚0.7米。土质稍硬，内含少量动物骨骼和稍多黑炭渣点。该层下见灰白色沙质生土层，停探。

台基外地层：第①层，深灰色土，深厚0.4米。土质稍松，内含植物根茎和微量黑炭渣点。第②层，灰褐色土，深0.4～2米，厚1.6米。土质湿软，内含少量碎砖石块和微量黑炭渣点、水锈纹淤泥。该层下见灰白色沙质生土层，停探。

F316台基

位于外城中东部，南北第七街中部东侧。平面呈长方形，东西12～16米，南北5～9米，高1.3米。

台基内地层：第①层，深灰色土，深厚0.3米。土质稍松，干燥，内含植物根茎。第②层，灰褐色土，深0.3～1.2米，厚0.9米。土质一般，内含微量黑炭渣点。第③层，浅黄色土，深1.2～2.5米，厚1.3米。土质湿软，内含水锈纹淤泥，微量黑炭渣点。该层下见大沙层，不带，停探。

台基外地层：第①层，深灰色土，深厚0.4米。土质稍松，内含植物根茎。第②层，灰褐色土，深0.4～1.1米，厚0.7米。土质一般，内含少量碎砖石块，微量黑炭渣点。第③层，浅黄色土，深1.1～1.9米，厚0.8米。土质湿软，内含水锈纹淤泥。该层下见深黄色沙质生土层，停探。

F317台基

位于外城中东部，南北第七街与东西第六街交会处的西北部，房址东沿与路土的西沿相邻。平面呈长方形，东西10米，南北8米，高1.2米。

台基内地层：第①层，深灰色土，深厚0.4米。土质稍松，内含植物根茎和少量碎砖块。第②层，黑淤泥土，深0.4～1.6米，厚1.2米。土质较硬，内含微量朽草根。该层下见深黄色沙质生土层，停探。

台基外地层：第①层，深灰色土，深厚0.4米。土质稍松，内含植物根茎。第②层，黑淤泥土，深 0.4 ~ 1.6 米，厚 1.2 米。土质较硬，内含微量朽草根。该层下见深黄色沙质生土层，停探。

F318 台基

位于外城中东部，南北第七街与东西第六街交会处的西北部，房址南沿与东西第六街路土的北沿相邻。平面呈长方形，东西 106 米，南北 7 米，高 1.9 米。

台基内地层：第①层，浅灰色土，深厚 0.4 米。土质松散，干燥，内含植物根茎和少量碎砖块。第②层，浅黄色土，深 0.4 ~ 2.3 米，厚 1.9 米。土质稍硬，密实，内含少量碎砖石块、黑炭渣点和淤泥。该层下见深黄色沙质生土层，停探。

台基外地层：第①层，深灰色土，深厚 0.4 米。土质稍松，内含植物根茎和少量碎砖块。第②层，黑淤泥土，深 0.4 ~ 2 米，厚 1.6 米。土质稍硬，密实，内含少量砖块和水锈土。该层下见深黄色沙质生土层，停探。

F319 台基

位于外城中东部，南北第七街与东西第七街交会处的西南部，房址北沿与东西第七街路土的南沿相邻。平面呈长方形，东西 76 米，南北 6 米，高 1.3 米。

台基内地层：第①层，浅灰色土，深厚 0.4 米。土质稍松，内含少量碎砖块、红烧土块、白灰颗粒。第②层，浅黄色土，深 0.4 ~ 1.7 米，厚 1.3 米。内含水锈斑和淤泥。该层下见深黄色沙质生土层，停探。

台基外地层：第①层，浅灰色土，深厚 0.4 米。土质稍松，内含植物根茎和少量碎砖块、陶片。第②层，浅黄色土，深 0.4 ~ 2.2 米，厚 1.8 米。土质稍松，内含水锈斑和淤泥。部分黄沙已被浸泡为黑土，2.2 米以下见水不带，停探。

F320 台基

位于外城中东部，南北第六街东端北侧，房址西沿与东西第六街北侧支线路土的东沿相邻。平面呈长方形，东西 13 米，南北 7 米，高 0.9 米。

台基内地层：第①层，浅灰色土，深厚 0.3 米。土质一般，内含植物根茎和少量碎砖块。第②层，深灰色土，深 0.3 ~ 0.8 米，厚 0.5 米。土质稍硬，内含少量白灰颗粒。第③层，浅黄色土，深 0.8 ~ 1.7 米，厚 0.9 米。土质稍硬，密实，内含少量黑炭渣点、水锈斑点和淤泥。该层下见深黄色沙质生土层，停探。

台基外地层：第①层，浅灰色土，深厚 0.3 米。土质一般，内含植物根茎。第②层，浅黄色土，深 0.3 ~ 1.5 米，厚 1.2 米。土质稍硬，密实，内含少量黑炭渣点和淤泥。该层下见深黄色沙质生土层，停探。

F321 台基

位于外城中东部，东西第七街与南北第四街交会处的东南部，房址南沿与东西第六街路土的北沿相邻，西沿与南北第四街路土的东沿相邻。平面呈不规则长方形，东西 9 ~ 36 米，南北 8 ~ 61 米，高 2 米。

台基内地层：第①层，浅灰色土，深厚 0.6 米。土质松散，干燥，内含稍多碎砖石块。第②层，浅黄色土，深 0.6 ~ 2.6 米，厚 2 米。土质稍硬，密实，内含少量红烧土块、动物骨骼、碎瓷片、黑炭渣点和水锈斑点。该层下见深黄色沙质生土层，停探。

台基外地层：第①层，浅灰色土，深厚 0.3 米。土质稍松散，内含植物根茎。第②层，灰色土，深 0.3 ~ 1 米，厚 0.7 米。土质稍松，内含少量动物骨骼、黑炭渣点和红烧土颗粒。第③层，浅黄色土，深 1～1.9 米，厚 0.9 米。土质松软，内含少量碎陶片、瓷片和黑炭渣点。该层下见深黄色沙质生土层，停探。

F322 台基

位于外城中东部，东西第七街与南北第四街交会处的西南部。长方形建筑群，东西 80 米，南北 90 米，高 1.8 米。

台基内地层：第①层，浅灰色土，深厚 0.8 米。土质稍松，干燥，内含植物根茎和少量碎砖石块、黑炭渣点。第②层，浅黄色土，深 0.8～1.8 米，厚 1 米。土质一般，内含较多红烧土颗粒、黑炭灰和少量黑炭渣点。该层下见深黄色沙质生土层，停探。

台基外地层：第①层，浅灰色土，深厚 0.8 米。土质稍松，干燥，内含植物根茎和少量瓷片、碎砖块。第②层，浅黄色土，深 0.8～2.6 米，厚 1.8 米。土质稍硬，密实，内含少量黑炭渣点、水锈斑点和淤泥。该层下见深黄色沙质生土层，停探。

F323 台基

位于外城中东部，东西第七街中部南侧。平面呈长方形，东西 6 米，南北 8 米，高 1.3 米。

台基内地层：第①层，浅灰色土，深厚 0.4 米。土质较松，内含植物根茎和少量碎砖块、白灰颗粒。第②层，浅黄色土，深 0.4～1.7 米，厚 1.3 米。土质稍硬，密实，内含少量动物骨骼和黑炭渣点。该层下见深黄色沙质生土层，停探。

台基外地层：第①层，浅灰色土，深厚 0.3 米。土质稍松，干燥，内含植物根茎和少量碎砖石块。第②层，灰褐色土，深 0.3～0.9 米，厚 0.6 米。土质一般，内含少量黑炭渣点和动物骨骼。第③层，浅黄色土，深 0.9～1.2 米，厚 0.3 米。土质稍硬，密实，内含少量水锈斑点和淤泥。该层下见深黄色沙质生土层，停探。

F324 台基

位于外城中东部，东西第七街中部南侧。平面呈长方形，东西 11 米，南北 6 米，高 1.5 米。

台基内地层：第①层，深灰色土，深厚 0.5 米。土质松散，内含植物根茎和少量陶片。第②层，浅黄色土，深 0.5～2 米，厚 1.5 米。土质较硬，密实，内含少量陶片、碎石块。该层下见深黄色沙质生土层，停探。

台基外地层：第①层，深灰色土，深厚 0.5 米。土质松散，内含植物根茎和少量陶片。第②层，浅黄色土，深 0.5～1.6 米，厚 1.1 米。土质松散，内含少量黑炭渣点和植物根茎。该层下见深黄色沙质生土层，停探。

F325 台基

位于外城中部，东西第七街中部南侧。平面呈长方形，东西 3.8 米，南北 4.1 米，高 1.6 米。

台基内地层：第①层，深灰色土，深厚 0.5 米。土质稍松，内含少量碎砖块和植物根茎。第②层，浅黄色土，深 0.5～1.1 米，厚 0.6 米。土质松散，内含少量碎砖块和黑炭渣点。该层下见深黄色沙质生土层，停探。

台基外地层：第①层，深灰色土，深厚 0.6 米。土质较松，内含少量黑灰渣点和植物根茎。第②层，浅黄色土，深 0.6～1.6 米，厚 1 米。土质松散，内含少量黑炭渣点和动物骨骼。该层下见深黄色沙质生土层，停探。

F326 台基

位于外城中部，东西第七街中部南侧。平面呈长方形，东西 6.6 米，南北 10.4 米，高 0.9 米。

台基内地层：第①层，浅灰色土，深厚 0.5 米。土质松散，内含植物根茎。第②层，浅黄色土，深 0.5 ~ 1.5 米，厚 1 米。土质较松，内含较多黑炭渣点。该层下见深黄色沙质生土层，停探。

台基外地层：第①层，浅灰色土，深厚 1.5 米。土质较硬，密实，内含少量黑炭渣点、白灰颗粒和植物根茎。该层下见深黄色沙质生土层，停探。

F327 台基

位于外城中部，东西第七街中部南侧。平面呈长方形，东西 10 米，南北 14 米，高 1.1 米。

台基内地层：第①层，深灰色土，深厚 0.4 米。土质松散，内含植物根茎。第②层，浅灰色土，深 0.4 ~ 2.1 米，厚 1.7 米。土质松散，内含少量红烧土块、黑炭渣颗粒。该层下见深黄色沙质生土层，停探。

台基外地层：第①层，深灰色土，深厚 0.4 米。土质松散，内含植物根茎。第②层，浅灰色土，深 0.4 ~ 1.4 米，厚 1 米。土质松散，内含少量碎砖块和黑炭渣点。该层下见深黄色沙质生土层，停探。

F328 台基

位于外城中部，东西第七街中部南侧。平面呈方形，边长 6 米，高 1 米。

台基内地层：第①层，浅灰色土，深厚 0.6 米。土质松散，内含植物根茎。第②层，浅黄色土，深 0.6 ~ 1.6 米，厚 1 米。土质稍松，内含少量黑炭渣点。该层下见深黄色沙质生土层，停探。

台基外地层：第①层，浅灰色土，深厚 0.5 米。土质松散，内含植物根茎。第②层，浅黄色土，深 0.5 ~ 1.8 米，厚 1.3 米。土质较松，内含少量黑炭渣点、红烧土颗粒和动物骨骼。该层下见深黄色沙质生土层，停探。

F329 台基

位于外城中部，东西第七街中部南侧。平面呈长方形，东西 4 米，南北 6 米，高 0.9 米。

台基内地层：第①层，深灰色土，深厚 0.4 米。土质松散，内含植物根茎和少量黑炭渣点。第②层，浅灰色土，深 0.4 ~ 0.9 米，厚 0.5 米。土质稍硬，内含少量黑炭渣点。第③层，浅黄色沙质土，深 0.9 ~ 1.7 米，厚 0.8 米。土质稍硬，内含碎砖瓦渣点。该层下见深黄色沙质生土层，停探。

台基外地层：第①层，深灰色土，深厚 0.6 米。土质松散，内含植物根茎和少量黑炭渣点。第②层，浅灰色土，深 0.6 ~ 1.4 米，厚 0.8 米。土质松散，内含大量黑炭渣点、白灰颗粒。该层下见深黄色沙质生土层，停探。

F330 台基

位于外城中部，东西第七街中部南侧。平面呈长方形，东西 6 米，南北 7.8 米，高 1.4 米。

台基内地层：第①层，深灰色土，深厚 0.5 米。土质松散，内含植物根茎和少量黑炭渣点。第②层，浅灰色沙质土，深 0.5 ~ 1.4 米，厚 0.9 米。土质稍硬，内含瓷片、黑炭渣点。第③层，浅黄色沙质土，土质密实，含水量较大。该层下见深黄色沙质生土层，停探。

台基外地层：第①层，深灰色土，深厚 0.7 米。土质松散，内含植物根茎。第②层，浅灰色沙质土，深 0.7 ~ 1.6 米，厚 0.9 米。土质稍硬，内含少量黑炭渣点。该层下见深黄色沙质生土层，停探。

F331 台基

位于外城中部，东西第七街中部南侧。平面呈长方形，东西 80 米，南北 28 米，高 1.5 米。

台基内地层：第①层，深灰色沙质土，深厚 0.4 米。土质松散，内含植物根茎和少量白灰颗粒。第②层，浅灰色沙质土，深 0.4 ~ 1.9 米，厚 1.5 米。土质稍硬，内含碎砖块、陶片、黑炭渣点、青灰、动物骨骼、瓷片。该层下见深黄色沙质生土层，停探。

台基外地层：第①层，深灰色沙质土，深厚 0.4 米。土质松散，内含植物根茎。第②层，浅灰色沙质土，深 0.4 ~ 1 米，厚 0.6 米。土质稍硬，内含白灰颗粒、黑炭渣点。该层下见深黄色沙质生土层，停探。

F332 台基

位于外城中部，东西第七街中部南侧。平面呈不规则长方形，东西 30 米，南北 26 米，高 1.2 米。

台基内地层：第①层，深灰色土，深厚 0.5 米。土质松散，内含植物根茎和少量黑炭渣点。第②层，浅灰色土，深 0.5 ~ 1 米，厚 0.5 米。土质一般，内含少量砖块、草木灰、兽骨。第③层，浅黄色土，深 1 ~ 2.5 米，厚 1.5 米。土质松软，内含少量黑炭渣点。该层下见深黄色沙质生土层，停探。

台基外地层：第①层，深灰色土，深厚 0.4 米。土质松散，内含植物根茎和少量黑炭渣点。第②层，浅灰色土，深 0.4 ~ 1.1 米，厚 0.7 米。土质松散，干燥，内含少量黑炭渣点、草木灰。第③层，浅黄色土，深 1.1 ~ 2.1 米，厚 1 米。土质稍硬，内含微量黑炭渣点。该层下见深黄色沙质生土层，停探。

F333 台基

位于外城中部，东西第七街中部南侧。平面呈长方形，东西 4 米，南北 6 米，高 0.6 米。

台基内地层：第①层，深灰色土，深厚 0.4 米。土质松散，内含少量碎砖渣颗粒、白灰点颗粒、骨渣、黑炭渣点。第②层，浅黄色土，深 0.4 ~ 1.6 米，厚 1.2 米。土质稍硬，内含少量黑炭渣点。该层下见深黄色沙质生土层，停探。

台基外地层：第①层，深灰色土，深厚 0.8 米。土质松散，内含少量骨渣和黑炭渣点。第②层，浅黄色土，深 0.8 ~ 2.3 米，厚 1.5 米。土质稍松，内含少量黑炭渣点。该层下见深黄色沙质生土层，停探。

F334 台基

位于外城中部，东西第七街中部南侧。平面呈方形，边长 6 米，高 1.3 米。

台基内地层：第①层，深灰色土，深厚 0.4 米。土质松散，内含植物根茎和白灰颗粒。第②层，浅灰色土，深 0.4 ~ 1.7 米，厚 1.3 米。土质松软，内含砖块和陶片。该层下见深黄色沙质生土层，停探。

台基外地层：第①层，深灰色土，深厚 0.5 米。土质松散，内含少量砖块和陶瓷片。第②层，浅灰色土，深 0.5 ~ 1.9 米，厚 1.4 米。土质松软，内含炭渣和陶片。该层下见深黄色沙质生土层，停探。

F335 台基

位于外城中部，东西第七街中部南侧。平面呈长方形，东西 14 米，南北 5 米，高 0.8 米。

台基内地层：第①层，深灰色土，深厚 0.5 米。土质松散，内含植物根茎。第②层，浅灰色土，深 0.5 ~ 0.8 米，厚 0.3 米。土质稍松，内含少量黑炭渣点和红烧土颗粒。第③层，深黄色土，深 0.8 ~ 1.2

米，厚 0.4 米。土质稍硬，内含微量白灰颗粒。第④层，深灰色土，深 1.2 ～ 1.8 米，厚 0.6 米；在 1.2 ～ 1.35 米处有一层踩踏面。土质较硬，内含微量黑炭渣点。该层下见深黄色沙质生土层，停探。

台基外地层：第①层，深灰色土，深厚 0.4 米。土质松散，内含植物根茎和少量砖瓦渣。第②层，浅灰色土，深 0.4 ～ 1 米，厚 0.7 米。土质稍松，内含微量黑炭渣点。第③层，深黄色土，深 1 ～ 1.5 米，厚 0.5 米。土质稍硬，内含微量黑炭渣颗粒。该层下见深黄色沙质生土层，停探。

F336 台基

位于外城中部，东西第六街西端北侧。平面呈长方形，东西 18 米，南北 6 ～ 10 米，高 1.7 米。

台基内地层：第①层，深灰色土，深厚 0.4 米。土质松散，内含植物根茎。第②层，浅黄色土，深 0.4 ～ 2.1 米，厚 1.7 米。土质稍硬，内含少量砖瓦渣和白灰点颗粒。该层下见深黄色沙质生土层，停探。

台基外地层：第①层，深灰色土，深厚 0.5 米。土质松散，内含植物根茎。第②层，浅黄色土，深 0.5 ～ 1.6 米，厚 1.1 米。土质稍硬，内含少量陶片。该层下见深黄色沙质生土层，停探。

F337 台基

位于外城中部，东西第六街西端北侧。平面呈不规则长方形，东西 8 ～ 20 米，南北 32 米，高 1.2 米。

台基内地层：第①层，深灰色土，深厚 0.5 米。土质松散，内含少量陶片。第②层，浅灰色土，深 0.5 ～ 1.8 米，厚 1.3 米。土质稍硬，内含少量陶片、黑炭渣点、动物骨骼。该层下见深黄色沙质生土层，停探。

台基外地层：第①层，深灰色土，深厚 0.4 米。土质松散，内含植物根茎。第②层，浅灰色土，深 0.4 ～ 1.6 米，厚 1.2 米。土质稍松，内含少量草木灰。该层下见深黄色沙质生土层，停探。

F338 台基

位于外城中部，东西第七街西端南侧。平面呈长方形，东西 10 ～ 17 米，南北 8 ～ 13 米，高 0.6 米。

台基内地层：第①层，深灰色土，深厚 0.6 米。土质稍松，内含植物根茎。第②层，浅灰色土，深 0.6 ～ 1.2 米，厚 0.6 米。土质较硬，内含微量黑炭渣点。该层下见深黄色沙质生土层，停探。

台基外地层：第①层，深灰色土，深厚 0.5 米。土质稍松，内含植物根茎。第②层，浅灰色土，深 0.5 ～ 1.7 米，厚 1.2 米。土质松散，内含少量黑炭渣点和陶片渣。该层下见深黄色沙质生土层，停探。

F339 台基

位于外城中部，东西第七街西端南侧。平面呈不规则长方形，东西 8 ～ 20 米，南北 10 ～ 31 米，高 1.4 米。

台基内地层：第①层，深灰色土，深厚 0.4 米。土质松散，内含碎砖块、陶瓷片。第②层，浅黄色土，深 0.4 ～ 1.8 米，厚 1.4 米。土质稍硬，内含少量草木灰和黑炭渣点。该层下见深黄色沙质生土层，停探。

台基外地层：第①层，深灰色土，深厚 0.4 米。土质松散，内含碎砖块、陶瓷片。第②层，浅黄色土，深 0.4 ～ 1.5 米，厚 1.1 米。土质稍硬，内含少量草木灰和砖瓦渣点。该层下见深黄色沙质生土层，停探。

F340 台基

位于外城中部，东西第七街西端南侧。平面呈长方形，东西 6 米，南北 20 米，高 1.3 米。

台基内地层：第①层，深灰色土，深厚 0.4 米。土质松散，内含植物根茎。第②层，浅灰色土，深 0.4～1.7 米，厚 1.3 米。土质稍硬，内含微量瓷片。该层下见深黄色沙质生土层，停探。

　　台基外地层：第①层，深灰色土，深厚 0.4 米。土质松散，内含植物根茎。第②层，浅黄色土，深 0.4～1.7 米，厚 1.3 米。土质一般，内含少量草木灰和骨渣。该层下见深黄色沙质生土层，停探。

F341 台基

　　位于外城中部，东西第七街中部南侧。平面呈不规则长方形，东西 4～31 米，南北 2～15 米，高 1.3 米。

　　台基内地层：第①层，深灰色土，深厚 0.4 米。土质稍硬，内含植物根茎。第②层，浅黄色土，深 0.4～1.7 米，厚 1.3 米。土质稍硬，内含少量草木灰。该层下见深黄色沙质生土层，停探。

　　台基外地层：第①层，深灰色土，深厚 0.5 米。土质稍硬，内含植物根茎。第②层，浅黄色土，深 0.5～1.8 米，厚 1.3 米。土质稍硬，内含少量炭渣点。该层下见深黄色沙质生土层，停探。

F342 台基

　　位于外城中部，东西第七街中部南侧。平面呈长方形，东西 9 米，南北 8.2 米，高 0.7 米。

　　台基内地层：第①层，深灰色土，深厚 0.3 米。土质松散，内含植物根茎。第②层，浅灰色土，深 0.3～0.9 米，厚 0.6 米。土质松散，内含稍多黑炭渣点。第③层，浅黄色土，深 0.9～1.6 米，厚 0.7 米。土质稍硬，内含微量红烧土颗粒。该层下见深黄色沙质生土层，停探。

　　台基外地层：第①层，深灰色土，深厚 0.3 米。土质松散，内含植物根茎。第②层，浅灰色土，深 0.3～0.9 米，厚 0.6 米。土质松散，内含微量黑炭渣点。第③层，浅黄色土，深 0.9～1.6 米，厚 0.7 米。土质稍硬，内含微量砖瓦渣颗粒。该层下见深黄色沙质生土层，停探。

F343 台基

　　位于外城中部，东西第七街中部南侧。平面呈长方形，东西 8 米，南北 4 米，高 0.8 米。

　　台基内地层：第①层，深灰色土，深厚 0.5 米。土质松散，内含植物根茎。第②层，浅灰色土，深 0.5～1.3 米，厚 0.8 米。土质稍硬，内含少量黑炭渣点。该层下见深黄色沙质生土层，停探。

　　台基外地层：第①层，深灰色土，深厚 0.4 米。土质松散，内含植物根茎。第②层，浅灰色土，深 0.4～1 米，厚 0.6 米。土质稍硬，内含少量黑炭渣点。该层下见深黄色沙质生土层，停探。

F344 台基

　　位于外城中部，东西第七街中西部南侧。平面呈长方形，东西 8～34 米，南北 18～33 米，高 1.5 米。

　　台基内地层：第①层，浅灰色土，深厚 0.5 米。土质松散，干燥，内含植物根茎、微量黑炭渣点、白灰颗粒。第②层，浅黄色土，深 0.5～1.5 米，厚 1 米。土质密实，较净，内含微量黑炭渣点。该层下见深黄色沙质生土层，停探。

　　台基外地层：第①层，深灰色土，深厚 0.6 米。土质松散，干燥，内含植物根茎、黑炭渣点。第②层，浅黄色土，深 0.6～1.6 米，厚 1 米。土质稍硬，密实，内含黑炭渣点、白灰颗粒。该层下见深黄色沙质生土层，停探。

F345 台基

　　位于外城中部，东西第七街中部南侧。平面呈长方形，东西 10 米，南北 6 米，高 0.7 米。

　　台基内地层：第①层，浅灰色土，深厚 0.7 米。土质松散，干燥，内含植物根茎、微量黑炭渣点、白灰颗粒。第②层，浅黄色土，深 0.7 ~ 1.7 米，厚 1 米。土质密实，较净，内含微量黑炭渣点。该层下见深黄色沙质生土层，停探。

台基外地层：第①层，深灰色土，深厚 0.5 米。土质松散，干燥，内含植物根茎、动物骨骼、红烧土颗粒、碎砖块、黑炭渣点。第②层，浅黄色土，深 0.5 ~ 1.3 米，厚 0.8 米。土质稍净，内含水锈斑点。该层下见深黄色沙质生土层，停探。

F346 台基

位于外城中部，东西第七街中部南侧。平面呈长方形，东西 11 米，南北 15 米，高 1.1 米。

台基内地层：第①层，浅灰色土，深厚 0.4 米。土质松散，干燥，内含植物根茎，微量黑炭渣点、白灰颗粒。第②层，浅黄色土，深 0.4 ~ 1.5 米，厚 1.1 米。土质较硬，密实，内含白灰颗粒、黑炭渣点。该层下见深黄色沙质生土层，停探。

台基外地层：第①层，深灰色土，深厚 0.4 米。土质松散，干燥，内含植物根茎、碎砖块、黑炭渣点。第②层，浅黄色土，深 0.4 ~ 1.2 米，厚 0.8 米。土质稍硬，密实，内含黑炭渣点。该层下见深黄色沙质生土层，停探。

F347 台基

位于外城中部，东西第七街中西部南侧。平面呈长方形，东西 4.3 米，南北 10 米，高 0.8 米。

台基内地层：第①层，深灰色土，深厚 0.4 米。土质稍松，内含植物根茎。第②层，浅黄色土，深 0.4 ~ 1.1 米，厚 0.7 米。土质松散，内含微量黑炭渣点。该层下见深黄色沙质生土层，停探。

台基外地层：第①层，深灰色土，深厚 0.4 米。土质稍松，内含植物根茎。第②层，浅黄色土，深 0.4 ~ 1.2 米，厚 0.8 米。土质松散，内含微量黑炭渣点。该层下见深黄色沙质生土层，停探。

F348 台基

位于外城中部，东西第七街中西部南侧。平面呈长方形，东西 9 米，南北 12 米，高 0.7 米。

台基内地层：第①层，深灰色土，深厚 0.4 米。土质松散，内含植物根茎和少量白灰点颗粒。第②层，深黄色土，深 0.4 ~ 0.7 米，厚 0.3 米。土质稍硬，纯净。该层下见深黄色沙质生土层，停探。

台基外地层：第①层，深灰色土，深厚 0.4 米。土质松散，内含植物根茎和少量白灰点颗粒。第②层，深黄色土，深 0.4 ~ 0.7 米，厚 0.3 米。土质稍硬，纯净，该层下见深黄色沙质生土层，停探。

F349 台基

位于外城中部，东西第七街中西部南侧。平面呈长方形，东西 8.7 米，南北 8 米，高 1.1 米。

台基内地层：第①层，深灰色土，深厚 0.5 米。土质松散，内含植物根茎。第②层，浅黄色土，深 0.5 ~ 1.1 米，厚 0.6 米。土质一般，内含少量陶片和白灰点颗粒。该层下见深黄色沙质生土层，停探。

台基外地层：第①层，深灰色土，深厚 0.4 米。土质松散，内含植物根茎。第②层，浅黄色土，深 0.4 ~ 0.9 米，厚 0.5 米。土质一般，内含少量白灰点颗粒。该层下见深黄色沙质生土层，停探。

F350 台基

位于外城中部，东西第七街中西部南侧。平面呈长方形，东西 6 米，南北 7.3 米，高 0.8 米。

台基内地层：第①层，深灰色土，深厚 0.4 米。土质稍松，内含植物根茎和泥质灰陶片碎渣。第②层，浅黄色土，深 0.4 ~ 1 米，厚 0.6 米。土质一般，内含微量黑炭渣点，在 0.8 ~ 0.9 米处有一层踩踏面。该层下见深黄色沙质生土层，停探。

台基外地层：第①层，深灰色土，深厚 0.5 米。土质稍松，内含植物根茎和泥质灰陶片碎渣。第②层，浅黄色土，深 0.5 ~ 0.8 米，厚 0.3 米。土质一般，内含微量黑炭渣点。该层下见深黄色沙质生土层，停探。

F351 台基

位于外城中部，东西第七街中西部南侧。平面呈长方形，东西 12 米，南北 9 米，高 1.1 米。

台基内地层：第①层，浅灰色土，深厚 0.6 米。土质干燥，内含植物根茎、碎砖块、瓦片、白灰颗粒。第②层，浅黄色土，深 0.6 ~ 1.7 米，厚 1.1 米。土质稍净，密实，内含水锈纹。该层下见深黄色沙质生土层，停探。

台基外地层：第①层，浅灰色土，深厚 0.5 米。土质稍硬，内含植物根茎、白灰颗粒。第②层，浅黄色土，深 0.5 ~ 0.9 米，厚 0.4 米。土质稍净，密实，内含水锈纹。该层下见深黄色沙质生土层，停探。

F352 台基

位于外城中部，东西第六街中西部北侧。平面呈长方形，东西 12 米，南北 17 米，高 1 米。在台基周边发现有房基凹槽。

台基内地层：第①层，浅灰色土，深厚 0.5 米左右。土质松散，内含较多外素内布纹瓦片和少量植物根茎。第②层，浅灰色杂土，深 0.5 ~ 0.95 米，厚 0.45 米。土质干燥，松散，内含较多碎陶渣和白灰颗粒。该层下见浅黄色沙质生土层，停探。

F353 台基

位于外城中部，东西第七街中西部南侧。平面呈长方形，东西 16 米，南北 10 米，高 1.2 米。在台基的西、北两侧有宽 0.8 米房基凹槽。

台基外地层：第①层，深灰色土，深厚 0.4 米。土质松散，干燥，内含植物根茎，少量碎砖块、黑炭渣点、白灰颗粒。第②层，浅黄色土，深 0.4 ~ 1.6 米，厚 1.2 米。土质稍硬，密实，内含微量黑灰渣点、水锈纹。该层下见深黄色沙质生土层，停探。

台基外地层：第①层，深灰色土，深厚 0.4 米。土质松散，干燥，内含植物根茎，少量碎砖块、黑炭渣点、白灰颗粒。第②层，浅黄色土，深 0.4 ~ 1.6 米，厚 1.2 米。土质稍净。该层下见深黄色沙质生土层，停探。

F354 台基

位于外城中部，东西第七街与南北第三街交会处的东南部。平面呈不规则长方形，东西 14 ~ 67 米，南北 117 米，高 0.9 米。台基内地表有多条房基凹槽。

台基内地层：第①层，浅灰色土，深厚 0.4 米左右。土质松散，内含较多外素内布纹瓦片和少量植物根茎。第②层，浅灰色杂土，深 0.4 ~ 0.9 米，厚 0.5 米。土质干燥，松散，内含较多碎陶渣和大量白灰颗粒。该层下见浅黄色沙质生土层，停探。

F355 台基

位于外城中部，南北第三街中部西侧。平面呈长方形，东西 35 米，南北 88 米，高 1.5 米。在台基内地表有宽 0.8 米房基凹槽。

台基内地层：第①层，浅黄灰色土，深厚 0.5 米。土质松散，内含微量植物根茎。第②层，灰褐色路土堆积层，深 0.5～0.6 米，厚 0.1 米。土质稍硬，分薄层，内含稍多黑炭渣点和草木灰土。第③层，浅黄色沙质土，深 0.6～0.7 米，厚 0.1 米。土质松散，较净，内含微量黑炭渣点。第④层，灰黄色杂土，深 0.7～1.5 米，厚 0.8 米。土质稍硬，内含少量黑炭渣点和黄土颗粒。第⑤层，浅灰黄色土，深 1.5～2.3 米，厚 0.8 米。土质松散，内含青灰色土颗粒和微量黑炭渣点，不底。

F356 台基

位于外城中部，南北第三街中部西侧。平面呈长方形，东西 11 米，南北 10 米，高 1.4 米。

台基内地层：第①层，浅灰黄色土，深厚 0.5 米。土质松散，干燥，内含外素内布纹瓦片和少量植物根茎。第②层，浅灰色沙质土，深 0.5～1.9 米，厚 1.4 米。土质松散，偶尔稍硬，内含稍多黑炭渣点和灰褐色土颗粒。该层下见浅黄色沙质生土层，停探。

F357 台基

位于外城中部，东西第六街西端北侧。平面呈长方形，东西 13 米，南北 10 米，高 1.1 米。距地表深 0.5 米见砖石。地面上残留宽 0.6 米左右的房基凹槽。

台基内地层：第①层，浅灰黄色土，深厚 0.5 米。土质松散，稍净，内含微量植物根茎。第②层，浅黄色土，深 0.5～1.1 米，厚 0.6 米。土质松散，较净，内含少量外素内布纹瓦片。该层下见浅黄色沙质生土层，停探。

F358 台基

位于外城中部，东西第六街西端南侧。平面呈长方形，东西 11 米，南北 40 米，高 1 米。

台基内地层：第①层，灰褐色土，深厚 1 米。土质松散，稍净，内含微量黑炭渣点和外素内布纹瓦片。第②层，深灰褐色土，深 1～1.8 米，厚 0.8 米。土质松散，内含较多黄沙土颗粒。该层下见浅黄色沙质生土层，停探。

F359 台基

位于外城中部，东西第六街西端北侧。平面呈长方形，东西 7.8 米，南北 8.5 米，高 1.1 米。距地表深 0.5 米左右见砖石。

台基内地层：第①层，浅灰黄色土，深厚 0.5 米左右。土质松散，稍净，内含微量植物根茎。第②层，浅黄色土，深 0.5～1 米，厚 0.5 米。土质松散，较净，内含微量黑炭渣点。第③层，浅灰白色土，深 1～1.5 米，厚 0.5 米。土质松散，纯净，内含浅黄色沙土颗粒。该层下见浅黄色沙质生土层，停探。

F360 台基

位于外城中部，东西第七街西端南侧。平面呈长方形，东西 18 米，南北 6 米。距地表深 0.3 米见砖石，高 0.6 米。

台基内地层：第①层，浅黄色土，深厚 0.3 米。土质松散，内含少量植物根茎。第②层，浅黄色土，深 0.3～0.9 米，厚 0.6 米。土质松散，内含微量黑炭渣点、红烧土颗粒。第③层，浅黄色土，深 0.9～1.7 米，厚 0.8 米。土质松散，内含微量黑炭渣点。该层下见青沙生土层，停探。

F361 台基

位于外城中部，东西第七街西端南侧，房址北侧与东西第七街的支线路土相邻。平面呈长方形，东西 12 米，南北 10 米，高 0.9 米。

台基内地层：第①层，浅黄色土，深厚 0.3 米。土质松散，内含少量植物根茎。第②层，浅黄色土，深 0.3 ~ 0.9 米，厚 0.6 米。土质松散，内含微量黑炭渣点、红烧土颗粒。第③层，浅黄色土，深 0.9 ~ 2.3 米，厚 1.4 米。土质松散，内含白釉瓷片、朽木块、动物骨骼和稍多植物根茎。该层下见青沙层，停探。

F362 台基

位于外城中西部，东西第七街西端南侧。平面呈长方形，东西 32 米，南北 17 米，高 1.5 米。

台基内地层：浅灰黄色土，深厚 0.5 米。土质松散，稍净，内含较多植物根茎和微量黑炭渣点。第②层，深灰褐色路土堆积层，深 0.5 ~ 1.5 米，厚 1 米。土质较硬，密实，内含动物骨骼和较多黑炭渣点、浅黄色土颗粒。该层在 0.5 ~ 0.8 米时，土质较硬，分层不太明显。

F363 台基

位于外城中西部，东西第七街最西端，房址的东沿与东西第七街路土的西沿相邻。平面呈不规则长方形，东西长 40.5 米，南北宽 39 米，高 1.5 米。距地表深 1.5 米左右见砖石。

台基内地层：第①层，浅灰黄色土，深厚 1.5 米左右。土质松散，内含较多碎石渣点、陶渣点。第②层，浅黄色沙质土，深 1.5 ~ 1.8 米，厚 0.3 米。土质松散，内含较多黑炭灰点。该层下浅黄色生土层，停探。

F364 台基

位于外城中西部，南北第二街南端西侧。平面呈长方形，东西 29 米，南北 13 米，高 1.2 米。距地表深 0.6 米左右见砖石。

台基内地层：第①层，浅黄褐色土，深厚 0.6 米。土质松散，内含微量黑炭渣点和外素内布纹瓦片。第②层，浅灰色土，深 0.6 ~ 1.2 米，厚 0.6 米。土质松散，内含黑炭渣点和陶渣片。该层下见浅黄色沙质土，纯净，应为生土层，停探。

F365 台基

位于外城中西部，南北第二街南端东侧。平面呈长方形，东西 15 米，南北 12 米，高 0.7 米。距地表深 0.4 米左右见砖瓦渣层。

台基内地层：第①层，浅灰褐色土，深厚 0.4 米。土质松散，稍干燥，内含少量植物根茎。第②层，浅灰褐色土，深 0.4 ~ 0.7 米，厚 0.3 米。土质松散，稍干燥，内含较多砖石、碎瓦片渣、白灰颗粒、白灰质彩绘墙皮、黑炭渣点。该层下见浅黄色沙质生土层，停探。

F366 台基

位于外城中西部，南北第三街与东西第八街交会处的西南角处。平面呈方形，边长 12 米，高 0.7 米。

台基内地层：第①层，浅灰褐色土，深厚 0.7 米左右。土质松散，干燥，内含植物根茎。第②层，浅灰褐色土，深 0.7 ~ 1.4 米，厚 0.7 米。土质松软，较净，内含微量炭灰。第③层，浅灰褐色土，深 1.4 ~ 2.1 米，厚 0.7 米。土质松软，较脏乱，内含较多黑炭渣点、白灰点颗粒和少量白瓷片碎渣块。

F367 台基

位于外城中西部，南北第三街与东西第八街交会处的西南角处。平面呈长方形，东西 32 米，南北 8 米，高 1.1 米。

台基内地层：第①层，浅灰色土，深厚 0.8 米。土质松散，内含微量黑炭渣点和植物根茎。第②层，浅灰褐色土，深 0.8 ~ 1.1 米，厚 0.3 米。土质较硬，干燥，内含较多红烧土和少量黑炭渣点、白灰点、泥质灰陶器残片。第③层，浅灰黄色土，深 1.1 ~ 2.03 米，厚 0.93 米。土质较硬，内含黑炭渣点和浅黄色土颗粒。第④层，灰褐色土，深 2.03 ~ 2.3 米，厚 0.27 米。土质较硬，较净，该层的上平面有厚 0.1 米踩踏面，分层明显，较净。该层下见浅黄色沙质生土层，停探。

F368 台基

位于外城中西部，南北第三街与东西第七街交会处的东北角处，房址的西沿与南北第三街路土的东沿相邻。平面呈长方形，东西 68 米，南北 10 ~ 22 米，高 0.8 米。

台基内地层：第①层，浅黄灰色土，深厚 0.8 米。土质松散，干燥，内含微量炭渣点、砖瓦渣点和植物根茎。第②层，灰褐色土，深 0.8 ~ 1.3 米，厚 0.5 米。土质较硬，密实，内含稍多黑炭渣点和微量陶渣颗粒。第③层，浅灰色土，深 1.3 ~ 1.7 米，厚 0.4 米。土质稍硬，较净，内含微量黑炭渣点。第④层，浅灰色土，深 1.7 ~ 2.27 米，厚 0.57 米。土质坚硬，内含黑炭渣点、红烧土颗粒、浅黄色土颗粒。该层下见浅黄色沙质生土层，停探。

F369 台基

位于外城中北部，东西第八街中部北侧，房址的南沿与东西第八街北侧支线路土的北沿相邻。平面呈长方形，东西 11 米，南北 11.4 米，高 0.9 米。

台基内地层：第①层，浅灰色土，深厚 0.9 米。土质松散，干燥，内含少量砖块和白灰颗粒。第②层，浅黄色土，深 0.9 ~ 1.6 米，厚 0.7 米。土质稍硬，密实，内含少量黑炭渣点。该层下见深黄色沙质生土层，停探。

台基外地层：第①层，浅灰色土，深厚 0.7 米。土质松散，干燥，内含少量碎砖块，白灰颗粒。第②层，浅黄色土，深 0.7 ~ 2 米，厚 1.3 米。土质稍硬，密实，内含少量动物骨骼和炭渣点。该层下见深黄色沙质生土层，停探。

F370 台基

位于外城北部，东西第五街与南北第三街交会处的东南部，房址的西沿西距南北第三街路土的东沿 14 米。平面呈长方形，东西 7 米，南北 19 米，高 1.6 米。

台基内地层：第①层，深灰色土，深厚 0.3 米。土质稍松散，内含植物根茎。第②层，浅灰色土，深 0.3 ~ 0.7 米，厚 0.4 米。土质稍硬，干燥，内含少量草木灰、陶片。第③层，浅灰白色土，深 0.7 ~ 2.3 米，厚 1.6 米。土质松软，内含碎砖块、陶片和少量炭渣点。该层下见浅黄色沙质生土层，停探。

台基外地层：第①层，深灰色土，深厚 0.4 米。土质松散，内含植物根茎。第②层，浅灰色土，深 0.4 ~ 0.6 米，厚 0.2 米。土质松散，内含少量黑炭渣点。第③层，浅黄色土，深 0.6 ~ 2.1 米，厚 1.5 米。土质稍松，内含少量黑炭渣点和碎瓦片。

F371 台基

位于外城中西部，东西第八街与南北第三街交会处的东南角处，房址的北沿北邻 H5 灰坑。平面呈长方形，东西 18 米，南北 6 米，高 1.2 米。

台基内地层：第①层，深灰色土，深厚 0.5 米。土质松散，内含植物根茎。第②层，浅灰色土，深 0.5 ~ 1.7 米，厚 1.2 米。土质稍硬，内含少量草木灰、瓦片、骨渣。第③层，深灰色土，深 1.7 ~ 2.2 米，厚 0.5 米。土质松散，内含微量黑炭渣点。该层下见深黄色沙质生土层，停探。

台基外地层：第①层，深灰色土，深厚0.4米。土质稍松，内含植物根茎。第②层，浅灰色土，深0.4～0.8米，厚0.4米。土质稍硬，内含少量草木灰。第③层，深灰色土，深0.8～1.7米，厚0.9米。土质稍松，内含微量黑炭渣点。该层下深黄色沙质生土层，停探。

F372台基

位于外城中西部，东西第八街西端南侧，房址的北沿与东西第八街路土的南沿相邻。平面呈长方形，东西17米，南北5.5米，高0.8米。

台基内地层：第①层，深灰色土，深厚0.5米。土质稍松，内含植物根茎、碎砖瓦片。第②层，浅灰色土，深0.5～2米，厚1.5米。土质松散，内含黑炭渣点、骨渣、瓦片。该层下见深黄色沙质生土层，停探。

台基外地层：第①层，深灰色土，深厚0.4米。土质松散，内含植物根茎。第②层，深灰色土，深0.4～1.2米。厚0.8米。土质松散，内含稍多黑炭渣点。该层下见深黄色沙质生土层，停探。

F373台基

位于外城中西部，东西第八街西端南侧。平面呈长方形，东西8米，南北6.5米，高0.6米。

台基内地层：第①层，深灰色土，深厚0.5米。土质稍松，内含植物根茎。第②层，浅灰色土，深0.5～2.2米，厚1.7米。土质稍硬，内含黑炭渣点和少量红烧土颗粒。该层下见深黄色沙质生土层，停探。

台基外地层：第①层，深灰色土，深厚0.5米。土质松散，内含植物根茎。第②层，浅灰色土，深0.5～1.1米，厚0.6米。土质稍松，内含少量草木灰。该层下见深黄色沙质生土层，停探。

F374台基

位于外城中西部，东西第八街西端南侧。平面呈长方形，东西7.2米，南北6.7米，高1米。

台基内地层：第①层，浅灰色土，深厚0.5米。土质较松，干燥，内含少量碎砖块和黑炭渣点。第②层，浅黄色土，深0.5～1.5米，厚1米。土质稍硬，密实，内含少量陶片和黑炭渣点。该层下见深黄色沙质生土层，停探。

台基外地层：第①层，深灰色土，深厚0.7米。内含植物根茎。第②层，浅黄色土，深0.7～1.4米，厚0.7米。土质稍硬，密实，内含少量黑炭渣点和陶片。该层下见深黄色沙质生土层，停探。

F375台基

位于外城中西部，东西第八街西端南侧，房址的北沿与东西第八街南侧支线路土的南沿相邻。平面呈长方形，东西21.6米，南北8米，高1.1米。

台基内地层：第①层，深灰色土，深厚0.5米。土质松散，内含白灰点和砖瓦片碎渣。第②层，浅灰色土，深0.5～1.6米，厚1.1米。土质稍硬，内含少量黑炭渣点。该层下见深黄色沙质生土层，停探。

台基外地层：第①层，深灰色土，深厚0.5米。土质稍松，内含碎砖块、白灰颗粒、植物根茎。第②层，浅灰色土，深0.5～1.7米，厚1.2米。土质稍松，内含少量黑炭渣、碎砖块、白灰颗粒。该层下见深黄色沙质生土层，停探。

F376台基

位于外城中西部，东西第八街西端南侧，房址的东沿与东西第八街南侧支线路土的西沿相邻。平面呈长方形，东西9.7米，南北12.5米，高1.4米。

台基内地层：第①层，浅灰色土，深厚 0.5 米。土质稍硬，内含植物根茎、碎砖瓦片和少量白灰颗粒。第②层，浅灰色土，深 0.5 ~ 1.4 米，厚 0.9 米。土质较硬，内含少量动物骨骼和黑炭渣点。该层下见深黄色沙质生土层，停探。

台基外地层：第①层，深灰色土，深厚 0.5 米。土质稍松，内含少量碎砖渣点和植物根茎。第②层，浅黄色土，深 0.5 ~ 1.3 米，厚 0.8 米。土质稍松，内含少量动物骨骼和黑炭渣点。

F377 台基

位于外城中西部，东西第七街西端北侧，房址的西沿与东西第七街北侧支线路土的东沿相邻。平面呈长方形，东西 9 米，南北 7 米，高 0.8 米。

台基内地层：第①层，浅灰色土，深厚 0.8 米。土质较松，干燥，内含少量碎砖块和黑炭渣点。第②层，浅黄色土，深 0.8 ~ 1.5 米，厚 0.7 米。土质稍硬，密实，内含少量黑炭渣点。该层下见深黄色沙质生土层，停探。

台基外地层：第①层，深灰色土，深厚 0.4 米。土质松软，内含植物根茎。第②层，浅灰色土，深 0.4 ~ 0.7 米，厚 0.3 米。土质稍硬，密实，内含少量黑炭渣点。第③层，浅黄色土，深 0.7 ~ 1.2 米，厚 0.5 米。土质较硬，密实，内含少量黑炭渣点。该层下见深黄色沙质生土层，停探。

F378 台基

位于外城中西部，东西第七街西端北侧，房址的西沿与东西第七街北侧支线路土的东沿相邻。平面呈长方形，东西 11.7 米，南北 7.8 米，高 0.4 米。

台基内地层：第①层，深灰色土，深厚 0.4 米。土质松散，内含植物根茎。第②层，浅灰色土，深 0.4 ~ 1.6 米，厚 1.2 米。土质稍硬，内含少量碎砖瓦渣。在 0.9 ~ 1 米处，发现踩踏面，厚 0.1 米左右。该层下见深黄色沙质生土层，停探。

台基外地层：第①层，深灰色土，深厚 0.4 米。土质松散，内含植物根茎。第②层，浅灰色土，深 0.4 ~ 1.3 米，厚 0.9 米。土质松散，内含少量白灰点颗粒。该层下见深黄色沙质生土层，停探。

F379 台基

位于外城中西部，东西第七街西端北侧。平面呈长方形，东西 5 米，南北 12 米，高 1.1 米。

台基内地层：第①层，浅灰色土，深厚 0.4 米。土质稍松，内含植物根茎。第②层，深灰色土，深 0.4 ~ 1.5 米，厚 1.1 米。土质稍硬，内含少量黑炭渣点和白灰颗粒。该层下见深黄色沙质生土层，停探。

台基外地层：第①层，深灰色土，深厚 0.4 米。土质稍松，内含植物根茎和少量陶片。第②层，浅灰色土，深 0.4 ~ 1.4 米，厚 1 米。土质稍松，内含少量黑炭渣点。该层下见深黄色沙质生土层，停探。

F380 台基

位于外城中西部，东西第八街西端南侧。平面呈不规则长方形，东西 7 ~ 18 米，南北 5 ~ 18 米，高 1.2 米。

台基内地层：第①层，深黄色沙质土，深厚 0.4 米。土质稍松，内含植物根茎。第②层，浅黄色沙质土，深 0.4 ~ 1 米，厚 0.6 米。土质松软，内含草木灰、碎砖块。第③层，浅黄沙质土，深 1 ~ 1.2 米，厚 0.2 米。土质稍硬。该层下见深黄色沙质生土层，停探。

台基外地层：第①层，深灰色土，深厚 1 米。土质松软，内含植物根茎、动物骨骼、陶片。第②层，浅黄色土，深 1 ~ 1.2 米，厚 0.2 米。土质密实，内含碎砖块。该层下见深黄沙质生土层，停探。

F381 台基

位于外城中西部，东西第八街西端南侧。平面呈长方形，东西 8 米，南北 11 米，高 1.3 米。

台基内地层：第①层，深灰色土，深厚 0.4 米。土质稍松，内含植物根茎。第②层，浅灰色土，深 0.4 ~ 1 米，厚 0.6 米。土质稍硬，内含碎砖块、陶片。第③层，浅黄色土，深 1 ~ 2.3 米，厚 1.3 米。土质稍硬，内含较多黑炭渣点、红烧土颗粒。该层下见深黄色生土层，停探。

台基外地层：第①层，浅灰色土，深厚 0.3 米。土质松散，内含植物根茎。第②层，浅黄色土，深 0.3 ~ 2 米，厚 1.7 米。土质干燥，稍松，内含少量黑炭渣颗粒和陶片。该层下见深黄色沙质生土层，停探。

F382 台基

位于外城中西部，东西第八街西端南侧，房址的北沿与东西第八街路土的南沿相邻。平面呈长方形，东西 10 米，南北 12 米，高 1 米。

台基内地层：第①层，深灰色土，深厚 0.3 米。土质松散，内含植物根茎。第②层，浅灰色土，深 0.3 ~ 1 米，厚 0.7 米。土质松散，干燥，内含少量白灰颗粒和黑炭渣点。第③层，浅黄色土，深 1 ~ 2.1 米，厚 1.1 米。土质密实，稍硬，内含少量黑炭渣点和白灰颗粒。该层下见深黄色沙质生土层，停探。

台基外地层：第①层，深灰色土，深厚 0.5 米。土质松散，内含植物根茎。第②层，浅黄色土，深 0.5 ~ 2 米，厚 1.5 米。土质稍松，内含黑炭渣点、红烧土颗粒、白灰颗粒。该层下见深黄色沙质生土层，停探。

F383 台基

位于外城中西部，东西第八街西端南侧。平面呈长方形，东西 13 米，南北 18 米，高 0.9 米。

台基内地层：第①层，深灰色沙质土，深厚 0.3 米。土质松散，内含植物根茎。第②层，浅灰色沙质土，深 0.3 ~ 0.9 米，厚 0.6 米。土质稍硬，内含碎砖块和少量红烧土颗粒。第③层，浅黄色沙质土，深 0.9 ~ 1.9 米，厚 1 米。土质稍硬，内含碎砖块、陶片、红烧土颗粒。该层下见深黄色沙质生土层，停探。

台基外地层：第①层，浅黄色沙质土，深厚 0.3 米。土质松散，内含植物根茎。第②层，深灰色沙质土，深 0.3 ~ 1.5 米，厚 1.2 米。土质稍松，内含较多黑炭渣点、陶片。该层下见深黄色沙质生土层，停探。

F384 台基

位于外城中部，东西第六街中部北侧，房址南沿与东西第六街路土的北沿相邻。平面呈不规则长方形，东西 6 ~ 22 米，南北 6 ~ 16 米，高 0.8 米。

台基内地层：第①层，深灰色土，深厚 0.4 米。土质松散，内含少量白灰颗粒。第②层，浅灰色土，深 0.4 ~ 0.8 米，厚 0.4 米。土质松散，干燥，内含稍多黑炭渣点和微量白灰颗粒。第③层，浅黄色土，深 0.8 ~ 1.6 米，厚 0.8 米。土质松散，内含少量黑炭渣点。该层下见深黄色沙质生土层，停探。

台基外地层：第①层，深灰色土，深厚 0.3 米。土质松散，内含少量白灰颗粒。第②层，浅灰色土，深 0.3 ~ 1.9 米，厚 1.6 米。土质较硬，干燥，内含少量黑炭渣点、兽骨和植物根茎。该层下见深黄色沙质生土层，停探。

F385 台基

位于外城中部，东西第七街西端北侧，房址的南沿与东西第七街路土的北沿相邻。平面呈长方形，东西 29 米，南北 6 米，高 1.2 米。

台基内地层：第①层，深灰色土，深厚 0.7 米。土质松散，内含植物根茎及少量白灰颗粒、陶片。第②层，浅黄色土，深 0.7 ~ 1.9 米，厚 1.2 米。土质稍硬，内含少量黑炭渣颗粒。该层下见深黄色沙质生土层，停探。

台基外地层：第①层，深灰色土，深厚 0.4 米。土质松散，内含植物根茎。第②层，浅黄色土，深 0.4 ~ 1 米，厚 0.6 米。土质稍松，内含少量黑炭渣颗粒。第③层，浅黄色土，深 1 ~ 1.8 米，厚 0.8 米。土质稍硬，内含微量浅灰色土颗粒。该层下见深黄色沙质生土层，停探。

F386 台基

位于外城中部，东西第七街西端北侧，房址的南沿与东西第七街路土的北沿相邻。平面呈长方形，东西 7 米，南北 4 米，高 1 米。

台基内地层：第①层，深灰色土，深厚 0.3 米。土质松散，内含植物根茎。第②层，浅灰色土，深 0.3 ~ 1 米，厚 0.7 米。土质松散，干燥，内含较多砖瓦片碎渣。第③层，浅黄色土，深 1 ~ 1.9 米，厚 0.9 米。土质松散，内含微量黑炭渣点。该层下见深黄色沙质生土层，停探。

台基外地层：第①层，深灰色土，深厚 0.3 米。土质松散，内含植物根茎。第②层，浅灰色土，深 0.3 ~ 1 米，厚 0.7 米。土质松散，内含少量黑炭渣点。第③层，浅黄色土，深 1 ~ 1.7 米，厚 0.7 米。土质松散，内含微量黑炭渣点。该层下见深黄色沙质生土层，停探。

F387 台基

位于外城中部，东西第七街西端北侧。平面呈长方形，东西 2 ~ 6 米，南北 14 ~ 20 米，高 1.3 米。

台基内地层：第①层，深灰色土，深厚 0.3 米。土质松散，内含植物根茎。第②层，浅灰色土，深 0.3 ~ 0.8 米，厚 0.5 米。土质稍硬，内含较多白灰颗粒和少量黑炭渣点。第③层，浅黄色土，深 0.8 ~ 2.1 米，厚 1.3 米。土质稍硬，内含少量草木灰。该层下见深黄色沙质生土层，停探。

台基外地层：第①层，深灰色土，深厚 0.4 米。土质松散，内含植物根茎。第②层，浅灰色土，深 0.4 ~ 1 米，厚 0.6 米。土质稍松，内含陶片、动物骨骼、白灰颗粒。第③层，浅黄色土，深 1 ~ 1.9 米，厚 0.9 米。土质稍硬，内含微量黑炭渣点。该层下见深黄色沙质生土层，停探。

F388 台基

位于外城中部，东西第七街西端北侧。平面呈长方形，东西 2 ~ 6.2 米，南北 12 ~ 20 米，高 1.2 米。

台基内地层：第①层，深灰色土，深厚 0.4 米。土质松散，内含植物根茎。第②层，浅黄色土，深 0.4 ~ 0.8 米，厚 0.4 米。土质松散，干燥，内含较多白灰颗粒、陶片。第③层，浅黄色土，深 0.8 ~ 2 米，厚 1.2 米。土质稍硬，内含少量陶片。该层下见深黄色沙质生土层，停探。

台基外地层：第①层，深灰色土，深厚 0.3 米。土质松散，内含植物根茎。第②层，浅黄色土，深 0.3 ~ 1.6 米，厚 1.3 米。土质松散，内含少量陶片。该层下见深黄色沙质生土层，停探。

F389 台基

位于外城中部，东西第七街西端北侧。平面呈长方形，东西 14 米，南北 9 米，高 0.9 米。

台基内地层：第①层，浅灰色土，深厚 0.3 米。土质松散，内含植物根茎。第②层，浅黄色土，深 0.3 ~ 0.7 米，厚 0.4 米。土质稍硬，内含少量碎砖块。第③层，深灰色土，深 0.7 ~ 1.6 米，厚 0.9 米。土质稍硬，内含微量黑炭渣点。该层下见深黄色沙质生土层，停探。

台基外地层：第①层，浅灰色土，深厚 0.9 米。土质松散，内含植物根茎。第②层，浅黄色土，深 0.9 ~ 1.3 米，厚 0.4 米。土质稍松，内含少量碎砖块。该下见深黄色沙质生土层，停探。

F390 台基

位于外城中部，东西第七街西端北侧。平面呈方形，边长 9 米，高 1.1 米。

台基内地层：第①层，深灰色沙质土，深厚 0.5 米。土质松软，内含植物根茎、碎砖块、陶片、白灰颗粒。第②层，浅黄色土，深 0.5 ~ 1.6 米，厚 1.1 米。土质稍硬，内含少量炭灰。该层下见深黄色沙质生土层，停探。

台基外地层：第①层，深灰色沙质土，深厚 0.5 米。土质松软，内含植物根茎和少量炭灰。第②层，浅黄色沙质土，深 0.5 ~ 2 米，厚 1.5 米。土质密实，该层下见深黄色沙质生土层，停探。

F391 台基

位于外城中部，东西第七街西端北侧。平面呈长方形，东西 7 米，南北 5 米，高 0.9 米。

台基内地层：第①层，深灰色沙质土，深厚 0.9 米。土质稍松，内含植物根茎和少量黑炭渣颗粒。第②层，浅黄色沙质土，深 0.9 ~ 2.2 米，厚 1.3 米。土质稍硬，内含较多黑炭灰和少量红烧土颗粒。该层下见深黄色沙质生土层，停探。

台基外地层：第①层，深灰色沙质土，深厚 1.2 米。土质稍松，内含较多黑炭渣灰和少量植物根茎。第②层，浅灰色沙质土，深 1.2 ~ 1.9 米，厚 0.7 米。土质稍硬，内含较多黑炭渣颗粒。该层下见深黄色沙质生土层，停探。

F392 台基

位于外城中部，东西第八街中部南侧。平面呈长方形，东西 12 米，南北 10 米，高 1.4 米。

台基内地层：第①层，深灰色土，深厚 0.6 米。土质松软，内含植物根茎。第②层，浅黄色土，深 0.6 ~ 2 米，厚 1.4 米。土质稍松，内含少量黑炭渣点和植物根茎。该层下见深黄色沙质生土层，停探。

台基外地层：第①层，深灰色土，深厚 0.5 米，土质松软，内含植物根茎。第②层，浅黄色土，深 0.5 ~ 1.7 米，厚 1.2 米。土质松散，内含少量黑炭灰渣颗粒。该层下见深黄色沙质生土层，停探。

F393 台基

位于外城中部，东西第八街西端南侧。平面呈长方形，东西 15 米，南北 9.7 米，高 1.4 米。

台基内地层：第①层，深灰色土，深厚 0.3 米，内含植物根茎和少量碎砖块。第②层，浅黄色土，深 0.3 ~ 1.9 米，厚 1.6 米。土质较硬、密实，内含少量黑炭渣点。该层下见深黄色沙质生土层，停探。

台基外地层：第①层，深灰色土，深厚 0.6 米。土质松软，内含植物根茎、碎砖块、少量陶片。第②层，浅黄色土，深 0.6 ~ 1.4 米，厚 0.8 米。土质稍松，内含少量黑炭渣点。该层下见深黄色沙质生土层，停探。

F394 台基

位于外城中部，东西第八街中部南侧。平面呈不规则长方形，东西 13 ~ 18 米，南北 7 ~ 16 米，高 1.4 米。

台基内地层：第①层，深灰色土，深厚 0.6 米。土质松软，内含少量碎砖块。第②层，浅黄色土，深 0.6 ~ 2 米，厚 1.4 米。土质稍松，内含少量陶片、黑炭渣点。该层下见深黄色沙质生土层，停探。

台基外地层：第①层，深灰色土，深厚 0.5 米。土质较松，内含少量碎砖、动物骨骼和陶片。第②层，浅黄色土，深 0.5 ~ 1.9 米，厚 1.4 米。土质松软，内含少量黑炭渣颗粒。该层下见深黄色沙质生土层，停探。

F395 台基

位于外城中部，东西第八街中部南侧。平面呈长方形，东西 7 米，南北 13 米，高 1.2 米。

台基内地层：第①层，深灰色土，深厚 0.4 米。土质松散，干燥，内含少量碎砖块和植物根茎。第②层，浅黄色土，深 0.4 ~ 1.6 米，厚 1.2 米。土质松软，内含少量黑炭灰。该层下见深黄色沙质生土层，停探。

台基外地层：第①层，深灰色土，深厚 0.5 米。土质松软，内含植物根茎和少量白灰颗粒。第②层，浅黄色土，深 0.5 ~ 1.4 米，厚 0.9 米。土质稍硬，密实。该层下见深黄色沙质生土层，停探。

F396 台基

位于外城中部，东西第八街中部南侧。平面呈长方形，东西 8 米，南北 7 米，高 0.4 米。

台基内地层：第①层，深灰色土，深厚 0.4 米。土质松软，内含植物根茎。第②层，浅黄色土，深 0.4 ~ 1.5 米，厚 1.1 米。土质稍松，干燥，内含少量黑炭渣点。该层下见深黄色沙质生土层，停探。

台基外地层：第①层，深灰色土，深厚 0.4 米。土质松软，内含植物根茎和少量白灰颗粒。第②层，浅黄色土，深 0.4 ~ 1.6 米，厚 1.2 米。土质稍硬，密实，内含少量炭渣点。该层下见深黄色沙质生土层，停探。

F397 台基

位于外城中部，东西第八街中部南侧。平面呈长方形，东西 8 米，南北 10 米，高 1.1 米。

台基内地层：第①层，深灰色土，深厚 0.4 米。土质松软，内含植物根茎。第②层，浅黄色土，深 0.4 ~ 1.5 米，厚 1.1 米。土质稍松，干燥，内含少量黑炭渣点。该层下见深黄色沙质生土层，停探。

台基外地层：第①层，深灰色土，深厚 0.4 米。土质松软，内含植物根茎和少量白灰颗粒。第②层，浅黄色土，深 0.4 ~ 1.8 米，厚 1.4 米。土质稍松，干燥，内含少量黑炭渣点、动物骨骼。该层下见深黄色沙质生土层，停探。

F398 台基

位于外城中部，东西第八街中部南侧。平面呈长方形，东西 8 米，南北 12 米，高 0.8 米。

台基内地层：第①层，浅灰色土，深厚 0.4 米。土质松散，干燥，内含植物根茎。第②层，灰褐色土，深 0.4 ~ 0.9 米，厚 0.5 米。土质稍硬，内含少量碎石和黑炭渣点。第③层，浅黄色土，深 0.9 ~ 1.7 米，厚 0.8 米。土质稍硬，密实，内含少量黑炭灰点和淤泥。该层下见深黄色沙质生土层，停探。

台基外地层：第①层，深灰色土，深厚 0.6 米。土质松散，内含植物根茎和少量黑炭灰。第②层，浅黄色土，深 0.6 ~ 2.2 米，厚 1.6 米。土质稍硬，密实，内含少量水锈斑点和淤泥。该层下见深黄色沙质生土层，停探。

F399 台基

位于外城中部，东西第八街中部南侧。平面呈长方形，东西 12 米，南北 10 米，高 1.1 米。

台基内地层：第①层，浅灰色土，深厚 0.5 米。土质稍松，干燥，内含植物根茎和少量动物骨骼、白灰点。第②层,灰褐色土,深0.5～1.1米,厚0.6米。土质一般,内含少量黑炭渣点。第③层,深灰色土,深1.1～2米,厚0.9米。土质稍硬,密实,内含少量水锈斑点。该层下见深黄色沙质生土层,停探。

台基外地层:第①层,深灰色土,深厚0.6米。土质松散,干燥,内含植物根茎和少量碎砖块、动物骨骼。第②层,浅黄色土,深0.6～1.5米,厚0.9米。土质松软,内含少量黑炭渣点和水锈斑点。该层下见深黄色沙质生土层,停探。

F400 台基

位于外城中部,东西第八街中部南侧。平面呈长方形,东西6米,南北11米,高0.4米。

台基内地层:第①层,深灰色土,深厚0.4米。土质松散,内含植物根茎。第②层,浅灰色土,深0.4～0.8米,厚0.4米。土质稍硬,内含少量黑炭渣点。第③层,浅黄色土,深0.8～2.1米,厚1.3米。土质稍硬,内含微量黑炭渣点。该层下见深黄色沙质生土层,停探。

台基外地层:第①层,深灰色土,深厚0.7米。土质松散,干燥,内含植物根茎、陶片、动物骨骼。第②层,浅灰色土,深0.7～1.8米,厚1.1米。土质稍硬,内含少量黑炭渣点。该层下见深黄色沙质生土层,停探。

F401 台基

位于外城中部,东西第七街中部北侧,房址的南沿与东西第七街路土的北沿相邻。平面呈不规则长方形,东西7～23米,南北2～28米,高1.4米。

台基内地层:第①层,深灰色土,深厚0.4米。土质松散,内含植物根茎。第②层,浅灰色土,深0.4～0.8米,厚0.4米。土质松散,干燥,内含少量黑炭渣点。第③层,浅黄色土,深0.8～2.2米,厚1.4米。土质稍硬,内含较多黑炭渣点和少量红烧土颗粒。该层下见深黄色沙质生土层,停探。

台基外地层:第①层,深灰色土,深厚0.4米。土质松散,内含植物根茎。第②层,浅灰色土,深0.4～0.9米,厚0.5米。土质稍松,内含少量碎石块、陶片、动物骨骼。第③层,浅黄色土,深0.9～2.3米,厚1.4米。土质稍硬,内含少量黑炭渣点。该层下见深黄色沙质生土层,停探。

F402 台基

位于外城中部,东西第七街中部北侧。平面呈长方形,东西5～10米,南北13米,高0.6米。

台基内地层:第①层,深灰色土,深厚0.4米。内含少量植物根茎和碎砖块。第②层,灰褐色土,深0.4～1.5米,厚1.1米。土质较松,内含少量黑炭渣点和白灰颗粒。第③层,浅黄色土,深1.5～2.1米,厚0.6米。土质稍硬,密实,内含少量水锈斑点和淤泥。该层下见深黄色沙质生土层,停探。

台基外地层:第①层,浅灰色土,深厚0.3米。土质松散,内含植物根茎。第②层,深灰色土,深0.3～0.6米,厚0.3米。土质稍硬,密实,内含少量白灰颗粒和动物骨骼。第③层,浅黄色土,深0.6～1.7米,厚1.1米。土质一般,内含少量黑炭渣点和水锈斑点。该层下见深黄色沙质生土层,停探。

F403 台基

位于外城中部,东西第七街中部北侧。平面呈长方形,东西12米,南北5米,高0.7米。

台基内地层:第①层,浅灰色土,深厚0.7米。土质稍松,干燥,内含植物根茎和少量白灰点、红烧土颗粒。第②层,浅黄色土,深0.7～1.5米,厚0.8米。土质稍硬,密实,内含少量黑炭渣点。

该层下见深黄色沙质生土层，停探。

台基外地层：第①层，浅灰色土，深厚0.3米。土质较松，干燥，内含植物根茎。第②层，灰褐色土，深0.3～1米，厚0.7米。土质稍硬，密实，内含少量黑炭渣点。第③层，深灰色土，深1～1.7米，厚0.7米。土质稍硬，内含少量浅黄色沙土颗粒。该层下见深黄色沙质生土层，停探。

F404台基

位于外城中部，东西第七街中部北侧。平面呈长方形，东西6米，南北8米，高1米。

台基内地层：第①层，浅灰色土，深厚0.4米。土质稍松，干燥，内含少量碎砖块、瓷片、动物骨骼。第②层，灰褐色土，深0.4～1米，厚0.6米。土质松软，内含少量黑炭渣点和动物骨骼。第③层，深黄色土，深1～1.9米，厚0.9米。土质稍硬，密实，内含少量水锈斑点和淤泥。该层下见深黄色沙质生土层，停探。

台基外地层：第①层，深灰色土，深厚0.8米。土质稍松，内含植物根茎和少量碎砖石块、黑炭渣点。第②层，浅黄色土，深0.8～2米，厚1.2米。土质稍硬，密实，内含少量黑炭渣点和水锈斑点、淤泥。该层下见深黄色沙质生土层，停探。

F405台基

位于外城中部，东西第七街中部北侧。平面呈长方形，东西8～18米，南北8～15米，高1.2米。

台基内地层：第①层，浅灰色土，深厚0.3米。土质稍松，干燥，内含植物根茎和少量碎砖石块。第②层，灰褐色土，深0.3～1.5米，厚1.2米。土质一般，内含少量黑炭渣点和白灰颗粒。第③层，浅黄色土，深1.5～1.9米，厚0.4米。土质稍硬，密实，内含少量水锈斑点和淤泥。该层下见深黄色沙质生土层，停探。

台基外地层：第①层，浅灰色土，深厚0.5米。土质松散，干燥，内含植物根茎和少量碎砖块。第②层，灰褐色土，深0.5～1.2米，厚0.7米。土质一般，内含少量碎砖块和黑炭渣点。第③层，浅黄色土，深1.2～1.9米，厚0.7米。土质稍硬，密实，内含少量黑炭渣点和淤泥。该层下见深黄色沙质生土层，停探。

F406台基

位于外城中部，东西第七街中部北侧。平面呈长方形，东西8米，南北6米，高0.7米。

台基内地层：第①层，浅灰色土，深厚0.7米。土质松散，干燥，内含植物根茎和少量碎砖块、草木灰、白灰颗粒、动物骨骼。第②层，浅黄色土，深0.7～1米，厚0.3米。土质稍硬，内含少量黑炭渣点。该层下见深黄色沙质生土层，停探。

台基外地层：第①层，浅灰色土，深厚0.3米。土质松散，内含植物根茎。第②层，灰褐色土，深厚0.3～1米，厚0.7米。土质一般，内含碎砖块和黑炭渣点。第③层，浅黄色土，深1～1.6米，厚0.6米。土质稍硬，密实，内含水锈斑和淤泥。该层下见深黄色沙质生土层，停探。

F407台基

位于外城中部，东西第七街中部北侧。平面呈长方形，东西14米，南北6～11米，高0.8米。

台基内地层：第①层，深灰色土，深厚0.4米。土质松散，干燥，内含植物根茎和少量碎沙石块。第②层，浅灰色土，深0.4～0.8米，厚0.4米。土质稍松，内含碎砖块、白灰颗粒和少量动物骨骼。第③层，浅黄色土，深0.8～1.9米，厚1.1米。土质稍硬，内含黑炭灰颗粒、白灰颗粒。该层下见深黄色沙质生土层，停探。

台基外地层：第①层，浅灰色土，深厚 0.3 米。土质松散，干燥，内含植物根茎。第②层，深灰色土，深 0.3 ～ 1.5 米，厚 1.2 米。土质一般，内含少量黑炭渣点。该层下见深黄色沙质生土层，停探。

F408 台基

位于外城中部，东西第七街中部北侧。平面呈长方形，东西 12 米，南北 8 米，高 0.5 米。

台基内地层：第①层，深灰色土，深厚 0.5 米。土质干燥，内含较多碎砖块、陶片和少量白灰颗粒。第②层，浅黄色土，深 0.5 ～ 2 米，厚 1.5 米。土质稍硬，内含陶片、白灰颗粒、红烧土颗粒和少量水锈、黑淤泥。该层下见大黄沙生土层，停探。

台基外地层：第①层，浅灰色土，深厚 0.4 米。土质干燥，松散，内含植物根茎、碎砖块、陶片、白灰颗粒。第②层，浅黄色土，深 0.4 ～ 1.6 米，厚 1.2 米。土质较硬，密实，内含少量瓷片、黑炭渣颗粒。该层下见大黄沙生土层，停探。

F409 台基

位于外城中部，东西第七街中部北侧。平面呈长方形，东西 15 米，南北 8 米，高 1.4 米。

台基内地层：第①层，浅灰色土，深厚 0.5 米。土质松散，干燥，内含植物根茎和少量白灰颗粒、碎砖块。第②层，浅黄色土，深 0.5 ～ 1.9 米，厚 1.4 米。土质稍硬，内含黑炭渣点、水锈土和黑淤泥。该层下见深黄色生土层，停探。

台基外地层：第①层，浅灰色土，深厚 0.7 米。土质松散，干燥，内含植物根茎和少量碎砖块、黑炭渣点。第②层，浅黄色土，深 0.7 ～ 1.5 米，厚 0.8 米。土质稍硬，密实。该层下见大黄色沙生土层，停探。

F410 台基

位于外城中部，东西第七街中部北侧。平面呈长方形，东西 13 米，南北 6 米，高 1 米。

台基内地层：第①层，浅灰色土，深厚 0.5 米。土质松散，内含碎石、碎砖块、植物根茎。第②层，灰褐色土，深 0.5 ～ 1 米，厚 0.5 米。土质一般，内含黑炭渣点、白灰点、红烧土颗粒、碎砖块。第③层，深灰褐色土，深 1 ～ 1.7 米，厚 0.7 米。土质一般，内含草木灰、水锈土团。该层下见深黄色沙质生土层，停探。

台基外地层：第①层，浅灰色土，深厚 0.4 米。土质松散，内含碎石、碎砖块、植物根茎。第②层，灰褐色土，深 0.4 ～ 0.9 米，厚 0.5 米。土质一般，内含黑炭渣点、白瓷片、碎砖块。第③层，深灰褐色土，深 0.9 ～ 1.7 米，厚 0.8 米。土质一般，内含草木灰、水锈土团。该层下见深黄色沙质生土层，停探。

F411 台基

位于外城中部，东西第七街中部北侧。平面呈不规则长方形，东西 7.4 ～ 14 米，南北 8 ～ 15 米，高 0.6 米。

台基内地层：第①层，浅灰色土，深厚 0.6 米。土质稍松，干燥，内含植物根茎和少量碎砖块。第②层，深灰色土，深 0.6 ～ 2.1 米，厚 1.5 米。土质稍硬，内含少量黑炭渣点。该层下见深黄色沙质生土层，停探。

台基外地层：第①层，浅灰色土，深厚 0.4 米。土质松散，干燥，内含植物根茎和少量碎砖石块。

第②层，灰褐色土，深 0.4 ~ 1.8 米，厚 1.4 米。土质稍硬，密实，内含少量黑炭渣点。第③层，浅黄色土，深 1.8 ~ 2.3 米，厚 0.5 米。土质稍硬，内含少量旱烟炭渣点和水锈斑点。该层下见大黄沙堆积，停探。

F412 台基

位于外城中部，东西第八街中部南侧。平面呈长方形，东西 10 米，南北 19 米，高 0.6 米。

台基内地层：第①层，浅灰色土，深厚 0.6 米。土质松散，内含植物根茎。第②层，浅黄色土，深 0.6 ~ 2 米，厚 1.4 米。土质较硬，密实，内含少量黑炭渣点、水锈斑点和淤泥。该层下见深黄色沙质生土层，停探。

台基外地层：第①层，浅灰色土，深厚 0.8 米。土质松散，内含植物根茎。第②层，灰褐色土，深 0.8 ~ 1.5 米，厚 0.7 米。土质稍松，内含少量黑炭渣点、白灰颗粒、动物骨骼。该层下见深黄色沙质生土层，停探。

F413 台基

位于外城中部，东西第八街中部南侧。平面呈长方形，东西 7 米，南北 6 米，高 0.7 米。

台基内地层：第①层，深灰色土，深厚 0.7 米。土质松散，内含植物根茎和少量碎砖块。第②层，浅黄色土，深 0.7 ~ 2 米，厚 1.3 米。土质稍硬，密实，内含少量黑炭渣点、白灰颗粒、水锈斑点。该层下见深黄色沙质生土层，停探。

台基外地层：第①层，浅灰色土，深厚 0.5 米。土质松散，干燥，内含植物根茎和少量白灰颗粒。第②层，浅黄色土，深 0.5 ~ 2.3 米，厚 1.8 米。土质稍硬，密实，内含少量黑炭渣点、碎砖渣颗粒、红烧土颗粒、动物骨骼等。该层下见深黄色沙质生土层，停探。

F414 台基

位于外城中部，东西第八街中部南侧。平面呈长方形，东西 34.5 米，南北 9 米，高 1.4 米。

台基内地层：第①层，浅灰色土，深厚 0.8 米。土质松散，内含植物根茎和少量白灰颗粒、黑炭渣点。第②层，深灰色土，深 0.8 ~ 2.2 米，厚 1.4 米。土质稍硬，内含少量碎石块、红烧土颗粒、黑炭渣点、碎瓷片、草木灰。该层下见深黄色沙质生土层，停探。

台基外地层：第①层，浅灰色土，深厚 0.4 米。土质松散，内含植物根茎和少量碎砖块。第②层，深灰色土，深 0.4 ~ 1.8 米，厚 1.4 米。土质稍松，内含少量碎石块、黑炭渣点。该层下见深黄色沙质生土层，停探。

F415 台基

位于外城中部，东西第八街中部南侧。平面呈不规则长方形，东西 7 ~ 12 米，南北 3 ~ 10 米，高 1.2 米。

台基内地层：第①层，深灰色土，深厚 0.6 米。土质松散，干燥，内含植物根茎和少量碎砖块。第②层，浅黄色土，深 0.6 ~ 1.2 米，厚 0.6 米。土质稍硬，密实，内含少量黑炭渣点和水锈斑点、淤泥。该层下见深黄色沙质生土层，停探。

台基外地层：第①层，深灰色土，深厚 0.5 米。土质稍松，内含植物根茎和少量黑炭渣点。第②层，浅黄色土，深 0.5 ~ 1.2 米，厚 0.7 米。土质稍硬，密实，内含少量黑炭渣点、水锈斑和淤泥。该层下见深灰色沙质生土层，停探。

F416 台基

位于外城中部，东西第八街东部北侧。平面呈长方形，东西 15 米，南北 6 米，高 0.5 米。

台基内地层：第①层，深灰色土，深厚 0.5 米。土质稍松，内含植物根茎和少量黑炭渣点。第②层，浅黄色土，深 0.5 ~ 1.8 米，厚 1.3 米。土质稍硬，密实，内含少量碎砖石块、动物骨骼和黑炭渣点。该层下见深黄色沙质生土层，停探。

台基外地层：第①层，深灰色土，深厚 0.3 米。土质稍松，内含植物根茎。第②层，浅黄色土，深 0.3 ~ 1.3 米，厚 1 米。土质稍松，内含少量黑炭渣点、红烧土颗粒、白灰点。该层下见深黄色沙质生土层，停探。

F417 台基

位于外城中部，东西第八街东部南侧。平面呈不规则长方形，东西 6 ~ 24 米，南北 10 ~ 30 米，高 1.5 米。

台基内地层：第①层，浅灰色土，深厚 0.5 米。土质稍松，干燥，内含植物根茎和少量碎砖块。第②层，浅黄色土，深 0.5 ~ 2 米，厚 1.5 米。土质稍硬，内含少量动物骨骼、黑炭渣点和白灰颗粒。第③层，黑淤泥土，深 2 ~ 2.5 米，厚 0.5 米。土质松软。该层下见水不带，停探。

台基外地层：第①层，深灰色土，深厚 0.4 米。土质稍硬，密实，内含少量黑炭渣点。第②层，浅黄色土，深 0.4 ~ 1.2 米，厚 0.8 米。土质稍硬，密实，内含少量黑炭渣点和白灰颗粒。第③层，浅黄色土，深 1.2 ~ 1.9 米，厚 0.7 米。土质一般，内含水锈纹和淤泥。该层下见深黄色沙质生土层，停探。

F418 台基

位于外城中部，东西第八街东部南侧。平面呈长方形，东西 4 米，南北 9 米，高 0.8 米。

台基内地层：第①层，深灰色土，深厚 0.6 米。土质稍松，内含植物根茎和少量碎砖块。第②层，浅黄色土，深 0.6 ~ 1.4 米，厚 0.8 米。土质松软，内含少量红烧土颗粒、黑炭渣点和淤泥。1.4 米以下见白沙和碎石，不带，停探。

台基外地层：第①层，浅灰色土，深厚 0.5 米。土质松软，内含少量碎砖点和白灰点。第②层，浅黄色土，深 0.5 ~ 1.3 米，厚 0.8 米。土质稍硬，密实，内含少量黑炭渣点和白灰颗粒。第③层，黑淤泥土，深 1.3 ~ 2 米，厚 0.7 米。土质较硬，密实。2 米以下见水不带，停探。

F419 台基

位于外城中部，东西第八街东部南侧。平面呈长方形，东西 13 米，南北 6 米，高 0.8 米。

台基内地层：浅灰色土，深厚 0.5 米。土质松散，干燥，内含植物根茎和少量碎砖块。第②层，浅黄色土，深 0.5 ~ 1.4 米，厚 0.8 米。土质稍硬，密实，内含少量黑炭渣点和锈纹。该层下见深黄色沙质生土层，停探。

台基外地层：第①层，浅灰色土，深厚 0.4 米。土质一般，内含植物根茎和少量碎砖块。第②层，浅黄色土，深 0.4 ~ 1.1 米，厚 0.7 米。土质稍硬，内含少量碎砖点、水锈斑和淤泥。该层下见深黄色沙质生土层，停探。

F420 台基

位于外城中部，东西第八街东部南侧。平面呈不规则长方形，东西 12 ~ 35 米，南北 6 ~ 28 米，高 1.7 米。

台基内地层：第①层，浅灰色土，深厚 0.6 米。土质稍松，内含植物根茎和红烧土颗粒。第②层，深灰色土，深 0.6 ~ 2.3 米，厚 1.7 米。土质稍硬，密实，内含少量红烧土块、黑炭渣点、白灰颗粒、淤泥、水锈斑点。该层下见深黄色沙质生土层，停探。

台基外地层：第①层，浅灰色土，深厚 0.5 米。土质稍松，内含植物根茎和少量碎石块。第②层，深灰色土，深 0.5 ~ 1.2 米，厚 0.7 米。土质稍硬，密实，内含少量红烧土块、黑炭渣点、动物骨骼。该层下见深黄色沙质生土层，停探。

F421 台基

位于外城中部，东西第八街东部南侧。平面呈不规则长方形，东西 34 ~ 48 米，南北 6 ~ 24 米，高 1.2 米。

台基内地层：第①层，浅灰色土，深厚 0.3 米。土质松散，干燥，内含植物根茎和少量红烧土颗粒、白灰点。第②层，深灰色土，深 0.3 ~ 1.2 米，厚 0.9 米。土质稍硬，内含少量碎砖块、黑炭渣点、白灰点和草木灰。第③层，浅黄色土，深 1.2 ~ 1.8 米，厚 0.6 米。土质稍硬，密实，内含少量水锈斑点和淤泥。该层下见深黄色沙质生土层，停探。

台基外地层：第①层，浅灰色土，深厚 0.4 米。土质松散，干燥，内含植物根茎和少量砖渣点。第②层，深灰色土，深 0.4 ~ 1.7 米，厚 1.3 米。土质松软，内含少量碎砖块、黑炭渣点、红烧土颗粒、动物骨骼。该层下见深黄色沙质生土层，停探。

F422 台基

位于外城中部，东西第八街东部南侧。平面呈长方形，东西 25 米，南北 6 米，高 1.1 米。

台基内地层：第①层，浅灰色土，深厚 0.5 米。土质稍松，干燥，内含植物根茎和少量碎砖块、白灰颗粒。第②层，浅黄色土，深 0.5 ~ 1.6 米，厚 1.1 米。土质稍硬，密实，内含水锈纹和淤泥。该层下见深黄色沙质生土层，停探。

台基外地层：第①层，深灰色土，深厚 0.6 米。土质稍松，内含植物根茎和少量碎砖块。第②层，浅黄色土，深 0.6 ~ 1.2 米，厚 0.6 米。土质稍硬，密实，内含少量黑炭渣点和淤泥。该层下见深黄色沙质生土层，停探。

F423 台基

位于外城中部，东西第八街东部南侧。平面呈长方形，东西 16 米，南北 10.2 米，高 1.2 米。

台基内地层：第①层，浅灰色土，深厚 0.5 米。土质松散，干燥，内含植物根茎和少量碎砖块、白灰颗粒。第②层，浅黄色土，深 0.5 ~ 2.1 米，厚 1.6 米。土质一般，内含水锈斑和淤泥。该层下见深黄色沙质生土层，停探。

台基外地层：第①层，深灰色土，深 0.3 ~ 1.7 米，厚 1.4 米。土质较硬，密实，内含少量黑炭渣点和白灰颗粒，部分浅黄色土已被浸泡成浅黑色。层下见深黄色沙质生土层，停探。

F424 台基

位于外城中东部，东西第七街东端北侧，房址南沿与东西第七街路土的北沿相邻。平面呈不规则长方形，东西 7 ~ 52 米，南北 15 ~ 30 米，高 1.3 米。

台基内地层：第①层，浅灰色土，深厚 0.4 米。土质松软，内含植物根茎和少量动物骨骼、黑炭渣点。第②层，深灰色土，深 0.4 ~ 1.7 米，厚 1.3 米。土质稍硬，密实，内含少量白灰块和瓷片、草木灰、黑炭渣点。该层下见深黄色沙质生土层，停探。

台基外地层：第①层，浅灰色土，深厚 0.4 米。内含植物根茎和少量砖渣点。第②层，深黄色土，深 0.4～1.6 米，厚 1.2 米。土质稍硬，密实，内含少量黑炭渣点和水锈斑点。该层下见深黄色沙质生土层，停探。

F425 台基

位于外城中东部，东西第七街东端北侧，房址东沿与东西第七街北侧支线路土的西沿相邻。平面呈长方形，东西 9 米，南北 6 米，高 0.7 米

台基内地层：第①层，浅灰色土，深厚 0.3 米。土质松散，内含植物根茎。第②层，深灰色土，深 0.3～1.1 米，厚 0.8 米。土质稍硬，密实，内含少量白灰颗粒和黑炭渣点。第③层，浅黄色土，深 1.1～1.8 米，厚 0.7 米。土质稍硬，内含水锈斑和淤泥。该层下见深黄色沙质生土层，停探。

台基外地层：第①层，浅灰色土，深厚 0.4 米。土质稍松，干燥，内含植物根茎和少量动物骨骼。第③层，浅黄色土，深 0.4～1.5 米，厚 1.1 米。土质稍松，内含水锈斑、淤泥块和少量黑炭渣点。该层下见深黄色沙质生土层，停探。

F426 台基

位于外城中东部，东西第七街东端北侧，房址北沿与东西第七街北侧支线路土的南沿相邻。平面呈长方形，东西 13 米，南北 6 米，高 0.7 米。

台基内地层：第①层，浅灰色土，深厚 0.3 米。土质稍松，内含植物根茎和白灰颗粒。第②层，深灰色土，深 0.3～0.7 米，厚 0.4 米。土质一般，内含少量红烧土颗粒、黑炭渣点和白灰颗粒。第③层，浅黄色土，深 0.7～1.2 米，厚 0.5 米。土质稍硬，密实，内含水锈斑和淤泥。该层下见深黄色沙质生土层，停探。

台基外地层：第①层，深灰色土，深厚 0.6 米。土质松散，干燥，内含植物根茎和少量碎砖块、黑炭渣点。第②层，浅黄色土，深 0.6～1.2 米，厚 0.6 米。土质稍硬，密实，内含水锈斑、淤泥和少量黑炭渣点。

F427 台基

位于外城中东部，东西第七街东端北侧，房址南沿与东西第七街路土的北沿相邻。平面呈不规则长方形，东西 4～23 米，南北 15～22 米，高 1.1 米。

台基内地层：第①层，浅灰色土，深厚 0.3 米。土质稍松，内含植物根茎和少量碎砖块。第②层，深灰色土，深 0.3～1.1 米，厚 0.8 米。土质稍硬，密实，内含少量黑炭渣点。第③层，浅黄色土，深 1.1～1.9 米，厚 0.8 米。土质稍硬，内含水锈斑和淤泥。该层下见深黄色沙质生土层，停探。

台基外地层：第①层，浅灰色土，深厚 0.4 米。土质松散，内含植物根茎。第②层，深灰色土，深 0.4～1.2 米，厚 0.8 米。土质稍硬，密实，内含微量黑炭渣点。第③层，浅黄色土，深 1.2～1.6 米，厚 0.4 米。土质一般，内含水锈斑和淤泥。该层下见深黄色沙质生土层，停探。

F428 台基

位于外城中东部，东西第七街东端北侧，房址南沿与东西第七街路土的北沿相邻。平面呈长方形，东西 12 米，南北 13 米，高 1.4 米。

台基内地层：第①层，浅灰色土，深厚 0.3 米。土质稍松，内含植物根茎和碎砖点。第②层，浅黄色土，深 0.3 ~ 1.4 米，厚 1.1 米。土质松软，内含水锈纹、淤泥和少量黑炭渣点。该层下见深黄色沙质生土层，停探。

台基外地层：第①层，浅灰色土，深厚 0.3 米。土质稍松，内含植物根茎和少量黑炭渣点。第②层，深灰色土，深 0.3 ~ 0.6 米，厚 0.3 米。土质稍硬，密实，第③层，浅黄色土，深 0.6 ~ 1.6 米，厚 1 米。土质稍松，内含水锈斑和少量黑炭渣点。该层下见深黄色沙质生土层，停探。

F429 台基

位于外城中东部，东西第七街东端北侧。平面呈长方形，东西 11 米，南北 20.3 米，高 1.2 米。

台基内地层：第①层，浅灰色土，深厚 0.5 米。土质稍硬，内含植物根茎和少量碎砖块、白灰颗粒。第②层，深灰色土，深 0.5 ~ 1.2 米，厚 0.7 米。土质稍硬，内含少量黑炭渣点和白灰颗粒。第③层，浅黄色土，深 1.2 ~ 1.5 米，厚 0.3 米。土质稍硬，内含水锈斑和淤泥。该层下见深黄色沙质生土层，停探。

台基外地层：第①层，深灰色土，深厚 0.6 米。土质稍硬，密实，内含植物根茎和少量碎砖石块。第②层，浅黄色土，深 0.6 ~ 1.7 米，厚 1.1 米。土质松软，内含水锈斑和淤泥。该层下见深黄色沙质生土层，停探。

F430 台基

位于外城中东部，东西第七街东端北侧，房址东沿与瓮城处大面积踩踏面的西沿相邻。平面呈不规则长方形，东西 8 ~ 17 米，南北 6.5 ~ 13 米，高 1.1 米。

台基内地层：第①层，深灰色土，深厚 0.4 米。土质松软，内含植物根茎和少量碎砖块、红烧土颗粒、白灰点。第②层，浅灰色土，深 0.4 ~ 1.4 米，厚 1 米。土质稍松，内含少量动物骨骼和碎砖块。该层下见深黄色沙质层，停探。

台基外地层：第①层，深灰色土，深厚 0.4 米。土质稍硬，密实，内含植物根茎和少量黑炭渣点。第②层，浅黄色土，深 0.4 ~ 1.3 米，厚 0.9 米。土质一般，内含水锈纹和淤泥。该层下见深黄色沙质生土层，停探。

F431 台基

位于外城中东部，东西第八街东端北支线路的西侧，房址的东沿与支线路土的西沿相邻。平面呈长方形，东西 8 米，南北 22 米，高 1.1 米。

台基内地层：第①层，浅灰色土，深厚 0.6 米。土质稍松，内含植物根茎和少量碎砖块。第②层，浅黄色土，深 0.6 ~ 2.1 米，厚 1.5 米。土质松软，部分黄土已被浸泡成黑色，内含少量动物骨骼、黑炭渣点和白灰颗粒。2.1 米以下见水不带，停探。

台基外地层：第①层，浅灰色土，深厚 0.4 米。土质稍松，内含植物根茎和少量碎砖块。第②层，浅黄色土，深 0.4 ~ 1.7 米，厚 1.3 米。土质松软，部分黄土已被浸泡成黑色，内含少量碎砖块、赤炭渣点和白灰颗粒。1.7 米以下见水不带，停探。

F432 台基

位于外城中东部，东西第八街东端北侧，房址南沿与东西第八街北侧支线路土的北沿相邻。平面呈长方形，东西 34.3 米，南北 6 米，高 1.4 米。

台基内地层：第①层，浅灰色土，深厚 0.4 米。土质松软，内含植物根茎和少量碎砖块。第②层，浅黄色土，深 0.4 ~ 1.8 米，厚 1.4 米。土质稍硬，密实，内含少量黑炭渣点、白灰颗粒、碎砖点、水锈斑和淤泥。1.8 米以下见石不过，停探。

台基外地层：第①层，深灰色土，深厚 0.5 米。土质稍松，内含植物根茎和少量碎砖块、白灰颗粒。第②层，浅黄色土，深 0.5 ~ 1.2 米，厚 0.7 米。土质松软，内含少量水锈纹和淤泥。第③层，黑淤泥土，深 1.2 ~ 2 米，厚 0.8 米。土质稍硬，密实，内含微量朽草根茎。该层下见浅黄色沙质生土层，停探。

F433 台基

位于外城中东部，东西第八街东端北侧。平面呈长方形，东西 6 米，南北 4 米，高 0.4 米。

台基内地层：第①层，深灰色土，深厚 0.4 米。土质稍松，内含植物根茎和少量白灰颗粒、黑炭渣点。第②层，浅黄色土，深 0.4 ~ 2.3 米，厚 1.8 米。土质稍硬，该地层被浸泡成黑色。2.3 米以下见水不带，停探。

台基外地层：第①层，深灰色土，深厚 0.4 米。土质稍松，内含植物根茎。第②层，浅黄色土，深 0.4 ~ 1.6 米，厚 1.2 米。土质松软，部分土层已被浸泡成黑色。第③层，黑淤泥土，深 1.6 ~ 2 米，厚 0.4 米。土质较硬，密实。2 米以下见水不带，停探。

F434 台基

位于外城中东部，东西第八街东端北侧。平面呈长方形，东西 9 米，南北 8 米，高 1.3 米。

台基内地层：第①层，浅灰色土，深厚 0.4 米。土质稍松，内含植物根茎和少量碎砖块。第②层，浅黄色土，深 0.4 ~ 1.7 米，厚 1.3 米。土质松软，部分土层已被浸泡成黑色，内含少量白灰颗粒。第③层，黑淤泥土，深 1.7 ~ 2.1 米，厚 0.4 米。土质稍硬，密实，内含微量黑炭渣点。该层下见水不带，停探。

台基外地层：第①层，浅灰色土，深厚 0.5 米。土质稍松，内含植物根茎。第②层，浅黄色土，深 0.5 ~ 1.2 米，厚 0.7 米。土质稍硬，密实，土质松软，部分黄色土已被浸泡成黑色。该层下见深黄色沙质生土层，停探。

F435 台基

位于外城北部，东西第八街东端北侧，房址的南沿与东西第八街北侧支线路土的北沿相邻。平面呈长方形，东西 6 米，南北 5 米，高 0.4 米。

台基内地层：第①层，深灰色土，深厚 0.4 米。土质稍松，内含植物根茎。第②层，浅黄色土，深 0.4 ~ 1.7 米，厚 1.3 米。土质稍硬，密实，内含水锈斑和淤泥。该层下见深黄色沙质生土层，停探。

台基外地层：第①层，浅灰色土，深厚 0.3 米。土质一般，内含植物根茎。第②层，深灰色土，深 0.3 ~ 0.6 米，厚 0.3 米。土质稍硬，内含少量碎砖块和白灰颗粒。第③层，浅黄色土，深 0.6 ~ 1.6 米，厚 1 米。土质稍硬，密实，内含水锈斑淤泥土和少量黑炭渣点。该层下见深黄色沙质生土层，停探。

F436 台基

位于外城中北部，东西第八街东端北侧，房址的南沿与东西第八街北侧支线路土的北沿相邻。平面呈椭圆形，东西 7 米，南北 8.4 米，高 0.9 米。

台基内地层：第①层，浅灰色土，深厚 0.5 米。土质稍松，内含植物根茎和少量碎砖块。第②层，浅黄色土，深 0.5 ~ 1.4 米，厚 0.9 米。土质稍硬，密实，内含少量水锈斑和淤泥。该层下见深黄色沙质生土层，停探。

台基外地层：第①层，深灰色土，深厚 0.4 米。土质稍松，内含植物根茎。第②层，浅黄色土，深 0.4～1.2 米，厚 0.8 米。土质稍硬，密实，内含少量动物骨骼和淤泥。该层下见深黄色沙质生土层，停探。

F437 台基

位于外城中北部，东西第八街东端北侧，房址的西沿与东西第八街北侧支线路土的东沿相邻。平面呈不规则长方形，东西 7～12 米，南北 8～16 米，高 1.5 米。

台基内地层：第①层，深灰色土，深厚 0.6 米。土质稍松，干燥，内含植物根茎和少量碎砖石块。第②层，浅黄色土，深 0.6～2.1 米，厚 1.5 米。土质较硬，密实，内含少量黑炭渣点和碎砖块。该层下见深黄色沙质生土层，停探。

台基外地层：第①层，深灰色土，深厚 0.5 米。土质稍松，内含植物根茎和少量碎砖石块、陶片。第②层，浅黄色土，深 0.5～2 米，厚 1.5 米。土质稍松，密实，内含少量水锈斑点和淤泥。该层下见深黄色沙质生土层，停探。

F438 台基

位于外城北部，东西第八街东端北侧。平面呈长方形，东西 15 米，南北 5.4 米，高 1.2 米。

台基内地层：第①层，深灰色土，深厚 0.5 米。土质松散，干燥，内含少量碎砖块、黑炭渣点。第②层，浅黄色土，深 0.5～1.7 米，厚 1.2 米。土质松散，内含较多黑炭渣点。该层下见深黄色沙质生土层，停探。

台基外地层：第①层，浅灰色土，深厚 0.5 米。土质松散，干燥，内含植物根茎、黑炭渣点。第②层，浅黄色土，深 0.5～1.8 米，厚 1.3 米。土质稍硬，密实，内含少量黑炭渣点、水锈纹和黑淤泥。该层下见深黄色沙质生土层，停探。

F439 台基

位于外城北部，东西第八街东端北侧。平面呈长方形，东西 7.6 米，南北 11.2 米，高 0.9 米。

台基内地层：第①层，浅灰色土，深厚 0.6 米。土质松散，内含植物根茎和较多碎砖块、陶片、白灰颗粒。第②层，浅黄色土，深 0.6～1.5 米，厚 0.9 米。土质稍硬，内含少量白灰颗粒、黑炭渣点。该层下见深黄色沙质生土层，停探。

台基外地层：第①层，浅灰色土，深厚 0.4 米。土质松散，内含植物根茎和少量碎砖石块。第②层，浅黄色土，深 0.4～1.9 米，厚 1.5 米。土质稍硬，密实，内含水锈斑和淤泥。该层下见深黄色沙质生土层，停探。

F440 台基

位于外城北部，东西第八街东端北侧。平面呈长方形，东西 9.7 米，南北 8.2 米，高 0.8 米。

台基内地层：第①层，深灰色土，深厚 0.8 米。土质松散，内含植物根茎和少量碎砖块、陶片、白灰块。第②层，浅黄色土，深 0.8～2.1 米，厚 1.3 米。土质稍硬，密实，内含少量黑炭渣点和白灰颗粒。该层下见深黄色沙质生土层，停探。

台基外地层：第①层，深灰色土，深厚 0.3 米。土质松散，干燥，内含植物根茎和少量白灰颗粒。第②层，浅黄色土，深 0.3～0.8 米，厚 0.5 米。土质稍松，内含少量黑炭渣点。第③层，浅黄色土，深 0.8～2.5 米，厚 1.7 米。土质稍硬，密实，内含水锈斑和淤泥。该层下见深黄色沙质生土层，停探。

F441 台基

位于外城北部，东西第八街东端北侧。平面呈长方形，东西 24 米，南北 11.2 米，高 1.3 米。

台基内地层：第①层，深灰色土，深厚 0.3 米。土质较松，干燥，内含少量碎砖块和白灰颗粒。第②层，浅灰色土，深 0.3～0.7 米，厚 0.4 米。土质稍硬，内含少量黑炭渣点和白灰颗粒。第③层，浅黄色土，深 0.7～2 米，厚 1.3 米。土质较硬，密实，内含少量碎石块和黑炭渣点。该层下见深黄色沙质生土层，停探。

台基外地层：第①层，深灰色土，深厚 0.4 米。土质较松，干燥，内含少量植物根茎和碎砖块。第②层，浅灰色土，深 0.4～0.9 米，厚 0.5 米。土质稍松，内含少量黑炭渣点、碎砖块和白灰颗粒。第③层，浅黄色土，深 0.9～1.7 米，厚 0.8 米。土质稍硬，密实，内含少量水锈斑点和淤泥。该层下见深黄色沙质生土层，停探。

F442 台基

位于外城北部，东西第八街中部北侧，房址的南沿与东西第八街北侧支线路土的北沿相邻。平面呈长方形，东西 11 米，南北 4.4 米，高 0.7 米。

台基内地层：第①层，深灰色土，深厚 0.4 米。土质稍松，内含植物根茎和少量碎砖块。第②层，浅灰色土，深 0.4～0.7 米，厚 0.3 米。土质稍硬，干燥，内含少量黑炭渣点、白灰颗粒。第③层，浅黄色土，深 0.7～1.7 米，厚 1 米。土质稍硬，密实，内含陶片、黑炭渣点。该层下见深黄色沙质生土层，停探。

台基外地层：第①层，深灰色土，深厚 0.5 米。土质稍松，内含植物根茎。第②层，浅灰色土，深 0.5～1.2 米，厚 0.7 米。土质稍硬，密实，内含少量黑炭渣点颗粒。该层下见深黄色沙质生土层，停探。

F443 台基

位于外城北部，东西第八街中部北侧，房址的西沿与东西第八街北侧支线路土的东沿相邻。平面呈长方形，东西 21.5 米，南北 10 米，高 1 米。

台基内地层：第①层，深灰色土，深厚 0.8 米。土质松散，内含植物根茎和少量白灰颗粒、碎砖块。第②层，浅黄色土，深 0.8～1.8 米，厚 1 米。土质稍硬，密实，内含较多黑炭渣点和少量白灰颗粒。该层下见深黄色沙质生土层，停探。

台基外地层：第①层，深灰色土，深厚 0.5 米。土质松散，干燥，内含植物根茎、白灰颗粒、陶片。第②层，浅黄色土，深 0.5～2.3 米，厚 1.8 米。土质稍松，内含少量水锈斑和黑淤泥。该层下见深黄色沙质生土层，停探。

F444 台基

位于外城北部，东西第八街中部北侧。平面呈方形，边长 6 米，高 0.6 米。

台基内地层：第①层，浅灰色土，深厚 0.6 米。土质稍松，干燥，内含植物根茎和少量碎砖块。第②层，浅黄色土，深 0.6～1.6 米，厚 1 米。土质稍硬，密实，内含黑炭灰渣点、动物骨骼。该层下见黄色土沙质生土层，停探。

台基外地层：第①层，浅灰色土，深厚 0.4 米。土质稍松，干燥，内含植物根茎和少量碎砖块、动物骨骼。第②层，浅黄色土，深 0.4～2.3 米，厚 1.9 米。土质稍硬，密实，内含动物骨骼、黑淤泥。

该层下见黄色沙质生土层，停探。

F445 台基

位于外城北部，东西第八街中部北侧，房址的西沿与东西第八街北侧支线路土的东沿相邻。平面呈不规则长方形，东西 2～11.4 米，南北 2.4～18 米，高 0.8 米。

台基内地层：第①层，浅灰色土，深厚 0.8 米。土质稍松，内含植物根茎和少量白灰点颗粒。第②层，浅黄色土，深 0.8～2.2 米，厚 1.4 米。土质较硬，密实，内含少量黑炭渣点和黑淤泥。该层下见深黄色沙质生土层，停探。

台基外地层：第①层，浅灰色土，深厚 0.6 米。土质松散，干燥，内含植物根茎和少量白灰点颗粒。第②层，浅黄色土，深 0.6～1.5 米，厚 0.9 米。土质稍硬，密实，内含少量黑炭渣点和黑淤泥。该层下见深黄色沙质生土层，停探。

F446 台基

位于外城北部，东西第八街中部北侧。平面呈长方形，东西 6～17 米，南北 6～21 米，高 0.9 米。

台基内地层：第①层，深灰色土，深厚 0.3 米。土质松散，内含植物根茎。第②层，浅灰色土，深 0.3～0.9 米，厚 0.6 米。土质松散，干燥，内含碎砖石块和少量白灰颗粒。第③层，浅黄色土，深 0.9～2.1 米，厚 1.2 米。土质较硬，密实，内含少量黑炭渣点、水锈斑点和淤泥。该层下见深黄色沙质生土层，停探。

台基外地层：第①层，深灰色土，深厚 0.6 米。土质松散，干燥，内含植物根茎和少量砖块。第②层，浅灰色土，深 0.6～1.8 米，厚 1.2 米。土质稍硬，密实，内含少量黑炭渣颗粒。该层下见深黄色沙质生土层，停探。

F447 台基

位于外城北部，东西第八街中部北侧，房址的西沿与东西第八街北侧支线路土的东沿相邻。平面呈长方形，东西 15 米，南北 10 米，高 1.1 米。

台基内地层：第①层，深灰色土，深厚 0.6 米。土质较松，干燥，内含植物根茎和少量黑炭渣点、白灰颗粒。第②层，浅灰色土，深 0.6～1.1 米，厚 0.5 米。土质松散，内含黑炭渣点。第③层，浅黄色土，深 1.1～1.8 米，厚 0.7 米。土质稍硬，内含少量黑炭渣颗粒。该层下见深黄色沙质生土层，停探。

台基外地层：第①层，深灰色土，深厚 0.4 米。土质稍松，内含植物根茎和少量碎砖块。第②层，浅黄色土，深 0.4～1.5 米，厚 1.1 米。土质一般，内含少量瓷片、黑炭渣点。该层下见深黄色沙质生土层，停探。

F448 台基

位于外城北部，东西第八街中部北侧，房址的南沿与东西第八街路土的北沿相邻。平面呈长方形，东西 14 米，南北 8 米，高 1.3 米。

台基内地层：第①层，浅灰色土，深厚 0.3 米。土质较松，干燥，内含植物根茎和少量碎砖石块。第②层，深灰色土，深 0.3～1.6 米，厚 1.3 米。土质稍硬，密实，内含少量碎砖石块和黑炭渣点。该层下见深黄色沙质生土层，停探。

台基外地层：第①层，浅灰色土，深厚 0.5 米。土质较松，内含植物根茎和少量碎砖石块、陶片、黑炭渣颗粒。第②层，浅灰色土，深 0.5 ~ 2.2 米，厚 1.7 米。土质稍硬，密实，内含较多黑炭渣点和少量红烧土颗粒、陶片。该层下见深黄色沙质生土层，停探。

F449 台基

位于外城北部，东西第八街中部北侧，房址的南沿与东西第八街路土的北沿相邻。平面呈长方形，东西 68 米，南北 5 ~ 28 米，高 0.4 米。

台基内地层：第①层，深灰色土，深厚 0.3 米。土质松散，干燥，内含植物根茎和少量碎砖渣点。第②层，浅灰色土，深 0.3 ~ 0.7 米，厚 0.4 米。土质稍硬，内含较多碎砖瓦块和瓷片。第③层，浅黄色土，深 0.7 ~ 2.2 米，厚 1.5 米。土质较硬，密实，内含少量黑炭渣点和水锈纹斑。该层下见深黄色沙质生土层，停探。

台基外地层：第①层，深灰色土，深厚 1 米。土质松散，干燥，内含植物根茎和少量碎砖渣点。第②层，浅灰色土，深 1 ~ 1.9 米，厚 0.9 米。土质稍硬，内含少量黑炭渣点和水锈斑。该层下见深黄色沙质生土层，停探。

F450 台基

位于外城北部，东西第八街中部北侧。平面呈长方形，东西 6 米，南北 6.4 米，高 0.7 米。

台基内地层：第①层，深灰色土，深厚 0.7 米。土质稍松，内含植物根茎、碎石块。第②层，浅黄色土，深 0.7 ~ 2.3 米，厚 1.6 米。土质稍硬，内含碎砖块、黑炭渣颗粒、水锈土、黑淤泥。该层下见深黄色沙质生土层，停探。

台基外地层：第①层，深灰色土，深厚 0.5 米。土质稍松，内含植物根茎、碎石块、陶片、红烧土颗粒。第②层，浅黄色土，深 0.5 ~ 1.9 米，厚 1.4 米。土质稍松，内含黑炭渣颗粒、水锈土、黑淤泥。该层下见深黄色沙质生土层，停探。

F451 台基

位于外城北部，东西第八街中部北侧，房址的南沿与东西第八街路土的北沿相邻。平面呈长方形，东西 12.8 米，南北 8.3 米，高 1.5 米。

台基内地层：第①层，浅灰色土，深厚 0.4 米。土质松散，干燥，内含少量植物根茎、陶片、黑炭渣颗粒。第②层，浅黄色土，深 0.4 ~ 1.9 米，厚 1.5 米。土质稍松，内含黑炭渣点、动物骨骼、陶片。该层下见深黄色沙质生土层，停探。

台基外地层：第①层，浅灰色土，深厚 0.5 米。土质松散，内含少量植物根茎、陶片。第②层，浅黄色土，深 0.5 ~ 1.9 米，厚 1.4 米。土质一般，内含较多黑炭渣点。该层下见深黄色沙质生土层，停探。

F452 台基

位于外城北部，东西第八街中部北侧，房址的南沿与东西第八街路土的北沿相邻。平面呈长方形，东西 5.8 米，南北 4.3 米，高 0.6 米。

台基内地层：第①层，浅灰色土，深厚 0.6 米。土质松散，干燥，内含植物根茎和少量碎沙石块、黑炭渣颗粒。第②层，浅黄色土，深 0.6 ~ 2.3 米，厚 1.7 米。土质稍硬，密实，内含黑炭渣点、水锈纹斑、黑淤泥。该层下见深黄色沙质生土层，停探。

台基外地层：第①层，深灰色土，深厚 0.4 米。土质松散，内含植物根茎、陶片。第②层，浅黄色土，深 0.4 ～ 2.1 米，厚 1.7 米。土质稍松，内含黑炭渣点、动物骨骼。该层下见深黄色沙质生土层，停探。

F453 台基

位于外城北部，东西第八街中部北侧。平面呈方形，边长 11.3 米，高 1.1 米。

台基内地层：第①层，深灰色土，深厚 0.5 米。土质松散，内含植物根茎和少量白灰颗粒。第②层，浅黄色土，深 0.5 ～ 1.6 米，厚 1.1 米。土质稍硬，内含黑炭渣点。该层下见深黄色沙质生土层，停探。

台基外地层：第①层，深灰色土，深厚 0.4 米。土质松散，内含植物根茎、动物骨骼。第②层，浅黄色土，深 0.4 ～ 1.7 米，厚 1.3 米。土质稍松，内含黑炭渣点、陶片、水锈纹斑。该层下见深黄色沙质生土层，停探。

F454 台基

位于外城北部，东西第八街中部北侧，房址的南沿与东西第八街路土的北沿相邻。平面呈长方形，东西 7.1 米，南北 9.7 米，高 1.2 米。

台基内地层：第①层，深灰色土，深厚 0.4 米。土质松散，干燥，内含植物根茎、碎砖块、陶片、黑炭渣点、动物骨骼。第②层，浅灰色土，深 0.4 ～ 2.2 米，厚 1.8 米。土质较硬，密实，内含少量黑炭渣点。该层下见深黄色沙质生土层，停探。

台基外地层：第①层，深灰色土，深厚 0.3 米。土质松散，干燥，内含植物根茎。第②层，灰褐色土，深 0.3 ～ 1.2 米，厚 0.9 米。土质松散，内含少量黑炭渣点、碎砖块、陶片、红烧土颗粒。第③层，浅黄色土，深 1.2 ～ 2.2 米，厚 1 米。土质疏松，内含少量黑炭渣点和淤泥。该层下见深黄色沙质生土层，停探。

F455 台基

位于外城北部，东西第八街中部北侧，房址的南沿与东西第八街路土的北沿相邻。平面呈长方形，东西 12 米，南北 9 米，高 0.8 米。

台基内地层：第①层，浅灰色土，深厚 0.8 米。土质松散，内含碎砖块、陶片和少量白灰颗粒。第②层，浅黄色土，深 0.8 ～ 1.9 米，厚 1.1 米。土质稍硬，内含少量动物骨骼和黑炭渣点。该层下见深黄色沙质生土层，停探。

台基外地层：第①层，浅灰色土，深厚 0.8 米。土质松散，干燥，内含稍多白灰颗粒、黑炭渣点和少量动物骨骼。第②层，浅黄色土，深 0.8 ～ 2.3 米，厚 1.5 米。土质稍硬，内含白灰颗粒、黑炭渣点和少量动物骨骼。该层下见深黄色沙质生土层，停探。

F456 台基

位于外城北部，东西第八街中部北侧，房址的南沿与东西第八街路土的北沿相邻。平面呈不规则长方形，东西 14.2 ～ 37 米，南北 28 ～ 43 米，高 1.7 米。

台基内地层：第①层，浅灰色土，深厚 0.4 米。土质松散，干燥，内含植物根茎。第②层，灰褐色土，深 0.4 ～ 2.1 米，厚 1.7 米。土质稍硬，密实，内含少量白灰颗粒、红烧土颗粒和黑炭渣点。该层下见深黄色沙质生土层，停探。

台基外地层：第①层，浅灰色土，深厚 0.3 米。土质松散，干燥，内含植物根茎和少量白灰颗粒。第②层，浅灰色土，深 0.3 ～ 0.9 米，厚 0.6 米。土质稍松，内含少量白灰颗粒、陶片、黑炭渣颗粒。第③层，浅黄色土，深 0.9 ～ 1.9 米，厚 1 米。土质稍硬，内含少量黑炭渣点和红烧土块。该层下见深黄色沙质生土层，停探。

F457 台基

位于外城北部，东西第八街中部北侧。平面呈长方形，东西 10 米，南北 5.6 米，高 1.1 米。

台基内地层：第①层，深灰色土，深厚 0.5 米。内含植物根茎和少量白灰颗粒。第②层，浅黄色土，深 0.5 ~ 1.6 米，厚 1.1 米。土质疏松，内含少量炭灰、动物骨骼和红烧土块。该层下见深黄色沙质生土层，停探。

台基外地层：第①层，深灰色土，深厚 0.4 米。土质疏松，内含植物根茎和少量碎砖块。第②层，浅黄色土，深 0.4 ~ 1.3 米，厚 0.9 米。土质疏松，内含少量动物骨骼、黑炭渣点。该层下见深黄色生土层，停探。

F458 台基

位于外城北部，东西第八街中部北侧，房址的西沿与东西第八街北侧支线路土的东沿相邻。平面呈长方形，东西 10 米，南北 7.2 米，高 0.9 米。

台基内地层：第①层，浅黄色土，深厚 0.4 米。土质松散，干燥，内含植物根茎和少量碎砖块、石块。第②层，浅黄色土，深 0.4 ~ 1.9 米，厚 1.5 米。土质稍硬，密实，内含少量炭灰。该层下见深黄色沙质生土层，停探。

台基外地层：第①层，浅灰色土，深厚 0.9 米。土质松散，干燥，内含少量白灰块、碎砖块。第②层，浅黄色土，深 0.9 ~ 1.8 米，厚 0.9 米。土质较硬，密实，内含少量黑炭渣点和水锈斑点。该层下见深黄色沙质生土层，停探。

F459 台基

位于外城北部，东西第八街中部北侧，房址的西沿与东西第八街北侧支线路土的东沿相邻。平面呈长方形，东西 23 米，南北 10.2 米，高 1 米。

台基内地层：第①层，浅灰色土，深厚 1 米。土质松散，干燥，内含陶片、砖块、白灰块。第②层，浅黄色土，深 1 ~ 2 米，厚 1 米。土质较硬，密实，内含少量白灰块和黑炭渣点。该层下见深黄色沙质生土层，停探。

台基外地层：第①层，浅黄色土，深厚 0.7 米。土质松散，干燥，内含少量碎砖块和白灰颗粒。第②层，浅黄色土，深 0.7 ~ 1.6 米，厚 0.9 米。土质稍硬，密实，内含少量水锈斑点。该层下见深黄色沙质生土层，停探。

F460 台基

位于外城北部，东西第八街中部北侧。平面呈长方形，东西 8 米，南北 7 米，高 1.8 米。

台基内地层：第①层，浅灰色土，深厚 0.5 米。土质松散，干燥，内含植物根茎和少量碎砖块。第②层，浅黄色土，深 0.5 ~ 2.2 米，厚 1.7 米。土质稍硬，密实，内含少量黑炭渣点。该层下见深黄色沙质生土层，停探。

台基外地层：第①层，浅灰色土，深厚 0.7 米。土质松散，干燥，内含较多碎砖块、植物根茎和少量黑炭渣点。第②层，浅黄色土，深 0.7 ~ 1.9 米，厚 1.2 米。土质稍硬，密实，内含少量水锈斑和黑炭渣点。该层下见深黄色沙质生土层，停探。

F461 台基

位于外城北部，东西第八街中部北侧，房址的南沿与东西第八街北侧支线路土的北沿相邻。平面呈长方形，东西 14.3 米，南北 6.4 米，高 1.5 米。

台基内地层：第①层，深灰色土，深厚 1 米。土质疏松，内含少量碎砖块和黑炭渣点。第②层，浅黄色土，深 1 ~ 1.5 米，厚 0.5 米。土质疏松，内含植物根茎。该层下见深黄色沙质生土层，停探。

台基外地层：第①层，深灰色土，深厚 0.7 米。内含植物根茎和少量白灰块。第②层，浅黄色土，深 0.7 ~ 1.8 米，厚 1.1 米。土质疏松，内含少量黑炭渣颗粒。该层下见深黄色沙质生土层，停探。

F462 台基

位于外城北部，东西第八街中部北侧，房址的南沿与东西第八街北侧支线路土的北沿相邻。平面呈不规则长方形，东西 8 ~ 9.9 米，南北 15 米，高 1.6 米。

台基内地层：第①层，深灰色土，深厚 0.9 米。土质疏松，内含植物根茎、黑炭渣颗粒和少量白灰块。第②层，浅黄色土，深 0.9 ~ 1.6 米，厚 0.7 米。土质疏松，内含少量动物骨骼。该层下见深黄色沙质生土层，停探。

台基外地层：第①层，深灰褐色土，深厚 0.7 米。土质较松，干燥，内含植物根茎和少量白灰颗粒、碎砖块。第②层，深灰色土，深 0.7 ~ 1.6 米，厚 0.9 米。土质稍硬，密实。该层下见深黄色沙质生土层，停探。

F463 台基

位于外城北部，东西第八街中部北侧，房址的西沿与东西第八街北侧支线路土的东沿相邻。平面呈长方形，东西 9.1 米，南北 13 米，高 1.4 米。

台基内地层：第①层，深灰色土，深厚 0.4 米。土质较松，干燥，内含植物根茎和少量白灰块、黑炭渣点。第②层，浅黄色土，深 0.4 ~ 1.8 米，厚 1.4 米。土质疏松，内含少量碎砖石块和黑炭渣点。该层下见深黄色沙质生土层，停探。

台基外地层：第①层，深灰色土，深厚 0.4 米。土质较硬，干燥，内含植物根茎和少量白灰颗粒。第②层，浅灰色土，深 0.4 ~ 0.7 米，厚 0.3 米。土质疏松，内含少量动物骨骼和碎砖块。第③层，浅黄色土，深 0.7 ~ 1.8 米，厚 1.1 米。土质疏松，内含少量动物骨骼和黑炭渣点。该层下见深黄色沙质生土层，停探。

F464 台基

位于外城北部，东西第八街中部北侧，房址的东沿与东西第八街北侧支线路土的西沿相邻。平面呈长方形，东西 8 米，南北 13 米，高 1.1 米。

台基内地层：第①层，深灰色土，深厚 0.5 米。土质稍松，干燥，内含少量碎砖块和白灰颗粒。第②层，浅黄色土，深 0.5 ~ 1.8 米，厚 1.3 米。土质疏松，内含少量动物骨骼和黑炭渣点。该层下见深黄色沙质生土层，停探。

台基外地层：第①层，深灰色土，深厚 0.4 米。土质较松，干燥，内含植物根茎。第②层，灰褐色土，深 0.4 ~ 1.5 米，厚 1.1 米。土质稍硬，密实，内含少量白灰点。该层下见深黄色沙质生土层，停探。

F465 台基

位于外城北部，东西第八街中部北侧。平面呈长方形，东西 7 米，南北 6.4 米，高 1.2 米。

台基内地层：第①层，深灰色土，深厚 0.3 米。土质松散，干燥，内含植物根茎和少量红烧土块。第②层，浅灰色土，深 0.3 ~ 1.5 米，厚 1.2 米。土质疏松，内含少量碎砖石块和少量白灰颗粒。该层下见深黄色沙质生土层，停探。

台基外地层：第①层，深灰色土，深厚 0.7 米。土质较松，干燥，内含植物根茎和少量动物骨骼。第②层，浅黄色土，深 0.7 ~ 1.9 米，厚 1.2 米，土质较硬，密实，内含少量黑炭渣点。该层下见深黄色沙质生土层，停探。

F466 台基

位于外城北部，东西第八街中部北侧，房址的南沿与东西第八街北侧支线路土的北沿相邻。平面呈不规则长方形，东西 13 ~ 18 米，南北 5 ~ 14 米，高 0.5 米。

台基内地层：第①层，浅灰色土，深厚 0.5 米。土质稍松，内含植物根茎和少量碎砖块、陶片、白灰颗粒。第②层，深灰色土，深 0.5 ~ 1.6 米，厚 1.1 米。土质稍松，内含少量黑炭渣点、白灰颗粒。该层下见深黄色沙质生土层，停探。

台基外地层：第①层，浅灰色土，深厚 0.9 米。土质稍松，内含植物根茎和少量黑炭渣点。第②层，浅黄色土，深 0.9 ~ 1.4 米，厚 0.5 米。土质一般，内含较多黑炭渣点。该层下见深黄色沙质生土层，停探。

F467 台基

位于外城北部，东西第八街中部北侧，房址的西沿与东西第八街北侧支线路土的东沿相邻。平面呈长方形，东西 8 米，南北 11.4 米，高 1 米。

台基内地层：第①层，浅灰色土，深厚 0.7 米。土质松散，干燥，内含少量植物根茎和白灰点。第②层，浅黄色土，深 0.7 ~ 1.7 米，厚 1 米。土质稍硬，密实，内含少量碎砖块。该层下见深黄色沙质生土层，停探。

台基外地层：第①层，深灰色土，深厚 0.4 米。土质疏松，内含植物根茎和少量碎砖块。第②层，浅灰色土，深 0.4 ~ 0.7 米，厚 0.3 米。土质较松，干燥，内含稍多碎砖石块和少量瓷片。第③层，浅黄色土，深 0.7 ~ 1.2 米，厚 0.5 米。土质稍硬，内含少量砖块。该层下见深黄色沙质生土层，停探。

F468 台基

位于外城北部，东西第八街中部北侧，房址的南沿与东西第八街北侧支线路土的北沿相邻。平面呈长方形，东西 13 米，南北 8 米，高 0.6 米。

台基内地层：第①层，浅灰色土，深厚 0.6 米。土质松散，干燥，内含植物根茎和少量碎砖块。第②层，浅黄色土，深 0.6 ~ 1.6 米，厚 1 米。土质稍硬，密实，内含少量动物骨骼和黑炭渣点。该层下见深黄色沙质生土层，停探。

台基外地层：第①层，深灰色土，深厚 0.4 米。土质疏松，内含植物根茎和少量动物骨骼、碎砖块。第②层，浅黄色土，深 0.4 ~ 1.5 米，厚 1.1 米。土质稍硬，密实，内含少量黑炭渣点。该层下见深黄色沙质生土层，停探。

F469 台基

位于外城北部，东西第八街中部北侧。平面呈长方形，东西9米，南北6米，高1.1米。

台基内地层：第①层，浅灰色土，深厚0.4米。土质较松，干燥，内含少量碎砖块和动物骨骼。第②层，浅灰色土，深0.4~1.5米，厚1.1米。土质稍硬，密实，内含少量白灰颗粒。该层下见深黄色沙质生土层，停探。

台基外地层：第①层，深灰色土，深厚0.4米。土质松散，干燥，内含植物根茎和少量碎砖块。第②层，浅灰色土，深0.4~1.2米，厚0.8米。土质稍硬，密实，内含少量黑炭渣点。该层下见深黄色沙质生土层，停探。

F470 台基

位于外城北部，东西第八街中部北侧。平面呈长方形，东西12米，南北6米，高1.3米。

台基内地层：第①层，浅灰色土，深厚0.4米。土质较松，干燥，内含稍多碎砖石块和白灰块。第②层，浅黄色土，深0.4~1.7米，厚1.3米。土质稍硬，密实，内含少量黑炭渣点、水锈斑点。该层下见深黄色沙质生土层，停探。

台基外地层：第①层，深灰色土，深厚0.4米。土质松散，干燥，内含植物根茎和少量碎石块。第②层，浅灰色土，深0.4~0.8米，厚0.4米。内含植物根茎和少量动物骨骼。第③层，浅黄色土，深0.8~1.4米，厚0.6米。土质较硬，密实，内含少量水锈斑点和淤泥。该层下见深黄色沙质生土层，停探。

F471 台基

位于外城北部，东西第八街中部北侧。平面呈长方形，东西5米，南北7米，高1.1米。

台基内地层：第①层，浅灰色土，深厚0.4米。土质松散，干燥，内含少量砖块和白灰块。第②层，浅黄色土，深0.4~1.5米，厚1.1米。土质稍硬，密实，内含少量黑炭渣点。该层下见深黄色沙质生土层，停探。

台基外地层：第①层，深灰色土，深厚0.4米。土质疏松，内含植物根茎和少量碎砖块。第②层，深灰色土，深0.4~0.8米，厚0.4米。内含少量白灰颗粒。第③层，浅黄色土，深0.8~1.6米，厚0.8米。土质稍硬，密实，内含少量水锈斑点和淤泥。该层下见深黄色沙质生土层，停探。

F472 台基

位于外城北部，东西第八街中部北侧。平面呈长方形，东西6.4米，南北12米，高0.8米。

台基内地层：第①层，浅灰色土，深厚0.8米。土质松散，干燥，内含少量碎砖块和白灰颗粒。第②层，浅黄色土，深0.8~1.9米，厚1.1米。土质稍硬，密实，内含少量黑炭渣点。该层下见深黄色沙质生土层，停探。

台基外地层：第①层，深灰色土，深厚0.4米。土质较散，干燥，内含植物根茎。第②层，浅灰色土，深0.4~1米，厚0.6米。土质稍硬，密实，内含少量黑炭渣点。第③层，浅黄色土，深1~1.4米，厚0.4米。土质疏松，内含少量水锈斑点和淤泥。

F473 台基

位于外城北部，东西第八街中部北侧，房址的西沿与支线路土的东沿相邻。平面呈长方形，东西10米，南北14米，高0.6米。

台基内地层：第①层，浅灰色土，深厚 0.4 米。土质较松，干燥，内含碎砖块和白灰颗粒。第②层，浅灰色土，深 0.4 ~ 1 米，厚 0.6 米。土质稍硬，密实，内含少量碎砖块。第③层，浅黄色土，深 1 ~ 1.7 米，厚 0.7 米。土质疏松，内含少量炭灰、陶片。该层下见深黄色沙质生土层，停探。

台基外地层：第①层，浅灰色土，深厚 0.8 米。土质松散，干燥，内含少量白灰。第②层，浅黄色土，深 0.8 ~ 1.4 米，厚 0.6 米。土质稍硬，密实。该层下见深黄色沙质生土层，停探。

F474 台基

位于外城北部，东西第八街中部北侧，房址的北沿与支线路土的南沿相邻。平面呈长方形，东西 14 米，南北 10 米，高 1.4 米。

台基内地层：第①层，浅灰色土，深厚 0.5 米。土质较松，干燥，内含少量白灰颗粒。第②层，浅黄色土，深 0.5 ~ 1.9 米，厚 1.4 米。土质稍硬，密实，内含少量白灰颗粒。该层下见深黄色沙质生土层，停探。

台基外地层：第①层，浅灰色土，深厚 0.6 米。土质松散，干燥，内含稍多碎砖块和白灰块。第②层，浅黄色土，深 0.6 ~ 1.6 米，厚 1 米。土质稍硬，密实，内含微量黑炭渣点。该层下见深黄色沙质生土层，停探。

F475 台基

位于外城北部，东西第八街中部北侧。平面呈长方形，东西 17 米，南北 15 米，高 0.8 米。

台基内地层：第①层，深灰色土，深厚 0.8 米。土质松散，干燥，内含植物根茎和少量碎砖块，微量白灰点。第②层，浅黄色土，深 0.8 ~ 1.8 米，厚 1 米。土质疏松，内含水锈纹淤泥和微量白灰点。该层下见深黄色沙质生土层，停探。

台基外地层：第①层，深灰色土，深厚 0.4 米。土质松散，干燥，内含植物根茎和微量白灰点、碎砖点。第②层，浅黄色土，深 0.4 ~ 1.4 米，厚 1 米。土质松散，内含水锈纹淤泥和少量黑炭渣点。该层下见深黄色沙质生土层，停探。

F476 台基

位于外城北部，东西第八街中部北侧。平面呈长方形，东西 14 米，南北 16 米，高 1.3 米。

台基内地层：第①层，深灰色土，深厚 0.8 米。土质松散，干燥，内含植物根茎、碎砖瓦片、白灰颗粒。第②层，浅黄色土，深 0.8 ~ 2.1 米，厚 1.3 米。土质稍硬，内含黑炭渣点、黑淤泥土、水锈纹。该层下见黑淤泥土，湿软不带，停探。

台基外地层：第①层，深灰色土，深厚 1 米。土质松散，干燥，内含植物根茎、白灰颗粒。第②层，浅黄色土，深 1 ~ 1.7 米，厚 0.7 米。土质稍硬，内含黑炭渣点、碎石块、黑淤泥土。该层下见大白沙生土层，停探。

F477 台基

位于外城北部，东西第八街中部北侧。平面呈长方形，东西 22 米，南北 6 米，高 1.2 米。

台基内地层：第①层，浅灰色土，深厚 0.7 米。土质松散，干燥，内含碎砖瓦渣、白灰颗粒等。第②层，灰褐色土，深 0.7 ~ 1.2 米，厚 0.5 米。土质较松，内含稍多草木灰。第③层，深灰褐色土，深 1.2 ~ 1.8 米，厚 0.6 米。土质一般，内含微量黑炭渣点，底部有厚 0.2 米淤泥沙层。该层下见浅黄色沙质生土层，停探。

台基外地层：第①层，浅灰色土，深厚 0.5 米。土质一般，内含草木灰、碎砖瓦渣、白灰颗粒等。第②层，灰褐色土，深 0.5 ~ 1.3 米，厚 0.8 米。土质较松，内含稍多草木灰、红烧土颗粒、黑炭渣点、白灰颗粒等。第③层，深灰褐色土，深 1.3 ~ 1.8 米，厚 0.5 米。土质一般，内含微量黑炭渣点，底部有厚 0.2 米淤泥沙层。该层下见浅黄色沙质生土层，停探。

F478 台基

位于外城北部，东西第八街中部北侧，房址的南沿与支线路土的北沿相邻。平面呈长方形，东西 21.3 米，南北 8 米，高 1.4 米。

台基内地层：第①层，浅灰色土，深厚 0.8 米。土质松散，干燥，内含植物根茎、碎砖石块、白灰颗粒等。第②层，深灰色土，深 0.8 ~ 1.4 米，厚 0.6 米。土质稍松散，内含少量黑炭渣点。该层下见灰白色沙质生土层，停探。

台基外地层：第①层，浅灰色土，深厚 0.4 米。土质松散，干燥，内含植物根茎、碎砖石块、白灰颗粒等。第②层，深灰色土，深 0.4 ~ 1.2 米，厚 0.8 米。土质稍松散，内含微量黑炭渣点。该层下见灰白色沙质生土层，停探。

F479 台基

位于外城北部，东西第八街中部北侧。平面呈不规则长方形，东西 13.7 ~ 22 米，南北 8 ~ 20 米，高 1.3 米。

台基内地层：第①层，浅灰色土，深厚 0.5 米。土质较松，内含红烧土颗粒、草木灰等。第②层，灰褐色土，深 0.5 ~ 1.3 米，厚 0.8 米。土质一般，稍净，内含微量黑炭渣点。该层下见浅黄色沙质生土层，停探。

台基外地层：第①层，浅灰色土，深厚 0.5 米。土质较松，内含植物根茎。第②层，灰褐色土，深 0.5 ~ 1.2 米，厚 0.7 米。土质一般，内含动物骨骼、白釉瓷片、草木灰等。该层下见浅黄色沙质生土层，停探。

F480 台基

位于外城北部，东西第八街中部北侧，房址的西沿与支线路土的东沿相邻。平面呈长方形，东西 12 米，南北 18 米，高 1.7 米。

台基内地层：第①层，浅灰色土，深厚 0.5 米。土质松散，干燥，内含植物根茎、碎砖石块、白灰颗粒等。第②层，深灰色土，深 0.5 ~ 1.7 米，厚 1.2 米。土质稍松散，内含少量黑炭渣点。该层下见灰白色沙质生土层，停探。

台基外地层：第①层，浅灰色土，深厚 0.6 米。土质松散，干燥，内含植物根茎和少量碎砖石块、白灰颗粒等。第②层，深灰色土，深 0.6 ~ 1.5 米，厚 0.9 米。土质稍松散，内含微量黑炭渣点。该层下见灰白色沙质生土层，停探。

F481 台基

位于外城北部，东西第八街中部北侧。平面呈长方形，东西 7.5 米，南北 18 米，高 2 米。

台基内地层：第①层，深灰色土，深厚 0.5 米。土质松散，干燥，内含植物根茎和少量碎陶片。第②层，浅黄色土，深 0.5 ~ 2.5 米，厚 2 米。土质疏松，内含少量红烧土块、碎陶片和微量白灰点、黑炭渣点。该层下见深黄色沙质生土层，停探。

台基外地层：第①层，深灰色土，深厚 0.4 米。土质松散，干燥，内含少量碎石块和白灰颗粒。第②层，浅黄色土，深 0.4 ～ 1.5 米，厚 1.1 米。土质疏松，内含微量白灰点、黑炭渣点。该层下见深黄色沙质生土层，停探。

F482 台基

位于外城北部，东西第八街中部北侧，房址的东沿与支线路土的西沿相邻。平面呈长方形，东西 9.4 米，南北 18.2 米，高 0.8 米。

台基内地层：第①层，浅灰色土，深厚 0.8 米。土质松散，干燥，内含植物根茎、碎砖块、陶瓦片、白灰颗粒。第②层，浅黄色土，深 0.8 ～ 2.4 米，厚 1.6 米。土质稍硬，密实，内含动物骨骼、陶瓦片、白灰颗粒、碎石块、黑淤泥土。该层下见深黄色沙质生土层，停探。

台基外地层：第①层，浅灰色土，深厚 0.7 米。土质松散，干燥，内含植物根茎、碎砖块、陶瓦片、白灰颗粒。第②层，浅黄色土，深 0.7 ～ 1.7 米，厚 1 米。土质稍硬，密实，内含白灰颗粒、黑淤泥土。该层下见深黄色沙质生土层，停探。

F483 台基

位于外城北部，东西第九街南拐路土的中部西侧。平面呈不规则长方形，东西 12 ～ 23 米，南北 130 米，高 2.3 米。

台基内地层：第①层，深灰色土，深厚 0.5 米。土质松散，干燥，内含植物根茎和少量碎陶片。第②层，浅黄色土，深 0.5 ～ 2.8 米，厚 2.3 米。土质疏松，内含少量红烧土块、碎陶片和微量白灰点、黑炭渣点。该层下见深黄色沙质生土层，停探。

台基外地层：第①层，深灰色土，深厚 0.4 米。土质松散，干燥，内含少量碎石块和白灰颗粒。第②层，浅黄色土，深 0.4 ～ 1.4 米，厚 1 米。土质疏松，内含微量白灰点、黑炭渣点。该层下见深黄色沙质生土层，停探。

F484 台基

位于外城北部，东西第九街南拐路土的中部西侧。平面呈不规则长方形，东西 5 ～ 12 米，南北 2 ～ 15 米，高 1.4 米。

台基内地层：第①层，深灰色土，深厚 0.5 米。土质干燥，内含植物根茎和少量碎砖块、陶片、白灰颗粒。第②层，深黄色土，深 0.5 ～ 1.4 米，厚 0.9 米。土质稍硬，内含水锈斑和淤泥。第③层，黑色淤泥土，深 1.4 ～ 2 米，厚 0.6 米。土质松软。该层下见白色沙质生土层，停探。

台基外地层：第①层，深灰色土，深厚 0.5 米。土质稍松，内含植物根茎和少量碎砖块。第②层，深黄色土，深 0.5 ～ 1.5 米，厚 1 米。土质一般，内含水锈斑和黑淤泥。第③层，黑色淤泥土，深 1.5 ～ 2 米，厚 0.5 米。土质松软。该层下见白色沙质生土层，停探。

F485 台基

位于外城北部，东西第九街南拐路土的中部西侧。平面呈长方形，东西 6 米，南北 16 米，高 0.4 米。

台基内地层：第①层，深灰色土，深厚 0.4 米。土质松散，干燥，内含植物根茎和少量碎砖块、白灰点等。第②层，浅黄色土，深 0.4 ～ 1.5 米，厚 1.1 米。土质一般，内含水锈纹淤泥和少量黑炭渣点。第③层，灰黑色淤泥层，深 1.5 ～ 1.8 米，厚 0.3 米。土质松散，较净。该层下见灰白色沙质生土层，停探。

台基外地层：第①层，深灰色土，深厚 0.5 米。土质松散，干燥，内含植物根茎和少量碎砖块、白灰点。第②层，深黄色土，深 0.5 ~ 1.5 米，厚 1 米。土质一般，内含微量淤泥和水锈斑点。第③层，灰黑色淤泥土，深 1.5 ~ 1.9 米，厚 0.4 米。土质松软，较净。该层下见灰白色沙质生土层，停探。

F486 台基

位于外城南部，东西第九街南拐路土的中部东侧，房址的东西两侧分别与支线路土的西、东沿相邻。平面呈长方形，东西 10 米，南北 6 米，高 0.5 米。

台基内地层：第①层，深灰色土，深厚 0.5 米。土质稍松，干燥，内含植物根茎和少量碎砖块、白灰颗粒。第②层，浅黄色土，深 0.5 ~ 1.4 米，厚 1.1 米。土质稍硬，密实，内含少量黑炭渣点、水锈斑点淤泥。第③层，灰黑色淤泥层，深 1.4 ~ 1.9 米，厚 0.5 米。土质松软。该层下见灰白色沙质生土层，停探。

台基外地层：第①层，深灰色土，深厚 0.4 米。土质松散，干燥，内含植物根茎。第②层，浅黄色土，深 0.4 ~ 1.6 米，厚 1.2 米。土质一般，内含水锈斑淤泥。该层下见深黄色沙质生土层，停探。

F487 台基

位于外城南部，东西第九街南拐路土的中部东侧，房址的北沿与支线路土的南沿相邻。平面呈长方形，东西 23.2 米，南北 12.1 米，高 1.6 米。台基内大多数探孔见石，深浅不等。

台基地层：第①层，深灰色土，深厚 0.4 米。土质疏松，内含少量碎砖块、白灰颗粒、白釉瓷片等。第②层，浅黄色土，深 0.4 ~ 2 米，厚 1.6 米。土质稍硬，密实，内含少量白灰点。第③层，灰黑色淤泥层，深 2 ~ 2.3 米，厚 0.3 米。土质松软，内含微量植物根茎类腐朽物。该层下见灰白色沙质生土层，停探。

台基外地层：第①层，深灰色土，深厚 0.4 米。土质稍松，干燥，内含植物根茎和少量碎砖块、白灰点等。第②层，浅黄色土，深 0.4 ~ 1.7 米，厚 1.3 米。土质一般，内含水锈斑点淤泥。该层下见灰白色沙质生土层，停探。

F488 台基

位于外城南部，东西第九街南拐路土的中部东侧。平面呈长方形，东西 6 米，南北 12 米，高 0.5 米。

台基内地层：第①层，浅灰色土，深厚 0.5 米。土质稍松，干燥，内含植物根茎和少量碎砖、白灰点、黑炭渣点。第②层，浅黄色土，深 0.5 ~ 1.8 米，厚 1.3 米。土质疏松，内含水锈斑点淤泥。该层下见灰白色沙质生土层，停探。

台基外地层：第①层，浅灰色土，深厚 0.7 米。土质一般，内含植物根茎。第②层，浅黄色土，深 0.7 ~ 1 米，厚 0.3 米。土质一般，内含水锈斑点淤泥。该层下见灰白色沙质生土层，停探。

F489 台基

位于外城南部，东西第九街南拐路土的中部东侧，11 号水坑的西北部。平面呈长方形，东西 9.8 ~ 15.2 米，南北 6 ~ 16 米，高 0.8 米。

台基内地层：第①层，浅灰色土，深厚 0.5 米。土质稍松，干燥，内含植物根茎和少量碎砖块、白灰点、黑炭渣点。第②层，浅黄色土，深 0.5 ~ 1.8 米，厚 1.3 米。土质一般，内含水锈斑点淤泥。

该层下见灰白色沙质生土层，停探。

台基外地层：第①层，浅灰色土，深厚 0.7 米。土质一般，内含植物根茎。第②层，浅黄色土，深 0.7 ~ 1 米，厚 0.3 米。土质疏松，内含水锈斑点淤泥。该层下见灰白色沙质生土层，停探。

F490 台基

位于外城南部，东西第九街南拐路土的中部东侧，11 号水坑的西北部。平面呈长方形，东西 8 米，南北 6.4 米，高 1.3 米。

台基内地层：第①层，浅灰色土，深厚 0.4 米。土质稍松，干燥，内含植物根茎和少量白灰点。第②层，浅黄色土，深 0.4 ~ 1.7 米，厚 1.3 米。土质一般，内含水锈斑和淤泥。该层下见深黄色沙质生土层，停探。

台基外地层：第①层，深灰色土，深厚 0.4 米。土质一般，内含植物根茎和少量白灰点。第②层，浅黄色土，深 0.4 ~ 1.6 米，厚 1.2 米。土质稍硬，密实，内含少量白灰点和水锈斑点淤泥。该层下见深黄色沙质生土层，停探。

F491 台基

位于外城南部，东西第九街南拐路土的中部东侧，11 号水坑的西北部。平面呈长方形，东西 4 米，南北 6 米，高 0.9 米。

台基内地层：第①层，深灰色土，深厚 0.5 米。土质稍硬，密实，内含植物根茎。第②层，浅黄色土，深 0.5 ~ 0.9 米，厚 0.4 米。土质一般，内含水锈纹和淤泥。该层下见深黄色沙质生土层，停探。

台基外地层：第①层，深灰色土，深厚 0.4 米。土质稍松，干燥，内含植物根茎和少量碎砖块。第②层，浅黄色土，深 0.4 ~ 1.6 米，厚 1.2 米。土质一般，内含少量黑炭渣点和水锈斑淤泥。该层下见深黄色沙质生土层，停探。

F492、F493、F494、F495、F496、F497、F498、F499、F500、F501、F502 台基

位于外城南部，东西第九街中部南侧，F503 ~ F507 台基院落遗址区的东部。房址相对稍集中，有长方形、椭圆形和圆形。最小的直径 5 米，最大的南北 46 米、东西 18 米。它们以 L13 为路网，相互贯通。

F492 台基

平面呈长方形，东西 6 米，南北 13 米，高 0.7 米。

台基内地层：第①层，浅灰色土，深厚 0.4 米。土质松散，内含植物根茎。第②层，灰褐色土，深 0.4 ~ 1.1 米，厚 0.7 米。土质一般，内含砖瓦渣片、白灰颗粒等。该层下见浅黄色沙质生土层，停探。

台基外地层：第①层，浅灰色土，深厚 0.4 米。土质松散，内含植物根茎。第②层，灰褐色土，深 0.4 ~ 1 米，厚 0.6 米。土质一般，内含砖瓦渣片、白灰颗粒、草木灰等。该层下见浅黄色沙质生土层，停探。

F493 台基

平面呈不规则长方形，东西 8 ~ 19 米，南北 46 米，高 0.9 米。

台基内地层：第①层，深灰色土，深厚 0.4 米。土质松散，干燥，内含植物根茎和微量白灰颗粒。第②层，浅黄色土，深 0.4 ~ 1.9 米，厚 1.5 米。土质稍硬，内含水锈纹淤泥和微量白灰点、黑炭渣点。该层下见深黄色沙质生土层，停探。

台基外地层：第①层，深灰色土，深厚 0.4 米。土质松散，干燥，内含少量碎砖石块和微量白灰点。第②层，浅黄色土，深 0.4 ~ 1.8 米，厚 1.4 米。内含水锈纹和微量白灰点、黑炭渣点。该层下见深黄色沙质生土层，停探。

F494 台基

平面呈长方形，东西 10.6 米，南北 9 米，高 1.1 米。

台基内地层：第①层，深灰色土，深厚 0.5 米。土质松散，干燥，内含植物根茎和微量白灰点、碎砖渣点、黑炭渣点。第②层，浅黄色土，深 0.5 ~ 1.1 米，厚 0.6 米。土质疏松，内含少量炭灰和微量碎砖渣点、白灰点。该层下见深黄色沙质生土层，停探。

台基外地层：第①层，深灰色土，深厚 0.4 米。土质松散，干燥，内含植物根茎和微量白灰点。第②层，浅黄色土，深 0.4 ~ 1.3 米，厚 0.9 米。土质疏松，内含水锈纹淤泥和微量白灰点。该层下见浅白色沙质生土层，停探。

F495 台基

平面呈长方形，东西 4.5 米，南北 8.4 米，高 1.1 米。

台基内地层：第①层，深灰色土，深厚 0.7 米。土质松散，干燥，内含少量植物根茎、碎砖块，微量白灰点。第②层，浅黄色土，深 0.7 ~ 1.2 米，厚 0.5 米。土质疏松，内含微量白灰点和黑炭渣点。该层下见深灰色沙质生土层，停探。

台基外地层：第①层，深灰色土，深厚 0.7 米。土质松散，干燥，内含植物根茎和微量白灰点、碎砖渣点。第②层，浅黄色土，深 0.7 ~ 2 米，厚 1.3 米。土质疏松，内含水锈纹淤泥和微量黑炭渣点、白灰点。该层下见浅白色沙质生土层，停探。

F496 台基

平面呈长方形，东西 12 米，南北 10.6 米，高 1.2 米。

台基内地层：第①层，深灰色土，深厚 0.7 米。土质松散，干燥，内含植物根茎。第②层，浅黄色土，深 0.7 ~ 1.2 米，厚 0.5 米。土质疏松，内含少量草木灰和淤泥。该层下见大黄沙堆积，停探。

台基外地层：第①层，深灰色土，深厚 0.4 米。土质松散，干燥，内含植物根茎和微量白灰点。第②层，浅黄色土，深 0.4 ~ 1.2 米，厚 0.8 米。土质疏松，内含水锈纹淤泥和微量白灰点。该层下见深黄色沙质生土层，停探。

F497 台基

平面呈长方形，东西 18 米，南北 8.3 米，高 1.1 米。

台基内地层：第①层，深灰色土，深厚 1 米。土质稍散，内含植物根茎、碎砖瓦片、陶片。第②层，浅黄色土，深 1 ~ 2.1 米，厚 1.1 米。土质湿软，内含碎瓦片、黑淤泥土、水锈纹。该层下见深黄色沙质生土层，停探。

台基外地层：第①层，深灰色土，深厚 0.7 米。土质稍散，干燥，内含植物根茎、白灰颗粒。第②层，浅黄色土，深 0.7 ~ 1.7 米，厚 1 米。土质稍散，内含黑淤泥土、水锈纹。该层下见灰白色沙质生土层，停探。

F498 台基

平面呈椭圆形，东西 16 米，南北 27 米，高 0.9 米。

台基内地层：第①层，浅灰色土，深厚 0.6 米。土质松散，干燥，内含植物根茎、碎砖块、动物骨骼、白灰颗粒、黑炭渣点。第②层，浅黄色土，深 0.6 ～ 2.1 米，厚 1.5 米。土质稍硬，密实，内含白灰颗粒、黑炭渣点、黑淤泥土、水锈纹斑。该层下见深黄色沙质生土层，停探。

台基外地层：第①层，浅灰色土，深厚 0.9 米。土质松散，干燥，内含植物根茎、碎砖块、动物骨骼、白灰颗粒、黑炭渣点。第②层，浅黄色土，深 0.9 ～ 1.8 米，厚 0.9 米。土质稍硬，内含黑淤泥土、水锈纹。该层下见深黄色沙质生土层，停探。

F499 台基

平面呈椭圆形，东西 8 米，南北 6.9 米，高 1.4 米。

台基内地层：第①层，深灰色土，深厚 0.8 米。土质松散，干燥，内含植物根茎、碎砖块、黑炭渣点。第②层，浅黄色土，深 0.8 ～ 1.4 米，厚 0.6 米。土质稍硬，内含黑炭渣点、水锈纹斑。该层下见深黄色沙质生土层，停探。

台基外地层：第①层，深灰色土，深厚 0.7 米。土质松散，干燥，内含植物根茎、碎砖块、黑炭渣点。第②层，浅黄色土，深 0.7 ～ 1.3 米，厚 0.6 米。土质稍硬，内含黑炭渣点、水锈纹斑、黑淤泥土。该层下见深黄色沙质生土层，停探。

F500 台基

平面呈椭圆形，东西 8.4 米，南北 6.8 米，高 0.6 米。

台基内地层：第①层，浅灰色土，深厚 0.6 米。土质松散，干燥，内含植物根茎和少量白灰颗粒、碎砖块、黑炭渣点等。第②层，深灰色土，深 0.6 ～ 1.5 米，厚 0.9 米。土质稍散，较净，含沙量较大。该层下见深黄色沙质生土层，停探。

台基外地层：第①层，浅灰色土，深厚 0.5 米。土质松散，干燥，内含植物根茎、碎砖块。第②层，深灰色土，深 0.5 ～ 1.2 米，厚 0.7 米。土质稍散，较净，含沙量较大。该层下见深黄色沙质生土层，停探。

F501 台基

平面呈椭圆形，东西 8 米，南北 12 米，高 0.9 米。

台基内地层：第①层，深灰色土，深厚 0.9 米。土质松散，干燥，内含植物根茎、碎砖块、陶片、黑炭渣点。第②层，浅黄色土，深 0.9 ～ 1.7 米，厚 0.8 米。土质稍硬，内含黑炭灰渣点、黑淤泥土、水锈纹。该层下见深黄色沙质生土层，停探。

台基外地层：第①层，深灰色土，深厚 0.9 米。土质松散，干燥，内含植物根茎、碎砖块、陶片、黑炭渣点。第②层，浅黄色土，深 0.9 ～ 1.4 米，厚 0.5 米。土质稍净，内含水锈纹。该层下见深黄色沙质生土层，停探。

F502 台基

平面呈圆形，直径 14 米，高 0.8 米。

台基内地层：第①层，深灰色土，深厚 0.8 米。土质松散，干燥，内含植物根茎、碎砖块、动物骨骼、白灰点颗粒、黑炭渣点。第②层，浅黄色土，深 0.8 ～ 1.8 米，厚 1 米。土质稍硬，密实，内含黑炭渣点。该层下见深黄色沙质生土层，停探。

台基外地层：第①层，深灰色土，深厚 0.8 米。土质稍散，内含植物根茎、白灰颗粒、黑炭渣点。

第②层，浅黄色土，深 0.8 ~ 1.5 米，厚 0.7 米。土质稍净，内含黑淤泥土、水锈纹。该层下见深黄色沙质生土层，停探。

F503、F504、F505、F506、F507 台基

位于外城南部，东西第九街中部南侧，F509 号建筑群东邻坊夯土墙范围内，夯土墙南北 120 米，东西 90 米，宽 2.5 米。台基平面为椭圆形或不规则长方形。

F503 台基

平面呈椭圆形，东西 8 米，南北 12 米，高 1.2 米。

台基内地层：第①层，浅灰色土，深厚 0.5 米。土质松散，干燥，内含白灰颗粒、砖块和植物根茎。第②层，灰褐色土，深 0.5 ~ 1.2 米，厚 0.7 米。土质一般，内含草木灰、白釉瓷片。该层下见浅黄色沙质生土层，停探。

台基外地层：第①层，浅灰色土，深厚 0.4 米。土质松散，干燥，内含植物根茎。第②层，灰褐色土，深 0.4 ~ 1.2 米，厚 0.8 米。土质一般，内含草木灰、动物骨骼等。该层下见浅黄色沙质生土层，停探。

F504 台基

平面呈椭圆形，东西 13 米，南北 14 米，高 1.9 米。

台基内地层：第①层，深灰色土，深厚 0.9 米。土质稍散，内含植物根茎、碎砖块、白灰颗粒、黑炭渣点。第②层，浅黄色土，深 0.9 ~ 1.3 米，厚 0.4 米。土质稍硬，内含黑淤泥、水锈纹。该层下见深黄色沙质生土层，停探。

台基外地层：第①层，深灰色土，深厚 0.8 米。土质稍散，内含植物根茎、碎砖块、白灰颗粒、黑炭渣点。第②层，浅黄色土，深 0.8 ~ 1.2 米，厚 0.4 米。土质稍净，内含水锈纹。该层下见深黄色沙质生土层，停探。

F505 台基

平面呈长方形，东西 27 米，南北 5 米，高 0.9 米。

台基内地层：第①层，深灰色土，深厚 0.9 米。土质稍硬，密实，内含植物根茎、动物骨骼、黑炭渣点。第②层，浅黄色土，深 0.9 ~ 1.5 米，厚 0.6 米。土质稍硬，密实，内含水锈纹。该层下见深黄色沙质生土层，停探。

台基外地层：第①层，深灰色土，深厚 0.8 米。土质稍硬，密实，内含植物根茎、碎砖块、白灰颗粒。第②层，浅黄色土，深 0.8 ~ 1.3 米，厚 0.5 米。土质稍净，内含水锈纹。该层下见深黄色沙质生土层，停探。

F506 台基

平面呈椭圆形，东西 7 米，南北 12.4 米，高 1.2 米。

台基内地层：第①层，深灰色土，深厚 0.7 米。土质稍散，内含植物根茎、碎砖块、黑炭渣点、白灰颗粒。第②层，浅灰色土，深 0.7 ~ 1.2 米，厚 0.5 米。土质稍硬，密实，内含黑炭渣点、淤泥土、水锈纹。该层下见深黄色沙质生土层，停探。

台基外地层：第①层，深灰色土，深厚 0.8 米。土质稍散，内含植物根茎、碎砖块、黑炭渣点。第②层，浅黄色土，深 0.8 ~ 1.1 米，厚 0.3 米。土质稍净，内含水锈纹。该层下见深黄色沙质生土层，停探。

F507 台基

平面呈长方形，东西 20 米，南北 22 米，高 1.3 米。

台基内地层：第①层，深灰色土，深厚 0.4 米。土质稍松，干燥，内含少量碎砖块和微量白灰点。第②层，浅黄色土，深 0.4 ~ 1.3 米，厚 0.9 米。土质稍硬，内含水锈纹淤泥和微量黑炭渣、白灰点。该层下见深黄色沙质生土层，停探。

台基外地层：第①层，深灰色土，深厚 0.4 米。土质松散，干燥，内含植物根茎和微量白灰点。第②层，浅黄色土，深 0.4 ~ 1.1 米，厚 0.7 米。土质疏松，内含水锈纹和微量白灰点、黑炭渣点。该层下见深黄色沙质生土层，停探。

F508 台基

位于外城西北部，南北第三街与东西第七街交会处的东北角处。长方形建筑群，东西 134 米，南北 126 米，高 1.8 米。在建筑群的南部，东西分布三个院落，其中两个院落内发现南北向路土。建筑群内共发现门道四个，其中两个位于院落路土的南部，另外两个在建筑群的中间部位。需要特别指出的是，该建筑群南部院落，由西向东，第二个南北向房址台基为夯筑台基。夯土开口层位于①层，距地表深 0.4 ~ 0.7 米见，至 1.8 米底，厚 1.4 米。用灰褐色杂土打制，土质较硬，部分区域分层明显，夯层厚约 15 厘米。夯土内含有白灰点、黑炭渣点和碎砖瓦片。在夯土的开口层平面上，有 3 ~ 8 厘米厚的砖瓦片渣。

台基内地层：第①层，深灰色土，深厚 0.8 米。土质松散，干燥，内含植物根茎，较多碎砖块、黑炭渣点、白灰颗粒。第②层，浅黄色土，深 0.8 ~ 2 米，厚 1.2 米。土质较硬，密实，内含黑炭渣点、黑淤泥土、水锈纹斑。该层下见深黄色沙质生土层，停探。

台基外地层：第①层，深灰色土，深厚 0.9 米。土质松散，干燥，内含植物根茎、碎砖块、黑炭渣点、白灰颗粒。第②层，浅黄色土，深 0.9 ~ 1.4 米，厚 0.5 米。土质稍净，内含水锈纹斑。该层下见深黄色沙质生土层，停探。

F509 台基

位于南北第三街北端的东侧，F508 房址北部。属房址建筑群，东西 120 米，南北 85 米，高 1.1 米。东西向有三个院落，周边房址的进深在 10 米左右，间宽 4 米左右。

台基内地层：第①层，深灰色土，深厚 0.4 米。土质稍松，干燥，内含植物根茎。第②层，浅黄色土，深 0.4 ~ 1 米，厚 0.6 米。土质疏松，内含水锈纹和微量白灰点、黑炭渣点。该层下见深黄色沙质生土层，停探。

台基外地层：第①层，深灰色土，深厚 0.3 米。土质松散，干燥，内含植物根茎和微量白灰点。第②层，浅黄色土，深 0.3 ~ 1.1 米，厚 0.8 米。土质疏松，内含少量碎石块和微量白灰点、黑炭渣点。该层下见深黄色沙质生土层，停探。

F510 台基

位于外城西北部，F509 建筑群的东侧。平面呈长方形，东西 8 米，南北 5.4 米，高 0.8 米。

台基内地层：第①层，深灰色土，深厚 0.4 米。土质稍松，内含植物根茎和碎砖块。第②层，浅黄色土，深 0.4 ~ 1.1 米，厚 0.7 米。土质疏松，内含水锈纹和微量黑炭渣点。该层下见大黄沙堆积，停探。

台基外地层：第①层，深灰色土，深厚 0.5 米。土质稍松，内含植物根茎和微量白灰点、黑炭渣点。第②层，浅黄色土，深 0.5 ～ 1.3 米，厚 0.8 米。土质疏松，内含少量动物骨骼和微量白灰点、黑炭渣点、水锈纹淤泥。该层下见深黄色沙质生土层，停探。

F511 台基

位于外城西北部，南北第一街与南北第三街交会处的"丁"字路口上。平面呈长方形，东西 8 米，南北 4.3 米，高 1.9 米。

台基内地层：第①层，深灰色土，深厚 0.6 米。土质稍松，干燥，内含植物根茎和微量白灰点。第②层，浅黄色土，深 0.6 ～ 2.5 米，厚 1.9 米。土质稍硬，密实，内含水锈纹淤泥和微量白灰点、黑炭渣点。该层下见深黄色沙质生土层，停探。

台基外地层：第①层，深灰色土，深厚 0.5 米。土质松散，内含微量碎砖点和黑炭渣点。第②层，浅黄色土，深 0.5 ～ 2.3 米，厚 1.8 米。土质疏松，内含水锈纹淤泥和微量白灰点。该层下见大黄沙堆积，纯净，停探。

F512 台基

位于外城西北部，南北第三街北端西侧，房址的东沿与南北第三街路土的西沿相邻。平面呈长方形，东西 12 米，南北 15 米，高 1.5 米。

台基内地层：第①层，深灰色土，深厚 0.3 米。土质松散，干燥，内含植物根茎和少量白灰颗粒。第②层，浅黄色土，深 0.3 ～ 1.8 米，厚 1.5 米。土质稍松，内含少量碎砖块和微量白灰点、水锈纹。该层下见深黄色沙质生土层，停探。

台基外地层：第①层，深灰色土，深厚 0.3 米。土质松散，干燥，内含植物根茎和微量白灰点。第②层，浅黄色土，深 0.3 ～ 1.9 米，厚 1.6 米。土质稍硬，密实，内含水锈纹和微量白灰点、黑炭渣点。该层下见深黄色沙质生土层，停探。

F513 台基

位于外城南部，南北第三街北端西侧。平面呈长方形，东西 10 米，南北 9 米，高 0.9 米。

台基内地层：第①层，深灰色土，深厚 0.3 米。土质稍松，干燥，内含植物根茎和少量碎砖块、白灰点。第②层，浅黄色土，深 0.3 ～ 1.2 米，厚 0.9 米。土质疏松，内含少量碎石块和微量白灰点、黑炭渣点。该层下见深黄色沙质生土层，停探。

台基外地层：第①层，深灰色土，深厚 0.4 米。土质稍松，干燥，内含植物根茎和少量碎砖块。第②层，浅黄色土，深 0.4 ～ 1.3 米，厚 0.9 米。土质疏松，内含少量碎石块和微量白灰点。该层下见深黄色沙质生土层，停探。

F514 台基

位于外城南部，南北第一街北端东侧。平面呈长方形，东西 16 米，南北 20.3 米，高 0.7 米。

台基内地层：第①层，深灰色土，深厚 0.3 米。土质稍松，干燥，内含植物根茎和少量碎砖块。第②层，浅黄色土，深 0.3 ～ 1 米，厚 0.7 米。土质疏松，内含少量碎石块和微量白灰点。该层下见深黄色沙质生土层，停探。

台基外地层：第①层，深灰色土，深厚 0.4 米。土质稍松，干燥，内含植物根茎和少量碎砖块。第②层，浅黄色土，深 0.4 ～ 1.1 米，厚 0.7 米。土质疏松，内含少量碎石块和微量白灰点。该层下见深黄色沙质生土层，停探。

F515 台基

位于外城南部，南北第一街北端东侧。平面呈方形，边长 6.4 米，高 0.3 米。

台基内地层：第①层，深灰色土，深厚 0.3 米。土质松散，干燥，内含植物根茎和微量白灰点。第②层，浅黄色土，深 0.3 ~ 1 米，厚 0.7 米。土质干燥，内含少量碎石块和微量白灰点、黑炭渣点。该层下见深黄色沙质生土层，停探。

台基外地层：第①层，深灰色土，深厚 0.3 米。土质松散，干燥，内含植物根茎。第②层，浅黄色土，深 0.3 ~ 1.1 米，厚 0.8 米。土质松散，内含微量白灰点、黑炭渣点和少量碎石块。该层下见深黄色沙质生土层，停探。

F516 台基

位于外城南部，南北第一街北端东侧。平面呈不规则长方形，东西 5 米，南北 11 米，高 0.6 米。

台基内地层：第①层，深灰色土，深厚 0.4 米。土质松散，内含植物根茎和微量白灰点、黑炭渣点。第②层，浅黄色土，深 0.4 ~ 1 米，厚 0.6 米。土质稍硬，密实，内含微量白灰点和黑炭渣点。该层下见深黄色沙质生土层，停探。

台基外地层：第①层，深灰色土，深厚 0.4 米。土质松散，内含植物根茎。第②层，浅黄色土，深 0.4 ~ 0.8 米，厚 0.4 米。土质疏松，内含微量白灰点和黑炭渣点。该层下见深黄色沙质生土层，停探。

F517 台基

位于外城南部，南北第一街北端东侧。平面呈方形，边长 10 米，高 0.9 米。

台基内地层：第①层，深灰色土，深厚 0.3 米。土质松散，干燥，内含微量白灰点和黑炭渣点。第②层，浅黄色土，深 0.3 ~ 1.2 米，厚 0.9 米。土质稍硬，内含水锈纹和微量白灰点。该层下见黄沙堆积层，停探。

台基外地层：第①层，深灰色土，深厚 0.3 米。土质松散，干燥，内含植物根茎和微量白灰点。第②层，浅黄色土，深 0.3 ~ 1.5 米，厚 1.2 米。土质稍硬，内含微量白灰点和黑炭渣点。该层下见黄沙堆积层，停探。

F518 台基

位于外城南部，南北第一街北端东侧，房址南沿与东西第二街路土的北沿相邻。平面呈长方形，东西 33 米，南北 8 米，高 1.2 米。

台基内地层：第①层，浅灰色土，深厚 0.6 米。土质松散，干燥，内含植物根茎。第②层，深灰色土，深 0.6 ~ 1.2 米，厚 0.6 米。土质松散，干燥，内含碎砖块、黑炭渣点、白灰颗粒。该层下见深黄色沙质生土层，停探。

台基外地层：第①层，浅灰色土，深厚 0.8 米。土质松散，干燥，内含植物根茎。第②层，深灰色土，深 0.8 ~ 1.3 米，厚 0.5 米。土质稍净，内含水锈纹。该层下见深黄色沙质生土层，停探。

F519 台基

位于外城南部，南北第一街北端东侧。平面呈长方形，东西 26 米，南北 16 米，高 0.7 米。

台基内地层：第①层，浅灰色土，深厚 0.3 米。土质松散，干燥，内含植物根茎和白灰颗粒。第②层，浅黄色土，深 0.3 ~ 1 米，厚 0.7 米。土质松散，内含微量黑炭渣点和白灰点。该层下见黄沙堆积层，停探。

台基外地层：第①层，深灰色土，深厚 0.3 米。土质松散，干燥，内含植物根茎和少量白釉瓷片。第②层，浅黄色土，深 0.3 ~ 0.7 米，厚 0.4 米。土质松散，内含少量碎石块和微量白灰点、黑炭渣点。该层下见黄沙堆积层，停探。

F520 台基

位于外城南部，南北第一街北端东侧。平面呈不规则长方形，东西 45 米，南北 10 ~ 21 米，高 1 米。

台基内地层：第①层，深灰色土，深厚 0.5 米。土质松散，干燥，内含植物根茎、黑炭渣点。第②层，浅黄色土，深 0.5 ~ 1 米，厚 0.5 米。土质稍净。该层下见深黄色沙质生土层，停探。

台基外地层：第①层，浅灰色土，深厚 0.4 米。土质稍净，干燥，内含植物根茎和微量黑炭渣点。第②层，浅黄色土，深 0.4 ~ 0.8 米，厚 0.4 米。土质稍硬，内含水锈斑点。该层下见深黄色沙质生土层，停探。

F521 台基

位于外城南部，南北第一街北端东侧。平面呈长方形，东西 11 米，南北 8 米，高 0.4 米。

台基内地层：第①层，深灰色土，深厚 0.4 米。土质松散，干燥，内含植物根茎和少量动物骨骼。第②层，浅黄色土，深 0.4 ~ 1.4 米，厚 1 米。土质疏松，内含少量碎陶片和微量白灰点、黑炭渣点。该层下见黄沙堆积层，停探。

台基外地层：第①层，深灰色土，深厚 0.3 米。土质稍松，干燥，内含植物根茎和微量白灰点。第②层，浅黄色土，深 0.3 ~ 0.8 米，厚 0.5 米。土质疏松，内含微量白灰点和黑炭渣点。该层下见黄沙堆积层，停探。

F522 台基

位于外城南部，南北第三街与东西第六街交会处的东北部。平面呈方形，边长 13 米，高 0.7 米。该台基内多数探孔，距地表深 0.3 ~ 0.5 米见砖石。

台基内地层：第①层，浅灰褐色沙质土，深厚 0.5 米。土质松散，内含稍多植物根茎。第②层，浅灰色土，深 0.5 ~ 1.2 米，厚 0.7 米。土质稍硬，较干燥，内含微量黑炭渣点和动物骨骼。第③层，浅黄、浅灰色杂土，深 1.2 ~ 1.8 米，厚 0.6 米。土质松散，较净，内含微量黑炭渣点。该层下见浅黄色沙质生土层，停探。

F523 台基

位于外城南部，南北第三街北端东侧。平面呈椭圆形，东西 8 米，南北 6 米，高 1.4 米。

台基内地层：第①层，浅灰褐色沙质土，深厚 0.5 米。土质松散，内含稍多植物根茎。第②层，浅灰色土，深 0.5 ~ 1.4 米，厚 0.9 米。土质稍硬，干燥，内含稍多乳白色土颗粒和微量黑炭渣点。第③层，浅灰、浅黄色杂土，深 1.4 ~ 2 米，厚 0.6 米。土质松散，内含铜器碎片，较多黑炭渣点和少量红烧土颗粒。该层下见浅黄色沙质生土层，停探。

F524 台基

位于外城南部，南北第三街北端西侧。平面呈长方形，东西 12 米，南北 8 米，高 1.4 米。在台基的中北部发现堆石，距地表深 0.6 米见，较规整，边长 1.5 米左右。

台基内地层：第①层，黄褐色土，深厚 0.6 米。土质松散，内含较多植物根茎。第②层，浅灰色土，深 0.6 ~ 2 米，厚 1.4 米。土质松散，干燥，内含黑炭渣点、红烧土颗粒、动物骨骼、陶瓷片、外素内布纹瓦片等。该层下见浅黄色沙质生土层，停探。

F525 台基

位于外城南部，南北第三街与东西第八街交会处的西北角处，房址的南沿与东西第八街路土的北沿相邻。平面呈长方形，东西 48 米，南北 25 米，高 0.7 米。台基内地表散落有较多外素内布纹瓦片、砖块残件，并有多条房基凹槽，其进深 10 米，间宽 4 米，单条房基宽 0.8 米。

台基内地层：第①层，黄褐色土，深厚 0.4 米。土质松散，内含植物根茎。第②层，浅灰色土，深 0.4 ~ 0.7 米，厚 0.3 米。土质松散，杂乱，内含大量砖瓦片和微量黑炭渣点、白灰颗粒。

F526 台基

位于外城南部，南北第二街北端西侧。平面呈长方形，东西 22 米，南北 13 米，高 1.3 米。距地表深 0.6 米左右见砖瓦渣层。

台基内地层：第①层，浅灰色土，深厚 0.6 米。土质松散，稍干燥，内含少量植物根茎。第②层，深灰黄色土，深 0.6 ~ 1.3 米，厚 0.7 米。土质松散，稍干燥，内含稍多外素内布纹瓦片和少量黑炭渣点。该层下见浅黄色沙质土，纯净，应为生土层，停探。

F527 台基

位于外城南部，南北第一街北端东侧。平面呈不规则长方形，东西 35 米，南北 26 米，高 1.3 米。距地表深 0.8 米左右见砖石。房址的西沿叠压在南北第一街路土上。

台基内地层：第①层，浅灰黄色土，深厚 0.8 米。土质松散，稍干燥，内含较多外素内布纹瓦片渣和少量植物根茎。第②层，浅灰褐色土，深 0.8 ~ 1.3 米，厚 0.5 米。土质较硬，稍净，内含微量浅黄色土颗粒和零星陶渣颗粒，疑为夯土。该层下见浅黄色沙质生土层，停探。

F528 台基

位于外城南部，南北第二街与东西第八街交会处的大范围踩踏面上。平面呈长方形，东西 6.5 米，南北 5 米，高 0.9 米。

台基内地层：第①层，浅灰色土，深厚 0.3 米。土质稍松，内含植物根茎和微量白灰点、黑炭渣点。第②层，浅黄色土，深 0.3 ~ 0.9 米，厚 0.6 米。土质松散，内含少量碎石块、白灰颗粒。该层下见深黄色沙质生土层，停探。

台基外地层：第①层，浅灰色土，深厚 0.3 米。土质松散，干燥，内含植物根茎和少量碎砖石块。第②层，浅黄色土，深 0.3 ~ 1 米，厚 0.7 米。土质疏松，内含少量碎砖块和微量白灰点、黑炭渣点。

F529 台基

位于外城南部，南北第二街与东西第八街交会处的大范围踩踏面上。平面呈长方形，东西 9 米，南北 8 米，高 0.7 米。台基内地面上残留有平铺砖。

台基内地层：第①层，浅灰色土，深厚 0.4 米。土质松散，内含较多植物根茎和微量白灰点。第②层，浅黄色土，深 0.4 ~ 1 米，厚 0.6 米。土质稍硬，密实，内含微量白灰点和黑炭渣。该层下见深黄色沙质生土层，停探。

台基外地层：第①层，深灰色土，深厚 0.3 米。土质松散，干燥，内含植物根茎。第②层，浅黄色土，深 0.3 ~ 1 米，厚 0.7 米。土质松散，内含微量白灰点和少量碎石块。该层下见深黄色沙质生土层，停探。

2. 隔墙

位于元上都遗址外城西部。隔墙的西端与外城西墙呈"丁"字形交会，南距外城西墙北侧瓮城190米；东端与皇城西北角角楼夯土的北沿交会。现勘探出总长900米，宽8米左右，西南至东北走向。隔墙把外城分割成北苑和南苑两部分。

隔墙内地层：第①层，黄褐色土，深厚0.8米。土质松散，较净，内含微量黑炭渣点和稍多植物根茎。第②层，灰褐色夯土，深0.8～1.3米，厚0.5米。土质较硬，稍干燥，较净，内含微量黑炭渣点和深灰色土颗粒。根据土色土质情况，第②层大致可分为三小层，每层厚15厘米左右。在第②层底部，至1.6米处见浅黄色沙质生土层，停探。

隔墙外地层：第①层，黄褐色土，深厚0.8～1米。土质松散，较净，内含微量黑炭渣点和稍多植物根茎。该层下见浅黄色沙质生土层，停探。

3. 瓮城

位于外城南墙中部外侧。平面呈长方形，东西58米，南北38米。夯土版筑，现存高度2.2米。墙体呈梯形，上窄下宽。瓮城南墙外侧有砌石，东西70米，南北3米。地层堆积大致可分两层：第①层，深灰色土，深厚0.8米。土质松软，内含稍多植物根茎。第②层，深灰色路土层，深0.8～1.2米，厚0.4米。土质一般，踩踏层稍明显，内含微量黑炭渣点。该层下见沙层，停探。

4. 马面

经勘测，在外城东墙西侧（即皇城西墙西侧），共发现马面六个。由北向南依次编号为1～6号马面，说明如下：

1号马面

位于外城东墙北端西侧，北距皇城西北角楼南沿92米。平面呈长方形，东西7.2米，南北9.5米。用深灰褐色和浅黄色花土夯筑，片石包砌。夯土形成于②层上，并与城墙夯土连体（即马面夯土与城墙夯土为同时期夯筑），马面现存高度4.5米左右，土质较硬，密实，夯层明显，厚10～14厘米，内含微量黑炭渣点和白灰颗粒。另外，在马面周边发现大量片石坍塌堆积。

2号马面

位于外城东墙北端西侧，北距1号马面南沿112米，南距外城东墙北瓮城北沿108米。平面呈长方形，东西8米，南北7米。用深灰褐色和浅黄色花土夯筑，片石包砌。夯土形成于②层上，并与城墙夯土连体（即马面夯土与城墙夯土为同时期夯筑），现存高度4.2米左右，土质较硬，密实，夯层明显，厚10～14厘米，内含微量黑炭渣点和白灰颗粒。另外，在马面周边发现大量片石坍塌堆积。

3号马面

位于外城东墙中端西侧，北距外城东墙北瓮城南沿117米。平面呈长方形，东西10米，南北7.9米。用深灰褐色和浅黄色花土夯筑，片石包砌。夯土形成于②层上，并与城墙夯土连体（即马面夯土与城墙夯土为同时期夯筑），现存高度4.4米左右，土质较硬，密实，夯层明显，厚10～14厘米，内含微量黑炭渣点和白灰颗粒。另外，在马面周边发现大量片石坍塌堆积。

4 号马面

位于外城东墙中端西侧，北距 3 号马面南沿 160 米，南距外城东墙南瓮城北沿 158 米。平面呈长方形，东西 7 米，南北 10 米。用深灰褐色和浅黄色花土夯筑，片石包砌。夯土形成于②层上，并与城墙夯土连体（即马面夯土与城墙夯土为同时期夯筑），现存高度 6.6 米左右，土质较硬，密实，夯层明显，厚 10～14 厘米，内含微量黑炭渣点和白灰颗粒。另外，在马面周边发现大量片石坍塌堆积。

5 号马面

位于外城东墙南端西侧，北距外城东墙南侧瓮城南沿 99.6 米。平面呈长方形，东西 7 米，南北 10.2 米。用深灰褐色和浅黄色花土夯筑，片石包砌。夯土形成于②层上，并与城墙夯土连体（即马面夯土与城墙夯土为同时期夯筑），现存高度 5.1 米左右，土质较硬，密实，夯层明显，厚 10～14 厘米，内含微量黑炭渣点和白灰颗粒。另外，在马面周边发现大量片石坍塌堆积。

6 号马面

位于外城东墙南端西侧，北距 5 号马面南沿 119.4 米。平面呈长方形，东西 7.8 米，南北 10.1 米。用深灰褐色和浅黄色花土夯筑，片石包砌。夯土形成于②层上，并与城墙夯土连体（即马面夯土与城墙夯土为同时期夯筑），隆起现有地表 5.3 米左右，土质较硬，密实，夯层明显，厚 10～14 厘米，内含微量黑炭渣点和白灰颗粒。另外，在马面周边发现大量片石坍塌堆积。

5. 夯土台基

夯土台基 I

位于外城中部西墙外侧，夯土的东沿与外城西墙西沿相邻，西沿与西墙处护城河的东沿相邻。平面呈长方形，东西 28 米，南北 116 米。夯土开口于①层下，距地表深 0.3 米，至 1.1 米尽，厚 0.8 米。用浅灰色土打制，土质较硬，内含少量浅黄色土颗粒和微量黑炭渣点。

夯土台基内地层：第①层，浅黄色土，深厚 0.3 米。土质松散，干燥，内含植物根茎及碎砖渣。第②层，浅灰色夯土层，深 0.3～1.1 米，厚 0.8 米。土质较硬，内含少量浅黄色土颗粒和微量黑渣点。该层下见浅黄色沙质生土层，停探。

夯土台基 II

位于外城中西部，南北第一街中部西侧，夯土的西沿西距外城西墙 6.4 米，东沿与南北第一街路土的西沿相邻。平面呈长方形，东西 21 米，南北 45 米。夯土开口于①层下，距地表深 0.65 米，至 1.4 米尽，厚 0.75 米。用浅灰色土打制，土质较硬，内含少量浅黄色土颗粒和微量黑炭渣点。

夯土台基内地层：第①层，浅黄色土，深厚 0.65 米。土质松散，干燥，内含植物根茎及碎砖渣。第②层，浅灰色夯土层，深 0.65～1.4 米，厚 0.75 米。土质较硬，内含少量浅黄色土颗粒和微量黑渣点。第③层，浅黄色沙质土，深 1.4～3.5 米，厚 2.1 米。土质稍松，杂乱，内含黑炭渣点、碎砖渣点等。该层下见浅黄色沙质生土层，停探。

第四节　外城南苑内水系

在外城内，水系由排水沟、水井、水域三部分组成。其中排水沟4处，水井2个，水域11处。按照发现的先后和编号次序说明如下：

1. 排水沟

外城南苑内共发现排水沟4条，依次编号为G1～G4。说明如下：

G1

位于外城南苑北部，东西第九街南侧，F493与F494的中部。现勘探出南北长38米，东西宽2～2.7米。排水沟的南部在L13处消失，北部继续向北延伸。G1开口于①层下，距地表深0.45米左右。

排水沟内填浅灰色土，土质稍硬，内含微量黑炭渣点和较多铁锈斑水锈土。

G2

位于外城南苑中东部，东西第七街东端北侧与大面积踩踏面的结合部，东距外城东墙（皇城西墙）北瓮城西沿36米左右。现勘探出南北长72米，东西1.5～2.1米。排水沟的北端在F423东部消失，南端在东西第七街的北侧消失。G2开口于①层下，距地表深0.5米。

排水沟内地层：第①层，浅灰色土，深厚0.5米。土质密实，干燥，内含植物根茎和微量黑炭渣点。第②层，灰黑色淤泥土，深0.5～1.3米，厚0.8米。土质稍软，内含铁锈纹斑及浅灰色淤沙层。第③层，深灰色淤泥土，深1.3～2米，厚0.7米。土质湿软，细腻，内含深灰褐色朽草类物。

G3

位于外城南苑中东部，南北第七街中端东侧，东距皇城西墙30～43米处。现勘探出南北长80米左右，东西宽3.4米左右。排水沟的北端在外城东墙（皇城西墙）北瓮城西南部消失，南端与南北第七街中部5号水域交汇。G3开口于②层下，距地表深0.9米。

排水沟内地层：第①层，浅灰色土，深厚0.5米。土质一般，内含植物根茎。第②层，浅黄色土，深0.5～0.9米，厚0.4米。土质一般，较净。第③层，深灰、浅黄色淤积土，深0.9～2米，厚1.1米。土质湿软。该层下见浅黄色沙质生土层，停探。

排水沟外地层：第①层，浅灰色土，深厚0.5米。土质一般，内含植物根茎。第②层，浅黄色土，深0.5～0.8米，厚0.3米。土质一般，较净。第③层，深灰土，深0.8～1.7米，厚0.9米。土质湿软，内含少量浅黄色土颗粒。该层下见浅黄色沙质生土层，停探。

G4

位于外城南苑东北部，南北第七街北端西侧，东距外城东墙30～43米。现勘探出南北长180米左右，东西宽5.4米左右。排水沟的北端在皇城西北角处呈环状通向外城北苑，南端与11号水域交汇。G4开口于②层下，距地表深0.6米，至1.3米尽，淤土厚0.7米。淤土沟叠压在南北第七街路土及隔墙下，打破生土层形成。该淤土沟在隔墙处东西两侧发现夯土，距地表深0.5米，至1.2米尽，厚0.7米。用浅灰褐色土打制，土质较硬，稍干燥，较净，内含微量浅黄色土颗粒。夯土下见浅黄色沙质生土层，停探。

排水沟内地层：第①层，浅灰色土，深厚 0.6 米。土质一般，内含植物根茎。第②层，浅黄色土，深 0.6 ～ 1.3 米，厚 0.7 米。土质一般，较净。第③层，深灰白色淤积土，深 1.3 ～ 1.7 米，厚 0.4 米。土质湿软，内含微量黑炭渣点和水锈纹斑点。该层下见青灰色沙层，停探。

2. 水井

J1

位于南北第三街西侧，F355 建筑台基上。表面残留有圆弧形砌石，直径 1.8 米左右。井内填土可分两部分，1.6 米以上为浅黄灰色土，土质松散，内含少量黑炭渣点和白灰点；1.6 米以下为浅黄色水锈土，土质松软，较净，遇石，探不过。

J2

位于 F344 的南侧 2.2 米处。圆形，直径 2 米左右。井内填灰褐色土，土质松散，内含稍多黑炭渣点、水锈斑，偶尔有微量陶片。至 2.3 米不底。

3. 水域

1 号水域

位于东西第八街中端北侧，F458、F459 台基西侧 11 米处。地势落差比周边低 0.5 ～ 0.8 米。平面呈椭圆形，南北长 24 米，东西宽 15 米。开口于①层，距地表深 0.3 米。

水域内地层：第①层，浅灰色土，深厚 0.3 米。土质松软，内含稍多植物根茎。第②层，深黑色淤泥土，深 0.3 ～ 1 米，厚 0.7 米。土质湿软，内含稍多植物根茎类腐朽物和黑色草木灰。该层下见浅黄色淤沙层，不带，停探。

2 号水域

位于东西第七街中端北侧，F384 台基北部 10 米处。地势落差比周边低 0.5 米左右。平面呈椭圆形，南北 17.5 米，东西 12.5 米。开口于①层，距地表深 0.4 米。

水域内地层：第①层，浅灰色土，深厚 0.4 米。土质松散，内含植物根茎。第②层，深灰色土，深 0.4 ～ 1 米，厚 0.6 米。土质松软，内含深灰色淤泥土。该层下见浅黄色沙质生土层，停探。

3 号水域

位于东西第六街西端南侧，西距南北第三街 25 米，F243 东侧 5 米。地势落差比周边低 1.2 米左右。平面呈椭圆形，东西长 96 米，南北宽 57 米。开口于①层下，距地表深 0.3 米。

水域北侧有铺石并与东西第六街相连，铺石距地表深 0.3 ～ 1 米，东西长 90 米，南北宽 1.5 ～ 6 米。

水域内地层：第①层，浅灰色土，深厚 0.3 米。土质松散，内含稍多植物根茎。第②层，深灰色土，深 0.3 ～ 0.8 米，厚 0.5 米。土质松软，内含深黑色淤积土及淤沙层。该层下见淤积沙层，出水，停探。

4 号水域

位于东西第七街东端南侧，东北距外城东墙北瓮城城墙 43 米，F319 南 5 米处。平面呈椭圆形，东西 50 米，南北 22 米。水域开口于①层下，距地表深 0.3 米。

水域内地层：第①层，浅灰色土，深厚 0.3 米。土质松散，内含稍多植物根茎。第②层，深黑色淤积土，深 0.3 ～ 1.2 米，厚 0.9 米。土质湿软，内含植物根茎类腐朽物。该层下见水不带，停探。

5 号水域

位于南北第七街中端西侧，F307 南侧 10 米。平面呈不规则长条形，东西长 65 米，南北宽 27 米。水坑四周有路土围绕。

水域内地层：第①层，浅灰色土，深厚 0.3 米。土质松散，内含稍多植物根茎。第②层，深黑色土，深 0.3 ~ 1 米，厚 0.7 米。土质松散，内含深黑色淤泥土。该层下见浅灰色沙层，停探。

6 号水域

位于东西第四街西端北侧，南北第三街南端东侧 120 米，F207 南部 10 米。平面呈不规则长方形，南北 35 米，东西 20 米。水坑开于①层，距地表深 0.3 米。

水域内地层：第①层，浅灰色土，深厚 0.3 米。土质松散，内含稍多植物根茎。第②层，深灰色土，深 0.3 ~ 1 米，厚 0.7 米。土质松软，内含深黑色淤积土。该层下见浅灰色沙质生土层，停探。

7 号水域

位于东西第四街西端南侧，F134 台基北 15 米。平面呈不规则长方形，东西 50 米，南北 15 米。开口于①层下，距地表深 0.4 米。

水域内地层：第①层，浅灰色土，深厚 0.4 米。土质松散，内含稍多植物根茎。第②层，深黑色土，深 0.4 ~ 1.3 米，厚 0.9 米。土质较湿软，内含深黑色淤泥土及浅黄色沙土。该层下见浅灰色沙质生土层，停探。

8 号水域

位于东西第二街西端南侧，外城西南角向东 11 米处。在水域内有 F4、F5 房址台基。平面呈不规则长方形，南北长 280 米，东西宽 130 米。开口于①层，距地表深 0.2 米。

水域内地层：第①层，浅灰色土，深厚 0.2 米。土质松软，内含稍多植物根茎。第②层，深黑色土，深 0.2 ~ 1 米，厚 0.8 米。土质湿软，内含灰黑色淤泥及浅灰色沙土。该层下见水，不带，停探。

9 号水域

位于外城南墙北侧。在水坑的中部北沿处有 F15、F16 房址台基。平面呈不规则长方形，东西长 332 米，南北宽 170 米。开口于①层下，距地表深 0.2 米。

水域内地层：第①层，浅灰色土，深厚 0.2 米。土质松软，内含较多植物根茎。第②层，深黑色土，深 0.2 ~ 1 米，厚 0.8 米。土质湿软，内含深黑色淤积土和浅灰色沙层。该层下见浅黄色沙土层，出水，停探。

10 号水域

位于外城南苑东南角，南北第六街南端。平面呈不规则长方形，南北长 260 米，东西宽 200 米左右。开口于①层下，距地表深 0.2 米。

水域内地层：第①层，深灰色土，深厚 0.2 米。土质松软，内含稍多植物根茎。第②层，深黑色土，深 0.2 ~ 1.2 米，厚 1 米。土质湿软，内含深黑色淤积土和深黑色淤积沙层，该层下出水，停探。

11 号水域

位于外城南苑东北部，东西第八街与南北第七街交会处的北侧。平面呈椭圆形，东西宽 50 ~ 80 米，南北长 210 米左右。开口于①层下，距地表深 0.3 ~ 0.5 米。

水域内地层：第①层，深灰色土，深厚 0.35 米。土质松软，内含稍多植物根茎。第②层，深黑色土，深 0.35 ～ 1.1 米，厚 0.75 米。土质湿软，内含深黑色淤积土和深黑色淤积沙层。该层下出水，停探。

第五节　外城南苑内灰坑

在外城内，共发现灰坑 46 个，按照发现的先后次序，依次编号为 H1 ～ H46，说明如下：

H1

位于外城南苑南部，南北第一街与东西第五街交会处的东北部。平面呈圆形，直径 4 米左右。

坑内地层：第①层，浅灰黄色土，深厚 0.4 米。土质松散，稍净，内含稍多植物根茎。第②层，深灰褐色土，深 0.4 ～ 1.9 米，厚 1.5 米。土质松散，内含少量外素内布纹瓦片，较多黑炭渣点和铁锈斑水锈纹。

H2

位于外城南苑中西部，南北第一街中端东侧，F357 的西南部。平面呈椭圆形，南北 13 米，东西 3 米。

坑内地层：第①层，浅灰黄色土，深厚 0.7 米。土质松散，稍净，内含微量植物根茎。第②层，灰黄色土，深 0.7 ～ 0.9 米，厚 0.2 米。土质松散，内含少量黑炭渣点。第③层，黑色灰土层，深 0.9 ～ 1 米，厚 0.1 米。土质松散，内含大量黑炭渣点和少量浅黄色土颗粒。第④层，浅黄色沙质土，深 1 ～ 1.8 米，厚 0.8 米。土质松散，内含稍多灰褐色土颗粒。该层下见浅黄色沙质生土层，停探。

H3

位于外城南苑中西部，南北第一街中端东侧，F357 的西南部。平面呈椭圆形，南北 11 米，东西 6 米。

坑内地层：第①层，浅灰黄色土，深厚 0.8 米。土质松散，稍净，内含微量植物根茎。第②层，灰黑色土，深 0.8 ～ 1.4 米，厚 0.6 米。土质松散，内含大量黑炭渣点。第③层，浅黄色土，深 1.4 ～ 1.6 米，厚 0.2 米。土质松散，内含稍多灰褐色土颗粒。1.6 米以下见石，探不过。

H4

位于外城南苑中西部，南北第一街中端东侧，F357 的西南部。平面呈不规则长方形，东西 10 米，南北 6 米。

坑内地层：第①层，浅黄色土，深厚 0.5 米。土质松散，稍净，内含微量植物根茎。第②层，灰黑色土，深 0.5 ～ 0.9 米，厚 0.4 米。土质松散，内含大量黑炭渣点。第③层，浅黄色土，深 0.9 ～ 1.4 米，厚 0.5 米。土质松散，内含稍多灰褐色土颗粒。

H5

位于外城南苑中西部，南北第一街中端东侧，F358 的西南部 3 米处。平面呈椭圆形，南北 7 米，东西 4 米。

坑内地层：第①层，浅黄色土，深厚 0.3 米。土质松散，稍净，内含微量植物根茎。第②层，灰黑色土，深 0.3 ～ 0.9 米，厚 0.6 米。土质松散，内含大量黑炭渣点。第③层，浅黄色土，深 0.9 ～ 1.3 米，厚 0.4 米。土质松散，内含稍多灰褐色土颗粒。

H6

位于外城南苑中北部，东西第七街与南北第三街交会处的东北部，F368 东侧 1 米处。平面呈椭圆形，东西 18 米，南北 11 米。

坑内地层：第①层，浅黄色土，深厚 0.5 米。土质松散，内含植物根茎。第②层，浅灰色土，深 0.5 ~ 1.2 米，厚 0.7 米。土质松散，内含稍多白灰点、黑炭渣点和浅黄色土颗粒。第③层，浅灰色土，深 1.2 ~ 2 米，厚 0.8 米。土质松散，稍净，内含黑炭渣点。该层下见浅黄色沙质生土层，停探。

H7

位于外城南苑中北部，东西第七街与南北第三街交会处的东北部，F368 的东北部。平面呈椭圆形，南北 50 米，东西 38 米。

坑内地层：第①层，黄褐色土，深厚 0.6 米。土质松散，内含较多植物根茎。第②层，浅灰色土，深 0.6 ~ 2.3 米，厚 1.7 米。土质松散，内含较多黑炭渣点和少量红烧土、白灰点颗粒、砖瓦渣点。该层下见浅黄色沙质生土层，停探。

H8

位于外城南苑中北部，东西第七街与南北第三街交会处的西南部，F362 东南部。打破 L8 形成。平面呈长方形，东西 13 米，南北 8 米。

坑内地层：第①层，浅灰色土，深厚 0.5 米。土质松散，稍干燥，内含少量植物根茎。第②层，浅黄色土，深 0.5 ~ 2.4 米，厚 1.9 米。土质松散，内含较多红烧土、黑炭渣点、浅黄色土颗粒、乳白色土颗粒、白釉瓷片、白灰墙皮、外素内布纹瓦片。

H9

位于外城南苑西南部，南北第三街的西部，F114 台基的西北角处。平面呈椭圆形，南北 8 米，东西 6 米。

坑内地层：第①层，黄褐色土，深厚 0.3 米。土质松散，内含较多植物根茎。第②层，浅灰色土，深 0.3 ~ 0.9 米，厚 0.6 米。土质松散，内含黑炭渣点、砖瓦渣点和微量白灰颗粒。第③层，浅灰褐色土，深 0.9 ~ 1.7 米，厚 0.8 米。土质松散，内含浅黄色土颗粒、黑炭渣点和陶瓷碎片。

H10

位于外城南苑西南部，南北第三街的西沿，F115 东侧 2.4 米处。平面呈椭圆形，东西 4.5 米，南北 3.9 米。

坑内地层：第①层，黄褐色土，深厚 0.1 米。土质松散，内含较多植物根茎。第②层，浅灰色土，深 0.1 ~ 1.2 米，厚 1.1 米。土质松散，内含红烧土点、黑炭渣点、砖瓦渣点、浅黄色土颗粒。至 1.2 米见障碍物不过，并发现有铜器残片（该灰坑内地面上，测绘小组设有 GPS 基点）。

H11

位于外城南苑北部，东西第九街中端南侧，F503 ~ F507 建筑群内。平面呈不规则长方形，东西 15 米，南北 22 米。开口于①层下，距地表深 0.5 米。

坑内地层：第①层，灰褐色土，深厚 0.5 米左右。土质稍松，内含较多植物根茎。第②层，深灰色土，深 0.5 ~ 1.1 米，厚 0.6 米。土质干燥，松散，内含草木灰、白灰颗粒、动物骨骼、烧土颗粒和白釉瓷片。该层下见浅黄色沙质生土层，停探。

H12

位于外城南苑北部，东西第九街中端南侧，F503 ~ F507 建筑群内。平面呈不规则长方形，东西 6 ～ 11 米，南北 21.7 米。开口于①层下，距地表深 0.4 米。

坑内地层：第①层，灰褐色土，深厚 0.4 米。土质一般，内含较多植物根茎。第②层，灰褐色土，深 0.4 ～ 1 米，厚 0.6 米。土质松散，干燥，内含草木灰、动物骨骼、黑炭渣颗粒、红烧土颗粒等。该层下见浅黄色沙质生土层，停探。

H13

位于外城南苑北部，东西第九街中端南侧，F503 ～ F507 建筑群内。平面呈圆形，直径 8 米。开口于①层下，距地表深 0.6 米。

坑内地层：第①层，灰褐色土，深厚 0.4 米。土质稍松散，内含较多植物根茎。第②层，灰褐色土，深 0.4 ～ 1 米，厚 0.6 米。土质松散，干燥，内含草木灰、碎砖渣、黑炭渣点、白灰颗粒等。该层下见浅黄色沙质生土层，停探。

H14

位于外城南苑北部，东西第九街中端南侧，F503 ～ F507 建筑群内。平面呈圆形，直径 7 米。开口于①层下，距地表深 0.45 米。

坑内地层：第①层，灰褐色土，深厚 0.45 米。土质稍松散，内含较多植物根茎。第②层，浅灰黄色土，深 0.45 ～ 1 米，厚 0.55 米。土质一般，内含较多草木灰和少量白灰颗粒。该层下见浅黄色沙质生土层，停探。

H15

位于外城南苑西北部，东西第八街与南北第三街交会处的东南部，F371 北侧 2 米处。平面呈椭圆形，东西 23 米，南北 7.3 米。开口于①层下，距地表深 0.5 米。

坑内地层：第①层，浅灰色土，深厚 0.5 米。土质较松，内含稍多植物根茎。第②层，深灰色土，深 0.5 ～ 1.1 米，厚 0.6 米。土质稍松，内含黑炭灰、草木灰、泥质灰陶片、外素内布纹瓦片等。第③层，浅灰色土，深 1.1 ～ 1.3 米，厚 0.2 米。土质较松，内含少量草木灰及细沙淤积层。坑底见浅黄色沙质生土层，停探。

H16

位于外城南苑中南部，东西第四街中端南侧，F142 西北角 4 米处。平面呈圆形，直径 3.5 米。开口于①层下，距地表深 0.4 米。

坑内地层：第①层，深灰色土，深厚 0.4 米。土质松散，内含稍多植物根茎。第②层，深灰色土，深 0.4 ～ 1 米，厚 0.6 米。土质较松，内含草木灰和较多红烧土颗粒。第③层，浅灰色土，深 1 ～ 2.2 米，厚 1.2 米。土质松散，内含草木灰。该层下见浅灰色沙质生土层，停探。

H17

位于外城南苑西北部，东西第八街与南北第三街交会处的东南部，F373 西 3 米处。平面呈长方形，东西 18 米，南北 7 米。开口于①层下，距地表深 0.4 米。

坑内地层：第①层，浅灰色土，深厚 0.4 米。土质较松，内含少量植物根茎。第②层，深灰色土，深 0.4 ～ 1.3 米，厚 0.9 米。土质松散，内含较多草木灰，零星青瓷片、碎砖渣。该层下见浅黄色沙质生土层，停探。

H18

位于外城南苑西北部，东西第八街与南北第三街交会处的东南部，F371南40米左右处。平面近似方形，东西8米，南北7米。开口于①层下，距地表深0.4米。

坑内地层：第①层，浅灰色土，深厚0.4米。土质较松，内含植物根茎。第②层，浅灰色土，深0.4～1.3米，厚0.9米。土质松散，内含草木灰、黑炭渣点、素面灰陶片和零星白瓷片。该层下见浅黄色沙质生土层，停探。

H19

位于外城南苑西北部，东西第八街与南北第三街交会处的东南部，F373北1米处。平面近似于方形，东西7.5米，南北6.5米。开口于①层下，距地表深0.5米。

坑内地层：第①层，浅灰色土，深厚0.5米。土质松散，内含稍多植物根茎。第②层，浅灰色土，深0.5～1.2米，厚0.7米。土质松散，内含少量草木灰点。第③层，深灰色土，深1.2～1.8米，厚0.6米。土质松散，内含草木灰，少量泥质灰陶片、动物骨骼。该层下见浅黄色沙质生土层，停探。

H20

位于外城南苑西北部，东西第七街与南北第三街交会处的东南部，F344西侧。平面呈长方形，东西9.5米，南北23.5米。开口于①层下，距地表深0.8米。

坑内地层：第①层，浅灰色土，深厚0.8米。土质松散，内含少量植物根茎。第②层，浅灰色土，深0.8～1.5米，厚0.7米。土质松散，内含少量草木灰、泥质素面灰陶片、碎砖块、动物骨骼等。该层下见浅黄色沙质生土层，停探。

H21

位于外城南苑西北部，东西第七街与南北第三街交会处的东北部，F368东南侧15米处。平面呈不规则长方形，南北20米，东西7米。开口于①层下，距地表深0.6米。

坑内地层：第①层，浅灰色土，深厚0.6米。土质较松，内含稍多植物根茎。第②层，浅灰色土，深0.6～1.2米，厚0.6米。土质松散，内含少量草木灰和稍多黑炭渣点、碎砖块。该层下见浅黄色沙质生土层，停探。

H22

位于外城南苑中西部，东西第六街西端北侧，F347西5米。平面呈不规则长方形，东西16米，南北5米。开口于第①层，距地表深0.5米。

坑内地层：第①层，浅灰色土，深厚0.5米。土质较松，内含较多植物根茎。第②层，浅灰色土，深0.5～1.7米，厚1.2米。土质松散，内含少量草木灰、黑炭渣点、泥质灰陶片、动物骨骼。该层下见浅黄色沙质生土层，停探。

H23

位于外城南苑西北部，东西第八街与南北第三街交会处的东南部，F375东1米处。平面呈椭圆形，东西9米，南北14米。开口于①层下，距地表深0.6米。

坑内地层：第①层，浅灰色土，深厚0.6米。土质较松，内含较多植物根茎。第②层，浅灰色土，深0.6～1米，厚0.4米。土质松散，内含少量草木灰。第③层，深灰色土，深1～1.4米，厚0.4米。土质松软，内含少量草木灰和泥质素面灰陶片。该层下见浅黄色沙质生土层，停探。

H24

位于外城南苑西北部，东西第八街与南北第三街交会处的东南部，F379东13米处。平面呈椭圆形，东西7.5米，南北24米。开口于①层下，距地表深0.6米。

坑内地层：第①层，浅灰色土，深厚0.6米。土质松散，内含稍多植物根茎。第②层，深灰色土，深0.6～1米，厚0.4米。土质较松，内含草木灰和少量泥质素面灰陶片。第③层，深灰色土，深1～1.5米，厚0.5米。土质较松，内含较多草木灰、黑炭渣点，零星红陶片和动物骨骼。该层下见浅黄色沙质生土层，停探。

H25

位于外城南苑北部，东西第八街中端北侧，F465西2米处。平面呈长方形，东西12.5米，南北17米。开口于①层下，距地表深0.7米。

坑内地层：第①层，浅灰色土，深厚0.7米。土质松散，内含稍多植物根茎。第②层，深灰色土，深0.7～1.6米，厚0.9米。土质松散，内含草木灰、白灰点、动物骨骼。该层下见浅黄色沙质生土层，停探。

H26

位于外城南苑北部，东西第八街中端南侧，F381、F382、F392南5米处。平面呈长方形，东西77米，南北39米。开口于①层下，距地表深0.5米。

坑内地层：第①层，浅灰色土，深厚0.5米。土质较松，内含较多植物根茎。第②层，深灰色土，深0.5～1.3米，厚0.8米。土质松散，内含少量草木灰、动物骨骼、泥质灰陶片。第③层，深灰色土，深1.3～1.8米，厚0.5米。土质松散，内含较多草木灰、黑炭渣点、泥质素面灰陶片、碎砖块、动物骨骼。该层下见浅黄色沙质生土层，停探。

H27

位于外城南苑中部，东西第七街中端南侧，F334北6米处。平面呈椭圆形，东西18.5米，南北18米。开口于①层下，距地表深0.6米。

坑内地层：第①层，浅灰色土，深厚0.6米。土质松散，内含稍多植物根茎。第②层，深灰色土，深0.6～1米，厚0.4米。土质较松，内含草木灰，零星泥质灰陶片、动物骨骼。第③层，浅灰色土，深1～1.4米，厚0.4米。土质松散，内含少量草木灰。

H28

位于外城南苑中部，东西第六街中端北侧，F336西1米处。平面呈椭圆形，东西8.5米，南北9米。开口于①层下，距地表深0.8米。

坑内地层：第①层，浅灰色土，深厚0.8米。土质较松，内含稍多植物根茎。第②层，深灰色土，深0.8～1.3米，厚0.5米。土质松散，内含较多黑炭渣点、草木灰、动物骨骼等。第③层，浅灰色土，深1.3～1.8米，厚0.5米。土质松软，内含炭灰渣点、动物骨骼。该层下见浅黄色沙质生土层，停探。

H29

位于外城南苑中部，东西第六街中端南侧，F243西北12米。平面呈椭圆形，东西8米，南北7.3米。开口于①层，距地表深0.5米。

坑内地层：第①层，浅灰色土，深厚 0.5 米。土质较松，内含稍多植物根茎。第②层，深灰色土，深 0.5 ~ 1.1 米，厚 0.6 米。土质稍松，内含黑炭渣点、草木灰、泥质灰陶片、外素内布纹瓦片等。第③层，浅灰色土，深 1.1 ~ 1.3 米，厚 0.2 米。土质较松，内含少量草木灰及细沙淤积层。该层下见浅黄色沙质生土层，停探。

H30

位于外城南苑北部，东西第八街中端北侧，F445 东 1 米处。平面呈椭圆形，南北 14 米，东西 12 米。开口于①层，距地表深 0.5 米。

坑内地层：第①层，浅灰色土，深厚 0.5 米。土质较松，内含稍多植物根茎。第②层，深灰色土，深 0.5 ~ 1.2 米，厚 0.7 米。土质松散，内含少量草木灰、动物骨骼。该层底部见踩踏面土。第③层，黑灰色土，深 1.2 ~ 2 米，厚 0.8 米。土质松软，内含黑炭渣、浅灰色淤泥。该层下见浅黄色沙质生土层，停探。

H31

位于外城南苑北部，东西第八街中端北侧，F442 东南 1 米处。平面呈椭圆形，东西 16 米，南北 11 米。开口于①层下，距地表深 0.6 米。

坑内地层：第①层，浅灰色土，深厚 0.6 米。土质较松，内含稍多植物根茎。第②层，深灰色土，深 0.6 ~ 1.2 米，厚 0.6 米。土质松软，内含少量草木灰、外素内布纹瓦片、动物骨骼。第③层，深灰色土，深 1.2 ~ 1.5 米，厚 0.3 米。土质松散，内含少量草木灰。该层下见浅黄色沙质生土层，停探。

H32

位于外城南苑东北部，皇城西北角楼以北 20 米处。平面呈长方形，东西 5 米，南北 1 米。开口于①层下，距地表深 0.5 米。

坑内地层：第①层，浅灰色土，深厚 0.5 米。土质松散，内含稍多植物根茎。第②层，深灰色土，深 0.5 ~ 1 米，厚 0.5 米。土质较松，坑内西边含草木灰较多，并见有红烧土颗粒，东边有少量草木灰。该层下见浅黄色沙质生土层，停探。

H33

位于外城南苑东北部，皇城西北角楼以北 20 米处。平面呈椭圆形，东西 5.5 米，南北 6 米。开口于①层下，距地表深 0.4 米。

坑内地层：第①层，浅灰色土，深厚 0.4 米。土质松散，内含稍多植物根茎。第②层，深灰色土，深 0.4 ~ 0.7 米，厚 0.3 米。土质较松，内含少量草木灰和较多动物骨骼。该层下见浅黄色沙质生土层，停探。

H34

位于外城南苑东南部，东西第三街东端北侧，F160 北 6 米处。平面呈椭圆形，东西长 7.5 米，南北宽 5 米。开口于②层下，距地表深 0.5 米。

坑内地层：第①层，浅灰色土，深厚 0.5 米。土质松散，内含稍多植物根茎。第②层，浅灰色土，深 0.5 ~ 1.2 米，厚 0.7 米。土质一般，内含少量草木灰、动物骨骼、外素内布纹瓦片。第③层，浅黄色土，深 1.2 ~ 2 米，厚 0.8 米。土质松散，内含细淤沙。该层下见浅黄色沙质生土层，停探。

H35

位于外城南苑东南部，东西第三街东端北侧，F160 北 12 米。平面呈不规则长方形，南北长 25 米，东西宽 8 米。开口于①层下，距地表深 0.8 米。

坑内地层：第①层，浅灰色土，深厚 0.8 米。土质松散，内含稍多植物根茎。第②层，深灰色土，深 0.8 ~ 2 米，厚 1.2 米。土质一般，内含少量草木灰、外素内布纹瓦片、碎砖块、零星白瓷片、动物骨骼等。该层下见浅黄色沙质生土层，停探。

H36

位于外城南苑东南部，东西第三街东端北侧，F166 西 10 米处。平面呈椭圆形，东西长 16 米，南北宽 9.5 米。开口于①层下，距地表深 0.7 米。

坑内地层：第①层，浅灰色土，深厚 0.7 米。土质松散，内含稍多植物根茎。第②层，深灰色土，深 0.7 ~ 1.3 米，厚 0.6 米。土质一般，内含草木灰、动物骨骼，零星白釉瓷片、青瓷片等。第③层，浅黄色土，深 1.3 ~ 1.6 米，厚 0.3 米。土质一般，内含浅黄色淤泥块和深灰色土颗粒。该层下见浅黄色沙质生土层，停探。

H37

位于外城南苑东南部，东西第四街东端北侧，F182 北 4 米。平面呈椭圆形，东西长 32 米，南北宽 12 米。开口于①层下，距地表深 0.7 米。

坑内地层：第①层，浅灰色土，深厚 0.7 米。土质松散，内含稍多植物根茎。第②层，深灰色土，深 0.7 ~ 1.7 米，厚 1 米。土质松软，内含少量砖瓦渣、白瓷片、动物骨骼和草木灰等。第③层，深灰色土，深 1.7 ~ 2.3 米，厚 0.5 米。土质湿软，内含浅灰色淤积土层。该层下见浅灰色沙质生土层，停探。

H38

位于外城南苑东南部，东西第四街东端北侧，F182 西 6 米。平面呈椭圆形，东西长 27 米，南北宽 19 米。开口于①层下，距地表深 0.4 米。

坑内地层：第①层，浅灰色土，深厚 0.4 米。土质松散，内含稍多植物根茎。第②层，深灰色土，深 0.4 ~ 1.2 米，厚 0.8 米。土质一般，内含少量碎砖渣、动物骨骼、白釉瓷片、泥质灰陶片等。第③层，浅黄色土，深 1.2 ~ 1.5 米，厚 0.3 米。土质松软，内含浅黄色淤积土。该层下见浅黄色沙质生土层，停探。

H39

位于外城南苑西南部，东西第四街西端北侧，F218 南 6 米。平面呈不规则长方形，东西 13 米，南北 20 米。开口于①层下，距地表深 0.5 米。

坑内地层：第①层，浅灰色土，深厚 0.5 米。土质松散，内含稍多植物根茎。第②层，深黄色土，深 0.5 ~ 1.2 米，厚 0.7 米。土质一般，内含草木灰及淤积沙质土。第③层，深灰色土，深 1.2 ~ 2.3 米，厚 1.1 米。土质松软，内含草木灰、泥质灰陶片等。该层下见浅黄色沙质生土层，停探。

H40

位于外城南苑西南部，东西第四街与南北第三街交会处的东北部，F216 西 26 米处。平面呈椭圆形，东西 5.5 米，南北 10 米。开口于①层下，距地表深 0.5 米。

坑内地层：第①层，浅灰色土，深厚 0.5 米。土质松散，内含稍多植物根茎。第②层，浅灰色土，深 0.5 ~ 1 米，厚 0.5 米。土质一般，内含浅灰色土颗粒及草木灰。第③层，深灰色土，深 1 ~ 1.8 米，厚 0.8 米。土质松软，内含深灰色土颗粒、草木灰、动物骨骼，零星白釉瓷片。该层下见浅黄色沙质生土层，停探。

H41

位于外城南苑西南部，东西第四街与南北第三街交会处的东北部。平面呈不规则长方形，东西长 10 米，南北宽 3.5 米。开口于①层下，距地表深 0.4 米。

坑内地层：第①层，灰褐色土，深厚 0.4 米。土质松散，内含稍多植物根茎。第②层，深灰色土，深 0.4 ~ 1 米，厚 0.6 米。土质一般，内含深黑色土颗粒、炉渣灰颗粒、草木灰、动物骨骼等。第③层，浅黄色土，深 1 ~ 1.6 米，厚 0.6 米。土质松软，内含浅灰色淤积土颗粒及草木灰。该层下见浅黄色沙质生土层，停探。

H42

位于外城南苑中南部，东西第四街西端北侧，F215 东 10 米处。平面近似于圆形，直径 5.2 米。开口于①层下，距地表深 0.6 米。

坑内地层：第①层，浅灰色土，深厚 0.6 米。土质松散，内含较多植物根茎。第②层，深灰色土，深 0.6 ~ 1.2 米，厚 0.6 米。土质松软，内含草木灰和碎砖渣颗粒。第③层，灰黑色土，深 1.2 ~ 2 米，厚 0.8 米。土质湿软，内含草木灰、红烧土颗粒等。该层下见浅黄色沙质生土层，停探。

H43

位于外城南苑中南部，东西第四街中端北侧，F201 西北 28 米处。平面为圆形，直径 2.5 米。开口于①层下，距地表深 0.7 米。

坑内地层：第①层，浅灰色土，深厚 0.7 米。土质干燥，内含稍多植物根茎。第②层，浅黄色土，深 0.7 ~ 1.3 米，厚 0.6 米。土质松散，内含红烧土颗粒，少量草木灰、外素内布纹瓦片。该层下见浅灰色沙质生土层，停探。

H44

位于外城南苑中南部，东西第四街中端北侧，F203 东 14 米处。平面呈不规则长方形，东西 2.5 米，南北 1.5 米。开口于①层下，距地表深 0.8 米。

坑内地层：第①层，浅灰色土，深厚 0.8 米。土质松散，内含稍多植物根茎。第②层，铜绿色（颜料物）土，深 0.8 ~ 1.2 米，厚 0.4 米。土质一般，内含微量浅黄色土颗粒和黑炭渣点。该层下见浅黄色沙质生土层，停探。

H45

位于外城南苑中东部，东西第五街东端北侧，F295 东 8 米。平面呈椭圆形，东西 8 米，南北 7.5 米。开口于①层下，距地表深 0.5 米。

坑内地层：第①层，浅灰色土，深厚 0.5 米。土质松散，内含稍多植物根茎。第②层，深灰色土，深 0.5 ~ 1.2 米，厚 0.7 米。土质较松，内含少量草木灰。第③层，深灰色土，深 1.2 ~ 1.8 米，厚 0.6 米。土质松软，内含草木灰、动物骨骼、白釉瓷片等。第④层，深灰色土，深 1.8 ~ 2.5 米，厚 0.7 米。土质松软，内含深灰、浅黄色淤积土。该层下见浅灰色沙质生土层，停探。

H46

位于外城南苑中东部，东西第五街东端北侧，F295 西北 3 米处。平面呈椭圆形，南北 11 米，东西 7 米。开口于①层下，距地表深 0.7 米。

坑内地层：第①层，浅灰色土，深厚 0.7 米。土质松散，内含稍多植物根茎。第②层，浅灰色土，深 0.7 ~ 1.3 米，厚 0.6 米。土质一般，内含草木灰和动物骨骼。第③层，深灰色土，深 1.3 ~ 2.5 米，厚 1.2 米。土质松软，内含草木灰、白瓷片、动物骨骼等。该层下见浅灰色沙质生土层，停探。

第六节　外城南苑内其他遗迹

经勘探，在外城内发现烧土坑 5 处，烧窑 1 处，扰土坑 1 处。说明如下：

1. 烧土坑

R1

位于外城南苑西城墙上，北距外城南苑西墙北侧瓮城约 230 米。平面呈长方形，南北长 13 米左右，东西宽 11 米左右。以城垣夯土的上平面为准，开口于①层，距地表深 1.5 米。

坑内堆积可分为二层：第①层，黑炭渣堆积，厚约 0.5 米。第②层，红烧土堆积，厚 8 ~ 14 厘米。疑该处城垣上有建筑物被焚烧过。

R2

位于外城南苑西南部，南北第三街与东西第四街交会处的东北部。平面呈椭圆形，东西 2.5 米，南北 2.7 米。开口于①层下，距地表深 0.6 米。

坑内地层：第①层，浅灰色土，深厚 0.6 米。土质松散，内含稍多植物根茎。第②层，浅灰色土，深 0.6 ~ 1 米，厚 0.4 米。土质一般，内含较多深灰色土颗粒和红烧土颗粒。第③层，浅黄色土，深 1 ~ 1.5 米，厚 0.5 米。土质松软，内含红烧土及草木灰。该层下见浅灰色沙质生土层，停探。

R3

位于外城南苑东墙北瓮城南部，南北第七街的东侧，F316 台基西北部 12 米处。平面呈圆形，直径 1.8 米。开口于①层下，距地表深 1 米。

坑内地层：第①层，浅灰色土，深厚 0.5 米。土质松散，内含稍多植物根茎。第②层，深灰色土，深 0.5 ~ 1 米，厚 0.5 米。土质松散，内含浅灰色土颗粒。第③层，浅黄色土，深 1 ~ 1.5 米，厚 0.5 米。土质松散，内含大量红烧土颗粒。该层下见深灰色生土层，停探。

R4

位于外城南苑东西第四街北侧，F200 建筑台基的西部 4 米处。平面呈椭圆形，东西 3 米，南北 3.5 米。开口于①层下，距地表深 0.4 米。

坑内地层：第①层，浅灰色土，深厚 0.4 米。土质干燥，内含稍多植物根茎。第②层，浅灰色土，深 0.4 ~ 1 米，厚 0.6 米。土质较干燥，内含白灰点、碎砖渣、白釉瓷片。第③层，浅黄色土，深 1 ~ 1.8 米，厚 0.8 米。土质一般，内含大量红烧土，厚 0.5 米左右。该层下为浅黄色淤积土。

R5

位于南北第三街与东西第五街"十"字交会口的西北角处。平面呈圆形，直径2.3米。开口于①层下，距地表深0.4米。

坑内地层：第①层，浅黄色土，深厚0.4米。土质松散，干燥，内含植物根茎。第②层，红烧土堆积层，深0.4～0.7米，厚0.3米。土质较硬，无包含物。

坑外地层：第①层，浅黄色土，深厚0.4米。土质松散，干燥，内含植物根茎。第②层，浅灰色土，深0.4～1.2米，厚0.8米。土质松散，干燥，内含碎砖渣、白灰颗粒、外素内布纹瓦片。第③层，深灰色土，深1.2～1.9米，厚0.7米。土质松散，干燥，较净，无包含物。该层下见浅黄色沙质生土层，停探。

2. 烧窑

Y1

位于外城南苑南北第二街北端东拐角处，F519与F520的南侧结合部。平面呈椭圆形，东西3.8米，南北2.2米。距地表深0.5米左右。

烧窑内填黄褐色土，内含大量红烧土颗粒和草木灰。1.3米左右见浅黄色生土层。

3. 扰土坑

位于外城南苑东西第三街中部北侧45米，F138北侧3米处。平面呈不规则长方形，东西长75米，南北宽25米。开口于①层下，距地表深0.8米。

坑内地层：第①层，浅灰色土，深厚0.8米。土质松散，内含植物根茎。第②层，浅灰色土，深0.8～1.8米，厚1米。土质一般，内填土杂乱，包含物有动物骨骼、白釉瓷片。第③层，深灰色土，深1.8～2.5米，厚0.7米。土质松软，内含浅黄色淤积土及草木灰。该层下见深黑色淤积沙层，出水，停探。

第三章　外城北苑篇

第一节　外城北苑的位置及平面形状

位于元上都外城的北部，与外城南苑中部有一东西隔墙相隔。平面呈长方形，其北墙东西长2200米；南墙是皇城北墙和外城南苑北隔墙，东西长2200米；东墙与皇城东墙在南北直线上，南北长918米；西墙与外城南苑西墙是一条统体墙，南北长920米。在外城北苑北墙上，构置有长方形瓮城，大小不同，其东侧瓮城东西长64米，南北宽46米；西侧瓮城东西长65米，南北宽43米（图3-1）。

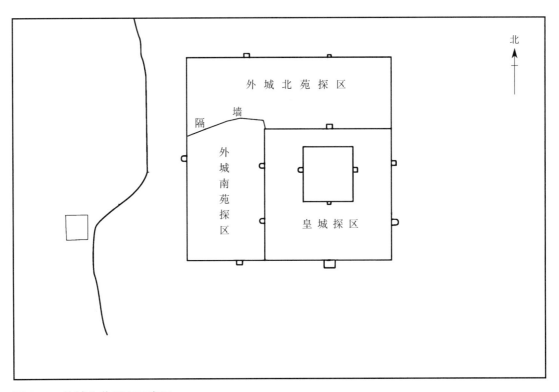

图3-1　外城北苑平面示意图

第二节　外城北苑勘探成果

外城北苑与外城南苑地势落差较大，北高南低，高差约 6 米。通过勘探，外城北苑地层大致可分三层。第①层，灰褐色地表土，深厚 0.2 米左右。土质松散，内含植物根系、粗沙粒。第②层，黄褐色土，深 0.2 ~ 0.9 米，厚 0.7 米。土质相对较硬，较纯净。第③层，白沙土，深 0.9 ~ 2 米不底，厚 1.1 米。土质较硬，纯净，应为生土层。

通过勘探，在外城北苑内的主要收获有排水沟、房址、排水沟两侧夯土、踩踏面、方形遗迹、北墙瓮城、夯土台地、护城河等。说明如下：

1. 排水沟

共 2 条。分别编号为 G1 和 G2。

G1

位于外城北苑南部，皇城北墙北侧 28 米处。平面呈东西向长条形。现勘探出东西长 1430 米，宽 5 ~ 12 米。G1 的西端呈环状穿过外城南苑北侧隔墙后，向南与外城南苑东北部第 11 号水坑贯通；中、东部在复仁门处北拐，绕过复仁门瓮城后，呈直线穿外城北苑东墙并与外城北苑东墙外侧护城河贯通。G1 东部有一处夯土台（编号夯土 1），平面呈不规则形，南北 24 米，东西 10 米。开口于①层下，距地表深 0.4 米。G1 开口于②层下，距地表深 0.6 米。地层堆积可分三段说明。

西端地层：第①层，浅灰色土，深厚 0.6 米。土质松散，干燥，内含植物根茎。第②层，浅黄色土，深 0.6 ~ 1.3 米，厚 0.7 米。土质一般，较净。第③层，深灰白色淤积土，深 1.3 ~ 1.7 米，厚 0.4 米。土质一般，较净。该层下见青灰色沙子及粗沙颗粒淤积层，停探。

中部地层：第①层，浅黄色土，深厚 0.6 米。土质一般，内含植物根茎。第②层，深灰色土，深 0.6 ~ 1 米，厚 0.4 米。土质一般，内含水锈纹斑点。第③层，浅黄色淤积土，深 1 ~ 1.4 米，厚 0.4 米。土质一般，较净。该层下见浅黄色沙质生土层，停探。

东部地层：第①层，浅灰色土，深厚 0.4 米。土质松散，干燥，内含植物根茎。第②层，深灰色土，深 0.4 ~ 1.1 米，厚 0.7 米。土质稍松，内含水锈纹斑点。第③层，灰黑色淤积土，深 1.1 ~ 1.5 米，厚 0.4 米。土质稍硬，较净，无包含物。

G2

位于皇城北墙北侧，南侧与 G1 相邻。现勘探出东西长 650 米，宽 4 米。G2 的东端在复仁门瓮城的西北部与 G1 贯通；西端至皇城北墙西北角楼处消失。G2 开口于②层下，距地表深 0.4 米。地层堆积可分三段说明。

东端地层：第①层，浅灰色土，深厚 0.4 米。土质稍松散，干燥，内含植物根茎。第②层，浅黄色土，深 0.4 ~ 1 米，厚 0.6 米。土质稍松，内含水锈纹斑点。第③层，深灰色淤积土，深 1 ~ 1.4 米，厚 0.4 米。土质较软，纯净，无包含物。该层下见灰白色沙质生土层，停探。

中部地层：第①层，浅灰色土，深厚 0.4 米。土质松散，内含植物根茎。第②层，浅黄色土，深 0.4 ~ 1 米，厚 0.6 米。土质一般，无包含物。第③层，深灰色淤积土，深 1 ~ 1.2 米，厚 0.2 米。土质较软，无包含物。该层下见灰白色沙质生土层，停探。

西端地层：第①层，浅灰色土，深厚 0.4 米。土质稍松，内含植物根茎。第②层，灰黑色淤积土，深 0.4 ~ 1 米，厚 0.6 米。土质较软，稍黏。该层下见灰白色沙质生土层，停探。

2. 房址

共 5 座。分别编号为 F1 ~ F5。说明如下：

F1

位于外城北苑西北部，北距外城北墙约 70 米，西距外城北苑西墙 422 米。平面呈长方形，南北长 14 米，东西宽 8 米。在房址的东北部地表散落有建筑构件废弃物。

房址内地层：第①层，浅灰色地表土，深厚 0.3 米。土质松散，内含植物根系等。第②层，浅灰色土，深 0.3 ~ 0.9 米，厚 0.6 米。土质松散，内含碎砖块、外素内布纹筒瓦片、外素内布纹板瓦片、绿釉红胎片及白灰颗粒。该层下见浅黄色沙质生土层，停探。

房址外地层：第①层，浅黄色地表土，深厚 0.3 米。土质干燥，内含植物根系等。第②层，浅灰色土，深 0.3 ~ 0.5 米，厚 0.2 米。土质稍硬，较净。该层下见浅黄色沙质生土层，停探。

F2

位于外城北苑中北部，北距外城北城墙 48 米。平面呈长方形，东西长 14 米，南北宽 12 米。房基夯土结构，开口于①层下，距地表深 0.25 ~ 0.4 米，夯土厚 0.15 米。

房址内地层：第①层，浅黄色地表土，深厚 0.25 米。土质松散，较干燥，内含植物根系等。该层下见房基夯土。第②层，浅灰黄色夯土层，深 0.25 ~ 0.65 米，厚 0.4 米。土质干燥，坚硬，内含浅灰、浅黄色沙土层。该层下见灰白色沙质生土层，停探。

房址外地层：第①层，浅黄色地表土，深厚 0.4 米。土质松散，内含植物根系等。该层下见灰白色沙质生土层，停探。

F3

位于外城北苑中北部，北距外城北城墙 40 米。平面呈长方形，东西长 15 米，南北宽 12 米。房基夯土构筑，开口于①层下，距地表深 0.25 米，至 0.65 米尽，夯土厚 0.4 米。

房址内地层：第①层，浅黄色地表层，深厚 0.25 米。土质干燥，松散，内含植物根系，该层下见房基夯土。第②层，浅灰黄色夯土层，深 0.25 ~ 0.65 米，厚 0.4 米。土质较硬，内含浅灰、浅黄色沙土层。该层下见灰白色沙质生土层，停探。

房址外地层：第①层，青灰色地表土，深厚 0.4 米。土质相对松散，较干燥，内含植物根茎。该层下见灰白色沙质生土层，停探。

F4

位于外城北苑东北部，北距外城北城墙 68 米，东距外城北苑东墙 205 米。平面呈长方形，东西长 14 米，南北宽 7 米。房址四边残留有明显砌石基础，地表散落有少量碎砖块。

房址内地层：第①层，浅黄色地表层，深厚 0.5 米。土质较松散，干燥，内含植物根系及沙石颗粒。第②层，浅黄色土，深 0.5 ~ 1 米，厚 0.5 米。土质稍硬，干燥，较净。该层下见灰白色沙质生土层，停探。

房址外地层：第①层，浅黄色沙土层，深厚0.3米。土质松散，干燥，内含植物根系等。第②层，浅黄色沙土层，深0.3～0.5米，厚0.2米。土质一般，较净。该层下见灰白色沙质生土层，停探。

F5

位于外城北苑东南部，南距皇城北城墙128米左右，东距外城北苑东城墙262米。平面呈长方形，东西35米，南北28米。该房址地势比周边高约2米，房址基础夯土构筑。在夯土台基的东南部边沿处，有柱础石裸露在地表，直径0.8米。地表散落有大量青灰色碎砖块、外素内布纹板瓦片、外素内布纹筒瓦片、绿釉红胎琉璃瓦片、白灰颗粒等。

房址内地层：第①层，浅灰色建筑废弃物堆积层，深厚0.8米。土质松散，干燥，内含植物根系、碎砖块、外素内布纹板瓦片、外素内布纹筒瓦片、绿釉红胎琉璃瓦片、白灰颗粒。该层下见房址台基夯土。第②层，浅黄、浅灰色花夯土，深0.8～3米，厚2.2米。夯土较硬，稍干燥，内含浅黄、浅灰色土颗粒，少量青灰色砖渣。该层下见砖石，探不过。

房址外地层：第①层，浅灰色地表层，深厚0.5米。土质松散，干燥，内含植物根系。第②层，浅灰色沙质土，深0.5～1.4米，厚0.9米。土质一般，内含少量沙石颗粒。该层下见浅灰色水锈斑沙质生土层，停探。

3. 排水沟两侧夯土

位于外城北苑中南部，南距皇城北墙22～34米，G1的南北两侧，并与G1走向一致，东西总长1430米左右，宽4～8米。夯土开口于①层下，距地表深0.5米，至1.2米尽，厚0.7米。夯土用浅灰色土打制，土质较硬，内含微量黑炭渣点和水锈斑点。该层下见浅黄色沙质生土层，停探。

4. 踩踏面

位于外城北苑东南角处，F5的东南部与其相邻，南距G1约8米。平面呈不规则长条形，东西长422米，南北宽45～123米。开口于①层下，距地表深0.3米。灰褐色土，土质较硬，踩踏层稍明显，内含稍多黑炭渣点和碎砖渣点。

踩踏面内部地层：第①层，浅灰色土，深厚0.4米。土质松散，干燥，内含黑炭渣点及植物根茎。第②层，灰褐色土，深0.4～0.5米，厚0.1米。土质较硬，踩踏层明显，内含黑炭渣点、砖渣点。第③层，深灰褐色和黄色水锈沙土，深0.5～1.2米，厚0.7米。土质较湿软，较净。该层下见灰白色沙质生土层，停探。

踩踏面外部地层：第①层，浅灰色土，深厚0.4米。土质松散，干燥，内含小石颗粒及植物根茎。第②层，灰褐色土，深0.4～1米，厚0.6米。土质较硬，干燥，内含黑炭渣点。第③层，深灰褐色和黄色水锈沙土，深1～1.8米，厚0.8米。土质较湿软，较净。该层下见灰白色沙质生土层，停探。

5. 方形遗迹

位于外城北苑中南部，南距皇城北墙162～223米。平面呈长方形，东西328米，南北196米。浅黄色夯土构筑，土质稍硬，内含微量黑炭渣点，少量粗沙颗粒。在方形遗迹内侧没有发现其他遗迹。

方形遗迹内、外侧地层：第①层，浅黄色土，深厚 0.3 米。土质松散，干燥，内含植物根茎、黑炭渣点。第②层，浅灰白色沙质土，深 0.3 ~ 0.8 米，厚 0.5 米。土质稍硬，较净，内含较多粗沙颗粒。第③层，浅灰色粗沙层，深 0.8 ~ 1.5 米不底，厚 0.7 米。土质较硬，内含大量碎石渣，应为自然土层。

6. 北墙瓮城

在外城北苑北墙上有两个瓮城，均长方形，夯土构筑，片石包砌，白灰黏合。东侧瓮城东距外城北苑东北角 700 米，东西长 65 米，南北宽 45 米；西侧瓮城西距外城北苑西北角 699.6 米，东西长 66 米，南北宽 44 米。东、西瓮城间距 668 米。在两个瓮城的内侧中部，发现有南北向路土，开口于①层下，距地表深 0.4 米左右，叠压在瓮城外侧的夯土台地上形成，现勘探出南北长 85 米，东西宽 9.8 米，厚 0.4 米左右。路土呈灰褐色，土质较硬，踩踏层明显，内含微量黑炭渣点和碎砖渣颗粒。

7. 夯土台地

位于外城北苑北、西面城墙外侧，依城墙为走向，其东起点在外城北苑东北角处，西终点在外城南苑北瓮城处。平面呈 "C" 状，总长 3303 米，其中东西长 2223 米，南北长 1080 米，宽 23 米左右。夯土台地比外围地势高 1.4 米左右。

夯土台地地层：第①层，浅黄色沙质土，深厚 0.4 米。土质松散，干燥，内含植物根茎。第②层，黄褐色夯土，深 0.4 ~ 1.1 米，厚 0.7 米。土质相对较硬，较净，内含微量碎砖渣点。该层下见浅黄色沙质土，内含较多碎石颗粒，探不过，停探。

8. 护城河

通过勘探，在外城北苑的西墙外侧及北墙的西北拐角处发现有护城河遗迹，其他地段，如在外城北苑北墙外侧的中东部及东墙外侧，没有发现护城河遗迹。皇城东侧的护城河遗迹，在外城北苑的东南角处中断，并与外城北苑南部的 G1 贯通。

外城北苑外侧西北角处地层：第①层，浅灰色土，深厚 0.9 米。土质一般，较净，内含植物根茎。第②层，浅黄色沙质土，深 0.9 ~ 1.7 米，厚 0.8 米。土质一般，较净，无包含物。第③层，深灰褐色土，深 1.7 ~ 2.4 米，厚 0.7 米。土质湿软，较净，无包含物。

外城北苑外侧东北部地层：第①层，浅黄色土，深厚 0.3 米。土质松散，稍干燥，内含植物根茎。第②层，深灰褐色土，深 0.3 ~ 1 米，厚 0.7 米。土质稍松，稍干燥，较净。该层下见灰白色沙质生土层，停探。

第四章 皇城篇

第一节 皇城位置及平面布局

皇城位于整个元上都城址东南部，其东、南两墙是外城城墙的一部分。皇城平面呈正方形，边长 1400 米。城墙宽 10 米（以现有城墙高度与地平面的中间值为准），残高约 3.5 米。在皇城的四面城墙上分别构置有瓮城和长方形马面，其中，东、西两墙上各有 2 个瓮城和 6 个马面，其瓮城平面均为马蹄形；南、北两墙上各有 1 个瓮城和 6 个马面，瓮城平面均为长方形，南墙瓮城名曰明德门，北墙瓮城名曰复仁门。四面城墙共有 6 个瓮城，24 个马面（图 4-1）。

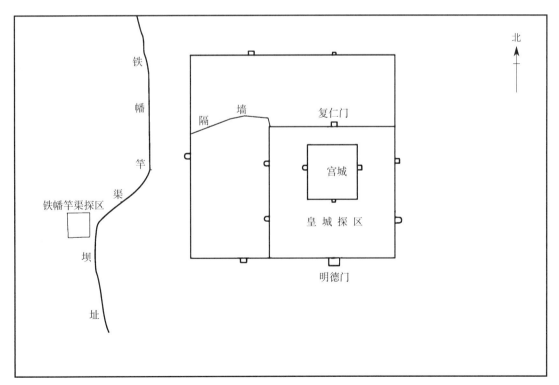

图 4-1 皇城平面示意图

第二节　皇城勘探成果

皇城内，整体地形南北相对无高差。通过勘探，发现皇城段地层变化不大，总体上南北基本相对应，大致可分四层：

第①层，灰褐色地表土，深厚 0.2 ~ 1.3 米。土质松散，稍干燥，内含植物根茎、碎砖块、石块、陶瓷片等。第②层，黑褐、灰褐色土，深 0.2 ~ 2.4 米，厚 0.4 ~ 1.6 米。土质相对较松，较纯净。第③层，浅黄、黄褐色沙质土，深 1 ~ 2.4 米，厚 0.3 ~ 1.6 米。土质相对较松，较纯净，个别地段内包含稍多水锈纹斑点。第④层，灰褐、灰黑色土，深 1.4 ~ 2.6 米，厚 0.2 ~ 0.8 米。土质湿软，较净，内含植物根茎类水腐物。该层下见白沙或灰白沙生土层，停探。

一　皇城内路网结构

共 20 条街道路土，形成皇城内路网框架结构。其中东西向街道路土 10 条，南北向街道路土 6 条，环城街道 4 条。

1. 东西向街道路土

共 10 条。由北向南，依次编号为东西第一街至东西第十街。

（1）东西第一街

位于皇城北墙南侧，北距皇城北墙 6 ~ 12 米，现勘探出路土东西长 780 米左右，南北宽 7 ~ 9 米，深厚 1.6 米，较直，仅中端（复仁门南部）路土稍微偏南。路土的东端至 5 号堆石区的北部及 F145 房址处消失，西端至皇城西墙处，依城墙南拐，并在 F4 西侧中南部消失。在东西第一街路土的南侧共有 10 个支线路土，其中，西端第一、二支线路土通向乾元寺，并与乾元寺周边路土相互贯通、连接；第五个支线路土南侧有大面积踩踏面，并与东西第一街北侧通向复仁门的支线路土相对应；其他支线路土分别通向房区内。

东西第一街路土，开口于①层下，距地表深 0.4 米。

街道内地层堆积可分四段进行说明：

东西第一街东端地层：第①层，浅灰色土，深厚 0.4 米。土质松散，干燥，内含稍多植物根茎。第②层，深灰色路土层，深 0.4 ~ 1 米，厚 0.6 米。土质稍硬，密实，有明显的路土踩踏层，内含少量黑炭渣点、草木灰。第③层，浅黄色沙土层，深 1 ~ 1.6 米，厚 0.6 米。土质松散，干燥，较净。该层下见灰白色沙层，不带，停探。

东西第一街中端路土地层：第①层，浅灰色土，深厚 0.3 米。土质松散，内含稍多植物根茎。第②层，浅灰色路土层，深 0.3 ~ 1 米，厚 0.7 米。土质较硬，有明显踩踏层。内含微量黑炭渣点、白灰颗粒。第③层，浅灰色沙质土，深 1 ~ 1.5 米，厚 0.5 米。土质松软，内含浅灰色及浅黄色淤积土。第④层，深黑色土，深 1.5 ~ 2.2 米，厚 0.7 米。土质湿软，内含深黑色淤积土及沙层。该层下见水不带，停探。

东西第一街西端地层：第①层，浅灰色土，深厚 0.6 米。土质干燥，内含稍多植物根茎。第②层，浅灰色路土层，深0.6～1.3米，厚0.7米。土质密实，有明显踩踏层，内含较多碎砖渣、白灰渣点、石块。该层下见浅黄色沙质生土层，停探。

东西第一街西端南拐路土地层：第①层，浅灰色土，深厚0.7米。土质较干，内含稍多植物根茎。第②层，深灰色路土层，深0.7～1.2米，厚0.5米。土质较硬，有明显踩踏层，内含草木灰、动物骨骼等。该层下见浅黄色沙质生土层，停探。

（2）东西第二街

位于皇城东北部，大龙光华严寺南侧，现勘探出东西长320米，南北宽5米，深厚1.6米，平面较直。路土东端与皇城东墙西侧的南北第一街路土的北端贯通，西端与宫城东北部的南北第二街贯通交会。在路土的北侧共有两个支线路土，其中东侧支线路土，在大龙光华严寺正南侧中部，正北向通往大龙光华严寺内；西侧支线路土，在大龙光华严寺西侧与F145房址的结合部处，由北向南与东西第一街路土贯通。另外，在路土中部踩踏面堆积层下，距地表深1.1米，发现一段东西向铺石区，东西长125米左右，宽4米。铺石区的南半部被路土所叠压，路土外堆石区北凸1.8～2.4米。该铺石区可能与大龙光华严寺的南墙或南墙外地平面的高低有关。

东西第二街路土，开口于①层下，距地表深0.4米。

路内地层：第①层，浅灰色土，深厚0.4米。土质干燥，内含大量植物根茎。第②层，深灰色路土层，深0.4～1米，厚0.6米。土质较硬，有明显踩踏层，内含黑炭渣点、动物骨骼等。第③层，青灰色土，深1～1.6米，厚0.6米。土质一般，较净，该层下见浅黄色沙质生土层，停探。

路外地层：第①层，浅灰色土，深厚0.4米。土质松散，干燥，内含大量植物根茎。第②层，深灰色土，深0.4～1米，厚0.6米。土质一般，内含少量黑炭渣点。第③层，青灰色土，深1～1.6米，厚0.6米。土质一般，较净，该层下见浅黄色沙质生土层，停探。

（3）东西第三街

位于皇城中部，东西第二街南65～97米处，现勘探出东西长340米，南北宽8米，深厚1.2米，平面多曲。路土东端与皇城东墙西侧南北第一街路土的北端呈"丁"字形贯通，西端与宫城东侧南北第二街呈"十"字形贯通交会。在路土的北侧共有两个支线路土，其中东侧支线路土在F159处北拐与东西第三街交会，西侧支线路土在F167房址东侧东拐并在F161房址处消失。路土的南侧有一个支线路土，介于F177与F181之间，向南与大面积踩踏面交会。

东西第三街路土，开口于①层下，距地表深0.3米。分三段进行说明：

东端地层

路内地层：第①层，浅灰色土，深厚0.5米。土质干燥，内含较多植物根茎。第②层，深灰色路土层，深0.5～0.8米，厚0.3米。土质较硬，较净，有明显踩踏层。第③层，浅黄色沙质土，深0.8～1.4米，厚0.6米。土质一般，纯净。该层下见青沙层，停探。

路外地层：第①层，浅灰色土，深厚0.5米。土质干燥，内含较多植物根茎。第②层，深灰色路土层，深0.5～0.8米，厚0.3米。土质一般，内含少量砖渣。第③层，浅黄色沙质土，深0.8～1.4米，厚0.6米。土质一般，纯净。该层下见青沙层，停探。

中部北支线（与东西第三街贯通）

路内地层：第①层，浅灰色土，深厚0.4米。土质干燥，内含大量植物根茎。第②层，深灰色路土层，深 0.4 ~ 0.7 米，厚 0.3 米。土质较硬，踩踏层明显，内含碎砖渣、灰陶片、白釉瓷片。第③层，浅黄色沙质土，深 0.7 ~ 1.3 米，厚 0.6 米。土质一般，较净。该层下见青沙层，停探。

路外地层：第①层，浅灰色土，深厚 0.4 米。土质干燥，内含稍多植物根茎。第②层，深灰色土，深 0.4 ~ 0.7 米，厚 0.3 米。土质一般，内含瓦片、碎砖渣。第③层，浅黄色沙质土，深 0.7 ~ 1.3 米，厚 0.6 米。土质一般，较净。该层下见青沙层，停探。

西端地层

路内地层：第①层，浅灰色土，深厚 0.3 米。土质干燥，内含稍多植物根茎。第②层，深灰色路土层，深 0.3 ~ 0.6 米，厚 0.3 米。土质较硬，内含碎砖渣、红瓦片及黄沙颗粒。第③层，浅黄色沙质土，深 0.6 ~ 1.2 米，厚 0.6 米。土质较硬，纯净，不带，停探。

路外地层：第①层，浅灰色土，深厚 0.3 米。土质干燥，内含大量植物根茎。第②层，深灰色土，深 0.3 ~ 0.6 米，厚 0.3 米。土质一般，内含碎砖渣、黑炭渣点。第③层，浅黄色沙质土，深 0.6 ~ 1.3 米，厚 0.7 米。土质较硬，较纯净。该层下不带，停探。

（4）东西第四街

位于皇城中北部，东西第三街南 50 ~ 73 米处，属皇城东墙北瓮城处东西向主道路，现勘探出东西长 320 米，南北宽 11 米，深厚 1.5 米，平面较直。路土东端与皇城东墙西侧南北第一街路土呈"丁"字形贯通，西端与宫城东侧南北第二街呈"丁"字形交会。在路土的南侧有一支线路土，位于 F192 和 F194 之间，南北长 38 米，东西宽 6 米左右，在 6 号水坑北沿处消失。

东西第四街路土，开口于①层下，距地表深 0.5 米。

路内地层：第①层，浅灰色土，深厚 0.5 米。土质松散，干燥，内含较多植物根茎。第②层，深灰色路土层，深 0.5 ~ 0.9 米，厚 0.4 米。土质较硬，有明显踩踏层，内含少量黑炭渣点。第③层，灰黑色土，深 0.9 ~ 1.5 米，厚 0.6 米。土质一般，纯净，内含少量水锈纹斑点。该层下见浅黄色沙质生土层，停探。

路外地层：第①层，浅灰色土，深厚 0.5 米。土质松散，干燥，内含较多植物根茎。第②层，深灰色土，深 0.5 ~ 0.9 米，厚 0.4 米。土质一般，内含少量黑炭渣点。第③层，灰黑色土，深 0.9 ~ 1.5 米，厚 0.6 米。土质一般，纯净。该层下见浅黄色沙质生土层，停探。

（5）东西第五街

位于皇城中北部，东西第四街南 100 ~ 120 米处，属宫城东门外东西向道路，现勘探出东西长 180 米，南北宽 8 米，深厚 1.4 米，平面稍曲。路土东端在 7 号水坑的东沿处消失，中部与南北第二街呈"十"字形交会，西端与 1 号排水沟、南北第三街呈"十"字形交会后进入宫城内。在路土的南侧有一支线路土，位于 F204 东侧 25 米处，南北长 33 米，东西宽 5 米左右，在 7 号水坑北沿处消失。

东西第五街路土，开口于①层下，距地表深 0.5 米。

路内地层：第①层，浅灰色土，深厚 0.5 米。土质松散，干燥，内含较多植物根茎。第②层，灰黑色路土层，深 0.5 ~ 0.9 米，厚 0.4 米。土质较硬，有明显踩踏层，内含少量黑炭渣点。第③层，浅黄色土，深 0.9 ~ 1.4 米，厚 0.5 米。土质一般，纯净。该层下见浅灰白色沙质生土层，停探。

路外地层：第①层，浅灰色土，深厚 0.5 米。土质松散，干燥，内含较多植物根茎。第②层，灰黑色土，深 0.5 ~ 0.9 米，厚 0.4 米。土质较软，内含少量黑炭渣点。第③层，浅黄色沙质土，深 0.9 ~ 1.4

米，厚 0.5 米。土质一般，纯净。该层下见灰白色沙质生土层，停探。

（6）东西第六街

位于皇城中南部，东西第五街南 480 米处，属皇城东墙南瓮城处东西向主道路，现勘探出东西长 810 米，南北宽 10 米，深厚 2.5 米，平面较直，比两侧地势低 1.3 米左右。路土东端与皇城东墙西侧南北第一街路土呈"丁"字形贯通，西端与宫城东侧南北第二街呈"十"字形交会后，向西 70 米北拐并与环城北街路土交会。路土中部与南北第三街路土呈"十"字形交会，路土西端通向皇城西墙南瓮城。

东西第六街路土，开口于①层下，距地表深 0.5 米。

路内地层：第①层，浅灰色土，深厚 0.5 米。土质松散，干燥，内含碎砖块、碎石块、白灰渣点、植物根茎。第②层，深灰色路土层，深 0.5 ~ 0.9 米，厚 0.4 米。土质较硬，有明显踩踏层，内含黑炭渣点。第③层，灰黑色土，深 0.9 ~ 1.9 米，厚 1 米。土质一般，内夹杂有灰白色沙质土及碎砖块等。探至 2.5 米见灰白色沙质生土层，停探。

路外地层：第①层，浅灰色土，深厚 0.5 米。土质松散，干燥，内含植物根茎、碎砖渣、白灰渣点。第②层，深灰色土，深 0.5 ~ 0.9 米，厚 0.4 米。土质一般，内含少量黑炭渣点。第③层，灰黑色土，深 0.9 ~ 1.9 米，厚 1 米。土质一般，内含稍多水锈纹斑点。该层下见浅黄色沙质生土层，停探。

（7）东西第七街

位于皇城南部，东西第六街南约 120 米处，属皇城南部东西两瓮城南部一条东西向主道路，现勘探出东西长 710 米，南北宽 7 米，深厚 2 米，平面较直。路土东端通向 9 号水域，路土中部与南北第三街呈"十"字形交会，路土西部与南北第六街连接交会。

东西第七街开口于①层下，距地表深 0.5 米。

路内地层：第①层，浅灰色土，深厚 0.5 米。土质干燥，松散，内含植物根茎。第②层，灰褐色土，深 0.5 ~ 1.3 米，厚 0.8 米。土质较密实，上部为路土踩踏面，以下为灰褐色土夹杂少量碎砖渣。第③层，深灰褐色土，深 1.3 ~ 2 米，厚 0.7 米。土质密实，较硬，内含浅灰色夯土夹杂浅黄色沙土颗粒，分层明显。该层下为浅灰色沙质生土层，停探。

路外地层：第①层，浅灰褐色土，深厚 0.6 米。土质干燥，松散，内含稍多植物根茎。第②层，深灰褐色土，深 0.6 ~ 1.7 米，厚 1.1 米。土质较为松散，内含少量碎砖石块、白灰颗粒、炭灰颗粒、草木灰。第③层，深黑褐色土，深 1.7 ~ 2.1 米，厚 0.4 米。土质松软，内含黑褐色土夹杂浅灰色土。该层下见深黑色淤积沙质生土层，停探。

（8）东西第八街

位于皇城南部，东西第七街南 380 米处，属皇城南墙顺城街道路。现勘探出东西长 810 米，南北宽 6 米，深厚 1.8 米，平面稍曲。路土东端与皇城东墙西侧南北第一街路土交会，西端与南北第六街南端连接交会，该街在 F318 至 F312 南侧段路土层堆积保存较好，踩踏面明显，F318 南至南北第一街段，由于有较多石块存在，所探路土情况不太明显。

东西第八街路土开口于①层下，距地表深 0.5 米。

路内地层：第①层，浅灰褐色土，深厚 0.4 米。土质一般，内含植物根茎。第②层，深灰褐色路土层，深 0.4 ~ 0.8 米，厚 0.4 米。土质稍硬，踩踏层次不太明显，内含碎砖渣、草木灰点。第③层，灰黑色淤土层，深 0.8 ~ 1.8 米，厚 1 米。土质松软，较黏，纯净。该层下见水，停探。

路外地层：第①层，浅灰褐色土，深厚 0.4 米。土质一般，内含植物根茎。第②层，深灰褐色沙质土，深 0.4 ~ 0.8 米，厚 0.4 米。土质一般，较净。第③层，灰黑色淤土层，深 0.8 ~ 1.8 米，厚 1 米。土质松软，较黏，纯净。该层下见水，停探。

（9）东西第九街

位于皇城西部，南距东西第十街约 224 米，现勘探出东西长 200 米，南北宽 6 米，深厚 2 米，平面较直。路土西端至水域 13 南部时，向南分岔为两条支线路继续向南延伸。南距夯土遗迹 3 约 6 米处。与南北第三街呈"丁"字形交会。

东西第九街路土开口于①层下，距地表深 0.4 米。

路内地层：第①层，浅灰色土，深厚 0.4 米。土质干燥，松散，内含植物根茎。第②层，灰褐色土，深 0.4 ~ 1 米，厚 0.6 米。土质一般，上部含路土分层，较薄，内含碎砖渣、炉渣颗粒、草木灰。第③层，深灰褐色土，深 1 ~ 2 米，厚 1 米。土质较为松软，内含少量炉渣颗粒、草木灰。该层下见浅黄色沙质生土层，停探。

路外地层：第①层，浅灰色土，深厚 0.5 米。土质干燥，松散，内含植物根茎。第②层，灰褐色土，深 0.5 ~ 1.2 米，厚 0.7 米。土质较为松散，内含碎砖渣、炉渣颗粒、动物骨骼。第③层，深灰褐色土，深 1.2 ~ 2.1 米，厚 0.9 米。土质一般。该层下见浅黄色沙质生土层，停探。

（10）东西第十街

位于皇城西部，北距东西第九街约 224 米。现勘探出路土东西长 224 米，南北宽 10 米，深厚 1.8 米，平面较直。西端出口为皇城西墙北瓮城，路土中东部与南北第四街处分岔口呈"口"字形连接交会，东端与皇城环城西街呈"丁"字形交会。

东西第十街路土开口于①层下，距地表深 0.5 米。

路内地层：第①层，浅灰色土，深厚 0.5 米。土质干燥，松散，内含植物根茎。第②层，灰褐色土，深 0.5 ~ 1.4 米，厚 0.9 米。土质坚硬密实，内含深灰色土，分层明显。第③层，深灰褐色土，深 1.4 ~ 1.8 米，厚 0.4 米。土质较为松散。该层下见浅黄色沙质生土层，停探。

路外地层：第①层，浅灰色土，深厚 0.5 米。土质干燥，松散，内含植物根茎。第②层，深灰褐色土，深 0.5 ~ 1.2 米，厚 0.7 米。土质较为松散，内含碎砖渣、草木灰、炉渣颗粒。

2. 南北向街道路土

（1）南北第一街

位于皇城东墙西侧，东距皇城东墙 12 米左右，现勘探出路土南北长 1120 米左右，东西宽 6 ~ 8 米，深厚 1.2 米。依皇城东墙为走向，中、南端较直，仅北端稍曲。路土的北端分别与东西第三、第四街呈"丁"字形贯通；中部与东西第五街（北瓮城处路土）和东西第六街（南瓮城处路土）呈"十"字形交会；南端至皇城东南角处，依城墙西拐，并与东西第八街路土东端堆石区连接。南北第一街与东西第七街交会处的北侧，向北 260 米范围内，发现铺石路基，宽 5 米。铺石上部有明显的路土踩踏层堆积。在南北第一街路土的西侧共有三个支线路土，由北向南，第一个支线路土，位于东西第五街路土的南部 250 米处，通向 7 号水域东侧房区内；第二个支线路土，位于东西第七街南部 80 米处，通向 9 号水域东侧房区内；第三个支线路土，位于东西第七街南部 258 米处，通向 11 号水域东侧的 F280 房址。

南北第一街路土，开口于①层下，距地表深 0.4 米。街道地层堆积，可分三段进行说明：

最北端地层

路内地层：第①层，浅灰色土，深厚 0.4 米。土质松散，干燥，内含大量植物根茎。第②层，深灰色路土层，深 0.4 ~ 0.7 米，厚 0.3 米。土质较硬，有明显踩踏层，内含黑炭渣点和少量碎石渣。第③层，浅黄色沙质土，深 0.7 ~ 1.2 米，厚 0.5 米。土质一般，纯净。该层下见青沙层，不带，停探。

路外地层：第①层，浅灰色土，深厚 0.4 米。土质松散，干燥，内含大量植物根茎。第②层，深灰色土，深 0.4 ~ 0.7 米，厚 0.3 米。土质较松软，内含黑炭渣点、碎瓦片等。第③层，浅黄色沙质土，深 0.7 ~ 1.2 米，厚 0.5 米。土质一般，较净。该层下见青沙层，不带，停探。

中北部地层

路内地层：第①层，浅灰色土，深厚 0.4 米。土质松散，干燥，内含植物根茎、碎石渣。第②层，深灰色路土层，深 0.4 ~ 0.7 米，厚 0.3 米。土质较硬，踩踏层稍明显。第③层，灰黑色土，深 0.7 ~ 1.6 米，厚 0.9 米。土质一般，较净，内含水锈纹斑点。该层下见浅黄色沙质生土层，停探。

路外地层：第①层，浅灰色土，深厚 0.4 米。土质松散，干燥，内含植物根茎、碎石渣。第②层，深灰色路土层，深 0.4 ~ 0.7 米，厚 0.3 米。土质稍硬，踩踏层稍明显。第③层，灰黑色土，深 0.7 ~ 1.6 米，厚 0.9 米。土质一般，较净，内含水锈纹斑点。该层下见浅黄色沙质生土层，停探。

南端地层

路内地层：第①层，浅灰色土，深厚 0.5 米。土质松散，干燥，内含植物根茎。第②层，深灰色土，深 0.5 ~ 0.9 米，厚 0.4 米。土质较硬，有明显踩踏层，内含碎砖渣。第③层，灰黑色淤积沙层，深 0.9 ~ 1.6 米，厚 0.7 米。土质松软，水分稍大，内含灰白色冲积沙层。该层下见水，停探。

路外地层：第①层，浅灰色土，深厚 0.5 米。土质松散，干燥，内含植物根茎。第②层，深灰色土，深 0.5 ~ 0.9 米，厚 0.4 米。土质一般，内含碎砖渣、碎石块。第③层，灰黑色淤积沙层，深 0.9 ~ 1.6 米，厚 0.7 米。土质松软，水分稍大，内含灰白色冲积沙层。该层下见水，停探。

（2）南北第二街

位于皇城东部，西距宫城东墙 85 米左右。现勘探出路土南北长 1020 米左右，东西宽 5 ~ 7 米，深厚 2 米，较直。路土的北端至 F137 房址的西南部消失，南端至 F273、F267 中部消失。由南向北，依次与东西第七街、东西第六街、东西第五街、东西第四街、东西第三街路土交会。在南北第二街路土的南部东侧有两个支线路土，南北宽 43 米，东西长 80 米左右，平面呈"口"字形交会后，向东延伸到 9 号水域处，向南延伸到 F320 房址处。西侧有一个支线路土，位于宫城东南角东侧 80 米左右处，东西长 60 米左右，南北宽 6 米。向西通向宫城东南角东侧的长条形砌石基础遗迹。

另外，南北第二街在东西第四街、第六街之间段，路土堆积底部，发现黑、黄色杂质夯土，南北长 400 米左右，宽 7 米。夯土开口于①层下，距地表深 0.9 米，至 2 米尽，厚 1.1 米。土质密实，夯面清晰，内含碎砖渣、碎石块、白灰渣、草木灰和动物骨骼。夯土堆积下为灰黑色淤泥层，深 2 ~ 2.5 米，厚 0.5 米。其下为青灰色沙质生土层。

南北第二街路土，开口于①层下，距地表深 0.4 米。

路内地层（F210向东5米处）：第①层，浅灰色土，深厚0.5米。土质松散，干燥，内含植物根茎、碎砖块、白灰颗粒、草木灰。第②层，灰褐色路土层，深0.5～0.9米，厚0.4米。土质较杂，踩踏层稍明显，内含碎砖块、碎石块和动物骨骼。第③层，黑、黄色杂质花夯土，深0.9～2米，厚1.1米。土质较硬，有明显踩踏层，内含碎砖渣、碎石块、白灰渣、草木灰和动物骨骼。该层下见黑淤泥土，出水。

路外地层：第①层，浅灰色土，深厚0.5米。土质松散，干燥，内含植物根茎、碎砖块、白灰颗粒、草木灰。第②层，浅灰褐色土，深0.5～0.9米，厚0.4米。土质较杂，内含碎砖块、碎石块、陶瓷片和动物骨骼。第③层，深灰色土，深0.9～2米，厚1.1米。土质较净。该层下见黑淤泥土，出水。

（3）南北第三街

位于皇城中部，为御天门至明德门之间的南北向道路（御道）。平面较直，现勘探出路土南北长570米，东西宽10～12米，深厚2.1米。路土北部与宫城南门御天门连接，御天门南部南北长约80米，宽约10米范围内有较多乱石及少量碎砖覆盖层。中部与东西第六、第七街呈"十"字形交会，南部与东西第八街中部连接交会。

南北第三街路土开口于①层下，距地表深0.4米。

路内地层：第①层，浅灰色土，深厚0.4米。土质干燥，松散，内含稍多植物根茎。第②层，灰褐色土，深0.4～0.9米，厚0.5米。土质较为干燥，密实，有明显路土分层，较厚，内含少量乱石碎砖渣、白灰渣。第③层，浅灰褐色土，深0.9～1.5米，厚0.6米。土质一般，内含少量碎砖渣、白灰颗粒。第④层，深灰褐色土，深1.5～2.1米，厚0.6米。土质一般，内含深黑色淤积沙质生土层，停探。

路外地层：第①层，浅灰色土，深厚0.5米。土质干燥，松散，内含少量碎砖渣、植物根茎。第②层，灰褐色土，深0.5～1.4米，厚0.9米。土质较为松散，内含少量碎砖渣、草木灰。第③层，深黑褐色土，深1.4～2米，厚0.6米。土质较为松散，内含少量炭灰、动物骨骼。该层下见浅黄色沙质生土层，停探。

（4）南北第四街

位于皇城西部，西距宫城西墙约82米处。较直，现勘探出路土南北长900米，东西宽6～10米，深厚1.3米。路土北部于F46台基北部消失，路土于F42台基西部分岔为两条路土，向南约260米处与东西第十街连接交会。两条路土南部于西华门西出一条东西向支线路会合后继续向南延伸。路土南部与东西第六街呈"十"字形交会，向南延伸与东西第七街呈"丁"字形连接交会。

南北第四街地层可分为三部分。

北部分岔口处地层

开口于①层下，距地表深0.3米。

路内地层：第①层，浅灰色土，深厚0.3米。土质干燥，松散，内含稍多植物根茎。第②层，深灰褐色土，深0.3～0.8米，厚0.5米。土质密实，坚硬，内含明显路土分层、少量碎砖渣。第③层，浅灰褐色土，深0.8～1.3米，厚0.5米。土质较为松散，内含浅灰色、浅黄色淤积沙土。该层下见浅黄色沙质生土层，停探。

路外地层：第①层，浅灰褐色土，深厚0.4米。土质干燥，松散，内含稍多植物根茎。第②层，深灰褐色土，深 0.4 ~ 1.4 米，厚 1 米。土质较为松散，内含深灰色淤积沙土夹杂少量碎砖渣。该层下见浅黄色淤积沙质生土层，停探。

中部地层

开口于①层下，距地表深 0.4 米。

路内地层：第①层，浅灰褐色土，深厚 0.4 米。土质干燥，松散，内含稍多植物根茎。第②层，深灰褐色土，深 0.4 ~ 0.9 米，厚 0.5 米。土质密实，较硬，上部内含路土踏面层，分小薄层。第③层，深灰褐色土，深 0.9 ~ 1.8 米，厚 0.9 米。土质一般，内含深黑色、浅灰色淤积沙土。该层下见浅黄色沙质生土层，停探。

路外地层：第①层，浅灰褐色土，深厚 0.5 米。土质干燥，松散，内含稍多植物根茎。第②层，深灰褐色土，深 0.5 ~ 1.1 米，厚 0.6 米。土质较为松散，内含少量碎砖渣、白灰颗粒、炭灰颗粒。第③层，深灰褐色土，深 1.1 ~ 2 米，厚 0.9 米。土质湿软，内含深灰色土夹杂浅灰色淤积沙土。该层下见浅黄色淤积沙质生土层，停探。

南部地层

开口于①层下，距地表深 0.6 米。

路内地层：第①层，浅灰褐色土，深厚 0.6 米。土质干燥，松散，内含稍多植物根茎。第②层，深灰褐色土，深 0.6 ~ 1.1 米，厚 0.5 米。土质干燥，密实，内含明显路土，分小薄层，少量碎砖石块。第③层，深黑褐色土，深 1.1 ~ 1.8 米，厚 0.7 米。土质一般，内含深黑色夹杂浅灰色淤积土。该层下见浅黄色淤积沙质生土层，停探。

路外地层：第①层，浅灰褐色土，深厚 0.4 米。土质干燥，松散，内含稍多植物根茎。第②层，深灰褐色土，深 0.4 ~ 1.2 米，厚 0.8 米。土质较为松散，内含深灰色淤积沙土夹杂少量碎砖渣。该层下见浅黄色淤积沙质生土层，停探。

（5）南北第五街

位于皇城西北部，路土西部紧贴乾元寺西墙。现勘探出路土南北长 380 米，东西宽 4 ~ 8 米，深厚 1.5 米，平面较直。路土北部与东西第一街连接交会。由北至南约 290 米处，分岔为两条路土与东西第十街连接交会。

南北第五街路土开口于①层下，距地表深 0.5 米。

路内地层：第①层，浅灰褐色土，深厚 0.5 米。土质干燥，松散，内含稍多植物根茎。第②层，深灰褐色土，深 0.5 ~ 1.5 米，厚 1 米。土质较硬，内含路土分层、草木灰、乱砖瓦块。该层下见浅黄色沙质生土层，停探。

路外地层：第①层，浅灰褐色土，深厚 0.7 米。土质干燥，松散，内含稍多植物根茎。第②层，深灰褐色土，深 0.7 ~ 1.5 米，厚 0.8 米。土质松散，内含深灰色土质、草木灰。该层下见浅黄色沙质生土层，停探。

（6）南北第六街

位于皇城西部，西距皇城西墙约 2 米处。现勘探出路土南北长 1370 米，东西宽 6 ~ 8 米，深厚 1.2 米。路土平面较直，北部多曲。基本同皇城西墙平行，属皇城南北向主路道。路土北部与东西第一街连接交会，往南约 380 米处与东西第十街呈"丁"字形交会，路土中南部与东西第六、第七街呈"丁"字形交会，路土南部与东西第八街西部在皇城西南角呈"L"形连接交会。

该段路土较长，地层可分为三部分。

北部

开口于①层下，距地表深 0.7 米。

路内地层：第①层，浅灰色土，深厚 0.7 米。土质干燥，松散，内含植物根茎。第②层，深灰褐色土，深 0.7 ~ 1.2 米，厚 0.5 米。土质密实，坚硬，上部内含明显路土分层及踏面土，以下为深灰色土质，内含草木灰、动物骨骼。该层下见浅黄色沙质生土层，停探。

路外地层：第①层，浅灰色土，深厚 0.5 米。土质干燥，松散，内含植物根茎。第②层，深灰褐色土，深 0.5 ~ 1.4 米，厚 0.9 米。土质一般，内含白灰渣点、草木灰、动物骨骼。该层下见浅黄色沙质生土层，停探。

中部

开口于①层下，距地表深 0.4 米。

路内地层：第①层，浅灰色土，深厚 0.4 米。土质干燥，松散，内含植物根茎。第②层，深灰褐色土，深 0.4 ~ 1.2 米，厚 0.8 米。土质一般，上部含路土分层，内含少量碎砖渣。第③层，浅灰褐色土，深 1.2 ~ 1.5 米，厚 0.3 米。土质较为松散，未发现包含物。该层下见浅黄色淤积沙质生土层，停探。

路外地层：第①层，浅灰色土，深厚 0.3 米。土质干燥，松散，内含植物根茎。第②层，灰褐色土，深 0.3 ~ 1.2 米，厚 0.9 米。土质较为松散，内含深灰色夹杂浅灰色沙土。第③层，浅灰褐色土，深 1.2 ~ 1.6 米，厚 0.4 米。土质较为松软，未发现包含物。该层下见浅灰色淤积沙质生土层，停探。

南部

开口于①层下，距地表深 0.4 米。

路内地层：第①层，浅灰色土，深厚 0.4 米。土质干燥，松散，内含植物根茎。第②层，灰褐色土，深 0.4 ~ 0.8 米，厚 0.4 米。土质松软，内含少量乱石颗粒、白灰渣点。第③层，浅黄褐色土，深 0.8 ~ 1.5 米，厚 0.7 米。土质较为松软，上部含路土分层，未发现包含物。第④层，深黑褐色土，深 1.5 ~ 2 米，厚 0.5 米。土质湿软，内含深黑色淤积泥沙层。该层下见水，停探。

路外地层：第①层，浅灰色土，深厚 0.4 米。土质干燥，松散，内含植物根茎。第②层，深灰褐色土，深 0.4 ~ 1 米，厚 0.6 米。土质湿软，内含深黑色淤积泥沙层。第③层，浅灰褐色土，深 1 ~ 1.6 米，厚 0.6 米。土质湿软，内含浅灰色淤积沙质生土层。该层下见水，停探。

3. 皇城内宫城外环城街道

（1）环城北街

位于皇城北苑南部，宫城北墙北侧，南距宫城北墙 4 ~ 17 米。现勘探出路土东西长 540 米左右，南北宽 7 米。稍直，依宫城北墙为走向。路土的东端在宫城的东北角北侧处，由于乱石堆积较多，无法勘探，向东是否与南北第三街路土的北端交会，尚不清楚；中端即穆清阁夯土台基的北侧处，路土层叠压在 4 号堆石区上，并被穆清阁东北角处所发现的 1 号夯土区叠压；西端在 F44 的东北角处叠压在 1 号排水沟上，向西绕 F42、F38、F40 房址后，并向南延伸。在东西第二街路土的北侧共有两个支线路土，分别在 F68、F69 房址北侧消失。

环城北街路土，开口于①层下，距地表深 0.5 米。

环城北街地层堆积分东西两段说明：

西端地层

街道内地层：第①层，浅灰色土，深厚 0.5 米。土质松散，内含稍多植物根茎、砖渣及白灰渣点。第②层，深黑色路土层，深 0.5 ~ 1.2 米，厚 0.7 米。土质稍硬，有明显踩踏层，内含微量黑炭渣点和白灰渣点。该层下见深灰色和浅黄色生土层，停探。

街道外地层：第①层，浅灰色土，深厚 0.5 米。土质松散，内含稍多植物根茎。第②层，深黑色土，深 0.5 ~ 1.2 米，厚 0.7 米。土质一般，内含深灰色淤积土及浅灰色沙层。该层下见浅黄色沙质生土层，停探。

东端地层

街道内地层：第①层，浅灰色土，深厚 0.7 米。土质干燥，内含稍多植物根茎和乱石渣。第②层，深灰色土，深 0.7 ~ 1.2 米，厚 0.5 米。土质较硬，上半部有明显踩踏层，厚 0.2 米；下半部土质稍硬，内含深灰色土颗粒和碎砖渣点。该层下见浅黄色沙质生土层，停探。

街道外地层：第①层，浅灰色土，深厚 0.5 米。土质干燥，内含稍多植物根茎及碎砖渣点。第②层，深灰色土，深 0.5 ~ 1.3 米，厚 0.8 米。土质一般，内含深灰色土颗粒和碎砖渣点。该层下见浅黄色沙质生土层，停探。

（2）环城东街

位于皇城东苑西部，西距宫城东墙 8 米左右（在宫城的东北角处，西距宫城东墙 30 米左右）。现勘探出路土南北长 800 米左右，东西宽 5 ~ 7 米，基本与宫城东墙平行。路土的北端在 F128 房址的东北角处西拐，至 F85 房址的东部消失，其东西部分长 120 米左右，宽 6 米；中部与东西第六街（与宫城东门对应处路土）的西端呈"十"字形交会；南端至 F235 处与东西第七街路土连接。另外，在南北第三街的北端 F170 东侧，路土叠压在 1 号排水沟上，其南北长 50 米左右。

环城东街路土，开口于①层下，距地表深 0.6 米。

环城东街地层堆积分北、中南两段说明：

北端地层

路内地层：第①层，浅灰色土，深厚 0.6 米。土质干燥，内含植物根茎、碎砖渣、白灰颗粒。第②层，深灰色土，深 0.6 ~ 1.2 米，厚 0.6 米。土质较硬，上半部分有明显踩踏层，内含微量黑炭渣点和碎砖渣点。第③层，浅黄色沙质土，深 1.2 ~ 1.6 米，厚 0.4 米。土质一般，纯净。该层下见灰白色沙质生土层，停探。

路外地层：第①层，浅灰色土，深厚 0.6 米。土质干燥，内含植物根茎、碎砖渣、白灰颗粒。第②层，深灰色土，深 0.6 ~ 1.2 米，厚 0.6 米。土质一般，较净。第③层，浅黄色沙质土，深 1.2 ~ 1.6 米，厚 0.4 米。土质一般，纯净。该层下见灰白色沙质生土层，停探。

中南端地层

路内地层：第①层，浅灰色土，深厚 0.5 米。土质松散，干燥，内含大量植物根茎。第②层，灰黑色路土层，深 0.5 ~ 0.8 米，厚 0.3 米。土质较硬，有明显踩踏层，内含微量黑炭渣点和碎砖渣点。第③层，浅黄色沙质土，深 0.8 ~ 1.5 米，厚 0.7 米。土质一般，较净。该层下见浅黄色沙质生土层，停探。

路外地层：第①层，浅灰色土，深厚 0.5 米。土质松散，干燥，内含大量植物根茎。第②层，灰黑色土，深 0.5 ~ 0.8 米，厚 0.3 米。土质一般，内含黑炭渣点和动物骨骼。第③层，浅黄色沙质土，深 0.8 ~ 1.5 米，厚 0.7 米。土质一般，较净。该层下见浅黄色沙质生土层，停探。

（3）环城南街

位于皇城南部，北距宫城北墙约 6 米。道路为东西走向，现勘探出东西 530 米，南北宽 7 米。相对较直，基本与宫城南墙平行。道路东端与环城东街连接交会，西端于环城西街连接交会。道路中部为大面积堆石区。叠压于道路上部，以下情况不明。

路内地层：第①层，浅灰色土，深厚 0.4 米。土质松散，干燥，内含大量植物根茎。第②层，灰黑色路土层，深 0.4 ~ 0.9 米，厚 0.5 米。土质较硬，有明显踩踏层，内含微量黑炭渣点和碎砖渣点。第③层，浅黄色沙质土，深 0.9 ~ 1.2 米，厚 0.3 米。土质一般，较净。该层下见浅黄色沙质生土层，停探。

路外地层：第①层，浅灰色土，深厚 0.3 米。土质干燥，松散，内含植物根茎。第②层，深灰褐色土，深 0.3 ~ 1 米，厚 0.7 米。土质一般，内含少量碎砖渣、白灰颗粒。第③层，深灰褐色土，深 1 ~ 2.2 米，厚 1.2 米。土质较为松软，内含深黑色淤积泥沙层夹杂浅灰色淤积泥沙层。该层下见浅灰色淤积沙质生土层，停探。

（4）环城西街

位于皇城西部，宫城西墙西部约 6 米处。道路为南北走向，现勘探出南北 630 米，东西宽 7 米。相对较直，基本与宫城西墙平行。该道路北端至宫城西北角处与环城北街交会，中部至西华门处与西华门东西向道路呈"十"字形交会，道路南段至宫城西南角处与环城南街连接交会。

开口于①层下，距地表深 0.3 米。

路内地层：第①层，浅灰色土，深厚 0.3 米。土质干燥，松散，内含植物根茎。第②层，深灰褐色土，深 0.3 ~ 1.3 米，厚 1 米。土质较为松软，内含深灰色淤积层夹杂少量碎砖渣、白灰渣点。第③层，深黑褐色土，深 1.3 ~ 2.2 米，厚 0.9 米。土质较为松软，内含淤积泥沙层，水分较大并夹杂浅灰色淤积沙土层。该层下见浅灰色淤积沙层，见水，停探。

路外地层：第①层，浅灰色土，深厚 0.3 米。土质干燥，松散，内含植物根茎。第②层，深灰褐色土，深 0.3 ~ 1 米，厚 0.7 米。土质一般，内含少量碎砖渣、白灰颗粒。第③层，深灰褐色土，深 1 ~ 2.2 米，厚 1.2 米。土质较为松软，内含深黑色淤积泥沙层夹杂浅灰色淤积泥沙层。该层下见浅灰色淤积沙质生土层，停探。

二　皇城内水系

皇城内水系分护城河及排水沟、水域、水井三类，共 21 个遗迹单位，形成皇城内水系的整体布局。

1. 护城河及排水沟

在皇城内共发现护城河一处，编号 G1；排水沟一条，编号 G2。

（1）护城河 G1

护城河绕宫城外四周，整体形成合围的矩形。北护城河距离宫城北墙 86 米，东、西、南护城河与宫城城墙距离约30米。护城河东西长740米，南北长598米，宽度在8米左右。开口于①层下，深2.2米左右。东护城河在北部被7号堆石区叠压，南护城河在中部被堆石叠压少部分外，绝大部分在①层下0.4～0.6米处发现河道内淤积土层。并且在西护城河经过的皇城东西第十街东部和西华路西段（西华门外）"十"字交叉口处，发现吊桥迹象（见第七章"结语"第二节"皇城"第7点），该处东岸局部发现护坡石，西岸发现石驳岸迹象。

护城河内地层堆积大致相同。第①层，浅灰色土，深厚0.4米，土质干燥，松散，内含植物根茎。第②层，黑灰色淤土，深0.4～1.4米，厚约1米。土质松软，内含灰黑色淤积沙层、碎砖渣、草木灰、白石灰颗粒等。第③层，深黑灰色淤积土，深1.4～2.5米，厚约1.1米。内含黑色淤沙、污泥。该层下见水，停探。

（2）排水沟G2

位于皇城东苑东北部，东西第三街南侧、东西第五街北侧以及南北第二街的北端东侧。平面呈"匚"形。现勘探出总长670米左右，宽4米。其中，北部东西长260米，南部东西长320米，西部南北长150米。G2起点在大龙光华严寺东南角，即东西第三街的东端南侧，终点在东西第五街（即皇城东墙北瓮城对应街）东端北侧。

G2开口于①层下，距地表深0.9米，至2.5米尽，沟深1.5米左右。

G2内地层：第①层，浅灰色土，深厚0.9米。土质一般，内含植物根茎。第②层，深灰色淤土层，深0.9～1.5米，厚0.6米。土质松散，内含碎砖块、碎石块、白釉瓷片、黑炭渣点。第③层，灰黑色冲积淤泥土，深1.5～2.5米，厚1米。土质湿软，内含灰黑色冲积沙层、草木灰、碎瓷片、碎砖渣。

G2外地层：第①层，浅灰色土，深厚0.5米。土质松散，干燥，内含植物根茎。第②层，深灰色土，深0.5～1.1米，厚0.6米。土质一般，内含碎砖块、碎石块、蓝釉瓷片、黑炭渣点。第③层，浅黄色沙质土，深1.1～1.8米，厚0.7米。土质一般，纯净。该层下见浅黄色沙质生土层，停探。

2. 水域

在皇城内，目前共发现水域17个，分别位于皇城北苑和皇城东苑内。说明如下：

1号水域

位于皇城北苑西北部，东西第一街西端南侧。地势落差比周边低1米左右。平面呈椭圆形，南北长134米，东西宽30～66米。开口于①层，距地表深0.3米。

水域内地层：第①层，灰褐色土，深厚0.3米。土质松散，内含大量植物根茎。第②层，黑污泥层，深0.3～1.1米，厚0.8米。土质较净，无包含物。第③层，浅灰色沙质土，深1.1～1.5米，厚0.4米。土质一般，较净。该层下见白色沙质生土层，停探。

2号水域

位于皇城北苑西北部，东西第一街西端北侧。地势落差比周边低0.8米左右。平面呈圆形，直径18米。开口于①层，距地表深0.3米。

水域内地层：第①层，浅黄色土，深厚0.3米。土质松散，内含植物根茎。第②层，深灰色土，深0.3～1米，厚0.7米。土质稍松散，内含草木灰、黑炭渣和微量灰砖渣。第③层，黑色泥土，深

1 ~ 1.8 米，厚 0.8 米。土质湿软，内含微量黑灰点。该层下见白色沙质生土层，停探。

3 号水域

位于皇城北苑中北部，东西第一街中部北侧。平面呈椭圆形，东西 14 米，南北 10 米。开口于①层，距地表深 0.4 米。

水域内地层：第①层，浅黄色土，深厚 0.4 米。土质松散，内含植物根茎。第②层，灰白色沙质土，深 0.4 ~ 0.9 米，厚 0.5 米。内含草木灰、黑炭渣点。第③层，灰褐色土，深 0.9 ~ 1.8 米，厚 0.9 米。土质较湿软，内含黑炭渣点。该层下见水，停探。

4 号水域

位于皇城北苑中北部，东西第一街中部北侧。平面呈椭圆形，东西 14 米，南北 18 米。开口于①层，距地表深 0.3 米。

水域内地层：第①层，浅灰色土，深厚 0.3 米。土质松散，干燥，内含植物根茎。第②层，黑色淤泥土，深 0.3 ~ 0.7 米，厚 0.4 米。土质松软，内含微量碎砖渣、碎瓦砾。该层下见水，停探。

5 号水域

位于皇城东苑中部，东西第五街（皇城东墙北侧瓮城对应街）南侧支线路土南端。平面呈椭圆形，东西 31 米，南北 18 米。开口于①层下，距地表深 0.3 米。

水域内地层：第①层，浅灰色土，深厚 0.3 米。土质松散，内含植物根茎。第②层，灰褐色土，深 0.3 ~ 1.1 米，厚 0.8 米。土质较硬，内含灰陶片、白瓷片、灰砖渣。第③层，黄褐色土，深 1.1 ~ 2.3 米，厚 1.2 米。土质湿软，内含草木灰、黑炭渣点。该层下见水，停探。

6 号水域

位于皇城东苑中东部，南北第一街与东西第五街交会处的西南部。平面呈椭圆形，东西 28 米，南北 18 米。开口于①层下，距地表深 0.5 米。

水域内地层：第①层，浅灰色土，深厚 0.5 米。土质松散，干燥，内含植物根茎。第②层，灰褐色土，深 0.5 ~ 1.2 米，厚 0.7 米。土质湿软，内含草木灰、黑炭渣及少量沙石颗粒。第③层，黑色淤泥土，深 1.2 ~ 2.3 米，厚 1.1 米。土质湿软，内含草木灰、黑炭渣点。该层下见水，停探。

7 号水域

位于皇城东苑中南部，南北第一街中南端西侧，东西第五街南侧 40 米处。平面呈不规则形，面积较大，东西 20 ~ 180 米，南北总长 580 米，最窄处 37 米，最宽处 270 米。开口于①层下，距地表深 0.5 米。

水域内地层：第①层，浅灰色土，深厚 0.4 米。土质干燥，松散，内含植物根茎。第②层，灰褐色土，深 0.4 ~ 1.1 米，厚 0.7 米。土质较松散，内含碎砖渣、沙石颗粒。第③层，灰褐色土，深 1.1 ~ 1.6 米，厚 0.5 米。土质湿软，较净。该层下见灰白色沙质生土层，停探。

8 号水域

位于皇城东苑南部，F238 及 F240 的西北部。平面呈椭圆形，东西 16 米，南北 23 米。开口于①层下，距地表深 0.4 米。

水域内地层：第①层，浅灰色土，深厚 0.4 米。土质松散，干燥，内含植物根茎。第②层，灰褐色土，深 0.4 ~ 1.2 米，厚 0.8 米。内含草木灰、黑炭渣、砖渣、碎石颗粒。第③层，黑淤泥土，深 1.2 ~ 2.3

米，厚 1.1 米。土质较净。该层下见水，停探。

9 号水域

位于皇城东苑南部，南北第一街南端西侧。平面呈不规则形，东西 100～170 米，南北 40～100 米。开口于①层下，距地表深 0.4 米。

水域内地层：第①层，浅灰色土，深厚 0.4 米。土质松散，干燥，内含植物根茎。第②层，黑色泥沙土，深 0.4～0.8 米，厚 0.4 米。土质湿软，内含少量碎石块、砖渣。第③层，浅黄色沙土，深 0.8～1.7 米，厚 0.9 米。土质一般，较净。该层下见灰白色沙质生土层，停探。

10 号水域

位于皇城东苑西南部，南北第二街南端 56 米处。平面呈圆形，直径 10 米。开口于①层下，距地表深 0.4 米。

水域内地层：第①层，浅灰色土，深厚 0.4 米。土质松散，干燥，内含植物根茎。第②层，灰褐色土，深 0.4～1.6 米，厚 1.2 米。土质稍散，内含草木灰。该层下见黄色沙质生土层，停探。

11 号水域

位于皇城南苑南部。平面呈不规则形，在房址间环绕，东西总长 410 米，南北 186 米。开口于①层下，距地表深 0.3 米。

水域内地层：第①层，浅灰色土，深厚 0.3 米。土质松散，干燥，内含植物根茎。第②层，灰褐色土，深 0.3～0.7 米，厚 0.4 米。土质稍散，内含沙石颗粒、黑炭渣点。第③层，黑淤泥土，深 0.7～1 米，厚 0.3 米。土质湿软。该层下出水，停探。

12 号水域

位于皇城南部，御天门至明德门南北向道路东侧，北距宫城南部护城河约 4 米，东西第七街北部约 20 米处。平面呈不规则形，东西 140 米，南北 116 米。开口于①层下，距地表深 0.6 米。

水域内地层：第①层，浅黄褐色土，深厚 0.6 米。土质干燥，松散，内含植物根茎。第②层，深灰褐色土，深 0.6～1.5 米，厚 0.9 米。土质较松，含沙量较大，呈污泥状。该层下出水，停探。

13 号水域

位于皇城南部，御天门至明德门南北向道路西侧，北距宫城南部护城河约 6 米，东西第六街北部约 20 米处。平面呈不规则形，东西 220 米，南北 120 米。开口于①层下，距地表深 0.3 米。

水域内地层：第①层，灰褐色土，深厚 0.3 米。土质干燥，松散，内含植物根茎。第②层，深灰褐色土，深 0.3～1.5 米，厚 1.2 米。土质较松，含沙量较大，呈污泥状。该层下出水，停探。

14 号水域

位于皇城西南角，东西第八街西端北部，F367 台基南部约 6 米处。平面呈椭圆形，东西 100 米，南北 50 米。开口于①层下，距地表深 0.3 米。

水域内地层：第①层，深灰褐色土，深厚 0.3 米。土质松软，内含植物根茎。第②层，深黑褐色土，深 0.3～1 米，厚 0.7 米。土质湿软呈污泥状，内含淤积黑褐色沙土。该层下出水，停探。

15 号水域

位于皇城西南部，东西第八街南部，F371 台基西北约 20 米处。平面呈椭圆形，东西 30 米，南北 18 米。开口于①层下，距地表深 0.3 米。

水域内地层：第①层，浅灰褐色土，深厚 0.3 米。土质松软，内含稍多植物根茎和少量乱石块。第②层，深灰褐色土，深 0.3～1 米，厚 0.7 米。土质湿软呈污泥状，含水分较大，较黏。该层下出水，停探。

16 号水域

位于皇城西南部，东西第九街北部，F374 台基西部约 2 米处。平面呈椭圆形，东西 42 米，南北 58 米。开口于①层下，距地表深 0.3 米。

水域内地层：第①层，浅灰色土，深厚 0.3 米。土质较为松散，内含稍多植物根茎。第②层，灰褐色土，深 0.3～1 米，厚 0.7 米。土质湿软，内含少量淤积沙土。第③层，深灰褐色土，深 1～1.5 米，厚 0.5 米。土质湿软呈污泥状，内含深灰褐色淤积泥沙。该层下见水，停探。

17 号水域

位于皇城西部，东西第九街北部，F417 台基东南约 13 米处，22 号堆石区西部约 4 米处。平面呈椭圆形，东西 64 米，南北 38 米。开口于①层下，距地表深 0.3 米。

水域内地层：第①层，浅灰色土，深厚 0.3 米。土质松软，内含稍多植物根茎。第②层，灰褐色土，深 0.3～0.8 米，厚 0.5 米。土质较为湿软，内含深灰色淤积泥沙。第③层，深灰褐色土，深 0.8～1.5 米，厚 0.7 米。上部含有浅黄色淤积沙层。该层下出水，停探。

3. 水井

J1（水井 1）

位于 1 号排水沟西北拐角处，F49 建筑群的中南部。石质井圈，圆形，外径 1.9 米，内径 1.2 米。铲探深度至 2 米遇石不过。井内填土杂乱，包含砖块、外素内布纹瓦片、动物骨骼、白灰渣、瓷片等。

J2（水井 2）

位于皇城南北，西北距 18 号堆石区约 6 米处。石质井圈，圆形，外径 2 米，内径 1.2 米。勘探至 1.8 米遇石不过，井内填土杂乱，包含乱砖石块、白灰渣、植物根茎。

三　皇城内房址

在皇城探区内，共发现房址遗迹 430 处。依照发现的先后次序，依次编号为 F1～F430。说明如下：

F1 台基

位于皇城西北部，东西第一街西端南侧。平面呈长方形，东西 17 米，南北 10 米，高 0.7 米。墙基为石砌结构，东北边线有明显砌石基础。

台基内地层：第①层，浅灰色土，深厚 0.5 米。土质干燥，内含植物根茎。第②层，褐色土，深 0.5～1.4 米，厚 0.9 米。内含碎砖瓦块、白灰颗粒。第③层，灰褐色土，深 1.4～2.2 米，厚 0.8 米。土质较净，底部有 0.4 米厚黑淤泥。该层下见白色沙质生土层，停探。

台基外地层：第①层，浅灰色土，深厚 0.5 米。土质干燥，内含植物根茎。第②层，褐色土，深 0.5～1.4 米，厚 0.9 米。内含碎砖石块、白灰颗粒。第③层，灰褐色土，深 1.4～2.2 米，厚 0.8 米。

土质较净，底部有 0.4 米厚黑淤泥带水锈沙。该层下见白色沙质生土层，停探。

F2 台基

位于皇城西北部，东西第一街西端南侧，F1 南 10 米。平面呈长方形，东西 15 米，南北 8 米。西边线有护坡石堆砌，房址内有砖瓦残片，未发现有明显墙基。

台基内地层：第①层，浅灰褐色土，建筑废墟覆盖层，深厚 0.7 米。内含碎砖块、瓦片。第②层，褐色土，深 0.7 ~ 1.7 米，厚 1 米。土质较软，内含水锈黄沙。第③层，灰褐色土，深 1.7 ~ 2.6 米，厚 0.9 米。土质较净，含沙量较大，底部有 0.4 米厚黑淤泥和带水锈淤积沙。该层下见浅白色沙质生土层，停探。

台基外地层：第①层，浅灰色土，深厚 0.4 米。土质干燥，内含植物根茎。第②层，褐色土，深 0.4 ~ 1.5 米，厚 1.1 米。土质较松，较净。第③层，灰褐色土，深 1.5 ~ 2.3 米，厚 0.8 米。土质较净，含沙量较大，水分大，底部有 0.4 米厚黑淤泥和带水锈淤积沙。该层下见浅白色沙质生土层，停探。

F3 台基

位于皇城西北部，东西第一街西端南侧。平面呈长方形，东西 12 米，南北 9 米。地表散落有较多砖瓦残片，无发现明显墙基。

台基内地层：第①层，浅灰色土，垫层，深厚 1 米。内含灰质砖瓦片、草木灰、烧土和白灰颗粒。第②层，褐色土，深 1 ~ 1.5 米，厚 0.5 米。土质较净。该层下见浅白色沙质生土层，停探。

台基外地层：第①层，浅灰色土，垫层，深厚 1 米。内含灰质砖瓦片、草木灰、烧土和白灰颗粒。第②层，褐色土，深 1 ~ 1.5 米，厚 0.5 米。土质较净。该层下见浅白色沙质生土层，停探。

F4 台基

位于皇城西北部，东西第一街西端南侧。平面呈不规则长方形，东西 130 米，南北 40 米，高 0.6 米。面积较大，地势较高，地表散落有较多建筑构件残片。

台基内地层：第①层，浅灰色土，深厚 0.4 米。内含植物根茎、碎砖瓦块。第②层，灰褐色土，深 0.4 ~ 1 米，厚 0.6 米。土质较净，无包含物，底部有 0.2 米黄水锈沙。该层下见浅白色沙质生土层，停探。

台基外地层：第①层，浅灰色土，深厚 0.4 米。土质干燥，内含植物根茎、草木灰、白灰颗粒。第②层，灰褐色土，深 0.4 ~ 0.9 米，厚 0.5 米。内含动物骨骼、烧土颗粒和白瓷片。第③层，褐色土，深 0.9 ~ 1.7 米，厚 0.8 米。土质较净，底部有 0.2 米厚水锈沙。该层下见浅白色沙质生土层，停探。

F5 台基

位于皇城西北部，皇城西墙内侧 50 米处，F4 南 4 米。平面呈不规则长方形，东西 10 米，南北 8 米，高 0.8 米。地表散落有较多建筑构件残片，石砌墙基明显。

台基内地层：第①层，浅灰色土，深厚 0.6 米。土质干燥，内含碎砖石瓦片、白灰颗粒。第②层，褐色土，深 0.6 ~ 1.5 米，厚 0.9 米。土质较净，未发现包含物。第③层，灰褐色土，深 1.5 ~ 2.2 米，厚 0.7 米。土质较净，无包含物。该层下见浅白色沙质生土层，停探。

台基外地层：第①层，浅灰色土，深厚 0.4 米。土质干燥，内含植物根茎。第②层，褐色土，深 0.4 ~ 1.4 米，厚 1 米。内含碎砖石块、动物骨骼。第③层，灰褐色土，深 1.4 ~ 2.2 米，厚 0.8 米。土质较净，底部有 0.2 米厚黑淤泥。该层下见浅白色沙质生土层，停探。

F6 台基

位于皇城西北部，乾元寺西侧，F5 东南 14 米。平面呈长方形，东西 12 米，南北 7 米，高 0.6 米。房址东南角有明显砌石墙基。

台基内地层：第①层，浅灰色土，深厚 0.5 米。土质干燥，内含植物根茎、碎石、瓦片。第②层，褐色土，深 0.5～1.3 米，厚 0.8 米。土质较净，无包含物。第③层，灰褐色土，深 1.3～2.2 米，厚 0.9 米。内含水锈沙团，底部有 0.4 米厚踩踏面，较硬。该层下见浅白色沙质生土层，停探。

台基外地层：第①层，浅灰色土，深厚 0.4 米。土质干燥，内含植物根茎。第②层，褐色土，深 0.4～1.2 米，厚 0.8 米。土质较净，未发现包含物。第③层，灰褐色土，深 1.2～2.1 米，厚 0.9 米。土质较净，底部有 0.2 米厚黑淤泥。该层下见浅白色沙质生土层，停探。

F7 台基

位于皇城西北部，乾元寺西侧，F6 南 6 米。平面呈长方形，东西 4 米，南北 4 米，高 0.9 米。房址西边线内有明显墙基。

台基内地层：第①层，浅灰色土，深厚 0.6 米。土质干燥，内含植物根茎、碎砖瓦块。第②层，褐色土，深 0.6～1.5 米，厚 0.9 米。土质较净，无包含物。第③层，灰褐色土，深 1.5～2.2 米，厚 0.7 米。土质较净，底部有 0.2 米厚黑淤泥。该层下见浅白色沙质生土层，停探。

台基外地层：第①层，浅灰色土，深厚 0.4 米。土质干燥，内含植物根茎。第②层，褐色土，深 0.4～1.3 米，厚 0.9 米。内含白灰颗粒、碎砖瓦块和白瓷片。第③层，灰褐色土，深 1.3～2.1 米，厚 0.8 米。土质较净，底部有 0.2 米厚黑淤泥。该层下见浅白色沙质生土层，停探。

F8 台基

位于皇城西北部，皇城西墙内侧 6 米处。平面呈长方形，东西 14 米，南北 10 米，高 0.6 米。地表散落有较多建筑构件残件，西边有明显砌石基础。

台基内地层：第①层，浅灰色土，深厚 0.6 米。土质干燥，内含植物根茎、白灰颗粒、碎砖石瓦块。第②层，褐色土，深 0.6～1.4 米，厚 0.8 米。内含动物骨骼、草木灰、瓦片、白灰、白瓷片。第③层，灰褐色土，深 1.4～2.1 米，厚 0.7 米。土质较净，底部有 0.2 米厚黑淤泥。该层下见浅白色沙质生土层，停探。

台基外地层：第①层，浅灰色土，深厚 0.6 米。土质干燥，内含植物根茎、碎砖块、瓦片及白灰颗粒。第②层，褐色土，深 0.6～1.4 米，厚 0.8 米。内含动物骨骼、白灰颗粒、草木灰。第③层，灰褐色土，深 1.4～2.1 米，厚 0.7 米。土质较净，无包含物，底部有 0.2 米厚黑淤泥。该层下见浅白色沙质生土层，停探。

F9 台基

位于皇城西北部，F8 东北 5 米。平面呈长方形，东西 8 米，南北 5 米，高 0.5 米。房址地势较高，地表有较多建筑构件残片，无发现明显砌石墙基。

台基内地层：第①层，浅灰色土，深厚 0.5 米。土质干燥，内含碎砖瓦块、白灰颗粒。第②层，褐色土，深 0.5～1.4 米，厚 0.9 米。内含草木灰、瓦片和白瓷片。第③层，灰褐色土，深 1.4～2.2 米，厚 0.8 米。土质较净，底部有 0.2 米厚黑淤泥。该层下见浅白色沙质生土层，停探。

台基外地层：第①层，浅灰色土，深厚 0.4 米。土质干燥，内含植物根茎。第②层，褐色土，深

0.4 ~ 1.4 米，厚 1 米。内含草木灰、白灰瓷片。第③层，灰褐色土，深 1.4 ~ 2.1 米，厚 0.7 米。土质较净，底部有 0.2 米厚黑淤泥。该层下见浅白色沙质生土层，停探。

F10 台基

位于皇城西北部，F7 西南 2 米。平面呈不规则方形，边长 11 米，高 0.4 米。地表散落有较多建筑构件残片，西边有明显砌石墙基。

台基内地层：第①层，浅灰色土，深厚 0.6 米。土质干燥，内含灰质砖瓦块。第②层，褐色土，深 0.6 ~ 1.5 米，厚 0.9 米。内含白灰颗粒、碎砖瓦块。第③层，灰褐色土，深 1.5 ~ 2.2 米，厚 0.7 米。土质较净，底部有 0.2 米厚黑淤泥。该层下见浅白色沙质生土层，停探。

台基外地层：第①层，浅灰色土，深厚 0.6 米。土质干燥，内含植物根茎。第②层，褐色土，深 0.6 ~ 1.5 米，厚 0.9 米。内含白灰颗粒、瓦片。第③层，灰褐色土，深 1.5 ~ 2.2 米，厚 0.7 米。土质较净，底部有 0.2 米厚黑淤泥。该层下见浅白色沙质生土层，停探。

F11 台基

位于皇城西北部，F10 南 10 米。平面呈不规则形，东西 60 米，南北 26 米，高 0.5 米。

台基内地层：第①层，浅灰色土，深厚 0.6 米。土质干燥，松散，内含植物根茎、碎砖瓦块。第②层，褐色土，深 0.6 ~ 1.5 米，厚 0.9 米。内含白瓷片、动物骨骼。第③层，灰褐色土，深 1.5 ~ 2.2 米，厚 0.7 米。土质较净，无包含物，底部有 0.3 米厚黑淤泥。该层下见浅白色沙质生土层，停探。

台基外地层：第①层，浅灰色土，深厚 0.4 米。土质较净，内含植物根茎。第②层，褐色土，深 0.4 ~ 1.4 米，厚 1 米。内含瓦片、白灰和草木灰。第③层，灰褐色土，深 1.4 ~ 2.1 米，厚 0.7 米。土质较净，底部有 0.2 米厚黑淤泥带水锈沙。该层下见浅白色沙质生土层，停探。

F12 台基

位于皇城西北部，皇城内侧 14 米。平面呈长方形，东西 12 米，南北 9 米，高 0.4 米。

台基内地层：第①层，浅灰色土，深厚 0.6 米。内含植物根茎。第②层，褐色土，深 0.6 ~ 1.3 米，厚 0.7 米。土质较净，无包含物。第③层，灰褐色土，深 1.3 ~ 1.9 米，厚 0.6 米。土质较净，无包含物，底部有 0.2 米厚黑淤土。该层下见浅白色沙质生土层，停探。

台基外地层：第①层，浅灰色土，深厚 0.4 米。内含植物根茎。第②层，褐色土，深 0.4 ~ 1.2 米，厚 0.8 米。土质较净，无包含物。第③层，灰褐色土，深 1.2 ~ 1.8 米，厚 0.6 米。土质较净，无包含物，底部有 0.2 米厚黑淤土。该层下见浅白色沙质生土层，停探。

F13 台基

位于皇城西北部，F11 西南 10 米。平面呈长方形，东西 6 米，南北 3 米，高 0.3 米。

台基内地层：第①层，浅灰色土，深厚 0.5 米。土质干燥，内含植物根茎，碎砖石块。第②层，褐色土，深 0.5 ~ 1.3 米，厚 0.8 米。土质较净，无包含物。第③层，灰褐色土，深 1.3 ~ 1.9 米，厚 0.6 米。土质较净，底部有 0.2 米厚黑淤泥。该层下见浅白色沙质生土层，停探。

台基外地层：第①层，深厚 0.4 米。内含植物根茎。第②层，褐色土，深 0.4 ~ 1.2 米，厚 0.8 米。土质较净，无包含物。第③层，灰褐色土，深 1.2 ~ 1.9 米，厚 0.7 米。土质较净，无包含物，底部有 0.3 米厚黑淤泥。该层下见浅白色沙质生土层，停探。

F14 台基

位于皇城西北部，F11 南 10 米。平面呈长方形，东西 5 米，南北 3 米，高 0.8 米。房址西边线有明显砌石墙基。

台基内地层：第①层，浅灰色土，深厚 0.5 米。土质干燥，松散，内含植物根茎。第②层，褐色土，深 0.5 ~ 1.3 米，厚 0.8 米。内含白灰颗粒、碎砖瓦块。第③层，灰褐色土，深 1.3 ~ 2 米，厚 0.7 米。土质较净，底部有 0.3 米厚黑淤泥。该层下见浅白色沙质生土层，停探。

台基外地层：第①层，浅灰色土，深厚 0.4 米。土质干燥，内含植物根茎。第②层，深 0.4 ~ 1.2 米，厚 0.8 米。土质较净。第③层，灰褐色土，深 1.2 ~ 1.9 米。厚 0.7 米。土质较净，无包含物，底部有 0.2 米厚黑淤泥带水锈沙。该层下见浅白色沙质生土层，停探。

F15 台基

位于皇城西北部，F13、F14 南 3 米。平面呈长方形，东西 11 米，南北 4 米，高 0.6 米。地表散落有较多石块和建筑构件残片。

台基内地层：第①层，浅灰色土，深厚 0.4 米。内含植物根茎、碎石块、白灰颗粒。第②层，褐色土，深 0.4 ~ 1.2 米，厚 0.8 米。内含草木灰、动物骨骼。第③层，灰褐色土，深 1.2 ~ 1.8 米，厚 0.6 米。土质较净，底部有 0.2 米厚黑淤泥。该层下见浅白色沙质生土层，停探。

台基外地层：第①层，浅灰色土，深厚 0.4 米。内含植物根茎、碎石瓦块和白灰颗粒。第②层，褐色土，深 0.4 ~ 1.2 米，厚 0.8 米。内含草木灰、动物骨骼和白瓷片。第③层，灰褐色土，深 1.2 ~ 1.8 米，厚 0.6 米。土质较净，底部有 0.2 米厚黑淤泥。该层下见浅白色沙质生土层，停探。

F16 台基（乾元寺）

位于皇城西北部，东西第一街西端南侧，北距皇城北墙 98 米，西距皇城西墙 80 米。平面呈长方形，东西 265 米，南北 132.5 米。属大型房址建筑群，四面置排房，并以其为四至，形成四合式大院落，院落中央置方形夯土台基，边长 40 米。中央夯土台基的南部 28 米处，东西两侧分别发现配房房址台基，东侧配房台基平面呈圆形，直径 14 米左右；西侧配房台基平面呈方形，边长 12 米。在北部排房外侧，置圆弧形夯筑围墙，东西 44 米，南北 13 米，夯墙宽 3.8 米。中央夯土台基周边 20 米左右处及四合式院落的周边，发现有路土层堆积。以下就乾元寺内各遗迹单位进一步说明：

乾元寺 F1 台基

位于乾元寺东侧，属乾元寺东侧排房。平面呈长方形，南北长 180 米，东西宽 10 米。灰褐色夯土构筑，高出现有地表约 0.7 米。

台基内地层：第①层，浅灰色土，深厚 0.8 米。土质干燥，松散，内含白灰点、瓦砾、砖块、碎石。第②层，灰褐色夯土，深 0.8 ~ 1.4 米，厚 0.6 米。土质较硬，内含少量沙土颗粒。第③层，黄褐色土，深 1.4 ~ 2 米，厚 0.6 米。土质稍硬，较净。该层下见灰白色沙质生土层，停探。

台基外地层：第①层，浅灰色土，深厚 0.5 米。土质干燥，松散，内含植物根茎。第②层，灰褐色土，深 0.5 ~ 1.1 米，厚 0.6 米。土质一般，较净。第③层，黄褐色土，深 1.1 ~ 1.7 米，厚 0.6 米。土质一般，内含少量水锈纹斑点。该层下见灰白色沙质生土层，停探。

乾元寺 F2 台基

位于乾元寺北侧，属乾元寺北侧排房。平面呈长方形，东西长 120 米，南北宽 10 米。灰褐色夯土构筑，高出现有地表约 0.7 米。

台基内地层：第①层，浅灰色土，深厚 0.7 米。土质干燥，松散，内含白灰颗粒、绿釉琉璃瓦残片。第②层，褐色夯土，深 0.7 ~ 1.5 米，厚 0.8 米。土质较硬，内含少量带水锈斑沙土颗粒。第③层，黄褐色土，深 1.5 ~ 2.5 米，厚 1 米。土质一般，内含水锈斑沙土颗粒。该层下见灰白色沙质生土层，停探。

台基外地层：第①层，浅灰色土，深厚 0.5 米。土质干燥，松散，内含植物根茎、白灰颗粒。第②层，灰褐色土，深 0.5 ~ 1.3 米，厚 0.8 米。土质一般，内含草木灰。第③层，黄褐色土，深 1.3 ~ 2.1 米，厚 0.8 米。土质较净。该层下见灰白色沙质生土层，停探。

乾元寺 F3 台基

位于乾元寺西侧，属乾元寺西侧排房。平面呈长方形，南北长 160 米，东西宽 10 米。夯土构筑，高出现有地表约 0.4 米。南部西边有砌石基础裸露在地表，南北长 30 米。地表散落较多外素内布纹瓦片、琉璃瓦残片、碎砖石块。

台基内地层：第①层，浅灰色土，深厚 0.6 米。土质干燥，松散，内含白灰颗粒、碎砖渣、瓦砾。第②层，灰褐色夯土，深 0.6 ~ 2 米，厚 1.4 米。土质较净。该层下见灰白色沙质生土层，停探。

台基外地层：第①层，浅灰色土，深厚 0.5 米。土质松散，干燥，内含植物根茎、草木灰、红烧土颗粒、瓦片、木炭灰。第②层，灰褐色土，深 0.5 ~ 1.1 米，厚 0.6 米。土质较净。该层下见灰白色沙质生土层，停探。

乾元寺 F4 台基

位于乾元寺南侧，属乾元寺南侧排房。平面呈长方形，东西 120 米，南北宽 10 米。夯土构筑，高出现有地表 0.5 ~ 1 米。

台基内地层：第①层，浅灰色土，深厚 0.5 米。土质干燥，松散，内含白灰颗粒、砖块、瓦砾、琉璃瓦残片。第②层，灰褐色夯土，深 0.5 ~ 1.5 米，厚 1 米。土质较硬，内含水锈土颗粒。第③层，黄褐色土，深 1.5 ~ 2.5 米，厚 1 米。土质较净。该层下见灰白色沙质生土层，停探。

台基外地层：第①层，浅灰色土，深厚 0.5 米。土质干燥，松散，内含白灰颗粒、瓦砾。第②层，灰褐色土，深 0.5 ~ 1.2 米，厚 0.7 米。土质较净。该层下见灰白色沙质生土层，停探。

乾元寺 F5 台基

位于乾元寺中央夯土台基的西南部，属中央夯土台基的西南侧配房。平面呈方形，边长 12 米。夯土构筑，高出现有地表 0.4 米。

台基内地层：第①层，浅灰色土，深厚 0.5 米。土质干燥，松散，内含碎砖渣、石块、瓦砾。第②层，灰褐色夯土，深 0.5 ~ 1.7 米，厚 1.2 米。土质坚硬，内含浅黄色土颗粒和少量黑炭点。夯土下见砖石不过，下面情况不明。

台基外地层：第①层，浅灰色土，深厚 0.5 米。土质干燥，松散，内含植物根茎、碎石块。第②层，灰褐色土，深 0.5 ~ 1.4 米，厚 0.9 米。土质较净。该层下见灰白色沙质生土层，停探。

乾元寺 F6 台基

位于乾元寺中央夯土台基的东南部，属乾元寺中央夯土台基东南侧配房。平面呈圆形，直径 14 米。夯土构筑，高出现有地表 0.4 米。

台基内地层：第①层，浅灰色土，深厚 0.8 米。土质干燥，松散，内含植物根茎、琉璃瓦残片、白灰颗粒。第②层，灰褐色夯土，深 0.8 ～ 2 米，厚 1.2 米。内含浅黄色土颗粒和少量碎砖渣点。夯土下见石，探不过，下面情况不明。

台基外地层：第①层，浅灰色土，深厚 0.5 米。土质干燥，松散，内含植物根茎。第②层，灰褐色土，深 0.5 ～ 1.3 米，厚 0.8 米。土质一般，内含黑炭渣点。该层下见灰白色沙质生土层，停探。

乾元寺 F7（中央夯土台基）

位于乾元寺四合式大院的中央，属乾元寺的核心建筑部位。平面呈方形，边长 40 米。夯土构筑，高出现有地表 3 米左右。通过勘测，在夯土台基上，最深探孔至 2.6 米处见石不过，其夯土厚 1.8 米不底。地表散落较多碎砖瓦块、石块、琉璃瓦残片、带纹饰建筑构件残片。东、北部各有一个现代破坏坑，坑深 2.5 米左右。东部破坏坑，大部分探孔在 1.2 ～ 1.6 米见石，土质湿润，有较薄夯土内含黑炭灰。以下见石不过，下面情况不明。北部破坏坑，大部分探孔深度 0.7 ～ 1.1 米见石，土质较松散，内含黑炭灰、碎石块。以下见石，探不过，下面情况不明。

台基外地层：第①层，浅灰色土，深厚 0.5 米。土质干燥，内含植物根茎、黑炭渣点、白灰颗粒。第②层，灰褐色土，深 0.5 ～ 1.3 米，厚 0.8 米。土质较净。该层下见灰白色沙质生土层，停探。

F17 台基

位于皇城西北部，F16 西北角向北 14 米。平面呈不规则长方形，东西 55 米，南北 5 米，高 0.3 米。房址内有多处明显砌石墙基。

台基内地层：第①层，浅灰色土，深厚 0.5 米。土质干燥，内含植物根茎。第②层，褐色土，深 0.5 ～ 1.4 米，厚 0.9 米。内含灰质砖瓦片。第③层，灰褐色土，深 1.4 ～ 2.3 米，厚 0.9 米。土质较净，底部有 0.4 米厚黑淤泥和带水锈黄沙。该层下见浅白色沙质生土层，停探。

台基外地层：第①层，浅灰色土，深厚 0.5 米。土质干燥，内含植物根茎。第②层，褐色土，深 0.5 ～ 1.4 米，厚 0.9 米。内含碎砖瓦块。第③层，灰褐色土，深 1.4 ～ 2.3 米，厚 0.9 米。底部有 0.4 米厚黑淤泥和带水锈白色沙土。该层下见浅白色沙质生土层，停探。

F18 台基

位于皇城西北部，F16 北 23 米。平面呈长方形，东西 24 米，南北 14 米，高 0.4 米。地表散落有建筑构件残片，砌石墙基不明显。

台基内地层：第①层，浅灰色土，深厚 0.5 米。土质干燥，内含植物根茎。第②层，褐色土，深 0.5 ～ 1.6 米，厚 1.1 米。内含白灰颗粒、灰质砖瓦、碎石块。第③层，灰褐色土，深 1.6 ～ 2.7 米，厚 1.1 米。土质较净，含沙量较大，底部有 0.3 米厚黑淤泥和带水锈黄沙。该层下见浅白色沙质生土层，停探。

台基外地层：第①层，浅灰色土，深厚 0.4 米。土质干燥，内含植物根茎。第②层，褐色土，深 0.4 ～ 0.9 米，厚 0.5 米。土质较净，有少许草木灰。第③层，灰褐色土，深 0.9 ～ 2.1 米。厚 1.2 米。土质较净，含沙量较大。该层下见浅白色沙质生土层，停探。

F19 台基

位于皇城西北部，F18 西北 10 米。平面呈长方形，东西 8 米，南北 5 米，高 0.6 米。地表有明显砌石墙基。

台基内地层：第①层，浅灰色土，深厚 0.5 米。土质干燥，内含植物根茎。第②层，褐色土，深 0.5 ～

1.4 米，厚 0.9 米。内含灰质砖块。第③层，灰褐色土，深 1.4 ~ 2.3 米，厚 0.9 米。土质较净，无包含物，底部有 0.4 米厚黑淤泥和黄沙。该层下见浅白色沙质生土层，停探。

台基外地层：第①层，浅灰色土，深厚 0.4 米。土质干燥，内含植物根茎。第②层，褐色土，深 0.4 ~ 1.3 米，厚 0.9 米。内含动物骨骼、草木灰及烧土颗粒。第③层，灰褐色土，深 1.3 ~ 2.2 米，厚 0.9 米。土质较净，底部有 0.4 米黑淤泥和水锈沙。该层下见浅白色沙质生土层，停探。

F20 台基

位于皇城西北部，东西第一街南侧 20 米。平面呈不规则方形，边长 10 米，高 0.9 米。

台基内地层：第①层，浅灰色土，深厚 0.5 米。土质干燥，内含植物根茎。第②层，褐色土，深 0.5 ~ 1.2 米，厚 0.7 米。土质较硬，内含白灰、草木灰、灰质砖瓦块。第③层，灰褐色土，深 1.2 ~ 2.4 米，厚 1.2 米。内带有水锈黄沙团，底部有 0.3 米厚黑淤泥。该层下见浅白色沙质生土层，停探。

台基外地层：第①层，浅灰色土，深厚 0.4 米。土质干燥，内含植物根茎。第②层，褐色土，深 0.4 ~ 1.2 米，厚 0.8 米。内含草木灰、白瓷片及动物骨骼。第③层，灰褐色土，深 1.2 ~ 2.3 米，厚 1.1 米。土质较软，水分大，底部有 0.4 米厚黑淤泥。该层下见浅白色沙质生土层，停探。

F21 台基

位于皇城西北部，东西第一街南 10 米。平面呈长方形，东西 23 米，南北 14 米，高 0.4 米。地表有较多建筑构件残片，房基为砖、白灰结构。

台基内地层：第①层，浅灰色土，深厚 0.7 米。土质干燥，内含植物根茎、碎砖瓦块及白灰颗粒。第②层，褐色土，深 0.7 ~ 1.4 米，厚 0.7 米。该土层为夯土层，土质较硬，内含白灰。第③层，灰褐色土，深 1.4 ~ 2.5 米，厚 1.1 米。土质含沙量较大，底部有 0.3 米厚黑淤泥。该层下见浅白色沙质生土层，停探。

台基外地层：第①层，浅灰色土，深厚 0.5 米。土质干燥，内含植物根茎。第②层，褐色土，深 0.5 ~ 1.4 米，厚 0.9 米。内含白灰颗粒、碎砖瓦块及动物骨骼。第③层，灰褐色土，深 1.4 ~ 2.3 米，厚 0.9 米。土质较净，底部有 0.4 米厚黑淤泥带水锈。该层下见浅白色沙质生土层，停探。

F22 台基

位于皇城西北部，东西第一街南侧 2 米。平面呈不规则长方形，东西 15 米，南北 6 米，高 0.4 米。房址南边现有明显砌石墙基。

台基内地层：第①层，浅灰色土，深厚 0.6 米。建筑覆盖层，内含碎砖瓦块。第②层，灰褐色土，深 0.6 ~ 1.5 米，厚 0.9 米。土质较硬，较净。第③层，褐色土，深 1.5 ~ 2.3 米，厚 0.8 米。土质较净，无包含物。底部有 0.2 米白色沙带水锈。该层下见浅白色沙质生土层，停探。

台基外地层：第①层，浅灰色土，深厚 0.4 米。内含植物根茎。第②层，灰褐色土，深 0.4 ~ 1.2 米，厚 0.8 米。内含动物骨骼、碎砖瓦块。第③层，褐色土，深 1.2 ~ 2.1 米，厚 0.9 米。土质较净，底部有 0.2 米厚水锈沙。该层下见浅白色沙质生土层，停探。

F23 台基

位于皇城西北部，东西第一街南 3 米，F22 东 6 米。平面呈长方形，东西 12 米，南北 6 米，高 0.2 米。

台基内地层：第①层，浅灰色土，深厚 0.6 米。土质干燥，内含植物根茎、白灰颗粒及碎砖瓦块。

第②层，灰褐色土，深 0.6 ~ 1.5 米，厚 0.9 米。土质较硬，内含水锈沙团。第③层，褐色土，深 1.5 ~ 2.3 米，厚 0.8 米。较净，含沙量大，底部有 0.2 米厚水锈沙。该层下见浅白色沙质生土层，停探。

台基外地层：第①层，浅灰色土，深厚 0.4 米。土质干燥，内含植物根茎。第②层，灰褐色土，深 0.4 ~ 1.2 米，厚 0.8 米。内含碎砖石块。第③层，褐色土，深 1.2 ~ 2.1 米，厚 0.9 米。土质较净，含沙量较大，带水锈。该层下见浅白色沙质生土层，停探。

F24 台基

位于皇城西北部，东西第一街南侧，F23 南 10 米。平面呈"十"字形，东西 30 米，南北 30 米。地表散落有绿釉红胎琉璃瓦片、酱釉红胎瓦片、绿黄两釉红胎琉璃瓦片、砖块、白灰渣等建筑构件。

台基内地层：第①层，浅灰色土，建筑废墟覆盖层，深厚 0.6 米。内含砖瓦片、琉璃瓦片。第②层，褐色土，深 0.6 ~ 1.6 米，厚 1 米。该土层为夯土层，土质坚硬，内含少量草木灰。第③层，灰褐色土，深 1.6 ~ 3.5 米，厚 1.9 米。土质较软，水分大，底部有 0.5 米厚黑淤泥。该层下见浅白色沙质生土层，停探。

台基外地层：第①层，浅灰色土，深厚 0.4 米。土质干燥，内含植物根茎、白灰颗粒。第②层，灰褐色土，深 0.4 ~ 1.1 米，厚 0.7 米。土质较净，该土层上部有较少白灰点。第③层，深灰褐色土，深 1.1 ~ 2 米，厚 0.9 米。土质较净，底部有 0.4 米黑淤泥。该层下见浅白色沙质生土层，停探。

F25 台基

位于皇城西北部，东西第一街南侧 3 米。平面呈刀把形，东西 18 米，南北 16 米。地表散落有较多建筑构件，未发现有明显墙基。

台基内地层：第①层，浅灰色土，深厚 0.6 米。土质干燥，松散，内含植物根茎、灰质砖石块、白灰颗粒。第②层，褐色土，深 0.6 ~ 1.5 米，厚 0.9 米。内含白瓷片、灰质砖瓦片及木炭灰。第③层，灰褐色土，深 1.5 ~ 2.9 米，厚 1.4 米。土质较净，内含水锈纹沙，底部有 0.3 米厚黑泥沙层。该层下见浅白色沙质生土层，停探。

台基外地层：第①层，浅灰色土，深厚 0.5 米。土质干燥，内含植物根茎。第②层，褐色土，深 0.5 ~ 1.4 米，厚 0.9 米。内含灰质砖瓦块。第③层，灰褐色土，深 1.4 ~ 2.7 米，厚 1.3 米。土质较净，内含水锈土，底部有 0.4 米黑泥沙。该层下见浅白色沙质生土层，停探。

F26 台基

位于皇城西北部，东西第一街南侧，F25 南 25 米处。平面呈长方形，东西 15 米，南北 6 米。有房址迹象，无明显墙基。

台基内地层：第①层，浅灰色土，深厚 0.5 米。土质干燥，内含植物根茎、白灰颗粒及瓦片。第②层，灰褐色土，深 0.5 ~ 1.3 米，厚 0.8 米。内含白灰、草木灰、烧骨片及碎砖瓦片。第③层，褐色土，深 1.3 ~ 2.1 米，厚 0.8 米。土质较净，含沙量较大。该层下见浅白色沙质生土层，停探。

台基外地层：第①层，浅灰色土，深厚 0.4 米。内含植物根茎。第②层，褐色土，深 0.4 ~ 1.2 米，厚 0.8 米。内含碎砖石瓦片、白灰颗粒及草木灰。第③层，灰褐色土，深 1.2 ~ 2.1 米，厚 0.9 米。土质较净，带有水锈沙。该层下见浅白色沙质生土层，停探。

F27 台基

位于皇城西北部，F16 北 25 米处。平面呈长方形，东西 22 米，南北 15 米，高 0.4 米。地表散落有较多建筑构件，未发现明显墙基。

台基内地层：第①层，浅灰色土，深厚 0.8 米。覆盖层，内含砖瓦片、白灰结块。第②层，褐色土，深 0.8～1.5 米，厚 0.7 米。夯土层，内有白灰，无其他包含物。第③层，灰褐色土，深 1.5～2.9 米，厚 1.4 米。土质较净，无包含物，底部有 0.3 米厚黑泥沙。该层下见白色沙质生土层，停探。

台基外地层：第①层，浅灰色土，深厚 0.4 米。土质稍散，内含植物根茎。第②层，褐色土，深 0.4～1.2 米，厚 0.8 米。内含动物骨骼、白瓷片。第③层，灰褐色土，深 1.2～2.4 米，厚 1.2 米。土质较净，无包含物，底部有 0.3 米厚黑泥沙。该层下见浅白色沙质生土层，停探。

F28 台基

位于皇城西北部，东西第一街南侧，F26 东 7 米处。平面呈不规则长方形，东西 50 米，南北 50 米，高 0.7 米。该房址地势较高，地表有较多建筑构件，未发现有明显墙基。

台基内地层：第①层，浅灰色土，深厚 0.7 米。土质稍散，内含白灰点、灰质瓦片。第②层，褐色土，深 0.7～1.5 米，厚 0.8 米。内含灰质砖瓦片、白灰结块及动物骨骼。第③层，灰褐色土，深 1.5～2.7 米，厚 1.2 米。土质较净，含沙量较大，有水锈，底部有 0.3 米厚黑泥沙。该层下见浅白色沙质生土层，停探。

台基外地层：第①层，浅灰色土，深厚 0.7 米。土质稍散，内含白灰点、灰质瓦片。第②层，褐色土，深 0.7～1.5 米，厚 0.8 米。内含灰质砖瓦片、白灰结块及动物骨骼。第③层，灰褐色土，深 1.5～2.7 米，厚 1.2 米。土质较净，含沙量较大，有水锈，底部有 0.3 米厚黑泥沙。该层下见浅白色沙质生土层，停探。

F29 台基

位于皇城西北部，F28 东南 15 米。平面呈长方形，东西 12 米，南北 7 米，高 0.9 米。该台基地势略高，地表下 0.7 米发现有建筑废墟堆积。

台基内地层：第①层，浅灰色土，深厚 0.7 米。土质干燥，内含植物根茎。第②层，褐色土，深 0.7～1.4 米，厚 0.7 米。内含动物骨骼、灰质砖瓦碎石、白灰颗粒。第③层，灰褐色土，深 1.4～2.8 米，厚 1.4 米。土质较净，带水锈，无包含物，底部有 0.4 米厚黑泥沙。该层下见浅白色沙质生土层，停探。

台基外地层：第①层，浅灰色土，深厚 0.7 米。土质干燥，内含植物根茎。第②层，褐色土，深 0.7～1.4 米，厚 0.7 米。内含动物骨骼、灰质砖瓦碎石、白灰颗粒。第③层，灰褐色土，深 1.4～2.8 米，厚 1.4 米。土质较净，带水锈，无包含物，底部有 0.4 米厚黑泥沙。该层下见浅白色沙质生土层，停探。

F30 台基

位于皇城西北部，F29 西南 4 米。平面呈正方形，边长 7 米，高 0.5 米。

台基内地层：第①层，浅灰色土，深厚 0.6 米。土质干燥，内含植物根茎。第②层，褐色土，深 0.6～1.5 米，厚 0.9 米。土质稍散，内含砖瓦片、白灰块及碎石颗粒。第③层，灰褐色土，深 1.5～2.8 米，厚 1.3 米。土质较净，内含水锈土，无包含物，底部有 0.3 米厚黑泥沙层。该层下见浅白色沙质生土层，停探。

台基外地层：第①层，浅灰色土，深厚 0.4 米。土质干燥，内含植物根茎。第②层，褐色土，深 0.6～

1.5 米，厚 0.9 米。土质一般，内含少量碎石块。第③层，灰褐色土，深 1.5 ～ 2.6 米，厚 1.1 米。土质较净，内含少量水锈土，无其他包含物，底部有 0.3 米厚黑泥沙层。该层下见浅白色沙质生土层，停探。

F31 台基

位于皇城西北部，1 号水坑西侧，F30 东南 8 米。平面呈"7"字形，东西 14 米，南北 12 米，高 0.3 米。

台基内地层：第①层，浅灰色土，深厚 0.8 米。土质干燥，内含植物根茎、碎砖石块。第②层，褐色土，深 0.8 ～ 1.5 米，厚 0.7 米。内含碎砖瓦片、白灰颗粒及木材灰。第③层，灰褐色土，深 1.5 ～ 2.3 米，厚 0.8 米。土质较净，内含水锈土，底部有 0.4 米厚黑泥沙。该层下见浅白色沙质生土层，停探。

台基外地层：第①层，浅灰色土，深厚 0.5 米。土质干燥，内含植物根茎。第②层，褐色土，深 0.5 ～ 1.4 米，厚 0.9 米。内含碎砖块、白灰颗粒及白色瓷片。第③层，灰褐色土，深 1.4 ～ 2.6 米，厚 1.2 米。土质较净，内含水锈纹，底部有 0.4 米厚黑泥沙。该层下见浅白色沙质生土层，停探。

F32 台基

位于皇城西北部，乾元寺东北，F31 西南 4 米。平面呈长方形，东西 12 米，南北 7 米。

台基内地层：第①层，浅灰色土，深厚 0.5 米。土质干燥，内含植物根茎。第②层，褐色土，深 0.5 ～ 1.5 米，厚 1 米。内含灰质砖瓦片、黑粗瓷片及白灰点。第③层，灰褐色土，深 1.5 ～ 2.4 米，厚 0.9 米。土质较净，无包含物，底部有 0.2 米黑淤泥。该层下见浅白色沙质生土层，停探。

台基外地层：第①层，浅灰色土，深厚 0.4 米。土质松散，内含植物根茎。第②层，褐色土，深 0.4 ～ 1.4 米，厚 1 米。内含白瓷片、动物骨骼、白灰点及草木灰。第③层，灰褐色土，深 1.4 ～ 2.2 米，厚 0.8 米。土质较净，含水锈黄沙，底部有 0.2 米厚黑淤泥，该层下见浅白色沙质生土层，停探。

F33 台基

位于皇城西北部，1 号水坑西侧，F31 南 20 米处。平面呈长方形，东西 14 米，南北 7 米，高 0.5 米。

台基内地层：第①层，浅灰色土，深厚 0.8 米。土质干燥，松散，内含植物根茎、碎砖瓦块。第②层，褐色土，深 0.8 ～ 1.5 米，厚 0.7 米。内含草木灰及碎砖瓦片。第③层，灰褐色土，深 1.5 ～ 2.3 米，厚 0.8 米。土质较净，内含水锈土，无其他包含物。该层下见浅白色沙质生土层，停探。

台基外地层：第①层，浅灰色土，深厚 0.4 米。土质干燥，内含植物根茎。第②层，褐色土，深 0.4 ～ 1.2 米，厚 0.8 米。内含动物骨骼、浅蓝色瓷片及少量草木灰。第③层，灰褐色土，深 1.2 ～ 2.2 米，厚 1 米。内含水锈土、淤泥，底部有 0.4 米厚黑泥沙。该层下见浅白色沙质生土层，停探。

F34 台基

位于皇城西北部，F33 南 5 米处。平面呈长方形，东西 10 米，南北 5 米，高 0.3 米。

台基内地层：第①层，浅灰色土，深厚 0.4 米。土质干燥，松散，内含植物根茎、白灰颗粒、灰砖渣。第②层，灰褐色土，深 0.4 ～ 1.9 米，厚 1.5 米。土质稍散，内含灰砖渣、动物骨骼、瓦片。第③层，褐色土，深 1.9 ～ 2.3 米，厚 0.4 米。土质较净，无包含物。该层下见浅白色沙质生土层，停探。

台基外地层：第①层，浅灰色土，深厚 0.3 米。土质干燥，松散，内含植物根茎、砖渣、白灰颗粒。

第②层，灰褐色土，深 0.3 ～ 1.8 米，厚 1.5 米。土质较松，内含白灰颗粒、碎石块。第③层，褐色土，深 1.8 ～ 2.3 米，厚 0.5 米。土质较净，无包含物。该层下见浅白色沙质生土层，停探。

F35 台基

位于皇城西北部，东西第一街南侧，乾元寺东北角向东 8 米处。平面呈长方形，东西 10 米，南北 5 米。

台基内地层：第①层，浅灰色土，深厚 0.4 米。土质干燥，松散，内含植物根茎、白灰点。第②层，灰褐色土，深 0.4 ～ 1.6 米，厚 1.2 米。土质较松，内含灰砖渣、白灰颗粒、瓦片。第③层，褐色土，深 1.6 ～ 2.5 米，厚 0.9 米。土质较净，无包含物。该层下见浅白色沙质生土层，停探。

台基外地层：第①层，浅灰色土，深厚 0.6 米。土质干燥，松散，内含植物根茎、白灰颗粒。第②层，灰褐色土，深 0.6 ～ 1.8 米，厚 1.2 米。内含灰砖渣、瓦片。第③层，深 1.8 ～ 2.5 米，厚 0.7 米。土质较软，较净，无包含物。该层下见浅白色沙质生土层，停探。

F36 台基

位于皇城西北部，东西第一街南侧，1 号水坑西南 15 米处。平面呈长方形，东西 11 米，南北 9 米，高 0.4 米。

台基内地层：第①层，浅灰色土，深厚 0.3 米。内含植物根茎、白灰颗粒、灰砖渣。第②层，褐色土，深 0.3 ～ 1.7 米，厚 1.4 米。土质较松散，内含碎砖渣、瓦片、白灰颗粒。第③层，灰褐色土，深 1.7 ～ 2.3 米，厚 0.6 米。土质较软，无包含物。该层下见黄褐色沙质生土层，停探。

台基外地层：第①层，浅灰色土，深厚 0.4 米。土质干燥，松散，内含植物根茎、白灰点。第②层，灰褐色土，深 0.4 ～ 1.5 米，厚 1.1 米。土质较松，内含灰砖渣、白灰颗粒、瓦片。第③层，褐色土，深 1.5 ～ 2.2 米，厚 0.7 米。土质湿软，无包含物。该层下见黄褐色沙质生土层，停探。

F37 台基

位于皇城西北部，东西第一街南侧，1 号水坑西南角 20 米处。平面呈长方形，东西 32 米，南北 10 米。

台基内地层：第①层，浅灰色土，深厚 0.3 米。土质干燥，松散，内含植物根茎、沙石颗粒。第②层，灰褐色土，深 0.3 ～ 1.7 米，厚 1.4 米。土质松散，内含灰砖渣、白灰颗粒。第③层，褐色土，深 1.7 ～ 2.3 米，厚 0.6 米。土质湿软，较净，无包含物。该层下见浅白色沙质生土层，停探。

台基外地层：第①层，浅灰色土，深厚 0.4 米。土质干燥，松散，内含植物根茎。第②层，灰褐色土，深 0.4 ～ 1.8 米，厚 1.4 米。土质松散，内含灰砖渣、白灰颗粒、瓦片。第③层，褐色土，深 1.8 ～ 2.2 米，厚 0.4 米。土质较净，无包含物。该层下见黄褐色沙质生土层，停探。

F38 台基

位于皇城西北部，东西第一街南侧，F37 南 5 米处。平面呈正方形，边长 10 米，高 0.5 米。

台基内地层：第①层，浅灰色土，深厚 0.4 米。土质干燥，松散，内含植物根茎、白灰颗粒。第②层，灰褐色土，深 0.4 ～ 1.6 米，厚 1.2 米。土质较松散，较净，无包含物。该层下见浅白色沙质生土层，停探。

台基外地层：第①层，浅灰色土，深厚 0.4 米。土质干燥，松散，内含植物根茎。第②层，灰褐色土，深 0.4 ～ 1.7 米，厚 1.3 米。土质较松散，内含灰砖渣、白灰颗粒。第③层，褐色土，深 1.7 ～ 2.3 米，厚 0.6 米。土质较净，无包含物。该层下见黄褐色沙质生土层，停探。

F39 台基

位于皇城西北部,东西第一街南侧,F38西南16米处。平面呈不规则长方形,东西30米,南北12米,高1.5米。该房址地势较高,地表散落有较多建筑构件,砌石基础较明显。

台基内地层:第①层,浅灰色土,深厚0.6米。内含植物根茎、砖石块、瓦片和白灰块。第②层,灰褐色土,深0.6～1.3米,厚0.7米。土质较净,无包含物。第③层,褐色土,深1.3～2.5米,厚1.2米。土质较净,无包含物,该土层为淤积层,含沙量大,带水锈,底部有0.4米厚黑淤土。该层下见浅白色沙质生土层,停探。

台基外地层:第①层,浅灰色土,深厚0.4米。内含植物根茎。第②层,灰褐色土,深0.4～1.3米,厚0.9米。内含砖石块、瓦片、草木灰和动物骨骼。第③层,褐色土,深1.3～2.4米,厚1.1米。土质较净,该土层为淤积层,含沙量大,带水锈,底部有0.4米厚黑淤土。该层下见浅白色沙质生土层,停探。

F40 台基

位于皇城西北部,东西第一街南侧,F39东20米处。平面呈长方形,东西17米,南北10米,高0.4米。

台基内地层:第①层,浅灰色土,深厚0.6米。内含砖石块、瓦片和白灰块。第②层,灰褐色土,深0.6～1.3米,厚0.7米。土质较净,无包含物。第③层,褐色土,深1.3～2.5米,厚1.2米。土质较净,无包含物,该土层含为淤积层,含沙量大,带水锈,底部有0.4米厚黑淤土。该层下见浅白色沙质生土层,停探。

台基外地层:第①层,浅灰色土,深厚0.4米。内含植物根茎。第②层,灰褐色土,深0.4～1.3米,厚0.9米。内含砖石块、瓦片、草木灰和动物骨骼。第③层,褐色土,深1.3～2.4米,厚1.1米。土质较净,该土层为淤积层,含沙量大,带水锈,底部有0.4米厚黑淤土。该层下见浅白色沙质生土层,停探。

F41 台基

位于皇城西北部,东西第一街南侧,F39南13米处。平面呈长方形,东西16米,南北8米,高0.6米。该房址地势较高,为石砌墙基。

台基内地层:第①层,浅灰色土,深厚0.7米。该层为建筑废墟覆盖层,内含砖、石、瓦片和白灰块。第②层,灰褐色土,深0.7～1.4米,厚0.7米。土质较净,无包含物。第③层,褐色土,深1.4～2.6米,厚1.2米。土质较净,无包含物,该土层为淤积层,含沙量大,带水锈,底部有0.3米厚黑淤泥。该层下见浅白色沙质生土层,停探。

台基外地层:第①层,浅灰色土,深厚0.4米。内含植物根茎,无其他包含物。第②层,灰褐色土,深0.4～1.2米,厚0.8米。土质较净,无包含物。第③层,褐色土,深1.2～2.4米,厚1.2米。土质较净,无包含物,该土层为淤积层,含沙量大,带水锈,底部有0.4米厚黑淤泥。该层下见浅白色沙质生土层,停探。

F42 台基

位于皇城西北部,宫城西北角楼西70米处。平面呈长方形,东西15米,南北10米,高0.7米。

台基内地层:第①层,浅灰色土,深厚0.4米。土质干燥,松散,内含植物根茎、白灰颗粒。第②

层，灰褐色土，深 0.4 ~ 1.6 米，厚 1.2 米。土质松散，内含灰砖渣、白灰颗粒。第③层，深 1.6 ~ 2.2 米，厚 0.6 米。土质较净，无包含物。该层下见黄褐色沙质生土层，停探。

台基外地层：第①层，浅灰色土，深厚 0.4 米。土质干燥，松散，内含植物根茎、白灰颗粒。第②层，灰褐色土，深 0.4 ~ 1.8 米，厚 1.4 米。土质较松散，内含灰砖渣、白灰颗粒。第③层，褐色土，深 1.8 ~ 2.2 米，厚 0.4 米。土质较净，未发现包含物。该层下见黄褐色沙质生土层，停探。

F43 台基

位于皇城西北部，宫城西北角楼西 40 米处。平面呈不规则方形，边长 10 米。

台基内地层：第①层，浅灰色土，深厚 0.3 米。土质干燥，松散，内含植物根茎、白灰颗粒。第②层，灰褐色土，深 0.3 ~ 1.6 米，厚 1.3 米。土质较松散，内含灰砖渣、白灰。第③层，褐色土，深 1.6 ~ 2 米，厚 0.4 米。土质较净，含微量黑灰点。该层下见浅白色沙质生土层，停探。

台基外地层：第①层，浅灰色土，深厚 0.4 米。土质干燥，松散，内含植物根茎、白灰颗粒。第②层，灰褐色土，深 0.4 ~ 1.7 米，厚 1.3 米。土质较松散，内含砖瓦片、白灰颗粒。第③层，褐色土，深 1.7 ~ 2.1 米，厚 0.4 米。土质较净，未发现包含物。该层下见浅白色沙质生土层，停探。

F44 台基

位于皇城西北部，宫城西北角楼西 36 米处。平面呈不规则形，东西 45 米，南北 35 米，高 0.2 米。

台基内地层：第①层，浅灰色土，深厚 0.4 米。土质干燥，松散，内含植物根茎、白灰颗粒。第②层，灰褐色土，深 0.4 ~ 1 米，厚 0.6 米。土质较松散，内含灰砖瓦块、白灰颗粒。第③层，深 1 ~ 2.5 米，厚 1.5 米。土质较松散，内含碎石颗粒、白灰点。该层下见浅白色沙质生土层，停探。

台基外地层：第①层，深厚 0.4 米。土质干燥，松散，内含植物根茎、白灰点。第②层，灰褐色土，深 0.4 ~ 1.6 米，厚 1.2 米。土质较松散，内含白灰颗粒、黑灰点。第③层，褐色土，深 1.6 ~ 2.3 米，厚 0.7 米。土质较净，无包含物。该层下见浅白色沙质生土层，停探。

F45 台基

位于皇城西北部，1 号水坑东南，F44 西 10 米处。平面呈不规则长方形，东西 50 米，南北 35 米，高 0.3 米。

台基内地层：第①层，浅灰色土，深厚 0.4 米。土质干燥，松散，内含植物根茎、白灰颗粒。第②层，灰褐色土，深 0.4 ~ 1.8 米，厚 1.4 米。土质较松，内含瓦片、沙石、白灰颗粒。第③层，褐色土，深 1.8 ~ 2.3 米，厚 0.5 米。土质较净，无包含物。该层下见浅白色沙质生土层，停探。

台基外地层：第①层，浅灰色土，深厚 0.6 米。土质干燥，松散，内含碎砖渣、白灰颗粒。第②层，灰褐色土，深 0.6 ~ 1.7 米，厚 1.1 米。土质较松散，内含碎砖渣、瓦片、白灰颗粒。第③层，褐色土，深 1.7 ~ 2.3 米，厚 0.6 米。土质较净，无包含物。该层下见浅白色沙质生土层，停探。

F46 台基

位于皇城西北部，1 号水坑东南，F45 北 4 米处。平面呈"厂"形，东西 10 米，南北 15 米。

台基内地层：第①层，浅灰色土，深厚 0.4 米。土质干燥，松散，内含植物根茎、白灰颗粒。第②层，灰褐色土，深 0.4 ~ 1.6 米，厚 1.2 米。土质较松散，内含碎石块、瓦片、白灰颗粒。第③层，褐色土，深 1.6 ~ 2.3 米，厚 0.7 米。土质较净，无包含物。该层下见黄褐色沙质生土层，停探。

台基外地层：第①层，浅灰色土，深厚 0.4 米。土质干燥，松散，内含植物根茎、白灰点。第②层，灰褐色土，深0.4～1.7米，厚1.3米。土质较松散，内含砖渣、白灰、瓦片。第③层，褐色土，深1.7～2.3米，厚0.6米。土质较净，无包含物。该层下见黄褐色沙质生土层，停探。

F47 台基

位于皇城西北部，1号排水沟西北拐角处向西15米。平面呈正方形，边长20米，高0.3米。

台基内地层：第①层，浅灰色土，深厚0.4米。土质干燥，松散，内含植物根茎、白灰颗粒。第②层，灰褐色土，深0.4～1.8米，厚1.4米。土质较松散，内含砖渣、白灰颗粒、瓦片。第③层，深1.8～2.3米，厚0.5米。土质较净，未发现包含物。该层下见黄褐色沙质生土层，停探。

台基外地层：第①层，浅灰色土，深厚0.6米。土质干燥，内含植物根茎、白灰。第②层，灰褐色土，深0.6～1.7米，厚1.1米。土质较松散，内含碎砖渣、瓦片、白灰颗粒。第③层，褐色土，深1.7～2.3米，厚0.6米。土质较净，未发现包含物。该层下见黄褐色沙质生土层，停探。

F48 台基

位于皇城西北部，1号排水沟西北拐角处。平面呈"厂"形，东西55米，南北45米，高0.5米。地表有较多建筑构件残片，未发现墙基。

台基内地层：第①层，浅灰色土，深厚0.5米。内含植物根茎、灰质砖瓦、白灰颗粒。第②层，灰褐色土，深0.5～1.4米，厚0.9米。土质较净，无包含物。第③层，褐色土，深1.4～2.5米，厚1.1米。土质较净，为淤积层，含沙量大，带水锈。该层下见浅白色沙质生土层，停探。

台基外地层：第①层，浅灰色土，深厚0.4米。内含植物根茎。第②层，灰褐色土，深0.4～1.3米，厚0.9米。内含碎石块、白灰颗粒、白瓷片。第③层，褐色土，深1.3～2.3米，厚1米。土质较净，无包含物，为淤积层，含沙量较大，带水锈。该层下见浅白色沙质生土层，停探。

F49 台基

位于皇城西北部，东西第一街南侧10米处。平面呈不规则形，东西135米，南北70米，高1米。该房址结构复杂，建在夯土台上，周围有石块堆砌而成的护坡。地表散落较多建筑构件。

台基内地层：第①层，建筑废墟覆盖层，深厚1米。内含碎砖瓦片、白灰结块、烧木灰及带纹饰建筑构件。第②层，夯土层，1～2.4米，厚1.4米。采用沙土夯实，土质干燥，结实，较净，无包含物。第③层，灰褐色土，2.4～2.8米，厚0.4米。土质稍散，内含少量草木灰和烧土颗粒。第④层，褐色土，深2.8～3.3米，厚0.5米。含沙量较大，带水锈，较净，无包含物。第⑤层，淤积层，深3.3～4.2米，厚0.9米。土质结构为冲积层和淤土层分层次结核状，土质松软，水分大，较净，无包含物，底部有0.3米厚黑淤泥。该层下见浅白色沙质生土层，停探。

台基外地层：第①层，浅灰色土，深厚0.4米。土质松散，内含植物根茎。第②层，褐色土，深0.4～1米，厚0.6米。土质较净，含沙量较大，无包含物。第③层，淤积层，深1～2.1米，厚1.1米。土质结构为冲积层和淤土层，分层明显，土质松软，水分大，较净，无包含物，底部有0.3米厚黑淤泥。该层下见浅白色沙质生土层，停探。

F50 台基

位于皇城北部，东西第一街南侧紧邻，F49北2米处。平面呈长方形，东西12米，南北8米，高0.5米。

台基内地层：第①层，建筑废墟覆盖层，厚0.5米。内含灰质砖瓦片、石灰块、植物根茎。第②层，灰褐色土，深0.5～1.2米，厚0.7米。土质松散，内含灰质砖瓦块，含沙量较大，无其他包含物。

第③层，淤积层，1.8 ~ 2.8 米，厚 1 米。土质结构为冲积层和淤土层，分层明显，土质松软，水分大，较净，无包含物，底部有 0.3 米厚黑淤泥。该层下见浅白色沙质生土层，停探。

台基外地层：第①层，浅灰色土，深厚 0.5 米。土质干燥，内含植物根茎，无其他包含物。第②层，灰褐色土，深 0.5 ~ 1.4 米，厚 0.9 米。土质较净，含沙量较大，无包含物。第③层，淤积层，深 1.4 ~ 2.1 米，厚 0.7 米。土质结构为冲积层和淤土层，分层明显，土质松软，水分大，较净，未发现包含物，底部有 0.3 米厚黑淤泥。该层下见浅白色沙质生土层，停探。

F51 台基

位于皇城北部，东西第一街西端路上，F50 东 12 米处。平面呈不规则长方形，东西 12 米，南北 10 米，高 0.3 米。该房址西部乱石块较多，未发现明显墙基。

台基内地层：第①层，浅灰色土，深厚 0.5 米。土质干燥，内含植物根茎，无其他包含物。第②层，灰褐色土，深 0.5 ~ 1.6 米，厚 1.1 米。土质较净，无包含物。第③层，深灰色土，深 1.6 ~ 2.1 米，厚 0.5 米。含沙量较大，带水锈，较净，未发现包含物。该层下见黄褐色沙质生土层，停探。

台基外地层：第①层，浅灰色土，深厚 0.5 米。土质干燥，内含植物根茎，无其他包含物。第②层，灰褐色土，深 0.5 ~ 1.6 米，厚 1.1 米。土质较净，无包含物。第③层，深灰色土，深 1.6 ~ 2.1 米，厚 0.5 米。含沙量较大，带水锈，较净，未发现包含物。该层下见黄褐色沙质生土层，停探。

F52 台基

位于皇城北部，东西第一街西端路上，F51 东 9 米处。平面呈不规则形，东西 23 米，南北 20 米。墙基不明显。

台基内地层：第①层，浅灰色土，深厚 0.5 米。土质稍散，内含碎石片、灰质瓦片。第②层，灰褐色土，深 0.5 ~ 1.1 米，厚 0.6 米。土质较净，无包含物。第③层，深灰褐色土，深 1.1 ~ 2 米，厚 0.9 米。该土层较净，未发现包含物。该层下见浅白色沙质生土层，停探。

台基外地层：第①层，浅灰色土，深厚 0.5 米。土质稍散，内含碎石片、灰质瓦片。第②层，灰褐色土，深 0.5 ~ 1.1 米，厚 0.6 米。土质较净，无包含物。第③层，深灰褐色土，深 1.1 ~ 2 米，厚 0.9 米。该土层较净，未发现包含物。该层下见浅白色沙质生土层，停探。

F53 台基

位于皇城北部，东西第一街南侧，F49 东北角 2 米处。平面呈不规则长方形，东西 17 米，南北 13 米，高 0.7 米。地表散落较多建筑构件，墙基明显。

台基内地层：第①层，浅灰色土，深厚 0.5 米。土质干燥，内含植物根茎、灰色瓦片。第②层，深灰褐色土，深 0.5 ~ 1.4 米，厚 0.9 米。土质较净，无包含物。第③层，褐色土，深 1.4 ~ 2.1 米，厚 0.7 米。该土层内含沙量较大，土质较净，未发现包含物。该层下见浅白色沙质生土层，停探。

台基外地层：第①层，浅灰色土，深厚 0.5 米。土质干燥，内含植物根茎，无其他包含物。第②层，深灰褐色土，深 0.5 ~ 1.7 米，厚 1.2 米。内含零星草木灰，无其他包含物。第③层，褐色土，深 1.7 ~ 2.1 米，厚 0.4 米。土质较松，较净，未发现包含物，含沙量较大，带水锈。该层下见浅白色沙质生土层，停探。

F54 台基

位于皇城北部，东西第一街南侧，F53 东 20 米处。平面呈不规则形，东西 20 米，南北 12 米。

台基内地层：第①层，浅灰色土，深厚 0.4 米。土质干燥，松散，内含植物根茎、沙石颗粒、瓦片。

第②层，灰褐色土，深0.4～1米，厚0.6米。土质稍散，内含碎石块、灰砖渣、瓦片。第③层，褐色土，深1～1.6米，厚0.6米。土质较净，含沙量大。该层下见黄褐色沙质生土层，停探。

台基外地层：第①层，浅灰色土，深厚0.4米。土质干燥，松散，内含植物根茎、沙石颗粒。第②层，灰褐色土，深0.4～1.8米，厚1.4米。土质较净，无包含物。第③层，深1.8～2米，厚0.2米。土质一般，带水锈。该层下见黄褐色沙质生土层，停探。

F55 台基

位于皇城北部，东西第一街南侧，F54 东南16米。平面呈正方形，边长8米，高0.2米。

台基内地层：第①层，浅灰色土，深厚0.5米。土质干燥，含沙量稍大，内含植物根茎、碎砖块、白灰颗粒。第②层，浅灰褐色土，深0.5～1.1米，厚0.6米。土质干燥，内含碎石块、白灰颗粒。第③层，灰褐色土，深1.1～1.8米，厚0.7米。内含水锈沙团。该层下见浅白色沙质生土层，停探。

台基外地层：第①层，浅灰色土，深厚0.4米。内含植物根茎。第②层，灰褐色土，深0.4～1.4米，厚1米。土质较净，无包含物。第③层，褐色土，深1.4～1.9米，厚0.5米。土质较净，含水锈沙团。该层下见浅白色沙质生土层，停探。

F56 台基

位于皇城北部，东西第一街南侧，F49 东南角向东10米处。平面呈长方形，东西16米，南北10米，高0.6米。

台基内地层：第①层，浅灰色土，深厚0.4米。土质干燥，松散，内含植物根茎、白灰颗粒。第②层，灰褐色土，深0.4～1.1米，厚0.7米。土质稍散，内含木炭灰、红烧土块、动物骨骼。第③层，褐色土，深1.1～2.1米，厚1米。土质较湿软，内含砖渣、瓦片、红烧土颗粒、黑炭渣。第④层，黑淤泥，深2.1～3米，厚0.9米。土质呈泥状，较净。该层下见黄褐色沙质生土层，停探。

台基外地层：第①层，浅灰色土，深厚0.4米。土质干燥，松散，内含植物根茎、白灰点。第②层，灰褐色土，深0.4～2.3米，厚1.9米。土质较湿软，内含炭渣、白灰点。第③层，黑淤泥，深2.3～3米，厚0.7米。土质较净，无包含物。该层下见黄褐色沙质生土层，停探。

F57 台基

位于皇城北部，1号排水沟北侧，F55 南偏东20米处。平面呈长方形，东西16米，南北6米，高0.5米。

台基内地层：第①层，浅灰色土，深厚0.4米。土质干燥，松散，内含植物根茎、白灰点、沙石颗粒。第②层，灰褐色土，深0.4～1.2米，厚0.8米。土质稍散，内含灰砖渣、瓦片、沙石颗粒。第③层，褐色土，深1.2～2.2米，厚1米。土质较净，未发现包含物。该层下见黄褐色沙质生土层，停探。

台基外地层：第①层，浅灰色土，深厚0.4米。土质干燥，松散，内含植物根茎、白灰点。第②层，灰褐色土，深0.4～1.3米，厚0.9米。土质稍散，内含白灰颗粒、黑炭渣。第③层，褐色土，深1.3～2.3米，厚1米。土质较净，无包含物。该层下见黄褐色沙质生土层，停探。

F58 台基

位于皇城北部，1号排水沟北侧，F57 东40米处。平面呈正方形，边长6米，高0.5米。

台基内地层：第①层，浅灰色土，深厚0.4米。土质干燥，松散，内含植物根茎、瓦片、白灰点。第②层，灰褐色土，深0.4～1.2米，厚0.8米。土质稍散，内含白灰点、瓦片。第③层，褐色土，深 1.2 ~ 2.2 米，厚 1 米。土质较净，无包含物。该层下见黄褐色沙质生土层，停探。

台基外地层：第①层，浅灰色土，深厚 0.4 米。土质干燥，松散，内含植物根茎、灰砖渣、白灰点。第②层，灰褐色土，深 0.4 ~ 1.5 米，厚 1.1 米。土质一般，内含白灰颗粒。第③层，褐色土，深 1.5 ~ 2.3 米，厚 0.8 米。土质较净，未发现包含物。该层下见黄褐色沙质生土层，停探。

F59 台基

位于皇城北部，东西第一街中段路上。F58 北 18 米。平面呈正方形，边长 12 米，高 0.9 米。

台基内地层：第①层，浅灰色土，深厚 0.4 米。土质干燥，松散，内含植物根茎、白灰颗粒。第②层，灰褐色土，深 0.4 ~ 1.2 米，厚 0.8 米。土质较硬，内含灰砖渣、瓦片、白灰点。第③层，褐色土，深 1.2 ~ 2.2 米，厚 1 米。土质较净，无包含物。该层下见黄褐色沙质生土层，停探。

台基外地层：第①层，浅灰色土，深厚 0.4 米。土质干燥，松散，内含植物根茎、白灰颗粒。第②层，灰褐色土，深 0.4 ~ 1.2 米，厚 0.8 米。土质稍散，内含灰砖渣、瓦片、白灰颗粒。第③层，褐色土，深 1.2 ~ 2.3 米，厚 1.1 米。土质较净，未发现包含物。该层下见黄褐色沙质生土层，停探。

F60 台基

位于皇城北部，东西第一街北侧。平面呈正方形，边长 8 米，高 0.5 米。

台基内地层：第①层，浅灰色土，深厚 0.5 米。土质较松散，内含植物根茎、碎石块、砖瓦片及白灰颗粒。第②层，灰褐色土，深 0.5 ~ 1.4 米，厚 0.9 米。土质较净，无包含物。第③层，深 1.4 ~ 2.1 米，厚 0.7 米。土质较净，该土层含沙量大，带水锈。该层下见浅白色沙质生土层，停探。

台基外地层：第①层，浅灰色土，深厚 0.4 米。内含植物根茎。第②层，灰褐色土，深 0.4 ~ 1.3 米，厚 0.9 米。土质较净，未发现包含物。第③层，褐色土，深 1.3 ~ 1.9 米，厚 0.6 米。土质较净，含沙量较大，带水锈。该层下见浅白色沙质生土层，停探。

F61 台基

位于皇城北部，东西第一街中段路上。平面呈不规则长方形，东西 25 米，南北 12 米，高 0.5 米。

台基内地层：第①层，浅灰色土，深厚 0.4 米。土质干燥，松散，内含植物根茎、白灰点。第②层，灰褐色土，深 0.4 ~ 1.2 米，厚 0.8 米。内含灰砖渣、瓦片、黑炭渣。第③层，褐色土，深 1.2 ~ 2.2 米，厚 1 米。土质较净，无包含物。该层下见黄色沙质生土层，停探。

台基外地层：第①层，浅灰色土，深厚 0.4 米。土质干燥，松散，内含植物根茎、白灰点。第②层，灰褐色土，深 0.4 ~ 1.2 米，厚 0.8 米。土质稍散，内含灰砖渣、瓦片。第③层，褐色土，深 1.2 ~ 2.3 米，厚 1.1 米。土质较净，未发现包含物。该层下见黄褐色沙质生土层，停探。

F62 台基

位于皇城北部，东西第一街中段路上，F61 东南 16 米处。平面呈长方形，东西 10 米，南北 8 米。

台基内地层：第①层，浅灰色土，深厚 0.4 米。土质干燥，松散，内含植物根茎、灰砖渣。第②层，灰褐色土，深 0.4 ~ 1.5 米，厚 1.1 米。土质稍散，内含草木灰、白灰点。第③层，褐色土，深 1.5 ~ 2.2 米，厚 0.7 米。土质较净，未包含物。该层下见黄褐色沙质生土层，停探。

台基外地层：第①层，浅灰色土，深厚 0.4 米。土质干燥，松散，内含植物根茎、白灰点。第②层，灰褐色土，深 0.4 ~ 1.6 米，厚 1.2 米。土质稍散，内含灰砖渣、白灰点、草木灰。第③层，褐色土，深 1.6 ~ 2.2 米，厚 0.6 米。土质较净，未发现包含物。该层下见黄褐色沙质生土层，停探。

F63 台基

位于皇城北部，东西第一街中段路上，F62 东 18 米。平面呈长方形，东西 12 米，南北 8 米，高 0.7 米。

台基内地层：第①层，浅灰色土，深厚 0.6 米。土质干燥，松散，内含植物根茎、白灰点。第②层，灰褐色土，深 0.6～1.4 米，厚 0.8 米。土质稍散，内含微量草木灰。第③层，褐色土，深 1.4～2 米，厚 0.6 米。土质较净，无包含物。该层下见黄褐色沙质生土层，停探。

台基外地层：第①层，浅灰色土，深厚 0.6 米。土质干燥，松散，内含植物根茎、白灰点。第②层，灰褐色土，深 0.6～1.5 米，厚 0.9 米。土质稍散，内含微量草木灰、白灰点。第③层，褐色土，深 1.5～2.3 米，厚 0.8 米。土质较净，未发现包含物。该层下见黄褐色沙质生土层，停探。

F64 台基

位于皇城北部，1 号排水沟南侧紧邻。平面呈不规则长方形，东西 160 米，南北 14 米。

台基内地层：第①层，浅灰色土，深厚 0.6 米。土质干燥，松散，内含植物根茎，少量碎石颗粒、白灰点。第②层，灰褐色土，深 0.6～1.2 米，厚 0.6 米。土质松散，内含少量黑炭渣、白灰点和微量碎石颗粒。第③层，褐色土，深 1.2～2 米，厚 0.8 米。土质湿软，内含水锈纹、淤泥。该层下见黄色沙质生土层，停探。

台基外地层：第①层，浅灰色土，深厚 0.7 米。土质干燥，松散，内含植物根茎、白灰点和微量黑炭渣。第②层，灰褐色土，深 0.7～1.4 米，厚 0.7 米。土质稍散，内含沙石块、草木灰、白灰点。第③层，褐色土，深 1.4～2.2 米，厚 0.8 米。土质较湿软，内含水锈土、淤泥。该层下见黄褐色沙质生土层，停探。

F65 台基

位于皇城北部，东西第二街北侧，F64 南 20 米。平面呈不规则形，东西 40 米，南北 30 米。该房址面积较大，地势凹凸不平，建筑废墟较厚，无明显墙基。

台基内地层：第①层，建筑废墟覆盖层，深厚 0.6 米。内含植物根茎、白灰、琉璃瓦片。第②层，褐色土，深 0.6～1.3 米，厚 0.7 米。内含少量白灰颗粒。第③层，灰褐色土，深 1.3～2 米，厚 0.7 米。土质较净，无包含物，底部有 0.3 米厚黑淤土，水分较大。该层下见白色沙质生土层，停探。

台基外地层：第①层，浅灰色土，深厚 0.4 米。内含植物根茎。第②层，褐色土，深 0.4～1.3 米，厚 0.9 米。土质较净，无包含物。第③层，灰褐色土，深 1.3～1.9 米，厚 0.6 米。土质较净，无包含物，底部有 0.2 米厚黑淤土。该层下见白色沙质生土层，停探。

F66 台基

位于皇城北部，1 号排水沟南侧，F64 东 20 米。平面呈长方形，东西 35 米，南北 15 米。

台基内地层：第①层，浅灰色土，深厚 0.3 米。土质干燥，松散，内含植物根茎、灰砖渣、白灰点。第②层，灰褐色夯土，深 0.3～1.4 米，厚 1.1 米。房址内大面积夯土，土质坚硬。该层下见石不过，停探。

台基外地层：第①层，浅灰色土，深厚 1 米。土质干燥，松散，内含植物根茎、白灰点、瓦砾。第②层，灰褐色土，深 1～1.5 米，厚 0.5 米。土质稍散，内含灰砖渣、红胎瓦片、动物骨骼。第③层，褐色土，深 1.5～2 米，厚 0.5 米。土质一般，内含水锈纹。该层下见黄色沙质生土层，停探。

F67 台基

位于皇城北部，穆清阁北侧 30 米。平面呈正方形，边长 6 米。

台基内地层：第①层，浅灰色土，深厚 0.4 米。土质干燥，松散，内含植物根茎、白灰点。第②层，灰褐色土，深 0.4 ~ 1 米，厚 0.6 米。土质稍散，内含灰砖渣、瓦片、烧土颗粒。第③层，褐色土，深 1 ~ 2 米，厚 1 米。土质较净，无包含物。该层下见黄色沙质生土层，停探。

台基外地层：第①层，浅灰色土，深厚 0.6 米。土质干燥，松散，内含植物根茎、沙石颗粒、白灰点。第②层，灰褐色土，深 0.6 ~ 1.5 米，厚 0.9 米。土质稍散，内含黑灰点、白灰点。第③层，褐色土，深 1.5 ~ 2.1 米，厚 0.6 米。土质较净，无包含物。该层下见黄色沙质生土层，停探。

F68 台基

位于皇城北部，1 号排水沟南侧，F66 东 7 米。平面呈长方形，东西 75 米，南北 10 米，高 0.3 米。

台基内地层：第①层，浅灰色土，深厚 0.3 米。土质干燥，松散，内含植物根茎。第②层，花夯土，深 0.3 ~ 1.2 米，厚 0.9 米。土质坚硬，内含黑色泥土、灰砖渣。第③层，灰褐色土，深 1.2 ~ 1.9 米，厚 0.7 米。土质较净，无包含物。该层下见白色沙质生土层，停探。

台基外地层：第①层，浅灰色土，深厚 0.4 米。土质干燥，松散，内含植物根茎。第②层，灰褐色土，深 0.4 ~ 1.2 米，厚 0.8 米。土质稍散，内含砖渣、黑炭渣、动物骨骼。第③层，褐色土，深 1.2 ~ 2 米，厚 0.8 米。土质较净，无包含物。该层下见黄色沙质生土层，停探。

F69 台基

位于皇城北部，东西第二街北侧，F67 东 50 米。平面呈长方形，东西 12 米，南北 8 米。

台基内地层：第①层，浅灰色土，深厚 0.3 米。土质干燥，松散，内含植物根茎。第②层，灰褐色土，深 0.3 ~ 1.2 米，厚 0.9 米。土质稍散，内含灰砖渣、红胎瓦片、白灰颗粒。第③层，褐色土，深 1.2 ~ 2.1 米，厚 0.9 米。土质较净，无包含物。该层下见黄色沙质生土层，停探。

台基外地层：第①层，浅灰色土，深厚 0.3 米。土质干燥，松散，内含植物根茎。第②层，灰褐色土，深 0.3 ~ 1 米，厚 0.7 米。土质松散，内含灰砖渣和少量白灰颗粒。第③层，褐色土，深 1 ~ 2 米，厚 1 米。土质较净，无包含物。该层下见黄色沙质生土层，停探。

F70 台基

位于皇城北部，东西第二街北侧，F69 北 6 米。平面呈长方形，东西 25 米，南北 8 米，高 0.4 米。

台基内地层：第①层，浅灰色土，深厚 0.4 米。土质干燥，松散，内含植物根茎、白灰点。第②层，灰褐色土，深 0.4 ~ 1 米，厚 0.6 米。土质稍散，内含灰砖渣、白灰颗粒。第③层，褐色土，深 1 ~ 2 米，厚 1 米。土质较净，无包含物。该层下见黄色沙质生土层，停探。

台基外地层：第①层，浅灰色土，深厚 0.6 米。土质干燥，松散，内含植物根茎、沙石颗粒、白灰点。第②层，灰褐色土，深 0.6 ~ 1.5 米，厚 0.9 米。土质稍散，内含黑灰点、白灰点。第③层，褐色土，深 1.5 ~ 2.1 米，厚 0.6 米。土质较净，无包含物。该层下见黄色沙质生土层，停探。

F71 台基

位于皇城北部，东西第二街北侧，F70 东侧紧邻。平面呈长方形，东西 26 米，南北 20 米。

台基内地层：第①层，浅灰色土，深厚 0.4 米。土质干燥，松散，内含植物根茎、白灰点、沙石颗粒。第②层，灰褐色土，深 0.4 ~ 0.9 米，厚 0.5 米。土质稍散，内含灰砖渣、瓦片、白灰点。第③层，褐色土，深 0.9 ~ 2.1 米，厚 1.2 米。土质较净，无包含物。该层下见黄色沙质生土层，停探。

台基外地层：第①层，浅灰色土，深厚 0.4 米。土质干燥，松散，内含植物根茎、沙石颗粒、白灰点。第②层，灰褐色土，深 0.4 ~ 1.6 米，厚 1.2 米。土质稍散，内含灰砖渣、瓦片、白灰、烧土颗粒。第③层，褐色土，深 1.6 ~ 2.2 米，厚 0.6 米。土质较净，无包含物。该层下见黄色沙质生土层，停探。

F72 台基

位于皇城北部，1 号排水沟南侧，F71 东北 11 米。平面呈不规则长方形，东西 20 米，南北 10 米。

台基内地层：第①层，浅灰色土，深厚 0.3 米。土质干燥，松散，内含植物根茎。第②层，灰褐色土，深 0.3 ~ 1.2 米，厚 0.9 米。土质稍散，内含灰砖渣、红胎瓦片、白灰颗粒。第③层，褐色土，深 1.2 ~ 2.1 米，厚 0.9 米。土质较净，无包含物。该层下见黄色沙质生土层，停探。

台基外地层：第①层，浅灰色土，深厚 0.3 米。土质干燥，松散，内含植物根茎。第②层，灰褐色土，深 0.3 ~ 1 米，厚 0.7 米。土质松散，内含灰砖渣和少量白灰颗粒。第③层，褐色土，深 1 ~ 2 米，厚 1 米。土质较净，无包含物。该层下见黄色沙质生土层，停探。

F73 台基

位于皇城北部，1 号排水沟北侧 4 米。平面呈长方形，东西 45 米，南北 10 米，高出地表面约 0.6 米。

台基内地层：第①层，浅灰色土，深厚 0.4 米。土质干燥，松散，内含植物根茎、白灰颗粒和碎砖石块。第②层，浅灰褐色土，深 0.4 ~ 1 米。厚 0.6 米。土质干燥，内含碎砖瓦块、白灰颗粒。第③层，灰褐色土，深 1 ~ 1.6 米，厚 0.6 米。土质较净，含少量水锈沙。第④层，褐色土，深 1.6 ~ 2.1 米，厚 0.5 米。土质较净，无包含物。该层下见白色沙质生土层，停探。

台基外地层：第①层，浅灰色土，深厚 0.4 米。土质干燥，内含植物根茎、白灰颗粒、碎砖石瓦片。第②层，灰褐色土，深 0.4 ~ 0.9 米，厚 0.5 米。土质较净，含沙量大带水锈。第③层，褐色土，深 0.9 ~ 1.7 米，厚 0.8 米。土质较净，无包含物。该层下见白色沙质生土层，停探。

F74 台基

位于皇城北部，1 号排水沟北侧紧邻，F73 西 8 米。平面呈长方形，东西 30 米，南北 10 米，高 0.5 米。

台基内地层：第①层，浅灰色土，深厚 0.4 米。土质干燥，含沙量稍大，内含植物根茎、碎砖石块和白灰颗粒。第②层，浅灰褐色土，深 0.4 ~ 1.1 米，厚 0.7 米。土质干燥，内含碎石块、白灰颗粒。第③层，灰褐色土，深 1.1 ~ 1.8 米，厚 0.7 米。土质较净，无包含物。第④层，褐色土，深 1.8 ~ 2.3 米，厚 0.5 米。土质较净，无包含物。该层下见白色沙质生土层，停探。

台基外地层：第①层，浅灰色土，深厚 0.4 米。内含植物根茎。第②层，灰褐色土，深 0.4 ~ 1.4 米，厚 1 米。土质较净，无包含物。第③层，褐色土，深 1.4 ~ 1.9 米，厚 0.5 米。土质较净，含水锈沙团。该层下见白色沙质生土层，停探。

F75 台基

位于皇城北部，东西第一街南侧，F74 北 10 米。平面呈长方形，东西 10 米，南北 6 米。

台基内地层：第①层，浅灰色土，深厚 0.4 米。土质干燥，松散，内含碎石块、瓦片。第②层，灰褐色土，深 0.4 ~ 1.5 米，厚 1.1 米。内含草木灰、白瓷片、动物骨骼。第③层，褐色土，深 1.5 ~ 2.5 米，厚 1 米。土质干燥，无包含物，底部有 0.2 米厚黑淤土。该层下见白色沙质生土层，停探。

台基外地层：第①层，浅灰色土，深厚 0.4 米。土质干燥，松散，内含植物根茎。第②层，灰褐色土，

深 0.4 ~ 1.4 米，厚 1 米。土质较净，内含水锈沙，底部有 0.2 米厚黑淤土。该层下见白色沙质生土层，停探。

F76 台基

位于皇城北部，东西第一街南侧，F75 东 12 米。平面呈长方形，东西 12 米，南北 8 米，高 0.4 米。

台基内地层：第①层，浅灰色土，深厚 0.4 米。土质干燥，松散，内含植物根茎、白灰点。第②层，灰褐色土，深 0.4 ~ 1.8 米，厚 1.4 米。土质较净，无包含物。该层下见黄色沙质生土层，停探。

台基外地层：第①层，浅灰色土，深厚 0.4 米。土质干燥，松散，内含杂草根茎、白灰点。第②层，灰褐色土，深 0.4 ~ 1.6 米，厚 1.2 米。土质较净，无包含物。该层下见黄色沙质生土层，停探。

F77 台基

位于皇城北部，东西第一街南侧，F76 东 30 米。平面呈长方形，东西 45 米，南北 10 米。

台基内地层：第①层，浅灰色土，深厚 0.4 米。土质干燥，松散，内含植物根茎、沙石颗粒。第②层，灰褐色土，深 0.4 ~ 1.8 米，厚 1.4 米。土质稍散，内含灰砖渣、白灰点、草木灰。第③层，褐色土，深 1.8 ~ 2.2 米，厚 0.4 米。土质较净，无包含物。该层下见黄色沙质生土层，停探。

台基外地层：第①层，浅灰色土，深厚 0.4 米。土质干燥，松散，内含植物根茎、沙石颗粒。第②层，灰褐色土，深 0.4 ~ 1.5 米，厚 1.1 米。土质稍散，内含灰砖渣和少量瓦片。第③层，褐色土，深 1.5 ~ 2.2 米，厚 0.7 米。土质较净，无包含物。该层下见黄色沙质生土层，停探。

F78 台基

位于皇城北部，东西第一街南侧，F77 东 10 米。平面呈正方形，边长 8 米，高 0.7 米。

台基内地层：第①层，浅灰色土，深厚 0.6 米。土质干燥，松散，内含植物根茎和少量沙石颗粒。第②层，灰褐色土，深 0.6 ~ 1.8 米，厚 1.2 米。土质稍散，内含灰砖渣、白灰点、草木灰。第③层，褐色土，深 1.8 ~ 2.3 米，厚 0.5 米。土质较净，无包含物。该层下见黄色沙质生土层，停探。

台基外地层：第①层，浅灰色土，深厚 0.4 米。土质干燥，松散，内含微量砖渣、白灰颗粒、瓦片。第②层，灰褐色土，深 0.4 ~ 1.5 米，厚 1.1 米。土质稍散，内含灰砖渣、白灰颗粒、草木灰。第③层，褐色土，深 1.5 ~ 2.2 米，厚 0.7 米。土质较净，无包含物。该层下见黄色沙质生土层，停探。

F79 台基

位于皇城北部，东西第一街南侧，F78 西北 6 米。平面呈长方形，东西 12 米，南北 5 米，高 0.2 米。

台基内地层：第①层，浅灰色土，深厚 0.4 米。土质干燥，松散，内含植物根茎、白灰颗粒。第②层，灰褐色土，深 0.4 ~ 1.4 米，厚 1 米。土质稍散，内含灰砖渣、白灰颗粒。第③层，褐色土，深 1.4 ~ 2.3 米，厚 0.9 米。土质较净，无包含物。该层下见黄色沙质生土层，停探。

台基外地层：第①层，浅灰色土，深厚 0.4 米。土质干燥，松散，内含植物根茎及少量白灰点。第②层，灰褐色土，深 0.4 ~ 1.4 米，厚 1 米。土质稍散，内含灰砖渣、白灰颗粒。第③层，褐色土，深 1.4 ~ 2.3 米，厚 0.9 米。土质较净，无包含物。该层下见黄色沙质生土层，停探。

F80 台基

位于皇城北部，东西第一街南侧，F79 西北 8 米。平面呈长方形，东西 10 米，南北 8 米。

台基内地层：第①层，浅灰色土，深厚 0.4 米。土质干燥，松散，内含植物根茎、灰砖渣、白灰点。第②层，灰褐色土，深 0.4 ~ 1.8 米，厚 1.4 米。土质稍散，内含灰砖渣、白灰点。第③层，褐色土，深 1.8 ～ 2.3 米，厚 0.5 米。土质较净，无包含物。该层下见黄色沙质生土层，停探。

台基外地层：第①层，浅灰色土，深厚 0.4 米。土质干燥，松散，内含植物根茎。第②层，灰褐色土，深 0.4 ～ 1.8 米，厚 1.4 米。土质稍散，内含灰砖渣、瓦片、白灰点。该层下见白色沙质生土层，停探。

F81 台基

位于皇城北部，东西第一街南侧，F80 东 2 米。平面呈不规则长方形，东西 10 米，南北 8 米。

台基内地层：第①层，浅灰色土，深厚 0.4 米。土质干燥，松散，内含植物根茎、灰砖渣、白灰点。第②层，灰褐色土，深 0.4 ～ 1.5 米，厚 1.1 米。土质稍散，内含黑炭渣点、灰砖渣。第③层，褐色土，深 1.5 ～ 2.1 米，厚 0.6 米。土质较净，无包含物。该层下见黄色沙质生土层，停探。

台基外地层：第①层，浅灰色土，深厚 0.4 米。土质干燥，松散，内含植物根茎、白灰颗粒。第②层，灰褐色土，深 0.4 ～ 1.8 米，厚 1.4 米。土质较净，无包含物。该层下见黄色沙质生土层，停探。

F82 台基

位于皇城北部，东西第一街南侧，4 号水坑东南 4 米。平面呈不规则长方形，东西 10 米，南北 6 米，高 0.6 米。

台基内地层：第①层，浅灰色土，深厚 0.4 米。土质干燥，松散，内含植物根茎、白灰点。第②层，灰褐色土，深 0.4 ～ 0.6 米，厚 0.2 米。土质稍散，内含砖渣、白灰点、草木灰。该层下见黄色沙质生土层，停探。

台基外地层：第①层，浅灰色土，深厚 0.4 米。土质干燥，松散，内含植物根茎、白灰点。第②层，灰褐色土，深 0.4 ～ 1.3 米，厚 0.9 米。内含灰砖渣、瓦片。该层下见黄色沙质生土层，停探。

F83 台基

位于皇城北部，东西第一街南侧，F80 西北 12 米。平面呈不规则长方形，东西 30 米，南北 12 米。

台基内地层：第①层，浅灰色土，深厚 0.4 米。土质干燥，松散，内含灰砖渣、瓦片、白灰颗粒。第②层，深 0.4 ～ 1.8 米，厚 1.4 米。土质稍散，内含灰砖渣、瓦砾、草木灰。第③层，褐色土，深 1.8 ～ 2.3 米，厚 0.5 米。土质较净，无包含物。该层下见黄色沙质生土层，停探。

台基外地层：第①层，浅灰色土，深厚 0.4 米。土质干燥，松散，内含大量灰砖渣、瓦片。第②层，灰褐色土，深 0.4 ～ 1.8 米，厚 1.4 米。土质较松，内含灰砖渣、瓦砾、白灰点、草木灰。该层下见黄色沙质生土层，停探。

F84 台基

位于皇城北部，东西第一街南侧，F83 东 30 米。平面呈长方形，东西 16 米，南北 10 米，高 0.7 米。

台基内地层：第①层，浅灰色土，深厚 0.5 米。内含植物根茎、碎石块。第②层，灰褐色土，深 0.5 ～ 0.9 米，厚 0.4 米。土质松散，内含草木灰、白灰颗粒。第③层，褐色土，深 0.9 ～ 2 米，厚 1.1 米。土质较净，无包含物，土层含沙量较大。该层下见白色沙质生土层，停探。

台基外地层：第①层，浅灰色土，深厚 0.4 米。内含植物根茎。第②层，灰褐色土，深 0.4 ～ 1 米，厚 0.6 米。内含石块、碎砖瓦片。第③层，褐色土，深 1 ～ 1.9 米，厚 0.9 米。土质较净，含沙量较大。该层下见白色沙质生土层，停探。

F85 台基

位于皇城北部，东西第一街南侧，F84东35米。平面呈长方形，东西21米，南北8米。

台基内地层：第①层，浅灰色土，深厚0.4米。土质干燥、松散，内含植物根茎、白灰颗粒。第②层，灰褐色土，深0.4~1米，厚0.6米。土质稍散，内含灰砖渣、瓦片、草木灰。第③层，褐色土，深1~2.2米，厚1.2米。土质较净，无包含物。该层下见黄色沙质生土层，停探。

台基外地层：第①层，浅灰色土，深厚0.4米。土质干燥、松散，内含植物根茎、白灰颗粒。第②层，灰褐色土，深0.4~1米，厚0.6米。土质稍散，内含瓦片、砖渣。第③层，褐色土，深1~2.2米，厚1.2米。土质较净，无包含物。该层下见黄色沙质生土层，停探。

注：该房址占地较大，废墟较多。覆盖层达0.4米厚。发现夯土厚达0.6米，土质坚硬。无发现明显墙基。

F86 台基

位于皇城北部，东西第一街南侧，F85东8米。平面呈长方形，东西18米，南北13米，高0.8米。

台基内地层：第①层，浅灰色土，深厚0.4米。土质干燥、松散，内含植物根茎、灰砖渣。第②层，灰褐色土，深0.4~0.8米，厚0.4米。土质稍散，内含白灰颗粒、灰砖渣。第③层，深灰色花夯土，深0.8~1.1米，厚0.3米。土质坚硬，内含黑灰点。该层下见黄色沙质生土层，停探。

台基外地层：第①层，浅灰色土，深厚0.4米。土质干燥、松散，内含植物根茎、白灰颗粒。第②层，灰褐色土，深0.4~1.3米，厚0.9米。土质稍散，内含砖渣、白灰、黑炭渣点。第③层，褐色土，深1.3~2米，厚0.7米。土质较净，无包含物。该层下见黄色沙质生土层，停探。

F87 台基

位于皇城北部，东西第一街南侧，F86南8米。平面呈长方形，东西11米，南北8米。

台基内地层：第①层，浅灰色土，深厚0.4米。土质干燥、松散，内含植物根茎、白灰颗粒。第②层，灰褐色土，深0.4~1.4米，厚1米。土质稍散，内含灰砖渣、瓦片及大量白灰颗粒。第③层，褐色土，深1.4~1.9米，厚0.5米。土质较净，无包含物。该层下见黄色沙质生土层，停探。

台基外地层：第①层，浅灰色土，深厚0.4米。土质干燥、松散，内含植物根茎、白灰颗粒。第②层，灰褐色土，深0.4~1米，厚0.6米。土质松散，内含灰砖渣、白灰颗粒。第③层，褐色土，深1~2米，厚1米。土质较净，无包含物。该层下见黄色沙质生土层，停探。

F88 台基

位于皇城北部，东西第一街南侧，F87西32米。平面呈不规则长方形，东西10米，南北9米，高0.7米。地表散落较多建筑构件，无明显墙基。

台基内地层：第①层，浅灰色土，深厚0.4米。内含植物根茎、碎石块。第②层，灰褐色土，深0.4~1.2米，厚0.8米。内含白灰颗粒、瓦片。第③层，淤积沙层，深1.2~2米，厚0.8米。带水锈，较净。该层下见白色沙质生土层，停探。

台基外地层：第①层，浅灰色土，深厚0.4米。内含植物根茎。第②层，灰褐色土，深0.4~1.1米，厚0.7米。内含草木灰、白灰颗粒。第③层，淤积沙层，深1.1~1.9米，厚0.8米。较净，含水分稍大。该层下见白色沙质生土层，停探。

F89 台基

位于皇城北部，东西第一街南侧，F87 南 12 米。平面呈长方形，东西 10 米，南北 5 米。

台基内地层：第①层，浅灰色土，深厚 0.4 米。土质干燥，松散，内含植物根茎、白灰点、灰砖渣。第②层，灰褐色土，深 0.4 ~ 1.2 米，厚 0.8 米。土质稍散，内含白灰点、黑炭渣。第③层，褐色土，深 1.2 ~ 1.8 米，厚 0.6 米。土质较净，无包含物。该层下见黄色沙质生土层，停探。

台基外地层：第①层，浅灰色土，深厚 0.4 米。土质干燥，松散，内含植物根茎、白灰点。第②层，灰褐色土，深 0.4 ~ 1.4 米，厚 1 米。土质稍散，内含灰砖渣、白灰颗粒、草木灰。第③层，褐色土，深 1.4 ~ 2 米，厚 0.6 米。土质较净，无包含物。该层下见黄色沙质生土层，停探。

F90 台基

位于皇城北部，东西第一街南侧，1 号排水沟北侧紧邻。平面呈不规则长方形，东西 66 米，南北 8 米，高出地表面约 0.5 米。

台基内地层：第①层，浅灰色土，深厚 0.4 米。土质干燥，松散，内含植物根茎、碎砖石块、白灰颗粒。第②层，浅灰褐色土，深 0.4 ~ 1.2 米，厚 0.8 米。土质干燥，内含白灰颗粒、碎砖石块。第③层，灰褐色土，深 1.2 ~ 1.6 米，厚 0.4 米。土质较净，含少量带水锈沙。第④层，褐色土，深 1.6 ~ 2.2 米，厚 0.6 米。土质较净，无包含物。该层下见白色沙质生土层，停探。

台基外地层：第①层，浅灰色土，深厚 0.7 米。土质干燥，松散，内含植物根茎、白灰颗粒、碎砖瓦块。第②层，灰褐色土，深 0.7 ~ 1.5 米，厚 0.8 米。土质较净，无包含物。第③层，褐色土，深 1.5 ~ 2 米，厚 0.5 米。土质较净，含水锈沙团。该层下见白色沙质生土层，停探。

F91 台基

位于皇城北部，1 号排水沟南侧 3 米。平面呈长方形，东西 6 米，南北 5 米。

台基内地层：第①层，浅灰色土，深厚 0.3 米。土质干燥，松散，内含植物根茎。第②层，灰褐色土，深 0.3 ~ 1.2 米，厚 0.9 米。土质稍散，内含灰砖渣、红胎瓦片、白灰颗粒。第③层，褐色土，深 1.2 ~ 2.1 米，厚 0.9 米。土质较净，无包含物。该层下见黄色沙质生土层，停探。

台基外地层：第①层，浅灰色土，深厚 0.3 米。土质干燥，松散，内含植物根茎。第②层，灰褐色土，深 0.3 ~ 1 米，厚 0.7 米。土质松散，内含灰砖渣和少量白灰颗粒。第③层，褐色土，深 1 ~ 2 米，厚 1 米。土质较净，无包含物。该层下见黄色沙质生土层，停探。

F92 台基

位于皇城北部，1 号排水沟南侧，F91 东 20 米。平面呈长方形，东西 8 米，南北 6 米，高 0.4 米。

台基内地层：第①层，浅灰色土，深厚 0.4 米。土质干燥，松散，内含植物根茎、白灰颗粒。第②层，灰褐色土，深 0.4 ~ 1.3 米，厚 0.9 米。土质稍散，内含灰砖渣、瓦片、黑炭渣。第③层，褐色土，深 1.3 ~ 2 米，厚 0.7 米。土质较净，无包含物。该层下见黄色沙质生土层，停探。

台基外地层：第①层，浅灰色土，深厚 0.4 米。土质干燥，松散，内含植物根茎、白灰颗粒。第②层，灰褐色土，深 0.4 ~ 1.3 米，厚 0.9 米。土质稍散，内含灰砖渣、瓦片、黑炭渣。第③层，褐色土，深 1.3 ~ 2 米，厚 0.7 米。土质较净，无包含物。该层下见黄色沙质生土层，停探。

F93 台基

位于皇城北部，1 号排水沟南侧，F92 西南 8 米。平面呈长方形，东西 16 米，南北 7 米。

台基内地层：第①层，浅灰色土，深厚0.4米。土质干燥，松散，内含植物根茎、白灰颗粒。第②层，灰褐色土，深0.4～1.3米，厚0.9米。土质稍散，内含灰砖渣、红胎瓦片。第③层，褐色土，深1.3～2米，厚0.7米。土质较净，无包含物。该层下见黄色沙质生土层，停探。

台基外地层：第①层，浅灰色土，深厚0.4米。土质干燥，松散，内含植物根茎、白灰颗粒。第②层，灰褐色土，深0.4～1.3米，厚0.9米。土质稍散，内含灰砖渣、红胎瓦片。第③层，褐色土，深1.3～2米，厚0.7米。土质较净，无包含物。该层下见黄色沙质生土层，停探。

F94台基

位于皇城北部，东西第二街北侧，F93东南9米。平面呈不规则正方形，边长12米。

台基内地层：第①层，浅灰色土，深厚0.3米。土质干燥，松散，内含植物根茎、白灰颗粒。第②层，灰褐色土，深0.3～1.3米，厚1米。土质稍散，内含灰砖渣、瓦片。该层下见黄色沙质生土层，停探。

台基外地层：第①层，浅灰色土，深厚0.3米。土质干燥，松散，内含植物根茎、白灰点。第②层，灰褐色土，深0.3～1.3米，厚1米。土质稍散，内含灰砖渣、瓦片。该层下见黄色沙质生土层，停探。

F95台基

位于皇城北部，东西第二街北侧，F94东5米。平面呈不规则长方形，东西22米，南北20米。

台基内地层：第①层，浅灰色土，深厚0.3米。土质干燥，松散，内含植物根茎、白灰颗粒。第②层，灰褐色土，深0.3～1.3米，厚1米。土质稍散，内含灰砖渣、瓦片。该层下见黄色沙质生土层，停探。

台基外地层：第①层，浅灰色土，深厚0.3米。土质干燥，松散，内含植物根茎、白灰点。第②层，灰褐色土，深0.3～1.3米，厚1米。土质稍散，内含灰砖渣、瓦片。该层下见黄色沙质生土层，停探。

F96台基

位于皇城北部，1号排水沟东北拐角处。平面呈正方形，边长8米。

台基内地层：第①层，浅灰色土，深厚0.4米。土质干燥，松散，内含碎石块、瓦片、白灰颗粒。第②层，灰褐色土，深0.4～1.4米，厚1米。该土层为夯土层，土质较硬，内含白灰颗粒、碎石。第③层，褐色土，深1.4～2.1米，厚0.7米。土质较净，无包含物。该层下见白色沙质色生土层，停探。

台基外地层：第①层，浅灰色土，深厚0.4米。土质干燥，松散，内含植物根茎。第②层，灰褐色土，深0.4～1.3米，厚0.9米。内含草木灰、白灰颗粒、瓦片。第③层，褐色土，深1.3～1.9米，厚0.6米。土质较净，无包含物。该层下见白色沙质生土层，停探。

F97台基

位于皇城北部，1号排水沟东北拐角处。平面呈长方形，东西12米，南北6米。

台基内地层：第①层，浅灰色土，深厚0.4米。土质干燥，松散，内含植物根茎。第②层，灰褐色土，深0.4～1.5米，厚1.1米。土质稍散，内含灰砖渣、瓦片、白灰颗粒。第③层，褐色土，深1.5～2.1米，厚0.6米。土质较净，无包含物。该层下见黄色沙质生土层，停探。

台基外地层：第①层，浅灰色土，深厚0.4米。土质干燥，松散，内含植物根茎。第②层，灰褐色土，深0.4～1.4米，厚1米。土质稍散，内含灰砖渣、瓦片、白灰颗粒。第③层，褐色土，深1.4～2.2米，厚0.8米。土质较净，无包含物。该层下见黄色沙质生土层，停探。

F98台基

位于皇城北部，1号排水沟东北拐角处。平面呈"7"字形，东西30米，南北30米，高0.6米。

该房址地势较高，地面有较多建筑构件，墙基不明显。

台基内地层：第①层，浅灰色土，深厚 0.6 米。土质干燥，松散，内含白瓷片、碎砖石块。第②层，灰褐色土，深 0.6 ~ 1.6 米，厚 1 米。内含动物骨骼、草木灰。第③层，褐色土，深 1.6 ~ 2.3 米，厚 0.7 米。土质较净，含沙量较大，底部有 0.2 米厚淤泥沙。该层下见白色沙质生土层，停探。

台基外地层：第①层，浅灰色土，深厚 0.4 米。土质干燥，内含植物根茎。第②层，灰褐色土，深 0.4 ~ 1.5 米，厚 1.1 米。土质较松散，内含草木灰、白瓷片、烧土颗粒。第③层，褐色土，深 1.5 ~ 2.1 米，厚 0.6 米。土质较净，含沙量较大，底部有 0.2 米厚淤泥沙。该层下见白色沙质生土层，停探。

F99 台基

位于皇城北部，1 号排水沟南侧，F92 东 7 米。平面呈长方形，东西 15 米，南北 8 米。

台基内地层：第①层，浅灰色土，深厚 0.5 米。土质干燥，内含碎砖石块、白灰颗粒。第②层，灰褐色土，深 0.5 ~ 1.4 米，厚 0.9 米。内含微量烧土颗粒、动物骨骼、草木灰。第③层，褐色土，深 1.4 ~ 2.4 米，厚 1 米。土质较净，含沙量较大，底部有 0.2 米厚淤泥沙。该层下见白色沙质生土层，停探。

台基外地层：第①层，浅灰色土，深厚 0.4 米。土质干燥，内含植物根茎。第②层，灰褐色土，深 0.4 ~ 1.4 米，厚 1 米。内含白瓷片、青釉瓷片、草木灰。第③层，褐色土，深 1.4 ~ 2.3 米，厚 0.9 米。土质较净，含沙量较大，带水锈纹。该层下见白色沙质生土层，停探。

F100 台基

位于皇城北部，1 号排水沟北侧，F90 东 8 米。平面呈长方形，东西 22 米，南北 11 米，高出地表面约 0.6 米。

台基内地层：第①层，浅灰色土，深厚 0.4 米。土质干燥，松散，内含砖块、石块、白灰颗粒。第②层，浅灰褐色土，深 0.4 ~ 1.1 米，厚 0.7 米。土质干燥，稍散，内含动物骨骼、碎石块、白灰颗粒。第③层，灰褐色土，深 1.1 ~ 1.6 米，厚 0.5 米。土质较净，含水锈纹沙团。第④层，褐色土，深 1.6 ~ 2.2 米，厚 0.6 米。土质较净，无包含物。该层下见白色沙质生土层，停探。

台基外地层：第①层，浅灰色土，深厚 0.4 米。土质干燥，松散，内含植物根茎。第②层，灰褐色土，深 0.4 ~ 1.3 米，厚 0.9 米。土质较净，无包含物。第③层，褐色土，深 1.3 ~ 1.9 米，厚 0.6 米。土质较净，含水锈纹沙团。该层下见白色沙质生土层，停探。

F101 台基

位于皇城北部，东西第一街南侧，F100 北 4 米。平面呈不规则长方形，东西 45 米，南北 18 米。

台基内地层：第①层，浅灰色土，深厚 0.4 米。土质干燥，松散，内含植物根茎。第②层，灰褐色土，深 0.4 ~ 1.4 米，厚 1 米。土质较松散，内含灰砖渣、瓦片、动物骨骼。第③层，褐色土，深 1.4 ~ 2.1 米，厚 0.7 米。土质较净，无包含物。该层下见黄色沙质生土层，停探。

台基外地层：第①层，浅灰色土，深厚 0.4 米。土质干燥，松散，内含植物根茎、白灰点。第②层，灰褐色土，深 0.4 ~ 1.5 米，厚 1.1 米。土质稍散，内含瓦片、砖渣、白灰点。第③层，褐色土，深 1.5 ~ 2 米，厚 0.5 米。土质较净，无包含物。该层下见黄色沙质生土层，停探。

F102 台基

位于皇城北部，东西第一街南侧，F101 东 11 米。平面呈长方形，东西 22 米，南北 8 米。

台基内地层：第①层，浅灰色土，深厚 0.9 米。土质干燥，松散，内含植物根茎、碎石块、白灰点。

第②层，花夯土，深 0.9 ~ 1.4 米，厚 0.5 米。土质坚硬，内含白灰颗粒。第③层，褐色土，深 1.4 ~ 2.2 米，厚 0.8 米。土质较净，无包含物。该层下见黄色沙质生土层，停探。

台基外地层：第①层，浅灰色土，深厚 0.4 米。土质干燥，松散，内含植物根茎、碎石块。第②层，灰褐色土，深 0.4 ~ 1.5 米，厚 1.1 米。土质稍散，内含灰砖渣、黑炭灰点。第③层，褐色土，深 1.5 ~ 2.2 米，厚 0.7 米。土质较净，无包含物。该层下见黄色沙质生土层，停探。

F103 台基

位于皇城北部，1 号排水沟东北拐角处，F100 东 10 米。平面呈长方形，东西 15 米，南北 12 米，高出地表面约 0.6 米。

台基内地层：第①层，浅灰色土，深厚 0.5 米。土质干燥，松散，内含植物根茎、草木灰及白瓷片。第②层，浅灰褐色土，深 0.5 ~ 1.2 米，厚 0.7 米。土质干燥，内含白瓷片、草木灰。第③层，灰褐色土，深 1.2 ~ 1.7 米，厚 0.5 米。土质较净，无包含物。第④层，褐色土，深 1.7 ~ 2.3 米，厚 0.6 米。土质较净，含带水锈纹沙。该层下见白色沙质生土层，停探。

台基外地层：第①层，浅灰色土，深厚 0.4 米。土质干燥，松散，内含植物根茎。第②层，灰褐色土，深 0.4 ~ 1.2 米，厚 0.8 米。土质稍松散，内含石块、砖瓦片、白瓷片等。第③层，褐色土，深 1.2 ~ 1.9 米，厚 0.7 米。土质较净，含水锈纹沙团。该层下见白色沙质生土层，停探。

F104 台基

位于皇城北部，1 号排水沟东北拐角处，F103 东 8 米。平面呈长方形，东西 22 米，南北 8 米，高出地表面约 0.6 米。

台基内地层：第①层，浅灰色土，深厚 0.5 米。土质干燥，松散，内含碎砖石块、白灰块。第②层，浅灰褐色土，深 0.5 ~ 1.3 米，厚 0.8 米。土质干燥，松散，内含白灰颗粒、碎砖石块。第③层，灰褐色土，深 1.3 ~ 1.9 米，厚 0.6 米。土质较净，无包含物。第④层，褐色土，深 1.9 ~ 2.6 米，厚 0.7 米。土质较净，含带水锈纹沙。该层下见白色沙质生土层，停探。

台基外地层：第①层，浅灰色土，深厚 0.4 米。土质干燥，松散，内含植物根茎。第②层，灰褐色土，深 0.4 ~ 1.5 米，厚 1.1 米。土质较松散，内含动物骨骼、瓦片、白灰、白瓷片。第③层，褐色土，深 1.5 ~ 2.1 米，厚 0.6 米。土质较净，底部有 0.2 米厚黑淤土，带水锈纹。该层下见白色沙质生土层，停探。

F105 台基

位于皇城北部，东西第一街南侧，F104 北 6 米。平面呈长方形，东西 22 米，南北 8 米，高 0.6 米。

台基内地层：第①层，浅灰色土，深厚 0.4 米。土质干燥，松散，内含植物根茎、沙石颗粒。第②层，灰褐色土，深 0.4 ~ 1.4 米，厚 1 米。土质稍散，内含灰砖渣、白灰颗粒。第③层，深 1.4 ~ 2.1 米，厚 0.7 米。土质较净，无包含物。该层下见黄色沙质生土层，停探。

台基外地层：第①层，浅灰色土，深厚 0.4 米。土质干燥，松散，内含植物根茎、沙石颗粒。第②层，灰褐色土，深 0.4 ~ 1.6 米，厚 1.2 米。土质稍散，内含灰砖渣、白灰颗粒、动物骨骼。第③层，褐色土，深 1.6 ~ 2.2 米，厚 0.6 米。土质较净，无包含物。该层下见黄色沙质生土层，停探。

F106 台基

位于皇城北部，东西第一街南侧，F102 北 5 米。平面呈长方形，东西 6 米，南北 3 米。

台基内地层：第①层，浅灰色土，深厚 0.4 米。土质干燥，松散，内含植物根茎、沙石颗粒。第②层，灰褐色土，深 0.4 ~ 1.4 米，厚 1 米。土质稍散，内含灰砖渣、白灰颗粒。第③层，褐色土，深 1.4 ~ 2.1米，厚 0.7 米。土质较净，无包含物。该层下见黄色沙质生土层，停探。

台基外地层：第①层，浅灰色土，深厚 0.4 米。土质干燥，松散，内含植物根茎。第②层，灰褐色土，深 0.4 ~ 1.4 米，厚 1 米。土质稍散，内含少量灰砖渣、白灰颗粒。第③层，褐色土，深 1.4 ~ 2.3 米，厚 0.9 米。土质较净，无包含物。该层下见黄色沙质生土层，停探。

F107 台基

位于皇城北部，东西第一街南侧，F106 北 2 米。平面呈不规则形，东西 10 米，南北 9 米，高 0.8 米。

台基内地层：第①层，浅灰色土，深厚 0.4 米。土质干燥，松散，内含植物根茎、白灰点。第②层，灰褐色土，深 0.4 ~ 1.4 米，厚 1 米。土质稍散，内含灰砖渣、瓦片、白灰颗粒。第③层，褐色土，深 1.4 ~ 2.1 米，厚 0.7 米。土质较净，无包含物。该层下见黄色沙质生土层，停探。

台基外地层：第①层，浅灰色土，深厚 0.4 米。土质干燥，松散，内含植物根茎、沙石颗粒。第②层，深 0.4 ~ 1.5 米，厚 1.1 米。土质稍散，内含灰砖渣、瓦片、白灰颗粒。第③层，褐色土，深 1.5 ~ 2.1米，厚 0.6 米。土质较净，无包含物。该层下见黄色沙质生土层，停探。

F108 台基

位于皇城北部，东西第一街南侧，F107 北 10 米。平面呈正方形，边长 4 米，高 0.5 米。

台基内地层：第①层，浅灰色土，深厚 0.4 米。土质干燥，松散，内含植物根茎、白灰颗粒。第②层，灰褐色土，深 0.4 ~ 1.5 米，厚 1.1 米。土质稍散，内含灰砖渣、瓦片。第③层，褐色土，深 1.5 ~ 2.2米，厚 0.7 米。土质较净，无包含物。该层下见黄色沙质生土层，停探。

台基外地层：第①层，浅灰色土，深厚 0.4 米。土质干燥，松散，内含植物根茎。第②层，灰褐色土，深 0.4 ~ 1.6 米，厚 1.2 米。土质稍散，内含灰砖渣、白灰颗粒、瓦片。第③层，褐色土，深 1.6 ~ 2.3米，厚 0.7 米。土质较净，无包含物。该层下见黄色沙质生土层，停探。

F109 台基

位于皇城北部，东西第一街南侧，F108 东 30 米。平面呈长方形，东西 15 米，南北 9 米。

台基内地层：第①层，浅灰色土，深厚 0.4 米。土质干燥，松散，内含植物根茎。第②层，夯土层，深 0.4 ~ 1.1 米，厚 0.7 米。土质坚硬，密实。第③层，褐色土，深 1.1 ~ 2 米，厚 0.9 米。土质较净，无包含物。该层下见黄色沙质生土层，停探。

台基外地层：第①层，浅灰色土，深厚 0.4 米。土质干燥，松散，内含植物根茎、白灰颗粒。第②层，灰褐色土，深 0.4 ~ 1.4 米，厚 1 米。土质稍散，内含灰砖渣、白灰颗粒。第③层，褐色土，深 1.4 ~ 2.1米，厚 0.7 米。土质较净，无包含物。该层下见黄色沙质生土层，停探。

F110 台基

位于皇城北部，东西第一街南侧，F109 南 8 米。平面呈长方形，东西 11 米，南北 7 米。

台基内地层：第①层，浅灰色土，深厚 0.4 米。土质干燥，松散，内含碎石瓦片、白灰块。第②层，灰褐色土，深 0.4 ~ 1.3 米，厚 0.9 米。土质干燥，内含白灰、草木灰。第③层，褐色土，深 1.3 ~ 2米，厚 0.7 米。土质较净，含沙量较大。该层下见白色沙质生土层，停探。

台基外地层：第①层，浅灰色土，深厚 0.4 米。土质较松散，干燥，内含植物根茎。第②层，灰褐色土，深 0.4 ~ 1.3 米，厚 0.9 米。土质稍散，内含草木灰、白瓷片、白灰颗粒。第③层，褐色土，深 1.3 ~ 1.9 米，厚 0.6 米。土质较净，含沙量较大，带水锈。该层下见白色沙质生土层，停探。

F111 台基

位于皇城东北部，东西第一街南侧，F110 南 3 米。平面呈长方形，东西 8 米，南北 4 米。

台基内地层：第①层，浅灰色土，深厚 0.4 米。土质干燥，松散，内含碎石块、砖瓦片。第②层，灰褐色土，深 0.4 ~ 1.5 米，厚 1.1 米。土质较净，无包含物。第③层，褐色土，深 1.5 ~ 2 米，厚 0.5 米。土质较净，含沙量大，带水锈纹。该层下见白色沙质生土层，停探。

台基外地层：第①层，浅灰色土，深厚 0.4 米。土质干燥，松散，内含植物根茎。第②层，灰褐色土，深 0.4 ~ 1.3 米，厚 0.9 米。土质干燥，内含碎砖石块、动物骨骼。第③层，褐色土，深 1.3 ~ 1.9 米，厚 0.6 米。土质较净，含沙量大，带水锈纹。该层下见白色沙质生土层，停探。

F112 台基

位于皇城东北部，东西第一街南侧，F111 南 2 米。平面呈长方形，东西 8 米，南北 5 米。

台基内地层：第①层，浅灰色土，深厚 0.4 米。土质干燥，松散，内含植物根茎、白灰颗粒、瓦片。第②层，灰褐色土，深 0.4 ~ 1.4 米，厚 1 米。土质干燥，内含碎砖石块。第③层，褐色土，深 1.4 ~ 2 米，厚 0.6 米。土质较净，含大量水锈纹沙。该层下见白色沙质生土层，停探。

台基外地层：第①层，浅灰色土，深厚 0.4 米。土质干燥，松散，内含碎砖瓦片。第②层，灰褐色土，深 0.4 ~ 1.3 米，厚 0.9 米。土质较净，无包含物。第③层，褐色土，深 1.3 ~ 1.9 米，厚 0.6 米。土质较净，内含大量水锈纹沙。该层下见白色沙质生土层，停探。

F113 台基

位于皇城东北部，东西第一街南侧，F110 东 8 米。平面呈长方形，东西 10 米，南北 5 米。

台基内地层：第①层，浅灰色土，深厚 0.4 米。土质干燥，内含碎石、砖块、白灰、瓦片。第②层，灰褐色土，深 0.4 ~ 1.3 米，厚 0.9 米。内含白灰点。第③层，褐色土，深 1.3 ~ 2 米，厚 0.7 米。土质较净，无包含物。该层下见黄色沙质生土层，停探。

台基外地层：第①层，浅灰色土，深厚 0.4 米。土质干燥，内含碎石、砖块、白灰、瓦片。第②层，灰褐色土，深 0.4 ~ 1.3 米，厚 0.9 米。内含白灰点。第③层，褐色土，深 1.3 ~ 2 米，厚 0.7 米。土质较净，无包含物。该层下见黄色沙质生土层，停探。

F114 台基

位于皇城东北部，东西第一街南侧，F113 北 2 米。平面呈正方形，边长 8 米，高 0.8 米。

台基内地层：第①层，浅灰色土，深厚 0.4 米。土质干燥，松散，内含植物根茎。第②层，灰褐色土，深 0.4 ~ 1.5 米，厚 1.1 米。土质稍散，内含灰砖渣、瓦片、白灰颗粒。第③层，褐色土，深 1.5 ~ 2.1 米，厚 0.6 米。土质较净，无包含物。该层下见黄色沙质生土层，停探。

台基外地层：第①层，浅灰色土，深厚 0.4 米。土质干燥，松散，内含植物根茎。第②层，灰褐色土，深 0.4 ~ 1.4 米，厚 1 米。土质稍散，内含灰砖渣、瓦片、白灰颗粒。第③层，褐色土，深 1.4 ~ 2.2 米，厚 0.8 米。土质较净，无包含物。该层下见黄色沙质生土层，停探。

F115 台基

位于皇城东北部，东西第一街南侧，F114 西北 3 米。平面呈不规则方形，东西 15 米，南北 15 米，高 0.8 米。

台基内地层：第①层，浅灰色土，深厚 0.4 米。土质干燥，松散，内含植物根茎、白灰颗粒。第②层，灰褐色土，深 0.4 ~ 1.4 米，厚 1 米。土质稍散，内含灰砖渣、白灰颗粒。第③层，褐色土，深 1.4 ~ 2 米，厚 0.6 米。土质较净，无包含物。该层下见黄色沙质生土层，停探。

台基外地层：第①层，浅灰色土，深厚 0.4 米。土质干燥，松散，内含植物根茎、沙石颗粒。第②层，灰褐色土，深 0.4 ~ 1.6 米，厚 1.2 米。土质稍散，内含灰砖渣、瓦片。第③层，褐色土，深 1.6 ~ 2 米，厚 0.4 米。土质较净，无包含物。该层下见黄色沙质生土层，停探。

F116 台基

位于皇城东北部，东西第一街南侧紧邻。平面呈不规则形，东西 65 米，南北 30 米。

台基内地层：第①层，浅灰色土，深厚 0.4 米。土质干燥，松散，内含植物根茎、白灰点。第②层，灰褐色土，深 0.4 ~ 1.4 米，厚 1 米。土质稍散，内含灰砖渣、瓦片。第③层，褐色土，深 1.4 ~ 2.3 米，厚 0.9 米。土质较净，无包含物。该层下见黄色沙质生土层，停探。

台基外地层：第①层，浅灰色土，深厚 0.4 米。土质干燥，松散，内含植物根茎、白灰点。第②层，灰褐色土，深 0.4 ~ 1.4 米，厚 1 米。土质稍散，内含灰砖渣、瓦片。第③层，褐色土，深 1.4 ~ 2.3 米，厚 0.9 米。土质较净，无包含物。该层下见黄色沙质生土层，停探。

F117 台基

位于皇城东北部，东西第一街南侧，F116 南 4 米。平面呈正方形，边长 12 米。

台基内地层：第①层，浅灰色土，深厚 0.9 米。土质干燥，松散，内含植物根茎、白灰点。第②层，夯土，深 0.9 ~ 1.5 米，厚 0.6 米。土质坚硬，密实，内含沙石颗粒。第③层，褐色土，深 1.5 ~ 2.6 米，厚 1.1 米。内含黑炭渣。该层下见黄色沙质生土层，停探。

台基外地层：第①层，浅灰色土，深厚 0.4 米。土质干燥，松散，内含植物根茎、白灰点。第②层，灰褐色土，深 0.4 ~ 1.5 米，厚 1.1 米。土质稍散，内含少量灰砖渣、白灰颗粒。第③层，褐色土，深 1.5 ~ 2.6 米，厚 1.1 米。土质较净，无包含物。该层下见黄色沙质生土层，停探。

F118 台基

位于皇城东北部，东西第一街南侧，F116 东 11 米。平面呈长方形，东西 22 米，南北 12 米。

台基内地层：第①层，浅灰色土，深厚 0.3 米。内含植物根茎。第②层，灰褐色土，深 0.3 ~ 1.4 米，厚 1.1 米。土质稍散，内含灰砖渣、黑炭渣、草木灰。第③层，褐色土，深 1.4 ~ 2.1 米，厚 0.7 米。土质较净，无包含物。该层下见黄色沙质生土层，停探。

台基外地层：第①层，浅灰色土，深厚 0.4 米。土质干燥，松散，内含植物根茎、白灰点。第②层，灰褐色土，深 0.4 ~ 1.5 米，厚 1.1 米。土质稍散，内含灰砖渣、瓦片、白灰点、黑炭灰。第③层，褐色土，深 1.5 ~ 2 米，厚 0.5 米。土质较净，无包含物。该层下见黄色沙质生土层，停探。

F119 台基

位于皇城东北部，东西第一街南侧，F118 东 10 米。平面呈长方形，东西 21 米，南北 12 米，高 0.6 米。

台基内地层：第①层，浅灰色土，深厚 0.4 米。土质干燥，松散，内含植物根茎、白灰颗粒。第②层，灰褐色土，深 0.4 ~ 1.3 米，厚 0.9 米。土质稍散，内含灰砖渣。第③层，褐色土，深 1.3 ~ 1.5 米，厚 0.2 米。土质较净，无包含物。该层下见黄色沙质生土层，停探。

台基外地层：第①层，浅灰色土，深厚 0.4 米。土质干燥，松散，内含植物根茎、白灰颗粒。第②层，灰褐色土，深 0.4 ～ 1.3 米，厚 0.9 米。土质稍散，内含灰砖渣。第③层，褐色土，深 1.3 ～ 1.5 米，厚 0.2 米。土质较净，无包含物。该层下见黄色沙质生土层，停探。

F120 台基

位于皇城东北部，东西第一街南侧，F119 东 7 米。平面呈长方形，东西 32 米，南北 19 米。

台基内地层：第①层，浅灰色土，深厚 0.9 米。土质干燥，松散，内含植物根茎、白灰点。第②层，夯土，深 0.9 ～ 1.5 米，厚 0.6 米。土质坚硬，密实，内含沙石颗粒。第③层，褐色土，深 1.5 ～ 2.6 米，厚 1.1 米。内含黑炭渣。该层下见黄色沙质生土层，停探。

台基外地层：第①层，浅灰色土，深厚 0.4 米。土质干燥，松散，内含植物根茎、白灰点。第②层，灰褐色土，深 0.4 ～ 1.5 米，厚 1.1 米。土质稍散，内含少量灰砖渣、白灰颗粒。第③层，褐色土，深 1.5 ～ 2.6 米，厚 1.1 米。土质较净，无包含物。该层下见黄色沙质生土层，停探。

F121 台基

位于皇城东北部，东西第一街南侧，F117 南 10 米。平面呈不规则形，东西 80 米，南北 70 米，高出地表面约 0.8 米。该房址建筑面积较大，由堆石区、铺砖区组成，地面建筑构件较多，墙基明显。

台基内地层：第①层，浅灰色土，该层为建筑废墟覆盖层，深厚 0.9 米。土质干燥，松散，内含瓦片、碎砖石块、白灰颗粒。第②层，灰褐色土，深 0.9 ～ 1.7 米，厚 0.8 米。土质较松散，内含草木灰、白瓷片、动物骨骼、烧土颗粒。第③层，褐色土，深 1.7 ～ 3 米，厚 1.3 米。内含草木灰、黄沙团。该层下见白色沙质生土层，停探。

台基外地层：第①层，浅灰色土，深厚 0.4 米。土质干燥，松散，内含植物根茎。第②层，灰褐色土，深 0.4 ～ 1.2 米，厚 0.8 米。内含碎石块、动物骨骼、草木灰、白瓷片。第③层，褐色土，深 1.2 ～ 2.4 米，厚 1.2 米。内含黄水锈纹沙团。该层下见白色沙质生土层，停探。

F122 台基

位于皇城东北部，南北第二街北端西侧，F121 西 12 米。平面呈正方形，边长 7 米。

台基内地层：第①层，浅灰色土，深厚 0.5 米。土质干燥，松散，内含植物根茎、碎砖石瓦片、白灰颗粒。第②层，灰褐色土，深 0.5 ～ 1.4 米，厚 0.9 米。土质较净，无包含物。第③层，褐色土，深 1.4 ～ 2.4 米，厚 1 米。土质较净，无包含物，底部有 0.2 米厚淤泥沙。该层下见白色沙质生土层，停探。

台基外地层：第①层，浅灰色土，深厚 0.4 米。土质干燥，松散，内含植物根茎。第②层，灰褐色土，深 0.4 ～ 1.3 米，厚 0.9 米。内含草木灰、动物骨骼、瓦片。第③层，褐色土，深 1.3 ～ 2.4 米，厚 1.1 米。土质较净，无包含物，底部有 0.3 米厚淤泥沙。该层下见白色沙质生土层，停探。

F123 台基

位于皇城东北部，南北第二街北端西侧 4 米。平面呈长方形，东西 12 米，南北 8 米，高 1 米。

台基内地层：第①层，浅灰色土，深厚 0.4 米。土质干燥，松散，内含植物根茎、白灰点。第②层，灰褐色土，深 0.4 ～ 1.2 米，厚 0.8 米。土质稍散，内含黑炭渣。第③层，褐色土，深 1.2 ～ 1.5 米，厚 0.3 米。土质较净，无包含物。该层下见黄色沙质生土层，停探。

台基外地层：第①层，浅灰色土，深厚 0.4 米。土质干燥，松散，内含植物根茎、白灰点。第②层，灰褐色土，深 0.4 ~ 1.2 米，厚 0.8 米。土质稍散，内含黑炭渣。第③层，褐色土，深 1.2 ~ 1.5 米，厚 0.3 米。土质较净，无包含物。该层下见黄色沙质生土层，停探。

F124 台基

位于皇城东北部，南北第二街北端西侧，F123 南 10 米。平面呈不规则长方形，东西 28 米，南北 5 米。

台基内地层：第①层，浅灰色土，深厚 0.3 米。土质干燥，松散，内含植物根茎、白灰点。第②层，灰褐色土，深 0.3 ~ 1.2 米，厚 0.9 米。土质稍散，内含灰砖渣、瓦片、少量白灰点。第③层，褐色土，深 1.2 ~ 1.5 米，厚 0.3 米。土质较净，无包含物。该层下见黄色沙质生土层，停探。

台基外地层：第①层，浅灰色土，深厚 0.3 米。土质干燥，松散，内含植物根茎、白灰点。第②层，灰褐色土，深 0.3 ~ 1.2 米，厚 0.9 米。土质稍散，内含灰砖渣、瓦片和少量白灰点。第③层，褐色土，深 1.2 ~ 1.5 米，厚 0.3 米。土质较净，无包含物。该层下见黄色沙质生土层，停探。

F125 台基

位于皇城东北部，南北第二街北端西侧，F124 南 8 米。平面呈不规则长方形，东西 25 米，南北 12 米。

台基内地层：第①层，浅灰色土，深厚 0.4 米。土质干燥，松散，内含植物根茎、白灰颗粒。第②层，灰褐色土，深 0.4 ~ 1.4 米，厚 1 米。第③层，褐色土，深 1.4 ~ 2 米，厚 0.6 米。土质较净，无包含物。该层下见黄色沙质生土层，停探。

台基外地层：第①层，浅灰色土，深厚 0.4 米。土质干燥，松散，内含植物根茎、白灰颗粒。第②层，灰褐色土，深 0.4 ~ 1.4 米，厚 1 米。土质稍散，内含灰砖渣、白灰颗粒、黑炭渣。第③层，褐色土，深 1.4 ~ 2 米，厚 0.6 米。土质较净，无包含物。该层下见黄色沙质生土层，停探。

F126 台基

位于皇城东北部，南北第二街西侧，F125 西南 4 米。平面呈长方形，东西 18 米，南北 15 米。

台基内地层：第①层，浅灰色土，深厚 0.4 米。土质干燥，含沙量稍大，内含植物根茎、碎砖石块和白灰颗粒。第②层，浅灰褐色土，深 0.4 ~ 1.1 米，厚 0.7 米。土质干燥，内含碎石块、白灰颗粒。第③层，灰褐色土，深 1.1 ~ 1.8 米，厚 0.7 米。土质较净，无包含物。第④层，褐色土，深 1.8 ~ 2.3 米，厚 0.5 米。土质较净，无包含物。该层下见白色沙质生土层，停探。

台基外地层：第①层，浅灰色土，深厚 0.4 米。内含植物根茎。第②层，灰褐色土，深 0.4 ~ 1.4 米，厚 1 米。土质较净，无包含物。第③层，褐色土，深 1.4 ~ 1.9 米，厚 0.5 米。土质较净，含水锈纹沙团。该层下见白色沙质生土层，停探。

F127 台基

位于皇城东北部，南北第二街西侧，F126 东南 12 米。平面呈长方形，东西 18 米，南北 6 米，该台基高出地表面约 0.5 米。

台基内地层：第①层，浅灰色土，深厚 0.6 米。土质干燥，松散，内含白灰点、砖块、瓦片、碎石。第②层，灰褐色土，深 0.6 ~ 1.4 米，厚 0.8 米。该土层为夯土层，土质坚硬，内含带水锈沙土粒。该层下见白色沙质生土层，停探。

台基外地层：第①层，浅灰色土，深厚 0.5 米。土质干燥，松散，内含白灰、砖石块、瓦片。第②层，灰褐色土，深 0.5 ~ 1.1 米，厚 0.6 米。内含少量黑灰点。该层下见白色沙质生土层，停探。

F128 台基

位于皇城东北部，南北第二街东侧，F121 南 40 米。平面呈不规则长方形，东西 20 米，南北 15 米，该房址地势高出地平面 0.5 米。

台基内地层：第①层，浅灰色土，深厚 0.6 米。土质较松散，内含白灰颗粒、砖瓦片。第②层，灰褐色土，深 0.6 ~ 1.3 米，厚 0.7 米。为夯土层，土质较硬，含少量水锈沙土粒。该层下见白色沙质生土层，停探。

台基外地层：第①层，浅灰色土，深厚 0.5 米。土质干燥，松散，内含植物根茎。第②层，灰褐色土，深 0.5 ~ 0.9 米，厚 0.4 米。内含少量黑灰点。该层下见白色沙质生土层，停探。

F129 台基

位于皇城东北部，东西第二街北侧，F128 东 12 米。平面呈不规则形，东西 45 米，南北 30 米，该房址地势高出地平面 0.6 米。

台基内地层：第①层，浅灰色土，深厚 0.6 米。土质干燥，松散，内含碎砖石瓦片、白灰颗粒。第②层，夯土层，深 0.6 ~ 1.4 米，厚 0.8 米。土质较硬，掺加少量浅灰色土夯实。该层下见白色沙质生土层，停探。

台基外地层：第①层，浅灰色土，深厚 0.5 米。土质干燥，松散，内含白灰、瓦片。第②层，灰褐色土，深 0.5 ~ 1 米，厚 0.5 米。土质较净，内含少量黑灰点。该层下见白色沙质生土层，停探。

F130 台基（大龙光华严寺）

位于皇城东北部，东西第一街与东西第二街之间，属大型建筑群遗址，平面呈长方形三重围两院落式布局。东西 200 米，南北 325 米，东中西三跨院相连，中院为主体。共探测出建筑遗迹 28 处，按其遗迹的性质及所在位置划分，大致可归纳为五类，即排房、中央夯土、中央夯土南侧配房、其他无规律房址、院落内路土等遗迹。现根据该房址的三重围两院落布局之特征，由外到内，说明如下：

第一围建筑

大龙光华严寺的外围墙及附属房址建筑。围墙四至南北 198 米，东西 154 米。基础部分砌石构筑，宽 1.4 米左右，个别地段砌石裸露在地表，地下砌石距地表深 0.4 ~ 1 米。与围墙相关房址有寺 F1、寺 F8、寺 F12。

寺 F1：位于西侧围墙的西北部。高出现有地表 0.7 米。平面呈长方形，南北长 75 ~ 92 米，东西宽 6 ~ 14 米。它的东南角与西侧围北端衔接，北部被 F139 房址叠压。地层堆积大致可分为三层：第①层，浅灰色土，深厚 0.6 米。土质干燥，松散，内含植物根茎、碎砖石、外素内纹瓦片、白灰颗粒、烧土颗粒。第②层，灰褐色土，深 0.6 ~ 1.5 米，厚 0.9 米。土质一般，较净。第③层，黄褐色土，深 1.5 ~ 2.1 米，厚 0.6 米。土质较净，内含水锈纹沙土团。该层下见浅黄色沙质生土层，停探。

寺 F8：位于东侧围墙的中部。高出现有地表 0.7 米。平面呈长方形，南北长 48 米，东西宽 9.6 米。夯土构筑，其东墙是东侧围墙的一部分。地层堆积大致可分为四层：第①层，浅灰色土，深厚 0.5 米。土质干燥，松散，内含白灰颗粒、碎砖石块、琉璃瓦残片。第②层，灰褐色夯土，深 0.5 ~ 1.4 米，厚 0.9 米。土质较硬，内含微量草木灰、白灰颗粒。第③层，黄褐色土，深 1.4 ~ 2.9 米，厚 1.5 米。

土质一般，较净。第④层，深灰色淤土，深2.9～3.1米，厚0.2米。土质一般，较净。该层下见灰白色沙质生土层，停探。

寺F12：位于北围墙的中部。隆起现有地表0.7米。平面呈长方形，东西长56米，南北宽10米。夯土构筑。在F12的正南侧发现大面积夯土，开口于①层下，距地表深0.7米，厚0.7米。底部有铺石，厚度不详。夯土用浅灰色土、浅黄色沙质花土夯制而成，土质较硬，内含水锈纹斑。地层堆积大致可分为三层：第①层，浅灰色土，深厚0.7米。土质干燥，松散，内含砖块、瓦片、白灰颗粒、碎石、琉璃瓦残片。第②层，浅灰色土、浅黄色沙质花夯土，深0.7～1.4米，厚0.7米。土质较硬，密实，内含水锈纹斑点。第③层，黄褐色土，深1.4～2.6米，厚1.2米。土质一般，较净。该层下见灰白色沙质生土层，停探。

第二围建筑

大龙光华严寺的四合式排房建筑。建筑的四至，南北160米，东西90米。排房基础夯土构筑，开口于①层下，距地表深0.5米见。排房编号为寺F4、寺F6、寺F9、寺F10。

寺F4：位于第二围建筑的西部。隆起现有地表0.7米。平面呈长方形，南北158米，东西8.6米。在F4的东西两侧发现夯土护坡，东侧宽1.5米，西侧宽2米。地层堆积大致可分为三层：第①层，浅灰色土，深厚0.5米。土质干燥，松散，内含碎石、砖块、瓦片、白灰点。第②层，灰褐色夯土，深0.5～1.6米，厚0.9米。土质坚硬，密实，内含微量白灰。第③层，黄褐色土，深1.6～2.2米，厚0.6米。土质一般，较净。该层下见浅黄色沙质生土层，停探。

寺F6：位于第二围建筑的南部。隆起现有地表0.6米。平面呈长方形，东西90米，南北8.5米。在F6的北侧发现夯土护坡，宽1.5米。地层堆积大致可分为两层：第①层，浅灰色土，深厚0.5米。土质干燥，松散，内含白灰颗粒、碎砖石块。第②层，灰褐色夯土，深0.5～1.2米，厚0.7米。土质坚硬，密实。该层下深浅不等见石不过，以下情况不明。

寺F9：位于第二围建筑的东部。高出现有地表0.7米。平面呈长方形，南北158米，东西8.6米。在F9的东西两侧发现夯土护坡，宽2米，厚1.2米。地层堆积大致可分为三层：第①层，浅灰色土，深厚0.5米。土质干燥，松散，内含白灰颗粒、瓦片。第②层，灰褐色夯土，深0.5～1.5米，厚1米。土质较硬，较净。第③层，黄褐色土，深1.5～2.7米，厚1.2米。土质一般，较净。该层下见灰白色沙质生土层，停探。

寺F10：位于第二围建筑的北部。隆起现有地表0.6～1米。平面呈长方形，东西90米，南北8.5米。在F10的东西两侧发现夯土护坡，宽2米；正南侧发现夯土区，不规则长方形，东西30～43米，南北12～20米。开口于①层下，距地表深0.5米，至1.5米尽，厚1米。夯土用浅灰色和浅黄色水锈斑沙质土夯制而成，土质较硬。F10地层堆积大致可分为三层：第①层，浅灰色建筑废墟覆盖层，深厚0.6米。土质干燥，松散，内含白灰颗粒、砖块、琉璃瓦残片。第②层，灰褐色夯土层，深0.6～1.9米，厚1.3米。土质坚硬，密实，较净。第③层，黄褐色土，深1.9～3.1米，厚1.2米。土质一般，较净。该层下见灰白色沙质生土层，停探。

第三围建筑

大龙光华严寺的中央夯土台基建筑。隆起现有地表1.5～2.7米，地表散落或覆盖有大量石块和建筑构件废弃物。夯土台基的四至，南北80米，东西42米。夯土用灰褐色土及水锈沙土打制而成。

距地表深 0.4 米，至 1.8 米尽，厚 1.4 米。土质干燥，坚硬，台基底部有铺石。台基上共有三处房址，编号为寺 F14、寺 F15、寺 F16。

寺 F14：位于中央夯土台基的北部。隆起现有地表 1.7 米左右。平面呈长方形，东西 19.5 米，南北 9 米。地层堆积：第①层，浅灰色建筑废墟覆盖层，深厚 0.7 米。土质干燥，松散，内含白灰颗粒、砖石块、瓦片、琉璃瓦残片。该层下见石不过，下面情况不明。

寺 F15：位于中央夯土台基的中部，北距 F14 南沿 8 米，并与 F14 在同一轴线上。隆起现有地表 1.5 米左右。平面呈长方形，南北 14 米，东西 8 米。地层堆积：第①层，浅灰色土，深厚 0.5 米。土质干燥，松散，内含砖渣、瓦砾、白灰颗粒。该层下见石，不过，下面情况不明。地表堆积较厚，周围护坡石、堆石、乱石、界线无法分清。

寺 F16：位于中央夯土台基的南部，北距 F15 南沿 8 米，并与 F14、F15 在同一轴线上。隆起现有地表 2.5 米。平面呈不规则长方形，东西 14 ~ 23 米，南北 14 ~ 30 米。探至 0.3 ~ 1 米处见石，铲探不过，以下情况不明。在周围斜坡上布孔，发现有夯土，深 0.4 ~ 1.8 米，厚 1.4 米，在夯土下见石。夯土采用灰褐色土及水锈沙土打制而成。土质坚硬，干燥，据上述情况推测，该夯土台应是一夯土一层铺石逐层构筑而成，高约 2.5 米。高台斜坡和周围地面都布满石块，护坡石和乱石界线无法分清。

中央夯土台基南侧配房

寺 F5：位于中央夯土台基西南部 16 米处，西距 F4 排房东沿 10 米。高出现有地表 0.5 米。平面呈方形，边长 10 米。夯土构筑。地层堆积大致可分两层：第①层，浅灰色土，深厚 0.5 米。土质干燥，松散，内含碎砖石、瓦片、琉璃瓦残片。第②层，灰褐色夯土，深 0.5 ~ 1.2 米，厚 0.7 米。土质坚硬，密实。以下见砖石，不过，下面情况不明。

寺 F7：位于中央夯土台基东南部 16 米处，东西距 F9 排房西沿 6 米。隆起现在地表 0.6 米。平面呈圆形，直径 18 米。夯土构筑。地层堆积大致可分两层：第①层，浅灰色土，深厚 0.5 米。土质干燥，松散，内含白灰颗粒、碎砖石块。第②层，灰褐色夯土，深 0.5 ~ 1.2 米，厚 0.7 米。土质坚硬，密实，内含较多浅黄色水锈纹斑和少量浅灰色土颗粒。以下见石不过，下面情况不明。

其他无规律房址

寺 F2：位于第一围与第二围建筑西侧中端结合部。高出现有地表 0.7 米。地表散落有琉璃瓦残片、外素内布纹瓦片、白灰块等建筑废墟。部分探孔探到石块。墙基不明显。平面呈长方形，东西 26 米，南北 15 米。夯土构筑。地层堆积大致可分三层：第①层，浅灰色建筑废墟覆盖层，深厚 0.7 米。土质干燥，松散，内含白灰颗粒、碎砖瓦块、石块等。第②层，浅灰夯土，深 0.7 ~ 2 米，厚 1.3 米。土质坚硬，干燥，内含水锈纹斑和少量白灰颗粒。第③层，灰褐色淤积层，深 2 ~ 2.6 米，厚 0.6 米。土质一般，较净。该层下见浅黄色沙质生土层，停探。

寺 F3：位于寺 2 正南侧 11 米处，东距 F4 西沿 6.2 米。隆起现有地表 0.7 米。地面散落有琉璃瓦残片、外素内布纹瓦片、白灰块等建筑废墟。部分孔探到石块。墙基不明显。平面呈方形，边长 9 米。夯土构筑。地层堆积大致可分为三层：第①层，浅灰色土，深厚 0.5 米。土质松散，干燥，内含碎石块、外素内布纹瓦片、白灰块。第②层，灰褐色夯土，深 0.5 ~ 1.6 米，厚 1.1 米。土质坚硬，密实，内含微量白灰颗粒。第③层，褐色土，深 1.6 ~ 2.2 米，厚 0.6 米。土质一般，较净。该层下见浅黄色沙质生土层，停探。

寺 F11：位于寺 F9 中北部，叠压在 F9 上。隆起现有地表 1.3 米。房址周边护坡乱石较多，南、北、东三面有夯土，厚 0.5 米。地层堆积大致可分为两层：第①层，浅灰色土，深厚 1 米。土质干燥，松散，内含碎砖石块、瓦片。第②层，灰褐色夯土，深 1 ~ 1.9 米，厚 0.9 米。土质较硬。以下见石不过，下面情况不明。

寺 F13：位于第一围院落的西北部，寺 F12 西侧 10 米处。隆起现有地表 0.4 米，地表散落少量建筑废墟。叠压在围墙上。地层堆积大致可分为三层：第①层，浅灰色土，深厚 0.6 米。土质干燥，松散，内含碎砖渣、外素内布纹瓦片、白灰颗粒、草木灰。第②层，灰褐色土，深 0.6 ~ 1 米，厚 0.4 米。土质一般，内含微量草木灰、白灰点。第③层，黄褐色土，深 1 ~ 2 米，厚 1 米。土质一般，较净。该层下见灰白色沙质生土层，停探。

寺院内踩踏面遗迹

在第一围与第二围之间院落内，第二围与第三围之间院落内，均发现有踩踏面遗迹，距地表深 0.5 米左右，厚 0.3 ~ 0.5 米。土质稍硬，有时踩踏层稍明显，内含少量草木灰、碎砖渣、碎石颗粒。

第一围与第二围之间院落内地层：第①层，青灰色地表土，深厚 0.3 米。土质松散，干燥，内含植物根茎，少量白灰颗粒、碎砖渣点。第②层，灰褐色土，深 0.3 ~ 0.8 米，厚 0.5 米。土质稍硬，内含草木灰，少量青灰色砖渣。该层下见浅黄色沙质生土层，停探。

第二围与第三围之间院落内地层：第①层，青灰色土，深厚 0.3 米。土质松散，干燥，内含植物根茎。第②层，灰褐色土，深 0.3 ~ 1 米，厚 0.7 米。土质稍松，内含青灰色砖渣、白灰点碎石颗粒。第③层，灰褐色土，深 1 ~ 1.6 米，厚 0.6 米。土质一般，较净。该层下见浅黄色水锈斑沙质生土层，停探。

F131 台基

位于皇城东部，东西第一街东端路上。平面呈长方形，东西 13 米，南北 6 米。

台基内地层：第①层，浅灰色土，深厚 0.4 米。土质干燥，松散，内含植物根茎。第②层，灰褐色土，深 0.4 ~ 1 米，厚 0.6 米。土质稍散，内含灰砖渣、瓦砾、白灰颗粒。第③层，褐色土，深 1 ~ 1.6 米，厚 0.6 米。土质较净，无包含物。该层下见黄色沙质生土层，停探。

台基外地层：第①层，浅灰色土，深厚 0.4 米。土质干燥，松散，内含植物根茎。第②层，灰褐色土，深 0.4 ~ 0.8 米，厚 0.4 米。土质稍散，内含灰砖渣、白灰点。第③层，褐色土，深 0.8 ~ 1.6 米，厚 0.8 米。土质较净，无包含物。该层下见黄色沙质生土层，停探。

F132 台基

位于皇城东部，东西第一街最东端。平面呈长方形，东西 6 米，南北 4 米。该房址深浅不等见石块，墙基不明显。

台基内地层：第①层，浅灰色土，深厚 0.6 米。土质干燥，松散，内含植物根茎。第②层，褐色土，深 0.6 ~ 1.4 米，厚 0.8 米。土质较松散，内含白灰颗粒、碎砖瓦片。第③层，灰褐色土，深 1.4 ~ 2 米，厚 0.6 米。内含少量草木灰，底部有 0.2 米厚水锈纹土。该层下见白色沙质生土层，停探。

台基外地层：第①层，浅灰色土，深厚 0.4 米。土质干燥，松散，内含植物根茎。第②层，褐色土，深 0.4 ~ 1.3 米，厚 0.9 米。土质较松散，内含白灰颗粒、草木灰、碎石块。第③层，灰褐色土，深 1.3 ~ 1.9 米，厚 0.6 米。土质较净，无包含物，底部有 0.2 米厚水锈纹土。该层下见白色沙质生土层，停探。

F133 台基

位于皇城东部，F130 东 28 米。平面呈长方形，东西 15 米，南北 12 米，高出地表约 0.5 米。该房址墙基明显，地面散落较多建筑构件。

台基内地层：第①层，浅灰色土，深厚 0.6 米。土质干燥，松散，内含白灰、瓦片、碎石块。第②层，夯土层，深 0.6 ~ 0.9 米，厚 0.3 米。土质较硬，该层为浅黄色土掺黄水锈沙土夯实。第③层，灰褐色土，深 0.9 ~ 1.7 米，厚 0.8 米。土质较净，无包含物。第④层，褐色土，深 1.7 ~ 2.5 米，厚 0.8 米。土质较净，无包含物，底部有 0.3 米厚水锈纹土。该层下见白色沙质生土层，停探。

台基外地层：第①层，浅灰色土，深厚 0.5 米。土质干燥，松散，内含植物根茎。第②层，灰褐色土，深 0.5 ~ 1.6 米，厚 1.1 米。土质较净，无包含物。第③层，褐色土，深 1.6 ~ 2.2 米，厚 0.6 米。土质较净，无包含物，底部有 0.3 米带水锈纹沙土。该层下见白色沙质生土层，停探。

F134 台基

位于皇城东部，F130 东 30 米。平面呈正方形，边长 7 米，高出地表面约 0.7 米。该房址基础明显，地面散落较多建筑构件。

台基内地层：第①层，浅灰色土，深厚 0.5 米。土质干燥，松散。第②层，红煤渣，深 0.5 ~ 0.8 米，厚 0.3 米。土质松散。0.8 米以下见石不过，下面情况不明。

台基外地层：第①层，浅灰色土，深厚 0.5 米。土质干燥，松散，内含植物根茎。第②层，灰褐色土，深 0.5 ~ 1.4 米，厚 0.9 米。土质较净，无包含物。第③层，褐色土，深 1.4 ~ 2 米，厚 0.6 米。土质较净，无包含物，底部有 0.3 米厚水锈纹土。该层下见白色沙质生土层，停探。

F135 台基

位于皇城东部，F130 东 24 米。平面呈长方形，东西 18 米，南北 8 米。该房址地势高出地平面 0.3 米，基础不明显。

台基内地层：第①层，浅灰色土，深厚 0.6 米。土质干燥，松散，内含碎砖石块、琉璃瓦残片、白灰颗粒。第②层，灰褐色土，深 0.6 ~ 1.1 米，厚 0.5 米。内含草木灰、白灰点、灰陶片。第③层，褐色土，深 1.1 ~ 1.7 米，厚 0.6 米。土质较净，无包含物。该层下见白色沙质生土层，停探。

台基外地层：第①层，浅灰色土，深厚 0.4 米。土质干燥，松散，内含植物根茎。第②层，灰褐色土，深 0.4 ~ 1 米，厚 0.6 米。内含草木灰、白灰颗粒。第③层，褐色土，深 1 ~ 1.5 米，厚 0.5 米。土质较净，无包含物。该层下见白色沙质生土层，停探。

F136 台基

位于皇城东部，东西第三街南侧，2 号排水沟南 4 米。平面呈长方形，东西 30 米，南北 10 米。该房址地势略高于地平面，基础不明显。

台基内地层：第①层，浅灰色土，深厚 0.6 米。土质干燥，松散，内含植物根茎、瓦片。第②层，灰褐色土，深 0.6 ~ 1.4 米，厚 0.8 米。内含水锈沙团、黑灰点。该层下见白色沙质生土层，停探。

台基外地层：第①层，浅灰色土，深厚 0.5 米。土质干燥，松散，内含植物根茎。第②层，灰褐色土，深 0.5 ~ 1.3 米，厚 0.8 米。内含白灰点、草木灰、带水锈沙团。该层下见白色沙质生土层，停探。

F137 台基

位于皇城东部，东西第三街南侧，F136 南 2 米。平面呈正方形，边长 7 米。该房址地势较低，基础明显。

台基内地层：第①层，浅灰色土，深厚0.6米。土质干燥，松散，内含碎砖、瓦片、白灰颗粒。第②层，灰褐色土，深0.6～1.4米，厚0.8米。内含黑灰点、带水锈沙团。该层下见白色沙质生土层，停探。

台基外地层：第①层，浅灰色土，深厚0.5米。土质干燥，松散，内含白灰颗粒、瓦片。第②层，灰褐色土，深0.5～1.4米，厚0.9米。内含草木灰、白瓷片。该层下见白色沙质生土层，停探。

F138台基

位于皇城东部，东西第三街南侧，F137南8米。平面呈长方形，东西14米，南北10米。该房址地势高出地平面0.3米，基础不明显。

台基内地层：第①层，浅灰色土，深厚0.6米。土质干燥，松散，内含白灰颗粒、碎砖渣、瓦片。第②层，灰褐色土，深0.6～1.4米，厚0.8米。内含白灰颗粒。第③层，褐色土，深1.4～2.1米，厚0.7米。土质较净，含白色沙团。该层下见白色沙质生土层，停探。

台基外地层：第①层，浅灰色土，深厚0.5米。土质干燥，松散，内含植物根茎。第②层，灰褐色土，深0.5～1.3米，厚0.8米。内含草木灰、白瓷片。第③层，褐色土，深1.3～1.9米，厚0.6米。内含白色沙团。该层下见白色沙质生土层，停探。

F139台基

位于皇城东部，东西第四街北侧，F138南22米。平面呈正方形，边长8米。

台基内地层：第①层，浅灰色土，深厚0.4米。土质干燥，松散，内含植物根茎。第②层，灰褐色土，深0.4～0.8米，厚0.4米。土质稍散，内含微量草木灰。第③层，褐色土，深0.8～1.7米，厚0.9米。土质较净，无包含物。该层下见黄色沙质生土层，停探。

台基外地层：第①层，浅灰色土，深厚0.4米。土质干燥，松散，内含植物根茎。第②层，灰褐色土，深0.4～1.7米，厚1.3米。土质较净，无包含物。该层下见黄色沙质生土层，停探。

F140台基

位于皇城东部，2号排水沟东端南侧，F139东40米。平面呈长方形，东西15米，南北8米。

台基内地层：第①层，浅灰色土，深厚0.4米。土质干燥，松散，内含植物根茎。第②层，灰褐色土，深0.4～0.9米，厚0.5米。土质稍散，内含少量白灰颗粒。第③层，褐色土，深0.9～1.8米，厚0.9米。土质较净，无包含物。该层下见黄色沙质生土层，停探。

台基外地层：第①层，浅灰色土，深厚0.4米。土质干燥，松散，内含植物根茎。第②层，灰褐色土，深0.4～1.8米，厚1.4米。土质较净，无包含物。该层下见黄色沙质生土层，停探。

F141台基

位于皇城东部，东西第四街北侧，F139东南5米。平面呈正方形，边长6米，高0.6米。

台基内地层：第①层，浅灰色土，深厚0.4米。土质干燥，松散，内含植物根茎。第②层，灰褐色土，深0.4～1米，厚0.6米。土质稍散，内含灰砖渣、草木灰。第③层，褐色土，深1～1.8米，厚0.8米。土质较净，无包含物。该层下见黄色沙质生土层，停探。

台基外地层：第①层，浅灰色土，深厚0.4米。土质干燥，松散，内含植物根茎。第②层，灰褐色土，深0.4～1.8米，厚1.4米。土质较净，无包含物。该层下见黄色沙质生土层，停探。

F142 台基

位于皇城东部，F140 南 14 米。平面呈正方形，边长 8 米。

台基内地层：第①层，浅灰色土，深厚 0.4 米。土质干燥，松散，内含植物根茎。第②层，灰褐色土，深 0.4 ~ 1 米，厚 0.6 米。土质稍散，内含微量草木灰。第③层，夯土，深 1 ~ 1.8 米，厚 0.8 米。土质坚硬，内含少量白灰、沙石颗粒。该层下见黄色沙质生土层，停探。

台基外地层：第①层，浅灰色土，深厚 0.4 米。土质干燥，松散，内含植物根茎。第②层，灰褐色土，深 0.4 ~ 1.8 米，厚 1.4 米。土质较净，无包含物。该层下见黄色沙质生土层，停探。

F143 台基

位于皇城东部，东西第五街北侧，2 号排水沟北 4 米。平面呈长方形，东西 42 米，南北 9 米。

台基内地层：第①层，浅灰色土，深厚 0.4 米。土质干燥，松散，内含植物根茎。第②层，灰褐色土，深 0.4 ~ 1.4 米，厚 1 米。土质稍散，内含灰砖渣、瓷片。该层下见黄色沙质生土层，停探。

台基外地层：第①层，浅灰色土，深厚 0.4 米。土质干燥，松散，内含植物根茎。第②层，灰褐色土，深 0.4 ~ 1.3 米，厚 0.9 米。土质较净，无包含物。该层下见黄色沙质生土层，停探。

F144 台基

位于皇城东部，东西第五街北侧，F143 西 5 米。平面呈不规则长方形，东西 105 米，南北 30 米。

台基内地层：第①层，浅灰色土，深厚 0.5 米。土质干燥，松散，内含植物根茎、碎沙石颗粒。第②层，灰褐色土，深 0.5 ~ 1.5 米，厚 1 米。土质稍散，内含草木灰、黑炭渣、碎砖渣、红胎瓦砾。第③层，踩踏面，深 1.5 ~ 1.6 米，厚 0.1 米。土质较硬，分小薄层。第④层，灰褐色土，深 1.6 ~ 2 米，厚 0.4 米。土质较净，无包含物。该层下见黄色沙质生土层，停探。

台基外地层：第①层，浅灰色土，深厚 0.5 米。土质干燥，松散，内含植物根茎。第②层，灰褐色土，深 0.5 ~ 1.3 米，厚 0.8 米。土质稍散，内含灰砖渣、瓦片、白灰点。第③层，褐色土，深 1.3 ~ 1.7 米，厚 0.4 米。土质较净，无包含物。该层下见黄色沙质生土层，停探。

F145 台基

位于皇城东部，东西第四街北侧，F144 北 15 米。平面呈长方形，东西 18 米，南北 12 米。

台基内地层：第①层，浅灰色土，深厚 0.4 米。土质干燥，松散，内含植物根茎。第②层，灰褐色土，深 0.4 ~ 1.1 米，厚 0.7 米。土质稍散，内含草木灰、灰砖渣、瓦片。第③层，褐色土，深 1.1 ~ 1.9 米，厚 0.8 米。土质较净，无包含物。该层下见黄色沙质生土层，停探。

台基外地层：第①层，浅灰色土，深厚 0.4 米。土质干燥，松散，内含植物根茎。第②层，灰褐色土，深 0.4 ~ 1.8 米，厚 1.4 米。土质较净，无包含物。该层下见黄色沙质生土层，停探。

F146 台基

位于皇城东部，东西第四街北侧，F145 东北 7 米。平面呈长方形，东西 15 米，南北 8 米。

台基内地层：第①层，浅灰色土，深厚 0.4 米。土质干燥，松散，内含植物根茎。第②层，灰褐色土，深 0.4 ~ 0.9 米，厚 0.5 米。土质稍散，内含灰砖渣、瓦砾。第③层，褐色土，深 0.9 ~ 2 米，厚 1.1 米。土质较净，无包含物。该层下见黄色沙质生土层，停探。

台基外地层：第①层，浅灰色土，深厚 0.4 米。土质干燥，松散，内含植物根茎。第②层，灰褐色土，深 0.4 ~ 1.9 米，厚 1.5 米。土质较净，无包含物。该层下见黄色沙质生土层，停探。

F147 台基

位于皇城东部，东西第三街南侧，2 号排水沟南 5 米。平面呈长方形，东西 52 米，南北 13 米。该房址地势较平坦，基础明显。

台基内地层：第①层，浅灰色土，深厚 0.6 米。土质干燥，松散，内含白灰颗粒、瓦片、碎石。第②层，灰褐色土，深 0.6～1.5 米，厚 0.9 米。内含砖块、草木灰、踩踏面。第③层，褐色土，深 1.5～2.1 米，厚 0.6 米。土质较净，内含水锈纹。该层下见白色沙质生土层，停探。

台基外地层：第①层，浅灰色土，深厚 0.5 米。土质干燥，松散，内含白灰颗粒、砖块、碎石。第②层，灰褐色土，深 0.5～1.4 米，厚 0.9 米。第③层，褐色土，深 1.4～2 米，厚 0.6 米。土质较净，含水锈土。该层下见白色沙质生土层，停探。

F148 台基

位于皇城东部，东西第三街南侧，F147 西 12 米。平面呈长方形，东西 14 米，南北 9 米。

台基内地层：第①层，浅灰色土，深厚 0.4 米。土质干燥，松散，内含植物根茎。第②层，灰褐色土，深 0.4～0.8 米，厚 0.4 米。土质稍散，内含草木灰、灰砖渣、瓦砾。第③层，褐色土，深 0.8～1.9 米，厚 1.1 米。土质较净，无包含物。该层下见黄色沙质生土层，停探。

台基外地层：第①层，浅灰色土，深厚 0.4 米。土质干燥，松散，内含植物根茎。第②层，灰褐色土，深 0.4～1.8 米，厚 1.4 米。土质稍散，内含白灰颗粒。该层下见黄色沙质生土层，停探。

F149 台基

位于皇城东部，东西第三街南侧，F147 西 6 米。平面呈不规则形，东西 55 米，南北 50 米，地势高出地表面约 0.3 米。该房址面积较大，部分基础明显。

台基内地层：第①层，浅灰色土，深厚 0.6 米。土质干燥，松散，内含白灰颗粒、砖块、瓦片、碎石。第②层，灰褐色土，深 0.6～1.4 米，厚 0.8 米。内含草木灰、瓦片。第③层，褐色土，深 1.4～2.2 米，厚 0.8 米。土质较净，含带水锈土。该层下见白色沙质生土层，停探。

台基外地层：第①层，浅灰色土，深厚 0.5 米。土质干燥，松散，内含植物根茎。第②层，灰褐色土，深 0.5～1.4 米，厚 0.9 米。土质稍散，内含草木灰、白瓷片、瓦片、烧土颗粒。第③层，褐色土，深 1.4～2.2 米，厚 0.8 米。土质较净，含带水锈土，该层下见白色沙质生土层，停探。

F150 台基

位于皇城东部，东西第四街北侧，F149 南 12 米。平面呈长方形，东西 13 米，南北 6 米。

台基内地层：第①层，浅灰色土，深厚 0.4 米。土质干燥，松散，内含植物根茎。第②层，灰褐色土，深 0.4～1 米，厚 0.6 米。土质稍散，内含灰砖渣、瓦砾、草木灰。该层下见黄色沙质生土层，停探。

台基外地层：第①层，浅灰色土，深厚 0.4 米。土质干燥，松散，内含植物根茎。第②层，灰褐色土，深 0.4～1 米，厚 0.6 米。土质稍散，内含灰砖渣、瓦砾、草木灰。该层下见黄色沙质生土层，停探。

F151 台基

位于皇城东部，东西第四街南侧，F144 西北 12 米。平面呈不规则形，东西 38 米，南北 28 米。

台基内地层：第①层，浅灰色土，深厚 0.4 米。土质干燥，松散，内含植物根茎。第②层，灰褐色土，深 0.4～1.3 米，厚 0.9 米。土质稍散，内含灰砖渣、白灰颗粒。该层下见黄色沙质生土层，停探。

台基外地层：第①层，浅灰色土，深厚 0.4 米。土质干燥，松散，内含植物根茎。第②层，灰褐色土，

深 0.4 ~ 1.4 米，厚 1 米。土质较净，无包含物。该层下见黄色沙质生土层，停探。

F152 台基

位于皇城东部，东西第五街北侧，F151 南 22 米。平面呈长方形，东西 60 米，南北 9 米，高 0.6 米。

台基内地层：第①层，浅灰色土，深厚 0.3 米。土质干燥，松散，内含植物根茎。第②层，灰褐色土，深 0.3 ~ 0.9 米，厚 0.6 米。第③层，褐色土，深 0.9 ~ 1.4 米，厚 0.5 米。土质较净，无包含物。该层下见黄色沙质生土层，停探。

台基外地层：第①层，浅灰色土，深厚 0.4 米。土质干燥，松散，内含植物根茎。第②层，灰褐色土，深 0.4 ~ 1.3 米，厚 0.9 米。土质较净，无包含物。

F153 台基

位于皇城东部，东西第五街北侧，F152 西 10 米。平面呈长方形，东西 18 米，南北 10 米。

台基内地层：第①层，浅灰色土，深厚 0.4 米。土质干燥，松散，内含植物根茎。第②层，灰褐色土，深 0.4 ~ 0.8 米，厚 0.4 米。土质稍散，内含草木灰、黑炭渣、灰砖渣。第③层，褐色土，深 0.8 ~ 1.3 米，厚 0.5 米。土质较净，无包含物。该层下见黄色沙质生土层，停探。

台基外地层：第①层，浅灰色土，深厚 0.4 米。土质干燥，松散，内含植物根茎。第②层，灰褐色土，深 0.4 ~ 0.8 米，厚 0.4 米。土质稍散，内含草木灰、黑炭渣、灰砖渣。第③层，褐色土，深 0.8 ~ 1.3 米，厚 0.5 米。土质较净，无包含物。该层下见黄色沙质生土层，停探。

F154 台基

位于皇城东部，东西第五街北侧，F153 西北 4 米。平面呈正方形，边长 8 米。

台基内地层：第①层，浅灰色土，深厚 0.3 米。土质干燥，松散，内含植物根茎。第②层，灰色扰土层，深 0.3 ~ 1.4 米，厚 0.9 米。土质松散，内含煤渣、灰砖渣、草木灰。第③层，灰褐色土，深 1.4 ~ 2.2 米，厚 0.8 米。土质较净，无包含物。该层下见黄色沙质生土层，停探。

台基外地层：第①层，浅灰色土，深厚 0.4 米。土质干燥，松散，内含植物根茎。第②层，灰褐色土，深 0.4 ~ 1.1 米，厚 0.7 米。土质较净，无包含物。该层下见黄色沙质生土层，停探。

F155 台基

位于皇城东部，东西第五街与南北第二街交会处东北，F154 西 20 米。平面呈长方形，东西 24 米，南北 14 米，高 0.5 米。

台基内地层：第①层，浅灰色土，深厚 0.3 米。土质干燥，松散，内含植物根茎。第②层，灰褐色土，深 0.3 ~ 1.3 米，厚 1 米。土质稍散，内含灰砖渣、白灰颗粒、动物骨骼、草木灰。第③层，灰褐色土，深 1.3 ~ 2.2 米，厚 0.9 米。土质较净，无包含物。该层下见黄色沙质生土层，停探。

台基外地层：第①层，浅灰色土，深厚 0.3 米。土质干燥，松散，内含植物根茎。第②层，灰褐色土，深 0.3 ~ 1.2 米，厚 0.9 米。土质稍散，内含煤渣、灰砖渣、红胎瓦片。第③层，褐色土，深 1.2 ~ 2.2 米，厚 1 米。土质较净，无包含物。该层下见黄色沙质生土层，停探。

F156 台基

位于皇城东部，南北第二街东侧，F155 东 8 米。平面呈长方形，东西 25 米，南北 12 米。

台基内地层：第①层，浅灰色土，深厚 0.3 米。土质干燥，松散，内含植物根茎。第②层，覆盖杂填土，深 0.3 ～ 1.6 米，厚 1.3 米。土质较散，内含碎砖渣、白灰颗粒、沙石、瓦砾及大量黑色草木灰。第③层，灰褐色土，深 1.6 ～ 2.3 米，厚 0.7 米。土质较净，无包含物。

台基外地层：第①层，浅灰色土，深厚 0.4 米。土质干燥，松散，内含植物根茎。第②层，灰褐色土，深 0.4 ～ 1 米，厚 0.6 米。土质较净，无包含物。该层下见黄色沙质生土层，停探。

F157 台基

位于皇城东部，东西第四街南侧，F151 西 25 米。平面呈长方形，东西 17 米，南北 8 米。

台基内地层：第①层，浅灰色土，深厚 0.6 米。土质干燥，松散，内含植物根茎。第②层，夯土层，深 0.6 ～ 0.9 米，厚 0.3 米。内含白灰颗粒。第③层，灰褐色土，深 0.9 ～ 1.3 米，厚 0.4 米。土质较净，无包含物。该层下见黄色沙质生土层，停探。

台基外地层：第①层，浅灰色土，深厚 0.4 米。土质干燥，松散，内含植物根茎。第②层，灰褐色土，深 0.4 ～ 1 米，厚 0.6 米。土质较净，无包含物。该层下见黄色沙质生土层，停探。

F158 台基

位于皇城东部，东西第四街南侧，F156 北 6 米。平面呈不规则形，东西 14 米，南北 12 米。

台基内地层：第①层，浅灰色土，深厚 0.3 米。土质干燥，松散，内含植物根茎。第②层，灰褐色土，深 0.3 ～ 1.6 米，厚 1.3 米。土质稍散，内含灰砖渣、瓦砾、草木灰。该层下见黄色沙质生土层，停探。

台基外地层：第①层，浅灰色土，深厚 0.3 米。土质干燥，松散，内含植物根茎。第②层，灰褐色土，深 0.3 ～ 1.6 米，厚 1.3 米。土质稍散，内含灰砖渣、瓦砾、草木灰。该层下见黄色沙质生土层，停探。

F159 台基

位于皇城东部，东西第四街北侧，F149 西 35 米。平面呈长方形，东西 15 米，南北 8 米。

台基内地层：第①层，浅灰色土，深厚 0.6 米。土质干燥，松散，内含植物根茎、白灰点。第②层，灰褐色土，深 0.6 ～ 1.1 米，厚 0.5 米。土质稍散，内含灰砖渣、瓦片、白灰颗粒。第③层，褐色土，深 1.1 ～ 1.7 米，厚 0.6 米。土质较净，无包含物。该层下见黄色沙质生土层，停探。

台基外地层：第①层，浅灰色土，深厚 0.6 米。土质干燥，松散，内含植物根茎。第②层，灰褐色土，深 0.6 ～ 1.7 米，厚 1.1 米。土质较净，无包含物。该层下见黄色沙质生土层，停探。

F160 台基

位于皇城东部，东西第四街北侧，F159 西 35 米。平面呈长方形，东西 20 米，南北 8 米。

台基内地层：第①层，浅灰色土，深厚 0.6 米。土质干燥，松散，内含植物根茎。第②层，灰褐色土，深 0.6 ～ 1 米，厚 0.4 米。土质稍散，内含灰砖渣、白灰点。第③层，褐色土，深 1 ～ 1.7 米，厚 0.7 米。土质较净，无包含物。该层下见黄色沙质生土层，停探。

台基外地层：第①层，浅灰色土，深厚 0.4 米。土质干燥，松散，内含植物根茎。第②层，灰褐色土，深 0.4 ～ 1.7 米，厚 1.3 米。土质较净，无包含物。该层下见黄色沙质生土层，停探。

F161 台基

位于皇城东部，东西第四街与南北第二街交会处东北 14 米。平面呈长方形，东西 14 米，南北 10 米。

台基内地层：第①层，浅灰色土，深厚 0.4 米。土质干燥，松散，内含植物根茎。第②层，灰褐色土，深 0.4 ～ 1.3 米，厚 0.9 米。土质稍散，内含灰砖渣、白灰点、黑炭灰。第③层，褐色土，深 0.9 ～ 1.7 米，厚 0.8 米。土质较净，无包含物。该层下见黄色沙质生土层，停探。

台基外地层：第①层，浅灰色土，深厚 0.4 米。土质干燥、松散，内含植物根茎。第②层，灰褐色土，深 0.4 ~ 2.1 米，厚 1.7 米。土质较净，无包含物。该层下见黄色沙质生土层，停探。

F162 台基

位于皇城东部，东西第四街与南北第二街交会处东北 16 米，F161 西 2 米。平面呈正方形，边长 10 米。

台基内地层：第①层，浅灰色土，深厚 0.4 米。土质干燥、松散，内含植物根茎。第②层，灰褐色土，深 0.4 ~ 1.3 米，厚 0.9 米。土质稍散，内含灰砖渣、白灰点、黑炭灰。第③层，褐色土，深 0.9 ~ 1.7 米，厚 0.8 米。土质较净，无包含物。该层下见黄色沙质生土层，停探。

台基外地层：第①层，浅灰色土，深厚 0.4 米。土质干燥、松散，内含植物根茎。第②层，灰褐色土，深 0.4 ~ 2.1 米，厚 1.7 米。土质较净，无包含物。该层下见黄色沙质生土层，停探。

F163 台基

位于皇城东部，东西第三街南侧，F160 北 6 米。平面呈不规则形，东西 110 米，南北 15 米，地势高出地表约 0.6 米。该房址较大，地势较高。东部基础被挖掉，西部基础较明显。

台基内地层：第①层，浅灰色土，深厚 0.6 米。土质干燥、松散，内含白灰颗粒、砖块、碎石。第②层，灰褐色土，深 0.6 ~ 1.5 米，厚 0.9 米。土质较松散，内含草木灰、瓷片。该房址中北部发现有淤水沟穿过，沟内土质较松软，内含冲积淤土层、深灰色淤泥、陶片、动物骨骼，沟深 0.7 ~ 2.5 米，厚 1.8 米。叠压关系：沟→房址。第③层，褐色土，深 1.5 ~ 2.4 米，厚 0.9 米。土质较净，含水锈土。该层下见白色沙质生土层，停探。

台基外地层：第①层，浅灰色土，深厚 0.5 米。土质松散、干燥，内含植物根茎。第②层，灰褐色土，深 0.5 ~ 1.3 米，厚 0.8 米。土质一般，内含动物骨骼、烧土颗粒、白釉瓷片、草木灰等。第③层，深褐色土，深 1.3 ~ 2.1 米，厚 0.8 米。土质一般，内含水锈纹土。该层下见浅黄色沙质生土层，停探。

F164 台基

位于皇城东部，东西第三街与南北第二街交会处路上。平面呈长方形，东西 10 米，南北 6 米。

台基内地层：第①层，浅灰色土，深厚 0.6 米。土质松散、干燥，内含碎石、砖块、瓦片、白灰颗粒等。第②层，灰褐色土，深 0.6 ~ 1.3 米，厚 0.7 米。土质一般，内含碎石、烧土颗粒等。第③层，深褐色土，深 1.3 ~ 2.1 米，厚 0.8 米。土质一般，较净，内含水锈纹斑土。该层下见浅黄色沙质生土层，停探。

台基外地层：第①层，浅灰色土，深厚 0.5 米。土质干燥、松散，内含植物根茎。第②层，灰褐色土，深 0.5 ~ 1.2 米，厚 0.7 米。土质一般，内含瓦片、白瓷片、草木灰。第③层，褐色土，深 1.2 ~ 2 米，厚 0.8 米。土质较净，内含带水锈土。该层下见白色沙质生土层，停探。

F165 台基

位于皇城东部，南北第二街西侧，F164 东南 18 米。平面呈长方形，东西 14 米，南北 9 米，该房址地势高出地平面 0.5 米。

台基内地层：第①层，浅灰色土，深厚 0.8 米。土质干燥、松散，内含碎石、砖块、瓦片、白灰颗粒。第②层，灰褐色土，深 0.8 ~ 1.6 米，厚 0.8 米。土质一般，内含黑灰颗粒、瓦片。该层下见白色沙质生土层，停探。

台基外地层：第①层，浅灰色土，深厚 0.6 米。土质干燥，松散，内含植物根茎。第②层，灰褐色土，深 0.6 ~ 1.5 米，厚 0.9 米。土质较净，无包含物。该层下见带水锈沙土，停探。

F166 台基

位于皇城东部，东西第四街与南北第二街交会处西北 14 米。平面呈长方形，东西 12 米，南北 10 米。

台基内地层：第①层，浅灰色土，深厚 0.6 米。土质干燥，松散，内含植物根茎。第②层，灰褐色土，深 0.6 ~ 1 米，厚 0.4 米。土质稍散，内含灰砖渣、白灰点。第③层，褐色土，深 1 ~ 1.7 米，厚 0.7 米。土质较净，无包含物。该层下见黄色沙质生土层，停探。

台基外地层：第①层，浅灰色土，深厚 0.4 米。土质干燥，松散，内含植物根茎。第②层，灰褐色土，深 0.4 ~ 1.7 米，厚 1.3 米。土质较净，无包含物。该层下见黄色沙质生土层，停探。

F167 台基

位于皇城东部，东西第四街与南北第二街交会处西南 8 米。平面呈长方形，东西 10 米，南北 5 米。

台基内地层：第①层，浅灰色土，深厚 0.4 米。土质干燥，松散，内含植物根茎。第②层，灰褐色土，深 0.4 ~ 0.9 米，厚 0.5 米。土质稍散，内含灰砖渣、瓦砾、白灰颗粒。第③层，夯土，深 0.9 ~ 1.5 米，厚 0.6 米。土质较硬，内含黑炭渣、碎沙石颗粒。第④层，褐色土，深 1.5 ~ 2.1 米，厚 0.6 米。土质较净，无包含物。该层下见黄色沙质生土层，停探。

台基外地层：第①层，浅灰色土，深厚 0.4 米。土质干燥，松散，内含植物根茎。第②层，灰褐色土，深 0.4 ~ 0.8 米，厚 0.4 米。土质稍散，内含灰砖渣、瓦片。第③层，褐色土，深 0.8 ~ 2 米，厚 1.2 米。土质较净，无包含物。该层下见黄色沙质生土层，停探。

F168 台基

位于皇城东部，1 号排水沟东侧，F167 西 6 米。平面呈正方形，边长 8 米。

台基内地层：第①层，浅灰色土，深厚 0.4 米。土质干燥，松散，内含植物根茎。第②层，灰褐色土，深 0.4 ~ 1.3 米，厚 0.9 米。土质稍散，内含灰砖渣、白灰颗粒、瓦砾。第③层，褐色土，深 1.3 ~ 1.5 米，厚 0.2 米。土质较净，无包含物。该层下见黄色沙质生土层，停探。

台基外地层：第①层，浅灰色土，深厚 0.4 米。土质干燥，松散，内含植物根茎。第②层，灰褐色土，深 0.4 ~ 1.3 米，厚 0.9 米。土质稍散，内含灰砖渣、瓦砾。第③层，褐色土，深 1.3 ~ 2.5 米，厚 1.2 米。土质较净，无包含物。该层下见黄色沙质生土层，停探。

F169 台基

位于皇城东部，东西第四街与南北第二街交会处西南 10 米。平面呈长方形，东西 22 米，南北 10 米。

台基内地层：第①层，浅灰色土，深厚 0.6 米。土质干燥，松散，内含植物根茎。第②层，灰褐色土，深 0.6 ~ 1.5 米，厚 0.9 米。土质稍散，内含草木灰。第③层，褐色土，深 1.5 ~ 2.1 米，厚 0.6 米。土质较净，无包含物。该层下见黄色沙质生土层，停探。

台基外地层：第①层，浅灰色土，深厚 0.6 米。土质干燥，松散，内含植物根茎、白灰颗粒。第②层，灰褐色土，深 0.6 ~ 2 米，厚 1.4 米。土质较净，无包含物。该层下见黄色沙质生土层，停探。

F170 台基

位于皇城东部，南北第二街西侧，1 号排水沟东 2 米。平面呈长方形，东西 20 米，南北 12 米，该房址地势高出地平面 0.5 米。地面散落较多建筑构件，基础不明显。

台基内地层：第①层，浅灰色土，深厚 0.6 米。土质干燥，松散，内含碎石、砖块、白灰颗粒、草木灰。第②层，灰褐色土，深 0.6 ~ 1.2 米，厚 0.6 米。土质较净，无包含物。第③层，褐色土，深 1.2 ~ 1.7 米，厚 0.5 米。土质一般，含带水锈土。该层下见深黄色沙质生土层，停探。

台基外地层：第①层，浅灰色土，深厚 0.4 米。土质干燥，松散，内含植物根茎。第②层，灰褐色土，深 0.4 ~ 1.3 米，厚 0.9 米。土质一般，底部含水锈土。该层下见深黄色沙质生土层，停探。

F171 台基

位于皇城东部，南北第二街西侧，F169 南 10 米。平面呈长方形，东西 20 米，南北 16 米。

台基内地层：第①层，浅灰色土，深厚 0.7 米。土质干燥，松散，内含砖块、瓦片、白灰颗粒、碎石。第②层，灰褐色土，深 0.7 ~ 1.5 米，厚 0.8 米。土质一般，内含碎砖渣、草木灰、烧土颗粒。第③层，褐色土，深 1.5 ~ 2.2 米，厚 0.7 米。土质一般，密度较大，带水锈纹。该层下见深黄色沙质生土层，停探。

台基外地层：第①层，浅灰色土，深厚 0.5 米。土质一般，内含植物根茎。第②层，灰褐色土，深 0.5 ~ 1.3 米，厚 0.8 米。土质一般，内含草木灰、白灰颗粒、烧土颗粒。第③层，褐色土，深 1.3 ~ 2 米，厚 0.7 米。土质较净，密度稍大，无包含物。该层下见深黄色沙质生土层，停探。

F172 台基

位于皇城东部，1 号排水沟东 5 米。平面呈长方形，东西 22 米，南北 9 米，该房址地势高出地平面 0.4 米。

台基内地层：第①层，浅灰色土，深厚 0.6 米。土质一般，内含白灰颗粒、瓦片。第②层，灰褐色土，深 0.6 ~ 1.5 米，厚 0.9 米。土质一般，内含烧土颗粒、碎砖渣。第③层，褐色土，深 1.5 ~ 2.2 米，厚 0.7 米。土质较净，密度较大，无包含物。该层下见深黄色沙质生土层，停探。

台基外地层：第①层，浅灰色土，深厚 0.4 米。土质干燥，松散，内含植物根茎。第②层，灰褐色土，深 0.4 ~ 1.2 米，厚 0.8 米。土质一般，内含草木灰、瓦片、碎石。第③层，褐色土，深 1.2 ~ 1.8 米，厚 0.6 米。土质较净，密度较大。该层下见深黄色沙质生土层，停探。

F173 台基

位于皇城东部，南北第二街西侧，F172 西南 2 米。平面呈长方形，东西 22 米，南北 10 米，该房址地势高出地平面 0.8 米。地面散落较多建筑构件，基础不明显。

台基内地层：第①层，浅灰色土，深厚 0.8 米。土质干燥，松散，内含碎砖石块、瓦片、白灰颗粒、烧土颗粒。第②层，深灰色土，深 0.8 ~ 2 米，厚 1.2 米。土质较松散，杂乱，内含草木灰、碎砖渣、白灰颗粒、烧土块、红胎瓦片。该层下见石不过，停探，下面情况不明。

台基外地层：第①层，浅灰色土，深厚 0.5 米。土质干燥，松散，内含红烧土颗粒、碎石渣。第②层，灰褐色土，深 0.5 ~ 1.4 米，厚 0.9 米。土质一般，内含草木灰、碎砖渣、白灰颗粒。第③层，褐色土，深 1.4 ~ 2 米，厚 0.6 米。土质较净，无包含物。该层下见深黄色沙质生土层，停探。

F174 台基

位于皇城东部，南北第二街西侧，1 号排水沟东 6 米。平面呈长方形，东西 35 米，南北 7 米，该房址地势高出地平面 0.4 米。

台基内地层：第①层，浅灰色土，深厚 0.6 米。土质干燥，松散，内含白灰颗粒、碎砖渣。第②层，灰褐色土，深 0.6 ~ 1.5 米，厚 0.9 米。土质一般，内含烧土颗粒、草木灰。第③层，褐色土，深 1.5 ~ 2.2 米，厚 0.7 米。土质一般，密度稍大，带水锈纹。该层下见深黄色沙质生土层，停探。

台基外地层：第①层，浅灰色土，深厚 0.4 米。土质干燥，松散，内含植物根茎。第②层，灰褐色土，深 0.4 ~ 1.2 米，厚 0.8 米。内含白灰点、草木灰、白瓷片。第③层，褐色土，深 1.2 ~ 1.9 米，厚 0.7 米。土质一般，密度较大，带水锈纹。该层下见深黄色沙质色生土层，停探。

F175 台基

位于皇城东部，南北第二街西侧，F174 东 4 米。平面呈不规则长方形，东西 12 米，南北 10 米。该房址东南角向东有一条长 10 米、宽 1.2 米的石砌墙基，探不过，厚度不详。

台基内地层：第①层，浅灰色土，深厚 0.6 米。土质干燥，松散，内含白灰颗粒、碎砖石块、瓦片。第②层，灰褐色土，深 0.6 ~ 1.3 米，厚 0.7 米。土质一般，含烧土颗粒、草木灰。第③层，褐色土，深 1.3 ~ 2 米，厚 0.7 米。土质较净，无包含物。该层下见深黄色沙质生土层，停探。

台基外地层：第①层，浅灰色土，深厚 0.4 米。土质干燥，松散，内含碎砖石块、瓦片、白灰颗粒。第②层，灰褐色土，深 0.4 ~ 1.2 米，厚 0.8 米。土质一般，含黑灰点、瓦片、烧土颗粒。第③层，褐色土，深 1.2 ~ 1.9 米，厚 0.7 米。土质一般，密度稍大，带水锈。该层下见深黄色沙质生土层，停探。

F176 台基

位于皇城东部，南北第二街西侧紧邻。平面呈长方形，东西 28 米，南北 10 米。

台基内地层：第①层，浅灰色土，深厚 0.4 米。土质干燥，松散，内含植物根茎。第②层，灰褐色土，深 0.4 ~ 0.7 米，厚 0.3 米。土质稍散，内含胎瓦片、碎砖渣。该层下见黄色沙质生土层，停探。

台基外地层：第①层，浅灰色土，深厚 0.4 米。土质干燥，松散，内含植物根茎。第②层，灰褐色土，深 0.4 ~ 0.7 米，厚 0.3 米。土质稍散，内含灰砖渣、红胎残片。该层下见黄色沙质生土层，停探。

F177 台基

位于皇城东部，南北第二街东侧，F176 东 30 米。平面呈正方形，边长 20 米，该房址地势高出地平面 0.5 米。

台基内地层：第①层，浅灰色土，深厚 0.6 米。土质干燥，松散，内含碎砖渣、白灰颗粒。第②层，灰褐色土，深 0.6 ~ 1.4 米，厚 0.8 米。土质较净，内含微量黑灰颗粒。该层下见深黄色沙质生土层，停探。

台基外地层：第①层，浅灰色土，深厚 0.5 米。土质干燥，松散，内含植物根茎。第②层，灰褐色土，深 0.5 ~ 1.2 米，厚 0.7 米。土质一般，内含草木灰、白瓷片、木材灰颗粒。该层下见深黄色沙质生土层，停探。

F178 台基

位于皇城东部，东西第五街与南北第二街交会处东南紧邻。平面呈长方形，东西 40 米，南北 30 米，该房址地势高出地平面 0.7 米。

台基内地层：第①层，浅灰色土，深厚 0.7 米。土质干燥，松散，内含白灰颗粒、碎砖石块、瓦片。第②层，灰褐色土，深 0.7 ~ 1.5 米，厚 0.8 米。内含草木灰、骨渣，底部有带水锈土。该层下见深黄色沙质生土层，停探。

台基外地层：第①层，浅灰色土，深厚 0.5 米。内含植物根茎。第②层，灰褐色土，深 0.5 ~ 1.2 米，厚 0.7 米。土质一般，内含草木灰、陶片、白瓷片、动物骨骼。该层下见深黄色沙质生土层，停探。

F179 台基

位于皇城东部，东西第六街北侧，F177 东南 15 米。平面呈正方形，边长 15 米。

台基内地层：第①层，浅灰色土，深厚 0.5 米。土质干燥，松散，内含植物根茎。第②层，灰褐色土，深 0.5 ~ 1.5 米，厚 1 米。土质稍散，内含少量灰砖渣、瓦砾、白灰颗粒。第③层，褐色土，深 1.5 ~ 2.2 米，厚 0.7 米。土质较净，无包含物。该层下见黄色沙质生土层，停探。

台基外地层：第①层，浅灰色土，深厚 0.5 米。土质干燥，松散，内含植物根茎。第②层，灰褐色土，深 0.5 ~ 1.5 米，厚 1 米。土质稍散，内含少量灰砖渣、瓦砾、白灰颗粒。第③层，褐色土，深 1.5 ~ 2.2 米，厚 0.7 米。土质较净，无包含物。该层下见黄色沙质生土层，停探。

F180 台基

位于皇城东部，东西第五街南侧，F178 东 15 米。平面呈不规则长方形，东西 50 米，南北 30 米，高 0.6 米。该房址面积较大，少部分基础明显。

台基内地层：第①层，浅灰色土，深厚 0.6 米。土质干燥，松散，内含白灰颗粒、碎砖石块。第②层，灰褐色土，深 0.6 ~ 1.4 米，厚 0.8 米。内含黑灰点、瓦片。第③层，褐色土，深 1.4 ~ 2 米，厚 0.6 米。土质一般，密实度较大，带水锈。该层下见深黄色沙质生土层，停探。

台基外地层：第①层，浅灰色土，深厚 0.5 米。土质干燥，松散，内含植物根茎。第②层，灰褐色土，深 0.5 ~ 1.2 米，厚 0.7 米。土质一般，内含草木灰、烧土颗粒。第③层，褐色土，深 1.2 ~ 1.9 米，厚 0.7 米。土质一般，密度稍大，带水锈土。该层下见深黄色沙质生土层，停探。

F181 台基

位于皇城东部，东西第六街北侧，F180 东南 30 米。平面呈长方形，东西 15 米，南北 8 米。

台基内地层：第①层，浅灰色土，深厚 0.5 米。土质干燥，松散，内含植物根茎。第②层，灰褐色土，深 0.5 ~ 1.3 米，厚 0.8 米。土质稍散，内含灰砖渣、碎砖块、草木灰和微量烧土颗粒、黑炭渣。第③层，褐色土，深 1.3 ~ 2.3 米，厚 1 米。土质较湿软，较净，内含微量草木灰。该层下见黄色沙质生土层，停探。

台基外地层：第①层，浅灰色土，深厚 0.5 米。土质干燥，松散，内含植物根茎。第②层，灰褐色土，深 0.5 ~ 1.3 米，厚 0.8 米。土质较湿软，内含草木灰、黑炭渣。第③层，褐色土，深 1.3 ~ 2.1 米，厚 0.8 米。土质较净，无包含物。该层下见黄色沙质生土层，停探。

F182 台基

位于皇城东部，东西第五街南侧，5 号水坑东北 8 米。平面呈正方形，边长 15 米，该房址地势高出地平面 0.5 米。

台基内地层：第①层，浅灰色土，深厚 0.6 米。土质干燥，松散，内含碎砖石块、白灰颗粒。第②层，灰褐色土，深 0.6 ~ 1.5 米，厚 0.9 米。土质一般，内含碎砖、瓦片、黑灰点。第③层，褐色土，深 1.5 ~ 2 米，厚 0.5 米。土质较净，带水锈土。该层下见深黄色沙质生土层，停探。

台基外地层：第①层，浅灰色土，深厚 0.6 米。土质干燥，松散，内含植物根茎。第②层，灰褐色土，

深 0.6 ~ 1.5 米，厚 0.9 米。土质一般，内含碎砖瓦片、黑灰点。第③层，褐色土，深 1.5 ~ 2 米，厚 0.5 米。土质一般，带水锈土。该层下见深黄色沙质生土层，停探。

F183 台基

位于皇城东部，东西第五街南侧，F182 东 15 米。平面呈长方形，东西 28 米，南北 25 米。

台基内地层：第①层，浅灰色土，深厚 0.6 米。土质干燥，松散，内含碎石、砖瓦片。第②层，灰褐色土，深 0.6 ~ 1.4 米，厚 0.8 米。土质一般，内含微量黑炭灰颗粒。第③层，褐色土，深 1.4 ~ 2 米，厚 0.6 米。土质一般，含带水锈土。该层下见深黄色沙质生土层，停探。

台基外地层：第①层，浅灰色土，深厚 0.5 米。土质干燥，松散，内含植物根茎。第②层，灰褐色土，深 0.5 ~ 1.2 米，厚 0.7 米。土质一般，内含碎砖、瓦片、白灰、草木灰、陶片。第③层，褐色土，深 1.2 ~ 1.9 米，厚 0.7 米。土质较净，密度较大，带水锈土。该层下见深黄色沙质生土层，停探。

F184 台基

位于皇城东部，东西第五街南侧，F183 东 13 米。平面呈不规则长方形，东西 110 米，南北 20 米。

台基内地层：第①层，浅灰色土，深厚 0.6 米。土质干燥，松散，内含碎砖块、瓦片、白灰颗粒。第②层，灰褐色土，深 0.6 ~ 1.4 米，厚 0.8 米。土质一般，内含黑灰点。第③层，褐色土，深 1.4 ~ 2.1 米，厚 0.7 米。土质一般，带水锈土，含沙量较大。该层下见深黄色沙质生土层，停探。

台基外地层：第①层，浅灰色土，深厚 0.5 米。土质干燥，松散，内含植物根茎。第②层，灰褐色土，深 0.5 ~ 1.2 米，厚 0.7 米。土质一般，内含草木灰、烧土颗粒、浅蓝釉瓷片。第③层，褐色土，深 1.2 ~ 1.9 米，厚 0.7 米。土质一般，含沙量稍大，带水锈土。该层下见深黄色沙质生土层，停探。

F185 台基

位于皇城东部，南北第一街西侧紧邻。平面呈长方形，东西 22 米，南北 18 米，高 1.7 米。该房址地势较高，西、北边线地势低洼。

台基内地层：第①层，浅灰色土，深厚 0.6 米。土质干燥，松散，内含碎砖石块、瓦片、白灰颗粒。第②层，灰褐色土，深 0.6 ~ 1.4 米，厚 0.8 米。土质稍软，水分大，含水锈沙团。第③层，褐色土，深 1.4 ~ 2.6 米，厚 1.2 米。土质软，水分大，含沙量大，底部有 0.5 米厚黑淤泥。该层下见深黄色沙质生土层，停探。

台基外地层：第①层，浅灰色土，深厚 0.5 米。土质干燥，松散，内含植物根茎。第②层，灰褐色土，深 0.5 ~ 1.2 米，厚 0.7 米。土质稍软，水分较大，无包含物。第③层，褐色土，深 1.2 ~ 2.3 米，厚 1.1 米。土质松软，水分大，底部有 0.5 米厚黑泥沙。该层下见水不带，停探。

F186 台基

位于皇城东部，东西第六街最东端南侧 4 米。平面呈长方形，东西 12 米，南北 6 米。

台基内地层：第①层，浅灰色土，深厚 0.5 米。土质一般，内含碎砖块、瓦片、白灰颗粒。第②层，灰褐色土，深 0.5 ~ 1.4 米，厚 0.9 米。该土层为淤积层，土质湿软，含白色沙团、黄褐色沙团，底部有 0.5 米厚淤泥。该层下见水不带，停探。

台基外地层：第①层，浅灰色土，深厚 0.4 米。土质一般，内含植物根茎。第②层，灰褐色土，深 0.4 ~ 1.2 米，厚 0.8 米。土质湿软，含沙量大，有沉积层次，底部有 0.5 米厚黑淤泥。该层下见水不带，停探。

F187 台基

位于皇城东部，东西第六街与南北第二街交会处东南 30 米。平面呈正方形，边长 15 米。

台基内地层：第①层，浅灰色土，深厚 0.6 米。土质松散，内含碎砖块、瓦片、白灰颗粒。第②层，灰褐色土，深 0.6 ～ 1.2 米，厚 0.6 米。土质较湿软，内含黄沙团和微量草木灰。第③层，褐色土，深 1.2 ～ 1.9 米。厚 0.7 米。土质湿软，含沙量大，带水锈土。该层下见深黄色沙质生土层，停探。

台基外地层：第①层，浅灰色土，深厚 0.5 米。土质松散，内含植物根茎。第②层，灰褐色土，深 0.5 ～ 1.2 米，厚 0.7 米。土质较松软，含黄沙团，无包含物。第③层，褐色土，深 1.2 ～ 1.7 米，厚 0.5 米。土质湿软，含沙量大，带水锈土，底部有 0.3 米厚黑淤泥。该层下见水不带，停探。

F188 台基

位于皇城东部，南北第二街东侧，H13 西 4 米。平面呈长方形，东西 30 米，南北 10 米，该房址高出地平面 0.7 米。

台基内地层：第①层，浅灰色土，深厚 0.7 米。土质较松软，内含植物根茎。第②层，灰褐色土，深 0.7 ～ 1.6 米，厚 0.9 米。土质一般，内含碎砖渣、瓦片、白灰颗粒、红烧土块、草木灰、动物骨骼。第③层，褐色土，深 1.6 ～ 2.7 米，厚 1.1 米。土质湿软，较净。该层下见深黄色沙质生土层，停探。

台基外地层：第①层，浅灰色土，深厚 0.4 米。土质较松散，内含植物根茎。第②层，灰褐色土，深 0.4 ～ 1.5 米，厚 1.1 米。土质较软，内含动物骨骼、草木灰、白瓷片、烧土颗粒。第③层，褐色土，深 1.5 ～ 2.4 米，厚 0.9 米。土质较湿软，无包含物。该层下见深黄色沙质生土层，停探。

F189 台基

位于皇城东部，南北第二街西侧紧邻，F188 西 15 米。平面呈长方形，东西 12 米，南北 6 米。该房址地势高出地平面 0.7 米，西边线外地势低洼。

台基内地层：第①层，浅灰色土，深厚 0.3 米。土质干燥，松散，内含植物根基。第②层，灰褐色土，深 0.3 ～ 1.5 米，厚 1.2 米。土质稍散，内含灰砖渣、红胎瓦片、黑炭渣、沙石颗粒。第③层，褐色土，深 1.5 ～ 2 米，厚 0.5 米。土质湿软，内含微量草木灰。该层下见灰色沙质生土层，停探。

注：该探区位于宫城东墙外约 30 米，北临宫城东华门，东临排水沟 G1，南北长约 100 米，东西宽 8 米。该探区内探孔平均深度 0.3 ～ 1.5 米见石头，内含少量灰砖渣、白灰颗粒、沙石颗粒。

F190 台基

位于皇城东部，南北第二街西侧，排水沟 G1 东 15 米。平面呈长方形，东西 18 米，南北 10 米。

台基内地层：第①层，浅灰色土，深厚 0.7 米。土质较松散，内含碎石、砖块、瓦片、白灰颗粒。第②层，灰褐色土，深 0.7 ～ 1.6 米，厚 0.9 米。土质一般，内含黑灰点、烧土颗粒。第③层，褐色土，深 1.6 ～ 2.4 米，厚 0.8 米。土质较湿软，内含带水锈沙团，底部有 0.2 米厚黑淤土。该层下见黄色沙质生土层，停探。

台基外地层：第①层，浅灰色土，深厚 0.6 米。土质较松散，内含植物根茎。第②层，灰褐色土，深 0.6 ～ 1.4 米，厚 0.8 米。土质一般，内含草木灰、瓦片、烧土、白瓷片、动物骨骼。第③层，褐色土，深 1.4 ～ 2.4 米，厚 1 米。土质较湿软，含沙量较大，无包含物，底部有 0.3 米厚黑淤土。该层下见黄色沙质生土层，停探。

F191 台基

位于皇城东部，南北第二街西侧，F190 东 2 米。平面呈正方形，边长 16 米。

台基内地层：第①层，浅灰色土，深厚 0.7 米。土质较松散，内含白灰颗粒、砖块、瓦片。第②层，灰褐色土，深 0.7 ~ 1.6 米，厚 0.9 米。土质一般，内含草木灰、红烧土。第③层，褐色土，深 1.6 ~ 2.6 米，厚 1 米。土质较湿软，含沙量稍大，带水锈土。该层下见深黄色沙质生土层，停探。

台基外地层：第①层，浅灰色土，深厚 0.6 米。土质较松散，内含植物根茎。第②层，灰褐色土，深 0.6 ~ 1.5 米，厚 0.9 米。土质一般，内含动物骨骼、瓷片、草木灰、烧土颗粒。第③层，褐色土，深 1.5 ~ 2.4 米，厚 0.9 米。土质较湿软，含沙量大，带水锈土。该层下见白色沙质生土层，停探。

F192 台基

位于皇城东部，南北第二街西侧，排水沟 G1 东侧 5 米。平面呈长方形，东西 15 米，南北 10 米。

台基内地层：第①层，浅灰色土，深厚 0.3 米。土质干燥，松散，内含植物根茎。第②层，灰褐色土，深 0.3 ~ 1 米，厚 0.7 米。土质稍散，内含灰砖渣、草木灰、白灰颗粒。第③层，褐色土，深 1 ~ 1.5 米，厚 0.5 米。土质较净，无包含物。该层下见黄色沙质生土层，停探。

台基外地层：第①层，浅灰色土，深厚 0.3 米。土质干燥，松散，内含植物根茎。第②层，灰褐色土，深 0.3 ~ 1 米，厚 0.7 米。土质稍散，内含灰砖渣、草木灰、白灰颗粒。第③层，褐色土，深 1 ~ 1.5 米，厚 0.5 米。土质较净，无包含物。该层下见黄色沙质生土层，停探。

F193 台基

位于皇城东部，南北第二街西侧紧邻。平面呈正方形，边长 20 米，高 0.5 米。

台基内地层：第①层，浅灰色土，深厚 0.3 米。土质干燥，松散，内含植物根茎。第②层，灰褐色土，深 0.3 ~ 1.5 米，厚 1.2 米。土质松散，内含灰砖渣、瓦砾、白灰颗粒。第③层，褐色土，深 1.5 ~ 2.3 米，厚 0.8 米。土质较净，无包含物。该层下见黄色沙质生土层，停探。

台基外地层：第①层，浅灰色土，深厚 0.4 米。土质干燥，松散，内含植物根茎。第②层，灰褐色土，深 0.4 ~ 1.2 米，厚 0.8 米。土质稍散，内含灰砖渣、瓦砾、白灰颗粒。第③层，褐色土，深 1.2 ~ 2 米，厚 0.8 米。土质较净，无包含物。该层下见黄色沙质生土层，停探。

F194 台基

位于皇城东部，南北第二街西侧，排水沟 G1 东南拐角处向东 30 米。平面呈长方形，东西 16 米，南北 10 米。

台基内地层：第①层，浅灰色土，深厚 0.3 米。土质干燥，松散，内含植物根茎、白灰颗粒。第②层，灰褐色土，深 0.3 ~ 1.1 米，厚 0.8 米。土质稍散，内含砖渣、瓦片。第③层，褐色土，深 1.1 ~ 1.6 米，厚 0.5 米。土质较净，无包含物。该层下见黄色沙质生土层，停探。

台基外地层：第①层，浅灰色土，深厚 0.3 米。土质干燥，松散，内含植物根茎。第②层，灰褐色土，深 0.3 ~ 1.1 米，厚 0.8 米。内含砖渣、瓦片、白灰颗粒。第③层，褐色土，深 1.1 ~ 1.6 米，厚 0.5 米。土质较净，无包含物。该层下见黄色沙质生土层，停探。

F195 台基

位于皇城东部，南北第二街西侧 4 米。平面呈长方形，东西 16 米，南北 10 米。

台基内地层：第①层，浅灰色土，深厚 0.3 米。土质干燥，松散，内含植物根茎。第②层，灰褐色土，深 0.3 ~ 1 米，厚 0.7 米。土质稍散，大面积探不过。

台基外地层：第①层，浅灰色土，深厚 0.3 米。土质干燥，松散，内含草木灰、黑炭渣，微量红烧土颗粒，少量砖渣。第②层，灰褐色土，深 0.3 ~ 1.5 米，厚 1.2 米。土质稍散，内含草木灰。第③层，褐色土，深 1.5 ~ 2.3 米，厚 0.8 米。土质较净，无包含物。该层下见黄色沙质生土层，停探。

F196 台基

位于皇城东部，南北第二街西侧紧邻，F195 南 35 米。平面呈正方形，边长 18 米。

台基内地层：第①层，浅灰色土，深厚 0.5 米。土质干燥，松散，内含植物根茎。第②层，灰褐色土，深 0.5 ~ 1 米，厚 0.5 米。内含少量灰砖渣、瓦片、白灰颗粒。第③层，褐色土，深 1 ~ 2.3 米，厚 1.3 米。土质松散，内含黑炭渣、草木灰、红烧土颗粒、动物骨骼。该层下见黄色沙质生土层，停探。

台基外地层：第①层，浅灰色土，深厚 0.5 米。内含植物根茎。第②层，灰褐色土，深 0.5 ~ 2.3 米，厚 1.8 米。土质稍散，内含草木灰、黑炭灰、红烧土颗粒。该层下见黄色沙质生土层，停探。

F197 台基

位于皇城东部，南北第三街南端东侧 3 米。平面呈长方形，东西 43 米，南北 15 米。

台基内地层：第①层，浅灰色土，深厚 1 米。土质松散，内含植物根茎。第②层，灰褐色踩踏层，深 1 ~ 1.05 米，厚 0.05 米。土质稍硬，个别孔踩踏层明显，内含黑炭渣点，微量红烧土颗粒。第③层，灰褐色土，深 1.05 ~ 3 米，厚 1.95 米。土质较软，内含砖渣瓦片、草木灰、黑炭渣点、动物骨骼。该层下见青沙层，停探。

台基外地层：第①层，浅灰色土，深厚 1 米。土质松散，内含植物根茎。第②层，灰褐色土，深 1 ~ 3 米，厚 2 米。土质松软，内含砖渣、瓦片、白灰点。该层下见青灰色沙层，停探。

F198 台基

位于皇城东部，南北第二街西侧，F213 东 20 米。平面呈长方形，东西 22 米，南北 10 米。

台基内地层：第①层，浅灰色土，深厚 0.5 米。土质干燥，松散，内含植物根茎。第②层，灰褐色土，深 0.5 ~ 1.5 米，厚 1 米。土质稍散，内含灰砖渣、瓦砾、黑炭渣、烧土颗粒。该层下见黄色沙质生土层，停探。

台基外地层：第①层，浅灰色土，深厚 0.5 米。土质干燥，松散，内含植物根茎。第②层，灰褐色土，深 0.5 ~ 1.5 米，厚 1 米。土质稍散，内含灰砖渣、瓦片、白灰颗粒。该层下见黄色沙质生土层，停探。

F199 台基

位于皇城东部，南北第二街西侧，F198 南 32 米。平面呈长方形，东西 18 米，南北 12 米。

台基内地层：第①层，浅灰色土，深厚 0.5 米。土质干燥，松散，内含植物根茎。第②层，灰褐色土，深 0.5 ~ 1.6 米，厚 1.1 米。土质稍散，内含灰砖渣、瓦片、白灰颗粒、草木灰。第③层，褐色土，深 1.6 ~ 2.5 米，厚 0.9 米。土质较净，无包含物。该层下见黄色沙质生土层，停探。

台基外地层：第①层，浅灰色土，深厚 0.5 米。土质干燥，松散，内含植物根茎。第②层，灰褐色土，深 0.5 ~ 2.3 米，厚 1.8 米。土质稍散，内含灰砖渣、瓦片、白灰颗粒、草木灰。该层下见黄色沙质生土层，停探。

F200 台基

位于皇城东部，东西第七街北侧，F199 西南 15 米。平面呈长方形，东西 18 米，南北 16 米。

台基内地层：第①层，浅灰色土，深厚 0.5 米。土质干燥，内含植物根茎。第②层，灰褐色土，深 0.5～1.3 米，厚 0.8 米。土质稍散，内含灰砖渣、瓦片、白灰点、草木灰。第③层，褐色土，深 1.3～3 米，厚 1.7 米。土质较湿软，内含草木灰、瓦片、红胎瓦片。该层下见黄色沙质生土层，停探。

台基外地层：第①层，浅灰色土，深厚 0.5 米。土质干燥，内含植物根茎。第②层，灰褐色土，深 0.5～1.3 米，厚 0.8 米。土质稍散，内含灰砖渣、瓦片、白灰点、草木灰。第③层，褐色土，深 1.3～3 米，厚 1.7 米。土质较湿软，内含草木灰、瓦片、红胎瓦片。该层下见黄色沙质生土层，停探。

F201 台基

位于皇城东部，东西第七街与南北第二街交会处西北 6 米。平面呈长方形，东西 36 米，南北 13 米。该房址地势高出地平面约 0.6 米。

台基内地层：第①层，浅灰色土，深厚 0.5 米。土质干燥，松散，内含植物根茎。第②层，灰褐色土，深 0.5～1.2 米，厚 0.7 米。土质稍散，内含灰砖渣、瓦片、白灰颗粒、草木灰、动物骨骼。第③层，褐色土，深 1.2～3 米，厚 1.8 米。土质较湿软，内含草木灰、黑炭渣。该层下见黄色沙质生土层，停探。

台基外地层：第①层，浅灰色土，深厚 0.5 米。土质干燥，内含植物根茎。第②层，灰褐色土，深 0.5～1.3 米，厚 0.8 米。土质稍散，内含灰砖渣、瓦片、白灰点、草木灰。第③层，褐色土，深 1.3～3 米，厚 1.7 米。土质较湿软，内含草木灰、瓦片、红胎瓦片。该层下见黄色沙质生土层，停探。

F202 台基

位于皇城东部，东西第七街与南北第二街交会处东北紧邻。平面呈长方形，东西 43 米，南北 30 米。

台基内地层：第①层，浅灰色土，深厚 0.5 米。土质干燥，松散，内含植物根茎。第②层，灰褐色土，深 0.5～1.1 米，厚 0.6 米。土质稍散，内含灰砖渣、瓦片、草木灰、黑炭渣。第③层，褐色土，深 1.1～2.3 米，厚 1.2 米。土质较湿软，内含草木灰、黑炭渣、动物骨骼。该层下见黄色沙质生土层，停探。

台基外地层：第①层，浅灰色土，深厚 0.5 米。土质干燥，松散，内含植物根茎。第②层，灰褐色土，深 0.5～1.1 米，厚 0.6 米。土质稍散，内含灰砖渣、瓦片、草木灰、黑炭渣。第③层，褐色土，深 1.1～2.3 米，厚 1.2 米。土质较湿软，内含草木灰、黑炭渣、动物骨骼。该层下见黄色沙质生土层，停探。

F203 台基

位于皇城东部，东西第七街北侧，F202 东 8 米。平面呈长方形，东西 80 米，南北 20 米，高 0.8 米。

台基内地层：第①层，浅灰色土，深厚 0.5 米。土质干燥，松散，内含植物根茎。第②层，灰褐色土，深 0.5～1.5 米，厚 1 米。土质干燥，松散，内含白灰颗粒、草木灰、黑炭渣、动物骨骼。第③层，褐色土，深 1.5～2.5 米，厚 1 米。土质较净，无包含物。该层下见黄色沙质生土层，停探。

台基外地层：第①层，浅灰色土，深厚 0.5 米。土质干燥，松散，内含植物根茎。第②层，灰褐色土，深 0.5～1.5 米，厚 1 米。土质干燥，松散，内含白灰颗粒、草木灰、黑炭渣、动物骨骼。第③层，褐色土，深 1.5～2.5 米，厚 1 米。土质较净，无包含物。该层下见黄色沙质生土层，停探。

F204 台基

位于皇城东部，南北第二街东侧，F202 北 18 米。平面呈长方形，东西 28 米，南北 20 米，高 0.3 米。

台基内地层：第①层，浅灰色土，深厚 0.5 米。土质干燥，松散，内含植物根茎。第②层，灰褐色土，深 0.5 ~ 1.5 米，厚 1 米。土质稍散，内含灰砖渣、瓦片、草木灰、黑炭渣。第③层，褐色土，深 1.5 ~ 2.1 米，厚 0.6 米。土质较净，无包含物。该层下见黄色沙质生土层，停探。

台基外地层：第①层，浅灰色土，深厚 0.5 米。土质干燥，松散，内含植物根茎。第②层，灰褐色土，深 0.5 ~ 1.2 米，厚 0.7。土质稍散，内含灰砖渣、瓦片、草木灰。第③层，褐色土，深 1.2 ~ 2.1 米，厚 0.9 米。土质较净，无包含物。该层下见黄色沙质生土层，停探。

F205 台基

位于皇城东部，南北第二街东侧，F204 北 5 米。平面呈长方形，东西 43 米，南北 23 米，高 0.6 米。

台基内地层：第①层，浅灰色土，深厚 0.3 米。土质干燥，松散，内含植物根茎。第②层，灰褐色土，深 0.3 ~ 0.9 米，厚 0.6 米。土质稍散，内含灰砖渣、白灰颗粒、瓦片。第③层，夯土，深 0.9 ~ 1 米，厚 0.1 米。土质较硬，内含沙土颗粒。第④层，褐色土，深 1 ~ 3 米，厚 2 米。土质较净，无包含物。该层下见黄色沙质生土层，停探。

台基外地层：第①层，浅灰色土，深厚 0.3 米。土质干燥，松散，内含植物根茎。第②层，灰褐色土，深 0.3 ~ 0.9 米，厚 0.6 米。土质稍散，内含灰砖渣、白灰颗粒、瓦片。第③层，褐色土，深 0.9 ~ 1.5 米，厚 0.6 米。土质较净，无包含物。该层下见黄色沙质生土层，停探。

F206 台基

位于皇城东部，南北第二街东侧，F205 北 28 米。平面呈正方形，边长 12 米，高 0.7 米。

台基内地层：第①层，浅灰色土，深厚 0.3 米。土质干燥，稍松散，内含草木灰、散黑炭渣、植物根茎。第②层，灰褐色土，深 0.3 ~ 1.3 米，厚 1 米。土质稍散，内含草木灰、黑炭渣。第③层，褐色土，深 1.3 ~ 1.9 米，厚 0.6 米。土质较净，无包含物。该层下见黄色沙质生土层，停探。

台基外地层：第①层，浅灰色土，深厚 0.3 米。土质干燥，松稍散，内含草木灰、黑炭渣。第②层，灰褐色土，深 0.3 ~ 1.3 米，厚 1 米。土质稍散，内含草木灰、黑炭渣。第③层，褐色土，深 1.3 ~ 1.9 米，厚 0.6 米。土质较净，无包含物。该层下见黄色沙质生土层，停探。

F207 台基

位于皇城东部，南北第二街东侧，F193 东北 20 米。平面呈不规则长方形，东西 30 米，南北 12 米，高 0.8 米。

台基内地层：第①层，浅灰色土，深厚 0.3 米。土质干燥，松散，内含植物根茎。第②层，灰褐色土，深 0.3 ~ 1.5 米，厚 1.2 米。土质稍散，内含灰砖渣、瓦砾、白灰颗粒、沙石颗粒。第③层，褐色土，深 1.5 ~ 2.1 米，厚 0.6 米。土质较净，无包含物。该层下见黄色沙质生土层，停探。

台基外地层：第①层，浅灰色土，深厚 0.3 米。土质干燥，松散，内含植物根茎。第②层，灰褐色土，深 0.3 ~ 1.2 米，厚 0.9 米。土质稍散，内含少量灰砖渣、瓦砾、白灰颗粒。第③层，褐色土，深 1.2 ~ 1.5 米，厚 0.3 米。土质较净，无包含物。该层下见黄色沙质生土层，停探。

F208 台基

位于皇城东部，南北第二街东侧，F207 东 2 米。平面呈长方形，东西 28 米，南北 14 米，高 0.6 米。

台基内地层：第①层，浅灰色土，深厚 0.3 米。土质干燥、松散，内含植物根茎、白灰颗粒。第②层，灰褐色土，深 0.3 ~ 1.3 米，厚 1 米。土质稍散，内含灰砖渣、瓦片、红胎瓦片、白灰颗粒。第③层，褐色土，深 1.3 ~ 1.5 米，厚 0.2 米。土质较净，无包含物。该层下见黄色沙质生土层，停探。

台基外地层：第①层，浅灰色土，深厚 0.3 米。土质干燥、松散，内含植物根茎。第②层，灰褐色土，深 0.3 ~ 1.1 米，厚 0.8 米。土质较净，无包含物。该层下见黄色沙质生土层，停探。

F209 台基

位于皇城东部，南北第一街西侧，1 号水坑中北部高地上。平面呈正方形，边长 25 米。该房址面积较大，地势高出地平面 0.8 米，周围低洼，房址附近有乱石。

台基内地层：第①层，浅灰色土，深厚 0.6 米。土质松散，内含碎砖块、瓦片、白灰颗粒。第②层，灰褐色土，深 0.6 ~ 1.4 米，厚 0.8 米。土质一般，内含草木灰。第③层，深灰褐色土，深 1.4 ~ 2.1 米，厚 0.7 米。土质较湿软，为淤积层，内含淤积石粒、黄沙团、黑淤土。该层下见黄色沙质生土层，停探。

台基外地层：第①层，浅灰色土，深厚 0.5 米。土质松软，内含植物根茎。第②层，深灰褐色土，深 0.5 ~ 1.5 米，厚 1 米。土质较湿软，该土层为淤积层，内含碎石粒、黄沙团，底部有 0.2 米厚黑淤土。该层下见黄色沙质生土层，停探。

F210 台基

位于皇城东部，南北第一街西侧，F209 东 90 米。平面呈长方形，东西 16 米，南北 14 米，高 0.5 米。

台基内地层：第①层，浅灰色土，深厚 0.7 米。土质较松散，内含植物根茎、白灰结块。第②层，灰褐色土，深 0.7 ~ 1.4 米，厚 0.7 米。土质较湿软，水分较大，内含微量黑灰点、白色沙团。第③层，深灰褐色土，深 1.4 ~ 2.1 米，厚 0.7 米。该土层为淤积层、较湿软，底部有 0.1 米厚黑淤土。该层下见白色沙质生土层，停探。

台基外地层：第①层，浅灰色土，深厚 0.5 米。土质较松散，内含植物根茎。第②层，灰褐色土，深 0.5 ~ 1.6 米，厚 1.1 米。土质湿软，内含白色沙团，为淤积层。该层下见白色沙质生土层，停探。

F211 台基

位于皇城东部，南北第一街西侧，F210 东北 8 米。平面呈长方形，东西 16 米，南北 10 米，高 0.6 米。

台基内地层：第①层，浅灰色土，深厚 0.7 米。土质较松散，内含黄沙粒、白灰颗粒、砖块、瓦片。第②层，灰褐色土，深 0.7 ~ 1.8 米，厚 1.1 米。土质较软，内含 0.1 米厚白色沉积沙、黑灰点。第③层，深灰褐色土，深 1.8 ~ 2.5 米，厚 0.7 米。为淤积层，土质较湿软，内含黑淤泥。该层下见水不带，停探。

台基外地层：第①层，浅灰色土，深厚 0.5 米。土质较松软，内含植物根茎。第②层，灰褐色土，深 0.5 ~ 1.6 米，厚 1.1 米。土质较净，无包含物。第③层，深灰褐色土，深 1.6 ~ 2.1 米，厚 0.5 米。土质湿软，为沉积层，内含黑淤泥。该层下见水不带，停探。

F212 台基

位于皇城东部，南北第一街西侧，F211 东北 18 米。平面呈正方形，边长 8 米，高 0.4 米。

台基内地层：第①层，浅灰色土，深厚 0.6 米。土质较松软，内含碎石粒、白灰颗粒、瓦片。第②层，灰褐色土，深 0.6 ~ 1.2 米，厚 0.6 米。土质湿软，较净，无包含物。该层下见白色沙质生土层，停探。

台基外地层：第①层，灰褐色土，深厚0.4米。土质较松软，内含植物根茎。第②层，褐色土，深0.4～1米，厚0.6米。土质湿软，较净，无包含物。该层下见白色沙质生土层，停探。

F213台基

位于皇城东部，南北第一街西侧紧邻，F212东南26米。平面呈长方形，东西16米，南北12米，高0.6米。

台基内地层：第①层，浅灰色土，深厚0.7米。土质较松散，内含瓦片、白灰点。第②层，灰褐色土，深0.7～1.6米，厚0.9米。土质较软，水分较大，内含草木灰、动物骨骼。该层下见白色沙质生土层，停探。

台基外地层：第①层，浅灰色土，深厚0.4米。土质较松散，内含植物根茎。第②层，灰褐色土，深0.4～1.4米，厚1米。土质湿软，底部有0.1米厚黑淤泥。该层下见白色沙质生土层，停探。

F214台基

位于皇城东部，南北第一街西侧，F211南45米。平面呈长方形，东西30米，南北18米，高0.9米。

台基内地层：第①层，浅灰色土，深厚0.7米。土质较松散，内含碎砖渣、石块、瓦片。第②层，灰褐色土，深0.7～1.8米，厚1.1米。土质较软，内含少许黑灰点，底部有0.3米厚黑淤土。该层下见白色沙质生土层，停探。

台基外地层：第①层，浅灰色土，深厚0.8米。土质较松散，内含黄水锈沙团和微量草木灰。第②层，灰褐色土，深0.8～1.8米，厚1米。土质湿软，内含黑炭灰，底部有0.3米厚黑淤泥。该层下见白色沙质生土层，停探。

F215台基

位于皇城东部，南北第一街西侧，F214西南15米。平面呈长方形，东西12米，南北10米。该房址地势高出地平面约0.6米。

台基内地层：第①层，浅灰色土，深厚0.8米。土质松散，内含碎石、白灰颗粒。第②层，灰褐色土，深0.8～1.7米，厚0.9米。土质一般，内含草木灰。该层下见黄色沙质生土层，停探。

台基外地层：第①层，浅灰色土，深厚0.5米。土质较松散，内含植物根茎。第②层，灰褐色土，深0.5～1.3米，厚0.8米。土质湿软，底部有0.3米厚黑淤土。该层下见黄色沙质生土层，停探。

F216台基

位于皇城东部，南北第一街西侧，F214西10米。平面呈正方形，边长12米，高0.9米。

台基内地层：第①层，浅灰色土，深厚0.7米。土质较松散，内含植物根茎、碎砖渣。第②层，灰褐色土，深0.7～1.6米，厚0.9米。土质一般，含微量黑灰点，底部有0.2米厚黑淤土。该层下见黄色沙质生土层，停探。

台基外地层：第①层，浅灰色土，深厚0.5米。土质较松，内含植物根茎。第②层，灰褐色土，深0.5～1.3米，厚0.8米。土质湿软，内含带水锈沙土，底部有0.3米厚黑淤土。该层下见黄色沙质生土层，停探。

F217台基

位于皇城东部，南北第一街西侧，F216西6米。平面呈长方形，东西13米，南北8米，高0.6米。

台基内地层：第①层，浅灰色土，深厚0.7米。土质较松，内含碎砖、瓦片、白灰颗粒。第②层，灰褐色土，深 0.7 ~ 1.7 米，厚 1 米。土质湿软，内含草木灰、烧土颗粒，底部有 0.3 米厚黑淤土。该层下见黄色沙质生土层，停探。

台基外地层：第①层，浅灰色土，深厚 0.7 米。土质较松散，内含植物根茎。第②层，灰褐色土，深 0.7 ~ 1.6 米，厚 0.9 米。土质湿软，含草木灰，底部有 0.3 米厚黑淤土。该层下见黄色沙质生土层，停探。

F218 台基

位于皇城东部，南北第一街西侧，F209 东南 60 米。平面呈长方形，东西 15 米，南北 9 米，高 0.9 米。

台基内地层：第①层，浅灰色土，深厚 0.6 米。土质较松散，内含碎石、砖块、瓦片和少量绿釉红胎瓦残片。第②层，灰褐色土，深 0.6 ~ 1.5 米，厚 0.9 米。土质较松散，内含淤积沙。该层下见黄色沙质生土层，停探。

台基外地层：第①层，浅灰色土，深厚 0.5 米。土质较松散，内含植物根茎。第②层，灰褐色土，深 0.5 ~ 1.4 米，厚 0.9 米。土质一般，内含白色沙团，底部有 0.2 米黑淤土。该层下见黄色沙质生土层，停探。

F219 台基

位于皇城东部，南北第一街西侧，F209 南 40 米。平面呈长方形，东西 10 米，南北 5 米，高 0.6 米。

台基内地层：第①层，浅灰色土，深厚 0.7 米。土质较松软，内含碎石粒、植物根茎。第②层，灰褐色土，深 0.7 ~ 1.4 米，厚 0.7 米。土质一般，内含碎砖石块、草木灰、瓦片、白灰颗粒。第③层，褐色土，深 1.4 ~ 2 米，厚 0.6 米。土质较湿软，内含淤积黄沙，底部有 0.3 米厚黑淤土。该层下见黄色沙质生土层，停探。

台基外地层：第①层，浅灰色土，深厚 0.5 米。土质较松软，内含植物根茎。第②层，灰褐色土，深 0.5 ~ 1.6 米，厚 1.1 米。土质较湿软，底部有 0.3 米厚黑淤土。该层下见黄色沙质生土层，停探。

F220 台基

位于皇城东部，南北第一街西侧，F219 南 10 米。平面呈长方形，东西 14 米，南北 12 米，高 0.8 米。

台基内地层：第①层，浅灰色土，深厚 0.8 米。土质松散，内含白灰颗粒、砖瓦片。该房址探至 1.5 米见石不过，下面情况不明。

台基外地层：第①层，浅灰色土，深厚 0.5 米。土质松散，内含植物根茎。第②层，灰褐色土，深 0.5 ~ 1.6 米，厚 1.1 米。土质一般，内含淤积碎石粒，底部有 0.3 米厚黑淤土。该层下见黄色沙质生土层，停探。

F221 台基

位于皇城东部，南北第一街西侧，F218 南 11 米。平面呈正方形，边长 13 米。该房址基础不明。

台基内地层：第①层，浅灰色土，深厚 0.6 米。土质较松散，内含碎石、砖块、瓦片、白灰颗粒。第②层，灰褐色土，深 0.6 ~ 1.1 米，厚 0.5 米。土质一般，内含黑灰点、白灰颗粒。该层下见白色沙质生土层，停探。

台基外地层：第①层，浅灰色土，深厚 0.5 米。土质松软，内含植物根茎。第②层，灰褐色土，深 0.5 ~ 1.6 米，厚 1.1 米。土质一般，内含动物骨骼、草木灰、烧土颗粒，底部有 0.2 米厚黑淤泥。该层下见白色沙质生土层，停探。

F222 台基

位于皇城东部，南北第一街西侧，F220 西南 30 米。平面呈不规则形，东西 22 米，南北 16 米。该房址地势高出地平面约 0.4 米。

台基内地层：第①层，浅灰色土，深厚 0.6 米。土质松散，内含砖块、白灰、瓦片、碎石粒。第②层，褐色土，深 0.6 ~ 1.5 米，厚 0.9 米。该土层为垫土层，带水锈土，土质一般，较净，无包含物。第③层，灰褐色土，深 1.5 ~ 2.2 米，厚 0.7 米。土质湿软，底部有 0.4 米厚黑泥沙。该层下见白色沙质生土层，停探。

台基外地层：第①层，浅灰色土，深厚 0.5 米。土质较松散，内含碎砖渣、石灰渣。第②层，灰褐色土，深 0.5 ~ 1.7 米，厚 1.2 米。土质湿软，底部有 0.5 米厚黑泥沙。该层下见黄色沙质生土层，停探。

F223 台基

位于皇城东部，南北第一街西侧，F222 东 10 米。平面呈不规则形，东西 28 米，南北 18 米。

台基内地层：第①层，浅灰色土，深厚 0.7 米。土质松散，内含碎砖石块、瓦片、白灰颗粒。第②层，灰褐色土，深 0.7 ~ 1.3 米，厚 0.6 米。土质一般，内含草木灰、动物骨骼、烧土颗粒。第③层，深灰褐色土，深 1.3 ~ 2.1 米，厚 0.8 米。土质较净，无包含物，底部有 0.2 米厚黑泥沙。该层下见白色沙质生土层，停探。

台基外地层：第①层，浅灰色土，深厚 0.7 米。土质较松软，内含植物根茎。第②层，灰褐色土，深 0.7 ~ 1.7 米，厚 1 米。土质湿软，底部有 0.3 米厚黑淤泥。该层下见白色沙质生土层，停探。

F224 台基

位于皇城东部，南北第一街西侧，F223 南 42 米。平面呈正方形，边长 40 米。

台基内地层：第①层，浅灰色土，深厚 0.6 米。土质松散，内含碎砖石颗粒、白灰颗粒、瓦片。第②层，灰褐色土，深 0.6 ~ 1.7 米，厚 1.1 米。土质湿软，含沙量稍大，带有少许黑灰点。该层下见纯净沙层，停探。

台基外地层：第①层，浅灰色土，深厚 0.4 米。土质松散，内含植物根茎。第②层，灰褐色土，深 0.4 ~ 1.5 米，厚 1.1 米。土质湿软，含沙量较大，较净。该层下见纯净沙层，停探。

F225 台基

位于皇城东部，南北第一街西侧，F224 东南 20 米。平面呈不规则形，东西 50 米，南北 35 米。该房址地势高出地平面约 0.8 米。

台基内地层：第①层，浅灰色土，深厚 0.8 米。土质较松散，内含白灰颗粒、琉璃瓦片、灰质瓦片。第②层，灰褐色土，深 0.8 ~ 1.4 米，厚 0.6 米。土质湿软，内含砖石块、瓦片。该层下见白色沙带天然石粒，较厚，铲探不过，以下情况不明。

台基外地层：第①层，浅灰色土，深厚 0.8 米。土质较松散，内含白灰颗粒、琉璃瓦片、灰质瓦片。第②层，灰褐色土，深 0.8 ~ 1.4 米，厚 0.6 米。土质湿软，内含砖石块、瓦片。该层下见白色沙带天然石粒，较厚，铲探不过，以下情况不明。

F226 台基

位于皇城东部，南北第一街西侧，F224 南 35 米。平面呈长方形，东西 30 米，南北 26 米，高 0.6 米。

台基内地层：第①层，浅灰色土，深厚 0.6 米。土质较松，内含碎石、砖块、瓦片。第②层，灰褐色土，深 0.6 ~ 1.3 米，厚 0.7 米。土质湿软，内含碎石、草木灰。该层下为冲积沙层，较厚，铲探不过，下面情况不明。

台基外地层：第①层，浅灰色土，深厚 0.5 米。土质较松，内含植物根茎。第②层，灰褐色土，深 0.5 ~ 1.1 米，厚 0.6 米。土质湿软，内含碎石、植物根茎。该层为冲积沙石层，较厚，铲探不过，下面情况不明。

F227 台基

位于皇城东部，东西第七街北侧，F226 南 35 米。平面呈椭圆形，东西 35 米，南北 28 米，高 0.6 米。

台基内地层：第①层，浅灰色土，深厚 0.8 米。土质干燥，松散，内含植物根茎、白灰点。第②层，灰褐色土，深 0.8 ~ 2.6 米，厚 1.8 米。土质稍散，内含草木灰、烧土颗粒。该层下见黄色沙质生土层，停探。

台基外地层：第①层，浅灰色土，深厚 0.8 米。土质干燥，松散，内含植物根茎、白灰点。第②层，灰褐色土，深 0.8 ~ 2.6 米，厚 1.8 米。土质稍散，内含草木灰、烧土颗粒。该层下见黄色沙质生土层，停探。

F228 台基

位于皇城东部，东西第七街北侧，F227 东 66 米。平面呈不规则形，东西 80 米，南北 25 米。该房址地势高出地平面 0.8 米，基础不明显。

台基内地层：第①层，浅灰色土，深厚 1 米。土质较松散，内含白灰点和少量砖块、瓦片。第②层，褐色土，深 1 ~ 2.5 米，厚 1.5 米。该土层为夯土层，土质较硬，内含少量白灰颗粒。该房址 2.5 米以下见石不过，停探。

台基外地层：第①层，浅灰色土，深厚 0.4 米。土质较松散，内含植物根茎。第②层，灰褐色土，深 0.4 ~ 1.8 米，厚 1.4 米。土质湿软，内含白瓷片、草木灰、烧木灰颗粒，底部有 0.5 米厚黑污泥。该层下见白色沙质生土层，停探。

F229 台基

位于皇城东部，东西第七街南侧，皇城东墙南瓮城口。平面呈不规则长方形，东西 150 米，南北 18 米。该房址地势高出地平面 1 米，基础不明显。

台基内地层：第①层，浅灰色土，深厚 0.8 米。土质松散，内含白灰点、碎石和少量瓦片。第②层，灰褐色土，深 0.8 ~ 1.7 米，厚 0.9 米。土质一般，内含草木灰、烧土颗粒、瓦片。第③层，深灰褐色土，深 1.7 ~ 2.6 米，厚 0.9 米。土质较湿软，见石不过，停探，下面情况不明。

台基外地层：第①层，浅灰色土，深厚 0.5 米。土质较松散，内含植物根茎。第②层，灰褐色土，深 0.5 ~ 1.8 米，厚 1.3 米。土质湿软，内含黑灰点。底部有 0.5 米厚黑污泥，以下见水不带，停探。

F230 台基

位于皇城东南部，南北第一街西侧，F229 南 46 米。平面呈不规则长方形，东西 13 米，南北 10 米，高 0.8 米。该房址地面有乱石，基础不明显。

台基内地层：第①层，浅灰色土，深厚 0.7 米。土质松散，内含草木灰、白瓷片。第②层，灰褐色土，深 0.7 ~ 1.6 米，厚 0.9 米。土质湿软，内含碎砖块、动物骨骼、烧土颗粒，底部有 0.4 米厚黑污泥。该层下见白色沙质生土层，停探。

台基外地层：第①层，浅灰色土，深厚 0.5 米。土质较松散，内含植物根茎。第②层，灰褐色土，深 0.5 ~ 1.4 米，厚 0.9 米。土质湿软，内含草木灰。该层下见白色沙质生土层，停探。

F231 台基

位于皇城东南部，南北第一街西侧，F230 西 10 米。平面呈"┐"形，东西 20 米，南北 16 米。该房址地势高出地平面 0.6 米。周围边线有石块，基础不明显。

台基内地层：第①层，浅灰色土，深厚 0.7 米。土质较松，内含碎石颗粒。第②层，灰褐色土，深 0.7 ~ 1.6 米，厚 0.9 米。土质一般，内含草木灰、瓦片。该层下见白色沙质生土层，停探。

台基外地层：第①层，浅灰色土，深厚 0.5 米。土质较松，内含植物根茎。第②层，灰褐色土，深 0.5 ~ 1.3 米，厚 0.8 米。土质较湿软，内含木炭灰。该层下见白色沙质生土层，停探。

F232 台基

位于皇城东南部，9 号水坑中部偏北。平面呈长方形，东西 17 米，南北 10 米。

台基内地层：第①层，浅灰色土，深厚 0.7 米。土质较松散，内含瓦片、砖渣。第②层，褐色土，深 0.7 ~ 1.2 米，厚 0.5 米。土质较湿软，内含石渣、草木灰。第③层，灰褐色土，深 1.2 ~ 1.7 米，厚 0.5 米。土质湿软，较黏，无包含物，底部有 0.2 米厚黑淤泥。该层下见黄色沙质生土层，停探。

台基外地层：第①层，浅灰色土，深厚 0.5 米。土质较松，内含动物骨骼、瓦片。第②层，灰褐色土，深 0.5 ~ 1.5 米，厚 1 米。土质湿软，无包含物，底部有 0.3 米厚黑淤泥。该层下见水不带，停探。

F233 台基

位于皇城东南部，东西第七街南侧，9 号水坑西侧 5 米。平面呈不规则形，东西 50 米，南北 45 米。该房址为大型院落，里面遗迹较多，地势高出地平面 1 米，基础明显。

-1 台基

台基内地层：第①层，浅灰色土，深厚 0.6 米。内含碎砖渣、瓦片、木炭灰。第②层，灰褐色土，深 0.6 ~ 1.6 米，厚 1 米。土质一般，内含砖块、草木灰、木炭灰颗粒、烧土颗粒、白灰点。第③层，深灰褐色土，深 1.6 ~ 2.3 米，厚 0.7 米。土质一般，深度 1.6 ~ 1.8 米发现有踩踏面，土质较硬，层次分明。该层下见黄色沙质生土层，停探。

台基外地层：第①层，浅灰色土，深厚 0.8 米。土质松散，内含植物根茎。该层底部有踩踏面，厚 0.1 米，有层次。第②层，灰褐色土，深 0.8 ~ 1.4 米，厚 0.6 米。土质较软，内含动物骨骼、瓦片、草木灰。第③层，深灰褐色土，深 1.4 ~ 2.1 米，厚 0.7 米。土质湿软，较黏，无包含物。该层下见黄色沙质生土层，停探。

-2 台基

台基内地层：第①层，浅灰色土，深厚 0.8 米。土质较松散，内含碎砖渣、石粒。第②层，灰褐色土，深 0.8 ~ 1.5 米，厚 0.7 米。土质一般，内含草木灰、烧土颗粒、碎石渣、瓦片。第③层，深灰褐色土，深 1.5 ~ 2.3 米，厚 0.8 米。土质较湿软，无包含物，深度 1.6 米发现有踩踏面，厚 0.2 米，土质较硬，层次分明。该层下见黄色沙质生土层，停探。

台基外地层：第①层，浅灰色土，深厚 0.6 米。土质较松散，内含白灰颗粒、瓦片。深 0.6 米见踩踏面，土质较硬，分层，厚 0.1 米，无包含物。第②层，灰褐色土，深 0.6 ~ 1.3 米，厚 0.7 米。土质较软，内含草木灰、白瓷片、瓦片。第③层，深灰褐色土，深 1.3 ~ 2 米，厚 0.7 米。土质湿软，含淤沙。该层下见黄色沙质生土层，停探。

－3 台基

台基内地层：第①层，浅灰色土，深厚 0.7 米。土质较松，内含碎石粒、砖渣、白灰点。第②层，灰褐色土，深 0.7 ~ 1.6 米，厚 0.9 米。土质一般，内含烧土颗粒、草木灰、碎石粒。第③层，深灰褐色土，深 1.6 ~ 2.1 米，厚 0.5 米。土质较软，无包含物。该层下见白色沙质生土层，停探。

台基外地层：第①层，浅灰色土，深厚 0.5 米。土质较松散，内含植物根茎。第②层，灰褐色土，深 0.5 ~ 1.3 米，厚 0.8 米。土质湿软，内含白灰点、草木灰。第③层，深灰褐色土，深 1.3 ~ 1.8 米，厚 0.5 米。土质湿软，无包含物。该层下见黄色沙质生土层，停探。

－4 台基

台基内地层：浅灰色土，深厚 0.8 米。土质松散，内含瓦片、白灰点。以下见石，探不过，下面情况不明（整个门楼地表面全是石块，无法探过）。

注：该院房址部分：F233-1、F233-2、F233-3、F233-4 基础全部明显，石块堆砌整齐。因探不过，堆砌厚度不详；所有房址地势高出院内地平面 0.6 ~ 0.8 米左右。院内道路：整体呈"十"字形，南北主路自 F233-1 通往 F233-4 门外，南接东西大道。院内铺砌段整齐。东西小道，东自 F233-3 起通往西边 F233-2，全部采用石块铺砌，东段较整齐，西段稍乱。所有道路部分，因探不过，铺砌厚度不详。围墙：基础全部采用石块堆砌，大部分较整齐，发现堆砌石块深度 0.4 ~ 0.7 米，因探不过，具体厚度不详。基础上部土层为浅灰色，土质干燥松散，内含白灰颗粒、砖渣。该院内深度 0.6 米左右全部发现有踩踏面，厚度 0.2 米。主房址门前有砖铺台子，距地表 0.8 ~ 1 米。该层下情况不明。

F234 台基

位于皇城东南部，东西第七街南侧，F233 北 15 米。平面呈长方形，东西 19 米，南北 10 米。该房址地势高出地平面 0.8 米，多处见石不过，墙基不明。

台基内地层：第①层，浅灰色土，深厚 0.7 米。土质松散，内含白灰颗粒、瓦片。第②层，灰褐色土，深 0.7 ~ 1.5 米，厚 0.8 米。土质一般，内含动物骨骼、草木灰、白灰点。第③层，褐色土，深 1.5 ~ 2.4 米，厚 0.9 米。该土层为夯土层，土质较硬，内含草木灰、木炭颗粒、瓦片、砖渣。该层下见黄色沙质生土层，停探。

台基外地层：第①层，浅灰色土，深厚 0.5 米。土质较松散，内含植物根茎、石块。第②层，灰褐色土，深 0.5 ~ 1.5 米，厚 1 米。土质一般，较湿软，内含动物骨骼、草木灰。该层下见黄色沙质生土层，停探。

F235 台基

位于皇城东南部，东西第七街南侧，F233 西北 2 米。平面呈正方形，边长 8 米。该房址地势高出地平面 0.5 米，有明显石砌基础。

台基内地层：第①层，浅灰色土，深厚 0.8 米。土质较松散，内含白灰颗粒、砖石块。该房址内大面积铺石，最深探孔至 1 米见石不过，以下情况不明。

台基外地层：第①层，浅灰色土，深厚 0.6 米。土质松散，内含植物根茎。第②层，灰褐色土，深 0.6 ~ 1.5 米，厚 0.9 米。土质较湿软，内含砖渣、碎石粒、草木灰。该层下见黄色沙质生土层，停探。

F236 台基

位于皇城东南部，东西第七街与南北第二街交会处东南，10 号堆石北侧 8 米。平面呈长方形，东西 145 米，南北 16 米。该房址地势高出地平面 0.9 米，基础不明显。

台基内地层：第①层，浅灰色土，深厚 0.7 米。土质较松散，内含白灰、砖块、瓦片、碎石。第②层，灰褐色土，深 0.7 ~ 1.5 米，厚 0.8 米。土质一般，内含草木灰、瓦片、灰陶片。第③层，褐色土，深 1.5 ~ 2.8 米，厚 1.3 米。土质较硬，内含草木灰、砖块、瓦片、灰陶片、烧土颗粒。

台基外地层：第①层，浅灰色土，深厚 0.6 米。土质较松散，内含植物根茎、碎石。第②层，灰褐色土，深 0.6 ~ 1.5 米，厚 0.9 米。内含碎砖石块、瓦片、白灰颗粒。第③层，深灰褐色土，深 1.5 ~ 2.2 米，厚 0.7 米。土质较净，无包含物。该层下见黄色沙质生土层，停探。

F237 台基

位于皇城东南部，南北第二街东侧，10 号堆石西南 20 米。平面呈正方形，边长 8 米，高 0.6 米。

台基内地层：第①层，浅灰色土，深厚 0.5 米。土质干燥松散，内含植物根茎。第②层，灰褐色土，深 0.5 ~ 1.7 米，厚 1.2 米。土质稍散，内含少量灰砖渣、瓦片、白灰颗粒。第③层，褐色土，深 1.7 ~ 2.5 米，厚 0.8 米。土质较净，无包含物。该层下见黄色沙质生土层，停探。

台基外地层：第①层，浅灰色土，深厚 0.5 米。土质干燥，内含植物根茎。第②层，灰褐色土，深 0.5 ~ 1.7 米，厚 1.2 米。土质稍散，内含瓦片、白灰颗粒。第③层，褐色土，深 1.7 ~ 2.5 米，厚 0.8 米。土质湿软，内含微量草木灰、炭渣点。该层下见黄色沙质生土层，停探。

F238 台基

位于皇城东南部，南北第二街东侧，F236 南 10 米。平面呈长方形，东西 32 米，南北 14 米。

台基内地层：第①层，浅灰色土，深厚 0.5 米。土质干燥，内含植物根茎。第②层，灰褐色土，深 0.5 ~ 1.3 米，厚 0.8 米。土质稍散，内含少量灰砖渣、瓦片、白灰颗粒。第③层，褐色土，深 1.3 ~ 3 米，厚 1.7 米。土质较湿软，内含草木灰、黑炭渣、红烧土颗粒。该层下见黄色沙质生土层，停探。

台基外地层：第①层，浅灰色土，深厚 0.5 米。土质干燥，内含植物根茎。第②层，灰褐色土，深 0.5 ~ 1.3 米，厚 0.8 米。土质稍散，内含少量灰砖渣、瓦片、白灰颗粒。第③层，褐色土，深 1.3 ~ 3 米，厚 1.7 米。土质较湿软，内含草木灰、黑炭渣、红烧土颗粒。该层下见黄色沙质生土层，停探。

F239 台基

位于皇城东南部，东西第七街与南北第二街交会处西南，F236 西 10 米。平面呈长方形，东西 70 米，南北 15 米，高 0.5 米。

台基内地层：第①层，浅灰色土，深厚 0.5 米。土质干燥，松散，内含植物根茎。第②层，灰褐色土，深 0.5 ~ 1.2 米，厚 0.7 米。土质稍散，内含灰砖渣、瓦片、白灰颗粒。第③层，褐色土，深 1.2 ~ 3 米，厚 1.8 米。土质湿软，内含黑炭渣、草木灰、红烧土颗粒、动物骨骼。该层下见黄色沙质生土层，停探。

台基外地层：第①层，浅灰色土，深厚 0.5 米。土质干燥，内含植物根茎。第②层，灰褐色土，深 0.5 ~ 1.1 米，厚 0.6 米。土质稍散，内含少量灰渣、瓦片、白灰颗粒。第③层，褐色土，深 1.1 ~ 3 米，厚 1.9 米。土质较净，无包含物。该层下见黄色沙质生土层，停探。

F240 台基

位于皇城东南部，东西第七街南侧，F239 西南 4 米。平面呈长方形，东西 40 米，南北 12 米，高 0.6 米。

台基内地层：第①层，浅灰色土，深厚 0.4 米。土质干燥，松散，内含植物根茎。第②层，灰褐色土，深 0.4 ~ 1.3 米，厚 0.9 米。土质稍散，内含碎砖渣、瓦片、白灰点。第③层，褐色土，深 1.3 ~ 3 米，厚 1.7 米。土质较净，无包含物。该层下见黄色沙质生土层，停探。

台基外地层：第①层，浅灰色土，深厚 0.4 米。土质干燥，松散，内含植物根茎。第②层，灰褐色土，深 0.4 ~ 1.2 米，厚 0.8 米。内含灰砖渣、瓦片、白灰颗粒。第③层，深 1.2 ~ 3 米，厚 1.8 米。土质一般，内含草木灰、黑炭渣。该层下见白色沙质生土层，停探。

F241 台基

位于皇城东南部，东西第七街南侧，F239 南 8 米。平面呈正方形，边长 15 米，高 0.6 米。

台基内地层：第①层，浅灰色土，深厚 0.4 米。土质干燥，松散，内含植物根茎。第②层，灰褐色土，深 0.4 ~ 1.3 米，厚 0.9 米。土质稍散，内含少量灰砖渣、白灰点、动物骨骼。第③层，褐色土，深 1.3 ~ 3.1 米，厚 1.8 米。土质较净，无包含物。该层下见黄色沙质生土层，停探。

台基外地层：第①层，浅灰色土，深厚 0.4 米。土质干燥，松散，内含植物根茎。第②层，灰褐色土，深 0.4 ~ 1.3 米，厚 0.9 米。土质稍散，内含少量灰砖渣、白灰点、动物骨骼。第③层，褐色土，深 1.3 ~ 3.1 米，厚 1.8 米。土质较净，无包含物。该层下见黄色沙质生土层，停探。

F242 台基

位于皇城东南部，东西第七街南侧，F239 南 4 米。平面呈长方形，东西 22 米，南北 13 米，高 0.8 米。

台基内地层：第①层，浅灰色土，深厚 0.5 米。土质干燥，松散，内含植物根茎。第②层，灰褐色土，深 0.5 ~ 1.4 米，厚 0.9 米。土质稍散，内含灰砖渣、瓦砾、白灰点、动物骨骼。第③层，褐色土，深 1.4 ~ 3 米，厚 1.6 米。土质一般，内含草木灰、炭渣。该层下见黄色沙质生土层，停探。

台基外地层：第①层，浅灰色土，深厚 0.5 米。土质干燥，松散，内含植物根茎。第②层，灰褐色土，深 0.5 ~ 1.4 米，厚 0.9 米。土质稍散，内含灰砖渣、瓦砾、白灰点、动物骨骼。第③层，褐色土，深 1.4 ~ 3 米，厚 1.6 米。土质一般，内含草木灰、炭渣。该层下见黄色沙质生土层，停探。

F243 台基

位于皇城东南部，南北第二街西侧，F242 东 4 米。平面呈长方形，东西 45 米，南北 14 米，高 0.6 米。

台基内地层：第①层，浅灰色土，深厚 0.4 米。土质干燥，松散，内含植物根茎。第②层，灰褐色土，深 0.4 ~ 1.4 米，厚 1 米。土质稍散，内含灰砖渣、瓦片、白灰颗粒。第③层，褐色土，深 1.4 ~ 3 米，厚 1.6 米。土质较净，无包含物。该层下见黄色沙质生土层，停探。

台基外地层：第①层，浅灰色土，深厚 0.4 米。土质干燥，松散，内含植物根茎。第②层，灰褐色土，深 0.4 ~ 1.4 米，厚 1 米。土质稍散，内含灰砖渣、瓦片、白灰颗粒。第③层，褐色土，深 1.4 ~ 3 米，厚 1.6 米。土质较净，无包含物。该层下见黄色沙质生土层，停探。

F244 台基

位于皇城东南部，南北第二街东侧，F237 南 16 米。平面呈长方形，东西 18 米，南北 9 米。

台基内地层：第①层，浅灰色土，深厚 0.4 米。土质干燥，松散，内含植物根茎。第②层，灰褐色土，深 0.4 ~ 1.2 米，厚 0.8 米。土质稍散，内含灰砖渣、瓦片、白灰颗粒、沙石颗粒。第③层，褐色土，深 1.2 ~ 1.7 米，厚 0.5 米。土质较净，无包含物。该层下见黄色沙质生土层，停探。

台基外地层：第①层，浅灰色土，深厚 1 米。土质干燥，内含植物根茎。第②层，灰褐色土，深 1 ~ 1.7 米，厚 0.7 米。土质稍散，内含灰砖渣、瓦片、白灰颗粒。第③层，褐色土，深 1.7 ~ 2.3 米，厚 0.6 米。土质较净，无包含物。该层下见黄色沙质生土层，停探。

F245 台基

位于皇城东南部，南北第二街东侧，F244 东南 8 米。平面呈长方形，东西 12 米，南北 8 米，高 0.6 米。

台基内地层：第①层，浅灰色土，深厚 0.5 米。土质干燥，松散，内含植物根茎。第②层，灰褐色土，深 0.5 ~ 1.7 米，厚 1.2 米。土质稍散，内含瓦片、白灰颗粒。第③层，褐色土，深 1.7 ~ 2.5 米，厚 0.8 米。土质较净，无包含物。该层下见黄色沙质生土层，停探。

台基外地层：第①层，浅灰色土，深厚 0.5 米。土质干燥，松散，内含植物根茎。第②层，灰褐色土，深 0.5 ~ 1.3 米，厚 0.8 米。土质稍散，内含瓦片、动物骨骼。第③层，褐色土，深 1.3 ~ 2.5 米，厚 1.2 米。土质湿软，内含草木灰、木炭渣、白灰颗粒。该层下见黄色沙质生土层，停探。

F246 台基

位于皇城东南部，南北第二街东侧，F245 南 5 米。平面呈长方形，东西 50 米，南北 8 米。

台基内地层：第①层，浅灰色土，深厚 0.5 米。土质干燥，内含植物根茎。第②层，灰褐色土，深 0.5 ~ 1.3 米，厚 0.8 米。土质稍散，内含灰砖渣、瓦片、白灰点。第③层，褐色土，深 1.3 ~ 2.3 米，厚 1 米。土质湿软，内含黑炭渣、红烧土颗粒。该层下见黄色沙质生土层，停探。

台基外地层：第①层，浅灰色土，深厚 0.5 米。土质干燥，内含植物根茎。第②层，灰褐色土，深 0.5 ~ 1.3 米，厚 0.8 米。土质稍散，内含灰砖渣、瓦片、白灰点。第③层，褐色土，深 1.3 ~ 2.3 米，厚 1 米。土质较湿软，内含草木灰、黑炭渣。该层下见黄色沙质生土层，停探。

F247 台基

位于皇城东南部，南北第二街西侧，F243 南 20 米。平面呈长方形，东西 25 米，南北 10 米，高 0.6 米。

台基内地层：第①层，浅灰色土，深厚 0.5 米。土质干燥，松散，内含植物根茎。第②层，灰褐色土，深 0.5 ~ 1.3 米，厚 0.8 米。土质稍散，内含灰砖渣、瓦片、动物骨骼。第③层，褐色土，深 1.3 ~ 2 米，厚 0.7 米。土质较净，无包含物。该层下见黄色沙质生土层，停探。

台基外地层：第①层，浅灰色土，深厚 0.5 米。土质干燥，松散，内含植物根茎。第②层，灰褐色土，深 0.5 ~ 1.3 米，厚 0.8 米。土质稍散，内含灰砖渣、瓦片、动物骨骼。第③层，褐色土，深 1.3 ~ 2 米，厚 0.7 米。土质较净，无包含物。该层下见黄色沙质生土层，停探。

F248 台基

位于皇城东南部，南北第二街最南端西侧，F247 南 5 米。平面呈长方形，东西 13 米，南北 7 米。

台基内地层：第①层，浅灰色土，深厚 0.5 米。土质干燥，内含植物根茎。第②层，灰褐色土，深 0.5 ~ 1.2 米，厚 0.7 米。土质稍散，内含少量灰砖渣、红烧土颗粒。第③层，褐色土，深 1.2 ~ 1.9 米，厚 0.7 米。土质较净，无包含物。该层下见黄色沙质生土层，停探。

台基外地层：第①层，浅灰色土，深厚 0.5 米。土质干燥，松散，内含植物根茎。第②层，灰褐色土，深 0.5 ~ 1.2 米，厚 0.7 米。土质稍散，内含少量灰砖渣、红烧土颗粒。第③层，褐色土，深 1.2 ~ 1.9 米，厚 0.7 米。土质一般，内含草木灰、炭渣。该层下见黄色沙质生土层，停探。

F249 台基

位于皇城东南部，南北第二街最南端东侧，F248 东 8 米。平面呈长方形，东西 50 米，南北 8 米。

台基内地层：第①层，浅灰色土，深厚 0.5 米。土质干燥，内含植物根茎。第②层，灰褐色土，深 0.5 ~ 1.2 米，厚 0.7 米。土质稍散，内含草木灰、黑炭渣、红烧土颗粒。第③层，褐色土，深 1.2 ~ 2 米，厚 0.8 米。土质较净，无包含物。该层下见黄色沙质生土层，停探。

台基外地层：第①层，浅灰色土，深厚 0.5 米。土质干燥，内含植物根茎。第②层，灰褐色土，深 0.5 ~ 1.3 米，厚 0.8 米。土质稍散，内含草木灰、黑炭渣、红烧土颗粒。该层下见黄色沙质生土层，停探。

F250 台基

位于皇城东南部，10 号水坑北侧，F249 南 18 米。平面呈正方形，边长 15 米。

台基内地层：第①层，浅灰色土，深厚 0.5 米。土质干燥，内含植物根茎。第②层，灰褐色土，深 0.5 ~ 1.5 米，厚 1 米。土质稍散，内含灰砖渣、瓦片、白灰颗粒。第③层，褐色土，深 1.5 ~ 1.8 米，厚 0.3 米。土质湿软，内含草木灰、炭渣点。该层下见黄色沙质生土层，停探。

台基外地层：第①层，浅灰色土，深厚 0.5 米。土质干燥，内含植物根茎。第②层，灰褐色土，深 0.5 ~ 1.3 米，厚 0.8 米。土质稍散，内含碎砖渣、瓦砾、白灰颗粒。第③层，褐色土，深 1.3 ~ 1.8 米，厚 0.5 米。土质较净，无包含物。该层下见黄色沙质生土层，停探。

F251 台基

位于皇城东南部，11 号水域北侧，F250 西 13 米。平面出呈长方形，东西 18 米，南北 12 米，高 0.7 米。

台基内地层：第①层，浅灰色土，深厚 0.4 米。土质干燥，松散，内含植物根茎。第②层，灰褐色土，深 0.4 ~ 1.3 米，厚 0.9 米。土质稍散，内含灰砖渣、瓦砾、白灰点。第③层，褐色土，深 1.3 ~ 1.8 米，厚 0.5 米。土质较净，无包含物。该层下见黄色沙质生土层，停探。

台基外地层：第①层，浅灰色土，深厚 0.4 米。土质干燥，松散，内含植物根茎。第②层，灰褐色土，深 0.4 ~ 1.2 米，厚 0.8 米。土质稍散，内含灰砖渣、瓦砾、白灰点。第③层，褐色土，深 1.2 ~ 1.8 米，厚 0.6 米。土质较净，无包含物。该层下见黄色沙质生土层，停探。

F252 台基

位于皇城东南部，11 号水域北侧，F251 西 11 米。平面呈长方形，东西 9 米，南北 7 米，高 0.9 米。

台基内地层：第①层，浅灰色土，深厚 0.4 米。土质干燥，松散，内含植物根茎。第②层，灰褐色土，深 0.4 ~ 1.2 米，厚 0.8 米。土质稍散，内含灰砖渣、瓦砾、白灰点、动物骨骼。第③层，褐色土，深 1.2 ~ 1.8 米，厚 0.6 米。土质较净，无包含物。该层下见黄色沙质生土层，停探。

台基外地层：第①层，浅灰色土，深厚 0.4 米。土质干燥，松散，内含植物根茎。第②层，灰褐色土，深 0.4 ~ 1.2 米，厚 0.8 米。土质稍散，内含灰砖渣、瓦砾、白灰点。第③层，褐色土，深 1.2 ~ 1.8 米，厚 0.6 米。土质较净，无包含物。该层下见黄色沙质生土层，停探。

F253 台基

位于皇城东南部，11 号水域北侧，F252 西南 28 米。平面呈长方形，东西 23 米，南北 9 米。

台基内地层：第①层，浅灰色土，深厚 0.4 米。土质干燥，松散，内含植物根茎。第②层，灰褐色土，深 0.4 ~ 1 米，厚 0.6 米。土质稍散，内含草木灰、黑炭渣。该层下见黄色沙质生土层，停探。

台基外地层：第①层，浅灰色土，深厚 0.4 米。土质干燥，内含植物根茎。第②层，灰褐色土，深 0.4 ~ 1.4 米，厚 1 米。土质湿软，内含草木灰、黑炭渣。该层下见黄色沙质生土层，停探。

F254 台基

位于皇城东南部，11 号水域北侧，F253 东 12 米。平面呈正方形，边长 8 米，高 0.6 米。

台基内地层：第①层，浅灰色土，深厚 0.4 米。土质干燥，松散，内含植物根茎。第②层，灰褐色土，深 0.4 ~ 1 米，厚 0.6 米。土质稍散，内含草木灰、黑炭渣。第③层，褐色土，深 1 ~ 1.6 米，厚 0.6 米。土质较净，无包含物。该层下见黄色沙质生土层，停探。

台基外地层：第①层，浅灰色土，深厚 0.4 米。土质干燥，松散，内含植物根茎。第②层，灰褐色土，深 0.4 ~ 1.1 米，厚 0.7 米。土质稍散，内含草木灰、黑炭渣。第③层，褐色土，深 1.1 ~ 1.6 米，厚 0.5 米。土质较净，无包含物。该层下见黄色沙质生土层，停探。

F255 台基

位于皇城东南部，11 号水域北侧，F254 东 22 米。平面呈正方形，边长 8 米，高 0.7 米。

台基内地层：第①层，浅灰色土，深厚 0.4 米。土质干燥，松散，内含植物根茎。第②层，灰褐色土，深 0.4 ~ 1.1 米，厚 0.7 米。土质稍散，内含少量灰砖渣、白灰点。该层下见白色沙质生土层，停探。

台基外地层：第①层，浅灰色土，深厚 0.4 米。土质干燥，松散，内含植物根茎。第②层，灰褐色土，深 0.4 ~ 1.1 米，厚 0.7 米。土质稍散，内含少量灰砖渣、白灰点。该层下见白色沙质生土层，停探。

F256 台基

位于皇城东南部，11 号水域北侧，F250 南 28 米。平面呈长方形，东西 12 米，南北 10 米，高 0.8 米。

台基内地层：第①层，浅灰色土，深厚 0.4 米。土质干燥，松散，内含植物根茎。第②层，灰褐色土，深 0.4 ~ 1 米，厚 0.6 米。土质稍散，内含灰砖渣和瓦片。第③层，褐色土，深 1 ~ 1.6 米，厚 0.6 米。土质较净，无包含物。该层下见白色沙质生土层，停探。

台基外地层：第①层，浅灰色土，深厚 0.4 米。土质干燥，松散，内含植物根茎。第②层，灰褐色土，深 0.4 ~ 1 米，厚 0.6 米。土质稍散，内含灰砖渣和瓦片。第③层，褐色土，深 1 ~ 1.6 米，厚 0.6 米。土质较净，无包含物。该层下见白色沙质生土层，停探。

F257 台基

位于皇城东南部，F233 南 55 米。平面呈长方形，东西 15 米，南北 12 米。

台基内地层：第①层，浅灰色土，深厚 0.7 米。土质松散，内含碎砖石块、瓦片、白灰颗粒。第②层，灰褐色土，深 0.7 ~ 1.3 米，厚 0.6 米。土质一般，内含草木灰、烧土颗粒。第③层，褐色土，深 1.3 ~ 1.9

米，厚 0.6 米。土质湿软，无包含物。该层下见白色沙质生土层，停探。

台基外地层：第①层，浅灰色土，深厚 0.5 米。土质较松散，内含碎石粒、植物根茎。第②层，灰褐色土，深 0.5 ~ 1.2 米，厚 0.7 米。土质一般，内含草木灰、白瓷片、烧土颗粒。第③层，褐色土，深 1.2 ~ 1.6 米，厚 0.4 米。土质湿软，无包含物。该层下见白色沙质生土层，停探。

F258 台基

位于皇城东南部，9 号水域西南 8 米。平面呈长方形，东西 34 米，南北 12 米，高 0.6 米。

台基内地层：第①层，浅灰色土，深厚 0.6 米。土质较松，内含瓦片、碎石块。第②层，灰褐色土，深 0.6 ~ 1.2 米，厚 0.6 米。土质一般，内含草木灰、白灰颗粒、烧土粒。第③层，褐色土，深 1.2 ~ 1.8 米，厚 0.6 米。土质湿软，无包含物。该层下见黄色沙质生土层，停探。

台基外地层：第①层，浅灰色土，深厚 0.4 米。土质较松散，内含石块、植物根茎。第②层，灰褐色土，深 0.4 ~ 1.1 米，厚 0.7 米。土质松软，内含动物骨骼、白瓷片、草木灰。第③层，褐色土，深 1.1 ~ 1.5 米，厚 0.4 米。土质湿软，含沙量大，无包含物。该层下见黄色沙质生土层，停探。

F259 台基

位于皇城东南部，11 号水域中部高地上。平面呈正方形，边长 10 米。

台基内地层：第①层，浅灰色土，深厚 0.5 米。土质松散，内含砖块、瓦片、琉璃瓦残片、白灰、石块。第②层，灰褐色土，深 0.5 ~ 1.2 米，厚 0.7 米。该土层为夯土层，土质较硬，无包含物。该层下见石不过，停探。

台基外地层：第①层，浅灰色土，深厚 0.4 米。土质较松，内含植物根茎。第②层，灰褐色土，深 0.4 ~ 1 米，厚 0.6 米。土质湿软，内含白瓷片、陶片、草木灰。该层下见白色沙质生土层，停探。

F260 台基

位于皇城东南部，11 号水域中部高地上，F259 西南 4 米。平面呈长方形，东西 35 米，南北 30 米，高 0.7 米。

台基内地层：第①层，浅灰色土，深厚 0.6 米。土质较松，内含白灰、瓦片、碎石粒。第②层，灰褐色土，深 0.6 ~ 1.4 米，厚 0.8 米。土质较软，内含黑灰点带水锈沙团。该层下见白色沙质生土层，停探。

台基外地层：第①层，浅灰色土，深厚 0.4 米。土质较松，内含灰质瓦块、碎石粒。第②层，灰褐色土，深 0.4 ~ 1.1 米，厚 0.7 米。土质较湿软，内含动物骨骼、黑灰点。该层下见白色沙质生土层，停探。

F261 台基

位于皇城东南部，11 号水域中部高地上，F260 东 40 米。平面呈不规则正方形，边长 6 米。

台基内地层：第①层，浅灰色土，深厚 0.5 米。土质较松，内含碎石粒、植物根茎。第②层，灰褐色土，深 0.5 ~ 1.3 米，厚 0.8 米。土质较湿软，内含碎石块、瓦片、白灰颗粒。该层下见白色沙质生土层，停探。

台基外地层：第①层，浅灰色土，深厚 0.4 米。土质较松，内含植物根茎。第②层，灰褐色土，深 0.4 ~ 1.1 米，厚 0.7 米。土质较湿软，无包含物。该层下见白色沙质生土层，停探。

F262 台基

位于皇城东南部，11 号水域中部高地上，F259 东 18 米。平面呈不规则形，东西 41 米，南北 10 米，高 0.4 米。

台基内地层：第①层，浅灰色土，深厚 0.6 米。土质较松，内含白灰、砖块、瓦片、琉璃瓦残片。第②层，灰褐色土，深 0.6 ~ 1.3 米，厚 0.7 米。该土层为夯土层，土质较硬，无包含物。该层下见白色沙质生土层，停探。

台基外地层：第①层，浅灰色土，深厚 0.4 米。土质较松，内含植物根茎。第②层，灰褐色土，深 0.4 ~ 1.1 米，厚 0.7 米。土质较湿软，无包含物。该层下见白色沙质生土层，停探。

F263 台基

位于皇城东南部，9 号水域与 11 号水域中间，F258 东 14 米。平面呈长方形，东西 37 米，南北 27 米，高 0.5 米。

台基内地层：第①层，浅灰色土，深厚 0.6 米。土质较松，内含动物骨骼、白灰颗粒、瓦片。第②层，灰褐色土，深 0.6 ~ 1.4 米，厚 0.8 米。土质一般，内含黑灰点、碎石粒。第③层，褐色土，深 1.4 ~ 1.8 米，厚 0.4 米。土质较湿软，含沙量较大。该层下见白色沙质生土层，停探。

台基外地层：第①层，浅灰色土，深厚 0.4 米。土质较松，内含青瓷片、石块。第②层，灰褐色土，深 0.4 ~ 1.2 米，厚 0.8 米。土质湿软，内含动物骨骼、瓦片、陶片。第③层，褐色土，深 1.2 ~ 1.6 米，厚 0.4 米。土质湿软，含沙量较大，无包含物。该层下见白色沙质生土层，停探。

F264 台基

位于皇城东南部，9 号水域南侧，F263 东 15 米。平面呈不规则长方形，东西 40 米，南北 34 米。该房址高出地平面约 0.5 米。

台基内地层：第①层，浅灰色土，深厚 0.7 米。土质松散，内含碎石粒、砖块、瓦片、白灰颗粒。第②层，灰褐色土，深 0.7 ~ 1.6 米，厚 0.9 米。土质较软，内含草木灰、砖渣、木炭颗粒和少量琉璃瓦残片。该层下见黄水锈沙土层，停探。

台基外地层：第①层，浅灰色土，深厚 0.5 米。土质较松散，内含碎石、瓦片。第②层，灰褐色土，深 0.5 ~ 1.1 米，厚 0.6 米。土质较湿软，内含草木灰、黑炭灰颗粒。该层下见黄色沙质生土层，停探。

F265 台基

位于皇城东南部，南北第一街西侧，F264 东 29 米。平面呈长方形，东西 15 米，南北 10 米。

台基内地层：第①层，浅灰色土，深厚 0.6 米。土质较松散，内含植物根茎，微量白灰点。第②层，灰褐色土，深 0.6 ~ 1.6 米，厚 1 米。土质湿软，内含草木灰、白瓷片、黑灰点。该层下见黄色沙质生土层，停探。

台基外地层：第①层，浅灰色土，深厚 0.5 米。土质湿软，内含草木灰。该层下见黄色沙质生土层，停探。

F266 台基

位于皇城东南部，南北第一街西侧，F264 东 12 米。平面呈正方形，边长 9 米，高 0.6 米。

台基内地层：第①层，浅灰色土，深厚 0.5 米。土质松散，内含砖块、瓦片、红胎琉璃残片。第②层，灰褐色土，深 0.5 ~ 1.2 米，厚 0.7 米。土质较湿软，内含草木灰、木炭灰颗粒。该层下见白色沙质生土层，停探。

台基外地层：第①层，浅灰色土，深厚 0.4 米。土质松散，内含植物根茎、碎石。第②层，灰褐色土，深 0.4～1 米，厚 0.6 米。土质湿软，内含草木灰、木炭灰颗粒。该层下见白色沙质生土层，停探。

F267 台基

位于皇城东南部，南北第一街西侧，F266 南 3 米。平面呈长方形，东西 13 米，南北 8 米。

台基内地层：第①层，浅灰色土，深厚 0.6 米。土质松散，内含白灰、砖石块、瓦片。第②层，灰褐色土，深 0.6～1.3 米，厚 0.7 米。土质湿软，内含木炭颗粒、草木灰。该层下见白色沙质生土层，停探。

台基外地层：第①层，浅灰色土，深厚 0.4 米。土质松散，内含动物骨骼、白瓷片、蓝釉瓷片。第②层，灰褐色土，深 0.4～1.1 米，厚 0.7 米。土质湿软，内含木炭灰颗粒、草木灰、烧土颗粒。该层下见白色沙质生土层，停探。

F268 台基

位于皇城东南部，南北第一街西侧，F267 南 11 米。平面呈不规则长方形，东西 20 米，南北 13 米，高 0.6 米。

台基内地层：第①层，浅灰色土，深厚 0.6 米。土质较松散，内含碎石粒、白灰、瓦片。第②层，灰褐色土，深 0.6～1.3 米，厚 0.7 米。土质湿软，内含草木灰、木炭灰颗粒。该层下见白色沙质生土层，停探。

台基外地层：第①层，浅灰色土，深厚 0.5 米。土质松散，内含碎石粒、瓦片、白灰颗粒。第②层，灰褐色土，深 0.5～1.1 米，厚 0.6 米。土质湿软，内含动物骨骼、黑炭灰颗粒。该层下见白色沙质生土层，停探。

F269 台基

位于皇城东苑南部，南北第一街西侧，F264 南 15 米。平面呈长方形，东西 14 米，南北 10 米，高 0.7 米。

台基内地层：第①层，浅灰色土，深厚 0.6 米。土质较松散，内含植物根茎、碎石粒。第②层，灰褐色土，深 0.6～1.3 米，厚 0.7 米。土质湿软，内含草木灰、烧土颗粒、瓦片、碎砖渣。该层下见白色沙质生土层，停探。

台基外地层：第①层，浅灰色土，深厚 0.4 米。土质湿软，内含碎石粒、瓦片、白灰颗粒。第②层，灰褐色土，深 0.4～1 米，厚 0.6 米。土质较湿软，内含草木灰、黑炭灰颗粒。该层下见白色沙质生土层，停探。

F270 台基

位于皇城东南部，南北第一街西侧，F269 南 25 米。平面呈长方形，东西 67.5 米，南北 62.5 米。该房址为大型院落，有前后两殿。台基高出地表 0.5 米，中间有连通院内外道路，宽 5.5 米，道路将两殿分隔为四处台基。院内全部有踩踏面。

第一处

台基内地层：第①层，浅灰色土，深厚 0.7 米。土质干燥，松散，内含白灰、砖块、瓦片、琉璃瓦残片、烧土颗粒、木炭灰。第②层，褐色土，深 0.7～2.4 米，厚 1.7 米。该土层为夯土层，土质较硬无包含物。夯土下见石不过，下面情况不明。

台基外地层：第①层，浅灰色土，深厚 0.4 米。土质一般，内含碎石粒、植物根茎。第②层，灰褐色土，深 0.4～0.8 米，厚 0.4 米。土质湿软，无包含物。该层下见白色沙质生土层，停探。

第二处

台基内地层：第①层，浅灰色土，深厚 0.5 米。土质干燥、松散，内含白灰、碎砖石块、瓦片。第②层，褐色土，深 0.5～1.2 米，厚 0.7 米。该土层为夯土层，土质较硬无包含物。该层下见白色沙质生土层，停探。

台基外地层：第①层，浅灰色土，深厚 0.4 米。土质一般，内含砖石块、瓦片、木炭颗粒。第②层，灰褐色土，深 0.4～1.1 米，厚 0.7 米。土质湿软，底部有 0.3 米厚黑淤泥。该层下见白色沙质生土层，停探。

第三处

台基内地层：第①层，浅灰色土，深厚 0.5 米。土质较松散，内含瓦片、白灰、木炭灰颗粒、烧土粒。第②层，灰褐色土，深 0.5～1 米，厚 0.5 米。该土层为夯土层，土质较硬，夯土下见石不过，停探。

台基外地层：第①层，浅灰色土，深厚 0.4 米。土质一般，内含碎石粒、砖块、瓦片。第②层，灰褐色土，深 0.4～0.7 米，厚 0.3 米。土质较湿，无包含物。该层下见白色沙质生土层，停探。

第四处

台基内地层：第①层，浅灰色土，深厚 0.5 米。土质较松，内含白灰、碎石粒、砖块、瓦片。第②层，灰褐色土，深 0.5～1.1 米，厚 0.6 米。该土层为夯土层，土质较硬，无包含物。该层下见白色沙质生土层，停探。

台基外地层：第①层，浅灰色土，深厚 0.4 米。土质一般，内含黑灰点、植物根茎。第②层，灰褐色土，深 0.4～0.9 米，厚 0.5 米。土质湿软，无包含物。该层下见白色沙质生土层，停探。

F271 台基

位于皇城东南部，南北第一街与东西第八街交会处。平面呈长方形，东西 11 米，南北 9 米。

台基内地层：第①层，浅灰色土，深厚 0.5 米。土质松散，内含白灰颗粒、砖石块、瓦片。第②层，灰褐色土，深 0.5～1.3 米，厚 0.8 米。土质较软，内含烧土颗粒、草木灰。该层下见白色沙质生土层，停探。

台基外地层：第①层，浅灰色土，深厚 0.4 米。土质一般，内含灰陶片、草木灰。第②层，灰褐色土，深 0.4～0.9 米，厚 0.5 米。土质湿软，无包含物。该层下见白色沙质生土层，停探。

F272 台基

位于皇城东南部，东西第八街北侧，11 号水域西侧。平面呈长方形，东西 22 米，南北 19 米。

台基内地层：第①层，浅灰色土，深厚 0.7 米。土质较松散，内含砖块、小石粒、白灰颗粒、白瓷片。第②层，灰褐色土，深 0.7～1.6 米，厚 0.9 米。土质较湿软，内含黑灰点。该层下见白色沙质生土层，停探。

台基外地层：第①层，浅灰色土，深厚 0.4 米。土质较松，内含石块、瓦片。第②层，灰褐色土，深 0.4～1.2 米，厚 0.8 米。土质湿软，无包含物。该层下见白色沙质生土层，停探。

F273 台基

位于皇城东南部，东西第八街北侧，F272 北 20 米。平面呈长方形，东西 32 米，南北 9 米，高 0.5 米。

台基内地层：第①层，浅灰色土，深厚 0.6 米。土质较松，内含白灰颗粒、瓦片、碎石粒。第②层，灰褐色土，深 0.6～1.4 米，厚 0.8 米。土质较湿软，内含草木灰、烧土颗粒。该层下见白色沙质生土层，停探。

台基外地层：第①层，浅灰色土，深厚 0.4 米。土质较松，内含植物根茎。第②层，灰褐色土，深 0.4～1 米，厚 0.6 米。土质湿软，内含黑灰点。该层下见白色沙质生土层，停探。

F274 台基

位于皇城东南部，东西第八街北侧，F273 西南 8 米。平面呈长方形，东西 21 米，南北 12 米。

台基内地层：第①层，浅灰色土，深厚 0.6 米。土质较松散，内含砖块、瓦片、白灰颗粒。第②层，灰褐色土，深 0.6～1.7 米，厚 1.1 米。土质较软，内含石粒。该层下见白色沙质生土层，停探。

台基外地层：第①层，浅灰色土，深厚 0.5 米。土质较松，内含动物骨骼、草木灰、烧土颗粒。第②层，灰褐色土，深 0.5～1.4 米，厚 0.9 米。土质较湿，内含黄水锈沙团。该层下见白色沙质生土层，停探。

F275 台基

位于皇城东南部，东西第八街北侧，F274 南 26 米。平面呈长方形，东西 48 米，南北 10 米，高 0.6 米。

台基内地层：第①层，浅灰色土，深厚 0.7 米。土质较松散，内含砖块、瓦片、白灰颗粒。第②层，灰褐色土，深 0.7～1.6 米，厚 0.9 米。土质较湿软，内含黑灰点。该层下见白色沙质生土层，停探。

台基外地层：第①层，浅灰色土，深厚 0.5 米。土质松散，内含小石粒、白灰点。第②层，灰褐色土，深 0.5～1.3 米，厚 0.8 米。土质湿软，内含木炭颗粒、小石粒。该层下见白色沙质生土层，停探。

F276 台基

位于皇城东南部，东西第八街北侧，F275 南 10 米。平面呈长方形，东西 28 米，南北 8 米，高 0.7 米。

台基内地层：第①层，浅灰色土，深厚 0.6 米。土质松散，内含碎石粒、白灰颗粒、砖瓦片。第②层，灰褐色土，深 0.6～1.2 米，厚 0.6 米。土质湿软，较黏，有较薄淤积沙层。该层下见白色沙质生土层，停探。

台基外地层：第①层，浅灰色土，深厚 0.4 米。土质较松，内含碎石粒、瓦片。第②层，灰褐色土，深 0.4～1 米，厚 0.6 米。土质湿软，无包含物。该层下见白色沙质生土层，停探。

F277 台基

位于皇城东南部，东西第八街北侧，F275 西 32 米。平面呈长方形，东西 10 米，南北 8 米，高 0.7 米。

台基内地层：第①层，浅灰色土，深厚 0.4 米。土质干燥，松散，内含植物根茎。第②层，灰褐色土，深 0.4～1.3 米，厚 0.9 米。土质稍散，内含少量灰砖渣、瓦片、白灰点。该层下见黄色沙质生土层，停探。

台基外地层：第①层，浅灰色土，深厚 0.4 米。土质干燥，松散，内含植物根茎。第②层，灰褐色土，

深 0.4 ～ 1.3 米，厚 0.9 米。土质稍散，内含少量灰砖渣、瓦片、白灰点。该层下见黄色沙质生土层，停探。

F278 台基

位于皇城东南部，东西第八街北侧，F274 西 12 米。平面呈长方形，东西 21 米，南北 18 米。

台基内地层：第①层，浅灰色土，深厚 1.2 米。土质干燥、松散，内含碎石、砖块、少量琉璃瓦片、白灰块。该层下见石不过，停探。

台基外地层：第①层，浅灰色土，深厚 0.5 米。土质松散，内含碎石颗粒。第②层，灰褐色土，深 0.5 ～ 1.4 米，厚 0.9 米。土质较湿软，内含淤积沙。该层下见白色沙质生土层，停探。

F279 台基

位于皇城东南部，东西第八街北侧，F278 西 11 米。平面呈长方形，东西 23 米，南北 11 米，高 0.7 米。

台基内地层：第①层，浅灰色土，深厚 0.6 米。土质较松散，内含白灰颗粒、碎砖石块、瓦片。第②层，灰褐色土，深 0.6 ～ 1.6 米，厚 1 米。土质较软，内含黑灰点、淤积沙。该层下见白色沙质生土层，停探。

台基外地层：第①层，浅灰色土，深厚 0.4 米。土质较松散，内含碎石粒、瓦片。第②层，灰褐色土，深 0.4 ～ 1.2 米，厚 0.8 米。土质湿软，内含动物骨骼、灰陶片、淤积沙。该层下见白色沙质生土层，停探。

F280 台基

位于皇城东南部，东西第八街北侧，F279 西北 14 米。平面呈长方形，东西 8 米，南北 6 米。

台基内地层：第①层，浅灰色土，深厚 0.6 米。土质较松散，内含少量瓦片、白灰颗粒。第②层，灰褐色土，深 0.6 ～ 1.4 米，厚 0.8 米。土质湿软，内含草木灰、淤积沙。该层下见白色沙质生土层，停探。

台基外地层：第①层，浅灰色土，深厚 0.4 米。土质较松，内含植物根茎。第②层，灰褐色土，深 0.4 ～ 1.1 米，厚 0.7 米。土质湿软，内含烧木灰颗粒、淤积沙。该层下见白色沙质生土层，停探。

F281 台基

位于皇城东南部，东西第八街北侧，F279 西 24 米。平面呈长方形，东西 16 米，南北 8 米。

台基内地层：第①层，浅灰色土，深厚 0.7 米。土质较松，内含碎石、砖块、瓦片、少量白灰颗粒。第②层，灰褐色土，深 0.7 ～ 1.3 米，厚 0.6 米。土质较湿软，内含动物骨骼。该层下见白色沙质生土层，停探。

台基外地层：第①层，浅灰色土，深厚 0.5 米。土质松散，内含植物根茎。第②层，灰褐色土，深 0.5 ～ 1.1 米，厚 0.6 米。土质湿软，内含草木灰、烧土颗粒。该层下见白色沙质生土层，停探。

F282 台基

位于皇城东南部，东西第八街北侧，F281 西北 9 米。平面呈长方形，东西 15 米，南北 7 米，高 0.6 米。

台基内地层：第①层，浅灰色土，深厚 0.5 米。土质较松散，内含砖块、瓦片、白灰点。第②层，灰褐色土，深 0.5 ～ 1.3 米，厚 0.8 米。土质湿软，内含黑灰点。该层下见白色沙质生土层，停探。

台基外地层：第①层，浅灰色土，深厚 0.4 米。土质松散，内含植物根茎。第②层，灰褐色土，深 0.4 ～ 1 米，厚 0.6 米。土质湿软，内含碎石粒、白瓷片、木炭灰。该层下见白色沙质生土层，停探。

F283 台基

位于皇城东南部，东西第八街北侧，F280 北 49 米。平面呈正方形，边长 8 米。

台基内地层：第①层，浅灰色土，深厚 0.4 米。土质干燥，内含植物根茎。第②层，灰褐色土，深 0.4 ~ 1.4 米，厚 1 米。土质稍散，内含灰砖渣、瓦砾、白灰颗粒。该层下见黄色沙质生土层，停探。

台基外地层：第①层，浅灰色土，深厚 0.4 米。土质干燥，内含植物根茎。第②层，灰褐色土，深 0.4 ~ 1.5 米，厚 1.1 米。土质稍散，内含灰砖渣、瓦砾、白灰颗粒。该层下见黄色沙质生土层，停探。

F284 台基

位于皇城东南部，东西第八街北侧，F253 西南 23 米。平面呈长方形，东西 24 米，南北 13 米。

台基内地层：第①层，浅灰色土，深厚 0.4 米。土质干燥，松散，内含植物根茎。第②层，灰褐色土，深 0.4 ~ 1 米，厚 0.6 米。土质稍散，内含草木灰、黑炭渣。该层下见黄色沙质生土层，停探。

台基外地层：第①层，浅灰色土，深厚 0.4 米。土质干燥，内含植物根茎。第②层，灰褐色土，深 0.4 ~ 1.4 米，厚 1 米。土质湿软，内含草木灰、黑炭渣。该层下见黄色沙质生土层，停探。

F285 台基

位于皇城东南部，东西第八街北侧，F282 西北 23 米。平面呈长方形，东西 12 米，南北 7 米，高 0.6 米。

台基内地层：第①层，浅灰色土，深厚 0.4 米。土质干燥，松散，内含植物根茎。第②层，灰褐色土，深 0.4 ~ 1.5 米，厚 1.1 米。土质稍散，内含草木灰、黑炭渣。该层下见黄色沙质生土层，停探。

台基外地层：第①层，浅灰色土，深厚 0.4 米。土质干燥，内含植物根茎。第②层，灰褐色土，深 0.4 ~ 1.5 米，厚 1.1 米。土质湿软，内含草木灰、黑炭渣。该层下见黄色沙质生土层，停探。

F286 台基

位于皇城东南部，东西第八街北侧，F281 西 40 米。平面呈长方形，东西 36 米，南北 24 米。该房址为大型院落，建在夯土台上，结构较复杂，基础明显。

－1 台基

台基内地层：第①层，浅灰色土，深厚 1.5 米。土质松散，该土层为建筑废墟覆盖层，内含碎砖石块、琉璃瓦残片。第②层，褐色土，深 1.5 ~ 2.1 米，厚 0.6 米。该土层为夯土，土质较硬，内含带水锈沙土。第③层，灰褐色土，深 2.1 ~ 2.8 米，厚 0.7 米。土质较湿软，内含黑灰点。该层下见黄色沙质生土层，停探。

台基内地层：第①层，浅灰色土，深厚 1.2 米。土质松散，内含琉璃瓦残片、白灰颗粒、碎砖石瓦片。第②层，褐色土，深 1.2 ~ 1.8 米，厚 0.6 米。该土层为夯土层，土质较硬无包含物。第③层，灰褐色土，深 1.8 ~ 2.5 米，厚 0.7 米。土质湿软，内含淤积沙。该层下见白色沙质生土层，停探。

－2 台基

台基内地层：第①层，浅灰色土，深厚 1.2 米。建筑废墟覆盖层，土质松散，内含碎石粒、砖瓦块、白灰颗粒、琉璃瓦残片。第②层，褐色土，深 1.2 ~ 1.7 米，厚 0.5 米。该土层为夯土，土质较硬，无包含物。第③层，灰褐色土，深 1.7 ~ 2.4 米，厚 0.7 米。土质湿软，较黏，无包含物。该层下见黄色沙质生土层，停探。

台基外地层：第①层，浅灰色土，深厚 0.4 米。土质较松散，内含碎石粒、植物根茎。第②层，灰褐色土，深 0.4 ~ 0.8 米，厚 0.4 米。土质湿软，较黏，无包含物。该层下见白色沙质生土层，停探。

F287 台基

位于皇城东南部，东西第八街北侧，F281 西南 40 米。平面呈长方形，东西 19 米，南北 10 米，高 0.4 米。

台基内地层：第①层，浅灰色土，深厚 0.6 米。土质较松散，内含砖块、瓦片。第②层，灰褐色土，深 0.6 ~ 1.2 米，厚 0.6 米。内含黑灰点、木炭颗粒。该层下见白色沙质生土层，停探。

台基外地层：第①层，浅灰色土，深厚 0.4 米。土质较松散，内含碎砖块、白灰颗粒。第②层，灰褐色土，深 0.4 ~ 1 米，厚 0.6 米。土质较湿软，内含黑灰点、淤积沙。该层下见白色沙质生土层，停探。

F288 台基

位于皇城东南部，东西第八街北侧，F286 南 23 米。平面呈长方形，东西 28 米，南北 9 米。

台基内地层：第①层，浅灰色土，深厚 0.6 米。土质松散，内含碎砖石块、白灰颗粒。第②层，灰褐色土，深 0.6 ~ 1.3 米，厚 0.7 米。土质湿软，内含草木灰。该层下见白色沙质生土层，停探。

台基外地层：第①层，浅灰色土，深厚 0.4 米。土质松散，内含砖块、白瓷片、碎石颗粒。第②层，灰褐色土，深 0.4 ~ 1.1 米，厚 0.7 米。土质湿软，内含黑灰点、淤积沙团。该层下见白色沙质生土层，停探。

F289 台基

位于皇城东南部，东西第七街南侧，北距房址 F291 台基约 22 米，南距南城墙约 31 米。平面呈刀把形，东西 12 ~ 24 米，南北 6 ~ 12 米。

台基内地层：第①层，浅黄色地表土，深厚 0.5 米。土质松散，内含植物根茎。第②层，夯土层，深 0.5 ~ 1 米，厚 0.5 米。土质较硬，内含灰白色沙土夯实和少量青灰色砖渣。第③层，深灰色土，深 1 ~ 1.3 米，厚 0.3 米。土质一般，内含草木灰。该层下见青灰色沙质生土层，含水锈土，停探。

台基外地层：第①层，浅黄色地表土，深厚 0.3 米。土质松散，内含植物根茎。第②层，黑褐色土，深 0.3 ~ 1.3 米，厚 1 米。土质一般，内含草木灰、黑灰点。该层下见青灰色沙质生土层，含水锈土，停探。

F290 台基

位于皇城东南部，东西第七街南侧，西距 F289 台基约 22 米。平面呈不规则正方形，东西 10 米，南北 9.5 米，高 0.6 米。

台基内地层：第①层，浅灰色地表土，深厚 0.6 米。土质干燥，松散，内含碎砖渣、瓦片、植物根茎。第②层，灰褐色土，深 0.6 ~ 1.2 米，厚 0.6 米。土质一般，较净，未发现包含物。第③层，深灰褐色土，深 1.2 ~ 1.8 米，厚 0.6 米。土质湿软，较黏，内含水锈土，底部见 0.2 米厚黑淤泥。该层下见乳白色沙质生土层，纯净，停探。

台基外地层：第①层，浅灰色地表土，深厚 0.4 米。土质松散，纯净，内含植物根茎。第②层，灰褐色土，深 0.4 ~ 1 米，厚 0.6 米。土质一般，内含微量黑灰点。第③层，深灰褐色土，深 1 ~ 1.5 米，厚 0.5 米。土质湿软，较黏，内含水锈土，底部有 0.2 米厚黑淤泥。该层下见乳白色沙质生土层，纯净。停探。

F291 台基

位于皇城东南部，东西第七街南部，南临 F289 台基约 22 米。平面呈长方形，东西 8 米，南北 6 米。

台基内地层：第①层，浅黄色地表土，深厚 0.5 米。土质干燥，松散，内含植物根茎。第②层，深灰色土，深 0.5 ～ 1 米，厚 0.5 米。土质较为松散，内含青灰色砖渣、瓦片、石块。第③层，黑褐色土，深 1 ～ 1.4 米，厚 0.4 米。土质松软，内含草木灰、黑炭渣点。该层下见青灰色沙质生土层，含水锈土，停探。

台基外地层：第①层，浅黄色地表土，深厚 0.4 米。土质干燥，松散，内含植物根茎。第②层，灰褐色土，深 0.4 ～ 1.3 米，厚 0.9 米。土质较为松散，内含草木灰、黑灰点。该层下见青灰色沙质生土层，含水锈土，停探。

F292 台基

位于皇城东南部，东西第八街北部，F290 台基西南角向南约 4 米处。平面呈长方形，东西 10 米，南北 8 米。

台基内地层：第①层，浅灰色地表土，深厚 0.5 米。土质松散，内含砖渣、瓦片、碎石颗粒。第②层，灰褐色土，深 0.5 ～ 1.1 米，厚 0.6 米。土质一般，内含白灰渣。第③层，深灰褐色土，深 1.1 ～ 1.7 米，厚 0.6 米。土质湿软，较黏，内含水锈土，底部见 0.2 米厚黑淤泥。该层下见乳白色沙质生土层，纯净，停探。

台基外地层：第①层，浅灰色地表土，深厚 0.4 米。土质松散，较净，内含植物根茎。第②层，灰褐色土，深 0.4 ～ 1 米，厚 0.6 米。土质一般，内含炭渣点和黑灰点。第③层，深灰褐色土，深 1 ～ 1.6 米，厚 0.6 米。土质较湿软，黏度较大，内含水锈土，底部有 0.2 米厚黑淤泥。该层下见乳白色沙质生土层，停探。

F293 台基

位于皇城东南部，东北部邻 F297 台基约 15 米，东邻 F295 台基约 10 米处。平面呈"∟"形，东西 24 ～ 180 米，南北 20 ～ 62 米。

F293 台基由于面积较大，地层情况可分为两部分：

东部地层

东部台基内地层：第①层，浅黄色地表土，深厚 0.4 米。土质干燥，松散，内含植物根茎。第②层，深灰色土，深 0.4 ～ 1 米，厚 0.6 米。土质较为松散，内含青灰色砖渣、瓦砾、白灰点。第③层，黑褐色土，深 1 ～ 1.4 米，厚 0.4 米。土质较为松散，内含黑灰点、草木灰。该层下见灰褐色沙质生土层，含水锈土，停探。

东部台基外地层：第①层，浅黄色地表土，深厚 0.4 米。土质干燥，松散，内含植物根茎。第②层，黑褐色土，深 0.4 ～ 1.3 米，厚 0.9 米。土质较为松软，内含草木灰、黑灰点。该层下见青灰色沙质生土层，含水锈土，停探。

西部地层

西部台基内地层：第①层，青灰色地表土，深厚 0.4 米。土质干燥，松散，内含植物根茎。第②层，灰褐色土，深 0.4 ～ 1.8 米，厚 1.4 米。土质松散，内含草木灰、黑炭渣点、青灰色砖渣、板瓦片、动物骨骼、红烧土、白灰渣。第③层，黑褐色土，深 1.8 ～ 2.6 米，厚 0.8 米。土质较为松散，内含草木灰、黑灰渣、黑灰点。该层下见黄褐色沙质生土层，纯净，停探。

西部台基外地层：第①层，青灰色地表土，深厚 0.4 米。内含植物根茎。第②层，灰褐色土，深 0.4 ~ 0.9 米，厚 0.5 米。土质较为松散，内含草木灰、黑炭渣、青灰色砖渣、厚板瓦片、白灰颗粒。第③层，黑褐色土，深 0.9 ~ 1.6 米，厚 0.7 米。土质较松，未发现包含物。该层下见黄褐色沙质生土层，纯净，停探。

F294 台基

位于皇城东南部，东西第九街东端南侧，F294 台基西部约 4 米处。平面呈长方形，东西 28 米，南北 14 米。

台基内地层：第①层，浅灰色地表土，深厚 0.7 米。土质松散，内含碎砖渣、碎石渣、植物根茎。第②层，灰褐色土，深 0.7 ~ 1.2 米，厚 0.5 米。土质一般，内含白灰颗粒、黑炭点、水锈土。第③层，深灰褐色土，深 1.2 ~ 1.8 米，厚 0.6 米。土质湿软，较黏，底部有 0.2 米厚黑淤泥。该层下见乳白色沙质生土层，纯净，停探。

台基外地层：第①层，浅灰色地表土，深厚 0.5 米。土质松散，较净，内含植物根茎。第②层，灰褐色土，深 0.5 ~ 1 米，厚 0.5 米。土质一般，内含黑灰点。第③层，深灰褐色土，深 1 ~ 1.6 米，厚 0.6 米。土质湿软，底部有 0.2 米厚黑淤泥。该层下见乳白色沙质生土层，纯净，停探。

F295 台基

位于皇城东南部，西邻 F293 台基约 10 米处。平面呈刀把形，东西 12 ~ 18 米，南北 12 ~ 16 米。

台基内地层：第①层，浅黄色地表土，深厚 0.4 米。土质松散，内含植物根茎。第②层，黑褐色土，深 0.4 ~ 1 米，厚 0.6 米。土质较松散，内含青灰色砖渣、瓦砾。第③层，黑褐色泥沙土，深 1 ~ 1.3 米，厚 0.3 米。土质较软，内含草木灰、黑灰点。

台基外地层：第①层，浅黄色地表土，深厚 0.4 米。土质干燥，松散，内含植物根茎。第②层，黑褐色土，深 0.4 ~ 1.3 米，厚 0.9 米。土质相对较为松软，内含草木灰、黑灰点。该层下见青灰色沙质生土层，纯净，停探。

F296 台基

位于皇城东南部，F294 台基向北约 50 米处。平面呈长方形，东西 26 米，南北 12 米。

台基内地层：第①层，浅灰色地表土，深厚 0.7 米。土质松散，内含红烧土颗粒、碎瓦片、植物根茎。第②层，灰褐色土，深 0.7 ~ 1.5 米，厚 0.8 米。土质较软，稍黏，内含白沙团、碎砖渣。该层下见乳白色沙质生土层，含沙石粒，停探。

台基外地层：第①层，浅灰色地表土，深厚 0.5 米。土质松散，内含植物根茎。第②层，灰褐色土，深 0.5 ~ 0.9 米，厚 0.4 米。土质纯净，较软，稍黏。该层下见乳白色沙质生土层，含沙石粒，停探。

F297 台基

位于皇城东南部，南邻 F293 台基 15 米，东邻 F294 台基 5 米处。平面呈刀把形，东西 24 ~ 50 米，南北 12 ~ 18 米。

台基内地层：第①层，青灰色地表土，深厚 0.5 米。土质干燥，松散，内含植物根茎。第②层，深灰色土，深 0.5 ~ 1.1 米，厚 0.6 米。土质较松散，内含青灰色砖渣、瓦片、白灰。第③层，黑褐色土，深 1.1 ~ 1.5 米，厚 0.4 米。土质较软，内含草木灰、黑灰点。该层下见青灰色沙质生土层，含水锈土。

台基外地层：第①层，青灰色地表土，深厚 0.4 米。土质干燥，松散，内含植物根茎。第②层，灰褐色土，深 0.4 ~ 1.4 米，厚 1 米。土质较为松软，内含黑炭渣点、草木灰。该层下见青灰色沙质生土层，含水锈土，停探。

F298 台基

位于皇城东南部，F296 台基向北约 42 米处。平面呈长方形，东西 50 米，南北 14 米。

台基内地层：第①层，浅灰色地表土，深厚 0.8 米。土质松散，内含碎砖渣、碎石粒、烧土颗粒。第②层，灰褐色土，深 0.8 ~ 1.5 米，厚 0.7 米。土质一般，内含朽木、木炭粒、草木灰、风化石颗粒。第③层，深灰褐色土，深 1.5 ~ 2.3 米，厚 0.8 米。土质较湿软，黏度较大，内含乳白色淤积沙土层带水锈土，底部有 0.1 米厚黑淤土。该层下见乳白色沙质生土层，含沙石颗粒，停探。

台基外地层：第①层，浅灰色地表土，深厚 0.5 米。土质松散，较净，内含植物根茎。第②层，深灰色土，深 0.5 ~ 1.3 米，厚 0.8 米。土质较湿软，稍黏，较净，内含水锈土。该层下见乳白色沙质生土层，含沙石粒，停探。

F299 台基

位于皇城东南部，南邻 F297 台基房址 23 米处。平面呈不规则正方形，东西 14 米，南北 12 米。

台基内地层：第①层，浅黄色地表土，深厚 0.6 米。土质松散，干燥，内含植物根茎。第②层，灰褐色土，深 0.6 ~ 1.1 米，厚 0.5 米。土质较松，内含青灰色砖渣、沙石片、动物骨骼。第③层，夯土层，深 1.1 ~ 1.7 米，厚 0.6 米。土质一般，有黄、黑、灰三色土夯实，内含少量青灰色砖渣。该层下见青灰色沙质生土层，纯净，停探。

台基外地层：第①层，浅黄色地表土，深厚 0.5 米。土质松散，干燥，内含植物根茎。第②层，灰褐色土，深 0.5 ~ 1.7 米，厚 1.2 米。土质较为松散，内含草木灰、黑灰点。该层下见青灰色沙质生土层，纯净，停探。

F300 台基

位于皇城东南部，F298 台基向北约 10 米处。平面呈长方形，东西 54 米，南北 10 米。

台基内地层：第①层，浅灰色地表土，深厚 0.7 米。土质松散，内含碎砖渣、烧土颗粒、植物根茎。第②层，灰褐色土，深 0.7 ~ 1.7 米，厚 1 米。土质较硬，较净，内含淤积水锈土。第③层，深灰褐色土，深 1.7 ~ 2.4 米，厚 0.7 米。土质湿软，含沙量稍大，纯净。该层下见乳白色沙质生土层，停探。

台基外地层：第①层，浅灰色地表土，深厚 0.5 米。土质松散，纯净，内含植物根茎。第②层，灰褐色土，深 0.5 ~ 1.3 米，厚 0.8 米。土质较硬，纯净，系淤积而形成。第③层，深灰褐色土，深 1.3 ~ 1.9 米，厚 0.6 米。土质湿软，含沙量稍大，纯净。该层下见乳白色沙质生土层，停探。

F301 台基

位于皇城东南部，南邻 F299 台基约 12 米处。平面呈刀把形，东西 34 ~ 56 米，南北 16 ~ 24 米，高 0.4 米。

台基内地层：第①层，青灰色地表土，深厚 0.5 米。土质松散，干燥，内含植物根茎。第②层，灰白色土，深 0.5 ~ 1.4 米，厚 0.9 米。土质松散，内含草木灰、黑炭渣、青灰色砖渣、瓦砾。第③层，黑褐色土，深 1.4 ~ 1.6 米，厚 0.2 米。土质较为松散，内含黑炭渣、草木灰。该土层中有一层较薄的踩踏面。第④层，黑褐色土，深 1.6 ~ 2.7 米，厚 1.1 米。土质较为松软，内含黑炭渣、草木灰。该层下见黄褐色沙质生土层，纯净，停探。

台基外地层：第①层，青灰色地表土，深厚 0.4 米。土质干燥，松散，内含植物根茎。第②层，灰褐色土，深 0.4 ~ 1.2 米，厚 0.8 米。土质较为松散，内含草木灰、黑炭渣。该层下见黄褐色沙质生土层，停探。

F302 台基

位于皇城东南部，F304 台基南部约 4 米处。平面呈长方形，东西 58 米，南北 10 米，高 0.5 米。

台基内地层：第①层，浅灰色地表土，深厚 0.7 米。土质较为松散，内含白灰颗粒、黑灰、烧土颗粒、碎砖块、外素内布纹瓦片。第②层，灰褐色土，深 0.7 ~ 1.8 米，厚 1.1 米。土质一般，内含红烧土颗粒、动物骨骼。第③层，深灰褐色土，深 1.8 ~ 2.5 米，厚 0.7 米。土质较湿软，较净，内含水锈土。该层下见黄褐色沙质生土层，停探。

台基外地层：第①层，浅灰色地表土，深厚 0.5 米。土质较为松散，内含碎瓦片、碎石颗粒。第②层，灰褐色土，深 0.5 ~ 1.4 米，厚 0.9 米。土质一般，内含黑灰点、烧土颗粒。第③层，深灰褐色土，深 1.4 ~ 2 米，厚 0.6 米。土质较为湿软，底部有 0.1 米厚黑淤泥。该层下见黄褐色沙质生土层，含水锈土，停探。

F303 台基

位于皇城东南部，东邻 F301 台基约 32 米处。平面呈正方形，东西 26 米，南北 26 米，高 0.5 米。

台基内地层：第①层，青灰色地表土，深厚 0.5 米。土质松散，内含植物根茎。第②层，灰褐色土，深 0.5 ~ 2 米，厚 1.5 米。土质较为松散，内含草木灰、黑炭渣、青灰色砖渣、红烧土、动物骨骼。第③层，踩踏面，深 2 ~ 2.3 米，厚 0.3 米。土质相对较硬，层次明显，分有小薄层，内含草木灰、黑炭渣。第④层，黑褐色泥沙土，深 2.3 ~ 2.9 米，厚 0.6 米。土质湿软，内含草木灰、黑炭渣。该层下见泥沙湿软，探铲不带，地层不明。

台基外地层：第①层，青灰色地表土，深厚 0.4 米。土质干燥，松散，内含植物根茎。第②层，灰褐色土，深 0.4 ~ 1.2 米，厚 0.8 米。土质较松散，内含草木灰、黑炭渣。该层下见黄褐色沙质生土层，停探。

F304 台基

位于皇城东南部，F302 台基东部向北约 4 米处。平面呈长方形，东西 24 米，南北 8 米。

台基内地层：第①层，浅灰色地表土，深厚 0.9 米。土质较为松散，内含白灰颗粒、烧木灰、草木灰、烧土、碎砖块、瓦片、动物骨骼。第②层，灰褐色土，深 0.9 ~ 1.7 米，厚 0.8 米。土质一般，内含碎石颗粒、黑灰点。第③层，深灰褐色土，深 1.7 ~ 2.3 米，深 0.6 米。土质较为湿软，内含水锈土。该层下见黄褐色沙质生土层，纯净，停探。

台基外地层：第①层，浅灰色地表土，深厚 0.5 米。土质松散，内含烧土颗粒、碎石粒。第②层，灰褐色土，深 0.5 ~ 1.3 米，厚 0.8 米。土质一般，纯净。第③层，深灰褐色土，深 1.3 ~ 2 米，厚 0.7 米。土质较为湿软，底部见约 0.2 米厚黑淤泥。该层下见黄褐色沙质生土层，含水锈土。

F305 台基

位于皇城东南部，南邻 F303 台基约 15 米处。平面呈长方形，东西 88 米，南北 8 米。

　　台基内地层：第①层，青灰色地表土，深厚 0.4 米。土质干燥，松散，内含植物根茎。第②层，灰褐色土，深 0.4 ~ 1.7 米，厚 1.3 米。土质较为松散，内含草木灰、黑炭渣和少量青灰色砖渣、瓦片。第③层，踩踏面，深 1.7 ~ 2 米，厚 0.3 米。土质较为坚硬，层次明显，分有小薄层，内含草木灰、黑灰点。第④层，深灰褐色土，深 2 ~ 2.3 米，厚 0.3 米。土质一般，内含草木灰、黑灰点。该层下见灰白色沙质生土层，纯净，停探。

　　台基外地层：第①层，青灰色地表土，深厚 0.4 米。土质干燥，松散，内含植物根茎。第②层，灰褐色土，深 0.4 ~ 1.7 米，厚 1.3 米。土质较为松散，较净，未发现包含物。该层下见灰白色沙质生土层，停探。

F306 台基

　　位于皇城东南部，F304 台基西部向北约 32 米处。平面呈长方形，东西 16 米，南北 8 米。

　　台基内地层：第①层，浅灰色地表土，深厚 0.8 米。土质较为松散，内含白灰、碎石粒、砖块、瓦片、烧土颗粒、烧木灰颗粒。第②层，灰褐色土，深 0.8 ~ 1.4 米，厚 0.6 米。土质一般，内含黑灰点、风化石颗粒。第③层，深灰褐色土，深 1.4 ~ 2.1 米，厚 0.7 米。土质一般，内含灰白色沙团含水锈土，较净。该层下见黄褐色沙质土，含水锈土，停探。

　　台基外地层：第①层，浅灰色地表土，深厚 0.4 米。土质较为松散，内含白瓷片、碎石颗粒。第②层，灰褐色土，深 0.4 ~ 1.3 米，厚 0.9 米。土质一般，内含草木灰、碎石颗粒、动物骨骼。第③层，深灰褐色土，深 1.3 ~ 1.9 米，厚 0.6 米。土质湿软，底部见 0.2 米厚黑淤泥。该层下见黄褐色沙质生土层，停探。

F307 台基

　　位于皇城东南部，西邻 F301 台基约 18 米处。平面呈东西向长方形，东西 8 米，南北 5 米。

　　台基内地层：第①层，青灰色地表土，深厚 0.4 米。土质干燥，松散，内含植物根茎。第②层，灰褐色土，深 0.4 ~ 1 米，厚 0.6 米。土质较为松散，内含黑炭渣、草木灰和微量砖渣。第③层，深灰褐色土，深 1 ~ 2 米，厚 1 米。土质较软，纯净。该层下见沙质生土层，含水锈土，停探。

　　台基外地层：第①层，青灰色地表土，深厚 1 米。土质松散，内含植物根茎和微量砖渣。第②层，灰褐色土，深 1 ~ 2 米，厚 1 米。土质较为松散，纯净，未发现包含物。该层下见灰白色沙质生土层，纯净，停探。

F308 台基

　　位于皇城东南部，F306 台基东北角向北 18 米再向东 12 米处。平面呈长方形，东西 12 米，南北 7 米。

　　台基内地层：第①层，浅灰色地表土，深厚 0.9 米。土质干燥，松散，内含碎石粒、碎砖块、白灰颗粒和少量瓦片。第②层，灰褐色土，深 0.9 ~ 1.7 米，厚 0.8 米。土质一般，内含白灰墙皮和黑灰点。该层下见黄褐色沙质生土层，停探。

　　台基外地层：第①层，浅灰色地表土，深厚 0.5 米。土质较为松散，内含风化石颗粒、植物根茎。第②层，灰褐色土，深 0.5 ~ 1.2 米，厚 0.7 米。土质一般，内含黑灰点，底部有 0.1 米厚黑淤泥。该层下见黄褐色沙质生土层，含水锈土，停探。

F309 台基

位于皇城东南部，东南邻 F300 台基约 44 米处。平面呈正方形，东西 16 米，南北 16 米。

台基内地层：第①层，青灰色地表土，深厚 0.4 米。土质干燥，松散，内含植物根茎。第②层，灰褐色土，深 0.4 ~ 1.1 米，厚 0.7 米。土质较为松散，内含碎砖渣、瓦片、瓷片。第③层，黑褐色土，深 1.1 ~ 2.8 米，厚 1.7 米。土质湿软，内含微量黑灰点。该层下见青灰色沙质生土层，纯净，停探。

台基外地层：第①层，青灰色地表土，深厚 0.4 米。土质干燥，松散，内含植物根茎。第②层，浅黄色土，深 0.4 ~ 1.7 米，厚 1.3 米。土质较松散，内含黑灰点。该层下见灰白色沙质生土层，含水锈土，停探。

F310 台基

位于皇城东南部，F308 台基北部约 7 米处。平面呈刀把形，东西 38 ~ 60 米，南北 10 ~ 16 米。

台基内地层：第①层，浅灰色地表土，深厚 1.1 米。土质较为松散，内含白灰、砖块、瓦片、红胎绿釉瓦残片、草木灰、烧土、碎石颗粒。第②层，褐色土，深 1.1 ~ 1.9 米，厚 0.8 米。土质一般，内含黑灰点、白灰颗粒。该土层含沙量较大，底部大多探孔发现残砖块。该层应为铺垫层。第③层，灰褐色土，深 1.9 ~ 2.6 米，厚 0.7 米。土质一般，较净。第④层，黑淤土层，深 2.6 ~ 3.1 米，厚 0.5 米。土质湿软，系淤积而形成，纯净。该层下见乳白色沙质生土层，停探。

台基外地层：第①层，浅灰色地表土，深厚 0.5 米。土质松散，内含瓦片、白灰点、植物根茎。第②层，灰褐色土，深 0.5 ~ 1.2 米，厚 0.7 米。土质一般，纯净。第③层，黑淤土层，深 1.2 ~ 1.8 米，厚 0.6 米。淤积土层较净，该层下见乳白色沙质生土层，停探。

F311 台基

位于皇城东南部，东邻 F309 台基约 20 米处。平面呈长方形，东西 32 米，南北 14 米。

台基内地层：第①层，青灰色地表土，深厚 0.4 米。土质干燥，松散，内含植物根茎。第②层，灰褐色土，深 0.4 ~ 1.4 米，厚 1 米。土质较为松散，内含草木灰、黑炭渣、青灰色碎砖渣、瓦片、动物骨骼。在 1.4 米左右发现有踩踏面，层次明显，分有小薄层，厚 0.05 米。第③层，早期路土，深 1.4 ~ 2 米，厚 0.6 米。路土踩踏层层次不明显，硬度一般，内含草木灰、黑炭渣、灰陶片。第④层，灰褐色土，深 2 ~ 2.5 米，厚 0.5 米。土质松散，内含草木灰、黑灰点。该层下见青灰色沙质生土层，纯净，停探。

台基外地层：第①层，青灰色地表土，深厚 0.4 米。土质干燥，松散，内含植物根茎。第②层，灰褐色土，深 0.4 ~ 2.5 米，厚 2.1 米。内含草木灰、黑灰点。该层下见青灰色沙质生土层，纯净，停探。

F312 台基

位于皇城东南部，F310 台基中部向北约 16 米处。平面呈长方形，东西 14 米，南北 7 米。

台基内地层：第①层，浅灰色地表土，深厚 0.8 米。土质干燥，松散，内含碎砖块、瓦片、白灰、碎石、脱釉红胎残瓦片、黑灰、烧土颗粒。第②层，灰褐色土，深 0.8 ~ 1.6 米，厚 0.8 米。土质一般，内含碎砖渣、黑灰点。第③层，深灰褐色土，深 1.6 ~ 2.3 米，厚 0.7 米。土质较为湿软，较净，底部见 0.3 米厚黑淤泥，较黏。该层下见乳白色沙质生土层。

台基外地层：第①层，浅灰色地表土，深厚 0.6 米。土质较为松散，内含碎风化石颗粒、植物根茎。

第②层，灰褐色土，深 0.6 ~ 1.2 米，厚 0.6 米。土质一般，含沙量较大，纯净。第③层，深灰褐色土，深 1.2 ~ 1.6 米，厚 0.4 米。土质湿软黏度大，纯净。该层下见乳白色沙质生土层。

F313 台基

位于皇城东南部，西南邻 F311 台基约 5 米处。平面正方形，东西 8 米，南北 8 米，高 0.6 米。

台基内地层：第①层，青灰色地表土，深厚 0.4 米。土质干燥，松散，内含植物根茎。第②层，灰褐色土，深 0.4 ~ 1.6 米，厚 1.2 米。土质较为松散，内含草木灰、黑炭渣、红烧土颗粒、灰陶片、动物骨骼。第③层，早期路土，1.6 ~ 1.9 米，厚 0.3 米。路土踩踏层层次不明显，硬度一般，分小薄层，内含草木灰、红烧颗粒。第④层，深灰褐色土，深 1.9 ~ 2.6 米，厚 0.7 米。土质一般，该层下见乳白色沙质生土层，纯净，停探。

台基外地层：第①层，青灰色地表土，深厚 0.4 米。土质干燥，松散，内含植物根茎。第②层，灰褐色土，深 0.4 ~ 1.6 米，厚 1.2 米。土质较为松散，内含草木灰、黑炭渣、红烧土颗粒和微量砖渣。第③层，深灰褐色土，深 1.6 ~ 2.6 米，厚 1 米。土质一般，未发现包含物。该层下见乳白色沙质生土层，停探。

F314 台基

位于皇城东南部，F316 台基东部约 4 米处。平面呈长方形，东西 18 米，南北 9 米。

台基内地层：第①层，浅灰色地表土，深厚 0.7 米。土质干燥，松散，内含外素内布纹瓦片、白灰颗粒、草木灰、红烧土颗粒、脱釉红胎残瓦片、碎石。第②层，灰褐色土，深 0.7 ~ 2.5 米，厚 1.8 米。土质较硬，轻微夯土层，内含灰褐色掺黄褐色水锈土、白灰点、碎砖渣、草木灰、木炭粒，探至 2.5 米时见有朽木。第③层，深灰褐色土，深 2.5 ~ 3 米，厚 0.5 米。土质湿软，为黑淤泥层。该层下见黄褐色沙质生土层，停探。

台基外地层：第①层，浅灰色地表土，深厚 0.6 米。内含碎砖渣、碎石颗粒。第②层，灰褐色土、浅黄色花土，深 0.6 ~ 2 米，厚 1.4 米。土质一般，内含碎砖渣、草木灰、木炭颗粒、碎石粒。第③层，深灰褐色土（黑污泥），深 2 ~ 2.5 米，厚 0.5 米。土质湿软。该层下见浅黄色沙质生土层，含水锈沙，停探。

F315 台基

位于皇城东南部，西邻 F311 台基约 6 米处。平面呈长方形，东西 12 米，南北 8 米。

台基内地层：第①层，青灰色地表土，深厚 0.4 米。土质干燥，松散，内含植物根茎。第②层，灰褐色土，深 0.4 ~ 1.6 米，厚 1.2 米。土质松散，内含草木灰、黑炭渣、青灰色碎砖渣。第③层，深灰褐色土，深 1.6 ~ 2.2 米，厚 0.6 米。土质一般，内含草木灰。该层下见灰白色沙质生土层，纯净，停探。

台基外地层：第①层，青灰色地表土，深厚 0.4 米。土质干燥，松散，未发现包含物。第②层，灰褐色土，深 0.4 ~ 1.6 米，厚 1.2 米。土质较为松散，内含草木灰。第③层，深灰褐色土，深 1.6 ~ 2.2 米，厚 0.6 米。土质一般，内含草木灰。该层下见灰白色沙质生土层，纯净，停探。

F316 台基

位于皇城东南部，F314 台基西部约 4 米处。平面呈刀把形，东西 14 ~ 18 米，南北 6 ~ 10 米。

台基内地层：第①层，浅灰色地表土，深厚 0.8 米。土质干燥，松散，内含灰质瓦片、砖块、白灰点、草木灰、烧土颗粒、脱釉红胎残瓦片、碎石颗粒。第②层，灰褐色土、浅黄色花土，深 0.8 ～ 2.3 米，厚 1.5 米。土质稍硬，夯质轻微，内含碎砖渣、草木灰、木炭颗粒、烧土。第③层，深灰褐色土（黑污泥状），深 2.3 ～ 2.9 米，厚 0.6 米。土质湿软。该层下见浅黄色沙质生土层，含水锈土，停探。

台基外地层：第①层，浅灰色地表土，深厚 0.5 米。土质一般，内含碎石颗粒、植物根茎。第②层，灰褐色花土，深 0.5 ～ 1.8 米，厚 1.3 米。土质一般，内含碎砖渣、草木灰、烧土颗粒、炭渣、瓦片。该土层为垫土层。第③层，深灰褐色土，深 1.8 ～ 2.4 米，厚 0.6 米。土质湿软呈泥状，较黏。该层下见乳白色沙质生土层，停探。

F317 台基

位于皇城东南部，313 台基北部约 10 米处。平面呈不规则形，东西 12 ～ 140 米，南北 24 ～ 70 米，高 0.6 米。

台基内地层：第①层，浅灰色地表土，深厚 0.4 米。土质干燥，松散，内含植物根茎。第②层，灰褐色土，深 0.4 ～ 1.4 米，厚 1 米。土质较为松散，内含草木灰、黑炭渣、黑灰点、白灰颗粒、青灰色砖渣、板瓦片。第③层，黑褐色土，深 1.4 ～ 2.4 米，厚 1 米。土质较为松散，内含草木灰、黑灰点。该层下见浅黄色沙质生土层，含水锈土，停探。

台基外地层：第①层，青灰色地表土，深厚 0.4 米。土质干燥，松散，内含植物根茎。第②层，灰褐色土，深 0.4 ～ 1.6 米，厚 1.2 米。土质较为松散，内含草木灰、黑炭渣、红烧土颗粒和微量砖渣。第③层，深灰褐色土，深 1.6 ～ 2.6 米，厚 1 米。土质一般，未发现包含物。该层下见乳白色沙质生土层，停探。

F318 台基

位于皇城东南部，F317 台基西南约 10 米处。平面呈长方形，东西 24 米，南北 20 米，高 0.7 米。

台基内地层：第①层，浅灰色地表土，深厚 0.6 米。土质松散，内含少量灰质瓦片、碎砖块、白灰颗粒、烧土颗粒、碎石颗粒和微量草木灰。第②层，灰褐色土，深 0.6 ～ 2.1 米，厚 1.5 米。土质较硬，以灰褐色为主掺和浅灰、浅黄色沙土夯实，内含少量碎砖渣、草木灰、炭灰颗粒和微量红烧土颗粒。第③层，深灰色土，深 2.1 ～ 2.7 米，厚 0.6 米。土质湿软。该层下见浅黄色沙质生土层，含水锈土，停探。

台基外地层：第①层，浅灰色地表土，深厚 0.5 米。土质干燥，松散，内含碎石颗粒、植物根茎。第②层，灰褐色土，深 0.5 ～ 1.8 米，厚 1.3 米。土质一般，内含碎砖渣、草木灰、烧土颗粒、白灰渣、瓦片。该土层为垫土层。第③层，深灰褐色土，深 1.8 ～ 2.4 米，厚 0.6 米。土质湿软，呈泥状，较黏。该层下见浅灰白色沙质生土层，停探。

F319 台基

位于皇城东南部，南邻 F305 台基北部约 8 米处。平面呈长方形，东西 22 米，南北 10 米，高 0.5 米。

台基内地层：第①层，浅灰色地表土，深厚 0.5 米。土质松散，内含植物根茎。第②层，灰褐色土，深 0.5 ～ 1.2 米，厚 0.7 米。土质松散，内含黑木炭渣、黑灰点、草木灰、灰陶片、红烧土颗粒、灰白色碗残片。该层下见青灰色沙质生土层，纯净，停探。

台基外地层：第①层，青灰色地表土，深厚 0.5 米。土质松散，内含植物根茎。第②层，灰褐色土，深 0.5 ~ 2.4 米, 厚 1.9 米。土质较为松散, 内含草木灰、黑灰点、木炭灰、碎石粒、瓷片。第③层, 黑褐色土, 深 2.4 ~ 3.5 米, 厚 1.1 米。土质呈淤泥状, 纯净, 停探。

F320 台基

位于皇城东南部, F314 台基向南 20 米再向东 5 米处。平面呈长方形, 东西 24 米, 南北 10 米。

台基内地层: 第①层, 浅灰色地表土, 深厚 1.3 米。土质干燥, 松散, 内含碎砖块、瓦片、白灰颗粒、草木灰、烧土颗粒、碎石颗粒。第②层, 灰褐色土, 深 1.3 ~ 2.5 米, 厚 1.2 米。土质稍硬, 夯质一般, 内含碎砖石粒、草木灰、木炭颗粒、烧土颗粒。第③层, 深灰褐色土, 深 2.5 ~ 3.1 米, 厚 0.6 米。土质湿软, 呈黑污泥状, 较黏。该层下见浅黄色沙质生土层, 含水锈纹土, 停探。

台基外地层: 第①层, 浅灰色地表土, 深厚 0.6 米。土质一般, 内含碎石颗粒、植物根茎。第②层, 灰褐色土, 深 0.6 ~ 1.9 米, 厚 1.3 米。土质一般, 内含碎砖渣、草木灰、烧土颗粒、炭渣、瓦片。该土层为垫土层。第③层, 深灰褐色土, 深 1.9 ~ 2.5 米, 厚 0.6 米。土质湿软呈泥状, 较黏。该层下见乳白色沙质生土层, 停探。

F321 台基

位于皇城东南部, 东部邻 F301 台基约 22 米处。平面呈长方形, 东西 75 米, 南北 16 米。

台基内地层: 第①层, 青灰色地表土, 深厚 0.4 米。土质松散, 内含植物根茎。第②层, 灰褐色土, 深 0.4 ~ 1.4 米, 厚 1 米。土质松散, 内含草木灰、黑炭灰、瓦片、白灰点、青灰色砖渣。第③层, 夯土层, 深 1.4 ~ 2.6 米, 厚 1.2 米。夯土层上部夯质较松, 下部夯质坚硬。夯土以黑灰土、浅黄色土、炭灰、砖渣夯筑而成。

台基外地层: 第①层, 青灰色地表土, 深厚 0.4 米。土质干燥, 松散, 内含植物根茎。第②层, 灰褐色土, 深 0.4 ~ 1.4 米, 厚 1 米。土质较为松散, 内含草木灰、黑炭渣、青灰色砖渣、板瓦片、白灰颗粒。第③层, 深灰色土, 深 1.4 ~ 3.1 米, 厚 1.7 米。土质较硬, 内含黑灰点、黑炭渣、青灰色砖渣。该层下见乳白色沙质生土层, 纯净, 停探。

F322 台基

位于皇城东南部, F318 台基西南角向南约 7 米处。平面呈刀把形, 东西 16 ~ 58 米, 南北 13 ~ 60 米。

台基内地层: 第①层, 浅灰色地表土, 深厚 0.9 米。土质较为松散, 内含白灰、烧土、碎砖石粒、瓦片。第②层, 夯土层, 深 0.9 ~ 1.4 米, 厚 0.5 米。土质较硬, 内含碎砖渣、碎石粒、草木灰、烧土粒、炭灰。该夯土层主要以浅灰色土掺和浅黄色沙质土夯实而成。第③层, 垫土层, 深 1.4 ~ 2.8 米, 厚 1.4 米。土质稍硬, 内含草木灰、炭粒、砖石渣、黑灰、烧土粒、白灰点。该层下见浅黄色沙质生土层, 含水锈土, 停探。

台基外地层: 第①层, 浅灰色地表土, 深厚 0.5 米。土质干燥, 松散, 内含碎石渣、白瓷片。第②层, 灰褐色土, 深 0.5 ~ 2.1 米, 厚 1.6 米。土质较松散, 内含碎石粒、炭渣、烧土颗粒、黄沙团、黑灰, 含水锈土。该层下见浅黄色沙质生土层, 停探。

F323 台基

位于皇城东南部, 北邻 321 台基 18 米, 南邻 F325 台基约 8 米。平面呈长方形, 东西 18 米, 南北 8 米。

台基内地层：第①层，青灰色地表土，深厚0.4米。土质干燥，松散，内含植物根茎。第②层，灰褐色土，深0.4～1.2米，厚0.8米。土质干燥，内含草木灰、黑灰点、白灰点、青灰色砖渣、板瓦片。第③层，深灰色土，深1.2～2.3米，厚1.1米。土质较松散，内含草木灰、黑灰点。该层下见浅黄色沙质生土层，停探。

台基外地层：第①层，青灰色地表土，深厚0.5米。土质松散，内含植物根茎。第②层，灰褐色土，深0.5～2.4米，厚1.9米。土质较为松散，内含草木灰、黑灰点、木炭灰、碎石粒、瓷片。第③层，黑褐色土，深2.4～3.5米，厚1.1米。土质呈淤泥状，纯净，停探。

F324台基

位于皇城东南部，西邻F322台基约22米。平面呈曲尺形，东西14～64米，南北16～56米，高0.6米。

台基内地层：第①层，浅黄色地表土，深厚1.1米。土质较为松散，内含白灰、砖石粒、外素内布纹瓦片、木炭颗粒、草木灰、烧土、动物骨骼和少量瓷片。第②层，夯土层（花土、杂土回填），深1.1～1.7米，厚0.6米。土质干燥，较硬，内含少量浅黄色水锈土、碎砖渣、白灰颗粒、黑灰、碎石粒。第③层，灰褐色土，深1.7～2.9米，厚1.2米。土质一般，有受力痕迹，内含木炭颗粒、草木灰、碎砖渣、白灰点、碎石、动物骨骼和烧土颗粒。该层下见浅黄色沙质生土层，停探。

台基外地层：第①层，浅灰色地表土，深厚0.7米。土质干燥，松散，内含碎砖渣和碎石粒。该层下黄褐色沙质生土层，含水锈沙团。第②层，灰褐色土，深0.7～2.5米，厚1.8米。土质偏硬，有受力痕迹，密度较大，内含白灰点、碎砖渣、碎石、草木灰、烧土颗粒。该层下见浅黄色沙质生土层，含水锈沙团，停探。

F325台基

位于皇城东南部，西南邻F323台基约8米处。平面呈正方形，东西6米，南北6米。

台基内地层：第①层，青灰色地表土，深厚0.4米。土质干燥，松散，内含植物根茎。第②层，灰褐色土，深0.4～1.2米，厚0.8米。土质干燥，松散，未发现包含物。第③层，深灰色土，深1.2～2.3米，厚1.1米。土质较为松散，纯净。该层下见浅黄色沙质生土层，停探。

台基外地层：第①层，青灰色地表土，深厚0.4米。土质干燥，松散，内含植物根茎。第②层，灰褐色土，深0.4～1.4米，厚1米。土质较为松散，内含草木灰、黑炭渣、青灰色砖渣、板瓦片、白灰颗粒。第③层，深灰色土，深1.4～3.1米，厚1.7米。土质较硬，内含黑灰点、黑炭渣、青灰色砖渣。该层下见乳白色沙质生土层，纯净，停探。

F326台基

位于皇城东南部，宫城御天门向南130米处，御天门—明德门路西。平面呈长方形，东西12米，南北22米。

台基内地层：第①层，浅灰色地表土，深厚1.1米。土质干燥，松散，内含植物根茎。第②层，夯土层，深1.1～1.7米，厚0.6米。土质较硬，该夯土层以浅灰色为主掺和少量水锈土夯实，密度较大，内含白灰点、草木灰、碎砖石粒、瓦片、红烧土颗粒。第③层，灰褐色土，深1.7～2.2米，厚0.5米。土质较硬，密实，内含灰白色沙土层夯实，底夯（灰白色沙土夯实原地层夯实）。该层下见浅黄色沙质生土层，停探。

台基外地层：第①层，浅灰色地表土，深厚 0.6 米。土质较为松散，内含碎石粒、植物根茎。第②层，灰褐色土，深 0.6 ~ 1.4 米，厚 0.8 米。内含灰白色沙土层，系淤积形成，水分大。该层下见浅黄色沙质生土层，停探。

F327 台基

位于皇城东南部，西邻 F323 台基约 16 米处。平面呈南北方向长方形，东西 14 米，南北 18 米。

台基内地层：第①层，青灰色地表土，深厚 0.4 米。土质干燥，松散，内含植物根茎。第②层，灰褐色土，深 0.4 ~ 1.2 米，厚 0.8 米。土质较为松散，内含草木灰、黑炭渣、白灰点、青灰色砖渣、板瓦渣。第③层，深灰色土，深 1.2 ~ 2.3 米，厚 1.1 米。土质较为松散，内含草木灰、黑灰点。该层下见浅黄色沙质生土层，纯净，停探。

台基外地层：第①层，青灰色地表土，深厚 0.4 米。土质干燥，松散，内含植物根茎。第②层，灰褐色土，深 0.4 ~ 1.2 米。厚 0.8 米。土质干燥，松散，未发现包含物。第③层，深灰色土，深 1.2 ~ 2.3 米，厚 1.1 米。土质较为松散，纯净。该层下见浅黄色沙质生土层，停探。

F328 台基

位于皇城东南部，F326 台基东部约 20 米处。平面呈长方形，东西 12 米，南北 8 米。

台基内地层：第①层，浅灰色地表土，深厚 1 米。土质干燥，松散，内含碎砖石块、瓦片、白灰颗粒、草木灰、烧土颗粒。该层包含物较少。第②层，夯土层，深 1 ~ 1.3 米，厚 0.3 米。土质较硬，密实。该层下见石块不过。

台基外地层：第①层，浅灰色地表土，深厚 0.6 米。土质干燥，松散，内含碎砖渣、碎石粒、植物根茎。第②层，灰褐色土，深 0.6 ~ 1.5 米，厚 0.9 米。土质一般，内含少量灰白色淤积沙土层，土质湿软，水分较大。该层下见浅黄色沙质生土层，含碎石颗粒，停探。

F329 台基

位于皇城东南部，F331 台基约 10 米处。平面呈正方形，东西 5 米，南北 5 米。

台基内地层：第①层，青灰色地表土，深厚 0.4 米。土质干燥，松散，内含植物根茎。第②层，灰褐色土，深 0.4 ~ 1.1 米，厚 0.7 米。土质较为松散，内含草木灰、黑灰点、青灰色砖渣、瓦片、白灰。第③层，浅灰色土，深 1.1 ~ 2.2 米，厚 1.1 米。土质较为松散，内含草木灰、黑灰点等。该层下见浅黄色沙质生土层，纯净，停探。

台基外地层：第①层，青灰色地表土，深厚 0.4 米。土质干燥，松散，内含植物根茎。第②层，灰褐色土，深 0.4 ~ 1.2 米，厚 0.8 米。土质干燥，松散，未发现包含物。第③层，深灰色土，深 1.2 ~ 2.3 米，厚 1.1 米。土质较为松散，纯净。该层下见浅黄色沙质生土层，停探。

F330 台基

位于皇城东南部，宫城西南角楼南约 10 米处。平面呈长方形，东西 30 米，南北 16 米。

台基内地层：第①层，浅灰色地表土，深厚 0.6 米。土质干燥，松散，内含脱釉红胎残瓦片、砖块、石粒、白灰、外素内布纹瓦片。第②层，夯土层，深 0.6 ~ 1.3 米，厚 0.7 米。土质较硬，内含浅灰色水锈土夯实，较净。第③层，灰褐色土，深 1.3 ~ 1.9 米，厚 0.6 米。土质较硬，内含淤积灰白色沙土层，较薄。该层下见黄色沙质生土层，含水锈纹，停探。

台基外地层：第①层，浅灰褐色地表土，深厚 0.5 米。土质较松，内含碎砖渣、石粒、植物根茎。

第②层，灰褐色土，深 0.5 ~ 1.3 米，厚 0.8 米。土质湿软，较硬。该层下见浅黄色沙质生土层，含水锈纹，停探。

F331 台基

位于皇城东南部，北邻 F321 台基 10 米，西南邻 F327 台基 4 米处。平面呈东西方向长方形，东西 25 米，南北 14 米。

台基内地层：第①层，青灰色地表土，深厚 0.8 米。土质干燥，松散，内含植物根茎。第②层，夯土层，深 0.8 ~ 1.3 米，厚 0.5 米。夯质一般，黄、灰、黑花土夯筑，内含草木灰、黑炭灰。该层下见碎沙石颗粒探不过，停探。

台基外地层：第①层，青灰色地表土，深厚 0.4 米。土质干燥，松散，内含植物根茎。第②层，灰褐色土，深 0.4 ~ 1.8 米，厚 1.4 米。土质较为松散，内含草木灰。第③层，浅黄色土，深 1.8 ~ 2.1 米，厚 0.3 米。土质较为松散，该层下见青灰色澄沙层，纯净，停探。

F332 台基

位于皇城东南部，F338 台基南部 46 米，御天门—明德门路西 124 米处。平面呈长方形，东西 20 米，南北 12 米。

台基内地层：第①层，浅灰色地表土，深厚 0.9 米。土质干燥，松散，内含碎砖石块、瓦片、白灰颗粒、脱釉红胎瓦残片、草木灰、木炭灰、红土颗粒。第②层，夯土层，深 0.9 ~ 1.8 米，厚 0.9 米。土质较硬，内含少量黑灰点。该土层系浅灰色土掺和少量浅黄色沙质水锈土及淡黄色沙土夯筑而成，夯质一般。第③层，深灰褐色土，深 1.8 ~ 2.6 米，厚 0.8 米。土质湿软，稍黏。该层下见浅黄色沙质生土层，含水锈纹，停探。

台基外地层：第①层，浅灰褐色地表土，深厚 0.5 米。土质一般，内含碎石粒、植物根茎。第②层，灰褐色垫土层，深 0.5 ~ 1.5 米，厚 1 米。土质一般，内含黑灰点和微量木炭颗粒。第③层，深灰褐色土，深 1.5 ~ 2 米，厚 0.5 米。土质湿软，较黏。该层下见浅黄色沙质生土层，含水锈纹，停探。

F333 台基

位于皇城东南部，东邻 F297 台基 10 米，西部北邻 F329 台基 23 米左右。平面呈东西方向长方形，东西 32 米，南北 8 米。

台基内地层：第①层，青灰色地表土，深厚 0.4 米。土质干燥，松散，内含植物根茎。第②层，灰褐色土，深 0.4 ~ 1.2 米，厚 0.8 米。土质较为松散，内含草木灰、黑灰点、青灰色砖渣、板瓦片、白灰渣。第③层，深灰色土，深 1.2 ~ 2.1 米，厚 0.9 米。土质湿软，内含草木灰。该层下见乳白色沙质生土层，停探。

台基外地层：第①层，青灰色地表土，深厚 0.4 米。土质干燥，松散，内含植物根茎。第②层，灰褐色土，深 0.4 ~ 1.1 米，厚 0.7 米。土质较为松散，内含黑炭灰、青灰色砖渣、瓦片、白灰。第③层，深灰色土，深 1.1 ~ 2.2 米，厚 1.1 米。土质较湿软，内含草木灰。该层下见乳白色沙质生土层，纯净，停探。

F334 台基

位于皇城东南部，距 F338 台基西南部约 62 米。平面呈长方形，东西 18 米，南北 14 米。

台基内地层：第①层，青灰色地表土，深厚 0.4 米。土质干燥，松散，内含植物根茎。第②层，灰褐色土，深 0.4 ～ 2.6 米，厚 2.2 米。土质较为松散，内含木炭块、草木灰、黑灰点、残瓷片、灰陶残片、动物骨骼、红烧土颗粒。第③层，灰褐色土，深 2.6 ～ 3.2 米，厚 0.6 米。土质湿软，较净，未发现包含物。该层下见黑淤泥沙土层，纯净，停探。

台基外地层：第①层，青灰色地表土，深厚 0.4 米。土质干燥，松散，内含植物根茎。第②层，灰褐色土，深 0.4 ～ 1.8 米，厚 1.4 米。土质较松，内含草木灰、黑炭渣、砖渣、瓦砾、红烧土颗粒。第③层，黑褐色土，深 1.8 ～ 2.2 米，厚 0.4 米。土质湿软，内含草木灰、黑炭渣。该层下见黑淤泥沙土层，纯净，停探。

F335 台基

位于皇城东南部，东部距 F333 台基约 8 米处。平面呈长方形，东西 65 米，南北 8 米。

台基内地层：第①层，青灰色地表土，深厚 0.4 米。土质松散，内含植物根茎。第②层，灰褐色土，深 0.4 ～ 0.9 米，厚 0.5 米。土质松散，内含草木灰、黑炭渣、青灰色砖渣、白灰渣。第③层，黑褐色土，深 0.9 ～ 1.6 米，厚 0.7 米。土质上部松散，下部相对较为湿软，内含草木灰、黑炭渣。该层下见浅黄色沙质生土层，含碎石颗粒，纯净，停探。

台基外地层：第①层，青灰色地表土，深厚 0.4 米。土质干燥，松散，内含植物根茎。第②层，灰褐色土，深 0.4 ～ 1.6 米，厚 1.2 米。土质松散，内含草木灰、黑炭渣、烧土颗粒。该层下见浅黄色沙质生土层，含碎石颗粒，纯净，停探。

F336 台基

位于皇城东南部，北邻 F340 台基约 12 米处。平面呈东西方向长方形，东西 82 米，南北 20 米，高 1 米。

台基内地层：第①层，青灰色地表土，深厚 0.4 米。土质干燥，松散，内含植物根茎。第②层，灰褐色土，深 0.4 ～ 0.9 米，厚 0.5 米。土质松散，内含草木灰、青灰色砖渣、瓦片、白灰渣、动物骨骼。第③层，黑褐色扰土层，深 0.9 ～ 2.6 米，厚 1.7 米。上部松散，下部较为湿软，内含黑灰点、黑炭渣、草木灰。该层下见黑色淤泥沙土生土层，纯净，停探。

台基外地层：第①层，青灰色地表土，深厚 0.4 米。土质干燥，松散，内含植物根茎。第②层，灰褐色土，深 0.4 ～ 1.6 米，厚 1.2 米。土质松散，内含草木灰、黑炭渣。第③层，黑褐色土，深 1.6 ～ 2 米，厚 0.4 米。土质湿软。该层下见黑淤泥沙土层，纯净，停探。

F337 台基

位于皇城东南部，南部邻 F293 台基约 22 米处。平面呈不规则形，东西 8 ～ 46 米，南北 10 ～ 118 米。

台基内地层：第①层，青灰色地表土，深厚 0.4 米。土质干燥，松散，内含植物根茎。第②层，灰褐色土，深 0.4 ～ 2.6 米，厚 2.2 米。土质较为松散，内含木炭块、草木灰、黑灰点、残瓷片、灰陶残片、动物骨骼、红烧土颗粒。第③层，灰褐色土，深 2.6 ～ 3.2 米，厚 0.6 米。土质湿软，较净，未发现包含物。该层下见黑淤泥沙土层，纯净，停探。

台基外地层：第①层，青灰色地表土，深厚 0.4 米。土质干燥，松散，内含植物根茎。第②层，灰褐色土，深 0.4 ～ 2.7 米，厚 2.3 米。土质松散，内含黑炭渣、草木灰。

F338 台基

位于皇城南部，东邻 F336 台基约 22 米处。平面呈多边形，东西 20 ～ 70 米，南北 70 ～ 108 米。

台基内地层：第①层，青灰色地表土，深厚 0.9 米。土质干燥，松散，内含青灰色砖渣、瓦片、白灰渣、烧土颗粒、动物骨骼、植物根茎。第②层，夯土层，深 0.9 ~ 1.5 米，厚 0.6 米。夯质坚硬，内含黑灰点、黑炭渣、草木灰、青灰色砖渣。第③层，黑褐色土，深 1.5 ~ 2.7 米，厚 1.2 米。土质较为松散，内含草木灰、黑炭渣、青灰色砖渣。该层下见黑褐色淤积土，纯净，停探。

台基外地层：第①层，青灰色地表土，深厚 0.4 米。土质干燥，松散，内含植物根茎。第②层，灰褐色土，深 0.4 ~ 1.8 米，厚 1.4 米。土质较松，内含草木灰、黑炭渣、砖渣、瓦砾、红烧土颗粒。第③层，黑褐色土，深 1.8 ~ 2.2 米，厚 0.4 米。土质湿软，内含草木灰、黑炭渣。该层下见黑淤泥沙土层，纯净，停探。

F339 台基

位于皇城南部，东邻 F324 台基约 36 米处。平面呈东西方向长方形，东西 168 米左右，南北 92 米左右。该房东、西、南、北四面有明显建筑残存部分，以下按周边向内逐个介绍：-1 为南部台基，-2 为东部台基，-3 为北部台基，-4 为西部台基，-5 ~ -11 为内部台基。

该房址为一大型院落，由于建筑风格不同，在房址四个角发现三个角楼。依次为西南角楼、东南角楼和东北角楼。

西南角楼

西南角楼建在该房址的西南角的墙外，呈正方形，长 5 米，宽 5 米。沙石铺砌墙基础，角楼周边 1.6 米见石块，探不过。

东南角楼

东南角楼建在该房址的东南角墙内，东西长 3 米，南北宽 2 米。东、南、北三面保存相对较为完整，西部坍塌严重。

东北角楼

东北角楼建在东墙和北墙正中间，该角楼建筑面积较大，地面废墟较多，现地面堆积像一小山包。角楼东西长 10 米，南北宽 9 米。因砖石较多探不过，地层不详。

-1 台基

位于 F339 台基的南部，东与 -2 相连接，西与 -4 相连接。平面呈东西向长方形，长 168 米，宽 7 米。该房址基础部分 0.9 ~ 1 米见夯土层，深 0.9 ~ 2 米，厚 1.1 米。夯质较差，夯土层由回填土夯筑而成，夯土层上部压着一条东西路，路面宽 6 米左右。地面上叠压着晚期沙石铺砌的墙基，东西长 168 米，宽 1.3 米，两边有一个像角楼的墙基，沙石铺砌。东部角楼设在墙内，东西长 3 米，宽 2 米。西部设在墙外，呈正方形。

台基内地层：第①层，青灰色地表土，深厚 0.4 米。土质松散，内含植物根茎。第②层，灰褐色土，深 0.4 ~ 0.9 米，厚 0.5 米。土质松散，内含草木灰、黑炭渣、木炭灰、青灰色砖渣、瓦片、动物骨骼。第③层，夯土层，深 0.9 ~ 2 米，厚 1.1 米。夯质较差，夯土以黄、灰、黑土掺和夯筑而成，内含黑炭渣和红烧土颗粒。第④层，灰褐色土，深 2 ~ 3.8 米，厚 1.8 米。土质稍松，内含黑灰炭渣、红烧土颗粒、青灰色砖渣、残瓷片、动物骨骼。

台基外地层：第①层，青灰色地表土，深厚 0.4 米。土质干燥，松散，内含植物根茎。第②层，灰褐色土，深 0.4 ~ 2.4 米，厚 2 米。土质松散，内含草木灰、黑木炭、红烧土颗粒、青灰色砖渣、残瓷片、残灰陶片、动物骨骼。第③层，灰褐色土，深 2.4 ～ 3.8 米，厚 1.4 米。土质一般，较净。该层下见青灰色沙质生土层，纯净，停探。

-2 台基

位于 F339 台基东侧，南邻 -1，北邻 -3。平面呈南北方向长方形，长 92 米，宽约 7 米。0.9 ～ 2 米见夯土层，夯质较差，夯土层以黄、灰、黑沙质土夯筑而成，内含黑灰点、黑炭渣、木炭灰等，分布于整个房址，上面还铺压一道沙石铺砌的墙基基础迹象，待发掘以后可知。房址基础部分开口于②层下。

台基内地层：第①层，青灰褐色地表土，深厚 0.4 米。土质干燥，松散，内含植物根茎。第②层，灰褐色土，深 0.4 ～ 0.9 米，厚 0.5 米。土质松散，内含草木灰、黑炭渣、木炭灰、青灰色砖渣、瓦片、红烧土颗粒、动物骨骼。第③层，夯土层，深 0.9 ～ 1.9 米，厚 1 米。夯质较硬，夯土以杂土夯筑而成，内含黑灰点和红烧土颗粒。第④层，黑褐色土，深 1.9 ～ 3.3 米，厚 1.4 米。土质较松，内含腐烂植物根茎。

台基外地层：第①层，灰褐色土，深厚 0.4 米。土质松散，内含植物根茎。第②层，灰褐色土，深 0.4 ～ 2.1 米，厚 1.7 米。土质较松，内含草木灰、黑炭渣、元钧瓷片、白瓷残片、灰陶残片、动物骨骼。第③层，黑褐色土，深 2.1 ～ 3.2 米，厚 1.1 米。土质一般，较净。该层下见青灰色淤积沙土层，纯净，停探。

-3 台基

位于 F339 台基的北侧，东与 -2 相邻，西与 -4 相邻。平面呈东西方向长方形，长 168 米，宽 7 米。该房址地表面起伏不平。0.7 ～ 0.9 米见夯土层，深浅不等，夯土层断断续续见夯土，地层内包含物较少。房址基础开口于②层下。

台基内地层：第①层，青灰色地表土，深厚 0.4 米。土质干燥，松散，内含植物根茎。第②层，灰褐色土，深 0.4 ～ 0.9 米，厚 0.5 米。土质松散，内含草木灰、黑炭渣、青灰色砖渣、瓦片、白灰颗粒。第③层，夯土层，深 0.9 ～ 2.1 米，厚 1.2 米。夯土以脏杂土夯筑而成，夯质较差，内含草木灰和黑炭渣。第④层，黑褐色土，深 2.1 ～ 3 米，厚 0.9 米。土质松散，未发现包含物。该层下见黑淤泥沙土生土层，纯净，停探。

台基外地层：第①层，青灰色地表土，深厚 0.4 米。土质松散，内含植物根茎。第②层，灰褐色土，深 0.4 ～ 2.1 米，厚 1.7 米。土质较为松散，内含草木灰、黑炭渣、砖渣、瓦片。第③层，黑褐色土，深 2.1 ～ 3 米，厚 0.9 米。土质一般，未发现包含物。该层下见黑褐色淤积沙质生土层，纯净，停探。

-4 台基

位于 F339 台基的西侧，南邻 -1 房址，北邻 -3 房址。平面呈南北向长方形，长 92 米，宽 7 米。该房址基础部分在 0.9 ～ 1.9 米见夯土层，厚 1 米。部分叠压，长 95 米，宽 1.3 米。有沙石铺砌墙基迹象。房址基础部分开口于①层下。

台基内地层：第①层，青灰色地表土，深厚 0.5 米。土质干燥，松散，内含植物根茎。第②层，灰褐色土，深 0.5 ～ 0.9 米，厚 0.4 米。土质干燥，内含草木灰、木炭渣、黑炭灰、青灰色砖渣、瓦片。第③层，夯土层，深 0.9 ～ 2 米，厚 1.1 米。夯层较厚，夯质较差，内含黑炭灰、黑木炭、红烧土颗粒。第④层，黑褐色土，深 2 ～ 3.5 米，厚 1.5 米。土质较为松散，内含黑炭灰、木炭灰和少量青灰色砖渣。该层下见黑褐色淤积沙质生土层，纯净，停探。

台基外地层：第①层，青灰色地表土，深厚0.5米。土质松散，内含植物根茎。第②层，灰褐色土，深0.5～2米，厚1.5米。土质松散，未发现包含物。第③层，黑褐色土，深2～3.3米，厚1.3米。土质松散，内含黑灰点和黑木炭等。该层下见黑褐色泥沙生土层，纯净，停探。

-5台基

位于F339台基东北部，东邻-2台基约8米，北邻-3台基10米。平面呈东西向长方形，长22米，宽7米。该房址建在F339台基的东北角，此房址没有明显基础部分。0.5～1.1米见石块，地层包含少量青灰色砖渣、陶片和微量白灰渣等。因地势的落差，0.9～1.2米见夯土层，夯土层的分布情况有些地方不明显，待发掘后详知。基础部分开口于③层下。

台基内地层：第①层，青灰色地表土，深厚0.4米。土质松散，内含植物根茎。第②层，灰褐色土，深0.4～0.9米，厚0.5米。土质松散，内含草木灰、黑炭渣、青灰色砖渣、瓦片。第③层，深0.9～1.9米，厚1米。夯质较差，夯土层以脏杂土夯筑而成，内含黑炭渣、黑炭灰和微量红烧土颗粒。第④层，黑褐色土，深1.9～3.3米，厚1.4米。土质较松，内含黑炭灰、黑炭渣。该层下见黑褐色沙质生土层，纯净，停探。

台基外地层：第①层，青灰色地表土，深厚0.4米。土质干燥，松散，内含植物根茎。第②层，灰褐色土，深0.4～0.9米，厚0.5米。土质较为松散，内含黑炭渣、黑炭点、木炭灰和少量青灰色砖渣、瓦片。第③层，灰褐色土，深0.9～2.9米，厚2米。土质松散，内含黑炭灰、黑木炭。第④层，黑褐色土，深2.9～3.3米，厚0.4米。土质一般，纯净，未发现包含物。该层下见黑褐色淤积生土层，纯净，停探。

-6台基

位于F339台基西南角，南邻-1台基1米，西邻-4台基30米。平面呈折扇形。该房址没有发现明显基础部分，在房址内深浅不等处见乱石，但并不是房基部分。0.7～0.8米见夯土层，深浅不等。夯土以杂垫土夯筑而成，夯质较差。基础部分开口于②层下。

台基内地层：第①层，青灰色地表土，深厚0.4米。土质松散，内含植物根茎。第②层，灰褐色土，深0.4～0.8米，厚0.4米。内含草木灰、黑炭渣、青灰色砖渣、瓦片。第③层，夯土层，深0.8～2米，厚1.2米。夯质较差，内含黑炭渣和黑木炭灰。第④层，灰褐色土，深2～3米，厚1米。土质松散，内含黑炭灰、黑炭渣和微量红烧土颗粒、残瓷片、动物骨骼。该层下见黑褐色淤积沙质生土层，纯净，停探。

台基外地层：第①层，青灰色地表土，深厚0.4米。土质松散，内含植物根茎。第②层，灰褐色土，深0.4～1.9米，厚1.5米。土质松散，内含黑炭渣、黑木炭渣、青灰色砖渣、瓷片、动物骨骼。第③层，黑褐色土，深1.9～3.1米，厚1.2米。土质一般，纯净。该层下见黑褐色淤泥沙质生土层，纯净，停探。

-7台基

位于F339台基的中部偏北，南距-1台基40米，北邻-3台基8米。平面呈南北向长方形，长29米，宽11米。该房址在0.9～2米见夯土层，夯质较差。因房址内有深浅不等的乱石块，夯土层分布不明。基础部分开口于①层下。

台基内地层：第①层，青灰色地表土，深厚 0.4 米。土质干燥，松散，内含植物根茎。第②层，灰褐色土，深 0.4 ~ 0.9 米，厚 0.5 米。土质松散，内含草木灰、黑炭渣、青灰色砖渣、瓦片。第③层，夯土层，深 0.9 ~ 2.1 米，厚 1.2 米。夯质较差，系杂填土夯筑而成，内含黑灰渣、木炭灰。第④层，黑褐色土，深 2.1 ~ 3 米，厚 0.9 米。土质一般。该层下见黑褐色淤积沙质生土层，纯净，停探。

台基外地层：第①层，青灰色地表土，深厚 0.9 米。土质松散，内含植物根茎。第②层，夯土层，深 0.9 ~ 2.1 米，厚 1.2 米。土质松散，内含黑炭渣、木炭灰、红烧土颗粒和动物骨骼。第③层，黑褐色土，深 2.1 ~ 3.1 米，厚 1 米。土质一般，未发现包含物。该层下见黑褐色淤泥沙质生土层，纯净，停探。

-8 台基

位于 F339 台基的中部，南邻 -1 台基 5 米，西邻 -6 台基 21 米。平面呈南北向折扇形，该房址地表面没有发现明显房址基础迹象。0.5 ~ 2 米见夯土层，厚 1.5 米。夯土层以脏杂土夯筑而成，夯质较差。基础部分开口于①层下。

台基内地层：第①层，青灰色地表土，深厚 0.5 米。土质干燥，松散，内含植物根茎。第②层，夯土层，深 0.5 ~ 2 米，厚 1.5 米。夯质一般，夯土层以脏杂垫土夯筑而成，内含草木灰、黑炭渣、碎瓷片、残灰陶片、动物骨骼。第③层，灰褐色土，深 2 ~ 3.1 米，厚 1.1 米。土质较为松散，内含微量黑灰点和红烧土颗粒。该层下见黑褐色淤积沙质生土层，纯净，停探。

台基外地层：第①层，青灰色地表土，深厚 0.5 米。土质松散，内含植物根茎等。第②层，青灰色土，深 0.5 ~ 1.8 米，厚 1.3 米。土质松散，内含草木灰、黑炭渣和微量青灰色砖渣、瓦片、红烧土块。第③层，黑褐色土，深 1.8 ~ 3 米，厚 1.2 米。土质一般，较净，未发现包含物。该层下见黑褐色淤积沙质生土层，纯净，停探。

-9 台基

位于 F339 台基中南部。平面呈东西方向长方形，长 18 米，宽 9 米。该房址内有乱石堆积层，但地表建筑废墟残留较少。0.5 ~ 2 米左右见夯土层，夯质一般。基础部分开口于①层下。

台基内地层：第①层，青灰色地表土，深厚 0.5 米。土质干燥，松散，内含植物根茎。第②层，夯土层，深 0.5 ~ 2 米，厚 1.5 米。夯质一般，系杂填土夯筑而成的花土，内含草木灰、黑炭渣。第③层，黑褐色土，深 2 ~ 2.9 米，厚 0.9 米。土质较为松散，内含木炭灰、黑灰点。该层下见黑褐色淤泥沙质生土层，纯净，停探。

台基内地层：第①层，青灰色地表土，深厚 0.5 米。土质干燥，松散，内含植物根茎。第②层，灰褐色土，深 0.5 ~ 2.6 米，厚 2.1 米。土质松散，未发现包含物。第③层，黑褐色土，深 2.6 ~ 3 米，厚 0.4 米。土质一般，未发现包含物。该层下见黑褐色淤积沙质生土层，纯净，停探。

-10 台基

位于 F339 台基的中部，东邻 -8 台基 3 米，南邻 -11 台基 7 米。平面呈南北方向长方形，长 28 米，宽 15 米。在该房址范围内没有发现房址迹象，房址周边 0.5 ~ 0.8 米见石块，深浅不等，0.8 ~ 1.8 米见夯土层，厚 1 米。夯质较差，夯土层系杂填土夯筑而形成。此房按石块和夯土层而划，地表和地层中建筑构件都相对较大。

台基内地层：第①层，青灰色地表土，深厚 0.8 米。土质干燥，松散，内含草木灰、黑炭渣、青灰色砖渣、植物根茎。第②层，夯土层，深 0.8 ~ 1.9 米，厚 1.1 米。夯质一般，夯土层以脏杂土夯筑而形成，内含草木灰和黑木炭。第③层，黑褐色土，深 1.9 ~ 3 米，厚 1.1 米。土质松散，内含草木灰、黑木炭点、黑灰点、青灰色砖渣。该层下见黑褐色淤积沙质生土层，纯净，停探。

台基外地层：第①层，青灰色地表土，深厚 0.8 米。土质干燥，松散，内含少量青灰色砖渣、瓦片、植物根茎。第②层，灰褐色土，深 0.8 ~ 2.5 米，厚 1.7 米。土质松散，内含草木灰、黑炭渣和微量青灰色砖渣、残碎瓷片、红烧土颗粒。第③层，黑褐色土，深 2.5 ~ 3 米，深 0.5 米。土质较软。该层下见黑褐色淤积沙质生土层，纯净，停探。

-11 台基

位于 F339 台基的中南部，西邻 -6 台基 5 米，东邻 -8 台基 7 米，南邻 -1 台基 7 米。平面呈正方形，边长 8 米。该房址面积较小，房址周边 0.8 ~ 2 米左右见夯土层，以夯土边沿划为房址。但建筑构件较少，不能以此为准，待发掘后详知。基础部分开口于①层下。

台基内地层：第①层，青灰色地表土，深厚 0.8 米。土质干燥，松散，内含植物根茎。第②层，夯土层，深 0.8 ~ 2.1 米，厚 1.3 米。夯质较差，夯土层以脏杂土夯筑而形成，内含黑炭灰、木炭灰和少量砖渣、红烧土颗粒、残碎灰陶片、动物骨骼。第③层，灰褐色土，深 2.1 ~ 3 米，厚 0.9 米。土质较松，未发现包含物。该层下见黑褐色淤泥沙质生土层，纯净，停探。

台基外地层：第①层，青灰色地表土，深厚 0.5 米。土质松散，内含植物根茎。第②层，青灰色土，深 0.5 ~ 1.8 米，厚 1.3 米。土质松散，内含草木灰、黑炭渣和微量青灰色砖渣、瓦片、红烧土块。第③层，黑褐色土，深 1.8 ~ 3 米，厚 1.2 米。土质一般，较净，未发现包含物。该层下见黑褐色淤积沙质生土层，纯净，停探。

夯土区 1

位于 F339 台基西侧，西与 -4 房址相连接，东邻 -9 台基 9 米。平面呈长方形，长 19 米，宽 11 米。在 0.9 ~ 1.5 米见夯土层，厚 0.6 米。在该探区中南部发现一条南北走向的石头孔，长 3 米，宽 0.6 米。石头孔范围比较小，无法判断。暂划为夯土区，待发掘后详知。夯土层开口于①层下。

内地层：第①层，青灰色地表土，深厚 0.8 米。土质干燥，松散，内含草木灰、黑炭渣和微量青灰色砖渣、沙石片、植物根茎。第②层，夯土层，深 0.8 ~ 1.5 米，厚 0.7 米。夯质较差，夯土层以脏杂土夯筑而形成，内含黑炭渣和木炭灰。第③层，灰褐色土，深 1.5 ~ 3.3 米，厚 1.8 米。土质松散，内含黑炭渣、木炭灰。该层下见黑褐色淤积沙质生土层，纯净，停探。

外地层：第①层，青灰色地表土，深厚 0.9 米。土质干燥，松散，内含微量青灰色砖渣、植物根茎。第②层，灰褐色土，深 0.9 ~ 2 米，厚 1.1 米。土质松散，内含草木灰、黑炭渣和微量青灰色砖渣。第③层，黑褐色土，深 2 ~ 3 米，厚 1 米。土质较为松散，内含黑灰点、木炭渣。该层下见黑褐色淤积沙质生土层，纯净。停探。

夯土区 2

位于 F339 台基的东南部，东距 -2 台基 19 米，南距 -1 台基 33 米。平面呈不规则形。在房址周边 0.5 ~ 1.8 米见夯土层，厚 1.3 米。夯质一般，夯土层以杂土夯筑而形成。该夯土层开口于①层下。

内地层：第①层，青灰色地表土，深厚 0.5 米。土质干燥，松散，内含植物根茎。第②层，夯土层，深 0.5 ~ 1.8 米，厚 1.3 米。夯质一般，夯土层以杂土夯筑而形成，内含黑炭灰、木炭灰和微量青灰色砖渣。第③层，灰褐色土，深 1.8 ～ 3.3 米，厚 1.5 米。土质较松，内含黑炭渣、红烧土颗粒、残碎瓷片。该层下见黑褐色淤积沙土层，纯净，停探。

外地层：第①层，青灰色地表土，深厚 0.5 米。土质干燥，松散，内含植物根茎。第②层，灰褐色土，深 0.5 ～ 3.3 米，厚 2.8 米。土质较为松散。该层下见黑褐色淤积沙质生土层，纯净，停探。

F340 台基

位于皇城南部，南邻 F336 台基 12 米处。平面呈正方形，长 6 米左右，宽 6 米左右。

台基内地层：第①层，青灰色地表土，深厚 0.4 米。土质干燥，松散，内含植物根茎。第②层，灰褐色土，深 0.4 ～ 0.9 米，厚 0.5 米。土质松散，内含黑炭灰、草木灰、炭渣、腐朽木渣。第③层，青灰色土，深 0.9 ～ 2 米，厚 1.1 米。土质松散，内含黑炭灰、草木灰。该层下见青灰色沙质生土层，纯净，停探。

台基外地层：第①层，青灰色地表土，深厚 1 米。土质松散，内含植物根茎。第②层，灰褐色土，深 1 ～ 2 米，厚 1 米。土质一般，未发现包含物。

F341 台基

位于皇城南部。平面呈不规则形，东西 22 ～ 80 米，南北 34 ～ 40 米。

台基内地层：第①层，青灰色地表土，深厚 0.5 米。土质干燥，松散，内含植物根茎。第②层，灰褐色土，深 0.5 ～ 1 米，厚 0.5 米。土质松散，内含草木灰、黑炭渣、木炭渣和少量青灰色砖渣、瓦片、红烧土颗粒、动物骨骼。第③层，夯土层，深 1 ～ 2 米，厚 1 米。夯质较差，夯层较厚，夯土层以杂填土夯筑而形成，内含黑炭渣、黑灰点。第④层，灰褐色土，深 2 ～ 3.8 米，厚 1.8 米。土质松散，内含黑灰点、木炭渣、腐朽木渣、植物根茎。该层下见黑灰色淤泥沙质生土层，纯净，停探。

台基外地层：第①层，青灰色地表土，深厚 0.5 米。土质松散，内含植物根茎。第②层，灰褐色土，深 0.5 ～ 2 米，厚 1.5 米。土质松散，内含黑灰点、黑炭渣和微量青灰色砖渣、红烧土颗粒。第③层，灰褐色土，深 2 ～ 3.5 米，厚 1.5 米。土质松散，内含黑灰点。该层下见黑褐色淤泥沙质生土层，纯净，停探。

F342 台基

位于皇城南部，东邻 F341 台基 10 米，西邻 F335 台基 5 米。平面呈南北向长方形，长 24 米左右，宽 12 米左右，高 0.8 米。

台基内地层：第①层，青灰色地表土，深厚 0.4 米。土质干燥，松散，内含植物根茎。第②层，灰褐色土，深 0.4 ～ 0.9 米，厚 0.5 米。土质松散，内含草木灰、黑炭渣、青灰色砖渣、瓦片、白灰点。第③层，夯土层，深 0.9 ～ 2 米，厚 1.1 米。夯质较差，夯土以脏杂土夯筑而成，内含黑炭渣、灰炭渣。第④层，灰褐色土，深 2 ～ 3.5 米，厚 1.5 米。土质较松，内含黑灰点。该层下见黑褐色淤泥沙质生土层，纯净，停探。

台基外地层：第①层，青灰色地表土，深厚 0.4 米。土质干燥，松散，内含植物根茎。第②层，灰褐色土，深 0.4 ～ 2.7 米，厚 2.3 米。土质松散，内含黑炭渣、草木灰。

F343 台基

位于皇城南部，宫城东南部，东部距 F312 台基约 12 米。平面呈正方形，东西 6 米，南北 6 米。

台基内地层：第①层，浅灰色地表土，深厚 0.6 米。土质干燥，松散，内含碎砖石块、瓦片、白灰。

第②层，灰褐色土，深 0.6 ~ 1.5 米，厚 0.9 米。土质一般，内含动物骨骼、白瓷片。第③层，深灰褐色土，深 1.5 ~ 2 米，厚 0.5 米。土质湿软，呈污泥状，纯净。该层下见乳白色沙质生土层，停探。

台基外地层：第①层，浅灰色地表土，深厚 0.4 米。土质干燥，松散，内含碎石颗粒、植物根茎。第②层，深灰褐色土，深 0.4 ~ 1.1 米，厚 0.7 米。土质湿软，呈污泥状，纯净。该层下见乳白色沙质生土层，停探。

F344 台基

位于皇城南部，宫城东南部，东部距 F343 台基约 24 米。平面呈长方形，东西 8 米，南北 6 米。

台基内地层：第①层，浅灰色地表土，深厚 0.7 米。土质干燥，松散，内含白灰结块、砖石块、瓦片。第②层，灰褐色土，深 0.7 ~ 1.4 米，厚 0.7 米。土质一般，内含黑灰、碎石颗粒，含沙量稍大。第③层，深灰褐色土，深 1.4 ~ 2 米，厚 0.6 米。土质湿软，含沙量较大，呈污泥状，纯净。该层下见乳白色沙质生土层，停探。

台基外地层：第①层，浅灰色地表土，深厚 0.4 米。土质干燥，松散，内含砖石块、植物根茎。第②层，深灰色土，深 0.4 ~ 1 米，厚 0.6 米。土质湿软，含沙量较大，呈污泥状，纯净。该层下见乳白色沙质生土层，停探。

F345 台基

位于皇城南部，宫城东南部，东部距 F344 台基约 6 米处。平面呈长方形，东西 10 米，南北 6 米。

台基内地层：第①层，浅灰色地表土，深厚 0.7 米。土质干燥，松散，内含白灰结块、砖石块、瓦片。第②层，灰褐色土，深 0.7 ~ 1.5 米，厚 0.8 米。土质较为湿润，内含碎砖块、黑灰颗粒。第③层，深灰褐色土，深 1.5 ~ 2.1 米，厚 0.6 米。土质湿软，呈污泥状，纯净。该层下见乳白色沙质生土层，停探。

台基外地层：第①层，浅灰色地表土，深厚 0.4 米。土质干燥，松散，内含碎石块、碎瓦片、植物根茎。第②层，深灰色土，深 0.4 ~ 1 米，厚 0.6 米。土质湿软，含沙量较大，纯净。该层下见乳白色沙质生土层，停探。

F346 台基

位于皇城南部，宫城中部偏南，距 F345 台基西南角约 54 米。平面呈长方形，东西 9 米，南北 6 米。

台基内地层：第①层，浅灰色地表土，深厚 0.7 米。土质干燥，松散，内含碎砖石块、白灰结块、瓦片。第②层，灰褐色土，深 0.7 ~ 1.5 米，厚 0.8 米。土质较为湿润，内含碎砖石块、黑灰颗粒、动物骨骼。第③层，深灰褐色土，深 1.5 ~ 2 米，厚 0.5 米。土质湿润，呈污泥状，含沙量较大，纯净。该层下见乳白色沙质生土层，含水锈沙，停探。

台基外地层：第①层，浅灰色地表土，深厚 0.4 米。土质干燥，松散，内含碎砖石块、瓦片。第②层，深灰褐色土，深 0.4 ~ 1 米，厚 0.6 米。土质湿软，呈污泥状，含沙量较大，纯净。该层下见乳白色沙质生土层，含水锈沙，停探。

F347 台基

位于皇城南部，F348 台基西北约 2 米处。平面呈长方形，东西 12 米，南北 7 米。该房址地势高出地平面约 1 米，部分石砌基础明显，地表散布乱石。

台基内地层：第①层，浅灰色土，深厚 0.4 米。内含白灰颗粒、石块、灰质碎砖颗粒、植物根茎。

该层下见石块不过，停探。

台基外地层：第①层，浅灰色土，深厚0.4米，土质干燥，松散，内含碎砖颗粒、植物根茎。第②层，灰褐色土，深0.4～1.2米，厚0.8米。土质干燥较硬，内含烧土颗粒、草木灰、白灰点。第③层，深灰褐色土，深1.2～1.7米，厚0.5米。土质较净，未发现包含物。该层下见深灰色水锈生土层，停探。

F348台基

位于皇城南部，F347台基东南部约2米处。平面呈长方形，东西10米，南北8米。该房址地势略高出地平面，西墙石砌基础明显。

台基内地层：第①层，浅灰色土，深厚0.4米。土质干燥，松散，内含白灰颗粒、碎砖块、植物根茎。第②层，灰褐色土，深0.4～1米，厚0.6米。土质干燥，松散，内含白灰颗粒、碎石颗粒、碎砖块。该层下见石块不过，停探。

台基外地层：第①层，浅灰色土，深厚0.4米。土质干燥，松散，内含烧土颗粒、草木灰、植物根茎。第②层，灰褐色土，深0.4～1.3米，厚0.9米。土质一般，纯净，未发现包含物。第③层，深灰褐色土，深1.3～1.8米，厚0.5米，土质一般，纯净。该层下见深灰色水锈生土层，停探。

F349台基

位于皇城南部，F348台基南部约14米处。平面呈长方形，东西28米，南北23米。该房址地势高出地平面约1.6米。基础部分大部分较为明显，地表散布较多乱石。东部斜坡上勘探出路土，通过判断应为该房址门道。

台基内地层：第①层，浅灰色土，深厚0.5米。土质干燥，松散，内含白灰颗粒、碎石颗粒、植物根茎。第②层，灰褐色夯土层，深0.5～1.3米，厚0.8米。土质较硬，层次分明，内含白灰点、黄褐色沙土团、黑灰点。该层下见石块不过，停探。

台基外地层：第①层，浅灰色土，深厚0.3米。土质干燥，松散，内含植物根茎。第②层，灰褐色土，深0.3～1.4米，厚1.1米。土质较为干燥，内含碎砖、石粒、草木灰。第③层，深灰褐色土，深1.4～1.8米，厚0.4米。土质一般，纯净。该层下见深灰色水锈生土层，停探。

F350台基

位于皇城南部，F349台基西部约50米处。平面呈刀把形，东西12～16米，南北9.5米。该房址高出地平面约0.6米，基础部分明显，房址内散布碎乱石块、白灰结块。

台基内地层：第①层，浅灰色土，深厚0.4米。土质干燥，松散，内含碎砖石颗粒、白灰块。该层下见乱石不过，停探。

台基外地层：第①层，浅灰色土，深厚0.3米。土质干燥，松散，内含植物根茎。第②层，灰褐色土，深0.3～1.2米，厚0.9米。含沙量较大，有少量骨渣。第③层，深灰褐色土，深1.2～2米，厚0.8米。土质湿软，纯净，未发现包含物。该层下见黄褐色沙质生土层，含水锈土，纯净。

F351台基

位于皇城南部，F349台基东北约24米处。平面呈长方形，东西22米，南北6.5米。该地势高出地平面约0.5米，深0.3～0.5米左右探到房址基础部分，地表并不明显。

台基内地层：第①层，浅灰色土，深厚0.4米。土质干燥，松散，内含碎砖石颗粒、白灰颗粒、植物根茎。第②层，灰褐色土，深 0.4 ~ 1.2 米，厚 0.8 米。土质一般，内含碎瓦粒、白灰点。第③层，深灰褐色土，深 1.2 ~ 2 米，厚 0.8 米。土质一般，较净，含水锈土，含沙量较大。该层下见黄褐色沙质生土层。

台基外地层：第①层，浅灰色土，深厚 0.4 米。土质干燥、松散，内含碎石颗粒、植物根茎。第②层，灰褐色土，深 0.4 ~ 1 米，厚 0.6 米。土质一般，纯净，未发现包含物。第③层，深灰褐色土，深 1 ~ 1.5 米，厚 0.5 米。土质一般，纯净，内含水锈纹土，含沙量较大。该层下黄褐色沙质生土层。

F352 台基

位于皇城南部，F349 台基东部约 22 米处。平面呈 "T" 字形，东西 8 ~ 26 米，南北 10 ~ 38 米。该房址地势高出地平面约 0.6 米。

台基内地层：第①层，浅灰色土，深厚 0.5 米。土质干燥、松散，内含碎瓦片、碎石粒、白灰点、植物根茎。第②层，灰褐色土，深 0.5 ~ 1.2 米，厚 0.7 米。土质一般，纯净，未发现包含物。第③层，深灰褐色土，深 1.2 ~ 1.9 米，厚 0.7 米。土质一般，含水分较大，纯净，未发现包含物。该层下见黄褐色沙质生土层，纯净，停探。

台基外地层：第①层，浅灰色土，深厚 0.4 米。土质干燥、松散，内含碎石颗粒、植物根茎。第②层，灰褐色土，深 0.4 ~ 0.9 米，厚 0.5 米。土质一般，内含碎瓷片、白灰点、黑灰点。第③层，深灰褐色土，深 0.9 ~ 1.4 米，厚 0.5 米，土质较为湿软，含水分较大，纯净，未发现包含物。该层下见黄褐色沙质生土层，停探。

F353 台基

位于皇城西南部，F394 台基向东约 11 米处。平面呈台阶形，东西 12 ~ 22 米，南北 8.5 ~ 20 米。该房址地势高出地平面约 0.8 米，地表未发现明显基础。基础距地表深约 0.5 ~ 0.7 米。

台基内地层：第①层，浅灰色土，深厚 0.3 米。土质干燥、松散，内含碎砖石块、植物根茎。第②层，灰褐色土，深 0.3 ~ 1.4 米，厚 1.1 米。土质一般，纯净，含沙量较大，未发现包含物。该层下见黄褐色沙质生土层，纯净，停探。

台基外地层：第①层，浅灰色土，深厚 0.3 米。土质干燥、松散，内含植物根茎。第②层，灰褐色土，深 0.3 ~ 1 米，厚 0.7 米。土质一般，内含白瓷片、草木灰。第③层，深灰褐色土，深 1 ~ 1.6 米，厚 0.6 米。土质一般，含沙量较大，纯净。该层下见黄褐色沙质水锈纹土，纯净，停探。

F354 台基

位于皇城西南部，F355 台基西北约 22 米处。平面呈长方形，东西 28 米，南北 14 米。该房址地势高出地平面约 0.7 米，基础部分明显。

台基内地层：第①层，浅灰色土，深厚 0.4 米。土质干燥、松散，内含少量白灰颗粒、碎砖块、植物根茎。第②层，灰褐色土，深 0.4 ~ 1.2 米，厚 0.8 米。土质干燥，较硬，内含白灰颗粒、碎砖石块、黑炭渣点。第③层，浅黄褐色土，深 1.2 ~ 1.7 米，厚 0.5 米。土质较为松散，内含微量黑炭渣点、白灰点。该层下见黄褐色沙质生土层，纯净，停探。

台基外地层：第①层，浅灰色土，深厚 0.5 米。土质干燥、松散，内含少量碎石颗粒、植物根茎。第②层，灰褐色土，深 0.5 ~ 1.3 米，厚 0.8 米。土质干燥，内含少量动物骨骼、白灰颗粒。第③层，深灰褐色土，深 1.3 ~ 1.8 米，厚 0.5 米。土质一般，内含水锈土和微量黑炭渣点。该层下见黄褐色沙质生土层，纯净，停探。

F355 台基

位于皇城南部，F354 台基向南约 24 米处。平面呈正方形，东西 10 米，南北 10 米。该房址高出地平面约 0.6 米，基础不明显。0.4 米探到砖石基础。

台基内地层：第①层，浅灰色土，深厚 0.3 米。土质干燥，松散，内含少量碎砖石块和植物根茎。第②层，灰褐色土，深 0.3～1.1 米，厚 0.8 米。土质松散，较硬，内含少量白灰点和黑灰点。该层下见砖石不过，停探。

台基外地层：第①层，浅灰色土，深厚 0.4 米。土质干燥，松散，内含少量碎砖瓦块、白灰颗粒、植物根茎。第②层，灰褐色土，深 0.4～1.2 米，厚 0.8 米。土质较为松散，内含少量碎瓷片和砖瓦块。第③层，深灰褐色土，深 1.2～1.6 米，厚 0.4 米。土质较为湿软，内含水锈纹土和少量黑炭渣点。该层下见黄褐色沙质生土层，纯净，停探。

F356 台基

位于皇城南部，F394 台基西南部再向西约 80 米处。平面呈长方形，东西 14 米，南北 11 米。该房址地势高出地平面约 0.5 米，0.1～0.2 米深探到房址基础部分。

台基内地层：第①层，浅灰色土，深厚 0.4 米。土质干燥，松散，内含植物根茎。第②层，灰褐色土，深 0.4～1.1 米，厚 0.7 米。内含草木灰、灰陶片、烧土颗粒、含水锈纹沙土团。第③层，深灰褐色土，深 1.1～1.8 米，厚 0.7 米。土质较为湿软，含沙量较大，纯净，未发现包含物。该层下见乳白色沙质生土层，纯净，停探。

台基外地层：第①层，浅灰色土，深厚 0.3 米。土质干燥，松散，内含白灰点、植物根茎。第②层，灰褐色土，深 0.3～1 米，厚 0.7 米。土质一般，内含白瓷片、兽骨、草木灰。第③层，深灰褐色土，深 1～1.4 米，厚 0.4 米。土质较为湿软，呈污泥状。该层下见乳白色沙质生土层，纯净，停探。

F357 台基

位于皇城南部，F355 台基向西约 24 米处。平面呈长方形，东西 38 米，南北 7 米。该房址地势高出地平面约 1 米，基础不明显。房址地表散布较多碎砖石块。

台基内地层：第①层，浅灰色土，深厚 0.4 米。土质干燥，松散，内含少量碎砖石块、植物根茎。第②层，灰褐色土，深 0.4～1.6 米，厚 1.2 米。土质较为松散，内含少量碎砖石块、植物根茎。第③层，深灰褐色土，深 1.6～1.9 米，厚 0.3 米。土质松散，内含少量黑炭渣点、水锈纹土。该层下见黄褐色沙质生土层，纯净，停探。

台基外地层：第①层，浅灰色土，深厚 0.3 米。土质干燥，松散，内含少量碎石块、植物根茎。第②层，灰褐色土，深 0.3～1.2 米，厚 0.9 米。土质较为松散，内含少量碎砖石块、动物骨骼。第③层，深灰褐色土，深 1.2～1.8 米，厚 0.6 米。土质干燥，松散，内含水锈土、黑炭渣点。该层下见黄褐色沙质生土层，纯净，停探。

F358 台基

位于皇城南部，F362 台基南部约 8 米处。平面呈长方形，东西 26 米，南北 14 米。台基基础明显，深度 0.2～0.4 米探到基础，院落内大部分探孔 0.9～1.2 米遇石不过，以下情况不明。院落外地层因地表乱石堆积，无法探过，地层情况不明。

台基内地层：第①层，浅灰色土，深厚0.5米。土质干燥，松散，内含碎砖石块、碎瓦片、植物根茎。第②层，灰褐色土，深0.5～0.8米，厚0.3米。土质干燥，较硬，内含黄褐色沙土团和碎石颗粒。该层下见石不过，以下情况不明。

台基外地层：第①层，浅灰色土，深厚0.4米。土质一般，内含黑灰、植物根茎。第②层，灰褐色土，深0.4～1.3米，厚0.9。土质较为湿软，含水分较大，内含碎砖渣、瓦片、草木灰、白灰块、烧土颗粒。第③层，深灰褐色土，深1.3～2米，厚0.7米。土质湿软，呈污泥状，纯净，未发现包含物。该层下见乳白色沙质生土层，出水，停探。

F359 台基

位于皇城南部，南墙北部约14米，F357台基南部约6米处。平面呈长方形，东西18米，南北6米。该房址地势高出地平面约0.3米，南部基础相对较为明显。房址地表散布少量碎砖瓦块。

台基内地层：第①层，浅灰色土，深厚0.4米。土质干燥，松散，内含碎砖石块、植物根茎。第②层，灰褐色土，深0.4～1.1米，厚0.7米。土质松散，内含少量白灰颗粒、黑炭渣点、碎砖瓦块。第③层，深灰褐色土，深1.1～1.8米，厚0.7米。土质较为松软，内含微量黑炭渣点。该层下见乳白色沙质生土层，纯净，停探。

台基外地层：第①层，浅灰色土，深厚0.5米。土质干燥，松散，内含少量碎砖石块、植物根茎。第②层，灰褐色土，深0.5～1.3米，厚0.8米。土质松散，内含少量白灰块、黑炭渣点。第③层，深灰褐色土，深1.3～1.9米，厚0.6米。土质湿软，内含微量黑炭渣点。该层下见乳白色沙质生土层，纯净，停探。

F360 台基

位于皇城南部，F358台基南部3米处。平面呈"L"形，东西9.5～58米，南北8～40米。该房址地势高出地平面约0.4米，0.5～0.8米探到房址基础。地表散布有碎砖瓦块、白灰块。

台基内地层：第①层，浅灰色土，深厚0.4米。土质干燥，松散，内含白灰颗粒、瓦片、砖石块、植物根茎。第②层，灰褐色土，深0.4～0.9米，厚0.5米。土质一般，内含碎石颗粒、白瓷片、黑灰点。第③层，深灰褐色土，深0.9～1.5米，厚0.6米。土质较为湿软，呈污泥状，含沙量较大。该层下见乳白色沙质生土层，停探。

台基外地层：第①层，浅灰色土，深厚0.3米。土质干燥，松散，内含植物根茎。第②层，灰褐色土，深0.3～0.8米，厚0.5米。土质一般，内含黑炭颗粒。第③层，深灰褐色土，深0.8～1.2米，厚0.4米。土质湿软，含沙量较大，纯净，未发现包含物。该层下见乳白色沙质生土层，纯净，停探。

F361 台基

位于皇城南部，F357台基西部约5米处。平面呈长方形，东西12米，南北8米。该房址地势高出地平面约1.1米，石砌基础明显，房址内有较多碎砖瓦块。1～1.5米探到夯土。

台基内地层：第①层，浅灰色土，深厚0.5米。土质干燥，松散，内含碎砖石块、植物根茎。第②层，灰褐色土，深0.5～1.5米，厚1米。土质较硬，内含少量白灰块、碎砖块。第③层，深灰褐色土，深1.5～2.2米，厚0.7米。土质较为松散，内含微量白灰点、黑炭渣点。该层下见黄褐色沙质生土层，纯净，停探。

台基外地层：第①层，浅灰色土，深厚0.4米。土质干燥，松散，内含少量白灰颗粒、碎砖石块、植物根茎。第②层，灰褐色土，深 0.4 ~ 1.3 米，厚 0.9 米。土质干燥，松散，内含少量碎砖石块、白灰颗粒。第③层，深灰褐色土，深 1.3 ~ 1.9 米，厚 0.6 米。土质较为松散，内含微量黑炭渣点、白灰点。该层下见黄褐色沙质生土层，纯净，停探。

F362 台基

位于皇城西南部，F358 台基北部约 8 米处。平面呈长方形，东西 42 米，南北 8 米。该房址地势高出地平面约 0.5 米，0.5 ~ 0.7 米探到房址基础。地表散布有较多砖瓦块、石块、白灰结块。

台基内地层：第①层，浅灰色土，深厚 0.4 米。土质干燥，松散，内含碎砖石块、瓦片、白灰块、植物根茎。第②层，灰褐色土，深 0.4 ~ 1 米，厚 0.6 米。土质一般，内含碎砖石颗粒、黑炭灰、烧土颗粒。第③层，深灰褐色土，深 1 ~ 2.2 米，厚 1.2 米。土质较为松散，内含微量白灰点、黑炭渣点。该层下见黄褐色沙质生土层，纯净，停探。

台基外地层：第①层，浅灰色土，深厚 0.4 米。土质干燥，松散，内含少量白灰颗粒、碎砖石块、植物根茎。第②层，灰褐色土，深 0.4 ~ 1.3 米，厚 0.9 米。土质干燥，松散，内含少量碎砖石块、白灰颗粒。第③层，深灰褐色土，深 1.3 ~ 1.9 米，厚 0.6 米。土质较为松散，内含微量黑炭渣点、白灰点。该层下见黄褐色沙质生土层，纯净，停探。

F363 台基

位于皇城西南部，F365 台基东部约 15 米处。平面呈长方形，东西 14 米，南北 9.5 米。该房址地势高出地平面约 0.4 米，基础不明显，0.6 米深探到房址砖石基础。

台基内地层：第①层，浅灰色土，深厚 0.4 米。土质干燥，松散，内含碎砖瓦块、植物根茎。第②层，灰褐色土，深 0.4 ~ 0.9 米，厚 0.5 米。土质干燥，较硬，内含少量白灰颗粒、碎砖块、微量黑炭渣点。该层下见乱石不过，停探。

台基外地层：第①层，浅灰色土，深厚 0.3 米。土质干燥，松散，内含少量碎砖块、植物根茎。第②层，灰褐色土，深 0.3 ~ 1.1 米，厚 0.8 米。土质干燥，松散，内含少量白灰颗粒、黑炭渣点、碎砖块。第③层，深灰褐色土，深 1.1 ~ 1.9 米，厚 0.8 米。土质较为松散，内含微量白灰点、水锈纹土。该层下见黄褐色沙质生土层，纯净，停探。

F364 台基

位于皇城西南部，F369 台基西部约 50 米处。平面呈长方形，东西 12 米，南北 10 米。该房址地势高出地平面约 0.7 米，0.8 ~ 0.9 米探到基础，房址内地表散布有少量砖瓦块、白灰颗粒。

台基内地层：第①层，浅灰色土，深厚 0.4 米。土质干燥，松散，内含白灰颗粒、砖瓦块、植物根茎。第②层，灰褐色土，深 0.4 ~ 1.2 米，厚 0.8 米。土质一般，含沙量较大，纯净。第③层，深灰褐色土，深 1.2 ~ 1.7 米，厚 0.5 米。土质较为湿软，呈污泥状，含黄褐色水锈纹沙土团。该层下见乳白色沙质生土层含碎石颗粒，停探。

台基外地层：第①层，浅灰色土，深厚 0.3 米。土质较湿软，内含碎石颗粒、植物根茎。第②层，灰褐色土，深 0.3 ~ 0.7 米，厚 0.4 米。土质较湿软，含沙量较大，纯净。第③层，深灰褐色土，深 0.7 ~ 1.1 米，厚 0.4 米。土质较为湿软，呈污泥状，含黄褐色水锈纹土。该层下见乳白色沙质生土层，含碎石颗粒，停探。

F365 台基

位于皇城西南部，F363 台基西部约 15 米处。平面呈长方形，东西 23 米，南北 18 米。房址地势高出地平面约 0.7 米，房址基础不明显。0.6 米探到砖石基础，地表散布有少量碎砖瓦块。

台基内地层：第①层，浅灰色土，深厚 0.3 米。土质干燥，松散，内含碎砖瓦块和植物根茎。第②层，灰褐色土，深 0.3 ~ 0.6 米，厚 0.3 米。土质干燥，较硬，内含少量白灰颗粒、红烧土颗粒和碎砖块。该层下见乱石不过，以下情况不明，停探。

台基外地层：第①层，浅灰色土，深厚 0.4 米。土质干燥，松散，内含碎石颗粒和植物根茎。第②层，灰褐色土，深 0.4 ~ 1 米，厚 0.6 米。土质较为松散，内含少量白灰颗粒和红烧土颗粒。第③层，深灰褐色土，深 1 ~ 1.6 米，厚 0.6 米。土质较为松软，内含微量黑炭渣点和水锈土。该层下见黄褐色沙质生土层，纯净，停探。

F366 台基（八思巴帝师寺）

位于皇城西南部，F375 台基南部约 14 米处。平面呈长方形，东西 34 米，南北 26 米。该房址高出地平面约 2 米，基础明显可见，外围护坡石南北两面大部分不明显。其余大都清晰可见。

台基内地层：第①层，浅灰色土，深厚 0.6 米。土质干燥，松散，内含碎砖石块、瓦片、白灰颗粒。该层下见乱石不过，以下情况不明，停探。

台基外地层：第①层，浅灰色土，深厚 0.3 米。土质干燥，松散，内含碎石颗粒、黑灰点、植物根茎。第②层，灰褐色土，深 0.3 ~ 0.9 米，厚 0.6 米。土质湿软纯净，含沙量较大，未发现包含物。第③层，深灰褐色土，深 0.9 ~ 1.3 米，厚 0.4 米。土质湿软，呈污泥状，纯净，含沙量较大。该层下见乳白色沙质生土层，纯净，含沙量较大，停探。

F367 台基

位于皇城西南部，F364 台基东南部约 30 米处。平面呈长方形，东西 13 米，南北 11 米。该房址地势高出地平面约 0.8 米，基础不明显。地表散布有少量碎砖瓦块。

台基内地层：第①层，浅灰色土，深厚 0.3 米。土质干燥，松散，内含碎砖瓦块、植物根茎。第②层，灰褐色土，深 0.3 ~ 1.1 米，厚 0.8 米。土质较为松散，内含碎砖瓦块、白灰颗粒。该层下见黄褐色沙质生土层，纯净，停探。

台基外地层：第①层，浅灰色土，深厚 0.4 米。土质干燥，松软，内含少量碎石颗粒和植物根茎。第②层，灰褐色土，深 0.4 ~ 1.3 米，厚 0.9 米。土质较为松软，内含少量白灰颗粒、黑炭渣点。该层下见黄褐色沙质生土层，纯净，停探。

F368 台基

位于皇城西南部，F366 台基（八思巴帝师寺）东部约 20 米处。平面呈不规则形，东西 6 ~ 14 米，南北 16 ~ 28 米。

台基内地层：该区域内有较多石铺基础部分，基础部分明显。基础铺砌后没有改变原地貌，基础铺砌部分随地形高低、坑洼、斜坡而形成。基础内没有建造房屋所用建筑构件遗存，该区域内地层没有改变。据上述情况分析，该区域内没有建造房屋的痕迹，部分基础部分铺砌在 F366 台基之上，也没有改变斜度和坡度，应为晚期所建。

F369 台基

位于皇城西南部，F368 台基南部约 18 米处。平面呈长方形，东西 22 米，南北 12 米。该房址地势高出地平面约 0.6 米，基础不明显。0.5 米左右探到砖石基础，地表散布有少量碎砖瓦块。

台基内地层：第①层，浅灰色土，深厚 0.4 米。土质干燥，松散，内含碎砖瓦块、植物根茎。第②层，灰褐色土，深 0.4 ~ 0.7 米，厚 0.3 米。土质较为松散，内含少量碎砖石块、白灰颗粒、黑炭渣点。该层下见乱石不过，停探。

台基外地层：第①层，浅灰色土，深厚 0.3 米。土质干燥，松软，内含少量碎石颗粒、植物根茎。第②层，灰褐色土，深 0.3 ~ 1.1 米，厚 0.8 米。土质较为松软，内含少量黑炭渣点、水锈纹土。该层下见浅白色沙质生土层，纯净，停探。

F370 台基

位于皇城西南部，F372 台基西部约 3 米处。平面近正方形，东西 11 米，南北 10 米。该房址地势高出地平面约 0.6 米，基础不明显。房址内地表散布有建筑构件残留、砖瓦块、白灰颗粒。

台基内地层：第①层，浅灰色土，深厚 0.4 米。土质干燥，松散，内含碎砖瓦块、白灰颗粒、植物根茎。第②层，灰褐色土，深 0.4 ~ 1.2 米，厚 0.8 米。土质较为湿软，纯净，未发现包含物。第③层，深灰褐色土，深 1.2 ~ 1.7 米，厚 0.5 米。土质湿软，含沙量较大，纯净。该层下见黄褐色生土层，含水锈纹，纯净，停探。

台基外地层：第①层，浅灰色土，深厚 0.3 米。土质一般，内含植物根茎。第②层，灰褐色土，深 0.3 ~ 0.8 米，厚 0.5 米。土质较为湿软，纯净，未发现包含物。第③层，深灰褐色土，深 0.8 ~ 1.2 米，厚 0.4 米。土质湿软，呈污泥状，纯净。该层下见黄褐色沙质生土层，含水锈纹，纯净，停探。

F371 台基

位于皇城西南部，F375 台基西部约 20 米处。平面呈长方形，东西 20 米，南北 4 米。该房址高出地平面约 0.4 米，基础不明显。0.4 米左右探到砖石基础。

台基内地层：第①层，浅灰色土，深厚 0.4 米。土质干燥，松散，内含碎砖瓦块、植物根茎。第②层，灰褐色土，深 0.4 ~ 1 米，厚 0.6 米。土质较为松软，内含少量碎石块和微量白灰点、黑炭渣点，含水锈纹土。该层下见浅白色沙质生土层，纯净，停探。

台基外地层：第①层，浅灰色土，深厚 0.3 米。土质干燥，松散，内含少量碎砖石块、植物根茎。第②层，灰褐色土，深 0.3 ~ 1.2 米，厚 0.9 米。土质较为松散，内含少量白灰颗粒和微量黑炭渣点，含水锈土。该层下见浅白色沙质生土层，纯净，停探。

F372 台基

位于皇城西南部，F370 台基东部约 3 米处。平面近正方形，东西 10 米，南北 9 米。该房址地势高出地平面约 0.6 米，基础不明显。地表散布有砖瓦块、白灰颗粒。

台基内地层：第①层，浅灰色土，深厚 0.4 米。土质干燥，松散，内含碎砖瓦块、白灰结块、植物根茎。第②层，灰褐色土，深 0.4 ~ 1.3 米，厚 0.9 米。土质较为湿软，纯净，未发现包含物。第③层，深灰褐色土，深 1.3 ~ 1.9 米，厚 0.6 米。土质湿软，纯净，含沙量较大。该层下见黄褐色沙质生土层，含水锈纹，停探。

台基外地层：第①层，浅灰色土，深厚 0.3 米。土质干燥，内含植物根茎。第②层，灰褐色土，深 0.3 ~ 0.9 米，厚 0.6 米。土质较为湿润，纯净，未发现包含物。第③层，深灰褐色土，深 0.9 ~ 1.3 米，厚 0.4 米。土质湿软，呈污泥状，纯净。该层下见黄褐色沙质生土层，含水锈纹，停探。

F373 台基

位于皇城西南部，F375 台基北部约 16 米处。平面呈刀把形，东西 6 ~ 20 米，南北 6 ~ 14 米。该房址地势高出地平面约 0.6 米，基础不明显。0.4 米左右探到砖石基础。

台基内地层：第①层，浅灰色土，深厚 0.3 米。土质干燥，松散，内含碎砖瓦块、植物根茎。第②层，灰褐色土，深 0.3 ~ 0.7 米，厚 0.4 米。土质较为松散，内含碎石块、白灰颗粒。第③层，深灰褐色土，深 0.7 ~ 1.3 米，厚 0.6 米。土质松软，纯净，内含微量黑炭渣点，含水锈土。该层下见浅白色沙质生土层，纯净，停探。

台基外地层：第①层，浅灰色土，深厚 0.4 米。土质干燥，松散，内含少量碎石块、植物根茎。第②层，灰褐色土，深 0.4 ~ 0.9 米，厚 0.5 米。土质干燥，内含少量碎砖块、植物根茎。第③层，深灰褐色土，深 0.9 ~ 1.2 米，厚 0.3 米。土质松软，内含微量黑炭渣点，含水锈土。该层下见浅白色沙质生土层，纯净，停探。

F374 台基

位于皇城西南部，F376 台基南部约 5 米处。平面呈长方形，东西 19 米，南北 12 米。该房址高出地平面约 0.2 米，地势较为平坦。石砌基础明显。

台基内地层：第①层，浅灰色土，深厚 0.4 米。土质一般，内含碎砖石块、瓦片、白灰颗粒。第②层，灰褐色土，深 0.4 ~ 0.9 米，厚 0.5 米。土质较为湿润，纯净，未发现包含物。第③层，深灰褐色土，深 0.9 ~ 1.3 米，厚 0.4 米。土质湿软，呈污泥状，未发现包含物。该层下见黄褐色沙质生土层，含水锈纹，纯净，停探。

台基外地层：第①层，浅灰色土，深厚 0.3 米。土质一般，内含植物根茎。第②层，灰褐色土，深 0.3 ~ 0.7 米，厚 0.4 米。土质较为湿软，内含草木灰、白瓷片、植物根茎。第③层，深灰褐色土，深 0.7 ~ 1 米，厚 0.3 米。土质湿软，呈污泥状，纯净。该层下见黄褐色沙质生土层，含水锈纹，停探。

F375 台基

位于皇城西南部，F371 台基东部约 20 米处。平面呈正方形，东西 6 米，南北 6 米。该房址地势高出地平面约 0.8 米，部分石砌基础明显。地表散布有少量碎砖石块、瓷片。

台基内地层：第①层，浅灰色土，深厚 0.3 米。土质干燥，松散，内含碎砖石块、植物根茎。第②层，灰褐色土，深 0.3 ~ 0.8 米，厚 0.5 米。土质较为松散，内含少量碎砖石块、白灰颗粒。该层下见浅白色沙质生土层，纯净，停探。

台基外地层：第①层，浅灰色土，深厚 0.4 米。土质干燥，松散，内含少量碎砖石块、白灰颗粒、植物根茎。第②层，灰褐色土，深 0.4 ~ 1.1 米，厚 0.7 米。土质较为松散，内含少量建筑颜料和黑炭渣点，含水锈纹土。该层下见浅白色沙质生土层，纯净，停探。

F376 台基

位于皇城西南部，F374 台基北部约 5 米处。平面呈正方形，东西 6 米，南北 6 米。该房址高出地平面约 0.2 米，地势较为平坦。

台基内地层：第①层，浅灰色土，深厚0.5米。土质干燥，松散，内含碎砖石块、瓦片、白灰结块、植物根茎。该层下见砖石不过，以下情况不明，停探。

台基外地层：第①层，浅灰色土，深厚0.3米。土质一般，内含植物根茎。第②层，灰褐色土，深0.3～0.7米，厚0.4米。土质较为湿润，内含白瓷片和少量黑炭灰点。第③层，深灰褐色土，深0.7～1.1米，厚0.4米。土质湿软，呈污泥状，纯净。该层下见黄褐色沙质生土层，含水锈纹，停探。

F377 台基

位于皇城西南部，F372台基北部约17米处。平面呈长方形，东西15米，南北8米。该房址地势高出地表面约0.3米，部分基础明显。地表散布有少量碎砖石块、瓷片。

台基内地层：第①层，浅灰色土，深厚0.3米。土质干燥，松散，内含碎砖石块、植物根茎。第②层，灰褐色土，深0.3～0.8米，厚0.5米。土质干燥，内含少量碎砖块、黑炭渣颗粒。第③层，深灰褐色土，深0.8～1.2米，厚0.4米。土质较为松散，内含少量黑炭渣点、水锈纹土。该层下见浅黄色沙质生土层，纯净，停探。

台基外地层：第①层，浅灰色土，深厚0.4米。土质干燥，松散，内含少量碎石块、植物根茎。第②层，灰褐色土，深0.4～0.9米，厚0.5米。土质较为松散，内含少量碎砖块。第③层，深灰褐色土，深0.9～1.6米，厚0.7米。土质松软，内含少量黑炭渣点、水锈纹土。该层下见浅白色沙质生土层，纯净，停探。

F378 台基

位于皇城西南部，F376台基东北部约3米处。平面呈正方形，东西4米，南北4米。该房址地势高出地平面约0.2米。

台基内地层：第①层，浅灰色土，深厚0.5米。土质干燥，松散，内含碎砖石块、瓦片、植物根茎。该层下见石不过，以下情况不明。

台基外地层：第①层，浅灰色土，深厚0.3米。土质一般，内含少量碎石颗粒、植物根茎。第②层，灰褐色土，深0.3～0.8米，厚0.5米。土质较为湿润，内含兽骨、白瓷片、黑炭灰颗粒。第③层，深灰褐色土，深0.8～1.2米，厚0.4米。土质湿软，呈污泥状，纯净。该层下见黄褐色沙质生土层，含水锈纹，停探。

F379 台基

位于皇城西南部，F380台基西部约30米处。平面呈长方形，东西24米，南北12米。该房址地势高出地平面约0.4米，基础不明显。0.4米探到砖石基础。

台基内地层：第①层，浅灰色土，深厚0.3米。土质干燥，松散，内含碎砖块、植物根茎。第②层，灰褐色土，深0.3～0.8米，厚0.5米。土质较为松散，内含少量动物骨骼、白灰颗粒、碎瓦片、碎瓷片。第③层，深灰褐色土，深0.8～1.2米，厚0.4米。土质松软，内含微量白灰点、黑炭渣点和水锈纹土。该层下见黄褐色沙质生土层，纯净，停探。

台基外地层：第①层，浅灰色土，深厚0.4米。土质干燥，松散，内含少量碎石块、植物根茎。第②层，灰褐色土，深0.4～0.9米，厚0.5米。土质较为松散，内含少量黑炭渣点。第③层，深灰褐色土，深0.9～1.3米，厚0.4米。土质松软，内含微量白灰点、黑炭渣点和水锈纹土。该层下见黄褐色沙质生土层，纯净，停探。

F380 台基

位于皇城西南部，F378 台基西北部约 14 米处。平面呈长方形，东西 8 米，南北 6 米。该房址地势高出地平面约 0.3 米，西北部基础明显，南部和北部在深度 0.3 米处探到基础。

台基内地层：第①层，浅灰色土，深厚 0.4 米。土质干燥、松散，内含碎砖块、白灰颗粒。第②层，灰褐色土，深 0.4 ~ 0.9 米，厚 0.5 米。土质湿润，内含黑灰点、炭灰。第③层，深灰褐色土，深 0.9 ~ 1.4 米，厚 0.5 米。土质湿软，呈污泥状，含沙量较大，纯净，未发现包含物。该层下见黄褐色沙质生土层，含水锈纹，停探。

台基外地层：第①层，浅灰色土，深厚 0.3 米。土质一般，内含碎石颗粒、黑灰点、植物根茎。第②层，灰褐色土，深 0.3 ~ 0.7 米，厚 0.4 米。土质较为湿润，内含黑炭颗粒、兽骨、灰陶片。第③层，深灰褐色土，深 0.7 ~ 1.1 米，厚 0.4 米。土质湿软，呈污泥状，纯净。该层下见黄褐色沙质生土层，含水锈纹，纯净，停探。

F381 台基

位于皇城西南部，F389 台基北部约 24 米处。平面呈长方形，东西 10 米，南北 8 米。该房址地势高出地平面约 0.4 米，基础不明显。0.6 米深探到砖石基础。

台基内地层：第①层，浅灰色土，深厚 0.9 米。土质干燥、松散，内含少量碎砖瓦块、植物根茎。第②层，灰褐色土，深 0.9 ~ 2.1 米，厚 1.2 米。土质较为松散，内含少量动物骨骼、碎石块、白釉瓷片残片。第③层，深灰褐色土，深 2.1 ~ 3.6 米，厚 1.5 米。土质较为松散，内含微量红烧土颗粒、黑炭渣点和水锈纹土。该层下见浅白色沙质生土层，纯净，停探。

台基外地层：第①层，浅灰色土，深厚 0.8 米。土质干燥、松散，内含碎砖石颗粒、植物根茎。第②层，灰褐色土，深 0.8 ~ 2.2 米，厚 1.4 米。土质较为松散，内含少量碎石块、动物骨骼。第③层，深灰褐色土，深 2.2 ~ 3.4 米，厚 1.2 米。土质较为松散，内含少量白灰颗粒、黑炭渣点和水锈纹土。该层下见浅白色沙质生土层，纯净，停探。

F382 台基

位于皇城西南部，F380 台基北部约 50 米处。平面呈长方形，东西 29 米，南北 8 米。该房址地势高出地平面约 0.2 米，基础不明显。0.2 ~ 0.5 米深浅不等探到基础。

台基内地层：第①层，浅灰色土，深厚 0.5 米。土质干燥、松散，内含少量碎砖石颗粒、植物根茎。第②层，灰褐色土，深 0.5 ~ 2.1 米，厚 1.6 米。土质较为松散，内含白瓷片、烧土颗粒、黑灰、炭灰颗粒。第③层，深灰褐色土，深 2.1 ~ 2.9 米，厚 0.8 米。土质一般，纯净，未发现包含物。该层下见黄褐色沙质生土层，含水锈纹，纯净，停探。

台基外地层：第①层，浅灰色土，深厚 0.4 米。土质干燥、松散，内含碎石颗粒、植物根茎。第②层，灰褐色土，深 0.4 ~ 1.8 米，厚 1.4 米。土质较为松散，内含黑灰、烧土颗粒。第③层，深灰褐色土，深 1.8 ~ 2.6 米，厚 0.8 米。土质一般，纯净，未发现包含物。该层下见浅白色沙质生土层，含水锈纹，停探。

F383 台基

位于皇城西南部，F387 台基东部约 1 米处。平面呈长方形，东西 14 米，南北 8 米。该房址地势高出地平面约 0.4 米，基础不明显。深 0.4 米探到砖石基础。

台基内地层：第①层，浅灰色土，深厚 0.7 米。土质干燥，松散，内含少量碎砖瓦块、植物根茎。第②层，灰褐色土，深 0.7 ~ 2.1 米，厚 1.4 米。土质较为松散，内含少量白灰颗粒、碎砖块。第③层，深灰褐色土，深 2.1 ~ 3.2 米，厚 1.1 米。土质松软，内含少量白灰点、黑炭渣点。该层下见浅白色沙质生土层，纯净，停探。

台基外地层：第①层，浅灰色土，深厚 0.8 米。土质干燥，松散，内含碎石块、白灰颗粒、植物根茎。第②层，灰褐色土，深 0.8 ~ 2.2 米，厚 1.4 米。土质较为松散，内含少量红烧土颗粒、炭灰、白灰点。第③层，深灰褐色土，深 2.2 ~ 3 米，厚 0.8 米。土质松软，内含黑炭渣点、水锈纹土。该层下见浅白色沙质生土层，纯净，停探。

F384 台基

位于皇城西南部，F387 台基南部约 17 米处。平面呈长方形，东西 20 米，南北 9 米。该房址地势高出地平面约 0.2 米，基础不明显。深 0.6 ~ 0.9 米探到砖石基础。

台基内地层：第①层，浅灰色土，深厚 0.4 米。土质干燥，松散，内含少量碎石颗粒、植物根茎。第②层，灰褐色土，深 0.4 ~ 1.2 米，厚 0.8 米。土质较为松散，内含少量青釉瓷片残片、白灰颗粒。第③层，深灰褐色土，深 1.2 ~ 1.6 米，厚 0.4 米。土质松软，内含微量黑炭渣点、水锈纹土。该层下见黄褐色沙质生土层，纯净，停探。

台基外地层：第①层，浅灰色土，深厚 0.3 米。土质干燥，松散，内含少量碎砖石块、植物根茎。第②层，灰褐色土，深 0.3 ~ 1.3 米，厚 1 米。土质较为松散，内含少量碎砖块和微量黑炭渣点。第③层，深灰褐色土，深 1.3 ~ 1.7 米，厚 0.4 米。土质较为松散，内含微量黑炭渣点、水锈纹土。该层下见黄褐色沙质生土层，纯净，停探。

F385 台基

位于皇城西南部，F389 台基西部约 14 米处。平面呈长方形，东西 34 米，南北 12 米。该房址地势较为平坦，西部基础较为明显。0.2 ~ 0.4 米深探到基础。

台基内地层：第①层，浅灰色土，深厚 0.6 米。土质干燥，松散，内含白灰颗粒、砖瓦块、植物根茎。第②层，灰褐色土，深 0.6 ~ 2.2 米，厚 1.6 米。土质干燥，松散，内含兽骨、白瓷片、黑灰颗粒、烧土颗粒。第③层，深灰褐色土，深 2.2 ~ 3.1 米，厚 0.9 米。土质一般，纯净。该层下见黄褐色沙质生土层，含水锈纹，纯净，停探。

台基外地层：第①层，浅灰色土，深厚 0.5 米。土质干燥，松散，内含碎石颗粒、植物根茎。第②层，灰褐色土，深 0.5 ~ 2 米，厚 1.5 米。土质较为松散，干燥，内含黑灰、烧土颗粒。第③层，深灰褐色土，深 2 ~ 2.9 米，厚 0.9 米。土质一般，纯净。该层下见黄褐色沙质生土层，含水锈纹，停探。

F386 台基

位于皇城西南部，F384 台基东南部约 45 米处。平面近正方形，东西 12 米，南北 11 米。该房址地势高出地平面约 0.3 米，基础不明显。深 0.6 米探到砖石基础。

台基内地层：第①层，浅灰色土，深厚 0.4 米。土质干燥，松散，内含少量碎砖石颗粒、植物根茎。第②层，灰褐色土，深 0.4 ~ 1.7 米，厚 1.3 米。土质较为松散，内含少量碎砖块、草木灰、白灰颗粒、红烧土颗粒。第③层，深灰褐色土，深 1.7 ~ 2.2 米，厚 0.5 米。土质松软，内含微量黑炭渣点、水锈纹土。该层下见浅白色沙质生土层，纯净，停探。

台基外地层：第①层，浅灰色土，深厚 0.5 米。土质干燥，松散，内含少量碎砖石颗粒、植物根茎。第②层，灰褐色土，深 0.5 ~ 1.4 米，厚 0.9 米。土质较为松散，内含少量碎砖块、白釉瓷片残片、红烧土颗粒。第③层，深灰褐色土，深 1.4 ~ 2.1 米，厚 0.7 米。土质松软，内含黑炭渣点、水锈纹土。该层下见浅白色沙质生土层，纯净，停探。

F387 台基

位于皇城西南部，F383 台基西部约 1 米处。平面呈长方形，东西 12 米，南北 10 米。该房址地势较为平坦，西部基础较为明显。深 0.2 ~ 0.4 米深浅不等探到基础。

台基内地层：第①层，浅灰色土，深厚 0.6 米。土质干燥，松散，内含少量碎砖瓦块、白灰颗粒。第②层，灰褐色土，深 0.6 ~ 2.1 米，厚 1.5 米。土质较为松散，内含兽骨、红烧土颗粒、黑灰颗粒。第③层，深灰褐色土，深 2.1 ~ 3 米，厚 0.9 米。土质含沙量较大，纯净。该层下见黄褐色沙质生土层，含水锈纹，停探。

台基外地层：第①层，浅灰色土，深厚 0.4 米。土质干燥，松散，内含植物根茎。第②层，灰褐色土，深 0.4 ~ 2 米，厚 1.6 米。土质较为松散，内含红烧土颗粒、黑灰颗粒、灰陶片。第③层，深灰褐色土，深 2 ~ 2.9 米，厚 0.9 米。土质含沙量较大，纯净。该层下见黄褐色沙质生土层，含水锈纹，停探。

F388 台基

位于皇城西南部，F391 台基南部约 14 米处。平面近正方形，东西 8 米，南北 7 米。该房址地势高出地平面约 0.5 米，基础不明显。深 0.4 ~ 0.9 米探到砖石基础。

台基内地层：第①层，浅灰色土，深厚 0.9 米。土质干燥，松散，内含少量碎砖石块、白灰颗粒。该层下见石不过，停探。

台基外地层：第①层，浅灰色土，深厚 0.7 米。土质干燥，松散，内含少量碎砖块、植物根茎。第②层，灰褐色土，深 0.7 ~ 1.6 米，厚 0.9 米。土质较为松散，内含少量白灰颗粒、瓷片残片。第③层，深灰褐色土，深 1.6 ~ 3.2 米，厚 1.6 米。土质松软，内含少量红烧土颗粒、炭灰、黑炭渣、水锈纹土。该层下见浅白色沙质生土层，纯净，停探。

F389 台基

位于皇城西南部，F385 台基东部约 15 米处。平面呈长方形，东西 12 米，南北 9 米。该房址地势西高东低，呈斜坡状。在 0.5 ~ 0.8 米深度不等探到基础。

台基内地层：第①层，浅灰色土，深厚 0.5 米。土质干燥，松散，内含少量碎砖瓦块、白灰颗粒。第②层，灰褐色土，深 0.5 ~ 2.2 米，厚 1.7 米。土质一般，内含烧土颗粒、黑灰、炭灰、瓷片残片。第③层，深灰褐色土，深 2.2 ~ 3.1 米，厚 0.9 米。土质一般，纯净。该层下见黄褐色沙质生土层，含水锈纹，停探。

台基外地层：第①层，浅灰色土，深厚 0.4 米。土质干燥，松散，内含碎石颗粒、植物根茎。第②层，灰褐色土，深 0.4 ~ 2 米，厚 1.6 米。土质一般，内含红烧土颗粒、黑灰颗粒、兽骨。第③层，深灰褐色土，深 2 ~ 2.9 米，厚 0.9 米。土质含沙量较大，纯净。该层下见黄褐色沙质生土层，含水锈纹，停探。

F390 台基

位于皇城西南部，F378 台基东部约 20 米处。平面呈长方形，东西 8 米，南北 4 米。该房址地势高出地平面约 0.4 米，石砌基础明显。房址内散布有少量碎砖石块。

台基内地层：第①层，浅灰色土，深厚 0.5 米。土质干燥，松散，内含少量碎砖块、植物根茎。第②层，灰褐色土，深 0.5 ~ 1.4 米，厚 0.9 米。土质干燥，松散，内含少量白釉瓷残片、黑灰渣颗粒。第③层，深灰褐色土，深 1.4 ~ 2.2 米，厚 0.8 米。土质较为松散，内含少量白灰颗粒、黑炭渣点、动物骨骼。该层下见乱石不过，停探。

台基外地层：第①层，浅灰色土，深厚 0.6 米。土质干燥，松散，内含少量碎砖石块、植物根茎。第②层，灰褐色土，深 0.6 ~ 1.7 米，厚 1.1 米。土质干燥，内含少量红烧土颗粒、白灰点颗粒。第③层，深灰褐色土，深 1.7 ~ 2.6 米，厚 0.9 米。土质较为松散，内含微量黑炭渣点、白灰点颗粒。该层下见黄褐色沙质生土层，纯净，停探。

F391 台基

位于皇城西南部，F389 台基东部约 70 米处。平面呈长方形，东西 4 米，南北 8 米。该房址地势较为平坦，基础不明显。房址内建筑废墟堆积较厚，厚约 0.3 米。

台基内地层：第①层，浅灰色土，深厚 0.5 米。土质干燥，松散，内含少量碎砖石块、瓦片、白灰颗粒。第②层，灰褐色土，深 0.5 ~ 1.9 米，厚 1.4 米。土质一般，内含草木灰颗粒、水锈纹土、碎石颗粒、烧土颗粒。第③层，深灰褐色土，深 1.9 ~ 3.5 米，厚 1.6 米。土质一般，纯净，未发现包含物。该层下见黄褐色沙质生土层，含水锈纹，有碎石颗粒，停探。

台基外地层：第①层，浅灰色土，深厚 0.4 米。土质干燥，松散，内含植物根茎。第②层，灰褐色土，深 0.4 ~ 1.7 米，厚 1.3 米。土质一般，该层下黄褐色沙质生土层，含水锈纹，有草木灰、碎石颗粒。第③层，深灰褐色土，深 1.7 ~ 3.2 米，厚 1.5 米。土质一般，纯净。该层下见黄褐色沙质生土层，含水锈纹，有碎石颗粒，停探。

F392 台基

位于皇城西南部，F396 台基西部约 8 米处。平面呈长方形，东西 10 米，南北 6 米。该房址地势较为平坦，基础不明显。深 0.2 ~ 0.5 米探到基础。

台基内地层：第①层，浅灰色土，深厚 0.5 米。土质干燥，松散，内含少量碎砖石块、瓦片、白灰颗粒。第②层，灰褐色土，深 0.5 ~ 1.9 米，厚 1.4 米。土质一般，内含草木灰颗粒、烧土颗粒、黑炭渣点颗粒。第③层，深灰褐色土，深 1.9 ~ 3.1 米，厚 1.2 米。土质一般，纯净，未发现包含物。该层下见黄褐色沙质生土层，含水锈沙，停探。

台基外地层：第①层，浅灰色土，深厚 0.4 米。土质干燥，松散，内含碎石颗粒、植物根茎。第②层，灰褐色土，深 0.4 ~ 1.7 米，厚 1.3 米。土质一般，内含草木灰、烧土颗粒、白瓷片。第③层，深灰褐色土，深 1.7 ~ 3 米，厚 1.3 米。土质一般，纯净。该层下见黄褐色沙质生土层，含水锈沙，停探。

F393 台基

位于皇城西南部，F395 台基西部约 8 米处。平面呈长方形，东西 16 米，南北 12 米。该房址地势南高北低呈斜坡状，基础部分明显。在深度 0.4 ~ 0.5 米探到基础。

台基内地层：第①层，浅灰色土，深厚 0.5 米。土质干燥，松散，内含少量碎砖瓦块、白灰颗粒。第②层，灰褐色土，深 0.5 ~ 1.8 米，厚 1.3 米。土质一般，内含碎石颗粒、黑灰颗粒、兽骨、烧土颗粒。

第③层，深灰褐色土，深 1.8 ~ 3.4 米，厚 1.6 米。土质一般，纯净，未发现包含物。该层下见黄褐色沙质生土层，含水锈纹，停探。

台基外地层：第①层，浅灰色土，深厚 0.4 米。土质干燥，松散，内含碎石颗粒、白瓷片、植物根茎。第②层，灰褐色土，深 0.4 ~ 1.5 米，厚 1.1 米。土质一般，内含草木灰、炭灰颗粒、兽骨、水锈纹土。第③层，深灰褐色土，深 1.5 ~ 2.8 米，厚 1.3 米。土质较为湿润，纯净。该层下见黄褐色沙质生土层，停探。

F394 台基

位于皇城西南部。平面呈正方形，东西 20 米，南北 20 米。该房址地势高出地平面约 0.6 米。

台基内地层：第①层，浅灰色土，深厚 0.5 米。土质干燥，松散，内含白灰块、碎砖石块、瓦片。该层下见石不过，以下情况不明。

台基外地层：第①层，浅灰色土，深厚 0.4 米。土质干燥，松散，内含碎石颗粒、白灰点、植物根茎。第②层，灰褐色土，深 0.4 ~ 1.2 米，厚 0.8 米。土质一般，内含沙团状水锈，含黑灰点、炭灰。第③层，深灰褐色土，深 1.2 ~ 1.7 米，厚 0.5 米。含沙量较大，较净。该层下见黄褐色沙质生土层，含水锈纹，纯净，停探。

F395 台基

位于皇城西南部，F393 台基西部约 10 米处。平面呈长方形，东西 20 米，南北 11 米。该房址地势较为平坦，部分基础明显。深 0.2 ~ 0.3 米探到基础，房址内建筑废墟堆积明显。

台基内地层：第①层，浅灰色土，深厚 0.6 米。土质干燥，松散，内含少量碎砖石块、瓦片、白灰颗粒。第②层，灰褐色土，深 0.6 ~ 2.1 米，厚 1.5 米。土质一般，内含白瓷片、草木灰、烧土颗粒、动物骨骼。第③层，深灰褐色土，深 2.1 ~ 3.3 米，厚 1.2 米。土质一般，纯净。该层下见水锈纹生土层，含碎石颗粒，停探。

台基外地层：第①层，浅灰色土，深厚 0.4 米。土质干燥，松散，内含碎石颗粒、碎瓦片白瓷点。第②层，灰褐色土，深 0.4 ~ 2 米，厚 1.6 米。土质一般，内含草木灰、烧土颗粒、黑炭颗粒。第③层，深灰褐色土，深 2 ~ 3.1 米，厚 1.1 米。土质一般，纯净。该层下见黄褐色沙质生土层，含水锈沙、碎石颗粒，停探。

F396 台基

位于皇城西南部，F392 台基东部约 10 米处。平面呈长方形，东西 24 米，南北 13 米。该房址地势略高出地平面约 0.2 米，基础不明显。深 0.2 ~ 0.5 米探到基础。

台基内地层：第①层，浅灰色土，深厚 0.5 米。土质干燥，松散，内含少量碎砖瓦片、白灰颗粒。第②层，灰褐色土，深 0.5 ~ 2 米，厚 1.5 米。土质一般，内含草木灰、烧土颗粒、灰陶片、动物骨骼。第③层，深灰褐色土，深 2 ~ 3.4 米，厚 1.4 米。土质一般，内含碎石颗粒，含水锈纹。该层下见黄褐色沙质生土层，含水锈沙，停探。

台基外地层：第①层，浅灰色土，深厚 0.4 米。土质干燥，松散，内含碎石块、碎砖渣。第②层，灰褐色土，深 0.4 ~ 1.9 米，厚 1.5 米。土质一般，内含草木灰、红烧土颗粒、黑炭颗粒、白瓷片。第③层，深灰褐色土，深 1.9 ~ 3.1 米，厚 1.2 米。土质一般，内含黄褐色沙土层，含水锈沙。该层下见黄褐色沙质生土层，含水锈沙，停探。

F397 台基

位于皇城西南部，F412 台基东部约 34 米处。平面呈"L"形，东西 18 ~ 46 米，南北 18 ~ 54 米。该房址地势高出地平面约 0.5 米，基础不明显。深 0.7 ~ 1.4 米探到夯土基础，地表散布有少量碎砖瓦块、瓷片残片。

台基内地层：第①层，浅灰色土，深厚 0.4 米。土质干燥，松散，内含少量碎砖块、黑炭渣点、植物根茎。第②层，灰褐色土，深 0.4 ~ 1.8 米，厚 1.4 米。土质干燥，内含少量动物骨骼、白釉瓷片残片、白灰颗粒、黑炭灰颗粒、草木灰、瓦片。第③层，深灰褐色土，深 1.8 ~ 3.4 米，厚 1.6 米。土质较为松散，内含少量炭灰、草木灰、白灰颗粒、水锈纹土。该层下见深黄褐色沙质生土层，纯净，停探。

台基外地层：第①层，浅灰色土，深厚 0.5 米。土质松散，干燥，内含少量碎砖石块、炭灰颗粒、植物根茎。第②层，灰褐色土，深 0.5 ~ 1.6 米，厚 1.1 米。土质松散，内含红烧土颗粒、黑炭渣颗粒、白釉瓷片残片、碎砖石块、动物骨骼。第③层，深灰褐色土，深 1.6 ~ 3.1 米，厚 1.5 米。土质较为松散，内含少量白灰点、黑炭渣点、水锈纹土。该层下见深黄褐色沙质生土层，纯净，停探。

F398 台基

位于皇城西南部，F339 台基西部约 46 米处。平面呈长方形，东西 72 米，南北 14 米。该房址地势较高，基础不明显。在 0.3 ~ 0.5 米深度不等探到基础。

台基内地层：第①层，浅灰色土，深厚 0.7 米。土质干燥，松散，内含碎砖瓦片、白灰颗粒。第②层，灰褐色土，深 0.7 ~ 2.4 米，厚 1.7 米。土质干燥，相对较硬，内含草木灰、红烧土颗粒、瓷片残片、动物骨骼。第③层，深灰褐色土，深 2.4 ~ 3.7 米，厚 1.3 米。土质一般，内含黄褐色沙土层，底部有 0.4 米厚淤积层。该层下见黄褐色沙质生土层，含水锈沙，停探。

台基外地层：第①层，浅灰色土，深厚 0.5 米。土质干燥，松散，内含碎石颗粒、碎砖渣。第②层，灰褐色土，深 0.5 ~ 1.9 米，厚 1.4 米。土质较为干燥，内含草木灰、红烧土颗粒、动物骨骼、白瓷片。第③层，深灰褐色土，深 1.9 ~ 3 米，厚 1.1 米。土质一般，较净。该层下见黄褐色沙质生土层，含水锈沙，停探。

F399 台基

位于皇城西南部，F406 台基东北部约 24 米处。平面呈长方形，东西 13 米，南北 6 米。该房址地势高出地平面约 0.3 米，基础不明显。深 0.4 米探到砖石基础。

台基内地层：第①层，浅灰色土，深厚 0.4 米。土质干燥，松散，内含碎砖石块、白灰颗粒。第②层，灰褐色土，深 0.4 ~ 1.2 米，厚 0.8 米。土质较为松散，内含少量白灰颗粒、红烧土颗粒、黑炭渣点、水锈纹土。该层下见黄褐色沙质生土层，纯净，停探。

台基外地层：第①层，浅灰色土，深厚 0.3 米。土质干燥，松散，内含少量碎砖瓦块、植物根茎。第②层，灰褐色土，深 0.3 ~ 1 米，厚 0.7 米。土质较为松散，内含少量碎瓦块、白灰块、黑炭渣点、水锈纹土。该层下见深黄褐色沙质生土层，纯净，停探。

F400 台基

位于皇城西南部，F395 台基南部约 22 米处。平面呈刀把形，东西 6 ~ 9 米，南北 8 ~ 14 米。该房址地势高出地平面约 0.5 米，基础少部分明显。房址内建筑废墟较多。

台基内地层：第①层，浅灰色土，深厚 0.6 米。土质干燥，松散，内含碎砖石块、瓦片、白灰颗粒。第②层，灰褐色土，深 0.6 ~ 1.9 米，厚 1.3 米。土质一般，内含草木灰、动物骨骼、红烧土颗粒、黑炭颗粒。第③层，深灰褐色土，深 1.9 ~ 3.5 米，厚 1.6 米。土质一般，内含黄褐色沙土层，底部见有 0.4 米厚淤土层。该层下见水锈沙质生土层，停探。

台基外地层：第①层，浅灰色土，深厚 0.4 米。土质干燥，松散，内含碎石颗粒、植物根茎。第②层，灰褐色土，深 0.4 ~ 1.7 米，厚 1.3 米。土质一般，内含白瓷片、红烧土颗粒、动物骨骼、黑灰颗粒。第③层，深灰褐色土，深 1.7 ~ 3.2 米，厚 1.5 米。土质一般，内含黄褐色沙土层，底部有 0.4 米厚淤土层。该层下见水锈沙质生土层，停探。

F401 台基

位于皇城西部，F414 台基北部约 29 米处。平面呈刀把形，东西 31 ~ 42 米，南北 58 ~ 73 米。该房址高出地平面约 0.4 米，基础明显。大部分被现代房址叠压，房址内散布有少量碎砖石块、瓷器残片。

台基内地层：第①层，浅灰色土，深厚 0.4 米。土质干燥，松散，内含碎砖石块、植物根茎。第②层，灰褐色土，深 0.4 ~ 1.3 米，厚 0.9 米。土质松软，内含少量红烧土颗粒、白灰颗粒、碎瓦块、黑炭渣点。该层下见深黄褐色沙质生土层，纯净，停探。

台基外地层：第①层，浅灰色土，深厚 0.3 米。土质干燥，松散，内含少量碎砖石块、白灰颗粒、植物根茎。第②层，灰褐色土，深 0.3 ~ 1.1 米，厚 0.8 米。土质松软，内含少量红烧土颗粒、白灰点、黑炭渣点、水锈纹土。该层下见深黄色沙质生土层，纯净，停探。

F402 台基

位于皇城西部，F400 台基南部约 6 米处。平面呈不规则形，东西 20 ~ 60 米，南北 14 ~ 28 米。该房址地势较为平坦，基础不明显。深 0.3 ~ 0.5 米探到房址，内有建筑废墟堆积。

台基内地层：第①层，浅灰色土，深厚 0.5 米。土质干燥，松散，内含砖石块、瓦片、白灰颗粒。第②层，灰褐色土，深 0.5 ~ 2 米，厚 1.5 米。土质一般，内含草木灰、红烧土颗粒、动物骨骼。第③层，深灰褐色土，深 2 ~ 3.3 米，厚 1.3 米。土质一般，纯净。该层下见含水锈纹生土层，停探。

台基外地层：第①层，浅灰色土，深厚 0.4 米。土质干燥，松散，内含植物根茎。第②层，灰褐色土，深 0.4 ~ 1.9 米，厚 1.5 米。土质一般，内含黑灰颗粒、青灰颗粒、红烧土颗粒、青瓷片。第③层，深灰褐色土，深 1.9 ~ 3 米，厚 1.1 米。土质一般，纯净。该层下见含水锈沙生土层，停探。

F403 台基

位于宫城西部，向北 40 米，再向西 100 米处。平面呈长方形，东西 30 米，南北 14 米。该房址地势高出地平面约 0.3 米，基础不明显。深 0.6 米探到砖石基础，部分为夯土基础。房址地表散布有少量碎砖瓦块。

台基内地层：第①层，浅灰色土，深厚 0.6 米。土质干燥，松散，内含碎砖瓦块、植物根茎。第②层，灰褐色土，深 0.6 ~ 1.8 米，厚 1.2 米。土质较为松散，内含少量动物骨骼、白灰颗粒、红烧土颗粒、草木灰。第③层，深灰褐色土，深 1.8 ~ 2.5 米，厚 0.7 米。土质松软，内含微量白灰点、黑炭渣点、水锈纹土。该层下见浅白色沙质生土层，纯净，停探。

台基外地层：第①层，浅灰色土，深厚 0.5 米。土质干燥，松散，内含少量碎砖石块、炭灰颗粒、植物根茎。第②层，灰褐色土，深 0.5 ~ 1.6 米，厚 1.1 米。土质松散，内含少量碎砖石块、白灰颗粒、炭灰颗粒。第③层，深灰褐色土，深 1.6 ~ 2.1 米，厚 0.5 米。土质松软，内含微量炭灰颗粒、白灰颗粒、黑炭渣点、水锈纹土。该层下见浅白色沙质生土层，纯净，停探。

F404 台基

位于皇城西部，西距皇城西城墙约 8 米。平面呈长方形，东西 12 米，南北 8 米。该房址高出地平面约 0.2 米，石砌基础明显。房址内散布有少量碎砖石块。

台基内地层：第①层，浅灰色土，深厚 0.3 米。土质干燥，松散，内含少量碎砖石颗粒、白灰颗粒、植物根茎。第②层，灰褐色土，深 0.3 ~ 1.2 米，厚 0.9 米。土质较为松散，内含少量动物骨骼、碎砖块、白灰结块。第③层，深灰褐色土，深 1.2 ~ 1.7 米，厚 0.5 米。土质松软，内含少量白釉瓷片残片和微量白灰点、黑炭渣点。该层下见深黄色沙质生土层，纯净，停探。

台基外地层：第①层，浅灰色土，深厚 0.3 米。土质干燥，松散，内含少量碎砖块、植物根茎。第②层，灰褐色土，深 0.3 ~ 1.1 米，厚 0.8 米。土质松散，内含少量碎砖块、白灰颗粒、红烧土颗粒、动物骨骼。第③层，深灰褐色土，深 1.1 ~ 1.5 米，厚 0.4 米。土质松软，内含微量白灰点、黑炭渣点，含水锈纹土。该层下见深黄色沙质生土层，纯净，停探。

F405 台基

位于皇城西部。平面呈正方形，东西 8 米，南北 8 米。该房址地势高出地平面约 0.2 米，基础不明显。

台基内地层：第①层，浅灰色土，深厚 0.3 米。土质干燥，松散，内含稍多植物根茎。第②层，灰褐色土，深 0.3 ~ 0.8 米，厚 0.5 米。土质较为松散，内含少量碎砖石块。该层下见黄褐色沙质生土层，停探。

台基外地层：第①层，浅灰色土，深厚 0.3 米。土质干燥，松散，内含少量碎砖块、植物根茎。第②层，灰褐色土，深 0.3 ~ 1 米，厚 0.7 米。土质松散，内含少量碎砖块、动物骨骼。第③层，深灰褐色土，深 1 ~ 1.5 米，厚 0.5 米。土质松软，内含黑炭渣点，水锈纹土。该层下见深黄色沙质生土层，纯净，停探。

F406 台基

位于皇城西部，F414 台基南部约 23 米处。平面呈长方形，东西 32 米，南北 10 米。该房址地势高出地平面约 0.3 米，基础不明显。0.7 米探到夯土基础，房址内散布有少量碎砖石块。

台基内地层：第①层，浅灰色土，深厚 0.5 米。土质干燥，松散，内含少量碎砖石块、白灰颗粒。第②层，灰褐色土，深 0.5 ~ 1.7 米，厚 1.2 米。土质松散，内含少量动物骨骼、青釉瓷残片、黑炭渣点、碎砖块。第③层，深灰褐色土，深 1.7 ~ 3.1 米，厚 1.4 米。土质松软，内含少量白灰点、黑炭渣点、水锈纹土。该层下见深黄褐色沙质生土层，纯净，停探。

台基外地层：第①层，浅灰色土，深厚 0.4 米。土质干燥，松散，内含少量碎砖块、植物根茎。第②层，灰褐色土，深 0.4 ~ 1.5 米，厚 1.1 米。土质松散，内含少量碎瓦片、动物骨骼、红烧土颗粒。第③层，深灰褐色土，深 1.5 ~ 2.9 米，厚 1.4 米。土质松软，内含少量白灰点、黑炭渣点、水锈纹土。该层下见深黄褐色沙质生土层，纯净，停探。

F407 台基

位于皇城西部，宫城西墙西部。平面呈长方形，东西 36 米，南北 18 米。该房址地势高出地平面约 1.4 米，基础不明显。深 0.7 米左右探到夯土基础，房址内地表散布有少量碎砖瓦块。

台基内地层：第①层，浅灰色土，深厚 0.4 米。土质干燥、松散，内含稍多碎砖石块、瓦片、植物根茎。第②层，灰褐色土，深 0.4 ~ 0.7 米，厚 0.3 米。土质松散，内含少量碎石块、白灰颗粒、黑炭渣点。第③层，浅黄褐色土，深 0.7 ~ 2.7 米，厚 2 米。土质稍松，内含微量白灰点、黑炭渣点、水锈纹土。

F408 台基

位于皇城西部，宫城西南角西南部。F397 台基东北角向东 40 米再向北 5 米处。平面呈正方形，东西 17 米，南北 17 米。该房址地势高出地平面约 0.6 米，基础不明显，极个别探孔探到石块。

台基内地层：第①层，浅灰色土，深厚 0.5 米。土质干燥、松散，内含碎砖石块、白灰颗粒、瓦片。第②层，灰褐色夯土层，深 0.5 ~ 1.3 米，厚 0.8 米。土质坚硬，密度较大，分小薄层。掺和少量黄褐色沙土层，内含黑灰颗粒。第③层，深灰褐色土，深 1.3 ~ 2.1 米，厚 0.8 米。土质一般，纯净，未发现包含物。该层下见乳白色沙质生土层，纯净，停探。

台基外地层：第①层，浅灰色土，深厚 0.4 米。土质干燥、松散，内含碎石颗粒、植物根茎。第②层，灰褐色土，深 0.4 ~ 1.1 米，厚 0.7 米。土质较为湿软，底部有 0.2 米深灰褐色土层，较为纯净。该层下见乳白色沙质生土层，纯净，停探。

F409 台基

位于皇城西部，宫城西墙西部，F415 台基北部约 25 米处。平面呈长方形，东西 23 米，南北 14 米。该房址地势高出地平面约 1.6 米，基础不明显。深 0.5 米探到夯土基础，房址内地表散布有少量碎砖瓦块。

台基内地层：第①层，浅灰色土，深厚 0.5 米。土质干燥、松散，内含少量碎砖瓦块、植物根茎。第②层，灰褐色土，深 0.5 ~ 1 米，厚 0.5 米。土质松散，内含少量碎砖瓦块、红烧土颗粒、黑炭渣点。第③层，深灰褐色土，深 1 ~ 2.7 米，厚 1.7 米。土质松软，内含少量白灰点、黑炭渣点、水锈纹土。该层下见深黄色沙质生土层，纯净，停探。

台基外地层：第①层，浅灰色土，深厚 0.3 米。土质干燥、松散，内含少量碎砖瓦块、植物根茎。第②层，灰褐色土，深 0.3 ~ 0.9 米，厚 0.6 米。土质较为松散，内含少量碎砖块、红烧土颗粒、草木灰。第③层，深灰褐色土，深 0.9 ~ 1.7 米，厚 0.8 米。土质松软，内含少量碎砖渣点、白灰点、黑炭渣点、水锈纹土。该层下见深黄色沙质生土层，纯净，停探。

F410 台基

位于皇城西部，宫城西南部，F411 台基北部约 14 米处。平面呈长方形，东西 35 米，南北 12 米。该房址地势高出地平面约 0.6 米，基础不明显。极个别探孔探到有石块。

台基内地层：第①层，浅灰色土，深厚 0.8 米。土质干燥、松散，内含碎砖石块、白灰颗粒、灰陶片、瓦片。第②层，浅黄色夯土层，深 0.8 ~ 1.7 米，厚 0.9 米。土质坚硬，含沙量较大，纯净，未发现包含物。第③层，深灰褐色土，深 1.7 ~ 2.8 米，厚 1.1 米。土质湿软，底部有 0.4 米厚污泥状扰土层。该层下见乳白色沙质生土层，纯净，停探。

台基外地层：第①层，浅灰色土，深厚 0.4 米。土质干燥，松散，内含碎石颗粒、白瓷片、植物根茎。第②层，灰褐色土，深 0.4 ~ 1.6 米，厚 1.2 米。土质一般，内含草木灰、烧土颗粒、灰陶片。第③层，深灰褐色土，深 1.6 ~ 2.2 米，厚 0.6 米。土质湿软，呈污泥状。该层下见乳白色沙质生土层，纯净，停探。

F411 台基

位于皇城西部，宫城西南部，F410 台基南部约 12 米处。平面呈长方形，东西 14 米，南北 12 米。该房址中部低，周边落差约 0.6 米。基础不明显，房址内地表有建筑废墟痕迹。

台基内地层：第①层，浅灰色土，深厚 0.5 米。土质干燥，松散，内含白瓷片、砖石块、瓦片、白灰颗粒。第②层，灰褐色土，深 0.5 ~ 1.3 米，厚 0.8 米。土质松散，内含骨渣、灰陶片、黑灰点。第③层，黄褐色土，深 1.3 ~ 1.9 米，厚 0.6 米。土质偏硬，含沙量较大，纯净。该层下见乳白色沙质生土层，纯净，停探。

台基外地层：第①层，浅灰色土，深厚 0.5 米。土质干燥，松散，内含碎石颗粒、植物根茎。第②层，灰褐色土，深 0.5 ~ 1 米，厚 0.5 米。土质松散，内含兽骨、黑灰点、碎石颗粒。第③层，黄褐色沙土，深 1 ~ 1.4 米，厚 0.4 米。土质偏硬，含沙量较大，纯净。该层下见乳白色沙质生土层，纯净，停探。

F412 台基

位于皇城西部，宫城西南部，大围墙南端，F397 台基西部约 33 米处。平面呈不规则形，东西 6 ~ 48 米，南北 10 ~ 27 米。房址基础不明显，建筑废墟遗存较多，地表石块坍塌面积较大，大部分基础无法探明。

台基内地层：第①层，浅灰色土，深厚 0.6 米。土质干燥，松散，内含砖石块、瓦片、白灰结块和少量红胎绿釉瓦片、白灰颗粒。第②层，灰褐色土，深 0.6 ~ 1.5 米，厚 0.9 米。土质松散，内含骨渣、红烧土颗粒、黑灰点。第③层，黄褐色沙土，深 1.5 ~ 2.2 米，厚 0.7 米。土质偏硬，含沙量较大，纯净。该层下见乳白色沙质生土层，纯净，停探。

台基外地层：第①层，浅灰色土，深厚 0.4 米。土质干燥，松散，内含碎白瓷片、碎石颗粒、植物根茎。第②层，灰褐色土，深 0.4 ~ 1.1 米，厚 0.7 米。土质松散，内含黑灰颗粒、灰质陶片、动物骨骼。第③层，黄褐色沙土，深 1.1 ~ 1.6 米，厚 0.5 米。土质偏硬，含沙量较大，纯净。该层下见乳白色沙质生土层，纯净，停探。

F413 台基（开元寺遗址）

位于皇城西部，小西门内大街的南侧，宫城西华门西北部，位于 F417 台基北部约 80 米处。平面呈刀把形，东西 110 米，南北 57 米。该房址地势高出地平面约 0.2 米，基础不明显，房址内深 0.7 ~ 1.2 米探到红烧土块、草木灰、炭灰颗粒。

台基内地层：第①层，浅灰色土，深厚 0.5 米。土质干燥，松散，内含少量碎砖石块、白灰颗粒、植物根茎。第②层，灰褐色土，深 0.5 ~ 1.2 米，厚 0.7 米。土质松散，内含少量炭灰、草木灰、红烧土块和微量碎砖渣点、白灰点、动物骨骼。第③层，深灰褐色土，深 1.2 ~ 2.4 米，厚 1.2 米。土质稍松，内含少量草木灰和微量白灰点、黑炭渣点。该层下见深黄色沙质生土层，纯净，停探。

台基外地层：第①层，浅灰色土，深厚 0.4 米。土质干燥，松散，内含少量碎砖块、动物骨骼、白灰颗粒、植物根茎。第②层，灰褐色土，深 0.4 ~ 1.3 米，厚 0.9 米。土质松散，内含少量碎石块、炭灰颗粒和微量红烧土颗粒、白灰点。第③层，深灰褐色土，深 1.3 ~ 2.1 米，厚 0.8 米。土质稍松，内含少量白灰点、黑炭渣点、水锈纹土，停探。

F414 台基

位于皇城西部，宫城西南部，F406 台基北部约 20 米处。平面呈不规则方形，东西 58 米，南北 56 米。房址内地势较为低洼，基础不明显，房址周边 1 米下见有底夯，夯层较薄，约为 0.2 米。地表建筑遗存较为丰富，瓦片、砖石块遍布整个房址内，应为一处整体院落。

台基内地层：第①层，浅灰色土，深厚 0.6 米。土质干燥，松散，内含碎砖石块、瓦片、白灰颗粒。第②层，灰褐色土，深 0.6 ~ 1.3 米，厚 0.7 米。土质松散，内含红烧土颗粒，含水锈土。该层下见乳白色沙质生土层，纯净，停探。

台基外地层：第①层，浅灰色土，深厚 0.4 米。土质干燥，松散，内含碎石颗粒、植物根茎。第②层，灰褐色土，深 0.4 ~ 1.1 米，厚 0.7 米。土质偏硬，内含水锈纹土。该层下见乳白色沙质生土层，纯净，停探。

F415 台基

位于皇城西部，宫城西南部，F426 台基东部约 24 米处。平面呈刀把形，东西 25 ~ 52 米，南北 8 ~ 20 米。该房址地势高出地平面约 0.3 米，基础不明显，0.8 米探到夯土基础。

台基内地层：第①层，浅灰色地表土，深厚 0.5 米。土质干燥，松散，内含少量碎砖块、白灰颗粒、植物根茎。第②层，灰褐色土，深 0.5 ~ 1.8 米，厚 1.3 米。土质松散，内含少量动物骨骼、碎砖瓦块、白灰颗粒、红烧土颗粒。第③层，深灰褐色土，深 1.8 ~ 2.5 米，厚 0.7 米。土质松散，内含微量白灰点、黑炭渣点、水锈纹土。该层下见黄褐色沙质生土层，纯净，停探。

台基外地层：第①层，浅灰色地表土，深厚 0.4 米。土质干燥，松散，内含碎砖瓦块、白灰颗粒、植物根茎。第②层，灰褐色土，深 0.4 ~ 1.6 米，厚 1.2 米。土质松散，内含少量动物骨骼、白釉瓷片、黑炭灰颗粒、白灰颗粒、红烧土颗粒。第③层，深灰褐色土，深 1.6 ~ 2.3 米，厚 0.7 米。土质松软，内含微量白灰点、黑炭渣点、水锈纹土，纯净，停探。

F416 台基

位于皇城西部，宫城西华门西北部，F415 台基东部约 6 米处。平面呈长方形，东西 22 米，南北 10 米。该房址地势高出地平面约 0.2 米，基础不明显，深 0.8 米探到夯土，房址内地表散布有碎砖石块。

台基内地层：第①层，浅灰色地表土，深厚 0.6 米。土质干燥，松散，内含碎砖瓦块、白灰颗粒、植物根茎。第②层，灰褐色土，深 0.6 ~ 1.4 米，厚 0.8 米。土质稍松，内含少量动物骨骼、红烧土颗粒、黑炭灰颗粒。第③层，深灰褐色土，深 1.4 ~ 2 米，厚 0.6 米。土质松软，内含微量白灰点、黑炭渣点、水锈纹土。该层下见深黄色沙质生土层，纯净，停探。

台基外地层：第①层，浅灰色地表土，深厚 0.4 米。土质较为松散，内含少量碎砖块、植物根茎。第②层，灰褐色土，深 0.4 ~ 1.3 米，厚 0.9 米。土质松散，内含少量白灰颗粒、黑炭渣点、白釉瓷片、动物骨骼。第③层，深灰褐色土，深 1.3 ~ 1.8 米，厚 0.5 米。土质松软，内含少量红烧土颗粒、黑炭渣点、白灰点、水锈纹土。该层下见深黄色沙质生土层，纯净，停探。

F417 台基

位于皇城西部，F404 台基东部约 70 米处。平面呈长方形，东西 53 米，南北 24 米。该房址地势高出地平面约 1.8 米，基础不明显，周边有护坡石堆积。

台基内地层：第①层，浅灰色地表土，深厚 0.6 米。土质干燥，松散，内含碎砖石块、白灰颗粒、瓦片、黑灰颗粒。第②层，灰褐色土，深 0.6 ~ 1.9 米，厚 1.3 米。土质松散，内含红烧土颗粒、黑灰颗粒、砖块、白瓷片。第③层，淤积层，深 1.9 ~ 2.5 米，厚 0.6 米。土质偏硬，内含黄褐色沙土层、深灰色土层，有层次，纯净。该层下见乳白色沙质生土层，停探。

台基外地层：第①层，浅灰色地表土，深厚 0.4 米。土质干燥，松散，内含少量碎石颗粒、植物根茎。第②层，灰褐色土，深 0.4 ~ 0.7 米，厚 0.3 米。土质松散，内含碎砖石颗粒。该层下见乳白色沙质生土层，含碎石颗粒，停探。

F418 台基

位于皇城西部，宫城西华门西北部，F420 台基东部约 26 米处。平面呈长方形，东西 50 米，南北 16 米。该房址地势高出地平面约 0.3 米，基础不明显，0.8 米探到砖石基础。

台基内地层：第①层，浅灰色地表土，深厚 0.5 米。土质干燥，松散，内含少量碎砖瓦块、植物根茎。第②层，灰褐色土，深 0.5 ~ 1.3 米，厚 0.8 米。土质松散，内含红烧土颗粒、动物骨骼、白灰颗粒、黑炭灰颗粒。第③层，深灰褐色土，深 1.3 ~ 1.9 米，厚 0.6 米。土质松软，内含少量黑炭渣颗粒和少量白釉瓷片、黄釉瓷片、白灰点颗粒。该层下见深黄色沙质生土层，纯净，停探。

台基外地层：第①层，浅灰色地表土，深厚 0.3 米。土质干燥，松散，内含少量碎砖块、植物根茎。第②层，灰褐色土，深 0.3 ~ 1 米，厚 0.7 米。土质松散，内含少量白釉瓷片、动物骨骼、碎石块、白灰颗粒。第③层，深灰褐色土，深 1 ~ 1.8 米，厚 0.8 米。土质松软，内含微量白灰点、黑炭渣点颗粒。该层下见深黄色沙质生土层，纯净，停探。

F419 台基

位于皇城西部，宫城西华门西北部，F420 台基西部约 2 米处。平面呈长方形，东西 16 米，南北 10 米。该房址基础不明显，因坍塌后周围遗留石块较多，无法查明基础准确位置，但因建筑废墟遗存丰富，定为房址。

台基内地层：第①层，浅灰色地表土，深厚 0.6 米。土质干燥，松散，内含碎砖块、白灰颗粒、瓦砾、黑灰颗粒。第②层，灰褐色土，深 0.6 ~ 1.8 米，厚 1.2 米。土质松散，内含黑灰颗粒、动物骨骼。第③层，深灰褐色淤积土，深 1.8 ~ 2.5 米，厚 0.7 米。土质湿软，含沙量大，纯净。该层下见乳白色沙质生土层，停探。

台基外地层：第①层，浅灰色地表土，深厚 0.4 米。土质较为干燥，松散，内含碎石颗粒、植物根茎。第②层，灰褐色土，深 0.4 ~ 1.5 米，厚 1.1 米。土质松散，含灰陶片、黑灰颗粒、动物骨骼。第③层，深灰褐色土，深 1.5 ~ 2.1 米，厚 0.6 米。土质湿软，含沙量较大，系淤积土，纯净。该层下见乳白色沙质生土层，停探。

F420 台基

位于皇城西部，宫城西华门西北部，F419 台基东部约 2 米处。平面呈长方形，东西 10 米，南北 8 米。该房址地势高出地平面约 0.2 米，基础不明显，深 0.6 米探到砖石基础，房址内地表散布有少量碎砖石块。

台基内地层：第①层，浅灰色地表土，深厚0.4米。土质干燥，松散，内含碎砖块、白灰颗粒、植物根茎。第②层，灰褐色土，深0.4～1.2米，厚0.8米。土质松散，内含少量白灰颗粒。第③层，深灰褐色淤积土，深1.2～1.6米，厚0.4米。土质松软，内含微量白灰点、黑炭渣点、水锈纹土。该层下见深黄色沙质生土层，纯净，停探。

台基外地层：第①层，浅灰色地表土，深厚0.3米。土质较为干燥，松散，内含少量碎石颗粒、植物根茎。第②层，灰褐色土，深0.3～1米，厚0.7米。土质松散，内含少量炭灰颗粒、黑炭渣点、红烧土颗粒。第③层，深灰褐色土，深1～1.5米，厚0.5米。土质松软，内含微量黑炭渣点、白灰点、水锈纹土。该层下见黄褐色沙质生土层，纯净，停探。

F421台基

位于皇城西部，宫城西华门西北部，F418台基东部约16米处。平面呈不规则形，东西8～31米，南北4～10米。该房址因坍塌乱石遍地，探铲无法探过，无法准确探明房址准确位置。

台基内地层：第①层，浅灰色地表土，深厚0.6米。土质干燥，松散，内含白灰颗粒、砖石块、瓦片。第②层，灰褐色土，深0.6～1.8米，厚1.2米。土质松散，内含碎石颗粒、动物骨骼、黑灰颗粒、水锈纹土。第③层，深灰褐色土，深1.8～2.4米，厚0.6米。土质湿软，含沙量大，含水锈纹土，系淤积而形成，纯净。该层下见乳白色沙质生土层，停探。

台基外地层：第①层，浅灰色地表土，深厚0.4米。土质较为干燥，松散，内含碎石颗粒。第②层，灰褐色土，深0.4～1.4米，厚1米。土质松散，内含碎石颗粒、动物骨骼。第③层，深灰褐色土，深1.4～2.1米，厚0.7米。土质湿软，含沙量较大，系淤积土，纯净。该层下见乳白色沙质生土层，停探。

F422台基

位于皇城西部，宫城西华门西北部，位于F419台基北部约49米处。平面呈长方形，东西10米，南北8米。该房址地势高出地平面约0.4米，基础不明显，上部被认为破坏，翻动在基础四周。底部深0.8～1.2米普遍探到夯土。

台基内地层：第①层，浅灰色土，深厚0.3米。土质干燥，松散，内含少量砖石块、植物根茎。第②层，灰褐色土，深0.3～1.2米，厚0.9米。土质松软，内含少量白灰颗粒、碎砖渣、黑炭渣点、水锈纹土。该层下见深黄色沙质生土层，纯净，停探。

台基外地层：第①层，浅灰色地表土，深厚0.5米。土质干燥，松散，内含少量碎砖块、白灰颗粒、植物根茎。第②层，灰褐色土，深0.5～1.1米，厚0.6米。土质松散，内含少量动物骨骼、砖渣点、白灰点。第③层，深灰褐色土，深1.1～1.6米，厚0.5米。土质松软，内含微量黑炭渣点、水锈纹土。该层下见深黄色沙质生土层，停探。

F423台基

位于皇城西部，宫城西华门西北部，F425台基西北角北部约12米处。平面呈长方形，东西12米，南北8米。该房址地势高出地平面约0.4米，房址周边有乱石堆积，无法探到准确基础位置，因建筑废墟遗存较丰富，定为房址。

台基内地层：第①层，浅灰色土，深厚0.5米。土质干燥，松散，内含白灰颗粒、碎砖石块、瓦片、动物骨骼。第②层，灰褐色土，深0.5～1.5米，厚1米。土质松散，内含黑灰点、烧土颗粒、瓷片残片。第③层，深灰褐色土，深1.5～2.1米，厚0.6米。土质较为湿软，系淤积而形成，纯净。该层下见乳白色沙质生土层，含碎石颗粒，停探。

台基外地层：第①层，浅灰色地表土，深厚0.4米。土质干燥，松散，内含碎石颗粒、植物根茎。第②层，灰褐色土，深0.4～1.2米，厚0.8米。土质松散，内含黑釉瓷片、动物骨骼、黑灰颗粒。第③层，深灰褐色土，深1.2～1.8米，厚0.6米。土质较为湿软，纯净。该层下见乳白色沙质生土层，停探。

F424 台基

位于皇城西部，宫城西华门西北部，F425台基南部约16米处。平面呈长方形，东西6米，南北4米。该房址地势高出地平面约0.2米，基础不明显，深0.5米探到房址基础，房址内地表散布少量碎砖瓦块。

台基内地层：第①层，浅灰色土，深厚0.5米。土质干燥，松散，内含少量碎砖块、白灰点、植物根茎。第②层，灰褐色土，深0.5～1.2米，厚0.7米。土质松散，内含少量草木灰、白灰颗粒、红烧土颗粒。第③层，深灰褐色土，深1.2～1.7米，厚0.5米。土质松软，内含微量白灰点、黑炭渣点、水锈纹土。该层下见深黄色沙质生土层，纯净，停探。

台基外地层：第①层，浅灰色土，深厚0.4米。土质干燥，松散，内含少量碎砖瓦块、白灰点、植物根茎。第②层，灰褐色土，深0.4～1米，厚0.6米。土质松散，内含少量白灰颗粒、黑炭灰、碎砖块。第③层，深灰褐色土，深1～1.6米，厚0.6米。土质松散，内含微量白灰点、黑炭渣点、水锈纹土。该层下见深黄色沙质生土层，纯净，停探。

F425 台基

位于皇城西部，宫城西北部，F424台基北部约16米处。平面呈长方形，东西12米，南北10米。该房址地势高出地平面约0.6米，地表面散布少量碎砖瓦块。

台基内地层：第①层，浅灰色地表土，深厚0.7米。土质干燥，松散，内含砖瓦块、白灰颗粒。第②层，灰褐色土，深0.7～1.8米，厚1.1米。土质一般，内含红烧土颗粒、动物骨骼、白瓷片、黑灰颗粒。第③层，深灰褐色土，深1.8～2.5米，厚0.7米。土质较湿软，含黄褐色沙质水锈纹土，系淤积而形成，纯净。该层下见乳白色沙质生土层，含碎石颗粒，停探。

台基外地层：第①层，浅灰色地表土，深厚0.4米。土质干燥，松散，内含碎石颗粒、植物根茎。第②层，灰褐色土，深0.4～1.3米，厚0.9米。土质一般，内含黑灰颗粒、红烧土颗粒、动物骨骼。第③层，深灰褐色土，深1.3～1.9米，厚0.6米。土质湿软，系淤积而形成，纯净。该层下见黄褐色沙质生土层，停探。

F426 台基

位于皇城西部，宫城西华门西北部，F415台基西部约12米处。平面呈不规则形，东西18～76米，南北12～18米。基础不明显，0.8米探到夯土基础。

台基内地层：第①层，浅灰色土，深厚0.5米。土质干燥，松散，内含少量碎砖石块、植物根茎。第②层，灰褐色土，深0.5～1.3米，厚0.8米。土质松散，内含少量碎砖块、白灰颗粒、红烧土颗粒。第③层，深灰褐色土，深1.3～2.3米，厚1米。土质松软，内含微量白灰点、黑炭渣点、水锈纹土。该层下见深黄色沙质生土层，纯净，停探。

台基外地层：第①层，浅灰色土，深厚0.4米。土质干燥，松散，内含少量碎砖瓦块、白灰颗粒、植物根茎。第②层，灰褐色土，深 0.4 ~ 1.4 米，厚 1 米。土质松散，内含少量碎砖块、白灰颗粒、炭灰颗粒。第③层，深灰褐色土，深 1.4 ~ 2.1 米，厚 0.7 米。土质松软，内含微量白灰点、黑炭渣点、水锈纹土。该层下见深黄色沙质生土层，纯净，停探。

F427 台基

位于皇城西北部，F426 台基北部约 38 米处。平面近正方形，东西 19 米，南北 18 米。该房址地势高出地平面约 0.4 米，部分石砌基础明显，房址内地表散布有少量碎砖石块、瓦片残片。

台基内地层：第①层，浅灰色地表土，深厚 0.4 米。土质干燥，松散，内含少量碎砖瓦块、植物根茎。第②层，灰褐色土，深 0.4 ~ 1.2 米，厚 0.8 米。土质松散，内含少量白灰颗粒、骨渣点、碎瓦片。第③层，深灰褐色土，深 1.2 ~ 1.6 米，厚 0.4 米。土质松软，内含微量白灰点、黑炭渣点、水锈纹土。该层下见浅白色沙质生土层，纯净，停探。

台基外地层：第①层，浅灰色地表土，深厚 0.3 米。土质干燥，松散，内含碎砖石颗粒、瓦片、植物根茎。第②层，灰褐色土，深 0.3 ~ 1 米，厚 0.7 米。土质松散，内含碎砖块、白灰颗粒、黑炭渣点。第③层，深灰褐色土，深 1 ~ 1.5 米，厚 0.5 米。土质松软，内含微量碎砖渣、黑炭渣点、白灰点、水锈纹土。该层下见浅白色沙质生土层，纯净，停探。

F428 台基

位于皇城西部，宫城西华门西部，F429 台基东南约 24 米。平面呈长方形，东西 18 米，南北 6 米。该房址地势高出地平面约 0.3 米，基础明显，房址内地表散布有较多碎砖瓦块。

台基内地层：第①层，浅灰色地表土，深厚 0.5 米。土质干燥，松散，内含少量碎砖石块、植物根茎。第②层，灰褐色土，深 0.5 ~ 0.9 米，厚 0.4 米。土质松散，内含少量白灰颗粒、黑炭渣点。第③层，深灰褐色土，深 0.9 ~ 1.8 米，厚 0.9 米。土质松软，内含微量黑炭渣点、水锈纹土。该层下见深黄色沙质生土层，纯净，停探。

台基外地层：第①层，浅灰色地表土，深厚 0.4 米。土质干燥，松散，内含少量碎砖石块、植物根茎。第②层，灰褐色土，深 0.4 ~ 1 米，厚 0.6 米。土质松散，内含少量碎砖渣、黑炭渣点。第③层，深灰褐色土，深 1 ~ 1.5 米，厚 0.5 米。土质松软，内含微量黑炭渣点、水锈纹土。该层下见深黄色沙质生土层，纯净，停探。

F429 台基

位于皇城西部，宫城西华门西部，F428 台基西北约 36 米处。平面呈长方形，东西 7 米，南北 6 米。基础不明显，深 0.7 米探到砖石基础。

台基内地层：第①层，浅灰色土，深厚 0.4 米。土质干燥，松散，内含少量碎砖渣、植物根茎。第②层，灰褐色土，深 0.4 ~ 1.2 米，厚 0.8 米。土质松散，内含微量白灰点、黑炭渣点。第③层，深灰褐色土，深 1.2 ~ 1.7 米，厚 0.5 米。土质松散，内含微量黑炭渣点、含水锈土。该层下见浅白色沙质生土层，纯净，停探。

台基外地层：第①层，浅灰色土，深厚 0.3 米。土质干燥，松散，内含少量碎砖块、植物根茎。第②层，灰褐色土，深 0.3 ~ 1 米，厚 0.7 米。土质松散，内含少量白灰颗粒、黑炭渣点。第③层，深灰褐色土，深 1 ~ 1.6 米，厚 0.6 米。土质松软，内含微量黑炭渣点、水锈纹土。该层下见浅白色沙质生土层，纯净，停探。

F430 台基

位于皇城小西门内靠近城门处，皇城西墙北瓮城南侧，西距西城墙约 22 米，F413 台基西部约 28 米。平面呈方形，边长 100 米，院内中央偏北处为建筑台基。该房址地势高出地平面约 0.5 米，基础不明显，因房址内及其周边乱石堆积较多，无法探明基础准确位置。

台基内地层：第①层，浅灰色土，深厚 0.6 米。土质干燥，松散，内含碎砖石块、瓦片、植物根茎。第②层，灰褐色土，深 0.6 ～ 1.4 米，厚 0.8 米。土质一般，内含碎砖渣、白灰点、动物骨骼、红烧土颗粒。第③层，深灰褐色土，深 1.4 ～ 2.5 米，厚 1.1 米。土质一般，内含黑炭渣。该层下见深黄色沙质生土层，纯净，停探。

台基外地层：第①层，浅灰色土，深厚 0.4 米。土质干燥，松散，内含碎砖渣、石块、白灰颗粒。第②层，灰褐色土，深 0.4 ～ 1.2 米，厚 0.8 米。土质一般，内含白灰颗粒、碎砖石块。第③层，深灰褐色土，深 1.2 ～ 2 米，厚 0.8 米。土质一般，内含碎砖渣。该层下见黄褐色沙质生土层，纯净，停探。

四　皇城内灰坑及其他遗迹

1. 灰坑

皇城内共发现灰坑 41 个。根据灰坑的所在位置不同，可分为两类，即院落内灰坑和院落外灰坑。院落内灰坑主要集中在乾元寺和大龙光华严寺内，院落外灰坑相对分散。

（1）乾元寺灰坑

乾元 H1

位于乾元寺内侧东南角，属建筑材料类废弃物灰坑。平面呈椭圆形，东西 10 米，南北 7.5 米。坑的北部边沿被路土叠压。

坑内地层：第①层，浅灰色土，深厚 0.4 米。土质干燥，内含植物根茎。第②层，灰褐色土，深 0.4 ～ 1.7 米，厚 1.3 米。土质稍松散，内含大量白灰颗粒，少量碎砖渣、绿釉粉胎瓦片。该层下见黄色沙质生土层，停探。

乾元 H2

位于乾元寺内侧东南角，西南距 H1 灰坑 2.3 米，属建筑材料类废弃物灰坑。平面呈椭圆形，东西 7.6 米，南北 5.3 米。

坑内地层：第①层，浅灰色土，深厚 0.4 米。土质干燥，内含植物根茎。第②层，灰褐色土，深 0.4 ～ 2 米，厚 1.6 米。土质稍散，内含大量白灰渣，少量碎砖渣及沙石颗粒。该层下见黄色沙质生土层，停探。

乾元 H3

位于乾元寺内侧东南角。平面呈椭圆形，东西 10 米，南北 7.5 米。坑的西部边沿被路土叠压。

坑内地层：第①层，浅灰色土，深厚 0.4 米。土质干燥，内含植物根茎。第②层，灰褐色土，深 0.4 ～ 1.5 米，厚 1.1 米。土质稍散，内含碎砖渣、瓦砾、白灰颗粒。该层下见黄色沙质生土层，停探。

乾元 H4

位于乾元寺内侧中东部，属建筑材料类废弃物灰坑。平面呈不规则长条形，南北 11 米，东西 2～3.8 米。

坑内地层：第①层，浅灰色土，深厚 0.4 米。土质干燥，内含植物根茎。第②层，灰褐色土，深 0.4～1.6 米，厚 1.2 米。土质较松散，内含大量灰砖渣、白灰颗粒。该层下见黄色沙质生土层，停探。

乾元 H5

位于乾元寺内侧东北部。平面呈圆形，直径 4 米。

坑内地层：第①层，浅灰色土，深厚 0.4 米。土质松散，内含植物根茎。第②层，灰褐色土，深 0.4～1.6 米，厚 1.2 米。土质稍散，内含碎砖渣、沙石颗粒。该层下见黄色沙质生土层，停探。

乾元 H6

位于乾元寺内侧东北部，属建筑材料类废弃物灰坑。平面呈椭圆形，东西 7.5 米，南北 13 米。

坑内地层：第①层，浅灰色土，深厚 0.4 米。土质干燥，内含植物根茎。第②层，灰褐色土，深 0.4～1.7 米，厚 1.3 米。土质稍散，内含大量白灰渣。该层下见灰色淤泥土，停探。

乾元 H7

位于乾元寺内侧东北部，属建筑材料类废弃物灰坑。平面呈椭圆形，东西长 12 米，南北宽 7.8 米。

坑内地层：第①层，浅灰色土，深厚 0.4 米。土质干燥，内含植物根茎。第②层，灰褐色土，深 0.4～1.3 米，厚 0.9 米。土质稍散，内含大量白灰渣、红胎瓦砾、碎砖渣。该层下见黄色沙质生土层，停探。

乾元 H8

位于乾元寺内侧东北部，属建筑材料类废弃物灰坑。平面呈椭圆形，东西 6 米，南北 11 米。开口于①层下，距地表深 0.4 米。

坑内地层：第①层，浅灰色土，深厚 0.4 米。土质干燥，内含植物根茎。第②层，灰褐色土，深 0.4～1.3 米，厚 0.9 米。土质稍散，内含大量白灰渣、红胎瓦砾、灰砖渣。该层下见黄色沙质生土层，停探。

乾元 H9

位于乾元内侧东南部，属建筑材料类废弃物灰坑。平面呈圆形，直径 2.5 米。被路土叠压，开口于①层下，距地表深 0.4 米。

坑内地层：第①层，浅灰色土，深厚 0.4 米。土质干燥，内含植物根茎。第②层，灰褐色土，深 0.4～1.2 米，厚 0.8 米。土质稍散，内含大量白灰渣、灰砖渣。该层下见黄色沙质生土层，停探。

乾元 H10

位于乾元寺内侧东南部，属建筑材料类废弃物灰坑。平面呈椭圆形，东西 6.4 米，南北 10 米。开口于①层下，距地表深 0.4 米。

坑内地层：第①层，浅灰色土，深厚 0.4 米。土质干燥，内含植物根茎。第②层，灰褐色土，深 0.4～1.5 米，厚 1.1 米。土质稍散，内含大量白灰渣、红胎瓦砾。该层下见黄色沙质生土层，停探。

乾元 H11

位于乾元寺内侧西南部，属建筑材料类废弃物灰坑。平面呈圆形，直径 2.2 米，开口于①层下，距地表深 0.3 米。

坑内地层：第①层，浅灰色土，深厚 0.3 米。土质干燥，内含植物根茎。第②层，灰褐色土，深 0.3～

0.6 米，厚 0.3 米。土质松散，内含大量红色颜料物、碎砖渣。该层下见黄色沙质生土层，停探。

乾元 H12

位于乾元寺内侧西北部，属建筑材料类废弃物灰坑。平面呈椭圆形，东西 4.6 米，南北 8 米。开口于①层下，距地表深 0.4 米。

坑内地层：第①层，浅灰色土，深厚 0.4 米。土质干燥，内含植物根茎。第②层，灰褐色土，深 0.4 ~ 1.6 米，厚 1.2 米。土质稍散，内含大量白灰颗粒，少量灰砖渣。该层下见黄色沙质生土层，停探。

乾元 H13

位于乾元寺内侧西北部，属建筑材料类废弃物灰坑。平面呈圆形，直径 4.2 米。开口于①层下，距地表深 0.3 米。

坑内地层：第①层，浅灰色土，深厚 0.4 米。土质干燥，内含植物根茎。第②层，灰褐色土，深 0.4 ~ 1.6 米，厚 1.2 米。土质稍散，内含大量白灰渣，少量灰砖渣。该层下见黄色沙质生土层，停探。

乾元 H14

位于乾元寺内侧西北部。平面呈椭圆形，东西 5.5 米，南北 6 米。开口于①层下，距地表深 0.3 米。

坑内地层：第①层，浅灰色土，深厚 0.3 米。土质干燥，内含植物根茎。第②层，灰褐色土，深 0.3 ~ 1 米，厚 0.7 米。土质一般，内含微量白灰点、黑灰点。该层下见黄色沙质生土层，停探。

（2）大龙光华严寺灰坑

大龙 H1

位于大龙光华严寺内侧西北部，F10 西南约 2 米处，属建筑材料类废弃物灰坑。平面呈不规则形，东西 17 米，南北 15 米。开口于①层下，距地表深 0.5 米。

坑内地层：第①层，浅灰色土，深厚 0.5 米。土质干燥，松散，内含植物根茎。第②层，灰褐色杂填土，深 0.5 ~ 1.2 米，厚 0.7 米。土质稍散，内含大量白灰渣、灰砖渣、红胎釉瓦片。该层下见黄色沙质生土层，停探。

大龙 H2

位于大龙光华严寺内侧西部，F4 东侧约 3 米处，属建筑材料类废弃物灰坑。平面呈不规则形，东西 5 米，南北 17 米。开口于①层下，距地表深 0.3 米。

坑内地层：第①层，浅灰色土，深厚 0.3 米。土质干燥，松散，内含植物根茎。第②层，灰褐色土，深 0.3 ~ 0.7 米，厚 0.4 米。土质稍散，内含灰砖渣、白灰颗粒、沙石块。第③层，褐色土，深 0.7 ~ 1.5 米，厚 0.8 米。土质较净。该层下见黄色沙质生土层，停探。

大龙 H3

位于大龙光华严寺内侧西部，F4 东侧约 3 米处，属建筑材料类废弃物灰坑。平面呈椭圆形，东西 8 米，南北 14 米。开口于①层下，距地表深 0.3 米。

坑内地层：第①层，浅灰色土，深厚 0.3 米。土质干燥，松散，内含植物根茎。第②层，灰褐色土，深 0.3 ~ 0.9 米，厚 0.6 米。土质稍散。该层下大面积见石，探不过。

个别打过探孔地层：第①层，浅灰色土，深厚 0.3 米。土质干燥，松散，内含植物根茎。第②层，灰褐色土，深 0.3 ~ 1 米，厚 0.7 米。土质稍散，内含沙石颗粒、沙石块、灰砖渣、白灰颗粒。第③层，浅灰黄色路土层，深 1 ~ 1.1 米，厚 0.1 米。土质偏硬，分小薄层，内含微量黑灰点、细沙石颗粒。该层下见黄色沙质生土层，停探。

大龙 H4

位于大龙光华严寺内侧西部，F4 东侧约 18 米处，属建筑材料类废弃物灰坑。平面呈不规则形，东西 7 米，南北 14 米。开口于①层下，距地表深 0.4 米。

坑内地层：第①层，浅灰色土，深厚 0.4 米。土质干燥，松散，内含植物根茎。第②层，灰褐色土，深 0.4 ~ 0.9 米，厚 0.5 米。土质稍散，内含灰砖渣、白灰颗粒、沙石块。第③层，灰褐色土，深 0.9 ~ 1.5 米，厚 0.6 米。土质较净。该层下见黄色沙质生土层，停探。

大龙 H5

位于大龙光华严寺内侧西部，与 F14 西沿相邻。平面呈长方形，东西 2.1 米，南北 28 米。开口于①层下，距地表深 0.4 米。

坑内地层：第①层，浅灰色土，深厚 0.4 米。土质干燥，松散，内含植物根茎。第②层，黄、黑褐色夯土，深 0.4 ~ 0.9 米，厚 0.5 米。土质较硬，内含黄褐色和黑褐色土颗粒。第③层，乱石堆积层，深 0.7 ~ 1.1 米，厚 0.4 米，见石头。

个别打过探孔地层：第①层，浅灰色土，深厚 0.4 米。土质干燥，松散，内含植物根茎、青灰色土、碎砖渣、白灰点。第②层，灰褐色土，深 0.4 ~ 1 米，厚 0.6 米。土质稍散，内含灰砖渣、白灰颗粒。第③层，灰褐色土，深 1 ~ 1.5 米，厚 0.5 米。土质较净。该层下见黄色沙质生土层，停探。

大龙 H6

位于大龙光华严寺内侧东南部，属建筑材料类废弃物灰坑。平面呈圆形，直径 2.4 米。开口于①层下，距地表深 0.6 米。

坑内地层：第①层，浅灰色土，深厚 0.6 米。土质干燥，松散，内含植物根茎。第②层，灰褐色土，深 0.6 ~ 1.4 米，厚 0.8 米。土质稍散，内含大量红颜料颗粒。第③层，灰褐色土，深 1.4 ~ 1.6 米，厚 0.2 米。土质较净。该层下见黄色沙质生土层，停探。

大龙 H7

位于大龙光华严寺内侧东部，属建筑材料类废弃物灰坑。平面呈椭圆形，东西 5 米，南北 18 米。开口于①层下，距地表深 0.5 米。

坑内地层：第①层，浅灰色土，深厚 0.5 米。土质干燥，松散，内含植物根茎。第②层，灰褐色土，深 0.5 ~ 1.6 米，厚 1.1 米。土质稍散，内含灰砖渣、白灰渣、沙石片。该层下见黄色沙质生土层，停探。

大龙 H8

位于大龙光华严寺内侧东部，属建筑材料类废弃物灰坑。平面呈圆形，直径 6 米。开口于①层下，距地表深 0.3 米。

坑内地层：第①层，浅灰色土，深厚 0.3 米。土质干燥，松散，内含植物根茎。第②层，灰褐色土，深 0.3 ~ 1 米，厚 0.7 米。土质稍散。内含灰砖渣、红胎瓦片、碎沙石。以下见石不过，深度不详。

个别打过探孔地层：第①层，浅灰色土，深厚 0.3 米。土质干燥，松散，内含植物根茎。第②层，浅灰色土，深 0.3 ~ 1.3 米，厚 1 米。土质稍散，内含碎砖石颗粒，少量白灰颗粒。该层下见黄色沙质生土层，停探。

大龙 H9

位于大龙光华严寺内侧东部。平面呈长方形，东西 13 米，南北 12 米。开口于①层下，距地表深 0.4 米。

坑内地层：第①层，浅灰色土，深厚 0.4 米。土质干燥，松散，内含植物根茎。第②层，灰褐色夯土层，深 0.4 ~ 0.9 米，厚 0.5 米。土质较硬，内含草木灰。夯层下见石，探不过。

个别打过探孔地层：第①层，浅灰色土，深厚 0.3 米。土质干燥，松散，内含植物根茎。第②层，灰褐色土，深 0.3 ~ 1.3 米，厚 1 米。土质稍散，内含沙石颗粒，少量灰砖渣。该层下见黄色沙质生土层，停探。

大龙 H10

位于大龙光华严寺内侧东北部，属建筑材料类废弃物灰坑。平面呈圆形，直径 2.4 米。开口于①层下，距地表深 0.5 米。

坑内地层：第①层，浅灰色土，深厚 0.5 米。土质干燥，松散，内含植物根茎。第②层，灰褐色土，深 0.5 ~ 1.2 米，厚 0.7 米。土质松散，内含大量白灰渣。该层下见黄色沙质生土层，停探。

大龙 H11

位于大龙光华严寺内侧东北部。平面呈圆形，直径 4.1 米。开口于①层下，距地表深 0.6 米。

坑内地层：第①层，浅灰色土，深厚 0.6 米。土质干燥，松散，内含植物根茎。第②层，灰褐色土，深 0.6 ~ 1.1 米，厚 0.5 米。土质稍散，内含少量白灰颗粒。第③层，褐色土，深 1.1 ~ 1.6 米，厚 0.5 米。土质一般，内含微量黑炭渣。该层下见黄色沙质生土层，停探。

大龙 H12

位于大龙光华严寺内侧南部，属建筑材料类废弃物灰坑。平面呈不规则形，东西 13 米，南北 6 米。开口于①层下，距地表深 0.5 米。

坑内地层：第①层，浅灰色土，深厚 0.5 米。土质干燥，松散，内含植物根茎。第②层，灰褐色土，深 0.5 ~ 1.7 米，厚 1.2 米。土质稍散，内含大量草木灰，少量碎砖渣、黑炭灰、铁渣。该层下见黄色沙质生土层，停探。

（3）其他灰坑

H1

位于皇城北苑西北部，F4 房址东南角处。平面呈圆形，直径 1.8 米。开口于①层下，距地表深 0.7 米。

坑内地层：第①层，浅灰色土，深厚 0.7 米。土质干燥，松散，内含植物根茎及白灰点。第②层，粉红色土，深 0.7 ~ 1.1 米，厚 0.4 米。土质稍散，内含粉红色沙质土及白灰颗粒。第③层，深灰色土，深 1.1 ~ 1.4 米，厚 0.3 米。土质偏硬，较净。该层下见黄色沙质生土层，停探。

H2

位于皇城北苑西北部，乾元寺房址东北部。平面呈椭圆形，东西 13 米，南北 3.8 米。开口于①层下，距地表深 0.7 米。

坑内地层：第①层，浅灰色土，深厚 0.7 米。土质干燥，松散，内含植物根茎。第②层，粉红色土，深 0.7 ~ 1.2 米，厚 0.5 米。土质稍散，内含红色沙土、碎砖渣、白灰渣。第③层，深灰色土，深 1.2 ~ 2.5 米，厚 1.3 米。土质较湿软，内含黑色淤积层。该层下见水，停探。

H3

位于皇城东苑北部，大龙光华严寺的西南角处。平面呈椭圆形，东西 34 米，南北 15 米。开口于①层下，距地表深 0.3 米。

坑内地层：第①层，浅灰色土，深厚 0.3 米。土质干燥，松散，内含植物根茎。第②层，灰褐色土，深 0.3 ~ 1.5 米，厚 1.2 米。土质稍散，内含瓷片、灰陶片、动物骨骼及微量黑灰点。该层下见黄色沙质生土层，停探。

H4

位于皇城东苑北部，东西第三街西端 F161 南侧中部。平面呈圆形，直径 4 米。开口于①层下，距地表深 0.4 米。

坑内地层：第①层，浅灰色土，深厚 0.4 米。土质干燥，松散，内含植物根茎。第②层，灰褐色土，深 0.4 ~ 0.9 米，厚 0.5 米。土质稍散，内含灰砖渣、瓦砾、碎石块。第③层，深褐色土，深 0.9 ~ 1.2 米，厚 0.3 米。土质较硬，内含 0.1 米厚生石灰颗粒。第④层，黄褐色土，深 1.2 ~ 2 米，厚 0.8 米。土质松软，内含大量草木灰、黑炭灰。该层下见水，停探。

H5

位于皇城东苑西北部，南北第二街北端西侧，F174 房址的北侧。平面呈椭圆形，东西 12 米，南北 8 米。开口于①层下，距地表深 0.4 米。

坑内地层：第①层，浅灰色土，深厚 0.4 米。土质干燥，松散，内含植物根茎。第②层，灰褐色土，深 0.4 ~ 1.6 米，厚 1.2 米。土质稍散，内含动物骨骼、残瓷片、灰砖渣、碎石颗粒。该层下见黄色沙质生土层，停探。

H6

位于皇城东苑中部，东西第四街北部，F163 西南角。平面呈圆形，直径 8 米。开口于①层下，距地表深 0.4 米。

坑内地层：第①层，浅灰色土，深厚 0.4 米。土质干燥，松散，内含植物根茎。第②层，灰褐色土，深 0.4 ~ 1.7 米，厚 1.3 米。土质稍散，内含动物骨骼、瓷片、碎石颗粒。该层下见黄色沙质生土层，停探。

H7

位于皇城东苑中部，东西第四街北部，F163 东南角。平面呈圆形，直径 9 米。开口于①层下，距地表深 0.4 米。

坑内地层：第①层，浅灰色土，深厚 0.4 米。土质干燥，松散，内含植物根茎。第②层，灰褐色土，深 0.4 ~ 1 米，厚 0.6 米。土质稍散，内含灰砖渣、瓦片、动物骨骼、残陶片。该层下见黄色沙质生土层，停探。

H8

位于皇城东苑中部，东西第四街北部，F163 东 12 米处。平面呈椭圆形，南北 18 米，东西 12 米。开口于①层下，距地表深 0.4 米。

坑内地层：第①层，浅灰色土，深厚 0.4 米。土质干燥，松散，内含植物根茎。第②层，灰褐色土，深 0.4 ~ 1.5 米，厚 1.1 米。土质稍散，内含草木灰、灰砖渣、碎石块。该层下见黄色沙质生土层，停探。

H9

位于皇城东苑中部，东西第四街中部偏南。平面呈圆形，直径 6 米。开口于①层下，距地表深 0.4 米。

坑内地层：第①层，浅灰色土，深厚 0.4 米。土质干燥，松散，内含植物根茎。第②层，灰褐色土，深 0.4 ~ 3.1 米，厚 2.7 米。土质较湿软，内含动物骨骼、瓷片、灰陶残片及少量黑灰点。该层下见水，停探。

H10

位于皇城东苑中部，东西第五街北侧，F190 东北角。平面呈椭圆形，东西 18 米，南北 11 米。开口于①层下，距地表深 0.4 米。

坑内地层：第①层，浅灰色土，深厚 0.4 米。土质干燥，松散，内含植物根茎。第②层，灰褐色土，深 0.4 ~ 2 米，厚 1.6 米。土质稍散，内含灰陶片、砖渣、瓦砾、动物骨骼。该层下见黄色沙质生土层，停探。

H11

位于皇城东苑中部，2 号排水沟西南拐角处。平面呈圆形，直径 8 米。开口于①层下，距地表深 0.4 米。

坑内地层：第①层，浅灰色土，深厚 0.4 米。土质干燥，松散，内含植物根茎。第②层，灰褐色土，深 0.4 ~ 0.9 米，厚 0.5 米。土质较湿软，内含灰砖渣、碎石块。第③层，深灰色土，深 0.9 ~ 1.4 米，厚 0.5 米。土质较松软，内含大量草木灰、黑炭渣、白瓷残片、碎石块、动物骨骼。该层下见黄色沙质生土层，停探。

H12

位于皇城东苑中部，东西第六街中部南侧。平面呈圆形，直径 8 米。开口于①层下，距地表深 0.4 米。

坑内地层：第①层，浅灰色土，深厚 0.4 米。土质干燥，松散，内含植物根茎。第②层，灰褐色土，深 0.4 ~ 1.6 米，厚 1.2 米。土质稍散，内含碎石块、瓷片、动物骨骼。该层下见黄色沙质生土层，停探。

H13

位于皇城东苑中部，东西第六街与南北第二街交会处的东南部，F226 西南角处。平面呈圆形，直径 25 米。开口于①层下，距地表深 0.4 米。

坑内地层：第①层，浅灰色土，深厚 0.4 米。土质干燥，松散，内含植物根茎。第②层，灰褐色土，深 0.4 ~ 2.2 米，厚 1.8 米。土质松软，内含大量红色炉渣、碎砖渣、动物骨骼、白釉瓷片、黄釉瓷片。该层下见黄色沙质生土层，停探。

H14

位于皇城东苑中南部，南北第二街中端东侧，F223 南侧 20 米处。平面呈圆形，直径 9 米。开口于①层下，距地表深 0.4 米。

坑内地层：第①层，浅灰色土，深厚 0.4 米。土质干燥，松散，内含植物根茎。第②层，灰褐色土，深 0.4 ~ 2.1 米，厚 1.7 米。土质稍散，内含钧瓷残片、陶片、灰砖渣、动物骨骼。该层下见黄色沙质生土层，停探。

H15

位于皇城南部，北部紧邻东西第七街，南距 F353 台基约 4 米处。平面呈圆形，直径 12 米。开口于①层下，距地表深 0.3 米。

坑内地层：第①层，浅灰色土，深厚 0.3 米。土质干燥、松散，内含植物根茎。第②层，灰褐色土，深 0.3 ~ 1.8 米，厚 1.5 米。土质较为松散，内含碎砖石颗粒、瓷片残片、动物骨骼。该层下见黄褐色沙质生土层，停探。

2. 其他遗迹

（1）堆石区

1 号堆石区

位于皇城西北角，F25 西南角向西 4 米。平面呈圆形，直径 6 米。开口于①层下，距地表深 0.3 ~ 0.7 米。

2 号堆石区

位于皇城西北角，1 号堆石区南稍偏西 11 米处。平面呈椭圆形，东西 8 米，南北 9 米。开口于①层下，距地表深 0.1 ~ 0.6 米。

3 号堆石区

位于皇城北苑中部，复仁门正南 80 米处。平面呈长方形，东西 5 米，南北 11 米。开口于①层下，距地表深 0.3 ~ 1 米。

4 号堆石区

位于皇城北苑中部，穆清阁北侧。平面呈梯形，边线不规则，东西 14 米，南北 14 米。开口于②层下，距地表深 1 米。

5 号堆石区

位于皇城北苑中部偏东，排水沟 G1 东北拐角处向东 14 米。平面呈椭圆形，南北 7 米，东西 5 米。开口于①层下，距地表深 0.5 米。

6 号堆石区

位于皇城东北角，紧邻皇城东墙。平面呈不规则椭圆形，东西 25 米，南北 21 米。开口于①层下，距地表深 0.3 ~ 1.3 米。

7 号堆石区

位于宫城东北角楼向南 32 米处，紧邻宫城东墙。平面呈不规则半圆形，东西 46 米，南北 90 米。开口于①层下，距地表深 0.4 ~ 1 米。

8 号堆石区

位于皇城东苑中部，东西第五街北侧。平面呈椭圆形，东西 7 米，南北 5 米。开口于①层下，距地表深 0.7 米。

9 号堆石区

位于皇城东墙北瓮城门口处，东西第五街东端。平面呈圆形，直径 6 米。开口于①层下，距地表深 0.8 米。

10 号堆石区

位于皇城东苑中部偏南，南北第二街东侧与 7 号水坑西部紧邻。平面呈不规则椭圆形，东西 60 米，南北 110 米。开口于①层下，距地表 0.4 ~ 1.4 米。

11 号堆石区

位于皇城南苑东部，东西第六街与南北第二交会处东南部 40 米处。平面呈椭圆形，南北 12 米，东西 50 米。开口于①层下，距地表深 0.7 米。

12 号堆石区

位于皇城东南角楼向西稍偏北 30 米处。平面呈正方形，边长 10 米。开口于①层下，距地表深 0.6 米。

13 号堆石区

位于皇城南苑东部，F278 南侧 4 米处。平面长方形，南北 5.5 米，东西 30 米。地表乱石堆放，地势高出平面 1 米。

14 号堆石区

位于皇城南苑东部，F286 东南角。平面呈正方形，边长 6 米。开口于①层下，距地表深 0.3 米。

15 号堆石区

位于皇城环城南街南端约 4 米处。平面呈椭圆形，东西 16 米，南北 18 米。地势高出地平面约 1.5 米，距地表深 0.2 米。

16 号堆石区

位于宫城南部，南北第三街东部。平面呈不规则形，东西 10 ~ 74 米，南北 20 ~ 60 米。地势高出地平面约 3.5 米，距地表深 0.5 米见石，不探。

17 号堆石区

位于宫城南部，南北第三街西部。平面呈不规则形，东西 10 ~ 238 米，南北 8 ~ 62 米。地势高出地平面约 3.5 米。距地表深 0.5 米见石，不探。

18 号堆石区

位于皇城西南部，东南部为 J2（水井 2）。平面呈正方形，东西 4 米，南北 4 米。地势高出地平面约 0.7 米。距地表深 0.2 米见石，不探。

19 号堆石区

位于皇城西南部，东南为 F364 台基。平面呈椭圆形，东西 12 米，南北 8 米。地势高出地平面约 0.5 米。距地表深 1 米见石，不探。

20 号堆石区

位于皇城西部，F401 台基东部。平面呈椭圆形，东西 20 米，南北 16 米。距地表深 0.3 米见石，不探。

21 号堆石区

位于皇城西部，夯土遗迹 4 南北。平面呈圆形，东西 7 米，南北 6 米。深 0.6 米见石，不探。

22 号堆石区

位于皇城西部，17 号水域东部。平面呈椭圆形，东西 20 米，南北 56 米。开口于①层下，距地表深 0.2 ~ 0.4 米见石，不探。

23 号堆石区

位于皇城西部，北部距 F68 台基约 10 米处。平面呈椭圆形，东西 18 米，南北 20 米。地势较为平坦，深 0.2 ~ 0.5 米见石，不探。

24 号堆石区

位于皇城西部，夯土遗迹 7 西部，东西第十街西部。东西 16 米，南北 20 米。共有 8 处长方形的堆石，这些堆石大致呈南北或东西走向，距地表 0.3 ~ 1.2 米，不探。

25 号堆石区

位于皇城西部，北部为 24 号堆石区。平面呈不规则形，东西 28 米，南北 30 米。开口于①层下，距地表深 0.3 ~ 0.5 米。

26 号堆石区

位于皇城西部护城河内，东部约 30 米为西华门。这两处堆石区平面呈不规则形，东西、南北约 10 米的范围内。距地表 1.1 ~ 1.3 米见石，不探。

（2）墙基

1 号墙基

位于皇城北苑中部，复仁门与穆清阁之间，皇城北部护城河南侧 5 米。该墙东西长 170 米，南北宽 1 米。有 0.5 米地表土，以下见石不过。

2 号墙基

位于皇城北苑中部偏东，皇城北部护城河东北拐角处向北 30 米。该墙东西长 21 米，南北宽 1 米。平面呈"┐"形，向南拐 14 米。该墙基距地表 0.3 ~ 0.7 米处见石，不探。

（3）夯土遗迹

夯土遗迹 1

位于皇城西部，北临堆积遗迹 4。平面呈长方形，东西 13 米，南北 22 米。开口于①层下，距地表深 0.8 ~ 1.8 米。

遗迹内地层：第①层，浅灰色土，深厚 0.8 米。土质松散，内含碎石颗粒、白灰渣、瓦砾、黑灰颗粒、烧土颗粒。第②层，灰褐色夯土，深 0.8 ~ 1.8 米，厚 1 米。0.8 ~ 1 米见夯土层，1.8 ~ 2 米为夯土底部。夯土质量相对较硬，分小薄层，内含黑灰颗粒、碎石颗粒、烧土颗粒。第③层，深灰褐色淤积土，深 1.8 ~ 2.3 米，厚 0.5 米。土质偏硬，较净。该层下见黄褐色沙质生土层，含水锈沙，停探。

遗迹外地层：第①层，浅灰色土，深厚 0.4 米。土质松散，内含碎石颗粒、烧土、瓦砾、砖渣。第②层，灰褐色土，深 0.4 ~ 1.3 米，厚 0.9 米。土质松散，内含黑灰颗粒、烧土、瓦砾、砖渣。第③层，深灰褐色土，深 1.3 ~ 1.8 米，厚 0.5 米。土质偏硬，较净。该层下见黄褐色沙质生土层，停探。

夯土遗迹 2

位于皇城西部。平面呈椭圆形，东西 10 米，南北 8 米。开口于①层下，距地表深 0.5 米。

遗迹内地层：第①层，浅灰色土，深厚 0.5 米。土质松散，内含白灰颗粒、碎瓦砾。第②层，灰褐色土，深 0.5 ~ 1.5 米，厚 1 米。土质一般，内含黑灰点、白灰结块。第③层，灰褐色夯土，深 1.5 ~ 2.4 米，厚 0.9 米。土质相对较硬，内含少量白灰渣点。该层下见黄褐色沙质生土层，停探。

遗迹外地层：第①层，浅灰色土，深厚 0.4 米。土质松散，内含碎砖石颗粒、白灰点。第②层，灰褐色土，深 0.4 ~ 1.5 米，厚 1.1 米。土质松散，内含碎砖石块、白灰结块（片状）。第③层，黄褐色淤积沙土，深 1.5 ~ 2.3 米，厚 0.8 米。土质较硬，较净。该层下见黄褐色沙质生土层，停探。

夯土遗迹 3

位于皇城西部，南临夯土遗迹 2 约 40 米。平面呈长方形，南北 30 米，东西 16 米。开口于①层下，距地表深 0.8 米。

遗迹内地层：第①层，浅灰色土，深厚 0.8 米。土质松散，内含白灰渣、瓦砾、碎砖块粒、白瓷片、黑灰颗粒。第②层，灰褐色夯土，深 0.8 ~ 2.1 米，厚 1.3 米。0.8 ~ 2.1 米见夯土，1.8 ~ 2.1 米为夯土底部。土质坚硬密度大，分小薄层，内含黑灰点、烧土颗粒。第③层，深灰褐色土，深 2.1 ~ 2.6 米，厚 0.5 米。土质松散，含沙量较大，纯净。该层下见黄褐色沙质生土层，停探。

遗迹外地层：第①层，浅灰色土，深厚 0.5 米。土质松散，内含白灰渣、瓦片、植物根茎。第②层，灰褐色土，深 0.5 ~ 1.5 米，厚 1 米。土质松散，内含白灰渣点、烧土颗粒、动物骨骼、黑灰颗粒。第③层，深灰褐色土。深 1.5 ~ 2.1 米，厚 0.6 米。土质松散，含沙量较大，纯净。该层下见黄褐色沙质生土层，停探。

夯土遗迹 4

位于皇城西部，南部距 21 号堆石区约 10 米处。平面呈长方形，东西 10 米，南北 30 米。开口于①层下，距地表深 0.8 米。

遗迹内地层：第①层，浅灰色土，深厚 0.8 米。土质松散，内含碎砖块、白灰点、瓦片、烧土颗粒。第②层，灰褐色夯土，深 0.8 ~ 2 米，厚 1.2 米。土质较硬，内含白灰颗粒、黑灰颗粒、动物骨骼、烧土颗粒。第③层，深灰褐色土，深 2 ~ 2.6 米，厚 0.6 米。土质偏硬，较净。该层下见黄褐色沙质生土层，含水锈沙，停探。

遗迹外地层：第①层，浅灰色土，深厚 0.5 米。土质松散，内含碎砖块、瓦砾、植物根茎。第②层，灰褐色土，深 0.5 ~ 0.8 米，厚 0.3 米。土质较硬，内含黑灰颗粒、烧土颗粒、炭化骨渣、白灰渣、碎石颗粒。第③层，深灰褐色土，深 0.8 ~ 1.3 米，厚 0.5 米。土质偏硬，较净。该层下见黄褐色沙质生土层，停探。

夯土遗迹 5

位于皇城西部，南距东西第九街约 2 米处。平面呈椭圆形，东西 10 米，南北 12 米。开口于①层下，距地表深 0.8 米见。

遗迹内地层：第①层，浅灰色土，深厚 0.8 米。土质松散，内含炭化木块、黑灰颗粒、烧土颗粒、瓦砾、白灰渣、碎砖石块。第②层，灰褐色土，深厚 0.8 ~ 1.5 米，厚 0.7 米。土质较硬，内含碎石块、黑灰颗粒。第③层，深灰褐色土，深 1.5 ~ 2 米，厚 0.5 米。土质偏硬，含沙量较大。该层下见黄褐色沙质生土层，停探。

遗迹外地层：第①层，浅灰色土，深厚 0.5 米。土质松散，内含碎石颗粒、瓦片、植物根茎。第②层，灰褐色土，深 0.5 ~ 1.3 米，厚 0.8 米。土质较硬，内含黑灰颗粒、碎砖块。第③层，深灰褐色土，深 1.3 ~ 1.8 米，厚 0.5 米。土质偏硬，含沙量较大，纯净。该层下见黄褐色沙质生土层，停探。

夯土遗迹 6

位于皇城西部，南部约 2 米处为夯土遗迹 5。平面呈不规则形，东西 13 ~ 20 米，南北 10 ~ 36 米。开口于①层下，距地表深 0.8 米。

遗迹内地层：第①层，浅灰色土，深厚 0.8 米。土质松散，内含砖石块、瓦片、白灰渣。第②层，灰褐色夯土，深 0.8 ~ 2 米，厚 1.2 米。土质较硬密度大，内含白灰渣、烧土、黑灰颗粒、瓦砾。第③层，深灰褐色土，深 2 ~ 2.4 米，厚 0.4 米。土质偏硬，内含黄褐色沙土层，有层次。该层下见黄褐色沙质生土层，停探。

遗迹外地层：第①层，浅灰色土，深厚 0.5 米。土质松散，内含白灰点、碎石颗粒。第②层，灰褐色土，深 0.5 ~ 1.4 米，厚 0.9 米。土质松散，内含碎石颗粒、白瓷片、黑灰颗粒、烧土颗粒。第③层，深灰褐色土，深 1.4 ~ 2 米，厚 0.6 米。土质偏硬，内含黄褐色沙土层，分层明显。该层下见黄褐色沙质生土层，停探。

夯土遗迹 7

位于皇城西部，东距宫城西墙约 22 米处。平面呈长方形，南北 15 米，东西 10 米。开口于①层下，距地表深 0.6 米。

遗迹内地层：第①层，浅灰色土，深厚 0.6 米。土质干燥，松散，硬度一般，内含植物根茎。第②层，黑灰褐色夯土，深 0.6 ~ 1.2 米，厚 0.6 米。土质较硬，内含少量烧灰颗粒。深 1.2 米见石不过。

遗迹外地层：第①层，浅灰色土，深厚 0.3 米。土质干燥，松散，内含植物根茎。第②层，灰褐色土，深 0.3 ~ 0.9 米，厚 0.6 米。土质松散，内含碎砖石颗粒。该层下见黄褐色沙质生土层，停探。

（4）堆积遗迹

堆积遗迹 1

位于皇城西南部，东部和南北第四街南端相邻。平面呈等腰梯形，东西 28 ~ 60 米，南北 192 米。开口于①层下，距地表深 0.5 米。小土丘、小土坑、碎砖石块地表面随处可见。

遗迹内地层：第①层，浅灰色土，深厚 0.5 米。土质干燥，松散，内含少量碎砖石块、植物根茎。第②层，灰褐色土，深 0.5 ~ 1.6 米，厚 1.1 米。土质松散，内含少量烧灰颗粒、黑炭渣颗粒、动物骨骼。第③层，深灰褐色土，深 1.6 ~ 2.1 米，厚 0.5 米。土质松软，内含少量烧灰颗粒、黑炭渣颗粒、水锈纹土。该层下见浅白色沙质生土层，停探。

遗迹外地层：第①层，浅灰色土，深厚 0.4 米。土质干燥，松散，内含植物根茎。第②层，灰褐色土，深 0.4 ~ 1 米，厚 0.6 米。土质一般，内含少量碎砖石块，动物骨骼。该层下见深灰褐色沙质生土层，停探。

堆积遗迹 2

位于皇城西南部，西部距南北第四街约 2 米处。平面近似直角三角形，东西 20 ~ 130 米，南北 30 ~ 170 米。开口于①层下，距地表深 0.4 米。小土丘、小土坑、碎砖石块地表面随处可见。

遗迹内地层：第①层，浅灰色土，深厚 0.4 米。土质干燥，松散，内含少量碎砖瓦块、植物根茎。第②层，灰褐色土，深 0.4 ~ 1.2 米，厚 0.8 米。土质硬度一般，内含少量草木灰、黑炭颗粒、烧土颗粒、白石灰、灰砖石块。第③层，深灰褐色，深 1.2 ~ 1.7 米，厚 0.5 米。土质松软，内含少量烧灰、黑炭颗粒、碎砖块、水锈纹土。该层下见浅白色沙质生土层，停探。

遗迹外地层：第①层，浅灰色土，深厚 0.3 米，土质干燥，松散，内含植物根茎。第②层，灰褐色土，深 0.3 ~ 0.9 米，厚 0.6 米。土质松散，内含少量碎砖石块。该层下见浅白色沙质生土层，停探。

堆积遗迹 3

位于皇城西南部，东西第六街与南北第四街"十"字交会处东南部。平面呈不规则形，东西 40 ~ 148 米，南北 23 ~ 70 米。开口于①层下，距地表深 0.6 米。

遗迹内地层：第①层，浅灰色土，深厚 0.6 米。土质干燥，松散，内含少量碎砖石颗粒。第②层，灰褐色土，深 0.6 ~ 1.1 米，厚 0.5 米。土质松散，内含烧灰颗粒、黑炭渣点、动物骨骼、砖石块。第③层，深灰褐色土，深 1.1 ~ 1.7 米，厚 0.6 米。土质松散，内含少量烧土颗粒、水锈纹土。该层下见黄褐色沙质生土层，停探。

遗迹外地层：第①层，浅灰色土，深厚 0.4 米。土质干燥，松散，内含植物根茎。第②层，灰褐色土，深 0.4 ~ 1 米，厚 0.6 米。内含碎砖石块。该层下见黄褐色沙质生土层，停探。

堆积遗迹 4

位于皇城西部，南部与夯土遗迹 1 相邻。平面呈长方形，东西 13 米，南北 54 米。开口于①层下，距地表深 0.7 米。

遗迹内地层：第①层，浅灰色土，深厚 0.7 米。土质松软，内含碎砖石块、白灰渣瓦砾，极个别探孔发现较薄夯土和活动面。第②层，灰褐色土，深 0.7 ~ 1.7 米，厚 1 米。土质一般，内含烧土颗粒、黑灰颗粒及少量砖石块。第③层，深灰褐色土，深 1.7 ~ 2.2 米，厚 0.5 米。土质一般，纯净。该层下见黄褐色沙质生土层，停探。

遗迹外地层：第①层，浅灰色土，深厚 0.4 米。土质松软，内含碎石颗粒、植物根茎。第②层，灰褐色土，深 0.4 ~ 1.2 米，厚 0.8 米。土质松软，内含白瓷片、黑灰颗粒。第③层，深灰褐色土，深 1.2 ~ 1.7 米，厚 0.5 米。土质较硬，纯净。该层下见黄褐色沙质生土层，停探。

堆积遗迹 5

位于皇城西部，西部距 F417 台基约 8 米处。平面呈椭圆形，东西 10 米，南北 12 米。开口于①层下，距地表深 0.7 米。

遗迹内地层：第①层，浅灰色土，深厚 0.7 米。土质松软，内含碎砖石块、白灰渣颗粒、瓦砾，极个别探孔发现有较薄夯土和活动面。第②层，灰褐色土，深 0.7 ~ 1.7 米，厚 1 米。土质松软，内含烧灰颗粒、黑灰颗粒、砖石块。第③层，深灰褐色土，深 1.7 ~ 2.2 米，厚 0.5 米。土质较硬，较净。该层下见黄褐色沙质生土层，停探。

遗迹外地层：第①层，浅灰色土，深厚 0.4 米。土质松软，内含碎石颗粒、植物根茎。第②层，灰褐色土，深 0.4 ~ 1.2 米，厚 0.8 米。土质松软，内含白瓷片、黑灰颗粒。第③层，深灰褐色土，深 1.2 ~ 1.7 米，厚 0.5 米。土质较硬，纯净。该层下见黄褐色沙质生土层，停探。

堆积遗迹 6

位于皇城西部，西部距 F417 台基约 8 米处。平面呈椭圆形，东西 18 米，南北 14 米。开口于①层下，距地表深 0.6 米。

遗迹内地层：第①层，浅灰色土，深厚 0.6 米。土质松软，内含白灰颗粒、砖石块、瓦砾。第②层，灰褐色土，深 0.6 ～ 1.8 米，厚 1.2 米。土质松软，内含黑灰颗粒、烧土颗粒。第③层，淤积层，深 1.8 ～ 2.4 米，厚 0.6 米。土质较硬，内含黄褐色沙土层夹杂深灰褐色沙土，有层次，较净。该层下见沙质生土层，停探。

遗迹外地层：第①层，浅灰色土，深厚 0.4 米。土质松软，内含碎石颗粒、植物根茎。第②层，灰褐色土，深 0.4 ～ 1.2 米，厚 0.8 米。土质松软，内含黑灰颗粒、烧土颗粒、碎石颗粒。第③层，淤积层，深 1.2 ～ 1.7 米，厚 0.5 米。土质较硬，内含黄褐色沙土夹杂深灰褐色沙土，有层次，较净。该层下见乳白色沙质生土层，停探。

（5）踩踏面

踩踏面 1

位于皇城南部，北部紧挨环宫城南部护城河。平面呈不规则形，东西 44 米，南北 40 ～ 84 米。开口于①层下，距地表深 0.2 米。

踏面内地层：第①层，浅灰色土，深厚 0.2 米。土质干燥，内含植物根茎。第②层，灰褐色土，深 0.2 ～ 1 米，厚 0.8 米。土质较为湿软，未发现包含物。该层下见黄褐色沙质生土层，含水锈沙，停探。

踩踏面 2

位于皇城南部，北部紧挨环宫城南部护城河。平面呈不规则形，东西 48 米，南北 54 ～ 120 米。开口于①层下，距地表深 0.2 米。

踏面内地层：第①层，浅灰色土，深厚 0.2 米。土质干燥，内含植物根茎。第②层，灰褐色土，深 0.2 ～ 1 米，厚 0.8 米。土质较为湿软，未发现包含物。该层下见黄褐色沙质生土层，含水锈沙，停探。

踩踏面 1、踩踏面 2，外地层为堆石区，无法下探，情况不明。

踩踏面 3

位于皇城南部，北部与 F339 台基相连接。平面呈不规则形，东西 36 ～ 108 米，南北 50 ～ 130 米。开口于①层下，距地表深 0.3 米。

踏面内地层：第①层，浅灰色土，深厚 0.3 米。土质干燥，松散，内含植物根茎。第②层，灰褐色土，深 0.3 ～ 1.3 米，厚 1 米。土质较为疏松，上部含踏面层，分小薄层，内含碎砖渣、白灰渣点。该层下见黄褐色淤积沙质生土层，停探。

踏面外地层：第①层，浅灰色土，深厚 0.3 米。土质干燥，松散，内含植物根茎。第②层，灰褐色土，深 0.3 ～ 1.4 米，厚 1.1 米。土质松软，内含碎砖石颗粒。该层下见浅黄色沙质生土层，停探。

踩踏面 4

位于皇城西南部，西距 F399 台基约 16 米处。平面呈不规则形，东西 110 米，南北 26 ～ 70 米。开口于①层下，距地表深 0.3 米。

踏面内地层：第①层，浅灰色土，深厚 0.3 米。土质干燥，松散，内含植物根茎。第②层，灰褐色土，深 0.3 ～ 0.7 米，厚 0.4 米。土质一般，上部含踏面层，未发现包含物。

踏面外地层：第①层，浅灰色土，深厚 0.4 米。内含植物根茎。第②层，灰褐色土，深 0.4 ～ 1.3 米，厚 0.9 米。土质湿软，未发现包含物。该层下见浅黄色沙质生土层，停探。

踩踏面 5

位于宫城西部，北距 F430 台基约 4 米处。平面呈不规则形，东西 74 米，南北 52 米。开口于①层下，距地表深 0.3 米。

踏面内地层：第①层，浅灰色土，深厚 0.3 米。土质干燥，松散，内含植物根茎。第②层，灰褐色土，深 0.3 ~ 1.1 米，厚 0.8 米。土质较为松散，上部路土层明显，内含碎砖渣、草木灰。该层下见浅灰色沙质生土层，停探。

踏面外地层：第①层，浅灰色土，深厚 0.4 米。土质干燥，松散，内含植物根茎。第②层，灰褐色土，深 0.4 ~ 1.5 米，厚 1.1 米。土质松软，内含碎砖渣、草木灰。该层下见浅黄色沙质生土层，停探。

五　皇城东、南墙外侧遗迹

1. 皇城东墙外侧遗迹

（1）南北向路土

位于皇城东墙外侧东北部，西距皇城东墙 10 ~ 12 米。现勘探出南北长 500 米左右，东西宽 12 米。北端在皇城东北角处与皇城北墙外侧的东西向路土连接，连接处部分路土叠压在外城北苑东墙下；南端依东墙北瓮城东凸出，并在北瓮城南侧 60 米左右处消失。

路土地层：第①层，浅灰色土，深厚 0.6 米。土质干燥，内含碎砖渣、碎瓦片和微量黑炭渣点。该层下见路土。第②层，深灰色路土层，深 0.6 ~ 0.9 米，厚 0.3 米。土质较硬，踩踏层明显，内含微量砖渣点、黑炭渣点。第③层，浅黄色沙质土，深 0.9 ~ 1.3 米，厚 0.4 米。土质一般，较净。该层下见浅黄色沙质生土层，停探。

（2）护城河

位于皇城东墙外侧 14 ~ 20 米处。现勘探出南北长 1460 米左右，东西宽度不一，最窄处位于东墙南侧瓮城处，宽 8 米；最宽处位于东墙北侧瓮城北部，宽 134 米。护城河的北端在皇城东北角处终止（在外城北苑东墙外侧，经全面勘探后没有发现护城河），与其连接是皇城北墙外侧的排水沟 G1；南端在皇城的东南角处西拐，并与皇城南墙南侧护城河连接。在西拐的东南部有一条支流，通往闪电河方向，现勘探出南北长 45 米，东西宽 26 米。护城河的总体深度在 3.3 米左右。

护城河内地层：第①层，浅灰色土，深厚 1 米。土质一般，内含碎砖渣、碎石块、碎瓷片、碎瓦片、动物骨骼。第②层，深灰色土，深 1 ~ 1.8 米，厚 0.8 米。土质一般，内含碎砖渣、碎石块、草木灰、陶瓷片。第③层，灰黑色淤积土，深 1.8 ~ 3.3 米，厚 1.5 米。土质湿软，内含植物根茎类腐朽物。该层下见粗沙石堆积层，出水，停探。

2. 皇城南墙外侧遗迹

（1）东西向路土

位于皇城南墙外侧 12 ~ 16 米处，南距护城河北沿 8 ~ 15 米。现勘探出东西长 1320 米左右，南北宽 6 ~ 8 米。路土东端在皇城的东南角楼南侧 10 米处被护城河打破，中端在明德门处被第一期护城河打破，西端在皇城西南角楼东南侧 50 米左右处消失。

路内地层：第①层，黄褐色地表土，深厚 0.4 米。内含稍多植物根茎。第②层，灰褐色路土，深 0.4 ~ 0.8 米，厚 0.4 米。土质较硬，踩踏层较明显，内含少量黑炭渣点。第③层，浅黄色沙土，深 0.8 ~ 1.4 米，厚 0.6 米。土质稍硬，密实，纯净，内含稍多铁锈斑水锈纹。第④层，青黑色湖泊淤泥层，深 1.4 ~ 1.9 米，厚 0.5 米。土质细腻，湿软，较黏，含沙量较小，内含微量植物根茎类腐朽物。该层下见大沙层生土层，停探。

（2）护城河

位于皇城南墙外侧 30 ~ 40 米处，北距东西向路土的南沿 5 ~ 12 米。现勘探出东西长 2240 米左右（含外城南苑南墙外护城河），皇城南侧段，护城河南北宽 25 ~ 60 米；外城南苑南侧段，护城河南北宽 70 ~ 300 米。护城河的东端在皇城东南角处，与皇城东墙外南端护城河连接；西端在外城南苑西南拐角处，与外城西墙外南端护城河连接。护城河的南沿有四条支流，均通往闪电河。护城河的总体深度在 1.4 ~ 3 米。

护城河遗迹在明德门处可分为两期：

第一期，位于现存明德门瓮城下，打破东西向路土，同时又被第二期护城河打破。现勘探出东西长 110 米左右，宽 12 ~ 24 米，距地表深 1.4 米，底深至 3.4 米，护城河内淤土厚 0.8 ~ 2 米。

地层堆积大致可为三层：第①层，黄褐色地表土，深厚 0.2 ~ 1.1 米。土质稍松散，含沙量稍大，内含较多植物根茎和瓮城城墙散落的石块。第②层，深灰褐色土，深 0.3 ~ 2.1 米，厚 0.8 ~ 2.1 米。土质密实，较硬，内含较多黑炭渣点、铁锈斑水锈纹和少量的白釉瓷片、青釉瓷片。该层下见护城河灰黑色泥沙层，距地表深 1.4 ~ 3.4 米，厚 0.8 ~ 2 米。第③层，青黑色湖泊淤泥层，深 2.1 ~ 2.6 米，厚 0.3 ~ 0.5 米。土质细腻，湿软，较黏，含沙量较小，内含微量朽草、木。该层下见大沙层生土层。

第二期，位于现存明德门瓮城南部 4 米处，现勘探出南北宽 8.5 米左右。

地层堆积大致可为三层：第①层，黄褐色地表土，深厚 0.2 ~ 0.5 米。土质稍松散，含沙量稍大，内含较多植物根茎和瓮城城墙散落的石块。第②层，深灰褐色土，深 0.2 ~ 1.5 米，厚 0.6 ~ 1.3 米。土质稍散，内含较多黑炭渣点、铁锈斑水锈纹和少量的白釉瓷片、青釉瓷片。该层下见护城河灰黑色泥沙层，距地表深 0.8 ~ 2.9 米，厚 1.4 ~ 2.1 米。土质较湿软，异味稍大，有光泽感，含沙量稍大，内含植物根茎、朽草、木头块、腐烂的牛（羊）皮、动物骨骼、黑炭渣点、白釉瓷片碎渣。护城河底部为青沙层，纯净，出水，停探。

六 皇城角楼、马面及瓮城遗迹

1. 皇城角楼

在皇城四面城墙的结合部，发现四处角楼台基遗迹。夯土版筑，片石包砌，白沙灰黏合。角楼台基周边地表残存较多片石堆积，部分规整（未被扰动）片石，尚能看出角楼台基夯土及包石的平面形状，即东北、西北、西南角楼为长方形，东南角楼为圆形。分述如下：

（1）东南角楼

位于皇城东墙与南墙的结合部，角楼台基平面呈圆形，直径约 22 米（因角楼倒塌乱石堆积，无法勘探）。角楼与城墙同时建筑。

经勘测，角楼现存夯土厚 8.5 米，用黄褐色花土打制，夯层厚约 0.1 米，夯土质量相对较好，土质较纯净，无包含物。基础部分与城墙基础相同，均在第②层上形成，未发现夯土基槽。靠南墙内侧，残存有东西向马道遗迹，片石垒砌，结构无法勘探。在角楼的东南两侧，第①层下发现路土，距地表深约 0.3 米，厚约 0.5 米，因倒塌堆积，宽度不详。

角楼处地层可分为三层：第①层，灰褐色地表土，厚 0.3 米左右。土质松散，较干燥，内含植物根茎。第②层，黑褐色土，深约 0.3 米，厚约 0.7 米。土质较松，较纯净，内含淤泥、黄沙。第③层，浅黄色沙层，深 1 ~ 1.5 米不底，厚 0.5 米。见水，无法勘探。

（2）西南角楼

位于皇城南墙与西墙的结合部，西与外城南墙相连。平面呈长方形，东西约 18 米，南北约 25 米（因角楼倒塌堆积，无法准确勘测）。角楼与城墙同时期建筑。

经勘测，角楼现存夯土最厚处 9.5 米，用黄、褐色花土打制，夯层厚约 0.1 米左右，质量相对较好，土质较净，基础与城墙基础相同，均在第②层上形成，未发现夯土基槽。

角楼南北两侧地层可分两层：第①层，灰褐色地表土，深厚 0.3 米。土质松散，干燥，内含植物根茎。第②层，灰褐色沙质淤积土，深 0.3 ~ 1.5 米，厚 1.2 米。土质较湿软，较净。该层下见水，无法勘探。

（3）西北角楼

位于皇城西墙与北墙的结合部。平面呈长方形，东西约 22 米，南北约 28 米（因角楼倒塌堆积，无法勘探），顶部残存石建筑基础。角楼与城墙同时期建筑。

经勘探，角楼夯土现存厚 9.7 米，用黄、灰褐花土打制，夯层厚 0.1 米左右，质量相对较好，无包含物。基础与城墙基础相同，均在第②层上形成，未发现夯土基槽。

在角楼西部①层下发现有路土，厚约 0.5 米，踩踏层一般。北部约 18 米处，第①层发现有夯土，深 0.5 米，厚约 0.6 米。夯土中间被河流断开，应为护坡。

角楼西北两侧地层大致可分为三层：第①层，深灰褐色地表土，深厚 0.5 米。土质稍松，内含植物根茎。第②层，浅灰褐色土，深 0.5 ~ 1.7 米，厚 1.2 米。土质较松散，纯净。第③层，黄褐色土（局部为浅灰色），深 0.7 ~ 1.5 米，厚 0.8 米。土质较硬，纯净，应为生土层。

（4）东北角楼

位于皇城东墙与北墙的结合部，北与外城北城墙相接。平面呈正方形，边长约 20 米（因角楼倒塌堆积，无法勘探）。角楼与城墙同时期建筑。

经勘探，角楼夯土现存 9.2 ~ 9.5 米，用黄、灰褐色花土打制，夯层厚约 0.1 米，质量相对较好，纯净。基础与城墙基础相同，均在②层上形成，未发现夯土基槽。

角楼东部地层可分为三层：第①层，灰褐色地表土，深厚 0.5 米。土质松散，干燥，内含植物根茎。第②层，灰黑色土，深 0.5 ~ 1.5 米，厚 0.1 米左右。土质较松散，纯净。第③层，黑淤土层，深 1.5 ~ 3 米，厚 1.5 米。土质较湿软，较净。该层下见水，无法勘探。在角楼北侧，第①层下发现路土，距地表深 0.5 米，厚约 0.4 米，南北宽约 7 米。路土质量相对较好，踩踏层明显，内含少量碎砖渣和白灰颗粒。

2. 皇城马面

在皇城四面城墙外侧，共构置马面 24 个，每面 6 个。夯土版筑，与城墙连为一体，在②层上形成，无夯土基槽。用黄、灰褐色花土打制，夯层厚约 0.1 米左右，质量较好，纯净。外侧用片石包砌，白沙灰黏合。马面周边残存片石堆积，尚能看出马面的平面形状，均为长方形，下宽上窄，内收分较大。分述如下：

（1）东墙马面

由南向北依次编号为 1 ～ 6 号。第 5、6 号马面已修复，未探；其余 4 个马面已探明：1 号马面，南北长 8 米，东西宽 6 米，现存夯土厚 4.9 米，南距东南角楼 108 米。2 号马面，南北长 8 米，东西宽 4 米，南距 1 号马面 108 米，北距南部瓮城 109 米。3 号马面，南北长 10 米，东西宽 5 米，现存夯土厚 6.4 米，南距南瓮城 165 米。4 号马面，南北长 10 米，东西宽 5 米，现存夯土厚 5.5 米，北距北部瓮城 162 米。5 号马面，南北长 10 米，东西宽 6 米，南距北瓮城 100 米。6 号马面，南北长 10 米，东西 6 米，南距 5 号马面 115 米，北距东北角楼 137 米。

马面上及周边乱石较多，从马面东西两侧地层勘探可知，大致可分为三层：第①层，灰褐色地表层，深厚 0.4 米。内含植物根茎。第②层，黑褐色土，深 0.4 ～ 1.5 米，厚 1.1 米。土质较松散，内含细沙及植物根系，局部有水腐现象。第③层，青灰色沙层，深 1.5 ～ 2 米，厚 0.5 米。土质湿软，较净。该层下出水，停探。

（2）南墙马面

由西向东依次编号为 1 ～ 6 号。1 号马面，东西长 10 米，南北宽 9 米，现存夯土厚 2.2 ～ 4.9 米，西距西南角楼 145 米。2 号马面，东西长 10 米，南北宽 6 米，现存夯土厚 4.1 ～ 4.7 米，西距 1 号马面 190 米。3 号马面，东西长 8 米，南北宽 6 米，现存夯土厚 3.2 ～ 5.3 米，西距 2 号马面 150 米，东距明德门瓮城 146 米。4 号马面，东西长 10 米，南北宽 6 米，现存夯土厚 3 ～ 6 米，西距明德门瓮城 130 米。5 号马面，东西长 10 米，南北宽 6 米，现存夯土厚 4.4 ～ 6 米，西距 4 号马面 155 米。6 号马面，东西长 10 米，南北宽 6 米，现存夯土厚 4.1 ～ 5.5 米，西距 5 号马面 162 米，东距东南角楼 155 米。

马面上及周边乱石较多，从马面南北两侧地层勘探可知，大致可分为三层：第①层，灰褐色地表土，深厚 0.4 米。土质松散，内含植物根茎。第②层，黑、灰褐色土，深 0.4 ～ 1.8 米，厚 1.4 米。土质较松散，纯净，含沙量大。该层下见灰黑色淤土，土质较硬，纯净，内含植物根茎类腐朽物。出水，停探。

（3）西墙马面

由北向南依次编号为 1 ～ 6 号。1 号马面，东西长 9 米，南北宽 6 米，现存夯土厚 4 ～ 5.4 米，北距西北角楼 104 米。2 号马面，南北长 8 米，东西宽 6 米，现存夯土厚 5 ～ 5.9 米，北距 1 号马面 115 米，南距北瓮城 109 米。3 号马面，边长 8 米，现存夯土厚 6.2 ～ 6.7 米，北距北瓮城 175 米。4 号马面，南北长 10 米，东西宽 6 米，现存夯土厚 3.3 ～ 5.3 米，北距 3 号马面 161 米，南距南瓮城 178 米。5 号马面，南北长 10 米，东西宽 6 米，现存夯土厚 3.4 ～ 5.4 米，北距南瓮城 100 米。6 号马面，南北长 10 米，东西宽 7 米，现存夯土厚 3.3 ~ 5.5 米，北距 5 号马面 120 米，南距西南角楼 122 米。

马面上及周边乱石较多，无法勘探。在马面东西两侧了解地层，大致可分为三层：第①层，灰褐色地表层，深厚 0.6 米。土质松散，内含植物根系、建筑废弃物。第②层，黑褐色土，深 0.6 ~ 1.5 米，厚 0.9 米。土质较松散，纯净，南部有水腐现象。第③层，黄褐色沙土层，深 1.5 ~ 2 米，厚 0.5 米。土质一般，内含少量水锈纹土。该层下出水，停探。

马面东西两侧发现路土，开口于①层下，距地表深 0.3 米，厚 0.5 米。灰褐色或黑褐色土，土质较硬，较净，踩踏层明显。路土总体呈南北走向。

（4）北墙马面

由东向西依次编号为 1 ~ 6 号。1 号马面，东西长 6 米，南北宽 8 米，现存夯土厚 3.5 ~ 4.8 米，东距东北角 158 米。2 号马面，东西长 7 米，南北宽 8 米，现存夯土厚 4.2 ~ 6 米，东距 1 号马面 166 米。3 号马面，边长 8 米，现存夯土厚 4.7 ~ 5.2 米，东距 2 号马面 163 米，西距复仁门瓮城 143 米。4 号马面，东西长 6.5 米，南北宽 7 米，夯土现存厚 4 ~ 7.2 米，东距复仁门瓮城 147 米。5 号马面，东西长 8 米，南北宽 7 米，现存夯土厚 2.9 ~ 5.2 米，东距 4 号马面 156 米。6 号马面，东西长 8 米，南北宽 6 米，现存夯土厚 4.5 ~ 7 米，东距 5 号马面 163 米，西距西北角楼 167 米。

马面南北两侧地层可分为三层：第①层，灰褐色地表土，深厚 0.2 ~ 0.9 米。内含少量陶瓷片、建筑废弃物。第②层，灰、黄褐色土，深 0.2 ~ 0.9 米，厚 0.5 ~ 1.2 米。土质较松散，纯净，内含水锈纹。该层下见黄褐色沙质生土层，停探。

3. 皇城瓮城

在皇城四面城门外，各修筑有方形或马蹄形瓮城。瓮城台基用夯土版筑，外侧片石包砌，白沙灰黏合。瓮城周边地表残存片石堆积，部分基础（未被扰动）明显，尚能看出瓮城的平面形状，即东西两面墙各修筑两个瓮城，平面呈马蹄形，南北两面墙各修筑一个瓮城，平面呈方形。分述如下：

（1）东墙瓮城

北瓮城

位于皇城东墙中北部，平面呈马蹄形，东西 56 米，南北 63 米。夯土版筑，片石包砌，白沙灰黏合。墙体呈梯形，上窄下宽，收分较大。瓮城置两门，位于瓮城中轴线上，东西对开。经勘测，瓮城城垣夯土宽 7 ~ 8 米，厚 4 ~ 4.8 米。用黄、灰褐色花土打制，质量较好，夯层明显，每层厚约 10 厘米。其基础位于②层上，瓮城无基槽结构。由于城垣内、外侧均倒塌有乱石堆积层，瓮城城垣夯土的开口层位，尚不能明确。

瓮城处地层大体可分为三层：第①层，灰褐色地表土，深厚 0.2 ~ 0.3 米。内含建筑废弃物及植物根茎。第②层，黑褐色土，深 0.2 ~ 0.3 米，厚 0.5 ~ 0.8 米。土质较松散，纯净。第③层，浅黄色沙质土，深 0.5 ~ 0.8 米，厚 1 ~ 1.2 米。土质较硬，内含水锈纹及少量青沙，纯净。该层下见水，无法勘探。

南瓮城

位于皇城东墙的中南部，平面呈马蹄形，东西南北各 50 米。夯土版筑，片石包砌，白沙灰黏合。墙体呈梯形，上窄下宽，收分较大。瓮城西、南墙各开一门，呈"ㄱ"形走向。经勘测，瓮城城垣宽

6～7米，夯土厚3～5米。用黄、褐色花土打制，质量相对较好，夯层明显，每层厚约0.1米。由于城垣内、外侧均倒塌有乱石堆积层，瓮城城垣夯土的开口层位，尚不能明确。

瓮城内均发现路土，开口于①层下，距地表深0.9米，厚0.7～1米。灰、黑褐色土，土质较硬，踩踏层明显，内含陶、瓷片、黑炭渣点、红烧土颗粒等。

瓮城处地层大体可分为三层：第①层，灰褐色地表土，深厚0.3～1米。土质干燥，松散，内含植物根系，建筑碎砖、石等。第②层，黑褐色土，深0.3～1米，厚0.4～1.2米。土质较松散，纯净，内含水锈纹。该层下见浅黄色沙质生土层，停探。

（2）西墙瓮城

南瓮城

位于皇城西墙中南部，平面呈马蹄形，东西50米，南北60米。夯土版筑，片石包砌，白沙灰黏合。墙体呈梯形，上窄下宽，收分较大。瓮城东、南墙各开一门，两门呈"匚"形状走向。经勘测，瓮城城垣宽8～9米，夯土厚1.5～3.8米。用黄、灰褐色花土打制，土质相对较好，夯层明显，每层厚约0.1米。由于城垣内、外侧均倒塌有乱石堆积层，瓮城城垣夯土的开口层位，尚不能明确。

瓮城内均有路土。与其他瓮城路土不同，路土位于地层②层下，并且城墙建于路上，厚度较其他瓮城内路土厚，呈灰褐色，分布不均，厚度在0.5～1.5米之间。土质相对较差，较纯净。

瓮城处地层大体可分为三层：第①层，灰褐色地表层，厚0.3～0.5米，内含碎砖石、现近遗物等。第②层，黑灰褐色土，深0.3～0.5米，厚0.3～1.2米。含沙量大，土质较松散，纯净。第③层，黄褐色沙土层，深约2米。土质纯净，较硬，应为生土层。

北瓮城

位于皇城西墙外侧中北部，平面呈马蹄形，东西50米，南北80米。夯土版筑，片石包砌，白沙灰黏合。墙体呈梯形，上窄下宽，收分较大。瓮城东、南墙各开一门，两门平面呈"匚"形走向。经勘测，瓮城城垣夯土宽7～8米，夯土厚3.8～6.4米。用黄、灰褐色花土打制，质量较好，夯层明显，每层厚0.1～0.15米。由于城垣内、外侧均倒塌有乱石堆积层，瓮城城垣夯土的开口层位尚不能明确。

瓮城处地层堆积大体可分为三层：第①层，黄褐色地表土，厚0.3～0.8米。含生活垃圾、现近代遗物。第②层，灰褐色沙质土，深0.3～0.8米，厚0.2～1.2米，土质相对较松，较纯净。第③层，生土层，较硬，纯净，局部夹水锈纹。

（3）南墙瓮城（明德门瓮城）

位于皇城南墙中部外侧。平面呈长方形，东西60米，南北50米，现已修复，无法勘探。从勘探明德门瓮城处护城河情况看，该瓮城的修筑时间应在第一期护城河之后。

（4）北墙瓮城（复仁门瓮城）

位于皇城北墙外侧中心部位。平面呈长方形，南北50米，东西60米。夯土版筑，片石包砌，白灰黏合。墙体呈梯形，上窄下宽，收分较大。瓮城置两门，位于瓮城中轴线上，南北对开。经勘测，瓮城城垣夯土宽7.5～8米，厚2.4～3米。用黄、灰褐色花土打制，质量较好，夯层明显，每层厚0.1～0.15米。由于城垣内、外侧均倒塌有乱石堆积层，瓮城城垣夯土的开口层位尚不能明确。

在瓮城内及南、北城门外侧①层下，均发现灰褐色路土堆积层，距地表深0.4～0.6米，厚0.2～1

米。路土质量较好，踩踏层明显。内含细沙及碎砖块。

瓮城处地层堆积大体可分为三层：第①层，黄褐色地表土，深厚 0.4 ～ 0.6 米。土质松散，干燥，内含植物根茎、碎砖石、陶瓷片。该层下发现路土层。第②层，灰褐色土，深 0.4 ～ 0.6 米，厚 0.3 ～ 0.5 米。土质较松，较纯净。第③层，黄褐色沙质土，深 0.7 ～ 1.1 米，厚度不详。土质稍松，较净，内含水锈纹斑点，应为生土层。

第五章　宫城篇

第一节　宫城位置及平面布局

宫城位于整个元上都城址中东部，皇城的中北部。宫城平面呈长方形，南北610米，东西520米（以现有城墙高度与地平面的中间值为准），残高约3.5米。在宫城的四面城墙上分别构置有瓮城和长方形马面，宫城南门名曰御天门，东门名曰东华门，西门名曰西华门（图5-1）。

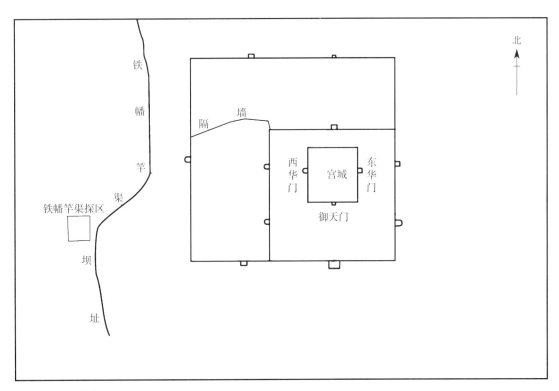

图 5-1　宫城位置平面图

第二节　宫城勘探成果

宫城内，整体地形南北相对无高差。通过勘探，发现宫城段地层变化不大，总体上南北基本相对应，大致可分四层：

第①层，灰褐色地表土，深厚0.1～0.4米。土质松散，稍干燥，内含植物根茎、碎砖块、石块、陶瓷片等。第②层，黑褐、灰褐色土，深 0.4 ～ 1.8 米，厚 0.4 ～ 1.4 米。土质相对较松，较纯净。第③层，浅黄、黄褐色沙质土，深 1.8 ～ 2.2 米，厚 0.4 米。土质相对较松，较纯净，个别地段包含稍多水锈纹斑点。第④层，灰褐、灰黑色土，深 2.2 ～ 2.5 米，厚 0.3 米。土质湿软，较净，内含植物根茎。该层下见白沙或灰白沙生土层，停探。

一　宫城内路网结构

共 10 条街道路土，形成宫城内路网框架结构。其中东西向街道路土三条，南北向街道路土四条，其余为西华门街道路土、东华门街道路土、御道街道路土。

1. 东西向街道路土

共三条，由北向南。依次编号为东西第一街至东西第三街。

（1）东西第一街

位于宫城北部，东部北距宫城北墙约 10 米处，中部北距穆清阁约 20 米，西部距宫城北墙约 10 米处。现勘探出路土东西长 500 米，南北宽约 6 ～ 8 米。较直，中部路土于穆清阁西南角处正北与路土西段相连接。南部与 F83 西侧支线路连接，向西消失。路土东部与南北第一街相连接，西部与南北第三街相连接。其他支线路分别通向房区内。

地层情况可分为东部、中部、西部三部分。

东部

路内地层：开口层于①层下，距地表深 0.3 米见路土。第①层，浅灰褐色土，深厚 0.3 米。土质干燥，松散，内含稍多植物根茎。第②层，深灰褐色土，深 0.3 ～ 0.6 米，厚 0.3 米。土质较密实，内含明显路土层及深灰色土质夹少量碎砖渣。该层下见浅黄色淤积沙层。

路外地层：第①层，浅灰褐色土，深厚 0.3 米。土质干燥，松散，内含稍多植物根茎。第②层，深灰褐色土，深 0.3 ～ 0.6 米，厚 0.3 米。土质松散，内含深灰色土质及少量乱石碎砖渣。该层下见浅黄色淤积沙层。

中部

路内地层（穆清阁南部）：开口层于①层下，距地表深 0.3 米左右见。第①层，浅灰褐色土，深 0.3 米。土质松散，干燥，内含稍多植物根茎。第②层，深灰褐色土，深 0.3 ～ 0.7 米，厚 0.4 米。土质较密实，上部含有路土及踏面层，下部为深灰色土质夹少量碎石砖渣。该层下见浅黄色淤积沙层。

路外地层：

第①层，浅灰褐色土，深厚 0.3 米。土质松散，含有稍多植物根茎。第②层，深灰褐色土，深 0.3 ～ 0.8 米，厚 0.5 米。土质松软，内含深灰色土质夹深黑色土质及少量碎砖渣点。该层下见浅黄色淤积沙层。

西部

路内地层：开口层于①层下，距地表深 0.5 米左右见。第①层，浅灰褐色土，深厚 0.5 米。土质干燥，松散，内含稍多植物根茎及乱石碎砖渣。第②层，深灰褐色土，深 0.5 ～ 1.2 米，厚 0.7 米。土质松散，干燥，上部含有路土、踏面层，下部为深灰色土质，含较多碎砖渣、乱石及白灰渣等。第③层，浅灰褐色土，深 1.2～1.6 米，厚 0.4 米。土质松软，内含浅灰色土质夹浅灰色淤积沙土层。该层下见浅黄色淤积沙层。

路外地层：第①层，浅灰褐色土，深厚 0.5 米。土质松散，干燥，内含稍多植物根茎。第②层，深灰褐色土，深 0.5～1.2 米，厚 0.7 米。土质松软，内含深灰色土质夹较多碎砖渣、白灰渣点等。该层下见浅黄色淤积沙层。

（2）东西第二街

位于宫城中北部，北部距堆石区 13 约 4 米处。现勘探出路土东西长 330 米，南北宽 6 米。路土平面多曲，路土东部与南北第一街呈"丁"字形交会，中部与南北第二街交会，西部与 F83 南部支线路呈"丁"字形交会。其他支线路分别通向房区路。

路内地层：开口层于①层下，距地表深 0.3 米左右见路土。第①层，浅灰褐色土，深 0.3 米。土质松散，干燥，内含稍多植物根茎。第②层，深灰褐色土，深 0.3～0.7 米，厚 0.4 米。土质较密实，上部含有路土及踏面层，下部为深灰色土质夹少量碎石砖渣。该层下见浅黄色淤积沙层。

路外地层：第①层，浅灰褐色土，深厚 0.3 米。土质松散，含有稍多植物根茎。第②层，深灰褐色土，深 0.3～0.8 米，厚 0.5 米。土质松软，内含深灰色土质夹深黑色土质及少量碎砖渣点。该层下见浅黄色淤积沙层。

（3）东西第三街

位于宫城西南部，F4 房址（院落）南部。现勘探出东西长 186 米，南北宽 6 米。平面较直，西部稍弯曲。路土东部与 F6 房址西部支线路相连接。西部与南北第四街呈"丁"字形交会。其他路土分别通向支线路。

路内地层：开口层于①层下，距地表深 0.3 米。第①层，浅灰褐色土，深厚 0.3 米。土质松散，干燥，内含稍多植物根茎。第②层，深灰褐色土，深 0.3～0.9 米，厚 0.6 米。土质较为密实，上部含有明显路土分层，层内含有少量乱石碎砖渣，下部为深灰色土质夹浅黄色土粒。该层下见浅黄色淤积沙层。

路外地层：第①层，浅灰褐色土，深厚 0.3 米。土质干燥，松散，内含稍多植物根茎。第②层，深灰褐色土，深 0.3～1 米，厚 0.7 米。土质松软，内含深灰色土质夹浅黄色土粒及深黑色土质。该层下见浅黄色淤积沙层。

2. 南北向街道路土

共四条，由东至西。依次编号为南北第一街至南北第四街。

（1）南北第一街

位于宫城东部，东距宫城东城墙约 2 米处。勘探出路土南北长 580 米，东西宽约 6 米。路线较直，路土北端与东西第一街连接交会，路土中部与东华门东端呈"丁"字形交会，路土南段至宫城西南角处往西通向堆石区。其他支线路分别通向房区路。

路内地层：开口层于①层下，距地表深 0.5 米左右见路土。第①层，浅灰褐色土，深厚 0.5 米。土质干燥，松散，内含稍多植物根茎及乱石碎砖渣。第②层，深灰褐色土，深 0.5～1.2 米，厚 0.7 米。土质松散，干燥，上部含有路土、踏面层，下部为深灰色土质含较多碎砖渣、乱石及白灰渣等。第③层，浅灰褐色土，深 1.2 ～ 1.6 米，厚 0.4 米。土质松软，内含浅灰色土质夹浅灰色淤积沙土层。该层下见浅黄色淤积沙层，停探。

路外地层：第①层，浅灰褐色土，深厚 0.5 米。土质松散，干燥，内含稍多植物根茎。第②层，深灰褐色土，深 0.5 ～ 1.2 米，厚 0.7 米。土质松软，内含深灰色土质夹较多碎砖渣、白灰渣点等。该层下见浅黄色淤积沙层。

（2）南北第二街

位于宫城东部，大安阁东北部。现勘探出南北长 160 米，东西宽 4 米。路土北与东西第二街连接交会，路土南端与东华路西端连接交会。其他支线路分别通向房区路。

路内地层：开口层于①层下，距地表深 0.3 米左右。第①层，浅灰褐色土，深 0.3 米。土质松散，干燥，内含稍多植物根茎。第②层，深灰褐色土，深 0.3 ～ 0.7 米，厚 0.4 米。土质较密实，上部含有路土及踏面层，下部为深灰色土质夹少量碎石砖渣。该层下见浅黄色淤积沙层，停探。

路外地层：第①层，浅灰褐色土，深厚 0.3 米。土质松散，含有稍多植物根茎。第②层，深灰褐色土，深 0.3 ～ 0.8 米，厚 0.5 米。土质松软，内含深灰色土质夹深黑色土质及少量碎砖渣点。该层下见浅黄色淤积沙层。

（3）南北第三街

位于宫城西北部，现勘探出南北长 280 米，东西宽 6 米。路土多曲，路土南部至西华门路土呈"丁"字形交会。其他各支线路分别通向各房区路。

路内地层：开口层于①层下，距地表深平均在 0.3 米左右。第①层，浅灰褐色土，深厚 0.3 米。土质干燥，松散，内含稍多植物根茎。第②层，深灰褐色土，深 0.3 ～ 0.6 米，厚 0.3 米。土质较密实，内含路土、踏面层及深灰色土质夹浅黄色沙土。该层下见浅黄色淤积沙层，停探。

路外地层：第①层，浅灰褐色土，深厚 0.3 米。土质干燥，松散，内含稍多植物根茎。第②层，深灰褐色土，深 0.3 ～ 0.7 米，厚 0.4 米。土质松散，内含深灰色土质夹浅黄色沙土及少量碎砖渣。该层下见浅黄色淤积沙层。

（4）南北第四街

位于宫城西部，距宫城西墙约 8 米。现勘探出南北长 150 米，东西宽 6 米。平面较直，北部较弯曲，路土北部与 F4 房址北部支线路相连接，向北通向堆石区 1。

路内地层：开口层于①层下，距地表深平均在 0.3 米。第①层，浅灰褐色土，深厚 0.3 米。土质干燥，松散，内含稍多植物根茎。第②层，深灰褐色土，深 0.3 ～ 0.8 米，厚 0.5 米。上部土质较硬，下部土质松软，上部含路土及踏面层，下部为深灰色土层夹浅灰色沙土层。该层下见浅黄色沙层。

路外地层：第①层，浅灰褐色土，深厚 0.3 米左右。土质松散，干燥，内含稍多植物根茎。第②层，深灰褐色土，深 0.3 ～ 0.8 米，厚 0.5 米。土质松软，内含深灰色土层及浅灰色沙土层。该层下见浅黄色淤积沙层。

3. 西华门街道路土

位于宫城中部偏西，大安阁西南部。现勘探出东西长 260 米，南北宽 8 ～ 10 米。平面较直，西端道路稍偏北，路土东端呈直角往北与 F40 房址（院落）北部支线路连接交会。该道路于 F40 房址（院落）下发现路土，据此推断该院落应为晚期房址。

路内地层：开口层于①层下，距地表深 0.4 米见路土。第①层，浅灰褐色土，深厚 0.4 米。土质较硬，内含浅灰色土质及地表路土杂垫石子。第②层，深灰褐色土，深 0.4 ~ 1.2 米，厚 0.8 米。土质一般，上部含有较明显路土可分层，下部为深灰色土质夹少量碎砖渣。第③层，深黑褐色土，深 1.2 ~ 1.6 米，厚 0.4 米。土质松软，内含深黑色淤积土层夹浅灰色淤积沙土。该层下见浅黄色淤积沙土层。

路外地层：第①层，浅灰褐色土，深厚 0.4 米。土质松散，内含稍多植物根茎。第②层，深灰褐色土，深 0.4 ~ 1.1 米，厚 0.7 米。土质松软，内含深灰色土质夹浅灰色沙土。该层下见浅黄色淤积沙层。

4. 东华门街道路土

位于宫城中部偏东，大安阁东南部。现勘探路土东西长 230 米，宽约 6 ~ 8 米。路土东端至宫城东墙处偏北通向东华门，路土西端至 F45 台基时，分岔为南北向支线路。北部通向南北第二街，南部向南再向西通向御道。其他各支线路分别通向房区路。

路内地层：开口层于①层下，距地表深 0.3 米见路土。第①层，浅灰褐色土，深厚 0.3 米。土质松散，干燥，内含稍多植物根茎。第②层，深灰褐色土，深 0.3 ~ 0.6 米，厚 0.3 米。土质较硬密实，上部含有明显的路土可分层，下部为深灰色土质夹少量碎砖渣点。第③层，浅黄褐色沙质土，深 0.6 ~ 0.9 米，厚 0.3 米。土质松散，内含浅黄色淤积沙质土及粗沙，少量碎石。第④层，深灰褐色土，深 0.9 ~ 1.2 米，厚 0.3 米。土质湿软，内含深灰色淤积土层夹浅灰色淤积沙土层。该层下见浅黄色淤积沙层。

路外地层：第①层，浅灰褐色土，深厚 0.4 米。土质松散，干燥，内含稍多植物根茎。第②层，深灰褐色土，深 0.4 ~ 1 米，厚 0.6 米。土质松软，内含深灰色土质夹少量碎砖渣点。该层下见浅黄色淤积沙层。

5. 御道街道路土

位于宫城南门御天门—大安阁，大安阁南约 50 米处。中心主干南北长约 300 米，东西宽 9 ~ 10 米。路土平面较直，其南端通往宫城南门御天门，在道路的中部西侧，与 F10 房址北侧、F14 房址南侧的房区道路连接。北端与大安阁相邻，东西各有道路连接贯通。路土北部于水域 3 处往东慢转弯向北通向东华路。

御道内地层：开口层于①层下，距地表深 0.3 米左右见路土。第①层，浅灰褐色土，深厚 0.3 米。土质干燥，松散，内含稍多植物根茎。第②层，深灰褐色土，深 0.3 ~ 0.9 米，厚 0.6 米。土质较硬，上部含有可分层的路土，内夹碎砖、乱石，下部为深灰色淤积土层。第③层，浅灰褐色土，深 0.9 ~ 1.3 米，厚 0.4 米。土质松软，内含浅灰色淤泥土层夹浅黄色沙土。该层下见浅黄色淤积沙层。

御道外地层：第①层，浅灰褐色土，深厚 0.4 米。土质松散，干燥，内含稍多植物根茎。第②层，深灰褐色土，深 0.4 ~ 1 米，厚 0.6 米。土质松软，内含深灰色土质夹少量碎砖渣及白灰渣点。第③层，深黑褐色土，深 1 ~ 1.4 米，厚 0.4 米。土质较软，内含深黑色淤积土层夹浅黄色淤积沙土。该层下见浅黄色淤积沙层。

二 宫城内水系

宫城内水系分水域和排水沟两类，共七个遗迹单位，形成宫城内水系的整体布局。

1. 水域

水域 1

位于宫城西南部，御道西侧，南部约 7 米处为 F14 房址（院落）。地势比周边低约 0.5 米，平面呈椭圆形，东西 54 米，南北 24 米。开口于①层下，距地表深 0.1 米。

水域内地层：第①层，浅灰色土，深厚 0.1 米。土质松软，内含植物根茎。第②层，黑褐色土，深 0.1 ~ 2.2 米，厚 2.1 米。土质湿软，含水量较大。深 2.3 米见水，停探。

水域 2

位于宫城西南部，西距踩踏面 2 约 2 米处。平面呈不规则形，地势比周边低约 1 米，平面呈不规则形，东西 102 米，南北 42 米。开口于①层下，距地表深 0.1 米。

水域内地层：第①层，浅灰色土，深厚 0.1 米。土质较硬，内含植物根茎。第②层，灰褐色土，深 0.1 ~ 0.4 米，厚 0.3 米。土质松散，纯净，未发现包含物。第③层，黑褐色土，深 0.4 ~ 1.2 米，厚 0.8 米。土质细腻，含沙量较大。深 1.4 米见水，停探。

水域 3

位于宫城中部，北部边际紧挨夯土遗迹 4。平面呈不规则形，东西 60 米，南北 24 米，地势略低于周边。开口于①层下，距地表深 0.4 米。

水域内地层：第①层，浅灰色土，深厚 0.4 米。土质干燥，松散，内含植物根茎。第②层，深灰褐色土，深 0.4 ~ 1 米，厚 0.6 米。土质较为松软，内含深灰色淤积泥沙层及碎石颗粒。第③层，深黑褐色土，深 1 ~ 2.2 米，厚 1.2 米。土质湿软，呈污泥状，内含深黑色淤积泥沙层。该层下见水，停探。

水域 4

位于宫城西北部，南部距 F79、F80 台基约 5 米。平面呈不规则形，东西 30 ~ 60 米，南北 24 ~ 70 米，地势低于周围地平面约 1 米。

水域内地层：第①层，浅灰色土，深厚 0.3 米。土质干燥，松散，内含碎石颗粒、植物根茎。第②层，深黑色淤积土，深 0.3 ~ 1.1 米，厚 0.8 米。土质湿软，淤积层次分明，含沙量较大，呈污泥状，纯净。该层下见黄褐色沙质生土层，停探。

2. 排水沟

排水沟 1

位于宫城中部，御道北部西侧约 2 米处。现勘探出南北 90 米，宽 1.5 米。排水沟北端通向水域 3，排水沟南部至 F7 房址（院落）北部支线处消失。开口于①层下，距地表深 0.5 米。

沟内地层：第①层，浅灰色土，深厚 0.5 米。土质干燥，松散，内含植物根茎。第②层，灰褐色土，深 0.5 ~ 1.5 米，厚 1 米。土质湿软，呈污泥状。该层下见黄褐色沙质生土层，停探。

沟外地层：第①层，浅灰褐色土，深厚 0.4 米。土质松散，干燥，内含稍多植物根茎。第②层，深灰褐色土，深 0.4 ~ 1 米，厚 0.6 米。土质松软，内含深灰色土质夹少量碎砖渣及白灰渣点。第③层，深黑褐色土，深 1 ~ 1.4 米，厚 0.4 米。土质较软，内含深黑色淤积土层夹浅黄色淤积沙土。该层下见黄褐色淤积沙层。

排水沟 2

位于宫城中西部，大安阁西南部约 14 米处。平面较直，西部稍弯曲。现勘探出东西长 240 米，宽 1.5 米。西部通向宫城西墙西侧南北向护城河处，东部通向水域 3。开口于②层下，距地表深 0.8 ~ 1.1 米。

沟内地层：第①层，浅灰褐色土，深厚 0.4 米。土质干燥，松散，内含稍多植物根茎。第②层，深灰褐色土，深 0.4 ~ 1.1 米，厚 0.7 米。土质较松，内含深灰色淤积土层夹深黑色淤积泥层。第③层，浅灰褐色土，深 1.1 ~ 1.8 米，厚 0.7 米。土质松散，内含浅灰色淤积沙层，淤积沙层较厚。该层下见深黑色淤积沙泥层，停探。

沟外地层：第①层，浅灰褐色土，深厚 0.4 米。土质干燥，松散，内含稍多植物根茎。第②层，深灰褐色土，深 0.4 ~ 1.1 米，厚 0.7 米。土质松散，内含深灰色土质及少量碎石砖渣。第③层，浅黄褐色沙质土，深 1.1 ~ 2.2 米，厚 1.1 米。土质松散，内含浅黄色淤积沙层及浅灰色淤积沙层，淤积层内少量碎石及粗沙层。该层下见深黑色淤积土层。

排水沟 3

位于宫城中西部，大安阁西南约 10 米处。现勘探出东西长 240 米，宽 1.5 米。西部通向宫城西墙西侧南北向护城河处，东部通向水域 3。

沟内地层：开口层于②层下，距地表深 0.8 米。第①层，浅灰褐色土，深厚 0.3 米。土质干燥，松散，内含稍多植物根茎。第②层，深灰褐色土，深 0.3 ~ 1 米，厚 0.7 米。土质松散，内含深灰色土质及少量碎石砖渣。第③层，浅黄褐色沙质土，深 1 ~ 2 米，厚 1 米。土质松散，内含浅黄色淤积沙土层夹有浅灰色淤积土层。该层下见深黑色淤积土层，停探。

沟外地层：第①层，浅灰褐色土，深厚 0.4 米。土质干燥，松散，内含稍多植物根茎。第②层，浅灰褐色土，深 0.4 ~ 1.3 米，厚 0.9 米。土质松软，内含深灰色土质夹浅灰色沙土及少量碎砖乱石。该层下见浅灰色淤积沙土层。

三　宫城内房址（院落）

F1 台基

位于宫城西南角，西距西城墙约 22 米。房基已被埋没，平面呈长方形，东西 10.3 米，南北 8.7 米，墙体高 0.5 米，墙基宽约 1 米。

台基内地层：第①层，浅灰色土，深厚 0.3 米。土质一般，内含植物根茎、碎砖石颗粒。第②层，灰褐色土，深 0.3 ~ 0.8 米，厚 0.5 米。土质较硬，纯净。第③层，深灰褐色土，深 0.8 ~ 1.2 米，厚 0.4 米。土质密度大，较硬，纯净。该层下见乳白色沙质生土层，停探。

台基外地层：第①层，浅灰色土，深厚 0.1 米。土质干燥，疏松，内含植物根茎。第②层，灰褐色土，深 0.1 ~ 0.7 米，厚 0.6 米。土质松软，未发现包含物。第③层，黑褐色淤积土，深 0.7 ~ 1.1 米，厚 0.4

米。土质较为松软，纯净。该层下见乳白色沙质生土层，停探。

F2 台基

位于宫城西南角，南距堆石区约 2 米处。平面呈刀把形，东西 6.1 米，南北 9.8 米，墙体高 1.5 米，墙基宽约 1 米。

台基内地层：第①层，浅灰色土，深厚 0.3 米。土质干燥，松散，内含植物根茎。第②层，灰褐色土，深 0.6 米见石不过，以下情况不明。

台基外地层：第①层，浅灰色土，深厚 0.1 米。土质干燥，疏松，内含植物根茎。第②层，灰褐色土，深 0.1 ~ 0.7 米，厚 0.6 米。土质松软，未发现包含物。第③层，黑褐色淤积土，深 0.7 ~ 1.1 米，厚 0.4 米。土质较为松软，纯净。该层下见乳白色沙质生土层，停探。

F3 房址（院落）

位于宫城西南角，院墙砌石基础大部分裸露于地表面，部分可见。平面呈长方形，东西 35.3 米，南北 38 米，高 0.6 米。在该院落内北部有一晚期房址，院落西南部房址编号 1# 台基。

院落内地层：第①层，浅灰色土，深厚 0.1 米。土质干燥，松散，内含植物根茎。第②层，灰褐色土，深 0.1 ~ 0.5 米，厚 0.4 米。土质一般，纯净。第③层，深 0.5 ~ 1.2 米，厚 0.7 米。土质较硬，内含碎砖渣颗粒。该层下见乳白色沙质生土层，停探。

1# 台基

位于院落西南部。平面呈长方形，东西 8 米，南北 9 米。

台基内地层：第①层，浅灰色土，深厚 0.4 米。土质干燥，松散，内含植物根茎，乱石颗粒较多。第②层，灰褐色土，深 0.4 ~ 1.2 米，厚 0.8 米。土质相对较硬，内含细沙，纯净。该层下见乳白色沙质生土层，停探。

台基外地层：第①层，浅灰色土，深厚 0.1 米。土质干燥，松散，内含植物根茎。第②层，灰褐色土，深 0.1 ~ 1.4 米，厚 1.3 米。土质相对较硬，内含细沙，纯净。该层下见乳白色沙质生土层，停探。

F4 房址（院落）

位于宫城西南角，南距东西第三街约 4 米处。该院落为一独立的不规则长方形台面，东西 75 米，南北 65 米，院落高出地平面约 0.3 米。地表面散落较多碎砖石颗粒，部分石砌基础裸露于地表面。

院落内地层：第①层，浅灰色土，深厚 0.1 米。土质较为疏松，内含植物根茎。第②层，黑土淤积土，深 0.1 ~ 0.7 米，厚 0.6 米。土质相对较硬，内含灰砖块、烧灰颗粒和微量红烧土颗粒。该层下见乳白色沙质生土层，停探。

1# 台基

台基内地层：第①层，浅灰色土，深厚 0.5 米。土质较为松散，内含大量碎砖石块。第②层，灰褐色土，深 0.5 ~ 0.6 米，厚 0.1 米。第③层，深灰褐色土，深 0.6 ~ 1.3 米，厚 0.7 米。土质较硬，内含白灰颗粒、灰砖块。

台基外地层：第①层，浅灰色土，深厚 0.5 米。土质较为松散，内含碎砖石块、植物根茎。第②层，灰褐色土，深 0.5 ~ 1.1 米，厚 0.6 米。黑土中夹杂黄褐色沙质土，含微量灰砖渣点。深 1.1 米见石不过，以下情况不明。

2# 台基

台基内地层：第①层，浅灰色土，深厚0.3米。土质松散，内含植物根茎。第②层，黑灰土，深0.3～0.5米，厚0.2米。土质相对较硬，内含烧灰颗粒、白灰点、灰砖块。第③层，灰褐色土，深0.5～1.3米，厚0.8米。土质相对较硬，内含碎砖块、红色颜料、白灰点颗粒。深1.3米见石不过，以下情况不明。

3# 台基

台基内地层：第①层，浅灰色土，深厚0.3米。土质较为松散，内含植物根茎。第②层，灰褐色土，深0.3～0.9米，厚0.6米。土质相对较硬，内含烧灰颗粒、碎石颗粒、红烧土颗粒、红颜料、白石灰颗粒。第③层，深灰色脚踏面，深0.9～1米，厚0.1米。土质较硬，内含红烧土颗粒。该层下见石不过，以下情况不明。

台基外地层：第①层，浅灰色土，深厚0.1米。土质较为疏松，内含植物根茎。第②层，黑土淤积土，深0.1～0.7米，厚0.6米。土质相对较硬，内含灰砖块、烧灰颗粒和微量红烧土颗粒。该层下见乳白色沙质生土层，停探。

4# 台基

台基内地层：第①层，浅灰色土，深厚0.4米。土质较为疏松，内含植物根茎、灰砖块、烧灰点。以下见石不过，情况不明。

台基外地层：第①层，浅灰色土，深厚0.1米。土质较为疏松，内含植物根茎。第②层，黑土淤积土，深0.1～0.7米，厚0.6米。土质相对较硬，内含灰砖块、烧灰颗粒和微量红烧土颗粒。该层下见乳白色沙质生土层，停探。

5# 台基

台基内地层：第①层，浅灰色土，深厚1米。土质松散，内含烧灰颗粒、砖瓦块。第②层，黑灰土，深1～1.5米，厚0.5米。土质相对较硬，内含砖块、烧灰颗粒。1.5米以下见乱石，不过，以下情况不明。

台基外地层：第①层，浅灰色土，深厚0.7米。土质较为疏松，内含植物根茎。第②层，黑灰土，深0.7～1.5米，厚0.8米。土质相对较硬，内含碎砖石颗粒和大量烧灰颗粒。深1.5米见砖。第③层，黑土层，深1.5～1.65米，厚0.15米。硬度一般，较净。该层下见乳白色沙质生土层，停探。

F5 房址（院落）

位于宫城西南角，东部与F6房址（院落）相连接。平面呈长方形，东西46米，南北59米，高0.3米。周围石砌基础明显可见，西、南、北三面低洼可能是道路遗迹，略高于周围地面，四周石砌墙基裸露。

1# 台基

台基内地层：第①层，浅灰色土，深厚0.3米。土质干燥，松散，内含植物根茎。该层下见乱石。第②层，深0.3～0.4米，厚0.1米。土质稍硬，内含碎石颗粒。该层下见黄褐色沙质生土层，停探。

台基外地层：第①层，浅灰色土，深厚0.3米。土质松散，内含碎瓦块。第②层，黑土，深0.3～0.7米，厚0.4米。内含灰砖块，含水分较大。该层下见黄褐色沙质生土层，停探。

F6 房址（院落）

位于宫城西南角，西部与F5房址（院落）相连接。平面呈长方形，东西59米，南北48米，高

0.8 米，台基地势隆起地面约 1.2 米。四周石砌基础断续可见，北部基础外裸。本院内还有两处未建成的石砌台基。

院落内地层：第①层，浅灰色土，深厚 0.5 米。土质干燥，松散，内含植物根茎。以下见石，厚度不明。

院落外地层：第①层，浅灰色土，厚 0.1 米。土质松散，呈粉沙状，内含植物根茎较多。该层下见石不过，情况不明。第②层，灰褐色土，深 0.1 ~ 0.6 米，厚 0.7 米。土质相对较硬，呈颗粒状，内含少量黑烧灰颗粒，土质均匀。该层下见浅白色沙质生土层，停探。第③层，细黄褐色沙土层，深 0.7 ~ 1.1 米，厚 0.4 米。土质纯净，相对较硬。该层下为沙质生土层，停探。

F7 房址（院落）

位于宫城内南侧中部，御天门北部约 100 米处。平面呈长方形，东西 56 米，南北 49 米，高 0.3 米。其西部有一长方形二进院，院四周石砌墙基断续可见。

院落内地层：第①层，浅灰色土，深厚 0.4 米。土质较为疏松，内含碎石颗粒、植物根茎。该层下见石不过，以下情况不明。

1# 台基

台基内地层：第①层，浅灰色土，深厚 0.4 米。土质疏松呈粉沙状，内含植物根茎。该层下见石不过，以下情况不明。

2# 台基

台基内地层：第①层，浅灰色土，深厚 0.2 米。土质疏松，内含植物根茎。以下见石不过，情况不明。

F8 台基

位于宫城内南侧中部，北距 F7 房址（院落）约 18 米。平面呈长方形，东西 9.1 米，南北 4.3 米，高 0.2 米。

台基内地层：第①层，浅灰色土，深厚 0.6 米。土质松散，内含砖石块。该层下见黑灰色夯土层。第②层，灰色夯土层，深 0.6 ~ 0.9 米，厚 0.3 米。较硬，内含碎石颗粒、黑炭渣点。第③层，深灰色土，深 0.9 ~ 1.6 米，厚 0.7 米。硬度一般，内含少量烧灰颗粒。距地表深 1.6 米见石不过，以下情况不明。

台基外地层：第①层，深厚 0.4 米。土质较为疏松，内含碎石颗粒、植物根茎。该层下见石不过，以下情况不明。

F9 台基

位于宫城西南角，南部紧挨堆石区 1。平面呈长方形，东西 23 米，南北 8.5 米，高 0.8 米。

台基内地层：第①层，浅灰色土，深厚 0.5 米。土质干燥，松散，内含碎砖石块、白灰颗粒和少量瓦片。该层下见石不过，以下情况不明。

台基外地层：第①层，浅灰色土，深厚 0.4 米。土质干燥，松散，内含碎砖石块。第②层，浅灰色脏杂土，深 0.4 ~ 1 米，厚 0.6 米。土质干燥，内含碎砖石块、黑灰颗粒。该层下见石不过，以下情况不明。

F10 房址（院落）

位于宫城内南侧中部，东北约 50 米处。平面呈方形，东西 26.1 米，南北 26.5 米，高 0.8 米。南距南城墙约 20 米处，院内乱石遍地，院墙房基砌石裸露地面。

院落内地层：第①层，浅灰色土，深厚 0.3 米。土质较为疏松，内含植物根茎。0.3 米以下见石不过，情况不明。

1# 台基

台基内地层：第①层，浅灰色土，深厚 0.3 米。土质较为松散，内含植物根茎。第②层，灰褐色土，深 0.3～0.6 米，厚 0.3 米。土质相对较硬，内含灰砖块较多。第③层，深灰褐色土，深 0.6～1 米，厚 0.4 米。土质相对较硬，内含黄褐色沙土层。该层下见石不过，情况不明。

2# 台基

台基内地层：第①层，浅灰色土，深厚 0.3 米。土质较为疏松，内含植物根茎。第②层，灰褐色土，深 0.3～0.8 米，厚 0.5 米。土质相对较硬，内含碎砖石块。该层下见石不过，以下情况不明。

F11 房址（院落）

位于宫城内南侧中部，平面呈长方形，东西 20.2 米，南北 9.8 米，高 0.2 米。四周石砌基础隐约可见。

院落内地层：第①层，浅灰色土，深厚 0.3 米。土质较为松散，内含植物根茎。第②层，灰褐色土，深 0.3～0.6 米，厚 0.3 米。土质相对较硬，内含砖石块。第③层，深灰褐色土，深 0.6～1 米，厚 0.4 米。土质相对较硬，内含黄褐色沙土层。该层下见石不过，情况不明。

1# 台基

台基内地层：第①层，浅灰色土，深厚 0.5 米。土质较为疏松，内含少量烧灰颗粒、植物根茎。第②层，灰褐色土，深 0.5～0.7 米，厚 0.2 米。土质相对较硬，内含大量灰砖块、乱石颗粒。第③层，深灰褐色土，深 0.7～1.4 米，厚 0.7 米。土质较硬，内含黄褐色沙土层、动物骨骼。该层下见石不过，情况不明。

台基外地层：第①层，浅灰色土，深厚 0.3 米。土质较为松散，内含植物根茎。第②层，灰褐色土，深 0.3～0.6 米，厚 0.3 米。土质相对较硬，内含砖石块。第③层，深灰褐色土，深 0.6～1 米，厚 0.4 米。土质相对较硬，内含黄褐色沙土层。该层下见石不过，情况不明。

2# 台基

台基内地层：第①层，浅灰色土，深厚 0.5 米。土质干燥，松散，内含碎砖石块、白灰颗粒和少量瓦片。该层下见石不过，以下情况不明。

台基外地层：第①层，浅灰色土，深厚 0.4 米。土质干燥，松散，内含碎砖石块。第②层，浅灰色脏杂土，深 0.4～1 米，厚 0.6 米。土质干燥，内含碎砖石块、黑灰颗粒。该层下见石不过，以下情况不明。

F12 房址（院落）

位于宫城内南侧中部，平面呈长方形，东西 32 米，南北 39.2 米，高 0.8 米，院落高于地面约 0.5 米。四周石墙基时隐时现，隆起地面约 1.5 米。地面上散落较多青砖块、灰陶残片、乱石块。

院落内地层：第①层，浅灰色土，深厚 0.3 米。土质较为湿软，内含黑灰颗粒、碎砖石块、植物根茎。第②层，灰褐色土，深 0.3～0.6 米，厚 0.3 米。内含烧灰颗粒、碎砖石颗粒。第③层，深灰褐色土，深 0.6～0.7 米，厚 0.1 米。土质相对较硬。第④层，灰黑花土，深 0.7～1 米，厚 0.3 米。土质较硬，较净，该层下见浅白色沙质生土层，停探。

1# 台基

台基内地层：第①层，浅灰色土，深厚 0.2 米。土质较为疏松，内含白灰颗粒、灰瓦片。第②层，黑灰色土，深 0.2 ~ 0.5 米，厚 0.3 米。内含较多灰砖块。第③层，深灰褐色土，深 0.5 ~ 1.1 米，厚 0.6 米。土质坚硬，内含黑灰颗粒和微量灰砖渣点。该层下见石不过，情况不明。

2# 台基

台基内地层：第①层，浅灰色土，深厚 0.4 米。土质较为松散，内含植物根茎。第②层，灰褐色土，深 0.4 ~ 1 米，厚 0.6 米。土质相对较硬，内含烧灰颗粒、红烧土颗粒。第③层，深灰褐色土，深 1 ~ 1.6 米，厚 0.6 米。土质较硬，内含黄褐色沙土层。深 1.6 米见石不过，情况不明。

F13 台基

位于宫城内南侧中部，北距 F12 房址（院落）约 2 米处。平面呈不规则形，东西 8.8 米，南北 17.3 米，高 0.5 米。

台基内地层：第①层，浅灰色土，深厚 0.35 米。土质较为疏松，内含少量植物根茎。第②层，灰褐色土，深 0.35 ~ 0.9 米，厚 0.55 米。土质相对较硬，内含微量砖块、石灰颗粒。第③层，深灰褐色土，深 0.9 ~ 2.3 米，厚 1.4 米。土质较硬，纯净。该层下见黄褐色沙质生土层，停探。

台基外地层：第①层，浅灰色土，深厚 0.5 米。土质较为疏松，内含碎石颗粒、植物根茎。第②层，灰褐色土，深 0.5 ~ 0.8 米，厚 0.3 米。土质相对较硬，内含少量碎砖块。该层下见石不过。

F14 房址（院落）

位于宫城内南侧中部，东距 F11 房址（院落）约 6 米处。平面呈长方形，东西 43 米，南北 45 米。周围石墙基裸露地面，院内有两处台基废墟堆积，略呈长方形台状，高于地面约 1.5 米。

院落内地层：第①层，浅灰色土，深厚 0.4 米。土质较为疏松，内含砖块、植物根基。第②层，黑灰褐色土，深 0.4 ~ 1 米，厚 0.6 米。土质相对较硬，内含较多烧灰颗粒、碎砖块。

1# 台基

台基内地层：第①层，浅灰色土，深厚 0.4 米。土质较为疏松，内含灰砖石块。该层下见砖石。第②层，灰褐色土，深 0.4 ~ 0.8 米，厚 0.4 米。土质相对较硬，内含大量灰砖块。第③层，深灰褐色土，深 0.8 ~ 1.5 米，厚 0.7 米。内含灰砖块、黑土颗粒。该层下见石不过，以下情况不明。

2# 台基

台基内地层：第①层，浅灰色土，深厚 0.3 米。土质较为松软，内含植物根茎。第②层，灰褐色土，深 0.3 ~ 0.6 米，厚 0.3 米。土质相对较硬，内含白石灰颗粒、红烧土颗粒。第③层，红烧土，深 0.6 ~ 0.8 米，厚 0.2 米。第④层，黑灰褐土，深 0.8 ~ 1.3 米，厚 0.5 米。土质较硬，内含黑灰颗粒。该层下见乳白色沙质生土层，停探。

3# 台基

台基内地层：第①层，浅灰色土，深厚 0.6 米。土质较为疏松，内含碎石颗粒、植物根茎。第②层，灰褐色土，深 0.6 ~ 1 米，厚 0.4 米。土质相对较硬，内含较多黑灰色烧灰土。该层下见乳白色沙质生土层，停探。

F15 台基

位于宫城内南侧中部，北距 F14 房址（院落）约 12 米处。平面呈长方形，东西 6.4 米，南北 25.6 米，南部有一石墙基基础。该房址地势高出地平面约 1.5 米。

台基内地层：第①层，浅灰色土，深厚 0.6 米。土质干燥，松散，内含烧灰颗粒、碎砖石块和少量白灰颗粒、瓦片。第②层，深灰褐色土，深 0.6～1 米，厚 0.4 米。土质相对较硬，内含碎砖石块。该层下见石不过，以下情况不明。

台基外地层：第①层，浅灰色土，深厚 0.4 米。土质干燥，松散，内含碎石粒、植物根茎。第②层，深灰褐色土，深 0.4～0.9 米，厚 0.5 米。土质较为湿润，内含黑灰颗粒。该层下见乳白色沙质生土层，停探。

F16 房址（院落）

位于宫城东南角，西距 F14 房址（院落）约 32 米。平面呈长方形，东西 34 米，南北 43 米，该房址地势高出地平面约 1.4 米，周围有石铺护坡。基础明显，建筑废墟遗存丰富，有白灰颗粒、砖石块、瓦片等。该院内有明显晚期石铺基础，该基础框架内未探到任何建筑废墟遗存。

院落内地层：第①层，浅灰褐色土，深厚 0.4 米。土质干燥，松散，内含碎石颗粒、植物根茎。第②层，深灰褐色土，深 0.4～1.1 米，厚 0.7 米。土质较为湿润，内含石块。该层下见乳白色沙质生土层，停探。

1# 台基

台基内地层：第①层，浅灰褐色土，深厚 0.8 米。土质干燥，松散，内含砖石块、白灰结块。第②层，灰褐色土，深 0.8～1.5 米，厚 0.7 米。土质干燥，坚硬，内含砖石块。该层下见石不过，以下情况不明。

2# 台基

台基内地层：第①层，浅灰褐色土，深厚 0.6 米。土质干燥，松散，内含砖石块、白灰结块。第②层，灰褐色土，深 0.6～1.2 米，厚 0.6 米。土质相对较硬，内含砖石块和少量黄褐色土掺杂黑灰颗粒。该层下见石不过，以下情况不明。

F17 房址（院落）

位于宫城东南角，距东城墙约 5 米，南城墙约 30 米处。平面呈长方形，东西 28，南北 39 米。该院落石铺基础明显，周围未发现路土，大门位置不明。F17 现为沼泽地，地势低洼。1# 台基地势高出地平面约 1.2 米，基础明显，无断缺。2# 台基地势高出地平面约 0.5 米，周围明显。以上两处房址均为石铺基础。

院落内地层：第①层，浅灰褐色土，深厚 0.4 米。土质干燥，松散，内含碎石颗粒、植物根茎。第②层，深灰褐色土，深 0.4～0.9 米，厚 0.5 米。土质较为湿软，内含黑灰颗粒、石块。该层下见乳白色沙质生土层，停探。

1# 台基

台基内地层：第①层，浅灰褐色土，深厚 0.8 米。土质干燥，松散，内含砖石块、瓦片、白灰结块。该层下见石不过，以下情况不明。

2# 台基

台基内地层：第①层，浅灰褐色土，深厚 0.3～0.5 米。土质干燥，松散，内含砖块、瓦片、白灰结块（呈颗粒状）。该层下见石不过，以下情况不明。

F18 台基

位于宫城东南角，F17 房址（院落）西北角向北 25 米处。平面呈长方形，东西 16.9 米，南北 22.3 米。地势高出地平面约 2 米，基础明显。台基外向南部，北高南低呈坡状土台，台基与土台周边为沼泽地，地势低于地平面约 0.4 米。

台基内地层：第①层，浅灰褐色土，深厚 0.7 米。土质干燥，松散，内含砖石块、瓦片、碎石颗粒、白灰结块。第②层，灰褐色土，深 0.7 ~ 1.7 米，厚 1 米。土质相对较硬，内含黑灰颗粒、砖石块。第③层，深灰褐色土，深 1.7 ~ 2.3 米，厚 0.6 米。土质湿软，呈污泥状，未发现包含物。该层下见乳白色沙质生土层，停探。

台基外地层：第①层，浅灰褐色土，深厚 0.4 米。土质干燥，松散，内含碎石颗粒、植物根茎。第②层，深灰褐色土，深 0.4 ~ 1.2 米，厚 0.8 米。土质湿软，呈污泥状。该层下见乳白色沙质生土层，停探。

F19 台基

位于宫城东南角，F21 台基东北角向东约 22 米处。平面呈长方形，东西 12.5 米，南北 18.5 米。地势高出地表面约 0.8 米。周围未探到基础，0.8 米下发现有厚 0.6 米夯土层。地表层内含白灰颗粒、砖石块、瓦片等建筑构件遗存，据上述情况定为房址。

台基内地层：第①层，浅灰色土，深厚 0.8 米。土质干燥，松散，内含白灰颗粒、砖石块、瓦片、黑灰颗粒。第②层，夯土层，深 0.8 ~ 1.4 米，厚 0.6 米。土质较硬，内含灰褐色土掺和少量黄褐色夯土层。底部铺垫有较薄白灰。第③层，深灰褐色土，深 1.4 ~ 1.8 米，厚 0.4 米。土质较为湿软，呈污泥状。该层下见乳白色沙质生土层，含水锈沙，停探。

台基外地层：第①层，浅灰色土，深厚 0.4 米。土质干燥，松散，内含黑灰颗粒、碎石颗粒、碎砖块。第②层，深灰褐色土，深 0.4 ~ 1.4 米，厚 1 米。土质较为湿软，内含砖石块、黑灰颗粒，呈污泥状。该层下见乳白色沙质生土层，含水锈沙，停探。

F20 台基

位于宫城内东侧中部，北距堆石区约 8 米处。平面呈长方形，东西 15 米，南北 12.2 米。该房址地势高出地平面约 0.6 米，周围基础 0.3 ~ 0.5 米深浅不等见石。

台基内地层：第①层，浅灰色土，深厚 0.6 米。土质干燥，松散，内含砖石块、白灰颗粒、黑灰颗粒。第②层，夯土，深 0.6 ~ 1.3 米，厚 0.7 米。土质相对较硬，内含黑灰颗粒、白灰颗粒。第③层，深灰褐色淤积土，深 1.3 ~ 1.7 米，厚 0.4 米。土质湿软，呈污泥状，纯净。该层下见乳白色沙质生土层，停探。

台基外地层：第①层，浅灰色土，深厚 0.4 米。土质干燥，松散，内含碎石颗粒、植物根茎。第②层，深灰色淤积土，深 0.4 ~ 1 米，厚 0.6 米。土质湿软，呈污泥状，纯净。该层下见乳白色沙质生土层，停探。

F21 台基

位于宫城东南角，南距 F16 房址（院落）约 60 米处。平面呈台阶形，东西 30.5 米，南北 31.5 米。地势高出地平面约 1.8 米。基础部分明显，台基内有 4 处取土坑，扰动严重。土台上有堆石建筑布局，较乱。部分台基基础部分扰乱不明显，无法查找准确位置，需待发掘查找验明。

台基内地层：第①层，浅灰褐色土，深厚0.8米。土质干燥，松散，内含白灰颗粒、砖石块、瓦片。第②层，灰褐色土，深0.8～1.4米，厚0.6米。土质相对较硬，内含砖石块。该层下见石不过，以下情况不明。

台基外地层：第①层，浅灰褐色土，深厚0.4米。土质干燥，松散，内含碎石颗粒、植物根茎。第②层，深灰褐色土，深0.4～1.3米，厚0.9米。土质湿软，内含石块、黑灰色淤积层，呈污泥状。该层下见乳白色沙质生土层，停探。

F22台基

位于宫城中部，南距F12房址（院落）南部约28米处。平面呈长方形，东西10.3米，南北12.6米，该房址地势高出地平面约2.5米，周围石砌基础清晰可辨。

台基内地层：第①层，浅灰色土，深厚0.4米。土质干燥，松散，内含植物根茎。第②层，深灰褐色土，深0.4～0.9米，厚0.5米。土质相对较硬，内含微量烧灰颗粒、红烧土颗粒。第③层，深灰褐色土，深0.9～1.2米，厚0.3米。土质松软，内含大量烧灰颗粒、碎砖石块。该层下1.4米见石不过，以下情况不明。

台基外地层：第①层，浅灰色土，深厚0.1米。土质干燥，松散，内含植物根茎。第②层，深灰褐色土，深0.1～0.3米，厚0.2米。土质较硬。该层下见石不过，以下情况不明。

F23台基

位于宫城内东侧中部，大安阁东南部。平面呈长方形，东西35.5米，南北30.5米，该房址地势高出地平面约0.3米。房址四周为石砌基础，有道路和排水沟从院南部通过，据此判断应存在早晚期叠压关系。

台基内地层：第①层，浅灰色土，深厚0.6米。土质干燥，松散，内含砖石块、白灰颗粒、黑灰颗粒。第②层，深灰褐色土，深0.6～1.5米，厚0.9米。土质相对较硬，较净。该层下见乳白色沙质生土层，含水锈沙，停探。

台基外地层：第①层，浅灰色土，深厚0.4米。土质干燥，松散，内含碎砖渣颗粒。第②层，深灰褐色土，深0.4～1.1米，厚0.7米。土质相对较硬，较净。该层下见乳白色沙质生土层，含水锈沙，停探。

F24房址（院落）

位于宫城内中部，大安阁西南部，西华门与东华门东西路南侧。东西78米，南北73米，高0.3米。F24房址（院落）面积较大，周围院墙基础完整，因坍塌后遗存乱石较多，未探到门和出路，需发掘获取资料进一步查证。

院落内地层：第①层，浅灰褐色土，深厚0.4米。土质干燥，松散，内含碎石颗粒、碎瓦砾。第②层，深灰褐色土，深0.4～0.9米，厚0.5米。土质湿软，内含碎石颗粒、黑灰颗粒。该层下见乳白色沙质生土层，停探。

1#台基

高出地平面约0.7米，房址基础明显。

台基内地层：第①层，浅灰褐色土，深厚0.6米。土质干燥，松散，内含砖石块、瓦片、白灰颗粒。第②层，灰褐色土，深0.6～1米，厚0.4米。土质干燥，内含砖石块、黑灰颗粒。以下见石不过，情况不明。

2# 台基

高出地平面约 1 米，大部分基础明显。房址内石块堆积较厚，地层无法勘探至生土层。

台基内地层：第①层，浅灰褐色土，深厚 0.7 米。土质干燥，松散，内含砖石块、瓦片、白灰颗粒。第②层，灰褐色土，深 0.7 ~ 1.2 米，厚 0.5 米。土质相对较硬，内含砖石块、黑灰颗粒。以下见石不过，情况不明。

3# 台基

高出地平面约 1.2 米，因有人为扰动迹象，房址基础部分遭到破坏，建筑土台上有一处取土坑和堆土丘。建筑坍塌后遗存乱石较多，无法探到基础准确位置，需发掘获取有关资料。

台基内地层：第①层，浅灰色土，深厚 0.8 米。土质干燥，松散，内含砖石块、瓦片、白灰颗粒、碎石颗粒。第②层，灰褐色土，深 0.8 ~ 1.5 米，厚 0.7 米。土质相对较硬，内含砖石块，个别探孔探到夯土，厚约 0.5 米。土质坚硬。探到石块，不过，以下情况不明。

台基外地层：第①层，浅灰褐色土，深厚 0.4 米。土质干燥，松散，内含碎石颗粒、植物根茎。第②层，深灰褐色土，深 0.4 ~ 0.9 米，厚 0.5 米。土质较为湿软，内含黑灰颗粒。该层下见乳白色沙质生土层，含水锈沙，停探。

4# 台基

北高南低，北部高出地平面约 0.9 米，南部约 0.2 米，房址基础明显。

台基内地层：第①层，浅灰色土，深厚 0.7 米。土质干燥，松散，内含砖石块、瓦片、白灰结块。第②层，灰褐色土，深 0.7 ~ 1.2 米，厚 0.5 米。土质相对较硬，内含碎砖石块、黑灰颗粒。以下见石，不过，该层下情况不明。

台基外地层：第①层，浅灰色土，深厚 0.4 米。土质干燥，松散，内含黑灰颗粒、植物根茎。第②层，深灰褐色土，深 0.4 ~ 1 米，厚 0.6 米。土质较为湿润，内含碎石颗粒、黑灰颗粒。该层下见乳白色沙质生土层，含水锈沙，停探。

5# 台基

东高西低，东部高出地平面约 0.8 米，西部约 0.3 米。房址基础部分明显，地面因坍塌和人为扰动严重，石块遍布整个房址范围。

台基内地层：第①层，浅灰色土，深厚 0.7 米。土质干燥，松散，内含砖石块、瓦片、白灰结块。第②层，灰褐色土，深度探至 1 米见石不过，以下情况不明。

6# 台基

台基内地层：第①层，浅灰色土，深厚 0.6 米。土质干燥，松散，内含砖石块、瓦片、黑灰颗粒、白灰颗粒。第②层，灰褐色土，深 0.6 ~ 1.2 米，厚 0.6 米。土质相对较硬，内含碎砖石块。以下见石不过，该层下情况不明。

7# 台基

高出地平面约 0.7 米，基础明显。

台基内地层：第①层，浅灰色土，深厚 0.6 米。土质干燥，松散，内含碎砖石块、瓦片、碎石颗粒、白灰颗粒。第②层，灰褐色土，深 0.6 ~ 1.3 米，厚 0.7 米。土质相对较硬，内含砖石块、黑灰颗粒。

第③层，深灰褐色土，深 1.3 ~ 1.8 米，厚 0.5 米。土质较为湿软，内含碎石颗粒、黑灰颗粒。该层下见乳白色沙质生土层，含水锈沙，停探。

F25 房址（院落）

位于宫城内西侧中部，西华路南侧。平面呈长方形，东西 17 米，南北 20 米，该房址地势高出地平面约 0.8 米。基础明显，完整，台基内建筑废墟遗存丰富，砖石块、瓦片较多。

院落内地层：第①层，浅灰色土，深厚 0.4 米。土质干燥，松散，内含碎石颗粒。第②层，深灰褐色土，深 0.4 ~ 1.3 米，厚 0.9 米。土质湿软，呈污泥状，未发现包含物。该层下见乳白色沙质生土层，含碎石颗粒，停探。

1# 台基

台基内地层：第①层，浅灰色土，深厚 0.6 米。土质干燥，松散，内含砖石块、瓦片、白灰颗粒。第②层，灰褐色土，深 0.6 ~ 0.9 米，厚 0.3 米。土质干燥，坚硬，内含石块。以下见石不过，情况不明。

2# 台基

台基内地层：第①层，浅灰色土，深厚 0.5 米。土质干燥，松散，内含砖石块、瓦片、白灰颗粒、黑灰颗粒。第②层，灰褐色土，深 0.5 ~ 1.4 米，厚 0.9 米。土质相对较硬，内含碎石颗粒、黑灰颗粒。第③层，深灰褐色土，深 1.4 ~ 2.1 米，厚 0.7 米。土质湿软，呈污泥状。该层下见乳白色沙质生土层，含碎石颗粒，停探。

3# 台基

台基内地层：第①层，浅灰色土，深厚 0.5 米。土质干燥，松散，内含砖石块、瓦片、白灰颗粒。第②层，灰褐色土，深 0.5 ~ 1.5 米，厚 1 米。土质相对较硬，内含碎石颗粒、黑灰颗粒。第③层，深灰褐色土，深 1.5 ~ 2.1 米，厚 0.6 米。土质湿软，呈污泥状。该层下见乳白色沙质生土层，含碎石颗粒，停探。

F26 房址（院落）

位于宫城内西侧中部，西华路南部。平面呈长方形，东西 10.2 米，南北 8.5 米，该房址地势高出地平面约 1.2 米。

1# 台基

台基内地层：第①层，浅灰色土，深厚 0.4 米。土质较为松散，内含植物根茎。第②层，灰褐色土，深 0.4 ~ 0.6 米，厚 0.2 米。土质相对较硬，内含烧灰颗粒。第③层，深灰褐色土，深 0.6 ~ 1.4 米，厚 0.8 米。土质稍硬。该层下见乳白色沙质生土层，停探。

台基外地层：第①层，浅灰色土，深厚 0.4 米。土质干燥，松散，内含碎石颗粒。第②层，深灰褐色土，深 0.4 ~ 1.3 米，厚 0.9 米。土质湿软，呈污泥状。该层下见乳白色沙质生土层，含碎石颗粒，停探。

F27 房址（院落）

位于宫城内西侧中部，东临 F54 台基。平面呈不规则形，东西 40 米，南北 22.3 米，高 0.3 米。西华门南侧的洼地里，四周石墙基可见，只有几处院中的台基废墟和石墙基础。

院落内地层：第①层，浅灰色土，深厚 0.3 米。土质干燥，松散，内含植物根茎。第②层，深灰褐色土，深 0.3 ~ 1.2 米，厚 0.9 米。土质湿软，呈污泥状。该层下见乳白色沙质生土层，含碎石颗粒，停探。

1# 台基

台基内地层：第①层，浅灰色土，深厚 0.4 米。土质干燥，呈沙状，较为疏松，内含植物根茎。该层下见石不过，情况不明。

2# 台基

台基内地层：第①层，浅灰色土，深厚 0.3 米。土质干燥，呈沙状，较为松散，内含植物根茎、灰砖块。第②层，灰褐色土，深 0.3 ~ 0.4 米，厚 0.1 米。土质相对较硬，夹杂微量黑色烧灰点。距地表深 0.4 米见砖，砖厚 0.05 米。第③层，浅灰色夯土，深 0.4 ~ 0.8 米，厚 0.4 米左右，土质较硬，内夹杂少量烧灰土（可能是房屋内垫土）。第④层，黑色沉积土，深 0.8 ~ 1.2 米，厚 0.4 米。土质细腻，含少量细沙，较为纯净。第⑤层，该层下见纯净粗白沙层，停探。

3# 台基

台基内地层：第①层，浅灰色土，深厚 0.3 米。土质干燥，呈沙状，较为松散，内含植物根茎。该层下见石不过，情况不明。

4# 台基

台基内地层：第①层，浅灰色土，深厚 0.4 米。土质干燥，呈沙状，较为松散，内含植物根茎，少量碎石和动物骨骼。该层下见石不过，情况不明。

5# 台基

台基内地层：第①层，浅灰色土，深厚 0.5 米，土质干燥，呈沙状，较为松散，内含植物根茎，少量灰砖颗粒。第②层，黑灰夯土，深 0.5 ~ 1.3 米，厚 0.8 米。内含烧灰、灰砖点和少量白沙。该层下见平砖，不过，情况不明。

F28 房址（院落）

位于宫城内西侧中部，西临宫城西城墙内侧。平面呈不规则形，东西 30 米，南北 26 米，高 1.1 米。南临 F27 房址（院落），院四周石墙基裸露地面，其中西边墙基建在西城墙坍塌的废墟上，由此推断 F28 房址（院落）晚于元代。

1# 台基

台基内地层：第①层，浅灰色土，深厚 0.3 米。土质干燥，呈沙状，较为松散，内含植物根茎。该层下见石不过，情况不明。

F29 台基

位于宫城内东侧中部，西距宫城西墙约 9 米处。平面呈不规则长方形，东西 28 米，南北 26.5 米，该房址高出地平面约 0.3 米。地面基础纵横交错，用料杂乱，随意铺砌，杂乱无章，内含白灰颗粒、碎砖石块，基础方向与宫城墙不协调，落差大，随地势高低铺砌。距上述情况分析，应推断为晚期房址。

台基内地层：第①层，浅灰色土，深厚 0.7 米。土质干燥，松散，内含碎砖石块、瓦片、碎石颗粒、白灰渣。第②层，深灰褐色土，深 0.7 ~ 1.7 米，厚 1 米。土质较为松散，内含碎石颗粒、瓦砾、黑灰颗粒。该层下见乳白色沙质生土层，停探。

台基外地层：第①层，浅灰色土，深厚 0.4 米。土质干燥，松散，内含白灰颗粒、碎石颗粒。第②层，深灰褐色土，深 0.4～1.1 米，厚 0.7 米。土质相对较硬，较净。该层下见乳白色沙质生土层，停探。

F30 台基

位于宫城内东侧中部，西华门东北部。平面呈台阶形，东西 10 米，南北 7.5 米，该房址地势高出地平面约 0.6 米。

台基内地层：第①层，浅灰色土，深厚 0.6 米。土质干燥，松散，内含碎砖石块、瓦片、白灰颗粒。该层下见石不过，以下情况不明。

台基外地层：第①层，浅灰色土，深厚 0.3 米。土质干燥，松散，内含碎石颗粒、植物根茎。第②层，深灰褐色土，深 0.3～1 米，厚 0.7 米。土质较湿润，内含黑灰颗粒。该层下见乳白色沙质生土层，停探。

F31 台基

位于宫城内东侧中部，南部距 F30 台基约 8 米处。平面呈长方形，东西 5 米，南北 3.5 米，高 0.3 米。

台基内地层：第①层，浅灰色土，深厚 0.6 米。土质干燥，松散，内含砖石块、白灰颗粒。以下见石不过，情况不明。

台基外地层：第①层，浅灰色土，深厚 0.3 米。土质干燥，松散，内含碎石颗粒、碎砖渣。第②层，深灰褐色土，深 0.3～0.9 米，厚 0.6 米。土质较为湿软，内含黑灰颗粒。该层下见乳白色沙质生土层，含水锈沙，停探。

F32 台基

位于宫城内东侧中部，西距宫城西城墙约 12 米。平面呈长方形，东西 24 米，南北 10 米。该房址地势高出地平面约 0.8 米。

台基内地层：第①层，浅灰色土，深厚 0.7 米。土质干燥，松散，内含砖石块、瓦砾、白灰渣。第②层，浅灰色掺和黄褐色夯土层，深 0.7～1.7 米，厚 1 米。土质坚硬，内含碎石颗粒、碎砖渣。该层下见乳白色沙质生土层，含碎石颗粒，停探。

台基外地层：第①层，浅灰色土，深厚 0.4 米。土质干燥，松散，内含碎石颗粒、瓦砾。第②层，深灰褐色土，深 0.4～1.1 米，厚 0.7 米。土质相对较硬，较净。该层下见乳白色沙质生土层，含碎石颗粒，系冲击而形成，停探。

F33 台基

位于宫城内东侧中部，南距 F32 台基约 2 米处。平面呈不规则台阶形，东西 48 米，南北 8 米。该台基地势高出地平面约 1 米，石砌基础明显。

台基内地层：第①层，浅灰色土，深厚 0.6 米。土质干燥，松散，内含碎砖石块、瓦片、白灰颗粒。第②层，灰褐色土，深 0.6～1.5 米，厚 0.9 米。土质相对较硬，内含砖石块、黑灰颗粒。第③层，深灰褐色土，深 1.5～2 米，厚 0.5 米。土质较为湿软，较净。该层下见乳白色沙质生土层，含水锈沙，停探。

台基外地层：第①层，浅灰色土，深厚 0.3 米。土质干燥，松散，内含碎石颗粒、瓦砾、植物根茎。第②层，深灰褐色土，深 0.3～1 米，厚 0.7 米。土质较为湿润，较净。该层下见乳白色沙质生土层，停探。

F34 台基

位于宫城内东侧中部，西距南北第三街约 2 米处。平面呈长方形，东西 10 米，南北 4.5 米，该房址地势高出地平面约 0.2 米。周围石砌基础明显可见。

台基内地层：第①层，浅灰色土，深厚 0.7 米。土质松散，干燥，呈沙状，内含植物根茎。第②层，黑褐色土，深 0.7 ~ 1.3 米，厚 0.6 米。土质较硬，细腻纯净。该层下为自然沙层，停探。

台基外地层：第①层，浅灰色土，深厚 0.3 米。土质松散，干燥，内含植物根茎。第②层，黑土，深 0.3 ~ 0.95 米，厚 0.65 米。土质较硬，纯净。该层下为自然沙层。

F35 房址（院落）

位于宫城内东侧中部，西北临 F77 房址（院落）。平面呈长方形，东西 36 米，南北 30 米，该房址高出地平面约 0.5 米。

1# 台基

台基内地层：第①层，浅灰色土，深厚 0.3 米。土质干燥，呈沙状，较为松散，内含植物根茎，微量灰砖颗粒。第②层，灰褐色土，深 0.3 ~ 0.9 米，厚 0.6 米。土质较为松散，内含少量烧灰，微量灰砖颗粒。第③层，深灰褐色土，深 0.9 ~ 1.5 米，厚 0.6 米。土质较硬，内含微量红烧土颗粒。第④层，黑色沉积土，深 1.5 ~ 1.7 米，厚 0.2 米。土质纯净，有沉积层次。该层下见白沙土层，停探。F35 的 1# 台基上部有现代房址，现代房址四周都用石块、砖块垒砌。

院落其余 2# 台基、3# 台基、院落西南角处房址，四周石块墙基内夹杂少量灰砖块，平面呈长方形。从台基内地层堆积情况看无发现脚踏面和夯土层，从而初步推断，F35 房址（院落）内除去 1# 台基外，其余均为晚期未使用的台基。

F36 台基

位于宫城内东侧中部，西距 F30 台基约 10 米处。平面呈 "L" 形，东西 10 米，南北 16.5 米。南距西华门东西道路 40 米的椭圆形台地上，台地高于周围地面 1 米左右，台面比较平坦，四周石墙基隐约可见。

台基内地层：第①层，浅灰色土，深厚 0.3 米。土质较为松软，内含少量植物根茎。第②层，黑灰褐土，深 0.3 ~ 0.7 米，厚 0.4 米。土质相对较硬，内含灰砖块。该层下见石不过，以下情况不明。

台基外地层：第①层，浅灰色土，深厚 0.7 米。土质松散，干燥，呈沙状，内含植物根茎。第②层，黑褐色土，深 0.7 ~ 1.3 米，厚 0.6 米。土质较硬，细腻，纯净。该层下为自然沙层，停探。

F37 台基

位于宫城内东侧中部，西华门东西道北侧 150 米。平面呈圆形，直径 23 米。上小下大的圆台状，高于周围地面 1.8 米左右，台面较平，但南部却呈北高南低缓坡状。有少量乱石、灰砖、白石灰块。

台基内地层：第①层，浅灰色土，深厚 0.3 米。土质干燥，松散，内含较多植物根茎、白石灰点。第②层，深黑褐色土，深 0.3 ~ 1 米，厚 0.7 米。土质疏松，含大量烧灰、灰砖、石块、白石灰。第③层，深黑、浅黄夯土，深 1 ~ 2.6 米，厚 1.6 米。土质干燥，坚硬，含少量灰砖块。夯土下见粗黄沙层，纯净，停探。

台基外地层：第①层，浅灰色土，深厚 0.3 米。土质相对较硬，较净。第②层，黑褐色土，深 0.3 ~

0.5 米，厚 0.2 米。土质较硬，较净。第③层，黑灰褐色土，深 0.5 ~ 0.7 米，厚 0.2 米。土质细腻，相对较硬，较净。该层下见黑褐色沙质生土层，停探。

F38 台基

位于宫城内东侧中部，东南为夯土遗迹 2。平面呈圆形，直径 23.5 米。呈独立的圆台状，台面高于周围地面约 1.8 米，该台面上有大面积砖、石、灰土堆积，高出台面约 1 米，凹凸不平。

台基内地层：第①层，浅灰色土，深厚 1.1 米。土质干燥，松散，内含较多灰砖块、白灰颗粒。第②层，深黑、浅黄夯土，深 1.1 ~ 2.2 米，厚 1.1 米。土质较为坚硬，黑土中夹杂黄沙，纯净。该层下见乳白色沙质生土层，停探。

台基外地层：第①层，浅灰色土，深厚 0.6 米。土质松散，内含碎砖石块、植物根茎。第②层，黑褐色土，深 0.3 ~ 0.9 米，厚 0.6 米。土质相对较硬，纯净。该层下见黑褐色沙质生土层，停探。

F39 台基

位于宫城内东侧中部，西华门东西道北侧 10 米，F37 台基南约 5 米处。平面呈长方形，东西 24.5 米，南北 17 米，高 0.8 米。废墟略高出周围地面，四周石墙基隐约可见，由于 F39 台基内没发现踩踏面和夯土，初步推断是晚期未居住的房基。

台基内地层：第①层，浅灰色土，深厚 0.3 米。土质干燥，松散，内含少量植物根茎。第②层，黑灰褐色土，深 0.3 ~ 0.9 米，厚 0.6 米。土质相对较硬，内含烧灰、红烧土点、白石灰点。第③层，自然黑土层，深 0.9 ~ 1.2 米，厚 0.3 米。土质均匀、细腻、纯净。该层下见乳白色沙质生土层，停探。

F40 房址（院落）

位于宫城内东侧中部，东距大安阁约 15 米左右。平面近方形，前后两排均有房址，边长 33 米。该院落北部 1# 房址为主要建筑，房址废墟呈东西走向的长方形台状，隆起高度 2 米左右。台面上部房基石砌基础可见，1# 房址台面西部叠压有晚期石砌房基废墟，废墟高于台面 0.6 米左右。东华路东端在该台基中部向北穿过该院落，据此推断该院落应为晚期产物。

院落内地层：第①层，浅灰色土，深厚 0.4 米。土质干燥，松散，内含少量植物根茎。第②层，灰褐色土，深 0.4 ~ 0.9 米，厚 0.5 米。内含黑色烧灰、黑炭颗粒。第③层，深黑褐色土，深 0.9 ~ 1.3 米，厚 0.4 米。土质较硬，纯净。该层下见乳白色沙质生土层，停探。

1# 台基

台基内地层：第①层，浅灰色土，深厚 0.4 米。土质干燥，松散，内含少量植物根茎。第②层，灰褐色土，深 0.4 ~ 1 米，厚 0.6 米。土质相对较硬，内含较多乱石。第③层，深黑、浅黄夯土，深 1 ~ 1.4 米，厚 0.4 米。该层下见石不过，情况不明。

2# 台基

台基内地层：第①层，浅灰色土，深厚 0.4 米。土质干燥，松散，内含少量植物根茎、石块。第②层，深灰色夯土，深 0.4 ~ 1 米，厚 0.6 米。结构紧密，土质坚硬，内含烧灰、动物骨骼。第③层，黑褐色土，深 1 ~ 1.4 米，厚 0.4 米。土质细腻，较硬，纯净。该层下见黄褐色沙质生土层，停探。

F41 台基

位于宫城中部，南距大安阁约 6 米处。平面呈长方形，东西 4.2 米，南北 7.5 米，该房址地势高出地平面约 0.1 米。石砌基础清晰可辨。

台基内地层：第①层，浅灰色土，深厚 0.5 米。土质干燥，松散，内含碎砖石块、瓦片、白灰颗粒。该层下见石不过，以下情况不明。

台基外地层：第①层，浅灰色土，深厚 0.4 米。土质干燥，松散，内含碎砖石颗粒。第②层，深灰褐色土，深 0.4 ~ 1.2 米，厚 0.8 米。土质相对较硬，内含黄褐色沙土层，纯净。该层下见黄褐色沙质生土层，含水锈沙，停探。

F42 台基

位于宫城中部，大安阁西北方 30 米处，北部紧挨 F43 台基。平面呈长方形，东西 18.6 米，南北 17 米，隆起地面 1.5 米左右。南半部平坦，中部有南北向斜坡宽 2.5 米，可能是原上下通道；北半部上叠压有晚期房址废墟，晚期房址上砖块砌房基裸露，乱砖遍地。在晚期房址下部西侧暴露出另一个用石块垒砌的晚期房址西半部，即 F42 台基上叠压有早晚两层晚期房址。F42 四周石墙基隐约可见。

台基内地层：第①层，浅灰色土，深厚 0.4 米。土质干燥，松散，内含少量植物根茎、石块、灰砖块。该层下见一薄层深灰色脚踏面。第②层，灰黄色花土，深 0.4 ~ 0.7 米，厚 0.3 米。土质硬度一般，该层下又见薄层黑灰色脚踏面。第③层，黑灰褐色土，深 0.7 ~ 0.9 米，厚 0.2 米。土质相对较硬，内含烧灰、白石灰颗粒、灰砖块、石块，该层下见砖铺地（可能是 F42 台基的居住面）。第④层，深灰褐色土，深 1 米，土质干燥，坚硬。该层下见石不过，以下情况不明。

台基外地层：（房址四周均为路土）第①层，浅灰色土，厚 0.3 米。该层下是路土，厚 0.1 米，路土下见砖不过，情况不明。

F43 台基

位于宫城中部，南部紧挨 F42 台基。平面呈"L"形，东西 9.3 米，南北 12.8 米。该房址地势基本与地平面持平，高 0.2 米。

台基内地层：第①层，浅灰色土，深厚 0.5 米。土质干燥，松散，内含碎砖石块、瓦片、白灰颗粒。该层下见石不过，以下情况不明。

台基外地层：第①层，浅灰色土，深厚 0.4 米。土质干燥，松散，内含碎石颗粒、植物根茎。第②层，深灰褐色土，深 0.4 ~ 1.2 米，厚 0.8 米。土质相对较硬，内含碎石颗粒、黑灰点颗粒。该层下见黄褐色沙质生土层，停探。

F44 房址（院落）

位于宫城中部，南距大安阁 18 米，东北距宣文阁 40 米。东西约 47 米，南北约 77 米。院内乱石、灰砖遍地，偶尔可见平整光亮的花斑石方砖。房址废墟高低起伏，隆起高度约 0.8 米，四周院落石墙基曲折，院基、房基砌石内夹杂少量灰砖。

院落内地层：第①层，浅灰色土，深厚 0.2 米。土质干燥，松散，内含少量植物根茎。第②层，深灰褐色土，深 0.2 ~ 0.4 米，厚 0.2 米。内含黑炭颗粒、黄沙、灰砖。该层下见黄褐色沙质生土层，停探。

1# 台基

台基内地层：第①层，浅灰色土，深厚 0.4 米。土质干燥，松散，内含植物根茎。第②层，灰褐色土，深 0.4 ~ 1 米，厚 0.6 米。内含碎砖石颗粒。该层下见石不过，以下情况不明。

2# 台基

台基内地层：第①层，浅灰色土，深厚 0.5 米。土质干燥，松散，内含碎砖石块、瓦片、白灰颗粒。该层下见石不过，以下情况不明。

3# 台基

台基内地层：第①层，浅灰色土，深厚 0.4 米。土质干燥，松散，内含植物根茎。第②层，灰褐色土，深 0.4 ~ 1 米，厚 0.6 米。内含碎砖块、黑灰颗粒。该层下见石不过，以下情况不明。

4# 台基

台基内地层：第①层，浅灰色土，深厚 0.5 米。土质干燥，松散，内含少量植物根茎、大量乱石、灰砖。第②层，深黑、浅灰色土，深 0.5 ~ 0.6 米，厚 0.1 米。土质较为松散，内含黑色烧灰、乱石、灰砖，深 0.7 米见碎砖。第③层，深黑、浅黄夯土，深 0.6 ~ 0.9 米，厚 0.3 米。土质坚硬。该层下见石不过，情况不明。

5# 台基

台基内地层：第①层，浅灰色土，深厚 0.5 米。土质干燥，松散，内含大量乱石。第②层，深黑、浅灰土，深 0.5 ~ 0.7 米，厚 0.2 米。内含烧灰、石块。第③层，深黑、浅黄夯土，深 0.7 ~ 1 米，厚 0.3 米。土质坚硬。该层下见石不过，情况不明。

6# 台基

台基内地层：第①层，浅灰色土，深厚 0.4 米。土质干燥，松散，内含少量植物根茎。第②层，深灰色踩踏面，深 0.4 ~ 0.6 米，厚 0.2 米。土质结构紧密，较为坚硬。第③层，灰白色冲积层，深 0.6 ~ 0.9 米，厚 0.3 米。内含细白沙。该层下见粗黄沙质生土层，停探。

7# 台基

台基内地层：第①层，浅灰色土，深厚 0.4 米。土质干燥，松散，内含少量植物根茎、石块、灰砖。第②层，深黑褐色土，深 0.4 ~ 0.7 米，厚 0.3 米。土质相对较硬，内含灰砖颗粒。第③层，深黑、浅黄夯土，深 0.7 米。土质干燥，较硬。该层下见石不过，情况不明。

8# 台基

台基内地层：第①层，浅灰色土，深厚 0.7 米。土质干燥，松散，内含少量植物根茎。第②层，深黑、浅灰土，深 0.7 ~ 0.9 米，厚 0.2 米。土质疏松，内含较多的烧灰，该层下 0.9 米见砖铺地面。

9# 台基

台基内地层：第①层，浅灰色土，深厚 0.3 米。土质干燥，松散，内含少量植物根茎、乱石。该层下见石不过，情况不明。

F45 台基

位于宫城中部，西距大安阁约 25 米处。平面呈长方形，东西 8 米，南北 7 米。该房址地势稍高于地平面 0.3 米，基础部分不明显。

台基内地层：第①层，浅灰色土，深厚 0.3 米。土质干燥，松散，内含碎石颗粒、植物根茎。第②层，灰褐色土，深 0.3 ~ 1 米，厚 0.7 米。土质相对较硬，内含碎砖石块。第③层，深灰褐色土，深 1 ~ 1.5 米，厚 0.5 米。土质相对较硬，纯净。该层下见黄褐色沙质生土层，含水锈沙，停探。

台基外地层：第①层，浅灰色土，深厚 0.3 米。土质干燥，松散，内含碎石颗粒、植物根茎。第②层，深灰褐色土，深0.3～0.9米，厚0.6米。土质相对较硬，内含碎砖石块。第③层，灰褐色土，深0.9～1.4米，厚0.5米。土质相对较硬，较净。该层下见黄褐色沙质生土层，停探。

F46 房址（院落）

位于宫城内东侧中部，大安阁东北约34米，F50南约44米处。平面呈不规则形，东西59.9米，南北40.8米，高0.6米。按照方位，四周石墙基比较清晰，近代房址周围石墙基中夹杂较多的灰砖块。在该院落内大部分地层勘探不过，地表面乱石堆积较厚，但地表面大部分石墙基清晰可辨。

院落内地层：第①层，浅灰色土，深厚0.6米。土质干燥，内含碎石颗粒、植物根茎。第②层，灰褐色土，深0.6～1.4米，厚0.8米。内含黑灰颗粒、碎石颗粒。该层下见石不过，以下情况不明。

1# 台基

台基内地层：第①层，浅灰色土，深厚0.4米。土质干燥，松散，内含大量碎砖石块、红烧土颗粒。该层下见深灰色踩踏面。第②层，深灰色踩踏面，深0.4～1米，厚0.6米。土质较硬，密度大，内含微量烧灰颗粒。第③层，深黑褐色土，深1～1.4米，厚0.4米。土质干燥，坚硬。该层下见石不过，以下情况不明。

2# 台基

台基内地层：第①层，浅灰色土，深厚0.6米。土质干燥，松散，内含植物根茎。第②层，灰褐色夯土，深0.6～1米，厚0.4米。内含少量黑炭渣点。该层下见乳白色沙质生土层，停探。

3# 台基

台基内地层：第①层，浅灰色土，深厚0.5米。土质干燥，松散，内含碎石颗粒、植物根茎。第②层，灰褐色土，深0.8米见石不过，以下情况不明。

4# 台基

台基内地层：第①层，浅灰色土，深厚0.4米。土质干燥，松散，内含植物根茎。第②层，灰褐色土，深0.4～0.8米，厚0.4米。土质干燥，较硬，内含少量烧灰颗粒。第③层，灰褐色夯土，深0.8～1.6米，厚0.8米。土质较为坚硬，纯净。该层下见乳白色沙质生土层，停探。

5# 台基

台基内地层：第①层，浅灰色土，深厚0.4米。土质较为松散，内含植物根茎。第②层，深灰褐色土，深0.4～0.7米，厚0.3米。土质相对较硬，内含少量碎砖块。该层下见石不过，以下情况不明。

6# 台基

台基内地层：第①层，浅灰色土，深厚0.3米。土质干燥，松散，内含碎石颗粒、植物根茎。第②层，灰褐色土，深0.3～0.9米，厚0.6米。内含少量碎砖石块、黑灰颗粒。第③层，深灰褐色土，深0.9～1.2米，厚度不详。该层下见石不过，以下情况不明。

7# 台基

台基内地层：第①层，浅灰色土，深厚0.3米。土质干燥，松散，内含碎石颗粒、植物根茎。第②层，灰褐色土，深0.3～1米，厚0.7米。内含碎砖石块。该层下见石不过，以下情况不明。

8# 台基

台基内地层：第①层，浅灰色土，深厚0.5米。土质干燥，松散，内含植物根茎。该层下见石不过，以下情况不明。

F47 台基

位于宫城内东侧中部，南距东华路约 23 米。平面呈长方形，东西 8.1 米，南北 5.1 米。该房址地势高地平面约 0.8 米，基础部分不完整。

台基内地层：第①层，浅灰色土，深厚 0.5 米。土质干燥、松散，内含白灰颗粒、砖石块、瓦片、碎石颗粒。第②层，深灰褐色土，深 0.5 ~ 1.5 米，厚 1 米。土质相对较硬，内含碎砖石块。第③层，浅黄色土，深 1.5 ~ 2 米，厚 0.5 米。土质较为湿润，含沙量较大，较净。该层下见黄褐色沙质生土层，停探。

台基外地层：第①层，浅灰色土，深厚 0.4 米。土质干燥、松散，内含碎石块、植物根茎。第②层，深灰褐色土，深 0.4 ~ 1 米，厚 0.6 米。土质相对较硬，内含碎砖石块。第③层，浅黄色沙土层，深 1 ~ 1.6 米，厚 0.6 米。土质较为湿润，含沙量较大，较净。该层下见黄褐色沙质生土层，停探。

F48 房址（院落）

位于宫城东侧中部，东距南北第一街约 6 米处。院落西北角与 F84 房址（院落）东南角相连。平面呈长方形，东西 50 米，南北 68 米。该院落地势高出地平面约 0.9 米。

院落内地层：第①层，浅灰色土，深厚 0.6 米。土质干燥，内含碎石颗粒、植物根茎。第②层，灰褐色土，深 0.6 ~ 1.4 米，厚 0.8 米。内含黑灰颗粒、碎石颗粒。该层下见石不过，以下情况不明。

1# 台基

台基内地层：第①层，浅灰色土，深厚 0.6 米。土质干燥、松散，内含碎砖石块、白灰颗粒、少量瓦片。第②层，深灰褐色土，深 0.6 ~ 1.4 米，厚 0.8 米。土质相对较硬，内含碎砖石块。第③层，灰褐色土，深 1.4 ~ 2 米，厚 0.6 米。土质相对较硬，纯净。该层下见黄褐色沙质生土层，含水锈土，停探。

2# 台基

台基内地层：第①层，浅灰色土，深厚 0.6 米。土质干燥、松散，内含碎砖石块、白灰颗粒、瓦片。第②层，深灰褐色土，深 0.6 ~ 1.5 米，厚 0.9 米。土质一般，内含碎砖石块。第③层，灰褐色土，深 1.5 ~ 2 米，厚 0.5 米。土质相对较硬，纯净。该层下见黄褐色沙质生土层，停探。

3# 台基

台基内地层：第①层，浅灰色土，深厚 0.9 米。土质干燥、松散，内含碎砖石块、白灰颗粒、瓦片。该层下见石不过，以下情况不明。

4# 台基

该房址地势低洼不平，随地势高低而铺砌，与整体房址院落不协调，基础部分不完整。据上述情况分析，应为晚期房址。

5# 台基

台基内地层：第①层，浅灰色土，深厚 0.7 米。土质干燥、松散，内含碎石颗粒、砖瓦块、白灰颗粒、黑炭渣点。第②层，深灰色土，深 0.7 ~ 1 米，厚 0.3 米。土质干燥，相对较硬，内含碎砖石块。该层下见石，以下情况不明。

6# 台基

该房址院落东北角处有一房址，地势高出地平面约 0.2 米，基础不完整，杂乱无章，整体布局与院落不协调。据上述情况分析，应为晚期房址。

台基内地层：第①层，浅灰色土，深厚 0.7 米。土质干燥，松散，内含碎砖石块。该层下见石，以下情况不明。

F49 房址（院落）

位于宫城内东侧中部，东北角与南北第二街相连接。平面呈不规则形，东西 60.4 米，南北 50.1 米。该房址地势高出地平面约 0.2 米。

院落内地层：第①层，浅灰色土，深厚 0.3 米。土质干燥，松散，内含碎石颗粒、植物根茎。第②层，灰褐色土，深 0.3 ~ 1.1 米，厚 0.8 米。土质稍硬，分小薄层，层次明显，纯净。该层下见黄褐色沙质生土层，停探。

1# 台基

该房址根据位置、地势、土层情况和基础用料，以及土层内未发现白灰、瓦片等建筑废墟情况分析，定为晚期房址。

2# 台基

台基内地层：第①层，浅灰色土，深厚 0.6 米。土质干燥，松散，内含砖石块、瓦片、白灰颗粒、建筑构件残片。第②层，浅灰、黄褐色夯土层，深 0.6 ~ 1.6 米，厚 1 米。内含动物骨渣、碎砖石颗粒、黑灰颗粒。第③层，深灰褐色土，深 1.6 ~ 2.5 米，厚 0.9 米。土质较硬，分层明显，纯净。该层下见黄褐色沙质生土层，停探。

3# 台基

台基内地层：第①层，浅灰色土，深厚 0.5 米。土质干燥，松散，内含碎砖石块、瓦片、白灰渣点。第②层，浅灰、黄褐色夯土，深 0.5 ~ 1.2 米，厚 0.7 米。土质相对较硬，内含碎砖石颗粒、瓦砾、黑灰颗粒、动物骨骼。第③层，深灰褐色土，深 1.2 ~ 2.1 米，厚 0.9 米。土质相对较硬，分层明显，较净。该层下见黄褐色沙质生土层，停探。

4# 台基

台基内地层：第①层，浅灰色土，深厚 0.5 米。土质干燥，松散，内含碎砖石块、白灰颗粒。第②层，浅灰、灰褐色夯土，深 0.5 ~ 1.2 米，厚 0.7 米。土质相对较硬，内含碎砖石块、黑灰颗粒、动物骨骼。第③层，深灰褐色土，深 1.2 ~ 2 米，厚 0.8 米。土质相对较硬，分层明显，较净。该层下见黄褐色沙质生土层，停探。

4# 台基、5# 台基、6# 台基、7# 台基内地层情况基本相同。

F50 房址（院落）

位于宫城内东侧中部。平面呈长方形，东西 38 米，南北 28 米。该房址地势高出地平面约 2 米。

院落内地层：第①层，浅灰色土，深厚 0.5 米。土质干燥，松散，内含碎砖石块、白灰颗粒。第②层，浅灰、灰褐色夯土，深 0.5 ~ 1.2 米，厚 0.7 米。土质相对较硬，内含碎砖石块、黑灰颗粒、动物骨骼。第③层，深灰褐色土，深 1.2 ~ 2 米，厚 0.8 米。土质相对较硬，分层明显，较净。该层下见黄褐色沙质生土层，停探。

1# 台基

台基内地层：第①层，浅灰色土，深厚 0.6 米。土质干燥，松散，内含碎砖石颗粒、瓦片。第②层，浅灰、浅黄色夯土，深 0.6 ~ 3.2 米，厚 2.6 米。土质相对较硬，内含碎石块。第③层，深灰褐色土，深 3.2 ~ 3.9 米，厚 0.7 米。土质较为湿润，较净。该层下黄褐色沙质生土层，停探。

2# 台基

台基内地层：第①层，浅灰色土，深厚 0.4 米。土质干燥，松散，内含碎砖石块、白灰颗粒、瓦片。该层下见石不过，以下情况不明。

3# 台基

台基内地层：第①层，浅灰色土，深厚 0.6 米。土质干燥，松散，内含白灰颗粒、瓦片、碎砖石块。该层下见石不过，以下情况不明。

F51 房址（院落）

位于宫城内东侧中部，F84 房址（院落）西北约 11 米处。平面呈不规则形正方形，东西 17.6 米，南北 21.7 米。该院落地势高出地平面约 0.3 米。

院落内地层：第①层，浅灰色土，深厚 0.4 米。土质干燥，松散，内含植物根茎。第②层，灰褐色土，深 0.4 ~ 1 米，厚 0.6 米。土质相对较硬，较净。该层下见黄褐色沙质生土层，停探。

1# 台基

台基内地层：第①层，浅灰色土，深厚 0.7 米。土质干燥，松散，内含碎砖石块、白灰颗粒、瓦片。第②层，浅灰色脏杂土，深 0.7 ~ 1.6 米，厚 0.9 米。土质相对较硬，内含碎砖石块、黑灰颗粒。第③层，灰褐色土，深 1.6 ~ 2.3 米，厚 0.7 米。土质相对较硬，较净。该层下见黄褐色沙质生土层，停探。

2# 台基

台基内地层：第①层，浅灰色土，深厚 0.7 米。土质干燥，松散，内含碎砖石块、瓦片、白灰颗粒。第②层，浅灰、黄褐色夯土，深 0.7 ~ 1.6 米，厚 0.9 米。土质较硬，纯净。第③层，灰褐色土，深 1.6 ~ 1.9 米，厚 0.3 米。土质相对较硬，较净。该层下见黄褐色沙质生土层，停探。

F52 台基

位于宫城内东侧中部，南距 F84 房址（院落）约 32 米。平面呈长方形，东西 32 米，南北 6.5 米。该房址地势高出地平面约 0.3 米。

台基内地层：第①层，浅灰色土，深厚 0.7 米。土质干燥，松散，内含碎砖石颗粒、瓦片、白灰颗粒。第②层，深灰、黄褐色夯土，深 0.7 ~ 1.2 米，厚 0.5 米。土质较硬，内含黑灰颗粒。第③层，灰褐色土，深 1.2 ~ 1.5 米，厚 0.3 米。土质相对较硬，纯净。该层下见黄褐色沙质生土层，停探。

台基外地层：第①层，浅灰色土，深厚 0.4 米。土质干燥，松散，内含碎石块颗粒、植物根茎。第②层，灰褐色土，深 0.4 ~ 0.8 米，厚 0.4 米。土质相对较硬，较净。该层下见黄褐色沙质生土层，停探。

F53 台基

位于宫城东北角，东南距堆石区 12 约 10 米。平面呈长方形，东西 10.3 米，南北 5.6 米。该房址地势高出地平面约 0.2 米。

台基内地层：第①层，浅灰色土，深厚 0.5 米。土质干燥，松散，内含碎砖石块、瓦片、白灰颗粒。第②层，深灰褐色土，深 0.5 ~ 1 米，厚 0.5 米。土质相对较硬，内含动物骨骼、碎砖石块、黑灰颗粒。

第③层，灰褐色土，深 1 ~ 1.4 米，厚 0.4 米。土质相对较硬，较净。该层下见黄褐色沙质生土层，停探。

台基外地层：第①层，浅灰色土，深厚 0.3 米。土质干燥，松散，内含碎石颗粒。第②层，灰褐色土，深 0.3 ~ 1 米，厚 0.7 米。土质相对较硬，较净。该层下见黄褐色沙质生土层，停探。

F54 院落

位于宫城东北角，距宫城北城墙 30 米、东城墙 70 米、穆清阁东 70 米、F55 房址（院落）北 10 米处。平面呈长方形，东西 16.4 米，南北 13.2 米。院内地面较平，四周夯土墙遗迹，高于院地面 0.5 米。

院落内地层：第①层，黄褐色土，深厚 0.3 米。土质干燥，松软，内含少量植物根茎。第②层，灰褐色夯土墙，深 0.3 ~ 1 米，厚 0.7 米。土质较硬，内含微量黑土点、黄沙点。该层下见纯净粗黄沙层，停探。经现场勘察发现，少量夯土墙外两侧包砌有宽 0.3 米石块，从而证明 F54 院围墙是石块砌成的夯土夹心墙，墙宽约 1.5 米，中间夯土心宽 0.7 米，埋藏高度 1 米。

院落外地层：第①层，浅灰色土，深厚 0.1 米。土质干燥，松散，内含少量植物根茎。第②层，深灰色路土，深 0.1 ~ 0.2 米，厚 0.1 米。土质坚硬，内含少量灰砖。第③层，深黑浅黄夯土，深 0.2 ~ 0.7 米，厚 0.5 米。土质坚硬，内含微量灰砖、黄沙点。该层下见黄褐色沙质生土层，停探。

F55 房址（院落）

位于宫城东北角，西邻 F57 台基约 6 米处。平面呈长方形，南北 27.5 米，东西 21.5 米。四周石砌基础外露，本院内共有三处房址。位于北部的房址废墟呈正方形，高出地平面约 0.3 米。东部石墙基础被废墟淹没，北墙基础部分裸露，用料为砖石块，内外地层无变化。据此推测为晚期房址。该院落内南部东西各有一处房址，地表面内乱石、灰砖遍地，基础部分裸露于地表面。房址范围内未发现居住面（踩踏面），也未发现夯土迹象。据此推测为晚期房址（近代房址）。

F56 台基

位于宫城东北角，东距 F54 房址（院落）约 22 米。平面呈长方形，东西 6 米，南北 5 米。该房址地势稍高于地平面 0.5 米，基础残存部分较少。

台基内地层：第①层，浅灰色土，深厚 0.5 米。土质干燥，松散，内含碎砖石块、白灰颗粒、少量瓦片。第②层，深灰褐色土，深 0.5 ~ 1.3 米，厚 0.8 米。土质相对较硬，内含碎砖石块。该层下见黄褐色沙质生土层，停探。

台基外地层：第①层，浅灰色土，深厚 0.4 米。土质干燥，松散，内含碎石颗粒、植物根茎。第②层，深灰褐色土，深 0.4 ~ 1.1 米，厚 0.7 米。土质相对较硬，内含砖石块。该层下见黄褐色沙质生土层，停探。

F57 台基

位于宫城东北角，东距 F55 房址（院落）约 6 米处。平面呈不规则长方形，东西 9 米，南北 8 米。该房址稍高出地平面 0.5 米，基础不明显。

台基内地层：第①层，浅灰色土，深厚 0.8 米。土质干燥，松散，内含碎石颗粒、灰砖块、植物根茎。第②层，灰褐、黄褐色夯土，深 0.8 ~ 2.1 米，厚 1.3 米。土质较为坚硬，内含白灰颗粒。该层下见石不过，以下情况不明。

台基外地层：第①层，灰褐色土，深厚 0.8 米。土质干燥，松散，内含大量碎砖石块、植物根茎。

第②层，灰褐色土，深 0.8 ～ 1.2 米，厚 0.4 米。土质相对较硬，内含大量碎砖石颗粒、红烧土颗粒、烧灰颗粒。该层下见黄褐色沙质生土层，停探。

F58 台基

位于宫城东北角，东南角向南距 F59 台基约 6 米处。平面呈长方形，东西 11 米，南北 12 米，高 0.6 米。该房址地势相对较为平坦。

台基内地层：第①层，浅灰色土，深厚 0.1 米。土质干燥，松散，内含植物根茎。第②层，灰褐色土，深 0.1 ～ 0.4 米，厚 0.3 米。土质相对较硬，内含微量黑炭渣点。第③层，黑褐、黄褐色夯土，深 0.4 ～ 0.7 米，厚 0.3 米。土质相对较硬，未发现包含物。该层下见黄褐色沙质生土层，停探。

台基外地层：第①层，浅灰色土，深厚 0.4 米。土质干燥，松散，内含植物根茎。第②层，灰褐色土，深 0.4 ～ 0.7 米，厚 0.3 米。土质相对较硬，内含黑灰颗粒。该层下见黄褐色沙质生土层，停探。

F59 台基

位于宫城东北角，东北角距 F57 台基西南角约 2 米处。平面呈长方形，东西 6 米，南北 9 米，高 0.5 米。该房址地势相对较为平坦。

台基内地层：第①层，浅灰色土，深厚 0.2 米。土质干燥，松散，内含植物根茎。第②层，灰褐色土，深 0.2 ～ 0.7 米，厚 0.5 米。土质相对较硬，内含碎砖石颗粒。第③层，灰褐、黄褐色夯土，深 0.7 ～ 1.1 米，厚 0.4 米。土质相对较硬，内含烧灰颗粒、红烧土颗粒。该层下见黄褐色沙质生土层，停探。

台基外地层：第①层，浅灰色土，深厚 0.4 米。土质干燥，松散，内含碎石颗粒、植物根茎。第②层，深灰褐色土，深 0.4 ～ 1.1 米，厚 0.7 米。土质相对较硬，内含砖石块。该层下见黄褐色沙质生土层，停探。

F60 台基

位于宫城东北角，东北距 F59 台基约 8 米处。平面呈长方形，东西 7 米，南北 8 米。该房址地势高出地平面约 0.6 米。

台基内地层：第①层，浅灰色土，深厚 0.3 米。土质干燥，松散，内含植物根茎。第②层，灰褐色土，深 0.3 ～ 0.6 米，厚 0.3 米。土质相对较硬，内含大量碎砖石块、瓦片、烧灰颗粒。第③层，灰褐、黄褐色夯土，深 0.6 ～ 0.9 米，厚 0.3 米。土质相对较硬。该层下见黄褐色沙质生土层，停探。

台基外地层：第①层，浅灰色土，深厚 0.2 米。土质干燥，松散，内含植物根茎。第②层，深灰褐色土，深 0.2 ～ 0.5 米，厚 0.3 米。土质相对较硬，内含大量碎砖块。该层下见黄褐色沙质生土层，停探。

F61 台基

位于宫城东北角，南临东西第二街约 12 米处。平面呈长方形，东西 13.5 米，南北 8.6 米。该房址地势高出地平面约 0.3 米。

台基内地层：第①层，浅灰色土，深厚 0.2 米。土质干燥，松散，内含植物根茎。第②层，灰褐色土，深 0.2 ～ 0.5 米，厚 0.3 米。土质相对较硬，内含碎砖石块。第③层，黑黄花土，深 0.5 ～ 0.9 米，厚 0.4 米。土质相对较硬。该层下见黄褐色沙质生土层，停探。

台基外地层：第①层，浅灰色土，深厚 0.3 米。土质干燥，松散，内含植物根茎。第②层，灰褐色土，深 0.3 ～ 0.6 米，厚 0.3 米。土质相对较硬，内含微量黑炭渣点。第③层，深灰褐色土，深 0.6 ～ 1.2

米，厚 0.6 米。土质相对较硬，内含碎砖块、烧土颗粒。该层下见黄褐色沙质生土层，停探。

F62 台基

位于宫城内北侧中部，东西第二街南侧。平面呈长方形，东西 19 米，南北 7.3 米。该房址地势高出地平面约 1.5 米。

台基内地层：第①层，浅灰色土，深厚 0.8 米。土质干燥，松散，内含碎砖石块、白灰颗粒、瓦片。该层下见石不过，以下情况不明。

台基外地层：第①层，浅灰色土，深厚 0.4 米。土质干燥，松散，内含碎石颗粒、植物根茎。第②层，灰褐色土，深 0.4 ~ 1 米，厚 0.6 米。土质相对较硬，内含碎砖石块。第③层，深灰褐色土，深 1 ~ 1.4 米，厚 0.4 米。土质相对较硬，纯净。该层下见黄褐色沙质生土层，停探。

F63 台基

位于宫城内北侧中部，南邻东西第二街。平面呈不规则长方形，东西 18 米，南北 19.7 米。该房址地势高出地平面约 0.6 米。房基砌石断续显露，砌石内夹杂少量灰砖块。

台基内地层：第①层，浅灰色土，深厚 0.5 米。土质干燥，疏松，内含少量石块、砖块。第②层，灰褐色土，深 0.5 ~ 1.2 米，厚 0.7 米。土质干燥疏松，内含烧灰、黑木灰、动物骨骼。深 1.2 米见自然黄沙层生土。该房址未见脚踏面和夯土，从而初步推断是近代房址。

台基外地层：第①层，浅灰色土，深厚 0.4 米。土质干燥，松散，内含少量植物根茎、石块、灰砖块。第②层，灰褐色土，深 0.4 ~ 1.1 米，厚 0.7 米。土质干燥，松散，内含烧灰、红烧土、动物骨骼及较多黄沙。该层下见黄褐色沙质生土层，停探。

F64 房址（院落）

位于宫城内北侧中部，北距东西第一街约 8 米处。平面呈不规则状，东西 67 米，南北 34 米。院内乱石、灰砖遍地，偶尔还能寻到几块平整光亮的花斑石方砖。本院内房址废墟高低起伏，隆起高度约 0.6 米，四周院落石墙基曲折，院基、房基砌石内夹杂少量灰砖。院落西部有三处晚期院落房址。

院落内地层：第①层，浅灰色土，深厚 0.2 米。土质干燥，松散，内含少量植物根茎。第②层，深灰褐色土，深 0.2 ~ 0.4 米，厚 0.2 米。内含黑炭颗粒、黄沙、灰砖。该层下黄褐色沙质生土层，停探。

1# 台基

台基内地层：第①层，浅灰色土，深厚 0.5 米。土质干燥，松散，内含白灰颗粒、碎砖渣、植物根茎。第②层，灰褐色土，深 0.5 ~ 1 米，厚 0.5 米。土质坚硬，分小薄层。该层下见石不过，以下情况不明。

2# 台基

台基内地层：第①层，浅灰色土，深厚 0.2 米。土质干燥，松散，内含少量植物根茎、石块、砖块。该层下见石不过，情况不明。

3# 台基

台基内地层：第①层，浅灰色土，深厚 0.3 米。土质干燥，松散，内含少量植物根茎、石块、砖块。该层下见石不过，情况不明。

F65 台基

位于宫城内北侧中部，北距穆清阁约 30 米。平面呈长方形，东西 18.3 米，南北 33.6 米。该房址地势高出地平面约 1 米，房址周边为砌石基础，基础断续可见。该台基西南为一晚期房址。

台基内地层：台基内堆积乱石较厚，无法下探。土层情况不明。

F66 台基

位于宫城内北侧中部，北距穆清阁约 32 米。平面呈长方形，东西 15 米，南北 8.8 米。该房址地势高出地平面约 0.5 米，石铺基础明显。

台基内地层：第①层，浅灰色土，深厚 0.6 米。土质干燥，松散，内含碎砖石块、瓦片、白灰颗粒。第②层，夯土，深 0.6 ~ 1.6 米，厚 1 米。土质相对较硬，内含碎砖石颗粒、白灰颗粒、黑灰颗粒。该层下见浅黄色沙质生土层，停探。

台基外地层：第①层，浅灰色土，深厚 0.4 米。土质干燥，松散，内含植物根茎。该层下见浅黄色沙质生土层，停探。

F67 台基

位于宫城内北侧中部，西部与 F68 台基相连接。平面呈长方形台阶形，东西 20.5 米，南北 24.8 米。该房址地势高出地平面约 0.8 米，石铺基础明显。

台基内地层：第①层，浅灰色土，深厚 0.6 米。土质干燥，松散，内含碎砖石块、白灰颗粒、瓦片。第②层，浅灰、浅黄色夯土，深 0.6 ~ 2.3 米，厚 1.7 米。土质较硬，内含动物骨骼、碎砖石块、黑灰、白灰颗粒。该层下见浅黄色沙质生土层，含水锈沙，停探。

台基外地层：第①层，浅灰色土，深厚 0.3 米。土质干燥，松散，内含碎石颗粒、植物根茎。第②层，灰褐色土，深 0.3 ~ 0.7 米，厚 0.4 米。土质相对较硬，内含碎砖石块、黑灰颗粒、动物骨骼。该层下见浅黄色沙质生土层，含水锈沙，停探。

F68 台基

位于宫城内北侧中部。平面呈刀把形，东西 3.9 米，南北 24.8 米，高 0.8 米。该房址与 F67 台基在一土台上，借 F67 台基西边线基础铺砌而成。土层情况与 F67 台基相同，石铺基础明显。从位置上观察，应推断为晚期房址。

F69 台基

位于宫城内北侧中部，南部临 F70 台基约 2 米处。平面呈长方形，东西 10 米，南北 17.4 米。该房址地势高出地平面约 0.2 米，基础不明显。

台基内地层：第①层，浅灰色土，深厚 0.6 米。土质干燥，松散，内含白灰颗粒、瓦片、砖块。该层下见石不过，以下情况不明。

台基外地层：第①层，浅灰色土，深厚 0.3 米。土质干燥，松散，内含白灰颗粒、碎石颗粒。第②层，深灰褐色土，深 0.3 ~ 1.2 米，厚 0.9 米。土质相对较硬，内含黑灰点颗粒。该层下见黄褐色沙质生土层，停探。

F70 台基

位于宫城北侧中部，北距 F69 台基约 2 米处。平面呈长方形，东西 18.6 米，南北 7.8 米。该房址地势高出地平面约 0.1 米，房址内乱石堆积较厚，无法找到基础准确位置。

台基内地层：第①层，浅灰色土，深厚 0.5 米。土质干燥，松散，内含白灰颗粒、碎砖石块、瓦片。第②层，灰褐色土，深 0.5 ~ 0.9 米，厚 0.4 米。土质相对较硬，内含黑灰颗粒、碎砖石块。

第③层，深灰褐色土，深 0.9 ~ 1.6 米，厚 0.7 米。土质相对较硬，较净。该层下见黄褐色沙质生土层，停探。

台基外地层：第①层，浅灰色土，深厚 0.4 米。土质干燥，松散，内含碎砖块、黑灰颗粒。第②层，深 0.4 ~ 1.3 米，厚 0.9 米。土质相对较硬，内含黑灰点颗粒。该层下见黄褐色沙质生土层，停探。

F71 台基

位于宫城内北侧中部，东距 F70 台基约 6 米处。平面呈长方形，东西 8.5 米，南北 6.6 米。该房址地势高出地平面约 0.8 米，基础部分较为明显。

台基内地层：第①层，浅灰色土，深厚 0.6 米。土质干燥，松散，内含碎砖石块、白灰颗粒、瓦片。该层下见石不过，以下情况不明。

台基外地层：第①层，浅灰色土，深厚 0.4 米。土质干燥，松散，内含碎石颗粒、植物根茎。第②层，深灰褐色土，深 0.4 ~ 1.2 米，厚 0.8 米。土质相对较硬，内含黑灰点颗粒。该层下见黄褐色沙质生土层，停探。

F72 台基

位于宫城北侧中部，南距 F43 台基约 3 米处。平面呈长方形，东西 13 米，南北 11.8 米。该房址地势高出地平面约 0.5 米，基础不明显。

台基内地层：第①层，浅灰色土，深厚 0.5 米。土质干燥，松散，内含碎砖石块、白灰颗粒、瓦片。该层下见石不过，以下情况不明。

台基外地层：第①层，浅灰色土，深厚 0.4 米。土质干燥，松散，内含碎石颗粒、植物根茎。第②层，深灰色土，深 0.4 ~ 1.2 米，厚 0.8 米。土质相对较硬，内含碎石颗粒、黑灰点颗粒。该层下见黄褐色沙质生土层，停探。

F73 台基

位于宫城北侧中部，西距 F74 房址（院落）约 2 米处。平面呈长方形，东西 5.5 米，南北 3.5 米。该房址地势高出地平面约 0.8 米，基础不明显，散乱，内外地层无变化，应定为近现代房址（晚期房址）。

F74 房址（院落）

位于宫城西北角，西距 F75 房址（院落）约 2 米处，北距城墙约 110 米。平面呈南北向连体院落，东西 43 米，南北 40 米。主要建筑自南而北由前殿、偏殿、后殿三部分组成。前殿 3# 台基和后殿鹿顶殿在一轴线上。偏殿 1# 台基在前殿 3# 台基与后殿鹿顶殿轴线西侧。从房址废墟大小规模上看，偏殿最小，前殿居中，后殿规模宏大。

前殿（3# 台基）

呈长方形台状，上小下大，隆起高度约 2.5 米，台面南部低，其余三面高，呈簸箕形，乱石、灰砖、石块遍地，四周石块墙基隐约可见。

3# 台基（前殿）内地层：第①层，浅灰色土，深厚 0.4 米。土质干燥，松散，内含灰砖块，微量白石灰点。第②层，黑黄花夯土，深 0.4 ~ 0.7 米，厚 0.3 米。土质较硬，内含砖块。该层下见石，不过，停探。

偏殿（1# 台基和 2# 台基）

呈正方形台地，高出地面 2.5 米，高低不平，灰砖、白石灰块遍地，琉璃瓦片隐约可见。

1# 台基（偏殿）内地层：第①层，浅灰色土，深厚 0.4 米。土质较为松散，内含有少量植物根茎、灰砖、石块。该层下见黑黄花夯土，土质坚硬干燥，无法下探。

2# 台基（偏殿）内地层：第①层，浅灰褐色土，深厚 0.8 米。土质较为松软，内含少量植物根茎、白灰点。第②层，深灰色路土，深 0.8 ~ 0.9 米，厚 0.1 米。土质干燥，较硬，内含黑灰点。该路土可能是 F75 房址（院落）地面。第③层，黑色淤土，深 0.9 ~ 1 米，厚 0.1 米。土质均匀，细腻，有淤积层次。该层下见乳白色沙质生土层，停探。

后殿

位于 F74 房址（院落）的最北部，平面呈长方形台地状，也称鹿顶殿。东西 43 米，南北 34 米。该房址地势高出地平面约 2 米，平坦，有乱石、灰砖、琉璃瓦片的堆积。大殿四边有护坡石，围绕大殿四周有宽 2 米、高出地面 1 米的索道。

后殿台基内地层：第①层，浅灰色土，深厚 0.3 米。土质干燥，松散，内含植物根茎。第②层，灰褐、黄褐色夯土，深 0.3 ~ 0.8 米，厚 0.5 米。土质坚硬，密度大，内含黑灰颗粒和微量白灰点。该层下见灰黄褐色夯土层，无法下探，以下情况不明。

回廊

在前后殿之间中轴线上有一条上窄下宽将前后殿贯穿的废墟，即上宽 2 米、下宽 3.5 米、高 2 米，并在东端通至偏殿北侧。废墟上石块遍地，隐约可见灰瓦片、琉璃瓦片。从该废墟的走向、堆积形状和包含物初步推断，应是连接三大殿之间的回廊位置所在地。

回廊内地层：第①层，浅灰色土，深厚 1.1 米。土质干燥，松散，内含白石灰颗粒、灰砖颗粒。第②层，灰褐色土，深 1.1 ~ 1.4 米，厚 0.3 米。土质较疏松，内含白石灰点、烧土点。第③层，黑黄花夯土，深 1.4 ~ 1.8 米，厚 0.4 米。黑土中夹杂黄沙浅灰土，土质坚硬。第④层，黑褐色土（自然沉积层），深 1.8 ~ 2.1 米，厚 0.3 米。土质均匀，细腻，内含有沉积层次。2.1 米下为浅白色沙质生土层，停探。

院落

院周围有石墙基裸露，石墙基内夹杂有少量灰砖，从而初步推断 F74 房址（院落）的石墙基是近代遗迹。

院落内地层：第①层，浅灰色土，深厚 0.4 米。土质干燥，松散，内含少量植物根茎、灰砖块。第②层，深黑浅灰土，深 0.4 ~ 0.8 米，厚 0.4 米。土质相对较硬，内含烧灰、碎石、砖块。第③层，深灰色路土，深 0.8 ~ 0.9 米，厚 0.1 米。土质较硬，夹杂烧灰。第④层，黑土（自然层），深 0.9 ~ 1.4 米，厚 0.5 米。土质均细腻，纯净，略硬。深 1.4 米见黄褐色沙质生土层，停探。

F75 房址（院落）

位于宫城西北角，西距 F76 房址（院落）约 2 米处，东距 F74 房址（院落）约 2 米处。平面呈刀把形，东西 25 米，南北 24 米。周围石砌院墙基隐约可见。房址上部乱石、灰砖遍布，有少量琉璃瓦片。

院落内地层：第①层，浅灰色土，深厚 0.2 米。土质相对较硬，含少量植物根茎。第②层，深灰色路土，深 0.2 ~ 0.7 米，厚 0.5 米。土质密实较硬，内含烧灰颗粒、红烧土颗粒，少量碎石。第③层，黑灰褐色土，深 0.7 ~ 0.9 米，厚 0.2 米。土质相对较硬，内含较多的灰砖块。该层下见石不过，停探。

1# 台基

台基内地层：第①层，浅灰色土，深厚 0.6 米。土质干燥，呈沙状，较为松散，内含少量白灰颗粒、琉璃瓦片。该层下见砖不过，以下情况不明。

2# 台基

台基内地层：第①层，浅灰色土，深厚 0.4 米。土质干燥，松散，内含少量碎砖石块、植物根茎、建筑构件残片。该层下见石不过，以下情况不明。

F76 房址（院落）

位于宫城西北角，东距 F75 房址（落院）约 2 米处。平面呈不规则形，东西 47 米，南北 31 米。院内杂草丛生，房址、院落遗址堆积高低起伏，总体上院落地面高于周围地面 0.8 米。院内还有一口水井废墟。

院落内地层：第①层，浅灰色土，深厚 0.8 米。土质干燥，松散，内含少量植物根茎。该层下见石不过，停探。

1# 台基

台基内地层：第①层，浅灰色土，深厚 0.4 米。土质干燥，呈沙状，比较松散，内含植物根茎、少量灰砖块、石块。第②层，深灰色脚踏面土，深 0.4 ~ 0.5 米，厚 0.1 米。土质密实，较硬，内含微量烧灰。第③层，深灰褐色土，深 0.5 ~ 1.1 米，厚 0.6 米。土质相对较硬，内含少量黑色烧灰颗粒。第④层，深黑褐色土，深 1.1 ~ 1.6 米，厚 0.5 米。土质较硬，均匀，纯净。该层下是乳白色沙质生土层，停探。

2# 台基

台基内地层：第①层，浅灰色土，深厚 0.6 米。土质干燥，呈沙状，比较松散，内含灰砖、碎石、植物根茎。第②层，灰褐色土，深 0.6 ~ 1.2 米，厚 0.6 米。土质相对较硬，内含烧灰点颗粒。该层下见砖，不过，停探。

3# 台基

台基内地层：第①层，浅灰色土，深厚 0.4 米。土质干燥，呈沙状，比较松散，内含植物根茎、少量灰砖块、石块。第②层，深灰色脚踏面土，深 0.4 ~ 0.5 米，厚 0.1 米。土质密实，较硬，内含微量烧灰。第③层，深灰褐色土，深 0.5 ~ 1.1 米，厚 0.6 米。土质相对较硬，内含少量黑色烧灰颗粒。第④层，深黑褐色土，深 1.1 ~ 1.6 米，厚 0.4 米。土质较硬，均匀，纯净。该层下是乳白色沙质生土层，停探。

4# 台基

台基内地层：第①层，浅灰色土，深厚 0.3 米。土质干燥，呈沙状，比较松散，内含植物根茎、乱石、灰砖块。该层下见石不过，停探。

J1 水井

位于 76 号院落西北部，南约 6 米处为 1# 台基。椭圆形井口隐约可见，用石块圈砌。

井内地层：第①层，浅灰色土，深厚 0.9 米。土质松散，干燥，内含少量碎石。该层下见石不过，停探。

F77 房址（院落）

位于宫城西北角，北部距 F75 房址（院落）约 10 米处。平面呈近正方形，东西 21 米，南北 23 米。该院落北部高出地平面约 1.6 米，南部略低。

院落内地层：第①层，浅灰色土，深厚 0.3 米。土质干燥，松散。内含碎砖石颗粒、植物根茎。第②层，深灰褐色土，深 0.3 ~ 0.4 米。该层下见石不过，以下情况不明。

1# 台基

台基内地层：第①层，浅灰色土，深厚 0.7 米。土质干燥，松散，内含植物根茎。第②层，灰褐、黄褐色夯土，深 0.7 ~ 1.2 米，厚 0.5 米。土质较硬，未发现包含物。第③层，深黑褐色土，深 1.2 ~ 1.4 米，厚 0.2 米。土质湿软，淤积层次明显。该层下见乳白色沙质生土层，停探。

2# 台基

台基内地层：第①层，浅灰色土，深厚 0.7 米。土质干燥，松散，内含碎石颗粒、植物根茎。第②层，深黑褐色土，深 0.7 ~ 1.2 米，厚 0.5 米。土质相对较硬，内含碎砖石块。该层下见石不过，以下情况不明。

3# 台基

台基内地层：第①层，浅灰色土，深厚 0.7 米。土质干燥，松散，内含植物根茎。第②层，灰褐、黄褐色夯土，深 0.7 ~ 1.2 米，厚 0.5 米。土质较硬，未发现包含物。第③层，深黑褐色土，深 1.2 ~ 1.4 米，厚 0.2 米。土质湿软，淤积层次明显。该层下见乳白色沙质生土层，停探。

4# 台基

台基内地层：第①层，浅灰色土，深厚 0.7 米。土质干燥，松散，内含少量碎砖石块、植物根茎。第②层，黑黄花夯土，深 0.7 ~ 1.2 米，厚 0.5 米。土质相对较硬。该层下见深灰褐色沙质生土层，停探。

5# 台基

台基内地层：第①层，浅灰色土，深厚 0.7 米。土质干燥，松散，内含少量碎砖石块、植物根茎。第②层，黑黄花夯土，深 0.7 ~ 1.2 米，厚 0.5 米。土质相对较硬。该层下见深灰褐色沙质生土层，停探。

F78 房址（院落）

位于宫城西北角，西部与宫城西城墙相连接。平面呈不规则方形，东西 14 米，南北 22 米。1# 台基地势高出地平面约 0.6 米，地面基础明显。台基西北角有一段连城墙基础，根据地形与勘探情况分析，地面基础应为元代遗存。第②层内 0.6 ~ 1.1 米深土层中发现碎砖块、白灰颗粒、红胎脱釉残片。据上述情况分析废墟应为元代和后期建筑发生叠压关系。2# 台基内散布碎石块、白灰颗粒，随意铺砌，较零乱。距上述情况分析应为元代后期产物。

1# 台基

台基内地层：第①层，浅灰色土，深厚 0.6 米。土质干燥，松散，内含碎砖石颗粒、白灰颗粒。第②层，灰褐色土，深 0.6 ~ 1.1 米，厚 0.5 米。土质较为松散，内含碎砖块、白灰颗粒、红胎脱釉瓦片。第③层，深灰褐色土，深 1.1 ~ 1.6 米，厚 0.5 米。土质较为湿润，较净。该层下见黄褐色沙质生土层，停探。

2# 台基

台基内地层：第①层，浅灰色土，深厚 0.5 米。土质干燥，松散，内含碎砖石块、白灰颗粒、植物根茎。第②层，深灰色土，深 0.5 ~ 1.1 米，厚 0.6 米。土质较为湿软，较净。该层下见黄褐色沙质生土层，停探。

F79 房址（院落）

位于宫城西北角，西邻南北第三街，北距水域 4 约 8 米。平面呈不规则形，东西 24.5 米，南北 17 米，高 0.8 米。在该院落中、西部和西围墙外，有较多的石块和乱砖铺砌基础，台基基础与围墙基础纵横交错，直观上看好像分三个小院落，但基础排列不整。据此分析，该台基基础部分应推断为晚期产物。

台基内地层：第①层，浅灰色土，深厚 0.5 米。土质干燥，松散，内含碎砖石块、瓦片、白灰颗粒。第②层，灰褐色土，深 0.5 ~ 1.5 米，厚 1 米。土质相对较硬，内含砖块、黑灰颗粒。第③层，淤积土，深 1.5 ~ 2.6 米，厚 1.1 米。土质相对较硬，上部有 0.5 米厚黄褐色水锈土，下层有 0.6 米厚深灰色土，层次分明，较净。该层下见乳白色沙质生土层，停探。

台基外地层：第①层，浅灰色土，深厚 0.3 米。土质干燥，松散，内含砖瓦块。第②层，淤积土层，深 0.3 ~ 1.4 米，厚 1.1 米。土质相对较硬，上层 0.5 米厚黄褐色水锈土，下层 0.6 米厚深灰褐色土，层次分明，较净。该层下见乳白色沙质生土层，停探。

F80 台基

位于宫城西北角，西距水域 4 约 3 米处。平面呈长方形，东西 30 米，南北 43.5 米。F80 台基地势高出地平面约 0.5 米，土台上基础在不同高度上，落差 0.3 米，双基础落差 2 米，南部都未封口。周边有护坡石，院落围墙基础明显。台基内探至 0.6 ~ 0.7 米时发现有踩踏面，以下见夯土。因地表砖石块堆积较厚，仅有一探孔探过，其余探孔多因见石探不过。据上述情况分析，双基础间距小，平台高度和基础部分落差及踩踏面、夯土层都应存在有早晚期关系。因台基内砖石块太多，探铲无法探过，待发掘获取地下信息资料。在该院落中、西部和西围墙外，有较多的石块和乱砖铺砌基础。

台基内地层：第①层，浅灰色土，深厚 0.6 米。土质干燥，松散，内含砖石块、瓦片、白灰颗粒。第②层，灰褐色夯土层，深 0.6 ~ 2.1 米，厚 1.5 米。土质较硬，内含砖石块、红胎瓦片残片、黑灰颗粒。第③层，淤积土层，深 2.1 ~ 3.2 米，厚 1.1 米。土质相对较硬，上部有 0.4 米厚水锈土，下层 0.7 米厚深灰褐色土，层次分明，较净。该层下见乳白色沙质生土层，停探。

台基外地层：第①层，浅灰色土，深厚 0.3 米。土质干燥，松散，内含碎石颗粒、植物根茎。第②层，淤积层，深 0.3 ~ 1.3 米，厚 1 米。土质相对较硬，上层有 0.4 米厚黄褐色水锈土，下层有 0.6 米厚深灰褐色土，层次分明，较净。该层下见乳白色沙质生土层，含水锈沙，停探。

F81 台基

位于宫城西北角，南距水域 4 南部约 4 米处。平面呈不规则方形，东西 10 米，南北 8.5 米。该台基高出地平面约 1.2 米，地表面有较多砖石块、瓦片，多数探孔不过。根据个别探穿探孔推测分析，地面现有明显基础，大部分采用青砖铺砌，应是晚期产物。在探至 0.9 ~ 1 米时发现的踩踏面应是早期原地面，因此，该台基可能存在早晚期叠压关系。该台基围墙西南角残缺，可能已破坏掉，其余基础部分明显完整。台基西南角北面院墙内，东墙外 25 米内和南院围墙外 20 米内都有晚期石铺基础，这些基础堆砌混乱，不整齐，方向随意，随地形地势高低落差大，甚至弯曲，所以这些基础应该是晚期产物。

台基内地层：第①层，浅灰色土，深厚 0.9 米。土质干燥，松散，内含砖石块、瓦片、白灰颗粒。第②层，灰褐色土，深 0.9 ～ 2.2 米，厚 1.3 米。上部 0.9 ～ 1.5 米，厚 0.6 米，见夯土，夯土上部发现较薄踩踏面。土质较硬，内含砖石块、白灰颗粒。第③层，淤积土，深 2.2 ～ 3 米，厚 0.8 米。土质较硬，水分稍大。上部 2.2 ～ 2.6 米，厚 0.4 米，为黄褐色沙质土层含水锈沙。下部 2.6 ～ 3 米，厚 0.4 米，为深灰褐色土，较净，淤积土分层明显，含沙量大。该层下见乳白色沙质生土层，含水锈沙，停探。

台基外地层：第①层，浅灰色土，深厚 0.4 米。土质干燥，松散，内含碎石颗粒、植物根茎。第②层，淤积土，深 0.4 ～ 1.3 米，厚 0.9 米。土质相对较硬，水分稍大。上部 0.5 米为黄褐色沙质土层，含水锈沙，下部 0.4 米为深灰色土，淤积土层分层明显，含沙量大，较净。该层下见乳白色沙质生土层，停探。

F82 台基

位于宫城内北侧中部，东距 F86 穆清阁约 5 米。平面呈长方形，东西 14 米，南北 17 米。台基地势高出地平面约 0.8 米，院落高出地平面约 0.4 米。台基和周围基础明显，台基内因坍塌乱砖石块较厚，无法探过，土层情况不明。

台基内地层：第①层，浅灰色土，深厚 0.6 米。土质干燥，松散，内含砖石块、瓦砾、白灰渣点。以下见石不过，情况不明。

台基外地层：第①层，浅灰色土，深厚 0.5 米。土质干燥，松散，内含白灰颗粒、砖石块。第②层，灰褐色土，深 0.5 ～ 1.4 米，厚 0.9 米。土质较为干燥，内含砖石块、黑灰颗粒。第③层，深灰褐色土，深 1.4 ～ 2.1 米，厚 0.7 米。土质较为湿润，含沙量稍大，较净。该层下见乳白色沙质生土层，停探。

F83 台基

位于宫城北侧中部，南距 F74 房址（院落）约 15 米。平面呈长方形，东西 6.5 米，南北 4.5 米，高 0.8 米。

台基内地层：第①层，浅灰色土，深厚 0.4 米。土质干燥，松散，内含砖石块、瓦片、白灰渣点。第②层，夯土层，深 0.4 ～ 1 米，厚 0.6 米。土质较硬，内含浅灰色土掺和黄褐色沙质土。第③层，深灰色土，深 1 ～ 1.3 米，厚 0.3 米。土质相对较硬，含沙量稍大，较净。该层下见乳白色沙质生土层，停探。

台基外地层：第①层，浅灰色土，深厚 0.3 米。土质干燥，松散，内含植物根茎。第②层，深灰色土，深 0.3 ～ 0.6 米，厚 0.3 米。土质相对较硬，较净，含沙量较大。该层下见乳白色沙质生土层，停探。

F84 台基（院落）

位于宫城东侧中部，东南部与 F48 房址（院落）西北相连接。平面近正方形，东西 20 米，南北 19.5 米。该房址地势高出地平面约 0.5 米，基础部分明显，台基西南部地势低洼，低于地平面约 0.6 米。

1# 台基

台基内地层：第①层，浅灰色土，深厚 0.5 米。土质干燥，松散，内含碎砖石块，少量白灰颗粒。第②层，灰褐色土，深 0.5 ～ 1.1 米，厚 0.6 米。土质相对较硬，内含碎石颗粒。该层下见黄褐色沙质生土层，停探。

台基外地层：第①层，浅灰色土，深厚 0.4 米。土质干燥，松散，内含碎石颗粒。第②层，灰褐色土，深 0.4 ~ 0.9 米，厚 0.5 米。土质相对较硬，内含碎石块。该层下见黄褐色沙质生土层，停探。

F85 台基（大安阁）

位于宫城中心部位，平面呈长方形，东西 36.5 米，南北 30 米，高 1.5 米左右。顶部平坦，北部有遗留的残墙断壁和散乱的花岗岩柱础石。分上下两层建筑基址，下层为元代建筑基址，出土汉白玉龙纹角柱；上层为明清时期的喇嘛庙遗址，由石砌围基、建筑殿址和西北角房址三部分组成。此处已经进行了重点勘探，在 F85 现存台基中部东西一条线，每隔 1 米用探孔进行探勘。

根据勘探结果分析，叠压在 F85 夯土台基上的晚期地层，为五层：第①层，浅灰土，厚 0.4 ~ 0.7 米。土质干燥，松散，呈沙状，内含少量植物根茎。为自然形成的风积层。第②层，深灰色踩踏面，深 0.4 ~ 0.7 米，厚约 0.3 米。土质结构紧密，坚硬，内含微量烧灰。本层可能是晚期时的活动面。第③层，灰黑色夯土，深 0.7 ~ 1.4 米，厚 0.7 米左右。土质坚硬，灰土中含微量黑土颗粒、白石灰点、灰砖颗粒。该层是 F85 废弃后因某种建筑需要而铺垫的土层。第④层，黑灰色踩踏面，深 1.4 ~ 1.5 米左右，厚约 0.1 米。土质密度大，坚硬，内含微量烧灰点。在该踩踏面上部发现有干草遗迹，从而推测出干草遗迹上部夯土遗迹为晚期遗存。第⑤层，黑黄花夯土，深 1.5 ~ 2.5 米，厚 1 米，黑土中含黄沙和碎石。该层下部分探孔在距地表 2.5 米深见木桩，部分探孔距地表 2.5 米深见石不过。本层夯土应是 F85 原有房址基础。

由于 F85 很可能是修建在当时的沼泽地上，这种在地上钉木桩，木桩上面铺设石块以固定地基，石块上面再铺设夯土的做法，主要是起到地基加固作用。F85 四周夯土遗迹情况见夯土遗迹 3、夯土遗迹 4。

由西向东，每隔 1 米进行布孔，现将探孔资料叙述如下：

1 号探孔

第①层，浅灰土，厚 0.85 米。土质干燥，呈沙状，比较松散，内含少量植物根茎、石块。深 0.85 米见石不过。

2 号探孔

第①层，浅灰土，厚 0.45 米。土质干燥，呈沙状，比较松散，内含少量植物根茎、石块。深 0.45 米见石不过。

3 号探孔

第①层，浅灰土，厚 0.5 米。土质干燥，呈沙状，比较松散，内含少量植物根茎、石块。深 0.5 米见石不过。

4 号探孔

第①层，浅灰土，厚 0.4 米。土质干燥，呈沙状，比较松散，内含少量植物根茎、石块。深 0.4 米见石不过。

5 号探孔

第①层，浅灰土，厚 0.3 米。土质干燥，呈沙状，比较松散，内含少量植物根茎、石块。深 0.3 米见石不过。

6 号探孔

第①层，浅灰土，厚 0.4 米。土质干燥，呈沙状，比较松散，内含少量植物根茎、石块。第②层，黑灰色夯土，深 0.4 ～ 0.8 米，厚 0.4 米。土质结构紧密，坚硬，内含灰砖块、碎石。深 0.8 米见石不过。

7 号探孔

第①层，浅灰土，厚 0.4 米。土质干燥，呈沙状，比较松散，内含少量植物根茎、石块。第②层，黑灰色夯土，深 0.4 ～ 1 米，厚 0.6 米。土质结构紧密，坚硬，内含灰砖、碎石。深 1 米见石不过。

8 号探孔

第①层，浅灰土，厚 0.2 米。土质干燥，呈沙状，比较松散，内含少量植物根茎、石块。第②层，深灰色踩踏面，深 0.2 ～ 0.5 米，厚 0.3 米。土质结构紧密，坚硬，内含微量烧灰、烧灰点。第③层，灰黑色夯土，深 0.5 ～ 1.2 米，厚 0.7 米。土质坚硬，内含灰土、黑土、黄沙和少量碎石、灰砖块、灰瓷片。深 1.2 米见石不过。

9 号探孔

第①层，浅灰土，厚 0.3 米。土质干燥，呈沙状，比较松散，内含少量植物根茎、石块。第②层，深灰色踩踏面，深 0.3 ～ 0.7 米，厚 0.4 米。土质坚硬，内含微量烧灰、烧灰点。第③层，灰黑色夯土，深 0.7 ～ 1 米，厚 0.3 米。土质较硬，内含碎石。深 1 米遇石块、砖块。第④层，黑灰色夯土，深 1 ～ 2.3 米，厚 1.3 米。土质坚硬，黑土中含黄沙。深 2.3 米见石不过。

10 号探孔

第①层，浅灰土，厚 0.4 米。土质干燥，呈沙状，比较松散，内含少量植物根茎、石块。第②层，灰黑色夯土，深 0.4 ～ 1.1 米，厚 0.7 米。土质坚硬，内含灰砖块、碎石。深 1.1 米时碎石、灰砖块较多。第③层，黑黄花夯土，深 1.1 ～ 2.2 米，厚 1.1 米。土质坚硬，内含黄沙。深 2.2 米见石不过。

11 号探孔

第①层，浅灰土，厚 0.4 米。土质干燥，呈沙状，比较松散，内含少量植物根茎、石块。第②层，灰黑色夯土，深 0.4 ～ 1.5 米，厚 1.1 米。土质坚硬，灰土中夹杂黑土颗粒。第③层，黑黄花夯土，深 1.5 ～ 2.4 米，厚 0.9 米。土质坚硬，内含黄沙、黑土、水锈纹土。深 2.4 米见石不过。

12 号探孔

第①层，浅灰土，厚 0.4 米。土质干燥，呈沙状，比较松散，内含少量植物根茎、石块。第②层，灰黑色夯土，深 0.4 ～ 0.6 米，厚 0.2 米。土质坚硬，内含黑土颗粒。深 0.6 米见石不过。

13 号探孔

第①层，浅灰土，厚 0.7 米。土质干燥，呈沙状，比较松散，内含少量植物根茎、石块。第②层，灰黑色夯土，深 0.7 ～ 1.2 米，厚 0.5 米。土质坚硬，内含黑土颗粒。第③层，黑黄花夯土，深 1.2 ～ 2.5 米，厚 1.3 米。土质坚硬，黑土中夹杂黄沙。深 2.5 米见石不过。

14 号探孔

第①层，浅灰土，厚 0.6 米。土质干燥，呈沙状，比较松散，内含少量植物根茎、石块。第②层，深灰色踩踏面，深 0.6 ～ 0.7 米，厚 0.1 米。土质坚硬，内含少量烧灰。第③层，灰黑色夯土，深 0.7 ～ 1.4 米，厚 0.7 米。土质坚硬，灰土中夹杂黑土颗粒、白石灰点、灰砖颗粒。第④层，黑灰色踩踏面，深 1.4 ～ 1.5 米，厚 0.1 米。土质坚硬，内含少量烧灰。踩踏面上见干草遗迹。第⑤层，黑黄花夯土，深 1.5 ～ 2.5

米，厚1米。土质坚硬，黑土中夹杂黄沙、米石。深2.5米见木桩，不过。

15号探孔

第①层，浅灰土，厚0.7米。土质干燥，呈沙状，比较松散，内含少量植物根茎、石块。第②层，深灰色踩踏面，深0.7～0.8米，厚0.1米。土质坚硬，内含少量烧灰。第③层，灰黑色夯土，深0.8～1米，厚0.2米。土质坚硬，灰土中夹杂黑土颗粒、碎石、灰砖块。深1米见石不过。

16号探孔

第①层，浅灰土，厚0.5米。土质干燥，呈沙状，比较松散，内含少量植物根茎、石块。第②层，深灰色踩踏面，深0.5～0.6米，厚0.1米。土质坚硬，内含少量烧灰。第③层，灰黑色夯土，深0.6～1.4米，厚0.8米。土质坚硬，灰土中夹杂黑土颗粒、白石灰点。第④层，黑黄花夯土，深1.4～2.4米，厚1米。土质坚硬，内含黄沙，夯土上部含白石灰。深2.4米见石不过。

17号探孔

第①层，浅灰土，厚0.4米。土质干燥，呈沙状，比较松散，内含少量植物根茎、石块。第②层，灰黑色夯土，深0.4～1.4米，厚1米。土质坚硬，内含微量黑土颗粒、白石灰。第③层，黑黄花夯土，深1.4～2.4米，厚1米。土质坚硬，内含黄沙，上部含白石灰。深2.4米见石不过。

18号探孔

第①层，浅灰土，厚0.4米。土质干燥，呈沙状，比较松散，内含少量植物根茎、石块。第②层，深灰色踩踏面，深0.4～0.5米，厚0.1米。土质坚硬，内含微量烧灰。第③层，灰黑色夯土，深0.5～1.4米，厚0.9米。土质坚硬，内含微量黑土颗粒、石灰、米石。第④层，黑黄花夯土，深1.4～2.4米，厚1米。土质坚硬，黑土中夹杂黄沙。深2.4米见石不过。

19号探孔

第①层，浅灰土，厚0.3米。土质干燥，呈沙状，比较松散，内含少量植物根茎、石块。第②层，深灰色踩踏面，深0.3～0.4米，厚0.1米。土质坚硬，内含微量烧灰。第③层，灰黑色夯土，深0.4～1.4米，厚1米。土质坚硬，内含微量黑土颗粒、白石灰。第④层，黑黄花夯土，深1.4～2.7米，厚1.3米。土质坚硬，内含黄沙。距地表1.4米夯土面上见干草遗迹。深2.7米见石不过。

20号探孔

第①层，浅灰土，厚0.3米。土质干燥，呈沙状，比较松散，内含少量植物根茎、石块。第②层，浅灰色踩踏面，深0.3～0.4米，厚0.1米。土质坚硬，内含白石灰。第③层，灰黑色夯土，深0.4～1米，厚0.6米。土质坚硬，内含黑土颗粒、碎石、白石灰少量。深1米见石不过。

21号探孔

第①层，浅灰土，厚0.3米。土质干燥，呈沙状，比较松散，内含少量植物根茎、石块。第②层，深灰色踩踏面，深0.3～0.4米，厚0.1米。土质坚硬，内含少量白石灰、烧灰点。第③层，灰黑色夯土，深0.4～1米，厚0.6米。土质坚硬，内含黑土颗粒、碎石、白石灰。深1米见石不过。

22号探孔

第①层，浅灰土，厚0.3米。土质干燥，呈沙状，比较松散，内含少量植物根茎、石块。第②层，深灰色踩踏面，深0.3～0.4米，厚0.1米。土质坚硬，内含少量烧灰。第③层，灰黑色夯土，深0.4～0.7米，厚0.3米。土质坚硬，内含黑土颗粒、碎石、白石灰。深0.7米见石不过。

23 号探孔

第①层，浅灰土，厚 0.3 米。土质干燥，呈沙状，比较松散，内含少量植物根茎、石块。第②层，深灰色踩踏面，深 0.3～0.4 米，厚 0.1 米。土质坚硬，内含少量烧灰。第③层，灰黑色夯土，深 0.4～0.7 米，厚 0.3 米。土质坚硬，内含黑土颗粒、碎石。深 0.7 米见石不过。

24 号探孔

第①层，浅灰土，厚 0.3 米。土质干燥，呈沙状，比较松散，内含少量植物根茎、石块。深 0.3 米见石不过。

25 号探孔

第①层，浅灰土，厚 0.3 米。土质干燥，呈沙状，比较松散，内含少量植物根茎、石块。第②层，深灰色踩踏面，深 0.3～0.4 米，厚 0.1 米，土质坚硬，内含少量烧灰。第③层，灰黑色夯土，深 0.4～1.2 米，厚 0.8 米。土质坚硬，内含黑土颗粒、白石灰。深 1.2 米见石不过。

26 号探孔

第①层，浅灰土，厚 0.3 米。土质干燥，呈沙状，比较松散，内含少量植物根茎、石块。第②层，深灰色踩踏面，深 0.3～0.4 米，厚 0.1 米。土质坚硬，内含少量烧灰。第③层，灰黑色夯土，深 0.4～1.4 米，厚 1 米。土质坚硬，内含黑土颗粒、碎石。第④层，黑黄花夯土，深 1.4～2.4 米，厚 1 米。土质坚硬，内含黄沙颗粒。距地表 1.4 米夯土面上见干草遗迹。深 2.4 米见石不过。

27 号探孔

第①层，浅灰土，厚 0.3 米。土质干燥，呈沙状，比较松散，内含少量植物根茎、石块。第②层，深灰色踩踏面，深 0.3～0.4 米，厚 0.1 米。土质坚硬，内含少量烧灰。第③层，灰黑色夯土，深 0.4～1.4 米，厚 1 米。土质坚硬，内含黑土颗粒、碎石。第④层，黑黄花夯土，深 1.4～2.4 米，厚 1 米。土质坚硬，内含黄沙颗粒。距地表 1.4 米夯土面上见干草遗迹。深 2.4 米见石不过。

28 号探孔

第①层，浅灰土，厚 0.3 米。土质干燥，呈沙状，比较松散，内含少量植物根茎、石块。第②层，深灰色踩踏面，深 0.3～0.4 米，厚 0.1 米。土质坚硬，内含少量烧灰、碎石。第③层，灰黑色夯土，深 0.4～1.6 米，厚 1.2 米。土质坚硬，内含黑土颗粒、碎石、白石灰。深 1.6 米见砖不过。

29 号探孔

第①层，浅灰土，厚 0.5 米。土质干燥，呈沙状，比较松散，内含少量植物根茎、石块。第②层，深灰色夯土，深 0.5～0.7 米，厚 0.2 米。土质坚硬，内含少量烧灰、碎石。深 0.7 米见石不过。

30 号探孔

第①层，浅灰土，厚 0.6 米。土质干燥，呈沙状，比较松散，内含少量植物根茎、石块。第②层，深灰色夯土，深 0.6～0.7 米，厚 0.1 米。土质坚硬，内含少量烧灰、碎石。深 0.7 米见石不过。

F86（穆清阁）

位于宫城内北侧中部，平面呈长方形，东西 137 米，南北 67 米。由东、西侧夯土台基和中央夯土台基三部分构成，夯土台基隆起现有地表 4.5～6 米。夯土台基周边没有发现砌砖，有人为破坏和自然坍塌现象，在夯土台基的四周形成厚厚的废弃层堆积。

此次穆清阁遗址的勘探，主要针对上述三部分夯土台基地下基槽的四至而进行，结合现场情况和考古发掘所取资料，我们采取了"口"字形布孔法和集中排查布孔法进行勘探，即在穆清阁四周分别布"一"字形探孔，首先了解穆清阁周边的地层堆积和遗迹的分布情况；其次集中排查单体遗迹的四至及结构。通过勘探，取得了以下成果：

穆清阁南部地层

根据土质土色及包含物不同，穆清阁中央夯土台基南部 25 米处地层，可划分四层：第①层，灰褐色地表土，深厚 0.3 米。土质稍松散，干燥，内含少量植物根茎和黑炭渣点。第②层，深灰褐色土，深 0.3 ~ 0.7 米，厚 0.4 米。土质稍硬，内含微量红烧土颗粒、白灰颗粒、黑炭渣点等。第③层，浅灰黄色沙质土，深 0.7 ~ 1.5 米，厚 0.8 米。土质红腻，较净，内含微量植物根茎类腐朽物和黑炭渣点。第④层，深灰、灰黑色沙质土，深 1.5 ~ 1.8 米，厚 0.3 米。土质湿软，内含稍多植物根茎类腐朽物。该层下见灰白色青沙层，出水，停探。

穆清阁夯土台基的平面布局（图 5-2）

穆清阁夯土台基平面布局近似"m"状，可分为东、西侧夯土台基和中央夯土台三处，每处夯土台基皆用穆清阁夯土灰褐色和浅黄色花土夯筑，土质坚硬，夯层清晰，每层厚 0.11 米左右，夯面上有直径 3 ~ 6.5 厘米的圆夯夯窝。

东侧夯土台基现残存地面上部分南北长约 38 米，东西宽约 16 米，高约 6 米。结合发掘情况，该夯土台基的东西两侧包砖基础石间距宽约 22 米，南北长度可分为早晚两期说明，早期南北长度在城垣夯土相接处，其南北长约 46 米；晚期西侧边沿由于中央夯土台基结合部的晚期夯土南移所致，南北长度应在发掘探方 T4 中向西拐角处，长约 35 米。

西侧夯土台基与东侧夯土台基的现存状况基本一致，现残存地面上部分南北长约 40 米，东西宽 12 ~ 22 米，高约 6.4 米。同样，结合发掘情况，该夯土台基的东西两侧包墙砖基础砌石间距宽度约

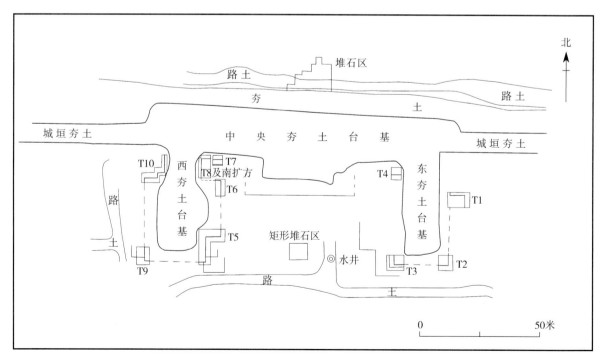

图 5-2　穆清阁夯土台基平面图

为 24 米，南北长度可分为早晚两期说明，早期南北长度应在与城垣夯土相接处，长度约 43 米；晚期东侧边沿由于与中央夯土台基结合部的夯土南移所致，南北长度应在发掘探方 T7、T8 中向东拐，长度约为 37 米。

中央夯土台基现残存地面上部分东西长约 125 米，南北宽约 30 米，高约 4.5 米。以宫城北墙北沿总体直线情况看，中央夯土台基整体向北凸出 5 ~ 8 米左右；以东、西夯土台基的内侧西拐角和东拐角为准，中央夯土台基的南沿中心部位，向南凸出 7 ~ 9 米，南凸出部分东西长 31 米左右。

东侧夯土台基基槽平面及构筑

由于夯土台基的周边坍塌有大量砖石块，很多探孔无法下探，夯土台基基槽的四至无法深入了解，在此仅就 T3 探方处所探测情况进行说明。东侧夯土台基基槽平面宽出地面上包砖砌石外侧边沿各 1.5 米左右。以元代包砖砌石的地面为准，夯土台基的地下部分深 0.7 ~ 1.5 米，用碎砖瓦渣、石块和木桩构筑，其中碎砖瓦渣厚约 0.7 米，石块厚约 0.3 米。基槽最底部的木桩，勘测过程当中，有一孔刚好探在已腐朽的木桩上，1 米见至 1.5 米不底，夹铲不带，木桩深厚约 0.5 米。其他探孔均在 1 米时见灰白色或深灰黑色沙质生土层。另外，在 T3 探方夯土台基基槽的外围，西侧 4.7 米，南侧 2.1 米范围内，均发现灰黑色原地夯（在原始地面上所进行的夯土），厚约 0.5 米。土质较硬，密实，光亮，内含微量白灰点和黑炭渣点。在 T3 西南部，原地夯的西南角向北 10 米处，原地夯西拐 6.4 米后又向北拐 10 余米，再向北，由于砖石堆积更厚，无法下探，其原地夯的北部西沿不能确定。已探明部分，其平面形状类似于西侧夯土台基东沿处东凸情况。

西侧夯土台基基槽平面及构筑

夯土台基周边很多探孔无法下探，以致夯土台基基槽的四至无法深入了解，对该台基的勘探成果将结合 T5 ~ T10 探方的发掘情况进行说明。夯土台基的东侧基槽边平面向西宽出包墙砌砖金边石约 5 米；南侧基槽边平面向北内缩于包墙砌砖金边石 1.2 米，即夯土台基基槽的南侧边沿小于夯土台基南侧地面上包墙砌砖金边石的外放线。以元代包墙砌砖的地平面为准，夯土台基的地下部分深 0.7 ~ 1.2 米，用灰黑、浅黄色花夯土，石块和木桩构筑，其中灰黑、浅黄色花夯土厚 0.6 ~ 0.7 米，石块厚约 0.3 米。基槽最底部放置有木桩，从发掘的探方解剖沟了解到，木桩皆竖立在灰白色沙质生土层内，直径约 14 厘米。另外，在 T5 探方夯土台基基槽的东、南外围，东侧 2.5 米，南侧 6 米范围内，均发现灰黑色原地夯，厚约 0.6 米。土质较硬，密实，较光亮，内含微量白灰点和黑炭渣点。由于乱砖石堆积较厚，在 T5 探方南部 3 ~ 6 米处，西侧夯土台基基槽的东边北拐部分及原地夯北拐部分未能继续探查。在 T7、T8 探方内，早期夯土包砖的南侧，发现晚期夯土及其南侧包砖遗迹。该段晚期夯土东西向已探明长度约 7 米，南北宽 1.7 米，厚约 2.8 米。用灰黑色土打制，土质较硬，密实，内含微量乳白色土颗粒和红烧土颗粒。在该夯土的底部发现早期包墙砖砌石基础和活动面。

中央夯土台基基槽平面及构筑

中央夯土台基的南沿中心部位，向南凸出 7 ~ 9 米，东西长约 31 米。该段夯土台基基槽的东南角、西南角和南沿现已探明，分别距现存地面上夯土台基的东南角 8.1 米、西南角 9 米、南沿 5 ~ 7 米，其东西长约 44 米。夯土基槽底距现有地表深 2.2 ~ 3.3 米，除去地势落差因素，夯土基槽底部应在同一平面上，最浅处距现有地表面深 2.2 米。若以发掘探方中元代的地面为准，夯土基槽的地面下部分厚 0.3 米。夯土用深灰褐色和浅黄色花土打制，土质较硬，密实，内含微量黑炭渣点和白灰颗粒。

在夯土基槽的底部，大部分探孔均探测到砌石，与东、西侧夯土台基基槽底部有砌石和木桩情况相比，中央夯土台基的基槽底部没有探测到木桩。

中央夯土台基南部矩形堆石区

位于中央夯土台基基槽南沿南部 19 米处，堆石区的东沿东距东侧夯土台基西沿包砖 36 米（T3 探方中包砖的墙面或金边石已被破坏，若以其他部位情况复原，其堆石区的东沿东距东侧夯土台基西沿应为 35.1 米），西沿距西侧夯土台基东沿包砖 34.7 米。堆石区平面呈长方形，东西 7 米，南北 6.5 米，距地表深 0.5 米见，至约 1 米尽，堆石区厚 0.5 ~ 1 米。用不规则小型石块和残砖堆砌，堆石内夹杂有灰褐色土，土质较硬，密实，内含微量黑炭渣点和黄褐色土颗粒。堆石下见青灰色沙层，纯净。

西侧夯土台基与中央夯土台基结合部的晚期夯土

位于西侧夯土台基的东北部东拐角处，主要分布在 T7、T8 及 T8 南扩方内，结合发掘资料，晚期夯土紧贴早期夯土包砖，依其早期包砖的走向、拐角而夯筑，东西长 7 米，南北宽 1.7 米，厚约 2.8 米。夯土用灰黑色土打制，土质较硬，密实，夯层不明显，内含微量乳白色土颗粒和红烧土颗粒。在该夯土的底部发现早期包墙砖砌石基础和活动面。

相关西侧夯土台基与中央夯土台基结合部的晚期夯土的更多信息，由于多数探孔无法下探，不能全面获悉。

穆清阁南部东西向路土

位于穆清阁中央夯土台基基槽南部 30 米处，东西向，平面呈"⊥"状。现勘探出路土的东西部分长 130 米左右，南北部分长 13 米，宽 3.5 ~ 5 米。开口层于①层下，距地表深 0.3 米，至 0.8 米尽，路土厚约 0.5 米。路土呈灰黑色，土质较硬，有时分小薄层，分层明显，内含微量红烧土颗粒、白灰颗粒、碎砖瓦渣颗粒、黑炭渣颗粒。在堆石区东侧 7 米处，路土北拐，至 13 米处突然断掉。

穆清阁南部水井

位于堆石区的东南部 8 米处。石刻井圈直接裸露在地表，井圈外径 1 米，内径 0.43 米。通过勘探，井内填土与井外地层堆积完全一样，即第①层，灰褐色土，深厚 0.5 米。土质松散，干燥，内含砖石块和植物根茎。第②层，深灰褐色土，深 0.5 ~ 0.7 米，厚 0.2 米。土质稍硬，微分小薄层，内含微量红烧土颗粒、白灰点颗粒。第③层，浅灰黄色沙质土，深 0.7 ~ 1.6 米，厚 0.9 米。土质细腻，较净，内含微量植物根茎类腐朽物和黑炭渣点。第④层，深灰、深黑色沙质土，深 1.6 ~ 1.9 米，厚 0.3 米。土质湿软，内含稍多植物根茎类腐朽物和少量黑炭渣点。因此，推断石刻井圈是移来物，原来水井的位置并不在此处。

穆清阁西侧南北向道路

位于穆清阁西侧夯土台基的西部 10 米左右处。平面呈"╪"状，现勘探出南北向道路长 40 米，东西向道路长 11 米，宽 3 ~ 5 米。开口层于①层下，距地表深 0.6 米，至 0.9 米尽，厚 0.3 米。路土灰黑色，土质较硬，有时分小薄层，分层明显，内含微量红烧土颗粒、白灰颗粒、碎砖瓦渣颗粒、黑炭渣颗粒。该条路土的东北和西南部被扰土层破坏。

穆清阁北侧的东西向夯土

在穆清阁北侧（宫城北垣北侧）布数条东西或南北向探孔，目的在于了解穆清阁中央夯土台基基槽的北沿，以及夯土台基的中心部位处有无南北向路土遗迹。通过勘探，在穆清阁北侧发现东西向夯土，现勘探出东西长 180 米左右，南北宽 5～10 米，距地表深约 0.9 米，至 1.7 米尽，厚 0.8 米。夯土用灰黑色和浅黄色花土打制，土质较硬，分层明显。内含微量白灰点和红烧土颗粒。

该条东西向夯土与穆清阁中央夯土台基是相连为同体夯土，还是分体夯土，目前尚不清楚，但需要说明的是，该条东西向夯土的底部没有发现砌石块，而穆清阁夯土台基的基槽部分底部发现有砌石块。

穆清阁中央夯土台基正北侧堆石区

穆清阁中央夯土台基正北侧堆石区，平面基本与皇城复仁门、宫城御天门以及穆清阁中央夯土台基南部堆石区在同一轴线上。该堆石区的南沿与南部东西向夯土的北沿相连，西沿与北沿平面呈直角多曲，东沿相对较直。堆石区开口于②层下，距地表深 0.5～1.1 米。在堆石的上部发现路土堆积层。

穆清阁北侧东西向道路

位于穆清阁中央夯土台基北侧东西向夯土的北沿 1.1～2.4 米处。现勘探出东西长约 150 米，南北宽 4～9 米，厚 0.1～0.3 米。路土叠压在中央夯土台基正北侧堆石区之上，土质较硬，分小薄层明显，内含微量黑炭渣点和陶渣点。

四 宫城内堆石区及其他遗迹

1. 堆石区

堆石区 1

位于宫城南部，南邻宫城南墙。平面呈东西向长方形，东西 510 米，南北 22 米。距地表深 0.2 米见石不过。

堆石区 2

位于宫城中南部，西邻御道。平面呈椭圆形，东西 8 米，南北 4 米。该堆石区高出地平面约 0.6 米。

堆石区 3

位于宫城东部，西华门西南部，东华路南约 4 米处。平面呈不规则形，东西 52 米，南北 16～30 米。

堆石区地层：第①层，浅灰色土，深厚 0.3 米。土质松散，干燥，内含植物根茎。第②层，灰褐色土，深 0.3～0.8 米，厚 0.5 米。土质相对较硬，内含大量乱砖、石块、白石灰颗粒及红烧土颗粒。该层下见乱砖石，不过。

堆石区 4

位于宫城东部，东南为堆石区 3。平面呈圆形，东西 3 米，南北 3 米。高出地平面约 0.5 米，以下见石不过。

堆石区 5

位于宫城中东部，东华路南约 4 米。平面呈椭圆形，东西 38，南北 32 米。堆石区地势凹凸不平，地表面乱砖石堆积较厚，绝大部分探孔无法探穿。个别探孔 1.3 米深见乱砖石、白灰颗粒、黑灰颗粒。

该层下见黄褐色沙质生土层，停探。

堆石区 6

位于宫城西部，西华路南。平面呈圆形，东西 16 米，南北 16 米。高出地平面约 0.6 米，乱石堆积较厚，无法下探。以下情况不明。

堆石区 7

位于宫城西部，西华门城门处。平面呈椭圆形，东西 24 米，南北 22 米。

堆石区内地层：第①层，浅灰色土，深厚 0.3 米。土质较硬，内含碎石颗粒。第②层，灰褐色土，深 0.3 ~ 1.3 米，厚 1 米。土质较硬，内含碎砖石块、白石灰颗粒。该层下见石不过，以下情况不明。

堆石区 8

位于宫城西北部，西部紧挨宫城西城墙。平面呈不规则形，东西 6 米，南北 3 ~ 6 米。高出地平面约 0.6 米，地表面乱石堆积较厚，勘探不过，以下情况不明。

堆石区 9

位于宫城中部，大安阁西北部。平面呈椭圆形，东西 10 米，南北 12 米。高出地平面约 0.3 米，地表面乱石堆积较厚，勘探不过，以下情况不明。

堆石区 10

位于宫城中部，西距大安阁西南约 5 米处。平面呈椭圆形，东西 8 米，南北 12 米。高出地平面约 0.5 米，地表面乱石堆积较厚，勘探不过，以下情况不明。

堆石区 11

位于宫城东部，北距西华门约 5 米处。平面呈椭圆形，东西 18 米，南北 10 米。深 0.5 米见乱石，不过，以下情况不明。

堆石区 12

位于宫城东北部，西北距 F53 房址约 10 米处。平面呈不规则形，东西 14 米，南北 24 米。高出地平面约 0.4 米，地表乱石堆积较厚，勘探不过，以下情况不明。

堆石区 13

位于宫城中北部，南距东西第二街 2 米处。平面呈圆形，东西 10 米，南北 10 米。高出地平面约 0.4 米，地表乱石堆积较厚，勘探不过，以下情况不明。

堆石区 14

位于宫城中北部，北距 F86 约 32 米。平面呈椭圆形，东西 12 米，南北 14 米。高出地平面约 0.6 米，地表乱石堆积较厚，勘探不过，以下情况不明。

2. 夯土遗迹

夯土遗迹 1

位于宫城西华门处。平面呈不规则形，东西 24 米，南北 17 ~ 20 米。开口于①层下，距地表深 0.6 米。

第①层，浅灰色土，深厚 0.6 米。土质干燥，松散，内含植物根茎。第②层，灰褐色土，深 0.6 ~ 1

米，厚 0.4 米。土质松散，内含碎石颗粒。1 ~ 1.5 米见石，不过，以下情况不明。

夯土遗迹 2

位于宫城中部，南距 F40 房址（院落）约 10 米处。平面呈圆形，直径 4 米。开口于①层下，距地表深 0.3 米见。

第①层，浅灰色土，深厚 0.3 米。土质松散，内含植物根茎。第②层，灰褐色土，深 0.3 ~ 0.6 米，厚 0.3 米。土质相对较硬，内含烧灰颗粒。第③层，深灰褐色土，深 0.6 ~ 0.9 米。土质较硬密实。该层下见石不过，以下情况不明。

夯土遗迹 3

位于宫城中北部，大安阁北部约 12 米。平面呈南北向长方形，东西 14 米，南北 50 米。北部深 0.3 ~ 0.6 米见乱砖石，南部深 0.3 ~ 0.8 米见夯土层。夯土层较薄，内含碎砖石块颗粒。

夯土遗迹 4

位于宫城中部，大安阁周边范围内。平面呈不规则形，东西 64 米，南北 46 米。北部碎砖块较多，南部为脏杂回填土，深 1.8 米。

第①层，浅灰色土，深厚 0.3 米。土质干燥，松散，内含碎石颗粒，部分探孔见踩踏面，较薄。第②层，脏杂回填土，深 0.3 ~ 1.8 米，厚 1.5 米。土质较硬，内含白灰渣点、碎石颗粒、碎砖石块、黑灰颗粒。该层下见淤积泥沙层，含水锈纹土。

3. 踩踏面

踩踏面 1

位于宫城西南部，北距 F19 约 10 米处。平面呈不规则形，东西 44 米，南北 26 米。开口于①层下，距地表深 0.2 米。

踩踏面内地层：第①层，浅灰色土，深厚 0.2 米。土质干燥，松散，内含植物根茎。第②层，深灰褐色土，深 0.2 ~ 0.7 米，厚 0.5 米。土质较硬，内含植物根茎，可见明显路土分层、碎砖渣。该层下见浅黄色沙质生土层，停探。

踩踏面 2

位于皇城南部，东距水域 2 约 4 米处。平面呈不规则形，东西 60 米，南北 80 米。开口于①层下，距地表深 0.2 ~ 0.3 米。

踩踏面内地层：第①层，浅灰色土，深厚 0.3 米。土质干燥，松散，内含植物根茎。第②层，灰褐色土，深 0.3 ~ 0.5 米，厚 0.2 米。土质相对较硬。该层下见乳白色沙质生土层，停探。

第六章 御道篇

第一节 勘探位置及勘探工作布置

1. 勘探位置

位于明德门与元上都遗址工作站之间的现代道路以西，及遗址保护区南边以西 300 米铁丝网以北 100 米内。勘探面积 36200 平方米。

本次勘探目的是理清御道在元上都遗址上的布局方位，文化堆积层次及保存状况。

2. 勘探工作布置

以文献记载和明德门门洞的走向为依据，以明德门为起点探到路土后，经技术卡边扩探向南寻找御道走向及位置。

在勘探区内以梅花布孔法，根据土质土色及包含物分辨地层和遗迹，注意采集文化遗物为鉴别其时代提供依据。遇到分薄层（路土）和较硬的分层土层（夯土）标出探孔标记，并根据其走向寻找其边际，并在路土外勘探地层，分清叠压关系。

从明德门南端开始勘探，首先根据土质土色及包含物发现了河道内黑色淤土，划定了护城河的宽度，在护城河南、北两岸寻找桥墩，无果。

距明德门 50 米处第①层灰褐色土下 0.3 ~ 0.7 米发现路土（御道），打穿路土又发现了夯土路基并卡出其宽度，以此为线索往南勘探出 227.5 米路土（御道），这段路土编号为路土北段，里程至 277.5 米。

往南至滦河南畔里程 510 米，已被河水破坏，未发现路土。在滦河两岸和能勘探的河床内，重点勘探是否有桥墩、路土的存在，无果。观察四周和河道内未发现废桥遗迹和建材遗物存在，从而推测原护城河、滦河上可能为木板桥。由于年久，遗迹无存。

滦河南岸以南 287.5 米均勘探出较完整的路土（里程是 545 ~ 832.5 米，该路土编号是路土中断），再往南至里程 1400 米处，未发现路土。在此之前发现的两段路土较直，位于皇城中轴线上，保存较好。

从里程 1400 米往南至元上都遗址工作站西北方勘探出的路土往西南方慢转弯，从元上都遗址工作站西 193 米铁丝网外出遗址保护区，又在保护区（铁丝网）外 50 米处，勘探出路土 217.5 米。这段偏离皇城中轴线往西南转弯的路土，里程是 1400 ~ 1810 米，长度是 410 米。路土保存完整，这段路土编号为路土南段。在该段勘探路土外地层堆积时发现了基本随路土走向的排水沟一条，长 240 米。至此完成御道勘探任务。

第二节　勘探结果

本次勘探路线长达 1810 米，宽 20 米，勘探面积 36200 平方米。共勘探出御道长度 1810 米，其中路土保存较好的有北、中、南三段，北段路土长 227.5 米，中段路土长 287.5 米，南段路土长 410 米，共计路土长 925 米。在路土下发现有夯土路基，并在滦河北岸御道西侧发现有长方形台基一处，滦河南岸附近御道西侧发现长方形堆石区一处，御道南段发现排水沟一条。御道横跨南、北两条河流，北边是护城河，宽 8 米；南边是滦河，宽约 100 米。

1. 勘探范围及遗迹埋藏分布

路土

北自明德门，南至元上都遗址保护区铁丝网外。长 1810 米的御道上，勘探出北、中、南三段路土。其中皇城中轴线有南、北两段。北段路土距明德门 50 米（里程 50 ~ 277.5 米），长 227.5 米，宽 9 ~ 15 米，北窄南宽，保存状况较好。中段路土在滦河南岸以南（里程 545 ~ 832.5 米），长 287.5 米，宽 9 ~ 10.5 米，保存状况较好。这两段下均有夯土路基，埋藏深度 0.3 ~ 0.5 米。南段路土偏离皇城中轴线往西南慢转弯（里程 1400 ~ 1810 米），长 410 米，宽 9 ~ 12.5 米，路土埋藏深度 0.3 ~ 0.5 米，保存状况为自 1400 米处慢转向西路土由厚变薄，至 1810 米处消失。消失道路西部地形为东低西高斜坡状台地，道路在此消失很可能是水土流失造成的结果。

夯土路基

夯土路基分布在上述北、中、南三段路土之下，与路土同长同宽，埋藏深度 0.6 ~ 1 米。

夯土台基

夯土台基位于滦河北岸 1.7 米，御道西 10 米左右。南北长 104 米，东西宽 12 米，平面近似长方形，埋藏深度约 1 米左右。

堆石区

堆石区位于距滦河南 26 米，御道西 2 米处，平面近似长方形。南北长 5.05 米，东西宽 1 米左右，埋藏深度 0.5 ~ 1.1 米。

2. 勘探范围内地层堆积及包含物

（1）皇城南中轴线上，北、中两段路土地层堆积

路土内地层堆积及包含物

第①层，浅灰色土，深厚 0.4 米。土质干燥，松散，内含植物根系、黑炭颗粒、碎灰砖沫、碎石颗粒。第②层，灰褐色土，深 0.4 ~ 0.6 米，厚 0.2 米。本层为路土，土质坚硬，内含草木灰、碎石颗粒。第③层，花土，深 0.6 ~ 1.8 米，厚 1.2 米。本层为夯土路基，土质坚硬，夯层分明，内含碎石颗粒、烧灰、骨渣、水锈沙土。该层下见石块或黑褐色污泥，无法下探。

路土外地层堆积及包含物

第①层，浅灰色土，深厚 0.4 米。土质干燥，松散，内含植物根系、黑炭颗粒、碎灰砖沫、碎石颗粒。

第②层，灰褐色土，深 0.4 ~ 1.7 米，厚 1.3 米。土质较硬，内含草木灰较多。第③层，深灰褐色土，深 1.7 ~ 2.1 米，厚 0.4 米。土质湿润，较净。该层下见水，无法下探。

（2）南段路土地层堆积及包含物

路土内地层堆积及包含物

第①层，黄褐色土，深厚 0.3 米。土质干燥，松散，内含大量黄沙和碎石颗粒。第②层，灰褐色土，深 0.3 ~ 0.5 米，厚 0.2 米。本层为路土，土质较硬，内含黑炭颗粒。第③层，深灰褐色土，深 0.5 ~ 1.2 米，厚 0.7 米。本层为路土下的夯土路基，干燥，密度大，坚硬，夯层明显，内含碎石颗粒、黄沙。

路土外地层堆积及包含物

第①层，浅灰色土，深厚 0.3 米。土质干燥，松软，内含碎石颗粒、植物根系。第②层，灰褐色土，深 0.3 ~ 1.2 米，厚 0.9 米。土质硬度一般，内含草木灰、烧土颗粒及水锈土。该层下见淡青色生土层。

（3）夯土台地层堆积及包含物

第①层，浅灰色土，深厚 0.5 米。土质干燥，较硬，内含沙质小碎石颗粒。第②层，灰褐色土，深 0.5 ~ 1 米，厚 0.5 米。土质较硬，为垫层土，较净。第③层，浅灰色夯土，深 1 ~ 1.7 米，厚 0.7 米。土质较硬，夯层分明，内含水锈和黄沙。1.7 米深以下为淤积土，含水量较大，无法下探。

（4）堆石区地层堆积及包含物

堆石区内地层堆积及包含物

第①层，浅灰色土，深 0.5 ~ 1.1 米。土质较为湿润，夹杂植物根系、碎石颗粒。该层下见堆石。

堆石区外地层堆积及包含物

第①层，浅灰色土，深厚 0.4 米。土质较松软，内含植物根系。第②层，灰褐色土，深 0.4 ~ 2 米，厚 1.6 米。土质较为湿软，内含动物骨骼、白瓷片、碎石颗粒。该层下见水锈纹沙质生土层。

（5）路外排水沟

第①层，灰褐色沙土，深厚 0.7 米。土质干燥，松散，内含碎石颗粒，较净。第②层，浅黄色沙土，深 0.7 ~ 1.1 米，厚 0.4 米。纯沙土堆积，较净。该层下见水锈沙质生土层。

第七章 结 语

通过三年对元上都遗址的勘探，初步就外城、皇城、宫城等提出以下几点认识。

第一节 外城

1. 外城南苑东西第五街西部，在距瓮城南 400 米处被城垣叠压。外出城垣后，又被西护城河拦腰打破。由此说明该道路早于外城修建时期，东部路段又被外城继续沿用。

2. 外城南苑东西第三街东，北出第一支线处，东距皇城西墙南瓮城墙 282 米，西距外城墙 514 米处有一条石砌基础。该基础北至东西第四街南部，南出东西第三街，南北走向长 172 米，宽 2 米。该石砌基础裸露于地表可见（在与南北第三街交会处未发现石砌基础）。它究竟是何遗址，当时为何用途，及其时代等均无法判定，还待以后考古发掘进一步考证。

3. 外城南苑分布在东西第三街两侧的房址内坍塌乱石较多，大面积勘探不过。房址范围的确定是依据裸露于地表的石砌基础，勘探到的部分石砌基础及建筑材料如碎砖、瓦片、白灰颗粒等遗迹现象，其准确方位和范围，还需依据发掘清理工作获取的更为翔实的信息资料以确定。

4. 外城南苑东西第三街地层堆积情况特殊，在路土层下均发现夯土堆积，厚度在 1.1 米左右。从现存情况和勘探地层看，该地段地势较低，夯土的形成可能与地势有关，起到抬高路面的作用。

5. 在外城南苑西墙北侧瓮城的北、西、南三面所发现的砌石基础，形成一个相对规整的平台区，其南北 95 米，东西 37 米。此外，在外城南苑西墙南部的东西第三街与西墙交会处外侧发现另一处砌石基础平台区，其南北 56 米，东西 24 米。这两处平台区与皇城西墙上的两瓮城，规模相当，位置相对。是否此二处平台区内同样构筑有瓮城？如果平台区内没有筑城遗迹，那么这两个平台区的功用是什么？这个问题须通过考古发掘以找到答案。

6. 关于外城南苑内水系问题，共勘探出排水沟 4 条，水井 2 个，水域 11 个。排水沟主要分布在外城南苑的东部和东北部，从目前勘探情况看，排水沟主要与水域相连。水井集中分布在建筑群内部。水域有椭圆形和长条形之分，第 8、9、10 号水域，位于外城南苑最南端，地势最低，水域（淤泥遗迹）面积较大，结合北高南低地势因素，推断该水域可能是外城南苑疏导、存储过量雨水所用。根据推断，又在第 8、9、10 号水域的南沿及外城南苑南墙的北沿处东西向布孔，来印证是否有通往外城南苑外部护城河的排水沟，排查结果没有发现该段有排水沟遗迹。其他水域位于外城南苑的东、西部地段，横向或竖向排列，稍有规律可循，水域与水域的东西间距在 370 米左右，南北间距在 100 米左右。这些水域的存在，足以供应城内居民的生活用水。特别是 3 号水域北部边缘深约 0.7 米探到东西走向的石驳岸。建议采用试掘方式，对保存较好的水域的四至清理发掘，进一步明确水域的结构及功用等情况。

7. 通过勘探发现，外城南苑东西第三街西端与外城西墙及西墙外侧的夯土平台区的打破和叠压关系，依次为现存城墙夯土的底部发现路土层，路土层又叠压在夯土平台上，夯土平台区底部为自然土层。勘探结果表明，东西第三街与外城西墙交会处的初始情况可能是一个豁口，路土沿豁口横穿并叠压在夯土平台区上；现存叠压在路土之上的城墙夯土，应是后期封堵前期豁口时形成，该夯土的土质土色及包含物不同于两侧的城墙夯土。该处遗迹所处位置重要，叠压情况复杂，勘探难度较大，而且仅依靠勘探工作所取得的资料还远远不够，建议从发掘环节着手，获取更丰富翔实资料。

8. 在外城北苑的东北两墙外侧，没有发现护城河遗迹。仅在外城北苑的西北部外侧，发现一段护城河遗迹，东西长 320 米，南北宽 28 米，并与外城东墙西侧护城河贯通。

9. 皇城北墙外侧分布有排水沟 G1、G2 及两侧的夯土区。其中 G1 西部与外城南苑 11 号水域相连接，东部与皇城东墙外护城河相连接。以此认为 G1、G2 及两侧的夯土区与皇城应为同时代遗迹，起到防洪作用。但是 G1 和路土在皇城东北角楼北部（现城墙豁口处）被外城北苑东城墙夯土所叠压（排水沟和路土在城墙夯土下 0.5 米深被发现，沟自深 1.2 米，内含褐色沙土，土质较湿润，含沙量大），因此外城北苑东墙的修建可能晚于皇城城垣的修建时间。

10. 外城城墙下未发现基槽。

第二节　皇城

1. 在皇城西南部，东西第六街与南北第四街"十"字交叉口处的西北角、东北角和东南角存在大面积堆积遗迹区（编号堆积遗迹区 1、2、3）。该区域东距宫城西南角 60 米左右，南距南城墙 320 米左右，西距皇城西城墙南瓮城墙 260 米左右。该区域南北长 280 米，东西宽 220 米，在其范围内随处可见不规则的低洼坑，周边形成小土丘、乱石、灰砖、瓦片、白灰颗粒。除本区外其他地方也有这种状况。根据以上情形分析，本区域内的低洼坑、小土丘是晚期牧民建房时，拆除石墙基、刨坑取石形成的。该处文化遗迹遭受严重破坏，给勘探工作带来很大困难。是以遗迹单位形状无法确定，只能以"堆积遗迹"为单位进行圈定。

2. 皇城重要干道基本呈东西和南北走向，经纬分明。以御道（南北第三街）为中线，基本是东西对称。外侧：南北第一街、东西第一街、南北第六街、东西第八街沿皇城墙内侧形成环城路，成为路网第一环；中部：南北第二街、东西第六街、南北第四街以宫城为中心呈"U"字形，大致形成第二环城路；内侧：围绕宫城的四条道路形成第三环城路。基本上形成了路路相通的路网结构。

3. 皇城内共有 17 处水域，有 12 处位于第一环城路（沿皇城墙内侧的 4 条道路）旁边，2 处在御天门外广场（踩踏面）东西两侧，其余 3 处或在道路支线附近，或有小径通达，或在房址区内。通过以上位置因素分析，这些水域的作用一是形成皇城的重要景观，二是对雨季抗洪防灾起到调节作用，三是为城内居民提供生活用水。

4. 在皇城四墙的外侧 10 ~ 20 米处，均发现有路土踩踏层。但路土的个别地段被瓮城城垣叠压，如皇城西墙南瓮城城垣夯土下发现路土踩踏层；路土的某些区域被护城河打破，如皇城东墙外侧护城河和皇城南墙外侧护城河，均打破路土。分析以上情况可知，所述瓮城和护城河修建时间应晚于皇城外围路土。

5. 在明德门现存瓮城下及南侧 4 米处，分别发现有河道内淤土堆积，应为护城河遗迹。据此推断，明德门瓮城的修建，应晚于第一期护城河；现存瓮城应与南侧 4 米处的护城河同期。

6. 皇城内灰坑，从灰坑的包含物来分析，大致可分为两类：第一类属建筑废弃物堆放坑，主要分布在乾元寺和大龙光华严寺内，多为砖瓦片坑、白灰渣坑和红颜料物坑等；第二类属生活废弃物堆放堆，分布规律不明显，较零乱。通过分析，提出以下几点疑问：（1）为何在寺院内的灰坑多为建筑废弃物堆放坑，它和寺院的修建有何联系。（2）规模较大且零乱的砖瓦坑，大多探孔无法打穿，坑底部情况尚无法了解，是否为地穴式房址还需从发掘环节着手证实。（3）个别红色颜料坑在形成前，红色颜料的原始功用是什么。

7. 宫城外西部护城河，在通过东西第十街和西华门外西华路时，某些现象较特殊，涉及桥梁问题，值得一提：（1）西部护城河宽度在 8 米左右，但是在经过东西第十街东部时（位置南距西华门约 90 米，东距宫城西墙约 30 米），护城河内东侧有一个呈南北向的长方形夯土台。夯土台长 12.8 米，勘探宽度 5 米左右，东部被现代碎石路叠压勘探不过。护城河内西侧有一南北走向近似长方形的砌石区，南北长 10 米，东西宽 0.8 米左右。由于这两侧夯土台和砌石区的设置使得原来 8 米宽的河道，在此猝然变成宽 4.6 米的狭窄通道，据此断定，护城河在通过皇城东西第十街东部时有吊桥存在。（2）西华路通过西华门西护城河时（位于西华门西 32 米处），护城河内东西两侧各有一个南北走向近似长方形的砌石区。东侧的砌石区南北长 5 米左右，东西宽 3.2 米左右。在这砌石之间还勘探到三处木桩，木桩大致南北走向，间距 1 米左右，这些木桩可能起到固定地基稳固砌石的作用。西侧的砌石区南北长 15 米左右，东西宽 3.3 米左右。由于这两个砌石区的设置使得原来 7.6 米宽的河道，在此猝然变成宽 2.6 米的狭窄通道，据此断定，西华路通过护城河有吊桥存在。

第三节　宫城

1. 宫城有三门，南边有御天门，东边有东华门，西边有西华门。（1）御天门：位于宫城南城墙中部，门址所在区域是连绵不断、又高又厚、宽 20 余米的城墙坍塌废墟。主要成分是乱石和灰砖，因此勘探不过，情况不明。门址外侧正在对城址进行考古发掘，是发掘区。（2）东华门：位于宫城东城墙中部，门址所在处已被坍塌的城楼废墟堵塞。废墟北部与城墙相连，走向与城墙相同，长度 18 米左右，略宽于城墙，高度约 4～5 米，基本与城墙相同。对此进行了勘探，多处勘探出城楼建筑木料痕迹。由于城楼废墟主要成分是石块、灰砖和白石灰，勘探不过，以下情况不明。临城楼坍塌废墟南部有一宽 8 米左右的城墙豁口，是后人为通行方便有意开通。此地也进行了勘探，地表就是城墙夯土，夯土厚度 1.8 米左右，城墙底部宽度 11 米左右，且城墙两边夹砌宽 1 米左右的包边石。（3）西华门：位于宫城西城墙中部，该处现是宽 22.2 米的城墙豁口。通往宫城的参观道路由此经过。经勘探，豁口处两侧城墙夯土下 1～1.5 米深见石，东西长 14 米，南北宽 5 米。两侧夯土间距 7 米。豁口处另有南北长 12.2 米，东西宽 18.1 米的乱石堆积，深 0.3～1.3 米见，以下情况不明。据此认为西华门遗址应在此豁口处，夯土下见石部分应为起到地基加固作用。

2. 宫城内共有三条排水沟，它们以宫城中央的 3 号水域为中心起点。东西走向的有两条，排水沟 2 和排水沟 3 分别位于西华路北、南两侧，经西华门沟通宫城外护城河。其中北侧的排水沟 1 在西华路东端打破北折的道路与 3 号水域相连接。御道西侧排水沟 3，北段长度 85 米，南部地层内乱石较多勘探不过，情况不明。详细资料还需靠发掘来获取。

3. F85 位于宫城中央位置，现存的长方形台基上，除地表层外，还有上下两层夯土堆积，并在每层夯土面上又各有一层踩踏面。上层踩踏面呈深灰色，距地表深度 0.4 ~ 0.7 米不等，厚度 0.1 米左右。上层夯土呈灰褐色，深 0.5 ~ 0.8 米不等，厚 0.7 米左右。第二层踩踏面呈深灰色，深 1.4 米左右，厚 0.1 米左右。该层踩踏面上发现有干草遗迹。下层黑黄花夯土深 1.5 米左右，厚 1 米。该层夯土下距地表深 2.5 米左右见石或见木桩。由上述现象可知：该夯土台基存在上下叠压的早晚关系。下层夯土无疑是元代，它上面的踩踏面和干草遗迹，说明该房址废弃后上面杂草丛生。元上都建筑在沼泽地上，地下打木桩，稳固地基，上面覆盖石块后再行夯土。这种建筑方法史书有载，该房址夯土下发现的木桩和石块正体现了这一方法。上层的夯土是元代房址废弃后因某种建筑需要而夯垫的土层，它可能是台基上现存的晚期房址的附属物，上面的踩踏面可能是这个晚期房址周围的活动场地。

F85 长方形台基四周皆有夯土：北部在距台基 70 米，宽 17 米的范围内，东部在距台基由北而南 2 ~ 14 米范围内，南部在 4 ~ 22 米范围内，西部在 4 ~ 18 米范围内。夯土发现在第二层下，距地表深 0.5 ~ 0.8 米。勘探夯土厚度在 0.5 ~ 1.1 米，夯土下见石，勘探不过，以下情况不明。F85 周围的夯土区域形状不规则，从而推测当时这里的地面低洼不平。铺垫这些夯土的作用，一是平整地面，二是防止积水浸泡，稳定房基。

4. 宫城内有不少房址台基上叠压有晚期房址，以 F42 台基和 F27 房址（院落）5# 台基为例说明，其余的不再一一阐述。

例 1：F42 台基位于宫城中北部，南距西华路约 60 米处，东南距宫城中央房址 F85 约 30 米。该房址废墟大致呈长方形台状，高出地面约 0.3 米。台面北部遗留有两个不同时期的房址，且上下叠压。这两房址废墟高于 F42 台基台面 0.5 米左右。从地层堆积层次可看出，除地表外的三层下，均发现一层居住面（踩踏面），从而可把彼此早晚叠压关系区分出来。第④层黑黄花夯土时代最早，无疑是元代房址 F42 的夯土台基。它上面的一层平砖就是室内砖铺地面，即居住面。第③层黑灰土应为 F42 的废墟，它上面的踩踏面应为较晚房址的居住面。第②层灰黄土应为较晚房址的废墟，它上面的踩踏面应为最晚房址的居住面。从上述情况可见，元代房址 F42 废弃后，后人在它的废弃台面上同一地点，先后两次修建过房屋。这两个房址的时代因为在勘探中无发现能断定年代的遗物，从而无法确定。

例 2：F27 房址（院落）5# 台基位于宫城西侧中部，西距西城墙约 40 米左右，西南距 F4 房址（院落）30 米左右。房址废墟大致呈正方形台状，高出周围地面 1 米。台面北部有呈东西走向高出台面 1 米左右的房址废墟，现把该处地层表述如下，以说明上述叠压关系。第①层，浅灰色土，厚 0.6 米左右。该层下部分探孔见平砖一层。第②层，深灰色夯土，深 0.6 ~ 1 米左右，厚 0.4 米。第③层，黄白沙土，深 1 ~ 1.5 米左右，厚 0.5 米。第④层，灰色夯土，深 1.5 ~ 1.7 米，勘探厚度 0.2 米。该层下距地表 1.7 米见石不过，夯土厚度不详。从上述地层堆积层次可以看出，第②层深灰色夯土就是晚期房址的夯土基础，该层面上部分探孔发现的平砖，可能就是原房址内砖铺地面即居住面被破坏后的残留。第③层，黄白沙土可能是 5# 台基废弃后因某种情况形成的堆积层。第④层，灰色夯土是早期房址即 5# 的夯土台基。从上述情况可见，晚期房址叠压在 5# 房址上，5# 房址属元代，但晚期房址的时代由于勘探中未发现可鉴定年代的遗物，暂无法确定。但至少可以推断，元代房址 5# 废弃后，后人又在它的废弃台面上生活居住过。

5. 宫城内有不少房址只有四周裸露的石墙基，在勘探时，房址内既没有发现残留的建材废墟，也没发现居住面和夯土台基，这种房址应是当时或晚期因某种原因未竣工的建筑。以 F35 房址（院落）2#、3# 台基为例说明，其余不再另行阐述。

F35 房址（院落）位于宫城东侧中部，北临 F77 房址（院落），南临 F36 台基。2# 台基位于院落东部，3# 台基位于 2# 南部。2# 台基内地层堆积及包含物：第①层，地表层，浅灰土，厚 0.1 米左右，土质松散，干燥，沙状含草根。第②层，黑土，深 0.1 ~ 0.3 米，厚 0.2 米。土质较硬细腻，有淤积层次，纯净。该层下是纯净的白沙层，停探。3# 台基内地层堆积及包含物：第①层，地表层，浅灰色土，厚 0.4 米左右。土质松散，干燥，沙状含草根。第②层，黑土，深 0.4 ~ 0.6 米，厚 0.2 米。土质较硬细腻，纯净。该层下是纯白色沙层，停探。从以上地层可知，房基内的土层，均为自然层，不见建筑材料也无居住面，从而推断这两所房址未修建成功，更无人居住。房址时代因勘探中未发现能鉴定年代的遗物，从而无法确定。

6. 宫城的路网结构较纷乱，但仔细观察发现，御道、东华路、西华路是宫城的主干道，以宫城中心建筑 F85 为起点"T"形布局。御道向南可直达御天门，沿东华路出东华门，西华路出西华门。其次，临近城墙四周的东线南北第一街道，北线东西第一街道，西线南北第三街道，南北第四街道和被南城墙废墟埋没的南线街道（本街道的东端在废墟外已勘探出十几米，并与南北第一街直角连通，压在废墟下的因为砖石过多无法探到）共同构成宫城内环城道路。通过它们的支线进入房址区，并在房区内形成大面积踩踏面。通过上述情况可见宫城内道路，主次分明，路路交会，相互贯通，形成宫城内路网格局。

7. 宫城城墙勘探。东城墙选取勘探点位于东华门南侧城墙豁口处。勘探夯土深度为 1.73 米，夯土下见原有地表层。于城墙西部现有地表进行水平测量，城墙地表层与现地表层深度基本相同。据此推断，该处应无城墙基槽。西城墙选取勘探点位于西华门北侧城墙豁口处。城墙中间部分向西每隔 2.5 米布设一探孔，依次勘探夯土深度为 2.8 米、2.5 米。第 3、4 孔见石无法探穿。第 5 孔为 1.9 米夯土下探到原地表层，依据中间探孔深度于城墙西部现有地表进行水平测量。城墙原地表层低于现地表为 1.5 米、1.2 米、0.5 米，呈西高东低斜坡状。城墙中间向东部分因地面和地表层内乱石较多，无法探过，以下情况不明。南城墙选取勘探点位于西南角楼向东 39 米豁口处，勘探夯土深度为 3.3 米。夯土下探到原地表层，南、北两边因地表坍塌，乱石较多，无法探过，情况不明。依据中间探孔深度于城墙北部现有地表进行水平测量，城墙地表层低于现有地表 1.15 米。北城墙选取勘探点位于穆清阁夯土台向东 20 米城墙豁口处，勘探夯土深度为 2.3 米。夯土下见原地表层，于城墙南部现有地表进行水平测量，深度基本相同。据此推断，该处也应无城墙基槽。

依据上述勘探资料，即东、北城墙无基槽情况分析，西、南城墙部分亦不是人为开挖基槽形成，应是原地表自然位置低洼，后经填垫土夯实后建造城墙。

第四节　其他

1. 元上都遗址内的房址，经过多次破坏导致石砌房屋、墙基坍塌特别严重。大部分房址被乱石、灰砖覆盖，故能够勘探过去的是根据房址内居住面及夯土台基形状确定房址范围和形状，不能勘探过去的是依据房址废墟隆起台面、埋藏或裸露的石墙基走向来确定房址范围和形状；部分埋没在地下的房址，是依据勘探出的建筑废墟材料（如灰砖、瓦片、石块、白灰颗粒）来确定房屋范围。仅靠勘探作业不能全面、准确、翔实地获取遗迹的四至及其他情况，须依靠考古发掘来获取更为翔实信息资料。

2. 通过对元上都遗址外围护城河的勘探可知，上都城的南、西墙外侧，全段均构置有护城河，上都城的北、东墙外侧，局部构置有护城河。北墙的西北部构置有护城河，其东西长约 320 米，占北墙总长度 2200 米的七分之一左右；东墙的南半部（即皇城的东侧）构置有护城河，其南北长约 1400 米，占东墙总长度 2200 米的三分之二左右。通过对比，外城的东墙和北墙隆起地表的高度或坍塌堆积的宽度比外城的西墙和南墙明显，这种差异的存在，也许和该段没有护城河遗迹有一定关系。

第八章　元上都遗址文物勘探遗迹单位统计表

一　外城南苑重点勘探面积

外城南苑重点勘探面积合计：655171.15 平方米

表 1-1　外城南苑内房址

编号	形状	长（米）	宽（米）	深（米）	面积（平方米）	备注
F1	方形	东西 15	南北 15	2	225	
F2	方形	东西 25	南北 25	2.5	625	
F3	长方形	东西 11	南北 7.3	1.1	80.3	
F4	长方形	东西 19	南北 9	2.2	171	
F5	长方形	东西 11	南北 4	1	44	
F6	长方形	东西 16.3	南北 5	1.4	81.5	
F7	不规则方形	东西 20	南北 18.8	2.1	37.6	
F8	长方形	东西 12	南北 10	2.2	120	
F9	长方形	东西 23	南北 14	2.8	322	
F10	不规则方形	东西 68	南北 67	2.4	4556	
F11	长方形	东西 7	南北 14	2	98	
F12	长方形	东西 14.4	南北 9	1.5	129.6	
F13	长方形	东西 9	南北 14	2.2	126	
F14	方形	东西 10	南北 9	1.9	90	

续表 1-1

编号	形状	长（米）	宽（米）	深（米）	面积（平方米）	备注
F15	长方形	东西 4	南北 6	1.2	24	
F16	长方形	东西 9	南北 6	0.8	54	
F17	长方形	东西 20	南北 10	1.4	200	
F18	不规则长方形	东西 42	南北 40	2.5	1680	
F19	长方形	东西 27	南北 45	2.5	1215	
F20	长方形	东西 14	南北 5		70	
F21	长方形	东西 29	南北 5	2.3	145	
F22	不规则长方形	东西 62	南北 5～25	2.5	1550	
F23	不规则长方形	东西 56	南北 14～26	2.1	1450	
F24	长方形	东西 6	南北 19	2.9	114	
F25	不规则形	东西 23	南北 16	3.5	368	
F26	长方形	东西 14	南北 8	2.4	112	
F27	长方形	东西 14	南北 12	2.3	168	
F28	长方形	东西 13	南北 10	2.3	130	
F29	长方形	东西 23	南北 8	2.4	184	
F30	长方形	东西 7	南北 14	2.3	98	
F31	长方形	东西 24	南北 2～8	2.6	192	
F32	不规则长方形	东西 5～16	南北 6～18	3.2	288	
F33	呈"ㄱ"形	东西 42	南北 46		1932	
F34	长方形	东西 53	南北 22～29	2.6	1537	
F35	长方形	东西 6	南北 13	3.2	78	

续表 1-1

编号	形状	长（米）	宽（米）	深（米）	面积（平方米）	备注
F36	长方形	东西 6	南北 18	3.1	108	
F37	长方形	东西 7	南北 10	3.2	70	
F38	长方形	东西 10	南北 5	3.2	50	
F39	长方形	东西 10	南北 13	3.5	130	
F40	长方形	东西 8	南北 6	3.3	48	
F41	方形	东西 9	南北 9	3.3	81	
F42	不规则长方形	东西 39.5	南北 20～38	3.1	790	
F43	长方形	东西 22	南北 12	2.9	264	
F44	方形	东西 13	南北 13	3.2	169	
F45	不规则方形	东西 16～20	南北 16	3.6	320	
F46	长方形	东西 8	南北 14	3.1	112	
F47	不规则长方形	东西 38	南北 16	1.7	608	
F48	不规则长方形	东西 8～28	南北 6～16	3	128	
F49	长方形	东西 10	南北 22	2.2	220	
F50	椭圆形	东西 12	南北 18	2	216	
F51	椭圆形	东西 16	南北 34	1.9	544	
F52	方形	东西 9	南北 9	2.5	81	
F53	长方形	东西 6	南北 4	2.5	24	
F54	长方形	东西 12	南北 25	3.4	300	
F55	长方形	东西 10	南北 14	3.4	140	
F56	不规则长方形	东西 14	南北 23	3.6	322	

续表 1-1

编号	形状	长（米）	宽（米）	深（米）	面积（平方米）	备注
F57	方形	东西 6	南北 6	3.6	36	
F58	不规则长方形	东西 5 ~ 15	南北 6 ~ 15	3.4	165	
F59	长方形	东西 8	南北 31.5	3.1	252	
F60	长方形	东西 12	南北 5	3.4	60	
F61	不规则长方形	东西 14 ~ 24	南北 51	2.1	1224	
F62	长方形	东西 45	南北 26	3.3	1170	
F63	长方形	东西 45	南北 36	3.4	1620	
F64	不规则长方形	东西 8 ~ 27	南北 52	3.6	1404	
F65	长方形	东西 26	南北 4 ~ 13	3.3	338	
F66	长方形	东西 16	南北 14	3.2	224	
F67	长方形	东西 12	南北 10	2	120	
F68	不规则长方形	东西 39	南北 45	3.5	1640	平面不规则，多曲
F69	长方形	东西 6	南北 10	3.6	60	
F70	长方形	东西 66	南北 4 ~ 34	3.6	2244	
F71	长方形	东西 6	南北 5	3.4	30	
F72	长方形	东西 9	南北 12	3.5	108	
F73	不规则长方形	东西 24	南北 12 ~ 24	3.6	576	
F74	长方形	东西 7	南北 6	3.9	42	
F75	长方形	东西 8 ~ 12	南北 12	3.3	144	
F76	不规则长方形	东西 12	南北 4 ~ 8	2.8	96	
F77	长方形	东西 5	南北 6	3.4	30	

续表 1-1

编号	形状	长（米）	宽（米）	深（米）	面积（平方米）	备注
F78	不规则长方形	东西 4 ~ 16	南北 46	3.3	736	
F79	不规则长方形	东西 15 ~ 26	南北 76	3.1	1140	
F80	长方形	东西 12	南北 22	2.9	264	
F81	长方形	东西 4 ~ 16	南北 8 ~ 19	1.4	266	
F82	不规则长方形	东西 10 ~ 24	南北 78.5	3	1884	
F83	不规则长方形	东西 8 ~ 26	南北 25 ~ 50	3.4	1300	
F84	不规则长方形	东西 5 ~ 25	南北 78	3	1950	
F85	长方形	东西 9	南北 8	3.1	72	
F86	长方形	东西 6	南北 9	3	54	
F87	长方形	东西 6	南北 8	3	48	
F88	方形	东西 5	南北 5	2.9	25	
F89	长方形	东西 6	南北 10	1.6	60	
F90	不规则长方形	东西 16 ~ 37	南北 80	3.1	2960	
F91	不规则长方形	东西 12 ~ 27	南北 79	3	2133	
F92	不规则长方形	东西 18 ~ 40	南北 80	3.2	3200	
F93	长方形	东西 11	南北 54	2.7	594	
F94	长方形	东西 11	南北 20	2.7	220	
F95	长方形	东西 8	南北 10	1.8	80	
F96	长方形	东西 9.8	南北 5.5	1.7	54	
F97	长方形建筑群	东西 176	南北 26 ~ 80	1.9	14080	
F98	长方形	东西 25	南北 6 ~ 13	2.1	325	

续表 1-1

编号	形状	长（米）	宽（米）	深（米）	面积（平方米）	备注
F99	长方形	东西 16	南北 8.2	2.1	131	
F100	长方形	东西 7	南北 8.4	1.4	58.8	
F101	方形	东西 6.4	南北 6.4	1.9	41	
F102	长方形	东西 16	南北 17	2.2	272	
F103	不规则长方形	东西 4～10	南北 13	1.8	130	
F104	长方形建筑群	东西 100	南北 62	1.9	6200	
F105	长方形建筑群	东西 110	南北 14～20	2	2200	
F106	不规则长方形	东西 6～9	南北 14	1.9	126	
F107	长方形	东西 12	南北 6	2	72	
F108	圆形	直径 6.2		1.1	38	
F109	圆形	直径 4.8		0.9	23	
F110	长方形	东西 13.4	南北 8	0.9	107	
F111	长方形	东西 13.5	南北 8.6	1.4	116	
F112	长方形	东西 11.9	南北 8.8	1.5	104.7	
F113	长方形建筑群	东西 52	南北 8～33	2.2	1716	
F114	不规则长方形	东西 12	南北 6	2	72	
F115	长方形	东西 6	南北 12	1	72	
F116	长方形	东西 19	南北 16	3.1	304	
F117	长方形	东西 7	南北 2.4	2.3	16.8	
F118	长方形	东西 10	南北 6	1.8	60	
F119	长方形	东西 18.3	南北 5.8	2.8	106	

续表 1-1

编号	形状	长（米）	宽（米）	深（米）	面积（平方米）	备注
F120	长方形	东西 58	南北 8 ~ 33	4	1856	
F121	长方形	东西 8	南北 6	2.4	48	
F122	长方形	东西 5	南北 8	3.2	40	
F123	长方形	东西 10	南北 8	3.6	80	
F124	长方形建筑群	东西 52	南北 50	2.5	2600	
F125	长方形建筑群	东西 48	南北 9 ~ 30	2.4	1400	
F126	长方形建筑群	东西 75	南北 9 ~ 30	2.4	2250	
F127	长方形建筑群	东西 54	南北 5 ~ 16	3	864	
F128	长方形建筑群	东西 27	南北 64	3.9	1728	
F129	长方形	东西 16	南北 30	3.8	480	
F130	长方形	东西 6	南北 18	2.7	108	
F131	长方形	东西 6	南北 18	3	108	
F132	长方形建筑群	东西 17 ~ 26	南北 107	3.2	2782	
F133	长方形建筑群	东西 62	南北 3.5 ~ 41	3.2	2542	
F134	长方形建筑群	东西 3.5 ~ 17	南北 78	2.5	1326	
F135	长方形	东西 6	南北 13	2.8	78	
F136	长方形	东西 6.2	南北 7.7	2.3	47.8	
F137	长方形建筑群	东西 38	南北 4 ~ 23	3.5	874	
F138	长方形建筑群	东西 88	南北 18 ~ 66	3.5	5808	
F139	长方形建筑群	东西 37	南北 14 ~ 34	2.6	1258	
F140	长方形	东西 12	南北 34	3.2	408	

续表 1–1

编号	形状	长（米）	宽（米）	深（米）	面积（平方米）	备注
F141	不规则长方形	东西 7 ~ 18	南北 18 ~ 22	3.8	396	
F142	长方形	东西 10	南北 8	3.1	80	
F143	长方形	东西 10	南北 35	3.8	350	
F144	长方形	东西 5.8	南北 14	1.6	81.2	
F145	长方形建筑群	东西 6 ~ 39	南北 52	3.2	468	
F146	方形	东西 5.4	南北 5.4	2.2	27	
F147	长方形	东西 9	南北 5	3.6	45	
F148	长方形	东西 20	南北 12	3	240	
F149	长方形	东西 14	南北 4	3	56	
F150	不规则长方形	东西 44	南北 7 ~ 30	3.3	1320	
F151	不规则长方形	东西 5 ~ 17	南北 35	3	595	
F152	长方形建筑群	东西 16 ~ 42	南北 54	3.8	2268	
F153	不规则长方形	东西 5 ~ 20	南北 16	3.5	320	
F154	长方形	东西 6 ~ 11	南北 31	3.6	341	
F155	长方形	东西 9	南北 30	3.1	270	
F156	长方形	东西 27	南北 29	2.4	783	
F157	长方形	东西 29	南北 10		290	
F158	不规则长方形	东西 12 ~ 21	南北 30	3.4	610	
F159	方形	东西 6	南北 6	2.5	36	
F160	长方形	东西 12	南北 7	3.2	84	
F161	长方形	东西 8 ~ 13	南北 15	3.4	195	

续表 1—1

编号	形状	长（米）	宽（米）	深（米）	面积（平方米）	备注
F162	长方形	东西 10	南北 24	3.1	240	
F163	长方形	东西 5	南北 6.5	3	33	
F164	长方形	东西 9	南北 12	3.2	108	
F165	长方形	东西 6	南北 8	2.8	48	
F166	长方形	东西 4 ~ 7	南北 92	3.2	644	
F167	不规则长方形	东西 16 ~ 22	南北 18 ~ 38	3.2	836	
F168	大型建筑群	东西 12 ~ 90	南北 40 ~ 150	4.5	13500	
F169	长方形	东西 9	南北 10	2.6	90	
F170	不规则长方形	东西 12 ~ 17	南北 12 ~ 18	4.4	306	
F171	长方形	东西 6	南北 10	4	60	
F172	长方形	东西 14	南北 22	3.2	308	
F173	长方形	东西 19	南北 17	3	323	
F174	长方形	东西 22	南北 15	2	330	
F175	长方形	东西 11	南北 12	3.3	132	
F176	不规则长方形	东西 18 ~ 34	南北 52	2.5	1768	
F177	长方形	东西 0.8	南北 0.4	2.5	0.32	
F178	不规则长方形	东西 9.6 ~ 13	南北 21	3.2	273	
F179	不规则长方形	东西 17 ~ 20	南北 20	3.1	400	
F180	长方形	东西 8	南北 4.3	3	35	
F181	长方形	东西 15	南北 5	3	75	
F182	长方形	东西 10	南北 12	3.2	120	

续表 1-1

编号	形状	长（米）	宽（米）	深（米）	面积（平方米）	备注
F183	呈"┑"形	东西 86	南北 92	2.6	7912	
F184	不规则长方形	东西 54	南北 42	3.2	2268	
F185	长方形	东西 12.4	南北 4.1	2.9	51	
F186	长方形	东西 30.5	南北 12.4	3.8	378	
F187	长方形建筑群	东西 50	南北 6 ~ 105	4	5250	
F188	长方形	东西 6 ~ 11	南北 36	4	396	
F189	长方形	东西 18	南北 9	4.4	162	
F190	长方形	东西 18	南北 9	3.6	162	
F191	不规则长方形	东西 23 ~ 36	南北 36	4.3	828	
F192	不规则长方形	东西 2 ~ 6	南北 7 ~ 16	3.1	96	
F193	长方形	东西 11	南北 18	1.1	198	
F194	不规则长方形	东西 83	南北 8 ~ 44	3.7	3652	
F195	长方形	东西 4	南北 5.5	2.8	22	
F196	长方形	东西 21	南北 9.5	3	199.5	
F197	长方形	东西 12	南北 5.3	2.8	63.6	
F198	长方形	东西 4	南北 5.5	3	22	
F199	长方形	东西 10	南北 25	3.1	250	
F200	长方形	东西 20	南北 14	0.8	280	
F201	长方形	东西 10	南北 12	3.8	120	
F202	平面呈"∟"形	东西 6 ~ 23	南北 11 ~ 60	2.7	253	
F203	长方形	东西 13	南北 15	3	195	

续表 1-1

编号	形状	长（米）	宽（米）	深（米）	面积（平方米）	备注
F204	长方形	东西 9	南北 30.5	2.7	274.5	
F205	长方形	东西 8	南北 9.5	2.7	76	
F206	长方形	东西 30	南北 9	3.1	270	
F207	长方形	东西 8	南北 30	2	240	
F208	方形	东西 5	南北 5	2	25	
F209	长方形	东西 5	南北 7	1.8	35	
F210	方形	东西 11	南北 11	2.4	121	
F211	方形	东西 4	南北 4	1.8	16	
F212	长方形	东西 16	南北 5	2.5	80	
F213	不规则长方形	东西 25～28	南北 6～13	3.3	325	
F214	不规则长方形	东西 10～24	南北 12～35	2.8	840	
F215	长方形	东西 12	南北 8	2.5	96	
F216	不规则长方形	东西 27～34	南北 36～42	3	1428	
F217	不规则长方形	东西 25～28	南北 6～13	2.3	364	
F218	长方形	东西 22	南北 15	1.8	330	
F219	不规则长方形	东西 6～24	南北 8～18	2.4	432	
F220	不规则长方形	东西 36	南北 8	2.4	288	
F221	长方形	东西 10	南北 26	2.4	260	
F222	长方形	东西 8.3	南北 10	1.8	83	
F223	长方形	东西 4.4	南北 4	3.1	18	
F224	长方形	东西 6	南北 4.5	3.1	27	

续表 1-1

编号	形状	长（米）	宽（米）	深（米）	面积（平方米）	备注
F225	呈"Γ"形	东西 11 ~ 24	南北 45	2.4	1080	
F226	长方形	东西 11	南北 7	3.4	77	
F227	长方形	东西 22	南北 13	4	286	
F228	长方形	东西 12	南北 8	1.1	96	
F229	长方形	东西 3	南北 4	1.8	12	
F230	不规则长方形	东西 38	南北 8 ~ 36	1.8	1368	
F231	不规则长方形	东西 35	南北 16 ~ 36	1.8	1260	
F232	不规则长方形	东西 26 ~ 36	南北 44	3	1452	
F233	长方形	东西 10	南北 8	3.2	80	
F234	长方形	东西 13	南北 11.4	2.9	148	
F235	长方形	东西 23	南北 14	2.6	322	
F236	长方形	东西 5 ~ 14	南北 36	2.3	504	
F237	长方形	东西 9	南北 12	2.8	108	
F238	不规则长方形	东西 9 ~ 14	南北 6 ~ 18	2.3	252	
F239	长方形	东西 8	南北 10	2.7	80	
F240	方形	东西 12	南北 12	2.2	144	
F241	长方形	东西 47	南北 6	2.3	282	
F242	长方形	东西 6.5 ~ 8	南北 31	2.1	248	
F243	长方形	东西 7	南北 12.3	1.3	86	
F244	长方形	东西 6	南北 9	1.4	54	
F245	长方形	东西 12	南北 15	2.5	180	

续表 1-1

编号	形状	长（米）	宽（米）	深（米）	面积（平方米）	备注
F246	长方形	东西 6	南北 14	2.2	84	
F247	长方形	东西 12	南北 6	1.7	72	
F248	长方形	东西 8	南北 16	2.3	128	
F249	不规则长方形	东西 5～11	南北 12～16	2.6	176	
F250	长方形	东西 16	南北 8	2.8	128	
F251	长方形	东西 20	南北 10	3.1	200	
F252	不规则长方形	东西 11～15	南北 8～24	2.6	360	
F253	长方形	东西 14	南北 12	2.4	168	
F254	不规则长方形	东西 16～30	南北 9～23	3.4	690	
F255	不规则长方形	东西 113	南北 94	3.8	10622	建筑群遗址
F256	长方形	东西 6	南北 3	2.8	18	
F257	长方形	东西 28	南北 7～12	3.7	336	
F258	长方形	东西 12	南北 10	2.3	120	
F259	长方形	东西 10	南北 17	3	170	
F260	长方形	东西 9	南北 16	2.8	144	
F261	长方形	东西 12	南北 7	1.9	84	
F262	长方形	东西 10	南北 11	1.6	110	
F263	长方形	东西 14	南北 7	2.1	98	
F264	长方形	东西 7	南北 5	1.8	35	
F265	长方形	东西 5	南北 8	1.8	40	
F266	长方形	东西 6	南北 13	1.8	78	

续表 1-1

编号	形状	长（米）	宽（米）	深（米）	面积（平方米）	备注
F267	长方形	东西 8	南北 10	1.6	80	
F268	长方形	东西 14	南北 11	1.6	154	
F269	长方形	东西 8	南北 10	1.9	80	
F270	长方形	东西 12	南北 8	1.7	96	
F271	长方形	东西 12	南北 13	2.1	156	
F272	长方形	东西 22	南北 7	2.3	154	
F273	长方形	东西 7	南北 8	1.8	56	
F274	长方形	东西 15	南北 5	2.3	75	
F275	长方形	东西 16	南北 9	2.4	144	
F276	长方形	东西 10	南北 25	2.6	250	
F277	长方形	东西 15	南北 6	2.6	90	
F278	长方形	东西 24	南北 10 ~ 16	2.6	384	
F279	长方形	东西 6	南北 8	2	48	
F280	长方形	东西 7 ~ 11	南北 12	1.4	132	
F281	长方形	东西 11	南北 5	2.6	55	
F282	不规则长方形	东西 8 ~ 58	南北 8 ~ 26	2.9	1508	
F283	长方形	东西 19	南北 6	2.4	114	
F284	长方形	东西 32	南北 6	2.3	192	
F285	方形	东西 10	南北 10	2.3	100	
F286	长方形	东西 11	南北 17	3.4	77	
F287	长方形	东西 34	南北 8	3.6	272	

续表 1-1

编号	形状	长（米）	宽（米）	深（米）	面积（平方米）	备注
F288	不规则长方形	东西 7 ~ 31	南北 6 ~ 12	3.5	372	
F289	长方形	东西 16	南北 21	3.8	336	
F290	不规则长方形	东西 7 ~ 20	南北 12 ~ 36	2.8	720	
F291	长方形	东西 12	南北 10	3.5	120	
F292	不规则长方形	东西 5 ~ 12	南北 5 ~ 11	3.8	132	
F293	长方形	东西 9	南北 8	3.5	72	
F294	长方形	东西 20	南北 6	1.8	120	
F295	不规则长方形	东西 1.6 ~ 4.2	南北 8 ~ 37	3.1	155	
F296	长方形	东西 11	南北 12	3.4	132	
F297	长方形	东西 6 ~ 9	南北 4 ~ 12	3	108	
F298	不规则长方形	东西 8 ~ 18	南北 7 ~ 14	3.1	252	
F299	不规则长方形	东西 5 ~ 15	南北 28 ~ 40	3.4	600	
F300	长方形	东西 17	南北 26	3.5	442	
F301	不规则长方形	东西 2.1 ~ 18.3	南北 10 ~ 34	3.5	622	
F302	长方形	东西 6	南北 3	3.2	18	
F303	长方形	东西 8	南北 6	3.1	48	
F304	长方形	东西 10	南北 8	2.7	80	
F305	方形	东西 5	南北 5	2.3	25	
F306	长方形	东西 18	南北 5	2.3	90	
F307	长方形建筑群	东西 62	南北 8 ~ 70	1.8	4340	
F308	长方形	东西 9.5	南北 17	1.7	162	

续表 1-1

编号	形状	长（米）	宽（米）	深（米）	面积（平方米）	备注
F309	长方形	东西 9	南北 13	1.8	117	
F310	长方形	东西 21	南北 11	1.9	231	
F311	长方形	东西 6	南北 14	1.6	84	
F312	长方形	东西 11	南北 8	1.8	88	
F313	长方形建筑群	东西 8 ~ 56	南北 7 ~ 37	2.2	2072	
F314	长方形	东西 6	南北 5	2	30	
F315	长方形	东西 4	南北 9	1.7	36	
F316	长方形	东西 12 ~ 16	南北 5 ~ 9	2.5	144	
F317	长方形	东西 10	南北 8	1.6	80	
F318	长方形	东西 106	南北 7	2.3	742	
F319	长方形	东西 76	南北 6	1.7	456	
F320	长方形	东西 13	南北 7	1.7	91	
F321	不规则长方形	东西 9 ~ 36	南北 8 ~ 61	2.6	2196	
F322	长方形建筑群	东西 80	南北 90	1.8	7200	
F323	长方形	东西 6	南北 8	1.7	48	
F324	长方形	东西 11	南北 6	2	66	
F325	长方形	东西 3.8	南北 4.1	1.1	15.6	
F326	长方形	东西 6.6	南北 10.4	1.5	69	
F327	长方形	东西 10	南北 14	2.1	140	
F328	方形	东西 6	南北 6	1.6	36	
F329	长方形	东西 4	南北 6	1.7	24	

续表 1-1

编号	形状	长（米）	宽（米）	深（米）	面积（平方米）	备注
F330	长方形	东西 6	南北 7.8	1.4	46.8	
F331	长方形	东西 80	南北 28	1.9	2240	
F332	不规则长方形	东西 30	南北 26	2.5	780	
F333	长方形	东西 4	南北 6	1.6	24	
F334	方形	东西 6	南北 6	1.7	36	
F335	长方形	东西 14	南北 5	1.8	70	
F336	长方形	东西 18	南北 6 ~ 10	2.1	180	
F337	不规则长方形	东西 8 ~ 20	南北 32	1.8	640	
F338	长方形	东西 10 ~ 17	南北 8 ~ 13	1.2	91	
F339	不规则长方形	东西 8 ~ 20	南北 10 ~ 31	1.8	610	
F340	长方形	东西 6	南北 20	1.7	120	
F341	不规则长方形	东西 4 ~ 31	南北 2 ~ 15	1.7	465	
F342	长方形	东西 9	南北 8.2	1.6	73	
F343	长方形	东西 8	南北 4	1.3	32	
F344	长方形	东西 8 ~ 34	南北 18 ~ 33	1.5	1122	
F345	长方形	东西 10	南北 6	1.7	60	
F346	长方形	东西 11	南北 15	1.5	165	
F347	长方形	东西 4.3	南北 10	1.1	43	
F348	长方形	东西 9	南北 12	0.7	108	
F349	长方形	东西 8.7	南北 8	1.1	69.6	
F350	长方形	东西 6	南北 7.3	1	43.8	

续表 1-1

编号	形状	长（米）	宽（米）	深（米）	面积（平方米）	备注
F351	长方形	东西 12	南北 9	1.7	108	
F352	长方形	东西 12	南北 17	0.95	204	
F353	长方形	东西 16	南北 10	1.6	160	
F354	不规则长方形	东西 14 ~ 67	南北 117	0.9	7839	
F355	长方形	东西 35	南北 88	2.3	3080	
F356	长方形	东西 11	南北 10	1.9	110	
F357	长方形	东西 13	南北 10	1.1	130	
F358	长方形	东西 11	南北 40	1.8	440	
F359	长方形	东西 7.8	南北 8.5	1.5	66	
F360	长方形	东西 18	南北 6	1.7	108	
F361	长方形	东西 12	南北 10	2.3	120	
F362	长方形	东西 32	南北 17	1.5	544	
F363	不规则长方形	东西 40.5	南北 39	1.8	1579.5	
F364	长方形	东西 29	南北 13	1.2	377	
F365	长方形	东西 15	南北 12	0.7	180	
F366	方形	东西 12	南北 12	2.1	144	
F367	长方形	东西 32	南北 8	2.3	256	
F368	长方形	东西 68	南北 10 ~ 22	2.27	1496	
F369	长方形	东西 11	南北 11.4	1.6	125	
F370	长方形	东西 7	南北 19	2.1	133	
F371	长方形	东西 18	南北 6	2.2	108	

续表 1-1

编号	形状	长（米）	宽（米）	深（米）	面积（平方米）	备注
F372	长方形	东西 17	南北 5.5	2	93.5	
F373	长方形	东西 8	南北 6.5	2.2	52	
F374	长方形	东西 7.2	南北 6.7	1.5	48.2	
F375	长方形	东西 21.6	南北 8	1.6	172.8	
F376	长方形	东西 9.7	南北 12.5	1.4	121.5	
F377	长方形	东西 9	南北 7	1.5	63	
F378	长方形	东西 11.7	南北 7.8	1	91.2	
F379	长方形	东西 5	南北 12	1.5	60	
F380	不规则长方形	东西 7 ~ 18	南北 5 ~ 18	1.2	324	
F381	长方形	东西 8	南北 11	2.3	88	
F382	长方形	东西 10	南北 12	2.1	120	
F383	长方形	东西 13	南北 18	1.9	234	
F384	不规则长方形	东西 6 ~ 22	南北 6 ~ 16	1.6	132	
F385	长方形	东西 29	南北 6	1.9	174	
F386	长方形	东西 7	南北 4	1.9	28	
F387	长方形	东西 2 ~ 6	南北 14 ~ 20	2.1	120	
F388	长方形	东西 2 ~ 6.2	南北 12 ~ 20	2	124	
F389	长方形	东西 14	南北 9	1.6	126	
F390	方形	东西 9	南北 9	1.6	81	
F391	长方形	东西 7	南北 5	2.2	35	
F392	长方形	东西 12	南北 10	2	120	

续表 1—1

编号	形状	长（米）	宽（米）	深（米）	面积（平方米）	备注
F393	长方形	东西 15	南北 9.7	1.9	145.5	
F394	不规则长方形	东西 13 ~ 18	南北 7 ~ 16	2	288	
F395	长方形	东西 7	南北 13	1.6	91	
F396	长方形	东西 8	南北 7	1.5	56	
F397	长方形	东西 8	南北 10	1.5	80	
F398	长方形	东西 8	南北 12	1.7	96	
F399	长方形	东西 12	南北 10	2	120	
F400	长方形	东西 6	南北 11	2.1	66	
F401	不规则长方形	东西 7 ~ 23	南北 2 ~ 28	2.2	644	
F402	长方形	东西 5 ~ 10	南北 13	2.1	130	
F403	长方形	东西 12	南北 5	1.5	60	
F404	长方形	东西 6	南北 8	1.9	48	
F405	长方形	东西 8 ~ 18	南北 8 ~ 15	1.9	270	
F406	长方形	东西 8	南北 6	1	48	
F407	长方形	东西 14	南北 6 ~ 11	1.9	154	
F408	长方形	东西 12	南北 8	2	96	
F409	长方形	东西 15	南北 8	1.9	120	
F410	长方形	东西 13	南北 6	1.7	78	
F411	不规则长方形	东西 7.4 ~ 14	南北 8 ~ 15	2.1	210	
F412	长方形	东西 10	南北 19	2	190	
F413	长方形	东西 7	南北 6	2	42	

续表 1-1

编号	形状	长（米）	宽（米）	深（米）	面积（平方米）	备注
F414	长方形	东西 34.5	南北 9	2.2	310.5	
F415	不规则长方形	东西 7 ~ 12	南北 3 ~ 10	1.2	120	
F416	长方形	东西 15	南北 6	1.8	90	
F417	不规则长方形	东西 6 ~ 24	南北 10 ~ 30	2.5	720	
F418	长方形	东西 4	南北 9	1.4	36	
F419	长方形	东西 13	南北 6	1.4	78	
F420	不规则长方形	东西 12 ~ 35	南北 6 ~ 28	2.3	980	
F421	不规则长方形	东西 34 ~ 48	南北 6 ~ 24	1.8	1152	
F422	长方形	东西 25	南北 6	1.6	150	
F423	长方形	东西 16	南北 10.2	2.6	163	
F424	不规则长方形	东西 7 ~ 52	南北 15 ~ 30	1.7	1560	
F425	长方形	东西 9	南北 6	1.8	54	
F426	长方形	东西 13	南北 6	1.2	78	
F427	不规则长方形	东西 4 ~ 23	南北 15 ~ 22	1.9	506	
F428	长方形	东西 12	南北 13	1.4	156	
F429	长方形	东西 11	南北 20.3	1.5	223	
F430	不规则长方形	东西 8 ~ 17	南北 6.5 ~ 13	1.4	221	
F431	长方形	东西 8	南北 22	2.1	176	
F432	长方形	东西 34.3	南北 6	1.8	206	
F433	长方形	东西 6	南北 4	2.3	24	
F434	长方形	东西 9	南北 8	2.1	72	

续表 1-1

编号	形状	长（米）	宽（米）	深（米）	面积（平方米）	备注
F435	长方形	东西 6	南北 5	1.7	30	
F436	椭圆形	东西 7	南北 8.4	1.4	58.8	
F437	不规则长方形	东西 7 ~ 12	南北 8 ~ 16	2.1	192	
F438	长方形	东西 15	南北 5.4	1.7	81	
F439	长方形	东西 7.6	南北 11.2	1.5	85.1	
F440	长方形	东西 9.7	南北 8.2	2.1	79.5	
F441	长方形	东西 24	南北 11.2	2	269	
F442	长方形	东西 11	南北 4.4	1.7	48.4	
F443	长方形	东西 21.5	南北 10	1.8	215	
F444	方形	东西 6	南北 6	1.6	36	
F445	不规则长方形	东西 2 ~ 11.4	南北 2.4 ~ 18	2.2	205	
F446	长方形	东西 6 ~ 17	南北 6 ~ 21	2.1	357	
F447	长方形	东西 15	南北 10	1.8	150	
F448	长方形	东西 14	南北 8	1.6	112	
F449	长方形	东西 68	南北 5 ~ 28	2.2	1904	
F450	长方形	东西 6	南北 6.4	2.3	38.4	
F451	长方形	东西 12.8	南北 8.3	1.9	106	
F452	长方形	东西 5.8	南北 4.3	2.3	25	
F453	方形	东西 11.3	南北 11.3	1.6	128	
F454	长方形	东西 7.1	南北 9.7	2.2	69	
F455	长方形	东西 12	南北 9	1.9	108	

续表 1-1

编号	形状	长（米）	宽（米）	深（米）	面积（平方米）	备注
F456	不规则长方形	东西 14.2 ~ 37	南北 28 ~ 43	2.1	1591	
F457	长方形	东西 10	南北 5.6	1.6	56	
F458	长方形	东西 10	南北 7.2	1.9	72	
F459	长方形	东西 23	南北 10.2	2	233	
F460	长方形	东西 8	南北 7	2.2	56	
F461	长方形	东西 14.3	南北 6.4	1.5	91.5	
F462	不规则长方形	东西 8 ~ 9.9	南北 15	1.6	148	
F463	长方形	东西 9.1	南北 13	1.8	118	
F464	长方形	东西 8	南北 13	1.8	104	
F465	长方形	东西 7	南北 6.4	1.5	45	
F466	不规则长方形	东西 13 ~ 18	南北 5 ~ 14	1.6	252	
F467	长方形	东西 8	南北 11.4	1.7	91	
F468	长方形	东西 13	南北 8	1.6	104	
F469	长方形	东西 9	南北 6	1.5	54	
F470	长方形	东西 12	南北 6	1.7	72	
F471	长方形	东西 5	南北 7	1.5	35	
F472	长方形	东西 6.4	南北 12	1.9	76.8	
F473	长方形	东西 10	南北 14	1.7	140	
F474	长方形	东西 14	南北 10	1.9	140	
F475	长方形	东西 17	南北 15	1.8	255	
F476	长方形	东西 14	南北 16	2.1	224	

续表 1-1

编号	形状	长（米）	宽（米）	深（米）	面积（平方米）	备注
F477	长方形	东西 22	南北 6	1.8	132	
F478	长方形	东西 21.3	南北 8	1.4	170	
F479	不规则长方形	东西 13.7 ~ 22	南北 8 ~ 20	1.3	440	
F480	长方形	东西 12	南北 18	1.7	216	
F481	长方形	东西 7.5	南北 18	2.5	135	
F482	长方形	东西 9.4	南北 18.2	2.4	171	
F483	不规则长方形	东西 12 ~ 23	南北 130	2.8	2990	
F484	不规则长方形	东西 5 ~ 12	南北 2 ~ 15	2	180	
F485	长方形	东西 6	南北 16	1.8	96	
F486	长方形	东西 10	南北 6	1.9	160	
F487	长方形	东西 23.2	南北 12.1	2.3	280.7	
F488	长方形	东西 6	南北 12	1.8	72	
F489	长方形	东西 9.8 ~ 15.2	南北 6 ~ 16	1.8	243.2	
F490	长方形	东西 8	南北 6.4	1.7	51	
F491	长方形	东西 4	南北 6	0.9	24	
F492	长方形	东西 6	南北 13	1.1	78	
F493	不规则长方形	东西 8 ~ 19	南北 46	1.5	690	
F494	长方形	东西 10.6	南北 9	1.1	95.4	
F495	长方形	东西 4.5	南北 8.4	1.2	37.8	
F496	长方形	东西 12	南北 10.6	1.2	127	
F497	长方形	东西 18	南北 8.3	2.1	149.4	

续表 1-1

编号	形状	长（米）	宽（米）	深（米）	面积（平方米）	备注
F498	椭圆形	东西 16	南北 27	2.1	432	
F499	椭圆形	东西 8	南北 6.9	1.4	55	
F500	椭圆形	东西 8.4	南北 6.8	1.5	57	
F501	椭圆形	东西 8	南北 12	1.7	96	
F502	圆形	东西 14	南北 14	1.8	196	
F503	椭圆形	东西 8	南北 12	1.2	96	
F504	椭圆形	东西 13	南北 14	1.3	182	
F505	长方形	东西 27	南北 5	1.5	135	
F506	椭圆形	东西 7	南北 12.4	1.2	87	
F507	长方形	东西 20	南北 22	1.3	440	
F508	长方形建筑群	东西 134	南北 126	2	16884	
F509	长方形建筑群	东西 120	南北 85	1	10200	
F510	长方形	东西 8	南北 5.4	1.1	44	
F511	长方形	东西 8	南北 4.3	2.5	34	
F512	长方形	东西 12	南北 15	1.8	180	
F513	长方形	东西 10	南北 9	1.2	90	
F514	长方形	东西 16	南北 20.3	1	324.8	
F515	方形	东西 6.4	东西 6.4	1	41	
F516	不规则长方形	东西 5	南北 11	1	55	
F517	方形	东西 10	东西 10	1.8	100	
F518	长方形	东西 33	南北 8	1.2	264	

续表 1-1

编号	形状	长（米）	宽（米）	深（米）	面积（平方米）	备注
F519	长方形	东西 26	南北 16	1	416	
F520	不规则长方形	东西 45	南北 10～21	1	945	
F521	长方形	东西 11	南北 8	1.4	88	
F522	方形	东西 13	南北 13	1.8	169	
F523	椭圆形	东西 8	南北 6	2	48	
F524	长方形	东西 12	南北 8	2	96	
F525	长方形	东西 48	南北 25	0.7	1200	
F526	长方形	东西 22	南北 13	1.3	286	
F527	不规则长方形	东西 35	南北 26	1.3	910	
F528	长方形	东西 6.5	南北 5	0.9	32.5	
F529	长方形	东西 9	南北 8	1	72	
合计：296572.02 平方米						

表 1-2　外城南苑内道路

编号	形状	长（米）	宽（米）	深（米）	面积（平方米）	备注
东西第一街	东西向长方形	东西 260	南北 12	2	3120	
东西第二街	东西向长方形	东西 720	南北 6 ~ 12	2	8640	
东西第三街	东西向长方形	东西 820	南北 19	2.3	15580	
东西第四街	东西向长方形	东西 580	南北 12 ~ 15	3.3	8700	
东西第五街	东西向长方形	东西 590	南北 8 ~ 12	1.9	7080	
东西第六街	东西向长方形	东西 570	南北 6 ~ 15	1	8550	
东西第七街	东西向长方形	东西 540	南北 9 ~ 11	1.5	5940	
东西第八街	东西向长方形	东西 800	南北 8 ~ 15	1.5	12000	
东西第九街	东西向长方形	东西 370	南北 4 ~ 8	0.8	2960	
合计：72570 平方米						
南北第一街	南北向长方形	南北 874	东西 6 ~ 8	2.4	6992	
南北第二街	南北向长方形	南北 220	东西 4 ~ 10	0.6	2200	
南北第三街	南北向长方形	南北 950	东西 8 ~ 11	2.2	10450	
南北第四街	南北向长方形	南北 420	东西 6 ~ 11	1.8	4620	
南北第五街	南北向长方形	南北 375	东西 5 ~ 8	2.3	3000	
南北第六街	南北向长方形	南北 174	东西 6	2.5	1044	
南北第七街	南北向长方形	南北 970	东西 5 ~ 8	1.3	7760	
合计：36066 平方米						
东西、南北向道路面积合计：108636 平方米						

表1-3　外城南苑内房区道路

编号	形状	长（米）	宽（米）	深（米）	面积（平方米）	备注
L1		40	2～5	0.7	200	
L2		30	3.8	0.5	114	
L3		80	3～6	0.8	480	
L4		34	6	0.7	204	
L5		31	3	0.7	93	
L6		48	2	0.5	96	
L7		7	3.2	0.9	22.4	
L8		34	2～6.2	0.7	210.8	
L9		80	7～10	0.45	800	
L10		南北42	东西23	0.4	966	路土（踩踏面）
L11		南北51	东西22	0.4	1122	路土（踩踏面）
L12						房区间贯通道路
L13						房区间贯通道路
合计：4308.2平方米						

表1-4　外城南苑隔墙

	形状	长（米）	宽（米）	深（米）	面积（平方米）	备注
1处	"丁"字形	900	8	1.3	7200	隔墙西端与外城西墙呈"丁"字形交会
合计：7200平方米						

表1-5　外城南苑瓮城

	形状	长（米）	宽（米）	深（米）	面积（平方米）	备注
1处	长方形	东西58	南北38	1.2	2204	
合计：2204平方米						

表1-6　外城南苑马面

编号	形状	长（米）	宽（米）	深（米）	面积（平方米）	备注
1号	长方形	东西7.2	南北9.5		68.4	厚10～14米
2号	长方形	东西8	南北7		56	厚10～14米
3号	长方形	东西10	南北7.9		79	厚10～14米
4号	长方形	东西7	南北10		70	厚10～14米
5号	长方形	东西7	南北10.2		71.4	厚10～14米
6号	长方形	东西7.8	南北10.1		78.78	厚10～14米
合计：423.58平方米						

表1-7　外城南苑内夯土台基

编号	形状	长（米）	宽（米）	深（米）	面积（平方米）	备注
夯Ⅰ	长方形	南北116	东西28	1.1	3248	
夯Ⅱ	长方形	南北45	东西21	1.4	945	
合计：4193平方米						

表 1-8　外城南苑内排水沟

编号	形状	长（米）	宽（米）	深（米）	面积（平方米）	备注
G1	长条形	南北 38	东西 2 ~ 2.7	0.45	102.6	
G2	长条形	南北 72	东西 1.5 ~ 2.1	2	151.2	
G3	长条形	南北 80	东西 3.4	2	272	
G4	长条形	南北 180	东西 5.4	1.7	972	
合计：1497.8 平方米						

表 1-9　外城南苑内水井

编号	形状	长（米）	宽（米）	深（米）	面积（平方米）	备注
J1	圆弧形	1.8	1.8	1.6	3.24	1.6 米以下为浅黄色水锈土
J2	圆形	2	2		4	2.3 米不底
合计：7.24 平方米						

表 1-10　外城南苑内水域

编号	形状	长（米）	宽（米）	深（米）	面积（平方米）	备注
1 号	椭圆形	南北 24	东西 15	1	360	
2 号	椭圆形	南北 17.5	东西 12.5	1	218.75	
3 号	椭圆形	东西 96	南北 57	0.8	5472	
4 号	椭圆形	东西 50	南北 22	1.2	1100	
5 号	不规则长条形	东西 65	南北 27	1	1755	
6 号	不规则长方形	南北 35	东西 20	1	700	
7 号	不规则长方形	东西 50	南北 15	1.3	750	

续表 1-10

编号	形状	长（米）	宽（米）	深（米）	面积（平方米）	备注
8 号	不规则长方形	南北 280	东西 130	1	36400	
9 号	不规则长方形	东西 332	南北 170	1	56440	
10 号	不规则长方形	南北 260	东西 200	1.2	52000	
11 号	椭圆形	南北 210	东西 50～80	1.1	16800	
合计：171995.75 平方米						

表 1-11　外城南苑内灰坑

编号	形状	长（米）	宽（米）	深（米）	面积（平方米）	备注
H1	圆形	4	4	1.9	16	
H2	椭圆形	南北 13	东西 3	1.8	39	
H3	椭圆形	南北 11	东西 6	1.6	66	
H4	不规则长方形	东西 10	南北 6	1.4	60	
H5	椭圆形	南北 7	东西 4	1.3	28	
H6	椭圆形	东西 18	南北 11	2	198	
H7	椭圆形	南北 50	东西 38	2.3	1900	
H8	长方形	东西 13	南北 8	2.4	104	
H9	椭圆形	南北 8	东西 6	1.7	48	
H10	椭圆形	东西 4.5	南北 3.9	1.2	17.55	
H11	不规则长方形	南北 22	东西 15	1.1	330	
H12	不规则长方形	南北 21.7	东西 6～11	1	238.7	
H13	圆形	8	8	1	64	

续表 1-11

编号	形状	长（米）	宽（米）	深（米）	面积（平方米）	备注
H14	圆形	7	7	1	49	
H15	椭圆形	东西 23	南北 7.3	1.3	167.9	
H16	圆形	3.5	3.5	2.2	12.25	
H17	长方形	东西 18	南北 7	1.3	126	
H18	近似方形	东西 8	南北 7	1.3	56	
H19	近似方形	东西 7.5	南北 6.5	1.8	48.75	
H20	长方形	南北 23.5	东西 9.5	1.5	223.25	
H21	不规则长方形	南北 20	东西 7	1.2	140	
H22	不规则长方形	东西 16	南北 5	1.7	80	
H23	椭圆形	南北 14	东西 9	1.4	126	
H24	椭圆形	南北 24	东西 7.5	1.5	180	
H25	长方形	南北 17	东西 12.5	1.6	212.5	
H26	长方形	东西 77	南北 39	1.8	3003	
H27	椭圆形	东西 18.5	南北 18	1.4	333	
H28	椭圆形	南北 9	东西 8.5	1.8	76.5	
H29	椭圆形	东西 8	南北 7.3	1.3	58.4	
H30	椭圆形	南北 14	东西 12	2	168	
H31	椭圆形	东西 16	南北 11	1.5	176	
H32	长方形	东西 5	南北 1	1	5	
H33	椭圆形	南北 6	东西 5.5	0.7	33	
H34	椭圆形	东西 7.5	南北 5	2	37.5	

续表 1-11

编号	形状	长（米）	宽（米）	深（米）	面积（平方米）	备注
H35	不规则长方形	南北 25	东西 8	2	200	
H36	椭圆形	东西 16	南北 9.5	1.6	152	
H37	椭圆形	东西 32	南北 12	2.3	384	
H38	椭圆形	东西 27	南北 19	1.5	513	
H39	不规则长方形	南北 20	东西 13	2.3	260	
H40	椭圆形	南北 10	东西 5.5	1.8	55	
H41	不规则长方形	东西 10	南北 3.5	1.6	35	
H42	圆形	东西 5.2	南北 5.2	2	27.04	
H43	圆形	东西 2.5	南北 2.5	1.3	6.25	
H44	不规则长方形	东西 2.5	南北 1.5	1.2	3.75	
H45	椭圆形	东西 8	南北 7.5	2.5	60	
H46	椭圆形	南北 11	东西 7	2.5	77	
合计：10194.34 平方米						

表 1-12 外城南苑内烧土坑

编号	形状	长（米）	宽（米）	深（米）	面积（平方米）	备注
R1	长方形	南北 13	东西 11	0.5	143	
R2	椭圆形	南北 2.7	东西 2.5	1.5	6.75	
R3	圆形	东西 1.8	南北 1.8	1.5	3.24	
R4	椭圆形	南北 3.5	东西 3	1.8	10.5	
R5	圆形	东西 2.3	南北 2.3	0.7	5.29	
合计：168.78 平方米						

表 1-13　外城南苑内烧窑

编号	形状	长（米）	宽（米）	深（米）	面积（平方米）	备注
Y1	椭圆形	东西 3.8	南北 2.2	1.3	8.36	合计：8.36 平方米

表 1-14　外城南苑内扰土坑

编号	形状	长（米）	宽（米）	深（米）	面积（平方米）	备注
1 处	不规则长方形	东西 75	南北 25	2.5	1875	合计：1875 平方米

二　外城北苑重点勘探面积

外城北苑重点勘探面积合计：202965 平方米（不含护城河）

表 2-1　外城北苑内房址

编号	形状	长（米）	宽（米）	深（米）	面积（平方米）	备注
F1	长方形	南北 14	东西 8	0.9	112	
F2	长方形	东西 14	南北 12	0.65	168	
F3	长方形	东西 15	南北 12	0.65	180	
F4	长方形	东西 14	南北 7	1	98	
F5	长方形	东西 35	南北 28	3	980	
合计：1538 平方米						

表 2-2　外城北苑内排水沟

编号	形状	长（米）	宽（米）	深（米）	面积（平方米）	
G1	东西向长条形	东西 1430	5～12	1.7	17160	
G2		东西 650	4	1.4	2600	
合计：19760 平方米						

表 2-3　外城北苑排水沟两侧夯土

	形状	长（米）	宽（米）	深（米）	面积（平方米）	
1 处		东西 1430	4 ~ 8	1.2	11440	
合计：11440 平方米						

表 2-4　外城北苑踩踏面

	形状	长（米）	宽（米）	深（米）	面积（平方米）	备注
1 处	不规则长条形	东西 422	南北 45 ~ 123	0.3	51906	
合计：51906 平方米						

表 2-5　外城北苑方形遗迹

	形状	长（米）	宽（米）	深（米）	面积（平方米）	备注
1 处	长方形	东西 328	南北 196	1.5	64288	
合计：64288 平方米						

表 2-6　外城北苑瓮城

编号	形状	长（米）	宽（米）	深（米）	面积（平方米）	备注
2 处	长方形	东西 65	南北 45	0.4	2925	
	长方形	东西 66	南北 44	0.4	2904	
合计：5829 平方米						

表 2-7　外城北苑夯土台地

	形状	长（米）	宽（米）	深（米）	面积（平方米）	备注
1 处	呈 "C" 形	东西 2223 南北 1080	23	1.1	75969	
合计：75969 平方米						

表 2-8 外城北、西、南部护城河

	形状	长（米）	宽（米）	深（米）	面积（平方米）	备注
1 条		北部东西 320 西部 2320 南部东西 870	14 ~ 170	2.4	226140	
合计：226140 平方米						

三　皇城重点勘探面积

皇城重点勘探面积合计：805167.35 平方米

表 3-1　皇城内房址

编号	形状	长（米）	宽（米）	深（米）	面积（平方米）	备注
F1	长方形	东西 17	南北 10	2.2	170	
F2	长方形	东西 15	南北 8	2.6	120	
F3	长方形	东西 12	南北 9	1.5	108	
F4	不规则长方形	东西 130	南北 40	1	5200	
F5	不规则长方形	南北 10	东西 8	2.2	80	
F6	长方形	东西 12	南北 7	2.2	84	
F7	长方形	东西 4	南北 4	2.2	16	
F8	长方形	东西 14	南北 10	2.1	140	
F9	长方形	东西 8	南北 5	2.2	40	
F10	不规则方形	东西 11	南北 11	2.2	121	
F11	不规则形	东西 60	南北 26	2.2	1560	
F12	长方形	东西 12	南北 9	1.9	108	
F13	长方形	东西 6	南北 3	1.9	18	

续表 3-1

编号	形状	长（米）	宽（米）	深（米）	面积(平方米)	备注
F14	长方形	东西 5	南北 3	2	15	
F15	长方形	东西 11	南北 4	1.8	44	
F16	长方形	东西 265	南北 132.5	2	35112.5	
F17	不规则长方形	南北 55	东西 5	2.3	275	
F18	长方形	南北 24	东西 14	2.7	336	
F19	长方形	东西 8	南北 5	2.3	40	
F20	不规则方形	东西 10	南北 10	2.4	100	
F21	长方形	东西 23	南北 14	2.5	322	
F22	不规则长方形	东西 15	南北 6	2.3	90	
F23	长方形	东西 12	南北 6	2.3	72	
F24	"十"字形	东西 30	南北 30	3.5	900	
F25	刀把形	东西 18	南北 16	2.9	288	
F26	长方形	东西 15	南北 6	2.1	90	
F27	长方形	东西 22	南北 15	2.9	330	
F28	不规则长方形	东西 50	南北 50	2.7	2500	
F29	长方形	东西 12	南北 7	2.8	84	
F30	正方形	东西 7	南北 7	2.8	49	
F31	"7"字形	东西 14	南北 12	2.3	168	
F32	长方形	东西 12	南北 7	2.4	84	
F33	长方形	东西 14	南北 7	2.3	98	
F34	长方形	东西 10	南北 5	2.3	50	

续表 3-1

编号	形状	长（米）	宽（米）	深（米）	面积（平方米）	备注
F35	长方形	东西 10	南北 5	2.5	50	
F36	长方形	东西 11	南北 9	2.3	99	
F37	长方形	东西 32	南北 10	2.3	320	
F38	正方形	东西 10	南北 10	1.6	100	
F39	不规则长方形	南北 30	东西 12	2.5	360	
F40	长方形	南北 17	东西 10	2.5	170	
F41	长方形	东西 16	南北 8	2.6	128	
F42	长方形	南北 15	东西 10	2.2	150	
F43	不规则方形	东西 10	南北 10	2	100	
F44	不规则形	南北 45	东西 35	2.5	1575	
F45	不规则长方形	东西 50	南北 35	2.3	1750	
F46	"「"字形	南北 15	东西 10	2.3	150	
F47	正方形	东西 20	南北 20	2.3	400	
F48	"「"字形	东西 55	南北 45	2.5	2475	
F49	不规则形	东西 135	南北 70	4.2	9450	
F50	长方形	东西 12	南北 8	2.8	96	
F51	不规则长方形	东西 12	南北 10	2.1	120	
F52	不规则形	东西 23	南北 20	2	460	
F53	不规则长方形	东西 17	南北 13	2.1	221	
F54	不规则形	东西 20	南北 12	1.6	240	
F55	正方形	东西 8	南北 8	1.8	64	

续表 3-1

编号	形状	长（米）	宽（米）	深（米）	面积（平方米）	备注
F56	长方形	东西 16	南北 10	2.1	160	
F57	长方形	东西 16	南北 6	2.2	96	
F58	正方形	东西 6	南北 6	2.2	36	
F59	正方形	东西 12	南北 12	2.2	144	
F60	正方形	东西 8	南北 8	2.1	64	
F61	不规则长方形	东西 25	南北 12	2.2	300	
F62	长方形	东西 10	南北 8	2.2	80	
F63	长方形	东西 12	南北 8	2	96	
F64	不规则长方形	东西 160	南北 14	2	2240	
F65	不规则形	东西 40	南北 30	2	1200	
F66	长方形	东西 35	南北 15	1.4	525	见石不过
F67	正方形	东西 6	南北 6	2	36	
F68	长方形	东西 75	南北 10	1.9	750	
F69	长方形	东西 12	南北 8	2.1	96	
F70	长方形	东西 25	南北 8	2	200	
F71	长方形	东西 26	南北 20	2.1	520	
F72	不规则长方形	东西 20	南北 10	2.1	200	
F73	长方形	东西 45	南北 10	2.1	450	
F74	长方形	东西 30	南北 10	2.3	300	
F75	长方形	南北 10	东西 6	2.5	60	
F76	长方形	东西 12	南北 8	1.8	96	

续表 3-1

编号	形状	长（米）	宽（米）	深（米）	面积（平方米）	备注
F77	长方形	东西 45	南北 10	2.2	450	
F78	正方形	东西 8	南北 8	2.3	64	
F79	长方形	东西 12	南北 5	2.3	60	
F80	长方形	东西 10	南北 8	2.3	80	
F81	长方形	东西 10	南北 8	2.1	80	
F82	不规则长方形	东西 10	南北 6	0.6	60	
F83	不规则长方形	东西 30	南北 12	2.3	360	
F84	长方形	东西 16	南北 10	2	160	
F85	长方形	东西 21	南北 8	2.2	168	
F86	长方形	东西 18	南北 13	1.1	234	
F87	长方形	东西 11	南北 8	1.9	88	
F88	不规则长方形	东西 10	南北 9	2	90	
F89	长方形	东西 10	南北 5	1.8	50	
F90	不规则长方形	东西 66	南北 8	2.2	528	
F91	长方形	东西 6	南北 5	2.1	30	
F92	长方形	东西 8	东西 6	2	48	
F93	长方形	东西 16	南北 7	2	112	
F94	不规则正方形	东西 12	南北 12	1	144	
F95	不规则正方形	南北 22	东西 20	1.3	440	
F96	正方形	东西 8	南北 8	2.1	64	
F97	长方形	东西 12	南北 6	2.1	72	

续表 3-1

编号	形状	长（米）	宽（米）	深（米）	面积（平方米）	备注
F98	"7"字形	东西 30	南北 30	2.3	900	
F99	长方形	东西 15	南北 8	2.4	120	
F100	长方形	东西 22	南北 11	2.2	242	
F101	不规则长方形	东西 45	南北 18	2.1	810	
F102	长方形	东西 22	南北 8	2.2	176	
F103	长方形	东西 15	南北 12	2.3	180	
F104	长方形	东西 22	南北 8	2.6	176	
F105	正方形	东西 22	南北 8	2.1	176	
F106	长方形	东西 6	南北 3	2.1	18	
F107	不规则形	东西 10	南北 9	2.1	90	
F108	正方形	东西 4	南北 4	2.2	16	
F109	长方形	东西 15	南北 9	2	135	
F110	长方形	东西 11	南北 7	2	77	
F111	长方形	东西 8	南北 4	2	32	
F112	长方形	东西 8	南北 5	2	40	
F113	长方形	东西 10	南北 5	2	50	
F114	正方形	东西 8	南北 8	2	64	
F115	不规则方形	东西 15	南北 15	2	225	
F116	不规则形	东西 65	南北 30	2.3	1950	
F117	正方形	东西 12	东西 12	2.6	144	
F118	长方形	东西 22	南北 12	2	264	

续表 3-1

编号	形状	长（米）	宽（米）	深（米）	面积（平方米）	备注
F119	长方形	东西 21	南北 12	1.5	252	
F120	长方形	东西 32	南北 19	2.6	608	
F121	不规则形	东西 80	南北 70	3	5600	
F122	正方形	东西 7	南北 7	2.4	49	
F123	长方形	东西 12	南北 8	1.5	96	
F124	不规则长方形	东西 28	南北 5	1.5	140	
F125	不规则长方形	东西 25	南北 12	2	300	
F126	长方形	东西 18	南北 15	2.3	270	
F127	长方形	东西 18	南北 6	1.4	108	
F128	不规则长方形	东西 20	南北 15	1.3	300	
F129	不规则形	东西 45	南北 30	1.4	1350	
F130	长方形	东西 200	南北 325	2.1 ~ 3.1	65000	大龙光华严寺面积大，位于皇城东北部
F131	长方形	南北 13	东西 6	1.6	78	
F132	长方形	东西 6	南北 4	2	24	
F133	长方形	东西 15	南北 12	2.5	180	
F134	正方形	东西 7	南北 7	0.8	49	
F135	长方形	东西 18	南北 8	1.7	144	
F136	长方形	东西 30	南北 10	1.4	300	
F137	正方形	东西 7	南北 7	1.4	49	
F138	长方形	东西 14	南北 10	2.1	140	
F139	正方形	东西 8	南北 8	1.7	64	

续表 3-1

编号	形状	长（米）	宽（米）	深（米）	面积（平方米）	备注
F140	长方形	东西 15	南北 8	1.8	120	
F141	正方形	东西 6	南北 6	1.8	36	
F142	正方形	东西 8	南北 8	1.8	64	
F143	长方形	东西 42	南北 9	1.4	378	
F144	不规则长方形	东西 105	南北 30	2	3150	
F145	长方形	东西 18	南北 12	1.9	216	
F146	长方形	东西 15	南北 8	2	120	
F147	长方形	东西 52	南北 13	2.1	676	
F148	长方形	东西 14	南北 9	1.9	126	
F149	不规则形	东西 55	南北 50	2.2	2750	
F150	长方形	东西 13	南北 6	1	78	
F151	不规则形	东西 38	南北 28	1.3	1064	
F152	长方形	东西 60	南北 9	1.4	540	
F153	长方形	东西 18	南北 10	1.3	180	
F154	正方形	东西 8	南北 8	2.2	64	
F155	长方形	东西 24	南北 14	2.2	336	
F156	长方形	东西 25	南北 12	2.3	300	
F157	长方形	东西 17	南北 8	1.3	136	
F158	不规则形	东西 14	南北 12	1.6	168	
F159	长方形	东西 15	南北 8	1.7	120	
F160	长方形	东西 20	南北 8	1.7	160	

续表 3-1

编号	形状	长（米）	宽（米）	深（米）	面积（平方米）	备注
F161	长方形	东西 14	南北 10	2.1	140	
F162	正方形	东西 10	南北 10	1.7	100	
F163	不规则形	东西 110	南北 15	2.4	1650	
F164	长方形	东西 10	南北 6	2.1	60	
F165	长方形	东西 14	南北 9	1.6	126	
F166	长方形	东西 12	南北 10	1.7	120	
F167	长方形	东西 10	南北 5	2.1	50	
F168	正方形	东西 8	南北 8	1.5	64	
F169	长方形	东西 23	南北 10	2.1	230	
F170	长方形	东西 20	南北 12	1.7	240	
F171	长方形	东西 30	南北 16	2.2	480	
F172	长方形	东西 22	南北 9	2.2	198	
F173	长方形	东西 22	南北 10	2	220	
F174	长方形	东西 35	南北 7	2.2	245	
F175	长方形	东西 12	南北 10	2	120	
F176	长方形	东西 28	南北 10	0.7	280	
F177	正方形	东西 20	南北 20	0.8	400	
F178	长方形	东西 40	南北 30	1.5	1200	
F179	正方形	东西 15	南北 15	2.2	225	
F180	不规则长方形	东西 50	南北 30	2	1500	
F181	长方形	东西 15	南北 8	2.3	120	

续表 3-1

编号	形状	长（米）	宽（米）	深（米）	面积（平方米）	备注
F182	正方形	东西 15	南北 15	2	225	
F183	长方形	东西 28	南北 25	2	700	
F184	不规则长方形	东西 110	南北 20	2.1	2200	
F185	长方形	东西 22	南北 18	2.6	396	
F186	长方形	东西 12	南北 6	1.4	72	
F187	正方形	东西 15	南北 15	1.2	225	
F188	长方形	东西 30	南北 10	2.7	300	
F189	长方形	东西 12	南北 6	1.5	72	
F190	长方形	东西 18	南北 10	2.4	180	
F191	正方形	东西 16	南北 16	2.6	256	
F192	长方形	东西 15	南北 10	1.5	150	
F193	正方形	东西 20	南北 20	2.3	400	
F194	长方形	东西 16	南北 10	1.6	160	
F195	长方形	东西 16	南北 10	1	160	
F196	正方形	东西 18	东西 18	2.3	324	
F197	长方形	东西 43	南北 15	3	645	
F198	长方形	东西 22	南北 10	1.5	220	
F199	长方形	东西 18	南北 12	2.5	216	
F200	长方形	东西 18	南北 16	3	288	
F201	长方形	东西 36	南北 13	3	468	
F202	长方形	东西 43	南北 30	2.3	1290	

续表 3-1

编号	形状	长（米）	宽（米）	深（米）	面积（平方米）	备注
F203	长方形	东西 80	南北 20	2.5	1600	
F204	长方形	东西 28	南北 20	2.1	560	
F205	长方形	东西 43	南北 23	3	989	
F206	正方形	东西 12	南北 12	1.9	144	
F207	不规则长方形	东西 30	南北 12	2.1	360	
F208	长方形	东西 28	南北 14	1.5	392	
F209	正方形	东西 25	南北 25	2.1	625	
F210	长方形	东西 16	南北 14	2.1	224	
F211	长方形	东西 16	南北 10	2.5	160	
F212	正方形	东西 8	南北 8	1.2	64	
F213	长方形	东西 16	南北 12	1.6	192	
F214	长方形	东西 30	南北 18	1.8	540	
F215	长方形	东西 12	南北 10	1.7	120	
F216	正方形	东西 12	南北 12	1.6	144	
F217	长方形	东西 13	南北 8	1.7	104	
F218	长方形	东西 15	南北 9	1.5	135	
F219	长方形	东西 10	南北 5	2	50	
F220	长方形	东西 14	南北 12	1.5	168	
F221	正方形	东西 13	南北 13	1.1	169	
F222	不规则形	东西 22	南北 16	2.2	352	
F223	不规则形	东西 28	南北 18	2.1	504	

续表 3-1

编号	形状	长（米）	宽（米）	深（米）	面积（平方米）	备注
F224	正方形	东西 40	南北 40	1.7	1600	
F225	不规则形	东西 50	南北 35	1.4	1750	
F226	长方形	东西 30	南北 26	1.3	780	
F227	椭圆形	东西 34	南北 28	2.6	952	
F228	不规则形	东西 80	南北 25	2.5	2000	
F229	不规则长方形	东西 150	南北 18	2.6	2700	
F230	不规则长方形	东西 13	南北 10	1.6	130	
F231	呈"┓"形	东西 20	南北 16	1.6	320	
F232	长方形	东西 17	南北 10	1.7	170	
F233	不规则形	东西 50	南北 45	2.3	2250	
F234	长方形	东西 19	南北 10	2.4	190	
F235	正方形	东西 8	南北 8	1	64	
F236	长方形	东西 145	南北 16	2.8	2320	
F237	正方形	东西 8	南北 8	2.5	64	
F238	长方形	东西 32	南北 14	3	448	
F239	长方形	东西 70	南北 15	3	1050	
F240	长方形	东西 40	南北 12	3	480	
F241	正方形	东西 15	南北 15	3.1	225	
F242	长方形	东西 22	南北 13	1.4 ~ 3	286	
F243	长方形	东西 45	南北 14	1.4 ~ 3	630	
F244	长方形	东西 18	南北 9	1.7	162	

续表 3-1

编号	形状	长（米）	宽（米）	深（米）	面积（平方米）	备注
F245	长方形	东西 12	南北 8	2.5	96	
F246	长方形	东西 50	南北 8	2.3	400	
F247	长方形	东西 25	南北 10	2	250	
F248	长方形	东西 13	南北 7	1.9	91	
F249	长方形	东西 50	南北 8	1.3	400	
F250	正方形	东西 15	南北 15	1.8	225	
F251	长方形	东西 18	南北 12	1.8	216	
F252	长方形	东西 9	南北 7	1.8	63	
F253	长方形	东西 23	南北 9	1	207	
F254	正方形	东西 8	南北 8	1.6	64	
F255	正方形	东西 8	南北 8	1.1	64	
F256	长方形	东西 12	南北 10	1.6	120	
F257	长方形	东西 15	南北 12	1.9	180	
F258	长方形	东西 34	南北 12	1.8	408	
F259	正方形	东西 10	南北 10	1.2	100	
F260	长方形	东西 35	南北 30	1.4	1050	
F261	不规则正方形	东西 6	南北 6	1.3	36	
F262	不规则形	东西 41	南北 10	1.3	410	
F263	长方形	东西 37	南北 27	1.8	999	
F264	不规则长方形	东西 40	南北 34	1.6	1360	
F265	长方形	东西 15	南北 10	1.6	150	

续表 3-1

编号	形状	长（米）	宽（米）	深（米）	面积（平方米）	备注
F266	正方形	东西 9	南北 9	1.2	81	
F267	长方形	东西 13	南北 8	1.3	104	
F268	不规则长方形	东西 20	南北 13	1.3	260	
F269	长方形	东西 14	南北 10	1.3	140	
F270	长方形	东西 67.5	南北 62.5	2.4	4218.7	
F271	长方形	东西 11	南北 9	1.3	99	
F272	长方形	东西 22	南北 19	1.6	418	
F273	长方形	东西 32	南北 9	1.4	288	
F274	长方形	东西 21	南北 12	1.7	252	
F275	长方形	东西 48	南北 10	1.6	480	
F276	长方形	东西 28	南北 8	1.2	224	
F277	长方形	东西 10	南北 8	1.3	80	
F278	长方形	东西 21	南北 18	1.2	378	
F279	长方形	东西 23	南北 11	1.6	253	
F280	长方形	东西 8	南北 6	1.4	48	
F281	长方形	东西 16	南北 8	1.3	128	
F282	长方形	东西 15	南北 7	1.3	105	
F283	正方形	东西 8	南北 8	1.4	64	
F284	长方形	东西 24	南北 13	1	312	
F285	长方形	东西 12	南北 7	1.5	84	
F286	长方形	东西 36	南北 24	2.1	864	

续表 3-1

编号	形状	长（米）	宽（米）	深（米）	面积（平方米）	备注
F287	长方形	东西 19	南北 10	1.2	190	
F288	长方形	东西 28	南北 9	1.1	252	
F289	刀把形	东西 12 ~ 24	南北 6 ~ 12	1.3	288	
F290	不规则正方形	东西 10	南北 9.5	1.8	95	
F291	长方形	东西 8	南北 6	1.4	48	
F292	长方形	东西 10	南北 8	1.7	80	
F293	呈 "L" 形	东西 24 ~ 180	南北 20 ~ 62	1.4	11160	
F294	长方形	东西 28	南北 14	1.8	392	
F295	刀把形	东西 12 ~ 18	南北 12 ~ 16	1.3	288	
F296	长方形	东西 26	南北 12	1.5	312	
F297	刀把形	东西 24 ~ 50	南北 12 ~ 18	1.5	900	
F298	长方形	东西 50	南北 14	2.3	700	
F299	不规则正方形	东西 14	南北 12	1.7	168	
F300	长方形	东西 54	南北 10	2.4	540	
F301	刀把形	东西 34 ~ 56	南北 16 ~ 24	2.7	1344	
F302	长方形	东西 58	南北 10	2.5	580	
F303	正方形	东西 26	南北 26	2.9	676	
F304	长方形	东西 24	南北 8	2.3	192	
F305	长方形	东西 88	南北 8	2.3	704	
F306	长方形	东西 16	南北 8	2.1	128	
F307	长方形	东西 8	南北 5	2	40	

续表 3-1

编号	形状	长（米）	宽（米）	深（米）	面积（平方米）	备注
F308	长方形	东西 12	南北 7	1.7	84	
F309	正方形	东西 16	南北 16	2.8	256	
F310	刀把形	东西 38～60	南北 10～16	1.9	960	
F311	长方形	东西 32	南北 14	2.5	448	
F312	长方形	东西 14	南北 7	2.3	98	
F313	正方形	东西 8	南北 8	2.6	64	
F314	长方形	东西 18	南北 9	2.5	162	
F315	长方形	东西 12	南北 8	2.2	96	
F316	刀把形	东西 14～18	南北 6～10	2.9	180	
F317	不规则形	东西 12～140	南北 24～70	2.4	9800	
F318	长方形	东西 24	南北 20	2.7	480	
F319	长方形	东西 22	南北 10	1.2	220	
F320	长方形	东西 24	南北 10	3.1	240	
F321	长方形	东西 75	南北 16	2.6	1200	
F322	刀把形	东西 16～58	南北 13～60	2.8	3480	
F323	长方形	东西 18	南北 8	2.3	144	
F324	曲尺形	东西 14～64	南北 16～56	2.9	3584	
F325	正方形	东西 6	南北 6	2.3	36	
F326	长方形	南北 22	东西 12	2.2	264	
F327	长方形	南北 18	东西 14	2.3	252	
F328	长方形	东西 12	南北 8	1.3	96	

续表 3-1

编号	形状	长（米）	宽（米）	深（米）	面积（平方米）	备注
F329	正方形	东西 5	南北 5	2.2	25	
F330	长方形	东西 30	南北 16	1.9	480	
F331	长方形	东西 25	南北 14	1.3	350	
F332	长方形	东西 20	南北 12	2.6	240	
F333	长方形	东西 32	南北 8	2.1	256	
F334	长方形	东西 18	南北 14	3.2	252	
F335	长方形	东西 65	南北 8	1.7	520	
F336	长方形	东西 82	南北 20	2.6	1640	
F337	不规则形	南北 10 ~ 118	东西 8 ~ 46	3.2	5428	
F338	多边形	南北 70 ~ 108	东西 20 ~ 70	2.7	7560	
F339	长方形	东西 168	南北 92	2	15456	
F340	正方形	东西 6	南北 6	2	36	
F341	不规则形	东西 22 ~ 80	南北 34 ~ 40	3.8	3200	
F342	长方形	东西 24	南北 12	3.5	288	
F343	正方形	东西 6	南北 6	1.1	36	
F344	长方形	东西 8	南北 6	2	48	
F345	长方形	东西 10	南北 6	2.1	60	
F346	长方形	东西 9	南北 6	2	54	
F347	长方形	东西 12	南北 7	0.4	84	见石不过
F348	长方形	东西 10	南北 8	1	80	见石不过
F349	长方形	东西 28	南北 23	1.4	644	

续表 3-1

编号	形状	长（米）	宽（米）	深（米）	面积（平方米）	备注
F350	刀把形	东西 12 ~ 16	南北 9.5	2	152	
F351	长方形	东西 22	南北 6.5	2	143	
F352	"T"字形	东西 8 ~ 26	南北 10 ~ 38	1.9	988	
F353	台阶形	东西 12 ~ 22	南北 8.5 ~ 20	1.4	440	
F354	长方形	东西 28	南北 14	1.7	392	
F355	正方形	东西 10	南北 10	1.1	100	见石不过
F356	长方形	东西 14	南北 11	1.8	154	
F357	长方形	东西 38	南北 7	1.9	266	
F358	长方形	东西 26	南北 14	0.8	364	见石不过
F359	长方形	东西 18	南北 6	1.8	108	
F360	"L"形	东西 9.5 ~ 58	南北 8 ~ 40	1.5	2320	
F361	长方形	东西 12	南北 8	2.2	96	
F362	长方形	东西 42	南北 8	2.2	336	
F363	长方形	东西 14	南北 9.5	0.9	133	见石不过
F364	长方形	东西 12	南北 10	1.2	120	
F365	长方形	东西 23	南北 18	0.6	414	见石不过
F366	长方形	东西 34	南北 26	0.6	884	见石不过
F367	长方形	东西 13	南北 11	1.1	143	
F368	不规则形	东西 6 ~ 14	南北 16 ~ 28		392	
F369	长方形	东西 22	南北 12	0.7	264	见石不过
F370	正方形	东西 11	南北 10	1.2	110	

续表 3-1

编号	形状	长（米）	宽（米）	深（米）	面积（平方米）	备注
F371	长方形	东西 20	南北 4	1	80	
F372	正方形	东西 10	南北 9	1.9	90	
F373	刀把形	东西 6～20	南北 6～14	1.3	280	
F374	长方形	东西 19	南北 12	1.3	228	
F375	正方形	东西 6	南北 6	0.8	36	
F376	正方形	东西 6	南北 6	0.5	36	
F377	长方形	东西 15	南北 8	0.8	120	
F378	正方形	东西 4	南北 4	0.5	16	
F379	长方形	东西 24	南北 12	0.8	288	
F380	长方形	东西 8	南北 6	1.4	48	
F381	长方形	东西 10	南北 8	3.6	80	
F382	长方形	东西 29	南北 8	2.1	232	
F383	长方形	东西 14	南北 8	0.4	112	
F384	长方形	东西 20	南北 9	1.6	180	
F385	长方形	南北 34	东西 12	3.1	408	
F386	正方形	东西 12	南北 11	2.2	132	
F387	长方形	东西 12	南北 10	3	120	
F388	正方形	东西 8	南北 7	0.9	56	
F389	长方形	东西 12	南北 9	0.8	108	
F390	长方形	东西 8	南北 4	2.2	32	见石不过
F391	长方形	南北 8	东西 4	3.5	32	

续表 3-1

编号	形状	长（米）	宽（米）	深（米）	面积（平方米）	备注
F392	长方形	东西 10	南北 6	3.1	60	
F393	长方形	东西 16	南北 12	1.8	192	
F394	正方形	东西 20	南北 20	0.5	400	
F395	长方形	东西 20	南北 11	2.1	220	
F396	长方形	东西 24	南北 13	2	312	
F397	"L" 形	东西 18 ~ 46	南北 18 ~ 54	3.4	2484	
F398	长方形	东西 72	南北 14	3.7	1008	
F399	长方形	东西 13	南北 6	1.2	78	
F400	刀把形	东西 6 ~ 9	南北 8 ~ 14	3.5	126	
F401	刀把形	南北 58 ~ 73	东西 31 ~ 42	1.3	3066	
F402	不规则形	东西 20 ~ 60	南北 14 ~ 28	3.3	1680	
F403	长方形	东西 30	南北 14	2.5	420	
F404	长方形	东西 12	南北 8	1.7	96	
F405	正方形	东西 8	南北 8	0.8	64	
F406	长方形	东西 32	南北 10	3.1	320	
F407	长方形	东西 36	南北 18	2	648	
F408	正方形	东西 17	南北 17	2.1	289	
F409	长方形	东西 23	南北 14	2.7	322	
F410	长方形	东西 35	南北 12	2.8	420	
F411	长方形	东西 14	南北 12	1.9	168	
F412	不规则形	东西 6 ~ 48	南北 10 ~ 27	2.2	1296	

续表 3-1

编号	形状	长（米）	宽（米）	深（米）	面积（平方米）	备注
F413	刀把形	东西 110	南北 57	2.4	6270	
F414	不规则形	东西 58	南北 56	1.3	3248	
F415	刀把形	东西 25～52	南北 8～20	2.5	1040	
F416	长方形	东西 22	南北 10	0.8	220	
F417	长方形	东西 53	南北 24	2.5	1272	
F418	长方形	东西 50	南北 16	1.9	800	
F419	长方形	东西 16	南北 10	2.5	160	
F420	长方形	东西 10	南北 8	0.6	80	
F421	不规则形	东西 8～31	南北 4～10	2.4	310	
F422	长方形	东西 10	南北 8	1.2	80	
F423	长方形	东西 12	南北 8	2.1	96	
F424	长方形	东西 6	南北 4	1.7	24	
F425	长方形	东西 12	南北 10	2.5	120	
F426	不规则形	东西 18～76	南北 12～18	2.3	1368	
F427	正方形	东西 19	南北 18	1.6	342	
F428	长方形	东西 18	南北 6	1.8	108	
F429	长方形	东西 7	南北 6	1.7	42	
F430	方形	东西 100	南北 100	2.5	10000	
合计：356981.2 平方米						

表 3-2　皇城内灰坑

	编号	形状	长（米）	宽（米）	深（米）	面积（平方米）	备注
乾元寺灰坑	H1	椭圆形	东西 10	南北 7.5	1.7	75	
	H2	椭圆形	东西 7.6	南北 5.3	2	40.2	
	H3	椭圆形	东西 10	南北 7.5	1.5	75	
	H4	不规则形	南北 11	东西 2～3.8	1.6	41.8	
	H5	圆形	东西 4	南北 4	1.6	16	
	H6	椭圆形	南北 13	东西 7.5	1.7	97	
	H7	椭圆形	东西 12	南北 7.8	1.3	93.6	
	H8	椭圆形	南北 11	东西 6	11.3	66	
	H9	圆形	东西 2.5	南北 2.5	1.2	6.2	
	H10	椭圆形	南北 10	东西 6.4	1.5	64	
	H11	圆形	东西 2.2	南北 2.2	0.6	4.8	
	H12	椭圆形	南北 8	东西 4.6	1.6	37	
	H13	圆形	东西 4.2	南北 4.2	1.6	17.6	
	H14	椭圆形	南北 6	东西 5.5	1	33	
大龙光华严寺灰坑	H1	不规则形	东西 17	南北 15	1.2	255	
	H2	不规则形	南北 17	东西 5	1.5	85	
	H3	椭圆形	南北 14	东西 8	0.9	112	
	H4	不规则形	南北 14	东西 7	1.5	98	
	H5	长方形	南北 28	东西 2.1	1.1	58.8	
	H6	圆形	东西 2.4	南北 2.4	1.6	5.7	
	H7	椭圆形	南北 18	东西 5	11.6	90	

续表 3-2

	编号	形状	长（米）	宽（米）	深（米）	面积（平方米）	备注
大龙光华严寺灰坑	H8	圆形	东西 6	南北 6	1.3	36	
	H9	方形	东西 13	南北 12	0.9	156	
	H10	圆形	东西 2.4	南北 2.4	1.2	5.7	
	H11	圆形	东西 4.1	南北 4.1	1.6	16.8	
	H12	不规则形	东西 13	南北 6	1.7	78	
其他灰坑	H1	圆形	东西 1.8	南北 1.8	1.4	3.2	
	H2	椭圆形	东西 13	南北 3.8	2.5	49.4	
	H3	椭圆形	东西 34	南北 15	1.5	510	
	H4	圆形	东西 4	南北 4	2	16	
	H5	椭圆形	东西 12	南北 8	1.6	96	
	H6	圆形	东西 8	南北 8	1.7	64	
	H7	圆形	东西 9	南北 9	1	81	
	H8	椭圆形	南北 18	东西 12	1.5	216	
	H9	圆形	东西 6	南北 6	3.1	36	
	H10	椭圆形	东西 18	南北 11	2	198	
	H11	圆形	东西 8	南北 8	1.4	64	
	H12	圆形	东西 8	南北 8	1.6	64	
	H13	圆形	东西 25	南北 25	2.2	625	
	H14	圆形	东西 9	南北 9	2.1	81	
	H15	圆形	东西 12	南北 12	1.8	144	
合计：3911.8 平方米							

表 3-3　皇城内堆石区

编号	形状	长（米）	宽（米）	深（米）	面积（平方米）	备注
1 号	圆形	东西 6	南北 6	0.7	36	
2 号	椭圆形	南北 9	东西 8	0.6	72	
3 号	长方形	南北 11	东西 5	1	55	
4 号	不规则形	东西 14	南北 14	1	196	
5 号	椭圆形	南北 7	东西 5	0.5	35	
6 号	椭圆形	南北 210	东西 25	1.3	5250	
7 号	半圆形	南北 90	东西 46	1	4140	
8 号	椭圆形	东西 7	南北 5	0.7	35	
9 号	圆形	东西 6	南北 6	0.8	36	
10 号	椭圆形	南北 110	东西 60	1.4	6600	
11 号	椭圆形	东西 50	南北 12	0.7	600	
12 号	正方形	东西 10	南北 10	0.6	100	
13 号	长方形	东西 30	南北 5.5		165	
14 号	正方形	东西 6	南北 6	0.3	36	
15 号	椭圆形	南北 18	东西 16	0.2	288	
16 号	不规则形	东西 10 ~ 74	南北 20 ~ 60	0.5	4440	
17 号	不规则形	东西 10 ~ 238	南北 8 ~ 62	0.5	14756	
18 号	正方形	东西 4	南北 4	0.2	16	
19 号	椭圆形	东西 12	南北 8	1	96	
20 号	椭圆形	东西 20	南北 16	0.3	320	
21 号	圆形	东西 7	南北 6	0.6	42	

续表 3-3

编号	形状	长（米）	宽（米）	深（米）	面积（平方米）	备注
22 号	椭圆形	南北 56	东西 20	0.4	1120	
23 号	椭圆形	南北 20	东西 18	0.5	360	
24 号		南北 20	东西 16	1.2	320	东部为夯土遗迹 7
25 号	不规则形	南北 30	东西 28	0.5	840	
26 号	不规则形	东西 10	南北 10	1.3	100	
合计：40054 平方米						

表 3-4　皇城内墙基

编号	形状	长（米）	宽（米）	深（米）	面积（平方米）	备注
1#	东西向长条形	东西 170	南北 1	0.5	170	
2#	呈"┐"形	东西 21 南北 14	1	0.7	35	
合计：205 平方米						

表 3-5　皇城内夯土遗迹

编号	形状	长（米）	宽（米）	深（米）	面积（平方米）	备注
夯 1	长方形	南北 22	东西 13	2.3	286	
夯 2	椭圆形	东西 10	南北 8	2.4	80	
夯 3	长方形	南北 30	东西 16	2.6	480	
夯 4	长方形	南北 30	东西 10	2.6	300	
夯 5	椭圆形	南北 12	东西 10	2	120	
夯 6	不规则形	南北 10～36	东西 13～20	2	720	
夯 7	长方形	南北 15	东西 10	1.2	150	
合计：2136 平方米						

表 3-6 皇城内堆积遗迹

编号	形状	长（米）	宽（米）	深（米）	面积（平方米）	备注
堆 1	等腰梯形	南北 192	东西 28 ~ 60	2.1	11520	
堆 2	近似直角三角形	南北 30 ~ 170	东西 20 ~ 130	1.7	22100	
堆 3	不规则形	东西 40 ~ 148	南北 23 ~ 70	1.7	10360	
堆 4	长方形	南北 54	东西 13	2.2	702	
堆 5	椭圆形	南北 12	东西 10	2.2	120	
堆 6	椭圆形	东西 18	南北 14	2.4	252	
合计：45054 平方米						

表 3-7 皇城东、南墙外侧遗迹

	编号	形状	长（米）	宽（米）	深（米）	面积（平方米）	备注
皇城东墙外侧遗迹	南北向路土	南北向长条形	南北 500	东西 12	1.3	6000	
	护城河		南北 1460	东西 75	3.3	109500	
皇城南墙外侧遗迹	东西向路土	东西向长条形	东西 1320	南北 7	1.9	9240	
	护城河	东西向长条形	东西 2240	南北 60	3	134400	

表 3-8 皇城内道路

	编号	形状	长（米）	宽（米）	深（米）	面积（平方米）	备注
东西向道路	东西第一街	东西向长条形	东西 780	南北 7 ~ 9	1.6	7020	
	东西第二街	东西向长条形	东西 320	南北 5	1.6	1600	
	东西第三街	东西向长条形	东西 340	南北 8	1.2	2720	
	东西第四街	东西向长条形	东西 320	南北 11	1.5	3520	
	东西第五街	东西向长条形	东西 180	南北 8	1.4	1440	

续表 3-8

东西向道路	东西第六街	东西向长条形	东西 810	南北 10	2.5	8100	
	东西第七街	东西向长条形	东西 710	南北 7	2	4970	
	东西第八街	东西向长条形	东西 810	南北 6	1.8	4860	
	东西第九街	东西向长条形	东西 200	南北 6	2	1200	
	东西第十街	东西向长条形	东西 224	南北 10	1.8	2240	
合计: 37670 平方米						
南北向路土	南北第一街	南北向长条形	南北 1120	东西 6 ~ 8	1.2	8960	
	南北第二街	南北向长条形	南北 1020	东西 5 ~ 7	2	7140	
	南北第三街	南北向长条形	南北 570	东西 10 ~ 12	2.1	6840	
	南北第四街	南北向长条形	南北 900	东西 6 ~ 10	1.3	9000	
	南北第五街	南北向长条形	南北 380	东西 4 ~ 8	1.5	3040	
	南北第六街	南北向长条形	南北 1370	东西 6 ~ 8	1.2	10960	
合计: 45940 平方米						
皇城内环城街道	环城北街	东西向长条形	东西 540	南北 7	1.6	3780	
	环城东街	南北向长条形	南北 630	东西 5 ~ 7	1.6	4410	
	环城南街	东西向长条形	东西 530	南北 7		3710	
	环城西街	南北向长条形	南北 630	东西 7	2.2	4410	
合计: 16310 平方米						
皇城内道路面积合计: 99920 平方米						

表 3-9 皇城内水系

	编号	形状	长（米）	宽（米）	深（米）	面积（平方米）	备注
排水沟	护城河 G1		2676	8	1.2	21408	
	G2		670	4	2.5	2680	
	合计：24088 平方米						
水域	1 号	椭圆形	南北 134	东西 30 ~ 66	1.5	8844	
	2 号	圆形	东西 18	南北 18	1.8	324	
	3 号	椭圆形	东西 14	南北 10	1.8	140	
	4 号	椭圆形	南北 18	东西 14	0.7	252	
	5 号	椭圆形	东西 31	南北 18	2.3	558	
	6 号	椭圆形	东西 28	南北 18	2.3	504	
	7 号	不规则形	南北 580	东西 20 ~ 180	1.6	87000	
	8 号	椭圆形	南北 23	东西 16	2.3	368	
	9 号	不规则形	东西 100 ~ 170	南北 40 ~ 100	1.7	11900	
	10 号	圆形	东西 10	南北 10	1.6	100	
	11 号	不规则形	东西 410	南北 186	1.0	76260	
	12 号	不规则形	东西 140	南北 116	1.5	16240	
	13 号	不规则形	东西 220	南北 120	1.5	26400	
	14 号	椭圆形	东西 100	南北 50	1	5000	
	15 号	椭圆形	东西 30	南北 18	1	540	
	16 号	椭圆形	南北 58	东西 42	1.5	2436	
	17 号	椭圆形	东西 64	南北 38	1.5	2432	
	合计：239298 平方米						

表 3-10　皇城内水井

编号	形状	长（米）	宽（米）	深（米）	面积（平方米）	备注
J1	圆形	1.9	1.9	2.0	3.6	见石不过
J2	圆形	2	2	1.8	4	见石不过
合计：7.6 平方米						

四　宫城重点勘探面积

宫城重点勘探面积合计：366081 平方米

表 4-1　宫城内房址

编号	形状	长（米）	宽（米）	深（米）	面积（平方米）	备注
F1	正方形	东西 10.3	南北 8.7	1.2	89.6	
F2	刀把形	南北 9.8	东西 6.1	0.6	60	见石不过
F3	长方形	南北 38	东西 35.3	1.2	1341	
F4	不规则长方形	东西 75	南北 65	1	4875	
F5	长方形	南北 59	东西 46	0.7	2714	
F6	长方形	东西 59	南北 48	0.5	2832	见石不过
F7	长方形	东西 56	南北 49	0.4	2744	见石不过
F8	刀把形	东西 9.1	南北 4.3	1.6	39	见石不过
F9	长方形	东西 23	南北 8.5	0.5	195.5	见石不过
F10	长方形	东西 26.1	南北 26.5	0.3	689	见石不过
F11	长方形	东西 20.2	南北 9.8	1	198	
F12	长方形	南北 39.2	东西 32	1	1254.4	

续表 4-1

编号	形状	长（米）	宽（米）	深（米）	面积（平方米）	备注
F13	不规则形	南北 17.3	东西 8.8	0.8	152.2	见石不过
F14	长方形	南北 45	东西 43	1	1935	
F15	长方形	南北 25.6	东西 6.4	0.9	166.4	
F16	长方形	南北 43	东西 34	1.1	1462	
F17	长方形	南北 39	东西 28	0.9	1092	
F18	长方形	南北 22.3	东西 16.9	2.3	377	
F19	长方形	南北 18.5	东西 12.5	1.4	231.5	
F20	长方形	东西 15	南北 12.2	1	183	
F21	方形台阶形	南北 31.5	东西 30.5	1.3	960.7	
F22	长方形	南北 12.6	东西 10.3	0.3	129.7	见石不过
F23	长方形	东西 35.5	南北 30.5	1.1	1082.8	
F24	不规则长方形	东西 78	南北 73	1	5694	见石不过
F25	长方形	南北 20	东西 17	1.3	340	
F26	长方形	东西 10.2	南北 8.5	1.4	86.7	
F27	不规则形	东西 40	南北 22.3	1.2	892	
F28	不规则形	东西 30	南北 26	0.6	780	见石不过
F29	长方形	东西 28	南北 26.5	1.7	742	
F30	台阶形	南北 7.5	东西 10	1	75	
F31	长方形	东西 5	南北 3.5	0.6	17.5	见石不过
F32	长方形	东西 24	南北 10	1.7	240	
F33	台阶形	东西 48	南北 8	2	384	

续表 4-1

编号	形状	长（米）	宽（米）	深（米）	面积（平方米）	备注
F34	长方形	东西 10	南北 4.5	1.3	45	
F35	长方形	南北 36	东西 30	1.5	1080	
F36	"L"形	南北 16.5	东西 10		165	
F37	圆形	东西 23	南北 23	2.6	529	
F38	圆形	东西 23.5	南北 23.5	2.2	552	
F39	长方形	东西 24.5	南北 17	1.2	416.5	
F40	不规则形	东西 33	南北 33	1.3	1089	
F41	长方形	南北 7.5	东西 4.2	0.5	31.5	见石不过
F42	长方形	东西 18.6	南北 17	0.9	316.2	
F43	"L"形	南北 12.8	东西 9.3	1.2	119	
F44	不规则长方形	南北 77	东西 47	0.4	3619	
F45	长方形	东西 8	南北 7	1.5	56	
F46	不规则形	东西 59.9	南北 40.8	1.4	2400	
F47	长方形	东西 8.1	南北 5.1	2	40	
F48	长方形	南北 68	东西 50	1.1	3400	
F49	不规则形	东西 60.4	南北 50.1	1.1	3026	
F50	长方形	东西 38	南北 28	2	1064	
F51	不规则长方形	南北 21.7	东西 17.6	1	381.9	
F52	长方形	东西 32	南北 6.5	0.8	208	
F53	长方形	东西 10.3	南北 5.6	1.4	57.7	
F54	长方形	东西 16.4	南北 13.2	1	216.5	

续表 4-1

编号	形状	长（米）	宽（米）	深（米）	面积（平方米）	备注
F55	长方形	南北 27.5	东西 21.5		591	
F56	长方形	东西 6	南北 5	1.3	30	
F57	不规则长方形	东西 9	南北 8	2.1	72	见石不过
F58	正方形	南北 12	东西 11	0.7	132	
F59	长方形	南北 9	东西 6	1.1	54	
F60	长方形	南北 8	东西 7	0.9	56	
F61	长方形	东西 13.5	南北 8.6	0.9	116	
F62	长方形	东西 19	南北 7.3	0.8	138.7	见石不过
F63	长方形	南北 19.7	东西 18	1.2	354.6	
F64	不规则形	东西 67	南北 34	1	2278	
F65	长方形	南北 33.6	东西 18.3	0.5	614.9	见石不过
F66	长方形	东西 15	南北 8.8	1.6	132	
F67	台阶形	南北 24.8	东西 20.5	2.3	508.4	
F68	刀把形	南北 24.8	东西 3.9	2.3	96.7	
F69	长方形	东西 10	南北 17.4	1.2	174	
F70	长方形	东西 18.6	南北 7.8	1.6	145	
F71	长方形	东西 8.5	南北 6.5	0.6	55.2	见石不过
F72	长方形	东西 13	南北 11.8	0.5	153	见石不过
F73	长方形	东西 5.5	南北 3.5	0.5	19.25	见石不过
F74	不规则形	东西 43	南北 40	1.4	1720	
F75	刀把形	东西 25	南北 24	0.9	600	见石不过

续表 4-1

编号	形状	长（米）	宽（米）	深（米）	面积（平方米）	备注
F76	不规则形	东西 47	南北 31	1.6	1457	
F77	长方形	南北 23	东西 21	1.4	483	
F78	不规则形	南北 22	东西 14	1.6	308	
F79	不规则形	东西 24.5	南北 17	2.6	416.5	
F80	长方形	南北 43.5	东西 30	3.2	1305	
F81	不规则形	东西 10	南北 8.5	3	85	
F82	长方形	南北 17	东西 14	0.6	238	见石不过
F83	长方形	东西 6.5	南北 4.5	1.3	29	
F84	正方形	东西 20	南北 19.5	1.1	390	
F85	长方形	东西 36.5	南北 30	2.5	1095	
F86	长方形	东西 137	南北 67		9179	
合计：75893.55 平方米						

表 4-2　宫城内道路

	编号	形状	长（米）	宽（米）	深（米）	面积（平方米）	备注
东西向道路	东西第一街		东西 500	南北 6 ~ 8	0.6	4000	
	东西第二街		东西 330	南北 6	0.7	1980	
	东西第三街		东西 186	南北 6	0.9	1116	
	合计：7096 平方米						
南北向道路	南北第一街		南北 580	东西 6	1.6	3480	
	南北第二街		南北 160	东西 4	0.8	640	

续表 4-2

	编号	形状	长（米）	宽（米）	深（米）	面积（平方米）	备注
南北向道路	南北第三街		南北 280	东西 6	0.6	1680	
	南北第四街		南北 150	东西 6	0.8	900	
	合计：6700 平方米						
其他道路	西华路		东西 260	南北 8 ~ 10	1.6	2600	
	东华路		东西 230	南北 8 ~ 10	1.2	2300	
	御道		南北 300	东西 9 ~ 10	1.3	3000	
	合计：7900 平方米						
宫城道路面积合计：21696 平方米							

表 4-3　宫城内水系

	编号	形状	长（米）	宽（米）	深（米）	面积（平方米）	备注
水域	1 号	椭圆形	东西 54	南北 24	2.2	1296	
	2 号	不规则形	东西 102	南北 42	1.4	4284	
	3 号	不规则形	东西 60	南北 24	2.2	1440	
	4 号	不规则形	南北 24 ~ 70	东西 30 ~ 60	1.1	4200	
	合计：11220 平方米						
排水沟	G1		南北 90	东西 1.5	1.5	135	
	G2		东西 240	南北 1.5	1.8	360	
	G3		东西 240	南北 1.5	2	360	
	合计 855 平方米						

表 4-4　宫城内堆石区

编号	形状	长（米）	宽（米）	深（米）	面积（平方米）	备注
1 号	长方形	东西 510	南北 22	0.2	11220	见石不过
2 号	椭圆形	东西 8	南北 4	0.5	32	见石不过
3 号	不规则形	东西 52	南北 16～30	0.8	1560	见石不过
4 号	圆形	东西 3	南北 3	0.5	9	见石不过
5 号	椭圆形	东西 38	南北 32	1.3	1216	见石不过
6 号	椭圆形	东西 16	南北 16	0.6	256	见石不过
7 号	椭圆形	东西 24	南北 22	1.3	528	见石不过
8 号	不规则形	东西 6	南北 3～6	0.6	36	见石不过
9 号	椭圆形	南北 12	东西 10	0.3	120	见石不过
10 号	椭圆形	南北 12	东西 8	0.5	96	见石不过
11 号	椭圆形	东西 18	南北 10	0.5	180	见石不过
12 号	不规则形	南北 24	东西 14	0.4	336	见石不过
13 号	椭圆形	东西 10	南北 10	0.4	100	见石不过
14 号	椭圆形	南北 14	东西 12	0.6	168	见石不过
合计：15857 平方米						

表 4-5　宫城内夯土遗迹

编号	形状	长（米）	宽（米）	深（米）	面积（平方米）	备注
夯 1	不规则形	东西 24	南北 17～20	1.5	480	见石不过
夯 2	圆形	东西 4	南北 4	0.9	16	见石不过
夯 3	长方形	南北 50	东西 14	0.6	700	

续表 4-5

编号	形状	长（米）	宽（米）	深（米）	面积（平方米）	备注
夯4	不规则形	东西64	南北46	1.8	2944	
合计：4140平方米						

五　御道（明德门南）重点勘探面积

御道（明德门南）重点勘探面积合计：11400平方米

表 5-1　御道

御道	形状	长（米）	宽（米）	深（米）	面积（平方米）	备注
北段		南北227.5	东西9～15	1.8	3405	
中段		南北287.5	东西9～10.5	1.8	2870	
南段		410	9～12.5	1.5	5125	
合计：11400平方米						

2008—2010 年文物勘探工作成员构成

塔　拉　陈永志　张红星　张亚强　任保其　杨星宇　丁文泽　李　权　冯吉祥　杨志广　赵　建
孙文钢　李红乐　魏　孔　张闯辉　王永乐　徐　铮　樊宏亮　德力格尔　刘洪元　刘学民　高　华
那顺巴图　苏　宁　乌日尼乐图　宝力格　苏德那木旺其格　王春燕　阿娜尔　路景天　马永波
席俊伟　张栓膛　马孝斌　马　哲　买万忠　马文善　马　翔　孙宗信　孙延林　马宗林　海建国
马正伟等

元上都遗址文物勘探报告

下

内蒙古自治区文物考古研究院
内 蒙 古 博 物 院
锡 林 郭 勒 博 物 馆 编
正 蓝 旗 文 物 保 护 中 心
洛 阳 市 古 韵 钻 探 有 限 公 司

文物出版社

附　录　元上都遗址申报区内考古遗迹名录

正蓝旗元上都遗址文物事业管理局（现正蓝旗文物保护中心）、多伦县文物局（现多伦县文物保护中心）与内蒙古自治区测绘事业局（现内蒙古自治区测绘地理信息中心）、内蒙古博物院、内蒙古自治区文物考古研究所（现内蒙古自治区文物考古研究院）、内蒙古自治区文物保护中心（现合组到内蒙古自治区文物考古研究院）、锡林郭勒盟文物保护管理站（现锡林郭勒博物馆）等专业机构合作，对元上都遗址申报区内所有已探明的考古遗址，包括砧子山墓葬群、一棵树墓葬群、铁幡竿渠遗址、12座敖包以及元上都城内建筑基址、城外关厢区域建筑基址进行了数据采集、记录和测绘工作，并建立了相应的档案资料和信息数据库。这些档案资料和信息数据库在正蓝旗和多伦县的档案室中都得到了妥善保存并可随时调取使用。

本名录的数据资料包括：元上都遗址的宫城、皇城、外城三处城墙基址，元上都遗址城内道路基址42条，元上都遗址城内建筑基址1045座（含宫城城内建筑基址86座、皇城城内建筑基址430座、外城城内建筑基址529座），元上都遗址关厢区域建筑基址36座，砧子山墓葬群（含墓茔274座、单体墓葬1410座），一棵树墓葬群单体墓葬140座（含已发掘的6座墓茔），元上都遗址敖包12座，铁幡竿渠遗址数据。

第一部分　　元上都遗址城墙基址

附表 1-1　宫城城墙基址数据采集表

序号	编号	尺寸（米）长 × 宽 – 高	方向（度）	遗迹所在区域	
1	NLGC01	605 × 542–3.5	0°	元上都城址中心	

附表 1-2　皇城城墙基址数据采集表

序号	编号	尺寸（米）长 × 宽 – 高	方向（度）	遗迹所在区域	
1	NLHC01	1410 × 1400–6	0°	元上都城址中心	

建筑结构	是否经过考古发掘	备注
宫城平面呈长方形，总体布局上与皇城构成"回"字形结构，在皇城的四面城墙上分别构置有瓮城和长方形马面，宫城共设三门，四角设角楼，东城城墙长 605 米，西墙长 605.5 米，北墙长 542.5 米，南墙长 542 米。墙体中间以黄土分层夯筑，内外均用 34 厘米 ×19 厘米 ×17 厘米的青砖横竖错缝包砌，以白灰坐浆，灰缝厚 1.5 厘米。砖墙底部垫有厚 40 厘米的石条或片岩做基础，部分墙体在砖面与夯土之间 1 ~ 1.2 米的空隙内，填充残碎砖块、小的片石和泥土。现存城墙高 5 米，墙基宽 10 米，顶宽近 5 米，砖墙向上略有收分。宫城四角建有圆形台墩，外凸于墙体之外，为角楼遗址。宫城设有三门，分别位于宫城东、西、南三墙之中部，除南门外，其他均不设瓮城。东城门、西城门分别名为"东华门""西华门"，南城门名为"御天门"，为宫城的主城门，南门外设有瓮城，东、西两侧环绕瓮城建有两排曲尺形的建筑。	否	

建筑结构	是否经过考古发掘	备注
皇城围绕宫城四周，近方形，四墙长度不等。东墙长 1410 米，西墙长 1415 米，南墙长 1400 米，北墙长 1395 米。城墙中间为黄土分层夯筑，夯层厚 12 ~ 14 厘米，夯筑坚硬，内外两侧均用自然石块包砌，石墙厚 0.5 ~ 0.6 米。外侧石块略平整，用白灰做浆，个别地段留有勾缝痕迹。城墙现存高度多在 6 ~ 7 米，墙基宽 12 米，顶宽约 5 米，向上渐斜收。一般底部 1 ~ 2 米处坡度较缓，其上则较陡直。石砌墙体底部挖有基槽并建有斜坡状墙基，墙基较墙体向外伸出 15 ~ 20 厘米，其中东墙墙基深 30 ~ 40 厘米，南墙墙基深约 70 厘米。皇城城垣共设有六座城门，南、北墙正中各开一门，东、西墙对称各开二门。南北城门外筑长方形瓮城，瓮城门南北向开。门外瓮城东西宽 50 米，南北长 60 米，南城门名为"明德门"，与宫城"御天门"同在一条南北中轴线，是皇城最重要的城门，门外瓮城东西宽 63 米，南北长 51 米。墙外皆筑马蹄形瓮城，东西长 55 米，南北宽 60 米，瓮城门分别折向南开，门道均用石块做封堵。瓮城台基用夯土版筑，外侧片石包砌，白沙灰黏合。四处角楼台基夯土版筑，片石包砌，白沙灰黏合。角楼台基周边地表残存较多片石堆积，部分规整（未被扰动）片石，尚能看出角楼台基夯土及包石的平面形状，东北、西北、西南角楼为长方形，东南角楼为圆形。在皇城四面城墙外侧，共构置马面 24 个，每面 6 个。夯土版筑，与城墙连为一体。	皇城南门经过考古发掘清理，其门道总长 24 米，单门洞，青砖券顶，南端门道较为短窄，长 24 米，宽 4.7 米；北端门洞较长，长 19.2 米，宽 5.7 米，券门两侧留有高约 7 米的城门坍塌后的建筑残迹。城门内外的墙体均用青砖包砌，门洞内两侧的墙体砌在三层石条之上。瓮城平面呈长方形，东西宽 63 米，南北长 51 米，墙体底宽 12 米，现存高度 7 米，顶宽 5.2 米。瓮城城门位于瓮城南墙中部略偏东处，长 12 米，宽 3.6 米，从现场发现遗迹来看瓮城门应当是木质的过梁式结构。	

附表 1-3　外城城墙基址数据采集表

序号	编号	尺寸（米）长 × 宽 – 高	方向（度）	遗迹所在区域
1	NLWC01	2220 × 815–820	0°	元上都城址中心

建筑结构	是否经过考古发掘	备注
外城整体呈曲尺形，其东墙和南墙分别与皇城东墙和南墙相接，使元上都城址整体呈现为一个完整的正方形。外城内有一道东西向呈外弧形的隔墙，将外城分隔为互不相通的南、北两个部分。其中，北部称为"北苑"，遗迹较少；南部称为"西内"或"南苑"，有较多的建筑遗迹分布。隔墙基宽 3 米，残高 0.7 ~ 0.8 米，顶宽 2.05 米，夯层厚 15 ~ 20 厘米。该墙中部弯曲，至皇城西北角外向南有一较大的折角。外城城墙均为黄土夯筑，夯层厚 20 厘米左右，薄厚不均，夯实程度不及皇城，外表未有砖石包砌。墙体无马面、角楼等军事性附属设施。现存城墙基底宽 10 米，顶宽 2 米，存高为 3 ~ 6 米。外城城墙共辟有四门，南墙一门，西墙一门，北墙两门。南、北城门均外筑长方形瓮城，形状与南、北瓮城的长方形相同，一般南北长 60 米，东西宽 50 米，瓮城门为南、北向直开；西城门外筑马蹄形瓮城，形状与皇城东西门瓮城相同，南北宽 60 米，东西长 55 米，瓮城门直向南开。	否	

第二部分　元上都遗址城内道路基址

附表 2-1　道路基址数据采集表

序号	编号	名称	尺寸（米）长 × 宽 - 深	方向	遗迹所在区域
01	NLGD1	东西第一街	500 × 8-0.6	东一西	位于宫城北部，东部北距宫城北墙约 10 米处。中部北距穆清阁约 20 米，西部距宫城北墙约 10 米处。
02	NLGD2	东西第二街	330 × 6-0.7	东一西	位于宫城中北部。路土东部与南北第一街呈"丁"字形交会，中部与南北第二街交会。
03	NLGD3	东西第三街	186 × 6-0.9	东一西	位于宫城西南部。西部与南北第四街呈"丁"字形交会。
04	NLGD4	南北第一街	580 × 6-1.6	南一北	位于宫城东部，东距宫城东城墙 2 米处。路土北端与东西第一街连接交会，路土中部与东华门东端呈"丁"字形交会
05	NLGD5	南北第二街	160 × 4-0.8	南一北	位于宫城东部，位于大安阁东北部。路土北与东西第二街连接交会。路土南端与东华路西端连接交会。
06	NLGD6	南北第三街	280 × 6-0.6	南一北	位于宫城西北部，路土南路至西华门路土呈"丁"字形交会。
07	NLGD7	南北第四街	150 × 6-0.8	南一北	位于宫城西部，距宫城西墙约 8 米。
08	NLGD8	西华路	260 ×（8 ~ 10）-1.6	东一西	位于宫城中部偏西，大安阁西南部。
09	NLGD9	东华路	230 ×（8 ~ 10）-1.2	东一西	位于宫城中部偏东，大安阁东南部。路土东端至宫城东墙处偏北通向东华门，北部通向南北第二街，南部向南再向西通往御道。
10	NLGD10	御道	300 × 10-1.3	南一北	位于宫城南门御天门—大安阁，大安阁南约 50 米处。其南端通往宫城南门御天门。
11	NLHD1	东西第一街	780 × 9-1.6	东一西	位于皇城北部，北距皇城北墙 6 ~ 12 米。其中，第一、二支线路土通向乾元寺，第五个支线与东西第一街北侧通向复仁门的支线路土相对应。
12	NLHD2	东西第二街	320 × 5-1.6	东一西	位于皇城东北部，大龙光华严寺南侧。路土东端与皇城东墙西侧的南北第一街路土的北端贯通，西端与宫城东北部的南北第二街贯通交会。
13	NLHD3	东西第三街	340 × 8-1.2	东一西	位于皇城中部，东西第二街南 65 ~ 97 米处。路土东端与皇城东墙西侧南北第一街路土的北端呈"丁"字形贯通，西端与宫城东侧南北第二街呈"十"字形贯通交会。
14	NLHD4	东西第四街	320 × 11-1.5	东一西	位于皇城中北部，东西第四街南 50 ~ 73 米处。路土东端与皇城东墙西侧南北第一街路土呈"丁"字形贯通，西端与宫城东侧南北第二街呈"丁"字形交会。

建筑结构	是否经过考古发掘	备注
路内地层土质松软，内含有浅灰色土质夹浅灰色淤泥沙土层。层下见浅黄色淤积沙层。	否	
路内地层土质较密实，上部含有路土及踏面层，下部为深灰色土质夹少量碎石砖渣。路外地层土质松软，内含深灰色土质夹深黑色土质及少量碎石砖渣点。	否	
路内地层土质较为密实，上部含有明显路土分层，层内含有少量乱石碎砖渣，下部为深灰色土质夹浅黄色土粒。路外地层内含深灰色土质夹浅黄色土粒及深黑色土质。	否	
路内地层土质疏松干燥，为深灰褐色土，上部含有路土、踏面层，内含有浅灰色土质夹浅灰色淤积沙层。	否	
路内地层土质较密实，上部含有路土及踏面层，下部为深灰色土质夹少量碎石砖渣。路外地层土质松软，内含深灰色土质夹深黑色土质及少量碎砖渣点。	否	
路内地层土质较密实，内含路土、踏面层及深灰色土质夹浅灰色沙土。路外地层土质松散，内含深灰色土质夹浅黄色沙土及少量碎砖渣。	否	
路内地层上部土质较硬，下部土质松软，上部含有路土及踏面层，下部为深灰色层夹浅灰色沙土层。路外地层土质松软，内含深灰色土层及浅灰色沙土层。	否	
路内地层土质松软，内含深黑色淤积土层夹浅灰色淤积沙土。路外地层土质松软，内含深灰色土质夹浅灰色沙土。	否	
路内地层土质湿软，内含深灰色淤积土层夹浅灰色淤积沙土层。路外地层土质松软，内含深灰色土质夹少量碎砖渣点。	否	
御道内地层土质松软，内含浅灰色淤积土层夹浅灰色淤积沙土。御道外地层土质湿软，较净，内含有植物根茎。该层下见白沙或灰白沙生土层。	否	
东端地层土质松散，干燥，较净，为浅灰色沙土层。西端地层土质密实，有明显踩踏层，内含较多碎砖渣、白灰渣点、石块。西端南拐路土地层土质较硬，有明显踩踏层，内含木灰、动物骨骼等。中端路土地层土质湿软，内含深黑色淤积土及沙层。	否	
街道内地层土质一般，较净，为青灰土。下见浅黄色沙质生土层。街道外地层土质一般，较净，为青灰土。下见浅黄色沙质生土层。	否	
西端街道内地层土质较硬，纯净；街道外地层土质较硬，较纯净。中部北支线路内地层土质一般，较净；路外地层土质一般，较净。东端路内地层土质一般，纯净；路外地层土质一般，较净。	否	
路内地层土质一般，纯净，内含少量水锈纹斑点。路外地层土质一般，纯净，下见浅黄色沙质。	否	

续附表 2-1

序号	编号	名称	尺寸（米）长×宽-深	方向	遗迹所在区域
15	NLHD5	东西第五街	180×8-1.4	东—西	位于皇城中北部，东西第五街南 100～120 米处。中部与南北第二街呈"十"字形交会。
16	NLHD6	东西第六街	810×10-2.5	东—西	位于皇城中南部，东西第五街南 480 米处。路土中部与南北第三街路土呈"十"字形交会，路土西端通向皇城西墙南瓮城。
17	NLHD7	东西第七街	710×7-2	东—西	位于皇城南部，东西第七街南约 120 米处。路土中部与南北第三街呈"十"字形交会，路土西部与南北第六街连接交会。
18	NLHD8	东西第八街	810×6-1.8	东—西	位于皇城南部，东西第七街南 380 米处。路土东端与皇城东墙西侧南北第一街路土交会，西端与南北第六街南端连接交会。
19	NLHD9	东西第九街	200×6-2	东—西	位于皇城西部，北距东西第十街约 224 米。与南北第三街呈"丁"字形交汇。
20	NLHD10	东西第十街	224×10-1.8	东—西	位于皇城西部，南距东西第九街约 224 米。路土中东部与南北第四街处分岔口呈"口"字形连接交会。
21	NLHD11	南北第一街	1120×8-1.2	南—北	位于皇城东墙西侧，东距皇城东墙 12 米左右。路土的北端分别与东西第三、第四街呈"丁"字形贯通，中部与东西第五街和第六街呈"十"字形交会。
22	NLHD12	南北第二街	1020×7-2	南—北	位于皇城东部，西距宫城东墙 85 米左右。由南向北，依次与东西第七街、东西第六街、东西第五街、东西第四街、东西第三街路土交会。
23	NLHD13	南北第三街	570×12-2.1	南—北	位于皇城中部，为御天门至明德门之间的南北向道路（御道）。中部与东西第六、第七街呈"十"字形交会，南部与东西第八街中部连接交会。
24	NLHD14	南北第四街	900×10-1.3	南—北	位于皇城西部，西距宫城西墙约 82 米处。路土南部与东西第六街呈"十"字形交会，向南延伸与东西第七街呈"丁"字形连接交会。
25	NLHD15	南北第五街	380×8-1.5	南—北	位于皇城西北部，路土西部紧贴乾元寺西墙。路土北部与东西第一街连接交会。
26	NLHD16	南北第六街	1370×8-1.2	南—北	位于皇城西部，西距皇城西墙约 2 米处。路土北部与东西第一街连接交会。
27	NLWD1	东西第一街	260×12-2	东—西	位于外城南部，南距外城南墙 190 米。路土的东端与南北第五街交会。

建筑结构	是否经过考古发掘	备注
路内地层土质一般，纯净，内含少量水锈纹斑点。路外地层土质一般，纯净，下见浅黄色沙质土。	否	
路内地层土质一般，内夹杂有灰白色沙质土及碎砖块等。路外地层土质一般，内含少量水锈纹斑点。	否	
路内地层土质密实，较硬，内含浅灰色夯土夹杂少量碎砖渣。路外地层土质松软，内含黑褐色土夹杂浅灰色土。下见浅黄色沙质土。	否	
路内地层土质松软，较黏，较净。该层下见水。路外地层土质松软，较黏，较净。该层下见水。	否	
路内地层土质较为松软，内含少量炉渣颗粒、草木灰。路外地层土质一般，下见浅黄色沙质土。	否	
路内地层土质较为松散。路外地层土质松散，内含碎砖渣、草木灰、炉渣颗粒。	否	
最北端路内地层土质一般，纯净；路外地层土质一般，较净。中北部路内地层土质一般，较净；路外地层土质一般，较净，内含水锈纹斑点。南端路内地层土质松软，水分稍大，内含有灰白色冲积沙层；路外地层土质松软，水分稍大，内含有灰白色冲积沙层。	否	
路内地层土质较硬，有明显踩踏层，内含碎砖渣、碎石块、白灰渣、草木灰和动物骨骼。路外地层土质较净。	否	
路内地层土质一般，内含深黑色淤积沙质生土层。路外地层土质较为松散，内含少量炭灰、动物骨骼。下见浅黄色沙质土。	否	
北部分岔口处路内地层土质较为松散，内含浅灰色、浅黄色淤积沙土；路外地层土质较为松散，内含深灰色淤积沙土夹杂少量碎砖渣。中部路内地层土质一般，内含深黑色、浅灰色淤积沙土；路外地层土质湿软，内含深灰色土夹杂浅灰色淤积沙土。南部路内地层土质一般，内含深黑色夹杂灰色淤泥土；路外地层土质松散，夹杂少量碎砖渣。	否	
路内地层土质较硬，内含路土分层，草木灰、乱砖瓦块。路外地层土质松散，内含深灰色土质、草木灰。	否	
北部路内地层土质密实，坚硬；路外地层土质一般，内含白灰渣点、草木灰、动物骨骼。中部路内地层土质较为松散，未发现包含物；路外地层土质湿软。南部路内地层土质湿软，内含深黑色淤积泥沙层；路外地层土质湿软，内含有浅灰色淤积沙质生土层。	否	
内部地层土质湿软，内含有深黑色淤积土层。该层下见水。外部地层土质松软，内含有深黑色淤积土层，该层下见水。	否	

续附表 2-1

序号	编号	名称	尺寸（米） 长 × 宽 – 深	方向	遗迹所在区域
28	NLWD2	东西第二街	720×（6～12）–2	东—西	位于外城南部，南距外城南苑墙、东西第一街分别为300 米和 100 米。
29	NLWD3	东西第三街	820×19–2.3	东—西	位于外城南部，南距外城南苑南墙、东西街分别为390 米和 80 米。东西贯通外城及外城西墙外护城河。
30	NLWD4	东西第四街	580×（12～15）–3.3	东—西	位于外城的中南部，南距东西第三街约 120 米。西端与南北第三街呈"丁"字形交会。
31	NLWD5	东西第五街	590×（8～12）–1.9	东—西	位于外城中部，南距东西第四街 约 140 米。西端与南北第三街呈"丁"字形交会，东端与南北第四街、第七街分别呈"十"字形和"丁"字形交会贯通。
32	NLWD6	东西第六街	570×（6～15）–1	东—西	位于外城的中部，南距东西第五街约 150 米。与南北第四街、第七街交会贯通。
33	NLWD7	东西第七街	540×（9～11）–1.5	东—西	位于外城中北部，南距东西第六街 120 米。西端与南北第二、第三街呈"丁"字和"十"字形贯通。
34	NLWD8	东西第八街	800×（8～15）–1.5	东—西	位于外城北部，南距东西第七街 130 米。西端与南北第一、第二街呈"十"字形交会，与南北第三街呈"十"字形贯通。
35	NLWD9	东西第九街	370×（4～8）–0.8	东—西	位于外城北侧，南距东西第八街 360 米左右。东端穿过隔墙后路土分支，与外城东北角的大面积路土贯通。
36	NLWD10	南北第一街	874×（6～8）–2.4	南—北	位于外城的西部，西距外城西墙 6～11 米。南端与东西第三街呈"十"字形贯通。
37	NLWD11	南北第二街	220×（4～10）–0.6	南—北	位于外城西部，西距外城西墙 70 米处，南北第一街50 米处。
38	NLWD12	南北第三街	950×（8～11）–2.2	南—北	位于外城西部，西距外城西墙 140 米处，南北第二街60 米处。
39	NLWD13	南北第四街	420×（6～11）–1.8	南—北	位于外城中东部，西距南北第三街约 400 米，东距城西墙 220 米。中部与东西第五街、东西第六街呈"十"字形交会。
40	NLWD14	南北第五街	375×（5～8）–2.3	南—北	位于外城西部，东距皇城西墙 216 米。路土北端与东西第三街呈"十"字形贯通。
41	NLWD15	南北第六街	174×6–2.5	南—北	位于外城西南部，东距皇城西墙 77 米，西距南北第五街 137 米。中部与东西第二街呈"丁"字形贯通。
42	NLWD16	南北第七街	970×（5～8）–1.3	南—北	位于外城西部，东距皇城西墙 20～40 米处。路土的中间段分别与东西第四、第五、第六、第七街呈"丁"字形贯通。

建筑结构	是否经过考古发掘	备注
地层土质松软，内含有深灰色土颗粒及淤积沙层。该层下见出水。	否	
南北向共探测三处断面地层：第一处土质坚硬，较净。夯土分层明显，每层厚约 15 厘米，内含有微量黑炭渣点。该层下见浅黄色生土层。第二处土质密实坚硬，夯土分层明显。该层下见浅黄色生土层。第三处土质坚硬密实，较净。该层下为深黑色土，土质较松。	否	
内部地层土质一般，较净，内含有深灰色和浅黄色淤积土。外部地层土质松软，内含有浅灰色淤积土。	否	
内部地层土质松散，较净，内含有微量黑炭渣点。外部地层土质松软，内含浅黄色土颗粒和深灰色土颗粒。	否	
内部地层土质密实，有明显踩踏层，内含浅黄色土颗粒和深黑色土。外部地层土质松软，内含浅黄色土颗粒和深黑色土。	否	
内部地层土质较硬，密实，内含动物骨骼和较多黑炭渣点、浅黄色土颗粒。外部地层土质较硬，内含微量黑炭渣点。	否	
地层分为三层：砌石区段地层土质湿软，内含有植物根茎类腐朽物和黑炭渣点；南侧段地层土质较硬，密实，内含有植物根茎类腐朽物和黑炭渣点；外部地层土质较硬，较净，内含有微量小白点颗粒物。	否	
地层土质松散，内含有微量黑炭渣点。该层下见浅黄色沙质土。	否	
北端地层土质较硬，内含有较多青灰色碎石渣。南端地层土质稍硬，内含微量黑炭渣点、浅黄色土颗粒。	否	
地层土质较硬，较纯净，内含有较多青灰色碎石渣。	否	
地层土质稍硬，含沙量稍大，内含动物骨骼、黑炭渣点、白釉瓷片碎渣。上面土质坚硬，稍净，踩踏层明显。	否	
内部地层土质一般，较净，无包含物。外部地层土质一般，较净，无包含物。该层下见浅黄色沙质生土层。	否	
内部地层土质松散，内含深灰色淤泥土。外部地层土质松软，内含深灰色淤积土及沙层。	否	
内部地层土质湿软，内含深黑色淤积土及沙土层。外部地层土质较软，内含深黑色淤积土及沙土层。	否	
北端地层土质较硬，踩踏层明显，内含少量草木灰和黑炭渣点。外部地层土质松软，内含黑淤泥及浅黄色淤沙层。	否	

第三部分　元上都遗址城内建筑基址

附表 3-1 宫城城内建筑基址数据采集表（F 代表房址，Y 代表院落）

此表中墙基高度指高出地表高度，而非勘探深度。

序号	编号	尺寸（米）长 × 宽 – 高	方向（度）	遗迹所在区域
01	NLGF1	10.3 × 8.7–0.5	6°	宫城内西南角
02	NLGF2	6.1 × 9.8–1.5	6°	宫城内西南角
03	NLGY3	35.3 × 38–0.6	10°	宫城内西南角
04	NLGY4	75 × 65–0.3	11°	宫城内西南角
05	NLGY5	46 × 59–0.3	6°	宫城内西南角
06	NLGY6	59 × 48–0.8	7°	宫城内西南角

建筑结构		是否经过考古发掘	备注
呈方形土堆状，土石结构，石基裸露，墙体高 0.5 米，墙基宽约 1 米，南北约 8.7 米，东西约 10.3 米。		否	
墙体呈不规则土堆状，西宽东窄，为土石结构，石基裸露，墙体最高处约 1.5 米，基宽约 1 米，南北约 9.8 米，东西约 6.1 米。		否	
呈方形土堆状，砖石混筑，南北约 38 米，东西约 35.3 米，高约 0.6 米，墙基模糊。		否	
NLGY3—F1	房址紧挨院落西墙，南北约 11.1 米，东西约 5.3 米，墙基宽约 0.6 米，高约 0.4 米。		
NLGY3—F2	房址紧挨院落北墙，石基明显，外围南北约 19.3 米，东西约 17.8 米；内围南北约 6.3 米，东西约 9.1 米。高约 0.3 米。		
院落呈不规则形状，墙基模糊，南北约 65 米，东西约 75 米，高约 0.3 米。		否	
NLGY4—F1	呈方形土堆状，砖石混筑，南北约 9.5 米，东西约 14.3 米，高约 2.3 米，墙基宽度不明显。		
NLGY4—F2	呈长方形土堆状，砖石混筑，南北约 12.1 米，东西约 7.9 米，高约 0.8 米，墙基宽约 0.5 米。		
NLGY4—F3	呈长方形土堆状，砖石混筑，南北约 36.5 米，东西约 24.5 米，高约 0.3 米，墙基宽约 0.5 米。		
NLGY4—F4	呈长方形土堆状，砖石混筑，南北约 22.2 米，东西约 10.5 米，高约 0.8 米，墙基宽约 0.8 米。		
NLGY4—F5	呈长方形土台状，砖石混筑，石基明显，高约 0.8 米，墙基宽约 0.5 米，南北约 13.2 米，东西约 21.8 米。		
呈方形土堆状，墙基模糊，高约 0.3 米，南北约 59 米，东西约 46 米。		否	
NLGY5—F1	呈方形土堆状，石基明显，墙基宽约 0.5 米，高约 0.3 米，南北约 23 米，东西约 18.9 米。		
呈方形土堆状，墙基模糊，南北约 48 米，东西约 59 米，高约 0.8 米。		否	
NLGY6—F1	呈方形土堆状，石基明显，宽约 0.6 米，南北约 11.5 米，东西约 14 米，高约 1.5 米。		

续附表 3-1

序号	编号	尺寸（米） 长 × 宽 - 高	方向（度）	遗迹所在区域
07	NLGY7	56 × 49-0.3	9°	宫城内南侧中部
08	NLGF8	9.1 × 4.3-0.2	6°	宫城内南侧中部
09	NLGF9	23 × 8.5-0.8	6°	宫城内西南角
10	NLGY10	26.1 × 26.5-0.8	7°	宫城内南侧中部
11	NLGY11	20.2 × 9.8-0.2	4°	宫城内南侧中部
12	NLGY12	32 × 39.2-0.8	10°	宫城内南侧中部
13	NLGF13	8.8 × 17.3-0.5	9°	宫城内南侧中部

建筑结构		是否经过考古发掘	备注
呈方形土堆状，墙基依稀可见，有零星碎石块。高约 0.3 米，墙基宽约 0.6 米，南北约 49 米，东西约 56 米。		否	
NLGY7—F1	呈方形土堆状，墙基明显，宽约 1.5 米，南北约 7.8 米，东西约 13.6 米，高约 1 米。		
NLGY7—F2	呈方形土堆状，墙基明显，宽约 0.8 米，南北约 43.5 米，东西约 34.6 米，高约 0.6 米。		
呈长方形土台，基础可辨，墙基宽约 0.8 米，高约 0.2 米，南北约 4.3 米，东西约 9.1 米。		否	
呈长方形土台，墙基模糊，高约 0.8 米，南北约 8.5 米，东西约 23 米。		否	
呈方形土堆状，墙基明显，高约 0.8 米，墙基宽约 1 米，南北约 26.5 米，东西约 26.1 米。		否	
NLGFY10—F1	呈方形土堆状，基础明显，墙基宽 0.6 米，最高 0.8 米。		
NLGY10—F2	呈方形土堆状，有零星石块可见，基础模糊，高与宽不清楚。		
呈方形土堆状，墙基模糊，高约 0.2 米，南北约 9.8 米，东西约 20.2 米。		否	
NLGY11—F1	呈方形土堆状，基础零星可见，高 0.3 米，基础宽模糊。		
NLGY11—F2	呈方形土堆状，基础零星可见，宽 0.8 米，南北约 4.4 米，东西 3.8 米，高 0.8 米。		
呈方形土堆状，墙基轮廓清楚，高约 0.8 米，墙基宽约 0.8 米，南北约 39.2 米，东西约 32 米。		否	
NLGY12—F1	方形土堆，墙基轮廓清楚，宽约 0.5 米，砖石遍布，分布有少量瓦当，高约 1.5 米，南北约 8.3 米，东西约 11.2 米。		
NLGY12—F2	方形土堆，墙基轮廓清楚，砖石混筑，高约 0.6 米，墙基宽约 0.8 米，南北约 11.5 米，东西约 5.3 米。		
呈方形土堆状，墙基轮廓依稀可见，分布有零星碎石块，高约 0.5 米，墙基宽约 0.8 米，南北约 17.3 米，东西约 8.8 米。		否	

续附表 3-1

序号	编号	尺寸（米） 长 × 宽 - 高	方向（度）	遗迹所在区域
14	NLGY14	43 × 45-1.5	8°	宫城内南侧中部
15	NLGF15	6.4 × 25.6-1.5	8°	宫城内南侧中部
16	NLGY16	34 × 43-1.4	8°	宫城内东南角
17	NLGY17	28 × 39-1.2	6°	宫城内东南角
18	NLGF18	16.9 × 22.3-2	5°	宫城内东南角
19	NLGF19	12.5 × 18.5-0.8	14°	宫城内东南角
20	NLGF20	15 × 12.2-0.6	19°	宫城内东侧中部
21	NLGF21	30.5 × 31.5-1.8	10°	宫城内东南角
22	NLGF22	10.3 × 12.6-2.5	4°	宫城内中部
23	NLGF23	35.5 × 30.5-0.3	12°	宫城内东侧中部

	建筑结构	是否经过考古发掘	备注
平面呈长方形，墙基裸露，宽约 0.6 米，高约 1.5 米，南北 45 米，东西约 43 米。			
NLGY14—F1	呈方形土台，墙址有零星石块可见，南北 12.1 米，东西约 16.9 米，高约 1.5 米。	否	
NLGY14—F2	呈方形土堆，基址依稀可见，墙基宽约 0.6 米，南北约 13.5 米，东西约 6.9 米，高约 0.8 米。		
NLGY14—F3	呈方形土堆，基址有零星碎石可见，南北约 12.3 米，东西 6.6 米，高 0.5 米。		
呈长方形土堆状，石基零星可见，高约 1.5 米，石基宽不明显，南北约 25.6 米，东西约 6.4 米。		否	
平面呈长方形，基础明显，墙基宽约 0.6 米，分布有石块、砖块和瓦片，高约 1.4 米，南北约 43 米，东西约 34 米。			
NLGY16—F1	呈方形土堆状，基址明显，墙基清晰可见，宽 1 米，南北 18.9 米，东西约 17.7 米，高约 2.5 米。	否	
NLGY16—F2	呈方形土堆状，墙基清晰可见，宽约 0.8 米，南北约 6.4 米，东西约 5.9 米，高约 1.2 米。		
呈长方形，基础明显，高约 1.2 米，墙基宽约 0.5 米，南北约 39 米，东西约 28 米。			
NLGY17—F1	呈方形土堆状，墙基模糊，高约 0.8 米，南北约 9.5 米，东西约 7.5 米。		
NLGY17—F2	呈方形土堆状，墙基模糊，高约 0.4 米，南北约 5 米，东西约 6.5 米。		
呈方形土堆状，墙体模糊，高 2 米，南北约 22.3 米，东西约 16.9 米。		否	
呈长方形低矮土堆状，墙基轮廓依稀可见，分布有零星碎石块，高约 0.8 米，南北约 18.5 米，东西约 12.5 米。		否	
呈方形土台，墙基模糊，基本不能辨别，分布有零星碎石块，高约 0.6 米，南北约 12.2 米，东西约 15 米。		否	
呈方形土堆状，墙基轮廓清楚，砖石混筑，高约 1.8 米，墙基宽约 0.6 米，南北约 31.5 米，东西约 30.5 米。		否	
呈方形土台，墙基轮廓清楚，土石结构，高约 2.5 米，墙基宽约 1 米，南北约 12.6 米，东西约 10.3 米。		否	
呈方形土堆状，土石结构，外部墙基轮廓基本能辨别，高约 0.3 米，墙基宽约 0.8 米，南北约 30.5 米，东西约 35.5 米。内部墙基轮廓清楚，砖石混筑，高约 0.8 米，墙基宽约 0.6 米，南北约 10.8 米，东西约 12.3 米。		否	

续附表 3-1

序号	编号	尺寸（米） 长 × 宽 - 高	方向（度）	遗迹所在区域
24	NLGY24	78 × 73-0.3	15°	宫城内中部
25	NLGY25	17 × 20-0.8	19°	宫城内西侧中部
26	NLGY26	10.2 × 8.5-1.2	16°	宫城内西侧中部

建筑结构	是否经过考古发掘	备注
呈方形土堆状，墙基基础完整，碎石较多，宽约 0.6 米，高约 0.3 米，南北约 73 米，东西约 78 米。		
NLGY24—F1　呈方形土堆状，石基依稀可见，砖石混筑，南北约 17.1 米，东西约 23.5 米，墙基约 0.6 米，高 0.8 米。		
NLGY24—F2　呈方形土堆状，零星石块分布，南北约 12.5 米，东西约 9.9 米，高约 0.3 米，墙基宽约 0.8 米。		
NLGY24—F3　呈土堆状，墙基模糊，零星石块分布，南北 18.3 米，东西约 13 米，高约 1.5 米。		
NLGY24—F4　呈方形土堆状，墙基不明显，南北约 10.1 米，东西约 13 米，高约 1.5 米。	否	
NLGY24—F5　呈方形土堆状，墙体基础明显，宽约 0.8 米，南北约 50.8 米，东西约 15.3 米，最高处约 0.8 米。		
NLGY24—F6　呈方形土堆状，墙基不明显，南北约 26.5 米，东西约 16.8 米，高约 0.6 米。		
NLGY24—F7　呈方形土堆状，墙体为石基且整齐排列，基宽约 1 米，南北约 10.6 米，东西约 6.5 米，高约 1 米。		
呈长方形土堆状，基础明显，宽 0.6 米，高约 0.8 米，南北约 20 米，东西约 17 米，遗存丰富，砖瓦较多。		
NLGY25—F1　呈方形土台，南北约 5 米，东西约 8.8 米，石基明显，宽 0.6 米，最高处 1.2 米。		
NLGY25—F2　呈方形土台，南北约 8.6 米，东西约 7 米，石基明显，墙基宽 0.6 米，高 0.8 米。	否	
NLGY25—F3　呈方形土台，南北约 8.7 米，东西约 6.3 米。		
呈长方形土堆状，墙基零星可见，高 1.2 米，墙基轮廓不清，南北约 8.5 米，东西约 10.2 米。	否	

续附表 3-1

序号	编号	尺寸（米）长 × 宽 – 高	方向（度）	遗迹所在区域
27	NLGY27	40 × 22.3–0.3	9°	宫城内西侧中部
28	NLGY28	30 × 26–1.1	5°	宫城内西侧中部
29	NLGF29	28 × 26.5–0.3	6°	宫城内东侧中部
30	NLGF30	10 × 7.5–0.6	350°	宫城内东侧中部
31	NLGF31	5 × 3.5–0.3	4°	宫城内东侧中部
32	NLGF32	24 × 10–0.8	11°	宫城内东侧中部
33	NLGF33	48 × 8–1	9°	宫城内东侧中部
34	NLGF34	10 × 4.5–0.2	10°	宫城内东侧中部

建筑结构		是否经过考古发掘	备注
呈不规则土堆状，墙基清晰可见，高约 0.3 米，墙基宽约 0.6 米，南北约 22.3 米，东西约 40 米。		否	
NLGY27—F1	呈方形土堆状，砖石混筑，基础明显，基宽约 0.6 米，南北约 7.7 米，东西约 8.4 米，高约 0.5 米。		
NLGY27—F2	呈方形土台，砖石混筑，基础明显，基宽约 0.6 米，南北约 7.6 米，东西约 17.2 米，高约 1.5 米。		
NLGY27—F3	呈方形土堆状，砖石混筑，基础明显，基宽约 0.6 米，南北约 9 米，东西约 5.7 米，高约 0.5 米。		
NLGY27—F4	呈方形土堆状，砖石混筑，基础明显，基宽约 0.5 米，南北约 9 米，东西约 8.5 米，高约 0.6 米。		
NLGY27—F5	呈方形土台，砖石混筑，基础明显，基宽约 0.6 米，南北约 8 米，东西约 11.1 米，最高处约 2 米。		
呈不规则土堆状，墙基模糊，高约 1.1 米，南北约 26 米，东西约 30 米。		否	
NLGY28—F1	呈方形土堆状，土石结构，基础零星可见，高约 1.1 米，墙基宽约 0.6 米，南北约 5.6 米，东北约 11 米。		
呈不规则土堆状，院落依稀可辨，砖石混筑，高约 0.3 米，墙基宽约 1.1 米，南北约 26.5 米，东西约 28 米。		否	
呈不规则土堆状，院落依稀可辨，砖石混筑，高约 0.6 米，墙基宽约 0.7 米，南北约 7.5 米，东西约 10 米。		否	
呈方形低矮土堆状，墙基不清，遍布石块，高约 0.3 米，南北约 3.5 米，东西约 5 米。		否	
呈方形土堆状，墙基轮廓依稀可见，分布有零星碎石块，高约 0.8 米，墙基宽约 0.6 米，南北约 10 米，东西约 24 米。		否	
呈不规则土堆状，土石结构，墙基轮廓依稀可见，分布有零星碎石块，高约 1 米，墙基宽约 0.6 米，东侧南北约 6.5 米，西侧南北约 8 米，东西约 48 米。		否	
呈方形矮土台，墙基依稀可见，高约 0.2 米，墙基宽约 1.2 米，南北约 4.5 米，东西约 10 米。		否	

续附表 3-1

序号	编号	尺寸（米）长 × 宽 - 高	方向（度）	遗迹所在区域
35	NLGY35	36 × 30-0.5	19°	宫城内东侧中部
36	NLGF36	10 × 16.5-1	4°	宫城内东侧中部
37	NLGF37	直径 23-1.8	5°	宫城内东侧中部
38	NLGF38	直径 23.5-1.8	4°	宫城内东侧中部
39	NLGF39	24.5 × 17-0.8	6°	宫城内东侧中部
40	NLGY40	边长约 33 米	5°	宫城内东侧中部
41	NLGF41	4.2 × 7.5-0.1	6°	宫城内中部
42	NLGF42	18.6 × 17-1.5	6°	宫城内中部
43	NLGF43	9.3 × 12.8-0.2	6°	宫城内中部

建筑结构		是否经过考古发掘	备注
呈长方形，高约 0.5 米，南北约 30 米，东西约 36 米。			
NLGY35—F1	呈方形土台，土石混筑，墙基依稀可见，宽约 0.6 米，南北约 9 米，东西约 9.5 米，高约 1.5 米。	否	
NLGY35—F2	南北约 13 米，东西约 7 米，高约 0.6 米，墙基宽约 0.8 米。		
NLGY35—F3	呈方形土堆状，基础依稀可见，墙基宽约 0.8 米，南北约 5.5 米，东西约 7 米，高约 0.3 米。		
呈不规则土堆状，墙基轮廓不清，砖石混筑，高约 1 米，南北约 16.5 米，东西约 10 米。		否	
呈圆形土堆状，土石结构，墙基轮廓不明显，内部遍布石块，高约 1.8 米，直径 23 米。		否	
呈圆形土堆状，土石结构，墙基轮廓不明显，内部遍布砖、瓦，高约 1.8 米，直径 23.5 米。		否	
呈方形低矮土堆状，土石结构，墙基轮廓依稀可见，分布有零星碎石块，墙基宽约 0.8 米，高约 0.8 米，南北约 17 米，东西约 24.5 米。		否	
基址近方形，前后两排均有房址。		否	宫学遗址（文本 15 号）
呈方形土堆状，墙基轮廓清楚，整齐排列，砖石混筑，高约 0.1 米，墙基宽约 0.5 米，南北约 7.5 米，东西约 4.2 米。		已发掘，四周墙体呈"人"字形砌法。	
底层台基呈方形土台，石块堆砌而成，排列整齐，宽约 0.6 米，高约 0.5 米，南北约 17 米，东西约 18.6 米。		东南石基已发掘，"人"字形砌法，二层台基轮廓清楚，高约 1.5 米，墙基宽约 0.6 米，南北约 8.8 米，东西约 11 米。	
墙基轮廓不清楚，高约 0.2 米，南北约 12.8 米，东西约 9.3 米。		否	

续附表 3-1

序号	编号	尺寸（米） 长 × 宽 - 高	方向（度）	遗迹所在区域
44	NLGY44	47 × 77-0.8	6°	宫城内中部
45	NLGF45	8 × 7-0.3	5°	宫城内中部
46	NLGY46	59.9 × 40.8-0.6	5°	宫城内东侧中部

建筑结构		是否经过考古发掘	备注
呈方形土堆状，墙基模糊，基本不能辨别，分布有零星碎石块，高约 0.8 米，南北约 77 米，东西约 47 米。		否	香殿遗址 NLGY44— F7、F8、F9（文本 10 号）
NLGY44—F1	呈方形土堆状，墙基轮廓清楚，砖石混筑，高约 0.8 米，墙基宽约 0.8 米，南北约 55.8 米，东西约 5.5 米。		
NLGY44—F2	呈方形土堆状，墙基轮廓依稀可见，分布有零星碎石块，高约 0.8 米，南北约 12.3 米，东西约 15.1 米。		
NLGY44—F3	呈方形土堆状，墙基轮廓不清楚，砖石混筑，高约 0.8 米，墙基宽约 0.8 米。		
NLGY44—F4	呈方形土堆状，墙基轮廓依稀可见，墙基宽约 0.6 米，分布有零星碎石块，高约 0.5 米，南北约 5.1 米，东西约 8.6 米。		
NLGY44—F5	呈方形土堆状，墙基轮廓依稀可见，分布有零星碎石块，高约 0.8 米，南北约 10 米，东西约 7 米。		
NLGY44—F6	呈方形土堆状，墙基轮廓依稀可见，分布有零星碎石块，高约 0.8 米，南北约 9 米，东西约 27 米。		
NLGY44—F7、F8、F9	基址呈长方形，东侧有廊道且与大安阁相连，南北约 28 米，东西约 35 米。		
呈长方形，基础不明显，有零星碎石块分布，高约 0.3 米，南北约 7 米，东西约 8 米。		否	
墙基轮廓不清楚，有零星碎石块分布，高约 0.6 米，南北约 40.8 米，东西约 59.9 米。其东向及 1 号房址西北角发现有柱础。		否	洪禧殿遗址 NLGY46— F4、F6、F7（文本 8 号）
NLGY46—F1	呈方形土台，墙基轮廓不清楚，有零星碎石块分布，高约 2.5 米，南北约 9.6 米，东西约 11.5 米。		
NLGY46—F2	呈方形土堆状，墙基轮廓不清楚，有零星碎石块分布，高约 0.5 米，南北约 6.6 米，东西约 11 米。		
NLGY46—F3	呈方形土堆状，墙基轮廓不清楚，有零星碎石块分布，高约 0.5 米，南北约 8.3 米，东西约 5 米。		
NLGY46 — F4、F6、F7	院落平面呈长方形，院内偏北为方形建筑台基。南北约 50 米，东西约 55 米。		
NLGY46—F5	呈方形土堆状，墙基轮廓不清楚，有零星碎石块分布，高约 0.5 米，南北约 6.3 米，东西约 7.3 米。		
NLGY46—F8	呈方形土堆状，墙基轮廓不清楚，砖石混筑，有零星碎石块分布，高约 0.2 米，南北约 5.5 米，东西约 9 米。		

续附表 3-1

序号	编号	尺寸（米）长 × 宽 - 高	方向（度）	遗迹所在区域
47	NLGF47	8.1 × 5.1-0.8	4°	宫城内东侧中部
48	NLGY48	50 × 68-0.9	5°	宫城内东侧中部
49	NLGY49	60.4 × 50.1-0.2	2°	宫城内东侧中部
50	NLGY50	38 × 28-2	6°	宫城内东侧中部
51	NLGY51	17.6 × 21.7-0.3	2°	宫城内东侧中部
52	NLGF52	32 × 6.5-0.3	5°	宫城内东侧中部

建筑结构		是否经过考古发掘	备注
呈方形土堆状，墙基轮廓不清楚，有零星碎石块分布，高约 0.8 米，南北约 5.1 米，东西约 8.1 米。		否	
院落平面呈长方形，院内北侧有长方形建筑台基，南北约 68 米，东西约 50 米。		否	崇寿殿遗址（文本 9 号）
墙基轮廓不清楚，有零星碎石块，高约 0.2 米，南北约 50.1 米，东西约 60.4 米。			
NLGY49—F1	呈不规则形状，墙基轮廓清楚，有零星碎石块，高约 0.6 米，墙基宽约 0.6 米，南北约 11 米，东西约 11.8 米。		
NLGY49—F2	呈方形土堆状，墙基轮廓可见，砖石混筑，有零星碎石块分布，高约 2.5 米，墙基宽约 0.8 米，南北约 11.2 米，东西约 12 米。		
NLGY49—F3	墙基轮廓不清楚，有零星碎石块，高约 0.2 米，南北约 11 米，东西约 11.8 米。	否	
NLGY49—F4	呈方形土堆状，墙基轮廓可见，有零星碎石块分布，高约 0.8 米，墙基宽约 0.8 米，南北约 6.8 米，东西约 5.5 米。		
NLGY49—F5	墙基轮廓不清楚，有零星碎石块分布，高约 0.8 米，墙基宽约 0.5 米，南北约 7.9 米，东西约 7.1 米。		
NLGY49—F6	呈方形土堆状，墙基轮廓清楚，砖石混筑，高约 0.8 米，墙基宽约 0.5 米，南北约 11.1 米，东西约 6.1 米。		
NLGY49—F7	呈不规则形状，墙基轮廓清楚，砖石混筑，高约 0.5 米，墙基宽约 0.8 米，南北约 16.2 米，东西约 5.7 米。		
基址呈长方形，台基周围地势低洼，形成一环形壕沟。		否	水晶殿遗址（文本 3 号）
呈方形土堆状，墙基轮廓清楚，整齐排列，高约 0.3 米，墙基宽约 0.8 米，南北约 21.7 米，东西约 17.6 米。			
NLGY51—F1	方形土堆，墙基轮廓不清楚，有零星碎石块分布，高约 0.3 米，南北约 9 米，东西约 8.5 米。	否	
NLGY51—F2	方形土堆，墙基轮廓清楚，砖石混筑，高约 1.8 米，墙基宽约 0.4 米，南北约 10.8 米，东西约 11 米。		
呈长方形土堆状，墙基模糊，有零星碎石块分布，高约 0.3 米，南北约 6.5 米，东西约 32 米。		否	

续附表 3-1

序号	编号	尺寸（米）长 × 宽 - 高	方向（度）	遗迹所在区域
53	NLGF53	10.3 × 5.6–0.2	5°	宫城内东北角
54	NLGY54	16.4 × 13.2–0.5	2°	宫城内东北角
55	NLGY55	21.5 × 27.5–0.3	8°	宫城内东北角
56	NLGF56	6 × 5–0.5	5°	宫城内东北角
57	NLGF57	9 × 8–0.5	5°	宫城内东北角
58	NLGF58	11 × 12–0.6	5°	宫城内东北角
59	NLGF59	6 × 9–0.5	5°	宫城内东北角
60	NLGF60	7 × 8–0.6	8°	宫城内东北角
61	NLGF61	13.5 × 8.6–0.3	6°	宫城内东北角
62	NLGF62	19 × 7.3–1.5	4°	宫城内北侧中部
63	NLGF63	18. × 19.7–0.6	6°	宫城内北侧中部

建筑结构		是否经过考古发掘	备注
呈长条形土堆状，墙基轮廓不清楚，有零星碎石块分布，高约 0.2 米，南北约 5.6 米，东西约 10.3 米。		否	
呈方形土堆状，墙基轮廓不清楚，有零星碎石块分布，高约 0.5 米，南北约 13.2 米，东西约 16.4 米。		否	
呈方形土堆状，墙基轮廓清楚，砖石混筑，高约 0.3 米，墙基宽约 0.5 米，南北约 27.5 米，东西约 21.5 米。		否	
NLGY55—晚期房址	呈方形土堆状，墙基轮廓清楚，砖石混筑，高约 2 米，墙基宽约 0.8 米，南北约 10.6 米，东西约 9.6 米。		
NLGY55—近代（西）	呈方形土堆状，墙基轮廓清楚，高约 0.5 米，墙基宽约 0.5 米，南北约 3.3 米，东西约 4 米。		
NLGY55—近代（东）	呈方形土堆状，墙基轮廓清楚，高约 0.3 米，墙基宽约 0.5 米，南北约 2.7 米，东西约 2.8 米。		
呈方形土堆状，墙基轮廓不清楚，有零星碎石块分布，高约 0.5 米，南北约 5 米，东西约 6 米。		否	
呈不规则形状，墙基轮廓不清楚，有零星碎石块分布，高约 0.5 米，南北约 8 米，东西约 9 米。		否	
呈方形土堆状，墙基轮廓不清楚，有零星碎石块分布，高约 0.6 米，南北约 12 米，东西约 11 米。		否	
墙基轮廓不清楚，有零星碎石块分布，高约 0.5 米，南北约 9 米，东西约 6 米。		否	
呈方形土堆状，墙基轮廓不清楚，有零星碎石块分布，高约 0.6 米，南北约 8 米，东西约 7 米。		否	
呈方形土堆状，墙基轮廓不清楚，有零星碎石块分布，高约 0.3 米，南北约 8.6 米，东西约 13.5 米。		否	
墙体不明显，土石混筑，有零星石块分布，高约 1.5 米。		否	
呈不规则长方形，房基砌石断续显露，砌石内夹杂少量灰砖块，高约 0.6 米，墙基宽约 0.8 米，南北约 19.7 米，东西约 18 米。		否	

续附表 3-1

序号	编号	尺寸（米）长 × 宽 - 高	方向（度）	遗迹所在区域
64	NLGY64	67 × 34-0.6	6°	宫城内北侧中部
65	NLGF65	18.3 × 33.6-1	6°	宫城内北侧中部
66	NLGF66	15 × 8.8-0.5	6°	宫城内北侧中部
67	NLGF67	20.5 × 24.8-0.8	6°	宫城内北侧中部
68	NLGF68	3.9 × 24.8-0.8	6°	宫城内北侧中部
69	NLGF69	10 × 17.4-0.2	6°	宫城内北侧中部
70	NLGF70	18.6 × 7.8-0.1	6°	宫城内北侧中部
71	NLGF71	6.6 × 8.5-0.8	6°	宫城内北侧中部
72	NLGF72	13 × 11.8-0.5	6°	宫城内北侧中部
73	NLGF73	5.5 × 3.5-0.8	6°	宫城内北侧中部
74	NLGY74	43 × 40	10°	宫城内西北角

建筑结构		是否经过考古发掘	备注
呈不规则形状，墙体曲折，高低起伏，最高处 0.6 米，南北约 34 米，东西约 67 米。		否	
NLGY64—F1	呈方形土堆状，轮廓清晰，高约 0.3 米，墙基宽约 0.8 米，南北约 3.5 米，东西约 6.5 米。		
NLGY64—F2	呈方形土堆状，轮廓清晰，高约 0.6 米，墙基宽约 0.8 米，南北约 11.4 米，东西约 8.3 米。		
NLGY64—F3	呈方形土堆状，轮廓清晰，高约 0.5 米，墙基宽约 0.6 米，南北约 9.2 米，东西约 6 米。		
NLGY64—晚期（北）	方形土台，砖石混筑，墙基依稀可见，高约 2.5 米，墙基宽约 1.2 米，南北约 11.5 米，东西约 17.9 米。		
NLGY64—晚期（西）	方形土台，砖石混筑，墙基依稀可见，高约 2.5 米，墙基宽约 1 米，南北约 10 米，东西约 8.5 米。		
NLGFY64—晚期（东）	方形土台，砖石混筑，墙基依稀可见，高约 2.5 米，墙基宽约 0.8 米，南北约 6.4 米，东西约 4.2 米。		
呈方形土堆状，墙基轮廓清楚，高约 1 米，墙基宽约 0.8 米，南北约 33.6 米，东西约 18.3 米。		否	
呈方形土堆状，墙基轮廓清楚，砖石混筑，高约 0.5 米，墙基宽约 0.8 米，南北约 8.8 米，东西约 15 米。		否	
呈方形土堆状，墙基轮廓清楚，高约 0.8 米，墙基宽约 0.8 米，南北约 24.8 米，东西约 20.5 米。		否	
呈方形土堆状，墙基轮廓清楚，高约 0.8 米，墙基宽约 0.8 米，南北约 24.8 米，东西约 3.9 米。		否	
呈方形土堆状，墙基轮廓清楚，碎石分布，高约 0.2 米，墙基宽约 0.8 米，南北约 17.4 米，东西约 10 米。		否	
呈方形土堆状，墙基轮廓不清楚，高约 0.1 米，南北约 7.8 米，东西约 18.6 米。		否	
呈方形土堆状，墙基轮廓清楚，高约 0.8 米，墙基宽约 0.8 米，南北约 6.6 米，东西约 8.5 米。		否	
呈方形土堆状，墙基轮廓依稀可见，分布有零星碎石块，高约 0.5 米，南北约 11.8 米，东西约 13 米。		否	
呈长方形土堆状，基础不明显，高 0.8 米，南北约 3.5 米，东西约 5.5 米。		否	
基址呈长方形，南侧正中为约 30 米的长廊，四周建有围墙。		否	仁寿殿遗址（文本 20 号）

续附表 3-1

序号	编号	尺寸（米）长 × 宽 – 高	方向（度）	遗迹所在区域
75	NLGY75	25×24	10°	宫城内西北角
76	NLGY76	47×31–0.8	9°	宫城内西北角
77	NLGY77	21×23–1.6	9°	宫城内西北角
78	NLGY78	14×22–0.6	10°	宫城内西北角
79	NLGY79	17×24.5–0.8	9°	宫城内西北角

建筑结构		是否经过考古发掘	备注
基址呈长方形，南侧正中有突出的踏道，四周建有围墙。		否	睿思殿遗址（文本19号）
呈不规则形状，堆积高低起伏，墙基模糊，高约 0.8 米，南北约 31 米，东西约 47 米。		否	
NLGY76—F1	呈长方形土台，墙基依稀可见，南北约 7 米，东西约 15.5 米，高约 0.8 米，墙基宽约 0.8 米。		
NLGY76—F2	呈方形土堆状，砖石混筑，南北约 6.5 米，东西约 6.5 米，墙基明显，高约 0.3 米，墙基宽约 0.8 米。		
NLGY76—F3	呈方形土堆状，砖石混筑，零星砖瓦，南北约 7 米，东西约 7 米，高约 0.8 米，墙基宽约 0.8 米。		
NLGY76—F4	呈方形土堆状，墙基明显，砖石混筑，南北约 6 米，东西约 8 米，墙基明显，高约 0.5 米，墙基宽约 0.7 米。		
呈正方形土堆状，墙基模糊，南部略低，高约 1.6 米，南北约 23 米，东西约 21 米。		否	
NLGY77—F1	呈方形土堆状，石基依稀可见，宽约 0.7 米，遍布石块砖瓦，南北约 10.5 米，东西约 6.5 米，高 1.6 米。		
NLGY77—F2	呈方形土堆状，土石混筑，石基依稀可见，宽约 0.7 米，遍布石块砖瓦，南北约 9.5 米，东西约 10.5 米，高 1.6 米。		
NLGY77—F3	呈方形土堆状，土石混筑，石基依稀可见，宽约 0.7 米，遍布石块砖瓦，南北约 6.5 米，东西约 12.5 米，高 1.6 米。		
NLGY77—F4	呈方形土堆状，土石混筑，石基依稀可见，宽约 0.7 米，遍布石块砖瓦，南北约 7.5 米，东西约 6.5 米，高 1.6 米。		
NLGY77—F5	呈方形土堆状，土石混筑，石基依稀可见，宽约 0.7 米，遍布石块砖瓦，南北约 6 米，东西约 7.5 米，高 1.6 米。		
呈方形土堆状，墙基轮廓模糊，分布有零星碎石块，最高处 0.6 米，南北约 22 米，东西约 14 米。		否	
NLGY78—F1	呈方形土台，土石结构，墙基轮廓依稀可见，遍布砖瓦，高约 1.5 米，墙基宽约 0.8 米，南北约 6.5 米，东西约 12.5 米。		
NLGY78—F2	呈方形土台，土石结构，墙基轮廓依稀可见，高约 2.5 米，墙基宽约 0.7 米，南北约 8 米，东西约 15 米。		
呈方形低矮土堆状，土石结构，墙基轮廓依稀可见，分布有零星碎石块，高约 0.8 米，南北约 17 米，东西约 24.5 米。		否	

续附表 3-1

序号	编号	尺寸（米） 长 × 宽 - 高	方向（度）	遗迹所在区域
80	NLGF80	30 × 43.5-0.5	13°	宫城内西北角
81	NLGF81	10 × 8.5-1.2	15°	宫城内西北角
82	NLGF82	14 × 17-0.4	11°	宫城内北侧中部
83	NLGF83	6.5 × 4.5-0.8	8°	宫城内北侧中部
84	NLGY84	20 × 19.5-0.5	4°	宫城内东侧中部
85	NLGF85	36.5 × 30-1.5	6°	宫城中心
86	NLGF86	137 × 67	3°	宫城内北侧中部

建筑结构		是否经过考古发掘	备注
为三层土台，外层墙基清晰可见，排列整齐，砖石混筑，高约0.5米，墙基宽约1米，南北约43.5米，东西约30米。二层墙基依稀可见，分布有零星碎石块，砖石混筑，高约0.5米，墙基宽约0.8米，南北约17米，东西约19米。三层台基呈方形土台，墙基清晰可见，砖石混筑，遍布砖瓦、石块，高约1.5米，墙基宽约0.7米，南北约6.5米，东西约11米。		否	
呈方形土台，墙基依稀可见，砖石混筑，遍布砖瓦、石块，高约1.2米，墙基宽约0.8米，南北约8.5米，东西约10米。		否	
为双层土台，外围墙基依稀可见，砖石混筑，高约0.4米，墙基宽约0.8米，南北约17米，东西约14米。内部呈方形土台，墙基清晰可见，砖石混筑，高约1.2米，墙基宽约0.8米，南北约5.5米，东西约9米。		否	
呈方形土台，墙基轮廓不明显，遍布砖瓦，高约0.8米，南北约4.5米，东西约6.5米。		否	
呈方形土台，墙基轮廓清楚，整齐排列，砖石混筑，高约0.5米，墙基宽约0.6米，南北约19.5米，东西约20米。		否	
NLGY84—F1	呈方形土台，墙基轮廓清楚，砖石混筑，高约0.6米，墙基宽约0.8米，南北约3.5米，东西约4.2米。		
基址呈方形，分上、下两层建筑基址。下层为元代建筑基址，出土有汉白玉龙纹角柱；上层为明清时期的喇嘛庙遗址，由石砌围基、建筑殿址和西北角房址三部分组成。			下层建筑基址现仅存基址部分，叠压在上层建筑基址的石砌围基之下，基址底部外圆用规整的条形砂岩围住。	大安阁遗址（文本1号）
基址为阙式，两侧有对称相连的东西配殿趋前，中殿呈"凸"字形。		现存台基内筑夯土，外包青砖，宽约1～2米，包砖内侧为错缝平砌，外侧采用经过加工特制的直角梯形面砖顺砌，台基东翼顶部原有大型的楼阁式木结构建筑。	穆清阁遗址（文本2号）

附表 3-2　皇城城内建筑基址数据采集表

此表中墙基高度指墙体高出现地表高度，非勘探高度。

序号	编号	尺寸（米）东西 × 南北 – 高	方向（度）	遗迹所在区域
001	NLHF1	17 × 10–0.7	10°	皇城西北部
002	NLHF2	15 × 8	12°	皇城西北部
003	NLHF3	12 × 9	13°	皇城西北部
004	NLHF4	130 × 40–0.6	14°	皇城西北部
005	NLHF5	10 × 8–0.8	40°	皇城西北部
006	NLHF6	12 × 7–0.6	11°	皇城西北部
007	NLHF7	4 × 4–0.9	10°	皇城西北部
008	NLHF8	14 × 10–0.6	9°	皇城西北部
009	NLHF9	8 × 5–0.5	2°	皇城西北部
010	NLHF10	11 × 11–0.4	10°	皇城西北部
011	NLHF11	60 × 26–0.5	9°	皇城西北部
012	NLHF12	12 × 9–0.4	8°	皇城西北部
013	NLHF13	6 × 3–0.3	10°	皇城西北部
014	NLHF14	5 × 3–0.8	7°	皇城西北部
015	NLHF15	11 × 4–0.6	11°	皇城西北部
016	NLHF16	265 × 132.5	10°	皇城西北部
017	NLHF17	55 × 5–0.3	12°	皇城西北部

建筑结构	是否经过考古发掘	备注
平面呈长方形，台基高出地表约 0.7 米，墙基为石砌结构，东北边线有明显砌石基础。	否	
平面呈长方形，西边线有护坡，房址内有砖瓦残片，未发现有明显墙基。	否	
平面呈长方形，地表散落有较多砖瓦残片，未发现有明显墙基。	否	
平面呈不规则长方形，台基高出地表约 0.6 米，面积较大，地势较高，地表散落有较多建筑构件残片。	否	
平面呈不规则长方形，台基高出地表约 0.8 米，地表散落有较多建筑构件残片，石砌墙基较明显。	否	
平面呈长方形，台基高出地表约 0.6 米，房址东南角有明显石砌墙基。	否	
平面呈长方形，台基高出地表约 0.9 米，房址西边线内有明显墙基。	否	
平面呈长方形，台基高出地表约 0.6 米，西边线有明显石砌基础，地表散落有较多建筑构件残件。	否	
平面呈长方形，房址地势较高，台基高出地表约 0.5 米，地表散落有较多建筑构件残片，无发现明显砌石墙基。	否	
平面呈不规则方形，西边线有明显石砌基础，台基高出地表约 0.4 米，地表散落有较多建筑构件残件。	否	
平面呈不规则形，台基高出地表约 0.5 米，地表散落有少量建筑构件残件。	否	
平面呈长方形，台基高出地表约 0.4 米，地表散落有少量建筑构件残件。	否	
平面呈长方形，台基高出地表约 0.3 米，地表散落有少量建筑构件残件。	否	
平面呈长方形，台基高出地表约 0.8 米，房址西边线有明显石砌基础。	否	
平面呈不规则形，台基高出地表约 0.6 米，地表散落有较多石块和建筑构件残片。	否	
院落平面呈长方形。分为前后两院，四周建有围墙。	否	乾元寺（文本 44 号）
平面呈不规则形，台基高出地表约 0.3 米，房址内有多处明显石砌墙基。	否	

续附表 3-2

序号	编号	尺寸（米）东西 × 南北－高	方向（度）	遗迹所在区域
018	NLHF18	24×14−0.4	13°	皇城西北部
019	NLHF19	8×5−0.6	14°	皇城西北部
020	NLHF20	10×10−0.9	11°	皇城西北部
021	NLHF21	23×14−0.4	8°	皇城西北部
022	NLHF22	15×6−0.4	14°	皇城西北部
023	NLHF23	12×6−0.2	13°	皇城西北部
024	NLHF24	30×30	20°	皇城西北部
025	NLHF25	18×16	12°	皇城西北部
026	NLHF26	15×6	13°	皇城西北部
027	NLHF27	22×15−0.4	10°	皇城西北部
028	NLHF28	50×50−0.7	12°	皇城西北部
029	NLHF29	12×7−0.9	14°	皇城西北部
030	NLHF30	7×7−0.5	13°	皇城西北部
031	NLHF31	14×12−0.3	10°	皇城西北部
032	NLHF32	12×7	12°	皇城西北部
033	NLHF33	14×7−0.5	15°	皇城西北部
034	NLHF34	10×5−0.3	20°	皇城西北部
035	NLHF35	10×5	13°	皇城西北部
036	NLHF36	11×9−0.4	22°	皇城西北部

建筑结构	是否经过考古发掘	备注
平面呈长方形，台基高出地表约 0.4 米，地表散落有建筑构件残件，石砌墙基不明显。	否	
平面呈长方形，台基高出地表约 0.6 米，地表散落有建筑构件残件，地表有明显砌石墙基。	否	
平面呈不规则方形，台基高出地表约 0.9 米，地表散落有少量建筑构件残件。	否	
平面呈长方形，台基高出地表约 0.4 米，地表散落有较多建筑构件残件。房基为砖、白灰结构。	否	
平面呈不规则长方形，台基高出地表约 0.4 米，房址南边线有明显石砌基础。	否	
平面呈长方形，台基高出地表约 0.2 米，地表散落有少量建筑构件残件。	否	
平面呈"十"字形，地表散落有较多绿釉红胎琉璃瓦片、酱釉红胎瓦片、绿黄两釉红胎琉璃瓦片、砖块、白灰渣等建筑构件。	否	
平面呈刀把形，地表散落有较多石块和建筑构件残片，无明显墙基。	否	
平面呈长方形，无明显墙基。	否	
平面呈长方形，台基高出地表约 0.4 米，地表散落有较多石块和建筑构件残片，无明显墙基。	否	
平面呈不规则方形，台基高出地表约 0.7 米，该房址地势较高，地表有较多建筑构件残件，无明显墙基。	否	
平面呈不规则方形，台基高出地表约 0.9 米，该房址地势较高，地表有少量建筑构件残片，无明显墙基。	否	
平面呈正方形，台基高出地表约 0.5 米，地表散落有少量建筑构件残件。	否	
平面呈"七"字形，台基高出地表约 0.3 米，地表散落有少量建筑构件残件。	否	
平面呈长方形。	否	
平面呈长方形，台基高出地表约 0.5 米，地表散落有少量建筑构件残件。	否	
平面呈长方形，台基高出地表约 0.3 米，地表散落有少量建筑构件残件。	否	
平面呈长方形。	否	
平面呈长方形，台基高出地表约 0.4 米，地表散落有少量建筑构件残件。	否	

续附表 3-2

序号	编号	尺寸（米） 东西 × 南北 – 高	方向（度）	遗迹所在区域
037	NLHF37	32×10	10°	皇城西北部
038	NLHF38	10×10-0.5	9°	皇城西北部
039	NLHF39	30×12-1.5	40°	皇城西北部
040	NLHF40	17×10-0.4	11°	皇城西北部
041	NLHF41	16×8-0.6	10°	皇城西北部
042	NLHF42	15×10-0.7	20°	皇城西北部
043	NLHF43	10×10	14°	皇城西北部
044	NLHF44	45×35-0.2	30°	皇城西北部
045	NLHF45	50×35-0.3	8°	皇城西北部
046	NLHF46	15×10	40°	皇城西北部
047	NLHF47	20×20-0.3	7°	皇城西北部
048	NLHF48	55×45-0.5	10°	皇城西北部
049	NLHF49	135×70-1	8°	皇城西北部
050	NLHF50	12×8-0.5	12°	皇城北部
051	NLHF51	12×10-0.3	12°	皇城北部
052	NLHF52	23×20	6°	皇城北部
053	NLHF53	17×13-0.7	8°	皇城北部
054	NLHF54	20×12	11°	皇城北部
055	NLHF55	8×8-0.2	13°	皇城北部

建筑结构	是否经过考古发掘	备注
平面呈长方形，地表散落有少量砖、瓦残片。	否	
平面呈正方形，台基高出地表约 0.5 米，地表散落有少量砖、瓦残片。	否	
平面呈不规则长方形，该房址地势较高，台基高出地表约 1.5 米，地表有较多建筑构件残片，石砌墙基较明显。	否	
平面呈长方形，台基高出地表约 0.4 米，地表散落有少量砖、瓦残片。	否	
平面呈长方形，台基高出地表约 0.6 米，该房址地势较高，为石砌墙基。	否	
平面呈长方形，台基高出地表约 0.7 米，地表散落有少量砖、瓦残片。	否	
平面呈不规则方形。	否	
平面呈不规则形，台基高出地表约 0.2 米，地表散落有少量砖、瓦残片。	否	
平面呈不规则长方形，台基高出地表约 0.3 米，地表散落有少量砖、瓦残片。	否	
平面呈"七"字形。	否	
平面呈正方形，台基高出地表约 0.3 米，地表散落有少量砖、瓦残片。	否	
平面呈"七"字形，台基高出地表约 0.5 米，地表有较多建筑构件残片。	否	
平面呈不规则形，该房址结构复杂，建在夯土台上，台基高出地表约 1 米，周围有石砌护坡。地表散落较多建筑构件。	否	
平面呈长方形，台基高出地表约 0.5 米，地表散落有少量砖、瓦残片。	否	
平面呈不规则长方形，台基高出地表约 0.3 米，该房址西部乱石块较多，未发现明显墙基。	否	
平面呈不规则形，未发现明显墙基。	否	
平面呈不规则长方形，台基高出地表约 0.7 米，地表散落有较多建筑构件，墙基明显。	否	
平面呈不规则形，地表散落有少量建筑构件。	否	
平面呈正方形，台基高出地表约 0.2 米，地表散落有少量建筑构件。	否	

续附表 3-2

序号	编号	尺寸（米）东西 × 南北 – 高	方向（度）	遗迹所在区域
056	NLHF56	16×10-0.6	12°	皇城北部
057	NLHF57	16×6-0.5	15°	皇城北部
058	NLHF58	6×6-0.5	12°	皇城北部
059	NLHF59	12×12-0.9	18°	皇城北部
060	NLHF60	8×8-0.5	10°	皇城北部
061	NLHF61	25×12-0.5	20°	皇城北部
062	NLHF62	10×8	25°	皇城北部
063	NLHF63	12×8-0.7	30°	皇城北部
064	NLHF64	160×14	10°	皇城北部
065	NLHF65	40×30	16°	皇城北部
066	NLHF66	35×15	2°	皇城北部
067	NLHF67	6×6	10°	皇城北部
068	NLHF68	75×10-0.3	12°	皇城北部
069	NLHF69	12×8	18°	皇城北部
070	NLHF70	25×8-0.4	25°	皇城北部
071	NLHF71	26×20	40°	皇城北部
072	NLHF72	20×10	10°	皇城北部
073	NLHF73	45×10-0.6	11°	皇城北部
074	NLHF74	30×10-0.5	10°	皇城北部
075	NLHF75	10×6	13°	皇城北部

建筑结构	是否经过考古发掘	备注
平面呈长方形，台基高出地表约 0.6 米，地表散落有少量砖、瓦残片。	否	
平面呈长方形。	否	
平面呈正方形，台基高出地表约 0.5 米，地表散落有少量建筑构件。	否	
平面呈正方形，台基高出地表约 0.9 米，地表散落有少量建筑构件。	否	
平面呈正方形，台基高出地表约 0.5 米，地表散落有少量建筑构件。	否	
平面呈不规则长方形，台基高出地表约 0.5 米，地表散落有少量砖、瓦残片。	否	
平面呈长方形。	否	
平面呈正方形，台基高出地表约 0.7 米，地表散落有少量建筑构件。	否	
平面呈不规则长方形。	否	
平面呈不规则形，该房址面积较大，地势凹凸不平，建筑废墟较厚，无明显墙基。	否	
平面呈长方形。	否	
平面呈正方形。	否	
平面呈长方形，台基高出地表约 0.3 米，地表散落有少量砖、瓦残片。	否	
平面呈长方形。	否	
平面呈长方形，台基高出地表约 0.4 米，地表散落有少量砖、瓦残片。	否	
平面呈长方形。	否	
平面呈不规则长方形。	否	
平面呈长方形。	否	
平面呈长方形，台基高出地表约 0.5 米，地表散落有少量砖、瓦残片。	否	
平面呈长方形。	否	

续附表 3-2

序号	编号	尺寸（米） 东西 × 南北 – 高	方向（度）	遗迹所在区域
076	NLHF76	12 × 8–0.4	12°	皇城北部
077	NLHF77	45 × 10	16°	皇城北部
078	NLHF78	8 × 8–0.7	18°	皇城北部
079	NLHF79	12 × 5–0.2	17°	皇城北部
080	NLHF80	10 × 8	12°	皇城北部
081	NLHF81	10 × 8	11°	皇城北部
082	NLHF82	10 × 6–0.6	8°	皇城北部
083	NLHF83	30 × 12	20°	皇城北部
084	NLHF84	16 × 10–0.7	18°	皇城北部
085	NLHF85	21 × 8	16°	皇城北部
086	NLHF86	18 × 13–0.8	12°	皇城北部
087	NLHF87	11 × 8	12°	皇城北部
088	NLHF88	10 × 9–0.7	18°	皇城北部
089	NLHF89	10 × 5	16°	皇城北部
090	NLHF90	66 × 8–0.5	18°	皇城北部
091	NLHF91	6 × 5	25°	皇城北部
092	NLHF92	8 × 6–0.4	16°	皇城北部
093	NLHF93	16 × 7	30°	皇城北部
094	NLHF94	12 × 12	40°	皇城北部
095	NLHF95	22 × 20	20°	皇城北部

建筑结构	是否经过考古发掘	备注
平面呈长方形，台基高出地表约 0.4 米，地表散落有少量砖、瓦残片。	否	
平面呈长方形。	否	
平面呈正方形，台基高出地表约 0.7 米，地表散落有少量建筑构件。	否	
平面呈长方形，台基高出地表约 0.2 米，地表散落有少量砖、瓦残片。	否	
平面呈长方形。	否	
平面呈不规则长方形。	否	
平面呈不规则长方形，台基高出地表约 0.6 米，地表散落有少量砖、瓦残片。	否	
平面呈不规则长方形。	否	
平面呈长方形，台基高出地表约 0.7 米，地表散落有少量砖、瓦残片。	否	
平面呈长方形。	否	
平面呈长方形，台基高出地表约 0.8 米，地表散落有少量砖、瓦残片。	否	
平面呈长方形。	否	
平面呈不规则长方形，台基高出地表约 0.7 米，地表散落较多建筑构件，无明显墙基。	否	
平面呈长方形。	否	
平面呈不规则长方形，台基高出地表约 0.5 米，地表散落建筑构件，无明显墙基。	否	
平面呈长方形。	否	
平面呈长方形，台基高出地表约 0.4 米，地表散落有少量砖、瓦残片。	否	
平面呈长方形。	否	
平面呈不规则正方形。	否	
平面呈不规则方形。	否	

续附表 3-2

序号	编号	尺寸（米）东西 × 南北 - 高	方向（度）	遗迹所在区域
096	NLHF96	8 × 8	18°	皇城北部
097	NLHF97	12 × 6	20°	皇城北部
098	NLHF98	30 × 30-0.6	16°	皇城北部
099	NLHF99	15 × 8	12°	皇城北部
100	NLHF100	22 × 11-0.6	18°	皇城北部
101	NLHF101	45 × 18	30°	皇城北部
102	NLHF102	22 × 8	18°	皇城北部
103	NLHF103	15 × 12-0.6	18°	皇城北部
104	NLHF104	22 × 8-0.6	12°	皇城北部
105	NLHF105	22 × 9-0.6	12°	皇城北部
106	NLHF106	6 × 3	20°	皇城北部
107	NLHF107	10 × 9-0.8	12°	皇城北部
108	NLHF108	4 × 4-0.5	10°	皇城北部
109	NLHF109	15 × 9	8°	皇城北部
110	NLHF110	11 × 7	10°	皇城北部
111	NLHF111	8 × 4	12°	皇城东北部
112	NLHF112	8 × 5	18°	皇城东北部
113	NLHF113	10 × 5	20°	皇城东北部
114	NLHF114	8 × 8-0.8	20°	皇城东北部
115	NLHF115	15 × 15-0.8	20°	皇城东北部

建筑结构	是否经过考古发掘	备注
平面呈正方形。	否	
平面呈长方形。	否	
平面呈"七"字形，该房址地势较高，台基高出地表约0.6米，地面有较多建筑构件，墙基不明显。	否	
平面呈长方形。	否	
平面呈长方形。	否	
平面呈不规则长方形，建筑台基不清晰，表面少量石块散落。	否	
平面呈长方形，建筑台基不清晰，表面有少量残瓦片。	否	
平面呈长方形，建筑台基不清晰，高出地表约0.6米，表面散落有残瓦片、碎砖块。	否	
平面呈长方形，建筑台基不清晰，高出地表约0.6米，表面散落有碎砖、瓦。	否	
平面呈长方形，建筑台基不清晰，高出地表约0.6米，表面散落有少量碎砖瓦、瓷片。	否	
平面呈长方形，建筑台基不清晰，表面散落有大量碎砖块。	否	
平面呈不规则图形，台基高出地表约0.8米，建筑台基不清晰。	否	
平面呈正方形，台基高出地表约0.5米，建筑台基不清晰，表面散落少量石块、瓷片。	否	
平面呈正方形，建筑台基不清晰，表面分布大量石块。	否	
平面呈长方形。	否	
平面呈长方形。	否	
平面呈长方形，建筑台基不清晰，表面散落大量瓷片。	否	
平面呈长方形，建筑台基不清晰。	否	
平面呈正方形，台基高出地表约0.8米，表面散落少量砖块、砖渣、瓦片。	否	
平面呈不规则方形，台基高出地表约0.8米，表面散落少量沙石、砖渣、瓦片。	否	

续附表 3-2

序号	编号	尺寸（米） 东西 × 南北 – 高	方向（度）	遗迹所在区域
116	NLHF116	65 × 30	18°	皇城东北部
117	NLHF117	12 × 12	18°	皇城东北部
118	NLHF118	22 × 12	12°	皇城东北部
119	NLHF119	21 × 12–0.6	10°	皇城东北部
120	NLHF120	32 × 19	10°	皇城东北部
121	NLHF121	80 × 70–0.8	10°	皇城东北部
122	NLHF122	7 × 7	14°	皇城东北部
123	NLHF123	12 × 8–1	10°	皇城东北部
124	NLHF124	28 × 5	10°	皇城东北部
125	NLHF125	25 × 12	30°	皇城东北部
126	NLHF126	18 × 15	15°	皇城东北部
127	NLHF127	18 × 6–0.5	12°	皇城东北部
128	NLHF128	20 × 15–0.5	20°	皇城东北部
129	NLHF129	45 × 30–0.6	22°	皇城东北部
130	NLHF130	200 × 325	12°	皇城东北部
131	NLHF131	13 × 6	10°	皇城东部
132	NLHF132	6 × 4	11°	皇城东部
133	NLHF133	15 × 12–0.5	12°	皇城东部
134	NLHF134	7 × 7–0.7	14°	皇城东部
135	NLHF135	18 × 8–0.3	12°	皇城东部

建筑结构	是否经过考古发掘	备注
平面呈不规则形，建筑台基不清晰。	否	
平面呈正方形，建筑台基不清晰，表面散落有较多石块，少量瓷片。	否	
平面呈长方形，建筑台基不清晰，表面散落有少量砖渣、石块、瓦片。	否	
平面呈长方形，台基高出地表约 0.6 米，表面散落有少量白灰颗粒、石块。	否	
平面呈长方形，建筑台基不清晰，表面散落有残砖瓦、瓷片。	否	
平面呈不规则形，高出地表约 0.8 米，房址建筑面积较大，由堆石区和铺砖区组成，地面建筑构件较多，墙基明显。	否	
平面呈正方形，建筑台基不清晰，表面分布少量残砖瓦。	否	
平面呈长方形，台基高出地表约 1 米，表面散落有大量石块、瓷片。	否	
平面呈不规则长方形，建筑台基不清晰，表面散落大量砖渣、石块。	否	
平面呈不规则长方形，建筑台基不清晰。	否	
平面呈长方形，建筑台基不清晰，表面散落大量碎石块、瓦片。	否	
平面呈长方形，台基高出地表约 0.5 米，建筑台基不清晰，表面散落大量残瓦、瓷片。	否	
平面呈不规则长方形，高出地表 0.5 米，建筑台基不清晰，表面散落大量石块。	否	
平面呈不规则形，高于地表约 0.6 米，建筑台基不清晰，表面散落少量大石块。	否	
院落平面呈长方形，东、中、西三跨院相连，中院为主体。	否	华严寺遗址（文本 46 号）
平面呈长方形，建筑台基不清晰，表面散落少量残瓦、砖、瓷片。	否	
平面呈长方形，建筑台基不明显，该房址地势起伏较大，表面散落少量残瓦、砖。	否	
平面呈长方形，高出地表约 0.5 米，房址墙基不明显，地面散落较多建筑构件。	否	
平面呈正方形，高出地表约 0.7 米，房址墙基明显，地面散落较多建筑构件。	否	
平面呈长方形，房址地势高出地表约 0.3 米，建筑基础不明显，地表散落少量瓷片。	否	

续附表 3-2

序号	编号	尺寸（米）东西 × 南北－高	方向（度）	遗迹所在区域
136	NLHF136	30 × 10	12°	皇城东部
137	NLHF137	7 × 7	14°	皇城东部
138	NLHF138	14 × 10-0.3	8°	皇城东部
139	NLHF139	8 × 8	10°	皇城东部
140	NLHF140	15 × 8	10°	皇城东部
141	NLHF141	6 × 6-0.6	12°	皇城东部
142	NLHF142	8 × 8	20°	皇城东部
143	NLHF143	42 × 9	12°	皇城东部
144	NLHF144	105 × 30	14°	皇城东部
145	NLHF145	18 × 12	10°	皇城东部
146	NLHF146	15 × 8	12°	皇城东部
147	NLHF145	52 × 13	6°	皇城东部
148	NLHF148	14 × 9	10°	皇城东部
149	NLHF149	55 × 50-0.3	12°	皇城东部
150	NLHF150	13 × 6	12°	皇城东部
151	NLHF151	38 × 28	18°	皇城东部
152	NLHF152	60 × 9-0.6	20°	皇城东部
153	NLHF153	18 × 10	40°	皇城东部
154	NLHF154	8 × 8	8°	皇城东部
155	NLHF155	24 × 14-0.5	14°	皇城东部

建筑结构	是否经过考古发掘	备注
平面呈长方形，房址地势略高于地表，基础不明显，散落少量石块。	否	
平面呈正方形，房址地势较低，建筑基础不明显，散落大量残砖瓦片。	否	
平面呈长方形，高出地表约 0.3 米，基础不明显，散落大量石块。	否	
平面呈正方形，建筑台基不明显，散落较多砖瓦残片。	否	
平面呈正方形，建筑台基不明显，散落大量石块。	否	
平面呈正方形，台基高出地表约 0.6 米，地表散落有大量残瓦、砖渣。	否	
平面呈正方形，建筑台基不清晰，地表散落有大量沙石、砖瓦。	否	
平面呈长方形，建筑基址不明显。	否	
平面呈不规则长方形，该建筑范围较大，建筑基址不清晰，表面散落大量石块。	否	
平面呈长方形，建筑基址不明显，散落有较多残砖瓦、瓷片。	否	
平面呈长方形，建筑基址不清晰，散落大量砖渣、石块。	否	
平面呈长方形，房址地势较平坦，基础明显，散落大量石块。	否	
平面呈长方形，建筑基础不清晰，表面散落大量残瓦、瓷片。	否	
平面呈不规则形，地势高于地表约 0.3 米，房址面积较大，表面散落有大量白瓷片、瓦片。	否	
平面呈长方形，建筑基址不明显，地表散落少量石块。	否	
平面呈不规则形，建筑基础不明显，表面分布少量残砖、瓦。	否	
平面呈长方形，台基高出地表约 0.6 米，表面散落少量石块。	否	
平面呈长方形，建筑基础不清晰，散落大量残砖、瓦。	否	
平面呈正方形，建筑基础不清晰，地表散落大量碎石、瓷片。	否	
平面呈长方形，台基高出地表约 0.5 米，地表散落大量青瓷片。	否	

续附表 3-2

序号	编号	尺寸（米） 东西 × 南北 – 高	方向（度）	遗迹所在区域
156	NLHF156	25×12	12°	皇城东部
157	NLHF157	17×8	8°	皇城东部
158	NLHF158	14×12	10°	皇城东部
159	NLHF159	15×8	13°	皇城东部
160	NLHF160	20×8	10°	皇城东部
161	NLHF161	14×10	8°	皇城东部
162	NLHF162	10×10	7°	皇城东部
163	NLHF163	110×15–0.6	10°	皇城东部
164	NLHF164	10×6	10°	皇城东部
165	NLHF165	14×9–0.5	12°	皇城东部
166	NLHF166	12×10	30°	皇城东部
167	NLHF167	10×5	8°	皇城东部
168	NLHF168	8×8	6°	皇城东部
169	NLHF169	22×10	10°	皇城东部
170	NLHF170	20×12–0.5	8°	皇城东部
171	NLHF171	20×16	5°	皇城东部
172	NLHF172	22×9–0.4	8°	皇城东部
173	NLHF173	22×10–0.8	8°	皇城东部
174	NLHF174	35×7	10°	皇城东部
175	NLHF175	12×10	2°	皇城东部

建筑结构	是否经过考古发掘	备注
平面呈长方形，建筑基础不清晰，表面散落大量石块。	否	
平面呈长方形，建筑基础不清晰。	否	
平面呈不规则形，建筑基础不明显，表面分布大量残砖瓦、瓷片。	否	
平面呈长方形，房址建筑基础不明显，表面散落少量石块。	否	
平面呈长方形。	否	
平面呈长方形，建筑基础不明显。	否	
平面呈正方形，建筑基础不明显，表面散落少量石块。	否	
平面呈不规则形，地势高出地表约0.6米，房址较大，地势较高，东部基础被挖掉，西部基础较明显。	否	
平面呈长方形，建筑基础不清晰，表面散落大量白瓷片。	否	
平面呈长方形，房址地势高出地表约0.5米。	否	
平面呈长方形，建筑基础不清晰，地表散落少量石块。	否	
平面呈长方形，建筑基础不清晰。	否	
平面呈正方形。	否	
平面呈长方形，建筑基础不清晰。	否	
平面呈长方形，房址高出地表约0.5米，地面散落较多建筑构件。	否	
平面呈长方形，建筑基础不清晰。	否	
平面呈长方形，房址高出地表约0.4米。	否	
平面呈长方形，房址高出地表约0.8米，地面散落较多建筑构件。	否	
平面呈长方形。	否	
平面呈不规则长方形，地表散落少量石块。	否	

续附表 3-2

序号	编号	尺寸（米）东西 × 南北 – 高	方向（度）	遗迹所在区域
176	NLHF176	28 × 10	10°	皇城东部
177	NLHF177	20 × 20–0.5	8°	皇城东部
178	NLHF178	40 × 30–0.7	8°	皇城东部
179	NLHF179	15 × 15	12°	皇城东部
180	NLHF180	50 × 30–0.6	20°	皇城东部
181	NLHF181	15 × 8	10°	皇城东部
182	NLHF182	15 × 15–0.5	11°	皇城东部
183	NLHF183	28 × 25	10°	皇城东部
184	NLHF184	110 × 20	10°	皇城东部
185	NLHF185	22 × 18–1.7	20°	皇城东部
186	NLHF186	12 × 6	20°	皇城东部
187	NLHF187	15 × 15	10°	皇城东部
188	NLHF188	30 × 10–0.7	18°	皇城东部
189	NLHF189	12 × 6–0.7	12°	皇城东部
190	NLHF190	18 × 10	10°	皇城东部
191	NLHF191	16 × 16	12°	皇城东部
192	NLHF192	15 × 10	15°	皇城东部
193	NLHF193	20 × 20–0.5	30°	皇城东部
194	NLHF194	16 × 10	12°	皇城东部
195	NLHF195	16 × 10	12°	皇城东部

建筑结构	是否经过考古发掘	备注
平面呈长方形。	否	
平面呈正方形，高出地表约 0.5 米。	否	
平面呈长方形，房址高出地表约 0.7 米。	否	
平面呈正方形，建筑基础不清晰。	否	
平面呈不规则长方形，台基高出地表约 0.6 米，房址面积较大，少部分基础明显。	否	
平面呈长方形，建筑基础不明显，表面散落少量瓷片。	否	
平面呈正方形，高出地表约 0.5 米，表面散落少量石块。	否	
平面呈长方形，建筑基础不明显。	否	
平面呈不规则长方形，房址面积较大，基础不明显。	否	
平面呈长方形，房址地势较高，西、北边线地势低洼。台基高出地表约 1.7 米。	否	
平面呈长方形，建筑基础不明显。	否	
平面呈正方形。	否	
平面呈长方形，房址高出地表约 0.7 米，建筑基础不明显。	否	
平面呈长方形，房址高出地表约 0.7 米，西边线外地势低洼。	否	
平面呈长方形，建筑基础不明显。	否	
平面呈正方形，建筑基础不明显，表面散落少量石块。	否	
平面呈长方形，建筑基础不明显。	否	
平面呈长方形，台基高出地表约 0.5 米，表面散落较多石块。	否	
平面呈长方形，表面散落较多瓷片。	否	
平面呈长方形。	否	

续附表 3-2

序号	编号	尺寸（米）东西 × 南北 - 高	方向（度）	遗迹所在区域
196	NLHF196	18×18	10°	皇城东部
197	NLHF197	43×15	8°	皇城东部
198	NLHF198	22×12	10°	皇城东部
199	NLHF199	18×12	10°	皇城东部
200	NLHF200	18×16	10°	皇城东部
201	NLHF201	36×13-0.6	10°	皇城东部
202	NLHF202	43×30	10°	皇城东部
203	NLHF203	80×20-0.8	10°	皇城东部
204	NLHF204	28×20-0.3	8°	皇城东部
205	NLHF205	43×23-0.6	10°	皇城东部
206	NLHF206	12×12-0.7	30°	皇城东部
207	NLHF207	30×12-0.8	8°	皇城东部
208	NLHF208	28×14-0.6	10°	皇城东部
209	NLHF209	25×25-0.8	12°	皇城东部
210	NLHF210	16×14-0.5	15°	皇城东部
211	NLHF211	16×10-0.6	12°	皇城东部
212	NLHF212	8×8-0.4	12°	皇城东部
213	NLHF213	16×12-0.6	10°	皇城东部
214	NLHF214	30×18-0.9	11°	皇城东部
215	NLHF215	12×10-0.6	10°	皇城东部

建筑结构	是否经过考古发掘	备注
平面呈正方形。	否	
平面呈长方形，表面散落少量石块。	否	
平面呈长方形，表面散落大量石块。	否	
平面呈长方形。	否	
平面呈长方形，表面分布较多残瓦片。	否	
平面呈长方形，高出地表约 0.6 米。	否	
平面呈长方形。	否	
平面呈长方形，台基高出地表约 0.8 米，地表散落有少量砖、瓦残片，无明显墙基。	否	
平面呈长方形，台基高出地表约 0.3 米，地表散落有少量砖、瓦残片。	否	
平面呈长方形，台基高出地表约 0.6 米，地表散落有板瓦残片。	否	
平面呈正方形，台基高出地表约 0.7 米，地表散落有板瓦残片和白瓷片。	否	
平面呈不规则长方形，台基高出地表约 0.8 米，地表散落有板瓦残片。	否	
平面呈长方形，台基高出地表约 0.6 米，地表散落有板瓦、砖块残片。	否	
平面呈正方形，该房址面积较大，周围地势较低洼，房址附近有乱石。	否	
平面呈长方形，台基高出地表约 0.5 米，地表散落有残板瓦、砖块、白瓷片。	否	
平面呈长方形，台基高出地表约 0.6 米，地表散落大量残板瓦、碎砖块。	否	
平面呈正方形，台基高出地表约 0.4 米，地表散落有少量残板瓦、碎砖块。	否	
平面呈长方形，台基高出地表约 0.6 米，地表散落有残板瓦、碎砖块、动物骨骼。	否	
平面呈长方形，台基高出地表约 0.9 米，地表有残板瓦、碎砖块，碎石渣零星散落。	否	
平面呈长方形，台基高出地表约 0.6 米，地表散落有大量残板瓦、碎砖块。	否	

续附表 3-2

序号	编号	尺寸（米） 东西 × 南北 - 高	方向（度）	遗迹所在区域
216	NLHF216	12 × 12-0.9	20°	皇城东部
217	NLHF217	13 × 8-0.6	10°	皇城东部
218	NLHF218	15 × 9-0.9	12°	皇城东部
219	NLHF219	10 × 5-0.6	13°	皇城东部
220	NLHF220	14 × 12-0.8	12°	皇城东部
221	NLHF221	13 × 13	12°	皇城东部
222	NLHF222	22 × 16-0.4	10°	皇城东部
223	NLHF223	28 × 18	14°	皇城东部
224	NLHF224	40 × 40	20°	皇城东部
225	NLHF225	50 × 35-0.8	5°	皇城东部
226	NLHF226	30 × 26-0.6	8°	皇城东部
227	NLHF227	34 × 28-0.6	10°	皇城东部
228	NLHF228	80 × 25-0.8	12°	皇城东部
229	NLHF229	150 × 18-1	10°	皇城东部
230	NLHF230	13 × 10-0.8	18°	皇城东南部
231	NLHF231	20 × 16-0.6	20°	皇城东南部
232	NLHF232	17 × 10	10°	皇城东南部
233	NLHF233	50 × 45-1	12°	皇城东南部
234	NLHF234	19 × 10-0.8	10°	皇城东南部

建筑结构	是否经过考古发掘	备注
平面呈正方形，台基高出地表约 0.9 米，周围地势较低洼，房址附近有乱石，且数量较大。	否	
平面呈长方形，台基高出地表约 0.6 米，地表有板瓦、砖块、碎石渣零星散落。	否	
平面呈长方形，台基高出地表约 0.9 米，地表散落有绿釉红胎琉璃瓦片等建筑构件。	否	
平面呈长方形，台基高出地表约 0.6 米，地表有少量板瓦、砖块，碎石渣零星散落。	否	
平面呈长方形，台基高出地表约 0.8 米，地表散落有残板瓦、砖块，且数量较大。	否	
平面呈长方形，房址基础不明，表面散落有板瓦、砖块。	否	
平面呈不规则形，房址地势高出地表约 0.4 米，房址附近有乱石。	否	
平面呈不规则形，地表散落有少量板瓦、砖块，碎石渣零星散落。	否	
平面呈正方形，面积较大，地势起伏不平，地表散落有大量的板瓦、砖块残片。	否	
平面呈不规则形，房址高出地表约 0.8 米。	否	
平面呈长方形，面积较大，地势起伏不平，最高处高于地表 0.6 米，地表散落有大量的板瓦、砖块残片。	否	
平面呈椭圆形，面积较大，地势起伏不平，台基高出地表约 0.6 米，地表散落有大量的板瓦、砖块残片。	否	
平面呈不规则形，房址高出地表约 0.8 米。	否	
平面呈不规则长方形，房址高出地表约 1 米，地基不明显。	否	
平面呈不规则长方形，台基高出地表约 0.8 米。	否	
平面呈不规则形，房址地势高出地表 0.6 米，周围边线有石块，基础不明显。	否	
平面呈长方形，地表散落有绿釉红胎琉璃瓦片、砖渣。	否	
平面呈不规则形，房址为大型院落，里面遗迹较多，地势高出地平面 1 米，基础明显。	否	
平面呈长方形，房址地势高出地表 0.8 米，地表分布大量石块。	否	

续附表 3-2

序号	编号	尺寸（米） 东西 × 南北 – 高	方向（度）	遗迹所在区域
235	NLHF235	8 × 8–0.5	10°	皇城东南部
236	NLHF236	145 × 16	10°	皇城东南部
237	NLHF237	8 × 8–0.6	30°	皇城东南部
238	NLHF238	32 × 14	10°	皇城东南部
239	NLHF239	70 × 15–0.5	10°	皇城东南部
240	NLHF240	40 × 12–0.6	30°	皇城东南部
241	NLHF241	15 × 15–0.6	20°	皇城东南部
242	NLHF242	22 × 13–0.8	10°	皇城东南部
243	NLHF243	45 × 14–0.6	5°	皇城东南部
244	NLHF244	18 × 9	10°	皇城东南部
245	NLHF245	12 × 8–0.6	15°	皇城东南部
246	NLHF246	50 × 8	8°	皇城东南部
247	NLHF247	25 × 10–0.6	10°	皇城东南部
248	NLHF248	13 × 7	12°	皇城东南部
249	NLHF249	50 × 8	5°	皇城东南部
250	NLHF250	15 × 15	30°	皇城东南部
251	NLHF251	18 × 12–0.7	18°	皇城东南部
252	NLHF252	9 × 7–0.9	12°	皇城东南部
253	NLHF253	23 × 9	10°	皇城东南部
254	NLHF254	8 × 8–0.6	12°	皇城东南部

建筑结构	是否经过考古发掘	备注
平面呈正方形，该房址地势高出地表约 0.5 米，有明显石砌基础。	否	
平面呈长方形，基础不明显。	否	
平面呈正方形，台基高出地表约 0.6 米，地表散落有少量板瓦、砖块，碎石渣零星散落。	否	
平面呈长方形，地表散落有琉璃瓦片、筒瓦残片、砖渣。	否	
平面呈长方形，面积较大，高于地表 0.5 米。	否	
平面呈长方形，房址地势高出地表 0.6 米。	否	
平面呈正方形，台基高出地表约 0.6 米，地表散落有少量板瓦、砖块，碎石渣零星散落。	否	
平面呈长方形，台基高出地表约 0.8 米，地表散落有大量板瓦、砖块残片。	否	
平面呈长方形，面积较大，高低起伏，该房址地势高出地表 0.6 米，基础不明显。	否	
平面呈长方形，地表散落有大量板瓦、砖块残片，基础不明显。	否	
平面呈长方形，台基高出地表约 0.6 米，地表散落有少量板瓦、砖块残片。	否	
平面呈长方形，地表散落有大量板瓦、砖块残片。	否	
平面呈长方形，台基高出地表约 0.6 米，地表散落有少量板瓦、砖块残片。	否	
平面呈长方形，地表散落有少量板瓦、砖块残片。	否	
平面呈长方形，面积较大，高低起伏。	否	
平面呈正方形，地表散落有少量板瓦残片、砖块。	否	
平面呈长方形，台基高出地表约 0.7 米，地表散落有少量板瓦、砖块残片。	否	
平面呈长方形，台基高出地表约 0.9 米，地表散落有少量板瓦残片。	否	
平面呈长方形，地表散落有少量板瓦、砖块残片。	否	
平面呈正方形，台基高出地表约 0.6 米，地表散落有少量板瓦、砖块，碎石渣零星散落。	否	

续附表 3-2

序号	编号	尺寸（米） 东西 × 南北 – 高	方向（度）	遗迹所在区域
255	NLHF255	8 × 8–0.7	18°	皇城东南部
256	NLHF256	12 × 10–0.8	8°	皇城东南部
257	NLHF257	15 × 12	12°	皇城东南部
258	NLHF258	34 × 12–0.6	12°	皇城东南部
259	NLHF259	10 × 10	10°	皇城东南部
260	NLHF260	35 × 30–0.7	10°	皇城东南部
261	NLHF261	6 × 6	12°	皇城东南部
262	NLHF262	41 × 10–0.4	18°	皇城东南部
263	NLHF263	37 × 27–0.5	12°	皇城东南部
264	NLHF264	40 × 34–0.5	10°	皇城东南部
265	NLHF265	15 × 10	12°	皇城东南部
266	NLHF266	9 × 9–0.6	12°	皇城东南部
267	NLHF267	13 × 8	12°	皇城东南部
268	NLHF268	20 × 13–0.6	16°	皇城东南部
269	NLHF269	14 × 10–0.7	12°	皇城东南部
270	NLHF270	67.5 × 62.5	10°	皇城东南部
271	NLHF271	11 × 9	12°	皇城东南部
272	NLHF272	22 × 19	10°	皇城东南部
273	NLHF273	32 × 9–0.5	12°	皇城东南部

建筑结构	是否经过考古发掘	备注
平面呈正方形，台基高出地表约 0.7 米，地表散落有少量板瓦、砖块，碎石渣零星散落。	否	
平面呈长方形，台基高出地表约 0.8 米，地表散落有少量板瓦、砖块残片。	否	
平面呈长方形，地表散落有少量板瓦、砖块残片。	否	
平面呈长方形，面积较大，高低起伏，该房址地势高出地表 0.6 米。	否	
平面呈正方形，地表散落有少量板瓦残片、砖块。	否	
平面呈长方形，面积较大，高低起伏，房址高出地表 0.7 米，基础不明显，地表分布有大量乱石块。	否	
平面呈正方形，地表散落有少量乱石块。	否	
平面呈不规则形，面积较大，高低起伏，该房址地势高出地表 0.4 米。	否	
平面呈长方形，面积较大，高低起伏，该房址地势高出地表 0.5 米，地表分布有少量碎石块残片。	否	
平面呈不规则长方形，面积较大，高低起伏，该房址地势高出地表约 0.5 米，基础不明显。	否	
平面呈长方形，地表散落有少量石块。	否	
平面呈正方形，台基高出地表约 0.6 米，地表散落有少量乱石块、瓦片。	否	
平面呈长方形，地表散落有少量板瓦残片、砖块，碎石渣零星散落。	否	
平面呈不规则长方形，台基高出地表约 0.6 米，地表散落有少量板瓦、砖块残片。	否	
平面呈长方形，台基高出地表约 0.7 米，地表散落有少量乱石块。	否	
院落平面呈长方形，前后有两殿的建筑基址。	否	文庙遗址（文本 48 号）
平面呈长方形，地表散落有少量板瓦、砖块，碎石渣零星散落。	否	
平面呈长方形，地表散落有少量乱石块。	否	
平面呈长方形，该房址地势高出地表 0.5 米，地表分布有少量碎石块残片。	否	

续附表 3-2

序号	编号	尺寸（米）东西 × 南北 – 高	方向（度）	遗迹所在区域
274	NLHF274	21 × 12	10°	皇城东南部
275	NLHF275	48 × 10–0.6	12°	皇城东南部
276	NLHF276	28 × 8–0.7	8°	皇城东南部
277	NLHF277	10 × 8–0.7	12°	皇城东南部
278	NLHF278	21 × 18	14°	皇城东南部
279	NLHF279	23 × 11–0.7	12°	皇城东南部
280	NLHF280	8 × 6	12°	皇城东南部
281	NLHF281	16 × 8	10°	皇城东南部
282	NLHF282	15 × 7–0.6	12°	皇城东南部
283	NLHF283	8 × 8	15°	皇城东南部
284	NLHF284	24 × 13	12°	皇城东南部
285	NLHF285	12 × 7–0.6	20°	皇城东南部
286	NLHF286	36 × 24	12°	皇城东南部
287	NLHF287	19 × 10–0.4	13°	皇城东南部
288	NLHF288	28 × 9	12°	皇城东南部
289	NLHF289	（12 ~ 24）×（6 ~ 12）	14°	皇城东南部
290	NLHF290	10 × 9.5–0.6	14°	皇城东南部
291	NLHF291	8 × 6	18°	皇城东南部
292	NLHF292	10 × 8	12°	皇城东南部
293	NLHF293	（24 ~ 180）×（20 ~ 62）	10°	皇城东南部

建筑结构	是否经过考古发掘	备注
平面呈长方形，地表散落有少量乱石块。	否	
平面呈长方形，台基高出地表约 0.6 米，地表散落有少量板瓦残片、砖块，碎石渣零星散落。	否	
平面呈长方形，台基高出地表约 0.7 米，地表散落有少量乱石块。	否	
平面呈长方形，台基高出地表约 0.7 米，地表散落有大量板瓦、砖块。	否	
平面呈长方形，地表散落有少量乱石块、瓦片，石砌基础不明显。	否	
平面呈长方形，台基高出地表约 0.7 米，地表散落有少量板瓦、砖块，碎石渣零星散落。	否	
平面呈长方形，地表散落有少量乱石块。	否	
平面呈长方形，地表散落有少量板瓦、砖块，碎石渣零星散落。	否	
平面呈长方形，台基高出地表约 0.6 米，地表散落有大量板瓦、砖块。	否	
平面呈正方形，地表散落有少量乱石块、残瓦片，地基不明显。	否	
平面呈长方形，地表散落有少量板瓦残片、砖块，碎石渣零星散落。	否	
平面呈长方形，台基高出地表约 0.6 米，地表散落有板瓦残片、砖块及碎石块。	否	
平面呈长方形，房址为大型院落，建在夯土台上，结构较复杂。	否	
平面呈长方形，台基高出地表约 0.4 米，地表散落有大量板瓦、砖块。	否	
平面呈长方形，地表散落有少量板瓦残片，碎石渣零星散落。	否	
平面呈刀把形，地表散落有少量板瓦残片，地基不明显。	否	
平面呈不规则正方形，台基高出地表约 0.6 米，地表散落有板瓦、砖块残片。	否	
平面呈长方形，地表散落有少量板瓦、砖块。	否	
平面呈长方形，地表散落有少量板瓦、砖块。	否	
平面呈 "L" 形，地表散落有少量板瓦、砖块。	否	

续附表 3-2

序号	编号	尺寸（米） 东西 × 南北 – 高	方向（度）	遗迹所在区域
294	NLHF294	28×14	18°	皇城东南部
295	NLHF295	（12～18）×（12～16）	20°	皇城东南部
296	NLHF296	26×12	10°	皇城东南部
297	NLHF297	（24～50）×（12～18）	20°	皇城东南部
298	NLHF298	50×14	12°	皇城东南部
299	NLHF299	14×12	18°	皇城东南部
300	NLHF300	54×10	10°	皇城东南部
301	NLHF301	（34～56）×（16～24）–0.4	12°	皇城东南部
302	NLHF302	58×10–0.5	10°	皇城东南部
303	NLHF303	26×26–0.5	10°	皇城东南部
304	NLHF304	24×8	12°	皇城东南部
305	NLHF305	88×8	10°	皇城东南部
306	NLHF306	16×8	10°	皇城东南部
307	NLHF307	8×5	12°	皇城东南部
308	NLHF308	12×7	20°	皇城东南部
309	NLHF309	16×16	30°	皇城东南部
310	NLHF310	（38～60）×（10～16）	10°	皇城东南部
311	NLHF311	32×14	2°	皇城东南部
312	NLHF312	14×7	10°	皇城东南部
313	NLHF313	8×8–0.6	10°	皇城东南部

建筑结构	是否经过考古发掘	备注
平面呈长方形，地表散落有少量板瓦、砖块，碎石渣零星散落。	否	
平面呈刀把形，地表散落有少量板瓦、砖块。	否	
平面呈长方形，地表散落有大量板瓦、砖块。	否	
平面呈刀把形，房址面积较大。	否	
平面呈长方形，地表散落有少量板瓦、砖块。	否	
平面呈不规则正方形，地表散落有少量板瓦、砖块，碎石渣零星散落。	否	
平面呈长方形，地表散落有少量板瓦、砖块，地基不明显。	否	
平面呈刀把形，房址面积较大，地势起伏，最高处高于地表面约 0.4 米。	否	
平面呈长方形，房址面积较大，地势起伏，最高处高于地表面约 0.5 米，地表有大量碎石块、板瓦。	否	
平面呈正方形，该房址面积较大，地势起伏，最高处高于地表面约 0.5 米，地表有大量碎石块、板瓦残片。	否	
平面呈长方形。	否	
平面呈长方形。	否	
平面呈长方形。	否	
平面呈东西向长方形，建筑基础不明显，表面分布少量砖瓦残片。	否	
平面呈长方形，建筑基础不明显。	否	
平面呈正方形。	否	
平面呈刀把形，建筑基础不明显，表面分布残砖瓦、瓷片。	否	
平面呈长方形，建筑基础不明显。	否	
平面呈长方形，建筑基础不明显，地面散落少量石块。	否	
平面呈正方形，台基高出地表约 0.6 米，地表分布砖瓦残片。	否	

续附表 3-2

序号	编号	尺寸（米）东西 × 南北 – 高	方向（度）	遗迹所在区域
314	NLHF314	18×9	12°	皇城东南部
315	NLHF315	12×8	20°	皇城东南部
316	NLHF316	（14 ~ 18）×（6 ~ 10）	18°	皇城东南部
317	NLHF317	（12 ~ 140）×（24 ~ 70）–0.6	12°	皇城东南部
318	NLHF318	24×20–0.7	30°	皇城东南部
319	NLHF319	22×10–0.5	10°	皇城东南部
320	NLHF320	24×10	12°	皇城东南部
321	NLHF321	75×16	2°	皇城东南部
322	NLHF322	（16 ~ 58）×（13 ~ 60）	10°	皇城东南部
323	NLHF323	18×8	30°	皇城东南部
324	NLHF324	（14 ~ 64）×（16 ~ 56）–0.6	10°	皇城东南部
325	NLHF325	6×6	20°	皇城东南部
326	NLHF326	12×22	10°	皇城东南部
327	NLHF327	14×18	12°	皇城东南部
328	NLHF328	12×8	12°	皇城东南部
329	NLHF329	5×5	30°	皇城东南部
330	NLHF330	30×16	10°	皇城东南部
331	NLHF331	25×14	12°	皇城东南部
332	NLHF332	20×12	10°	皇城东南部
333	NLHF333	32×8	8°	皇城东南部

建筑结构	是否经过考古发掘	备注
平面呈长方形，表面分布较多残砖瓦。	否	
平面呈长方形，建筑基础不明显，表面散落少量石块。	否	
平面呈刀把形，表面散落少量石块。	否	
平面呈不规则形，台基高出地表约 0.6 米，表面散落有石块。	否	
平面呈长方形，台基高出地表约 0.7 米，表面散落少量砖瓦残片。	否	
平面呈长方形，台基高出地表约 0.5 米，表面散落有筒瓦残片。	否	
平面呈长方形，表面散落较多青瓷片。	否	
平面呈长方形，表面散落板瓦残片。	否	
平面呈刀把形，建筑基础不明显，表面散落少量石块。	否	
平面呈长方形，建筑基础不明显，表面散落少量板瓦残片。	否	
平面呈台阶形，台基高出地表约 0.6 米，表面分布较多石块。	否	
平面呈正方形，建筑基础不明显，表面分布少量砖渣、石块。	否	
平面呈长方形，表面散落少量瓷片。	否	
平面呈南北向长方形，建筑基础不明显。	否	
平面呈长方形，建筑基础不明显，表面散落少量瓷片。	否	
平面呈正方形，建筑基础不明显，表面散落少量石块。	否	
平面呈长方形，表面散落少量石块。	否	
平面呈长方形，建筑基础不明显，表面散落少量砖块。	否	
平面呈长方形，建筑基础不明显。	否	
平面呈东西向长方形，建筑基础不明显，表面散落少量石块。	否	

续附表 3-2

序号	编号	尺寸（米）东西 × 南北 - 高	方向（度）	遗迹所在区域
334	NLHF334	18×14	0°	皇城东南部
335	NLHF335	65×8	14°	皇城东南部
336	NLHF336	82×20-1	10°	皇城东南部
337	NLHF337	（8 ~ 46）×（10 ~ 118）	12°	皇城东南部
338	NLHF338	（20 ~ 70）×（70 ~ 108）	10°	皇城南部
339	NLHF339	168×92	10°	皇城南部
340	NLHF340	6×6	10°	皇城南部
341	NLHF341	（22 ~ 80）×（34 ~ 40）	18°	皇城南部
342	NLHF342	24×12-0.8	12°	皇城南部
343	NLHF343	6×6	12°	皇城南部
344	NLHF344	8×6	10°	皇城南部
345	NLHF345	10×6	12°	皇城南部
346	NLHF346	9×6	10°	皇城南部
347	NLHF347	12×7-1	10°	皇城南部
348	NLHF348	10×8	11°	皇城南部
349	NLHF349	28×23	10°	皇城南部
350	NLHF350	（12 ~ 16）× 9.5-0.6	12°	皇城南部
351	NLHF351	22×6.5-0.5	12°	皇城南部
352	NLHF352	（8 ~ 26）×（10 ~ 38）-0.6	12°	皇城南部

建筑结构	是否经过考古发掘	备注
平面呈长方形，建筑基础不明显，表面散落少量石块。	否	
平面呈长方形，房址面积较大，地势起伏，基础不明显。	否	
平面呈东西向长方形，台基高出地表约 1 米，该房址面积较大，地表散落少量残砖瓦。	否	
平面呈不规则形，房址面积较大，基址不清晰，表面散落残砖、瓦、瓷片。	否	
呈多边形，房址面积较大，基础不明显。	否	
平面呈东西向长方形，东、西、南、北各有建筑残存部分，都有墙基，该房址为大型院落，在房址四个角发现三个角楼，分别为西南角楼、东南角楼、东北角楼。	否	
平面呈正方形，建筑基础不明显，表面散落有少量石块。	否	
平面呈不规则形，建筑基址不明显，表面分布少量残板瓦。	否	
平面呈南北向长方形，台基高出地表约 0.8 米，表面分布较多石块、碎瓷片。	否	
平面呈正方形，建筑基础不明显。	否	
平面呈长方形，建筑基础不清晰，表面分布大量残砖瓦。	否	
平面呈长方形，表面分布少量瓷片。	否	
平面呈长方形，建筑基础不清晰，表面分布少量石块。	否	
平面呈长方形，房址地势高出地表约 1 米，部分石砌基础明显，地表散落乱石。	否	
平面呈长方形，房址地势略高出地表，西墙石砌基础明显。	否	
平面呈长方形，皇城西南部基础部分大部分较明显，地表散布较多乱石。	否	
平面呈刀把形，房址高出地表约 0.6 米，基础部分明显，地表散落碎乱石块、白灰结块。	否	
平面呈长方形，房址高出地表约 0.5 米，基础部分不明显，地表散落少量石块。	否	
平面呈"T"字形，房址地势高出地表约 0.6 米。	否	

续附表 3-2

序号	编号	尺寸（米）东西 × 南北 – 高	方向（度）	遗迹所在区域
353	NLHF353	（12 ~ 22）×（8.5 ~ 20）–0.8	10°	皇城西南部
354	NLHF354	28 × 14–0.7	11°	皇城西南部
355	NLHF355	10 × 10–0.6	10°	皇城南部
356	NLHF356	14 × 11–0.5	10°	皇城南部
357	NLHF357	38 × 7–1	10°	皇城南部
358	NLHF358	26 × 14	11°	皇城南部
359	NLHF359	18 × 6–0.3	10°	皇城南部
360	NLHF360	（9.5 ~ 58）×（8 ~ 40）–0.4	11°	皇城南部
361	NLHF361	12 × 8–1.1	10°	皇城南部
362	NLHF362	42 × 8–0.5	10°	皇城西南部
363	NLHF363	14 × 9.5–0.4	11°	皇城西南部
364	NLHF364	12 × 10–0.7	10°	皇城西南部
365	NLHF365	23 × 18–0.7	10°	皇城西南部
366	NLHF366	34 × 26–2	15°	皇城西南部
367	NLHF367	13 × 11–0.8	10°	皇城西南部
368	NLHF368	（6 ~ 14）×（16 ~ 28）	10°	皇城西南部
369	NLHF369	22 × 12–0.6	5°	皇城西南部
370	NLHF370	11 × 10–0.6	12°	皇城西南部
371	NLHF371	20 × 4–0.4	12°	皇城西南部
372	NLHF372	10 × 9–0.6	12°	皇城西南部

建筑结构	是否经过考古发掘	备注
平面呈台阶形，房址高出地表约 0.8 米，地表未发现台基。	否	
平面呈长方形，房址高出地表约 0.7 米。	否	
平面呈正方形，房址高出地表约 0.6 米，表面分布少量残板瓦。	否	
平面呈长方形，房址高出地表约 0.5 米。	否	
平面呈长方形，房址高出地表约 1 米，房址地表散落较多碎砖、石块。	否	
平面呈长方形。	否	
平面呈长方形，房址高出地表约 0.3 米，南部基础相对较明显，房址地表散落少量碎砖、瓦块。	否	
平面呈"L"形，房址高出地表约 0.4 米，地表散布有碎砖、瓦块。	否	
平面呈长方形，房址高出地平面约 1.1 米，石砌基础明显，房址内有较多碎砖、瓦块。	否	
平面呈长方形，房址高出地表约 0.5 米，地表散落较多砖瓦块、石块。	否	
平面呈长方形，房址高出地表约 0.4 米，地表散落较多石块。	否	
平面呈长方形，房址高出地表约 0.7 米，基础不明显，地表散落少量砖、瓦块。	否	
平面呈长方形，房址高出地表约 0.7 米，基础不明显，地表散落少量碎砖、瓦块。	否	
平面呈长方形，房址高出地表约 2 米，基础明显可见。	否	
平面呈长方形，房址高出地表约 0.8 米，地表散落少量碎砖、瓦块。	否	
平面呈不规则形。	否	
平面呈长方形，房址高出地表约 0.6 米，地表散落少量碎砖、瓦块。	否	
平面近正方形，房址高出地表约 0.6 米，基础不明显，地表散布有建筑构件、砖瓦块。	否	
平面呈长方形，房址高出地表约 0.4 米。	否	
平面近正方形，房址高出地表约 0.6 米，地表散布有白灰颗粒、砖瓦块。	否	

续附表 3-2

序号	编号	尺寸（米）东西 × 南北 – 高	方向（度）	遗迹所在区域
373	NLHF373	（6 ~ 20）×（6 ~ 14）–0.6	20°	皇城西南部
374	NLHF374	19 × 12–0.2	20°	皇城西南部
375	NLHF375	6 × 6–0.8	10°	皇城西南部
376	NLHF376	6 × 6–0.2	18°	皇城西南部
377	NLHF377	15 × 8–0.3	10°	皇城西南部
378	NLHF378	4 × 4–0.2	20°	皇城西南部
379	NLHF379	24 × 12–0.4	12°	皇城西南部
380	NLHF380	8 × 6–0.3	20°	皇城西南部
381	NLHF381	10 × 8–0.4	18°	皇城西南部
382	NLHF382	29 × 8–0.2	18°	皇城西南部
383	NLHF383	14 × 8–0.4	12°	皇城西南部
384	NLHF384	20 × 9–0.2	12°	皇城西南部
385	NLHF385	34 × 12–0.2	20°	皇城西南部
386	NLHF386	12 × 11–0.3	20°	皇城西南部
387	NLHF387	12 × 10	10°	皇城西南部
388	NLHF388	8 × 7–0.5	12°	皇城西南部
389	NLHF389	12 × 9	18°	皇城西南部
390	NLHF390	8 × 4–0.4	10°	皇城西南部
391	NLHF391	4 × 8–0.3	12°	皇城西南部
392	NLHF392	10 × 6	20°	皇城西南部

建筑结构	是否经过考古发掘	备注
平面呈刀把形，房址高出地表约 0.6 米。	否	
平面呈长方形，房址高出地表约 0.2 米，地势较平坦，石砌基础明显。	否	
平面近正方形，房址高出地表约 0.8 米，部分石砌基础明显，地表散布有少量碎砖、石块、瓷片。	否	
平面近正方形，房址高出地表约 0.2 米，地势较平坦。	否	
平面呈长方形，房址高出地表约 0.3 米，部分基础明显，地表散落少量碎砖、瓦块。	否	
平面近正方形，房址高出地表约 0.2 米。	否	
平面呈长方形，房址高出地表约 0.4 米。	否	
平面呈长方形，房址高出地表约 0.3 米，西北部基础明显。	否	
平面呈长方形，房址高出地表约 0.4 米，基础不明显。	否	
平面呈长方形，房址高出地表约 0.2 米。	否	
平面呈长方形，房址高出地表约 0.4 米，基础不明显，地表散落少量石块。	否	
平面呈长方形，房址高出地表约 0.2 米，基础不清晰。	否	
平面呈长方形，房址高出地表约 0.2 米，地势较平坦，西部基础较明显。	否	
平面近正方形，房址高出地表约 0.3 米。	否	
平面呈长方形，地势较平坦，西部基础较明显。	否	
平面近正方形，房址高出地表约 0.5 米。	否	
平面呈长方形，房址地势西高东低，呈斜坡状。	否	
平面呈长方形，房址高出地表约 0.4 米，石砌基础明显，房址内散布有少量碎砖、石块。	否	
平面呈长方形，房址地势较平坦，房址内建筑废墟堆积较厚，厚约 0.3 米。	否	
平面呈长方形，房址地势较平坦。	否	

续附表 3-2

序号	编号	尺寸（米） 东西 × 南北 - 高	方向（度）	遗迹所在区域
393	NLHF393	16×12	10°	皇城西南部
394	NLHF394	20×20-0.6	20°	皇城西南部
395	NLHF395	20×11	10°	皇城西南部
396	NLHF396	24×13-0.2	25°	皇城西南部
397	NLHF397	（18～46）×（18～54）-0.5	6°	皇城西南部
398	NLHF398	72×14	10°	皇城西南部
399	NLHF399	（13×6）-0.3	12°	皇城西南部
400	NLHF400	（6～9）×（8～14）-0.5	10°	皇城西南部
401	NLHF401	（31～42）×（58～73）-0.4	10°	皇城西部
402	NLHF402	（20～60）×（14～28）-0.5	10°	皇城西部
403	NLHF403	30×14-0.3	12°	皇城西部
404	NLHF404	12×8-0.2	10°	皇城西部
405	NLHF405	8×8-0.2	10°	皇城西部
406	NLHF406	32×10-0.3	20°	皇城西部
407	NLHF407	36×18-1.4	10°	皇城西部
408	NLHF408	17×17-0.6	8°	皇城西部
409	NLHF409	23×14-1.6	10°	皇城西部
410	NLHF410	35×12-0.6	12°	皇城西部
411	NLHF411	14×12-0.6	14°	皇城西部

建筑结构	是否经过考古发掘	备注
平面呈长方形，房址南高北低呈斜坡状，基础部分明显。	否	
平面近正方形，房址高出地表约 0.6 米。	否	
平面呈长方形，房址地势较为平坦，部分基础明显。	否	
平面呈长方形，该房址高出地表约 0.2 米。	否	
平面呈"L"形，房址高出地表约 0.5 米。	否	
平面呈长方形。	否	
平面呈长方形，房址高出地表约 0.3 米。	否	
平面呈刀把形，房址高出地表约 0.5 米，基础少部分明显，房址内建筑废墟较多。	否	
平面呈刀把形，房址高出地表约 0.4 米，基础明显，表面散布有少量碎砖、石块、瓷器残片。	否	
平面呈不规则形，房址面积较大，地势较平坦，最高处高于地表约 0.5 米，地表有大量的碎石块、板瓦。	否	
平面呈长方形，房址高出地表约 0.3 米，地表散落有少量板瓦、砖块。	否	
平面呈长方形，房址高出地平面约 0.2 米，石砌基础明显，房址内散布有少量碎砖石块。	否	
平面呈正方形，房址高出地平面约 0.2 米，石砌基础不明显。	否	
平面呈长方形，房址高出地表约 0.3 米，石砌基础不明显，房址内散布有少量碎砖石块。	否	
平面呈长方形，房址高出地平面约 1.4 米，房址内散布有少量碎砖石块。	否	
平面呈正方形，房址高出地表约 0.6 米，石砌基础不明显。	否	
平面呈长方形，房址地势高出地平面约 1.6 米，房址内散布有少量碎砖石块。	否	
平面呈长方形，房址高出地表约 0.6 米，基础不明显，房址内散布有少量碎砖石块。	否	
平面呈长方形，房址中部低洼，周边落差约 0.6 米，基础不明显，房址内地表有建筑废墟痕迹，散布有少量碎砖石块。	否	

续附表 3-2

序号	编号	尺寸（米） 东西 × 南北 – 高	方向（度）	遗迹所在区域
412	NLHF412	（6 ~ 48）×（10 ~ 27）	12°	皇城西部
413	NLHF413	110×57-0.2	12°	小西门内大街的南侧
414	NLHF414	58×56	12°	皇城西部
415	NLHF415	（25 ~ 52）×（8 ~ 20）-0.3	10°	皇城西部
416	NLHF416	22×10-0.2	12°	皇城西部
417	NLHF417	53×24-1.8	12°	皇城西部
418	NLHF418	50×16-0.3	10°	皇城西部
419	NLHF419	16×10	20°	皇城西部
420	NLHF420	10×8-0.2	8°	皇城西部
421	NLHF421	（8 ~ 31）×（4 ~ 10）	8°	皇城西部
422	NLHF422	10×8-0.4	8°	皇城西部
423	NLHF423	12×8-0.4	8°	皇城西部
424	NLHF424	6×4-0.2	8°	皇城西部
425	NLHF425	12×10-0.6	8°	皇城西部
426	NLHF426	（18 ~ 76）×（12 ~ 18）	12°	皇城西部
427	NLHF427	19×18-0.4	10°	皇城西北部
428	NLHF428	18×6-0.3	10°	皇城西部
429	NLHF429	7×6	12°	皇城西部
430	NLHF430	边长约100 米	10°	小西门内靠近城门处

建筑结构	是否经过考古发掘	备注
平面呈不规则形，房址基础不明显，建筑废墟遗存较多，地表石块坍塌面积较大。	否	
院落呈长方形，建筑台基位于院内北部。	否	开元寺遗址（文本52号）
平面呈不规则正方形，房址面积较大，地势起伏，房址内地势较为低洼，基础不明显，地表建筑遗存较为丰富，瓦片、碎砖石块遍布整个房址内。	否	
平面呈刀把形，房址高出地表约0.3米，基础不明显，房址内散布有少量碎砖石块。	否	
平面呈长方形，房址高出地表约0.2米，基础不明显，房址内地表散布有少量碎砖石块。	否	
平面呈长方形，房址高出地平面约1.8米，基础不明显，周边有护坡石堆积。	否	
平面呈长方形，房址高出地表约0.3米，基础不明显，房址内散布有少量碎砖石块。	否	
平面呈长方形，房址基础不明显，地表散布大量石块。	否	
平面呈长方形，房址高出地表约0.2米，基础不明显，房址内散布有少量碎砖石块。	否	
平面呈不规则形，因坍塌后乱石遍地，无法查明基础准确位置。	否	
平面呈长方形，房址高出地表约0.4米，房址内散布有少量碎砖石块。	否	
平面呈长方形，房址高出地表约0.4米。	否	
平面呈长方形，房址高出地表约0.2米，房址内散布有少量碎砖石块。	否	
平面呈长方形，房址高出地表约0.6米，基础不明显。	否	
平面呈不规则形，基础不明显，房址内散布有少量碎砖石块。	否	
平面近似正方形，高于地表约0.4米，部分石砌基础明显。	否	
平面呈长方形，房址高出地表约0.3米，基础明显，房址内散布有大量碎砖石块。	否	
平面呈长方形，房址内散布有少量碎砖石块。	否	
院落大致呈方形，院内中央偏北处为建筑台基。	否	崇真宫遗址（文本53号）

附表 3-3　外城城内建筑基址数据采集表

序号	编号	尺寸（米） 东西 × 南北 – 高	方向（度）	遗迹所在区域
001	NLWF1	15 × 15–0.2	5°	外城南部
002	NLWF2	25 × 25–0.4	10°	外城南部
003	NLWF3	11 × 7.3–0.6	3°	外城南部
004	NLWF4	19 × 9–0.3	17°	外城南部
005	NLWF5	11 × 4–0.4	10°	外城南部
006	NLWF6	16.3 × 5–0.6	355°	外城南部
007	NLWF7	20 × 18.8–0.4	350°	外城南部
008	NLWF8	12 × 10–0.8	2°	外城南部
009	NLWF9	23 × 14–0.5	8°	外城南部
010	NLWF10	68 × 67–0.6	9°	外城南部
011	NLWF11	7 × 14–0.8	355°	外城南部
012	NLWF12	14.4 × 9–0.6	344°	外城南部
013	NLWF13	9 × 14–0.5	350°	外城南部
014	NLWF14	10 × 9–0.8	5°	外城南部
015	NLWF15	4 × 6–0.7	17°	外城南部
016	NLWF16	9 × 6–0.4	10°	外城南部
017	NLWF17	20 × 10–1	2°	外城南部
018	NLWF18	42 × 40–0.9	3°	外城南部
019	NLWF19	27 × 45–0.5	4°	外城南部

建筑结构	是否经过考古发掘	备注
呈方形低矮土堆状，土石结构，墙基依稀可见，宽约 0.5 米，最高处约 0.2 米。	否	
呈方形低矮土堆状，土石结构，墙基依稀可见，宽约 0.5 米，最高处约 0.4 米，分布零星石块。	否	
呈长方形土堆状，砖石混筑，墙基依稀可见，宽约 0.5 米，最高处约 0.6 米，遍布砖石、布纹瓦片。	否	
呈长方形土堆状，砖石混筑，基础模糊，不能清楚分辨，最高处约 0.3 米，遍布砖瓦片。	否	
呈长方形低矮土堆状，土石结构，基础模糊，不能清楚分辨，最高处约 0.4 米。	否	
呈长方形低矮土堆状，土石结构，石基依稀可辨，宽约 0.5 米，最高处约 0.6 米。	否	
呈不规则方形土堆状，土石结构，墙基依稀可见，宽约 0.4 米，最高处约 0.4 米。	否	
呈长方形低矮土台，土石结构，墙基依稀可见，宽约 0.5 米，最高处约 0.8 米，分布有零星的碎砖块。	否	
呈长方形土台，土石结构，石基依稀可见，宽约 0.6 米，最高处 0.5 米，分布有零星石块。	否	
呈不规则土堆状，土石结构，墙基模糊，不能准确辨别，最高处约 0.6 米，分布有零星瓦片。	否	
呈长方形低矮土堆状，墙基依稀可见，宽约 0.6 米，最高处约 0.8 米，分布有零星的红砖块、布纹瓦片。	否	
呈长方形低矮土堆状，墙基依稀可见，宽约 0.5 米，最高处约 0.6 米，遍布砖瓦片。	否	
呈长方形低矮土堆状，土石结构，墙基模糊，不能清楚分辨，最高处约 0.5 米，分布有零星砖瓦片。	否	
呈方形土台，土石结构，墙基清楚可见，宽约 0.4 米，最高处约 0.8 米。	否	
呈长方形土堆状，土石结构，墙基模糊，不能清楚分辨，高 0.7 米，分布有零星碎石块。	否	
呈长方形土堆状，土石结构，墙基依稀可辨，宽约 0.4 米，最高处约 0.4 米，分布有零星碎石块。	否	
呈长方形低矮土台，土石结构，墙基清楚可见，宽约 0.4 米，最高处约 1 米。	否	
呈不规则土堆状，土石结构，墙基清楚可见，宽约 0.5 米，最高处约 0.9 米，砖石混筑，遍布砖石。	否	
呈长方形土堆状，土石结构，墙基模糊，不能清楚分辨，最高处约 0.5 米，分布零星砖瓦片。	否	

续附表 3-3

序号	编号	尺寸（米） 东西 × 南北 – 高	方向（度）	遗迹所在区域
020	NLWF20	14×5–0.3	3°	外城南部
021	NLWF21	29×5–0.8	3°	外城南部
022	NLWF22	62×（5～25）–1.2	3°	外城南部
023	NLWF23	56×（14～26）–1.1	3°	外城南部
024	NLWF24	6×19–1.1	3°	外城南部
025	NLWF25	23×16–0.8	17°	外城南部
026	NLWF26	14×8–0.4	5°	外城南部
027	NLWF27	14×12–1	5°	外城南部
028	NLWF28	13×10–0.8	11°	外城南部
029	NLWF29	23×8–0.4	357°	外城南部
030	NLWF30	7×14–1	21°	外城南部
031	NLWF31	24×（2～8）–0.4	3°	外城南部
032	NLWF32	（5～16）×（6～18）–0.5	3°	外城南部
033	NLWF33	42×46–1.5	5°	外城南部
034	NLWF34	53×（22～29）–1.3	3°	外城南部
035	NLWF35	6×13–0.5	3°	外城南部
036	NLWF36	6×18–1.2	8°	外城南部
037	NLWF37	7×10–1.3	8°	外城南部

建筑结构	是否经过考古发掘	备注
呈长方形低矮土堆状，土石结构，墙基模糊，不能清楚分辨，最高处约0.3米。	否	
呈长方形土堆状，土石结构，墙基依稀可见，宽约0.5米，最高处约0.8米，遍布有零星的石块、瓦片。	否	
呈不规则土堆状，土石结构，墙基模糊，不能清楚分辨，最高处约1.2米，分布有大量的砖块、陶片。	否	
呈不规则土堆状，土石结构，墙基模糊，不能清楚分辨，最高处约1.1米，分布有零星的砖瓦片。	否	
呈长方形土台状，土石结构，墙基清楚可见，宽约0.5米，最高处约1.1米，分布有零星的砖瓦、瓷片。	否	
呈不规则土堆状，墙基清楚可见，宽约0.5米，最高处约0.8米，土石结构，分布有零星石块。	否	
呈长方形低矮土堆状，土石结构，墙基清楚可见，宽约0.4米，最高处约0.4米，遍布碎砖块、布纹瓦片。	否	
呈长方形土堆状，土石结构，墙基模糊，不能清楚分辨，最高处约1米，分布有零星石块。	否	
呈长方形低矮土堆，土石结构，墙基模糊，不能分辨，最高处约0.8米，分布零星石块。	否	
呈长方形土堆状，土石结构，墙基不能准确分辨，最高处约0.4米，分布有零星的砖石。	否	
呈长方形低矮土堆状，土石结构，墙基清楚可见，宽约0.4米，最高处约1米，分布有零星的石块、瓷片。	否	
呈不规则土堆状，土石结构，石基模糊，最高处约0.4米，分布有零星的石块和瓷片。	否	
呈不规则土堆状，土石结构，墙基模糊，不能清楚分辨，最高处约0.5米，分布有碎石块、布纹瓦片。	否	
呈横折状，用青石堆砌而成，宽约2.4米，高约1.5米。	否	
呈长条不规则土堆状，土石结构，墙基清楚可见，宽约1米，最高处约1.3米，遍布有零星的砖石、瓷片。	否	
呈长方形土堆状，土石结构，墙基模糊，不能清楚分辨，最高处0.5米，分布有零星的砖瓦片。	否	
呈长方形低矮土堆状，土石结构，墙基清楚可见，宽约0.5米，最高处约1.2米，分布有零星的砖块、陶瓷片。	否	
呈长方形土堆状，土石结构，墙基清楚可见，宽约0.5米，最高处约1.3米，分布有碎砖块、瓷片。	否	

续附表 3-3

序号	编号	尺寸（米） 东西 × 南北 - 高	方向（度）	遗迹所在区域
038	NLWF38	10 × 5-0.5	5°	外城南部
039	NLWF39	10 × 13-0.5	3°	外城南部
040	NLWF40	8 × 6-0.3	5°	外城南部
041	NLWF41	9 × 9-0.5	7°	外城南部
042	NLWF42	39.5 × （ 20 ~ 38 ）-1.2	4°	外城南部
043	NLWF43	22 × 12-0.4	5°	外城南部
044	NLWF44	13 × 13-0.6	5°	外城南部
045	NLWF45	（ 16 ~ 20 ） × 16-0.5	4°	外城南部
046	NLWF46	8 × 14-0.8	4°	外城南部
047	NLWF47	38 × 16-0.6	4°	外城南部
048	NLWF48	（ 8 ~ 28 ） × （ 6 ~ 16 ）-0.6	4°	外城南部
049	NLWF49	10 × 22-0.8	4°	外城南部
050	NLWF50	12 × 18-1.1	5°	外城南部
051	NLWF51	16 × 34-0.8	5°	外城南部
052	NLWF52	9 × 9-0.9	3°	外城南部
053	NLWF53	6 × 4-0.9	3°	外城南部
054	NLWF54	12 × 25-0.4	7°	外城南部

建筑结构	是否经过考古发掘	备注
呈长方形低矮土堆状，墙基模糊，不能清楚分辨，最高处约 0.5 米，土石结构，分布有零星的砖石。	否	
呈长方形低矮土堆状，土石结构，墙基模糊，不能清楚分辨，最高处约 0.5 米，分布有零星的砖石。	否	
呈长方形低矮土堆状，土石结构，墙基清楚可见，宽约 0.5 米，最高处约 0.3 米，分布零星的砖石。	否	
呈方形土堆状，土石结构，墙基模糊，不能清楚分辨，最高处约 0.5 米，分布有零星砖瓦、瓷片。	否	
呈不规则土堆状，土石结构，墙基清晰可见，宽约 0.5 米，最高处约 1.2 米，分布有碎砖块。	否	
呈长方形土堆状，土石结构，墙基模糊，不能清楚分辨，最高处约 0.4 米，分布有碎砖块和陶片。	否	
呈方形土堆状，土石结构，墙基清楚可见，宽约 0.4 米，最高处约 0.6 米，分布有零星的碎砖块和瓷片。	否	
呈不规则土堆状，土石结构，墙基模糊，不能清楚分辨，最高处约 0.5 米，分布有零星碎砖石。	否	
呈长方形土堆状，土石结构，墙基清楚可见，宽约 0.5 米，最高处约 0.8 米，分布有零星的砖瓦和瓷片。	否	
呈不规则土堆状，土石结构，墙基模糊，不能清楚分辨，最高处约 0.6 米，分布有零星的石块和陶片。	否	
呈不规则土堆状，土石结构，墙基模糊，不能清楚分辨，最高处约 0.6 米，分布有零星的碎石块。	否	
呈长方形土堆状，土石结构，墙基清楚可见，宽约 0.6 米，最高处约 0.8 米，遗迹丰富，遍布碎石块、陶瓷片和布纹瓦片。	否	
呈椭圆形土堆状，土石结构，墙基模糊，不能清楚分辨，最高处约 1.1 米，分布有大量的碎砖块和瓷片。	否	
呈椭圆形土堆状，土石结构，墙基模糊，不能清楚分辨，最高处约 0.8 米，分布有零星的碎砖块。	否	
呈方形土堆状，土石结构，墙基清晰可见，宽约 0.4 米，最高处约 0.9 米。	否	
呈长方形低矮土台，土石结构，石基清楚可见，宽约 0.5 米，最高处约 0.9 米，有少量的瓷片分布。	否	
呈长方形土堆状，土石结构，墙基模糊，不能清楚分辨，最高处约 0.4 米，有零星的砖瓦片分布。	否	

续附表 3-3

序号	编号	尺寸（米） 东西 × 南北 – 高	方向（度）	遗迹所在区域
055	NLWF55	10 × 14–0.4	1°	外城南部
056	NLWF56	14 × 23–0.6	18°	外城南部
057	NLWF57	6 × 6–1.2	5°	外城南部
058	NLWF58	15 × 15–0.4	5°	外城南部
059	NLWF59	8 × 31.5–0.5	4°	外城南部
060	NLWF60	12 × 5–0.6	8°	外城南部
061	NLWF61	（14 ～ 24）× 51–0.9	10°	外城南部
062	NLWF62	45 × 26–1.1	1°	外城南部
063	NLWF63	45 × 36–0.6	1°	外城南部
064	NLWF64	（8 ～ 27）× 52–0.6	4°	外城南部
065	NLWF65	26 ×（4 ～ 13）–0.7	4°	外城南部
066	NLWF66	16 × 14–0.9	5°	外城南部
067	NLWF67	12 × 10–0.8	5°	外城南部
068	NLWF68	39 × 45–0.8	3°	外城南部
069	NLWF69	6 × 10–0.6	5°	外城南部
070	NLWF70	66 ×（4 ～ 34）–0.4	2°	外城南部
071	NLWF71	6 × 5–0.5	2°	外城南部
072	NLWF72	9 × 12–1.1	2°	外城南部

建筑结构	是否经过考古发掘	备注
呈长方形土堆状，土石结构，墙基模糊，不能清楚分辨，最高处约 0.4 米，分布有零星的砖瓦片。	否	
呈不规则长条土堆状，土石结构，墙基模糊，最高处约 0.6 米，分布有零星的砖瓦片。	否	
呈方形土台，土石结构，石基清楚可见，宽约 0.5 米，最高处约 1.2 米，分布有碎砖块、瓷片。	否	
呈不规则土堆状，土石结构，墙基模糊，最高处约 0.4 米，分布有碎砖石。	否	
呈长方形土堆状，土石结构，墙基模糊，不能清楚分辨，最高处约 0.5 米，分布有少量的砖瓦片。	否	
呈长方形土堆状，土石结构，墙基模糊，不能清楚分辨，最高处约 0.6 米，分布有少量的碎砖块。	否	
呈不规则长条土堆状，土石结构，墙基清楚可见，整齐排列，宽约 0.6 米，最高处约 0.9 米，分布有大量的砖块、瓷片。	否	
呈长方形土堆状，土石结构，墙基清楚可见，整齐排列，宽约 0.6 米，最高处约 1.1 米，地面散落有大量石块、砖瓦片。	否	
呈长方形土堆状，土石结构，墙基模糊，不能清楚分辨，最高处约 0.6 米，遗迹丰富，有大量的砖瓦、陶瓷片。	否	
呈不规则长条土堆状，土石结构，墙基模糊，最高处约 0.6 米，有零星的砖瓦片分布。	否	
呈长方形土堆状，土石结构，墙基清楚可见，宽约 0.5 米，最高处约 0.7 米，分布有大量的碎石块、砖块、瓦片和瓷片。	否	
呈方形土堆状，土石结构，墙基模糊，不能分辨，最高处约 0.9 米，分布有零星的砖块和瓦片。	否	
呈长方形土堆状，土石结构，墙基模糊，不能分辨，最高处约 0.8 米，分布有少量的碎砖块和瓦片。	否	
呈不规则土堆状，土石结构，墙基清楚可见，整齐排列，宽约 0.5 米，最高处约 0.8 米，分布有少量的瓷片。	否	
呈长方形土堆状，土石结构，墙基模糊，不能清楚分辨，最高处 0.6 米，分布有零星的碎砖块和瓷片。	否	
呈长方形土堆状，土石结构，墙基模糊，不能清楚分辨，最高处约 0.4 米，分布有零星的砖瓦。	否	
呈方形土堆状，土石结构，墙基清晰可见，宽约 0.5 米，最高处约 0.5 米，分布有零星的砖瓦。	否	
呈长方形土堆状，土石结构，墙基模糊，不能清楚分辨，最高处约 1.1 米，分布有零星的砖瓦。	否	

续附表 3-3

序号	编号	尺寸（米） 东西 × 南北 – 高	方向（度）	遗迹所在区域
073	NLWF73	24×（12 ～ 24）–0.5	4°	外城南部
074	NLWF74	7×6–0.8	4°	外城南部
075	NLWF75	（8 ～ 12）×12–0.9	4°	外城南部
076	NLWF76	12×（4 ～ 8）–1	4°	外城南部
077	NLWF77	5×6–1.3	4°	外城南部
078	NLWF78	（4 ～ 16）×46–0.6	4°	外城南部
079	NLWF79	（15 ～ 26）×76–1	7°	外城南部
080	NLWF80	12×22–0.6	7°	外城南部
081	NLWF81	（4 ～ 16）×（8 ～ 19）–0.7	7°	外城南部
082	NLWF82	（10 ～ 24）×78.5–0.8	12°	外城南部
083	NLWF83	（8 ～ 26）×（25 ～ 50）–1.1	12°	外城南部
084	NLWF84	（5 ～ 25）×78–1.1	6°	外城南部
085	NLWF85	9×8–1	5°	外城南部
086	NLWF86	6×9–0.8	5°	外城南部
087	NLWF87	6×8–0.7	5°	外城南部
088	NLWF88	5×5–0.8	5°	外城南部
089	NLWF89	6×10–0.3	5°	外城南部

建筑结构	是否经过考古发掘	备注
呈不规则长条土堆状，土石结构，墙基清晰可见，宽约 0.6 米，最高处约 0.5 米，分布有大量的碎砖块、瓦片。	否	
呈长方形土堆状，土石结构，墙基模糊，不能清楚分辨，最高处约 0.8 米，分布有零星的碎砖块、瓦片。	否	
呈方形土堆状，土石结构，墙基模糊，不能清楚分辨，最高处约 0.9 米，分布有零星的碎砖块、瓦片。	否	
呈不规则土堆状，土石结构，墙基模糊，不能清楚分辨，最高处约 1 米，分布有少量的碎石块、瓦片。	否	
呈长方形土堆状，土石结构，石基清楚可见，排列整齐，宽约 0.4 米，最高处约 1.3 米，分布有少量的瓷片。	否	
呈不规则长条土堆状，土石结构，墙基模糊，不能清楚分辨，最高处约 0.6 米，分布有少量的砖瓦、瓷片。	否	
呈不规则长条土堆状，土石结构，墙基模糊，不能分辨，最高处约 1 米，遗迹丰富，分布有大量的碎砖瓦、瓷片。	否	
呈长方形土堆状，土石结构，墙基依稀可见，宽约 0.5 米，最高处约 0.6 米，分布有少量的碎砖块。	否	
呈长方形土堆状，土石结构，墙基模糊，不能分辨，最高处约 0.7 米，有零星的砖瓦片分布。	否	
呈不规则长条土堆状，土石结构，墙基依稀可见，宽约 0.6 米，最高处约 0.8 米，分布有碎砖块、瓦片、瓷片。	否	
呈不规则长条土堆状，土石结构，墙基模糊，不能清楚分辨，最高处约 1.1 米，分布有零星石块。	否	
呈不规则长条土堆状，土石结构，墙基模糊，不能清楚分辨，最高处约 1.1 米，分布有零星的石块、瓦片。	否	
呈方形土堆状，土石结构，墙基模糊，不能清楚分辨，最高处约 1 米，分布有少量的砖块瓦片。	否	
呈长方形土堆状，土石结构，墙基模糊，不能清楚分辨，最高处约 0.8 米，分布有少量的砖块、瓦片。	否	
呈长方形土堆状，土石结构，墙基模糊，不能清楚分辨，最高处约 0.7 米，分布有少量的瓦片、瓷片。	否	
呈方形土堆状，土石结构，墙基模糊，不能清楚分辨，最高处约 0.8 米，分布有少量的砖块、瓦片和瓷片。	否	
呈长方形土堆状，土石结构，墙基依稀可见，宽约 0.4 米，最高处约 0.3 米，分布有少量的碎砖石块。	否	

续附表 3-3

序号	编号	尺寸（米） 东西 × 南北 - 高	方向（度）	遗迹所在区域
090	NLWF90	（16 ～ 37）× 80-1	5°	外城南部
091	NLWF91	（12 ～ 27）× 79-0.8	10°	外城南部
092	NLWF92	（18 ～ 40）× 80-1.2	5°	外城南部
093	NLWF93	11 × 54-0.8	4°	外城南部
094	NLWF94	11 × 20-0.7	4°	外城南部
095	NLWF95	8 × 10-0.3	5°	外城南部
096	NLWF96	9.8 × 5.5-0.3	5°	外城南部
097	NLWF97	176 ×（26 ～ 80）-1.2	5°	外城南部
098	NLWF98	25 ×（6 ～ 13）-0.5	4°	外城南部
099	NLWF99	16 × 8.2-0.8	10°	外城南部
100	NLWF100	7 × 8.4-0.3	4°	外城南部
101	NLWF101	6.4 × 6.4-0.4	4°	外城南部
102	NLWF102	16 × 17-0.8	2°	外城南部
103	NLWF103	（4 ～ 10）× 13-0.5	2°	外城南部
104	NLWF104	100 × 62-1.1	2°	外城南部
105	NLWF105	110 ×（14 ～ 20）-1	2°	外城南部
106	NLWF106	（6 ～ 9）× 14-0.4	2°	外城南部
107	NLWF107	12 × 6-0.4	7°	外城南部

建筑结构	是否经过考古发掘	备注
呈不规则长条土堆状，土石结构，墙基模糊，不能清楚分辨，最高处约 1 米，分布有少量的砖瓦片、瓷片。	否	
呈不规则长条土堆状，土石结构，墙基模糊，不能分辨，最高处约 0.8 米，分布有少量的碎砖块、瓦片。	否	
呈不规则长条土堆状，土石结构，墙基依稀可见，宽约 0.5 米，最高处约 1.2 米，分布有零星碎石块。	否	
呈长方形土堆状，土石结构，墙基依稀可见，宽约 0.5 米，最高处约 0.8 米，分布有少量的陶瓷片、碎砖块和瓦片。	否	
呈长方形土堆状，土石结构，墙基模糊，不能分辨，最高处约 0.7 米，分布有少量瓷片。	否	
呈长方形土堆状，土石结构，墙基模糊，不能分辨，最高处约 0.3 米，分布有少量瓷片。	否	
呈长方形土堆状，土石结构，墙基模糊，不能清楚分辨，最高处约 0.3 米。	否	
呈长方形土堆状，土石结构，墙基清晰可见，排列整齐，宽约 0.8 米，最高处约 1.2 米，地表散落有较多的石块，少量的瓦片。	否	
呈长方形土堆状，土石结构，墙基模糊，不能清楚分辨，最高处约 0.5 米。	否	
呈长方形土台，土石结构，墙基模糊，不能清楚分辨，最高处约 0.8 米，分布有少量的石块、瓷片。	否	
呈方形土堆状，土石结构，墙基模糊，不能清楚分辨，最高处约 0.3 米，分布有少量的瓦片、瓷片。	否	
呈方形土台状，土石结构，墙基模糊，不能清楚分辨，最高处约 0.4 米，分布有少量的瓦片、瓷片。	否	
呈方形土堆状，土石结构，墙基依稀可见，宽约 0.5 米，最高处约 0.8 米，地表散落有较多的石块，少量的瓷片。	否	
呈不规则长条土堆状，土石结构，墙基模糊，不能清楚分辨，最高处约 0.5 米，分布有少量的石块、瓦片和瓷片。	否	
呈不规则长条土堆状，土石结构，墙基清楚可见，条石整齐排列，墙基宽约 0.8 米，最高处约 1.1 米，分布有少量的瓷片、瓦片。	否	
呈方形土堆状，土石结构，墙基模糊，不能清楚分辨，最高处约 1 米，地表散落有较多的石块。	否	
呈不规则长条土堆状，土石结构，墙基模糊，不能清楚分辨，最高处约 0.4 米。	否	
呈长方形土堆状，土石结构，墙基模糊，不能清楚分辨，最高处约 0.4 米。	否	

续附表 3-3

序号	编号	尺寸（米） 东西 × 南北 - 高	方向（度）	遗迹所在区域
108	NLWF108	直径 6.2-0.8	5°	外城南部
109	NLWF109	直径 4.8-0.5	5°	外城南部
110	NLWF110	13.4 × 8-0.4	1°	外城南部
111	NLWF111	13.5 × 8.6-0.4	1°	外城南部
112	NLWF112	11.9 × 8.8-0.3	1°	外城南部
113	NLWF113	52 ×（8 ～ 33）-0.8	1°	外城南部
114	NLWF114	12 × 6-0.7	1°	外城南部
115	NLWF115	6 × 12-0.4	1°	外城南部
116	NLWF116	19 × 16-1.1	1°	外城南部
117	NLWF117	7 × 2.4-0.8	3°	外城南部
118	NLWF118	10 × 6-0.3	3°	外城南部
119	NLWF119	18.3 × 5.8-0.5	5°	外城南部
120	NLWF120	58 ×（8 ～ 33）-0.5	3°	外城南部
121	NLWF121	8 × 6-0.8	1°	外城南部
122	NLWF122	5 × 8-0.9	1°	外城南部
123	NLWF123	10 × 8-0.5	4°	外城南部
124	NLWF124	52 × 50-1.1	5°	外城南部
125	NLWF125	48 ×（9 ～ 30）-1.2	3°	外城南部
126	NLWF126	75 ×（9 ～ 30）-0.8	2°	外城南部

建筑结构	是否经过考古发掘	备注
呈圆形土堆状，土石结构，墙基模糊，最高处约0.8米。	否	
呈圆形土堆状，土石结构，墙基模糊，最高处约0.5米。	否	
呈长方形土堆状，土石结构，墙基模糊，不能清楚分辨，最高处约0.4米。	否	
呈长方形土堆状，土石结构，墙基依稀可见，宽约0.5米，最高处约0.4米，地表散落有大量的石块、瓦片。	否	
呈长方形土堆状，土石结构，墙基依稀可见，宽约0.4米，最高处约0.3米。	否	
呈长方形土堆状，土石结构，墙基依稀可见，宽约0.5米，最高处约0.8米，分布有大量石块。	否	
呈不规则长条土堆状，土石结构，墙基依稀可见，宽约0.4米，最高处约0.7米，分布有少量砖块、瓷片。	否	
呈长方形土堆状，土石结构，墙基模糊，不能清楚分辨，最高处约0.4米。	否	
呈长方形土堆状，土石结构，墙基模糊，不能清楚分辨，最高处约1.1米，分布有少量的碎砖块。	否	
呈长方形土堆状，土石结构，墙基模糊，不能清楚分辨，最高处约0.8米，分布有少量的碎砖瓦片。	否	
呈长方形土堆状，土石结构，墙基模糊，不能清楚分辨，最高处约0.3米。	否	
呈长方形土堆状，土石结构，墙基模糊，不能清楚分辨，最高处约0.5米，分布有少量的砖块、瓦片。	否	
呈长方形土堆状，土石结构，墙基模糊，不能分辨，最高处约0.5米，分布有少量的碎砖片。	否	
呈长方形土堆状，土石结构，墙基依稀可见，宽约0.5米，最高处约0.8米，台基内可见夯土。	否	
呈长方形土堆状，土石结构，墙基模糊，不能清楚分辨，最高处约0.9米，分布有大量的碎砖瓦片。	否	
呈长方形土堆状，土石结构，墙基模糊，不能清楚分辨，最高处约0.5米，分布有少量的碎砖瓦片、瓷片。	否	
呈方形土堆状，土石结构，墙基清楚，宽约0.9米，最高处约1.1米，地表散落有大量瓦片、瓷片。	否	
呈不规则长条土堆状，土石结构，墙基清楚，石砌明显，宽约0.6米，最高处约1.2米。	否	
呈不规则长条土堆状，土石结构，墙基模糊，不能清楚分辨，最高处约0.8米。	否	

续附表 3-3

序号	编号	尺寸（米）东西 × 南北 – 高	方向（度）	遗迹所在区域
127	NLWF127	54×（5 ~ 16）–0.7	2°	外城南部
128	NLWF128	27×64–0.8	7°	外城南部
129	NLWF129	16×30–0.8	4°	外城南部
130	NLWF130	6×18–0.7	0°	外城南部
131	NLWF131	6×18–0.7	0°	外城南部
132	NLWF132	（17 ~ 26）×107–0.6	5°	外城南部
133	NLWF133	62×（3.5 ~ 41）–0.8	1°	外城南部
134	NLWF134	（3.5 ~ 17）×78–0.8	4°	外城南部
135	NLWF135	6×13–0.6	1°	外城南部
136	NLWF136	6.2×7.7–1	5°	外城南部
137	NLWF137	38×（4 ~ 23）–0.8	3°	外城南部
138	NLWF138	88×（18 ~ 66）–1.3	3°	外城南部
139	NLWF139	37×（14 ~ 34）–0.6	3°	外城南部
140	NLWF140	12×34–1.2	3°	外城南部
141	NLWF141	（7 ~ 18）×（18 ~ 22）–1.1	3°	外城南部
142	NLWF142	10×8–0.4	11°	外城南部
143	NLWF143	10×35–0.8	2°	外城南部

建筑结构	是否经过考古发掘	备注
呈长方形土堆状，土石结构，墙基依稀可见，宽约 0.6 米，最高处约 0.7 米，分布有少量的碎砖片。	否	
呈长方形土堆状，土石结构，墙基模糊，不能清楚分辨，最高处约 0.8 米，分布有少量的碎砖块、瓦片。	否	
呈长方形土堆状，土石结构，墙基依稀可见，宽约 0.4 米，最高处约 0.8 米，分布有少量的碎砖块、陶瓷片、瓦片。	否	
呈长方形土堆状，土石结构，墙基模糊，不能清楚分辨，最高处约 0.7 米，地表散落有少量的石块。	否	
呈长方形土堆状，土石结构，墙基模糊，不能清楚分辨，最高处约 0.7 米，分布有少量的碎砖块。	否	
呈不规则长条土堆状，土石结构，墙基模糊，不能清楚分辨，最高处约 0.6 米，分布有少量的碎砖块、瓷片。	否	
呈不规则长条土堆状，土石结构，墙基依稀可见，宽约 0.5 米，最高处约 0.8 米，分布有少量的瓷片。	否	
呈不规则长条土堆状，土石结构，墙基依稀可见，宽约 0.5 米，最高处约 0.8 米，分布有少量的碎砖块。	否	
呈长方形土堆状，土石结构，墙基模糊，不能分辨，最高处约 0.6 米，分布有少量的碎砖块。	否	
呈方形土台，土石结构，墙基依稀可见，宽约 0.5 米，最高处约 1 米。	否	
呈不规则长条土堆状，土石结构，墙基模糊，不能清楚分辨，最高处约 0.8 米，分布有少量的碎砖块、瓷片。	否	
呈不规则长条土堆状，土石结构，墙基模糊，不能清楚分辨，最高处约 1.3 米，分布有少量的碎砖块、瓷片。	否	
呈不规则长条土堆状，土石结构，墙基模糊，不能清楚分辨，最高处约 0.6 米，分布有少量的砖石块、陶瓷片。	否	
呈长方形土堆状，土石结构，墙基依稀可见，宽约 0.5 米，最高处约 1.2 米，分布有少量的碎砖块。	否	
呈不规则土堆状，土石结构，墙基模糊，不能清楚分辨，最高处约 1.1 米，分布有少量的碎砖块、石块、瓷片。	否	
呈长方形土堆状，土石结构，墙基模糊，不能清楚分辨，最高处约 0.4 米，分布有少量的瓷片、瓦片。	否	
呈长方形土堆状，土石结构，墙基模糊，不能清楚分辨，最高处约 0.8 米，分布有少量的碎砖块。	否	

续附表 3-3

序号	编号	尺寸（米） 东西 × 南北 – 高	方向（度）	遗迹所在区域
144	NLWF144	5.8 × 14–1.2	4°	外城南部
145	NLWF145	（6 ~ 39）× 52–0.6	0°	外城南部
146	NLWF146	5.4 × 5.4–0.6	3°	外城南部
147	NLWF147	9 × 5–0.6	4°	外城南部
148	NLWF148	20 × 12–0.7	1°	外城南部
149	NLWF149	14 × 4–1.1	1°	外城南部
150	NLWF150	44 ×（7 ~ 30）–0.9	6°	外城南部
151	NLWF151	（5 ~ 17）× 35–0.8	5°	外城南部
152	NLWF152	（16 ~ 42）× 54–1.1	5°	外城南部
153	NLWF153	（5 ~ 20）× 16–1.2	2°	外城南部
154	NLWF154	（6 ~ 11）× 31–0.7	4°	外城南部
155	NLWF155	9 × 30–1.1	0°	外城南部
156	NLWF156	27 × 29–0.6	6°	外城南部
157	NLWF157	29 × 10–0.8	4°	外城南部
158	NLWF158	（12 ~ 21）× 30–0.9	0°	外城南部
159	NLWF159	6 × 6–1.1	5°	外城南部
160	NLWF160	12 × 7–0.8	4°	外城南部

建筑结构	是否经过考古发掘	备注
呈长方形土堆状，土石结构，墙基依稀可见，宽约0.4米，最高处约1.2米。	否	
呈不规则长条土堆状，土石结构，墙基模糊，不能清楚分辨，最高处约0.6米，分布有少量的碎砖块。	否	
呈方形土台，土石结构，墙基依稀可见，宽约0.4米，最高处0.6米，分布有少量的碎砖块。	否	
呈长方形土堆状，土石结构，墙基模糊，不能清楚分辨，最高处约0.6米，分布有少量的碎砖块。	否	
呈长方形土堆状，土石结构，墙基依稀可见，宽约0.5米，最高处约0.7米，分布有较多的碎砖块、陶片。	否	
呈长方形土堆状，土石结构，墙基模糊，不能清楚分辨，最高处约1.1米，分布有少量的碎砖石、瓦片。	否	
呈不规则长条土堆状，土石结构，墙基模糊，不能清楚分辨，最高处约0.9米，分布有大量的碎砖块、瓦片、瓷片。	否	
呈不规则长条土堆状，土石结构，墙基模糊，不能清楚分辨，最高处约0.8米，分布有少量的碎砖块、瓷片。	否	
呈不规则长条方形土堆状，土石结构，墙基依稀可辨，宽约0.4米，最高处约1.1米，分布有少量的碎砖块、石块。	否	
呈不规则长条土堆状，土石结构，墙基依稀可辨，宽约0.5米，最高处约1.2米，分布有少量的碎砖块。	否	
呈长方形土堆状，土石结构，墙基模糊，不能清楚分辨，最高处约0.7米，分布有少量的碎砖块和石块。	否	
呈长方形土堆状，土石结构，墙基模糊，不能清楚分辨，最高处约1.1米，分布有少量的碎砖块。	否	
呈长方形土堆状，土石结构，墙基模糊，不能清楚分辨，最高处约0.6米，分布有少量的碎砖块。	否	
呈长方形土堆状，土石结构，墙基模糊，不能清楚分辨，最高处约0.8米，分布有少量的碎砖块。	否	
呈不规则长条土堆状，土石结构，墙基模糊，不能清楚分辨，最高处约0.9米，分布有少量的碎砖块。	否	
呈方形土台，土石结构，墙基依稀可见，宽约0.6米，最高处约1.1米，分布有少量的碎砖块、瓦片和瓷片。	否	
呈长方形土堆状，土石结构，墙基依稀可见，宽约0.4米，最高处约0.8米，分布有少量的碎砖块、陶瓷片。	否	

续附表 3-3

序号	编号	尺寸（米） 东西 × 南北 - 高	方向（度）	遗迹所在区域
161	NLWF161	（ 8 ~ 13 ） × 15-0.4	4°	外城南部
162	NLWF162	10 × 24-1	6°	外城南部
163	NLWF163	5 × 6.5-0.4	5°	外城南部
164	NLWF164	9 × 12-0.6	5°	外城南部
165	NLWF165	6 × 8-0.8	0°	外城南部
166	NLWF166	（ 4 ~ 7 ） × 92-0.7	6°	外城南部
167	NLWF167	（ 16 ~ 22 ） × （ 18 ~ 38 ）-0.8	4°	外城南部
168	NLWF168	（ 12 ~ 90 ） × （ 140 ~ 150 ）-1	2°	外城南部
169	NLWF169	9 × 10-0.8	2°	外城南部
170	NLWF170	（ 12 ~ 17 ） × （ 12 ~ 18 ）-0.5	15°	外城南部
171	NLWF171	6 × 10-0.4	5°	外城南部
172	NLWF172	14 × 22-0.9	3°	外城南部
173	NLWF173	19 × 17-0.6	3°	外城南部
174	NLWF174	22 × 15-0.5	7°	外城南部
175	NLWF175	11 × 12-0.5	5°	外城南部
176	NLWF176	（ 18 ~ 34 ） × 52-0.7	0°	外城南部
177	NLWF177	0.8 × 0.4-1.2	0°	外城南部

建筑结构	是否经过考古发掘	备注
呈不规则长条土堆状，土石结构，墙基模糊，不能清楚分辨，最高处约 0.4 米，分布有少量的碎砖块、石块和瓷片。	否	
呈长方形土堆状，土石结构，墙基模糊，不能分辨，最高处约 1 米，分布有少量的碎砖块、瓦片。	否	
呈方形土堆状，土石结构，墙基依稀可见，宽约 0.5 米，最高处约 0.4 米，分布有少量的碎砖块。	否	
呈长方形土堆状，土石结构，墙基依稀可见，宽约 0.5 米，最高处约 0.6 米，分布有少量的碎砖石块、瓷片。	否	
呈长方形土堆状，土石结构，墙基模糊，不能清楚分辨，最高处约 0.8 米，分布有少量的碎砖块、瓦片。	否	
呈不规则长条土堆状，土石结构，墙基模糊，不能清楚分辨，最高处约 0.7 米，分布有少量的碎砖块。	否	
呈不规则长条土堆状，土石结构，墙基模糊，不能清楚分辨，最高处约 0.8 米，分布有少量的碎砖块、石片。	否	
呈不规则长条土堆状，土石结构，墙基依稀可辨，宽约 0.6 米，最高处约 1 米，分布有少量的碎砖块、石块和瓦片。	否	
呈方形土台，土石结构，墙基依稀可辨，宽约 0.5 米，最高处约 0.8 米，分布有大量的碎砖石、瓦片和瓷片。	否	
呈不规则长条土堆状，土石结构，墙基模糊，不能清楚分辨，最高处约 0.5 米，分布有少量的碎砖块、瓦片。	否	
呈长方形土堆状，土石结构，墙基模糊，不能清楚分辨，最高处约 0.4 米，分布有少量的瓷片、瓦片。	否	
呈长方形土堆状，土石结构，墙基模糊，不能清楚分辨，最高处约 0.9 米，分布有少量的陶片、瓦片和砖块。	否	
呈方形土堆状，土石结构，墙基依稀可辨，宽约 0.5 米，最高处约 0.6 米，分布有少量的碎砖块、瓷片。	否	
呈长方形土堆状，土石结构，墙基模糊，不能清楚分辨，最高处约 0.5 米，分布有少量的碎砖块。	否	
呈方形土堆状，土石结构，墙基模糊，不能清楚分辨，最高处约 0.5 米，分布有少量的碎砖块、瓷片。	否	
呈不规则长条土堆状，土石结构，墙基模糊，不能清楚分辨，最高处约 0.7 米，分布有少量的碎砖块、瓦片。	否	
呈长方形土堆状，土石结构，墙基依稀可见，宽约 0.4 米，最高处约 1.2 米，分布有少量的碎砖块、瓷片。	否	

续附表 3-3

序号	编号	尺寸（米） 东西 × 南北 – 高	方向（度）	遗迹所在区域
178	NLWF178	（9.6 ~ 13）×21-0.8	3°	外城南部
179	NLWF179	（17 ~ 20）× 20-0.7	3°	外城南部
180	NLWF180	8 × 4.3-0.7	5°	外城南部
181	NLWF181	15 × 5-0.8	3°	外城南部
182	NLWF182	10 × 12-0.8	10°	外城南部
183	NLWF183	86 × 92-1.2	10°	外城南部
184	NLWF184	54 × 42-0.5	3°	外城南部
185	NLWF185	12.4 × 4.1-0.6	3°	外城南部
186	NLWF186	30.5 × 12.4-0.9	4°	外城南部
187	NLWF187	50 ×（6 ~ 105）-0.6	3°	外城南部
188	NLWF188	（6 ~ 11）× 36-0.7	2°	外城南部
189	NLWF189	18 × 9-1	1°	外城南部
190	NLWF190	18 × 9-0.4	12°	外城南部
191	NLWF191	（23 ~ 36）× 36-1	5°	外城南部
192	NLWF192	（2 ~ 6）×（7 ~ 16）-0.6	13°	外城南部
193	NLWF193	11 × 18-1.1	13°	外城南部
194	NLWF194	83 ×（8 ~ 44）-0.7	4°	外城南部

建筑结构	是否经过考古发掘	备注
呈不规则长条土堆状，土石结构，墙基模糊，不能清楚分辨，最高处约0.8米，分布有少量的碎砖块、瓦片。	否	
呈不规则土堆状，土石结构，墙基模糊，不能清楚分辨，最高处约0.7米，分布有少量的碎砖块、陶片。	否	
呈长方形土堆状，土石结构，墙基依稀可见，宽约0.4米，最高处约0.7米，分布有少量的碎砖块。	否	
呈长方形土堆状，土石结构，墙基模糊，不能清楚分辨，最高处约0.8米，分布有少量的碎砖块、瓦片。	否	
呈方形土堆状，土石结构，墙基模糊，不能清楚分辨，最高处约0.8米，分布有少量的碎砖块。	否	
呈横折形土堆状，土石结构，墙基依稀可见，宽约0.7米，最高处约1.2米，分布有少量的碎砖块、瓦片和瓷片。	否	
呈不规则土堆状，土石结构，墙基模糊，不能清楚分辨，最高处约0.5米，分布有大量的碎砖块、瓷片。	否	
呈长方形土堆状，土石结构，墙基依稀可见，宽约0.5米，最高处约0.6米，分布有少量的碎砖块、瓦片。	否	
呈长方形土堆状，土石结构，墙基依稀可见，宽约0.6米，最高处约0.9米，分布有少量的碎砖块、瓦片。	否	
呈不规则长条土堆状，土石结构，墙基模糊，不能清楚分辨，最高处约0.6米，分布有少量的瓷片。	否	
呈长方形土堆状，土石结构，墙基模糊，不能清楚分辨，最高处约0.7米，分布有少量的碎瓷片、瓦片。	否	
呈长方形土堆状，土石结构，墙基依稀可见，宽约0.5米，最高处约1米，分布有少量的碎砖块、瓦片。	否	
呈长方形土堆状，土石结构，墙基依稀可见，宽约0.5米，最高处约0.4米，分布有少量的碎砖块、瓷片。	否	
呈不规则土堆状，土石结构，墙基模糊，不能清楚分辨，最高处约1米，分布有少量的瓷片、瓦片和砖块。	否	
呈不规则土堆状，土石结构，墙基模糊，不能清楚分辨，最高处约0.6米，分布有少量的陶瓷片。	否	
呈长方形土堆状，土石结构，墙基模糊，不能清楚分辨，最高处约1.1米，分布有少量的碎砖块、瓦片。	否	
呈不规则长条土堆状，土石结构，墙基依稀可见，宽约0.5米，最高处约0.7米，分布有少量的碎砖块、石块和瓦片。	否	

续附表 3-3

序号	编号	尺寸（米） 东西 × 南北 – 高	方向（度）	遗迹所在区域
195	NLWF195	4 × 5.5–0.5	5°	外城南部
196	NLWF196	21 × 9.5–0.5	11°	外城南部
197	NLWF197	12 × 5.3–1.1	5°	外城南部
198	NLWF198	4 × 5.5–1	7°	外城南部
199	NLWF199	10 × 25–0.9	25°	外城南部
200	NLWF200	20 × 14–0.8	12°	外城南部
201	NLWF201	10 × 12–1	5°	外城南部
202	NLWF202	（6 ~ 23）×（11 ~ 60）–0.9	20°	外城南部
203	NLWF203	13 × 15–0.8	20°	外城南部
204	NLWF204	9 × 30.5–0.7	14°	外城南部
205	NLWF205	8 × 9.5–0.7	4°	外城南部
206	NLWF206	30 × 9–0.7	5°	外城南部
207	NLWF207	8 × 30–0.3	3°	外城南部
208	NLWF208	5 × 5–0.5	13°	外城南部
209	NLWF209	5 × 7–1.3	13°	外城南部
210	NLWF210	11 × 11–0.6	13°	外城南部
211	NLWF211	4 × 4–0.8	13°	外城南部

建筑结构	是否经过考古发掘	备注
呈长方形土堆状，土石结构，墙基依稀可见，宽约 0.5 米，最高处约 0.5 米，分布有少量的碎砖块。	否	
呈长方形土堆状，土石结构，墙基模糊，不能清楚分辨，最高处约 0.5 米，分布有少量的碎砖石块。	否	
呈长方形土堆状，土石结构，墙基依稀可见，宽约 0.5 米，最高处约 1.1 米，分布有少量的瓷片。	否	
呈方形土堆状，土石结构，墙基依稀可见，宽约 0.5 米，最高处约 1 米，分布有少量的砖石块、陶片。	否	
呈长方形土堆状，土石结构，墙基模糊，不能清楚分辨，最高处约 0.9 米，分布有少量的瓦片。	否	
呈长方形土堆状，土石结构，墙基模糊，不能清楚分辨，最高处约 0.8 米，分布有少量的瓦片、瓷片和砖石块。	否	
呈长方形土堆状，土石结构，墙基模糊，不能清楚分辨，最高处约 1 米，分布有少量的瓦片、碎石块。	否	
呈竖折形土堆状，土石结构，墙基模糊，不能清楚分辨，最高处约 0.9 米，分布有少量的碎砖块、瓦片。	否	
呈长方形土堆状，土石结构，墙基模糊，不能清楚分辨，最高处约 0.8 米，分布有少量的瓦片、砖片。	否	
呈长方形土堆状，土石结构，墙基依稀可见，宽约 0.5 米，最高处约 0.7 米，分布有少量的碎砖块。	否	
呈长方形土堆状，土石结构，墙基模糊，不能清楚分辨，最高处约 0.7 米，分布有少量的碎砖块。	否	
呈长方形土堆状，土石结构，墙基模糊，不能清楚分辨，最高处约 0.7 米，分布有少量的碎砖块。	否	
呈长方形土堆状，土石结构，墙基模糊，不能清楚分辨，最高处约 0.3 米，分布有少量的瓷片。	否	
呈方形土堆状，土石结构，墙基模糊，不能清楚分辨，最高处约 0.5 米，分布有少量的碎砖块。	否	
呈长方形土堆状，土石结构，墙基清晰可见，宽约 0.7 米，最高处约 1.3 米，分布有少量的碎石块。	否	
呈方形土堆状，土石结构，墙基模糊，不能清楚分辨，最高处约 0.6 米，分布有少量的碎石块。	否	
呈方形土堆状，墙基模糊，不能清楚分辨，最高处约 0.8 米，分布有少量的瓦片。	否	

续附表 3-3

序号	编号	尺寸（米）东西 × 南北 – 高	方向（度）	遗迹所在区域
212	NLWF212	16×5–0.8	8°	外城南部
213	NLWF213	（25～28）×（6～13）–1	6°	外城南部
214	NLWF214	（10～24）×（12～35）–0.6	9°	外城南部
215	NLWF215	12×8–0.7	10°	外城南部
216	NLWF216	（26～34）×（36～42）–1	10°	外城南部
217	NLWF217	（25～28）×（6～13）–0.6	10°	外城南部
218	NLWF218	22×15–0.8	10°	外城南部
219	NLWF219	（6～24）×（8～18）–0.4	3°	外城南部
220	NLWF220	36×8–0.6	3°	外城南部
221	NLWF221	10×26–0.4	3°	外城南部
222	NLWF222	8.3×10–0.8	3°	外城南部
223	NLWF223	4.4×4–0.6	4°	外城南部
224	NLWF224	6×4.5–0.8	4°	外城南部
225	NLWF225	（11～24）×45–0.4	2°	外城南部
226	NLWF226	11×7–0.7	4°	外城南部
227	NLWF227	22×13–0.5	4°	外城南部
228	NLWF228	12×8–0.3	4°	外城中西部
229	NLWF229	3×4–0.4	4°	外城中西部

建筑结构	是否经过考古发掘	备注
呈长方形土堆状，土石结构，墙基模糊，不能清楚分辨，最高处约0.8米，分布有少量的碎砖石块、瓦片。	否	
呈不规则长条土堆状，土石结构，墙基模糊，不能清楚分辨，最高处约1米。	否	
呈不规则土堆状，土石结构，墙基模糊，不能清楚分辨，最高处约0.6米，分布有少量的瓷片。	否	
呈长方形土堆状，土石结构，墙基清晰可见，宽约0.5米，最高处约0.7米，分布有少量的陶片。	否	
呈不规则土堆状，土石结构，墙基模糊，不能清楚分辨，最高处约1米。	否	
呈不规则长条土堆状，土石结构，墙基模糊，不能清楚分辨，最高处约0.6米，分布有少量的砖瓦片。	否	
呈长方形土堆状，土石结构，墙基模糊，不能清楚分辨，最高处约0.8米，分布有少量的砖瓦片。	否	
呈不规则土堆状，土石结构，墙基模糊，不能清楚分辨，最高处约0.4米，分布有少量的碎砖瓦片、瓷片。	否	
呈不规则土堆状，土石结构，墙基模糊，不能清楚分辨，最高处约0.6米，分布有少量的碎砖瓦片、瓷片。	否	
呈长方形土堆状，土石结构，墙基清晰可见，宽约0.5米，最高处约0.4米，分布有零星石块。	否	
呈长方形土堆状，土石结构，墙基清晰可见，宽约0.6米，最高处约0.8米，分布有零星砖块。	否	
呈长方形土堆状，土石结构，墙基清晰可见，宽约0.5米，最高处约0.6米，分布有零星砖块。	否	
呈长方形土堆状，土石结构，墙基清晰可见，宽约0.4米，最高处约0.8米，分布有零星砖块、瓦片。	否	
呈不规则土堆状，土石结构，墙基模糊，不能清楚分辨，最高处约0.4米，分布有少量的碎石块。	否	
呈长方形土堆状，土石结构，墙基清晰可见，宽约0.4米，最高处约0.7米，分布有零星砖块、瓷片。	否	
呈长方形土堆状，土石结构，墙基模糊，不能清楚分辨，最高处约0.5米，分布有零星砖块、陶瓷片。	否	
呈长方形土堆状，土石结构，墙基模糊，不能清楚分辨，最高处约0.3米，分布有零星碎石块。	否	
呈长方形土堆状，土石结构，墙基模糊，不能清楚分辨，最高处约0.4米，分布有零星砖块。	否	

续附表 3-3

序号	编号	尺寸（米）东西 × 南北 – 高	方向（度）	遗迹所在区域
230	NLWF230	38×（8 ~ 36）–0.8	3°	外城中西部
231	NLWF231	35×（16 ~ 36）–1.5	3°	外城中西部
232	NLWF232	（26 ~ 36）×44–0.8	2°	外城中西部
233	NLWF233	10×8–0.8	3°	外城中西部
234	NLWF234	13×11.4–0.3	3°	外城中西部
235	NLWF235	23×14–0.8	2°	外城中西部
236	NLWF236	（5 ~ 14）×36–0.6	3°	外城中西部
237	NLWF237	9×12–0.4	1°	外城中西部
238	NLWF238	（9 ~ 14）×（6 ~ 18）–0.7	1°	外城中西部
239	NLWF239	8×10–0.3	4°	外城中西部
240	NLWF240	12×12–1.2	3°	外城中西部
241	NLWF241	47×6–1.8	4°	外城中西部
242	NLWF242	（6.5 ~ 8）×31–0.4	9°	外城中西部
243	NLWF243	7×12.3–0.8	4°	外城中西部
244	NLWF244	6×9–0.9	1°	外城中西部
245	NLWF245	12×15–1.5	352°	外城中西部
246	NLWF246	6×14–0.6	5°	外城中西部

建筑结构	是否经过考古发掘	备注
呈不规则长条土堆状，土石结构，墙基清晰可见，宽约 0.6 米，最高处约 0.8 米，分布有少量的碎石块、瓷片。	否	
呈不规则长条土堆状，土石结构，墙基模糊，不能清楚分辨，最高处约 1.5 米，分布有少量的碎石块。	否	
呈不规则长方形土堆状，土石结构，墙基清晰可见，宽约 0.5 米，最高处约 0.8 米，分布有零星陶片。	否	
呈长方形土堆状，土石结构，墙基模糊，不能清楚分辨，最高处约 0.8 米，分布有较多的砖块、瓦片。	否	
呈长方形土堆状，土石结构，墙基模糊，不能清楚分辨，最高处约 0.3 米，分布有少量的碎砖块。	否	
呈长方形土堆状，土石结构，墙基清晰可见，宽约 0.5 米，最高处约 0.8 米，分布有少量的碎砖块、陶片。	否	
呈不规则长条土堆状，土石结构，墙基模糊，不能清楚分辨，最高处约 0.6 米，分布有少量的碎砖块。	否	
呈长方形土堆状，土石结构，墙基模糊，不能清楚分辨，最高处约 0.4 米，分布有少量的碎砖块。	否	
呈不规则土堆状，土石结构，墙基模糊，不能清楚分辨，最高处约 0.7 米，分布有少量的碎砖块。	否	
呈长方形土堆状，土石结构，墙基模糊，不能清楚分辨，最高处约 0.3 米，分布有少量的碎砖块、瓷片。	否	
呈方形土堆状，土石结构，墙基清晰可见，宽约 0.5 米，最高处约 1.2 米，分布有少量的碎砖块。	否	
呈长方形土堆状，土石结构，墙基模糊，不能清楚分辨，最高处约 1.8 米，分布有少量的碎砖块。	否	
呈长方形土堆状，土石结构，墙基模糊，不能清楚分辨，最高处约 0.4 米，分布有少量的碎砖块。	否	
呈长方形土堆状，土石结构，墙基清晰可见，宽约 0.5 米，最高处约 0.8 米，分布有少量的碎砖块。	否	
呈长方形土堆状，土石结构，墙基清晰可见，宽约 0.5 米，最高处约 0.9 米，分布有少量的碎砖块。	否	
呈长方形土堆状，土石结构，墙基模糊，不能清楚分辨，最高处约 1.5 米，分布有少量的碎砖块。	否	
呈长方形土堆状，土石结构，墙基模糊，不能清楚分辨，最高处约 0.6 米，分布有少量的碎砖瓦片。	否	

续附表 3-3

序号	编号	尺寸（米）东西 × 南北 – 高	方向（度）	遗迹所在区域
247	NLWF247	12×6–0.8	17°	外城中西部
248	NLWF248	8×16–1.3	4°	外城中西部
249	NLWF249	（5 ~ 11）×（12 ~ 16）–1.2	1°	外城中西部
250	NLWF250	16×8–0.8	4°	外城中西部
251	NLWF251	20×10–1.6	3°	外城中西部
252	NLWF252	（11 ~ 15）×（8 ~ 24）–0.7	3°	外城中西部
253	NLWF253	14×12–1.2	4°	外城中西部
254	NLWF254	（16 ~ 30）×（9 ~ 23）–1.5	5°	外城中西部
255	NLWF255	113×94–1.7	1°	外城中西部
256	NLWF256	6×3–0.5	5°	外城中西部
257	NLWF257	28×（7 ~ 12）–0.6	3°	外城中部
258	NLWF258	12×10–0.4	1°	外城中部
259	NLWF259	10×17–0.6	9°	外城中部
260	NLWF260	9×16–0.4	345°	外城中部
261	NLWF261	12×7–0.8	355°	外城中部
262	NLWF262	10×11–0.6	5°	外城中部
263	NLWF263	14×7–1.5	8°	外城中部

建筑结构	是否经过考古发掘	备注
呈长方形土堆状，土石结构，墙基模糊，不能清楚分辨，最高处约 0.8 米，分布有少量的碎砖块。	否	
呈长方形土堆状，土石结构，墙基清晰可见，宽约 0.6 米，最高处约 1.3 米。	否	
呈不规则土堆状，土石结构，墙基模糊，不能清楚分辨，最高处约 1.2 米，分布有少量的碎砖块、陶片。	否	
呈长方形土堆状，土石结构，墙基模糊，不能清楚分辨，最高处约 0.8 米，分布有少量的碎砖块、瓷片。	否	
呈长方形土堆状，土石结构，墙基模糊，不能清楚分辨，最高处约 1.6 米。	否	
呈不规则长条土堆状，土石结构，墙基模糊，不能清楚分辨，最高处约 0.7 米，分布有少量的碎砖块。	否	
呈长方形土堆状，土石结构，墙基模糊，不能清楚分辨，最高处约 1.2 米，分布有少量的碎砖块、瓷片。	否	
呈不规则长条土堆状，土石结构，墙基模糊，不能清楚分辨，最高处约 1.5 米，分布有少量的碎砖块。	否	
呈不规则长条土堆状，土石结构，墙基模糊，不能清楚分辨，最高处约 1.7 米，分布有少量的碎砖块、陶瓷片。	否	
呈长方形土堆状，土石结构，墙基模糊，不能清楚分辨，最高处约 0.5 米，分布有较多的砖块、瓦片。	否	
呈长方形土堆状，土石结构，墙基模糊，不能清楚分辨，最高处约 0.6 米，分布有少量的碎砖块、瓦片和瓷片。	否	
呈长方形土堆状，土石结构，墙基模糊，不能清楚分辨，最高处约 0.4 米，分布有少量的碎砖块。	否	
呈长方形土堆状，土石结构，墙基模糊，不能清楚分辨，最高处约 0.6 米，分布有少量的碎砖块。	否	
呈长方形土堆状，土石结构，墙基模糊，不能清楚分辨，最高处约 0.4 米，分布有少量的碎砖块。	否	
呈长方形土堆状，土石结构，墙基模糊，不能清楚分辨，最高处约 0.8 米，分布有少量的碎砖块。	否	
呈长方形土堆状，土石结构，墙基模糊，不能清楚分辨，最高处约 0.6 米，分布有少量的碎砖块。	否	
呈长方形土堆状，土石结构，墙基依稀可见，宽约 0.6 米，最高处约 1.5 米，分布有少量的碎砖块、陶片。	否	

续附表 3-3

序号	编号	尺寸（米）东西 × 南北 - 高	方向（度）	遗迹所在区域
264	NLWF264	7 × 5-1	5°	外城中部
265	NLWF265	5 × 8-1.2	8°	外城中部
266	NLWF266	6 × 13-1.1	4°	外城中部
267	NLWF267	8 × 10-0.9	10°	外城中部
268	NLWF268	14 × 11-1	4°	外城中部
269	NLWF269	8 × 10-0.4	4°	外城中部
270	NLWF270	12 × 8-1.1	4°	外城中部
271	NLWF271	12 × 13-0.5	7°	外城中部
272	NLWF272	22 × 7-0.9	7°	外城中部
273	NLWF273	7 × 8-1.4	358°	外城中部
274	NLWF274	15 × 5-1.3	358°	外城中部
275	NLWF275	16 × 9-0.5	5°	外城中部
276	NLWF276	10 × 25-0.9	9°	外城中部
277	NLWF277	15 × 6-0.7	11°	外城中部
278	NLWF278	24 ×（10 ~ 16）-0.8	5°	外城中部
279	NLWF279	6 × 8-1.2	5°	外城中部
280	NLWF280	（7 ~ 11）× 12-1	5°	外城中部

建筑结构	是否经过考古发掘	备注
呈长方形土堆状，土石结构，墙基模糊，不能清楚分辨，最高处约1米，分布有少量的陶片。	否	
呈长方形土堆状，土石结构，墙基依稀可见，宽约0.4米，最高处约1.2米，分布有少量的碎砖块、瓷片。	否	
呈长方形土堆状，土石结构，墙基模糊，不能清楚分辨，最高处约1.1米，分布有少量的碎砖块、陶片。	否	
呈长方形土堆状，土石结构，墙基模糊，不能清楚分辨，最高处约0.9米。	否	
呈长方形土堆状，土石结构，墙基依稀可见，宽约0.6米，最高处约1米，分布有少量的碎砖块。	否	
呈长方形土堆状，土石结构，墙基模糊，不能清楚分辨，最高处约0.4米，分布有少量的碎砖块。	否	
呈长方形土堆状，土石结构，墙基依稀可见，宽约0.5米，最高处约1.1米，分布有少量的碎砖块。	否	
呈方形土堆状，土石结构，墙基模糊，不能清楚分辨，最高处约0.5米，分布有少量的大砖块。	否	
呈方形土堆状，土石结构，墙基模糊，不能清楚分辨，最高处约0.9米，分布有大量的碎砖块、陶片。	否	
呈方形土堆状，土石结构，墙基模糊，不能清楚分辨，最高处约1.4米，分布有少量的碎砖块、陶片。	否	
呈长方形土堆状，土石结构，墙基模糊，不能清楚分辨，最高处约1.3米，分布有少量的碎砖块。	否	
呈长方形土堆状，土石结构，墙基模糊，不能清楚分辨，最高处约0.5米，分布有少量的碎砖块、陶片。	否	
呈长方形土堆状，土石结构，墙基模糊，不能清楚分辨，最高处约0.9米，分布有少量的碎砖块、瓷片。	否	
呈长方形土堆状，土石结构，墙基模糊，不能清楚分辨，最高处约0.7米，分布有少量的碎砖块、瓷片。	否	
呈不规则长条土堆状，土石结构，墙基模糊，不能清楚分辨，最高处约0.8米，分布有少量的碎砖块。	否	
呈长方形土堆状，土石结构，墙基模糊，不能清楚分辨，最高处约1.2米，分布有少量的碎砖块。	否	
呈长方形土堆状，土石结构，墙基模糊，不能清楚分辨，最高处约1米，分布有少量的碎砖块。	否	

续附表 3-3

序号	编号	尺寸（米） 东西 × 南北 – 高	方向（度）	遗迹所在区域
281	NLWF281	11×5-0.9	5°	外城中部
282	NLWF282	（8 ～ 58）×（8 ～ 26）-1.1	4°	外城中东部
283	NLWF283	19×6-1.2	4°	外城中东部
284	NLWF284	32×6-0.7	1°	外城中东部
285	NLWF285	10×10-1.1	5°	外城中东部
286	NLWF286	11×17-1.3	5°	外城中东部
287	NLWF287	34×8-1.2	15°	外城中东部
288	NLWF288	（7 ～ 31）×（6 ～ 12）-0.9	35°	外城中东部
289	NLWF289	16×21-1.3	3°	外城中东部
290	NLWF290	（7 ～ 20）×（12 ～ 36）-1	3°	外城中东部
291	NLWF291	12×10-1.2	3°	外城中东部
292	NLWF292	（5 ～ 12）×（5 ～ 11）-0.5	15°	外城中东部
293	NLWF293	9×8-1.1	7°	外城中东部
294	NLWF294	20×6-1.1	3°	外城中东部
295	NLWF295	（1.6 ～ 4.2）×（8 ～ 37）-1.9	3°	外城中东部
296	NLWF296	11×12-0.8	3°	外城中东部
297	NLWF297	（6 ～ 9）×（4 ～ 12）-0.7	3°	外城中东部

建筑结构	是否经过考古发掘	备注
呈长方形土堆状，土石结构，墙基依稀可见，宽约 0.6 米，最高处约 0.9 米，分布有较多的碎砖石块、陶瓷片。	否	
呈不规则土堆状，土石结构，墙基依稀可见，宽约 0.4 米，最高处约 1.1 米。	否	
呈长方形土堆状，土石结构，墙基依稀可见，宽约 0.5 米，最高处约 1.2 米，分布有少量的碎砖块。	否	
呈长方形土堆状，土石结构，墙基模糊，不能清楚分辨，最高处约 0.7 米，分布有少量的碎砖石块、瓷片。	否	
呈方形土堆状，土石结构，墙基模糊，不能清楚分辨，最高处约 1.1 米，分布有少量的碎砖石块。	否	
呈长方形土堆状，土石结构，墙基依稀可见，宽约 0.6 米，最高处约 1.3 米，分布有少量的碎砖石块、陶瓷片。	否	
呈长方形土堆状，土石结构，墙基依稀可见，宽约 0.6 米，最高处约 1.2 米，分布有少量的碎砖块、陶瓷片。	否	
呈不规则土堆状，土石结构，墙基依稀可见，宽约 0.5 米，最高处约 0.9 米，分布有少量的碎砖块、瓷片。	否	
呈长方形土堆状，土石结构，墙基模糊，不能清楚分辨，最高处约 1.3 米，分布有少量的碎砖石块。	否	
呈不规则土堆状，土石结构，墙基模糊，不能清楚分辨，最高处约 1 米，分布有少量的碎砖块。	否	
呈长方形土堆状，土石结构，墙基依稀可见，宽约 0.6 米，最高处约 1.2 米，分布有少量的碎砖块。	否	
呈不规则土堆状，土石结构，墙基模糊，不能清楚分辨，最高处约 0.5 米，分布有少量的碎砖块、瓦片。	否	
呈方形土堆状，土石结构，墙基模糊，不能清楚分辨，最高处约 1.1 米，分布有少量的碎砖石块、瓷片。	否	
呈长方形土堆状，土石结构，墙基模糊，不能清楚分辨，最高处约 1.1 米，分布有少量的碎砖石块、瓦片。	否	
呈不规则长条土堆状，土石结构，墙基依稀可见，宽约 0.5 米，最高处约 1.9 米，分布有少量的碎砖石块、瓷片。	否	
呈长方形土堆状，土石结构，墙基模糊，不能清楚分辨，最高处约 0.8 米，分布有少量的碎砖石块、陶瓷片、瓦片。	否	
呈长方形土堆状，土石结构，墙基模糊，不能清楚分辨，最高处约 0.7 米，分布有少量的碎砖石块、瓦片。	否	

续附表 3-3

序号	编号	尺寸（米） 东西 × 南北 – 高	方向（度）	遗迹所在区域
298	NLWF298	（8 ~ 18 ）×（7 ~ 14 ）–1	3°	外城中东部
299	NLWF299	（5 ~ 15 ）×（28 ~ 40 ）–1.8	3°	外城中东部
300	NLWF300	17 × 26–0.8	353°	外城中东部
301	NLWF301	（2.1 ~ 18.3 ）×（10 ~ 34 ）–1.8	2°	外城中东部
302	NLWF302	6 × 3–0.7	2°	外城中东部
303	NLWF303	8 × 6–0.8	2°	外城中东部
304	NLWF304	10 × 8–1.2	2°	外城中东部
305	NLWF305	5 × 5–1.3	2°	外城中东部
306	NLWF306	18 × 5–0.5	348°	外城中东部
307	NLWF307	62 ×（8 ~ 70 ）–1.2	5°	外城中东部
308	NLWF308	9.5 × 17–1.1	4°	外城中东部
309	NLWF309	9 × 13–1.3	359°	外城中东部
310	NLWF310	21 × 11–1.4	359°	外城中东部
311	NLWF311	6 × 14–1.2	13°	外城中东部
312	NLWF312	11 × 8–1.2	10°	外城中东部
313	NLWF313	（8 ~ 56 ）×（7 ~ 37 ）–2.2	17°	外城中东部
314	NLWF314	6 × 5–0.6	5°	外城中东部

建筑结构	是否经过考古发掘	备注
呈不规则土堆状，土石结构，墙基模糊，不能清楚分辨，最高处约 1 米，分布有少量的碎砖石块。	否	
呈不规则长条土堆状，土石结构，墙基模糊，不能清楚分辨，最高处约 1.8 米，分布有少量的碎砖石块、瓦片和瓷片。	否	
呈长方形土堆状，土石结构，墙基模糊，不能清楚分辨，最高处约 0.8 米，分布有少量的碎砖石块。	否	
呈不规则长条土堆状，土石结构，墙基模糊，不能清楚分辨，最高处约 1.8 米，分布有少量的碎砖石块。	否	
呈长方形土堆状，土石结构，墙基模糊，不能清楚分辨，最高处约 0.7 米，分布有较多的碎砖石块、瓦片和瓷片。	否	
呈方形土堆状，土石结构，墙基模糊，不能清楚分辨，最高处约 0.8 米，分布有少量的碎砖石块、瓦片。	否	
呈长方形土堆状，土石结构，墙基模糊，不能清楚分辨，最高处约 1.2 米，分布有少量的碎砖石块。	否	
呈方形土堆状，土石结构，墙基依稀可见，宽约 0.5 米，最高处约 1.3 米，分布有少量的碎砖石块。	否	
呈长方形土堆状，土石结构，墙基模糊，不能清楚分辨，最高处约 0.5 米，分布有少量的碎砖石块。	否	
呈不规则土堆状，土石结构，墙基模糊，不能清楚分辨，最高处约 1.2 米，分布有少量的碎砖石块、瓷片。	否	
呈长方形土堆状，土石结构，墙基依稀可见，宽约 0.5 米，最高处约 1.1 米，分布有少量的碎砖石块、陶片。	否	
呈长方形土堆状，土石结构，墙基模糊，不能清楚分辨，最高处约 1.3 米，分布有少量的碎砖石块。	否	
呈长方形土堆状，土石结构，墙基模糊，不能清楚分辨，最高处约 1.4 米，分布有少量的陶片。	否	
呈长方形土堆状，土石结构，墙基模糊，不能清楚分辨，最高处约 1.2 米，分布有少量的碎砖石块。	否	
呈长方形土堆状，土石结构，墙基模糊，不能清楚分辨，最高处约 1.2 米，分布有少量的碎砖石块。	否	
呈不规则土堆状，土石结构，墙基模糊，不能清楚分辨，最高处约 2.2 米，分布有少量的碎砖石块。	否	
呈方形土堆状，土石结构，墙基模糊，不能清楚分辨，最高处约 0.6 米，分布有少量的碎砖石块。	否	

续附表 3-3

序号	编号	尺寸（米） 东西 × 南北 - 高	方向（度）	遗迹所在区域
315	NLWF315	4×9-1	13°	外城中东部
316	NLWF316	（12～16）×（5～9）-1.3	4°	外城中东部
317	NLWF317	10×8-1.2	3°	外城中东部
318	NLWF318	106×7-1.9	15°	外城中东部
319	NLWF319	76×6-1.3	3°	外城中东部
320	NLWF320	13×7-0.9	5°	外城中东部
321	NLWF321	（9～36）×（8～61）-2	358°	外城中东部
322	NLWF322	80×90-1.8	4°	外城中东部
323	NLWF323	6×8-1.3	4°	外城中东部
324	NLWF324	11×6-1.5	5°	外城中东部
325	NLWF325	3.8×4.1-1.6	5°	外城中部
326	NLWF326	6.6×10.4-0.9	9°	外城中部
327	NLWF327	10×14-1.1	11°	外城中部
328	NLWF328	6×6-1	4°	外城中部
329	NLWF329	4×6-0.9	5°	外城中部
330	NLWF330	6×7.8-1.4	5°	外城中部
331	NLWF331	80×28-1.5	4°	外城中部

建筑结构	是否经过考古发掘	备注
呈长方形土堆状，土石结构，墙基模糊，不能清楚分辨，最高处约 1 米，分布有少量的碎砖石块。	否	
呈长方形土堆状，土石结构，墙基模糊，不能清楚分辨，最高处约 1.3 米，分布有少量的碎砖石块。	否	
呈长方形土堆状，土石结构，墙基模糊，不能清楚分辨，最高处约 1.2 米，分布有少量的碎砖石块。	否	
呈长方形土堆状，土石结构，墙基模糊，不能清楚分辨，最高处约 1.9 米，分布有少量的碎砖石块。	否	
呈长方形土堆状，土石结构，墙基模糊，不能清楚分辨，最高处约 1.3 米，分布有少量的碎砖石块、陶片。	否	
呈长方形土堆状，土石结构，墙基模糊，不能清楚分辨，最高处约 0.9 米，分布有少量的碎砖石块。	否	
呈不规则长条土堆状，土石结构，墙基模糊，不能清楚分辨，最高处约 2 米，分布有少量的陶瓷片。	否	
呈长方形土堆状，土石结构，墙基模糊，不能清楚分辨，最高处约 1.8 米，分布有少量的碎砖石块、瓷片。	否	
呈长方形土堆状，土石结构，墙基依稀可见，宽约 0.4 米，最高处约 1.3 米，分布有少量的碎砖石块。	否	
呈长方形土堆状，土石结构，墙基模糊，不能清楚分辨，最高处约 1.5 米，分布有少量的碎砖石块、陶片。	否	
呈长方形土堆状，土石结构，墙基依稀可见，宽约 0.5 米，最高处约 1.6 米，分布有少量的碎砖石块。	否	
呈长方形土堆状，土石结构，墙基依稀可见，宽约 0.5 米，最高处约 0.9 米。	否	
呈长方形土堆状，土石结构，墙基模糊，不能清楚分辨，最高处约 1.1 米，分布有少量的碎砖石块。	否	
呈方形土台，土石结构，墙基模糊，不能清楚分辨，最高处约 1 米。	否	
呈长方形土堆状，土石结构，墙基模糊，不能清楚分辨，最高处约 0.9 米，分布有少量的碎砖石块、瓦片。	否	
呈长方形土堆状，土石结构，墙基依稀可见，宽约 0.5 米，最高处约 1.4 米，分布有少量的瓷片。	否	
呈长方形土堆状，土石结构，墙基模糊，不能清楚分辨，最高处约 1.5 米，分布有少量的碎砖石块、陶瓷片。	否	

续附表 3-3

序号	编号	尺寸（米） 东西 × 南北 - 高	方向（度）	遗迹所在区域
332	NLWF332	30×26-1.2	13°	外城中部
333	NLWF333	4×6-0.6	13°	外城中部
334	NLWF334	6×6-1.3	22°	外城中部
335	NLWF335	14×5-0.8	22°	外城中部
336	NLWF336	18×（6～10）-1.7	22°	外城中部
337	NLWF337	（8～20）×32-1.2	12°	外城中部
338	NLWF338	（10～17）×（8～13）-0.6	12°	外城中部
339	NLWF339	（8～20）×（10～31）-1.4	26°	外城中部
340	NLWF340	6×20-1.3	18°	外城中部
341	NLWF341	（4～31）×（2～15）-1.3	9°	外城中部
342	NLWF342	9×8.2-0.7	9°	外城中部
343	NLWF343	8×4-0.8	16°	外城中部
344	NLWF344	（8～34）×（18～33）-1.5	1°	外城中部
345	NLWF345	10×6-0.7	1°	外城中部
346	NLWF346	11×15-1.1	1°	外城中部
347	NLWF347	4.3×10-0.8	11°	外城中部
348	NLWF348	9×12-0.7	16°	外城中部
349	NLWF349	8.7×8-1.1	16°	外城中部

建筑结构	是否经过考古发掘	备注
呈不规则长条土堆状，土石结构，墙基模糊，不能清楚分辨，最高处约1.2米，分布有少量的碎砖石块。	否	
呈长方形土堆状，土石结构，墙基模糊，不能清楚分辨，最高处约0.6米，分布有少量的碎砖石块。	否	
呈方形土堆状，土石结构，墙基模糊，不能清楚分辨，最高处约1.3米，分布有少量的碎砖石块、陶瓷片。	否	
呈长方形土堆状，土石结构，墙基模糊，不能清楚分辨，最高处约0.8米，分布有少量的碎砖石块、瓦片。	否	
呈长方形土堆状，土石结构，墙基模糊，不能清楚分辨，最高处约1.7米，分布有少量的碎砖石块、瓦片和陶片。	否	
呈不规则长条土堆状，土石结构，墙基模糊，不能清楚分辨，最高处约1.2米，分布有少量的陶片。	否	
呈不规则长条土堆状，土石结构，墙基模糊，不能清楚分辨，最高处约0.6米，分布有少量的陶片。	否	
呈不规则长条土堆状，土石结构，墙基模糊，不能清楚分辨，最高处约1.4米，分布有少量的陶片、碎砖块。	否	
呈长方形土堆状，土石结构，墙基模糊，不能清楚分辨，最高处约1.3米。	否	
呈不规则长条土堆状，土石结构，墙基模糊，不能清楚分辨，最高处约1.3米。	否	
呈方形土堆状，土石结构，墙基依稀可见，宽约0.6米，最高处约0.7米，分布有少量的陶片、碎砖块。	否	
呈长方形土堆状，土石结构，墙基模糊，不能清楚分辨，最高处约0.8米。	否	
呈不规则长条土堆状，土石结构，墙基模糊，不能清楚分辨，最高处约1.5米。	否	
呈长方形土堆状，土石结构，墙基模糊，不能清楚分辨，最高处约0.7米，分布有少量的碎砖块。	否	
呈长方形土堆状，土石结构，墙基模糊，不能清楚分辨，最高处约1.1米，分布有少量的碎砖块。	否	
呈长方形土堆状，土石结构，墙基依稀可见，宽约0.4米，最高处约0.8米。	否	
呈长方形土堆状，土石结构，墙基模糊，不能清楚分辨，最高处约0.7米。	否	
呈方形土堆状，土石结构，墙基依稀可见，宽约0.5米，最高处约1.1米，分布有少量的陶片。	否	

续附表 3-3

序号	编号	尺寸（米） 东西 × 南北 - 高	方向（度）	遗迹所在区域
350	NLWF350	6 × 7.3–0.8	11°	外城中部
351	NLWF351	12 × 9–1.1	5°	外城中部
352	NLWF352	12 × 17–1	5°	外城中部
353	NLWF353	16 × 10–1.2	5°	外城中部
354	NLWF354	（14 ~ 67）× 117–0.9	6°	外城中部
355	NLWF355	35 × 88–1.5	7°	外城中部
356	NLWF356	11 × 10–1.4	3°	外城中部
357	NLWF357	13 × 10–1.1	3°	外城中部
358	NLWF358	11 × 40–1	16°	外城中部
359	NLWF359	7.8 × 8.5–1.1	4°	外城中部
360	NLWF360	18 × 6–0.6	4°	外城中部
361	NLWF361	12 × 10–0.9	4°	外城中部
362	NLWF362	32 × 17–1.5	4°	外城中西部
363	NLWF363	40.5 × 39–1.5	5°	外城中西部
364	NLWF364	29 × 13–1.2	3°	外城中西部
365	NLWF365	15 × 12–0.7	3°	外城中西部
366	NLWF366	12 × 12–0.7	3°	外城中西部
367	NLWF367	32 × 8–1.1	3°	外城中西部

建筑结构	是否经过考古发掘	备注
呈方形土堆状，土石结构，墙基依稀可见，宽约0.5米，最高处约0.8米，分布有少量的陶片。	否	
呈长方形土堆状，土石结构，墙基模糊，不能清楚分辨，最高处约1.1米，分布有少量的碎砖块、瓦片。	否	
呈长方形土堆状，土石结构，墙基依稀可见，宽约0.5米，最高处约1米，分布有较多的碎陶片。	否	
呈长方形土堆状，土石结构，墙基清晰可见，宽约0.8米，最高处约1.2米，分布有少量的碎砖块。	否	
呈不规则长条土堆状，土石结构，墙基依稀可见，宽约0.4米，最高处约0.9米，分布有大量的瓦片、陶片。	否	
呈长方形土堆状，土石结构，墙基清晰可见，宽约0.8米，最高处约1.5米。	否	
呈长方形土堆状，土石结构，墙基模糊，不能清楚分辨，最高处约1.4米，分布有少量的瓦片。	否	
呈长方形土堆状，土石结构，墙基清晰可见，宽约0.6米，最高处约1.1米，分布有少量的瓦片。	否	
呈长方形土堆状，土石结构，墙基模糊，不能清楚分辨，最高处约1米，分布有少量的瓦片。	否	
呈长方形土堆状，土石结构，墙基清晰可见，宽约0.6米，最高处约1.1米。	否	
呈长方形土堆状，土石结构，墙基模糊，不能清楚分辨，最高处约0.6米。	否	
呈长方形土堆状，土石结构，墙基模糊，不能清楚分辨，最高处约0.9米，分布有少量的瓷片。	否	
呈长方形土堆状，土石结构，墙基模糊，不能清楚分辨，最高处约1.5米。	否	
呈不规则土堆状，土石结构，墙基依稀可见，宽约0.5米，最高处约1.5米，分布有少量的碎石块、陶片。	否	
呈长方形土堆状，土石结构，墙基清晰可见，宽约0.6米，最高处约1.2米。	否	
呈长方形土堆状，土石结构，墙基模糊，不能清楚分辨，最高处约0.7米，分布有大量的砖石、瓦片。	否	
呈方形土堆状，土石结构，墙基模糊，不能清楚分辨，最高处约0.7米，分布有少量的瓷片。	否	
呈长方形土堆状，土石结构，墙基模糊，不能清楚分辨，最高处约1.1米，分布有少量的陶片。	否	

续附表 3-3

序号	编号	尺寸（米） 东西 × 南北 – 高	方向（度）	遗迹所在区域
368	NLWF368	68 ×（10 ～ 22）–0.8	9°	外城中西部
369	NLWF369	11 × 11.4–0.9	5°	外城中北部
370	NLWF370	7 × 19–1.6	0°	外城北部
371	NLWF371	18 × 6–1.2	15°	外城中西部
372	NLWF372	17 × 5.5–0.8	15°	外城中西部
373	NLWF373	8 × 6.5–0.6	15°	外城中西部
374	NLWF374	7.2 × 6.7–1	15°	外城中西部
375	NLWF375	21.6 × 8–1.1	15°	外城中西部
376	NLWF376	9.7 × 12.5–1.4	15°	外城中西部
377	NLWF377	9 × 7–0.8	4°	外城中西部
378	NLWF378	11.7 × 7.8–0.4	4°	外城中西部
379	NLWF379	5 × 12–1.1	9°	外城中西部
380	NLWF380	（7 ～ 18）×（5 ～ 18）–1.2	13°	外城中西部
381	NLWF381	8 × 11–1.3	5°	外城中西部
382	NLWF382	10 × 12–1	15°	外城中西部
383	NLWF383	13 × 18–0.9	15°	外城中西部
384	NLWF384	（6 ～ 22）×（6 ～ 16）–0.8	8°	外城中部

建筑结构	是否经过考古发掘	备注
呈不规则土堆状，土石结构，墙基模糊，不能清楚分辨，最高处约 0.8 米，分布有少量的碎石块、瓦片和陶片。	否	
呈长方形土堆状，土石结构，墙基清晰可见，宽约 0.6 米，最高处约 0.9 米，分布有少量的碎石块、瓦片和陶片。	否	
呈长方形土堆状，土石结构，墙基模糊，不能清楚分辨，最高处约 1.6 米，分布有少量的碎石块、瓦片和陶片。	否	
呈长方形土堆状，土石结构，墙基模糊，不能清楚分辨，最高处约 1.2 米，分布有少量的瓦片。	否	
呈长方形土堆状，土石结构，墙基依稀可见，宽约 0.5 米，最高处约 0.8 米，分布有少量的碎石块、瓦片。	否	
呈长方形土堆状，土石结构，墙基依稀可见，宽约 0.5 米，最高处约 0.6 米。	否	
呈长方形土堆状，土石结构，墙基依稀可见，宽约 0.5 米，最高处约 1 米，分布有少量的陶片。	否	
呈长方形土堆状，土石结构，墙基依稀可见，宽约 0.5 米，最高处约 1.1 米，分布有少量的碎石块。	否	
呈长方形土堆状，土石结构，墙基依稀可见，宽约 0.5 米，最高处约 1.4 米，分布有少量的碎石块、瓦片。	否	
呈长方形土堆状，土石结构，墙基模糊，不能清楚分辨，最高处约 0.8 米。	否	
呈长方形土堆状，土石结构，墙基依稀可见，宽约 0.4 米，最高处约 0.4 米，分布有少量的碎砖块、瓦片。	否	
呈长方形土堆状，土石结构，墙基模糊，不能清楚分辨，最高处约 1.1 米，分布有少量的陶片。	否	
呈不规则土堆状，土石结构，墙基模糊，不能清楚分辨，最高处约 1.2 米，分布有少量的碎石块和陶片。	否	
呈长方形土堆状，土石结构，墙基模糊，不能清楚分辨，最高处约 1.3 米，分布有少量的碎石块和陶片。	否	
呈长方形土堆状，土石结构，墙基模糊，不能清楚分辨，最高处约 1 米，分布有少量的碎石块和陶片。	否	
呈长方形土堆状，土石结构，墙基模糊，不能清楚分辨，最高处约 0.9 米，分布有少量的碎石块和陶片。	否	
呈不规则土堆状，土石结构，墙基模糊，不能清楚分辨，最高处约 0.8 米。	否	

续附表 3-3

序号	编号	尺寸（米） 东西 × 南北 – 高	方向（度）	遗迹所在区域
385	NLWF385	29×6–1.2	6°	外城中部
386	NLWF386	7×4–1	5°	外城中部
387	NLWF387	（2～6）×（14～20）–1.3	8°	外城中部
388	NLWF388	（2～6.2）×（12～20）–1.2	8°	外城中部
389	NLWF389	14×9–0.9	8°	外城中部
390	NLWF390	9×9–1.1	19°	外城中部
391	NLWF391	7×5–0.9	19°	外城中部
392	NLWF392	12×10–1.4	19°	外城中部
393	NLWF393	15×9.7–1.4	22°	外城中部
394	NLWF394	（13～18）×（7～16）–1.4	4°	外城中部
395	NLWF395	7×13–1.2	4°	外城中部
396	NLWF396	8×7–0.4	5°	外城中部
397	NLWF397	8×10–1.1	3°	外城中部
398	NLWF398	8×12–0.8	16°	外城中部
399	NLWF399	12×10–1.1	13°	外城中部
400	NLWF400	6×11–0.4	14°	外城中部
401	NLWF401	（7～23）×（2～28）–1.4	11°	外城中部
402	NLWF402	（5～10）×13–0.6	9°	外城中部

建筑结构	是否经过考古发掘	备注
呈长方形土堆状，土石结构，墙基模糊，不能清楚分辨，最高处约 1.2 米，分布有少量的陶片。	否	
呈长方形土堆状，土石结构，墙基模糊，不能清楚分辨，最高处约 1 米，分布有少量的碎石块和瓦片。	否	
呈不规则长条土堆状，土石结构，墙基模糊，不能清楚分辨，最高处约 1.3 米，分布有少量的陶片。	否	
呈不规则长条土堆状，土石结构，墙基依稀可见，宽约 0.4 米，最高处约 1.2 米，分布有少量的陶片。	否	
呈长方形土堆状，土石结构，墙基模糊，不能清楚分辨，最高处约 0.9 米，分布有少量的碎石块。	否	
呈方形土台，土石结构，墙基模糊，不能清楚分辨，最高处约 1.1 米，分布有少量的碎石块和陶片。	否	
呈长方形土堆状，土石结构，墙基模糊，不能清楚分辨，最高处约 0.9 米。	否	
呈长方形土堆状，土石结构，墙基模糊，不能清楚分辨，最高处约 1.4 米。	否	
呈长方形土堆状，土石结构，墙基依稀可见，宽约 0.5 米，最高处约 1.4 米，分布有少量的碎砖块、陶片。	否	
呈不规则土堆状，土石结构，墙基模糊，不能清楚分辨，最高处约 1.4 米，分布有少量的陶片、碎砖块。	否	
呈长方形土堆状，土石结构，墙基模糊，不能清楚分辨，最高处约 1.2 米。	否	
呈长方形土堆状，土石结构，墙基模糊，不能清楚分辨，最高处约 0.4 米。	否	
呈长方形土堆状，土石结构，墙基模糊，不能清楚分辨，最高处约 1.1 米。	否	
呈长方形土堆状，土石结构，墙基模糊，不能清楚分辨，最高处约 0.8 米，分布有少量的碎石块。	否	
呈长方形土堆状，土石结构，墙基模糊，不能清楚分辨，最高处约 1.1 米，分布有少量的碎砖块。	否	
呈长方形土堆状，土石结构，墙基模糊，不能清楚分辨，最高处约 0.4 米，分布有少量的陶片。	否	
呈不规则土堆状，土石结构，墙基模糊，不能清楚分辨，最高处约 1.4 米，分布有少量的陶片、碎砖块。	否	
呈长方形土堆状，土石结构，墙基模糊，不能清楚分辨，最高处约 0.6 米。	否	

续附表 3-3

序号	编号	尺寸（米）东西 × 南北 – 高	方向（度）	遗迹所在区域
403	NLWF403	12×5–0.7	9°	外城中部
404	NLWF404	6×8–1	7°	外城中部
405	NLWF405	（8 ～ 18）×（8 ～ 15）–1.2	6°	外城中部
406	NLWF406	8×6–0.7	340°	外城中部
407	NLWF407	14×（6 ～ 11）–0.8	11°	外城中部
408	NLWF408	12×8–0.5	5°	外城中部
409	NLWF409	15×8–1.4	4°	外城中部
410	NLWF410	13×6–1	4°	外城中部
411	NLWF411	（7.4 ～ 14）×（8 ～ 15）–0.6	0°	外城中部
412	NLWF412	10×19–0.6	10°	外城中部
413	NLWF413	7×6–0.7	10°	外城中部
414	NLWF414	34.5×9–1.4	9°	外城中部
415	NLWF415	（7 ～ 12）×（3 ～ 10）–1.2	5°	外城中部
416	NLWF416	15×6–0.5	5°	外城中部
417	NLWF417	（6 ～ 24）×（10 ～ 30）–1.5	5°	外城中部
418	NLWF418	4×9–0.8	2°	外城中部
419	NLWF419	13×6–0.8	0°	外城中部

建筑结构	是否经过考古发掘	备注
呈长方形土堆状，土石结构，墙基模糊，不能清楚分辨，最高处约 0.7 米。	否	
呈长方形土堆状，土石结构，墙基模糊，不能清楚分辨，最高处约 1 米，分布有少量的碎砖块和瓷片。	否	
呈不规则土堆状，土石结构，墙基模糊，不能清楚分辨，最高处约 1.2 米，分布有少量的碎砖块。	否	
呈长方形土堆状，土石结构，墙基模糊，不能清楚分辨，最高处约 0.7 米，分布有少量的碎砖块。	否	
呈长方形土堆状，土石结构，墙基模糊，不能清楚分辨，最高处约 0.8 米，分布有少量的碎砖块。	否	
呈长方形土堆状，墙基模糊，不能清楚分辨，最高处约 0.5 米，分布有大量的碎砖块和陶片。	否	
呈长方形土堆状，土石结构，墙基模糊，不能清楚分辨，最高处约 1.4 米，分布有少量的碎砖块。	否	
呈长方形土堆状，土石结构，墙基模糊，不能清楚分辨，最高处约 1 米，分布有少量的碎砖石块和瓷片。	否	
呈不规则土堆状，土石结构，墙基依稀可见，宽约 0.6 米，最高处约 0.6 米，分布有少量的碎砖块。	否	
呈长方形土堆状，土石结构，墙基模糊，不能清楚分辨，最高处约 0.6 米。	否	
呈长方形土堆状，土石结构，墙基模糊，不能清楚分辨，最高处约 0.7 米，分布有少量的碎砖石块。	否	
呈长方形土堆状，土石结构，墙基依稀可见，宽约 0.8 米，最高处约 1.4 米，分布有少量的碎砖石块。	否	
呈不规则土堆状，土石结构，墙基模糊，不能清楚分辨，最高处约 1.2 米，分布有少量的碎砖块。	否	
呈长方形土堆状，土石结构，墙基模糊，不能清楚分辨，最高处约 0.5 米，分布有少量的碎砖石块。	否	
呈不规则土堆状，土石结构，墙基模糊，不能清楚分辨，最高处约 1.5 米，分布有少量的碎砖块。	否	
呈长方形土堆状，土石结构，墙基模糊，不能清楚分辨，最高处约 0.8 米，分布有少量的碎砖石块。	否	
呈长方形土堆状，土石结构，墙基模糊，不能清楚分辨，最高处约 0.8 米，分布有少量的碎砖石块。	否	

续附表 3-3

序号	编号	尺寸（米）东西 × 南北 - 高	方向（度）	遗迹所在区域
420	NLWF420	（12 ~ 35）×（6 ~ 28）-1.7	4°	外城中部
421	NLWF421	（34 ~ 48）×（6 ~ 24）-1.2	4°	外城中部
422	NLWF422	25×6-1.1	1°	外城中部
423	NLWF423	16×10.2-1.2	5°	外城中部
424	NLWF424	（7 ~ 52）×（15 ~ 30）-1.3	358°	外城中东部
425	NLWF425	9×6-0.7	349°	外城中东部
426	NLWF426	13×6-0.7	353°	外城中东部
427	NLWF427	（4 ~ 23）×（15 ~ 22）-1.1	5°	外城中东部
428	NLWF428	12×13-1.4	5°	外城中东部
429	NLWF429	11×20.3-1.2	5°	外城中东部
430	NLWF430	（8 ~ 17）×（6.5 ~ 13）-1.1	5°	外城中东部
431	NLWF431	8×22-1.1	23°	外城中东部
432	NLWF432	34.3×6-1.4	5°	外城中东部
433	NLWF433	6×4-0.4	3°	外城中东部
434	NLWF434	9×8-1.3	3°	外城中东部
435	NLWF435	6×5-0.4	5°	外城北部
436	NLWF436	7×8.4-0.9	5°	外城中北部

建筑结构	是否经过考古发掘	备注
呈不规则土堆状，土石结构，墙基模糊，不能清楚分辨，最高处约 1.7 米，分布有少量的碎砖块。	否	
呈不规则长条土堆状，土石结构，墙基模糊，不能清楚分辨，最高处约 1.2 米，分布有少量的碎砖块。	否	
呈长方形土堆状，土石结构，墙基模糊，不能清楚分辨，最高处约 1.1 米，分布有少量的碎砖石块。	否	
呈长方形土堆状，土石结构，墙基依稀可见，宽约 0.5 米，最高处约 1.2 米，分布有少量的碎砖石块。	否	
呈不规则长条土堆状，土石结构，墙基模糊，不能清楚分辨，最高处约 1.3 米，分布有少量的瓷片。	否	
呈长方形土堆状，土石结构，墙基模糊，不能清楚分辨，最高处约 0.7 米。	否	
呈长方形土堆状，土石结构，墙基模糊，不能清楚分辨，最高处约 0.7 米，分布有少量的碎砖石块。	否	
呈不规则长条土堆状，土石结构，墙基模糊，不能清楚分辨，最高处约 1.1 米，分布有少量的碎砖块。	否	
呈长方形土堆状，土石结构，墙基模糊，不能清楚分辨，最高处约 1.4 米。	否	
呈长方形土堆状，土石结构，墙基依稀可见，宽约 0.5 米，最高处约 1.2 米，分布有少量的碎砖石块。	否	
呈不规则长条土堆状，土石结构，墙基模糊，不能清楚分辨，最高处约 1.1 米，分布有少量的碎砖块。	否	
呈长方形土堆状，土石结构，墙基模糊，不能清楚分辨，最高处约 1.1 米，分布有少量的碎砖石块。	否	
呈长方形土堆状，土石结构，墙基模糊，不能清楚分辨，最高处约 1.4 米，分布有少量的碎砖石块。	否	
呈长方形土堆状，土石结构，墙基模糊，不能清楚分辨，最高处约 0.4 米。	否	
呈方形土堆状，土石结构，墙基模糊，不能清楚分辨，最高处约 1.3 米，分布有少量的碎砖石块。	否	
呈长方形土堆状，土石结构，墙基模糊，不能清楚分辨，最高处约 0.4 米，分布有少量的碎砖石块。	否	
呈椭圆形土堆状，土石结构，墙基模糊，不能清楚分辨，最高处约 0.9 米，分布有少量的碎砖石块。	否	

续附表 3-3

序号	编号	尺寸（米） 东西 × 南北 - 高	方向（度）	遗迹所在区域
437	NLWF437	（7 ～ 12）×（8 ～ 16）-1.5	2°	外城中北部
438	NLWF438	15×5.4-1.2	2°	外城北部
439	NLWF439	7.6×11.2-0.9	2°	外城北部
440	NLWF440	9.7×8.2-0.8	5°	外城北部
441	NLWF441	24×11.2-1.3	12°	外城北部
442	NLWF442	11×4.4-0.7	3°	外城北部
443	NLWF443	21.5×10-1	3°	外城北部
444	NLWF444	6×6-0.6	4°	外城北部
445	NLWF445	（2 ～ 11.4）×（2.4 ～ 18）-0.8	4°	外城北部
446	NLWF446	（6 ～ 17）×（6 ～ 21）-0.9	2°	外城北部
447	NLWF447	15×10-1.1	5°	外城北部
448	NLWF448	14×8-1.3	7°	外城北部
449	NLWF449	68×（5 ～ 28）-0.4	4°	外城北部
450	NLWF450	6×6.4-0.7	3°	外城北部
451	NLWF451	12.8×8.3-1.5	4°	外城北部
452	NLWF452	5.8×4.3-0.6	4°	外城北部
453	NLWF453	11.3×11.3-1.1	4°	外城北部

建筑结构	是否经过考古发掘	备注
呈不规则长条土堆状，土石结构，墙基模糊，不能清楚分辨，最高处约 1.5 米，分布有少量的碎砖块、陶片。	否	
呈长方形土堆状，土石结构，墙基依稀可见，宽约 0.5 米，最高处约 1.2 米，分布有少量的碎砖石块。	否	
呈长方形土堆状，土石结构，墙基依稀可见，宽约 0.5 米，最高处约 0.9 米，分布有少量的碎砖石块。	否	
呈长方形土堆状，土石结构，墙基依稀可见，宽约 0.4 米，最高处约 0.8 米，分布有少量的碎砖石块、陶片。	否	
呈长方形土堆状，土石结构，墙基依稀可见，宽约 0.5 米，最高处约 1.3 米，分布有少量的碎砖石块。	否	
呈长方形土堆状，土石结构，墙基依稀可见，宽约 0.4 米，最高处约 0.7 米，分布有少量的碎砖石块、陶片。	否	
呈长方形土堆状，土石结构，墙基依稀可见，宽约 0.8 米，最高处约 1 米，分布有少量的碎砖石块、陶片。	否	
呈长方形土堆状，土石结构，墙基模糊，不能清楚分辨，最高处约 0.6 米，分布有少量的碎砖块、陶片。	否	
呈不规则长条土堆状，土石结构，墙基模糊，不能清楚分辨，最高处约 0.8 米，分布有少量的碎砖块、陶片。	否	
呈不规则长条土堆状，土石结构，墙基模糊，不能清楚分辨，最高处约 0.9 米，分布有少量的碎砖块。	否	
呈长方形土堆状，土石结构，墙基模糊，不能清楚分辨，最高处约 1.1 米，分布有少量的瓷片、碎砖块。	否	
呈长方形土堆状，土石结构，墙基模糊，不能清楚分辨，最高处约 1.3 米，分布有少量的碎砖石块、陶片。	否	
呈不规则长条土堆状，土石结构，墙基模糊，不能清楚分辨，最高处约 0.4 米，分布有大量的碎砖瓦块、瓷片。	否	
呈方形土堆状，土石结构，墙基依稀可见，宽约 0.5 米，最高处约 0.7 米，分布有少量的碎砖石块、陶片。	否	
呈长方形土堆状，土石结构，墙基依稀可见，宽约 0.4 米，最高处约 1.5 米，分布有少量的陶片。	否	
呈长方形土堆状，土石结构，墙基依稀可见，宽约 0.6 米，最高处约 0.6 米，分布有少量的碎砖石块、陶片。	否	
呈长方形土堆状，土石结构，墙基依稀可见，宽约 0.5 米，最高处约 1.1 米，分布有少量的陶片。	否	

续附表 3-3

序号	编号	尺寸（米） 东西 × 南北 – 高	方向（度）	遗迹所在区域
454	NLWF454	7.1×9.7–1.2	2°	外城北部
455	NLWF455	12×9–0.8	5°	外城北部
456	NLWF456	（14.2～37）×（28～43）–1.7	3°	外城北部
457	NLWF457	10×5.6–1.1	3°	外城北部
458	NLWF458	10×7.2–0.9	3°	外城北部
459	NLWF459	23×10.2–1	4°	外城北部
460	NLWF460	8×7–1.8	4°	外城北部
461	NLWF461	14.3×6.4–1.5	5°	外城北部
462	NLWF462	（8～9.9）×15–1.6	7°	外城北部
463	NLWF463	9.1×13–1.4	4°	外城北部
464	NLWF464	8×13–1.1	4°	外城北部
465	NLWF465	7×6.4–1.2	4°	外城北部
466	NLWF466	（13～18）×（5～14）–0.5	18°	外城北部
467	NLWF467	8×11.4–1	5°	外城北部
468	NLWF468	13×8–0.6	5°	外城北部
469	NLWF469	9×6–1.1	7°	外城北部
470	NLWF470	12×6–1.3	14°	外城北部

建筑结构	是否经过考古发掘	备注
呈长方形土堆状，土石结构，墙基依稀可见，宽约 0.4 米，最高处约 1.2 米，分布有少量的碎砖石块、陶片。	否	
呈长方形土堆状，土石结构，墙基模糊，不能清楚分辨，最高处约 0.8 米，分布有少量的碎砖石块、陶片。	否	
呈不规则长条土堆状，土石结构，墙基依稀可见，宽约 0.6 米，最高处约 1.7 米，分布有大量的陶片。	否	
呈长方形土堆状，土石结构，墙基依稀可见，宽约 0.5 米，最高处约 1.1 米，分布有少量的碎砖石块。	否	
呈长方形土堆状，土石结构，墙基依稀可见，宽约 0.4 米，最高处约 0.9 米，分布有少量的碎砖石块。	否	
呈长方形土堆状，土石结构，墙基依稀可见，宽约 0.5 米，最高处约 1 米，分布有少量的碎砖石块。	否	
呈长方形土堆状，土石结构，墙基模糊，不能清楚分辨，最高处约 1.8 米，分布有少量的碎砖石块、陶片。	否	
呈长方形土堆状，土石结构，墙基依稀可见，宽约 0.5 米，最高处约 1.5 米，分布有少量的碎砖石块。	否	
呈不规则长条土堆状，土石结构，墙基依稀可见，宽约 0.6 米，最高处约 1.6 米，分布有大量的碎砖块。	否	
呈长方形土堆状，土石结构，墙基依稀可见，宽约 0.4 米，最高处约 1.4 米，分布有少量的碎砖石块。	否	
呈长方形土堆状，土石结构，墙基模糊，不能清楚分辨，最高处约 1.1 米，分布有少量的碎砖石块。	否	
呈长方形土堆状，土石结构，墙基依稀可见，宽约 0.5 米，最高处约 1.2 米，分布有少量的碎砖石块。	否	
呈不规则长条土堆状，土石结构，墙基模糊，不能清楚分辨，最高处约 0.5 米，分布有大量的碎砖块、陶片。	否	
呈长方形土堆状，土石结构，墙基依稀可见，宽约 0.7 米，最高处约 1 米，分布有少量的碎砖石块、瓷片。	否	
呈长方形土堆状，土石结构，墙基模糊，不能清楚分辨，最高处约 0.6 米，分布有少量的碎砖石块。	否	
呈长方形土堆状，土石结构，墙基模糊，不能清楚分辨，最高处约 1.1 米，分布有少量的碎砖石块。	否	
呈长方形土堆状，土石结构，墙基模糊，不能清楚分辨，最高处约 1.3 米，分布有大量的碎砖石块。	否	

续附表 3-3

序号	编号	尺寸（米） 东西 × 南北 – 高	方向（度）	遗迹所在区域
471	NLWF471	5 × 7–1.1	12°	外城北部
472	NLWF472	6.4 × 12–0.8	12°	外城北部
473	NLWF473	10 × 14–0.6	12°	外城北部
474	NLWF474	14 × 10–1.4	24°	外城北部
475	NLWF475	17 × 15–0.8	4°	外城北部
476	NLWF476	14 × 16–1.3	9°	外城北部
477	NLWF477	22 × 6–1.2	9°	外城北部
478	NLWF478	21.3 × 8–1.4	8°	外城北部
479	NLWF479	（13.7 ~ 22）×（8 ~ 20）–1.3	5°	外城北部
480	NLWF480	12 × 18–1.7	359°	外城北部
481	NLWF481	7.5 × 18–2	6°	外城北部
482	NLWF482	9.4 × 18.2–0.8	6°	外城北部
483	NLWF483	（12 ~ 23）× 130–2.3	5°	外城北部
484	NLWF484	（5 ~ 12）×（2 ~ 15）–1.4	13°	外城北部
485	NLWF485	6 × 16–0.4	13°	外城北部
486	NLWF486	10 × 6–0.5	15°	外城南部
487	NLWF487	23.2 × 12.1–1.6	5°	外城南部

建筑结构	是否经过考古发掘	备注
呈长方形土堆状，土石结构，墙基模糊，不能清楚分辨，最高处约1.1米，分布有少量的砖块。	否	
呈长方形土堆状，土石结构，墙基依稀可见，宽约0.5米，最高处约0.8米，分布有少量的碎砖块。	否	
呈长方形土堆状，土石结构，墙基模糊，不能清楚分辨，最高处约0.6米，分布有少量的砖块、陶片。	否	
呈长方形土堆状，土石结构，墙基模糊，不能清楚分辨，最高处约1.4米，分布有较多的砖块。	否	
呈长方形土堆状，土石结构，墙基模糊，不能清楚分辨，最高处约0.8米，分布有少量的砖块。	否	
呈长方形土堆状，土石结构，墙基模糊，不能清楚分辨，最高处约1.3米，分布有少量的砖石块、瓦片。	否	
呈长方形土堆状，土石结构，墙基模糊，不能清楚分辨，最高处约1.2米，分布有少量的砖块、瓦块。	否	
呈长方形土堆状，土石结构，墙基依稀可见，宽约0.6米，最高处约1.4米，分布有少量的碎砖石块。	否	
呈不规则长条土堆状，土石结构，墙基依稀可见，宽约0.5米，最高处约1.3米，分布有少量的瓷片。	否	
呈长方形土堆状，土石结构，墙基模糊，不能清楚分辨，最高处约1.7米，分布有少量的砖块。	否	
呈长方形土堆状，土石结构，墙基依稀可见，宽约0.5米，最高处约2米，分布有少量的碎石块、陶片。	否	
呈长方形土堆状，土石结构，墙基依稀可见，宽约0.5米，最高处约0.8米，分布有少量的碎石块、陶片和瓦片。	否	
呈不规则长条土堆状，土石结构，墙基模糊，不能清楚分辨，最高处约2.3米，分布有少量的碎石块、陶片。	否	
呈不规则长条土堆状，土石结构，墙基模糊，不能清楚分辨，最高处约1.4米，分布有少量的碎砖块、陶片。	否	
呈长方形土堆状，土石结构，墙基模糊，不能清楚分辨，最高处约0.4米，分布有少量的砖块。	否	
呈长方形土堆状，土石结构，墙基模糊，不能清楚分辨，最高处约0.5米，分布有少量的砖块。	否	
呈长方形土堆状，土石结构，墙基依稀可见，宽约0.5米，最高处约1.6米，分布有少量的碎石块、瓷片。	否	

续附表 3-3

序号	编号	尺寸（米） 东西 × 南北 - 高	方向（度）	遗迹所在区域
488	NLWF488	6×12-0.5	5°	外城南部
489	NLWF489	（9.8～15.2）×（6～16）-0.8	5°	外城南部
490	NLWF490	8×6.4-1.3	5°	外城南部
491	NLWF491	4×6-0.9	10°	外城南部
492	NLWF492	6×13-0.7	330°	外城南部
493	NLWF493	（8～19）×46-0.9	50°	外城南部
494	NLWF494	10.6×9-1.1	5°	外城南部
495	NLWF495	4.5×8.4-1.1	6°	外城南部
496	NLWF496	12×10.6-1.2	5°	外城南部
497	NLWF497	18×8.3-1.1	4°	外城南部
498	NLWF498	16×27-0.9	30°	外城南部
499	NLWF499	8×6.9-1.4	5°	外城南部
500	NLWF500	8.4×6.8-0.6	5°	外城南部
501	NLWF501	8×12-0.9	5°	外城南部
502	NLWF502	直径14-0.8	5°	外城南部
503	NLWF503	8×12-1.2	5°	外城南部
504	NLWF504	13×14-1.9	5°	外城南部

建筑结构	是否经过考古发掘	备注
呈长方形土堆状，土石结构，墙基模糊，不能清楚分辨，最高处约 0.5 米，分布有少量的砖块。	否	
呈不规则长条土堆状，土石结构，墙基依稀可见，宽约 0.5 米，最高处约 0.8 米，分布有少量的碎砖块。	否	
呈长方形土堆状，土石结构，墙基依稀可见，宽约 0.4 米，最高处约 1.3 米。	否	
呈长方形土堆状，土石结构，墙基模糊，不能清楚分辨，最高处约 0.9 米，分布有少量的砖块。	否	
呈长方形土堆状，土石结构，墙基模糊，不能清楚分辨，最高处约 0.7 米，分布有少量的砖块、瓦片。	否	
呈不规则长条土堆状，土石结构，墙基模糊，不能清楚分辨，最高处约 0.9 米，分布有少量的碎砖石块。	否	
呈长方形土堆状，土石结构，墙基依稀可见，宽约 0.6 米，最高处约 1.1 米。	否	
呈长方形土堆状，土石结构，墙基依稀可见，宽约 0.5 米，最高处约 1.1 米，分布有少量的碎砖石块。	否	
呈长方形土堆状，土石结构，墙基依稀可见，宽约 0.6 米，最高处约 1.2 米。	否	
呈长方形土堆状，土石结构，墙基依稀可见，宽约 0.6 米，最高处约 1.1 米，分布有少量的碎砖石块、瓦片和陶片。	否	
呈椭圆形土堆状，土石结构，墙基模糊，不能清楚分辨，最高处约 0.9 米，分布有少量的碎砖石块。	否	
呈椭圆形土堆状，土石结构，墙基模糊，不能清楚分辨，最高处约 1.4 米，分布有少量的碎砖石块。	否	
呈椭圆形土堆状，土石结构，墙基模糊，不能清楚分辨，最高处约 0.6 米，分布有少量的碎砖石块。	否	
呈椭圆形土堆状，土石结构，墙基模糊，不能清楚分辨，最高处约 0.9 米，分布有少量的碎砖石块、陶片。	否	
呈圆形土堆状，土石结构，墙基模糊，不能清楚分辨，最高处约 0.8 米，分布有少量的碎砖石块。	否	
呈椭圆形土堆状，土石结构，墙基模糊，不能清楚分辨，最高处约 1.2 米，分布有少量的碎砖石块、瓷片。	否	
呈椭圆形土堆状，土石结构，墙基模糊，不能清楚分辨，最高处约 0.9 米，分布有少量的碎砖石块。	否	

续附表 3-3

序号	编号	尺寸（米） 东西 × 南北 – 高	方向（度）	遗迹所在区域
505	NLWF505	27 × 5–0.9	13°	外城南部
506	NLWF506	7 × 12.4–1.2	5°	外城南部
507	NLWF507	20 × 22–1.3	5°	外城南部
508	NLWF508	134 × 126–1.8	2°	外城西北部
509	NLWF509	120 × 85–1.1	16°	外城西北部
510	NLWF510	8 × 5.4–0.8	5°	外城西北部
511	NLWF511	8 × 4.3–1.9	30°	外城西北部
512	NLWF512	12 × 15–1.5	5°	外城西北部
513	NLWF513	10 × 9–0.9	4°	外城南部
514	NLWF514	16 × 20.3–0.7	3°	外城南部
515	NLWF515	6.4 × 6.4–0.3	10°	外城南部
516	NLWF516	5 × 11–0.6	44°	外城南部
517	NLWF517	10 × 10–0.9	5°	外城南部
518	NLWF518	33 × 8–1.2	5°	外城南部
519	NLWF519	26 × 16–0.7	5°	外城南部
520	NLWF520	45 × （10 ～ 21）–1	3°	外城南部
521	NLWF521	11 × 8–0.4	4°	外城南部

建筑结构	是否经过考古发掘	备注
呈长方形土堆状，土石结构，墙基模糊，不能清楚分辨，最高处约 0.9 米，分布有少量的碎砖石块。	否	
呈椭圆形土堆状，土石结构，墙基模糊，不能清楚分辨，最高处约 1.2 米，分布有少量的碎砖石块。	否	
呈长方形土堆状，土石结构，墙基模糊，不能清楚分辨，最高处约 1.3 米，分布有少量的碎砖石块。	否	
呈长方形土堆状，土石结构，墙基模糊，不能清楚分辨，最高处约 1.8 米，分布有少量的碎砖石块、瓦片。	否	
呈长方形土堆状，土石结构，墙基模糊，不能清楚分辨，最高处约 1.1 米，分布有少量的碎砖石块。	否	
呈长方形土堆状，土石结构，墙基依稀可见，宽约 0.4 米，最高处约 0.8 米，分布有少量的碎砖石块。	否	
呈长方形土堆状，土石结构，墙基依稀可见，宽约 0.6 米，最高处约 1.9 米，分布有少量的碎砖石块。	否	
呈长方形土堆状，土石结构，墙基模糊，不能清楚分辨，最高处约 1.5 米，分布有少量的碎砖石块。	否	
呈长方形土堆状，土石结构，墙基模糊，不能清楚分辨，最高处约 0.9 米，分布有少量的碎砖石块。	否	
呈长方形土堆状，土石结构，墙基依稀可见，宽约 0.5 米，最高处约 0.7 米，分布有少量的碎砖石块。	否	
呈方形土堆状，土石结构，墙基依稀可见，宽约 0.7 米，最高处约 0.3 米，分布有少量的碎砖石块。	否	
呈不规则长条土堆状，土石结构，墙基模糊，不能清楚分辨，最高处约 0.6 米。	否	
呈方形土堆状，土石结构，墙基模糊，不能清楚分辨，最高处约 0.9 米。	否	
呈长方形土堆状，土石结构，墙基模糊，不能清楚分辨，最高处约 1.2 米，分布有少量的碎砖石块。	否	
呈长方形土堆状，土石结构，墙基模糊，不能清楚分辨，最高处约 0.7 米，分布有少量的碎砖石块。	否	
呈不规则长条土堆状，土石结构，墙基模糊，不能清楚分辨，最高处约 1 米。	否	
呈长方形土堆状，土石结构，墙基模糊，不能清楚分辨，最高处约 0.4 米，分布有少量的碎砖石块、陶片。	否	

续附表 3-3

序号	编号	尺寸（米）东西 × 南北 – 高	方向（度）	遗迹所在区域
522	NLWF522	13 × 13–0.7	4°	外城南部
523	NLWF523	8 × 6–1.4	5°	外城南部
524	NLWF524	12 × 8–1.4	4°	外城南部
525	NLWF525	48 × 25–0.7	4°	外城南部
526	NLWF526	22 × 13–1.3	5°	外城南部
527	NLWF527	35 × 26–1.3	1°	外城南部
528	NLWF528	6.5 × 5–0.9	5°	外城南部
529	NLWF529	9 × 8–0.7	5°	外城南部

建筑结构	是否经过考古发掘	备注
呈方形土堆状，土石结构，墙基模糊，不能清楚分辨，最高处约 0.7 米，分布有少量的碎砖石块、陶片。	否	
呈椭圆形土堆状，土石结构，墙基模糊，不能清楚分辨，最高处约 1.4 米。	否	
呈方形土堆状，土石结构，墙基清晰，较规整，墙基宽约 0.6 米，最高处约 1.4 米，遗迹丰富，分布有大量的碎砖石块、陶片和瓦片。	否	
呈长方形土堆状，土石结构，墙基清晰，较规整，墙基宽约 0.8 米，最高处约 0.7 米，遗迹丰富，地表散落有大量的碎砖石块、陶片和瓦片。	否	
呈长方形土堆状，土石结构，墙基清晰，较规整，墙基宽约 0.6 米，最高处约 1.3 米，遗迹丰富，地表散落有大量的瓦片。	否	
呈不规则长条土堆状，土石结构，墙基清晰，较规整，墙基宽约 0.8 米，最高处约 1.3 米，遗迹丰富，地表散落有大量的瓦片。	否	
呈长方形土堆状，土石结构，墙基模糊，不能清楚分辨，最高处约 0.9 米，分布有少量的碎砖石块。	否	
呈长方形土堆状，土石结构，墙基清晰，上残留有平铺的砖，墙基宽约 0.6 米，最高处约 0.7 米，分布有少量的碎砖石块。	否	

第四部分　元上都遗址关厢区域建筑基址

附表 4-1　关厢区域建筑基址数据采集表

序号	编号	尺寸（米）长 × 宽	方向	遗迹所在区域
01	NLYD-1	138 × 94.5	南—北	东关东南部
02	NLYD-2	153 × 152	南—北	东关中部
03	NLYD-3	53 × 47	南—北	东关中部
04	NLYD-4	232 × 146	南—北	东关东北部
05	NLYD-5	64 × 54	南—北	东关东北部
06	NLYD-6	57 × 25.5	南—北	东关东中部
07	NLYD-7	173 × 123	南—北	东关中部略偏北处
08	NLYD-8	96 × 88	南—北	东关北侧西端
09	NLYD-9	53 × 69	南—北	东关南部
10	NLYD-10	31.5 × 16	南—北	东关中部
11	NLYD-11	10 × 9.1	南—北	东关东端
12	NLYD-12	23.2 × 16.1	南—北	东关中部
13	NLYD-13	21 × 14.3	南—北	东关大街西段南侧
14	NLYN-1	110 × 130	南—北	南关西北部
15	NLYN-F1	7.3 × 8	南—北	皇城明德门外西侧
16	NLYN-F2	7.3 × 7.2	南—北	皇城明德门外西侧
17	NLYN-F3	7.3 × 12.2	南—北	皇城明德门外西侧
18	NLYN-F4	5.7 × 10.8	南—北	皇城明德门外东侧
19	NLYX-1	210 × 150	南—北	西关敖包山东南的缓坡

建筑结构	是否经过考古发掘	备注
平面呈长方形，院内房屋布局较为整齐、对称。	否	
平面形状不规则，由南部大院落和东北部小院落两部分组成。	否	
平面呈长方形，房屋布局较为自由。	否	
平面呈长方形，由四周的正厢、东厢、西厢和南厢组成，中间为院落。	否	
平面呈方形，建筑基址布局规整，轴线略向西偏。	否	
平面呈长方形，北面正殿紧依东墙，北部、南部各对称分布有厢房。	否	
平面呈长方形，由四周的正厢、东厢、西厢和南厢组成，中间为院落。	否	
平面呈不规则四边形，正点位于院内北段，东、西两侧共有厢房三座。	否	
平面形状略不规则，房址数量较多，共有近60间房屋，以排为组。	否	
平面呈长方形，由南、北两院落组成，北部房址四间，南部房址两间。	否	
平面呈长方形，南为院落临街，北为房址两间。	否	
平面呈长方形，前后均为院落，房址位于中部。	否	
平面呈长方形，北侧为两间较大房址，南部东西厢房各三间。	否	
平面呈长方形，院内房址分布疏朗，不甚对称。	否	
平面基本呈方形，南侧为小型院落，北侧由东西两间房址组成。	西区房屋为地面建筑，房屋墙壁皆用自然石块浆垒砌，较为规整。	
平面呈长方形，南侧为小型院落，北侧由东西两间房址组成。	房屋北墙后另筑一墙，将三间房屋连成一排，但又彼此分开，作为贮藏室使用。	
平面基本呈方形，由东西两间房址组成。	为前堂后室的建筑形式，厅堂较大。	
平面呈长方形，由三间并排房址组成。	否	
平面呈长方形，由北面仓址和南面东、西两个院落组成，中为空旷的院落。	否	

续附表 4-1

序号	编号	尺寸（米）长 × 宽	方向	遗迹所在区域
20	NLYX-2	65.5 × 43.5	南—北	西关大街南面
21	NLYX-3	28.2 × 14	南—北	西关大街南面
22	NLYX-4	95 × 75	南—北	西关北面的缓坡
23	NLYX-5	123 × 92	南—北	西关北部
24	NLYX-6	105 × 127	南—北	西关北端，铁幡竿渠东侧
25	NLYX-7	170 × 120	南—北	西关北部
26	NLYX-8	（96 ~ 108）× 61	南—北	西关西部
27	NLYX-9	100 × 56	南—北	西关西部
28	NLYX-10	65 × 50	南—北	西关大街中段南面
29	NLYX-11	57.5 × 52	南—北	西关大街中段北面
30	NLYX-12	25 × 38	南—北	西关大街中段北部
31	NLYX-13	128 × 108	南—北	西关西端
32	NLYX-14	55.8 × 17	南—北	西关大街东段南面
33	NLYB-1	46 × 55	南—北	北关西北部
34	NLYB-2	227 × 130.5	南—北	北关西北部略偏南
35	NLYB-3	44 × 46	南—北	北关中部
36	NLYB-4	72 × 82	南—北	北关东北部山丘缓坡下

建筑结构	是否经过考古发掘	备注
平面呈长方形，店铺由临街的十间房址组成。居住房址较少，位于院落西部。	否	
平面呈长方形，店铺由临街的三间房址组成，居住房址位于院内西南角。	否	
平面呈长方形，院内房屋布局略偏西，主体建筑基本呈对称分布。	否	
平面呈长方形，院内房址多集中于中部略偏西，北部主体建筑呈对称布局。	否	
平面呈不规则的四边形，院内主体建筑呈四合院布局，依墙均建有较多的房址。	否	
平面呈长方形，由内院和外院两部分组成，内院房址较少，外院房址较多。	否	
平面呈不规则的四边形，院内房址主要集中于南部，基本呈四合院式布局。	否	
平面呈长方形，四合院式的独立院落，整体布局略偏西北。	否	
平面呈不规则的四边形，店铺由北端临街的十间房址组成，居住房址集中于西部。	否	
平面呈长方形，店铺位于南端临街处，共九间房址，院内居住房址较多，布局规整。	否	
平面呈长方形，院内房屋基址基本沿四墙分组分布，基址建筑规整。	否	
平面呈长方形，院内房址较少，主要集中在院落中部，呈四合院式布局。	否	
平面呈长方形，店铺由临街的四间房址组成，居住房址贴院内东西墙而建。	否	
平面呈长方形，院内房址较少，由正殿和东西厢房组成，格局较为对称。	否	
平面呈长方形，由北部的兵营区、南部西侧的官署区和东侧的仓储区三部分组成。	否	
平面略呈长方形，北部有两排并列的房址，南部东西两墙各有一排厢房。	否	
平面呈长方形，院内东、西、北三墙各有一排仓房，中部建有两个大型仓址。	否	

第五部分　元上都遗址砧子山墓葬群

附表 5-1　砧子山墓葬群——墓茔数据采集表

序号	编号	尺寸（米）	方向（度）	遗迹所在位置
001	NDZMY1	18×17.5	3°	位于砧子山墓地西区，西侧。
002	NDZMY2	10×10	2°	位于砧子山墓地西区，西侧。
003	NDZMY3	15×15	5°	位于砧子山墓地西区，西侧。
004	NDZMY4	17.5×16.5	2°	位于砧子山墓地西区，西侧。
005	NDZMY5	7.5×6	355°	位于砧子山墓地西区，西侧。
006	NDZMY6	16.5×16	358°	位于砧子山墓地西区，西侧。
007	NDZMY7	16.5×11.5	347°	位于砧子山墓地西区，西侧。
008	NDZMY8	17×12	7°	位于砧子山墓地西区，西侧。
009	NDZMY9	22×18	6°	位于砧子山墓地西区，西侧。
010	NDZMY10	12.5×10	355°	位于砧子山墓地西区，西侧。
011	NDZMY11	18.5×18.5	3°	位于砧子山墓地西区，西侧。
012	NDZMY12	17×10.5	358°	位于砧子山墓地西区，西侧。
013	NDZMY13	18×17.5	13°	位于砧子山墓地西区，西侧。
014	NDZMY14	15×12	2°	位于砧子山墓地西区，西侧。
015	NDZMY15	13.5×12	359°	位于砧子山墓地西区，西侧。
016	NDZMY16	16×11	10°	位于砧子山墓地西区，西侧。

墓茔结构	是否经过考古发掘	备注
墓茔平面呈长方形，墓茔墙体用自然石块垒砌，因人为取石破坏较严重。墙高不明，墙体宽约 0.6 米，残高约 0.1 米。茔内发现盗坑 3 处，分布于西墙内侧，距西墙约 1 米。	否	
墙体宽 0.7 米，由于人为取石破坏，现由地表观察围墙高度不明，墓茔内中部偏西有一约直径 2 米的盗坑。	否	
墙体保存状况较差，宽度不明，因人为取石四周墙体处已成深约 0.1 米凹槽。	否	
由自然石块堆砌而成，墙体宽 0.7 米，现地表所见墙高约 0.1 米。	否	
因墓茔所在处有一定坡度，墙体滑塌，损坏较严重，宽度不明。	否	
墙体保存较差，已经发掘，回填不彻底，墓茔内中间偏南有一直径约 2 米的凹地。	否	
墓茔墙体用天然石块垒砌而成，墙体宽约 0.6 米，由于人为取石破坏。	否	
由地表所见，墙体现存高度约 0.1 米，宽 0.7 米，靠近东南角处有一盗坑。	否	
墓茔平面呈长方形，墙体用自然石块垒砌而成，墓茔除西北角保留有砌石外，其余都被挖走，使地表形成凹槽状，根据凹槽仍可恢复墓茔形制。	否	
墓茔由自然石块堆砌而成，保存状况较差，墙体高度不明，宽 0.5 米。	否	
墙体保存状况较差，因人为取石四周墙体处已形成深约 0.1 米的凹槽。	否	
墓茔平面呈长方形，墓茔墙体用自然石块垒砌，因人为取石破坏较严重。墙高不明，墙体宽约 0.6 米，残高约 0.1 米。	否	
墓茔西墙大部、北墙东段被人为取石破坏，墙体高度不明。	否	
平面呈长方形，用自然石块垒砌而成，墙体保存较好，墓茔中间偏南处有直径 0.15 米的盗坑一个。	否	
保存相对较好，比较整齐，茔墙宽 0.6 米，南墙和西墙南端被取石挖掉，留有一段明显凹槽，其余保存较好。	否	
由地表所见，墙体宽 0.5 米，残高约 0.1 米，除东南角被当地村民人为取石外，其他部分保存较好，比较整齐。	否	

续附表 5-1

序号	编号	尺寸（米）	方向（度）	遗迹所在位置
017	NDZMY17	18×13	15°	位于砧子山墓地西区，西侧。
018	NDZMY18	15.5×15	13°	位于砧子山墓地西区，西侧。
019	NDZMY19	17×12	14°	位于砧子山墓地西区，西侧。
020	NDZMY20	15×11.5	1°	位于砧子山墓地西区，西侧。
021	NDZMY21	9×8	10°	位于砧子山墓地西区，西侧。
022	NDZMY22	18×8.5	7°	位于砧子山墓地西区，西侧。
023	NDZMY23	10×10	7°	位于砧子山墓地西区，西侧。
024	NDZMY24	14.5×12	5°	位于砧子山墓地西区，西侧。
025	NDZMY25	15×12	3°	位于砧子山墓地西区，西侧。
026	NDZMY26	13×12	11°	位于砧子山墓地西区，西侧。
027	NDZMY27	26.5×19.5	358°	位于砧子山墓地西区，西侧。
028	NDZMY28	13×12	11°	位于砧子山墓地西区，西侧。
029	NDZMY29	10.5×10	6°	位于砧子山墓地西区，西侧。
030	NDZMY30	7.5×7	4°	位于砧子山墓地西区，西侧。
031	NDZMY31	12.5×12	10°	位于砧子山墓地西区，西侧。
032	NDZMY32	17.5×13	8°	位于砧子山墓地西区，西侧。

墓茔结构	是否经过考古发掘	备注
墓茔平面呈长方形,墙体用天然石块垒砌而成,墙体宽0.6米,高度不明。	否	
墓茔墙体用天然石块垒砌而成,由地表所见,墙体宽0.6米,残高约0.1米。	否	
墓茔除西北角有少量保存外,其余均被取石挖走,取石处形成一道明显凹槽,从西北角少量残存看,垒砌较为整齐,墙宽0.5米,现存高度约0.1米。	否	
墓茔平面呈长方形,从地表观察,墙高不明,保存情况较差,且在南墙北端和墓茔中间位置发现盗坑。	否	
墓茔墙体由自然石块垒砌而成,保存较好,墙体整齐,茔墙宽0.6米。	否	
墓茔东墙中部、北墙东部被人为取石破坏,墙体高度不明。	否	
墓茔平面呈长方形,墓茔墙体用自然石块垒砌,因人为取石破坏较严重。墙高不明,墙体宽约0.6米。	否	
墓茔砌石大部取走,仅残存东北一隅,取石处留有明显凹槽,基本可复原墓茔形制。	否	
墓茔由自然石块堆砌而成,保存状况较差,墙体高度不明,宽0.5米。	否	
墓茔由天然石块垒砌而成,墙体宽约0.6米。由于人为取石破坏,仅东墙大部和西北角保存较好。	否	
墓茔墙体宽0.7米,由于人为取石破坏,现由地表所见高度不明,墓茔内中部偏南有一约直径1.5米的盗坑。	否	
墓茔平面呈长方形,从地表观察,墙高不明,保存情况较差。	否	
墓茔墙体保存较完整,系用天然石块垒砌,墙体宽0.6米,残高约0.1米。	否	
由地表所见,墓茔墙体现存高度约0.1米,宽0.7米,靠近东北角处有一盗坑。	否	
墓茔平面呈长方形,墓茔墙体用天然石块垒砌,较为整齐,墙体宽0.6米,现存高度约0.1米,除了南墙北段被人为取石挖走外,其他部分保存较好。	否	
墓茔平面呈长方形,墓茔墙体用自然石块垒砌,因人为取石,破坏较严重。墙高不明,墙体宽约0.6米。	否	

续附表 5-1

序号	编号	尺寸（米）	方向（度）	遗迹所在位置
033	NDZMY33	17.5 × 13.5	15°	位于砧子山墓地西区，中部。
	NDZMY33—M1	3 × 2.3–1.6	15°	位于砧子山墓地西区，中部。
	NDZMY33—M2	2.8 × 2.3–1.5	15°	位于砧子山墓地西区，中部。
	NDZMY33—M3	2.3 × 1.05–1.3	15°	位于砧子山墓地西区，中部。
	NDZMY33—M4	1.8 × 0.7–0.4	15°	位于砧子山墓地西区，中部。
	NDZMY33—M5	2.4 × 2.1–0.95	15°	位于砧子山墓地西区，中部。
	NDZMY33—M6	1.9 × 0.6–0.7	15°	位于砧子山墓地西区，中部。
	NDZMY33—M7	2.35 × 0.9–1.5	15°	位于砧子山墓地西区，中部。
034	NDZMY34	31.2 × 22	20°	位于砧子山墓地西区，中部。
	NDZMY34—M1	直径 3.55 米，深 3.05~3.25 米	20°	位于砧子山墓地西区，中部。
	NDZMY34—M2	2 × 0.76–1.34	10°	位于砧子山墓地西区，中部。
035	NDZMY35	60 × 30	10°	位于砧子山墓地西区，中部。
	NDZMY35—M1	3.68 × 3.52–2.8	5°	位于砧子山墓地西区，中部。
036	NDZMY36	64.5 × 31.4	5°	位于砧子山墓地西区，中部。
	NDZMY36—M1	2.08 × 2–2.14	5°	位于砧子山墓地西区，中部。
	NDZMY36—M2	2.16 × 1.96–2.14	5°	位于砧子山墓地西区，中部。

墓茔结构	是否经过考古发掘	备注
墓茔呈长方形，单墓茔，墓茔墙体用自然石块垒砌而成，较为整齐，宽约 0.7 米，残高约 0.6 米，其西墙大部、北墙东、西两段，东墙北端被人为取石破坏，仅南墙西南角和东南角保存较好。墓茔门道位于南墙正中，宽 2 米。		
	仰身直肢葬，早期受盗扰，共葬两人，属于同穴合葬。	
	长方形土坑竖穴墓，早期受盗扰。	
	仰身直肢葬，葬具为木棺。	
	仰身直肢葬，葬具为木棺。	
	仰身直肢葬，葬具为木棺。	
	仰身直肢葬，葬具为木棺。	
	侧身屈肢葬，葬具为木棺，早期受盗扰。	
墓茔平面呈长方形，墙体保存完整，系用自然石块垒砌，宽 0.8 米，现存高度 0.5 米，南墙正中略偏西处开一门道，宽 3.5 米。		
	砖室仿木结构壁画墓，葬式为仰身直肢葬。	
	长方形土坑竖穴，葬式为仰身直肢葬。	
墓茔墙体保存较好，用自然石块垒砌而成，南墙正中设置一道门，宽 2.5 米，距南墙依次向北 17.3 米和 29.5 米处亦用自然石块东西砌两道石墙。将墓茔分为南、中、北三个茔区。		
	石砌墓，葬具为木棺，早期受盗扰。	
墓茔平面呈长方形，三进式墓茔。墙体保存较好，自然石块垒砌。宽 0.7 米，现存高度 0.7 米。在南墙正中设一门道，宽 2 米。		
	砖室穹隆顶墓，早期受盗扰。	
	砖室穹隆顶墓，早期受盗扰。	

续附表 5-1

序号	编号	尺寸（米）	方向（度）	遗迹所在位置
037	NDZMY37	33.2 × 27.8	0°	位于砘子山墓地西区，中部。
	NDZMY37—M1	东：1.9 × 1.32-1.06 西：1.22 × 0.96-0.49	0°	位于砘子山墓地西区，中部。
038	NDZMY38	19 × 14	3°	位于砘子山墓地西区，中部。
	NDZMY38—M1	1 × 0.8-0.6	3°	位于砘子山墓地西区，中部。
039	NDZMY39	24.9 × 21.1	40°	位于砘子山墓地西区，中部。
	NDZMY39—M1	1.7 × 0.7-0.4	40°	位于砘子山墓地西区，中部。
	NDZMY39—M2	1 × 0.99-0.73	38°	位于砘子山墓地西区，中部。
	NDZMY39—M3	1 ×（0.97 ~ 0.86）-0.49	40°	位于砘子山墓地西区，中部。
040	NDZMY40	16.3 × 14	0°	位于砘子山墓地西区，中部。
	NDZMY40—M1	2 × 1.3-0.4	0°	位于砘子山墓地西区，中部。
	NDZMY40—M2	2.73 × 1.28-0.52	0°	位于砘子山墓地西区，中部。
	NDZMY40—M3	2.78 × 2.1-0.6	0°	位于砘子山墓地西区，中部。

墓茔结构	是否经过考古发掘	备注
墓茔平面呈长方形，为二进式墓茔。墓茔墙体保存完整，系天然石块垒砌，现存高度约1米。除东墙宽度为1米外，其余各墙宽度均为0.6米。门道位于南墙正中偏西，宽1.4米。		
	"凹"字形土坑竖穴墓，其中有2个骨灰盒作为葬具，早期受盗扰。	
墓茔平面呈长方形，单墓茔。宽0.5米，用自然石块垒砌，墓茔除西北角保留有砌石外，其余均被挖掉，使地表形成一凹槽，仍可恢复墓茔形制。门道位于南墙正中，宽1.7米。		
	长方形土坑竖穴墓，葬具为骨灰盒，早期受盗扰。	
墓茔平面呈长方形，单墓茔。墓茔墙体用自然石块垒砌，保存完整，较为整齐。墙宽0.7米，残高0.6米。门道位于南墙正中，宽1.8米。		
	长方形土坑竖穴墓，仰身直肢葬，葬具为木棺，早期受盗扰。	
	长方形土坑竖穴墓，葬具为骨灰盒，早期受盗扰，随葬品包括小口瓶2个，钱币3枚。	
	葬具为骨灰盒，早期受盗扰，随葬品包括小口瓶2个，香炉1个，彩石2个，钱币41枚。	
墓茔平面呈长方形，单墓茔。墓茔墙体用自然石块垒砌，墙体除了南墙和西墙南端被取石挖掉，留有一明显凹槽外，其余保存较好。茔墙宽1米，残高0.7米。门道位于南墙正中，宽1.6米。		
	长方形土坑竖穴墓，仰身直肢葬，葬具为石板，早期受盗扰。	
	长方形土坑竖穴墓，葬具为木棺，早期受盗扰，随葬品有瓮罐1个，铁辖2个，铁棺钉32个，漆器1件。	
	长方形土坑竖穴墓，仰身直肢葬，葬具为木棺，早期受盗扰，墓口用自然石块垒砌边框。	

续附表 5-1

序号	编号	尺寸（米）	方向（度）	遗迹所在位置
041	NDZMY41	17×16.5	25°	位于砧子山墓地西区，中部。
	NDZMY41—M1	2.1×0.9-1.08	25°	位于砧子山墓地西区，中部。
	NDZMY41—M2	2.1×0.7-1.04	25°	位于砧子山墓地西区，中部。
	NDZMY41—M3	1.82×0.8-1	25°	位于砧子山墓地西区，中部。
042	NDZMY42	10.5×10.5	10°	位于砧子山墓地西区，中部。
	NDZMY42—M1	2×0.8-1	10°	位于砧子山墓地西区，中部。
043	NDZMY43	29×23.2	10°	位于砧子山墓地西区，中部。
	NDZMY43—M1	1.1×0.9-0.74	10°	位于砧子山墓地西区，中部。
	NDZMY43—M2	1.1×1.05-0.75	10°	位于砧子山墓地西区，中部。

墓茔结构	是否经过考古发掘	备注
墓茔平面呈长方形，为双重式墓茔。墓茔墙体用自然石块垒砌，较为规整，墙宽 0.6 米，残高 0.8 米，最高处残存六层，门道痕迹不清，墓茔内中部偏北处用自然石块垒砌，东西长 8.1 米，南北宽 5.3 米。内茔墙墙宽 0.55 米，残高 0.4 米。		
	长方形土坑竖穴墓，仰身直肢葬，葬具为木棺，早期受盗扰，随葬品有瓷碗 1 个，银盒 1 个，钱币 235 枚。墓穴与木棺填土夯实上部填白膏泥。	
	长方形土坑竖穴墓，仰身直肢葬，葬具为木棺。	
	长方形土坑竖穴墓，仰身直肢葬，葬具为木棺。	
墓茔平面呈正方形，单墓茔。墓茔墙体用自然石块垒砌，较为规整，墙体宽约 0.9 米，现存高度 0.8 米。门道位于南墙正中，宽 1.5 米。		
	长方形土坑竖穴墓，仰身直肢葬，葬具为木棺，早期受盗扰，含有欧罗巴人种成分。	
墓茔平面呈长方形，为二进式墓茔。墙体保存完整，用自然石块垒砌，茔墙宽 0.6 米，现存高度 0.9 米，门道位于南墙中部略偏西，宽 2.5 米，墓茔南部距南墙 6.9 米处，用宽 0.5 米的自然石块东西向砌有一隔墙，将墓茔分为南、北两区。		
	砖室穹隆顶墓，葬具为骨灰盒，早期受盗扰，随葬品包括四系小口瓶 1 个，墓碑，动物骨骼 2 个，钱币 77 枚。	
	葬具为骨灰盒，早期受盗扰，随葬品包括梅瓶 2 个，带盖罐 1 个，香炉 1 个，砖 2 块，彩石 4 枚，钱币 40 枚。	

续附表 5-1

序号	编号	尺寸（米）	方向（度）	遗迹所在位置
044	NDZMY44	5.4×4	0°	位于砧子山墓地西区，中部。
	NDZMY44—M1	1.9×0.7-0.7	335°	位于砧子山墓地西区，中部。
	NDZMY44—M2	2×0.8-0.7	15°	位于砧子山墓地西区，中部。
	NDZMY44—M3	2.1×0.7-1.2	15°	位于砧子山墓地西区，中部。
	NDZMY44—M4	0.7×0.4-0.7	330°	位于砧子山墓地西区，中部。
045	NDZMY45	22.2×19.2	40°	位于砧子山墓地西区，中部。
	NDZMY45—M1	2.6×1.4-1.2	40°	位于砧子山墓地西区，中部。
046	NDZMY46	15.5×14.8	10°	位于砧子山墓地西区，中部。
	NDZMY46—M1	1.76×0.66-0.8	10°	位于砧子山墓地西区，中部。
	NDZMY46—M2	1.95×0.8-1.3	10°	位于砧子山墓地西区，中部。
	NDZMY46—M3	1.97×0.72-1.7	10°	位于砧子山墓地西区，中部。
	NDZMY46—M4	2×0.9-0.84	10°	位于砧子山墓地西区，中部。
	NDZMY46—M5	2.1×0.8-1.64	10°	位于砧子山墓地西区，中部。
	NDZMY46—M6	2.2×0.97-1.3	10°	位于砧子山墓地西区，中部。

墓茔结构	是否经过考古发掘	备注
墓茔平面呈长方形,单墓茔。茔墙用天然石块垒砌,四墙除东墙不规整外,其余三墙较整齐,宽0.3米,现存高度0.8米。门道不清。茔内共四座墓。		
	长方形土坑竖穴墓,仰身直肢葬,葬具为木棺,早期受盗扰。	
	长方形土坑竖穴墓,仰身直肢葬。	
	长方形土坑竖穴墓,仰身直肢葬,葬具为木棺,早期受盗扰。	
	长方形土坑竖穴墓,葬具为木棺,早期受盗扰。	
墓茔平面呈长方形,为二进式墓茔。茔墙砌石大部被取走,仅存西北一隅,取石处留有明显凹沟,基本可复原墓茔形制,墓茔宽约1米,现存0.8米。距墓茔南茔墙4.7米处,东西向砌有一墙,将茔区分为南、北两区。		
	长方形土坑竖穴墓,仰身直肢葬,葬具为木棺,早期受盗扰。	
墓茔平面呈长方形,双重式墓茔。墙体用自然石块垒砌而成,较为整齐,茔墙宽约0.45米,现存高度0.1米。没有门道痕迹。茔墙中部略偏西北部用自然石块垒砌一南北长8.4米,东西宽4.5米的内茔。		
	长方形土坑竖穴墓,仰身直肢葬,葬具为木棺,早期受盗扰。	
	长方形土坑竖穴墓,侧身直肢葬,葬具为木棺。	
	长方形土坑竖穴墓,侧身直肢葬。	
	长方形土坑竖穴墓,侧身直肢葬,葬具为木棺,早期受盗扰。	
	长方形土坑竖穴墓,侧身直肢葬,葬具为木棺。	
	长方形土坑竖穴墓,仰身直肢葬,葬具为木棺。	

续附表 5-1

序号	编号	尺寸（米）	方向（度）	遗迹所在位置
047	NDZMY47	16.7×12.5	355°	位于砧子山墓地西区，中部。
	NDZMY47—M1	1×0.5-0.6	355°	位于砧子山墓地西区，中部。
	NDZMY47—M2	1.1×0.9-0.7	355°	位于砧子山墓地西区，中部。
048	NDZMY48	20×18.5	15°	位于砧子山墓地西区，中部。
	NDZMY48—M1	2.5×1.2-1.5	15°	位于砧子山墓地西区，中部。
	NDZMY48—M2	2.6×1.22-1.58	12°	位于砧子山墓地西区，中部。
	NDZMY48—M3	2.2×（0.42～0.5）-0.76	20°	位于砧子山墓地西区，中部。
	NDZMY48—M4	2.62×（1～1.06）-1.3	15°	位于砧子山墓地西区，中部。
	NDZMY48—M5	2.2×1.1-1.1	15°	位于砧子山墓地西区，中部。
	NDZMY48—M6	1.5×0.56-0.6	15°	位于砧子山墓地西区，中部。
	NDZMY48—M7	2.36×1.1-1.3	15°	位于砧子山墓地西区，中部。
049	NDZMY49	12.5×12	350°	位于砧子山墓地西区，中部。
	NDZMY49—M1	0.6×0.5-1	350°	位于砧子山墓地西区，中部。

墓茔结构	是否经过考古发掘	备注
墓茔平面呈长方形，单墓茔。茔墙墙体用自然石块垒砌，较为整齐。墙宽 0.6 米，经解剖现存高度 0.7 米。门道位于南墙中部，宽 1.5 米。		
	长方形土坑竖穴墓，葬具为骨灰盒，早期受盗扰。	
	长方形土坑竖穴墓，葬具为骨灰盒，早期受盗扰，随葬品包括小口瓶 2 个，香炉 1 个，钱币 50 枚。	
墓茔平面呈长方形，双重式墓茔。茔墙用自然石块垒砌，较为规整，墙宽 0.8 米，残高 0.9 米。外茔门道位于南墙中部略偏西，宽 1.2 米。外茔中部距北墙向南 1.9 米处，用自然石块垒砌一东西长 11.5 米，南北宽 5.2 米内茔，内茔石墙宽 0.4 米，现存 0.9 米。门道位于南墙正中，宽 1 米。外茔区无任何痕迹。		
	长方形土坑竖穴墓，仰身直肢葬，葬具为木棺，早期受盗扰，随葬品有钱币 10 枚。含有欧罗巴人种成分。	
	长方形土坑竖穴墓，仰身直肢葬，葬具为木棺，早期受盗扰，随葬品有钱币 2 枚。含有欧罗巴人种成分。	
	长梯形土坑竖穴墓，仰身直肢葬，葬具为木棺，早期受盗扰。	
	长梯形土坑竖穴墓，仰身屈肢葬，葬具为木棺，早期受盗扰。	
	长方形土坑竖穴墓，仰身直肢葬，葬具为木棺，早期受盗扰。	
	长方形土坑竖穴墓，葬具为木棺。	
	长方形土坑竖穴墓，仰身直肢葬，葬具为木棺，早期受盗扰。	
墓茔平面略呈长方形，茔墙墙体保存完整，用自然石块垒砌，较为规整，宽 0.5 米，现存高度 0.8 米，四墙没有发现门道痕迹。		
	长方形土坑竖穴墓，葬具为骨灰盒，随葬品包括盖罐 2 个，钱币 83 枚。	

续附表 5-1

序号	编号	尺寸（米）	方向（度）	遗迹所在位置
050	NDZMY50	13.5×13	10°	位于砧子山墓地西区，中部。
	NDZMY50—M1	1.04×1.93-0.5	10°	位于砧子山墓地西区，中部。
051	NDZMY51	13.5×13	10°	位于砧子山墓地西区，中部。
	NDZMY51—M1	1.04×0.93-0.5	10°	位于砧子山墓地西区，中部。
052	NDZMY52	23×16.6	11°	位于砧子山墓地西区，中部。
	NDZMY52—M1	1.72×0.96-0.6	11°	位于砧子山墓地西区，中部。
	NDZMY52—M2	1×0.9-0.9	359°	位于砧子山墓地西区，中部。
053	NDZMY53	19.5×18.5	10°	位于砧子山墓地西区，中部。
	NDZMY53—M1	1.34×（0.8～0.96）-1.1	20°	位于砧子山墓地西区，中部。
054	NDZMY54	25.2×17.5	10°	位于砧子山墓地西区，中部。
	NDZMY54—M1	1.04×1.04-1.1	10°	位于砧子山墓地西区，中部。

墓茔结构	是否经过考古发掘	备注
墓茔平面略呈长方形，单墓茔。墓茔墙体用天然石块垒砌，较为整齐，茔墙宽 0.6 米，现存高度 0.5 米。除西墙北段有少量保存外，其余均被取石挖走，留有一明显整齐的凹框。门道位于南墙正中，宽 1.4 米。		
	长方形土坑竖穴墓，葬具为石函，早期受盗扰。	
墓茔平面略呈长方形，单墓茔。茔墙宽 0.6 米，现存高度 0.5 米。除西墙北段有少量保存外，其余均被取石挖走，留有一明显整齐凹槽框。门道位于南墙正中，宽 1.4 米。		
	长方形土坑竖穴墓，葬具为石函，早期受盗扰。	
墓茔平面呈长方形，二进式墓葬。茔墙墙体用自然石块垒砌，较为整齐，茔墙宽 0.7 米，现存高度 0.6 米。在墓茔距南茔墙 4.4 米处，东西向砌有一墙，将茔区分为南、北两区，在茔墙之上没有发现门道痕迹。		
	长方形土坑竖穴墓，葬具为骨灰盒，早期受盗扰，随葬品包括小口瓶 2 个，铁环 1 个，铁片饰 1 个，彩石 1 颗，钱币 35 枚。	
	长方形土坑竖穴墓，葬具为骨灰盒，早期受盗扰，随葬品有小口瓶 2 个。	
墓茔平面呈长方形，单墓茔。墓茔用自然石块垒砌，除西北角有少量保存外，其余均被取石挖走，取石处形成一明显凹槽。从西北角少量残存看，茔墙垒砌较整齐。宽 0.5 米，现存高度 0.6 米，门道位置不清。		
	长梯形土坑竖穴墓，早期受盗扰，随葬品包括小口瓶 2 个，钱币 5 枚。	
墓茔平面呈长方形，二进式墓茔。墙体保存较好，垒砌规整。经解剖，茔墙宽 0.6 米，现存六层，高约 0.7 米。门道位于南墙中段，略偏西，宽 1.6 米。茔墓距南茔墙 4.8 米处东西向砌石墙一道，将墓茔分为南、北两区，北茔区门道和南茔区门道位于同一轴线，宽 1.6 米。南茔区内无任何痕迹。		
	正方形土坑竖穴墓，随葬品有梅瓶 1 个，墓内四边置生土二层台。	

续附表 5-1

序号	编号	尺寸（米）	方向（度）	遗迹所在位置
055	NDZMY55	61.4×33	8°	位于砧子山墓地西区，中部。
	NDZMY55—M1	5×（4.65～4.95）-2.5	8°	位于砧子山墓地西区，中部。
056	NDZMY56	28×23	10°	位于砧子山墓地西区，中部。
	NDZMY56—M1	2.46×0.97-1.6	10°	位于砧子山墓地西区，中部。
	NDZMY56—M2	2.24×0.65-1.5	10°	位于砧子山墓地西区，中部。
	NDZMY56—M3	2.04×0.66-0.7	10°	位于砧子山墓地西区，中部。
	NDZMY56—M4	2.52×0.94-1.02	10°	位于砧子山墓地西区，中部。
057	NDZMY57	（19～20）×19.2	350°	位于砧子山墓地西区，中部。
	NDZMY57—M1	2.2×1.66-1.4	350°	位于砧子山墓地西区，中部。

墓茔结构	是否经过考古发掘	备注
墓茔平面呈长方形，二进式墓茔。墓茔墙体均用自然石块垒砌，保存完整，较为整齐，茔墙宽 1 米，现存高度 0.8 米。门道位于南墙正中，宽 1.8 米。南部往北距南茔墙 16.8 米处东西向垒砌一墙，将墓茔分为南、北两区。北茔区门道位于中部偏西处，宽 1.8 米。		
	砖石混砌墓，早期受盗扰，随葬品包括瓷罐 2 个，瓷盆 1 个，瓷碗 4 个，瓷盘 4 个，铁辖 2 个，铁棺钉 1 个，白铜簪 1 支，骨雕刻饰片 4 片，骨装饰条 4 个，石刻残块 1 块，石片状器 1 个，陶釜 1 个，玉饰件 1 个，漆器 1 件，珠饰 16 个，动物骨骼 1 块，桦树皮 1 块，钱币 36 枚。同穴合葬墓，由墓圹、墓室、墓门、甬道组成。	
墓茔呈长方形，二进式墓茔。墙体自然石块垒砌，保存完整，较为整齐。经解剖，茔墙宽 0.8 米，现存高 0.7 米。门道位于南墙正中，宽 3 米，在南部距南茔墙 5.2 米处东西向垒一墙，将墓茔分为南、北两区。北茔区门道与南茔区位于同一轴线，宽 3 米。		
	长方形土坑竖穴墓，葬具为木棺，早期受盗扰，随葬品包括四系小口瓶 3 个，香炉 1 个，铁棺箍 2 个，铁棺环 1 个，钱币 64 枚。	
	长方形土坑竖穴墓，葬具为木棺，早期受盗扰，随葬品包括四系小口瓶 1 个，香炉 1 个，漆器 1 个，钱币 33 枚。	
	长方形土坑竖穴墓，葬具为木棺，早期受盗扰，随葬品包括瓮罐 1 个，平底铜环 1 枚，金耳饰 1 个，漆器 1 件，毛类织物，钱币 47 枚。	
	长方形土坑竖穴墓，葬具为木棺，早期受盗扰，随葬品包括小口双耳瓶 2 个，铁棺环 4 个，铁棺钉 1 个，皮制品 1 件，丝织品 1 件。	
墓茔平面略呈梯形，单墓茔。墙体均用自然石块垒砌，部分被取石挖走外，其余保存完整，较为规整。经解剖，墙体宽 0.6 米，现存高度 0.8 米，没有发现门道痕迹。		
	长方形土坑竖穴墓，葬具为骨灰盒，早期受盗扰。	

续附表 5-1

序号	编号	尺寸（米）	方向（度）	遗迹所在位置
058	NDZMY58	24.2×19.6-0.7	20°	位于砧子山墓地西区，中部。
	NDZMY58—M1	1.2×0.8-1.02	20°	位于砧子山墓地西区，中部。
059	NDZMY59	32×26	15°	位于砧子山墓地西区，中部。
	NDZMY59—M1	1.2×0.9-0.8	15°	位于砧子山墓地西区，中部。
060	NDZMY60	32×16.3	10°	位于砧子山墓地西区，中部。
	NDZMY60—M1	3.2×0.88-2.32	12°	位于砧子山墓地西区，中部。
	NDZMY60—M2	2.2×0.8-2.4	12°	位于砧子山墓地西区，中部。
061	NDZMY61	9.5×9.4	40°	位于砧子山墓地西区，中部。
	NDZMY61—M1	2.5×2-1	40°	位于砧子山墓地西区，中部。

墓茔结构	是否经过考古发掘	备注
平面呈长方形，二进式墓茔。墙体用自然石块垒砌，保存完整，垒砌规整，茔墙宽0.5米，现存高度0.7米，茔墙门道位于南墙正中偏东，宽2.4米。在南部距南茔墙5米处东西向垒砌一宽0.4米的石墙，将墓茔分为南、北两区。两区门道基本处于同一轴线，北区门道宽2.5米，南茔区中无任何痕迹。		
	长方形土坑竖穴墓，葬具为骨灰盒，早期受盗扰，随葬品包括小口瓶2个，钱币79枚，石雕1个。	
墓茔平面呈长方形，单墓茔。茔墙墙体用约5层自然石块垒砌，较为规整。墙宽0.8米，现存高度0.9米。		
	长方形土坑竖穴墓，葬具为骨灰盒，早期受盗扰，随葬品包括小口瓶2个，钱币79枚，石雕1个。	
墓茔平面呈长方形，二进式墓茔。墓茔墙体用自然石块垒砌，除东南角有少量保存外，其余均被取石挖走。保存墙体较为规整，墙宽0.5米，现存高度0.6米。门道位于南墙正中，宽2米。在南部距南茔墙5.6米处东西向垒砌一墙，将墓茔分为南、北两区。北茔区门道与南茔区门道位于同一轴线，宽2米。南茔区内无任何痕迹。		
	长方形土坑竖穴墓，仰身直肢葬，葬具为木棺，早期受盗扰，随葬品包括铜镜1面，铁器1件，钱币9枚。	
	长方形土坑竖穴墓，仰身直肢葬，早期受盗扰，随葬品包括敛口罐1个，小口瓶2个，香炉1个，铁饰片1件，铁棺钉4个，钱币84枚。	
墓茔平面略呈方形，单墓茔。墓茔墙体用自然石块垒砌，现存5层，较为整齐。墙宽0.6米。		
	长方形土坑竖穴墓，仰身直肢葬，葬具为木棺，早期受盗扰，随葬品包括铁护角3个，铁棺钉3个，钱币1枚。	

续附表 5-1

序号	编号	尺寸（米）	方向（度）	遗迹所在位置
062	NDZMY62	19×17.8	355°	位于砧子山墓地西区，中部。
	NDZMY62—M1	3.44×2.36-1.3	355°	位于砧子山墓地西区，中部。
	NDZMY62—M2	1.9×0.75-0.4	355°	位于砧子山墓地西区，中部。
063	NDZMY63	17.5×17	10°	位于砧子山墓地西区，中部。
	NDZMY63—M1	1.37×1.15-1.3	10°	位于砧子山墓地西区，中部。
064	NDZMY64	20×16	10°	位于砧子山墓地西区，中部。
	NDZMY64—M1	2.3×1-1.2	10°	位于砧子山墓地西区，中部。
	NDZMY64—M2	2.4×0.8-0.4	10°	位于砧子山墓地西区，中部。
065	NDZMY65	20×20	10°	位于砧子山墓地西区，中部。
	NDZMY65—M1	上部直径：1.8-0.3 下部边长：1.1×1.1-0.8	10°	位于砧子山墓地西区，中部。
066	NDZMY66	27.8×24	345°	位于砧子山墓地西区，中部。
	NDZMY66—M1	1.66×1.58-1.08	345°	位于砧子山墓地西区，中部。

墓茔结构	是否经过考古发掘	备注
墓茔平面略呈长方形，单墓茔。墓茔墙体用自然石块垒砌，较为规整。墙宽 0.6 米，现存高度 0.8 米。没发现门道。		
	石板木椁墓，仰身直肢葬，葬具为木棺，早期受盗扰，随葬品包括梅瓶 1 个，瓷罐 2 个，铜钗 2 个，金簪 1 支，木梳 2 把，钱币 44 枚。	
	长方形土坑竖穴墓，仰身直肢葬，葬具为木棺。	
墓茔平面略呈长方形，单墓茔。茔墙墙体用自然石块垒砌，保存完整，较为规整。茔墙宽 0.5 米，现存高度 1 米。门道位于南墙正中，宽 2 米。		
	长方形土坑竖穴墓，葬具为骨灰盒，早期受盗扰，随葬品包括瓷罐 1 个，四系小口瓶 1 个，梅瓶 1 个，瓷碗 1 个，钱币 2 枚。	
墓茔平面呈长方形，单墓茔。墙体用三层自然石块垒砌，保存完整，垒砌较为规整。经解剖，茔墙宽 0.8 米，现存高度 0.6 米。门道位于南墙正中，宽 2 米。		
	长方形土坑竖穴墓，葬具为木棺，早期受盗扰。	
	长方形土坑竖穴墓，仰身直肢葬，葬具为木棺，早期受盗扰。	
墓茔平面呈正方形，单墓茔。墓茔墙体保存较好，由 3～4 层自然石块垒砌，较为规整。墙体宽 0.8 米，现存高度 0.6 米。		
	上圆下方，土坑竖穴墓，葬具为骨灰盒，早期受盗扰，随葬品包括瓷罐 1 个，香炉 1 个，石饰件 1 件，钱币 54 枚。	
墓茔平面呈长方形，二进式墓茔。茔墙墙体用自然石块垒砌，保存完整，较为规整。茔墙宽 0.8 米，现存高度 0.6 米。门道位于南墙东侧，宽 2 米。在距南墙 3.2 米处东西向垒砌一墙，将墓茔分为南北两区。		
	砖室墓，葬具为骨灰盒，早期受盗扰，随葬品包括小口瓶 3 个，石羊头 1 个，石饰件 2 件，瓦当 2 个，钱币 17 枚。	

续附表 5-1

序号	编号	尺寸（米）	方向（度）	遗迹所在位置
067	NDZMY67	31.5×21.5	0°	位于砧子山墓地西区，中部。
	NDZMY67—M1	3.5×3.26-2	0°	位于砧子山墓地西区，中部。
068	NDZMY68	24×13	5°	位于砧子山墓地西区，中部。
	NDZMY68—M1	1×0.8-0.6	5°	位于砧子山墓地西区，中部。
069	NDZMY69	20×16	20°	位于砧子山墓地西区，中部。
	NDZMY69—M1	2.4×1.3-1.2	15°	位于砧子山墓地西区，中部。
070	NDZMY70	14×10	15°	位于砧子山墓地西区，中部。
	NDZMY70—M1	0.8×0.8-0.85	10°	位于砧子山墓地西区，中部。
071	NDZMY71	14×14	18°	位于砧子山墓地西区，中部。
	NDZMY71—M1	2.3×1.25-2	275°	位于砧子山墓地西区，中部。

墓茔结构	是否经过考古发掘	备注
墓茔平面呈长方形，二进式墓茔。墓茔墙体用自然石块垒砌而成，较为规整，墙宽 0.6 米，现存高度 0.7 米。门道位于南墙中部略偏西，宽 1.5 米，在南部距南茔墙 7.8 米处东西向垒砌一墙，将墓茔分为南、北两区。北茔区门道和南茔区门道在同一轴线上，宽 1.5 米。南茔区内无任何痕迹。		
	砖室墓，葬具为木棺，随葬品包括四系小口瓶 2 个，双耳罐 1 个，铁棺钉 13 个，钱币 3 枚。是同穴合葬墓，由墓圹和墓室组成。	
墓茔平面呈长方形，单墓茔。茔墙墙体保存完整，用 3 ~ 4 层自然石块垒砌，较为规整，其间未做泥浆。墙宽 0.6 米，现存高度 0.6 米。门道位于南墙正中，宽 1 米。		
	长方形土坑竖穴墓，葬具为骨灰盒，早期受盗扰，随葬品包括瓷罐和器盖。	
墓茔平面呈长方形，单墓茔。茔墙墙体用自然石块垒砌而成，保存完整，较为规整，墙宽 0.6 米，墙高 0.4 米。门道位于南墙中部略偏东，宽 1 米。		
	长方形土坑竖穴墓，葬具为木棺，早期受盗扰，随葬品包括罐 1 个，钱币 5 枚，有少量肢骨。	
墓茔平面呈长方形，单墓茔。墓茔墙体用自然石块垒砌，保存完好，较为规整，其间未做泥浆。墙宽 0.7 米，现存高度 1.1 米，门道位于南墙正中，宽 2 米。		
	正方形土坑竖穴墓，葬具为骨灰盒，早期受盗扰，随葬品包括双耳罐 1 个，金耳饰 1 件，玛瑙珠饰 1 个，钱币 7 枚。	
墓茔平面呈正方形，单墓茔。墓茔墙体用自然石块垒砌，较为规整，墙体宽 1 米。		
	长方形土坑竖穴墓，葬具为木棺，早期受盗扰，随葬品包括铁棺箍 4 个，铁棺钉 2 个，皮革残块 1 片。	

续附表 5-1

序号	编号	尺寸（米）	方向（度）	遗迹所在位置
072	NDZMY72	70.2×30.5	10°	位于砧子山墓地西区，中部。
	NDZMY72—M1	竖穴：2×1.5-2.3 侧洞室：1.6×1.2-0.86	10°	位于砧子山墓地西区，中部。
073	NDZMY73	16×16	0°	位于砧子山墓地西区，中部。
	NDZMY73—M1	1.1×1.1-0.9	345°	位于砧子山墓地西区，中部。
074	NDZMY74	22×15	5°	位于砧子山墓地西区，中部。
	NDZMY74—M1	1×0.9-0.5	5°	位于砧子山墓地西区，中部。
075	NDZMY75	13×11	12°	位于砧子山墓地西区，中部。
	NDZMY75—M1	1.6×1.3-0.7	12°	位于砧子山墓地西区，中部。
	NDZMY75—M2	0.9×0.6-0.5	5°	位于砧子山墓地西区，中部。

墓茔结构	是否经过考古发掘	备注
墓茔平面呈长方形，三进式墓茔。茔墙墙体用自然石块垒砌，保存完好，较为规整。墙宽 1.5 米，现存高度 0.6 米。门道位于南墙正中，宽 3 米。在墓茔距南茔墙向北 21 米和 31.2 米处平行垒砌有两道石墙，将墓茔分为南、中、北三区。中茔区门道、北茔区门道、南茔区门道在同一轴线上，宽 3 米。南茔区和中茔区内无任何痕迹，北茔区中部略偏东用自然石块垒砌有内茔区。内茔区平面基本为正方形，南北长 5.4 米，东西宽 5.1 米，茔墙宽 0.6 米，现存高度 0.6 米。没发现门道。		
	侧洞室土坑竖穴墓，葬具为骨灰盒，早期受盗扰，随葬品包括小口瓶 4 个，高领罐 1 个，木碗 1 个，铁棺钉 13 个，钱币 2 枚。	
墓茔平面呈正方形，双重式墓茔。茔墙墙体用自然石块垒砌，保存完好，较为规整。墙宽 1.2 米，现存高度 1.2 米。门道位于南墙中部，宽 2 米，在外茔区正中用自然石块垒砌有内茔区，呈正方形，边长 9.6 米。墙宽和现存高度同外茔墙，门道位于南墙中部，宽 2 米。外茔区内无任何痕迹。		
	正方形土坑竖穴墓，葬具为骨灰盒，早期受盗扰，随葬品包括小口瓶 2 个，瓷碗 1 个，带流盏 1 个，钱币 23 枚。	
墓茔平面呈长方形，单墓茔。茔墙墙体用自然石块垒砌，较为规整。墙宽 0.5 米，现存高度 0.6 米。没有发现门道痕迹。		
	长方形土坑竖穴墓，葬具为骨灰盒，随葬品包括小口瓶 2 个，银指环 1 个，钱币 31 枚。	
墓茔由南、北两个墓茔组成，平面呈刀把形，南茔区平面呈长方形，南北长 13 米，东西宽 11 米，茔墙墙体用自然石块垒砌，保存完好，较为规整。墙宽 0.6 米，现存高度 0.8 米，没发现门道痕迹，北茔区利用南茔区之北墙，在南茔区东墙基础上向北延伸，平面略呈长方形，东西长 8 米，南北宽 7 米，墙体高度和现存高度同南茔区，亦无门道痕迹。		
	长方形土坑竖穴墓，葬具为骨灰盒，随葬品包括梅瓶 2 个，骨牙刷柄 3 个，铁棺箍 2 个，铁棺钉 6 个，钱币 90 枚。	
	长方形土坑竖穴墓，葬具为木棺，早期受盗扰，疑为迁葬。	

续附表 5-1

序号	编号	尺寸（米）	方向（度）	遗迹所在位置
076	NDZMY76	16×14	10°	位于砧子山墓地西区，中部。
	NDZMY76—M1	2.4×0.9-1.1	12°	位于砧子山墓地西区，中部。
077	NDZMY77	13×10	8°	位于砧子山墓地西区，中部。
	NDZMY77—M1	2.52×（1.06~0.91）-1.6	15°	位于砧子山墓地西区，中部。
078	NDZMY78	18×17.8	10°	位于砧子山墓地西区，中部。
	NDZMY78—M1	0.7×0.7-0.35	10°	位于砧子山墓地西区，中部。
079	NDZMY79	17.5×17	5°	位于砧子山墓地西区，中部。
	NDZMY79—M1	0.77×0.7-0.35	10°	位于砧子山墓地西区，中部。
080	NDZMY80	22×17	6°	位于砧子山墓地西区，中部。
	NDZMY80—M1	0.8×0.6-0.4	11°	位于砧子山墓地西区，中部。
081	NDZMY81	18×16.5	7°	位于砧子山墓地西区，中部。
082	NDZMY82	17×15	12°	位于砧子山墓地西区，中部。
083	NDZMY83	19×13	9°	位于砧子山墓地西区，中部。
084	NDZMY84	17×12.5	8°	位于砧子山墓地西区，中部。

墓茔结构	是否经过考古发掘	备注
墓茔平面呈长方形，单墓茔。墓茔墙体用自然石块垒砌，但墙体大部被取石挖走，仅在四墙有小段残存，取石处留有一道明显凹槽。残存部分宽 0.6 米，现存高度 0.5 米，门道位于南墙正中，宽 1.2 米。		
	长方形土坑竖穴墓，葬具为木棺，早期受盗扰，随葬品包括盖罐 1 个，珠饰 2 个，钱币 95 枚，有少量肢骨。	
墓茔平面呈长方形，单墓茔。茔墙墙体用自然石块垒砌，较为规整，墙宽 0.6 米，现存高度 0.4 ~ 0.5 米，门道位于南墙正中，宽 1 米。		
	长梯形土坑竖穴墓，葬具为木棺，早期受盗扰，随葬品有梅瓶 2 个。	
墓茔平面呈方形，单墓茔。茔墙墙体用自然石块垒砌，除南墙略不规整外，其他三墙均较为规整，墙宽 0.5 ~ 0.6 米，现存高度 0.9 米，没有发现门道痕迹。		
	正方形土坑竖穴墓，葬具为骨灰盒，早期受盗扰，随葬品包括小口双耳瓶 2 个，双耳罐 1 个，香炉 1 个。	
墓茔平面略呈方形，单墓茔。墓茔墙体用自然石块垒砌，保存完整，较为规整。墙宽 0.5 米，现存高度 0.6 米。没发现门道痕迹。		
	长方形土坑竖穴墓，葬具为骨灰盒，早期受盗扰，随葬品有花砖 1 块。	
墓茔表面呈长方形，单墓茔。茔墙墙体用自然石块垒砌，保存完整，较为规整。墙体宽 0.6 米，现存高度 0.45 米。门道位于南墙中部，宽 1 米。		
	长方形土坑竖穴墓，葬具为骨灰盒，早期受盗扰，随葬品包括罐 1 个，银饰片 1 枚，绿松石珠 1 颗，钱币 1 枚。	
墓茔墙体用天然石块垒砌而成，墙体宽约 0.5 米。由于人为取石破坏，仅南墙、西北角保存较好。	否	
墓茔平面呈长方形，墓茔墙体用自然石块垒砌，因人为取石破坏较严重。墙高不明，墙体宽约 0.5 米，残高约 0.1 米。	否	
由地表所见，墙体宽 0.65 米，残高约 0.1 米，除东南角被当地村民人为取石外，其他部分保存较好，比较整齐。	否	
墓茔平面呈长方形，用自然石块垒砌而成，墙体保存较好，墓茔中间偏南处，有直径 0.1 米盗坑一个。	否	

续附表 5-1

序号	编号	尺寸（米）	方向（度）	遗迹所在位置
085	NDZMY85	12 × 12	20°	位于砧子山墓地西区，中部。
086	NDZMY86	19.5 × 19	13°	位于砧子山墓地西区，中部。
087	NDZMY87	10 × 6	11°	位于砧子山墓地西区，中部。
088	NDZMY88	20 × 19	5°	位于砧子山墓地西区，中部。
089	NDZMY89	46.5 × 36	358°	位于砧子山墓地西区，北部。
090	NDZMY90	13 × 12.5	2°	位于砧子山墓地西区，北部。
091	NDZMY91	14.5 × 10.5	14°	位于砧子山墓地西区，北部。
092	NDZMY92	35 × 29	14°	位于砧子山墓地西区，北部。
093	NDZMY93	10 × 10	359°	位于砧子山墓地西区，中部。
094	NDZMY94	11.5 × 10	1°	位于砧子山墓地西区，中部。
095	NDZMY95	11 × 10	11°	位于砧子山墓地西区，中部。
096	NDZMY96	16 × 16	13°	位于砧子山墓地西区，中部。
097	NDZMY97	13.5 × 12	10°	位于砧子山墓地西区，中部。
098	NDZMY98	13.5 × 9.5	9°	位于砧子山墓地西区，中部。
099	NDZMY99	22 × 11	6°	位于砧子山墓地西区，中部。
100	NDZMY100	12 × 9	17°	位于砧子山墓地西区，中部。

墓茔结构	是否经过考古发掘	备注
墓茔呈正方形，墙体用天然石块垒砌而成，墙体宽 0.6 米，残高约 0.1 米。	否	
墓茔平面呈长方形，从地表观察，墙高不明，保存情况较差，且在南墙北端和墓茔中间位置发现盗坑。	否	
墓茔墙体宽 0.65 米，由于人为取石破坏，现由地表所见高度不明，墓茔内中部偏南有一约直径 1.5 米的盗坑。	否	
墓茔墙体保存较完整，系用天然石块垒砌，墙体宽 0.5 米，残高约 0.1 米。	否	
墓茔平面呈长方形，墓茔墙体用自然石块垒砌，因人为取石破坏较严重。墙高不明，墙体宽约 0.6 米。	否	
墓茔平面呈长方形，墓茔墙体用天然石块垒砌，较为整齐，墙体宽 0.6 米，现存高度约 0.1 米，除了东墙北段被人为取石挖走外，其他部分保存较好。	否	
地表所见，墙体宽 0.6 米，残高约 0.1 米，除东南角被当地村民人为取石外，其他部分保存较好，比较整齐。	否	
墙体保存状况较差，因人为取石四周墙体处已形成深约 0.1 米凹槽。	否	
墓茔西墙大部、北墙东段，被人为取石破坏，墙体高度不明。	否	
保存相对较好，比较整齐，茔墙宽 0.5 米，南墙和西墙南端被取石挖掉，留有一段明显凹槽。	否	
墓茔墙体用天然石块垒砌而成，由地表所见，墙体宽 0.5 米，残高约 0.1 米。墓茔内分布情况不明。	否	
墓茔平面呈正方形，从地表观察，墙高不明，保存情况较差，且在距南墙 0.1 米处和墓茔中间位置发现盗坑。	否	
由地表所见，墓茔墙体宽 0.5 米，残高约 0.1 米，除东南角被人为取石破坏外，其他部分保存较好，比较整齐。	否	
墓茔墙体用天然石块垒砌而成，由地表所见，墙体宽 0.45 米，残高约 0.1 米。	否	
墓茔除西北角有少量保存外，其余均被取石挖走，取石处形成一道明显凹槽，从西北角少量残存看，垒砌得较为整齐，墙宽 0.5 米，现存高度约 0.1 米。	否	
墓茔东墙中部，被人为取石破坏，墙体高度不明。	否	

续附表 5-1

序号	编号	尺寸（米）	方向（度）	遗迹所在位置
101	NDZMY101	16×10	14°	位于砧子山墓地西区，中部。
102	NDZMY102	16×14	14°	位于砧子山墓地西区，中部。
103	NDZMY103	16.5×15	17°	位于砧子山墓地西区，中部。
104	NDZMY104	6×3.5	14°	位于砧子山墓地西区，中部。
105	NDZMY105	8.5×6	13°	位于砧子山墓地西区，中部。
106	NDZMY106	16×16	24°	位于砧子山墓地西区，中部。
107	NDZMY107	13×9.5	21°	位于砧子山墓地西区，中部。
108	NDZMY108	16.5×9.5	22°	位于砧子山墓地西区，中部。
109	NDZMY109	12.5×10.5	18°	位于砧子山墓地西区，中部。
110	NDZMY110	12×10.5	26°	位于砧子山墓地西区，中部。
111	NDZMY111	18×16.5	17°	位于砧子山墓地西区，中部。
112	NDZMY112	25×25	23°	位于砧子山墓地西区，中部。
113	NDZMY113	23.5×23	18°	位于砧子山墓地西区，中部。
114	NDZMY114	13×11.5	16°	位于砧子山墓地西区，北部。
115	NDZMY115	35×20	6°	位于砧子山墓地西区，北部。
116	NDZMY116	17.5×17.5	5°	位于砧子山墓地西区，北部。
117	NDZMY117	20×19	14°	位于砧子山墓地西区，北部。
118	NDZMY118	20×14	357°	位于砧子山墓地西区，北部。

墓茔结构	是否经过考古发掘	备注
墓茔由自然石块堆砌而成，保存状况较差，墙体高度不明，墙宽 0.5 米。	否	
墓茔由天然石块垒砌而成，墙体宽约 0.6 米。由于人为取石破坏，仅东墙保存较好。	否	
墓茔平面呈长方形，从地表观察，墙高不明，保存情况较差。	否	
墓茔平面呈长方形，墓茔墙体用自然石块垒砌，因人为取石破坏较严重。墙高不明，墙体宽约 0.6 米。	否	
墓茔由地表所见，墓茔墙体现存高度约 0.1 米，宽 0.7 米。靠近东北角处有一盗坑。	否	
墓茔平面呈正方形，墓茔墙体用自然石块垒砌，因人为取石破坏较严重。墙体宽约 0.6 米。	否	
墓茔墙体宽 0.45 米，由于人为取石破坏，现由地表观察围墙高度不明，墓茔内中部偏西有一约直径 2 米的盗坑。	否	
墓茔由自然石块堆砌而成，墙体宽 0.7 米，现地表所见墙高约 0.1 米。	否	
墓茔所在处有一定坡度，墙体滑塌，损坏较严重，墙体宽度不能辨识。	否	
由地表所见，墙体现存高度约 0.1 米，宽 0.5 米。靠近东南角处有一盗坑。	否	
墓茔平面呈长方形，墓茔墙体用自然石块垒砌，因人为取石破坏较严重。墙高不明，墙体宽约 0.6 米，残高约 0.1 米。	否	
墓茔由自然石块堆砌而成，保存状况较差，墙体高度不明，宽 0.6 米。	否	
墓茔由地表所见，墙体现存高度约 0.1 米，宽 0.5 米。靠近东南角处有一盗坑。	否	
墓茔保存相对较好，比较整齐，茔墙宽 0.5 米，北墙南端被取石挖掉，留有一段明显凹槽，其余保存较好。	否	
墓茔西墙大部，被人为取石破坏，墙体高度不明。	否	
保存相对较好，比较整齐，茔墙宽 0.65 米，南墙和西墙南端被取石挖掉，留有一段明显凹槽。	否	
墓茔平面呈长方形，墙体用天然石块垒砌而成，墙体宽 0.6 米，高度不明。	否	
墓茔墙体保存较差，已经发掘，回填不彻底，墓茔内中间偏南有一直径约 2 米的凹地。	否	

续附表 5-1

序号	编号	尺寸（米）	方向（度）	遗迹所在位置
119	NDZMY119	9×7.5	8°	位于砧子山墓地西区，东侧。
120	NDZMY120	16×10	15°	位于砧子山墓地西区，东侧。
121	NDZMY121	16.5×11	5°	位于砧子山墓地西区，东侧。
122	NDZMY122	12.5×10	13°	位于砧子山墓地西区，东侧。
123	NDZMY123	11×6.5	4°	位于砧子山墓地西区，东侧。
124	NDZMY124	7.5×6	10°	位于砧子山墓地西区，东侧。
125	NDZMY125	13×9	8°	位于砧子山墓地西区，东侧。
126	NDZMY126	16×15.5	6°	位于砧子山墓地西区，东侧。
127	NDZMY127	13.5×7	358°	位于砧子山墓地西区，东侧。
128	NDZMY128	11×8	10°	位于砧子山墓地西区，东侧。
129	NDZMY129	11×8.5	4°	位于砧子山墓地西区，东侧。
130	NDZMY130	6×4	6°	位于砧子山墓地西区，东侧。
131	NDZMY131	8.9×10.4	340°	位于砧子山墓地南区，西侧。
132	NDZMY132	10.3×7	5°	位于砧子山墓地南区，西侧。
133	NDZMY133	11.5×7.2	355°	位于砧子山墓地南区，西侧。
134	NDZMY134	9.8×9.5	5°	位于砧子山墓地南区，西侧。
135	NDZMY135	16.5×11.7	355°	位于砧子山墓地南区，西侧。

墓茔结构	是否经过考古发掘	备注
由地表所见,墙体现存高度约 0.1 米,宽 0.6 米。靠近西南角处有一盗坑。	否	
墓茔东墙被人为取石破坏,墙体高度不明。	否	
墓茔墙体用天然石块垒砌而成,由地表所见,墙体宽 0.7 米,残高约 0.1 米。	否	
墓茔平面呈长方形,墙体用天然石块垒砌而成,墙体宽 0.6 米,高度不明。	否	
墓茔平面呈长方形,墓茔墙体用自然石块垒砌,因人为取石,墙高不明,墙体残高约 0.1 米。	否	
墓茔除西北角有少量保存外,其余均被取石挖走,取石处形成一道明显凹槽,从西北角少量残存看,垒砌得较为整齐,墙宽 0.5 米。	否	
墓茔平面呈长方形,墓茔墙体用自然石块垒砌,因人为取石破坏较严重。墙高不明,墙体宽约 0.45 米。	否	
墓茔由自然石块堆砌而成,保存状况较差,墙体高度不明,宽 0.5 米。	否	
墓茔平面呈长方形,从地表观察,墙高不明,保存情况较差。	否	
由地表所见,墓茔墙体现存高度约 0.1 米,宽 0.45 米。靠近东北角处有一盗坑。	否	
墓茔平面呈长方形,墓茔墙体用自然石块垒砌,因人为取石破坏较严重。墙体宽约 0.6 米。	否	
墓茔砌石大部取走,仅残存西北一隅,取石处留有明显凹槽。	否	
墓茔平面呈长方形,无墓仪石刻。	早期未受破坏,墓茔内包括 3 座墓,分别在墓茔的东北部、中北部、中西部。埋藏方式为骨灰。随葬品包括长瓶、罐。	
墓茔平面呈长方形,无铭刻,早期已受破坏。	因早期受破坏,墓茔内各分布情况不明。	
墓茔平面呈长方形,无铭刻,早期已受破坏。	随葬品有铜钱 1 枚。	
墓茔平面呈长方形,无铭刻,早期已受破坏。	早期受破坏,随葬品有瓶 2 个。	
墓茔平面呈长方形,无铭刻,保存较好。	墓茔内共有 2 座墓葬,分别分布于中西部和东侧。M1 的埋藏方式为骨灰,M2 为尸体。随葬品包括瓶、香炉、金簪、铜钱和料珠。	

续附表 5-1

序号	编号	尺寸（米）	方向（度）	遗迹所在位置
136	NDZMY136	10.3×8	0°	位于砧子山墓地南区，西侧。
137	NDZMY137	16.5×12	40°	位于砧子山墓地南区，西侧。
138	NDZMY138	24×17.5	345°	位于砧子山墓地南区，西侧。
139	NDZMY139	22×17	330°	位于砧子山墓地南区，西侧。
140	NDZMY140	15×11	7°	位于砧子山墓地南区，西侧。
141	NDZMY141	4.4×3.7	15°	位于砧子山墓地南区，西侧。
142	NDZMY142	18.2×14.2	15°	位于砧子山墓地南区，中部。
143	NDZMY143	14.4×18	5°	位于砧子山墓地南区，中部。
144	NDZMY144	17.4×14.4	10°	位于砧子山墓地南区，中部。
145	NDZMY145	26.2×25.7	350°	位于砧子山墓地南区，中部。
146	NDZMY146	21.5×15.7	330°	位于砧子山墓地南区，中部。
147	NDZMY147	13×10.6	345°	位于砧子山墓地南区，中部。
148	NDZMY148	22.5×21.5	355°	位于砧子山墓地南区，中部。
149	NDZMY149	6×5.5	320°	位于砧子山墓地南区，中部。

墓茔结构	是否经过考古发掘	备注
墓茔平面呈长方形，无铭刻，早期已受破坏，木匣已朽。	墓茔内共有墓葬1座，埋藏方式为骨灰，木匣已朽。随葬品有铜簪1支。	
墓茔平面呈长方形，无铭刻，未受破坏。	墓茔内共有3座墓葬，分别分布于墓茔中西部、中东部、西北隅。木匣已朽。随葬品有瓶、罐和铜钱。	
墓茔平面呈长方形，有一石碑，未受破坏。	墓茔内共有2座墓葬。埋藏方式均为骨灰，随葬品包括铜钱、罐、香炉、小铁铃。	
墓茔平面呈长方形，未受损坏，分布于较缓的山坡上。	墓茔内共有2座墓葬，分别分布于中东部和东北隅。埋葬方式为骨灰，无葬具，随葬品包括铜钱、石砚、绿松石串珠。	
墓茔平面呈长方形，早期受破坏。	随葬品包括瓶6个，罐，铜钱124枚，钧窑香炉1个。	
墓茔平面呈长方形，无铭刻，未受破坏。	墓茔有1座墓，位于墓茔正中央。埋葬方式为骨灰，木匣已朽。随葬品有瓶2个，铜钱55枚。	
墓茔平面呈长方形，无铭刻，未经破坏。	墓茔内共有墓葬2座，分别分布于墓茔的中西部和中北部。埋藏方式为骨灰，木匣已朽。随葬品包括瓶，罐，铜钱61枚。	
墓茔平面呈长方形，无铭刻。	早期受到破坏，墓茔内各分布不明。	
墓茔平面呈长方形，有一残石碑，已遭破坏。	墓茔内共有3座墓葬，分别分布于墓茔东南部、中东部、东北部。埋葬方式为骨灰，木匣已朽。随葬品包括瓶、铜钱、银耳环。	
墓茔无铭刻，未经破坏。	墓茔中共有墓葬2座，分别分布于西北部和中南部。埋葬方式为骨灰，葬具为木匣。随葬品包括瓶和铜钱。	
墓茔平面呈长方形，已受破坏。	随葬品有瓶、香炉、绿釉罐、青瓷罐、青瓷碗、铜钱。	
墓茔平面呈长方形，已受破坏。	随葬品包括银簪和玛瑙饰。	
墓茔平面呈长方形，无铭刻，未经破坏。	墓茔内共有3座墓葬，分别分布于东北隅、西北隅、中北部。无葬具，随葬品包括铜盆、银环、铜镜、钧窑杯、银簪、白瓷碗。	
墓茔平面呈长方形，无铭刻。	墓茔中有1座墓，分布于墓茔中北部。埋葬方式为尸体，葬具为木棺。随葬品包括罐、金耳环、铜簪、铜钱。	

续附表 5-1

序号	编号	尺寸（米）	方向（度）	遗迹所在位置
150	NDZMY150	12.9 × 8.6	335°	位于砧子山墓地南区，中部。
151	NDZMY151	12.9 × 10.5	10°	位于砧子山墓地南区，中部。
152	NDZMY152	6.4 × 1.7	300°	位于砧子山墓地南区，中部。
153	NDZMY153	36.7 × 28	350°	位于砧子山墓地南区，中部。
154	NDZMY154	36.7 × 28	0°	位于砧子山墓地南区，中部。
155	NDZMY155	35.3 × 30	10°	位于砧子山墓地南区，中部。
156	NDZMY156	10.5 × 10.5	0°	位于砧子山墓地南区，中部。
157	NDZMY157	47.8 × 30.5	0°	位于砧子山墓地南区，中部。
158	NDZMY158	23 × 18	0°	位于砧子山墓地南区，中部。
159	NDZMY159	18.1 × 17.8	5°	位于砧子山墓地南区，中部。
160	NDZMY160	21 × 20	10°	位于砧子山墓地南区，中部。

墓茔结构	是否经过考古发掘	备注
墓茔平面呈长方形，无铭刻，未经破坏。	墓茔中共3座墓，分别分布于墓茔东北部、中南部、中北部。葬具有大陶罐和木匣。随葬品包括瓶和铜钱65枚。	
墓茔平面呈长方形，无铭刻，未经破坏。	墓茔中有墓葬5座，分别分布于墓茔西北、中北部、中南部、东南部。埋葬方式为骨灰，葬具为木匣。随葬品有瓶、香炉、罐、铜钱。	
墓茔平面呈长方形，无铭刻。	随葬品为铜钱。	
墓茔平面呈长方形，有残石墓仪，已被破坏。	墓茔中共有墓葬3座，分别位于墓茔东北部、中东部、西北部。随葬品包括瓶、罐、铜耳环。	
墓茔平面呈长方形，铭刻有石门坊画像石，梵文石刻。	墓茔中有墓葬2座，分别位于墓茔中北部和东北部。埋葬方式为骨灰，葬具为木匣。随葬品包括长瓶、香炉、钧窑罐、白瓷钵。	
墓茔无铭刻，未经破坏。	墓茔内共有墓葬5座，分别分布于墓茔西北部、中北部、西北侧、东北部。葬具为木匣和大陶罐。随葬品包括瓶、香炉、铜钱、白瓷碗、金耳坠。	
墓茔平面呈长方形，早期受破坏。	墓茔内有墓葬1座，位于墓茔东北部。无葬具，随葬品有瓶1个。	
墓茔平面呈长方形，有砖铭，东部已被破坏。	墓茔内共有墓葬6座，分别分布于墓茔中南部、东南部、中西部、中北部、西北部。埋葬方式既有骨灰也有尸体，木匣已朽。随葬品包括瓶、香炉、陶罐、白瓷罐、银簪、铜钱、银耳坠。	
墓茔平面呈长方形，无铭刻，未经破坏。	墓茔内共有3座墓葬，分别分布于中东部、中西部、西南部。埋葬方式为骨灰。随葬品有盖罐、银耳坠、铜簪、铜钗、铜钱。	
墓茔无铭刻，未经破坏。	墓茔内共有墓葬4座，分别分布于墓茔西北部、中北部、东北部、中西部。埋葬方式为骨灰。随葬品有盖罐、铜钱、铜簪、铁剪。	
墓茔平面呈长方形，无铭刻，未经破坏。	墓茔内共有2座墓，分别分布于墓茔的中北部和中西部。埋葬方式为骨灰，木匣已朽。随葬品包括瓶、罐、香炉、铜饰件、筒形罐、铜钱。	

续附表 5-1

序号	编号	尺寸（米）	方向（度）	遗迹所在位置
161	NDZMY161	25×19	5°	位于砧子山墓地南区，中部。
162	NDZMY162	16.4×14.7	15°	位于砧子山墓地南区，中部。
163	NDZMY163	22.7×22.5	0°	位于砧子山墓地西区，东侧。
164	NDZMY164	18.2×18	5°	位于砧子山墓地南区，中部。
165	NDZMY165	19.9×14.7	0°	位于砧子山墓地南区，中部。
166	NDZMY166	30×28	0°	位于砧子山墓地南区，中部。
167	NDZMY167	8.1×7.7	0°	位于砧子山墓地南区，中部。
168	NDZMY168	22×18.3	10°	位于砧子山墓地南区，中部。
169	NDZMY169	16.8×13.5	0°	位于砧子山墓地南区，中部。
170	NDZMY170	13.7×13	5°	位于砧子山墓地南区，中部。
171	NDZMY171	22×15	0°	位于砧子山墓地南区，中部。
172	NDZMY172	14.9×14.7	5°	位于砧子山墓地南区，中部。
173	NDZMY173	18.4×10.2	0°	位于砧子山墓地南区，中部。
174	NDZMY174	7.8×4.5	0°	位于砧子山墓地南区，中部。
175	NDZMY175	9.5×6.5	8°	位于砧子山墓地西区，东侧。

墓茔结构	是否经过考古发掘	备注
墓茔平面呈长方形，无铭刻，已被破坏。	墓茔内有1座墓，位于墓茔中东部。木棺已朽。随葬品有瓶、罐、铜饰件、香炉。	
墓茔平面呈长方形，有砖铭。	墓茔内有1座墓葬，在墓茔东中部。无葬具，随葬品有罐、银簪、铜钱、"胡子通"砖铭。	
墓茔无铭刻，保存情况较差。	墓茔内有墓葬1座，位于墓茔中北部。埋葬方式为骨灰，木匣已朽。	
墓茔无铭刻，保存情况较差。	墓茔内有墓葬1座，位于墓茔中北部。埋葬方式为骨灰，木匣已朽。	
墓茔平面呈长方形，无铭刻，未经破坏。	墓茔内有墓葬3座，分别位于墓茔东南部、东北部、中西部。葬具为木匣。随葬品包括白瓷玉壶春瓶、金耳坠、白瓷盘、香炉。	
墓茔平面呈长方形。	墓茔早期受破坏，墓茔内情况不明。	
墓茔平面呈长方形，无铭刻，未经破坏。	墓茔内有1座墓，分布于墓茔中北部。葬具为陶罐。随葬品有金凤首银簪、铜钱。	
墓茔平面呈长方形，茔内有买地券，未经破坏。	墓茔内共有3座墓，分别位于墓茔东南部、西北部、中北部。埋葬方式为骨灰。随葬品包括瓶、铜镜、买地券、香炉。	
墓茔平面呈长方形，有一砖铭。	墓茔内无墓葬。	
墓茔无铭刻，保存情况较差。	墓茔内有1座墓，位于墓茔东南部。埋葬方式为骨灰，木匣已朽。陪葬品有白瓷罐、白瓷绘花罐。	
墓茔无铭刻，受到破坏，保存情况较差。	墓茔内共有1座墓，位于墓茔东北隅。埋葬方式为骨灰。随葬品有瓶、鎏金银簪、铜钗、骨刷、铜钱。	
墓茔平面呈长方形，无铭刻，未经破坏。	墓茔内共有5座墓，分别位于墓茔西南部、中西部、中北部、西南隅、西北隅。木棺已朽。随葬品包括瓶、香炉、梅瓶、陶罐。	
墓茔早期受到破坏，保存较差。	墓茔内没有发现墓葬。	
墓茔无铭刻，受到破坏，保存情况较差。	墓茔内有1座墓，位于墓茔西北部。埋葬方式为骨灰。随葬品有银簪、铜钱。	
墓茔由地表所见，墙体现存高度约0.1米，宽0.7米，靠近东南角处有一盗坑。	否	

续附表 5-1

序号	编号	尺寸（米）	方向（度）	遗迹所在位置
176	NDZMY176	9.5×8	5°	位于砧子山墓地西区，东侧。
177	NDZMY177	8.5×8.5	9°	位于砧子山墓地西区，东侧。
178	NDZMY178	8×7	7°	位于砧子山墓地西区，东侧。
179	NDZMY179	9×8	20°	位于砧子山墓地西区，东侧。
180	NDZMY180	15.5×13.5	12°	位于砧子山墓地西区，东侧。
181	NDZMY181	10.5×9	353°	位于砧子山墓地西区，东侧。
182	NDZMY182	7.5×5.5	15°	位于砧子山墓地西区，东侧。
183	NDZMY183	6.5×5	10°	位于砧子山墓地西区，东侧。
184	NDZMY184	13×11	13°	位于砧子山墓地西区，东侧。
185	NDZMY185	11.5×5	15°	位于砧子山墓地西区，东侧。
186	NDZMY186	4×2.5	17°	位于砧子山墓地西区，东侧。
187	NDZMY187	14.5×14.5	13°	位于砧子山墓地西区，东侧。
188	NDZMY188	10×7	25°	位于砧子山墓地西区，东侧。
189	NDZMY189	19×10	11°	位于砧子山墓地西区，东侧。
190	NDZMY190	7.5×6.5	4°	位于砧子山墓地西区，东侧。
191	NDZMY191	12×8.5	20°	位于砧子山墓地西区，东侧。
192	NDZMY192	15.5×12.5	26°	位于砧子山墓地西区，东侧。
193	NDZMY193	16.5×12.5	10°	位于砧子山墓地西区，东侧。

墓茔结构	是否经过考古发掘	备注
墓茔平面呈长方形，墓茔墙体用自然石块垒砌，因人为取石破坏较严重。墙高不明，墙体宽约 0.6 米，残高约 0.1 米。	否	
墓茔由地表所见，墙体宽 0.5 米，残高约 0.1 米，除东南部被当地村民人为取石外，其他部分保存较好，比较整齐。	否	
墓茔墙体用天然石块垒砌而成，由地表所见，墙体宽 0.6 米，残高约 0.1 米。	否	
墓茔平面呈长方形，从地表观察，墙高不明，保存情况较差，且在南墙北端和墓茔中间位置发现盗坑。	否	
墙体保存较差，墓茔内中间偏南有一直径约 2 米的凹地。	否	
墓茔由自然石块堆砌而成，保存状况较差，墙体高度不明，宽 0.5 米。	否	
墓茔平面呈长方形，墙体用天然石块垒砌而成，墙体宽 0.6 米，高度不明。	否	
墓茔除西南角有少量保存外，其余均被取石挖走，取石处形成一道明显凹槽，垒砌得较为整齐，墙宽 0.5 米，现存高度约 0.1 米。	否	
墓茔墙体宽 0.55 米，由于人为取石破坏，现由地表所见高度不明，墓茔内中部偏南有一约直径 1.5 米的盗坑。	否	
墓茔由地表所见，墓茔墙体现存高度约 0.1 米，宽 0.7 米。	否	
墓茔由自然石块堆砌而成，墙体宽 0.6 米，现地表所见墙高约 0.1 米。	否	
墓茔平面呈长方形，墓茔墙体用自然石块垒砌，因人为取石破坏较严重。墙高不明，墙体宽约 0.6 米。	否	
墓茔平面呈长方形，墙体用自然石块垒砌而成，墓茔除西北角保留有砌石外，其余都被挖走，使地表形成一凹槽，根据凹槽仍可恢复墓茔形制。	否	
墓茔地表所见，墙体现存高度约 0.1 米，宽 0.5 米。靠近东南角处有一盗坑。	否	
墓茔地表所见，墙体现存高度约 0.1 米，宽 0.7 米。靠近东南角处有一盗坑。	否	
墙体保存状况较差，因人为取石四周墙体处已形成深约 0.1 米凹槽。	否	
墓茔墙体用天然石块垒砌而成，由地表所见，墙体宽 0.6 米，残高约 0.1 米。	否	
墓茔西墙大部、北墙东段，被人为取石破坏，墙体高度不明。	否	

续附表 5-1

序号	编号	尺寸（米）	方向（度）	遗迹所在位置
194	NDZMY194	7.5×6	9°	位于砧子山墓地西区，东侧。
195	NDZMY195	7.5×6	13°	位于砧子山墓地西区，东侧。
196	NDZMY196	7×6.5	9°	位于砧子山墓地西区，东侧。
197	NDZMY197	9×7.5	12°	位于砧子山墓地西区，东侧。
198	NDZMY198	6.5×6	10°	位于砧子山墓地西区，东侧。
199	NDZMY199	11×8.5	7°	位于砧子山墓地西区，东侧。
200	NDZMY200	8×6	12°	位于砧子山墓地西区，东侧。
201	NDZMY201	11×11	10°	位于砧子山墓地西区，东侧。
202	NDZMY202	3.5×3	358°	位于砧子山墓地西区，东侧。
203	NDZMY203	12×9	7°	位于砧子山墓地西区，东侧。
204	NDZMY204	6.5×6.5	0°	位于砧子山墓地西区，东侧。
205	NDZMY205	11×10	11°	位于砧子山墓地西区，东侧。
206	NDZMY206	10×10	15°	位于砧子山墓地西区，东侧。
207	NDZMY207	15×15	10°	位于砧子山墓地西区，东侧。
208	NDZMY208	10×7.5	10°	位于砧子山墓地西区，东侧。
209	NDZMY209	8×6	13°	位于砧子山墓地西区，东侧。
210	NDZMY210	9×7.5	9°	位于砧子山墓地西区，东侧。

墓茔结构	是否经过考古发掘	备注
墓茔平面呈长方形，墓茔墙体用自然石块垒砌，因人为取石，破坏较严重。墙高不明，墙体宽约 0.6 米，残高约 0.1 米。墓茔内墓长不明，茔内发现盗坑 3 处，分布于西墙内侧，距西墙约 1 米。	否	
墓茔平面呈长方形，墓茔墙体用自然石块垒砌，因人为取石破坏较严重。墙高不明，墙体宽约 0.6 米。	否	
墓茔平面呈长方形，墓茔墙体用天然石块垒砌，较为整齐，墙体宽 0.6 米，现存高度约 0.1 米，除了南墙北段被人为取石挖走外，其他部分保存较好。	否	
墓茔由地表所见，墓茔墙体现存高度约 0.1 米，宽 0.7 米。靠近东北角处有一盗坑。	否	
墓茔墙体保存较完整，系用天然石块垒砌，墙体宽 0.6 米，残高约 0.1 米。	否	
墓茔墙体用天然石块垒砌而成，由地表所见，墙体宽 0.6 米，残高约 0.1 米。	否	
墓茔平面呈长方形，从地表观察，墙高不明，保存情况较差。	否	
墓茔地表所见，呈正方形，墙体现存高度约 0.1 米，宽 0.6 米。墓长在墓茔内分布情况不明。	否	
墓茔墙体宽 0.7 米，由于人为取石破坏，现由地表所见高度不明，墓茔内中部偏南有一约直径 1 米的盗坑。	否	
墓茔由天然石块垒砌而成，墙体宽约 0.6 米。由于人为取石破坏，仅东墙大部和西北角保存较好。	否	
墓茔平面呈正方形，墙体用自然石块垒砌而成，墓茔除西北角保留有砌石外，其余都被挖走，根据凹槽仍可恢复墓茔形制。	否	
墓茔由自然石块堆砌而成，保存状况较差，墙体高度不明，宽 0.5 米。	否	
墓茔砌石大部取走，仅残存东北一隅，取石处留有明显凹槽，基本可复原墓茔形制。	否	
墓茔平面呈正方形，墓茔墙体用自然石块垒砌，因人为取石，破坏较严重。墙高不明，墙体宽约 0.5 米。	否	
墓茔东墙中部、北墙东部，被人为取石破坏，墙体高度不明。	否	
墓茔墙体用天然石块垒砌而成，由地表所见，墙体宽 0.6 米，残高约 0.1 米。墓茔内墓长分布情况不明。	否	
墓茔墙体由自然石块垒砌而成，保存较好，墙体整齐，茔墙宽 0.6 米。	否	

续附表 5-1

序号	编号	尺寸（米）	方向（度）	遗迹所在位置
211	NDZMY211	10×7.5	10°	位于砧子山墓地西区，东侧。
212	NDZMY212	10.5×9.5	11°	位于砧子山墓地西区，东侧。
213	NDZMY213	5×5	6°	位于砧子山墓地西区，东侧。
214	NDZMY214	7.5×7.5	12°	位于砧子山墓地西区，东侧。
215	NDZMY215	13×12.5	15°	位于砧子山墓地西区，东侧。
216	NDZMY216	7×5	12°	位于砧子山墓地西区，东侧。
217	NDZMY217	30×10	15°	位于砧子山墓地西区，东侧。
218	NDZMY218	7.5×7.5	20°	位于砧子山墓地西区，东侧。
219	NDZMY219	7×6	15°	位于砧子山墓地西区，东侧。
220	NDZMY220	15×9	11°	位于砧子山墓地西区，东侧。
221	NDZMY221	10×8.5	12°	位于砧子山墓地西区，东侧。
222	NDZMY222	17.5×16	20°	位于砧子山墓地西区，东侧。
223	NDZMY223	11.5×11.5	15°	位于砧子山墓地西区，东侧。
224	NDZMY224	11.5×7.5	15°	位于砧子山墓地西区，东侧。
225	NDZMY225	24×11	12°	位于砧子山墓地西区，东侧。
226	NDZMY226	8×7.5	355°	位于砧子山墓地西区，东侧。
227	NDZMY227	5×4	355°	位于砧子山墓地西区，东侧。

墓茔结构	是否经过考古发掘	备注
墓茔平面呈长方形,从地表观察,保存情况较差,且在西墙北端发现盗坑。	否	
墓茔除西北角有少量保存外,其余均被取石挖走,取石处形成一道明显凹槽,从西北角少量残存看,垒砌得较为整齐,墙宽 0.5 米,现存高度约 0.1 米。	否	
墓茔墙体用天然石块垒砌而成,由地表所见,墙体宽 0.6 米,残高约 0.1 米。	否	
墓茔平面呈长方形,墙体用天然石块垒砌而成,墙体宽 0.6 米,高度不明。	否	
墓茔西墙大部、北墙东段,被人为取石破坏,墙体高度不明。	否	
由地表所见,墙体宽 0.5 米,残高约 0.1 米,除东南角被当地村民人为取石外,其他部分保存较好,比较整齐。	否	
墓茔保存相对较好,比较整齐,墓茔墙宽 0.6 米,南墙和西墙南端被取石挖掉,留有一段明显凹槽,其余保存较好。	否	
平面呈正方形,用自然石块垒砌而成,墙体保存较好,墓茔中间偏南处有直径 1 米盗坑一个。	否	
墓茔平面呈长方形,墓茔墙体用自然石块垒砌,因人为取石,破坏较严重。墙高不明,墙体宽约 0.6 米,残高约 0.1 米。	否	
墓茔平面呈长方形,墓茔墙体用自然石块垒砌,因人为取石,破坏较严重。墙高不明,墙体宽约 0.6 米,残高约 0.1 米。墓茔内墓长不明,茔内发现盗坑 3 处,分布于西墙内侧,距西墙约 1 米。	否	
墙体保存状况较差,因人为取石四周墙体处已形成深约 0.1 米凹槽。	否	
墓茔由自然石块堆砌而成,保存状况较差,墙体高度不明,宽 0.5 米。	否	
墓茔平面呈正方形,墙体用自然石块垒砌而成,墓茔除西北角保留有砌石外,其余都被挖走,使地表形成凹槽状,根据凹槽仍可恢复墓茔形制。	否	
墓茔由地表所见,墙体现存高度约 0.1 米,宽 0.7 米。靠近东南角处有一盗坑。	否	
墓茔墙体用天然石块垒砌而成,墙体宽约 0.6 米。由于人为取石破坏,仅南墙、西北角保存较好。	否	
墓茔墙体保存较差,墓茔内中间偏南有一凹地。	否	
因墓茔所在处有一定坡度,墙体滑塌,损坏较严重,宽度不明。	否	

续附表 5-1

序号	编号	尺寸（米）	方向（度）	遗迹所在位置
228	NDZMY228	6.5×5.5	6°	位于砧子山墓地西区，东侧。
229	NDZMY229	9.5×7	10°	位于砧子山墓地西区，东侧。
230	NDZMY230	11×10	8°	位于砧子山墓地西区，东侧。
231	NDZMY231	10.5×9	17°	位于砧子山墓地西区，东侧。
232	NDZMY232	7×7	42°	位于砧子山墓地西区，东侧。
233	NDZMY233	15×7	23°	位于砧子山墓地西区，东侧。
234	NDZMY234	11×11	11°	位于砧子山墓地西区，东侧。
235	NDZMY235	12×10	10°	位于砧子山墓地西区，东侧。
236	NDZMY236	11.5×11	23°	位于砧子山墓地西区，东侧。
237	NDZMY237	15×14	22°	位于砧子山墓地西区，东侧。
238	NDZMY238	28×25	15°	位于砧子山墓地西区，东侧。
239	NDZMY239	25×25	14°	位于砧子山墓地西区，东侧。
240	NDZMY240	58.5×31.5	22°	位于砧子山墓地西区，东侧。
241	NDZMY241	10×5	358°	位于砧子山墓地西区，东侧。
242	NDZMY242	11×9	24°	位于砧子山墓地西区，东侧。

墓茔结构	是否经过考古发掘	备注
墓茔由自然石块堆砌而成，墙体宽 0.7 米，现地表所见墙高约 0.1 米。	否	
墓茔墙体保存状况较差，宽度不明，因人为取石四周墙体处已成深约 0.1 米凹槽。	否	
墓茔墙体宽 0.7 米，由于人为取石破坏，现由地表观察围墙高度不明，墓茔内中部偏西有一约直径 2 米的盗坑。	否	
墓茔平面呈长方形，墓茔墙体用自然石块垒砌，因人为取石，破坏较严重。墙高不明，墙体宽约 0.6 米，残高约 0.1 米。墓茔内墓长不明，墓茔内发现盗坑，分布于西墙内侧，距西墙约 1 米。	否	
墓茔平面呈正方形，墓茔墙体用自然石块垒砌，因人为取石，破坏较严重。墙高不明，墙体宽约 0.6 米，残高约 0.1 米。墓茔内墓长不明，盗坑分布于西墙内侧。	否	
墓茔平面呈长方形，墓茔墙体用自然石块垒砌，墙体除了南墙和西墙南端被取石挖掉，留有一明显凹槽外，其余保存较好。茔墙宽 1 米，残高 0.7 米。	否	
墓茔平面呈正方形，墓茔墙体用自然石块垒砌，较为规整，墙体宽约 0.9 米，现存高度 0.8 米。	否	
墓茔平面呈长方形，茔墙用天然石块垒砌，四墙除东墙不规整外，其余三墙较整齐，宽 0.3 米，现存高度 0.8 米。	否	
墓茔平面呈长方形，茔墙砌石大部被取走，仅存西北一隅，取石处留有明显凹沟，基本可复原墓茔形制，墓茔宽约 1 米，现存 0.8 米。	否	
墓茔平面呈长方形，茔墙用自然石块垒砌，较为规整，墙宽 0.8 米，残高 0.9 米。	否	
墓茔平面呈长方形，墙体保存完整，系用自然石块垒砌，宽 0.8 米，现存高度 0.5 米。	否	
墓茔平面呈长方形，为二进式墓茔。墓茔墙体保存完整，系天然石块垒砌，现存高度约 1 米。除东墙宽度为 1 米外，其余各墙宽度均为 0.6 米。门道位于南墙正中偏西，宽 1.4 米。	否	
墓茔平面呈长方形，单墓茔。墓茔墙体用自然石块垒砌，保存完整，较为整齐。墙宽 0.7 米，残高 0.6 米。	否	
墓茔平面呈长方形，墓茔墙体用自然石块垒砌，墙体除了南墙和西墙南端被取石挖掉，留有一明显凹槽外，其余保存较好。	否	
墓茔平面呈长方形，墙体保存完整，用自然石块垒砌，茔墙宽 0.6 米，现存高度 0.9 米。	否	

续附表 5-1

序号	编号	尺寸（米）	方向（度）	遗迹所在位置
243	NDZMY243	26×19.5	2°	位于砧子山墓地西区，东侧。
244	NDZMY244	11.5×8	42°	位于砧子山墓地西区，东侧。
245	NDZMY245	12.5×11	47°	位于砧子山墓地西区，东侧。
246	NDZMY246	6×5.5	42°	位于砧子山墓地西区，东侧。
247	NDZMY247	9×8.5	35°	位于砧子山墓地西区，东侧。
248	NDZMY248	12×11.5	15°	位于砧子山墓地西区，东侧。
249	NDZMY249	9.5×8	26°	位于砧子山墓地西区，东侧。
250	NDZMY250	11×7.5	24°	位于砧子山墓地西区，东侧。
251	NDZMY251	11.5×11	4°	位于砧子山墓地西区，东侧。
252	NDZMY252	7.5×5.5	358°	位于砧子山墓地西区，东侧。
253	NDZMY253	12.5×12.5	11°	位于砧子山墓地西区，东侧。
254	NDZMY254	11.5×8.5	26°	位于砧子山墓地西区，东侧。
255	NDZMY255	3.5×3	5°	位于砧子山墓地西区，东侧。
256	NDZMY256	3×2.5	40°	位于砧子山墓地西区，东侧。
257	NDZMY257	11×11	46°	位于砧子山墓地西区，东侧。
258	NDZMY258	29×17.5	22°	位于砧子山墓地西区，东侧。
259	NDZMY259	22×17.5	340°	位于砧子山墓地西区，东侧。

墓茔结构	是否经过考古发掘	备注
墓茔平面略呈长方形，茔墙墙体保存完整，用自然石块垒砌，较为规整，宽 0.5 米，现存高度 0.8 米，四墙没有发现门道痕迹。	否	
墓茔平面呈长方形，墓茔墙体均用自然石块垒砌，保存完整，较为整齐，茔墙宽 1 米，现存高度 0.8 米。	否	
墓茔平面略呈长方形，墙体均用自然石块垒砌，大部分被取石挖走外，其余保存完整，较为规整。	否	
墓茔平面略呈长方形，单墓茔。茔墙墙体用自然石块垒砌，保存完整，较为规整。茔墙宽 0.5 米，现存高度 1 米。	否	
墓茔平面略呈长方形，单墓茔。茔墙宽 0.6 米，现存高度 0.5 米。留有一明显整齐凹槽框。门道位于南墙正中，宽 1.4 米。	否	
墓茔平面呈长方形，墓茔墙体用自然石块垒砌，因人为取石，破坏较严重。墙高不明，墙体宽约 0.6 米，残高约 0.1 米。	否	
平面呈长方形，用自然石块垒砌而成，墙体保存较好，墓茔中间偏南处有直径 0.1 米盗坑一个。	否	
墓茔由天然石块垒砌而成，墙体宽约 0.5 米。由于人为取石破坏，仅东墙大部和西北角保存较好。	否	
墓茔平面呈长方形，从地表观察，墙高不明，保存情况较差。	否	
平面呈长方形，单墓茔。墓茔墙体用自然石块垒砌，墙体除了南墙和西墙南端被取石挖掉，留有一明显凹槽外，其余保存较好。茔墙宽 1 米，残高 0.7 米。	否	
墓茔墙体保存较完整，系用天然石块垒砌，墙体宽 0.6 米，残高约 0.1 米。	否	
墓茔由地表所见，墓茔墙体现存高度约 0.1 米，宽 0.7 米，靠近东北角处有一盗坑。	否	
墓茔平面呈长方形，墓茔墙体用自然石块垒砌，因人为取石破坏较严重。墙高不明，墙体宽约 0.6 米。	否	
墓茔平面呈长方形，墓茔墙体用自然石块垒砌，因人为取石破坏较严重。墙高不明，墙体宽约 0.6 米，残高约 0.1 米。	否	
因墓茔墙体滑塌，损坏较严重，宽度不明。	否	
墓茔墙体用天然石块垒砌而成，墙体宽约 0.6 米。由于人为取石破坏，仅南墙、西北角保存较好。	否	
墓茔由自然石块堆砌而成，保存状况较差，墙体高度不明，宽 0.5 米。	否	

续附表 5-1

序号	编号	尺寸（米）	方向（度）	遗迹所在位置
260	NDZMY260	12.5×12.5	50°	位于砧子山墓地西区，东侧。
261	NDZMY261	10×10	352°	位于砧子山墓地西区，东侧。
262	NDZMY262	19×13.5	3°	位于砧子山墓地西区，东侧。
263	NDZMY263	16.5×12.5	7°	位于砧子山墓地西区，东侧。
264	NDZMY264	22×20	9°	位于砧子山墓地西区，东侧。
265	NDZMY265	21×18.5	10°	位于砧子山墓地西区，西侧。
266	NDZMY266	21.5×20	5°	位于砧子山墓地西区，西侧。
267	NDZMY267	20×17	10°	位于砧子山墓地西区，西侧。
268	NDZMY268	10×9.5	3°	位于砧子山墓地西区，西侧。
269	NDZMY269	11.5×10	15°	位于砧子山墓地西区，西侧。
270	NDZMY270	16×19	359°	位于砧子山墓地西区，西侧。
271	NDZMY271	9×7	8°	位于砧子山墓地西区，东侧。
272	NDZMY272	14×13	0°	位于砧子山墓地西区，东侧。
273	NDZMY273	24×23	350°	位于砧子山墓地西区，东侧。
274	NDZMY274	12.5×11	0°	位于砧子山墓地西区，东侧。

墓茔结构	是否经过考古发掘	备注
墓茔平面呈长方形，用自然石块垒砌而成，墙体保存较好，墓茔中间偏南处有直径 0.15 米盗坑一个。	否	
墓茔平面呈正方形，墙体用天然石块垒砌而成，墙体宽 0.6 米，高度不明。	否	
墓茔平面呈长方形，墓茔墙体用自然石块垒砌，因人为取石破坏较严重。墙高不明，墙体宽约 0.6 米，残高约 0.1 米。墓茔内墓长不明，茔内发现盗坑 3 处，分布于西墙内侧，距西墙约 1 米。	否	
墓茔由自然石块堆砌而成，墙体宽 0.7 米，现地表所见墙高约 0.1 米。	否	
墓茔墙体用天然石块垒砌而成，墙体宽约 0.6 米。由于人为取石破坏，仅南墙、西北角保存较好。	否	
墓茔平面呈长方形，墙体用自然石块垒砌而成，墓茔除西北角保留有砌石外，其余都被挖走，使地表形成一凹槽状，根据凹槽仍可恢复墓茔形制。	否	
墓茔墙体由自然石块堆砌而成，墙体宽 0.7 米，现地表所见墙高约 0.1 米。	否	
墓茔平面呈长方形，墓茔墙体用自然石块垒砌，因人为取石破坏较严重。墙高不明，墙体宽约 0.6 米，残高约 0.1 米。	否	
墓茔东墙中部、北墙东部，被人为取石破坏，墙体高度不明。	否	
墓茔平面呈长方形，墓茔墙体用自然石块垒砌，因人为取石破坏较严重。墙高不明，墙体宽约 0.6 米。	否	
墓茔砌石大部取走，仅残存东北一隅，取石处留有明显凹槽，基本可复原墓茔形制。	否	
墓茔墙体由自然石块堆砌而成，墙体宽 0.7 米，现地表所见墙高约 0.1 米。	否	
墓茔平面呈长方形，墓茔墙体用自然石块垒砌，因人为取石破坏较严重。墙高不明，墙体宽约 0.6 米，残高约 0.1 米。	否	
墓茔墙体用天然石块垒砌而成，墙体宽约 0.6 米。由于人为取石破坏，仅南墙、西北角保存较好。	否	
墓茔平面呈长方形，墓茔墙体用自然石块垒砌，因人为取石破坏较严重。墙高不明，墙体宽约 0.6 米，残高约 0.1 米。	否	

附表 5-2　砧子山墓葬群——单体墓葬数据采集表

序号	编号	尺寸（米）	方向（度）	遗迹所在位置
0001	NDZM1	直径：2.5	0°	位于砧子山墓地西区，西侧。
0002	NDZM2	直径：8	0°	位于砧子山墓地西区，西侧。
0003	NDZM3	直径：2.5	0°	位于砧子山墓地西区，西侧。
0004	NDZM4	直径：2.5	0°	位于砧子山墓地西区，西侧。
0005	NDZM5	直径：2	0°	位于砧子山墓地西区，西侧。
0006	NDZM6	直径：2.3	0°	位于砧子山墓地西区，西侧。
0007	NDZM7	直径：2.6	0°	位于砧子山墓地西区，西侧。
0008	NDZM8	直径：3	0°	位于砧子山墓地西区，西侧。
0009	NDZM9	直径：2.8	0°	位于砧子山墓地西区，西侧。
0010	NDZM10	直径：1.5	0°	位于砧子山墓地西区，西侧。
0011	NDZM11	直径：0.2　高：0.25	0°	位于砧子山墓地西区，西侧。
0012	NDZM12	直径：1.8	0°	位于砧子山墓地西区，西侧。
0013	NDZM13	直径：2.1	0°	位于砧子山墓地西区，西侧。
0014	NDZM14	直径：2.5	0°	位于砧子山墓地西区，西侧。
0015	NDZM15	直径：1.9	0°	位于砧子山墓地西区，西侧。
0016	NDZM16	直径：2	0°	位于砧子山墓地西区，西侧。
0017	NDZM17	直径：3	0°	位于砧子山墓地西区，西侧。
0018	NDZM18	直径：2.2	0°	位于砧子山墓地西区，西侧。
0019	NDZM19	直径：2.9　高：0.4	0°	位于砧子山墓地西区，西侧。
0020	NDZM20	直径：1.5	0°	位于砧子山墓地西区，西侧。

墓葬结构	是否经过考古发掘	备注
地表呈不规则圆形，周围有石块散落，数量较少。	否	
地表呈不规则圆形，位于缓坡顶部，四周有零散石块分布。	否	
地表呈不规则圆形，为单体墓，边界不明，上有石块散落，数量少。	否	
地表呈不规则圆形，墓上有少量石块散落。	否	
地表呈不规则圆形。	否	
地表呈不规则圆形，周围散落有小石块，数量较多。	否	
地表呈不规则圆形，周围散落有小石块。	否	
地表呈不规则圆形，墓葬周围有石块堆砌。	否	
地表呈不规则圆形，周围有石块散落，数量较少。	否	
地表呈不规则圆形，周围有石块散落，且数量较多。	否	
地表呈不规则圆形，周围有石块散落，数量较少。	否	
地表呈不规则圆形，分布有大量的小石块。	否	
地表呈不规则圆形，上面分布的石块数量较少。	否	
地表呈不规则圆形，墓葬边界不明显。	否	
地表呈不规则圆形，周围有石块散落，数量较少。	否	
地表呈不规则圆形，外围有石块堆砌。	否	
地表呈不规则圆形，上有大量的小石块分布。	否	
地表呈不规则圆形，上面只有为数不多的大石块分布。	否	
地表呈不规则圆形，上有大小不均的石块分布。	否	
地表呈不规则圆形，上有大量的小石块分布。	否	

续附表 5-2

序号	编号	尺寸（米）	方向（度）	遗迹所在位置
0021	NDZM21	直径：1.9	0°	位于砧子山墓地西区，西侧。
0022	NDZM22	直径：2.3	0°	位于砧子山墓地西区，西侧。
0023	NDZM23	直径：2	0°	位于砧子山墓地西区，西侧。
0024	NDZM24	直径：2.4	0°	位于砧子山墓地西区，西侧。
0025	NDZM25	直径：1.6	0°	位于砧子山墓地西区，西侧。
0026	NDZM26	直径：1.9	0°	位于砧子山墓地西区，西侧。
0027	NDZM27	直径：2.3	0°	位于砧子山墓地西区，西侧。
0028	NDZM28	直径：2	0°	位于砧子山墓地西区，西侧。
0029	NDZM29	直径：2.5	0°	位于砧子山墓地西区，西侧。
0030	NDZM30	直径：1.8	0°	位于砧子山墓地西区，西侧。
0031	NDZM31	直径：2	0°	位于砧子山墓地西区，西侧。
0032	NDZM32	直径：2.1	0°	位于砧子山墓地西区，西侧。
0033	NDZM33	直径：2.6	0°	位于砧子山墓地西区，西侧。
0034	NDZM34	直径：1.3	0°	位于砧子山墓地西区，西侧。
0035	NDZM35	直径：1.9	0°	位于砧子山墓地西区，西侧。
0036	NDZM36	直径：2	0°	位于砧子山墓地西区，西侧。
0037	NDZM37	直径：3	0°	位于砧子山墓地西区，西侧。
0038	NDZM38	直径：1.8	0°	位于砧子山墓地西区，西侧。
0039	NDZM39	直径：2.1	0°	位于砧子山墓地西区，西侧。
0040	NDZM40	直径：2.7	0°	位于砧子山墓地西区，西侧。
0041	NDZM41	直径：1.6	0°	位于砧子山墓地西区，西侧。

墓葬结构	是否经过考古发掘	备注
地表呈不规则圆形，中间稍下凹，周围有少量石块。	否	
地表呈不规则圆形，上覆有大量小石块。	否	
地表呈不规则圆形，未见明显石块。	否	
地表呈不规则圆形，上面只有极少数量的大石块。	否	
地表呈不规则圆形，周围有石块散落，数量较少。	否	
地表呈不规则圆形，散布有大量的小石块。	否	
地表呈不规则圆形，周围有石块散落，数量较少。	否	
地表呈不规则圆形，石块数量较多，且分布零乱。	否	
地表呈不规则圆形，墓石块堆砌而成，中间稍向下凹。	否	
地表呈不规则圆形，石块数量较多，且分布零乱。	否	
地表呈不规则圆形，上面散布有大石块，数量较少。	否	
地表呈不规则圆形，周围有石块散落，数量较少。	否	
地表呈不规则圆形，散布有大量的小石块。	否	
地表呈不规则圆形，周围有小石块，且分布散乱。	否	
地表呈不规则圆形，周围有石块散落，数量较少。	否	
地表呈不规则圆形，上面散布有大石块，数量较少。	否	
地表呈不规则圆形，上面散布有大石块，数量较少。	否	
地表呈不规则圆形，上面散布有大量石块。	否	
地表呈不规则圆形，上面散布有大石块，数量较少。	否	
地表呈不规则圆形，上面散布有小石块，数量较多。	否	
地表呈不规则圆形，上面分布有少量碎石。	否	

续附表 5-2

序号	编号	尺寸（米）	方向（度）	遗迹所在位置
0042	NDZM42	直径：2	0°	位于砧子山墓地西区，西侧。
0043	NDZM43	直径：1.7	0°	位于砧子山墓地西区，西侧。
0044	NDZM44	直径：2.2	0°	位于砧子山墓地西区，西侧。
0045	NDZM45	直径：3	0°	位于砧子山墓地西区，西侧。
0046	NDZM46	直径：2.3	0°	位于砧子山墓地西区，西侧。
0047	NDZM47	直径：1.5	0°	位于砧子山墓地西区，西侧。
0048	NDZM48	直径：2.7	0°	位于砧子山墓地西区，西侧。
0049	NDZM49	直径：2.2	0°	位于砧子山墓地西区，西侧。
0050	NDZM50	直径：2	0°	位于砧子山墓地西区，西侧。
0051	NDZM51	直径：1.8	0°	位于砧子山墓地西区，西侧。
0052	NDZM52	直径：2	0°	位于砧子山墓地西区，西侧。
0053	NDZM53	直径：1.9	0°	位于砧子山墓地西区，西侧。
0054	NDZM54	直径：2	0°	位于砧子山墓地西区，西侧。
0055	NDZM55	直径：1.5	0°	位于砧子山墓地西区，西侧。
0056	NDZM56	直径：1.9	0°	位于砧子山墓地西区，西侧。
0057	NDZM57	直径：2.4	0°	位于砧子山墓地西区，西侧。
0058	NDZM58	直径：1.7	0°	位于砧子山墓地西区，西侧。
0059	NDZM59	直径：1.8	0°	位于砧子山墓地西区，西侧。
0060	NDZM60	直径：2	0°	位于砧子山墓地西区，西侧。
0061	NDZM61	直径：2.3 高：0.35	0°	位于砧子山墓地西区，西侧。

墓葬结构	是否经过考古发掘	备注
地表呈不规则圆形，上面散布有大石块，数量较少。	否	
地表呈不规则圆形，上面散布有小石块，数量较多。	否	
地表呈不规则圆形，上面散布有小石块，数量较多。	否	
地表呈不规则圆形，上面分布的石块体积较小，数量较多。	否	
地表呈不规则圆形，上面散布有小石块，数量较多。	否	
地表呈不规则圆形，上面散布有小石块，数量较多。	否	
地表呈不规则圆形，墓葬边沿不明显，上面散布有小石块，数量较多。	否	
地表呈不规则圆形，上面覆有大量的小石块。	否	
地表呈不规则圆形，上面散布有小石块，数量较多。	否	
地表呈不规则圆形，上面散布有少量的大石块。	否	
地表呈不规则圆形，上面散布有小石块，数量较多。	否	
地表呈不规则圆形，上面散布有少量的大石块。	否	
地表呈不规则圆形，上面散布有小石块，数量较少。	否	
地表呈不规则圆形，上面散布有一些小石块。	否	
地表呈不规则圆形，与周围相比，中间稍向下凹，上面散布有小石块，数量较少。	否	
地表呈不规则圆形，上面覆盖着一些小石块，数量较多。	否	
地表呈不规则圆形，通过上面生长的植被，墓葬边缘清晰可见。	否	
地表呈不规则圆形，上面散布有小石块，数量较少。	否	
地表呈不规则圆形，中间不规则地散布着几块大石块，数量较少。	否	
地表呈不规则圆形，周围有石块散落，数量较少。	否	

续附表 5-2

序号	编号	尺寸（米）	方向（度）	遗迹所在位置
0062	NDZM62	直径：2	0°	位于砧子山墓地西区，西侧。
0063	NDZM63	直径：1.7	0°	位于砧子山墓地西区，西侧。
0064	NDZM64	直径：2.4	0°	位于砧子山墓地西区，西侧。
0065	NDZM65	直径：1.3	0°	位于砧子山墓地西区，西侧。
0066	NDZM66	直径：2	0°	位于砧子山墓地西区，西侧。
0067	NDZM67	直径：1.5	0°	位于砧子山墓地西区，中部。
0068	NDZM68	直径：2.3	0°	位于砧子山墓地西区，中部。
0069	NDZM69	直径：2.2	0°	位于砧子山墓地西区，中部。
0070	NDZM70	直径：2.2	0°	位于砧子山墓地西区，中部。
0071	NDZM71	直径：1.7	0°	位于砧子山墓地西区，中部。
0072	NDZM72	直径：2.1	0°	位于砧子山墓地西区，中部。
0073	NDZM73	直径：1.9	0°	位于砧子山墓地西区，中部。
0074	NDZM74	直径：1.6	0°	位于砧子山墓地西区，中部。
0075	NDZM75	直径：1.8	0°	位于砧子山墓地西区，中部。
0076	NDZM76	直径：2.1	0°	位于砧子山墓地西区，中部。
0077	NDZM77	直径：1.9	0°	位于砧子山墓地西区，中部。
0078	NDZM78	直径：1.6	0°	位于砧子山墓地西区，中部。
0079	NDZM79	直径：2.2	0°	位于砧子山墓地西区，中部。
0080	NDZM80	直径：2.3	0°	位于砧子山墓地西区，中部。
0081	NDZM81	直径：2.1	0°	位于砧子山墓地西区，中部。

墓葬结构	是否经过考古发掘	备注
地表呈不规则圆形，周围有石块散落，数量较少。	否	
地表呈不规则圆形，上面散布有小石块，数量较多。	否	
地表呈不规则圆形，上面散布有小石块，数量较多。	否	
地表呈不规则圆形，散布有一些小石块。	否	
地表呈不规则圆形，中间下洼，周围有小石块。	否	
地表呈不规则圆形，上面散布有小石块，数量较多。	否	
地表呈不规则圆形，散布有少量大石块。	否	
地表呈不规则圆形，上面散布有小石块，数量较多。	否	
地表呈不规则圆形，中间植被稀疏，有较多的小石块。	否	
地表呈不规则圆形，为单体墓，边界不明，上有石块散落。	否	
地表呈不规则圆形，散布有少量大石块。	否	
地表呈不规则圆形，上面散布有小石块，数量较多。	否	
地表呈不规则圆形，上面散布有大量的小石块。	否	
地表呈不规则圆形，上面散布有小石块，数量较多。	否	
地表呈不规则圆形，中间稍向下凹，植被较稀疏。	否	
地表呈不规则圆形，周围散落有小石块，数量较多。	否	
地表呈不规则圆形，上面散布有小石块，数量较多。	否	
地表呈不规则圆形，上面散布有一些小石块。	否	
地表呈不规则圆形，为单体墓，边界不明，上有石块散落，数量少，且石块较大。	否	
地表呈不规则圆形，上面散布有小石块，数量较多。	否	

续附表 5-2

序号	编号	尺寸（米）	方向（度）	遗迹所在位置
0082	NDZM82	直径：2.4	0°	位于砧子山墓地西区，中部。
0083	NDZM83	直径：2.3	0°	位于砧子山墓地西区，中部。
0084	NDZM84	直径：2.1	0°	位于砧子山墓地西区，中部。
0085	NDZM85	直径：1.8	0°	位于砧子山墓地西区，中部。
0086	NDZM86	直径：1.5	0°	位于砧子山墓地西区，中部。
0087	NDZM87	直径：1.9	0°	位于砧子山墓地西区，中部。
0088	NDZM88	直径：1.8	0°	位于砧子山墓地西区，中部。
0089	NDZM89	直径：2.4	0°	位于砧子山墓地西区，中部。
0090	NDZM90	直径：1.7	0°	位于砧子山墓地西区，中部。
0091	NDZM91	直径：2.5	0°	位于砧子山墓地西区，中部。
0092	NDZM92	直径：1.6	0°	位于砧子山墓地西区，中部。
0093	NDZM93	直径：2.2	0°	位于砧子山墓地西区，中部。
0094	NDZM94	直径：2.4	0°	位于砧子山墓地西区，中部。
0095	NDZM95	直径：2.1	0°	位于砧子山墓地西区，中部。
0096	NDZM96	直径：2.6	0°	位于砧子山墓地西区，中部。
0097	NDZM97	直径：1.8	0°	位于砧子山墓地西区，中部。
0098	NDZM98	直径：1.7	0°	位于砧子山墓地西区，中部。
0099	NDZM99	直径：1.9	0°	位于砧子山墓地西区，中部。
0100	NDZM100	直径：2.2	0°	位于砧子山墓地西区，中部。
0101	NDZM101	直径：2.5	0°	位于砧子山墓地西区，中部。
0102	NDZM102	直径：1.6	0°	位于砧子山墓地西区，中部。

墓葬结构	是否经过考古发掘	备注
地表呈不规则圆形，散布有少量大石块。	否	
地表呈不规则圆形，位于缓坡顶部，四周有零散石块分布。	否	
地表呈不规则圆形，有少量小石块分布。	否	
地表呈不规则圆形，上面散布有小石块，数量较多。	否	
地表呈不规则圆形，上面散布有小石块，数量较多。	否	
地表呈不规则圆形，上面散布有小石块，数量较多。	否	
地表呈不规则圆形，上面散布有小石块，数量较多。	否	
地表呈不规则圆形，散布有少量大石块。	否	
地表呈不规则圆形，上面散布有小石块，墓葬边界不明显。	否	
地表呈不规则圆形，中间下洼，周围有小石块。	否	
地表呈不规则圆形，散布有少量大石块。	否	
地表呈不规则圆形，上面散布有小石块，数量较多。	否	
地表呈不规则圆形，墓葬边界较清晰。	否	
地表呈圆形，墓葬保存较好，散布有少量小石块。	否	
地表呈不规则圆形，墓上有少量石块散落。	否	
地表呈不规则圆形，上面散布有小石块，数量较多。	否	
地表呈不规则圆形，上面散布有小石块，数量较多。	否	
地表呈不规则圆形。	否	
地表呈不规则圆形，上面散布有小石块，数量较多。	否	
地表呈不规则圆形，墓葬边界不清晰。	否	
地表呈不规则圆形，周围地表散布有少量小石头。	否	

续附表 5-2

序号	编号	尺寸（米）	方向（度）	遗迹所在位置
0103	NDZM103	直径：1.7	0°	位于砧子山墓地西区，中部。
0104	NDZM104	直径：1.9	0°	位于砧子山墓地西区，中部。
0105	NDZM105	直径：2.1	0°	位于砧子山墓地西区，中部。
0106	NDZM106	直径：2.2	0°	位于砧子山墓地西区，中部。
0107	NDZM107	直径：1.9	0°	位于砧子山墓地西区，中部。
0108	NDZM108	直径：2.3	0°	位于砧子山墓地西区，中部。
0109	NDZM109	直径：1.7	0°	位于砧子山墓地西区，中部。
0110	NDZM110	直径：2.1	0°	位于砧子山墓地西区，中部。
0111	NDZM111	直径：2.4	0°	位于砧子山墓地西区，中部。
0112	NDZM112	直径：1.9	0°	位于砧子山墓地西区，中部。
0113	NDZM113	直径：1.8	0°	位于砧子山墓地西区，中部。
0114	NDZM114	直径：2.1	0°	位于砧子山墓地西区，中部。
0115	NDZM115	直径：1.7	0°	位于砧子山墓地西区，中部。
0116	NDZM116	直径：2.5	0°	位于砧子山墓地西区，中部。
0117	NDZM117	直径：1.8	0°	位于砧子山墓地西区，中部。
0118	NDZM118	直径：1.8	0°	位于砧子山墓地西区，中部。
0119	NDZM119	直径：2.1	0°	位于砧子山墓地西区，中部。
0120	NDZM120	直径：2.4	0°	位于砧子山墓地西区，中部。
0121	NDZM121	直径：2.7	0°	位于砧子山墓地西区，中部。
0122	NDZM122	直径：2.1	0°	位于砧子山墓地西区，中部。

墓葬结构	是否经过考古发掘	备注
地表呈不规则圆形，上面散布有小石块，数量较多。	否	
地表呈不规则圆形，散布有少量大石块。	否	
地表呈不规则圆形，上面散布有小石块，数量较多。	否	
地表呈不规则圆形，周围堆砌有大量的小石块。	否	
地表呈不规则圆形，墓葬边界不清晰。	否	
地表呈不规则圆形，墓上有少量石块散落。	否	
地表呈不规则圆形，为单体墓，边界不明，上有石块散落。	否	
地表呈不规则圆形，上面散布有小石块，数量较多。	否	
地表呈不规则圆形，周围散落有小石块，数量较多。	否	
地表呈不规则圆形，散布有少量大石块。	否	
地表呈不规则圆形，上面散布有小石块，数量较多。	否	
地表呈不规则圆形，边界清晰可见。	否	
地表呈不规则圆形，周围堆砌有大量小石块。	否	
地表呈不规则圆形，周围散布有少量大石块。	否	
地表呈不规则圆形，上面散布有小石块，数量较多。	否	
地表呈不规则圆形，中间不规则散布着几块大石块。	否	
地表呈不规则圆形，上面散布有小石块，数量较多。	否	
地表呈不规则圆形，散布有少量大石块。	否	
地表呈不规则圆形，上面散布有小石块，数量较多。	否	
地表呈不规则圆形，散布有少量大石块。	否	

续附表 5-2

序号	编号	尺寸（米）	方向（度）	遗迹所在位置
0123	NDZM123	直径：1.8	0°	位于砧子山墓地西区，中部。
0124	NDZM124	直径：1.7	0°	位于砧子山墓地西区，中部。
0125	NDZM125	直径：2.2	0°	位于砧子山墓地西区，中部。
0126	NDZM126	直径：2.2	0°	位于砧子山墓地西区，中部。
0127	NDZM127	直径：2.4	0°	位于砧子山墓地西区，中部。
0128	NDZM128	直径：1.8	0°	位于砧子山墓地西区，中部。
0129	NDZM129	直径：2	0°	位于砧子山墓地西区，中部。
0130	NDZM130	直径：2.5	0°	位于砧子山墓地西区，中部。
0131	NDZM131	直径：1.9	0°	位于砧子山墓地西区，中部。
0132	NDZM132	直径：1.7	0°	位于砧子山墓地西区，中部。
0133	NDZM133	直径：2.5	0°	位于砧子山墓地西区，中部。
0134	NDZM134	直径：1.9	0°	位于砧子山墓地西区，中部。
0135	NDZM135	直径：1.8	0°	位于砧子山墓地西区，中部。
0136	NDZM136	直径：2.4	0°	位于砧子山墓地西区，中部。
0137	NDZM137	直径：2.1	0°	位于砧子山墓地西区，中部。
0138	NDZM138	直径：1.7	0°	位于砧子山墓地西区，中部。
0139	NDZM139	直径：2.1	0°	位于砧子山墓地西区，中部。
0140	NDZM140	直径：2.3	0°	位于砧子山墓地西区，中部。
0141	NDZM141	直径：1.6	0°	位于砧子山墓地西区，中部。
0142	NDZM142	直径：2.1	0°	位于砧子山墓地西区，中部。

墓葬结构	是否经过考古发掘	备注
地表呈不规则圆形，上面散布有小石块，数量较多。	否	
地表呈不规则圆形，边界清晰可见。	否	
地表呈不规则圆形，上面散布有小石块，数量较多。	否	
地表呈不规则圆形，周围散布有少量大石块。	否	
地表呈不规则圆形，上面散布有小石块，数量较多。	否	
地表呈不规则圆形，周围分布有大量石块。	否	
地表呈不规则圆形，上面散布有零星小石块。	否	
地表呈不规则圆形，周围零星分布较大的石块。	否	
地表呈不规则圆形，上面散布有小石块，数量较多。	否	
地表呈不规则圆形，散布有少量大石块。	否	
地表呈不规则圆形，周围零星分布较大的石块。	否	
地表呈不规则圆形，上面散布有小石块。	否	
地表呈不规则圆形，上面散布有小石块，数量较多。	否	
地表呈不规则圆形，位于缓坡顶部，四周有石块分布，石块较小，数量较多。	否	
地表呈不规则圆形，四周有零散石块分布。	否	
地表呈不规则圆形，上面散布有小石块，数量较多。	否	
地表呈不规则圆形，四周有零散石块分布，石块较小。	否	
地表呈不规则圆形，周围散布有少量大石块。	否	
地表呈不规则圆形，四周有石块分布，石块较小，数量较多。	否	
地表呈不规则圆形，周围分布有小石块。	否	

续附表 5-2

序号	编号	尺寸（米）	方向（度）	遗迹所在位置
0143	NDZM143	直径：1.9	0°	位于砧子山墓地西区，中部。
0144	NDZM144	直径：1.8	0°	位于砧子山墓地西区，中部。
0145	NDZM145	直径：1.6	0°	位于砧子山墓地西区，中部。
0146	NDZM146	直径：2.3　高：0.18	0°	位于砧子山墓地西区，中部。
0147	NDZM147	直径：2.4	0°	位于砧子山墓地西区，中部。
0148	NDZM148	直径：1.7	0°	位于砧子山墓地西区，中部。
0149	NDZM149	直径：1.9	0°	位于砧子山墓地西区，中部。
0150	NDZM150	直径：2.5	0°	位于砧子山墓地西区，中部。
0151	NDZM151	直径：1.7	0°	位于砧子山墓地西区，中部。
0152	NDZM152	直径：1.6	0°	位于砧子山墓地西区，中部。
0153	NDZM153	直径：2.1	0°	位于砧子山墓地西区，中部。
0154	NDZM154	直径：2.5	0°	位于砧子山墓地西区，中部。
0155	NDZM155	直径：2.4	0°	位于砧子山墓地西区，中部。
0156	NDZM156	直径：1.6　高：0.32	0°	位于砧子山墓地西区，中部。
0157	NDZM157	直径：2.3	0°	位于砧子山墓地西区，中部。
0158	NDZM158	直径：1.6	0°	位于砧子山墓地西区，中部。
0159	NDZM159	直径：1.8	0°	位于砧子山墓地西区，中部。
0160	NDZM160	直径：2.5	0°	位于砧子山墓地西区，中部。
0161	NDZM161	直径：1.7	0°	位于砧子山墓地西区，中部。
0162	NDZM162	直径：1.9	0°	位于砧子山墓地西区，中部。
0163	NDZM163	直径：2.4	0°	位于砧子山墓地西区，中部。

墓葬结构	是否经过考古发掘	备注
地表呈不规则圆形，上面散布有小石块，数量较多。	否	
地表呈不规则圆形，散布有少量大石块。	否	
地表呈不规则圆形，上面散布有小石块，数量较多。	否	
地表呈不规则圆形，上面散布有小石块，数量较多。	否	
地表呈不规则圆形，上面散布有小石块，数量较多。	否	
地表呈不规则圆形，上有大量的小石块分布。	否	
地表呈不规则圆形，上面散布有小石块，数量较多。	否	
地表呈不规则圆形，上有大量的小石块分布。	否	
地表呈不规则圆形，散布有少量大石块。	否	
地表呈不规则圆形，散布有少量大石块。	否	
地表呈不规则圆形，上面分布的石块数量较少。	否	
地表呈不规则圆形，上面散布有小石块，数量较多。	否	
地表呈不规则圆形，散布有少量大石块。	否	
地表呈不规则圆形，上面分布的石块数量较少。	否	
地表呈不规则圆形，上有大量的小石块分布。	否	
地表呈不规则圆形，上面分布的石块数量较少。	否	
地表呈不规则圆形，上面分布的石块数量较少。	否	
地表呈不规则圆形，上有大量的小石块分布。	否	
地表呈不规则圆形，上有大量的小石块分布。	否	
地表呈不规则圆形，上面分布的石块数量较少。	否	
地表呈不规则圆形，散布有少量大石块。	否	

续附表 5-2

序号	编号	尺寸（米）	方向（度）	遗迹所在位置
0164	NDZM164	直径：2.1	0°	位于础子山墓地西区，中部。
0165	NDZM165	直径：1.7	0°	位于础子山墓地西区，中部。
0166	NDZM166	直径：2.4　高：0.22	0°	位于础子山墓地西区，中部。
0167	NDZM167	直径：2.2	0°	位于础子山墓地西区，中部。
0168	NDZM168	直径：2.3	0°	位于础子山墓地西区，中部。
0169	NDZM169	直径：2.2	0°	位于础子山墓地西区，中部。
0170	NDZM170	直径：2.4	0°	位于础子山墓地西区，中部。
0171	NDZM171	直径：2.5	0°	位于础子山墓地西区，中部。
0172	NDZM172	直径：2.4	0°	位于础子山墓地西区，中部。
0173	NDZM173	直径：2.2	0°	位于础子山墓地西区，中部。
0174	NDZM174	直径：1.8	0°	位于础子山墓地西区，中部。
0175	NDZM175	直径：2.4	0°	位于础子山墓地西区，中部。
0176	NDZM176	直径：1.7　高：0.21	0°	位于础子山墓地西区，中部。
0177	NDZM177	直径：2.4	0°	位于础子山墓地西区，中部。
0178	NDZM178	直径：2.3	0°	位于础子山墓地西区，中部。
0179	NDZM179	直径：1.6　高：0.21	0°	位于础子山墓地西区，中部。
0180	NDZM180	直径：2.1	0°	位于础子山墓地西区，中部。
0181	NDZM181	直径：2.2	0°	位于础子山墓地西区，中部。
0182	NDZM182	直径：2.5	0°	位于础子山墓地西区，中部。
0183	NDZM183	直径：1.6	0°	位于础子山墓地西区，中部。
0184	NDZM184	直径：2.2	0°	位于础子山墓地西区，中部。

墓葬结构	是否经过考古发掘	备注
地表呈不规则圆形，上面分布的石块数量较少。	否	
地表呈不规则圆形，上面分布的石块数量较少。	否	
地表呈不规则圆形，上有大量的小石块分布。	否	
地表呈不规则圆形，上面分布的石块数量较少。	否	
地表呈不规则圆形，上有大量的小石块分布。	否	
地表呈不规则圆形，散布有少量大石块。	否	
地表呈不规则圆形。	否	
地表呈不规则圆形，上有大量的小石块分布。	否	
地表呈不规则圆形，上面分布的石块数量较少。	否	
地表呈不规则圆形，上有大量的小石块分布。	否	
地表呈不规则圆形，上面分布的石块数量较少。	否	
地表呈不规则圆形，上有大量的小石块分布。	否	
地表呈不规则圆形。	否	
地表呈不规则圆形，散布有少量大石块。	否	
地表呈不规则圆形，上有大量的小石块分布。	否	
地表呈不规则圆形。	否	
地表呈不规则圆形，上面分布的石块数量较少。	否	
地表呈不规则圆形，上有大量的小石块分布。	否	
地表呈不规则圆形，上面分布的石块数量较少。	否	
地表呈不规则圆形，上面分布的石块数量较少。	否	
地表呈不规则圆形，散布有少量大石块。	否	

续附表 5-2

序号	编号	尺寸（米）	方向（度）	遗迹所在位置
0185	NDZM185	直径：2.4	0°	位于砧子山墓地西区，中部。
0186	NDZM186	直径：1.6	0°	位于砧子山墓地西区，中部。
0187	NDZM187	直径：2.4　高：0.34	0°	位于砧子山墓地西区，中部。
0188	NDZM188	直径：2.3	0°	位于砧子山墓地西区，中部。
0189	NDZM189	直径：2.1	0°	位于砧子山墓地西区，中部。
0190	NDZM190	直径：1.9	0°	位于砧子山墓地西区，中部。
0191	NDZM191	直径：1.8	0°	位于砧子山墓地西区，中部。
0192	NDZM192	直径：2.3	0°	位于砧子山墓地西区，中部。
0193	NDZM193	直径：2.1	0°	位于砧子山墓地西区，中部。
0194	NDZM194	直径：1.8　高：0.33	0°	位于砧子山墓地西区，中部。
0195	NDZM195	直径：1.7	0°	位于砧子山墓地西区，中部。
0196	NDZM196	直径：1.9	0°	位于砧子山墓地西区，中部。
0197	NDZM197	直径：2.1	0°	位于砧子山墓地西区，中部。
0198	NDZM198	直径：2.5	0°	位于砧子山墓地西区，中部。
0199	NDZM199	直径：2.3	0°	位于砧子山墓地西区，中部。
0200	NDZM200	直径：1.7	0°	位于砧子山墓地西区，中部。
0201	NDZM201	直径：2.1	0°	位于砧子山墓地西区，中部。
0202	NDZM202	直径：2.7	0°	位于砧子山墓地西区，中部。
0203	NDZM203	直径：2.5	0°	位于砧子山墓地西区，中部。
0204	NDZM204	直径：2.1　高：0.22	0°	位于砧子山墓地西区，中部。
0205	NDZM205	直径：2.2	0°	位于砧子山墓地西区，中部。

墓葬结构	是否经过考古发掘	备注
地表呈不规则圆形，上有大量的小石块分布。	否	
地表呈不规则圆形，上面分布的石块数量较少。	否	
地表呈不规则圆形，上面分布的石块数量较少。	否	
地表呈不规则圆形，上有大量的小石块分布。	否	
地表呈不规则圆形，上面分布的石块数量较少。	否	
地表呈不规则圆形，上有大量的小石块分布。	否	
地表呈不规则圆形，上有大量的小石块分布。	否	
地表呈不规则圆形，上有大量的小石块分布。	否	
地表呈不规则圆形，散布有少量大石块。	否	
地表呈不规则圆形，上有大量的小石块分布。	否	
地表呈不规则圆形，上有大量的小石块分布。	否	
地表呈不规则圆形，上有大量的小石块分布。	否	
地表呈不规则圆形，上面分布的石块数量较少。	否	
地表呈不规则圆形，上有大量的小石块分布。	否	
地表呈不规则圆形，散布有少量大石块。	否	
地表呈不规则圆形，上有大量的小石块分布。	否	
地表呈不规则圆形，上面分布的石块数量较少。	否	
地表呈不规则圆形，上面分布的石块数量较少。	否	
地表呈不规则圆形，上面分布的石块数量较少。	否	
地表呈不规则圆形，上面分布的石块数量较少。	否	
地表呈不规则圆形，上面分布的石块数量较少。	否	

续附表 5-2

序号	编号	尺寸（米）	方向（度）	遗迹所在位置
0206	NDZM206	直径：2.3	0°	位于砧子山墓地西区，中部。
0207	NDZM207	直径：2.1	0°	位于砧子山墓地西区，中部。
0208	NDZM208	直径：2.2	0°	位于砧子山墓地西区，中部。
0209	NDZM209	直径：1.8	0°	位于砧子山墓地西区，中部。
0210	NDZM210	直径：2.1	0°	位于砧子山墓地西区，中部。
0211	NDZM211	直径：2.4　高：0.36	0°	位于砧子山墓地西区，中部。
0212	NDZM212	直径：2.3	0°	位于砧子山墓地西区，中部。
0213	NDZM213	直径：2.4	0°	位于砧子山墓地西区，中部。
0214	NDZM214	直径：2.2	0°	位于砧子山墓地西区，中部。
0215	NDZM215	直径：2.4	0°	位于砧子山墓地西区，中部。
0216	NDZM216	直径：2.2	0°	位于砧子山墓地西区，中部。
0217	NDZM217	直径：1.6	0°	位于砧子山墓地西区，中部。
0218	NDZM218	直径：2.1	0°	位于砧子山墓地西区，中部。
0219	NDZM219	直径：2.4	0°	位于砧子山墓地西区，中部。
0220	NDZM220	直径：1.7　高：0.17	0°	位于砧子山墓地西区，中部。
0221	NDZM221	直径：2.1	0°	位于砧子山墓地西区，中部。
0222	NDZM222	直径：1.7	0°	位于砧子山墓地西区，中部。
0223	NDZM223	直径：2	0°	位于砧子山墓地西区，中部。
0224	NDZM224	直径：2.1	0°	位于砧子山墓地西区，中部。
0225	NDZM225	直径：2.1	0°	位于砧子山墓地西区，中部。
0226	NDZM226	直径：1.8	0°	位于砧子山墓地西区，中部。

墓葬结构	是否经过考古发掘	备注
地表呈不规则圆形，上有大量的小石块分布。	否	
地表呈不规则圆形，散布有少量大石块。	否	
地表呈不规则圆形，上面分布的石块数量较少。	否	
地表呈不规则圆形，上面分布的石块数量较少。	否	
地表呈不规则圆形，上面分布的石块数量较少。	否	
地表呈不规则圆形，上面分布的石块数量较少。	否	
地表呈不规则圆形，上有大量的小石块分布。	否	
地表呈不规则圆形，上面分布的石块数量较少。	否	
地表呈不规则圆形，上面分布的石块数量较少。	否	
地表呈不规则圆形，上面分布的石块数量较少。	否	
地表呈不规则圆形，散布有少量大石块。	否	
地表呈不规则圆形，上面分布的石块数量较少。	否	
地表呈不规则圆形，上面分布的石块数量较少。	否	
地表呈不规则圆形，上面分布的石块数量较少。	否	
地表呈不规则圆形，上面分布的石块数量较少。	否	
地表呈不规则圆形，散布有少量大石块。	否	
地表呈不规则圆形，上有大量的小石块分布。	否	
地表呈不规则圆形，上面分布的石块数量较少。	否	
地表呈不规则圆形，散布有少量大石块。	否	
地表呈不规则圆形，上面分布的石块数量较少。	否	
地表呈不规则圆形，上面分布的石块数量较少。	否	

续附表 5-2

序号	编号	尺寸（米）	方向（度）	遗迹所在位置
0227	NDZM227	直径：2　高：0.19	0°	位于砧子山墓地西区，中部。
0228	NDZM228	直径：2.1	0°	位于砧子山墓地西区，中部。
0229	NDZM229	直径：2.3	0°	位于砧子山墓地西区，中部。
0230	NDZM230	直径：2.4	0°	位于砧子山墓地西区，中部。
0231	NDZM231	直径：2.2	0°	位于砧子山墓地西区，中部。
0232	NDZM232	直径：1.9	0°	位于砧子山墓地西区，中部。
0233	NDZM233	直径：1.7	0°	位于砧子山墓地西区，中部。
0234	NDZM234	直径：2.1	0°	位于砧子山墓地西区，中部。
0235	NDZM235	直径：2.5	0°	位于砧子山墓地西区，中部。
0236	NDZM236	直径：2.3	0°	位于砧子山墓地西区，中部。
0237	NDZM237	直径：2.2	0°	位于砧子山墓地西区，中部。
0238	NDZM238	直径：1.7	0°	位于砧子山墓地西区，中部。
0239	NDZM239	直径：2.1　高：0.18	0°	位于砧子山墓地西区，中部。
0240	NDZM240	直径：2.7	0°	位于砧子山墓地西区，中部。
0241	NDZM241	直径：2.1	0°	位于砧子山墓地西区，中部。
0242	NDZM242	直径：3	0°	位于砧子山墓地西区，中部。
0243	NDZM243	直径：2.1	0°	位于砧子山墓地西区，中部。
0244	NDZM244	直径：2.5	0°	位于砧子山墓地西区，中部。
0245	NDZM245	直径：1.6	0°	位于砧子山墓地西区，中部。
0246	NDZM246	直径：2.3	0°	位于砧子山墓地西区，中部。
0247	NDZM247	直径：2　高：0.16	0°	位于砧子山墓地西区，中部。

墓葬结构	是否经过考古发掘	备注
地表呈不规则圆形。	否	
地表呈不规则圆形，上面分布的石块数量较少。	否	
地表呈不规则圆形，上有大量的小石块分布。	否	
地表呈不规则圆形，上面分布的石块数量较少。	否	
地表呈不规则圆形，散布有少量大石块。	否	
地表呈不规则圆形，上面分布的石块数量较少。	否	
地表呈不规则圆形，上面分布的石块数量较少。	否	
地表呈不规则圆形，上面分布的石块数量较少。	否	
地表呈不规则圆形，上面分布的石块数量较少。	否	
地表呈不规则圆形，上面分布的石块数量较少。	否	
地表呈不规则圆形，上有大量的小石块分布。	否	
地表呈不规则圆形，散布有少量大石块。	否	
地表呈不规则圆形，上有大量的小石块分布。	否	
地表呈不规则圆形，上面分布的石块数量较少。	否	
地表呈不规则圆形，散布少量大石块。	否	
地表呈不规则圆形，有大量的小石块分布，植被茂盛。	否	
地表呈不规则圆形，散落少量石块，面积较大。	否	
地表呈不规则圆形。	否	
地表呈不规则圆形。	否	
地表呈不规则圆形，植被较茂盛。	否	
地表呈不规则圆形，散布有少量大石块。	否	

续附表 5-2

序号	编号	尺寸（米）	方向（度）	遗迹所在位置
0248	NDZM248	直径：1.6	0°	位于砘子山墓地西区，中部。
0249	NDZM249	直径：2.2	0°	位于砘子山墓地西区，中部。
0250	NDZM250	直径：1.8	0°	位于砘子山墓地西区，中部。
0251	NDZM251	直径：2.2　高：0.18	0°	位于砘子山墓地西区，中部。
0252	NDZM252	直径：1.5	0°	位于砘子山墓地西区，中部。
0253	NDZM253	直径：2.2	0°	位于砘子山墓地西区，中部。
0254	NDZM254	直径：2.3	0°	位于砘子山墓地西区，中部。
0255	NDZM255	直径：2.4	0°	位于砘子山墓地西区，中部。
0256	NDZM256	直径：2.2	0°	位于砘子山墓地西区，中部。
0257	NDZM257	直径：1.8	0°	位于砘子山墓地西区，中部。
0258	NDZM258	直径：2.5	0°	位于砘子山墓地西区，中部。
0259	NDZM259	直径：2.1	0°	位于砘子山墓地西区，中部。
0260	NDZM260	直径：2.5	0°	位于砘子山墓地西区，中部。
0261	NDZM261	直径：2　高：0.23	0°	位于砘子山墓地西区，中部。
0262	NDZM262	直径：2.2	0°	位于砘子山墓地西区，中部。
0263	NDZM263	直径：2.5	0°	位于砘子山墓地西区，中部。
0264	NDZM264	直径：2.1	0°	位于砘子山墓地西区，中部。
0265	NDZM265	直径：1.7	0°	位于砘子山墓地西区，中部。
0266	NDZM266	直径：2.1	0°	位于砘子山墓地西区，中部。
0267	NDZM267	直径：2.3	0°	位于砘子山墓地西区，中部。
0268	NDZM268	直径：2.3	0°	位于砘子山墓地西区，中部。

墓葬结构	是否经过考古发掘	备注
地表呈不规则圆形，植被较茂盛。	否	
地表呈不规则圆形，散布有少量大石块。	否	
地表呈不规则圆形，最外围有石块堆积。	否	
地表呈不规则圆形，散落少量石块。	否	
地表呈不规则圆形，有大量的小石块分布。	否	
地表呈不规则圆形。	否	
地表呈不规则圆形，有大量的小石块分布，植被茂盛。	否	
地表呈不规则圆形，最外围有石块堆积。	否	
地表呈不规则圆形，散布有少量大石块。	否	
地表呈不规则圆形。	否	
地表呈不规则圆形，有大量的小石块分布，植被茂盛。	否	
地表呈不规则圆形，散落少量石块，面积较大。	否	
地表呈不规则圆形，植被较茂盛。	否	
地表呈不规则圆形，散落少量石块。	否	
地表呈不规则圆形，散布有少量大石块。	否	
地表呈不规则圆形。	否	
地表呈不规则圆形，散布有少量大石块。	否	
地表呈不规则圆形。	否	
地表呈不规则圆形，散落少量石块。	否	
地表呈不规则圆形，有大量的小石块分布，植被茂盛。	否	
地表呈不规则圆形，植被较茂盛。	否	

续附表 5-2

序号	编号	尺寸（米）	方向（度）	遗迹所在位置
0269	NDZM269	直径：2.5	0°	位于砧子山墓地西区，中部。
0270	NDZM270	直径：2	0°	位于砧子山墓地西区，中部。
0271	NDZM271	直径：2.1 高：0.17	0°	位于砧子山墓地西区，中部。
0272	NDZM272	直径：2.3	0°	位于砧子山墓地西区，中部。
0273	NDZM273	直径：1.9	0°	位于砧子山墓地西区，中部。
0274	NDZM274	直径：2.1 高：0.17	0°	位于砧子山墓地西区，中部。
0275	NDZM275	直径：2.1	0°	位于砧子山墓地西区，中部。
0276	NDZM276	直径：2.3	0°	位于砧子山墓地西区，中部。
0277	NDZM277	直径：2.2	0°	位于砧子山墓地西区，中部。
0278	NDZM278	直径：2.4	0°	位于砧子山墓地西区，中部。
0279	NDZM279	直径：2	0°	位于砧子山墓地西区，中部。
0280	NDZM280	直径：1.8	0°	位于砧子山墓地西区，中部。
0281	NDZM281	直径：2.4	0°	位于砧子山墓地西区，中部。
0282	NDZM282	直径：2.1	0°	位于砧子山墓地西区，中部。
0283	NDZM283	直径：2.3	0°	位于砧子山墓地西区，中部。
0284	NDZM284	直径：2.1	0°	位于砧子山墓地西区，中部。
0285	NDZM285	直径：2.2	0°	位于砧子山墓地西区，中部。
0286	NDZM286	直径：1.6	0°	位于砧子山墓地西区，中部。
0287	NDZM287	直径：1.7 高：0.15	0°	位于砧子山墓地西区，中部。
0288	NDZM288	直径：2.4	0°	位于砧子山墓地西区，中部。
0289	NDZM289	直径：1.8	0°	位于砧子山墓地西区，中部。

墓葬结构	是否经过考古发掘	备注
地表呈不规则圆形。	否	
地表呈不规则圆形，最外围有石块堆积。	否	
地表呈不规则圆形，散落少量石块。	否	
地表呈不规则圆形，散布有少量大石块。	否	
地表呈不规则圆形，最外围有石块堆积。	否	
地表呈不规则圆形，散落少量石块。	否	
地表呈不规则圆形，散落少量石块，面积较大。	否	
地表呈不规则圆形，植被较茂盛。	否	
地表呈不规则圆形。	否	
地表呈不规则圆形，有大量的小石块分布，植被茂盛。	否	
地表呈不规则圆形，散布有少量大石块。	否	
地表呈不规则圆形。	否	
地表呈不规则圆形，散落少量石块，面积较大。	否	
地表呈不规则圆形，最外围有石块堆积。	否	
地表呈不规则圆形，有大量的小石块分布，植被茂盛。	否	
地表呈不规则圆形，散布有少量大石块。	否	
地表呈不规则圆形，植被较茂盛。	否	
地表呈不规则圆形。	否	
地表呈不规则圆形，散落少量石块。	否	
地表呈不规则圆形。	否	
地表呈不规则圆形，散落少量石块，面积较大。	否	

续附表 5-2

序号	编号	尺寸（米）	方向（度）	遗迹所在位置
0290	NDZM290	直径：2.1	0°	位于砧子山墓地西区，中部。
0291	NDZM291	直径：2.2	0°	位于砧子山墓地西区，中部。
0292	NDZM292	直径：1.6	0°	位于砧子山墓地西区，中部。
0293	NDZM293	直径：2　高：0.18	0°	位于砧子山墓地西区，中部。
0294	NDZM294	直径：2.5	0°	位于砧子山墓地西区，中部。
0295	NDZM295	直径：2.7	0°	位于砧子山墓地西区，中部。
0296	NDZM296	直径：2.3	0°	位于砧子山墓地西区，中部。
0297	NDZM297	直径：2.1	0°	位于砧子山墓地西区，中部。
0298	NDZM298	直径：1.6	0°	位于砧子山墓地西区，中部。
0299	NDZM299	直径：2.1	0°	位于砧子山墓地西区，中部。
0300	NDZM300	直径：2	0°	位于砧子山墓地西区，中部。
0301	NDZM301	直径：1.8	0°	位于砧子山墓地西区，中部。
0302	NDZM302	直径：2.4	0°	位于砧子山墓地西区，中部。
0303	NDZM303	直径：1.8	0°	位于砧子山墓地西区，中部。
0304	NDZM304	直径：2.1　高：0.17	0°	位于砧子山墓地西区，中部。
0305	NDZM305	直径：2.3	0°	位于砧子山墓地西区，中部。
0306	NDZM306	直径：1.7	0°	位于砧子山墓地西区，中部。
0307	NDZM307	直径：2.1	0°	位于砧子山墓地西区，中部。
0308	NDZM308	直径：2.5	0°	位于砧子山墓地西区，中部。
0309	NDZM309	直径：2.1　高：0.18	0°	位于砧子山墓地西区，中部。
0310	NDZM310	直径：2.1	0°	位于砧子山墓地西区，中部。

墓葬结构	是否经过考古发掘	备注
地表呈不规则圆形，最外围有石块堆积。	否	
地表呈不规则圆形，散布有少量大石块。	否	
地表呈不规则圆形。	否	
地表呈不规则圆形，有石块分布。	否	
地表呈不规则圆形。	否	
地表呈不规则圆形，有大量的小石块分布，植被茂盛。	否	
地表呈不规则圆形。	否	
地表呈不规则圆形，上面分布的石块较少，面积较大。	否	
地表呈不规则圆形。	否	
地表呈不规则圆形，散布有少量石块。	否	
地表呈不规则圆形，最外围有石块堆积。	否	
地表呈不规则圆形，有大量的小石块分布，植被茂盛。	否	
地表呈不规则圆形，植被较茂盛。	否	
地表呈不规则圆形。	否	
地表呈不规则圆形，散落少量石块。	否	
地表呈不规则圆形。	否	
地表呈不规则圆形，上面分布的石块较少，面积较大。	否	
地表呈不规则圆形，散布有少量大石块。	否	
地表呈不规则圆形，最外围有石块堆积。	否	
地表呈不规则圆形，散落少量石块。	否	
地表呈不规则圆形。	否	

续附表 5-2

序号	编号	尺寸（米）	方向（度）	遗迹所在位置
0311	NDZM311	直径：1.7	0°	位于砧子山墓地西区，中部。
0312	NDZM312	直径：1.6	0°	位于砧子山墓地西区，中部。
0313	NDZM313	直径：2.2	0°	位于砧子山墓地西区，中部。
0314	NDZM314	直径：2.1	0°	位于砧子山墓地西区，中部。
0315	NDZM315	直径：2.4	0°	位于砧子山墓地西区，北部。
0316	NDZM316	直径：2.1　高：0.17	0°	位于砧子山墓地西区，北部。
0317	NDZM317	直径：2.4	0°	位于砧子山墓地西区，北部。
0318	NDZM318	直径：1.7	0°	位于砧子山墓地西区，北部。
0319	NDZM319	直径：2.2	0°	位于砧子山墓地西区，北部。
0320	NDZM320	直径：2.4	0°	位于砧子山墓地西区，北部。
0321	NDZM321	直径：2.2	0°	位于砧子山墓地西区，北部。
0322	NDZM322	直径：1.7	0°	位于砧子山墓地西区，北部。
0323	NDZM323	直径：2.3	0°	位于砧子山墓地西区，北部。
0324	NDZM324	直径：1.5	0°	位于砧子山墓地西区，北部。
0325	NDZM325	直径：2.3　高：0.14	0°	位于砧子山墓地西区，北部。
0326	NDZM326	直径：2.1	0°	位于砧子山墓地西区，北部。
0327	NDZM327	直径：2.3	0°	位于砧子山墓地西区，北部。
0328	NDZM328	直径：1.7	0°	位于砧子山墓地西区，北部。
0329	NDZM329	直径：2.3	0°	位于砧子山墓地西区，北部。
0330	NDZM330	直径：1.9	0°	位于砧子山墓地西区，北部。
0331	NDZM331	直径：1.8	0°	位于砧子山墓地西区，北部。

墓葬结构	是否经过考古发掘	备注
地表呈不规则圆形，有大量的小石块分布，植被茂盛。	否	
地表呈不规则圆形，散落少量石块。	否	
地表呈不规则圆形，植被较茂盛。	否	
地表呈不规则圆形，上面分布的石块较少，面积较大。	否	
地表呈不规则圆形，有大量的小石块分布，植被茂盛。	否	
地表呈不规则圆形，散落少量石块。	否	
地表呈不规则圆形，植被较茂盛。	否	
地表呈不规则圆形，散布有少量大石块。	否	
地表呈不规则圆形，最外围有石块堆积。	否	
地表呈不规则圆形。	否	
地表呈不规则圆形，上面分布的石块较少，面积较大。	否	
地表呈不规则圆形。	否	
地表呈不规则圆形，散布有少量大石块。	否	
地表呈不规则圆形。	否	
地表呈不规则圆形，有石块分布。	否	
地表呈不规则圆形，植被较茂盛。	否	
地表呈不规则圆形，有大量的小石块分布，植被茂盛。	否	
地表呈不规则圆形。	否	
地表呈不规则圆形，散落少量石块。	否	
地表呈不规则圆形，最外围有石块堆积。	否	
地表呈不规则圆形，散布少量大石块。	否	

续附表 5-2

序号	编号	尺寸（米）	方向（度）	遗迹所在位置
0332	NDZM332	直径：2.2	0°	位于砧子山墓地西区，北部。
0333	NDZM333	直径：1.9	0°	位于砧子山墓地西区，北部。
0334	NDZM334	直径：2.5	0°	位于砧子山墓地西区，北部。
0335	NDZM335	直径：2.1　高：0.16	0°	位于砧子山墓地西区，北部。
0336	NDZM336	直径：1.9	0°	位于砧子山墓地西区，北部。
0337	NDZM337	直径：1.6	0°	位于砧子山墓地西区，北部。
0338	NDZM338	直径：2.1	0°	位于砧子山墓地西区，北部。
0339	NDZM339	直径：1.6	0°	位于砧子山墓地西区，北部。
0340	NDZM340	直径：2　高：0.15	0°	位于砧子山墓地西区，北部。
0341	NDZM341	直径：2.1	0°	位于砧子山墓地西区，北部。
0342	NDZM342	直径：2.2	0°	位于砧子山墓地西区，北部。
0343	NDZM343	直径：1.9	0°	位于砧子山墓地西区，北部。
0344	NDZM344	直径：1.7	0°	位于砧子山墓地西区，北部。
0345	NDZM345	直径：2.3	0°	位于砧子山墓地西区，北部。
0346	NDZM346	直径：1.6	0°	位于砧子山墓地西区，北部。
0347	NDZM347	直径：1.9	0°	位于砧子山墓地西区，北部。
0348	NDZM348	直径：2.1	0°	位于砧子山墓地西区，北部。
0349	NDZM349	直径：2.5	0°	位于砧子山墓地西区，北部。
0350	NDZM350	直径：2.2　高：0.19	0°	位于砧子山墓地西区，北部。
0351	NDZM351	直径：1.8	0°	位于砧子山墓地西区，北部。
0352	NDZM352	直径：2.4	0°	位于砧子山墓地西区，北部。

墓葬结构	是否经过考古发掘	备注
地表呈不规则圆形，有大量的小石块分布，植被茂盛。	否	
地表呈不规则圆形，最外围有石块堆积。	否	
地表呈不规则圆形。	否	
地表呈不规则圆形，散落少量石块。	否	
地表呈不规则圆形，散布少量大石块。	否	
地表呈不规则圆形，植被较茂盛。	否	
地表呈不规则圆形，分布的石块较少。	否	
地表呈不规则圆形。	否	
地表呈不规则圆形，分布少量石块。	否	
地表呈不规则圆形，最外围有石块堆积。	否	
地表呈不规则圆形。	否	
地表呈不规则圆形，有大量的小石块分布，植被茂盛。	否	
地表呈不规则圆形，散布少量大石块。	否	
地表呈不规则圆形，植被较茂盛。	否	
地表呈不规则圆形。	否	
地表呈不规则圆形。	否	
地表呈不规则圆形，散布少量大石块。	否	
地表呈不规则圆形，有大量的小石块分布，植被茂盛。	否	
地表呈不规则圆形，散落少量石块。	否	
地表呈不规则圆形。	否	
地表呈不规则圆形，散布有少量大石块。	否	

续附表 5-2

序号	编号	尺寸（米）	方向（度）	遗迹所在位置
0353	NDZM353	直径：2	0°	位于砧子山墓地西区，北部。
0354	NDZM354	直径：2.1	0°	位于砧子山墓地西区，北部。
0355	NDZM355	直径：2.3	0°	位于砧子山墓地西区，北部。
0356	NDZM356	直径：2.4	0°	位于砧子山墓地西区，北部。
0357	NDZM357	直径：1.6	0°	位于砧子山墓地西区，北部。
0358	NDZM358	直径：2	0°	位于砧子山墓地西区，北部。
0359	NDZM359	直径：2.3	0°	位于砧子山墓地西区，北部。
0360	NDZM360	直径：2.1	0°	位于砧子山墓地西区，北部。
0361	NDZM361	直径：1.6	0°	位于砧子山墓地西区，北部。
0362	NDZM362	直径：2.4	0°	位于砧子山墓地西区，北部。
0363	NDZM363	直径：2.1	0°	位于砧子山墓地西区，北部。
0364	NDZM364	直径：1.8	0°	位于砧子山墓地西区，北部。
0365	NDZM365	直径：2.2	0°	位于砧子山墓地西区，北部。
0366	NDZM366	直径：2 高：0.18	0°	位于砧子山墓地西区，北部。
0367	NDZM367	直径：3	0°	位于砧子山墓地西区，北部。
0368	NDZM368	直径：2.1	0°	位于砧子山墓地西区，北部。
0369	NDZM369	直径：1.6	0°	位于砧子山墓地西区，北部。
0370	NDZM370	直径：1.9	0°	位于砧子山墓地西区，北部。
0371	NDZM371	直径：2.2	0°	位于砧子山墓地西区，北部。
0372	NDZM372	直径：2.3	0°	位于砧子山墓地西区，北部。
0373	NDZM373	直径：1.6	0°	位于砧子山墓地西区，北部。

墓葬结构	是否经过考古发掘	备注
地表呈不规则圆形，最外围有石块堆积。	否	
地表呈不规则圆形，散落少量石块，面积较大。	否	
地表呈不规则圆形，分布较多小石块，植被茂盛。	否	
地表呈不规则圆形，植被较茂盛。	否	
地表呈不规则圆形。	否	
地表呈不规则圆形，散落较多石块。	否	
地表呈不规则圆形，植被较茂盛。	否	
地表呈不规则圆形，散落少量石块，面积较大。	否	
地表呈不规则圆形。	否	
地表呈不规则圆形，散布有少量大石块。	否	
地表呈不规则圆形，最外围有石块堆积。	否	
地表呈不规则圆形，散落少量石块，面积较大。	否	
地表呈不规则圆形，散布有少量大石块。	否	
地表呈不规则圆形，散落少量石块。	否	
地表呈不规则圆形，有大量的小石块分布，植被茂盛。	否	
地表呈不规则圆形，散布有少量大石块。	否	
地表呈不规则圆形，最外围有石块堆积。	否	
地表呈不规则圆形。	否	
地表呈不规则圆形，分布少量石块，面积较大。	否	
地表呈不规则圆形，散布有少量大石块。	否	
地表呈不规则圆形，植被较茂盛。	否	

续附表 5-2

序号	编号	尺寸（米）	方向（度）	遗迹所在位置
0374	NDZM374	直径：2.2　高：0.16	0°	位于砧子山墓地西区，北部。
0375	NDZM375	直径：2.1	0°	位于砧子山墓地西区，北部。
0376	NDZM376	直径：2	0°	位于砧子山墓地西区，北部。
0377	NDZM377	直径：2.5	0°	位于砧子山墓地西区，北部。
0378	NDZM378	直径：2.6	0°	位于砧子山墓地西区，北部。
0379	NDZM379	直径：2.4	0°	位于砧子山墓地西区，北部。
0380	NDZM380	直径：2.3	0°	位于砧子山墓地西区，北部。
0381	NDZM381	直径：2.2	0°	位于砧子山墓地西区，北部。
0382	NDZM382	直径：2.4　高：0.19	0°	位于砧子山墓地西区，北部。
0383	NDZM383	直径：2.2	0°	位于砧子山墓地西区，北部。
0384	NDZM384	直径：2.4	0°	位于砧子山墓地西区，北部。
0385	NDZM385	直径：2.5	0°	位于砧子山墓地西区，北部。
0386	NDZM386	直径：2.4	0°	位于砧子山墓地西区，北部。
0387	NDZM387	直径：2.3	0°	位于砧子山墓地西区，北部。
0388	NDZM388	直径：2.1	0°	位于砧子山墓地西区，北部。
0389	NDZM389	直径：1.7	0°	位于砧子山墓地西区，北部。
0390	NDZM390	直径：2.1　高：0.18	0°	位于砧子山墓地西区，北部。
0391	NDZM391	直径：2.1	0°	位于砧子山墓地西区，北部。
0392	NDZM392	直径：2.2	0°	位于砧子山墓地西区，北部。
0393	NDZM393	直径：2.5	0°	位于砧子山墓地西区，北部。
0394	NDZM394	直径：2.1	0°	位于砧子山墓地西区，北部。

墓葬结构	是否经过考古发掘	备注
地表呈不规则圆形，散落少量石块。	否	
地表呈不规则圆形，散布有少量大石块。	否	
地表呈不规则圆形，最外围有石块堆积。	否	
地表呈不规则圆形。	否	
地表呈不规则圆形，有大量的小石块分布，植被茂盛。	否	
地表呈不规则圆形，分布少量石块，面积较大。	否	
地表呈不规则圆形，植被较茂盛。	否	
地表呈不规则圆形，散布有少量大石块。	否	
地表呈不规则圆形，分布较多石块。	否	
地表呈不规则圆形，散布有少量大石块。	否	
地表呈不规则圆形，有大量的小石块分布，植被茂盛。	否	
地表呈不规则圆形。	否	
地表呈不规则圆形，分布少量石块。	否	
地表呈不规则圆形，植被较茂盛。	否	
地表呈不规则圆形，有大量的小石块分布，植被茂盛。	否	
地表呈不规则圆形，最外围有石块堆积。	否	
地表呈不规则圆形，散落少量石块。	否	
地表呈不规则圆形，散布有少量大石块。	否	
地表呈不规则圆形，植被较茂盛。	否	
地表呈不规则圆形。	否	
地表呈不规则圆形，散布有少量大石块。	否	

续附表 5-2

序号	编号	尺寸（米）	方向（度）	遗迹所在位置
0395	NDZM395	直径：2.3	0°	位于砧子山墓地西区，北部。
0396	NDZM396	直径：1.9	0°	位于砧子山墓地西区，北部。
0397	NDZM397	直径：2.1	0°	位于砧子山墓地西区，北部。
0398	NDZM398	直径：2.2　高：0.18	0°	位于砧子山墓地西区，北部。
0399	NDZM399	直径：2.1	0°	位于砧子山墓地西区，北部。
0400	NDZM400	直径：2.3	0°	位于砧子山墓地西区，北部。
0401	NDZM401	直径：2.5	0°	位于砧子山墓地西区，北部。
0402	NDZM402	直径：2.1	0°	位于砧子山墓地西区，南侧。
0403	NDZM403	直径：2.3	0°	位于砧子山墓地西区，南侧。
0404	NDZM404	直径：2	0°	位于砧子山墓地西区，南侧。
0405	NDZM405	直径：2.1	0°	位于砧子山墓地西区，南侧。
0406	NDZM406	直径：1.9	0°	位于砧子山墓地西区，南侧。
0407	NDZM407	直径：2　高：0.19	0°	位于砧子山墓地西区，南侧。
0408	NDZM408	直径：2.7	0°	位于砧子山墓地西区，南侧。
0409	NDZM409	直径：2.4	0°	位于砧子山墓地西区，南侧。
0410	NDZM410	直径：2.1	0°	位于砧子山墓地西区，南侧。
0411	NDZM411	直径：1.5	0°	位于砧子山墓地西区，南侧。
0412	NDZM412	直径：2.3	0°	位于砧子山墓地西区，南侧。
0413	NDZM413	直径：2.2	0°	位于砧子山墓地西区，南侧。
0414	NDZM414	直径：2.5	0°	位于砧子山墓地西区，南侧。
0415	NDZM415	直径：1.6	0°	位于砧子山墓地西区，南侧。

墓葬结构	是否经过考古发掘	备注
地表呈不规则圆形，最外围有石块堆积。	否	
地表呈不规则圆形，散布有少量大石块。	否	
地表呈不规则圆形，散落少量石块，面积较大。	否	
地表呈不规则圆形，散落少量石块。	否	
地表呈不规则圆形，散布有少量大石块。	否	
地表呈不规则圆形，有大量的小石块分布，植被茂盛。	否	
地表呈不规则圆形。	否	
地表呈不规则圆形，散落少量石块，面积较大。	否	
地表呈不规则圆形，植被较茂盛。	否	
地表呈不规则圆形，最外围有石块堆积。	否	
地表呈不规则圆形，散布有少量大石块。	否	
地表呈不规则圆形。	否	
地表呈不规则圆形，散落少量石块。	否	
地表呈不规则圆形，有大量的小石块分布，植被茂盛。	否	
地表呈不规则圆形，散落少量石块，面积较大。	否	
地表呈不规则圆形，散布有少量大石块。	否	
地表呈不规则圆形。	否	
地表呈不规则圆形，散落少量石块，面积较大。	否	
地表呈不规则圆形，植被较茂盛。	否	
地表呈不规则圆形。	否	
地表呈不规则圆形，最外围有石块堆积。	否	

续附表 5-2

序号	编号	尺寸（米）	方向（度）	遗迹所在位置
0416	NDZM416	直径：2　高：0.23	0°	位于砧子山墓地西区，南侧。
0417	NDZM417	直径：2.3	0°	位于砧子山墓地西区，南侧。
0418	NDZM418	直径：1.7	0°	位于砧子山墓地西区，南侧。
0419	NDZM419	直径：2.1	0°	位于砧子山墓地西区，南侧。
0420	NDZM420	直径：1.6	0°	位于砧子山墓地西区，南侧。
0421	NDZM421	直径：1.7	0°	位于砧子山墓地西区，南侧。
0422	NDZM422	直径：2.2	0°	位于砧子山墓地西区，南侧。
0423	NDZM423	直径：2.3	0°	位于砧子山墓地西区，南侧。
0424	NDZM424	直径：2　高：0.21	0°	位于砧子山墓地西区，南侧。
0425	NDZM425	直径：2.4	0°	位于砧子山墓地西区，南侧。
0426	NDZM426	直径：2.1	0°	位于砧子山墓地西区，南侧。
0427	NDZM427	直径：2.3	0°	位于砧子山墓地西区，南侧。
0428	NDZM428	直径：2.1	0°	位于砧子山墓地西区，南侧。
0429	NDZM429	直径：2.4	0°	位于砧子山墓地西区，南侧。
0430	NDZM430	直径：2.3	0°	位于砧子山墓地西区，南侧。
0431	NDZM431	直径：2.2	0°	位于砧子山墓地西区，南侧。
0432	NDZM432	直径：2.3	0°	位于砧子山墓地西区，南侧。
0433	NDZM433	直径：2.1	0°	位于砧子山墓地西区，南侧。
0434	NDZM434	直径：2	0°	位于砧子山墓地西区，南侧。
0435	NDZM435	直径：2.5	0°	位于砧子山墓地西区，南侧。
0436	NDZM436	直径：2.1	0°	位于砧子山墓地西区，南侧。

墓葬结构	是否经过考古发掘	备注
地表呈不规则圆形，散落少量石块。	否	
地表呈不规则圆形，有大量的小石块分布，植被茂盛。	否	
地表呈不规则圆形，散布有少量大石块。	否	
地表呈不规则圆形，植被较茂盛。	否	
地表呈不规则圆形，散布有少量大石块。	否	
地表呈不规则圆形，散落少量石块，面积较大。	否	
地表呈不规则圆形，最外围有石块堆积。	否	
地表呈不规则圆形，散布有少量大石块。	否	
地表呈不规则圆形，散落少量石块。	否	
地表呈不规则圆形，有大量的小石块分布，植被茂盛。	否	
地表呈不规则圆形。	否	
地表呈不规则圆形，最外围有石块堆积。	否	
地表呈不规则圆形，散布有少量大石块。	否	
地表呈不规则圆形，散落少量石块。	否	
地表呈不规则圆形，植被较茂盛。	否	
地表呈不规则圆形，散布有少量大石块。	否	
地表呈不规则圆形。	否	
地表呈不规则圆形，散落少量石块。	否	
地表呈不规则圆形，最外围有石块堆积。	否	
地表呈不规则圆形，有大量的小石块分布，植被茂盛。	否	
地表呈不规则圆形，散布有少量大石块。	否	

续附表 5-2

序号	编号	尺寸（米）	方向（度）	遗迹所在位置
0437	NDZM437	直径：2.4	0°	位于砧子山墓地西区，南侧。
0438	NDZM438	直径：2.1	0°	位于砧子山墓地西区，南侧。
0439	NDZM439	直径：2　高：0.19	0°	位于砧子山墓地西区，南侧。
0440	NDZM440	直径：1.8	0°	位于砧子山墓地西区，南侧。
0441	NDZM441	直径：2.5	0°	位于砧子山墓地西区，南侧。
0442	NDZM442	直径：2.3	0°	位于砧子山墓地西区，南侧。
0443	NDZM443	直径：1.7	0°	位于砧子山墓地西区，南侧。
0444	NDZM444	直径：2.4	0°	位于砧子山墓地西区，南侧。
0445	NDZM445	直径：2.1	0°	位于砧子山墓地西区，南侧。
0446	NDZM446	直径：2.2	0°	位于砧子山墓地西区，南侧。
0447	NDZM447	直径：2.5	0°	位于砧子山墓地西区，南侧。
0448	NDZM448	直径：1.8　高：0.24	0°	位于砧子山墓地西区，南侧。
0449	NDZM449	直径：2.1	0°	位于砧子山墓地西区，南侧。
0450	NDZM450	直径：2.7	0°	位于砧子山墓地西区，南侧。
0451	NDZM451	直径：2	0°	位于砧子山墓地西区，南侧。
0452	NDZM452	直径：2.1	0°	位于砧子山墓地西区，南侧。
0453	NDZM453	直径：1.7	0°	位于砧子山墓地西区，南侧。
0454	NDZM454	直径：2.3	0°	位于砧子山墓地西区，南侧。
0455	NDZM455	直径：2.4	0°	位于砧子山墓地西区，南侧。
0456	NDZM456	直径：2.3	0°	位于砧子山墓地西区，南侧。
0457	NDZM457	直径：2.2　高：0.17	0°	位于砧子山墓地西区，南侧。

墓葬结构	是否经过考古发掘	备注
地表呈不规则圆形，植被较茂盛。	否	
地表呈不规则圆形，散落少量石块，面积较大。	否	
地表呈不规则圆形，散落少量石块。	否	
地表呈不规则圆形，散布有少量大石块。	否	
地表呈不规则圆形。	否	
地表呈不规则圆形，有大量的小石块分布，植被茂盛。	否	
地表呈不规则圆形，最外围有石块堆积。	否	
地表呈不规则圆形，散布有少量大石块。	否	
地表呈不规则圆形，上面分布的石块数量较少。	否	
地表呈不规则圆形，散布有少量大石块。	否	
地表呈不规则圆形。	否	
地表呈不规则圆形，散落少量石块。	否	
地表呈不规则圆形，植被较茂盛。	否	
地表呈不规则圆形，有大量的小石块分布，植被茂盛。	否	
地表呈不规则圆形，最外围有石块堆积。	否	
地表呈不规则圆形，散布有少量大石块。	否	
地表呈不规则圆形，周围散布有大量小石块。	否	
地表呈不规则圆形，散落少量石块。	否	
地表呈不规则圆形，植被较茂盛。	否	
地表呈不规则圆形，散布有少量大石块。	否	
地表呈不规则圆形，散落少量石块。	否	

续附表 5-2

序号	编号	尺寸（米）	方向（度）	遗迹所在位置
0458	NDZM458	直径：2.4	0°	位于砧子山墓地西区，南侧。
0459	NDZM459	直径：2.3	0°	位于砧子山墓地西区，南侧。
0460	NDZM460	直径：2.2	0°	位于砧子山墓地西区，南侧。
0461	NDZM461	直径：2.4　高：1.2	0°	位于砧子山墓地西区，南侧。
0462	NDZM462	直径：2.5	0°	位于砧子山墓地西区，南侧。
0463	NDZM463	直径：2.2	0°	位于砧子山墓地西区，南侧。
0464	NDZM464	直径：2.1	0°	位于砧子山墓地西区，南侧。
0465	NDZM465	直径：1.7	0°	位于砧子山墓地西区，南侧。
0466	NDZM466	直径：2.6	0°	位于砧子山墓地西区，南侧。
0467	NDZM467	直径：2.2	0°	位于砧子山墓地西区，南侧。
0468	NDZM468	直径：1.9	0°	位于砧子山墓地西区，南侧。
0469	NDZM469	直径：1.8	0°	位于砧子山墓地西区，南侧。
0470	NDZM470	直径：2.1	0°	位于砧子山墓地西区，南侧。
0471	NDZM471	直径：约2.6	0°	位于砧子山墓地西区，南侧。
0472	NDZM472	直径：1.9　高：0.21	0°	位于砧子山墓地西区，南侧。
0473	NDZM473	直径：2.5	0°	位于砧子山墓地西区，南侧。
0474	NDZM474	直径：2.3	0°	位于砧子山墓地西区，南侧。
0475	NDZM475	直径：2.1	0°	位于砧子山墓地西区，南侧。
0476	NDZM476	直径：1.7	0°	位于砧子山墓地西区，南侧。
0477	NDZM477	直径：1.9	0°	位于砧子山墓地西区，南侧。
0478	NDZM478	直径：2.3	0°	位于砧子山墓地西区，南侧。

墓葬结构	是否经过考古发掘	备注
地表呈不规则圆形。	否	
地表呈不规则圆形，有大量的小石块分布，植被茂盛。	否	
地表呈不规则圆形，散布有少量大石块。	否	
地表呈不规则圆形。	否	
地表呈不规则圆形。	否	
地表呈不规则圆形，最外围有石块堆积。	否	
地表呈不规则圆形，散落少量石块，面积较大。	否	
地表呈不规则圆形，散落少量石块。	否	
地表呈不规则圆形，植被较茂盛。	否	
地表呈不规则圆形，散布有少量大石块。	否	
地表呈不规则圆形，有大量的小石块分布，植被茂盛。	否	
地表呈不规则圆形，散布有少量大石块。	否	
地表呈不规则圆形，散落有少量石块。	否	
表面呈不规则圆形。	否	
表面呈不规则圆形，散落有较多石块。	否	
表面呈不规则圆形。	否	
表面呈不规则圆形，散落有少量石块。	否	
表面呈不规则圆形，最外围是由石块堆砌而成的石框。	否	
表面呈不规则圆形，散落有大量的石块。	否	
表面呈不规则圆形，散落有少量的石块。	否	
表面呈不规则圆形，散落有大量的石块。	否	

续附表 5-2

序号	编号	尺寸（米）	方向（度）	遗迹所在位置
0479	NDZM479	直径：2.4	0°	位于砧子山墓地西区，南侧。
0480	NDZM480	直径：2.2	0°	位于砧子山墓地西区，南侧。
0481	NDZM481	直径：2.5	0°	位于砧子山墓地西区，南侧。
0482	NDZM482	直径：2.1　高：2.3	0°	位于砧子山墓地西区，南侧。
0483	NDZM483	直径：2.3	0°	位于砧子山墓地西区，南侧。
0484	NDZM484	直径：1.8	0°	位于砧子山墓地西区，南侧。
0485	NDZM485	直径：2.1	0°	位于砧子山墓地西区，南侧。
0486	NDZM486	直径：2.3	0°	位于砧子山墓地西区，南侧。
0487	NDZM487	直径：2.6	0°	位于砧子山墓地西区，南侧。
0488	NDZM488	直径：2.5	0°	位于砧子山墓地西区，南侧。
0489	NDZM489	直径：2.3	0°	位于砧子山墓地西区，南侧。
0490	NDZM490	直径：2.1	0°	位于砧子山墓地西区，南侧。
0491	NDZM491	直径：2.4	0°	位于砧子山墓地西区，南侧。
0492	NDZM492	直径：1.8　高：1.7	0°	位于砧子山墓地西区，南侧。
0493	NDZM493	直径：1.8	0°	位于砧子山墓地西区，南侧。
0494	NDZM494	直径：2.7	0°	位于砧子山墓地西区，南侧。
0495	NDZM495	直径：2.4	0°	位于砧子山墓地西区，南侧。
0496	NDZM496	直径：2.1	0°	位于砧子山墓地西区，南侧。
0497	NDZM497	直径：约1.9　高：1.7	0°	位于砧子山墓地西区，南侧。
0498	NDZM498	直径：2.4	0°	位于砧子山墓地西区，南侧。
0499	NDZM499	直径：2.1	0°	位于砧子山墓地西区，南侧。

墓葬结构	是否经过考古发掘	备注
表面呈不规则圆形，散落有少量的石块。	否	
表面呈不规则圆形，最外围是由石块堆砌而成的石框。	否	
表面呈不规则圆形。	否	
表面呈不规则圆形，散落有少量的石块。	否	
表面呈不规则圆形。	否	
表面呈不规则圆形。	否	
表面呈不规则圆形，散落有少量的石块。	否	
表面呈不规则圆形，散落有少量的石块。	否	
表面呈不规则圆形，散落有大量的石块。	否	
表面呈不规则圆形，散落有少量的石块。	否	
表面呈不规则圆形，上覆植被较茂盛。	否	
表面呈不规则圆形。	否	
表面呈不规则圆形，最外围是由石块堆砌而成的石框。	否	
表面呈不规则圆形，散落有少量的石块。	否	
表面呈不规则圆形，散落有少量的石块。	否	
表面呈不规则圆形，散落有大量的石块，植被茂盛。	否	
表面呈不规则圆形，散落有少量大石块。	否	
表面呈不规则圆形，最外围是由石块堆砌而成的石框。	否	
表面呈不规则圆形，散落有少量的石块。	否	
表面呈不规则圆形。	否	
表面呈不规则圆形，散落有少量的石块。	否	

续附表 5-2

序号	编号	尺寸（米）	方向（度）	遗迹所在位置
0500	NDZM500	直径：2.3	0°	位于砧子山墓地西区，南侧。
0501	NDZM501	直径：1.8	0°	位于砧子山墓地西区，南侧。
0502	NDZM502	直径：2.1	0°	位于砧子山墓地西区，南侧。
0503	NDZM503	直径：2.8	0°	位于砧子山墓地西区，南侧。
0504	NDZM504	直径：2.3	0°	位于砧子山墓地西区，南侧。
0505	NDZM505	直径：2.4	0°	位于砧子山墓地西区，南侧。
0506	NDZM506	直径：2 高：1.5	0°	位于砧子山墓地西区，南侧。
0507	NDZM507	直径：2.4	0°	位于砧子山墓地西区，南侧。
0508	NDZM508	直径：1.7	0°	位于砧子山墓地西区，南侧。
0509	NDZM509	直径：2.2	0°	位于砧子山墓地西区，南侧。
0510	NDZM510	直径：2.4	0°	位于砧子山墓地西区，南侧。
0511	NDZM511	直径：1.9	0°	位于砧子山墓地西区，南侧。
0512	NDZM512	直径：2.2	0°	位于砧子山墓地西区，南侧。
0513	NDZM513	直径：1.9	0°	位于砧子山墓地西区，南侧。
0514	NDZM514	直径：2.8	0°	位于砧子山墓地西区，南侧。
0515	NDZM515	直径：2 高：1.9	0°	位于砧子山墓地西区，南侧。
0516	NDZM516	直径：2.3	0°	位于砧子山墓地西区，南侧。
0517	NDZM517	直径：2.4	0°	位于砧子山墓地西区，南侧。
0518	NDZM518	直径：2.1	0°	位于砧子山墓地西区，南侧。
0519	NDZM519	直径：1.9	0°	位于砧子山墓地西区，南侧。
0520	NDZM520	直径：2.3	0°	位于砧子山墓地西区，南侧。

墓葬结构	是否经过考古发掘	备注
表面呈不规则圆形，上覆植被较茂盛。	否	
表面呈不规则圆形。	否	
表面呈不规则圆形，散落有少量的石块。	否	
表面呈不规则圆形，散落有大量的石块，植被茂盛。	否	
表面呈不规则圆形，散落有少量的石块。	否	
表面呈不规则圆形，上覆植被较茂盛。	否	
表面呈不规则圆形，散落有少量的石块。	否	
表面呈不规则圆形。	否	
表面呈不规则圆形，最外围是由石块堆砌而成的石框。	否	
表面呈不规则圆形，散落有少量的石块。	否	
表面呈不规则圆形，散落有少量的石块。	否	
表面呈不规则圆形，最外围是由石块堆砌而成的石框。	否	
表面呈不规则圆形，散落有少量的石块。	否	
表面呈不规则圆形，散落有大量的石块，植被茂盛。	否	
表面呈不规则圆形，上覆植被较茂盛。	否	
表面呈不规则圆形，散落有少量的石块。	否	
表面呈不规则圆形。	否	
表面呈不规则圆形，散落有少量的石块。	否	
表面呈不规则圆形，散落有少量的石块。	否	
表面呈不规则圆形，散落有大量的石块，植被茂盛。	否	
表面呈不规则圆形。	否	

续附表 5-2

序号	编号	尺寸（米）	方向（度）	遗迹所在位置
0521	NDZM521	直径：2.7	0°	位于砧子山墓地西区，南侧。
0522	NDZM522	直径：2.5	0°	位于砧子山墓地西区，南侧。
0523	NDZM523	直径：1.7　高：1.8	0°	位于砧子山墓地西区，南侧。
0524	NDZM524	直径：2.3	0°	位于砧子山墓地西区，南侧。
0525	NDZM525	直径：1.6	0°	位于砧子山墓地西区，南侧。
0526	NDZM526	直径：2.1	0°	位于砧子山墓地西区，南侧。
0527	NDZM527	直径：2　高度：1.7	0°	位于砧子山墓地西区，南侧。
0528	NDZM528	直径：1.9	0°	位于砧子山墓地西区，南侧。
0529	NDZM529	直径：1.8	0°	位于砧子山墓地西区，南侧。
0530	NDZM530	直径：2.1	0°	位于砧子山墓地西区，南侧。
0531	NDZM531	直径：2.5	0°	位于砧子山墓地西区，南侧。
0532	NDZM532	直径：2.3	0°	位于砧子山墓地西区，南侧。
0533	NDZM533	直径：2.3	0°	位于砧子山墓地西区，南侧。
0534	NDZM534	直径：2.4	0°	位于砧子山墓地西区，南侧。
0535	NDZM535	直径：2.1	0°	位于砧子山墓地西区，南侧。
0536	NDZM536	直径：1.8	0°	位于砧子山墓地西区，南侧。
0537	NDZM537	直径：2.5	0°	位于砧子山墓地西区，南侧。
0538	NDZM538	直径：1.8　高：2.1	0°	位于砧子山墓地西区，南侧。
0539	NDZM539	直径：1.9	0°	位于砧子山墓地西区，南侧。
0540	NDZM540	直径：2.1	0°	位于砧子山墓地西区，南侧。
0541	NDZM541	直径：2.4	0°	位于砧子山墓地西区，南侧。

墓葬结构	是否经过考古发掘	备注
表面呈不规则圆形，最外围是由石块堆砌而成的石框。	否	
表面呈不规则圆形。	否	
表面呈不规则圆形，散落有少量的石块。	否	
表面呈不规则圆形，散落有少量的石块。	否	
表面呈不规则圆形，上覆植被较茂盛。	否	
表面呈不规则圆形，散落有少量的石块。	否	
表面呈不规则圆形，散落有少量的石块。	否	
表面呈不规则圆形。	否	
表面呈不规则圆形，最外围是由石块堆砌而成的石框。	否	
表面呈不规则圆形，散落有少量的石块。	否	
表面呈不规则圆形。	否	
表面呈不规则圆形，散落有大量的石块，植被茂盛。	否	
表面呈不规则圆形，散落有少量的石块。	否	
表面呈不规则圆形，上覆植被较茂盛。	否	
表面呈不规则圆形，散落有少量的石块。	否	
表面呈不规则圆形，植被较为稀疏。	否	
表面呈不规则圆形。	否	
表面呈不规则圆形，散落有大量的石块。	否	
表面呈不规则圆形，散落有大量的石块，植被茂盛。	否	
表面呈不规则圆形，上覆植被较茂盛。	否	
表面呈不规则圆形，散落有少量的石块。	否	

续附表 5-2

序号	编号	尺寸（米）	方向（度）	遗迹所在位置
0542	NDZM542	直径：2.3	0°	位于砧子山墓地西区，南侧。
0543	NDZM543	直径：1.7	0°	位于砧子山墓地西区，南侧。
0544	NDZM544	直径：2.5	0°	位于砧子山墓地西区，南侧。
0545	NDZM545	直径：2　高：2.1	0°	位于砧子山墓地西区，南侧。
0546	NDZM546	直径：2.1	0°	位于砧子山墓地西区，南侧。
0547	NDZM547	直径：2.4	0°	位于砧子山墓地西区，南侧。
0548	NDZM548	直径：2.5	0°	位于砧子山墓地西区，南侧。
0549	NDZM549	直径：2.2	0°	位于砧子山墓地西区，南侧。
0550	NDZM550	直径：1.7	0°	位于砧子山墓地西区，南侧。
0551	NDZM551	直径：2.4	0°	位于砧子山墓地西区，南侧。
0552	NDZM552	直径：2.6	0°	位于砧子山墓地西区，南侧。
0553	NDZM553	直径：2.2　高：0.35	0°	位于砧子山墓地西区，南侧。
0554	NDZM554	直径：2.3	0°	位于砧子山墓地西区，南侧。
0555	NDZM555	直径：2.1	0°	位于砧子山墓地西区，南侧。
0556	NDZM556	直径：1.8	0°	位于砧子山墓地西区，南侧。
0557	NDZM557	直径：1.7	0°	位于砧子山墓地西区，南侧。
0558	NDZM558	直径：2.3	0°	位于砧子山墓地西区，南侧。
0559	NDZM559	直径：1.6	0°	位于砧子山墓地西区，南侧。
0560	NDZM560	直径：2.4	0°	位于砧子山墓地西区，南侧。
0561	NDZM561	直径：2.1	0°	位于砧子山墓地西区，南侧。
0562	NDZM562	直径：约1.9　高：2.5	0°	位于砧子山墓地西区，南侧。

墓葬结构	是否经过考古发掘	备注
表面呈不规则圆形，散落有少量的石块。	否	
表面呈不规则圆形，最外围是由石块堆砌而成的石框。	否	
表面呈不规则圆形，散落有少量的石块。	否	
表面呈不规则圆形，散落有少量的石块。	否	
表面呈不规则圆形，散落有少量的石块。	否	
表面呈不规则圆形，最外围是由石块堆砌而成的石框。	否	
表面呈不规则圆形。	否	
表面呈不规则圆形，散落有少量的石块。	否	
表面呈不规则圆形，散落有大量的石块，植被茂盛。	否	
表面呈不规则圆形，散落有少量的石块。	否	
表面呈不规则圆形，上覆植被较茂盛。	否	
表面呈不规则圆形，散落有少量的石块。	否	
表面呈不规则圆形。	否	
表面呈不规则圆形，散落有少量的石块。	否	
表面呈不规则圆形，最外围是由石块堆砌而成的石框。	否	
表面呈不规则圆形，上覆植被较茂盛。	否	
表面呈不规则圆形，散落有少量的石块。	否	
表面呈不规则圆形，散落有少量的石块。	否	
表面呈不规则圆形，散落有少量的石块。	否	
表面呈不规则圆形。	否	
表面呈不规则圆形，散落有少量的石块。	否	

续附表 5-2

序号	编号	尺寸（米）	方向（度）	遗迹所在位置
0563	NDZM563	直径：2.2	0°	位于砧子山墓地西区，南侧。
0564	NDZM564	直径：2	0°	位于砧子山墓地西区，南侧。
0565	NDZM565	直径：2.5	0°	位于砧子山墓地西区，南侧。
0566	NDZM566	直径：1.5	0°	位于砧子山墓地西区，南侧。
0567	NDZM567	直径：1.7	0°	位于砧子山墓地西区，南侧。
0568	NDZM568	直径：2.1	0°	位于砧子山墓地西区，南侧。
0569	NDZM569	直径：1.8　高：3	0°	位于砧子山墓地西区，南侧。
0570	NDZM570	直径：0.3	0°	位于砧子山墓地西区，南侧。
0571	NDZM571	直径：2.5	0°	位于砧子山墓地西区，南侧。
0572	NDZM572	直径：2.1	0°	位于砧子山墓地西区，南侧。
0573	NDZM573	直径：2.4	0°	位于砧子山墓地西区，南侧。
0574	NDZM574	直径：1.9	0°	位于砧子山墓地西区，南侧。
0575	NDZM575	直径：1.7	0°	位于砧子山墓地西区，南侧。
0576	NDZM576	直径：2	0°	位于砧子山墓地西区，南侧。
0577	NDZM577	直径：2.6	0°	位于砧子山墓地西区，南侧。
0578	NDZM578	直径：1.8　高：1.5	0°	位于砧子山墓地西区，南侧。
0579	NDZM579	直径：2.5	0°	位于砧子山墓地西区，南侧。
0580	NDZM580	直径：1.7	0°	位于砧子山墓地西区，南侧。
0581	NDZM581	直径：1.8	0°	位于砧子山墓地西区，南侧。
0582	NDZM582	直径：2.3	0°	位于砧子山墓地西区，南侧。
0583	NDZM583	直径：1.8	0°	位于砧子山墓地西区，南侧。

墓葬结构	是否经过考古发掘	备注
表面呈不规则圆形，散落有大量的石块，植被茂盛。	否	
表面呈不规则圆形，散落有少量的石块。	否	
表面呈不规则圆形，最外围是由石块堆砌而成的石框。	否	
表面呈不规则圆形，植被覆盖良好。	否	
表面呈不规则圆形，上覆植被较茂盛。	否	
表面呈不规则圆形，散落有少量的石块。	否	
表面呈不规则圆形，散落有少量的石块。	否	
表面呈不规则圆形，散落有少量的石块。	否	
表面呈不规则圆形，散落有少量的石块。	否	
表面呈不规则圆形。	否	
表面呈不规则圆形，散落有大量的石块，植被茂盛。	否	
表面呈不规则圆形，散落有少量的石块。	否	
表面呈不规则圆形，最外围是由石块堆砌而成的石框。	否	
表面呈不规则圆形，散落有大量的石块，植被茂盛。	否	
表面呈不规则圆形，上覆植被较茂盛。	否	
表面呈不规则圆形，散落有少量的石块。	否	
表面呈不规则圆形。	否	
表面呈不规则圆形，散落有少量的石块。	否	
表面呈不规则圆形，散落有少量的石块。	否	
表面呈不规则圆形，最外围是由石块堆砌而成的石框。	否	
表面呈不规则圆形，散落有少量的石块。	否	

续附表 5-2

序号	编号	尺寸（米）	方向（度）	遗迹所在位置
0584	NDZM584	直径：1.6	0°	位于砧子山墓地西区、南侧。
0585	NDZM585	直径：1.6	0°	位于砧子山墓地西区、南侧。
0586	NDZM586	直径：2.2	0°	位于砧子山墓地西区、南侧。
0587	NDZM587	直径：2.5	0°	位于砧子山墓地西区、南侧。
0588	NDZM588	直径：2.1	0°	位于砧子山墓地西区、南侧。
0589	NDZM589	直径：约2.3　高：1.9	0°	位于砧子山墓地西区、南侧。
0590	NDZM590	直径：1.7	0°	位于砧子山墓地西区、南侧。
0591	NDZM591	直径：2.2	0°	位于砧子山墓地西区、南侧。
0592	NDZM592	直径：2.4	0°	位于砧子山墓地西区、南侧。
0593	NDZM593	直径：2	0°	位于砧子山墓地西区、南侧。
0594	NDZM594	直径：2.1	0°	位于砧子山墓地西区、南侧。
0595	NDZM595	直径：1.7	0°	位于砧子山墓地西区、南侧。
0596	NDZM596	直径：2.4　高：2.5	0°	位于砧子山墓地西区、南侧。
0597	NDZM597	直径：2.1	0°	位于砧子山墓地西区、南侧。
0598	NDZM598	直径：2.5	0°	位于砧子山墓地西区、南侧。
0599	NDZM599	直径：2.3	0°	位于砧子山墓地西区、南侧。
0600	NDZM600	直径：约2	0°	位于砧子山墓地西区、南侧。
0601	NDZM601	直径：1.8	0°	位于砧子山墓地西区、南侧。
0602	NDZM602	直径：2.3	0°	位于砧子山墓地西区、南侧。
0603	NDZM603	直径：3	0°	位于砧子山墓地西区、南侧。
0604	NDZM604	直径：1.5	0°	位于砧子山墓地西区、南侧。

墓葬结构	是否经过考古发掘	备注
表面呈不规则圆形，散落有少量的石块。	否	
表面呈不规则圆形，散落有少量的石块。	否	
表面呈不规则圆形，上覆植被较茂盛。	否	
表面呈不规则圆形，散落有少量的石块，植被茂盛。	否	
表面呈不规则圆形石堆。	否	
表面呈不规则圆形，散落有少量的石块。	否	
表面呈不规则圆形，散落有少量的石块。	否	
表面呈不规则圆形，散落有少量的石块。	否	
表面呈不规则圆形，上覆植被较茂盛。	否	
表面呈不规则圆形，最外围是由石块堆砌而成的石框。	否	
表面呈不规则圆形，散落有大量的石块，植被茂盛。	否	
表面呈不规则圆形，散落有少量的石块。	否	
表面呈不规则圆形，散落有少量的石块。	否	
表面呈不规则圆形，散落有少量的石块。	否	
表面呈不规则圆形。	否	
表面呈不规则圆形，上覆植被较茂盛。	否	
表面呈不规则圆形，最外围是由石块堆砌而成的石框。	否	
表面呈不规则圆形石堆，位于缓坡顶部，散落有大量的石块。	否	
表面呈不规则圆形石堆，散落有大量的石块。	否	
表面呈不规则圆形石堆，墓葬周围由石块堆砌。	否	
表面呈不规则圆形。	否	

续附表 5-2

序号	编号	尺寸（米）	方向（度）	遗迹所在位置
0605	NDZM605	直径：2.4 高：0.4	0°	位于砧子山墓地西区，南侧。
0606	NDZM606	直径：2.3	0°	位于砧子山墓地西区，南侧。
0607	NDZM607	直径：2.2	0°	位于砧子山墓地西区，南侧。
0608	NDZM608	直径：1.9	0°	位于砧子山墓地西区，南侧。
0609	NDZM609	直径：2.3	0°	位于砧子山墓地西区，南侧。
0610	NDZM610	直径：2	0°	位于砧子山墓地西区，南侧。
0611	NDZM611	直径：2.4	0°	位于砧子山墓地西区，南侧。
0612	NDZM612	直径：1.6	0°	位于砧子山墓地西区，南侧。
0613	NDZM613	直径：2.5 高：0.45 ~ 0.5	0°	位于砧子山墓地西区，南侧。
0614	NDZM614	直径：1.9	0°	位于砧子山墓地西区，南侧。
0615	NDZM615	直径：2.5	0°	位于砧子山墓地西区，南侧。
0616	NDZM616	直径：2.5 高：1.3	0°	位于砧子山墓地西区，南侧。
0617	NDZM617	直径：2.1	0°	位于砧子山墓地西区，北侧。
0618	NDZM618	直径：2.3	0°	位于砧子山墓地西区，北侧。
0619	NDZM619	直径：2.4	0°	位于砧子山墓地西区，北侧。
0620	NDZM620	直径：1.7	0°	位于砧子山墓地西区，北侧。
0621	NDZM621	直径：2.2	0°	位于砧子山墓地西区，北侧。
0622	NDZM622	直径：1.5	0°	位于砧子山墓地西区，北侧。
0623	NDZM623	直径：2 高：3.2	0°	位于砧子山墓地西区，北侧。
0624	NDZM624	直径：1.8	0°	位于砧子山墓地西区，北侧。
0625	NDZM625	直径：2.1	0°	位于砧子山墓地西区，北侧。

墓葬结构	是否经过考古发掘	备注
表面呈不规则圆形，散落有少量的石块。	否	
表面呈不规则圆形，散落有大量的石块，植被茂盛。	否	
表面呈不规则圆形，散落有少量的石块，植被较稀疏。	否	
表面呈不规则圆形，中间下凹，散落有少量的石块。	否	
表面呈不规则圆形，散落有大量的石块。	否	
表面呈不规则圆形，未覆植被和石块。	否	
表面呈不规则圆形，散落有少量的石块。	否	
表面呈不规则圆形，上面植被和周围有明显不同。	否	
表面呈不规则圆形，散落有少量的石块。	否	
表面呈不规则圆形，位于缓坡顶部，散落有大量的石块。	否	
表面呈不规则圆形，为单体墓，边界不明，散落有少量的石块。	否	
表面呈不规则圆形，散落有少量的石块。	否	
表面呈不规则圆形，地表植被相对茂盛。	否	
表面呈不规则圆形，散落有大量的石块。	否	
表面呈不规则圆形，上覆植被较茂盛。	否	
表面呈不规则圆形，墓葬周围由石块堆砌。	否	
表面呈不规则圆形，散落有少量的石块。	否	
表面呈不规则圆形。	否	
表面呈不规则圆形，散落有少量的石块。	否	
表面呈不规则圆形，散落有大量的石块。	否	
表面呈不规则圆形，散落有大量的石块。	否	

续附表 5-2

序号	编号	尺寸（米）	方向（度）	遗迹所在位置
0626	NDZM626	直径：2.5	0°	位于砧子山墓地西区，北侧。
0627	NDZM627	直径：1.9	0°	位于砧子山墓地西区，北侧。
0628	NDZM628	直径：2	0°	位于砧子山墓地西区，北侧。
0629	NDZM629	直径：2.2	0°	位于砧子山墓地西区，北侧。
0630	NDZM630	直径：2.3　高：0.8	0°	位于砧子山墓地西区，北侧。
0631	NDZM631	直径：1.8	0°	位于砧子山墓地西区，北侧。
0632	NDZM632	直径：2.3	0°	位于砧子山墓地西区，北侧。
0633	NDZM633	直径：1.5	0°	位于砧子山墓地西区，北侧。
0634	NDZM634	直径：2.4	0°	位于砧子山墓地西区，北侧。
0635	NDZM635	直径：2.2	0°	位于砧子山墓地西区，北侧。
0636	NDZM636	直径：2.1	0°	位于砧子山墓地西区，北侧。
0637	NDZM637	直径：1.8	0°	位于砧子山墓地西区，北侧。
0638	NDZM638	直径：2	0°	位于砧子山墓地西区，北侧。
0639	NDZM639	直径：1.9	0°	位于砧子山墓地西区，北侧。
0640	NDZM640	直径：2.2	0°	位于砧子山墓地西区，北侧。
0641	NDZM641	直径：1.5	0°	位于砧子山墓地西区，北侧。
0642	NDZM642	直径：1.9	0°	位于砧子山墓地西区，北侧。
0643	NDZM643	直径：2.4	0°	位于砧子山墓地西区，北侧。
0644	NDZM644	直径：1.7	0°	位于砧子山墓地西区，北侧。
0645	NDZM645	直径：1.5	0°	位于砧子山墓地西区，北侧。

墓葬结构	是否经过考古发掘	备注
表面呈不规则圆形，墓葬边界不明显。	否	
表面呈不规则圆形。	否	
表面呈不规则圆形，最外围是由石块堆砌而成的石框。	否	
表面呈不规则圆形，散落有少量的石块，植被茂盛。	否	
表面呈不规则圆形，边缘由石头堆砌而成。	否	
表面呈不规则圆形，散落有少量的石块。	否	
表面呈不规则圆形，植被稀疏，散落有少量的石块。	否	
表面呈不规则圆形，生长的植被与周围的有所不同。	否	
表面呈不规则圆形，墓葬边沿不明显。	否	
表面呈不规则圆形，散落有大量的石块。	否	
表面呈不规则圆形，散落有少量的石块，边缘植被生长较好。	否	
表面呈不规则圆形，散落有少量的石块，植被稀疏。	否	
表面呈不规则圆形，最外围是由石块堆砌而成的石框，中间植被生长较茂盛。	否	
表面呈不规则圆形，散落有少量的石块。	否	
表面呈不规则圆形，植被和周围有明显不同。	否	
表面呈不规则圆形，散落有少量的石块。	否	
表面呈不规则圆形，中间下凹，植被较稀疏。	否	
表面呈不规则圆形，散落有大量的石块。	否	
表面呈不规则圆形。	否	
表面呈不规则圆形。	否	

续附表 5-2

序号	编号	尺寸（米）	方向（度）	遗迹所在位置
0646	NDZM646	直径：2	0°	位于砧子山墓地西区，北侧。
0647	NDZM647	直径：2.3　高：3.5	0°	位于砧子山墓地西区，北侧。
0648	NDZM648	直径：2.5　高：0.6 ~ 0.65	0°	位于砧子山墓地西区，北侧。
0649	NDZM649	直径：1.8	0°	位于砧子山墓地西区，北侧。
0650	NDZM650	直径：2.4	0°	位于砧子山墓地西区，北侧。
0651	NDZM651	直径：1.9	0°	位于砧子山墓地西区，北侧。
0652	NDZM652	直径：2.1	0°	位于砧子山墓地西区，北侧。
0653	NDZM653	直径：2.1　高：2.3	0°	位于砧子山墓地西区，北侧。
0654	NDZM654	直径：2.3	0°	位于砧子山墓地西区，北侧。
0655	NDZM655	直径：2.1	0°	位于砧子山墓地西区，北侧。
0656	NDZM656	直径：2.4	0°	位于砧子山墓地西区，北侧。
0657	NDZM657	直径：1.5	0°	位于砧子山墓地西区，北侧。
0658	NDZM658	直径：2　高：0.45	0°	位于砧子山墓地西区，北侧。
0659	NDZM659	直径：1.8	0°	位于砧子山墓地西区，北侧。
0660	NDZM660	直径：2.1	0°	位于砧子山墓地西区，北侧。
0661	NDZM661	直径：2.5	0°	位于砧子山墓地西区，北侧。
0662	NDZM662	直径：1.9	0°	位于砧子山墓地西区，北侧。
0663	NDZM663	直径：2	0°	位于砧子山墓地西区，北侧。
0664	NDZM664	直径：2.3	0°	位于砧子山墓地西区，北侧。
0665	NDZM665	直径：2.2	0°	位于砧子山墓地西区，北侧。
0666	NDZM666	直径：2.4　高：0.4	0°	位于砧子山墓地西区，北侧。

墓葬结构	是否经过考古发掘	备注
表面呈不规则圆形，散落有少量的石块，边沿植被生长茂盛。	否	
表面呈不规则圆形，散落有大量的石块。	否	
表面呈不规则圆形，散落有少量的石块。	否	
表面呈不规则圆形，位于缓坡顶部，散落有大量的石块。	否	
表面呈不规则圆形，为单体墓，散落有少量的石块。	否	
表面呈不规则圆形，散落有少量的石块。	否	
表面呈不规则圆形，地表植被相对茂盛。	否	
表面呈不规则圆形，散落有大量的石块。	否	
表面呈不规则圆形，上覆植被较茂盛。	否	
表面呈不规则圆形，墓葬周围由石块堆砌。	否	
表面呈不规则圆形，散落有少量的石块。	否	
表面呈不规则圆形。	否	
表面呈不规则圆形，散落有少量的石块。	否	
表面呈不规则圆形，散落有大量的石块。	否	
表面呈不规则圆形，散落有少量的石块。	否	
表面呈不规则圆形，墓葬边界不明显。	否	
表面呈不规则圆形。	否	
表面呈不规则圆形，最外围是由石块堆砌而成的石块。	否	
表面呈不规则圆形，散落有大量的石块，植被茂盛。	否	
表面呈不规则圆形，散落有少量的石块，植被较稀疏。	否	
表面呈不规则圆形，散落有少量的石块。	否	

续附表 5-2

序号	编号	尺寸（米）	方向（度）	遗迹所在位置
0667	NDZM667	直径：1.5	0°	位于砧子山墓地西区，北侧。
0668	NDZM668	直径：1.9	0°	位于砧子山墓地西区，北侧。
0669	NDZM669	直径：1.8	0°	位于砧子山墓地西区，北侧。
0670	NDZM670	直径：2.3	0°	位于砧子山墓地西区，北侧。
0671	NDZM671	直径：2	0°	位于砧子山墓地西区，北侧。
0672	NDZM672	直径：2.4	0°	位于砧子山墓地西区，北侧。
0673	NDZM673	直径：1.6	0°	位于砧子山墓地西区，北侧。
0674	NDZM674	直径：1.9	0°	位于砧子山墓地西区，北侧。
0675	NDZM675	直径：2.3	0°	位于砧子山墓地西区，北侧。
0676	NDZM676	直径：2	0°	位于砧子山墓地西区，北侧。
0677	NDZM677	直径：1.9	0°	位于砧子山墓地西区，北侧。
0678	NDZM678	直径：1.8	0°	位于砧子山墓地西区，北侧。
0679	NDZM679	直径：2.1	0°	位于砧子山墓地西区，北侧。
0680	NDZM680	直径：2.2	0°	位于砧子山墓地西区，北侧。
0681	NDZM681	直径：2.6	0°	位于砧子山墓地西区，北侧。
0682	NDZM682	直径：1.3	0°	位于砧子山墓地西区，北侧。
0683	NDZM683	直径：1.9	0°	位于砧子山墓地西区，北侧。
0684	NDZM684	直径：2.4	0°	位于砧子山墓地西区，北侧。
0685	NDZM685	直径：2.3	0°	位于砧子山墓地西区，北侧。
0686	NDZM686	直径：1.8	0°	位于砧子山墓地西区，北侧。

墓葬结构	是否经过考古发掘	备注
表面呈不规则圆形石堆。	否	
表面呈不规则圆形石堆，中间下凹，散落有少量的石块。	否	
表面呈不规则圆形石堆，中间下凹，散落有少量的石块。	否	
表面呈不规则圆形石堆，散落有大量的石块。	否	
表面呈不规则圆形石堆，散落有少量的石块。	否	
表面呈不规则圆形石堆，散落有少量的石块。	否	
表面呈不规则圆形石堆，散落有少量的石块。	否	
表面呈不规则圆形石堆，散落有大量的石块。	否	
表面呈不规则圆形石堆。	否	
表面呈不规则圆形石堆，散落有少量的石块。	否	
表面呈不规则圆形石堆。	否	
表面呈不规则圆形石堆，上覆植被相对茂盛。	否	
表面呈不规则圆形石堆，散落有少量的石块。	否	
表面呈不规则圆形石堆。	否	
表面呈不规则圆形石堆，散落有大量的石块。	否	
表面呈不规则圆形石堆，散落有少量的石块，植被较茂盛。	否	
表面呈不规则圆形石堆，散落有少量的石块。	否	
表面呈不规则圆形石堆，相对周围地表植被茂盛。	否	
表面呈不规则圆形石堆，有石块堆砌而成的石框，上面覆盖的植被较少。	否	
表面呈不规则圆形石堆，散落有少量的石块，有稀疏的植被。	否	

续附表 5-2

序号	编号	尺寸（米）	方向（度）	遗迹所在位置
0687	NDZM687	直径：2.1	0°	位于砧子山墓地西区，北侧。
0688	NDZM688	直径：2.4	0°	位于砧子山墓地西区，北侧。
0689	NDZM689	直径：1.6	0°	位于砧子山墓地西区，北侧。
0690	NDZM690	直径：2	0°	位于砧子山墓地西区，北侧。
0691	NDZM691	直径：1.7	0°	位于砧子山墓地西区，北侧。
0692	NDZM692	直径：2.2	0°	位于砧子山墓地西区，北侧。
0693	NDZM693	直径：2.3	0°	位于砧子山墓地西区，北侧。
0694	NDZM694	直径：2	0°	位于砧子山墓地西区，北侧。
0695	NDZM695	直径：1.5	0°	位于砧子山墓地西区，北侧。
0696	NDZM696	直径：2.4	0°	位于砧子山墓地西区，北侧。
0697	NDZM697	直径：2.2	0°	位于砧子山墓地西区，北侧。
0698	NDZM698	直径：2	0°	位于砧子山墓地西区，北侧。
0699	NDZM699	直径：1.8	0°	位于砧子山墓地西区，北侧。
0700	NDZM700	直径：2.1	0°	位于砧子山墓地西区，北侧。
0701	NDZM701	直径：1.9	0°	位于砧子山墓地西区，北侧。
0702	NDZM702	直径：2	0°	位于砧子山墓地西区，北侧。
0703	NDZM703	直径：1.5	0°	位于砧子山墓地西区，北侧。
0704	NDZM704	直径：1.9	0°	位于砧子山墓地西区，北侧。
0705	NDZM705	直径：1.5	0°	位于砧子山墓地西区，北侧。
0706	NDZM706	直径：1.7	0°	位于砧子山墓地西区，北侧。

墓葬结构	是否经过考古发掘	备注
表面呈不规则圆形石堆，上覆植被较稀疏，散落有沙石。	否	
表面呈不规则圆形石堆，散落有大量的石块。	否	
表面呈不规则圆形石堆，散落有少量的石块，植被稀疏。	否	
表面呈不规则圆形石堆。	否	
表面呈不规则圆形石堆，覆盖植被比较茂盛。	否	
表面呈不规则圆形石堆，边缘由石头堆砌而成。	否	
表面呈不规则圆形石堆，散落有大量的石块。	否	
表面呈不规则圆形石堆，植被稀疏，散落有少量的石块。	否	
地表呈不规则圆形，散落有少量的石块。	否	
表面呈不规则圆形石堆，墓葬边沿不明显。	否	
表面呈不规则圆形石堆，散落有大量的石块。	否	
表面呈不规则圆形石堆，散落有少量的石块，边缘植被生长较好。	否	
表面呈不规则圆形石堆，散落有少量的石块，植被稀疏。	否	
表面呈不规则圆形石堆，有石块堆砌而成的石框，中间植被生长较茂盛。	否	
表面呈不规则圆形石堆，散落有少量的石块。	否	
表面呈不规则圆形石堆，植被和周围有明显不同。	否	
表面呈不规则圆形石堆，散落有少量的石块。	否	
表面呈不规则圆形石堆，中间下凹，植被较稀疏。	否	
表面呈不规则圆形石堆。	否	
表面呈不规则圆形石堆，边沿清晰。	否	

续附表 5-2

序号	编号	尺寸（米）	方向（度）	遗迹所在位置
0707	NDZM707	直径：1.8	0°	位于砧子山墓地西区，北侧。
0708	NDZM708	直径：1.7	0°	位于砧子山墓地西区，北侧。
0709	NDZM709	直径：2.3　高：3.5	0°	位于砧子山墓地西区，北侧。
0710	NDZM710	直径：1.8	0°	位于砧子山墓地西区，北侧。
0711	NDZM711	直径：2.5	0°	位于砧子山墓地西区，北侧。
0712	NDZM712	直径：2.5	0°	位于砧子山墓地西区，北侧。
0713	NDZM713	直径：2.1	0°	位于砧子山墓地西区，北侧。
0714	NDZM714	直径：2.3	0°	位于砧子山墓地西区，北侧。
0715	NDZM715	直径：2.4	0°	位于砧子山墓地西区，北侧。
0716	NDZM716	直径：2.3	0°	位于砧子山墓地西区，北侧。
0717	NDZM717	直径：2.5　高：0.6 ~ 0.65	0°	位于砧子山墓地西区，北侧。
0718	NDZM718	直径：2.3　高：3.5	0°	位于砧子山墓地西区，北侧。
0719	NDZM719	直径：2	0°	位于砧子山墓地西区，北侧。
0720	NDZM720	直径：1.9	0°	位于砧子山墓地西区，北侧。
0721	NDZM721	直径：2.1	0°	位于砧子山墓地西区，北侧。
0722	NDZM722	直径：2.1	0°	位于砧子山墓地西区，北侧。
0723	NDZM723	直径：1.5	0°	位于砧子山墓地西区，北侧。
0724	NDZM724	直径：1.7	0°	位于砧子山墓地西区，北侧。
0725	NDZM725	直径：2.2	0°	位于砧子山墓地西区，北侧。
0726	NDZM726	直径：2.3	0°	位于砧子山墓地西区，北侧。

墓葬结构	是否经过考古发掘	备注
表面呈不规则圆形石堆，有石块堆砌而成的石框。	否	
表面呈不规则圆形石堆，散落有少量的石块，边沿植被生长茂盛。	否	
表面呈不规则圆形石堆，散落有大量的石块。	否	
表面呈不规则圆形石堆，位于缓坡顶部，散落有大量的石块。	否	
表面呈不规则圆形石堆，为单体墓，散落有少量的石块。	否	
表面呈不规则圆形石堆，散落有少量的石块。	否	
表面呈不规则圆形石堆，地表植被相对茂盛。	否	
表面呈不规则圆形石堆，散落有少量的石块。	否	
表面呈不规则圆形石堆，上覆植被较茂盛。	否	
表面呈不规则圆形石堆，墓葬周围有石块堆砌。	否	
表面呈不规则圆形石堆，散落有少量的石块。	否	
表面呈不规则圆形石堆，散落有大量的石块。	否	
表面呈不规则圆形石堆，散落有少量的石块，边沿植被生长茂盛。	否	
表面呈不规则圆形石堆，中间下凹，植被较稀疏。	否	
表面呈不规则圆形石堆，有石块堆砌而成的石框，植被生长较茂盛。	否	
表面呈不规则圆形石堆，散落有少量的石块。	否	
表面呈不规则圆形石堆，散落有少量的石块。	否	
表面呈不规则圆形石堆，散落有少量的石块，覆盖植被比较茂盛。	否	
表面呈不规则圆形石堆，有石块堆砌而成的石框。	否	
表面呈不规则圆形石堆，散落有大量的石块。	否	

续附表 5-2

序号	编号	尺寸（米）	方向（度）	遗迹所在位置
0727	NDZM727	直径：2.4	0°	位于砧子山墓地西区，北侧。
0728	NDZM728	直径：1.5	0°	位于砧子山墓地西区，北侧。
0729	NDZM729	直径：1.8	0°	位于砧子山墓地西区，北侧。
0730	NDZM730	直径：2.4	0°	位于砧子山墓地西区，北侧。
0731	NDZM731	直径：2.2	0°	位于砧子山墓地西区，北侧。
0732	NDZM732	直径：2	0°	位于砧子山墓地西区，北侧。
0733	NDZM733	直径：2.2　高：0.45～0.5	0°	位于砧子山墓地西区，北侧。
0734	NDZM734	直径：2.4	0°	位于砧子山墓地西区，北侧。
0735	NDZM735	直径：2.5	0°	位于砧子山墓地西区，北侧。
0736	NDZM736	直径：2.3	0°	位于砧子山墓地西区，北侧。
0737	NDZM737	直径：2.4	0°	位于砧子山墓地西区，北侧。
0738	NDZM738	直径：1.9	0°	位于砧子山墓地西区，北侧。
0739	NDZM739	直径：1.7　高：0.4～0.45	0°	位于砧子山墓地西区，北侧。
0740	NDZM740	直径：1.5	0°	位于砧子山墓地西区，北侧。
0741	NDZM741	直径：2.3	0°	位于砧子山墓地西区，北侧。
0742	NDZM742	直径：1.8	0°	位于砧子山墓地西区，北侧。
0743	NDZM743	直径：2.5	0°	位于砧子山墓地西区，北侧。
0744	NDZM744	直径：1.9	0°	位于砧子山墓地西区，北侧。
0745	NDZM745	直径：2.1	0°	位于砧子山墓地西区，北侧。
0746	NDZM746	直径：2.2	0°	位于砧子山墓地西区，北侧。
0747	NDZM747	直径：2.5	0°	位于砧子山墓地西区，北侧。

墓葬结构	是否经过考古发掘	备注
表面呈不规则圆形石堆，植被稀疏，散落有少量的石块。	否	
表面呈不规则圆形石堆，散落有少量的石块，覆盖植被比较茂盛。	否	
表面呈不规则圆形石堆，散落有少量的石块，植被生长较茂盛。	否	
表面呈不规则圆形石堆，散落有少量的石块。	否	
表面呈不规则圆形石堆，散落有少量的石块。	否	
表面呈不规则圆形石堆，散落有少量的石块，植被生长较茂盛。	否	
表面呈不规则圆形石堆，散落有少量的石块。	否	
表面呈不规则圆形石堆，散落有少量的石块，植被生长较好。	否	
表面呈不规则圆形石堆，散落有少量的石块。	否	
表面呈不规则圆形石堆，散落有大量的石块。	否	
表面呈不规则圆形石堆，植被较茂盛。	否	
表面呈不规则圆形石堆，有石块堆砌而成的石框。	否	
地表呈不规则圆形，散落有少量的石块。	否	
表面呈不规则圆形石堆，植被较茂盛。	否	
表面呈不规则圆形石堆，散落有大量的石块，植被茂盛。	否	
表面呈不规则圆形石堆，位于缓坡顶部，散落有大量的石块。	否	
表面呈不规则圆形石堆，为单体土墓，散落有少量的石块。	否	
表面呈不规则圆形石堆，散落有少量的石块。	否	
表面呈不规则圆形石堆，散落有少量的石块。	否	
表面呈不规则圆形石堆，散落有大量的石块。	否	
表面呈不规则圆形石堆，有石块堆砌而成的石框，中间下凹。	否	

续附表 5-2

序号	编号	尺寸（米）	方向（度）	遗迹所在位置
0748	NDZM748	直径：1.8	0°	位于砧子山墓地西区，北侧。
0749	NDZM749	直径：2	0°	位于砧子山墓地西区，北侧。
0750	NDZM750	直径：2.1	0°	位于砧子山墓地西区，北侧。
0751	NDZM751	直径：2.4	0°	位于砧子山墓地西区，北侧。
0752	NDZM752	直径：1.3	0°	位于砧子山墓地西区，北侧。
0753	NDZM753	直径：1.9	0°	位于砧子山墓地西区，北侧。
0754	NDZM754	直径：2.3	0°	位于砧子山墓地西区，北侧。
0755	NDZM755	直径：1.8	0°	位于砧子山墓地西区，北侧。
0756	NDZM756	直径：2.3　高：3.5	0°	位于砧子山墓地西区，北侧。
0757	NDZM757	直径：2	0°	位于砧子山墓地西区，北侧。
0758	NDZM758	直径：1.8	0°	位于砧子山墓地西区，北侧。
0759	NDZM759	直径：1.7	0°	位于砧子山墓地西区，北侧。
0760	NDZM760	直径：2.4	0°	位于砧子山墓地西区，北侧。
0761	NDZM761	直径：1.9	0°	位于砧子山墓地西区，北侧。
0762	NDZM762	直径：1.5	0°	位于砧子山墓地西区，北侧。
0763	NDZM763	直径：2.2	0°	位于砧子山墓地西区，北侧。
0764	NDZM764	直径：2.1	0°	位于砧子山墓地西区，北侧。
0765	NDZM765	直径：2.6	0°	位于砧子山墓地西区，北侧。
0766	NDZM766	直径：1.3	0°	位于砧子山墓地西区，北侧。
0767	NDZM767	直径：1.9	0°	位于砧子山墓地西区，北侧。
0768	NDZM768	直径：2	0°	位于砧子山墓地西区，北侧。

墓葬结构	是否经过考古发掘	备注
表面呈不规则圆形石堆，上覆植被相对茂盛。	否	
表面呈不规则圆形石堆，散落有少量的石块。	否	
表面呈不规则圆形石堆，散落有少量的石块。	否	
表面呈不规则圆形石堆，散落有大量的石块。	否	
表面呈不规则圆形石堆，散落有少量的石块，植被较茂盛。	否	
表面呈不规则圆形石堆，散落有少量的石块。	否	
表面呈不规则圆形石堆，有石块堆砌而成的石框，覆盖有植被。	否	
表面呈不规则圆形石堆，散落有少量的石块，有稀疏的植被。	否	
表面呈不规则圆形石堆，散落有大量的石块。	否	
表面呈不规则圆形石堆，中部散落有少量的石块，边沿植被生长茂盛。	否	
表面呈不规则圆形石堆，有石块堆砌而成的石框。	否	
表面呈不规则圆形石堆，中部散落有少量的石块，边沿植被生长茂盛。	否	
表面呈不规则圆形石堆，散落有大量的石块。	否	
表面呈不规则圆形石堆，中间下凹，植被较稀疏。	否	
表面呈不规则圆形石堆，散落有少量的石块。	否	
表面呈不规则圆形石堆，散落有少量的石块。	否	
表面呈不规则圆形石堆，散落有少量的石块。	否	
表面呈不规则圆形石堆，散落有大量的石块。	否	
表面呈不规则圆形石堆，散落有少量的石块，植被较茂盛。	否	
表面呈不规则圆形石堆，散落有少量的石块。	否	
表面呈不规则圆形石堆，散落有少量的石块，植被茂盛。	否	

续附表 5-2

序号	编号	尺寸（米）	方向（度）	遗迹所在位置
0769	NDZM769	直径：2.3	0°	位于砧子山墓地西区，北侧。
0770	NDZM770	直径：1.8	0°	位于砧子山墓地西区，北侧。
0771	NDZM771	直径：2.1	0°	位于砧子山墓地西区，北侧。
0772	NDZM772	直径：2.3	0°	位于砧子山墓地西区，北侧。
0773	NDZM773	直径：1.6	0°	位于砧子山墓地西区，北侧。
0774	NDZM774	直径：1.7	0°	位于砧子山墓地西区，北侧。
0775	NDZM775	直径：2.1	0°	位于砧子山墓地西区，北侧。
0776	NDZM776	直径：2.4	0°	位于砧子山墓地西区，北侧。
0777	NDZM777	直径：2	0°	位于砧子山墓地西区，北侧。
0778	NDZM778	直径：2.3	0°	位于砧子山墓地西区，北侧。
0779	NDZM779	直径：2.6	0°	位于砧子山墓地西区，北侧。
0780	NDZM780	直径：2.3	0°	位于砧子山墓地西区，北侧。
0781	NDZM781	直径：2.2	0°	位于砧子山墓地西区，北侧。
0782	NDZM782	直径：1.9	0°	位于砧子山墓地西区，北侧。
0783	NDZM783	直径：2.3 高：0.6	0°	位于砧子山墓地西区，北侧。
0784	NDZM784	直径：2.1	0°	位于砧子山墓地西区，北侧。
0785	NDZM785	直径：1.8	0°	位于砧子山墓地西区，北侧。
0786	NDZM786	直径：2.2	0°	位于砧子山墓地西区，北侧。
0787	NDZM787	直径：2.3	0°	位于砧子山墓地西区，北侧。
0788	NDZM788	直径：2.4	0°	位于砧子山墓地西区，北侧。

墓葬结构	是否经过考古发掘	备注
表面呈不规则圆形石堆，有石块堆砌而成的石框，有覆盖的植被。	否	
表面呈不规则圆形石堆，散落有少量的石块，有稀疏的植被。	否	
表面呈不规则圆形石堆，覆盖较稀疏的植被，中部散落有少量的沙石。	否	
表面呈不规则圆形石堆，散落有较多的石块。	否	
表面呈不规则圆形石堆，散落有少量的石块，植被稀疏。	否	
表面呈不规则圆形石堆，覆盖植被比较茂盛。	否	
表面呈不规则圆形石堆，散落有少量的石块。	否	
表面呈不规则圆形石堆，位于缓坡顶部，散落有较多的石块。	否	
表面呈不规则圆形石堆，为单体土墓，散落有少量的石块，地表植被茂盛。	否	
表面呈不规则圆形石堆，散落有大量的石块。	否	
表面呈不规则圆形石堆，散落有少量的石块。	否	
表面呈不规则圆形石堆，散落有少量的石块。	否	
表面呈不规则圆形石堆，有石块堆砌而成的石框。	否	
表面呈不规则圆形石堆，散落有较多的石块。	否	
表面呈不规则圆形石堆，散落有较多的石块。	否	
表面呈不规则圆形石堆，散落有少量的石块，边沿植被生长茂盛。	否	
表面呈不规则圆形石堆，有石块堆砌而成的石框。	否	
表面呈不规则圆形石堆，有石块堆砌而成的石框。	否	
表面呈不规则圆形石堆，散落有大量的石块。	否	
表面呈不规则圆形石堆，植被稀疏，散落有少量的石块。	否	

续附表 5-2

序号	编号	尺寸（米）	方向（度）	遗迹所在位置
0789	NDZM789	直径：1.6	0°	位于砧子山墓地西区，北侧。
0790	NDZM790	直径：2.7	0°	位于砧子山墓地西区，北侧。
0791	NDZM791	直径：2.2	0°	位于砧子山墓地西区，北侧。
0792	NDZM792	直径：2	0°	位于砧子山墓地西区，北侧。
0793	NDZM793	直径：1.8	0°	位于砧子山墓地西区，北侧。
0794	NDZM794	直径：1.9	0°	位于砧子山墓地西区，北侧。
0795	NDZM795	直径：1.7	0°	位于砧子山墓地西区，北侧。
0796	NDZM796	直径：2.2　高：3	0°	位于砧子山墓地西区，北侧。
0797	NDZM797	直径：2.5　高：2.5～3	0°	位于砧子山墓地西区，北侧。
0798	NDZM798	直径：2.5	0°	位于砧子山墓地西区，北侧。
0799	NDZM799	直径：2.3	0°	位于砧子山墓地西区，北侧。
0800	NDZM800	直径：1.8	0°	位于砧子山墓地西区，北侧。
0801	NDZM801	直径：2.4	0°	位于砧子山墓地西区，北侧。
0802	NDZM802	直径：1.8	0°	位于砧子山墓地西区，北侧。
0803	NDZM803	直径：2	0°	位于砧子山墓地西区，北侧。
0804	NDZM804	直径：2.5	0°	位于砧子山墓地西区，北侧。
0805	NDZM805	直径：1.8	0°	位于砧子山墓地西区，北侧。
0806	NDZM806	直径：2.1	0°	位于砧子山墓地西区，北侧。
0807	NDZM807	直径：2.3	0°	位于砧子山墓地西区，北侧。
0808	NDZM808	直径：1.5	0°	位于砧子山墓地西区，北侧。

墓葬结构	是否经过考古发掘	备注
表面呈不规则圆形石堆，散落有少量的石块。	否	
表面呈不规则圆形石堆，散落有少量的石块。	否	
表面呈不规则圆形石堆，散落有大量的石块。	否	
表面呈不规则圆形石堆，散落有少量的石块，沿边缘植被生长较好。	否	
表面呈不规则圆形石堆，散落有少量的石块，植被稀疏。	否	
表面呈不规则圆形石堆，有石块堆砌而成的石框，中间植被生长较茂盛。	否	
表面呈不规则圆形石堆，散落有少量的石块。	否	
表面呈不规则圆形石堆，有石块堆砌而成的石框，中间下凹约0.3米。	否	
表面呈不规则圆形石堆，分布有散乱石堆。	否	
表面呈不规则圆形石堆，位于缓坡顶部，散落有大量的石块。	否	
表面呈不规则圆形石堆，有石块堆砌而成的石框。	否	
表面呈不规则圆形石堆，散落有大量的石块，植被较好。	否	
表面呈不规则圆形石堆，散落有少量的石块。	否	
表面呈不规则圆形石堆，散落有少量的石块，有稀疏的植被。	否	
表面呈不规则圆形石堆，地表植被茂盛。	否	
表面呈不规则圆形石堆，有石块堆砌而成的石框，上面覆盖的植被较少。	否	
表面呈不规则圆形石堆，有石块堆砌而成的石框。	否	
表面呈不规则圆形石堆，散落有少量的石块，边沿植被生长茂盛。	否	
表面呈不规则圆形石堆，散落有大量的石块。	否	
表面呈不规则圆形石堆，生长的植被与周围的有所不同，散落有少量的石块。	否	

续附表 5-2

序号	编号	尺寸（米）	方向（度）	遗迹所在位置
0809	NDZM809	直径：2.7	0°	位于砧子山墓地西区，北侧。
0810	NDZM810	直径：2.4	0°	位于砧子山墓地西区，北侧。
0811	NDZM811	直径：2.3	0°	位于砧子山墓地西区，北侧。
0812	NDZM812	直径：2.4	0°	位于砧子山墓地西区，北侧。
0813	NDZM813	直径：1.8	0°	位于砧子山墓地西区，北侧。
0814	NDZM814	直径：2.3	0°	位于砧子山墓地西区，北侧。
0815	NDZM815	直径：2.2	0°	位于砧子山墓地西区，北侧。
0816	NDZM816	直径：2.2	0°	位于砧子山墓地西区，北侧。
0817	NDZM817	直径：1.9	0°	位于砧子山墓地西区，北侧。
0818	NDZM818	直径：1.7	0°	位于砧子山墓地西区，北侧。
0819	NDZM819	直径：2.1	0°	位于砧子山墓地西区，北侧。
0820	NDZM820	直径：2.3	0°	位于砧子山墓地西区，北侧。
0821	NDZM821	直径：1.5	0°	位于砧子山墓地西区，北侧。
0822	NDZM822	直径：2	0°	位于砧子山墓地西区，北侧。
0823	NDZM823	直径：2.3	0°	位于砧子山墓地西区，北侧。
0824	NDZM824	直径：2	0°	位于砧子山墓地西区，北侧。
0825	NDZM825	直径：2.3　高：2.5 ~ 3	0°	位于砧子山墓地西区，北侧。
0826	NDZM826	直径：2.3	0°	位于砧子山墓地西区，北侧。
0827	NDZM827	直径：2	0°	位于砧子山墓地西区，北侧。
0828	NDZM828	直径：1.8	0°	位于砧子山墓地西区，北侧。

墓葬结构	是否经过考古发掘	备注
表面呈不规则圆形石堆，墓葬边沿不明显。	否	
表面呈不规则圆形石堆，位于缓坡顶部，散落有大量的石块。	否	
表面呈不规则圆形石堆，散落有大量的石块。	否	
表面呈不规则圆形石堆，散落有少量的石块。	否	
表面呈不规则圆形石堆，有石块堆砌而成的石框。	否	
表面呈不规则圆形石堆，散落有少量的石块。	否	
表面呈不规则圆形石堆，散落有少量的石块。	否	
表面呈不规则圆形石堆，散落有少量的石块。	否	
表面呈不规则圆形石堆，最外围是由石块堆砌而成的石框。	否	
表面呈不规则圆形石堆，植被较茂盛。	否	
表面呈不规则圆形石堆，散落有大量的石块。	否	
表面呈不规则圆形石堆，散落有少量的石块，植被稀疏。	否	
表面呈不规则圆形石堆，植被较茂盛。	否	
表面呈不规则圆形石堆，中间下凹，散落有少量的石块。	否	
表面呈不规则圆形，散落有大量的石块。	否	
表面呈不规则圆形，植被较茂盛。	否	
表面呈不规则圆形，散落有少量的石块。	否	
表面呈不规则圆形，散落有少量的石块。	否	
表面呈不规则圆形，散落有少量的石块。	否	
表面呈不规则圆形，散落有大量的石块。	否	

续附表 5-2

序号	编号	尺寸（米）	方向（度）	遗迹所在位置
0829	NDZM829	直径：1.9	0°	位于砧子山墓地西区，北侧。
0830	NDZM830	直径：2	0°	位于砧子山墓地西区，北侧。
0831	NDZM831	直径：2.3	0°	位于砧子山墓地西区，北侧。
0832	NDZM832	直径：2.2	0°	位于砧子山墓地西区，北侧。
0833	NDZM833	直径：1.9	0°	位于砧子山墓地西区，北侧。
0834	NDZM834	直径：1.8	0°	位于砧子山墓地西区，北侧。
0835	NDZM835	直径：1.7	0°	位于砧子山墓地西区，北侧。
0836	NDZM836	直径：2.4	0°	位于砧子山墓地西区，北侧。
0837	NDZM837	直径：2.4	0°	位于砧子山墓地西区，北侧。
0838	NDZM838	直径：1.8	0°	位于砧子山墓地西区，北侧。
0839	NDZM839	直径：2	0°	位于砧子山墓地西区，北侧。
0840	NDZM840	直径：1.9	0°	位于砧子山墓地西区，北侧。
0841	NDZM841	直径：1.8	0°	位于砧子山墓地西区，北侧。
0842	NDZM842	直径：2.3	0°	位于砧子山墓地西区，北侧。
0843	NDZM843	直径：2.2	0°	位于砧子山墓地西区，北侧。
0844	NDZM844	直径：2.1	0°	位于砧子山墓地西区，北侧。
0845	NDZM845	直径：2.4	0°	位于砧子山墓地西区，北侧。
0846	NDZM846	直径：1.8	0°	位于砧子山墓地西区，北侧。
0847	NDZM847	直径：1.5	0°	位于砧子山墓地南区，西侧。
0848	NDZM848	直径：1.9	0°	位于砧子山墓地南区，西侧。

墓葬结构	是否经过考古发掘	备注
表面呈不规则圆形，散落有少量的石块。	否	
表面呈不规则圆形，有石块堆砌而成的石框。	否	
表面呈不规则圆形，散落有大量的石块，植被茂盛。	否	
表面呈不规则圆形，散落有少量的石块，植被较稀疏。	否	
表面呈不规则圆形，散落有少量的石块。	否	
表面呈不规则圆形，散落有少量的石块。	否	
表面呈不规则圆形，散落有少量的石块，植被茂盛。	否	
表面呈不规则圆形，散落有少量的石块。	否	
表面呈不规则圆形，散落有大量的石块。	否	
表面呈不规则圆形，散落有少量的石块，植被稀疏。	否	
表面呈不规则圆形石堆，有石块堆砌而成的石框，植被生长较茂盛。	否	
表面呈不规则圆形，散落有少量的石块。	否	
表面呈不规则圆形，中间下凹，植被较稀疏。	否	
表面呈不规则圆形，散落有大量的石块。	否	
表面呈不规则圆形，散落有大量的石块。	否	
表面呈不规则圆形，散落有少量的石块，边沿植被生长茂盛。	否	
表面呈不规则圆形，散落有大量的石块。	否	
表面呈不规则圆形，散落有少量的石块，植被稀疏。	否	
表面呈不规则圆形，散落有少量的石块。	否	
表面呈不规则圆形，散落有大量的石块。	否	

续附表 5-2

序号	编号	尺寸（米）	方向（度）	遗迹所在位置
0849	NDZM849	直径：2.3	0°	位于砧子山墓地南区，西侧。
0850	NDZM850	直径：2.1　高：4	0°	位于砧子山墓地南区，西侧。
0851	NDZM851	直径：2.2	0°	位于砧子山墓地南区，西侧。
0852	NDZM852	直径：2.5	0°	位于砧子山墓地南区，西侧。
0853	NDZM853	直径：2.3	0°	位于砧子山墓地南区，西侧。
0854	NDZM854	直径：2.4	0°	位于砧子山墓地南区，西侧。
0855	NDZM855	直径：2.3	0°	位于砧子山墓地南区，西侧。
0856	NDZM856	直径：2.2	0°	位于砧子山墓地南区，西侧。
0857	NDZM857	直径：2.1	0°	位于砧子山墓地南区，西侧。
0858	NDZM858	直径：1.7	0°	位于砧子山墓地南区，西侧。
0859	NDZM859	直径：2	0°	位于砧子山墓地南区，西侧。
0860	NDZM860	直径：2.3	0°	位于砧子山墓地南区，西侧。
0861	NDZM861	直径：2.2　高：3.5	0°	位于砧子山墓地南区，西侧。
0862	NDZM862	直径：3	0°	位于砧子山墓地南区，西侧。
0863	NDZM863	直径：2.3	0°	位于砧子山墓地南区，西侧。
0864	NDZM864	直径：1.5	0°	位于砧子山墓地南区，西侧。
0865	NDZM865	直径：2.7	0°	位于砧子山墓地南区，西侧。
0866	NDZM866	直径：2.2	0°	位于砧子山墓地南区，西侧。
0867	NDZM867	直径：2	0°	位于砧子山墓地南区，西侧。
0868	NDZM868	直径：1.8	0°	位于砧子山墓地南区，西侧。
0869	NDZM869	直径：2	0°	位于砧子山墓地南区，西侧。

墓葬结构	是否经过考古发掘	备注
表面呈不规则圆形，植被稀疏，散落有少量的石块。	否	
表面呈不规则圆形，边缘由石头堆砌而成，中间下凹。	否	
表面呈不规则圆形，覆有大量的石块。	否	
表面呈不规则圆形石堆，单体土墓，有少量石块散落。	否	
表面呈不规则圆形，周围散落有少量石块，数量较多。	否	
表面呈不规则圆形，上覆植被较茂盛。	否	
表面呈不规则圆形，墓葬周围有石块堆砌。	否	
表面呈不规则圆形，散落有少量的石块。	否	
表面呈不规则圆形，散落有少量的石块。	否	
表面呈不规则圆形，散落有少量的石块。	否	
表面呈不规则圆形，墓葬周围有石块堆砌。	否	
表面呈不规则圆形，有大量的石块分布，植被茂盛。	否	
表面呈不规则圆形，边缘由石头堆砌而成，中间下凹。	否	
表面呈不规则圆形，分布少量石块。	否	
表面呈不规则圆形，植被稀疏，散落有少量的石块。	否	
表面呈不规则圆形，散落有少量的石块。	否	
表面呈不规则圆形，散落有少量的石块。	否	
表面呈不规则圆形，覆有大量的石块。	否	
表面呈不规则圆形，散落有少量的石块，边缘植被生长较好。	否	
表面呈不规则圆形，散落有少量的石块，植被稀疏。	否	
表面呈不规则圆形，墓葬周围有石块堆砌，植被生长较茂盛。	否	

续附表 5-2

序号	编号	尺寸（米）	方向（度）	遗迹所在位置
0870	NDZM870	直径：1.9	0°	位于砧子山墓地南区，西侧。
0871	NDZM871	直径：2	0°	位于砧子山墓地南区，西侧。
0872	NDZM872	直径：1.5	0°	位于砧子山墓地南区，西侧。
0873	NDZM873	直径：1.9	0°	位于砧子山墓地南区，西侧。
0874	NDZM874	直径：2.4	0°	位于砧子山墓地南区，西侧。
0875	NDZM875	直径：1.7	0°	位于砧子山墓地南区，西侧。
0876	NDZM876	直径：1.8	0°	位于砧子山墓地南区，西侧。
0877	NDZM877	直径：2.2	0°	位于砧子山墓地南区，西侧。
0878	NDZM878	直径：2.3	0°	位于砧子山墓地南区，西侧。
0879	NDZM879	直径：2.2　高：0.3	0°	位于砧子山墓地南区，西侧。
0880	NDZM880	直径：1.9	0°	位于砧子山墓地南区，西侧。
0881	NDZM881	直径：2.3	0°	位于砧子山墓地南区，西侧。
0882	NDZM882	直径：2.6	0°	位于砧子山墓地南区，西侧。
0883	NDZM883	直径：2	0°	位于砧子山墓地南区，西侧。
0884	NDZM884	直径：1.8	0°	位于砧子山墓地南区，西侧。
0885	NDZM885	直径：2.1	0°	位于砧子山墓地南区，西侧。
0886	NDZM886	直径：1.9	0°	位于砧子山墓地南区，西侧。
0887	NDZM887	直径：2.1　高度：3.5	0°	位于砧子山墓地南区，西侧。
0888	NDZM888	直径：2.4	0°	位于砧子山墓地南区，西侧。
0889	NDZM889	直径：2.3	0°	位于砧子山墓地南区，西侧。
0890	NDZM890	直径：2.5　高：1.2	0°	位于砧子山墓地南区，西侧。

墓葬结构	是否经过考古发掘	备注
表面呈不规则圆形，散落有少量的石块。	否	
表面呈不规则圆形，散落有少量的石块。	否	
表面呈不规则圆形，散落有少量的石块。	否	
表面呈不规则圆形，中间下凹，植被较稀疏。	否	
表面呈不规则圆形，覆盖着少量石块。	否	
表面呈不规则圆形，散落有少量的石块。	否	
表面呈不规则圆形，墓葬周围有石块堆砌。	否	
表面呈不规则圆形，散落有少量的石块，边沿植被生长茂盛。	否	
表面呈不规则圆形，植被稀疏，散落有少量的石块。	否	
表面呈不规则圆形，边缘由石头堆砌而成，中间凹。	否	
表面呈不规则圆形石堆，地表植被茂盛。	否	
表面呈不规则圆形，散落有大量的石块。	否	
表面呈不规则圆形，墓葬周围有石块堆砌。	否	
表面呈不规则圆形，散落有少量的石块。	否	
表面呈不规则圆形，散落有大量的石块。	否	
表面呈不规则圆形，散落有少量的石块。	否	
表面呈不规则圆形，散落有少量的石块。	否	
表面呈不规则圆形，散落有少量的石块。	否	
表面呈不规则圆形，位于缓坡顶部，散落有大量的石块。	否	
表面呈不规则圆形，为单体墓，无盗掘，边界不明，散落有少量的石块。	否	
表面呈不规则圆形，散落有少量的石块。	否	

续附表 5-2

序号	编号	尺寸（米）	方向（度）	遗迹所在位置
0891	NDZM891	直径：2.1	0°	位于砧子山墓地南区，西侧。
0892	NDZM892	直径：1.9	0°	位于砧子山墓地南区，西侧。
0893	NDZM893	直径：2.4	0°	位于砧子山墓地南区，西侧。
0894	NDZM894	直径：2.2	0°	位于砧子山墓地南区，西侧。
0895	NDZM895	直径：1.5	0°	位于砧子山墓地南区，西侧。
0896	NDZM896	直径：2　高：2.5	0°	位于砧子山墓地南区，西侧。
0897	NDZM897	直径：1.8	0°	位于砧子山墓地南区，西侧。
0898	NDZM898	直径：1.8	0°	位于砧子山墓地南区，西侧。
0899	NDZM899	直径：2.3	0°	位于砧子山墓地南区，西侧。
0900	NDZM900	直径：1.5	0°	位于砧子山墓地南区，西侧。
0901	NDZM901	直径：1.6	0°	位于砧子山墓地南区，西侧。
0902	NDZM902	直径：1.9	0°	位于砧子山墓地南区，西侧。
0903	NDZM903	直径：1.5	0°	位于砧子山墓地南区，西侧。
0904	NDZM904	直径：2	0°	位于砧子山墓地南区，西侧。
0905	NDZM905	直径：2.3	0°	位于砧子山墓地南区，西侧。
0906	NDZM906	直径：2.6	0°	位于砧子山墓地南区，西侧。
0907	NDZM907	直径：2.2	0°	位于砧子山墓地南区，西侧。
0908	NDZM908	直径：2　高：2.5	0°	位于砧子山墓地南区，西侧。
0909	NDZM909	直径：2.1	0°	位于砧子山墓地南区，西侧。
0910	NDZM910	直径：1.7	0°	位于砧子山墓地南区，西侧。

墓葬结构	是否经过考古发掘	备注
表面呈不规则圆形，散落有少量的石块。	否	
表面呈不规则圆形，散落有大量的石块。	否	
表面呈不规则圆形，上覆植被较茂盛。	否	
表面呈不规则圆形，墓葬周围有石块堆砌。	否	
表面呈不规则圆形，散落有少量的石块。	否	
表面呈不规则圆形，散落有少量的石块。	否	
表面呈不规则圆形，散落有大量的石块。	否	
表面呈不规则圆形，散落有少量的石块。	否	
表面呈不规则圆形，散落有少量的石块。	否	
表面呈不规则圆形，散落有少量的石块。	否	
表面呈不规则圆形，散落有少量的石块。	否	
表面呈不规则圆形，散落有少量的石块。	否	
表面呈不规则圆形，散落有少量的石块。	否	
表面呈不规则圆形，散落有少量的石块。	否	
表面呈不规则圆形，散落有少量的石块。	否	
表面呈不规则圆形，散落有少量的石块。	否	
表面呈不规则圆形，散落有少量的石块。	否	
表面呈不规则圆形，散落有少量的石块。	否	
表面呈不规则圆形，散落有少量的石块。	否	
表面呈不规则圆形，散落有少量的石块。	否	

续附表 5-2

序号	编号	尺寸（米）	方向（度）	遗迹所在位置
0911	NDZM911	直径：2	0°	位于砧子山墓地南区，西侧。
0912	NDZM912	直径：2.5	0°	位于砧子山墓地南区，西侧。
0913	NDZM913	直径：2.2　高：3.5	0°	位于砧子山墓地南区，西侧。
0914	NDZM914	直径：2.6	0°	位于砧子山墓地南区，西侧。
0915	NDZM915	直径：2.3	0°	位于砧子山墓地南区，西侧。
0916	NDZM916	直径：2.7	0°	位于砧子山墓地南区，西侧。
0917	NDZM917	直径：2.2	0°	位于砧子山墓地南区，西侧。
0918	NDZM918	直径：2	0°	位于砧子山墓地南区，西侧。
0919	NDZM919	直径：1.8	0°	位于砧子山墓地南区，西侧。
0920	NDZM920	直径：2	0°	位于砧子山墓地南区，西侧。
0921	NDZM921	直径：1.9	0°	位于砧子山墓地南区，西侧。
0922	NDZM922	直径：2.6	0°	位于砧子山墓地南区，西侧。
0923	NDZM923	直径：2.3	0°	位于砧子山墓地南区，西侧。
0924	NDZM924	直径：2	0°	位于砧子山墓地南区，西侧。
0925	NDZM925	直径：2	0°	位于砧子山墓地南区，西侧。
0926	NDZM926	直径：1.8	0°	位于砧子山墓地南区，西侧。
0927	NDZM927	直径：2.8	0°	位于砧子山墓地南区，西侧。
0928	NDZM928	直径：1.6	0°	位于砧子山墓地南区，西侧。
0929	NDZM929	直径：2.1	0°	位于砧子山墓地南区，西侧。
0930	NDZM930	直径：2.4	0°	位于砧子山墓地南区，西侧。
0931	NDZM931	直径：1.6	0°	位于砧子山墓地南区，西侧。

墓葬结构	是否经过考古发掘	备注
表面呈不规则圆形，为由石块堆砌而成的墓葬。	否	
表面呈不规则圆形，散落有大量的石块，植被茂盛。	否	
表面呈不规则圆形，边缘由石头堆砌而成，中间下凹。	否	
表面呈不规则圆形，散落有大量的石块。	否	
表面呈不规则圆形，植被稀疏，散落有少量的石块。	否	
表面呈不规则圆形，墓葬边沿不明显。	否	
表面呈不规则圆形，散落有大量的石块。	否	
表面呈不规则圆形，中部散落有少量的石块，边缘植被生长较好。	否	
表面呈不规则圆形，散落有少量的石块，植被稀疏。	否	
表面呈不规则圆形，边缘由石头堆砌而成，中间植被生长较茂盛。	否	
表面呈不规则圆形，散落有少量的石块。	否	
表面呈不规则圆形，边缘由石头堆砌而成，中间植被生长较茂盛。	否	
表面呈不规则圆形，表面散落有极少石块。	否	
表面呈不规则圆形，表面散落有石块且数量极少。	否	
表面呈不规则圆形，表面散落有大量石块。	否	
表面呈不规则圆形，表面散落有石块，数量较少。	否	
表面呈不规则圆形，表面散落有石块，数量较少。	否	
表面呈不规则圆形，表面散落有石块，数量较少。	否	
表面呈不规则圆形，表面散落有石块，数量较少。	否	
表面呈不规则圆形，表面散落有石块，数量较多。	否	
表面呈不规则圆形，表面散落有极少石块。	否	

续附表 5-2

序号	编号	尺寸（米）	方向（度）	遗迹所在位置
0932	NDZM932	直径：2.1	0°	位于砧子山墓地南区，西侧。
0933	NDZM933	直径：1.5	0°	位于砧子山墓地南区，西侧。
0934	NDZM934	直径：1.9	0°	位于砧子山墓地南区，西侧。
0935	NDZM935	直径：2 宽：0.6	0°	位于砧子山墓地南区，西侧。
0936	NDZM936	直径：2.1	0°	位于砧子山墓地南区，西侧。
0937	NDZM937	直径：1.7	0°	位于砧子山墓地南区，西侧。
0938	NDZM938	直径：2.1	0°	位于砧子山墓地南区，西侧。
0939	NDZM939	直径：2.3	0°	位于砧子山墓地南区，西侧。
0940	NDZM940	直径：2.2	0°	位于砧子山墓地南区，西侧。
0941	NDZM941	直径：1.9	0°	位于砧子山墓地南区，西侧。
0942	NDZM942	直径：2.3	0°	位于砧子山墓地南区，西侧。
0943	NDZM943	直径：1.5	0°	位于砧子山墓地南区，西侧。
0944	NDZM944	直径：2.4	0°	位于砧子山墓地南区，西侧。
0945	NDZM945	直径：2.2	0°	位于砧子山墓地南区，西侧。
0946	NDZM946	直径：2	0°	位于砧子山墓地南区，西侧。
0947	NDZM947	直径：1.8	0°	位于砧子山墓地南区，西侧。
0948	NDZM948	直径：2.1	0°	位于砧子山墓地南区，西侧。
0949	NDZM949	直径：1.9	0°	位于砧子山墓地南区，西侧。
0950	NDZM950	直径：1.8	0°	位于砧子山墓地南区，西侧。
0951	NDZM951	直径：1.7	0°	位于砧子山墓地南区，西侧。
0952	NDZM952	直径：2	0°	位于砧子山墓地南区，西侧。

墓葬结构	是否经过考古发掘	备注
表面呈不规则圆形，散落有石块，数量较少。	否	
表面呈不规则圆形，散落有少量的石块。	否	
与周围地势相比，中间稍向下凹，植被较稀疏。	否	
上有石堆，距地面约高 0.6 米。	否	
上面分布少量石块。	否	
上面生长的植被和周围的明显不同。	否	
周围散布有小石块。	否	
上分布有大量的小石块，植被茂盛。	否	
边沿由石头堆砌而成，中间向下凹约 0.5 米。	否	
上面分布数量较多的小石块。	否	
植被稀疏，有为数不多的大石块。	否	
生长的植被与周围的有所不同。	否	
墓葬边沿不明显。	否	
上面覆有大量的小石块。	否	
中间有一些小石块，边缘植被生长较好。	否	
上面散布有少量的大石块，植被稀疏。	否	
边沿一圈由石块堆成，中间植被生长较茂盛。	否	
上面散布有少量的大石块。	否	
与周围相比，中间稍向下凹，植被较稀疏。	否	
上面散布有一些小石块。	否	
上面散布有大石块，数量较少。	否	

续附表 5-2

序号	编号	尺寸（米）	方向（度）	遗迹所在位置
0953	NDZM953	直径：2.1	0°	位于砧子山墓地南区，西侧。
0954	NDZM954	直径：2.6	0°	位于砧子山墓地南区，西侧。
0955	NDZM955	直径：1.3	0°	位于砧子山墓地南区，西侧。
0956	NDZM956	直径：1.9	0°	位于砧子山墓地南区，西侧。
0957	NDZM957	直径：2	0°	位于砧子山墓地南区，西侧。
0958	NDZM958	直径：2.6	0°	位于砧子山墓地南区，西侧。
0959	NDZM959	直径：1.8	0°	位于砧子山墓地南区，西侧。
0960	NDZM960	直径：2.1	0°	位于砧子山墓地南区，西侧。
0961	NDZM961	直径：2.7	0°	位于砧子山墓地南区，西侧。
0962	NDZM962	直径：1.6	0°	位于砧子山墓地南区，西侧。
0963	NDZM963	直径：1.7	0°	位于砧子山墓地南区，西侧。
0964	NDZM964	直径：2	0°	位于砧子山墓地南区，西侧。
0965	NDZM965	直径：1.9	0°	位于砧子山墓地南区，西侧。
0966	NDZM966	直径：2	0°	位于砧子山墓地南区，西侧。
0967	NDZM967	直径：2.3	0°	位于砧子山墓地南区，西侧。
0968	NDZM968	直径：2.6	0°	位于砧子山墓地南区，西侧。
0969	NDZM969	直径：2.4	0°	位于砧子山墓地南区，西侧。
0970	NDZM970	直径：2.2	0°	位于砧子山墓地南区，西侧。
0971	NDZM971	直径：1.9	0°	位于砧子山墓地南区，西侧。
0972	NDZM972	直径：1.5	0°	位于砧子山墓地南区，西侧。
0973	NDZM973	直径：2	0°	位于砧子山墓地南区，西侧。

墓葬结构	是否经过考古发掘	备注
上面未生长植被，散布有少量小石块。	否	
散布有大量的小石块。	否	
周围有小石块，植被较茂盛。	否	
呈不规则圆形，上有散乱石块。	否	
相对周围地表植被茂盛。	否	
墓葬边沿有石块堆砌，上面覆盖的植被较少。	否	
上面只有两块大石块和稀疏的植被。	否	
上覆植被较稀疏，中间是一小片沙石。	否	
上面散布有小石块，数量较多。	否	
上面分布有少量碎石，植被稀疏。	否	
覆盖植被比较茂盛，和周围有明显不同。	否	
地表呈不规则圆形。	否	
位于缓坡顶部，四周有零散石块分布，石块较小，数量较多。	否	
地表植被相对茂盛。	否	
周围散落有小石块，数量较多。	否	
上覆植被较茂盛。	否	
周围有石块散落，数量较少。	否	
边缘由石头堆砌而成，中间向下凹约 0.5 米。	否	
与周围相比，中间稍向下凹，植被较稀疏。	否	
上面散布有一些小石块。	否	
上面散布有大石块，数量较少。	否	

续附表 5-2

序号	编号	尺寸（米）	方向（度）	遗迹所在位置
0974	NDZM974	直径：2.1	0°	位于砧子山墓地南区，西侧。
0975	NDZM975	直径：2.6	0°	位于砧子山墓地南区，西侧。
0976	NDZM976	直径：1.3	0°	位于砧子山墓地南区，西侧。
0977	NDZM977	直径：1.9	0°	位于砧子山墓地南区，西侧。
0978	NDZM978	直径：2	0°	位于砧子山墓地南区，西侧。
0979	NDZM979	直径：2.3	0°	位于砧子山墓地南区，西侧。
0980	NDZM980	直径：1.8	0°	位于砧子山墓地南区，西侧。
0981	NDZM981	直径：2.1	0°	位于砧子山墓地南区，西侧。
0982	NDZM982	直径：2.4	0°	位于砧子山墓地南区，中部。
0983	NDZM983	直径：1.6	0°	位于砧子山墓地南区，中部。
0984	NDZM984	直径：1.7	0°	位于砧子山墓地南区，中部。
0985	NDZM985	直径：2	0°	位于砧子山墓地南区，中部。
0986	NDZM986	直径：2.4	0°	位于砧子山墓地南区，中部。
0987	NDZM987	直径：2.1	0°	位于砧子山墓地南区，中部。
0988	NDZM988	直径：2.3	0°	位于砧子山墓地南区，中部。
0989	NDZM989	直径：2.4	0°	位于砧子山墓地南区，中部。
0990	NDZM990	直径：2.5	0°	位于砧子山墓地南区，中部。
0991	NDZM991	直径：2.2	0°	位于砧子山墓地南区，中部。
0992	NDZM992	直径：1.9	0°	位于砧子山墓地南区，中部。
0993	NDZM993	直径：1.5	0°	位于砧子山墓地南区，中部。
0994	NDZM994	直径：2	0°	位于砧子山墓地南区，中部。

墓葬结构	是否经过考古发掘	备注
上面散布有一些小石块。	否	
散布有大量的小石块。	否	
周围有小石块，植被较茂盛。	否	
呈不规则圆形，上有散乱石块。	否	
相对周围地表植被茂盛。	否	
由石块堆砌而成，上面覆盖的植被较少。	否	
上面只有两块大石块和稀疏的植被。	否	
上覆植被较稀疏，中间是一小片沙石。	否	
上面散布有小石块，数量较多。	否	
上面分布有少量碎石，植被稀疏。	否	
覆盖植被较茂盛，和周围有明显不同。	否	
地表呈不规则圆形。	否	
位于缓坡顶部，四周有零散石块分布，石块较小、数量较多。	否	
地表植被相对茂盛。	否	
周围散落有小石块，数量较多。	否	
上覆植被较茂盛。	否	
周围有石块散落，数量较少。	否	
边缘由石头堆砌而成，中间向下凹约0.6米。	否	
与周围相比，中间稍向下凹，植被较稀疏。	否	
上面散布有一些小石块。	否	
上面散布有大石块，数量较少。	否	

续附表 5-2

序号	编号	尺寸（米）	方向（度）	遗迹所在位置
0995	NDZM995	直径：2.1	0°	位于砧子山墓地南区，中部。
0996	NDZM996	直径：2.6	0°	位于砧子山墓地南区，中部。
0997	NDZM997	直径：1.3	0°	位于砧子山墓地南区，中部。
0998	NDZM998	直径：1.9	0°	位于砧子山墓地南区，中部。
0999	NDZM999	直径：2.3	0°	位于砧子山墓地南区，中部。
1000	NDZM1000	直径：2.4	0°	位于砧子山墓地南区，中部。
1001	NDZM1001	直径：2.2	0°	位于砧子山墓地南区，中部。
1002	NDZM1002	直径：1.7	0°	位于砧子山墓地南区，中部。
1003	NDZM1003	直径：2.3	0°	位于砧子山墓地南区，中部。
1004	NDZM1004	直径：2.4	0°	位于砧子山墓地南区，中部。
1005	NDZM1005	直径：2.1	0°	位于砧子山墓地南区，中部。
1006	NDZM1006	直径：1.8　高：0.37	0°	位于砧子山墓地南区，中部。
1007	NDZM1007	直径：2.3	0°	位于砧子山墓地南区，中部。
1008	NDZM1008	直径：2.5	0°	位于砧子山墓地南区，中部。
1009	NDZM1009	直径：2.1	0°	位于砧子山墓地南区，中部。
1010	NDZM1010	直径：2.4	0°	位于砧子山墓地南区，中部。
1011	NDZM1011	直径：1.9	0°	位于砧子山墓地南区，中部。
1012	NDZM1012	直径：1.7	0°	位于砧子山墓地南区，中部。
1013	NDZM1013	直径：2.1	0°	位于砧子山墓地南区，中部。
1014	NDZM1014	直径：1.8　高：0.2	0°	位于砧子山墓地南区，中部。

墓葬结构	是否经过考古发掘	备注
上面未生长植被。	否	
散布有大量的小石块。	否	
周围有小石块，植被较茂盛。	否	
与周围相比，中间稍向下凹，植被较稀疏。	否	
平面呈不规则圆形，位于缓坡顶部，四周有零散石块分布，石块较小，数量较多。	否	
地表呈不规则圆形，边界不明，上有石块散落，数量少，且石块较大。	否	
平面呈不规则圆形，上有少量石块散落。	否	
平面呈不规则圆形，地表植被相对茂盛。	否	
平面呈不规则圆形，周围散落有小石块，数量较多。	否	
平面呈不规则圆形，上覆植被较茂盛。	否	
平面呈不规则圆形，散布有少量大石块。	否	
平面呈不规则圆形，上有石堆，距地面约高 0.3 米。	否	
平面呈不规则圆形，散布有少量大石块。	否	
平面呈不规则圆形，上面分布的石块数量较少。	否	
平面呈不规则圆形。	否	
呈不规则圆形石堆，上有大量的小石块分布，植被茂盛。	否	
呈不规则圆形石堆，散布有少量大石块。	否	
平面呈不规则圆形，上有大量的小石块分布。	否	
平面呈不规则圆形，散布有少量大石块。	否	
平面呈不规则圆形，上有石堆。	否	

续附表 5-2

序号	编号	尺寸（米）	方向（度）	遗迹所在位置
1015	NDZM1015	直径：2.3	0°	位于砧子山墓地南区，中部。
1016	NDZM1016	直径：2.1	0°	位于砧子山墓地南区，中部。
1017	NDZM1017	直径：1.6	0°	位于砧子山墓地南区，中部。
1018	NDZM1018	直径：1.8	0°	位于砧子山墓地南区，中部。
1019	NDZM1019	直径：2.2	0°	位于砧子山墓地南区，中部。
1020	NDZM1020	直径：1.9	0°	位于砧子山墓地南区，中部。
1021	NDZM1021	直径：1.6	0°	位于砧子山墓地南区，中部。
1022	NDZM1022	直径：2.2	0°	位于砧子山墓地南区，中部。
1023	NDZM1023	直径：2.3	0°	位于砧子山墓地南区，中部。
1024	NDZM1024	直径：2.1	0°	位于砧子山墓地南区，中部。
1025	NDZM1025	直径：2.4	0°	位于砧子山墓地南区，中部。
1026	NDZM1026	直径：2.3	0°	位于砧子山墓地南区，中部。
1027	NDZM1027	直径：2.3	0°	位于砧子山墓地南区，中部。
1028	NDZM1028	直径：1.8	0°	位于砧子山墓地南区，中部。
1029	NDZM1029	直径：1.7	0°	位于砧子山墓地南区，中部。
1030	NDZM1030	直径：1.9	0°	位于砧子山墓地南区，中部。
1031	NDZM1031	直径：1.8	0°	位于砧子山墓地南区，中部。
1032	NDZM1032	直径：2.4	0°	位于砧子山墓地南区，中部。
1033	NDZM1033	直径：2.1	0°	位于砧子山墓地南区，中部。
1034	NDZM1034	直径：2	0°	位于砧子山墓地南区，中部。

墓葬结构	是否经过考古发掘	备注
平面呈不规则圆形，散布有少量大石块。	否	
平面呈不规则圆形，靠近边沿处植被生长茂盛，中间较少。	否	
平面呈不规则圆形，由数量较多的小石块堆成一个石堆，植被生长茂盛。	否	
平面呈不规则圆形，通过上面生长的植被，可以很容易找到墓葬边沿。	否	
平面呈不规则圆形，中间稍向下凹，植被较稀疏。	否	
平面呈不规则圆形，周围散落有小石块，数量较多。	否	
平面呈不规则圆形，植被较周围比较茂盛。	否	
平面呈不规则圆形，上面散布有一些小石块。	否	
平面呈不规则圆形，为单体墓，边界不明，上有石块散落，数量少，石块较大。	否	
平面呈不规则圆形，墓葬周围有石块堆砌。	否	
平面呈不规则圆形，散布有少量大石块。	否	
平面呈不规则圆形，位于缓坡顶部，四周有零散石块分布。	否	
平面呈不规则圆形，有少量小石块分布。	否	
平面呈不规则圆形，周围有一圈由石块堆成的墓茔。	否	
平面呈不规则圆形，植被较稀疏，散布有少量小石块。	否	
平面呈不规则圆形，植被较周围稀疏。	否	
平面呈不规则圆形，周边植被生长茂盛，边缘坡度较缓。	否	
平面呈不规则圆形，散布有少量大石块，植被稀疏。	否	
平面呈不规则圆形，墓葬边界不明显。	否	
平面呈不规则圆形，靠近边沿处植被生长茂盛，中间较少。	否	

续附表 5-2

序号	编号	尺寸（米）	方向（度）	遗迹所在位置
1035	NDZM1035	直径：1.6	0°	位于砧子山墓地南区，中部。
1036	NDZM1036	直径：1.8	0°	位于砧子山墓地南区，中部。
1037	NDZM1037	直径：2.1	0°	位于砧子山墓地南区，中部。
1038	NDZM1038	直径：1.9	0°	位于砧子山墓地南区，中部。
1039	NDZM1039	直径：1.6	0°	位于砧子山墓地南区，中部。
1040	NDZM1040	直径：2.2	0°	位于砧子山墓地南区，中部。
1041	NDZM1041	直径：2.1	0°	位于砧子山墓地南区，中部。
1042	NDZM1042	直径：2.4	0°	位于砧子山墓地南区，中部。
1043	NDZM1043	直径：1.9	0°	位于砧子山墓地南区，中部。
1044	NDZM1044	直径：1.5	0°	位于砧子山墓地南区，中部。
1045	NDZM1045	直径：2.1	0°	位于砧子山墓地南区，中部。
1046	NDZM1046	直径：1.7	0°	位于砧子山墓地南区，中部。
1047	NDZM1047	直径：2.5	0°	位于砧子山墓地南区，中部。
1048	NDZM1048	直径：1.7	0°	位于砧子山墓地南区，中部。
1049	NDZM1049	直径：2.2	0°	位于砧子山墓地南区，中部。
1050	NDZM1050	直径：2.1	0°	位于砧子山墓地南区，中部。
1051	NDZM1051	直径：2.4	0°	位于砧子山墓地南区，中部。
1052	NDZM1052	直径：1.9	0°	位于砧子山墓地南区，中部。
1053	NDZM1053	直径：2.1	0°	位于砧子山墓地南区，中部。
1054	NDZM1054	直径：1.8　高：0.17	0°	位于砧子山墓地南区，中部。

墓葬结构	是否经过考古发掘	备注
平面呈不规则圆形，上面由数量较多的小石块堆成一个石堆，植被生长茂盛。	否	
平面呈不规则圆形，通过上面生长的植被，可以很容易找到墓葬边沿。	否	
平面呈不规则圆形，中间稍向下凹，植被较稀疏。	否	
平面呈不规则圆形，周围散落有小石块，数量较多。	否	
平面呈不规则圆形，植被较周围比较茂盛。	否	
平面呈不规则圆形，上面散布有一些小石块。	否	
地表呈不规则圆形，有植被覆盖。	否	
平面呈不规则圆形，周围散落有小石块，数量较多。	否	
平面呈不规则圆形，散布有少量大石块。	否	
平面呈不规则圆形，有少量植被分布。	否	
平面呈不规则圆形，边界仍然可以分辨。	否	
平面呈不规则圆形，周围堆砌有小石堆。	否	
平面呈不规则圆形，周围散布有少量大石块。	否	
平面呈不规则圆形石堆，边沿分布有石块。	否	
平面呈不规则圆形，中间不规则地散布着几块大石块，边沿植被生长茂盛。	否	
平面呈不规则圆形，边沿植被生长茂盛。	否	
平面呈不规则圆形，散布有少量大石块。	否	
平面呈不规则圆形。	否	
平面呈不规则圆形，周围有植被分布，散布有少量大石块。	否	
平面呈不规则圆形，上有石堆。	否	

续附表 5-2

序号	编号	尺寸（米）	方向（度）	遗迹所在位置
1055	NDZM1055	直径：1.8	0°	位于砧子山墓地南区，中部。
1056	NDZM1056	直径：2.7	0°	位于砧子山墓地南区，中部。
1057	NDZM1057	直径：2.4	0°	位于砧子山墓地南区，中部。
1058	NDZM1058	直径：1.8 高：0.29	0°	位于砧子山墓地南区，中部。
1059	NDZM1059	直径：1.8	0°	位于砧子山墓地南区，中部。
1060	NDZM1060	直径：2.2	0°	位于砧子山墓地南区，中部。
1061	NDZM1061	直径：2.3	0°	位于砧子山墓地南区，中部。
1062	NDZM1062	直径：1.7	0°	位于砧子山墓地南区，中部。
1063	NDZM1063	直径：2.4	0°	位于砧子山墓地南区，中部。
1064	NDZM1064	直径：2.1	0°	位于砧子山墓地南区，中部。
1065	NDZM1065	直径：2.2	0°	位于砧子山墓地南区，中部。
1066	NDZM1066	直径：2.5	0°	位于砧子山墓地南区，中部。
1067	NDZM1067	直径：1.8 高：0.25	0°	位于砧子山墓地南区，中部。
1068	NDZM1068	直径：2.1	0°	位于砧子山墓地南区，中部。
1069	NDZM1069	直径：2.7	0°	位于砧子山墓地南区，中部。
1070	NDZM1070	直径：2.2	0°	位于砧子山墓地南区，中部。
1071	NDZM1071	直径：2.1	0°	位于砧子山墓地南区，中部。
1072	NDZM1072	直径：1.7	0°	位于砧子山墓地南区，中部。
1073	NDZM1073	直径：2.4 高：0.23	0°	位于砧子山墓地南区，中部。
1074	NDZM1074	直径：1.8	0°	位于砧子山墓地南区，中部。
1075	NDZM1075	直径：2.5	0°	位于砧子山墓地南区，中部。

墓葬结构	是否经过考古发掘	备注
平面呈不规则圆形，上面分布的石块数量较少，体积较大。	否	
平面呈不规则圆形，上有大量的小石块分布，植被茂盛。	否	
平面呈不规则圆形，散布有少量大石块。	否	
平面呈不规则圆形，上有石堆。	否	
平面呈不规则圆形，散布有少量大石块。	否	
平面呈不规则圆形。	否	
平面呈不规则圆形，上有大量的小石块分布，植被茂盛。	否	
平面呈不规则圆形，最外围由石块堆砌而成。	否	
平面呈不规则圆形，散布有少量大石块。	否	
平面呈不规则圆形，上面分布的石块数量较少。	否	
平面呈不规则圆形，散布有少量大石块。	否	
平面呈不规则圆形，散布有少量石块。	否	
平面呈不规则圆形，上有石堆。	否	
平面呈不规则圆形，上覆植被较茂盛。	否	
平面呈不规则圆形，上有大量的小石块分布，植被茂盛。	否	
平面呈不规则圆形，最外围有小石块堆砌。	否	
平面呈不规则圆形，散布有少量大石块。	否	
平面呈不规则圆形，周围散布有很多小石块。	否	
平面呈不规则圆形，上有石堆。	否	
平面呈不规则圆形，散布有少量大石块。	否	
平面呈不规则圆形。	否	

续附表 5-2

序号	编号	尺寸（米）	方向（度）	遗迹所在位置
1076	NDZM1076	直径：2.3	0°	位于砧子山墓地南区，中部。
1077	NDZM1077	直径：1.7	0°	位于砧子山墓地南区，中部。
1078	NDZM1078	直径：2.4	0°	位于砧子山墓地南区，中部。
1079	NDZM1079	直径：1.8	0°	位于砧子山墓地南区，中部。
1080	NDZM1080	直径：2.2	0°	位于砧子山墓地南区，中部。
1081	NDZM1081	直径：2.5	0°	位于砧子山墓地南区，中部。
1082	NDZM1082	直径：1.8　高：0.24	0°	位于砧子山墓地南区，中部。
1083	NDZM1083	直径：2.1	0°	位于砧子山墓地南区，中部。
1084	NDZM1084	直径：2.7	0°	位于砧子山墓地南区，中部。
1085	NDZM1085	直径：2.1	0°	位于砧子山墓地南区，中部。
1086	NDZM1086	直径：2.1	0°	位于砧子山墓地南区，中部。
1087	NDZM1087	直径：2.4	0°	位于砧子山墓地南区，中部。
1088	NDZM1088	直径：1.9	0°	位于砧子山墓地南区，中部。
1089	NDZM1089	直径：1.5	0°	位于砧子山墓地南区，中部。
1090	NDZM1090	直径：2.1	0°	位于砧子山墓地南区，中部。
1091	NDZM1091	直径：1.7	0°	位于砧子山墓地南区，中部。
1092	NDZM1092	直径：2.5	0°	位于砧子山墓地南区，中部。
1093	NDZM1093	直径：1.5	0°	位于砧子山墓地南区，中部。
1094	NDZM1094	直径：2	0°	位于砧子山墓地南区，中部。
1095	NDZM1095	直径：2.1	0°	位于砧子山墓地南区，中部。

墓葬结构	是否经过考古发掘	备注
平面呈不规则圆形，上有大量的小石块分布，植被茂盛。	否	
平面呈不规则圆形，外围散布有小石块。	否	
平面呈不规则圆形，散布有少量大石块。	否	
平面呈不规则圆形，上分布有较少石块。	否	
平面呈不规则圆形，散布有少量大石块。	否	
平面呈不规则圆形，散布有一些小石块。	否	
平面呈不规则圆形石堆，上有石堆。	否	
平面呈不规则圆形石堆，上覆植被较茂盛。	否	
平面呈不规则圆形石堆，上分布有大量的小石块，植被茂盛。	否	
平面呈不规则圆形，外围有小石块散布。	否	
平面呈不规则圆形，有植被覆盖。	否	
平面呈不规则圆形，周围散落有小石块，数量较多。	否	
平面呈不规则圆形，散布有少量大石块。	否	
平面呈不规则圆形，分布有少量植被。	否	
平面呈不规则圆形，边界仍然可以分辨。	否	
平面呈不规则圆形，周围堆砌有小石堆。	否	
平面呈不规则圆形，周围散布有少量大石块。	否	
平面呈不规则圆形，边沿分布有石块。	否	
平面呈不规则圆形，中间不规则散布着几块大石块，边沿植被生长茂盛。	否	
平面呈不规则圆形，边沿植被生长茂盛。	否	

续附表 5-2

序号	编号	尺寸（米）	方向（度）	遗迹所在位置
1096	NDZM1096	直径：2.4	0°	位于砧子山墓地南区，中部。
1097	NDZM1097	直径：1.7	0°	位于砧子山墓地南区，中部。
1098	NDZM1098	直径：2.1	0°	位于砧子山墓地南区，中部。
1099	NDZM1099	直径：1.8	0°	位于砧子山墓地南区，中部。
1100	NDZM1100	直径：1.7	0°	位于砧子山墓地南区，中部。
1101	NDZM1101	直径：2.2	0°	位于砧子山墓地南区，中部。
1102	NDZM1102	直径：2.1	0°	位于砧子山墓地南区，中部。
1103	NDZM1103	直径：2.4	0°	位于砧子山墓地南区，中部。
1104	NDZM1104	直径：1.9	0°	位于砧子山墓地南区，中部。
1105	NDZM1105	直径：2.5	0°	位于砧子山墓地南区，中部。
1106	NDZM1106	直径：2.1	0°	位于砧子山墓地南区，中部。
1107	NDZM1107	直径：1.7	0°	位于砧子山墓地南区，中部。
1108	NDZM1108	直径：2.1	0°	位于砧子山墓地南区，中部。
1109	NDZM1109	直径：1.8	0°	位于砧子山墓地南区，中部。
1110	NDZM1110	直径：2.3	0°	位于砧子山墓地南区，中部。
1111	NDZM1111	直径：2.5	0°	位于砧子山墓地南区，中部。
1112	NDZM1112	直径：2	0°	位于砧子山墓地南区，中部。
1113	NDZM1113	直径：2.2　高：0.17	0°	位于砧子山墓地南区，中部。
1114	NDZM1114	直径：2.3	0°	位于砧子山墓地南区，中部。
1115	NDZM1115	直径：1.9	0°	位于砧子山墓地南区，中部。
1116	NDZM1116	直径：2.1　高：0.28	0°	位于砧子山墓地南区，中部。

墓葬结构	是否经过考古发掘	备注
平面呈不规则圆形，散布有少量大石块。	否	
平面呈不规则圆形。	否	
平面呈不规则圆形，周围有植被分布，散布有少量大石块。	否	
平面呈不规则圆形，边沿植被生长茂盛。	否	
平面呈不规则圆形。	否	
平面呈不规则圆形。	否	
平面呈不规则圆形，有植被覆盖。	否	
平面呈不规则圆形，周围散落有小石块，数量较多。	否	
平面呈不规则圆形，散布有少量大石块。	否	
平面呈不规则圆形，散布有少量小石块。	否	
平面呈不规则圆形，散布有少量大石块。	否	
平面呈不规则圆形。	否	
平面呈不规则圆形，上面分布的石块数量较少，体积较大。	否	
平面呈不规则圆形，上分布有大量的小石块，植被茂盛。	否	
平面呈不规则圆形，上覆植被较茂盛。	否	
平面呈不规则圆形。	否	
平面呈不规则圆形，最外围由石块堆砌而成。	否	
平面呈不规则圆形，上有石堆。	否	
平面呈不规则圆形，散布有少量大石块。	否	
平面呈不规则圆形，最外围由石块堆砌而成。	否	
平面呈不规则圆形，上有石堆。	否	

续附表 5-2

序号	编号	尺寸（米）	方向（度）	遗迹所在位置
1117	NDZM1117	直径：2.1	0°	位于砧子山墓地南区，中部。
1118	NDZM1118	直径：2.3	0°	位于砧子山墓地南区，中部。
1119	NDZM1119	直径：2.2	0°	位于砧子山墓地南区，中部。
1120	NDZM1120	直径：2.5	0°	位于砧子山墓地南区，中部。
1121	NDZM1121	直径：2.1	0°	位于砧子山墓地南区，中部。
1122	NDZM1122	直径：1.7	0°	位于砧子山墓地南区，中部。
1123	NDZM1123	直径：2.1	0°	位于砧子山墓地南区，中部。
1124	NDZM1124	直径：2.3	0°	位于砧子山墓地南区，中部。
1125	NDZM1125	直径：2.3	0°	位于砧子山墓地南区，中部。
1126	NDZM1126	直径：1.8	0°	位于砧子山墓地南区，中部。
1127	NDZM1127	直径：2.1	0°	位于砧子山墓地南区，中部。
1128	NDZM1128	直径：2.4	0°	位于砧子山墓地南区，中部。
1129	NDZM1129	直径：1.9	0°	位于砧子山墓地南区，中部。
1130	NDZM1130	直径：1.5	0°	位于砧子山墓地南区，中部。
1131	NDZM1131	直径：2.1	0°	位于砧子山墓地南区，中部。
1132	NDZM1132	直径：1.7	0°	位于砧子山墓地南区，中部。
1133	NDZM1133	直径：2.3	0°	位于砧子山墓地南区，中部。
1134	NDZM1134	直径：2	0°	位于砧子山墓地南区，中部。
1135	NDZM1135	直径：1.9	0°	位于砧子山墓地南区，中部。
1136	NDZM1136	直径：2.1	0°	位于砧子山墓地南区，中部。

墓葬结构	是否经过考古发掘	备注
平面呈不规则圆形，上面分布的石块数量较少。	否	
平面呈不规则圆形，上覆植被较茂盛。	否	
平面呈不规则圆形。	否	
平面呈不规则圆形。	否	
平面呈不规则圆形，散布有少量大石块。	否	
平面呈不规则圆形。	否	
平面呈不规则圆形，上面分布的石块数量较少。	否	
平面呈不规则圆形，上有大量的小石块分布，植被茂盛。	否	
平面呈不规则圆形，上覆植被较茂盛。	否	
平面呈不规则圆形。	否	
平面呈不规则圆形，有植被覆盖。	否	
平面呈不规则圆形，周围散落有小石块，数量较多。	否	
平面呈不规则圆形，散布有少量大石块。	否	
平面呈不规则圆形，有少量植被分布。	否	
平面呈不规则圆形，边界仍然可以分辨。	否	
平面呈不规则圆形，周围堆砌有小石堆。	否	
平面呈不规则圆形，盗洞较小，周围散布有少量大石块。	否	
平面呈不规则圆形，边沿分布有石块。	否	
平面呈不规则圆形，中间不规则地散布着几块大石块，边沿植被生长茂盛。	否	
平面呈不规则圆形，边沿植被生长茂盛。	否	

续附表 5-2

序号	编号	尺寸（米）	方向（度）	遗迹所在位置
1137	NDZM1137	直径：2.4	0°	位于砧子山墓地南区，中部。
1138	NDZM1138	直径：1.6	0°	位于砧子山墓地南区，中部。
1139	NDZM1139	直径：2.1	0°	位于砧子山墓地南区，中部。
1140	NDZM1140	直径：1.8	0°	位于砧子山墓地南区，中部。
1141	NDZM1141	直径：1.7	0°	位于砧子山墓地南区，中部。
1142	NDZM1142	直径：2.2	0°	位于砧子山墓地南区，中部。
1143	NDZM1143	直径：2.1	0°	位于砧子山墓地南区，中部。
1144	NDZM1144	直径：2.4	0°	位于砧子山墓地南区，中部。
1145	NDZM1145	直径：1.9	0°	位于砧子山墓地南区，中部。
1146	NDZM1146	直径：1.5	0°	位于砧子山墓地南区，中部。
1147	NDZM1147	直径：2.1	0°	位于砧子山墓地南区，中部。
1148	NDZM1148	直径：1.7	0°	位于砧子山墓地南区，中部。
1149	NDZM1149	直径：2.5	0°	位于砧子山墓地南区，中部。
1150	NDZM1150	直径：1.5	0°	位于砧子山墓地南区，中部。
1151	NDZM1151	直径：2	0°	位于砧子山墓地南区，中部。
1152	NDZM1152	直径：2.1	0°	位于砧子山墓地南区，中部。
1153	NDZM1153	直径：2.4	0°	位于砧子山墓地南区，中部。
1154	NDZM1154	直径：2.1	0°	位于砧子山墓地南区，中部。
1155	NDZM1155	直径：2.4	0°	位于砧子山墓地南区，中部。
1156	NDZM1156	直径：1.9	0°	位于砧子山墓地南区，中部。

墓葬结构	是否经过考古发掘	备注
平面呈不规则圆形，散布有少量大石块。	否	
平面呈不规则圆形。	否	
平面呈不规则圆形，周围有植被分布，散布有少量大石块。	否	
平面呈不规则圆形，边沿植被生长茂盛。	否	
平面呈不规则圆形。	否	
地表呈不规则圆形。	否	
平面呈不规则圆形，有植被覆盖。	否	
平面呈不规则圆形，周围散落有小石块，数量较多。	否	
平面呈不规则圆形，散布有少量大石块。	否	
平面呈不规则圆形，有少量植被分布。	否	
平面呈不规则圆形，边界仍然可以分辨。	否	
平面呈不规则圆形，周围堆砌有小石堆。	否	
平面呈不规则圆形，周围散布有少量大石块。	否	
平面呈不规则圆形，边沿分布有小石块。	否	
平面呈不规则圆形，中间不规则地散布着几块大石块，边沿植被生长茂盛。	否	
平面呈不规则圆形，边沿植被生长茂盛。	否	
平面呈不规则圆形，散布有少量大石块。	否	
平面呈不规则圆形，有植被覆盖。	否	
平面呈不规则圆形，周围散落有小石块，数量较多。	否	
平面呈不规则圆形，散布有少量大石块。	否	

续附表 5-2

序号	编号	尺寸（米）	方向（度）	遗迹所在位置
1157	NDZM1157	直径：2.2	0°	位于砧子山墓地南区，中部。
1158	NDZM1158	直径：1.8	0°	位于砧子山墓地南区，中部。
1159	NDZM1159	直径：1.7	0°	位于砧子山墓地南区，中部。
1160	NDZM1160	直径：2.1	0°	位于砧子山墓地南区，中部。
1161	NDZM1161	直径：2.3	0°	位于砧子山墓地南区，中部。
1162	NDZM1162	直径：1.9	0°	位于砧子山墓地南区，中部。
1163	NDZM1163	直径：2.2	0°	位于砧子山墓地南区，中部。
1164	NDZM1164	直径：2	0°	位于砧子山墓地南区，中部。
1165	NDZM1165	直径：2.1　高：0.17	0°	位于砧子山墓地南区，中部。
1166	NDZM1166	直径：2.3	0°	位于砧子山墓地南区，中部。
1167	NDZM1167	直径：1.9	0°	位于砧子山墓地南区，中部。
1168	NDZM1168	直径：2.1　高：0.18	0°	位于砧子山墓地南区，中部。
1169	NDZM1169	直径：2.1	0°	位于砧子山墓地南区，中部。
1170	NDZM1170	直径：2.3	0°	位于砧子山墓地南区，中部。
1171	NDZM1171	尺寸：2.2	0°	位于砧子山墓地南区，中部。
1172	NDZM1172	直径：2.5	0°	位于砧子山墓地南区，中部。
1173	NDZM1173	直径：2.1	0°	位于砧子山墓地南区，中部。
1174	NDZM1174	直径：1.7	0°	位于砧子山墓地南区，中部。
1175	NDZM1175	直径：2.1	0°	位于砧子山墓地南区，中部。
1176	NDZM1176	直径：2.3	0°	位于砧子山墓地南区，中部。
1177	NDZM1177	直径：1.7	0°	位于砧子山墓地南区，中部。

墓葬结构	是否经过考古发掘	备注
平面呈不规则圆形。	否	
平面呈不规则圆形，散布有少量大石块。	否	
平面呈不规则圆形。	否	
平面呈不规则圆形，上面分布的石块数量较少。	否	
平面呈不规则圆形，上有大量的小石块分布，植被茂盛。	否	
平面呈不规则圆形，上覆植被较茂盛。	否	
平面呈不规则圆形。	否	
平面呈不规则圆形，边沿由石块堆砌而成。	否	
平面呈不规则圆形，上有石堆，距地面约高 0.17 米。	否	
平面呈不规则圆形，散布有少量石块。	否	
平面呈不规则圆形，散布有少量石块。	否	
平面呈不规则圆形，上有石堆，距地面约高 0.18 米。	否	
平面呈不规则圆形，上面分布的石块数量较少。	否	
平面呈不规则圆形，上覆植被较茂盛。	否	
平面呈不规则圆形，周围散落有小石块，数量较多。	否	
平面呈不规则圆形，边沿植被生长茂盛。	否	
平面呈不规则圆形，散布有少量石块。	否	
平面呈不规则圆形，周围散落有小石块，数量较多。	否	
平面呈不规则圆形，上面分布的石块数量较少。	否	
平面呈不规则圆形，上有大量的小石块分布，植被茂盛。	否	
平面呈不规则圆形，上覆植被较茂盛。	否	

续附表 5-2

序号	编号	尺寸（米）	方向（度）	遗迹所在位置
1178	NDZM1178	直径：2　高：0.19	0°	位于砧子山墓地南区，中部。
1179	NDZM1179	直径：1.8	0°	位于砧子山墓地南区，中部。
1180	NDZM1180	直径：2.5	0°	位于砧子山墓地南区，中部。
1181	NDZM1181	直径：2.3	0°	位于砧子山墓地南区，中部。
1182	NDZM1182	直径：1.7	0°	位于砧子山墓地南区，中部。
1183	NDZM1183	直径：2.4	0°	位于砧子山墓地南区，中部。
1184	NDZM1184	直径：2.1	0°	位于砧子山墓地南区，中部。
1185	NDZM1185	直径：2.2	0°	位于砧子山墓地南区，中部。
1186	NDZM1186	直径：2.5	0°	位于砧子山墓地南区，中部。
1187	NDZM1187	直径：1.8　高：0.27	0°	位于砧子山墓地南区，中部。
1188	NDZM1188	直径：2.1	0°	位于砧子山墓地南区，中部。
1189	NDZM1189	直径：2.7	0°	位于砧子山墓地南区，中部。
1190	NDZM1190	直径：2	0°	位于砧子山墓地南区，中部。
1191	NDZM1191	直径：2.1	0°	位于砧子山墓地南区，中部。
1192	NDZM1192	直径：1.7	0°	位于砧子山墓地南区，中部。
1193	NDZM1193	直径：2　高：0.26	0°	位于砧子山墓地南区，中部。
1194	NDZM1194	直径：1.8	0°	位于砧子山墓地南区，中部。
1195	NDZM1195	直径：2.4	0°	位于砧子山墓地南区，中部。
1196	NDZM1196	直径：2.5	0°	位于砧子山墓地南区，中部。
1197	NDZM1197	直径：2.1	0°	位于砧子山墓地南区，中部。

墓葬结构	是否经过考古发掘	备注
平面呈不规则圆形，上有石堆。	否	
平面呈不规则圆形。	否	
平面呈不规则圆形。	否	
平面呈不规则圆形，上有大量的小石块分布，植被茂盛。	否	
平面呈不规则圆形。	否	
平面呈不规则圆形，散布有少量大石块。	否	
平面呈不规则圆形，上面分布的石块数量较少。	否	
平面呈不规则圆形，散布有少量大石块。	否	
平面呈不规则圆形，边沿植被生长茂盛。	否	
平面呈不规则圆形，上有石堆。	否	
平面呈不规则圆形，上覆植被较茂盛。	否	
平面呈不规则圆形，上分布有大量的小石块，植被茂盛。	否	
平面呈不规则圆形，由石块堆砌而成。	否	
平面呈不规则圆形。	否	
平面呈不规则圆形，周围散布有很多小石块。	否	
平面呈不规则圆形，上有石堆。	否	
平面呈不规则圆形。	否	
平面呈不规则圆形，边沿植被生长茂盛。	否	
平面呈不规则圆形。	否	
平面呈不规则圆形，散布有少量大石块。	否	

续附表 5-2

序号	编号	尺寸（米）	方向（度）	遗迹所在位置
1198	NDZM1198	直径：1.7	0°	位于砧子山墓地南区，中部。
1199	NDZM1199	直径：2.1	0°	位于砧子山墓地南区，中部。
1200	NDZM1200	直径：2.3	0°	位于砧子山墓地南区，中部。
1201	NDZM1201	直径：2.3	0°	位于砧子山墓地南区，中部。
1202	NDZM1202	直径：2.5	0°	位于砧子山墓地南区，中部。
1203	NDZM1203	直径：2	0°	位于砧子山墓地南区，中部。
1204	NDZM1204	直径：1.9　高：0.17	0°	位于砧子山墓地南区，中部。
1205	NDZM1205	直径：2.3	0°	位于砧子山墓地南区，中部。
1206	NDZM1206	直径：1.9	0°	位于砧子山墓地南区，中部。
1207	NDZM1207	直径：2.1　高：0.37	0°	位于砧子山墓地南区，中部。
1208	NDZM1208	直径：2.1	0°	位于砧子山墓地南区，中部。
1209	NDZM1209	直径：2.3	0°	位于砧子山墓地南区，中部。
1210	NDZM1210	直径：2.2	0°	位于砧子山墓地南区，中部。
1211	NDZM1211	直径：2.5	0°	位于砧子山墓地南区，中部。
1212	NDZM1212	直径：1.6	0°	位于砧子山墓地南区，中部。
1213	NDZM1213	直径：1.7	0°	位于砧子山墓地南区，中部。
1214	NDZM1214	直径：2.1	0°	位于砧子山墓地南区，中部。
1215	NDZM1215	直径：2.3	0°	位于砧子山墓地南区，中部。
1216	NDZM1216	直径：1.8　高：0.35	0°	位于砧子山墓地南区，中部。
1217	NDZM1217	直径：1.8	0°	位于砧子山墓地南区，中部。

墓葬结构	是否经过考古发掘	备注
平面呈不规则圆形。	否	
平面呈不规则圆形，上面分布较少石块。	否	
平面呈不规则圆形，上分布有大量的小石块，植被茂盛。	否	
平面呈不规则圆形，上覆植被较茂盛。	否	
平面呈不规则圆形。	否	
平面呈不规则圆形，由石块堆砌而成。	否	
平面呈不规则圆形，上有石堆。	否	
平面呈不规则圆形。	否	
平面呈不规则圆形，有小石块堆砌。	否	
平面呈不规则圆形，上有石堆。	否	
平面呈不规则圆形，上面分布较少石块。	否	
平面呈不规则圆形，上覆植被较茂盛。	否	
平面呈不规则圆形。	否	
平面呈不规则圆形。	否	
平面呈不规则圆形，边沿植被生长茂盛。	否	
平面呈不规则圆形。	否	
平面呈不规则圆形，上面分布较少石块。	否	
平面呈不规则圆形，上分布有大量的小石块，植被茂盛。	否	
平面呈不规则圆形，上有石堆。	否	
平面呈不规则圆形，上面分布较少的石块。	否	

续附表 5-2

序号	编号	尺寸（米）	方向（度）	遗迹所在位置
1218	NDZM1218	直径：2.7	0°	位于砧子山墓地南区，中部。
1219	NDZM1219	直径：2.4	0°	位于砧子山墓地南区，中部。
1220	NDZM1220	直径：2.1	0°	位于砧子山墓地南区，中部。
1221	NDZM1221	直径：1.9　高：0.37	0°	位于砧子山墓地南区，中部。
1222	NDZM1222	直径：2.4	0°	位于砧子山墓地南区，中部。
1223	NDZM1223	直径：2.1	0°	位于砧子山墓地南区，中部。
1224	NDZM1224	直径：2.3	0°	位于砧子山墓地南区，中部。
1225	NDZM1225	直径：1.8	0°	位于砧子山墓地南区，中部。
1226	NDZM1226	直径：2.1	0°	位于砧子山墓地南区，中部。
1227	NDZM1227	直径：2.8	0°	位于砧子山墓地南区，中部。
1228	NDZM1228	直径：2.3	0°	位于砧子山墓地南区，中部。
1229	NDZM1229	直径：2.4	0°	位于砧子山墓地南区，中部。
1230	NDZM1230	直径：2	0°	位于砧子山墓地南区，中部。
1231	NDZM1231	直径：2.4	0°	位于砧子山墓地南区，中部。
1232	NDZM1232	直径：1.7	0°	位于砧子山墓地南区，中部。
1233	NDZM1233	直径：2.2	0°	位于砧子山墓地南区，中部。
1234	NDZM1234	直径：2.4	0°	位于砧子山墓地南区，中部。
1235	NDZM1235	直径：1.9	0°	位于砧子山墓地南区，中部。
1236	NDZM1236	直径：2.2	0°	位于砧子山墓地南区，中部。
1237	NDZM1237	直径：1.9	0°	位于砧子山墓地南区，中部。
1238	NDZM1238	直径：1.8　高：0.21	0°	位于砧子山墓地南区，中部。

墓葬结构	是否经过考古发掘	备注
平面呈不规则圆形，上分布有大量的小石块，植被茂盛。	否	
平面呈不规则圆形，散布有少量大石块。	否	
平面呈不规则圆形，由石块堆砌而成。	否	
平面呈不规则圆形，上有石堆。	否	
平面呈不规则圆形。	否	
平面呈不规则圆形，散布有少量大石块。	否	
平面呈不规则圆形，上覆植被较茂盛。	否	
平面呈不规则圆形。	否	
平面呈不规则圆形，上面分布较少石块。	否	
平面呈不规则圆形，上分布有大量的小石块，植被茂盛。	否	
平面呈不规则圆形，散布有少量大石块。	否	
平面呈不规则圆形，上覆植被较茂盛。	否	
平面呈不规则圆形，上有少许石块。	否	
平面呈不规则圆形，散布有少量大石块。	否	
平面呈不规则圆形，外围有小石块。	否	
平面呈不规则圆形，散布有少量大石块。	否	
平面呈不规则圆形，上面分布较少石块。	否	
平面呈不规则圆形，外围有小石块散落。	否	
平面呈不规则圆形，散布有少量大石块。	否	
平面呈不规则圆形，上分布有大量的小石块，植被茂盛。	否	
平面呈不规则圆形，上有石堆。	否	

续附表 5-2

序号	编号	尺寸（米）	方向（度）	遗迹所在位置
1239	NDZM1239	直径：1.8	0°	位于砧子山墓地南区，中部。
1240	NDZM1240	直径：2.7	0°	位于砧子山墓地南区，中部。
1241	NDZM1241	直径：2.4	0°	位于砧子山墓地南区，中部。
1242	NDZM1242	直径：2.1	0°	位于砧子山墓地南区，中部。
1243	NDZM1243	直径：1.9　高：0.16	0°	位于砧子山墓地南区，中部。
1244	NDZM1244	直径：2.1	0°	位于砧子山墓地南区，中部。
1245	NDZM1245	直径：2.4	0°	位于砧子山墓地南区，中部。
1246	NDZM1246	直径：1.9	0°	位于砧子山墓地南区，中部。
1247	NDZM1247	直径：1.5	0°	位于砧子山墓地南区，中部。
1248	NDZM1248	直径：2.1	0°	位于砧子山墓地南区，中部。
1249	NDZM1249	直径：1.7	0°	位于砧子山墓地南区，中部。
1250	NDZM1250	直径：2.5	0°	位于砧子山墓地南区，中部。
1251	NDZM1251	直径：1.5	0°	位于砧子山墓地南区，中部。
1252	NDZM1252	直径：2	0°	位于砧子山墓地南区，中部。
1253	NDZM1253	直径：2.1	0°	位于砧子山墓地南区，中部。
1254	NDZM1254	直径：2.4	0°	位于砧子山墓地南区，中部。
1255	NDZM1255	直径：1.6	0°	位于砧子山墓地南区，中部。
1256	NDZM1256	直径：2.1	0°	位于砧子山墓地南区，中部。
1257	NDZM1257	直径：1.8	0°	位于砧子山墓地南区，中部。
1258	NDZM1258	直径：1.7	0°	位于砧子山墓地南区，中部。

墓葬结构	是否经过考古发掘	备注
平面呈不规则圆形，上面分布较少石块。	否	
平面呈不规则圆形，上分布有大量的小石块，植被茂盛。	否	
平面呈不规则圆形，散布有少量大石块。	否	
平面呈不规则圆形，周围有大量石块。	否	
平面呈不规则圆形，上有石堆。	否	
平面呈不规则圆形，有植被覆盖。	否	
平面呈不规则圆形，周围散落有小石块，数量较多。	否	
平面呈不规则圆形，散布有少量大石块。	否	
平面呈不规则圆形，分布有少量植被。	否	
平面呈不规则圆形，边界仍然可以分辨。	否	
平面呈不规则圆形，周围堆砌有小石堆。	否	
平面呈不规则圆形，周围散布有少量大石块。	否	
平面呈不规则圆形。	否	
平面呈不规则圆形，中间不规则散布着几块大石块，边沿植被生长茂盛。	否	
平面呈不规则圆形，边沿植被生长茂盛。	否	
平面呈不规则圆形，散布有少量大石块。	否	
平面呈不规则圆形，发现两个盗洞。	否	
平面呈不规则圆形，周围分布有植被，散布少量大石块。	否	
平面呈不规则圆形，边沿植被生长茂盛。	否	
平面呈不规则圆形，散布少量大石块。	否	

续附表 5-2

序号	编号	尺寸（米）	方向（度）	遗迹所在位置
1259	NDZM1259	直径：2.2	0°	位于砧子山墓地南区，中部。
1260	NDZM1260	直径：2.1	0°	位于砧子山墓地南区，中部。
1261	NDZM1261	直径：2.4	0°	位于砧子山墓地南区，中部。
1262	NDZM1262	直径：1.9	0°	位于砧子山墓地南区，中部。
1263	NDZM1263	直径：1.5	0°	位于砧子山墓地南区，中部。
1264	NDZM1264	直径：2.1	0°	位于砧子山墓地南区，中部。
1265	NDZM1265	直径：1.7	0°	位于砧子山墓地南区，中部。
1266	NDZM1266	直径：2.5	0°	位于砧子山墓地南区，中部。
1267	NDZM1267	直径：1.5	0°	位于砧子山墓地南区，中部。
1268	NDZM1268	直径：2	0°	位于砧子山墓地南区，中部。
1269	NDZM1269	直径：2.1	0°	位于砧子山墓地南区，中部。
1270	NDZM1270	直径：2.1　高：0.62	0°	位于砧子山墓地南区，中部。
1271	NDZM1271	直径：1.8	0°	位于砧子山墓地南区，中部。
1272	NDZM1272	直径：2.2	0°	位于砧子山墓地南区，中部。
1273	NDZM1273	直径：2.3	0°	位于砧子山墓地南区，中部。
1274	NDZM1274	直径：1.7	0°	位于砧子山墓地南区，中部。
1275	NDZM1275	直径：2.4	0°	位于砧子山墓地南区，中部。
1276	NDZM1276	直径：2.1	0°	位于砧子山墓地南区，中部。
1277	NDZM1277	直径：2.2	0°	位于砧子山墓地南区，中部。
1278	NDZM1278	直径：2.5	0°	位于砧子山墓地南区，中部。

墓葬结构	是否经过考古发掘	备注
平面呈不规则圆形。	否	
平面呈不规则圆形，有植被覆盖。	否	
平面呈不规则圆形，周围散落有小石块，数量较多。	否	
平面呈不规则圆形，散布有少量石块。	否	
平面呈不规则圆形。	否	
平面呈不规则圆形，边界可以分辨。	否	
平面呈不规则圆形，周围堆砌有石堆。	否	
平面呈不规则圆形，周围散布有少量石块。	否	
平面呈不规则圆形，分布有小石块。	否	
平面呈不规则圆形，中间不规则散布着几块大石块，边沿植被生长茂盛。	否	
平面呈不规则圆形，边沿植被生长茂盛。	否	
平面呈不规则圆形，上有石堆。	否	
平面呈不规则圆形，散布有少量石块。	否	
平面呈不规则圆形。	否	
平面呈不规则圆形，上分布有大量的小石块，植被茂盛。	否	
平面呈不规则圆形，由石块堆砌而成。	否	
平面呈不规则圆形，散布有少量石块。	否	
平面呈不规则圆形，上面分布的石块数量较少。	否	
平面呈不规则圆形，散布有少量石块。	否	
平面呈不规则圆形。	否	

续附表 5-2

序号	编号	尺寸（米）	方向（度）	遗迹所在位置
1279	NDZM1279	直径：1.8 高：0.45	0°	位于砧子山墓地南区，中部。
1280	NDZM1280	直径：2.1	0°	位于砧子山墓地南区，中部。
1281	NDZM1281	直径：2.6	0°	位于砧子山墓地南区，中部。
1282	NDZM1282	直径：2	0°	位于砧子山墓地南区，中部。
1283	NDZM1283	直径：2.1	0°	位于砧子山墓地南区，中部。
1284	NDZM1284	直径：1.7	0°	位于砧子山墓地南区，中部。
1285	NDZM1285	直径：2 高：0.6	0°	位于砧子山墓地南区，中部。
1286	NDZM1286	直径：1.8	0°	位于砧子山墓地南区，中部。
1287	NDZM1287	直径：2.5	0°	位于砧子山墓地南区，中部。
1288	NDZM1288	直径：1.7	0°	位于砧子山墓地南区，中部。
1289	NDZM1289	直径：1.6	0°	位于砧子山墓地南区，中部。
1290	NDZM1290	直径：1.8	0°	位于砧子山墓地南区，中部。
1291	NDZM1291	直径：2.1	0°	位于砧子山墓地南区，中部。
1292	NDZM1292	直径：1.9	0°	位于砧子山墓地南区，中部。
1293	NDZM1293	直径：1.6	0°	位于砧子山墓地南区，中部。
1294	NDZM1294	直径：2.2	0°	位于砧子山墓地南区，中部。
1295	NDZM1295	直径：2.3	0°	位于砧子山墓地南区，中部。
1296	NDZM1296	直径：2.1	0°	位于砧子山墓地南区，中部。
1297	NDZM1297	直径：1.7	0°	位于砧子山墓地南区，中部。
1298	NDZM1298	直径：2.3	0°	位于砧子山墓地南区，中部。

墓葬结构	是否经过考古发掘	备注
平面呈不规则圆形，上有石堆。	否	
平面呈不规则圆形，上覆植被较茂盛。	否	
平面呈不规则圆形，上分布有大量的小石块，植被茂盛。	否	
平面呈不规则圆形，由石块堆砌而成。	否	
平面呈不规则圆形，散布有少量石块。	否	
平面呈不规则圆形，周围散布有很多小石块。	否	
平面呈不规则圆形，上有石堆。	否	
平面呈不规则圆形，散布有少量石块。	否	
平面呈不规则圆形。	否	
平面呈不规则圆形，靠近边沿处植被生长茂盛，中间较少。	否	
平面呈不规则圆形，由数量较多的小石块堆成一个石堆，植被生长茂盛。	否	
平面呈不规则圆形，散布有少量石块。	否	
平面呈不规则圆形，中间稍向下凹，植被较稀疏。	否	
平面呈不规则圆形，周围散落有小石块，数量较多。	否	
平面呈不规则圆形，植被较周围比较茂盛。	否	
平面呈不规则圆形，上面散布有一些小石块。	否	
平面呈不规则圆形，边界不明，上有石块散落，数量少，石块较大。	否	
平面呈不规则圆形，墓葬周围有石块堆砌。	否	
平面呈不规则圆形，散布有少量大石块。	否	
平面呈不规则圆形，位于缓坡顶部，四周有零散石块分布。	否	

续附表 5-2

序号	编号	尺寸（米）	方向（度）	遗迹所在位置
1299	NDZM1299	直径：2.1	0°	位于砟子山墓地南区，中部。
1300	NDZM1300	直径：1.8	0°	位于砟子山墓地南区，中部。
1301	NDZM1301	直径：1.6	0°	位于砟子山墓地南区，中部。
1302	NDZM1302	直径：1.9	0°	位于砟子山墓地南区，中部。
1303	NDZM1303	直径：1.8	0°	位于砟子山墓地南区，中部。
1304	NDZM1304	直径：2.2	0°	位于砟子山墓地南区，中部。
1305	NDZM1305	直径：2.1	0°	位于砟子山墓地南区，中部。
1306	NDZM1306	直径：1.7	0°	位于砟子山墓地南区，中部。
1307	NDZM1307	直径：1.6	0°	位于砟子山墓地南区，中部。
1308	NDZM1308	直径：1.8　高：0.33	0°	位于砟子山墓地南区，中部。
1309	NDZM1309	直径：1.8	0°	位于砟子山墓地南区，中部。
1310	NDZM1310	直径：2.2	0°	位于砟子山墓地南区，中部。
1311	NDZM1311	直径：2.4	0°	位于砟子山墓地南区，中部。
1312	NDZM1312	直径：2.1	0°	位于砟子山墓地南区，中部。
1313	NDZM1313	直径：1.7	0°	位于砟子山墓地南区，中部。
1314	NDZM1314	直径：2.5	0°	位于砟子山墓地南区，中部。
1315	NDZM1315	直径：2.1	0°	位于砟子山墓地南区，中部。
1316	NDZM1316	直径：2.3	0°	位于砟子山墓地南区，中部。
1317	NDZM1317	直径：1.8	0°	位于砟子山墓地南区，中部。
1318	NDZM1318	直径：2.1	0°	位于砟子山墓地南区，中部。

墓葬结构	是否经过考古发掘	备注
平面呈不规则圆形，分布有少量小石块。	否	
平面呈不规则圆形，散布有少量石块。	否	
平面呈不规则圆形，植被较稀疏，散布有少量小石块。	否	
平面呈不规则圆形，植被较周围稀疏。	否	
平面呈不规则圆形，周边植被生长茂盛，边缘坡度较缓。	否	
平面呈不规则圆形，散布有少量大石块，植被稀疏。	否	
平面呈不规则圆形，墓葬边界不明显。	否	
平面呈不规则圆形，靠近边沿处植被生长茂盛，中间较少。	否	
平面呈不规则圆形，由数量较多的小石块堆成一个石堆，植被生长茂盛。	否	
平面呈不规则圆形，上有石堆。	否	
平面呈不规则圆形，上面分布的石块数量较少。	否	
平面呈不规则圆形，上分布有大量的小石块，植被茂盛。	否	
平面呈不规则圆形，散布有少量石块。	否	
平面呈不规则圆形，上覆植被较茂盛。	否	
平面呈不规则圆形，上有石堆。	否	
平面呈不规则圆形。	否	
平面呈不规则圆形，散布有少量大石块。	否	
平面呈不规则圆形，上覆植被较茂盛。	否	
平面呈不规则圆形，上面分布较少石块。	否	
平面呈不规则圆形，上面分布较少石块。	否	

续附表 5-2

序号	编号	尺寸（米）	方向（度）	遗迹所在位置
1319	NDZM1319	直径：2.2	0°	位于砧子山墓地南区，中部。
1320	NDZM1320	直径：2.3	0°	位于砧子山墓地南区，中部。
1321	NDZM1321	直径：2.4	0°	位于砧子山墓地南区，中部。
1322	NDZM1322	直径：2.1　高：0.25	0°	位于砧子山墓地南区，中部。
1323	NDZM1323	直径：2.3	0°	位于砧子山墓地南区，中部。
1324	NDZM1324	直径：1.7	0°	位于砧子山墓地南区，中部。
1325	NDZM1325	直径：2.2	0°	位于砧子山墓地南区，中部。
1326	NDZM1326	直径：2.4	0°	位于砧子山墓地南区，中部。
1327	NDZM1327	直径：1.9	0°	位于砧子山墓地南区，中部。
1328	NDZM1328	直径：2.2	0°	位于砧子山墓地南区，中部。
1329	NDZM1329	直径：1.9	0°	位于砧子山墓地南区，中部。
1330	NDZM1330	直径：1.6	0°	位于砧子山墓地南区，中部。
1331	NDZM1331	直径：1.8	0°	位于砧子山墓地南区，中部。
1332	NDZM1332	直径：2.7	0°	位于砧子山墓地南区，中部。
1333	NDZM1333	直径：2.4	0°	位于砧子山墓地南区，中部。
1334	NDZM1334	直径：2.1	0°	位于砧子山墓地南区，中部。
1335	NDZM1335	直径：1.9	0°	位于砧子山墓地南区，中部。
1336	NDZM1336	直径：2.4	0°	位于砧子山墓地南区，中部。
1337	NDZM1337	直径：2.1	0°	位于砧子山墓地南区，中部。
1338	NDZM1338	直径：2.3	0°	位于砧子山墓地南区，中部。
1339	NDZM1339	直径：1.8	0°	位于砧子山墓地南区，中部。

墓葬结构	是否经过考古发掘	备注
平面呈不规则圆形，上有大量的小石块分布，植被茂盛。	否	
平面呈不规则圆形，散布有少量石块。	否	
平面呈不规则圆形，上覆植被较茂盛。	否	
平面呈不规则圆形，上有石堆。	否	
平面呈不规则圆形。	否	
平面呈不规则圆形，由石块堆砌而成。	否	
平面呈不规则圆形，散布有少量石块。	否	
平面呈不规则圆形，上面分布较少石块。	否	
平面呈不规则圆形，边沿由石块堆砌而成。	否	
平面呈不规则圆形，散布有少量大石块。	否	
平面呈不规则圆形，上分布有大量的小石块，植被茂盛。	否	
平面呈不规则圆形，上有石堆。	否	
平面呈不规则圆形，上面分布较少石块。	否	
平面呈不规则圆形，上分布有大量的小石块，植被茂盛。	否	
平面呈不规则圆形，散布有少量大石块。	否	
平面呈不规则圆形，由石块堆砌而成的。	否	
平面呈不规则圆形，有石堆分布。	否	
平面呈不规则圆形。	否	
平面呈不规则圆形，散布有少量大石块。	否	
平面呈不规则圆形，上覆植被较茂盛。	否	
平面呈不规则圆形。	否	

续附表 5-2

序号	编号	尺寸（米）	方向（度）	遗迹所在位置
1340	NDZM1340	直径：2.4	0°	位于砧子山墓地南区，中部。
1341	NDZM1341	直径：1.8	0°	位于砧子山墓地南区，中部。
1342	NDZM1342	直径：2.4	0°	位于砧子山墓地南区，中部。
1343	NDZM1343	直径：2.3	0°	位于砧子山墓地南区，中部。
1344	NDZM1344	直径：1.7	0°	位于砧子山墓地南区，中部。
1345	NDZM1345	直径：2.4	0°	位于砧子山墓地南区，中部。
1346	NDZM1346	直径：2.1	0°	位于砧子山墓地南区，中部。
1347	NDZM1347	直径：2.2	0°	位于砧子山墓地南区，中部。
1348	NDZM1348	直径：2.1	0°	位于砧子山墓地南区，中部。
1349	NDZM1349	直径：1.8	0°	位于砧子山墓地南区，中部。
1350	NDZM1350	直径：2.1	0°	位于砧子山墓地南区，中部。
1351	NDZM1351	直径：2.7	0°	位于砧子山墓地南区，中部。
1352	NDZM1352	直径：2.2	0°	位于砧子山墓地南区，中部。
1353	NDZM1353	直径：2.1	0°	位于砧子山墓地南区，中部。
1354	NDZM1354	直径：1.7	0°	位于砧子山墓地南区，中部。
1355	NDZM1355	直径：2.4	0°	位于砧子山墓地南区，中部。
1356	NDZM1356	直径：1.8	0°	位于砧子山墓地南区，中部。
1357	NDZM1357	直径：2.5	0°	位于砧子山墓地南区，中部。
1358	NDZM1358	直径：2.3	0°	位于砧子山墓地南区，中部。
1359	NDZM1359	直径：1.7	0°	位于砧子山墓地南区，中部。
1360	NDZM1360	直径：2.4	0°	位于砧子山墓地南区，中部。

墓葬结构	是否经过考古发掘	备注
平面呈不规则圆形，分布少量石块。	否	
平面呈不规则圆形，散布有少量大石块。	否	
平面呈不规则圆形。	否	
平面呈不规则圆形，上分布有大量的小石块，植被茂盛。	否	
平面呈不规则圆形，边沿由石块堆砌而成。	否	
平面呈不规则圆形，散布有少量大石块。	否	
平面呈不规则圆形，上面分布较少石块。	否	
平面呈不规则圆形，散布有少量石块。	否	
平面呈不规则圆形，上分布有大量小石块。	否	
平面呈不规则圆形，上有石堆。	否	
平面呈不规则圆形，上覆植被较茂盛。	否	
平面呈不规则圆形，上分布有大量的小石块，植被茂盛。	否	
平面呈不规则圆形，由石块堆砌而成。	否	
平面呈不规则圆形，散布有少量大石块。	否	
平面呈不规则圆形，周围散布有很多小石块。	否	
平面呈不规则圆形，上有石堆。	否	
平面呈不规则圆形，散布有少量大石块。	否	
平面呈不规则圆形。	否	
平面呈不规则圆形，上分布有大量的小石块，植被茂盛。	否	
平面呈不规则圆形，有石块散落。	否	
平面呈不规则圆形，散布有少量大石块。	否	

续附表 5-2

序号	编号	尺寸（米）	方向（度）	遗迹所在位置
1361	NDZM1361	直径：2.1	0°	位于砧子山墓地南区，东侧。
1362	NDZM1362	直径：2.2	0°	位于砧子山墓地南区，东侧。
1363	NDZM1363	直径：2.5	0°	位于砧子山墓地南区，东侧。
1364	NDZM1364	直径：1.8	0°	位于砧子山墓地南区，东侧。
1365	NDZM1365	直径：2.1	0°	位于砧子山墓地南区，东侧。
1366	NDZM1366	直径：2.7	0°	位于砧子山墓地南区，东侧。
1367	NDZM1367	直径：2	0°	位于砧子山墓地南区，东侧。
1368	NDZM1368	直径：2.1	0°	位于砧子山墓地南区，东侧。
1369	NDZM1369	直径：1.7	0°	位于砧子山墓地南区，东侧。
1370	NDZM1370	直径：2　高：0.31	0°	位于砧子山墓地南区，东侧。
1371	NDZM1371	直径：1.8	0°	位于砧子山墓地南区，东侧。
1372	NDZM1372	直径：2.5	0°	位于砧子山墓地南区，东侧。
1373	NDZM1373	直径：2.3	0°	位于砧子山墓地南区，东侧。
1374	NDZM1374	直径：1.7	0°	位于砧子山墓地南区，东侧。
1375	NDZM1375	直径：2.4	0°	位于砧子山墓地南区，东侧。
1376	NDZM1376	直径：2.1	0°	位于砧子山墓地南区，东侧。
1377	NDZM1377	直径：2.2	0°	位于砧子山墓地南区，东侧。
1378	NDZM1378	直径：2	0°	位于砧子山墓地南区，东侧。
1379	NDZM1379	直径：1.6	0°	位于砧子山墓地南区，东侧。
1380	NDZM1380	直径：1.8	0°	位于砧子山墓地南区，东侧。

墓葬结构	是否经过考古发掘	备注
平面呈不规则圆形，上面分布较少的石块。	否	
平面呈不规则圆形，散布有少量大石块。	否	
平面呈不规则圆形。	否	
平面呈不规则圆形，上有石堆。	否	
平面呈不规则圆形，上覆植被较茂盛。	否	
平面呈不规则圆形，上分布有大量的小石块，植被茂盛。	否	
平面呈不规则圆形，周围有小石块散落。	否	
平面呈不规则圆形，散布有少量大石块。	否	
平面呈不规则圆形，周围散布有很多小石块。	否	
平面呈不规则圆形，上有石堆。	否	
平面呈不规则圆形，散布有少量大石块。	否	
平面呈不规则圆形。	否	
平面呈不规则圆形，上分布有大量的小石块，植被茂盛。	否	
平面呈不规则圆形，由石块堆砌而成。	否	
平面呈不规则圆形，散布有少量大石块。	否	
平面呈不规则圆形，上面分布较少石块。	否	
平面呈不规则圆形，散布有少量大石块。	否	
平面呈不规则圆形，靠近边沿处植被生长茂盛，中间较少。	否	
平面呈不规则圆形，由数量较多的小石块堆成一个石堆，植被生长茂盛。	否	
平面呈不规则圆形，通过上面生长的植被，可以很容易找到墓葬边沿。	否	

续附表 5-2

序号	编号	尺寸（米）	方向（度）	遗迹所在位置	
1381	NDZM1381	直径：2.1	0°	位于砧子山墓地南区，东侧。	
1382	NDZM1382	直径：1.9	0°	位于砧子山墓地南区，东侧。	
1383	NDZM1383	直径：1.6	0°	位于砧子山墓地南区，东侧。	
1384	NDZM1384	直径：2.2	0°	位于砧子山墓地南区，东侧。	
1385	NDZM1385	直径：2.2	0°	位于砧子山墓地南区，东侧。	
1386	NDZM1386	直径：2.1	0°	位于砧子山墓地南区，东侧。	
1387	NDZM1387	直径：2.4	0°	位于砧子山墓地南区，东侧。	
1388	NDZM1388	直径：2.3	0°	位于砧子山墓地南区，东侧。	
1389	NDZM1389	直径：2.1	0°	位于砧子山墓地南区，东侧。	
1390	NDZM1390	直径：1.8	0°	位于砧子山墓地南区，东侧。	
1391	NDZM1391	直径：1.6	0°	位于砧子山墓地南区，东侧。	
1392	NDZM1392	直径：1.9	0°	位于砧子山墓地南区，东侧。	
1393	NDZM1393	直径：1.8	0°	位于砧子山墓地南区，东侧。	
1394	NDZM1394	直径：2.4	0°	位于砧子山墓地南区，东侧。	
1395	NDZM1395	直径：2.1	0°	位于砧子山墓地南区，东侧。	
1396	NDZM1396	直径：2.3	0°	位于砧子山墓地南区，东侧。	
1397	NDZM1397	直径：2　高：0.36	0°	位于砧子山墓地南区，东侧。	
1398	NDZM1398	直径：1.8	0°	位于砧子山墓地南区，东侧。	
1399	NDZM1399	1.2 × 0.7 -0.2	15°	位于砧子山墓地西区，中部。	

墓葬结构	是否经过考古发掘	备注
平面呈不规则圆形，中间稍向下凹，植被较稀疏。	否	
平面呈不规则圆形，周围散落有小石块，数量较多。	否	
平面呈不规则圆形，植被较周围比较茂盛。	否	
平面呈不规则圆形，上面散布有一些小石块。	否	
平面呈不规则圆形，边界不明，上有石块散落，数量少，石块较大。	否	
平面呈不规则圆形，墓葬周围由石块堆砌。	否	
平面呈不规则圆形，散布有少量大石块。	否	
平面呈不规则圆形，位于缓坡顶部，四周有零散石块分布。	否	
平面呈不规则圆形，分布有少量小石块。	否	
平面呈不规则圆形，由石块堆成。	否	
平面呈不规则圆形，植被较稀疏，散布有少量小石块。	否	
平面呈不规则圆形，植被较周围稀疏。	否	
平面呈不规则圆形，周边植被生长茂盛，边缘坡度较缓。	否	
平面呈不规则圆形，散布有少量大石块，植被稀疏。	否	
墓葬边界不明显。	否	
平面呈不规则圆形，靠近边沿处植被生长茂盛，中间较少。	否	
平面呈不规则圆形，上有石堆。	否	
平面呈不规则圆形，散布有少量大石块。	否	
长方形土坑竖穴墓。	墓葬长 1.2 米，宽 0.7 米，深度 0.2 米。仰身直肢葬，早期受盗扰，随葬品有梅瓶 1 个。	

续附表 5-2

序号	编号	尺寸（米）	方向（度）	遗迹所在位置
1400	NDZM1400	1.66 × 1 −0.46	7°	位于砧子山墓地西区，中部。
1401	NDZM1401	1 × 0.7−0.6	25°	位于砧子山墓地西区，中部。
1402	NDZM1402	1.56 × 0.96−1.04	20°	位于砧子山墓地西区，中部。
1403	NDZM1403	2.1 × 1 −0.3	15°	位于砧子山墓地西区，中部。
1404	NDZM1404	2 × （1.7 ~ 1.45）−0.3	10°	位于砧子山墓地西区，中部。
1405	NDZM1405	2.28 × （0.94 ~ 0.82）−1.1	7°	位于砧子山墓地西区，中部。
1406	NDZM1406	2.1 × （1.15 ~ 0.84）−0.7	15°	位于砧子山墓地西区，中部。
1407	NDZM1407	1 × 0.7−0.4	10°	位于砧子山墓地西区，中部。
1408	NDZM1408	1 × 0.9 −0.55	25°	位于砧子山墓地西区，中部。
1409	NDZM1409	0.8 × 0.7−0.7	0°	位于砧子山墓地西区，中部。
1410	NDZM1410	1.1 × 1−1	5°	位于砧子山墓地西区，中部。

墓葬结构	是否经过考古发掘	备注
长方形土坑竖穴墓。	墓葬长 1.66 米，宽 1 米，深 0.46 米。仰身屈肢葬，葬具为木棺，早期受盗扰，有生土二层台。	
长方形土坑竖穴墓。	墓葬长 1 米，宽 0.7 米，深 0.6 米。葬具为骨灰盒，早期受盗扰，墓口用自然石块垒砌。	
长方形土坑竖穴墓。	墓葬长 1.56 米，宽 0.96 米，深 1.04 米。葬具为骨灰盒，早期受盗扰，随葬品有钱币 4 枚。有生土二层台。	
长方形土坑竖穴墓。	墓葬长 2.1 米，宽 1 米，深 0.3 米。仰身直肢葬，葬具为木棺，早期受盗扰。	
长梯形土坑竖穴墓。	墓葬长 2 米，深 0.3 米。葬具为木棺，早期受盗扰，随葬品有瓷盘 1 个。	
长梯形土坑竖穴墓。	墓葬长 2.28 米，深 1.1 米。仰身直肢葬，葬具为木棺。早期受盗扰。	
长梯形土坑竖穴墓。	墓葬长 2.1 米，深 0.7 米。仰身直肢葬，葬具为木棺。	
长方形土坑竖穴墓。	墓葬长 1 米，宽 0.7 米，深 0.4 米。葬具为骨灰盒，早期受盗扰，随葬品有银簪 1 支。墓口垒砌自然石块。	
长方形土坑竖穴墓。	墓葬长 1 米，宽 0.9 米。深 0.55 米。葬具为骨灰盒，早期受盗扰，随葬品有小口瓶 2 个，钱币 3 枚。	
长方形土坑竖穴墓。	墓葬长 0.8 米，宽 0.7 米，深 0.7 米。葬具为骨灰盒，早期受盗扰，随葬品有釉陶罐 1 个。	
长方形土坑竖穴墓。	墓葬长 1.1 米，宽 1 米，深 1 米。葬具为骨灰盒，早期受盗扰，随葬品有鎏金银簪 1 支。	

第六部分　元上都遗址一棵树墓葬群

附表 6-1　　一棵树墓葬群数据采集表

序号	编号	尺寸（米）长 × 宽 – 高	方向（度）	遗迹所在区域
001	NLYM001	2.9 × 2.2–0.1	5°	东区北部
002	NLYM002	7.05 × 6.92	14°	东区北部
003	NLYM003	5.1 × 5.06–0.3	352°	东区北部
004	NLYM004	4.8 × 4.1	355°	东区北部
005	NLYM005	5.2 × 4.8	15°	东区北部
006	NLYM006	3.9 × 3.4	10°	东区北部
007	NLYM007	3.9 × 3.4	6°	东区北部
008	NLYM008	5.9 × 5.2	342°	东区北部
009	NLYM009	4.2 × 3.8	352°	东区北部
010	NLYM010	3.2 × 3	0°	东区北部
011	NLYM011	3.9 × 3.9	323°	东区北部
012	NLYM012	4.6 × 3.5	310°	东区北部
013	NLYM013	4.5 × 3.2	355°	东区北部
014	NLYM014	3.7 × 2.6	342°	东区北部
015	NLYM015	3.7 × 2.3	342°	东区北部
016	NLYM016	1 × 1–0.1	342°	东区北部
017	NLYM017	3.7 × 3.4	350°	东区北部
018	NLYM018	3.2 × 3.05	325°	东区北部
019	NLYM019	3.9 × 2.7	320°	东区北部

墓葬结构	是否经过考古发掘	备注
地表有封土。	否	
地表为石砌长方形边框，东、南、西三面有石框，北边只剩下几块石头，地表散布着灰色砖块。	否	
呈不规则长方形，地表有封土。	否	
地表有一块铁片，为封土结构。	否	
呈不规则长方形，中间内凹，地表散布着石块。	否	
呈不规则长方形，地表周围有石块，中间内凹，深约0.3米。	否	
地表有石砌边框，东、南、西三面保存较好，北边无框，中间下陷，深约0.2米。	否	
呈不规则长方形，地表有石砌边框，保存较好，西、北、南三面边框明显。	否	
呈不规则圆形，西、南、东三面保存有石砌边框，北边只保留一块石头，边框内陷，深约0.1米。	否	
地表有微凸起的土堆，中间有两块石块。	否	
呈不规则方形，地表有微凸起的封土。	否	
石砌边框保存较好，东、西边框非常明显，北边边框保存较好，南边较差，边框中央下凹。	否	
呈不规则长方形，东边边框保存有几块石头，其余三边没有，中间下陷。	否	
呈不规则长方形，四周边框保存较好，中间下陷。	否	
地表分布一圈石头，中间向下凹陷。	否	
地表直径约1米的圆形土堆。	否	
地表为小石块封土堆，封土堆稍高于地表。	否	
呈不规则长方形，地表封石保存较好，中间有一深约0.5米的小坑。	否	
地表分布着小碎石块、封石堆，封石堆略高于地表。	否	

续附表 6-1

序号	编号	尺寸（米）长 × 宽 - 高	方向（度）	遗迹所在区域
020	NLYM020	3.3 × 2.7	355°	东区北部
021	NLYM021	3.6 × 2.8	5°	东区北部
022	NLYM022	4.2 × 2.9	340°	东区北部
023	NLYM023	4.74 × 3.6	340°	东区北部
024	NLYM024	1 × 1	330°	东区中部
025	NLYM025	3.4 × 2.4	345°	东区中部
026	NLYM026	3 × 2.6	320°	东区中部
027	NLYM027	3.5 × 2.4	350°	东区中部
028	NLYM028	2.7 × 1.8	335°	东区中部
029	NLYM029	5.1 × 4.9	335°	东区中部
030	NLYM030	3.3 × 2.7	340°	东区中部
031	NLYM031	3.5 × 2.7	0°	东区中部
032	NLYM032	3.4 × 2.9	355°	东区中部
033	NLYM033	4.1 × 3.8	345°	东区中部
034	NLYM034	2.3 × 1.8	335°	东区中部
035	NLYM035	3.1 × 2.5	20°	东区中部
036	NLYM036	3.1 × 2.6	346°	东区中部
037	NLYM037	3.3 × 2.6	5°	东区中部
038	NLYM038	4.6 × 4.2	15°	东区中部
039	NLYM039	4.3 × 3.2	10°	东区中部

墓葬结构	是否经过考古发掘	备注
地表有封石堆，略高于地表。	否	
地面呈较浅的土坑。	否	
地表有封石堆，形状不太规则。	否	
地表有砌石土堆，石块比较散乱，中间有一个土坑。	否	
高于地表约 0.1 米的封土堆。	否	
地表为略高于地表的封石堆，石块比较散乱。	否	
封土堆略高于地表，中间有一块大石头。	否	
地表为不规则的长方形封石堆，封石堆略高于地表。	否	
高于地表约 0.2 米的封石堆，石块比较密集。	否	
地表为封土堆，中间塌陷。	否	
高于地表的封石堆，封石堆周围散落着几块石头。	否	
有封石堆。	否	
地表有两块大石头，可能作为墓葬地表标志。	否	
地表有石堆，中间有凹陷，北边有一块大石头作为标志。	否	
地表有石堆，高于地表约 0.2 米。	否	
有封石堆。	否	
有封石堆。	否	
有封石堆。	否	
地表有大石头为标志，现有一深约 0.3 米的坑。	否	
地表有封土堆，并有几块石头作为标志。	否	

续附表 6-1

序号	编号	尺寸（米）长 × 宽 - 高	方向（度）	遗迹所在区域
040	NLYM040	3.4 × 3.2	15°	东区中部
041	NLYM041	2.9 × 2.4	20°	东区中部
042	NLYM042	4.5 × 3.5	355°	东区中部
043	NLYM043	3.9 × 3.4	345°	东区中部
044	NLYM044	3.6 × 3.4	355°	东区中部
045	NLYM045	3.3 × 2.6	10°	东区中部
046	NLYM046	3.6 × 2.9	355°	东区南部
047	NLYM047	3.5 × 2.8	10°	东区南部
048	NLYM048	3 × 2.2	353°	东区南部
049	NLYM049	4.1 × 3.1	0°	东区南部
050	NLYM050	4.1 × 3.9	340°	东区南部
051	NLYM051	2.9 × 2.6	5°	东区南部
052	NLYM052	4.8 × 3.8	25°	东区南部
053	NLYM053	4 × 3.3	350°	东区南部
054	NLYM054	3.5 × 2.9	335°	东区南部
055	NLYM055	5.1 × 4.3	0°	东区南部
056	NLYM056	2.7 × 1.8	346°	东区南部
057	NLYM057	3.7 × 2.6	356°	东区南部
058	NLYM058	3 × 2.3	338°	东区南部
059	NLYM059	4.1 × 3.5	18°	东区南部

墓葬结构	是否经过考古发掘	备注
地表有一块直径 0.65 米的大石头作为墓葬标志。	否	
东南有石边框。	否	
东、西两边有石块，中间凹陷深约 0.2 米。	否	
地表周围有几块石头，中间凹陷深约 0.3 米。	否	
山坡有几块石头，中间内陷。	否	
为封土堆墓葬，中间凹陷，深约 0.2 米。	否	
四周有石头圈，中间内陷。	否	
四周有石头圈，中间内陷，深约 0.3 米。	否	
北边有一块石板，中间下陷，深约 0.5 米。	否	
地表有封石堆，略高于地表，西侧有直径约 0.8 米的土坑，深约 0.2 米。	否	
东有一块大石头，南边有两块大石头作为墓地，中间有小石块。	否	
南、西两边有石砌边框，封土堆略高于地表。	否	
地表有封土堆，并有几块石头作为标志，封土堆稍高于地表。	否	
西侧有石砌边框，中间凹陷，深约 0.1 米。	否	
中间下陷，深约 0.4 米。	否	
东、西两边各有一块石头，中间下陷，深约 0.2 米。	否	
南侧有一块约 0.7 米 ×0.4 米的石头，中间下陷，深约 0.2 米。	否	
四边有石边框，中间下陷，深约 0.2 米。	否	
北边有一块石头。	否	
坑深约 0.4 米，其西、南边各有一块石头。	否	

续附表 6-1

序号	编号	尺寸（米）长 × 宽 – 高	方向（度）	遗迹所在区域
060	NLYM060	2.7 × 1.9	10°	东区南部
061	NLYM061	3.1 × 0.8 –1.2	10°	中区北部
062	NLYM062	1.9 × 0.7 –0.6	60°	中区北部
063	NLYM063	2.2 ×（1 ~ 0.7）–0.8	20°	中区北部
064	NLYM064	2.4 × 1.02 –2.3	12°	中区北部
065	NLYM065	2.34 ×（1.02 ~ 0.86）–1.7	12°	中区北部
066	NLYM066	2.5 ×（1.3 ~ 1.2）–1.2	325°	中区北部
067	NLYM067	3.3 ×（3.1 ~ 1.4）–1.2	8°	中区北部
068	NLYM068	2.5 × 1 –1.5	357°	中区北部
069	NLYM069	2.8 × 1.6 –1.44	350°	中区北部
070	NLYM070	2.3 × 0.9 –1.1	10°	中区北部
071	NLYM071	2.3 × 1 –1.2	345°	中区北部
072	NLYM072	2 × 0.9 –0.8	325°	中区北部
073	NLYM073	2.5 × 1 –1.4	351°	中区北部
074	NLYM074	2.3 × 0.9 –1.3	345°	中区北部
075	NLYM075	2.4 ×（1 ~ 0.8）–1.4	355°	东区北部
076	NLYM076	2 × 0.7 –1.1	340°	东区北部
077	NLYM077	2 × 0.8 –0.7	348°	东区北部
078	NLYM078	2.1 ×（0.8 ~ 0.72）–1	335°	东区北部
079	NLYM079	2.2 ×（0.8 ~ 0.7）–1.2	350°	东区北部

墓葬结构	是否经过考古发掘	备注
西、南各有一块石头。	否	
无墓茔。	长方形土坑竖穴墓	
无墓茔。	长方形土坑竖穴墓	
有长方形单体墓茔 NLYMY1，方向为 355°，长 9.3、宽 8.75、深 0.3 米。	长方形土坑竖穴墓	
有长方形单体墓茔 NLYMY2，方向为 358°，长 8.8、宽 7.75、深 0.3 米。	长方形土坑竖穴墓	
有长方形单体墓茔 NLYMY3，方向为 12°，长 10.3、宽 8、深 1.1 米。	长方形土坑竖穴墓	
有长方形单体墓茔 NLYMY4，方向 330°，长 7.7、宽 7.75、深 0.55 米。	长方形土坑竖穴墓	
有长方形单体墓茔 NLYMY5，方向 354°，长 9、宽 6.15、深 0.6 米。	长方形土坑竖穴墓	
有长方形单体墓茔 NLYMY6，方向 355°，长 10、宽 8.5、深 0.65 米。	长方形土坑竖穴墓	
无墓茔。	长方形土坑竖穴墓	
有长方形单体墓茔 NLYMY7，方向 6°，长 8、宽 6.5、深 0.7 米。	长方形土坑竖穴墓	
无墓茔。	长方形土坑竖穴墓	
无墓茔。	长方形土坑竖穴墓	
无墓茔。	长方形土坑竖穴墓	
无墓茔。	长方形土坑竖穴墓	
无墓茔。	长方形土坑竖穴墓	地表堆砌有自然石块
无墓茔。	长方形土坑竖穴墓	地表堆砌有自然石块
无墓茔。	长方形土坑竖穴墓	地表堆砌有自然石块
无墓茔。	长方形土坑竖穴墓	地表堆砌有自然石块
无墓茔。	长方形土坑竖穴墓	地表堆砌有自然石块

续附表 6-1

序号	编号	尺寸（米）长 × 宽 - 高	方向（度）	遗迹所在区域
080	NLYM080	2.05 ×（0.74 ~ 0.64）-0.9	343°	东区北部
081	NLYM081	2.5 × 1.02 -1.7	348°	东区北部
082	NLYM082	2 × 0.86 -1.2	344°	东区北部
083	NLYM083	2.3 × 0.94 -1.5	342°	东区北部
084	NLYM084	1.9 ×（0.7 ~ 0.6）-1.1	345°	东区北部
085	NLYM085	2 ×（0.7 ~ 0.6）-0.8	345°	东区北部
086	NLYM086	2 × 0.9-1.2	345°	东区北部
087	NLYM087	6 × 5.9	330°	中区南部
088	NLYM088	3.6 × 3.1	315°	中区南部
089	NLYM089	5.1 × 4.7	315°	中区南部
090	NLYM090	4.4 × 3.7	330°	中区南部
091	NLYM091	5.4 × 2.8	340°	中区南部
092	NLYM092	6 × 5.8	355°	中区南部
093	NLYM093	12.7 × 12.5	5°	中区南部
094	NLYM094	2.5 × 1.4 -1.2	343°	中区北部
095	NLYM095	6.5 × 5.5	350°	中区北部
096	NLYM096	3.2 × 2.6	0°	中区北部
097	NLYM097	5.4 × 4.8	10°	中区北部
098	NLYM098	6.4 × 6.2	5°	中区北部
099	NLYM099	4.6 × 4.4	350°	中区北部

墓葬结构	是否经过考古发掘	备注
无墓茔。	长方形土坑竖穴墓	地表堆砌有自然石块
无墓茔。	长方形土坑竖穴墓	地表堆砌有自然石块
无墓茔。	长方形土坑竖穴墓	地表堆砌有自然石块
无墓茔。	长方形土坑竖穴墓	
无墓茔。	长方形土坑竖穴墓	
无墓茔。	长方形土坑竖穴墓	
无墓茔。	长方形土坑竖穴墓	
地表为不规则的长方形封石堆，略高于地表。	否	
高于地表约 0.2 米的封石堆，石块比较密集。	否	
地表砌土堆，中间塌陷下去。	否	
稍高于地表的封石堆，封石堆周围散落着几块石头。	否	
有封石堆。	否	
地表有两块大石头，可能作为墓葬地表标志。	否	
地表有石堆，中间有凹陷，北边有一块大石头作为标志。	否	
长方形单体墓茔 NLYMY8，方向 10°，长 7.9、宽 7、深 0.6 米。	否	
有封石堆。	否	
有封石堆。	否	
有封石堆。	否	
地表有大石头为标志，现有一深约 0.1 米的坑。	否	
地表有封土堆，并有几块石头作为标志。	否	

续附表 6-1

序号	编号	尺寸（米） 长 × 宽 - 高	方向（度）	遗迹所在区域
100	NLYM100	6.4 × 5.5	5°	中区北部
101	NLYM101	4.3 × 3.9	340°	中区北部
102	NLYM102	5 × 4	15°	中区北部
103	NLYM103	4.3 × 3.6	15°	中区北部
104	NLYM104	7.5 × 4.3	15°	中区北部
105	NLYM105	5.6 × 5.1	10°	西区南部
106	NLYM106	3.3 × 2.75	12°	西区南部
107	NLYM107	19.2 × 17	15°	西区南部
108	NLYM108	2.3 × 1.47	90°	西区南部
109	NLYM109	3.7 × 1.5	58°	西区南部
110	NLYM110	3.4 × 2.5	160°	西区南部
111	NLYM111	2.5 × 2.1	155°	西区南部
112	NLYM112	4.8 × 2.8	140°	西区南部
113	NLYM113	5.5 × 1.47	38°	西区南部
114	NLYM114	8.4 × 6.6	243°	西区南部
115	NLYM115	3.1 × 2.2	282°	西区南部
116	NLYM116	3.6 × 1.8	346°	西区南部
117	NLYM117	2.1 × 1.2	140°	西区南部
118	NLYM118	2.4 × 1.7	338°	西区南部
119	NLYM119	4.3 × 2.15	180°	西区南部
120	NLYM120	2.7 × 1.9	10°	西区南部

墓葬结构	是否经过考古发掘	备注
地表有一块直径 0.65 米的大石头作为墓葬标志。	否	
中间下凹，东南有石边框。	否	
东、西两边有石块，中间凹陷，深约 0.2 米。	否	
地表周围有几块石头，中间凹陷，深约 0.3 米。	否	
山坡有几块石头，中间内陷。	否	
为封土堆墓葬，中间凹陷，深约 0.2 米。	否	
长方形单体墓茔 NLYMY9，方向 12°，长 9.2、宽 9、深 0.6 米。	否	
四周有石头圈，中间凹陷，深约 0.3 米。	否	
北边有一块石板，中间凹陷，深约 0.5 米。	否	
长方形单体墓茔 NLYMY10，方向 160°，长 9.3、宽 4、深 0.4 米。	否	
东有一块大石头，南边有两块大石头作为墓地，中间有小石块。	否	
南、西两边有石砌边框，封土堆稍高于地表。	否	
地表有封土堆，并有几块石头作为标志，封土堆稍高于地表。	否	
长方形单体墓茔 NLYMY11，方向 220°，长 9.1、宽 6.5、深 0.5 米。	否	
中间凹陷，深约 0.4 米。	否	
东、西两边各有一块石头，中间下陷，深约 0.2 米。	否	
南侧有一块 0.7 米 ×0.4 米的石头，中间下陷，深约 0.2 米。	否	
四边有石边框，中间下陷，深约 0.2 米。	否	
北边有一块石头。	否	
长方形单体墓茔 NLYMY12，方向 150°，长 10.6、宽 8.8、深 0.5 米。	否	
西、南各有一块石头。	否	

续附表 6-1

序号	编号	尺寸（米）长 × 宽 - 高	方向（度）	遗迹所在区域
121	NLYM121	4 × 3.4	150°	西区中部
122	NLYM122	2.1 × 1.5	270°	西区中部
123	NLYM123	1.9 × 1.1-0.3	220°	西区中部
124	NLYM124	1.7 × 1.1	220°	西区中部
125	NLYM125	1.8 × 1.1	310°	西区中部
126	NLYM126	2.1 × 0.9	190°	西区中部
127	NLYM127	2.9 × 1.9	170°	西区中部
128	NLYM128	2.3 × 1.8	210°	西区中部
129	NLYM129	1.9 × 1.4	170°	西区中部
130	NLYM130	4.3 × 3.8	340°	西区北部
131	NLYM131	1.5 × 0.8	220°	西区北部
132	NLYM132	2.8 × 2.1	210°	西区北部
133	NLYM133	2.7 × 1.8	160°	西区北部
134	NLYM134	1.7 × 1.1	210°	西区北部
135	NLYM135	1.8 × 1.5	270°	西区东部
136	NLYM136	2.1 × 1.4	90°	西区东部
137	NLYM137	2.8 × 2.2	180°	西区东部
138	NLYM138	6.6 × 6.6	190°	西区东部
139	NLYM139	4.8 × 3.2	180°	西区东部
140	NLYM140	3.6 × 3.2	270°	西区东部

墓葬结构	是否经过考古发掘	备注
平面呈椭圆形，四周散落着石块，数量较大。	否	
地表为石砌长方形边框，地表散布着灰色砖块。	否	
呈不规则长方形，地表有封土。	否	
平面呈椭圆形，四周散落着石块。	否	
呈不规则长方形，中间内凹，地表散布着石块。	否	
平面呈不规则长方形，地表周围有石块，中间内凹，深约0.25米。	否	
平面呈不规则长方形，东、南、西三面保存较好，中间下陷，深约0.2米。	否	
呈不规则长方形，地表有石砌边框，保存较好，西、北、南三面石框明显。	否	
平面呈椭圆形，西、南、东三面散落较多石头，北边只保留一块石头。	否	
平面呈长方形，四周散落有石块堆积，石块较大。	否	
呈不规则方形，地表有微凸起的封土。	否	
平面呈椭圆形，墓南边界有石块，且石块体量较大。	否	
呈不规则长方形，东边边界保存有几块石头，其余三边没有，中间下陷。	否	
平面呈椭圆形，四周散落着石块，且数量较大。	否	
平面呈椭圆形，地表分布一圈石头，中间向下凹陷。	否	
平面呈椭圆形，墓南边界有石块，且石块体量较大。	否	
平面呈长方形，墓坑深0.2～0.3米，四周堆放有石块。	否	
平面呈长方形，四周散落有石块堆积，石块数量较小。	否	
平面呈长方形，地表分布着小碎石块、封石堆，封石堆稍高于地表。	否	
平面呈长方形，四周散落有石块堆积，且石块较大。	否	

第七部分　　元上都遗址敖包遗址

附表 7-1　敖包数据采集表

序号	名称	编号	尺寸（米） 圆形（直径 × 高） 长方形（长 × 宽 × 高）	遗迹所在区域
01	小园山敖包	OB1	长径 24.5 × 短径 16.9 × 4	东关厢北侧
02	乌兰台敖包	OB2	20.6 × 8	南关厢外南侧
03	额金敖包	OB3	22 × 6	西关厢外西侧
04	哈登台敖包	OB4	33.8 × 8	北关厢外西侧
05	一棵树敖包	OB5	30.1 × 8	元上都城址北偏西侧
06	乌拉敖包	OB6	26.53 × 20.94 × 10.7	元上都城址北偏西侧
07	大敖包	OB7	38.1 × 11	元上都城址北偏东侧
08	昌图敖包	OB8	4.6 × 4.2	元上都城址北侧
09	阿土台敖包	OB9	10.3 × 2.4	元上都城址北侧
10	乌和尔沁敖包	OB10	8.6 × 3.4	元上都城址北偏西侧
11	查干敖包	OB11	16.04 × 3.6	元上都城址北偏西侧

位置 纬度、经度、海拔高度	单体敖包描述	是否经过考古发掘	备注
N：42° 22′29.7″ E：116° 18′26.4″ H：1313 米	呈椭圆形，碎石堆积而成，顶部宽平，可见早期砌石。	否	
N：42° 18′26.4″ E：116° 09′57.1″ H：1358 米	呈圆形，石块堆积而成，地表分布有多处小石堆。	否	
N：42° 21′19.7″ E：116° 07′27.4″ H：1341 米	呈圆形，土石混合而成，石块较小，并见早期堆积情况。	否	
N：42° 22′48.1″ E：116° 08′45.2″ H：1368 米	呈圆形，石块堆砌而成，石块较大，顶部平坦，并有凹坑。	否	
N：42° 24′27.3″ E：116° 09′08.5″ H：1388 米	呈圆形，石块堆砌而成，石块大小不一，顶部平坦宽平。	否	
N：42° 25′58.46″ E：116° 08′4.84″ H：1492 米	呈长方形，石块堆砌而成，石块较大，上部为平台。	否	
N：42° 25′36.6″ E：116° 15′45.6″ H：1462 米	呈圆角方形，石块堆积而成，石块大小不等，西部呈凹形，顶部较为平坦。	否	
N：42° 30′0.21″ E：116° 12′44.09″ H：1504 米	呈圆形，石砌而成，分三阶，外抹白灰泥，东部有一向上的台阶。	否	
N：42° 33′27.62″ E：116° 12′8.74″ H：1602 米	呈圆形，石块堆积而成，砌石不明显，中心成凹形，有被挖掘的情况。	否	
N：42° 30′58.52″ E：116° 07′46.03″ H：1674 米	由五个敖包并列组成，中间敖包最大，分三阶，外抹水泥。	否	
N：42° 26′22.46″ E：116° 08′22.16″ H：1498 米	呈圆形，石块堆砌而成，中心成凹形，石块较大，敖包三面另有三处小石堆积而成的小包，均成一条线，其中东北与西南的小石堆基本连成一线。	否	

续附表 7-1

序号	名称	编号	尺寸（米） 圆形（直径 × 高） 长方形（长 × 宽 × 高）	遗迹所在区域	
12	葫芦苏台敖包	OB12	11.6×2.5	元上都城址西侧	

位置 纬度、经度、海拔高度	单体敖包描述	是否经过考古发掘	备注
N：42° 24´ 30.03˝ E：116° 04´ 52.57˝ H：1446 米	呈圆形，石块堆砌而成，石块较大，中部呈凹形，较为平缓，在其西北部有成一条直线的石堆，较大，内部呈凹形。	否	

第八部分　元上都遗址铁幡竿渠遗址

附表 8-1　铁幡竿渠遗址数据采集表

序号	编号	尺寸（米）	方向（度）	遗迹所在区域
1	NLTB1	长 1046 米，底宽 5.2 ～ 5.8 米，存高约 2 ～ 3.5 米。	32°	哈登台敖包山脚。
2	NLTY1	溢洪口宽 68 米。	48°	拦洪大坝向东北 55 米处。
3	NLTX1	渠道宽 50 米，土坝底宽约 23 米，顶宽 4 米，存高约 5 ～ 6 米。	73°	溢洪口向东北 28 米处内侧，有西北至东南向的泄洪渠与石坝相连。
4	NLTB2	宽约 30 米，存高约 1.5 ～ 2 米，长约 1000 米。	60°	石砌拦洪大坝的东北端再向东北的山脚下。

建筑结构	是否经过考古发掘	备注
大坝两侧以自然石块包砌，向上斜收，石墙厚 0.6 米，外侧石墙以白灰坐浆，内侧石墙以红胶泥坐浆。石墙内以黄褐色土夯筑，夯层厚 8 ~ 10 厘米。	否	
溢洪口两端均留有石墙包砌的痕迹。	否	
泄洪渠以土夯筑，十分高大，西侧大部分紧贴山脚。在溢洪口向东北 28 米处内侧，有西北至东南的泄洪渠与拦洪石坝相连。泄洪渠在此略呈内弧形折向东南，渠道在元上都外城西门外 45 米处又折向西南，在西关大街北侧折向正南入上都河。	否	
为拦截北面山体南侧缓坡的雨水而修筑，土为堆筑，这道宽大的土垄西南呈弧形至泄洪渠与之相连，东北方延伸至两拦洪坝的夹角处。其与拦洪坝之间的地段较为低洼，深至 3 米，两者间的距离，中间为 57 米，近泄洪渠处为 112 米。	否	

后 记

　　为了申报世界文化遗产，全面掌握元上都遗址内文物遗迹分布和保存现状，内蒙古自治区文物考古研究所（现内蒙古自治区文物考古研究院，下同）联合洛阳市古韵钻探有限公司，于2008—2010年分三阶段进行文物勘探和调查测绘工作。勘探工作由内蒙古自治区文物考古研究所塔拉主持，三年间，先后有陈永志、张红星、张亚强、任保其、杨星宇、丁文泽、李权、冯吉祥、杨志广、赵建、孙文钢、李红乐、魏孔、张闯辉、王永乐、徐铮、樊宏亮，锡林郭勒盟文物保护管理站（现锡林郭勒博物馆，下同）德力格尔、刘洪元，正蓝旗元上都遗址文物事业管理局（现正蓝旗文物保护中心，下同）刘学民、高华、那顺巴图、苏宁、乌日尼乐图、宝力格，东乌珠穆沁旗文物保护管理所苏德那木旺其格，现内蒙古师范大学历史文化学院教师王春燕，呼和浩特民族学院教师阿娜尔，二道井子遗址博物馆路景天，及洛阳市古韵钻探有限公司马永波等同志参与其中。自2010年第三次勘探工作结束至今已有13年，期间，由于人事调动、工作重心转移等原因，原始勘探报告稿件及照片资料几易其手，不得全貌。2020年，内蒙古自治区文物考古研究所成立专项工作组，将报告出版重新提上日程。当时，工作组只有勘探报告的纸质版，故召集徐焱等年轻学人，重新录入文字，形成电子版资料。下册"元上都遗址申报区内考古遗迹名录"，是2012年由内蒙古博物院、内蒙古自治区文物考古研究所、锡林郭勒盟文物保护管理站、正蓝旗元上都遗址文物事业管理局联合组成工作组，王仁旺、岳够明、李丽雅、马茹、李艳阳、宝力格、王云霞、李英赫、白云峰、季园园、常岚、刘洪元、王洪江、朝包力高、金辉、王佳静等同人录制成采集表，塔拉研究员统一审核的。报告中图版照片大多取自2009—2011年穆清阁、大安阁、明德门、御天门遗址发掘和现场保护照，以及2016年元上都西关厢遗址发掘照。所有文稿由岳够明、李倩统稿编排，校对成书。本报告的出版得到内蒙古自治区文化和旅游厅、内蒙古自治区文物局大力支持，正蓝旗人民政府对勘探工作高度重视并提供帮助，陈永志、曹建恩、张文平、孙金松等历任内蒙古自治区文物考古研究所所（院）长给予各项工作支持和指导，文物出版社李飏女士和谷雨女士付出大量劳动、给予有益建议，深表谢忱。可以说本报告是团队协作的集体成果，向为本报告顺利出版付出辛苦劳动的各位工作者表示感谢。

　　本报告在编撰中，力求全面、翔实、完整地记录当时的勘探和测绘数据，以期为学术界提供最真实的考古数据。但由于遗迹现象复杂，且未对遗址进行大规模发掘，依靠勘探数据对遗址全貌和遗迹现象的判断认定等存有不足，致使本报告存在不少失误和纰漏，向参与本项目调查勘探和为本书出版付出辛苦劳动的所有工作人员及广大读者表达歉意。

2023 年 2 月 27 日

图　版

金莲川草原与元上都

西关厢所在区域远眺

元上都遗址城垣遗迹情况（南—北）

元上都皇城全景（南—北）

元上都宫城遗址（北—南）

东郊粮仓址·广济仓（西北—东南）

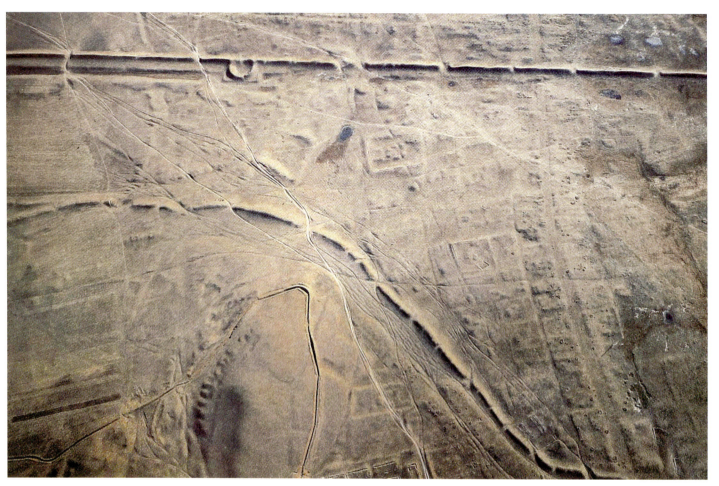

元上都西关市肆遗迹

元上都皇城马蹄形瓮城遗址

元上都砧子山墓地

元上都城墙与护城河

元上都城墙与角楼遗址

元上都东城墙遗址

元上都城墙墙基

元上都城址的排水设施

元上都遗址考古勘探现场

穆清阁遗址

穆清阁全景

穆清阁航拍

穆清阁东阙台楼阁遗址航拍

穆清阁东阙台顶部基础

穆清阁东阙台楼阁遗址

穆清阁西区发掘房址航拍

穆清阁西区发掘遗址局部

穆清阁前台基础航拍

穆清阁局部

穆清阁发掘全景

穆清阁基础台基一侧

穆清阁遗址考古发掘现场

穆清阁遗址保护现场

穆清阁西区发掘房址

穆清阁西区发掘房址（南一向）

穆清阁踏道

穆清阁踏道象眼

穆清阁发掘踏道侧面

穆清阁踏道遗迹保护现场

大安阁航拍

明德门航拍

明德门遗址

明德门遗址保护现场

明德门遗址

明德门遗址

御天门航拍

御天门 60 米航拍

御天门发掘区

御天门清理炮石

铁幡竿渠遗址

护城河排水闸遗址航拍

护城河排水闸遗址

道路一侧排水沟

2016 年西关厢发掘

西关厢考古发掘现场

西关厢考古发掘现场

西关厢发掘记录

西关厢发掘考察

西关厢考古发掘现场

西关厢道路遗迹地层堆积

西关厢房址全景航拍（西—东）

西关厢房址

西关厢路面遗迹（东—西）

西关厢 1 号房址

西关厢 2 号房址

西关厢 3 号房址

西关厢 4 号房址

西关厢 5 号房址

西关厢 6 号房址

西关厢 7 号房址

西关厢 8 号房址

西关厢 9 号房址

西关厢 3 号房址灶内垒砌情况

西关厢房址墙体

西关厢房址门道

西关厢房址门道及踩踏面

西关厢房址内土质标本提取

西关厢出土陶人像

1. 青花缠枝花纹小碗

2. 青花缠枝花纹小碗

黑釉梅瓶

瓦当滴水组合

琉璃筒瓦

琉璃筒瓦

琉璃筒瓦

琉璃板瓦

琉璃龙形滴水

琉璃滴水、瓦当

琉璃瓦当

兽面纹瓦当

龙纹瓦当

龙纹瓦当

琉璃鸱吻

琉璃鸱吻

琉璃鸱吻

琉璃建筑构件

琉璃建筑构件

鸱吻

兽首建筑构件

大安阁遗址出土龙纹角柱

雕花石刻

汉白玉螭首

汉白玉龙纹建筑构件

汉白玉建筑构件

大安阁遗址出土汉白玉柱础

汉白玉门墩石

井口石

石臼

饮马水槽

汉白玉"魏王"碑额

大元六字龙纹碑

汉白玉雕花碑座

汉白玉雕人像

石房子模型

古叙利亚文墓顶石

莲花纹砖

菊花纹砖

惠草纹砖

缠枝牡丹纹砖

缠枝菊花纹砖

忍冬花纹砖

花纹砖

花纹砖

人物纹雕花砖

雕花砖

手印纹砖

阴刻"清"字砖

刻文字砖

雕花三角砖

雕花石构件

雕花石构件

雕花石构件

雕花石构件

卷草纹石构件

石球